HEINZE · SCHRECKENBERG

**Verkehrsplanung
für eine erholungsfreundliche Umwelt**

CIP-Kurztitelaufnahme der Deutschen Bibliothek

Heinze, Gert Wolfgang:
Verkehrsplanung für eine erholungsfreundliche Umwelt: Ein Handbuch verkehrsberuhigender Maßnahmen für Kleinstädte und Landgemeinden. Gert Wolfgang Heinze; Winfried Schreckenberg. – Hannover: Vincentz, 1984.

(Veröffentlichungen der Akademie für Raumforschung und Landesplanung: Abh.; Bd. 85)
ISBN 3-87870-952-8

NE: Schreckenberg, Winfried: Akademie für Raumforschung und Landesplanung <Hannover>: Veröffentlichungen der Akademie für Raumforschung und Landesplanung/Abhandlungen

VERÖFFENTLICHUNGEN
DER AKADEMIE FÜR RAUMFORSCHUNG UND LANDESPLANUNG

Abhandlungen
Band 85

G. WOLFGANG HEINZE
WINFRIED SCHRECKENBERG

Verkehrsplanung für eine erholungsfreundliche Umwelt

Ein Handbuch verkehrsberuhigender Maßnahmen für Kleinstädte und Landgemeinden

CURT R. VINCENTZ VERLAG · HANNOVER · 1984

Zu den Autoren dieses Bandes

G. Wolfgang Heinze, Dr. rer. pol., Dipl.-Volkswirt, Professor, Leiter des Fachgebietes Verkehrswirtschaft und Verkehrspolitik im Institut für Verkehrsplanung und Verkehrswegebau der Technischen Universität Berlin, Korrespondierendes Mitglied der Akademie für Raumforschung und Landesplanung

Winfried Schreckenberg, Dipl.-Ing., Freier Mitarbeiter am Fachgebiet Verkehrswirtschaft und Verkehrspolitik der Technischen Universität Berlin

Best.-Nr. 952
ISBN 3-87870-952-8
ISSN 0344-8940

Alle Rechte vorbehalten · Curt R. Vincentz Verlag, Hannover 1984
© Akademie für Raumforschung und Landesplanung, Hannover
Gesamtherstellung: Druckerei Josef Grütter GmbH & Co. KG, Hannover
Auslieferung durch den Verlag

INHALTSVERZEICHNIS

	Seite
Vorwort	XII
Zusammenfassung	1
Summary: Transport Planning for a Recreation-friendly Environment. Handbook on Traffic-restraint Measures for Small Towns and Communities in Rural Areas	6

Teil A Benutzeranleitung 11

Teil B Erholungsfreundliche Verkehrsmaßnahmen im naturnahen Raum 16
    1. Zielsetzungen 16
    2. Chancen der Umsetzung im naturnahen Raum 16
    3. Maßnahmenkonzepte 17
    4. Naturreservate 18
        4.1 Kategorien von Schutzgebieten 18
        4.2 Der Nutzungskonflikt am Beispiel des Alpen- und des Nationalparks Berchtesgaden 19
            4.2.1 Nutzungen im Nationalpark Berchtesgaden 19
            4.2.2 Nutzungen im Vorfeld des Nationalparks 20
    5. Lösungsansatz 21

Teil C Erholungsfreundliche Verkehrsmaßnahmen in Kleinstädten und Landgemeinden 23
    1. Vorbemerkungen 23
    2. Konzepte erholungsfreundlicher Verkehrsmaßnahmen 25
        2.1 Siedlungsstruktureller Ansatz 25
            2.1.1 Neuplanungen auf der „grünen Wiese" 25
            2.1.2 Städtebauliche Maßnahmen bei vorgegebener Siedlungsstruktur 27
        2.2 Verkehrsplanerischer Ansatz 27
    3. Erfahrungen mit erholungsfreundlichen Verkehrsmaßnahmen 27
        3.1 Dauermaßnahmen auf Ortsebene 27
            3.1.1 Autofreier Ort 27
            3.1.2 Ganztägige Fahrbeschränkungen im gesamten Ortsbereich 28
            3.1.3 Bildung von Verkehrszonen 29
        3.2 Ständige Maßnahmen in Teilbereichen 30
            3.2.1 Vorrangbereiche für Fußgänger in zentralen Ortslagen 30
                3.2.1.1 Vorrangbereiche für Fußgänger mit Einbezug früherer Hauptverkehrsstraßen 31
                3.2.1.2 Vorrangbereiche für Fußgänger ohne Einbezug von Hauptverkehrsstraßen 32

	3.2.1.3 Vorrangbereiche für Fußgänger zur Erweiterung von Ruhebereichen.............................	33
	3.2.1.4 Vorrangbereiche für Fußgänger mit Verbindungsfunktion..	33
3.2.2	Ausnahmeregelungen in Vorrangbereichen für Fußgänger...	34
3.3	Verkehrsberuhigte Bereiche und Wohnstraßen................	35
3.3.1	Allgemeines...	35
3.3.2	Regelungen in den Untersuchungsländern.................	36
	3.3.2.1 Bundesrepublik Deutschland: Verkehrsberuhigte Bereiche gemäß Z 325/326 StVO...............	36
	3.3.2.2 Schweiz: Wohnstraße gemäß Signal 3.11/3.12 SSV...	37
	3.3.2.3 Österreich: Wohnstraße gemäß Zeichen 9c/9d StVO.	38
3.3.3	Verkehrsberuhigte Bereiche in den Untersuchungsgemeinden...	39
3.3.4	Verkehrsberuhigte Bereiche mit hohem Fußgängeraufkommen...	41
	3.3.4.1 Versuch „Verkehrsberuhigter Bereich Altstadt" in D 1108* Meersburg............................	41
	3.3.4.2 Versuch „Verkehrsberuhigter Bereich Oststraße" in D 2108* Oberstdorf...........................	41
	3.3.4.3 Zusammenfassung erster Ergebnisse.............	43
3.3.5	Zusammenfassende Thesen.............................	43
3.4	Zeitlich begrenzte Fahrbeschränkungen in Teilbereichen – vor allem Mittags- und Nachtfahrverbote.........................	45
3.4.1	Vorbemerkungen...	45
3.4.2	Allgemeines...	47
3.4.3	Beispiel einer verkehrsrechtlichen Anordnung	48
3.4.4	Referenzgemeinden......................................	48
3.5	Auflagen für flächenhafte Fahrbeschränkungen	49
3.5.1	Umfahrungsmöglichkeiten................................	49
3.5.2	Auffangparkplätze..	50
	3.5.2.1 Auffangparkplätze im Zusammenhang mit Vorrangbereichen für Fußgänger........................	50
	3.5.2.2 Auffangparkplätze im Zusammenhang mit flächenhaften Fahrbeschränkungen nach § 45 StVO........	51
3.6	Ausnahmeregelungen bei Fahrbeschränkungen	52
3.6.1	Allgemeines...	52
3.6.2	Erfahrungen der Untersuchungsgemeinden...............	53
3.6.3	Ausnahmeregelungen für Taxi	53
3.6.4	Kennzeichnung von individuellen Ausnahmegenehmigungen..	54
3.7	Sicherung erholungsfreundlicher Verkehrsmaßnahmen in der Betriebsphase..	55

	3.7.1	Kontrollmöglichkeiten durch Polizei, Gemeinde-Bediensteste oder private Wachdienste		55
	3.7.2	Durchfahrtssperren		55
		3.7.2.1	Halbschranken	55
		3.7.2.2	Vollschranken	56
		3.7.2.3	Pfosten o. ä.	56
3.8	Einbahnregelungen			57
	3.8.1	Verkehrslenkung		57
	3.8.2	Ordnung des Durchgangsverkehrs		58
	3.8.3	Beschränkung von Einfahrtmöglichkeiten in eine Kfz-Sperrzone		58
3.9	Geschwindigkeitsbeschränkungen			58
3.10	Verkehrs-Orientierungssysteme			59
3.11	Nutzervorteile für geräuscharme Fahrzeuge „Modell Bad Reichenhall"			60
3.12	Öffentliche und halböffentliche Verkehrsmittel			61

4. Umfahrungsstraßen und erholungsfreundliche Verkehrsmaßnahmen ... 62

5. Ansätze zu einer Maßnahmenbewertung ... 67
    5.1 Vorbemerkungen ... 67
    5.2 Zielvorgabe zur Bewertung erholungsfreundlicher Verkehrskonzepte ... 67
    5.3 Entscheidungsumfeld ... 69
    5.4 Planungsablauf ... 71
    5.5 Faktoren des Entscheidungsumfeldes ... 74
        5.5.1 Kriterien für die Auswahl von Referenzgemeinden ... 75
        5.5.2 Kriterien für die Auswahl von Maßnahmen/Maßnahmenkombinationen ... 77
        5.5.3 Betroffene Personengruppen ... 78
            5.5.3.1 Bürgerbeteiligung ... 78
            5.5.3.2 Relevante Gruppen der Gäste ... 80
            5.5.3.3 Relevante Gruppen der Einheimischen ... 81
            5.5.3.4 Zusammenfassung „Relevante Gruppen Einheimische" ... 87
            5.5.3.5 Meinungsmacher ... 90
        5.5.4 Kosten und Finanzierung erholungsfreundlicher Verkehrsmaßnahmen ... 92

Teil D   Dokumentation erholungsfreundlicher Verkehrsmaßnahmen ... 94

D 1 Dokumentation erholungsfreundlicher Verkehrsmaßnahmen im naturnahen Raum ... 94
    1. Wechselseitige Einbahnregelungen auf einer Straße im Naherholungsgebiet ... 94

2. Pilotprojekt „Sanfter Tourismus im Virgental/Osttirol" 95
3. „Eine motorlose Freizeit-Schweiz" – Konzept motorfahrzeugfreier
   Naherholungsgebiete – 97
   3.1 Darstellung des Konzepts 97
   3.2 Erarbeitung eines Modellbeispiels 98
4. ÖPNV-Modell „Achental-Linie" 100
   4.1 Gebietsbeschreibung. 100
   4.2 Zielsetzung. 100
   4.3 Durchführung. 101
   4.4 Fahrpreise. 102
   4.5 Erfahrungen 102
5. Regional-Bus-Paß „Berchtesgadener Land" 103
6. Angebot für Naherholer: „Basler Regio Billet". 104
7. Fahrbeschränkungen für Lkw im Tegernseer Tal 105
   7.1 Ausgangslage. 106
   7.2 Maßnahmen 106
   7.3 Besonderheiten der Durchführung. 106
   7.4 Erfahrungen 107
   7.5 Zusätzliche innerörtliche Fahrbeschränkungen 107

D2 Dokumentation erholungsfreundlicher Verkehrsmaßnahmen in Kleinstädten und Landgemeinden. 109
   1. Dokumentation der Referenzgemeinden in der Bundesrepublik Deutschland 116
   2. Dokumentation der Referenzgemeinden in Österreich 194
   3. Dokumentation der Referenzgemeinden in der Schweiz 203

D3 Dokumentation erholungsfreundlicher Maßnahmenkonzepte ausgewählter Referenzgemeinden. 209

Teil E Tabellarische Gliederung der Referenzgemeinden. 387
   Übersicht E 1 Gliederung nach Verwaltungseinheiten 391
              1/1 Referenzgemeinden in der Bundesrepublik Deutschland 391
              1/2 Referenzgemeinden in Österreich 395
              1/3 Referenzgemeinden in der Schweiz 397
   Übersicht E 2 Vorrangbereich für Fußgänger und ergänzende Maßnahmen 398
              2/1 Maßnahmenkombinationen in Mineral- und Moorbädern 398
              2/2 Maßnahmenkombinationen in heilklimatischen Kurorten 399
              2/3 Maßnahmenkombinationen in Kneippheilbädern und Kneippkurorten 400

	2/4	Maßnahmenkombinationen in Seeheilbädern und Seebädern.. 400
	2/5	Maßnahmenkombinationen in Luftkurorten 401
	2/6	Maßnahmenkombinationen in Erholungsorten 402
	2/7	Maßnahmenkombinationen in sonstigen Berichtsgemeinden.. 403
	2/8	Maßnahmenkombinationen in österreichischen Untersuchungsgemeinden.................................... 404
	2/9	Maßnahmenkombinationen in schweizerischen Untersuchungsgemeinden................................... 405
Übersicht	E 3	Verkehrsberuhigte Zonen und ergänzende Maßnahmen... 406
	3/1	Maßnahmenkombinationen in Mineral- und Moorbädern 406
	3/2	Maßnahmenkombinationen in heilklimatischen Kurorten 407
	3/3	Maßnahmenkombinationen in Kneippheilbädern und Kneippkurorten................................... 407
	3/4	Maßnahmenkombinationen in Seeheilbädern und Seebädern.. 408
	3/5	Maßnahmenkombinationen in Luftkurorten 408
	3/6	Maßnahmenkombinationen in Erholungsorten 409
	3/7	Maßnahmenkombinationen in sonstigen Berichtsgemeinden.. 409
	3/8	Maßnahmenkombinationen in österreichischen Untersuchungsgemeinden.................................... 410
Übersicht	E 4	Fahrbeschränkung für Fahrzeuge/Kfz aller Art und ergänzende Maßnahmen 411
	4/1	Maßnahmenkombinationen in Mineral- und Moorbädern 411
	4/2	Maßnahmenkombinationen in heilklimatischen Kurorten 412
	4/3	Maßnahmenkombinationen in Kneippheilbädern und Kneippkurorten................................... 412
	4/4	Maßnahmenkombinationen in Seeheilbädern und Seebädern.. 413
	4/5	Maßnahmenkombinationen in Luftkurorten 413
	4/6	Maßnahmenkombinationen in Erholungsorten 413
	4/7	Maßnahmenkombinationen in sonstigen Berichtsgemeinden.. 414
	4/8	Maßnahmenkombinationen in österreichischen Untersuchungsgemeinden.................................... 414
	4/9	Maßnahmenkombinationen in schweizerischen Untersuchungsgemeinden................................... 414
Übersicht	E 5	Fahrbeschränkung für motorisierte Zweiräder und ergänzende Maßnahmen 415
	5/1	Maßnahmenkombinationen in Mineral- und Moorbädern 415
	5/2	Maßnahmenkombinationen in heilklimatischen Kurorten 416
	5/3	Maßnahmenkombinationen in Kneippheilbädern und Kneippkurorten................................... 417
	5/4	Maßnahmenkombinationen in Seeheilbädern und Seebädern.. 418

	5/5	Maßnahmenkombinationen in Luftkurorten	419
	5/6	Maßnahmenkombinationen in Erholungsorten	419
	5/7	Maßnahmenkombinationen in sonstigen Berichtsgemeinden...	420

Übersicht E 6		Gliederung der Untersuchungsgemeinden nach Übernachtungszahlen sowie Gemeindegruppe und Einwohnerzahl...	421
	6/1	Übernachtungszahlen in Mineral- und Moorbädern.....	421
	6/2	Übernachtungszahlen in heilklimatischen Kurorten.....	422
	6/3	Übernachtungszahlen in Kneippheilbädern und Kneippkurorten...	422
	6/4	Übernachtungszahlen in Seeheilbädern und Seebädern...	423
	6/5	Übernachtungszahlen in Luftkurorten	424
	6/6	Übernachtungszahlen in Erholungsorten.............	424
	6/7	Übernachtungszahlen in sonstigen Berichtsgemeinden...	425
	6/8	Übernachtungszahlen in österreichischen Untersuchungsgemeinden................................	426
	6/9	Übernachtungszahlen in schweizerischen Untersuchungsgemeinden................................	427

Übersicht E 7		Gliederung der Untersuchungsgemeinden nach Beherbergungskapazität sowie Gemeindegruppe und Einwohnerzahl...	428
	7/1	Beherbergungskapazität in Mineral- und Moorbädern...	428
	7/2	Beherbergungskapazität in heilklimatischen Kurorten...	428
	7/3	Beherbergungskapazität in Kneippheilbädern und Kneippkurorten..	429
	7/4	Beherbergungskapazität in Seeheilbädern und Seebädern.	430
	7/5	Beherbergungskapazität in Luftkurorten.............	430
	7/6	Beherbergungskapazität in Erholungsorten..........	431
	7/7	Beherbergungskapazität in sonstigen Berichtsgemeinden	432
	7/8	Beherbergungskapazität in österreichischen Untersuchungsgemeinden................................	433
	7/9	Beherbergungskapazität in schweizerischen Untersuchungsgemeinden................................	434

Übersicht E 8	Geschwindigkeitsbeschränkungen innerorts	435

Teil F	Arbeitshilfen – Praktische Beispiele aus den Referenzgemeinden	437
	1. Darstellung praktischer Arbeitshilfen......................	439
	2. Quellenverzeichnis zu Teil F..........................	498

Teil G	Sonstige Planungs- und Arbeitshilfen	505
	1. Ausgewählte Regelwerke mit besonderer Bedeutung für die Planung und den Entwurf von Erschließungsstraßen	507

  1.1 Schriften der Forschungsgesellschaft für Straßen- und Verkehrswesen 507
  1.2 DIN-Normen. 508
  1.3 VDI-Richtlinien 508
  1.4 Schriften des Bundesministers für Verkehr. 508
 2. Anschriftenverzeichnis 509
 3. Zeitschriftenverzeichnis. 514

Teil H Gesamt-Verzeichnis der verwendeten Literaturquellen und weitere einschlägige Literaturquellen 517

Teil I Sachwortverzeichnis 557

Vorwort

Das Auto ist heute das unumstritten beliebteste Verkehrsmittel für Erholungs- und Freizeitaktivitäten. Die Belastungswirkungen des massenhaften Individualverkehrs werden daher auch in den Kur- und Erholungsorten im ländlichen Raum immer ausgeprägter. Von Überlastungen sind längerfristige Attraktivitätsverluste für Gäste und Einheimische zu erwarten. Die meisten Kleinstädte und Landgemeinden im naturnahen ländlichen Raum aber sind inzwischen auf den Fremdenverkehr als Wirtschaftsfaktor angewiesen. Nichtstun ist daher kein Ausweg.

Lösungen für dieses Dilemma, die die Mobilität des auto-orientierten Gastes möglichst wenig einschränken und die negativen Wirkungen gleichzeitig verringern sollen, haben bereits zahlreiche Gemeinden erprobt. Die hier vorgelegte Konzeption „Erholungsfreundliche Verkehrsmaßnahmen" und die handbuchartig aufbereitete Dokumentation von Planungs- und Arbeitshilfen aus der kommunalen Praxis in der Bundesrepublik Deutschland, in Österreich und in der Schweiz bauen auf diesen Erfahrungen auf. Dagegen sind die umfassenden Ergebnisse der wissenschaftlichen Untersuchungen über verkehrsberuhigende Maßnahmen für Wohnbereiche von Groß- und Mittelstädten nicht direkt auf Kleinstädte und Landgemeinden übertragbar. Dies gilt ganz besonders für die spezifischen Gegebenheiten der Kur- und Erholungsorte.

Diese fachwissenschaftliche Lücke kam bei der Konzeption unseres Forschungsprogramms zur Verkehrspolitik ländlicher Räume rasch in Sicht und führte zu entsprechenden Vorarbeiten. Nach den umfassenden Studien über den Verkehr im ländlichen Raum (HEINZE, HERBST, SCHÜHLE 1980, 1982) und Aspekten seiner Entwicklungsdynamik (HEINZE, HERBST, SCHÜHLE 1983) wird hiermit die angekündigte Darstellung verkehrslenkender Maßnahmen innerhalb von Landgemeinden wie auch in naturnahen Freizeiträumen vorgelegt. Der nächste – bereits in Arbeit befindliche – Schritt ist die Erarbeitung eines übergeordneten und empirisch abgesicherten Erklärungsversuchs zum ländlichen Verkehrsverhalten, der als Voraussetzung für die Planung unkonventioneller Verkehrsformen anzusehen ist.

Die Dringlichkeit des vorliegenden Handbuchs wurde zuerst von Präsidium und Sekretariat der AKADEMIE FÜR RAUMFORSCHUNG UND LANDESPLANUNG (ARL), Hannover, erkannt und nachhaltig gefördert. Das Vertrauen dieser Institution, die den Projektnehmer für diesen Schritt in einen bisher vernachlässigten Forschungsbereich weder in Vorgehensweise noch Abwicklung auf starre Zwangspunkte festlegte, bildete einen nicht zu unterschätzenden Erfolgsfaktor. Die so in der ersten Phase erarbeiteten Zwischenergebnisse erschienen dem BUNDESMINISTER FÜR VERKEHR (BMV), Bonn, und der BUNDESANSTALT FÜR STRASSENWESEN (BASt), Köln/Bergisch Gladbach, interessant genug, um dieses Projekt ebenfalls großzügig zu fördern und Konzeption und Zielsetzungen der zweiten Phase konstruktiv und anregend zu diskutieren. Dafür sprechen wir den Herren H. KRÄMER, W. LEGAT, K. RIBBECK (alle BMV), Frau E. KRETSCHMER und Herrn H. KELLER (beide BASt) unseren besonderen Dank aus. In gleicher Weise danken wir den zahlreichen ungenannten Diskussionspartnern, ganz besonders aber den Herren G. HÜFNER vom Deutschen Bäderverband, E. BERNHAUER vom Deutschen Fremdenverkehrsverband (inzwischen in der Deutschen Zentrale für Tourismus) und P. ANRIG vom Schweizerischen Fremdenverkehrsverband. Dies gilt ebenso für die regionalen Fremdenverkehrsverbände, ohne deren aktive Unterstützung die vorliegenden Ergebnisse nicht möglich gewesen wären.

Nicht zuletzt aber ist im eigenen Hause allen Mitarbeitern und Studenten des Fachgebietes „Verkehrswirtschaft und Verkehrspolitik" der Technischen Universität Berlin zu danken, die an den hier vorgestellten Ergebnissen in irgendeiner Form mitgewirkt haben. Der Kanzler M. HÖBICH der Technischen Universität Berlin hat durch die Möglichkeit unbürokratischer Mittelverwendung eine wesentliche Rahmenbedingung für das vorliegende Ergebnis geschaffen.

G. Wolfgang Heinze
Winfried Schreckenberg

Zusammenfassung

In den Industrie- und Dienstleistungsgesellschaften wird der ländliche Raum als ökologische Ausgleichszone und als Erholungszone für die städtische Bevölkerung immer wichtiger. Wegen der großen Beliebtheit des privaten Pkw für Erholungs- und Freizeitaktivitäten gilt der Freizeit- und Urlaubsreiseverkehr inzwischen als der einzige Bereich des Personenverkehrs mit erheblichen Wachstumsraten. Der wachsende „Fremdenverkehr" durch An- und Abreise, durch Ausflüge vom Urlaubsort aus und durch den Naherholungsverkehr wird gleichzeitig vom starken Eigenverkehr der Bevölkerung in den Zielgebieten überlagert.

Die Belastungswirkungen des massenhaften Individualverkehrs auf den Menschen und dessen Lebensraum haben daher auch die Erwartungen in neue verkehrsplanerische Lösungsansätze stark beeinflußt. Die Forderungen nach einer umweltfreundlichen Verkehrsgestaltung sind nicht auf die besonders hoch belasteten Ballungsräume beschränkt. Sie werden in verstärktem Maße auch in den Kleinstädten und Gemeinden im ländlichen Raum erhoben. Die hier vorgelegte Konzeption „Erholungsfreundliche Verkehrsmaßnahmen" und die handbuchartig aufbereitete Dokumentation von Planungs- und Arbeitshilfen aus der kommunalen Praxis sind daher gezielt auf den Informationsbedarf der kleineren Orte ausgerichtet. Dazu werden hier Gemeinden bis zu ca. 20 000 Einwohnern bzw. Ortsteile größerer Gemeinden mit vergleichbarer Einwohnerzahl gezählt. Auf die Wiedergabe der bekannten Konzepte zur Verkehrsberuhigung in Wohnquartieren größerer Städte wird bewußt verzichtet, da die direkte Übertragung dort erprobter Maßnahmen nicht möglich ist. In der Vorgehensweise der Projektbearbeitung wie in der Konzeption dieses Ergebnisberichtes stand die Mittlerfunktion für den Erfahrungsaustausch auf zwischenörtlicher Ebene im Vordergrund.

Angesichts der finanziellen und zeitlichen Projektgrenzen konnten die bestehenden Wissensdefizite auf diesem Gebiet nur soweit abgebaut werden, als dies durch die Erfassung, den Vergleich und eine erste Interpretation von Maßnahmen möglich ist, für die zum Teil jahrzehntelange Erfahrungen in den Gemeinden vorliegen. Dieser Aufarbeitung und Auswertung lokaler Erfahrungen wurde also bewußt der Vorzug gegenüber projektbegleitenden Analysen und spekulativen Aussagen zu aufwendigen Modellvorhaben gegeben.

Bereits heute bietet das vorhandene verkehrsplanerische Instrumentarium in den meisten Problemfällen situationsgerechte Lösungsmöglichkeiten durch verkehrslenkende und verkehrsbeschränkende Maßnahmen an. Das Konzept „Erholungsfreundliche Verkehrsmaßnahmen" stützt sich auf bereits bewährte Instrumente. Deren erfolgreicher Einsatz setzt allerdings ein hohes Maß an kreativer Anpassung bei Planung, Umsetzung und Betrieb voraus. „Patentlösungen" sind daher nicht zu erwarten. Die aufgezeigten theoretisch möglichen und praktisch vollzogenen Maßnahmenkombinationen sollen vielmehr Planern und politischen Entscheidungsträgern Anregungen vermitteln, die ihnen die Entwicklung eines ortstypischen Verkehrskonzepts erleichtern. Für die bestehenden Auswahlprobleme werden erste Entscheidungshilfen aufgezeigt. Dabei lassen sich bloße räumliche Verlagerungen der verkehrsbedingten Belastungen vermeiden, wenn dieses Verkehrskonzept flächenhaft angelegt und in die Gesamtort-Entwicklungsplanung integriert ist.

Seine logische und notwendige Fortführung findet dieser Lösungsansatz in einer erholungsraumorientierten Konzeption. Erste Untersuchungen aus dem Jahre 1980 wurden bisher nicht weiterverfolgt, weil Projektträger und Projektnehmer der Lösung der innerörtlichen Verkehrsprobleme zunächst Priorität einräumten.

Die theoretisch-wissenschaftlichen Defizite und das Wissen um das bisher unbeachtet gebliebene Potential praktischer Erfahrungen bildeten einen weiteren Ausgangspunkt für die Projektbearbeitung. Von ersten Informationen für die Diplomarbeit von Dipl.-Ing. W. SCHRECKENBERG bei Prof. Dr. G. W. HEINZE an der Technischen Universität Berlin ausgehend, wurden daher durch zwei schriftliche Befragungen in den Jahren 1981 und 1982 und durch zahlreiche persönliche Gespräche Erfahrungen aus 692 bundesdeutschen, 76 schweizerischen und 263 österreichischen Gemeinden erfaßt.

Die Rücklaufquote von fast 75 % in den beiden schriftlichen Befragungen fiel überraschend hoch aus. Unter Beachtung der häufig erklärten Überlastung durch Befragungen aller Art ist dieses Ergebnis als Zeichen eines außerordentlich regen Interesses am Problemkreis „Verkehrsberuhigung in Kleinstädten und Landgemeinden" zu bewerten. 642 der 692 bundesdeutschen Untersuchungsgemeinden (d. h. etwa 93 %) waren unter 20 000 Einwohner. Somit können die Erfahrungen des Forschungsvorhabens „Flächenhafte Verkehrsberuhigung" der drei Bundesanstalten Bundesanstalt für Straßenwesen, Bundesforschungsanstalt für Landeskunde und Raumordnung und Umweltbundesamt ergänzt werden, da in diesem Großprojekt lediglich die Modellgemeinde Borgentreich zu dieser Größenklasse zählt.

In der Diskussion von Theorie und Praxis innerörtlicher Verkehrspolitik und Verkehrsplanung standen die mittleren und großen Städte bisher eindeutig im Mittelpunkt. Dies gilt auch für die „Verkehrsberuhigung". Die Praxis zeigt jedoch, daß die einseitige Betonung des „städtischen" Aspektes in der traditionellen Verkehrsplanung und in der Verkehrsberuhigungsplanung seit Jahren nicht mehr mit der kommunalen Wirklichkeit übereinstimmt:

– Hohe Belastungen durch den motorisierten Verkehr und Forderungen nach Verbesserungen der Umweltbedingungen sind heute in Gemeinden aller Größen ein zentrales kommunalpolitisches Thema.

– Als Reaktion darauf wurden auch in den Kleinstädten und Landgemeinden ortsspezifische Verkehrskonzepte entwickelt und bereits vollzogen.

Erste Voruntersuchungen hatten gezeigt,

– daß in der Fachliteratur zur Verkehrsberuhigung Orte bis zu 20 000 Einwohnern praktisch nicht vorkommen und

– in dieser Gemeindegrößenklasse – vor allem in den Kur- und Erholungsorten – bereits jahrzehntelange Erfahrungen mit verkehrsordnenden Maßnahmen vorhanden sind.

Die sprunghaft angewachsene Bedeutung verkehrsberuhigender Maßnahmen wurde im Jahre 1980 durch die Novellierungen von Straßenverkehrsgesetz und Straßenverkehrs-Ordnung unterstrichen. Die Erweiterung des verkehrsplanerischen Instrumentariums um „Verkehrsberuhigte Bereiche", in denen das (gleichberechtigte) Nebeneinander von motorisiertem und nicht-motorisiertem Verkehr Prinzip ist, dürfte auch für die kleineren Orte eine neue Dimension der Verkehrsgestaltung bedeuten. Dies wäre besonders für die hochbelasteten Kernbereiche der Kleinstädte und Landgemeinden bedeutsam. Die dort vorhandene Mischnutzung durch Verkehr, Wohnen, Versorgung, Verwaltung und Erholung hatte bisher die Umgestaltung von Straßen in Fußgängerbereiche oder die Einrichtung von Bereichen mit Kfz-Fahrverboten eingeschränkt oder gänzlich unmöglich gemacht.

Heute ist ein breites Maßnahmenangebot unterschiedlicher Intensität vorhanden, das
– von der Vorrangstellung des nicht-motorisierten Verkehrs (wie in den Fußgängerbereichen) über
– die Mischzonen mit Gleichberechtigung von Fußgängern und Fahrzeugen (wie in den Verkehrsberuhigten Bereichen gemäß Zeichen 325/326 StVO) bis hin zu
– den räumlich und zeitlich beschränkten Fahrverboten (z. B. nach § 45 StVO) reicht.

Der Einsatzbereich verkehrlicher Maßnahmen ist nicht auf ihre verkehrsordnende, verkehrslenkende oder verkehrsbeschränkende Funktion begrenzt. Die vor allem bei den Verkehrsberuhigten Bereichen hervorgehobene passive Wohnschutzfunktion drängt die Möglichkeiten der aktiven Förderung von Urbanität, fußläufigem Erleben und Kommunikation in den Hintergrund. Unter Fremdenverkehrsgesichtspunkten ist zu beachten, daß der Einsatz vorrangig restriktiv wirkender Maßnahmen zwar umweltentlastend sein kann, aber gleichzeitig auch die Attraktivität für den Pkw-orientierten Kur- und Erholungsgast mindert. Einen Lösungsweg aus diesem Dilemma zeigt das hier vorliegende Konzept „Erholungsfreundliche Verkehrsmaßnahmen" auf.

Die jeweilige Bewertung der Verkehrssituation durch den einheimischen Bürger und den Kur- und Erholungsgast ist vorrangig an die subjektiv wahrgenommene Belastung, an die individuelle Belastbarkeit und an die jeweilige („objektive") Ausgangssituation geknüpft. Eine ausschließliche oder vorrangige Bewertung durch technische Soll-Größen (wie Verkehrsstärke (Kfz/h), Geschwindigkeit (km/h), Phonstärke (dB[A]), Schadstoffbelastung (CO-Gehalt der Luft), Unfallrate u. ä.) kann daher wenig effiziente und unwirtschaftliche Lösungen hervorrufen. Derartige formale Festlegungen technischer Soll-Größen in Form von Empfehlungen entwickeln fast immer Eigendynamik, indem sie standardisierend die Individualität der ortsspezifischen Planungsrealität vernachlässigen und die kreative Entwicklung wie Umsetzung ortstypischer Konzeptionen nachhaltig beeinträchtigen. *Gerade durch die eher unkonventionelle Kombination von Einzelmaßnahmen haben es jedoch zahlreiche Gemeinden bisher verstanden, ihre Probleme zu lösen.*

Als Planungsgegenstand ist die Verkehrsberuhigung in den kleinen Orten noch nicht institutionalisiert. Sowohl der Anstoß zu ersten Überlegungen als auch deren tatsächliche Umsetzung sind sehr stark an einzelne Personen gebunden. Eine Einbindung in ein Gesamtort-Entwicklungskonzept oder in einen Generalverkehrsplan ist selten. Die handbuchartige Konzeption des hier vorgelegten Berichts mit den Erläuterungsteilen B und C, den Dokumentationsteilen D bis G und einer problemorientierten Literaturzusammenstellung dürfte gerade für Verwaltungsfachleute, Politiker und interessierte Bürger ohne spezifische Fachkenntnisse von Nutzen sein.

Fußgängerzonen und Verkehrsberuhigte Bereiche (Zeichen 325/326 StVO) bilden nicht selten Prestigeobjekte kommunaler Entscheidungsträger und werden häufig ohne Einbindung in ein flächenhaftes Gesamtkonzept eingerichtet. Beispielsweise bestehen von 66 als Verkehrsberuhigte „Bereiche" gemeldeten Maßnahmen 38 lediglich aus einem Straßenabschnitt und 14 aus zwei Straßenabschnitten. Auch bei den 20 als geplant genannten Vorhaben sind diese Mini-Bereiche in der Überzahl. Bei Gemeindezusammenschlüssen wird teilweise eine breite Streuung von Einzelobjekten in bereits vorher unproblematischen Neubau-Wohngebieten der jeweiligen Ortsteile beobachtet.

Die flächenhaften Lösungen der (in Teil D 3) vertieft dargestellten Maßnahmenkonzepte von 23 Gemeinden sind in der Regel durch schrittweise räumliche und zeitliche Erweiterungen sowie durch Einbeziehen zusätzlicher Fahrzeugarten entstanden. Dies weist das erholungsfreundliche Verkehrskonzept als dynamischen Prozeß aus: *Kleinräumige oder punktuelle Verbesserungen induzieren und verstärken Forderungen nach räumlich/zeitlicher und intensitätsmäßiger Ergänzung.*

Das erprobte Instrumentarium verkehrslenkender Maßnahmen ist auch in kleinen Orten anwendbar. Gerade in kleinen Orten hat die Verkehrsberuhigungsplanung jedoch spezifische *verkehrsunabhängige Nebenbedingungen (Entscheidungsumfeld)* zu berücksichtigen, deren tatsächlicher Einfluß auf den Planungsablauf noch weitgehend unbekannt ist.

Das zentrale Problem dieser Nebenbedingungen ergibt sich aus der räumlichen Überlagerung verschiedener Nutzungen und Aktivitäten. *Die Übertragbarkeit städtischer Lösun-*

gen in reinen Wohngebieten oder in Geschäftsstraßen auf die hochbelasteten Ortskerne der kleinen Orte mit Mischnutzung ist nicht möglich. In der kommunalen Praxis müssen für flächenhafte Verkehrsberuhigungskonzepte daher einfallsreiche Mischformen gefunden werden. Bereiche, die in der kleinstädtischen Praxis als Fußgängerbereiche, verkehrsberuhigte Zonen oder Kfz-Sperrzonen verkehrsrechtlich gekennzeichnet sind, lassen sich daher häufig bei der Beobachtung des Verkehrsgeschehens nicht eindeutig voneinander abgrenzen. Beispielsweise sind viele „Fußgängerbereiche" wegen zahlreicher Ausnahmegenehmigungen und entsprechend hohen Fahrverkehrs in der Realität typische Mischverkehr-Zonen.

Letztlich würde dies die Aufstellung eines neuen Definitionskatalogs erfordern. So wird in diesem Bericht die übliche Bezeichnung „Fußgängerbereich" durch den zutreffenderen Begriff „Vorrangbereich für Fußgänger" ersetzt. In diesen Bereichen hat der Fußgänger zwar Vorrang vor den Fahrzeugen – aber es ist kein Nur-Fußgänger-Bereich.

Ein Ausgangspunkt dieser Untersuchung war die Frage: Können durch den gezielten Einsatz von verkehrlichen Maßnahmen/Maßnahmenkombinationen die umweltbelastenden Wirkungen des massenhaften Kfz-Verkehrs und gleichzeitig die Attraktivität des betrachteten Gebietes oder Ortes beeinflußt werden? Unter „Attraktivität" wird hier die

(1) Attraktivität durch gute „gesunde" Umweltbedingungen und die

(2) Attraktivität des Straßenraumes als integrierter Bestandteil des Erholungsbereichs

verstanden.

Erholungsfreundliche Verkehrskonzepte werden von Erholungsgästen tendenziell besser angenommen als von den Einheimischen. Widerstände sind in erster Linie von Vertretern des örtlichen Gewerbes zu erwarten (vor allem von Einzelhandel, Beherbergungs- und Gaststättengewerbe). Sie gehen fast immer auf befürchtete Attraktivitätsverluste für den Ort im Hinblick auf die Bedürfnisse seiner Kur- und Erholungsgäste zurück. Die konkreten Planungsergebnisse werden daher vorwiegend von diesen Bedenken und ganz besonders von den Mobilitätsbedürfnissen der einheimischen Bevölkerung geprägt. *Die Übertragbarkeit des hier vorgeschlagenen Konzepts „Erholungsfreundliche Verkehrsmaßnahmen" sowie der dokumentierten Erfahrungen von Kur- und Erholungsorten ist daher auch auf Gemeinden mit geringem Fremdenverkehrsanteil möglich.*

Ein bedeutsames Zwischenergebnis war die Erkenntnis, daß nicht die Beseitigung von Kapazitätsengpässen des fließenden und ruhenden Verkehrs, sondern vielmehr die Erhaltung bzw. Wiederherstellung der Attraktivität des Ortes für Erholungsgäste und Einheimische als die vorrangige Zielsetzung der lokalen Maßnahmen in den Untersuchungsgemeinden anzusehen ist.

Die im Vergleich mit den rein verkehrlichen Gesichtspunkten herausragende bzw. ausschlaggebende Bedeutung des Attraktivitätsaspekts ergab zwangsläufig spezifische Anforderungen an die anwendungsorientierte Aufbereitung der Untersuchungsergebnisse. Die – für die Darstellung verkehrsplanerischer Lösungsvorschläge neuartige – Konzeption des vorliegenden Handbuchs läßt sich wie folgt skizzieren:

– Das erholungsfreundliche Verkehrskonzept ist nicht als Bündel passiver Schutzmaßnahmen, sondern als aktives, gestaltendes Instrumentarium zu verstehen.

– Die Konzentration des Untersuchungsobjekts auf Gemeinden bis zu 20 000 Einwohnern ermöglicht gezielte Informationen für diese bisher vernachlässigte Gemeindegruppe. Die jeweilige wirtschaftliche Bedeutung des Fremdenverkehrs ist dabei von untergeordneter Bedeutung.

– Auf die Darstellung aufwendiger Modellvorhaben, die die finanziellen und planerischen Kapazitäten der einzelnen Gemeinde überschreiten, wird verzichtet. Die vielfältigen

Nutzungsverflechtungen in den örtlichen Problemzonen erfordern jeweils ortsspezifische Maßnahmenbündel. Statt modellhafter Lösungsvorschläge und Handlungsanweisungen mit einer großen Zahl von Nebenbedingungen wird daher dem gezielten Erfahrungsaustausch auf zwischenörtlicher Ebene mit den dargestellten Referenzgemeinden der Vorzug gegeben.

- Der Erfolg des erholungsfreundlichen Verkehrskonzepts ist letztlich von der Akzeptanz bei den Straßenbenutzern abhängig – die perfekte verkehrstechnische Lösung ist dabei nicht allein entscheidend. In einem besonderen Abschnitt sind daher problemorientierte, praktizierte Beispiele für die Information betroffener Bürger und Erholungsgäste durch Gemeinde- oder Kurverwaltungen zusammengestellt.
- Für eine hohe Akzeptanz ist die Beteiligung aller interessierten Bürger bereits in der Vorplanungsphase erforderlich. Dieses Handbuch ist daher auf die Benutzung durch den Nicht-Verkehrsplanungsexperten ausgerichtet. Es soll vor allem

    - den Entscheidungsträgern in den Kommunen,
    - den Planungsbeteiligten aus der gewerblichen Wirtschaft,
    - der Fremdenverkehrswirtschaft und
    - den sonstigen interessierten Bürgern

    Anregungen zur Entwicklung ortsspezifischer Maßnahmenkonzepte geben, die auf den Erfahrungen anderer Gemeinden mit ähnlicher Ausgangssituation aufbauen.

Ausführliche Zusammenstellungen von Informationsstellen und von problembezogener Literatur runden die Darstellung der lokalen Erfahrungen in den Untersuchungsgemeinden ab.

Die hier vorgelegte Arbeit zeigt die Einsatzvielfalt des verkehrsplanerischen Instrumentariums für ein erholungsfreundliches Verkehrskonzept. Für die praktische Verkehrsplanung ergeben sich nun die weitergehenden Fragen: Wie können diese Planungsinstrumente in die Praxis umgesetzt werden? Welche Nebenbedingungen sind zu beachten? Dies erfordert als logischen nächsten Schritt die Definition, die inhaltliche Strukturierung und die qualitative Erfassung des *Entscheidungsumfeldes*, dessen Faktoren – zumindest kurzfristig – weitgehend verkehrsunabhängig gesehen werden können. Voraussetzung ist, daß auch eine solche Untersuchung praxisnah durchgeführt wird und zu empirisch abgesicherten Ergebnissen führt.

Transport Planning for a Recreation-friendly Environment
Handbook on Traffic-restraint Measures
for Small Towns and Communities in Rural Areas (Summary)[*]

In industrial and service societies the urban area is becoming increasingly important as an ecological equalisation zone and as a recreation zone for the urban population. Owing to the great popularity of the private car for recreation and leisure-time activities, recreation and holiday traffic is now considered the only sector of personal travel exhibiting substantial growth rates. The heavy traffic of the local population is superimposed upon the simultaneous and growing „tourist traffic" to and from holiday resorts, excursions from the resorts, and day and week-end trips.

Therefore the burdensome effects of large volumes of private transport upon man and his living space have had a major influence on the expectations concerning new approaches to transport planning solutions. The demands for an environment-oriented shape of transport are not restricted to particularly heavily burdened conurbations. Rather, they are increasingly raised in small towns and communities in rural areas, too. Therefore the concept of "Recreation-friendly transport measures" presented here and the documentation of planning and working aids from the practical work of local authorities, which has been prepared in the manner of a handbook, are specifically geared to the information needs of planners, political decision makers, the tourist industry and interested citizens in smaller places. They are defined as towns of up to about 20,000 inhabitants and parts of major localities with a comparable number of inhabitants. The presentation of the well-known concepts for restraining traffic in residential neighbourhoods of bigger towns is deliberately omitted, since the direct application of the measures tested there is not possible. The procedure used for elaborating the project and the concept underlying this report of results have concentrated on the mediating function for the inter-communal exchange of experience.

In view of project limitations in terms of time and funds, it was only possible to reduce the existing gaps in our knowledge in this field to the extent to which this is feasible by the recording, comparison and initial interpretation of measures for which experience is available in the local authorities, some of which extends over decades. Thus preference is deliberately given to this processing and evaluation of available experience over analyses accompanying a project, highly short-term effects and also speculative findings resulting from and concerning expensive model projects.

Already today the existing transport planning instruments provide, in most problem cases, possible situations in terms of traffic control and traffic restraint measures, which are tailored to the individual situation. The concept of „Recreation-friendly transport measures" is based on already well-tried instruments. Their successful use, however, presupposes a high level of creative adaptation during the planning, implementation and operation stages. Consequently, "patent solutions" are not to be expected. Rather, the theoretically possible and practically implemented combinations of measures presented here are intended to provide stimuli for planners and political decision makers, which make it easier for them to develop a transport concept geared to the typical features of the town or locality concerned. Initial aids are given for deciding on the existing problems of selection. Mere spatial shifts of traffic-induced loads can be avoided if this transport concept is designed area-wide and integrated into the development planning for a settlement as a whole.

---

[*] Translation from the German by ERICH FELDWEG.

The logical and necessary continuation of this approach is a recreation-space-oriented concept. Initial studies from the year 1980 have not been followed up so far because, to begin with, both the agency commissioning the project and the researchers to whom it was commissioned accorded priority to solving traffic problems inside built-up areas.

The discussion of the theory and practice of transport policy and transport planning in built-up areas has so far clearly focused on medium-sized and big towns. This also applies to the issue of "traffic restraint" used as a solution. However, practical experience shows that the one-sided emphasis on the "urban" aspect in traditional transport planning and traffic restraint planning has for years no longer been in agreement with reality at the local level.

- Heavy loads caused by motorised traffic and demands for improved environmental conditions are a central local policy issue in communities of all sizes today.
- As a reaction, locally specific transport concepts have been developed and have already been implemented even in small towns and rural communities.

Initial preliminary investigations had shown

- that communities and towns of up to 20,000 inhabitants are practically never found in the specialised literature concerning traffic restraint, and
- that decades of experience pertaining to traffic regulating measures have already been accumulated in this community size class, mainly in health resorts and recreation places.

The rapidly increasing importance of traffic restraint measures was underlined by the amendments to the Highway Code (German acronym StVG) and the Road Traffic Regulations (German acronym StVO) in 1980. The extension of the instruments of transport policy by "Traffic-restraint precincts", where the coexistence (on an equal footing) of motorised and non-motorised traffic is the basic principle, should involve a new dimension of the overall shaping of traffic even in smaller localities.

This would be of special relevance for the core areas of small towns and rural communities which are exposed to a heavy burden. The mixed use by traffic, housing, supply, administration, entertainment etc., which prevailed there, had so far restricted or even made impossible the redesigning into pedestrian precincts or areas with reduced motor traffic.

Today a wide spectrum of measures of varying intensity is available, comprising

- priority for non-motorised traffic (for instance in pedestrian precincts),
- mixed zones with equal rights for pedestrians and vehicles (for instance traffic-restraint zones according to signs 325 and 326 of the StVO),
- restrictions on vehicular traffic in terms of space and time (e. g. according to Sec. 45 of the StVO).

The use of traffic measures is not restricted to their functions of regulating, controlling or restraining traffic. The passive housing-protection function which is emphasised in the case of traffic-restraint precincts thrusts into the background the possibilities of actively promoting urbaneness, experiencing the environment while walking, and communication. With a view to tourism it should not be overlooked that the use of predominantly restrictive measures may have an ecologically beneficial effect, but at the same time reduces attractiveness for the car-minded vacationist or visitor of a health resort. A way out of this dilemma is shown by the concept of "Recreation-friendly transport measures" presented here.

The point of departure of this study was the question of how the ecologically detrimental effects of large volumes of motor traffic and, at the same time, the attractiveness of the area or place under consideration can be influenced by the purposive use of traffic measures or combinations of measures. For the purpose of this study, "attractiveness" comprises

(1) attractiveness due to good "healthy" environmental conditions and
(2) attractiveness achieved by designing the road space in such a way that it becomes an integrated component of the recreation area.

The theoretical/scientific deficits and the awareness of the great potential of accumulated practical experience were another point of departure of this study. A comprehensive stock-taking of traffic measures and concepts of such measures as well as their application-oriented processing were intended to provide a solid information base for

– further scientific studies,
– better allowance to be made for this group of local authorities in laws, acts, regulations and the like,
– practical transport planning work,
– the decision makers at the local level,
– interested parties from trade and industry,
– other interested citizens.

Starting with the initial data used for the diploma thesis of W. SCHRECKENBERG written under the guidance of Professor HEINZE at the Technical University of Berlin (TU Berlin), two written surveys conducted in 1981 and 1982, as well as numerous personal talks, served to compile the experience of

– 692 local authorities in the Federal Republic of Germany,
– 76 local authorities in Switzerland, and
– 263 local authorities in Austria.

The paper presented here is the final report covering the entire project.

The return rate of almost 75 % in both written surveys was surprisingly high. If one considers the often stated excessive stress caused by surveys of all kinds, this result may be assessed as a sign of an extremely lively interest in the issue of "Traffic restraint in small towns and rural communities". The marked interest of the local authorities participating and the keen demand for the survey results justify the expectation that participation in the follow-up projects will be sufficient, too. 642 out of the 692 communities studied in the Federal Republic of Germany (i. e. about 93 %) have fewer than 20,000 inhabitants. Thus the experience gained by means of the research project entitled "Area-wide traffic restraint" conducted by the three Federal Institutes Bundesanstalt für Straßenwesen, Bundesforschungsanstalt für Landeskunde und Raumordnung and Umweltbundesamt can be supplemented, because, in this entire large project, only the model community of Borgentreich falls into this size group.

Traffic restraint in smaller places has not yet been institutionalised as a planning object. Both the initiative to embark on initial considerations and their actual implementation are highly dependent on individuals. Integration into the development concept for a settlement as a whole or into a general transport plan is rare. The concept of the report presented here, prepared in the manner of a handbook, which includes the explanatory parts B and C and the documentary parts D to G, as well as a problem-oriented bibliography, should be particularly helpful for administrative experts, politicians and interested citizens without specific technical knowledge.

The available instruments of traffic-controlling measures are applicable in smaller places, too. However, it is precisely in smaller places that traffic-restraint planning must take into account specific secondary conditions that are independent of the traffic field itself (environment of the decision-making process), the actual influence of which on the planning process is still largely unknown.

The central problem of these secondary conditions results from the spatial superimposition of various land uses and activities. Urban solutions implemented in purely residential neighbourhoods or in business streets cannot be applied to the heavily burdened cores of small places with mixed use. Therefore, in the practical work of local authorities, imaginative mixed forms must be found fore area-wide traffic-restraint concepts. Consequently, areas which small towns designate, for the purpose of road traffic law, as pedestrian precincts, traffic-restraint zones or areas prohibited for motor vehicles often cannot be clearly delimited from each other when observing the traffic there. For example, many area-wide "pedestrian precincts" are in reality typical mixed-use areas on account of numerous exemption permits granted and the consequent heavy vehicular traffic. Ultimately, this would call for the drawing up of a new catalogue of definitions. Thus, the usual term "pedestrian precinct" is in this report replaced by the more appropriate term "pedestrian priority precinct". While in these precincts pedestrians enjoy prioritiy over vehicles, they are not pedestrian-only precincts.

The area-wide solutions of the concepts of measures shown in depth (in part D3), have, as a rule, been brought about by gradual spatial and temporal extensions and by the inclusion of additional types of vehicles. This demonstrates that the recreation-friendly traffic concept is a dynamic process: improvements in small areas or at certain points induce and intensify the demands for a complement in terms of time and space or in terms of intensity.

The assessment of a given traffic situation by the local citizen and by the recreation-minded vacationist or health resort visitor is predominantly linked to the subjectively perceived burden, the individual load-bearing capacity and the prevailing ("objective") initial situation. An assessment exclusively or mainly by means of technical standards (such as traffic volume [motor veh./hour], speed [kph], noise level [db[A]], emission of pollutants [CO level of the air], accident rate and the like) is likely to favour rather inefficient and uneconomical decisions. Such formal definitions of technical standards in terms of recommendations almost always develop a dynamic of their own by standardising and thus neglecting the individuality of the locally specific planning reality and by persistently impairing the creative development and implementation of locally typical concepts. Numerous local authorities have, for example, so far managed to solve their problems precisely by a rather unconventional combination of individual measures.

In this context it should be borne in mind that the commitment to a particularly low burden level is bound to require radical solutions which can hardly be enforced. High burden limits, on the other hand, favour solutions the inadequate effects of which quickly entail demands for extended or more stringent measures.

Pedestrian precincts and traffic-restraint areas (signs 325/326 of the StVO) are fairly frequently prestige objects of local decision makers and are often set up without being integrated into an area-wide concept. Out of a total of 66 measures reported as traffic-restraint "areas", 38 consists of only one street section and 14 of two street sections. Among the 20 projects reported as being in the planning stage, these mini-areas are also in the majority. In the case of mergers of local authorities a wide scattering of individual objects in newley build residential neighbourhoods of the various settlements, which had presented no problems even before, is observed.

Recreation-minded visitors tend to accept recreation-friendly traffic concepts more readily than local residents. Resistance is to be expected primarily from representatives of local business (mainly retailers, hotels and restaurants). Almost invariably such resistance is attributable to the fear of a loss of attractiveness of the community with a view to the needs of recreation-minded vacationists and health resort visitors. Therefore the concrete planning results are mainly influenced by such misgivings and especially by the mobility requirements of the local population. Thus the concept of "Recreation-friendly transport measures" proposed here and the documented experience of health and recreation resorts can also be applied to communities where the share of tourism is low.

The study report presented here shows the variety of uses to which transport planning instruments can be put for the benefit of a recreation-friendly transport concept. As far as practical transport planning is concerned the following wider issues arise: how can these planning instruments be implemented in practice? What secondary conditions must be taken into account? This requires, as the next logical step, the definition, the structuring in substance and the qualitative ascertainment of the environment surrounding the decision-making process the factors of which may be seen – at least in the short run – as largely traffic-independent. This presupposes that such a study, too, should be carried out in close touch with practical conditions and that it should lead to empirically underpinned results.

Teil A
Benutzeranleitung

Die folgenden Hinweise sollen die Handhabung des umfangreichen Gesamtberichts erleichtern. Zunächst die Grobfassung des Inhaltsverzeichnisses:

(1) Einleitungen

(2) Konzept „Erholungsfreundliche Verkehrsmaßnahmen"

    Teil B   Erholungsfreundliche Verkehrsmaßnahmen im naturnahen Raum

    Teil C   Erholungsfreundliche Verkehrsmaßnahmen in Kleinstädten und Landgemeinden

(3) Dokumentationen

    Teil D   Dokumentation erholungsfreundlicher Verkehrsmaßnahmen

        D 1   Dokumentation erholungsfreundlicher Verkehrsmaßnahmen im naturnahen Raum

        D 2   Dokumentation erholungsfreundlicher Verkehrsmaßnahmen in Kleinstädten und Landgemeinden

        D 3   Dokumentation erholungsfreundlicher Maßnahmenkonzepte ausgewählter Referenzgemeinden

    Teil E   Tabellarische Gliederung der Referenzgemeinden

    Teil F   Arbeitshilfen – Praktische Beispiele aus den Referenzgemeinden

    Teil G   Sonstige Planungs- und Arbeitshilfen

    Teil H   Gesamt-Verzeichnis der verwendeten Literaturquellen und weitere einschlägige Literaturquellen

    Teil I   Sachwortverzeichnis

I. Anleitung für die erstmalige Benutzung

Als erster Arbeitsschritt wird die Lektüre des Teils B (bei Planungsobjekten im *Außenbereich*) oder des Teils C (bei Planungsobjekten im *Innerortsbereich*) vorgeschlagen. Nach diesem „Einstieg" sollte Teil D 3 mit den ausführlichen Maßnahmenbeschreibungen aus 23 Gemeinden als Ganzes betrachtet werden. Die hier vorgestellten Kombinationen von

– restriktiven Maßnahmen für Kraftfahrzeuge,
– unterstützenden Maßnahmen und zugehörigen
– Ausnahmeregelungen

zeigen deutlich die komplexen Problemstellungen in der Praxis – aber auch die Lösungsmöglichkeit – auf. Eine starre Anwendung der vorhandenen technischen Regelwerke, Richtlinien und Verordnungen dürfte nur in sehr einfachen Fällen optimale Planungskonzepte ermöglichen. Die zulässige flexible Anwendung erfordert jedoch ein hohes Verantwortungsbewußtsein bei Planern und Entscheidungsträgern!

Die im Teil D 3 jeweils angegebenen „Erfahrungen mit vollzogenen Maßnahmen" geben auch einen Einblick in die Kompenenten des sogenannten „verkehrsunabhängigen Entscheidungsumfelds" (siehe Erläuterungen im Teil C, Kapitel 5.3), dessen oft ausschlaggebender Einfluß auf die Auswahl von verkehrlichen Maßnahmen und auf deren spätere Akzeptanz bei den Straßenbenutzern häufig unterschätzt wird.

Die weiteren Arbeitsschritte können wie unter II. vorgeschlagen erfolgen.

II. Anleitung für die laufende Nutzung

Beispiel: Gesucht werden Informationen für die Entwicklung eines erholungsfreundlichen Verkehrskonzepts mit Einschluß eines *Vorrangbereichs für Fußgänger (Fußgängerzone)*

Erster Schritt: Aufsuchen des Begriffs „Vorrangbereich für Fußgänger" im Sachwortverzeichnis (= Teil I). Die hier angegebenen Verweise erleichtern den Zugriff zu den Informationen der übrigen Teilabschnitte:

Teil C: hier die Kapitel 3.2.1 bis 3.2.2

Teil E: hier Übersicht E 2. In der Übersicht E 2 sind diejenigen Referenzgemeinden systematisiert aufgelistet, die die Planung und/oder Einrichtung eines Vorrangbereichs für Fußgänger gemeldet haben. Die Gliederung nach Gemeindegruppe (wie Heilbad, Luftkurort usw.) und nach Gemeindegröße ermöglicht die gezielte Vorauswahl von Referenzgemeinden. Nähere Angaben zu diesen Gemeinden – einschließlich einer örtlichen Auskunftsstelle für ergänzende Informationen – sind im Teil D 2 dokumentiert.

Die Systematik der Kennziffern im Teil D 2 ist regional bestimmt: Bundesrepublik Deutschland/Österreich/Schweiz. Die weitere Gliederung erfolgt nach Bundesländern/Kantonen und Fremdenverkehrsgebieten.

Teil D 3: Maßnahmenbeschreibungen mit Einschluß von Vorrangbereichen für Fußgänger, hier: Amrum (Gemeinde Norddorf), Bad Kissingen usw.

Die Referenzgemeinden des Teils D 3 sind alphabetisch geordnet: von Insel Amrum (mit 3 Gemeinden) bis Westerland.

Teil F: Die im Teil F zusammengestellten Arbeitshilfen sind als Bilder F 1 ff. gekennzeichnet. Sie wurden amtlichen Formularen, Informationsschriften für einheimische Bürger oder Kur- und Erholungsgäste sowie Werbematerialien entnommen, die die Gemeinde- oder Kurverwaltungen der Referenzgemeinden freundlicherweise zur Verfügung stellten. Diese breit angelegte Wiedergabe ist auch Zeichen der großen Bedeutung, die den nicht-technischen Begleitmaßnahmen im Rahmen des Gesamtkonzepts „Erholungsfreundliche Verkehrsmaßnahmen" zukommt.

Die in den Teilen D 2, D 3, E 2 bis E 5 und F dokumentierten Ausführungsbeispiele werden durch Zusammenstellungen von Informationsquellen ergänzt:

Teil H: Literaturauswahl zum Themenkreis Erholung/Verkehr/Verkehrsberuhigung i. w. S. einschließlich der einschlägigen Gesetze, Verordnungen und amtlichen Hinweise.

Teil G: Auswahl technischer Regelwerke, Anschriften ausgewählter Institutionen und ein Verzeichnis der im Gesamt-Literaturverzeichnis aufgeführten Zeitschriften.

Weitere Erläuterungen sind den Teilabschnitten jeweils als Vorbemerkungen vorangestellt.

Übersicht A

Zusammenstellung von Verkehrszeichen
(Auszug aus der Straßenverkehrs-Ordnung der Bundesrepublik Deutschland)

Zeichen	Zeichen-Nr. lt. StVO	Bezeichnung	Bemerkungen
	205	Vorfahrt gewähren!	
	206	Halt! Vorfahrt gewähren!	
	220	Einbahnstraße	
	241	Sonderweg Fußgänger	Das Zeichen 241 wird zur Kennzeichnung von "Fußgängerzonen" bzw. "Fußgängerbereichen" – hier: "Vorrangbereiche für Fußgänger" genannt – verwendet. Im Teil E – Übersichten E 2 bis E 5 – ist Zeichen 241 Symbol für derartige vorhandene/geplante Vorrangbereiche.
	250	Verbot für Fahrzeuge aller Art	
	251	Verbot für Kraftwagen	
	252	Verbot für Krafträder, auch mit Beiwagen, Kleinkrafträder, Fahrräder mit Hilfsmotor und Kraftwagen	Im Teil E – Übersichten E 2 bis E 5 – ist Zeichen 252 Symbol für vorhandene/geplante Straßen oder Bereiche mit Fahrbeschränkungen für Fahrzeuge aller Art/Kraftfahrzeuge aller Art (z.B. Nachtfahrverbote).
	253	Verbot für Lastkraftwagen mit einem zulässigen Gesamtgewicht über 2,8 t und Zugmaschinen, ausgenommen Personenkraftwagen und Kraftomnibusse	Im Teil E – Übersichten E 2 bis E 5 – ist Zeichen 253 Symbol für vorhandene/geplante Straßen oder Bereiche mit Fahrbeschränkungen für Lastkraftwagen.

Zeichen	Zeichen-Nr. lt. StVO	Bezeichnung	Bemerkungen
	255	Verbot für Krafträder, auch mit Beiwagen, Kleinkrafträder und Fahrräder mit Hilfsmotor	Im Teil E – Übersichten E 2 bis E 5 – ist Zeichen 255 Symbol für vorhandene/geplante Straßen oder Bereiche mit Fahrbeschränkungen für motorisierte Zweiräder.
	267	Verbot der Einfahrt	
	274	Zulässige Höchstgeschwindigkeit	Im Teil E – Übersichten E 2 bis E 5 – ist Zeichen 274 Symbol für vorhandene/geplante Straßen oder Bereiche mit Geschwindigkeitsbeschränkungen.
	282	Ende sämtlicher Streckenverbote	Im Teil E – Übersichten E 2 bis E 5 – ist Zeichen 282 Symbol für vorhandene/geplante Umfahrungsstraßen. Bei Orts-Umfahrungsstraßen sind in der Regel keine Streckenverbote zu erwarten.
	283	Haltverbot	
	286	Eingeschränktes Haltverbot	
	290	Zonenhaltverbot	
	301	Vorfahrt	
	306	Vorfahrtstraße	
	314	Parkplatz	

Zeichen	Zeichen-Nr. lt. StVO	Bezeichnung	Bemerkungen
	325	Beginn eines Verkehrsberuhigten Bereichs	Im Teil E – Übersichten E 2 bis E 5 – ist Zeichen 325 Symbol für vorhandene/geplante verkehrsberuhigte Straßen oder Bereiche, die mit den Zeichen 325 und 326 gekennzeichnet sind.
	326	Ende eines Verkehrsberuhigten Bereichs	
	353	Einbahnstraße	
	802	Zusatzschild: Kinderspiel auf der Straße erlaubt	Im Teil E – Übersichten E 2, E 4 und E 5 – ist Zusatzzeichen 802 Symbol für vorhandene/geplante verkehrsberuhigte Straßen oder Bereiche, die nicht mit den Zeichen 325/326 gekennzeichnet sind (z.B. sog. Spielstraßen mit der Zeichenkombination 250 und 802).

Teil B
Erholungsfreundliche Verkehrsmaßnahmen im naturnahen Raum

1. Zielsetzungen

In raumordnungspolitischer Sicht lassen sich Planung und Umsetzung wirkungsvoller erholungsfreundlicher Verkehrsmaßnahmen drei grundsätzlichen Zielsetzungen zuordnen:

(1) In *bereits überlasteten Gebieten* können sie einen Beitrag zur Verbesserung der Umweltbedingungen leisten oder zumindest deren weitere Verschlechterung abschwächen.

(2) In *noch nicht voll belasteten* Gebieten schaffen sie die Voraussetzung für eine geordnete Weiterentwicklung im Rahmen der Raumplanung.

(3) In *neu zu erschließenden* Gebieten können sie von vornherein gravierende Fehlentwicklungen vermeiden.

2. Chancen der Umsetzung im naturnahen Raum

Im Gegensatz zur Situation in den städtischen Ballungsgebieten erreichen die Umweltbelastungen aus dem motorisierten Individualverkehr im naturnahen Raum ihre Spitzenwerte durch den Urlaubsreise- und den Naherholungsverkehr. „Konzentrationserscheinungen beim rollenden Verkehr treten in erster Linie beim Rückreiseverkehr an Sonntagen auf. Sie verursachen für die an den Verkehrsachsen zwischen Quell- und Zielgebieten ansässige Bevölkerung teilweise unträgbare Immissionen"[1]. Restriktive Maßnahmen – analog zur Verkehrsberuhigung in den Städten – würden also insbesondere den freizeitbedingten Verkehr treffen.

Um allzu große Hoffnungen auf Entlastungswirkungen durch verkehrliche Maßnahmen zu dämpfen, erscheinen jedoch noch drei Bemerkungen bedeutsam:

(1) Die Reduzierung des Problems „Tourismus und Umweltbelastung" auf den Straßenverkehr berücksichtigt nicht die Schäden aus den sonstigen touristischen Aktivitäten, wie sie KRIPPENDORF als „Landschaftsfresser"[2] beschrieben hat. Die Beeinflussung der Nutzung ist jedoch eher Aufgabe der Raumplanung und der Freizeitpolitik. Eingriffe in den Freizeitbereich gelten jedoch als besonders delikates Thema[3], da die Freizeit wie kaum ein anderer Bereich als Privatangelegenheit empfunden wird („Freizeit beinhaltet im deutschen Sprachgebrauch eindeutig die Assoziation mit Freiheit"[4]).

---

[1] Schweizerischer Fremdenverkehrsverband, Dokumentations- und Beratungsstelle: Der rollende und ruhende Verkehr in Naherholungsgebieten. Hrsg.: Bundesamt für Industrie, Gewerbe und Arbeit, Zentralstelle für regionale Wirtschaftsförderung, Bern 1981, S. 5.

[2] Vgl. KRIPPENDORF, J.: Die Landschaftsfresser. Tourismus und Erholungslandschaft – Verderben oder Segen? Bern – Stuttgart 1975.

[3] Vgl. LENZ-ROMEISS, F.: Freizeitpolitik in der Bundesrepublik, in: Schriftenreihe der Kommission für wirtschaftlichen und sozialen Wandel (Hrsg.), Band 67, Göttingen 1975, S. 3.

[4] ROMEISS-STRACKE, F.: Freizeit zu Hause – Freizeit unterwegs. Verhaltensweisen und Entwicklungstrends der „Mobilen" Freizeitgesellschaft. Referat auf dem Kongreß „Wohnen und Freizeit 2000" am 19. September 1979 in Frankfurt am Main, veranstaltet vom Verband der Automobilindustrie e. V. (VDA) (als Manuskript veröffentlicht), S. 19.

(2) Die Freizeitaktivität „Driving for pleasure" würde sich in die Gebiete ohne verkehrliche Beschränkungen verlagern, denn „häufig ist diese Fahrt wichtiger als das Gasthaus oder der Aussichtsturm etc., dem die Fahrt gegolten hat"[5]. Ergebnis wäre lediglich die räumliche Verschiebung des Problems.

(3) Die aktuelle Diskussion des „Waldsterbens" zeigt, daß Verursacher und Betroffene häufig räumlich weit voneinander entfernt sind. Dadurch wird die Ermittlung der möglichen Entlastungswirkungen eher zu einer Vermutung. Darüber hinaus können die vorhandenen Belastungsmodelle weder die lokale Belastbarkeit der Landschaft noch die individuelle Belastbarkeit der betroffenen Wohnbevölkerung und der Erholungsgäste quantitativ bestimmen.

3. Maßnahmenkonzepte

(1) Traffic-management

– Durch den Ausbau attraktiver Straßen zur weiträumigen Umfahrung soll der Verkehr kanalisiert und aus den gefährdeten Regionen abgesogen werden.

– Durch Appelle und Hinweise, z. B. als Informationen zum Urlaubsreiseverkehr im Rahmen des jährlich aufgestellten Feriennetzmodells des Bundesministers für Verkehr[6], und durch verkehrstechnische Maßnahmen, z. B. durch großräumige Lenkung mittels Wechselwegweisern, sollen Überlastungen des Straßennetzes vermieden werden.

– An besonders kritischen Tagen und Straßenbereichen sollen sogenannte „Stauberater" des ADAC neben der Information zur Verkehrssituation vor allem für die psychischen Probleme der gestreßten Kraftfahrer zuständig sein[7].

(2) Straßennetzgestaltung

Als weitere Möglichkeit bietet sich die Beeinflussung der Erreichbarkeitsverhältnisse an, die häufig als „Verhinderungsstrategie" für Straßenneubauten in Erscheinung tritt. Dem Schutz der im Rahmen der Bundesverkehrswegeplanung ermittelten umweltempfindlichen[8] und unzerschnittenen verkehrsarmen Räume über 100 km[9] sollte besondere Aufmerksamkeit gewährt werden. Die sorgfältige Bewertung projektbedingter Vor- und Nachteile für Fremdenverkehrsregionen und Erholungslandschaften bei der Aufstellung des Bundesverkehrswegeplans 1980 hat bereits mit dazu beigetragen, „daß in sensiblen Gebieten die Planung für rd. 7000 Kilometer neuer Bundesautobahnen aufgegeben worden ist"[10].

---

[5] HÖPPING-MOSTERIN, U.: Die Ermittlung des Flächenbedarfs für verschiedene Typen von Erholungs-, Freizeit- und Naturschutzgebieten. In: Beiträge zum Siedlungs- und Wohnungswesen und zur Raumplanung, Band 6, Hrsg.: ERNST, W., Institut für Siedlungs- und Wohnungswesen der Universität Münster, Münster (Westfalen) 1973, S. 93.

[6] Vgl. Bundesminister für Verkehr (Hrsg.): Feriennetzmodell 1983. Informationen zum Urlaubsreiseverkehr, Bonn 1983.

[7] Vgl. O. V.: Guter Rat im Stau. ADAC will Autofahrer von motorisierten Helfern trösten lassen. In: Süddeutsche Zeitung, Nr. 193 vom 25. 8. 1981, München, S. 18 sowie O. V.: Motorisierte Stauberater, in: Der Tagesspiegel, Nr. 11 132 vom 9. 5. 1982, Berlin, S. 52.

[8] Vgl. FRITZ, G.: Ermittlung und Berücksichtigung umweltempfindlicher Räume im Hinblick auf die Bundesfernstraßenplanung. In: Natur und Landschaft, Jg. 54, Heft 10/1979, S. 331–332.

[9] Vgl. LASSEN, D.: Unzerschnittene verkehrsarme Räume in der Bundesrepublik Deutschland. In: Natur und Landschaft, Jg. 54, Heft 10/1979, S. 333–334.

[10] Deutscher Bundestag: Fremdenverkehr. Antwort der Bundesregierung auf die Große Anfrage der Abgeordneten Müntefering u. a. und der Fraktionen der SPD und FDP – Drucksache 9/2082 vom 5. 11. 1982, S. 24.

4. Naturreservate

4.1 Kategorien von Schutzgebieten

Eine Sonderstellung kommt den Gebieten zu, in denen Natur und Landschaft unter besonderen rechtlichen Schutz gestellt worden sind. Es werden die Kategorien
- Naturschutzgebiete,
- Nationalparks,
- Landschaftsschutzgebiete,
- Naturparks

sowie als Einzelobjekte
- Naturdenkmäler und
- geschützte Landschaftsbestandteile

unterschieden[11].

„Insgesamt steht etwa ein Drittel der Fläche des Bundesgebietes unter Schutz bzw. ist als Natur- oder Nationalpark ausgewiesen"[12] (vgl. Übersicht B 1), wobei je nach Bundesland unterschiedliche Kriterien verwandt werden[13] und die jeweiligen Anteile an der Gesamtfläche erheblich differieren.

Übersicht B 1: *Schutzgebiete im Bundesgebiet*[14]

	Anzahl	Fläche (ha)	Flächenanteil (%)
Naturschutzgebiete[a]	1.198	222.879	0,9
Nationalparke	2	–	–
Landschaftsschutzgebiete[b]	5.367	5.069.436	20,4
Naturparke	57	41.800	16,8
Bundesgebiet			38,1

a) ohne Naturschutzgebiete in Küstengewässern
b) ohne Nordrhein-Westfalen

Die Ausweisung eines Raumes als Schutzzone wird von der Fremdenverkehrswirtschaft als Werbeargument und von den Touristen als Qualitätsmerkmal verstanden und auch entsprechend angenommen. Darin liegt ein Grundwiderspruch, der in der Diskussion verkehrsbeeinflussender Maßnahmen noch wenig beachtet wird. Ein Hauptziel dieser Maßnahmen ist Sicherung bzw. Wiederherstellung der Attraktivität für den Tourismus bzw. für das Wohnen. Mit wachsendem Zielerreichungsgrad wächst jedoch der Grad der Bedrohung, die letztlich zur Selbstzerstörung durch Übernutzung führen kann.

---

[11] Näheres hierzu im Gesetz über Naturschutz und Landschaftspflege (Bundesnaturschutzgesetz – BNatSchG) vom 20. Dezember 1976, BGBl. I, S. 3574 ff. als Rahmengesetz und in den Regelungen der Bundesländer zum Naturschutz-, Forst- und Wasserrecht.

[12] Deutscher Bundestag: Umweltpolitik. Antwort der Bundesregierung auf die Große Anfrage der Abgeordneten Konrad u. a. und der Fraktionen der SPD und FDP – Drucksache 8/3279, Bundestagsdrucksache 8/3713 vom 27. 2. 1980.

[13] RUPPERT, K.: Kulturlandschaft erhalten heißt Kulturlandschaft gestalten. In: Kulturlandschaft in Gefahr, Hrsg.: MAYER-TASCH, P. C., Köln – Berlin – Bonn – München 1976, S. 43.

[14] Nach Bundesminister für Ernährung, Landwirtschaft und Forsten (Hrsg.): Naturschutz und Landschaftspflege in der Bundesrepublik Deutschland. Bonn 1978, S. 13f.

*4.2 Der Nutzungskonflikt am Beispiel des Alpen- und
des Nationalparks Berchtesgaden*

Dieser Konflikt zwischen Natur- und Landschaftsschutz einerseits und Tourismus andererseits wird am Beispiel des Alpenparks Berchtesgaden deutlich. Der südliche Abschnitt von Königssee bis zur österreichischen Grenze ist als Nationalpark[15] Berchtesgaden ausgewiesen, das übrige Gebiet wird „Vorfeld" genannt (vgl. Übersicht B 2).

Übersicht B 2:   *Alpen- und Nationalpark Berchtesgaden
                    (Übersichtsplan)*[16]

4.2.1 Nutzungen im Nationalpark Berchtesgaden

Die verkehrsmäßig bedeutsamen Nutzungsbeschränkungen innerhalb des Nationalparks Berchtesgaden sind der auszugsweise dargestellten „Verordnung über den Alpen- und den Nationalpark Berchtesgaden" vom 18. Juli 1978 entnommen[17]:

§ 9 Absatz 3:
„Weiter ist es verboten, folgende Bau- und Erschließungsmaßnahmen sowie Nutzungsänderungen vorzunehmen: ...

---

[15] Zur Definition „Nationalpark" siehe § 14 des Bundesnaturschutzgesetzes, a. a. O. sowie Art. 8 des Gesetzes über den Schutz der Natur, die Pflege der Landschaft und die Erholung in der freien Natur (Bayerisches Naturschutzgesetz – BayNatSchG) vom 27. Juli 1973, GVBl. S. 437ff., ber. S. 562.

[16] Entnommen einer Informationsmappe für Nationalparkbesucher. Hrsg.: Nationalparkverwaltung Berchtesgaden: Nationalpark Berchtesgaden – Exkursionsführer, Ramsau, o. J. (1980?).

[17] Verordnung über den Alpen- und den Nationalpark Berchtesgaden. Erlaß der Bayerischen Staatsregierung vom 18. Juli 1978, GVBl. Nr. 18/1979, S. 499–504.

4. Wege und Straßen sowie Skiabfahrten anzulegen oder zu verändern,
5. Bergbahnen einschließlich Schleppaufzügen zu errichten,
..."

§ 9 Absatz 4:
„Verboten ist es ferner, folgende Handlungen vorzunehmen:
1. die Gewässer mit Booten, Fahrzeugen und Schwimmkörpern aller Art zu befahren, sowie sportliche oder organisierte Tauchübungen durchzuführen,
2. außerhalb der dem öffentlichen Verkehr gewidmeten Straßen mit Kraftfahrzeugen aller Art im Sinne des § 1 Abs. 2 des Straßenverkehrsgesetzes oder mit Wohnwagen zu befahren oder diese dort abzustellen sowie außerhalb der zugelassenen Wege zu reiten oder mit bespannten Fahrzeugen zu fahren, ..."

Ausnahmen: § 11 Absatz 1:
„Unberührt bleiben folgende Tätigkeiten: ...
4. der Einsatz von Elektrobooten durch die Staatliche Verwaltung Schiffahrt Königssee,
5. der Einsatz von Elektrobooten durch die staatlichen Verwaltungen bei zwingend notwendigen Dienstfahrten und der Einsatz je eines Elektrobootes durch den Berufsfischer, für die Bewirtschaftung der Fischunkel- und Salletalm und für die Versorgung der Gaststätten St. Bartholomä und Salletalm,
6. der Einsatz und die Vermietung von bis zu insgesamt fünfzig Ruderbooten durch die Staatliche Verwaltung Schiffahrt Königssee,
7. das Befahren der gesperrten Straßen und Wege mit Kraftfahrzeugen von staatlichen Verwaltungen bei zwingend notwendigen Dienstfahrten und für rechtlich zulässige Maßnahmen nach §§ 10 und 11,
8. das Befahren der gesperrten Straßen und Wege mit elektrisch angetriebenen Krankenfahrstühlen,
..."

4.2.2 Nutzungen im Vorfeld des Nationalparks

Die noch weitgehend erhaltene Naturlandschaft wird von der Fremdenverkehrswirtschaft in ihren Werbeschriften als Werbeargument eingesetzt. Embleme des Nationalparks auf Selbstklebefolie, sog. Sticker (s. Übersicht B 3), eignen sich besonders gut zum Bekleben von Pkw-Fensterscheiben. In kurzer Entfernung von der nördlichen Begrenzung des Nationalparks am Königssee – im Bereich des „Vorfelds" – „befindet sich ein riesiger Parkplatz für bis zu 2500 Pkw. Dazu kommt ein gesonderter Busparkplatz mit ca. 80 Stellplätzen. Die Verkehrsanbindung erfolgt von Berchtesgaden aus über die breite Königsseer Straße"[18]. Die Förderung der intensiven touristischen Nutzung außerhalb des Nationalparks entspricht der Forderung der Fremdenverkehrswirtschaft: „Was im Nationalpark nicht möglich ist, muß im Vorfeld verstärkt angestrebt werden".

An diesem Beispiel wird die räumliche Verschiebung der umweltbelastenden Nutzungen besonders deutlich. Auch bei der Umstellung der Personentransporte vom Individualverkehr auf emissionsarme öffentliche Verkehrsmittel bliebe der Anteil der Belastung aus touristischen Aktivitäten unverändert erhalten. Dieser Konflikt ist auch den Verantwortlichen bekannt: „Der Schutz des Nationalparks Berchtesgaden wird durch das Verhalten seiner Besucher gefördert oder in Frage gestellt"[19].

Der gezielte Einsatz der Unversehrtheit naturnaher Gebiete als Werbeargument für den Tourismus ist auch bei der Einrichtung eines Nationalparks „Hohe Tauern" in Österreich beabsichtigt. Gegen eine Festlegung des Nationalparkgebiets auf Regionen oberhalb 2000 m wird u. a. eingewendet, daß die große Masse der Urlaubsgäste nicht in derartige Zonen vordringen würde. "... daher würde der sonst für möglich gehaltene wirtschaftliche Aufschwung, den der Nationalpark bringen könnte, unterbleiben"[20].

---

[18] Aus einer Broschüre anläßlich der Bewerbung des Marktes Berchtesgaden um die Austragung der XV. Olympischen Winterspiele 1988 beim Nationalen Olympischen Komitee für Deutschland (NOK) vom 20. Oktober 1980, Berchtesgaden, S. 11.

[19] Entnommen aus einem Hinweisblatt der Nationalparkverwaltung Berchtesgaden, Ramsau, o. J.

[20] STOIBER, H. H.: Virgental-Studie und Nationalpark Hohe Tauern. In: Berichte zur Raumforschung und Raumplanung, Jg. 22, Heft 1/1978, Wien – New York, S. 21.

Übersicht B 3   *Werbeplakette des Alpen-*
                       und des Nationalparks Berchtesgaden

Emblem auf Selbstklebefolie, entnommen einer Informationsmappe für Nationalparkbesucher, hrsg. von der Nationalparkverwaltung Berchtesgaden, Ramsau (Größe des Originals 72 × 104 mm)

Nationalpark Berchtesgaden

5. Lösungsansatz

Die umweltfreundliche Gestaltung des Durchgangsverkehrs einschließlich des „Autowanderns" sowie des Zielverkehrs bei An- und Abreise durch
- verkehrslenkende Maßnahmen,
- Beschränkungen für den motorisierten und nicht-motorisierten Individualverkehr und/ oder
- konsequente Förderung des Öffentlichen Verkehrs

führt über die Erhöhung der Widerstandsfunktion für den motorisierten Verkehr zur Verschlechterung der Erreichbarkeitsverhältnisse. Für den attraktiven naturnahen Raum dürften sich dadurch lediglich partiell Entlastungswirkungen ergeben. Entscheidend ist dagegen die Beeinflussung der touristischen und verkehrlichen Nutzungsarten.

Die Nationalparkverwaltung Berchtesgaden strebt eine Konfliktlösung „zum ersten dadurch an, daß im Nationalpark lediglich Erholungsformen zugestanden werden, die ausschließlich zu Fuß zu nutzen sind, wie Wandern, Bergsteigen, Skitourenfahren ohne Aufstiegshilfen und präparierte Pisten. Zum zweiten sind die Standorte und Trassen der Erholungsangebote so zu wählen, daß größere zusammenhängende Gebiete der Naturschutzaufgabe vorbehalten bleiben. Auf diese Weise müßte es möglich sein, in einem für die Mehrheit schwierigen Gelände den Erholungsverkehr durch ein *attraktives Angebot* und *nicht durch Ver- und Gebote* zu lenken"[21]. Es bestehen jedoch noch Zweifel, „ob die Bereitschaft zum Verzicht auf eine mögliche Nutzung auf Dauer bestehen wird"[22].

---

[21] ZIERL, H.: Nationalpark Berchtesgaden. In: Forstwirtschaftliches Centralblatt, Jg. 98, Heft 1/1979, S. 16.

[22] ZIERL, H.: Nationalpark Berchtesgaden, a. a. O., S. 18.

Damit kommt der Festlegung eines Handlungsrahmens durch die Raumplanung die ausschlaggebende Bedeutung zu. Die Verkehrsplanung muß innerhalb dieses vorgegebenen Rahmens und unter Beachtung der übergeordneten verkehrspolitischen Zielsetzung in erster Linie die sichere und umweltfreundliche Gestaltung der unbedingt notwendigen Transporte von Gütern und Personen gewährleisten und optimieren.

Teil C
Erholungsfreundliche Verkehrsmaßnahmen in Kleinstädten und Landgemeinden

1. Vorbemerkungen

Der Gedanke der „Verkehrsberuhigung" ist in den wenigen Jahren seiner konkreten Existenz zu einem beherrschenden Thema geworden. Dies gilt sowohl für den Bereich der Planungswissenschaften und der Politik (Verkehr, Siedlungsentwicklung, Umweltschutz) als auch für realisierte Planungen. Die Novellierung von Straßenverkehrsgesetz (StVG) und Straßenverkehrs-Ordnung (StVO) im Jahre 1980 gab mit der Einführung der „Verkehrsberuhigten Bereiche" Zeichen 325 und 326 StVO neue Impulse für die praktische Umsetzung. Die Verkehrsberuhigung verließ ihren bisherigen Status als Modellvorhaben. Inzwischen ist die Literatur zu diesem Themenkreis, wie
- amtliche Verordnungen, Richtlinien und Hinweise,
- Auswertungen vollzogener Maßnahmen und Planungsvorschläge der Wissenschaft sowie
- Erfahrungsberichte der Praktiker auf der Planungs- und Vollzugsebene,

für den verantwortlichen Planer vor Ort kaum noch zu überschauen.

Als prinzipielle Hauptrichtungen einer umweltfreundlichen Verkehrsgestaltung werden genannt:
- die Minderung fahrzeugbedingter Emissionen (vor allem von Lärm und Abgasen),
- die Erhöhung der Verkehrssicherheit (vor allem für nicht-motorisierte Verkehrsteilnehmer) und
- die Verbesserung des Wohnumfeldes.

Der Problemdruck in den stark belasteten und hochverdichteten Wohnquartieren der großen und mittleren Städte ist besonders groß: ca. 60 % der bundesdeutschen Wohnbevölkerung wohnt in 5,7 % aller Gemeinden[1]. Die bisherige Verkehrsberuhigungsdiskussion hat sich daher vorrangig an der Situation dieser Gemeindegruppe orientiert.

Diese räumliche Beschränkung hat den Charakter verkehrsberuhigender Maßnahmenkonzepte als „Wohnschutz" immer mehr in den Vordergrund geschoben. Die Forderungen nach Umbenennung der Zeichen 325 und 326 StVO von „Verkehrsberuhigter Bereich" in „Wohnstraße" oder „Wohnbereich" machen diese Entwicklung besonders deutlich (vgl. hierzu ausführlich Kapitel 3.3.5).

Den Ballungsräumen vergleichbare Belastungen durch den motorisierten Straßenverkehr treten jedoch auch in Kleinstädten und Landgemeinden auf. Besonders problematisch ist dies in den Kur- und Erholungsorten, wo sie mit den Erwartungen an eine hohe Umweltqualität zusammentreffen. Bei der Suche nach Lösungsmöglichkeiten wurden Planer, politische Entscheidungsträger, Fremdenverkehrswirtschaft und interessierte Bürger bisher kaum unterstützt. Die vorherrschende Siedlungs- und Flächennutzungsstruktur – vor allem in den stark belasteten Kernbereichen dieser Orte – ist mit den Verhältnissen in Wohnbereichen von Mittel- und Großstädten nicht zu vergleichen. Damit sind auch die bereits zahlreich dokumentierten Erfahrungen mit Wohnschutzmaßnahmen auf die kleinen Orte nicht übertragbar. Wegen dieses Mangels an gemeindegruppenspezifischen Informationen und fehlenden eigenen Erfahrungen besteht daher die Gefahr, daß Konzeptionen und Gestaltungselemente einfach von den bekannten Lösungen übernommen werden.

---
[1] Vgl. Statistisches Jahrbuch Deutscher Gemeinden, Hrsg.: Deutscher Städtetag, Jg. 68, Köln 1981, S. 82f.

Die Hervorhebung des Schutz-Charakters, wie
- Schutz vor Verkehrsunfällen,
- Schutz vor Verkehrslärm,
- Schutz vor Autoabgasen usw.

verkennt darüber hinaus die aktiv gestaltende Komponente verkehrlicher und verkehrsberuhigender Maßnahmen. „Die Gestaltung des Straßenraumes spielte in der Vergangenheit bei der Planung und dem Entwurf von Straßen häufig nur eine marginale Rolle. Die Gründe dafür sind vielschichtig: Teilweise wurde dieser Komponente des Entwurfs nur eine untergeordnete Bedeutung beigemessen, teilweise waren die entwerfenden Ingenieure trotz guter Vorsätze infolge fehlender Beurteilungskriterien und der komplexen, nicht selten von subjektiven Merkmalen geprägten Materie einfach überfordert" (Forschungsgesellschaft für Straßen- und Verkehrswesen[2].)

Der bewußte Einsatz des verkehrsplanerischen Instrumentariums als Gestaltungselement der Siedlungs- und Verkehrsentwicklungsplanung könnte eine große Chance für die Sicherung und Steigerung der Attraktivität von Kur- und Erholungsorten bedeuten. Voraussetzung dafür ist, daß der verkehrsbeschränkende Aspekt durch Eingriffe in das Verkehrsgeschehen gleichzeitig mit einem Angebot zu einer verstärkten erholungsorientierten Nutzung des Straßenraumes verbunden wird. Grundlage eines erholungsfreundlichen Verkehrskonzeptes muß daher auch in den sog. „überschaubaren" Kleinstädten und Landgemeinden die Gesamtort-Entwicklungsplanung sein, die Siedlungs-, Verkehrs-, Wirtschafts-, Erholungs- und Umweltplanung einbezieht. Derartige flächenhafte Konzepte können sowohl die Bedürfnisse von Einheimischen und Erholungsgästen – jeweils als motorisierte und nicht-motorisierte Straßennutzer – einbeziehen als auch den räumlichen Ausgleich zwischen Bereichen unterschiedlicher Belastung und Belastbarkeit ermöglichen. Von kleinräumigen Korrekturen in besonders umweltsensiblen Bereichen sind keinerlei Auswirkungen auf das Attraktivitätsniveau des Gesamtortes zu erwarten.

Verkehrsordnende, verkehrslenkende, verkehrsbeschränkende und verkehrsberuhigende Maßnahmen werden im Teil C unter besonderer Berücksichtigung des Erholungsaspekts vorgestellt und anhand praktizierter Lösungen in Kur- und Erholungsorten erläutert. Sie stellen das Instrumentarium der erholungsfreundlichen Verkehrsmaßnahmen dar. Die Darstellung von Detaillösungen verkehrstechnischer Art (wie z. B. Bodenschwellen) und gestalterischer Art (wie z. B. Möblierungselemente) wird bewußt weggelassen.

Als Einzelmaßnahmen lassen sich im Rahmen des erholungsfreundlichen Verkehrskonzepts bezeichnen:

(1) Vorrangbereiche für Fußgänger (Fußgängerzonen),
(2) Verkehrsberuhigte Bereiche mit Gleichberechtigung für Fußgänger und Fahrzeuge gemäß Zeichen 325/326 StVO,
(3) Verkehrsberuhigte Zonen mit Beibehaltung des Separationsprinzips (=räumliche Trennung von Fahr- und Gehwegen),
(4) Bereiche mit Verkehrsbeschränkungen nach § 45 Abs. 1 und 1a StVO (vor allem Mittags- und Nachtfahrverbote),
(5) Lenkungsmaßnahmen für den ruhenden Verkehr, einschließlich Parksuchverkehr,
(6) Bevorrechtigung des öffentlichen und des nicht-motorisierten Verkehrs,

---

[2] Forschungsgesellschaft für Straßen- und Verkehrswesen: Vorwort zum Tagungsband Straßengestaltung in Städten und Gemeinden. Vorträge von der Tagung der Arbeitsgruppe „Straßenentwurf" vom 21. bis 23. September 1981 in Mainz, Köln 1982, S. 1.

(7) Ausnahmeregelungen für unterschiedliche Gruppen von Verkehrsteilnehmern,

(8) Flankierende Maßnahmen (Umfahrungsstraße, Geschwindigkeitsbeschränkung, Einbahn- und Sackgassenregelung u. ä.).

Die große Zahl von praktizierten und theoretisch möglichen Einzellösungen und Kombinationen kann dem Praktiker im kommunalen Bereich und dem interessierten Bürger einerseits die Sicherheit geben, daß es für „sein" ortsspezifisches Problem auch eine Lösung gibt. Andererseits schafft diese Vielzahl angebotener Alternativen für Fachleute wie Laien ein immenses Entscheidungsproblem. Dieses Entscheidungsproblem wird in den Kleinstädten und Landgemeinden durch folgende Faktoren noch verstärkt:

(1) Die Gemeinden sind bezüglich Planung und Entscheidung autonom. Das Vorhandensein entsprechender Fachleute für Verkehrsberuhigungsfragen kann in Kleinstädten und Landgemeinden nicht immer vorausgesetzt werden. Neben der technischen Seite ist auch die Finanzierung ein häufiges Problem, Verwaltungsstellen sind häufig personell unterbesetzt und die Bürgerschaft weist mindestens so viele Laien wie Betroffene auf.

(2) Wissenschaftlich-theoretische Arbeiten und Analysen vollzogener Maßnahmen orientieren sich in der Regel an den Problemen der großen und mittleren Städte. Wegen der gravierenden Strukturunterschiede (Verkehr, Siedlungsgestalt, Gewerbe usw.) sind direkte Analogschlüsse von größeren auf kleinere Siedlungseinheiten aber kaum möglich. Dies gilt besonders für

(3) Verwaltungsvorschriften, Planungshinweise, Richtlinien, Finanzierungsregelungen u. ä., die aus diesen Erfahrungen abgeleitet oder auf die Situation größerer Städte zugeschnitten sind. Damit sind auch die Planungsgrundlagen von Bund, Ländern und sonstigen Fachinstitutionen nur abgewandelt und teilweise anwendbar. Darüberhinaus besteht immer die Gefahr ihrer unflexiblen bürokratischen Handhabung.

Benutzerhinweis: In der folgenden Diskussion von Maßnahmengruppen, Einzelmaßnahmen und Maßnahmenkombinationen werden den einzelnen Kapiteln jeweils Hinweise auf Referenzgemeinden vorangestellt, z.B.: D 2402* Bad Füssing. Die Kenn-Nummer „D 2402" verweist auf den Teil D 2 der Dokumentation, ein „*" verweist zusätzlich auf die ausführliche Darstellung des erholungsfreundlichen Maßnahmenkonzepts dieser Referenzgemeinde im Teil D 3.

2. Konzepte erholungsfreundlicher Verkehrsmaßnahmen

2.1 Siedlungsstruktureller Ansatz

2.1.1 Neuplanungen auf der „grünen Wiese"

Ausgewählte Referenzgemeinden für dieses Maßnahmenkonzept:

D 2402* Bad Füssing   D 2405* Griesbach im Rottal

Die Gestaltungskraft von Siedlungsstruktur und Planungskonzeption auf das Verkehrsgeschehen wird an den Beispielen D 2402* Bad Füssing und D 2405* Griesbach im Rottal besonders deutlich. Die Kurviertel beider Gemeinden wurden jeweils abseits der historischen Ortskerne auf der „grünen Wiese" errichtet: in Bad Füssing: ab Ende der 50er Jahre, in Griesbach i. R.: ab 1977.

Charakteristische Merkmale des Planungskonzeptes von Griesbach i. R.:

Geschlossene Bauweise. Errichtung der Unterkünfte und des Kurmittelhauses um einen zentralen Fußgängerbereich. Dienstleistungs- und Einzelhandelsbetriebe sind jeweils im Erdgeschoß der Wohngebäude eingerichtet. Von der äußeren Erschließungsstraße können die Tiefgaragen der Übernachtungsbetriebe direkt angefahren werden.

Trotz des kostenlosen Taxidienstes zwischen Kureinrichtungen, Übernachtungsstätten und Auffangparkplatz wird von den Gästen eine weitere Reduzierung der Gehentfernungen gewünscht. Dies erfordert den nachträglichen aufwendigen Bau von Tiefgaragen für die einzelnen Beherbergungsbetriebe. Für die kurviertelinternen Aktivitäten ist die konsequente Ausrichtung auf das "Prinzip der kurzen (Fuß-)Wege" jedoch erfolgreich. Die kurnotwendigen Wege können zu Fuß durchgeführt werden, die Benutzung von Kraftfahrzeugen ist nur in Ausnahmefällen erforderlich. Darüber hinaus übernimmt die fahrzeugfreie zentrale Straße als „Zwangspunkt" für Wege der Erholungsgäste zwischen Unterkunft, Therapie-, Versorgungs- und Unterhaltungszone auch die Funktion als Kommunikationsbereich.

Diesem fußgängerorientierten Planungskonzept steht – jeweils auf die internen Verkehrsvorgänge bezogen – das eher autoorientierte Siedlungskonzept des Thermalheilbads Bad Füssing – einer Nachbargemeinde von Griesbach i. R. – gegenüber.

Charakteristische Merkmale des Planungskonzepts von Bad Füssing:

Weitläufige, parkähnliche Struktur. Offene Bauweise. Großzügig ausgebaute Erschließungsstraßen, breite Gehwege, keine Radwege. Fahrbahnen und Gehwege sind durch Grünstreifen und Baumreihen getrennt. Ausreichende Abstellflächen für Pkw bei den Unterkünften und Kurmittelhäusern (Tiefgarage). Je nach Lage der Unterkunft und der benutzten Kureinrichtung ergeben sich Entfernungen innerhalb der Kurzone bis zu ca. 1000 m.

Bei Berücksichtigung der Gästestruktur (ca. 1/3 der Übernachtungen erfolgen durch Gäste von 66 Jahren und darüber, vgl. im Teil D 3 „Charakteristische Merkmale des Tourismus") und der häufig körperlich anstrengenden Kurmittelanwendungen ist der hohe Anteil von ca. 30–40 % an Gästen verständlich, die für diese kurnotwendigen Wege regelmäßig ihren privaten Pkw benutzen. Siedlungsstruktur und der Zwang zur Benutzung von Kraftfahrzeugen auch bei Innerortswegen stehen damit in engem Zusammenhang. Wegen des starken Fahrverkehrs als Folge dieses autoorientierten Planungskonzepts wurden im Jahre 1979 erstmals Verkehrsbeschränkungen für Kraftfahrzeuge erforderlich.

Unter verkehrlichen Gesichtspunkten bildet die Konzentration der kurnotwendigen Einrichtungen (wie am Beispiel Griesbach i. R. vorgestellt) zunächst einen Idealfall mit folgenden Vorteilen:

– Minimierung der Weglängen,
– kein Verkehrslärm und keine Autoabgase im engeren Erholungsbereich,
– keine Unfallgefährdung durch Kraftfahrzeuge,
– umweltfreundliches Verkehrsmittel für den internen Verkehr (Elektro-Taxi) und
– trotzdem Verfügbarkeit über das eigene Auto nach kurzem Gehweg.

Ein Kur- und Erholungszentrum dieser Art bildet jedoch einen Sonderfall – außerhalb der Alltagswelt. Es ist daher zu vermuten, daß sich die Benutzer dieser Einrichtungen – vor allem bei längerem Aufenthalt – auf der Suche nach zusätzlichen Eindrücken in die gewachsenen Orte der Umgebung begeben. Dies dürfte wiederum Pkw-Verkehr induzieren und das Problem der Verkehrsbelastungen letztlich nur auf andere Orte bzw. auf die freie Landschaft verschieben. In der Gesamtbetrachtung des erholungsbezogenen Verkehrs innerhalb und außerhalb des Ortes ist die Null-Lösung für den motorisierten Verkehr wegen dieser Rückkopplung also nicht realisierbar.

2.1.2 Städtebauliche Maßnahmen bei vorgegebener Siedlungsstruktur

Eingriffe in gewachsene Siedlungsstrukturen sind wesentlich schwieriger als Neuplanungen. Die erholungsrelevanten Funktionsbereiche für Wohnen, Therapie, Erholung im engeren Sinne (Kurpark u. ä.), Unterhaltung und Versorgung sind in der Regel über den gesamten Ort, einschließlich des Nahbereichs in der freien Landschaft, verteilt. Eine Neuzuordnung dieser Bereiche zueinander unter dem Gesichtspunkt „Minimierung der erholungsbedingten Wege" bzw. „Minimierung der Weglängen" kann nur sehr langfristig vorgenommen werden. Dies aber ist die zentrale Voraussetzung für die Umwandlung motorisierter Verkehrsvorgänge in nicht-motorisierte und damit umwelt- und erholungsfreundlichere. Vorbedingung dafür ist ein Gesamt-Entwicklungskonzept, in das die Verkehrs- und die Siedlungsplanung integriert sind. Eine realistische Möglichkeit bietet beispielsweise ein flächenhaft angelegtes Konzept im Rahmen einer Ortssanierung. Vor allem die damit häufig verbundene Verringerung der Nutzungsdichten in vorher sehr intensiv genutzten Kernbereichen könnte zur Erreichung von Verkehrsberuhigungszielen beitragen[3].

2.2 Verkehrsplanerischer Ansatz

Gegenüber solchen langfristig angelegten Konzepten der Siedlungsentwicklungsplanung (s. Kapitel 2.1) beruhen kurzfristig realisierbare Lösungen vor allem auf verkehrsordnenden Maßnahmen. Durch den direkten Eingriff in den Verkehrsablauf können die Belastungen aus dem massenhaften Individualverkehr von Erholungsgästen und Einheimischen verringert werden. Diese Maßnahmen sind jedoch ebenfalls aus einem Entwicklungsplan für den Gesamtort abzuleiten. Dabei sind die städtebaulichen und verkehrsplanerischen Einzelmaßnahmen aufeinander abzustimmen.

Die von uns gewonnenen Erkenntnisse über den Einsatz verkehrsplanerischer Maßnahmen in Kleinstädten und Landgemeinden unter besonderer Berücksichtigung des erholungsbedingten Verkehrs werden in den folgenden Abschnitten ausführlich dargestellt.

3. Erfahrungen mit erholungsfreundlichen Verkehrsmaßnahmen

3.1 Dauermaßnahmen auf Ortsebene

3.1.1 Autofreier Ort

Ausgewählte Referenzgemeinden (vgl. Zusammenstellung im Teil D 2 der Dokumentation) für dieses Maßnahmenkonzept:

D 4306	Baltrum	D 4311	Juist
D 4312	Langeoog	D 4314	Spiekeroog
D 4316	Wangerooge	D 8007	Helgoland
CH VS 04	Saas Fee		

Die einschneidendste verkehrsbeschränkende Maßnahme ist die zeitweise oder dauernde Ausschließung des motorisierten Individualverkehrs. Neben dem bereits beschriebenen Sonderfall „Thermal-Kurviertel Griesbach im Rottal" (siehe Kapitel 2.1.1 Neuplanun-

---

[3] Forschungsgesellschaft für Straßen- und Verkehrswesen, Arbeitskreis Planung Verkehrsberuhigter Zonen: Planungshinweise zur Verkehrsberuhigung. Entwurf Juli 1981. In: Straße und Autobahn, Jg. 32, Heft 12/1981, S. 486.

gen auf der „grünen Wiese") bestehen generelle Fahrverbote für Kfz aller Art auch in den Gemeinden der ostfriesischen Inseln D 4306 Baltrum, D 4311 Juist, D 4312 Langeoog, D 4314 Spiekeroog und D 4316 Wangerooge sowie auf der Insel D 8007 Helgoland. Auf den genannten Inseln ist stets auch die freie Landschaft mit in den Verbotsbereich einbezogen. Da hier – mit Ausnahme von Sonderfahrzeugen – der motorisierte Straßenverkehr nie Eingang gefunden hat, ist die Vorrangstellung des Fußgängers bereits traditionell und Bestandteil des touristischen Angebots. Dies wird noch deutlicher durch die noch weitergehenden Verkehrsbeschränkungen für Pferdefuhrwerke und Reitpferde (D 4312 Langeoog) oder Radfahrer (D 4314 Spiekeroog) während der Sommersaison.

Konflikte zwischen Verkehrsteilnehmern sind auch in anderen „autofreien" Gebieten zu beobachten:

- Auf der Insel D 4313* Norderney mußte zum Schutz der Fußgänger die Benutzung pedalgetriebener Go-carts eingeschränkt werden,
- in CH VS 04 Saas Fee fühlen sich Gäste und Einheimische immer stärker auch durch die leisen und emissionsfreien Elektrokarren belästigt.

Obwohl zahlreiche Gäste bewußt den „autofreien" Kur- und Erholungsort wählen, verzichten sie jedoch bei ihrer An- und Abreise sowie bei Ausflügen vom Zielort aus nicht auf ihren privaten Pkw. „Ungefähr 75 % der Gäste von Saas-Fee erreichen den Kurort mit dem Auto; die übrigen benützen die Schweizer Reisepost" (Aus einer Festschrift zur Einweihung des Parkhauses Saas-Fee vom 25. Juli 1981)[4]. Dies setzt die dauernde Verfügbarkeit über das Fahrzeug und damit die Anlage von Auffangparkplätzen in zumutbarer Entfernung voraus. Ist die Auslastung gering (Saisonbetrieb), wird auf eine entsprechende Einfügung der Abstellanlagen in Landschaft und Ortsbild häufig aus Kostengründen verzichtet. Damit werden vor allem die visuellen Belastungen durch den ruhenden Verkehr an den Ortsrand oder auch in andere Gemeinden verlagert. Beispielsweise werden den Erholungsgästen der oben genannten ostfriesischen Inseln Abstellmöglichkeiten für Kraftfahrzeuge an den jeweiligen Anlegestellen der Fährschiffe auf dem Festland zur Verfügung gestellt. (In der Küstengemeinde Norddeich wurde z. B. bereits im Jahre 1931 ein Großgaragenbetrieb für die Autos der Norderney-Gäste gegründet. In Saas Fee wurden auf 4 Auffangparkplätzen ca. 1600 Stellplätze angelegt, die 1981 durch ein Parkhaus mit 950 Stellplätzen auf 9 Geschossen ergänzt wurden.)

An diesen Beispielen wird deutlich, daß auch radikale Verkehrsbeschränkungen häufig nur Teillösungen darstellen. Vor allem muß stets die Möglichkeit, lediglich Problemverschiebungen räumlicher, zeitlicher oder fahrzeugtypischer Art zu erreichen, frühzeitig in die Planungsüberlegungen einbezogen werden. Wie bereits im Teil B, Kapitel 1 „Zielsetzungen erholungsfreundlicher Verkehrsmaßnahmen in naturnahen Räumen" deutlich angesprochen, sind durch erholungsfreundliche Verkehrskonzepte allein kaum „Wunder" zu erwarten; jedoch können sie in den überlasteten, attraktiven Kur- und Erholungsorten zumindest die weitere Verschlechterung der verkehrsbedingten Umweltsituation abschwächen.

3.1.2 Ganztägige Fahrbeschränkungen im gesamten Ortsbereich

Ausgewählte Referenzgemeinden für dieses Maßnahmenkonzept sind:

D 1304* Badenweiler D 4313* Norderney
A T 06 Serfaus

---

[4] Gemeinde Saas Fee (Hrsg.): Festschrift zur Einweihung des Parkhauses Saas Fee vom 25. Juli 1981, Saas Fee, o. S.

Auf den Tourismus ausgerichtete Monostrukturen, wie sie in den beschriebenen Insel- bzw. Gebirgsgemeinden bestehen, bilden die Ausnahme. In der Praxis ergeben sich die verkehrsbezogenen Belästigungen vor allem aus der räumlich/zeitlichen Überlagerung von Aktivitäten der Einwohner, der Erholungsgäste und der Besucher ohne touristische Anlässe (z. B. Einkauf, Verwaltungsangelegenheiten in zentralen Orten usw.). Zusätzliche Konflikte entstehen, wenn in attraktiven Orten die Interessen der Langzeitgäste mit denjenigen der Naherholungsgäste kollidieren.

Ist die totale Verdrängung des motorisierten Individualverkehrs nicht möglich bzw. nicht erwünscht, kann eine erholungsfreundliche Verkehrsgestaltung durch gezielte flächenhafte Verkehrsbeschränkungen für einzelne Gruppen von Verkehrsteilnehmern oder von Fahrzeugtypen erreicht werden.

Nach der Schaffung einer großräumigen Umfahrungsmöglichkeit auf bereits vorhandenen Landesstraßen wurde für den Kernort D 1304* Badenweiler ein grundsätzliches Fahrverbot für Kfz aller Art (Zeichen 250 StVO) angeordnet. Diese Maßnahme ist auf den Zeitraum der Sommersaison begrenzt. Eine auf die unterschiedlichen Verkehrsbedürfnisse von Einheimischen und Erholungsgästen abgestimmte Ausnahmeregelung ermöglicht beiden Personengruppen die Fahrzeugbenutzung – außerhalb der Mittags- und Nachtruhezeiten.

Eine ähnliche Regelung wurde für die Stadt D 4313* Norderney getroffen. Nach Einführung eines zusätzlichen Zonenhaltverbots besteht hier eine Fahrmöglichkeit jedoch nur bis zum privaten Einstellplatz bzw. – für Erholungsgäste – bis zum Einstellplatz des Gastgebers. Liegt kein Nachweis eines Stellplatzes vor, ist die Ein-/Ausfahrt für Gäste lediglich bei Ankunft und Abreise möglich. Diese Fahrzeuge sind auf den Auffangparkplätzen abzustellen, die entlang der südlichen Umfahrungsstraße (außerhalb der Sperrzone) neu angelegt wurden. Somit ist für alle Gäste – nach einem kurzen Fußweg bis zum Ortsrand – die unbeschränkte Zufahrtsmöglichkeit mit dem eigenen Pkw zu den Hauptstränden östlich der Stadt gesichert.

(Weitere zeitlich/räumliche Fahrbeschränkungen für Pkw werden im Kapitel C 3.4 beschrieben.)

3.1.3 Bildung von Verkehrszonen

Grundsätzliche Voraussetzungen für Fahrverbote auf Ortsebene sind die Bereitstellung einer Umfahrungsmöglichkeit für den Durchgangsverkehr und die laufende Überwachung des Schleichverkehrs. Häufig wird bereits das Angebot einer Umfahrungsmöglichkeit für den überörtlichen Verkehr ohne gleichzeitige flankierende Maßnahmen innerhalb des umfahrenen Bereichs als ausreichender Beitrag zur innerörtlichen Verkehrsberuhigung betrachtet (zum Verhältnis Ortsumfahrungsstraße/innerörtliche Verkehrsberuhigung vgl. ausführlich Kapitel C 4). Die dezentrale Anordnung von Attraktionsbereichen über das gesamte Gemeindegebiet (Versorgungsbereich, Kurmittelhaus, Kurpark, Seilbahnstation usw.) erzeugt jedoch einen starken ortsinternen Kurzstreckenverkehr, dessen Anteil am gesamten Fahrzeugverkehr in der Regel unterschätzt wird. Die Belastungen durch diesen innerörtlichen „Durchgangsverkehr" sind dann vor allem in den zentralen Ortsteilen weiterhin vorhanden.

Aus diesem Grund wurde das Stadtgebiet von D 4313* Norderney in drei Verkehrszonen aufgeteilt, die gegenseitig für Kraftfahrzeuge nicht durchlässig sind. Auf der Gesamtlänge von zwei Straßenzügen in Nord-Süd-Richtung wird die Durchfahrtmöglichkeit für den vorherrschenden Ost-West-Verkehr (Kernbereich – Strände im Ostteil der Insel) unterbrochen. Die Einmündungen an der östlichen Straßenseite der Nord-Süd-Straßen sind zu Fußgängerbereichen umgestaltet oder durch Blumenkübel blockiert worden.

Damit wird die Benutzung der südlichen Ortsrandstraße für den Fahrverkehr zwischen den Verkehrszonen 1, 2 und 3 zwingend. Diese Einteilung in Verkehrszonen wurde mit einem Verkehrsleitsystem kombiniert. Eine ausführliche Beschilderung soll dem ortsunkundigen Erholungsgast die günstigste Zufahrt zu seinem Quartier und den sonstigen Einrichtungen aufzeigen. (Weitere Beispiele von Verkehrs-Orientierungsmaßnahmen und Verkehrszonen mit weiterhin bestehender Durchlässigkeit sind im Kapitel C 3.10 beschrieben.)

3.2 Ständige Maßnahmen in Teilbereichen

3.2.1 Vorrangbereiche für Fußgänger in zentralen Ortslagen

Zeichen 241 StVO „Fußgänger"

Auf der Grundlage eines einstimmigen Beschlusses des „Bund-Länder-Fachausschusses StVO" im Jahre 1977 haben die Länder weitgehend angeordnet, daß bei der Neueinrichtung von „Fußgängerbereichen" nur noch das Zeichen 241 aufgestellt werden soll. Damit soll eine bundeseinheitliche Beschilderung erreicht werden. An bereits bestehenden „Fußgängerbereichen" ist das Zeichen 250 „Verbot für Fahrzeuge aller Art" im Zuge der normalen Erneuerung durch das Zeichen 241 zu ersetzen.

Die Ausführungen der Straßenverkehrs-Ordnung (StVO) zum Zeichen 241 besagen:

§ 41 StVO: zu Zeichen Sonderwege (Auszug):

„e) wird bei Zeichen 241 durch Zusatzschild Fahrzeugverkehr zugelassen, so darf nur mit Schrittgeschwindigkeit gefahren werden."

Verwaltungsvorschrift (VwV) zu Zeichen 241 Fußgänger:

„Der Klarstellung durch das Zeichen bedarf es nur dort, wo die Zweckbestimmung des Straßenteils als Gehweg sich nicht aus dessen Gestaltung ergibt. . . ."

Ausgewählte Referenzgemeinden für Vorrangbereiche für Fußgänger in zentralen Ortslagen sind:

D 2203* Bad Kissingen
D 4402* Bad Pyrmont
D 1103* Bad Waldsee
D 2308* Berchtesgaden
D 2108* Oberstdorf
D 8019* Timmendorfer Strand
D 8021* Westerland

D 3007* Bad Orb
D 2302* Bad Reichenhall
D 2101* Bad Wörishofen
D 4313* Norderney
D 2215* Rothenburg ob der Tauber
D 1326* Todtmoos

Flächenhafte restriktive Maßnahmen – wie in den Kapiteln C 3.1.1 und C 3.1.2 beschrieben – durch zeitliche und/oder nutzungsabhängige Beschränkungen für den Gesamtort lassen sich nur selten durchsetzen. In besonders empfindlichen Teilbereichen werden sie jedoch als gezielte Maßnahme akzeptiert oder als Attraktivitätssteigerung bewertet. Die Umgestaltung zentraler Ortsbereiche mit konzentrierten Dienstleistungs-, Versorgungs- und Unterhaltungsaktivitäten in Vorrangbereiche für Fußgänger wurde u. a. in den oben genannten Referenzgemeinden vollzogen.

(Eine Gesamtübersicht der Referenzgemeinden mit vollzogenen oder geplanten Vorrangbereichen für Fußgänger gibt Übersicht E 2 im Teil E.)

3.2.1.1 Vorrangbereiche für Fußgänger mit Einbezug früherer Hauptverkehrsstraßen

Ausgewählte Referenzgemeinden sind:

D 4402* Bad Pyrmont D 2302* Bad Reichenhall
D 2308* Berchtesgaden D 2108* Oberstdorf
D 8019* Timmendorfer Strand

In den Untersuchungsgemeinden wurde(n) vor allem die zentrale(n) Geschäftsstraße(n) in Fußgängerstraße(n)[5] umgestaltet. Die vorliegenden Informationen zeigen, daß die damit verbundene Attraktivitätssteigerung zusätzlichen Fußgängerverkehr anzieht und die anliegenden Dienstleistungsbetriebe aufwertet.

Darüber hinaus können Vorrangbereiche für Fußgänger auch weitere Funktionen übernehmen, die räumlich über den begrenzten, baulich umgestalteten Bereich hinausgehen. In den kleineren Gemeinden überlagern sich in der zentralen Straße häufig die Funktionen Durchgangsverkehr, Innerortsverkehr (Hauptachse), Versorgung und Kommunikation. Eine Entscheidung für die Vorrangstellung nicht-motorisierter Aktivitäten (z. B. Einrichtung eines Vorrangbereichs für Fußgänger) erfordert daher die gleichzeitige Neuordnung des motorisierten Verkehrs. In D 2302* Bad Reichenhall und D 2308* Berchtesgaden wurden parallel zu den Vorrangbereichen neue leistungsfähige Ersatzstraßen für den innerörtlichen und überörtlichen Durchgangsverkehr erstellt bzw. vorhandene Straßen wurden ausgebaut. In beiden Beispielorten ist jedoch der verkehrsberuhigende Effekt auf den Vorrangbereich selbst beschränkt. Diese Entflechtung von Fußgängern und Kraftfahrzeugen ist unter dem Aspekt Verkehrssicherheit bedeutsam. In Bad Reichenhall wurden beispielsweise an den wichtigsten Verknüpfungspunkten zwischen den Kurzonen Fußgängertunnel erstellt. Dies erfolgte im Zuge der Ausbauarbeiten für die neue Nord-Süd-Achse. Diese Tunnel sind jedoch auch ein Ausdruck der Trennwirkung dieser Hauptverkehrsstraße. Bei einer Gesamtortsbetrachtung wird deutlich, daß durch diese Maßnahme lediglich eine räumliche Verlagerung des motorisierten Verkehrs und dessen Emissionen erfolgte. Eine ähnliche Lösung wurde in D 8019* Timmendorfer Strand gewählt. Im Bereich des engeren Kurzentrums wurde die Hauptdurchgangsstraße zur „Kurpromenade" umgestaltet. Der Fahrzeugverkehr wird auf eine neugestaltete parallele Ortsstraße gelenkt.

Die bauliche Ausgestaltung der Vorrangbereiche gilt in diesen drei Referenzgemeinden als gelungen, was sich auch an dem sehr starken Fußgängerverkehr zeigt. Neben dieser Funktion „Attraktivitätssteigerung für den Fußgänger" kann ein Vorrangbereich für Fußgänger auch als verkehrsordnende Maßnahme eingesetzt werden. In D 2302* Bad Reichenhall dient er gleichzeitig als Unterbrechung der direkten Fahrmöglichkeit in die Nachbargemeinde Bayerisch Gmain. Dadurch wird der zwischenörtliche Verkehr auf die bereits erwähnte Nord-Süd-Achse verlagert und der Bereich um das Kurhaus vom Durchgangsverkehr befreit.

In D 2108* Oberstdorf wurde in den Vorrangbereich für Fußgänger ein Teilstück der ehemaligen Hauptverkehrsachse einbezogen. Um eine Verlagerung des Fahrzeugverkehrs in die benachbarten Straßen zu vermeiden, wurde eine flächenhafte Einbahnregelung eingeführt und die Vorfahrtregelung auf einer Parallelstraße verändert. Damit wird die Attraktivität des Ortskerns für den Durchgangsverkehr erheblich herabgesetzt. Das Ziel ist die Lenkung des Fahrverkehrs auf die Umfahrungsstraße „Kleine Ostumfahrung" und damit die großräumige Umgehung des zentralen Bereichs.

---

[5] In Bayern sind lt. Bekanntmachung des Bayerischen Staatsministeriums des Innern vom 19. September 1981 Nr. IC/IID 2504 – 611/7, die Worte „Fußgängerzonen oder -straßen" grundsätzlich durch „Fußgängerbereich (Z 241)" zu ersetzen. Siehe: Vollzug der Straßenverkehrs-Ordnung, Ministerialblatt der Bayerischen Inneren Verwaltung (MABI), Jg. 33, Nr. 24 vom 23. November 1981, München, S. 688.

Auch in D 4402* Bad Pyrmont wurde die frühere Hauptverkehrsachse in einem Teilstück zu einem Einkaufs- und Kommunikationsbereich umgestaltet. Wie in Oberstdorf wird der Durchgangsverkehr durch ein Einbahnsystem im engeren Kurbereich erschwert. Der ortsinterne Verkehr in Ost-West-Richtung wird der neuen Hauptdurchgangsstraße südlich des Kurbereichs zugeführt.

3.2.1.2 Vorrangbereiche für Fußgänger ohne Einbezug von Hauptverkehrsstraßen

Ausgewählte Referenzgemeinden sind:

D 2203* Bad Kissingen
D 1103* Bad Waldsee
D 4313* Norderney
D 8021* Westerland
D 3007* Bad Orb
D 2101* Bad Wörishofen
D 2215* Rothenburg ob der Tauber

Zu den Beispielen Norderney und Bad Kissingen sei ergänzend erwähnt, daß diese Bereiche vollständig bzw. teilweise an Straßen mit ständigen Fahrbeschränkungen angrenzen (vgl. Kapitel C 3.1.2 (Norderney) und Kapitel C 3.4 (Bad Kissingen)).

Die Vorrangbereiche für Fußgänger in den historischen Altstadtbereichen von D 3007* Bad Orb und D 2215* Rothenburg o. d. Tauber stellen besonders interessante Sonderfälle dar.

Beginnen wir mit der Ausgangssituation in Bad Orb. Von den Erholungsgästen wurde (und wird) die Altstadt vorrangig als Einkaufs-, Unterhaltungs- und Bummelzone genutzt. Wegen der gut erhaltenen mittelalterlichen Stadtstruktur ist sie fester Bestandteil des touristischen Angebots. Als Wohnbereich ist sie fast ausschließlich den Einheimischen vorbehalten, der Anteil der hier gelegenen Beherbergungsbetriebe ist unbedeutend. Die Überlagerung von Fußgängerverkehr und motorisiertem Verkehr von Einheimischen und Gästen bedrohte die Attraktivität des Ortskerns – und des gesamten Ortes – für Kurgäste. Auch die Wohnnutzung für die Einheimischen wurde durch den starken motorisierten Verkehr innerhalb der Altstadt immer stärker eingeschränkt.

Die grundsätzliche Entscheidung über die Umgestaltung des gesamten Altstadtbereichs in einen Vorrangbereich für Fußgänger kann aus Kostengründen jedoch nur in einzelnen Bauabschnitten über einen längeren Zeitraum umgesetzt werden. Es wurde daher folgende Stufenlösung gewählt:

Phase 1:
Verkehrsverbot für Fahrzeuge aller Art (Zeichen 250 StVO) und Zusatzschild „Fußgängerzone Altstadt". Für Anwohner, Gewerbetreibende und Beherbergungsgäste werden Ausnahmegenehmigungen auf Antrag erteilt. Es besteht lediglich eine Einfahrtmöglichkeit. Die übrigen Einfahrten sind durch Pfosten bzw. Einbahnregelungen (Zeichen 267 StVO) gesperrt.

Phase 2:
Innerhalb der Altstadt wird in Teilbereichen die Aufenthaltsfunktion für Fußgänger durch Aufpflasterung und Möblierung hervorgehoben.

Phase 3:
Nach Beendigung der baulichen Umgestaltung ist die verkehrsrechtliche Kennzeichnung mit Zeichen 241 StVO (vgl. Kapitel 3.2.1) vorgesehen.

Nach Auskunft der Gemeinde hat sich diese Zwischenlösung voll bewährt.

Auch in der Altstadt von D 2215* Rothenburg o. d. Tauber wurde die Einrichtung einer „Fußgängerzone" ohne die allgemein üblichen baulichen und gestalterischen Maßnahmen vollzogen. Da der vorhandene Straßenbelag ausschließlich aus Pflastersteinen besteht, sind die Beseitigung der teilweise vorhandenen Hochborde und die vollständige Aufpflasterung auch zukünftig nicht vorgesehen.

Die touristische Bedeutung von Rothenburg o. d. Tauber liegt fast ausschließlich im Bereich des Ausflugtourismus, der sich auf wenige Stunden täglich konzentriert. Die besucherstärksten Wochentage sind jeweils Samstag und Sonntag. Dieser Besucherrhythmus war ausschlaggebend für die zeitliche Begrenzung der Fußgängerzonen-Regelung: sie ist lediglich samstags von 13.00–17.00 Uhr und sonntags von 10.00–17.00 Uhr in Kraft. Wie in Bad Orb werden die Fahrmöglichkeiten der Anwohner nicht eingeschränkt. Ausnahmegenehmigungen werden durch die Stadtverwaltung erteilt.

Nach Aussage der Stadtverwaltung Rothenburg o. d. Tauber wird die zeitweise Einrichtung eines Vorrangbereichs für Fußgänger von Anwohnern, städtischen Behörden, Polizei und vielen Touristen positiv bewertet. Nicht bewährt hatte sich dagegen ein früherer Versuch zur Verkehrsberuhigung im gleichen Stadtgebiet durch ein Fahrverbot für Fahrzeuge aller Art an Wochenenden (Zeichen 250 StVO mit Zusatzschild 803 „Anlieger frei").

Die bisherigen Erfahrungen in D 3007* Bad Orb und D 2215* Rothenburg o. d. Tauber zeigen, daß die Akzeptanz der Vorrangstellung für Fußgänger nicht an ein bestimmtes „genormtes Fußgängerzonen-Umfeld" gebunden ist. In beiden Referenzgemeinden wurde besonders darauf hingewiesen, daß neben dem Ausschluß der Gästefahrzeuge auch die Verbesserung des Wohnumfeldes für die einheimische Bevölkerung eine wesentliche Rolle gespielt hat. Die Übertragbarkeit dieser Lösungen dürfte vor allem auf historische Altstadtbereiche anderer Gemeinden möglich sein.

3.2.1.3 Vorrangbereiche für Fußgänger zur Erweiterung von Ruhebereichen

Ausgewählte Referenzgemeinden sind:

D 2203* Bad Kissingen
D 2302* Bad Reichenhall
D 8015* Norddorf/Amrum
D 5202* Bad Lippspringe
D 5209* Horn-Bad Meinberg

In den obengenannten Referenzgemeinden wurden Vorrangbereiche ganz oder teilweise zur Erweiterung der Ruhebereiche eingerichtet. In D 2203* Bad Kissingen wurden mehrere Straßen dem öffentlichen Verkehr entwidmet und voll in den Kurpark eingegliedert. Hierzu gehört auch ein Teilstück einer früheren Hauptzufahrtsstraße. In anderen Gemeinden haben die Vorrangbereiche eine Aufgabe als „Pufferzone" zwischen den Erholungszonen i. e. S. (wie z. B. Kurpark, Sanatorium) und den übrigen Bereichen (D 5202* Bad Lippspringe, D 2302* Bad Reichenhall, D 5209* Horn-Bad Meinberg).

Der Vorrangbereich der Inselgemeinde D 8015* Norddorf/Amrum wird aus Wohnstraßen gebildet. Durch die Lage am Ortsrand wird eine fahrzeugverdünnte Zone als Übergang zum Kfz-freien Nordteil der Insel Amrum geschaffen.

3.2.1.4 Vorrangbereiche für Fußgänger mit Verbindungsfunktion

Ausgewählte Referenzgemeinden sind:

D 2203* Bad Kissingen
D 1108* Meersburg
D 8021* Westerland
D 5202* Bad Lippspringe
D 2108* Oberstdorf

Eine Funktion der in Kapitel C 3.2.1.3 genannten Maßnahmen besteht u. a. in der räumlichen Trennung von Bereichen unterschiedlicher Nutzungen, d. h. vor allem von

Bereichen ohne Fahrbeschränkungen und von Ruhezonen. In anderen Gemeinden werden fußgängerfreundliche Straßen auch zur Verbindung räumlich getrennter Bereiche verwendet. Die jeweiligen Hauptnutzungsarten in den so verknüpften Gebieten können sowohl gleich als auch unterschiedlich sein.

Besonders deutlich wird die Verbindungsfunktion bei der ca. 1000 m langen Fußgängerstraße in D 5202* Bad Lippspringe, die die beiden Kurzentren des Ortes mit jeweils eigenständigem Sanatoriumsbereich, Kurpark und Kurmittelhaus miteinander verknüpft. Durch Bepflanzung, Möblierung und Straßencafés wird darüber hinaus auch der Charakter als Kommunikationsbereich hervorgehoben.

Auch in der Fußgängerstraße „Friedrichstraße" in D 8021* Westerland ist die Verbindungsfunktion deutlich erkennbar. Diese Straße führt vom Ortskern (DB-Bahnhof, Busbahnhof) zur wichtigsten Übergangsstelle am Hauptstrand.

In D 2203* Bad Kissingen werden der Vorrangbereich für Fußgänger in der Altstadt (Einkaufs-, Unterhaltungs-, Bummelzone) und die engere Kurzone mit dem Kurpark und den Kurmittelhäusern durch eine Fußgängerstraße verbunden.

Eine Sonderregelung wurde für die fußgängerfreundliche Verbindung zwischen „Unterstadt" und „Oberstadt" in D 1108* Meersburg gewählt (Höhenunterschied ca. 40 m). Aus touristischer Sicht sind sowohl die historische Altstadt (Oberstadt) als auch die am Bodenseeufer gelegene Unterstadt eigenständige Attraktionsbereiche für Besucher. Fahrmöglichkeiten zwischen diesen Ortsteilen bestehen über die Bundesstraße B 31 und eine kürzere Direktverbindung. Letztere wurde zunächst zur Einbahnstraße (mit Fahrtrichtung Unterstadt) erklärt. Zusätzlich wurde ein Fahrverbot für Fahrzeuge aller Art (Zeichen 250 StVO) von 11.00 bis 06.00 Uhr angeordnet. Zur Hervorhebung der gewünschten Vorrangstellung für Fußgänger wird täglich während des Fahrverbotszeitraums ein bewegliches Schild „Z 250" StVO mit Zusatzschild „Fußgängerzone" im Bereich der Fahrbahn aufgestellt. Bauliche Veränderungen wurden bisher nicht vorgenommen.

In D 2108* Oberstdorf wurden zwei unterschiedliche Lösungen für die Verbindung des Vorrangbereichs für Fußgänger im Ortskern (vgl. Kapitel C 3.2.1.1) mit den Außenbereichen gewählt. In südlicher Richtung können die Kfz-freien Oberstdorfer Gebirgstäler über Fußgängerstraßen und -wege erreicht werden. Auf dieser Kombination inner- und außerörtlicher Maßnahmen beruht der werbewirksame Slogan: „Oberstdorf – Größte Fußgängerzone Deutschlands". Eine zweite fußgängerfreundliche Verbindung im Zuge der ehemaligen zentralen Hauptverkehrsstraße ist mit der bereits im Jahre 1980 erfolgten Beschilderung eines weiteren Teilstücks als „Verkehrsberuhigter Bereich" mit den Zeichen 325/326 StVO erstellt worden (vgl. hierzu Kapitel C 3.3.4.2).

Die „Fußgängerzone" wird auch in anderen Gemeinden als Attraktion für die Fremdenverkehrswerbung eingesetzt. Abbildungen und zugehörige Textbeschreibungen weisen vor allem auf die Kommunikationsfunktion der „Bummelzone" hin (vgl. Teil F, Bilder F 132 bis F 137).

Mit Ausnahme des Meersburger Beispiels werden die hier dargestellten Fußgänger-Verbindungsstraßen – zum Teil mehrfach – vom Fahrverkehr gekreuzt. An diesen Kreuzungsbereichen wurden ampelgesicherte Übergänge erstellt.

3.2.2 Ausnahmeregelungen in Vorrangbereichen für Fußgänger

In den zum Teil großflächig angelegten Fußgängerzonen und in den Fußgängerstraßen ist die dauernde Ausschließung des Fahrzeugverkehrs nicht durchführbar. In Abhängigkeit von der Nutzungsstruktur der anliegenden Bereiche bestehen daher sehr unterschiedliche Ausnahmeregelungen

- nach Fahrzeugarten (Pkw, Lkw, Krafträder, Fahrräder) und
- nach Benutzergruppen (Anwohner, Gewerbe, Anlieferung, Gäste).

Zeitlich begrenzte Ausnahmeregelungen sind vor allem für den *Lieferverkehr* vorgesehen. Eine Auswertung der Angaben von 30 Untersuchungsgemeinden ergab eine eindeutige Priorität für den Zeitraum 06.00–10.00 Uhr (für 07.00–09.00 Uhr in 25 der 30 Gemeinden). Eine weitere Anlieferungsperiode liegt zwischen 18.00 und 20.00 Uhr (8 Gemeinden).

Ausnahmeregelungen für *Anwohner* bestehen in der Regel ohne zeitliche Einschränkungen. Von den 4 Meldungen mit nur zeitweiliger Fahrgenehmigung nennen alle den Zeitraum 06.00–10.00 Uhr und 3 zusätzlich den Zeitraum 18.00–21.00 Uhr.

Die Bezeichnung „Fußgängerbereich" ruft häufig die Assoziation mit „Auto-Verbot" hervor. Die Maßnahmenkonzepte in den Referenzgemeinden weisen jedoch Regelungen auf, die die zeitlich begrenzte Vorrangstellung des Fußgängerverkehrs mit den ortstypischen Bedürfnissen nach Kfz-Erreichbarkeit kombinieren.

Eine ausführliche Zusammenstellung von praktizierten Ausnahmeregelungen erfolgt im Anschluß an die Erläuterungen zu den Fahrbeschränkungen nach § 45 Abs. 1 und 1a StVO (vgl. Kapitel C 3.6). An dieser Stelle ist vorab die Oberstdorfer Regelung zu erwähnen: Das Radfahren im Schrittempo ist im gesamten Vorrangbereich gestattet.

3.3 Verkehrsberuhigte Bereiche und Wohnstraßen

3.3.1 Allgemeines

Verkehrsordnende Maßnahmen, die in den betreffenden Straßen den Fahrzeugverkehr bei Beachtung gewisser Auflagen zeitlich uneingeschränkt zulassen, sind unter dem Begriff „Verkehrsberuhigung" in den letzten Jahren zu einem zentralen Thema der Siedlungs- und Verkehrsplanung geworden. Als Ziele werden u. a. genannt:

„Durch Maßnahmen der Verkehrsberuhigung sollen die Straßen in einem *Wohnbereich* so verändert werden, daß die Verkehrsstärken vermindert und die Kraftfahrer zu langsamer und rücksichtsvoller Fahrweise veranlaßt werden. Zugleich kann das *Wohnumfeld* verbessert werden und es sollen nach Möglichkeit mehr Freiflächen entstehen, insbesondere dort, wo entsprechende Mängel herrschen. So soll erreicht werden, daß die Verkehrssicherheit verbessert und das Leben in der *Stadt* angenehmer wird."[6] (Hervorhebungen d. d. Verf.)

„Die Europäische Konferenz der Verkehrsminister (CEMT) kam aufgrund der ersten guten Ergebnisse eines probeweisen Umbaus von Verkehrsflächen überein, für derartige Gebiete ein neues Verkehrszeichen zu vereinbaren, das den EG-Staaten einzuführen freigestellt wurde. Für das Zeichen wurden Verhaltensvorschriften festgelegt, die fast wörtlich der bereits am 27. August 1976 erfolgten Ergänzung des niederländischen Gesetzes über Verkehrsregeln und Verkehrszeichen gleichen. Die niederländische Regelung lautet:

Artikel 88 a):
Fußgänger dürfen Straßen, die innerhalb eines als solches gekennzeichneten Wohngebietes liegen, über die volle Breite benutzen; auf diesen Straßen ist das Spielen erlaubt.

---

[6] PFUNDT, K.; MEEWES, V.; MAIER, R.: Verkehrsberuhigung in Wohnbereichen. Teil 1: Grundlagen; Teil 2: Rahmenplanung; Teil 3: Planung, Entwurf, Durchführung. In: Empfehlungen der Beratungsstelle für Schadenverhütung des Verbandes für Haftpflicht-, Unfall-, Auto- und Rechtsschutzversicherer e.V. (HUK-Verband) (Hrsg.) Nr. 1, 2. Auflage, Köln 1981, S.10.

Artikel 88 b):
Kraftfahrer dürfen innerhalb der Wohngebiete nicht schneller als mit Schrittgeschwindigkeit fahren. Sie haben der möglichen Anwesenheit von Fußgängern, darunter spielenden Kindern, Gegenständen aller Art (wörtlich nicht markierte Gegenstände) und Unregelmäßigkeiten in der Fahrbahndecke und im Verlauf der Straße Rechnung zu tragen.

Artikel 88 d):
1. Kraftfahrer dürfen innerhalb eines Wohnbereiches Fußgänger nicht behindern.
2. Fußgänger dürfen Kraftfahrer dort nicht unnötig bei ihrer Fortbewegung behindern.

Auch die UN-Wirtschaftskommission für Europa (ECE) diskutierte dieses Zeichen mit seinen Verhaltensvorschriften. Das bedeutet, daß vielleicht auch die europäischen Ostblockstaaten diese Regelungen übernehmen werden."[7]

Von zentraler Bedeutung sind in diesem Zusammenhang die Regelungen zu „Verkehrsberuhigten Bereichen" (Bundesrepublik Deutschland) bzw. „Wohnstraßen" (Schweiz, Österreich).

3.3.2 Regelungen in den Untersuchungsländern

3.3.2.1 Bundesrepublik Deutschland: Verkehrsberuhigte Bereiche gemäß Zeichen 325/326 StVO

Mit der Änderung der Straßenverkehrs-Ordnung (StVO) vom 21.Juli 1980 wurden die Verkehrsberuhigten Bereiche (Zeichen 325 und 326) in der Bundesrepublik Deutschland eingeführt.

Zeichen 325   *Zeichen 326*

Anfang   *Ende*

eines Verkehrsberuhigten Bereichs

§ 42 StVO: zu Zeichen 325/326 „Verkehrsberuhigter Bereich" (Auszug):

„Innerhalb dieses Bereichs gilt:
1. Fußgänger dürfen die Straße in ihrer ganzen Breite benutzen; Kinderspiele sind überall erlaubt.
2. Der Fahrzeugverkehr muß Schrittgeschwindigkeit einhalten.
3. Die Fahrzeugführer dürfen die Fußgänger weder gefährden noch behindern; wenn nötig müssen sie warten.
4. Die Fußgänger dürfen den Fahrverkehr nicht unnötig behindern.
5. Das Parken ist außerhalb der dafür gekennzeichneten Flächen unzulässig, ausgenommen zum Ein- oder Aussteigen, zum Be- oder Entladen."

Verwaltungsvorschrift (VwV) zu den Zeichen 325/326 StVO „Verkehrsberuhigte Bereiche"[8] (Auszug):

---

[7] SCHÜTTE, K.: Verkehrsberuhigung im Städtebau. Praktische Hinweise für Planung und Kommunalpolitik. In: Neue Kommunale Schriften, Heft 49, Köln–Stuttgart–Berlin–Hannover–Kiel–Mainz–München 1982, S. 25 f.

[8] Allgemeine Verwaltungsvorschrift zur Straßenverkehrs-Ordnung (VwV-StVO) in der Fassung vom 21. Juli 1980. In: Verkehrsblatt, Heft 14/1980, S. 521.

„II. „Örtliche Voraussetzungen. Die Kennzeichnung von verkehrsberuhigten Bereichen setzt voraus, daß die in Betracht kommenden Straßen, insbesondere durch geschwindigkeitsmindernde Maßnahmen des Straßenbaulastträgers oder der Straßenbaubehörde, überwiegend Aufenthalts- und Erschließungsfunktionen haben.

III. Bauliche Voraussetzungen
1. Maßgebend für die Beschilderung von verkehrsberuhigten Bereichen sind – neben der damit angestrebten Erhöhung der Verkehrssicherheit – Gesichtspunkte des Städtebaus, insbesondere der Verbesserung des Wohnumfeldes durch Umgestaltung des Straßenraumes.
2. Die mit Zeichen 325 erfaßten Straßen müssen durch ihre Gestaltung den Eindruck ermitteln, daß die Aufenthaltsfunktion überwiegt und der Fahrzeugverkehr hier eine untergeordnete Bedeutung hat. Dies kann u. a. dadurch erreicht werden, daß der Ausbau der Straße sich deutlich von angrenzenden Straßen, die nicht mit Zeichen 325 beschildert sind, unterscheidet. In der Regel wird ein niveaugleicher Ausbau für die ganze Straßenbreite erforderlich sein.

. . .

IV. Die Kennzeichnung von verkehrsberuhigten Bereichen kommt sowohl für alle Straßen eines abgegrenzten Gebietes als auch für einzelne Straßen und Straßenabschnitte in Betracht.

(. . .)

VI. Sonstiges. Neben der Einrichtung von verkehrsberuhigten Bereichen (Zeichen 325) kommen zur Verbesserung der Verkehrssicherheit und aus städtebaulichen Gründen u. a. folgende Maßnahmen in Frage:
1. Veränderungen des Straßennetzes oder der Verkehrsführung, um den Durchgangsverkehr zu verhindern, wie die Einrichtung von Sackgassen, Sperrung von ‚Schleichwegen‘, Diagonalsperre von Kreuzungen,
2. die Sperrung für bestimmte Verkehrsarten, ggf. nur für die Nachtstunden,
3. die Anordnung von Haltverboten und Geschwindigkeitsbeschränkungen an besonderen Gefahrenstellen (z. B. Zeichen 274 mit 136),
4. die Einrichtung von Einbahnstraßen,
5. Aufpflasterungen.

Erfahrungsgemäß verspricht nur die Kombination mehrerer dieser Maßnahmen Erfolg."

3.3.2.2 Schweiz: Wohnstraße gemäß Signal 3.11/3.12 SSV

Eine den Zeichen 325/326 Straßenverkehrs-Ordnung vergleichbare Regelung wurde in der Schweiz in die total revidierte Verordnung über die Straßensignalisation (SSV) aufgenommen.

Art. 43 Wohnstraßen der SSV vom 5. September 1979 lautet:

„1. Das Signal „Wohnstraße" (3.11) kennzeichnet besonders hergerichtete Verkehrsflächen, die in erster Linie für Fußgänger bestimmt sind und wo folgende besondere Verkehrsregeln gelten:
a) Die Höchstgeschwindigkeit der Fahrzeuge beträgt 20 km/h; die Führer müssen den Fußgängern den Vortritt gewähren. Fahrzeuge dürfen nur an den durch Signale oder Markierungen gekennzeichneten Stellen parkiert werden.
b) Die Fußgänger dürfen die ganze Verkehrsfläche benützen, wobei Spiel und Sport gestattet sind. Sie dürfen die Fahrzeuge nicht unnötig behindern.
2. Das Signal „Ende der Wohnstraße" (3.12) zeigt an, daß wiederum die allgemeinen Verkehrsregeln gelten.
3. Das EJPD (Eidgenössisches Justiz- und Polizeidepartement, Zusatz d. d. Verf.) erläßt Weisungen über die Ausgestaltung und Signalisation von Wohnstraßen. Bis zum Erlaß der Weisungen darf das Signal „Wohnstraße" nur mit Bewilligung des Bundesamtes aufgestellt werden."

Anmerkung: Die in Art. 43 Abs. 3 SSV angekündigten Weisungen wurden mit Schreiben des EJPD vom 1. Mai 1984 erlassen. Es wird nun wie folgt verfahren:
Die Bewilligung zum Aufstellen des Signals „Wohnstraße" wird von der nach kantonalem Recht für die Anordnung und die Anbringung von Signalen zuständigen Behörde verfügt und veröffentlicht. Die Kantone können diese Befugnis den Gemeinden übertragen unter Vorbehalt der Beschwerde an eine kantonale Behörde. In der Regel ist diese Befugnis an die größeren Städte delegiert worden.

Die Signale „Wohnstraße" der SSV weichen nur in Details vom Zeichen Verkehrsberuhigter Bereich der StVO ab (vgl. folgende Bilder):

Signal 3.11   Signal 3.12

Beginn   Ende

der Wohnstraße

3.3.2.3 Österreich: Wohnstraße gemäß Zeichen 9c/9d StVO

In Österreich wurde die „Wohnstraße" mit der Änderung der Straßenverkehrsordnung (StVO) vom 3. März 1983 eingeführt. Diese Regelung ist am 1. Juli 1983 in Kraft getreten.

Definition lt. § 2 Abs. 1a StVO: „Wohnstraße: eine für den Fußgänger- und beschränkten Fahrzeugverkehr gemeinsam bestimmte und als solche gekennzeichnete Straße".

Der neue § 76 b. Wohnstraße der StVO lautet:

„(1) Die Behörde kann, wenn es die Sicherheit, Leichtigkeit oder Flüssigkeit des Verkehrs, insbesondere des Fußgängerverkehrs, die Entflechtung des Verkehrs oder die Lage, Widmung oder Beschaffenheit eines Gebäudes oder Gebietes erfordert, durch Verordnung, Straßenstellen oder Gebiete dauernd oder zeitweilig zu Wohnstraßen erklären. In einer solchen Wohnstraße ist der Fahrzeugverkehr verboten; ausgenommen davon sind der Fahrradverkehr, das Befahren mit Fahrzeugen des Straßendienstes und der Müllabfuhr sowie das Befahren zum Zwecke des Zu- und Abfahrens.

(2) In Wohnstraßen ist das Betreten der Fahrbahn und das Spielen gestattet. Der erlaubte Fahrzeugverkehr darf aber nicht mutwillig behindert werden.

(3) Die Lenker von Fahrzeugen in Wohnstraßen dürfen Fußgänger und Radfahrer nicht behindern oder gefährden, haben von ortsgebundenen Gegenständen oder Einrichtungen einen der Verkehrssicherheit entsprechenden seitlichen Abstand einzuhalten und dürfen nur mit Schrittgeschwindigkeit fahren. Beim Ausfahren aus einer Wohnstraße ist dem außerhalb der Wohnstraße fließenden Verkehr Vorrang zu geben.

(4) Die Anbringung von Schwellen, Rillen, Bordsteinen u. dgl. sowie von horizontalen baulichen Einrichtungen ist in verkehrsgerechter Gestaltung zulässig, wenn dadurch die Einhaltung der Schrittgeschwindigkeit nach Abs. 3 gewährleistet wird."

Die Kennzeichnung einer Wohnstraße erfolgt durch die Hinweiszeichen 9c/9d nach § 53 Abs. 1 StVO

Zeichen 9c   Zeichen 9d

Wohnstraße   Ende einer Wohnstraße

Das Parken wird im § 23 Abs. 2a StVO geregelt:

„In Wohnstraßen ist das Parken von Kraftfahrzeugen nur an den dafür gekennzeichneten Stellen erlaubt."

3.3.3 Verkehrsberuhigte Bereiche in den Untersuchungsgemeinden

Zu den Verkehrsberuhigten Bereichen gemäß Zeichen 325/326 StVO und zu sonstigen verkehrsberuhigten Straßen oder Zonen wurden in unserer Erstbefragung vom Sommer/Herbst 1981 nur wenige Meldungen erstattet. Die im folgenden zusammengefaßten Untersuchungsergebnisse beruhen auf der Auswertung der im Herbst 1982 durchgeführten zweiten Befragung.

Übersicht C 1   *Meldungen zu „Verkehrsberuhigten Bereichen" gemäß Z 325/326 StVO*

Gemeindegröße	vollzogene Maßnahmen Jahr der Fertigstellung				geplante Maßnahmen Jahr der Fertigstellung		
	1980	1981	1982	keine Angaben	1983	1984 oder später	keine Angaben
unter 20.000 Einwohner	4	16	22	6	10	19	9
20.000 Einwohner und mehr	3	6	11	1	2	2	–
Gemeinden Insgesamt	7	22	33	7	12	21	9

Aus 86 Gemeinden liegen zusätzliche Angaben über den Umfang der jeweiligen Maßnahme vor. Eine Auswertung nach der Anzahl der jeweils in einen Verkehrsberuhigten Bereich einbezogenen Straßen bzw. Straßenabschnitte zeigt, daß flächenhafte Konzeptionen die Ausnahme bilden: „Bereiche" mit lediglich einer Straße dominieren sowohl in den mittleren Städten als auch in den Kleinstädten und Landgemeinden (vgl. Übersicht C 2):

Übersicht C 2   *Anzahl der einbezogenen Straßen in Verkehrsberuhigte Bereiche*

Gemeindegröße	Vollzogene Maßnahmen				Geplante Maßnahmen			
	1	2	3	4 und mehr	1	2	3	4 und mehr
	Straßen je Bereich				Straßen je Bereich			
unter 20.000 Einwohner	24	10	5	7	8	4	2	2
20.000 Einwohner und mehr	14	4	–	2	3	–	–	1
Gemeinden Insgesamt	38	14	5	9	11	4	2	3

Von den 66 als Verkehrsberuhigte Bereiche gemäß Z 325/326 StVO gestalteten Maßnahmen bestehen 38 lediglich aus einem Straßenabschnitt und 14 aus 2 Straßenabschnitten. Auch bei den geplanten Vorhaben sind diese „Mini-Bereiche" in der Überzahl.

Zu den Gemeinden, in denen ein flächenhaftes Konzept vermutet werden kann (Indikator: 5 und mehr Straßen je Bereich) zählen:

Übersicht C 3   Verkehrsberuhigte Bereiche mit größerem Umfang

Gemeinde		Anzahl der Straßen je Bereich	Gesamtlänge der einbezogenen Straßen (m)	Gesamtfläche (m^2)	Jahr der Fertigstellung
D 5102	Bad Münstereifel	9	–	–	1981
D 4105	Goslar OT Ohlhof[9]	23	2.300	21.151	1982
D 1108*	Meersburg OT Oberstadt	7	–	–	1981 (Versuch)
D 3025	Melsungen	7	600	25.000	1980/82
D 3026	Michelstadt	7	820	6.500	1984
D 5218	Rödinghausen OT Ostkilver	7	1.495	11.110	1981/82
D 3028	Rotenburg a.d. Fulda[10]	6	650	–	1983

Bemerkenswert ist die räumliche Verteilung von Verkehrsberuhigten Bereichen in Gemeinden mit zahlreichen Ortsteilen. So wurde in den Gemeinden D 5203 Bad Oeynhausen und D 5204 Bad Salzuflen jeweils ein „Mini-Bereich" in vier Ortsteilen eingerichtet (siehe Teil D 2).

Im Gegensatz zu Vorrangbereichen für Fußgänger liegen bei den hier untersuchten Kleinstädten und Landgemeinden nur wenige Erfahrungen mit flächenhaften Maßnahmen gemäß Zeichen 325/326 StVO vor. Neben den wenigen Erfahrungen der Praxis besteht auch eine Forschungslücke bezüglich dieser Gemeindegruppe. Die Ergebnisse des Modellversuchs „Flächenhafte Verkehrsberuhigung" in der Gemeinde Borgentreich werden daher von besonderer Bedeutung sein. Nach Abschluß der Planungsvorbereitung ist die erste Stufe der baulichen Umgestaltung für 1984 vorgesehen.

„In einer ersten Ausbaustufe werden modellhaft ein Abschnitt der Ortsdurchfahrt sowie einige kleinere Straßen im Ortskern umgebaut.
In einer zweiten Ausbaustufe sollen schwerpunktmäßig die klassifizierten Straßen und die örtlichen Sammelstraßen in Angriff genommen werden. Die dritte Ausbaustufe kann schließlich nach und nach die übrigen Straßen des Ortes mit einbeziehen."[11]

---

[9] Ausführlicher Bericht über die Planungsarbeiten in: GEBAUER, G.: Erfahrungen bei Planung und Bau von verkehrsberuhigten Wohnbereichen in dem Neubaugebiet Goslar-Ohlhof. In: Umweltqualität und Verkehrsberuhigung in der Stadt- und Verkehrsplanung, in: Gemeinde–Stadt–Land, Band 4. Hrsg.: HARDER, G.; SPENGELIN, F., Hannover 1979, S. 111–124.

[10] Ausführlicher Bericht über die Planungsarbeiten in: MÖRNER, J. VON; MÜLLER, P.; TOPP, H.H.: Verkehrsplanungspraxis in Altbau- und Sanierungsgebieten kleinerer Städte. In: Schriftenreihe Straßenbau und Straßenverkehrstechnik, Heft 287. Hrsg.: Bundesminister für Verkehr, Abteilung Straßenbau, Bonn-Bad Godesberg, 1980.

[11] S. S. 41.

3.3.4 Verkehrsberuhigte Bereiche mit hohem Fußgängeraufkommen

Als Beispiele für Verkehrsberuhigte Bereiche mit sehr hohem Fußgängeraufkommen sind D 1108* Meersburg und D 2108* Oberstdorf von besonderem Interesse.

3.3.4.1 Versuch „Verkehrsberuhigter Bereich Altstadt" in D 1108* Meersburg

Vor allem an den Wochenenden kommt der Fahrzeugverkehr in den engen, verwinkelten Straßen der historischen Altstadt wegen ihrer Überfüllung durch Fußgänger zum Erliegen. Zur Verringerung des motorisierten Verkehrs – vor allem der Naherholer – ist daher langfristig die Umgestaltung der Altstadt in einen Vorrangbereich für Fußgänger geplant. Ausnahmegenehmigungen für Anwohner, Lieferanten und Gäste der anliegenden Beherbergungsbetriebe sollen einen begrenzten Fahrverkehr aufrechterhalten. Als Vorstufe wurde von Juni bis September 1981 ein Verkehrsberuhigter Bereich gemäß Zeichen 325/326 StVO versuchsweise in 7 Straßenzügen eingerichtet. An den Einfahrten wurden flache Asphaltschwellen als fahrdynamische Hindernisse eingebaut. Eine weitere bauliche oder sonstige Umgestaltung innerhalb des Bereichs erfolgte nicht. Bauliche Einengungen der Fahrbahn hätten die Durchfahrt für Lkw im Lieferverkehr verhindert. Dieser Versuch wurde nicht wiederholt.

3.3.4.2 Versuch „Verkehrsberuhigter Bereich Oststraße" in D 2108* Oberstdorf

In D 2108* Oberstdorf bilden das als Vorrangbereich für Fußgänger gestaltete Ortszentrum (siehe Kapitel C 3.2.1.1 und C 3.2.1.4) und der Bereich um Nebelhornbahn-Talstation und Sportzentrum am östlichen Ortsrand wichtige touristische Attraktionsbereiche. Die frühere Durchfahrverbindung durch das Ortszentrum im Zuge der Oststraße wurde durch den Vorrangbereich für Fußgänger unterbrochen. Die gewünschte und auch gelungene Verstärkung des Fußgängerverkehrs im Zentrum und die Lage der Großparkplätze am Ortsrand erhöhten auch den Fußgängerverkehr zwischen diesen Bereichen. Bereits im Jahr 1980 wurde versucht, eine Beruhigung des Fahrverkehrs durch Beschilderung der Oststraße mit den Zeichen 325 und 326 StVO zu erreichen. Vorrangiges Ziel war die Herabsetzung der Fahrgeschwindigkeit zur Erhöhung der Sicherheit für die Fußgänger („2. Der Fahrzeugverkehr muß Schrittgeschwindigkeit einhalten.", vgl. Ausschnitt aus der StVO in Kapitel C 3.3.1).

---

[11] BAIER, R.; MORITZ, A.; SCHRÖDER, D.; SPRINGSFELD, A.C.; GUTTE, H., RUBACH, K.; SCHOG, H.: Flächenhafte Verkehrsberuhigung – Planungsvorbereitende Studie Borgentreich. Schlußbericht zum Forschungsprojekt 8019/4 der Bundesanstalt für Straßenwesen, Köln, Aachen 1982, S. 82.
Zum Gesamtprojekt „Flächenhafte Verkehrsberuhigung" siehe KELLER, H.:
„In sechs Modellgemeinden werden die Wirkungen flächenhafter Verkehrsberuhigung auf das Verkehrsgeschehen, die Verkehrssicherheit, den Städtebau und Umweltschutz untersucht. Die Forschungsprojekte tragen die drei Bundesressorts BMBau, BMI und BMV*) (*) = Bundesminister für Raumordnung, Bauwesen und Städtebau; Bundesminister des Innern; Bundesminister für Verkehr) gemeinsam, die Kommunen finanzieren mit Unterstützung der Bundesländer die Verkehrsberuhigungsmaßnahmen. Von über 100 Bewerbern wurden im Juli 1981 sechs Groß-, Mittel- und Kleinstädte ausgewählt – und zwar Berlin, Mainz, Buxtehude, Esslingen, Ingolstadt und Borgentreich. Die Verkehrsberuhigung soll je nach Stadtgröße für Quartiere mit 25 000 bis 2 500 Einwohnern und 100 bis 30 ha Fläche durchgeführt werden. Die Gebiete liegen am Stadtrand, am Zentrenrand und bei Mittel- und Kleinstädten auch im Zentrum." Siehe KELLER, H.: Flächenhafte Verkehrsberuhigung. In: Nahverkehrsforschung '82. Statusseminar IX, gemeinsam veranstaltet vom Bundesministerium für Forschung und Technologie und Bundesministerium für Verkehr. Hrsg.: Der Bundesminister für Forschung und Technologie, Bonn, 1982, S. 576 f.
Eine ausführliche Dokumentation und Diskussion der praktischen Erfahrungen mit den Verkehrsberuhigten Bereichen gemäß Zeichen 325/326 StVO aus der Sicht der Kleinstädte und Landgemeinden erfolgt in: SCHRECKENBERG, W.: Verkehrsberuhigte Bereiche in Kleinstädten und Landgemeinden. Dokumentation erster Erfahrungen mit den Zeichen 325/326 StVO. Forschungsbericht im Auftrag von Bundesminister für Verkehr/Bundesanstalt für Straßenwesen, FE-Nr. 70 124/83, Berlin 1984.

Bei einer Untersuchung des HUK-Verbandes, Beratungsstelle für Schadenverhütung, über Erfahrungen mit Verkehrsberuhigten Bereichen wurde im Oktober 1980 folgende Situation vorgefunden:

„(1) Gesamte Breite niveaugleich ausgebaut?   Nein
(2) Kfz-Verkehr auf Anwohner beschränkt?   Nein
(3) Fahrgassenversätze oder Schwellen vorhanden?   Nein
(4) Von Verkehrsstraße abgerückt?   Nein"[12]

Messungen an zwei Stellen zeigten, daß die Fahrgeschwindigkeiten weder innerhalb des „zulässigen Bereichs" noch im Bereich der „Fußgängergeschwindigkeit" lagen (vgl. Übersicht C 4).

Übersicht C 4   *Ergebnis von Geschwindigkeitsmessungen in der Oststraße in D 2108* Oberstdorf*[13]

BEURTEILUNG IM HINBLICK AUF ZEICHEN 325 StVO

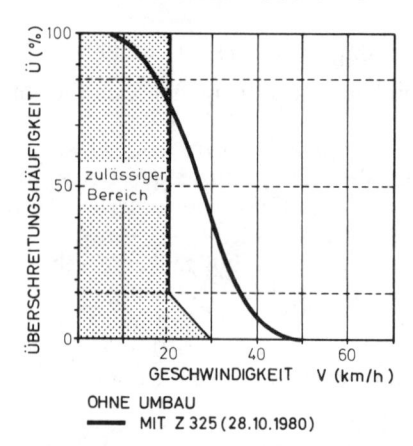

OHNE UMBAU
——— MIT Z 325 (28.10.1980)

„Der zulässige Bereich ist so definiert, daß 85 % der Kraftfahrzeuge nicht schneller als 20 km/h fahren und Geschwindigkeiten von mehr als 30 km/h nicht vorkommen"[14].

Im Sommer 1981 wurden die Eingangsbereiche der Oststraße umgestaltet: Die Fahrbahn wurde durch das Aufstellen bepflanzter Tröge eingeengt und es wurden Schwellen eingebaut. Bemerkenswert ist jedoch, daß parallel zur Einrichtung des Verkehrsberuhigten Bereichs die Ausweisung als Vorfahrtstraße beibehalten wurde. Eine Häufung von Konfliktfällen zwischen Fußgängern und Fahrzeugen wurde nicht beobachtet. Seit 1982/83 werden angrenzende Straßen in diesen Verkehrsberuhigten Bereich mit einbezogen, es gilt jetzt die Rechts-vor-links-Regel (§ 8 Abs. 1 StVO).

---

[12] Verband der Haftpflichtversicherer, Unfallversicherer, Autoversicherer und Rechtsschutzversicherer e.V. (HUK-Verband) (Hrsg.): Erfahrungen mit „Verkehrsberuhigten Bereichen" (Zeichen 325/326 StVO). In: Informationen der Beratungsstelle für Schadenverhütung, Köln, 1981, S. 11.2 ff.

[13] Vgl. Verband der Haftpflichtversicherer, Unfallversicherer, Autoversicherer und Rechtsschutzversicherer e.V. (HUK-Verband) (Hrsg.): Erfahrungen mit „Verkehrsberuhigten Bereichen", a. a. O., S. 11.2.

[14] Definition lt. Vorschlag der Beratergruppe, die den Großversuch Verkehrsberuhigung in Nordrhein-Westfalen betreut hat. Zitiert in: Verband der Haftpflichtversicherer, Unfallversicherer, Autoversicherer und Rechtsschutzversicherer e.V. (HUK-Verband) (Hrsg.): Erfahrungen mit „Verkehrsberuhigten Bereichen", a. a. O., S. 2.

3.3.4.3 Zusammenfassung erster Ergebnisse

Stellen wir die Ergebnisse von Meersburg und Oberstdorf gegenüber, zeigt sich folgendes Bild.

Ausgangslage:
Wesentliche Funktionen dieser Bereiche für Fußgänger:
- Oberstdorf: Verbindung von Ortskern und Ortsrand an der Nebelhornbahn-Talstation
- Meersburg: Aufenthaltsbereich, Bummelzone

Ausbauzustand vorher:
- Oberstdorf: Separationsprinzip, beiderseits durch Hochborde abgeteilte Gehwege
- Meersburg: teilweise Separationsprinzip, Teilbereiche ohne Gehwege

Gemeinsamkeiten:
- Bauliche Veränderungen sind auf die Eingangsbereiche beschränkt.
- Bei wachsendem Fußgängeraufkommen wird auf die Fahrbahn ausgewichen, der Fahrverkehr kommt schließlich zum Erliegen.

Bisherige Erfahrungen:
Die Beschilderung mit Zeichen 325/326 StVO hat bisher keine Veränderungen des Verhaltens von motorisierten und nicht-motorisierten Verkehrsteilnehmern bewirkt:
- Situation „Zeiten mit geringem Fußgängeranteil": Das traditionelle Verkehrsverhalten entsprechend dem Separationsprinzip wird beibehalten.
- Situation „Zeiten mit hohem Fußgängeranteil": Die Fußgänger benutzen die Straße in ihrer gesamten Breite. Sie bilden somit „lebende Hindernisse" für den Fahrzeugverkehr, der dadurch zur Schrittgeschwindigkeit gezwungen wird.

3.3.5 Zusammenfassende Thesen

(1) In den Untersuchungsgemeinden Meersburg und Oberstdorf würde auch eine Umgestaltung bei strikter Ausführung der in der Verwaltungsvorschrift (VwV) zu den Zeichen 325/326 StVO gegebenen Empfehlung:

„In der Regel wird ein niveaugleicher Ausbau für die ganze Straßenbreite erforderlich sein."

kaum Verbesserungen während der Zeiten mit starkem Fußgängerverkehr erwarten lassen. „Sobald eine Verkehrsart stark genug ist, um dominieren zu können, übt sie diesen Einfluß zu Lasten anderer Verkehrsteilnehmer aus."[15]

(2) Die vorliegenden Untersuchungen über Grenzwerte der zulässigen Verkehrsstärke in verschiedenen Straßentypen berücksichtigen lediglich den Fahrzeugverkehr, gemessen in Kfz/h. In der Planungsfibel zur Verkehrsberuhigung des Bundesministers für Raumordnung, Bauwesen und Städtebau[16] werden als Merkmal für Wohnstraßen Verkehrsstärken von etwa 20 bis 250 Kfz/Spitzenstunde genannt.

Die hier beschriebenen Erfahrungen sollten dazu anregen, in weitere Aussagen über Verkehrsstärken auch den Fußgängerverkehr einzubeziehen. Die Festlegung einer sinnvollen Obergrenze, die den Übergang zur Einrichtung eines Vorrangbereichs für Fußgänger

---

[15] PFUNDT, K.; MEEWES, V.; MAIER, R.: Theorie und Praxis der Verkehrsberuhigung. In: Verkehrsberuhigung in Gemeinden. Planung, Durchführung, Finanzierung, Rechtsfragen. Hrsg.: WALPRECHT, D., Köln–Berlin–Bonn–München 1983, S. 36.

[16] Vgl. Bundesminister für Raumordnung, Bauwesen und Städtebau (Hrsg.): Planungsfibel zur Verkehrsberuhigung. Zusammenfassung wichtiger Ergebnisse des Forschungsvorhabens „Die städtebauliche Bedeutung von Verkehrsberuhigungsmaßnahmen in Wohnquartieren" (MFPRS-Projekt 78.II). In: Schriftenreihe Städtebauliche Forschung, Heft 03.090, Bonn-Bad Godesberg, 1982, S. 47 und S. 50.

definiert, würde möglicherweise helfen, Fehlinvestitionen bei der Erstellung Verkehrsberuhigter Bereiche zu verringern.

(3) Bestrebungen, die gemäß Zeichen 325/326 StVO gekennzeichneten Gebiete statt „Verkehrsberuhigter Bereich" künftig „Wohnstraße" oder „Wohnbereich" zu nennen (wie eine der wichtigsten Entschließungen des 20. Deutschen Verkehrsgerichtstages 1982 fordert[17]), gehen von den bisher vorliegenden Erfahrungen mit der praktischen Umsetzung in den Gemeinden und von den entsprechenden wissenschaftlichen Begleituntersuchungen aus. In der vorliegenden Literatur werden jedoch schwerpunktmäßig die Verhältnisse in größeren Städten aufgezeigt – und dort können die Begriffe „Verkehrsberuhigter Bereich" und „Wohnbereich" tatsächlich gleichgesetzt werden.

Diese Auffassung verkennt jedoch die Einsatzmöglichkeiten in Bereichen mit Mischfunktion, z. B. in den Ortskernen von Kleinstädten und Landgemeinden. Die vom Bundesrat erfolgreich durchgesetzte Bezeichnung „Verkehrsberuhigter Bereich" sollte ja gerade die Ausweitung der Verkehrsberuhigung über die „Wohnschutz"-Funktion hinaus verdeutlichen. Die erneute Änderung des „Zielbegriffes" zu den Zeichen 325/326 könnte die derzeitig beobachtete vorrangige Anwendung verkehrsberuhigender Maßnahmen gemäß Zeichen 325/326 StVO in den weniger problembeladenen Neubauvierteln an den Ortsrändern festschreiben. Dadurch würde eine Sanierung und Neuordnung der Verkehrsbedingungen in den hochbelasteten[18] zentralen Ortsbereichen blockiert.

Begründung des Bundesrates für die Änderung des Begriffs „Wohnbereiche" in „Bereiche":

„Die an das Zeichen 325 und 326 geknüpften Vorschriften regeln nicht nur das Parkverhalten. Die so gekennzeichneten Straßen stellen einen besonderen „Straßentyp" dar. Dies soll mit der Änderung verdeutlicht werden."[19]

„Im übrigen sollte die Formulierung des § 6 Abs. 1 Nr. 15 Straßenverkehrsgesetz, der bewußt den weiteren Begriff „verkehrsberuhigte Bereiche" verwendet, in die Straßenverkehrs-Ordnung und in die Verwaltungsvorschrift zur Straßenverkehrs-Ordnung übernommen werden. Der Begriff „verkehrsberuhigter Wohnbereich" engt die Anwendungsmöglichkeiten ein. Im übrigen kommt die Einrichtung solcher Bereiche nicht nur in den ausschließlich oder überwiegend dem Wohnen dienenden Gebieten, sondern auch in Gebieten mit gemischter baulicher Nutzung und in zentralen Einkaufsbereichen in Betracht. Letzteres ist besonders für Kernbereiche von Klein- und Mittelstädten von Bedeutung."[20]

Vor allem in den Kur- und Erholungsorten könnte sich in Bereichen mit starkem Erholungsverkehr (motorisiert und nicht-motorisiert) das gleichberechtigte Nebeneinander von Fahrzeugen und Fußgängern als Lösung erweisen, die Gästen und Anwohnern verbesserte Umweltbedingungen bringt und die Sicherheit der nicht-motorisierten Straßennutzer wesentlich erhöht. Die Einschränkungen bei außerordentlich hohem Fußgängeranteil (siehe These 2) sind dabei zu berücksichtigen.

Auch in diesem Zusammenhang dürften die Erfahrungen aus dem Modellvorhaben „Borgentreich"[21] von besonderer Bedeutung sein.

---

[17] Vgl. LEITENBERGER, K.: 20 Jahre Deutscher Verkehrsgerichtstag – Bekommen wir innerorts Tempo 30 oder 40 km/h? In: Internationales Verkehrswesen, Jg. 34, Heft 6/1982, S. 400.

[18] Vgl. BAIER, R.; MORITZ, A.; SCHRÖDER, D.; SRINGSFELD, A.C.; GUTTE; H.; RUBACH, K.; SCHOG, H.: Flächenhafte Verkehrsberuhigung – Planungsvorbereitende Studie Borgentreich, a. a. O.

[19] Begründung des Bundesrates zur Änderung der Straßenverkehrs-Ordnung. In: Verkehrsblatt, Heft 14/1980, S. 519.

[20] Begründung des Bundesrates zur Änderung der Straßenverkehrs-Ordnung. In: Verkehrsblatt, Heft 14/1980, S. 515f.

[21] Zum derzeitigen Planungsstand vgl. BAIER, R.; MORITZ, A.; SCHRÖDER, D.; SPRINGSFELD, A.C.; GUTTE, H.; RUBACH, K.; SCHOG, H.: Flächenhafte Verkehrsberuhigung – Planungsvorbereitende Studie Borgentreich, a. a. O.

(4) In den Planungsempfehlungen für Kur- und Erholungsorte, aber auch allgemein für die Gruppe der Kleinstädte und Landgemeinden, sollten neben den Bedürfnissen des Durchgangsverkehrs, des Anwohnerverkehrs und des Wohnumfeldes auch die sonstigen Straßennutzungen gleichberechtigt berücksichtigt werden.

(5) In den Katalog der örtlichen Voraussetzungen für Verkehrsberuhigte Bereiche in Abschnitt II der VwV zu den Zeichen 325/326 (siehe Kapitel 3.3.1) sollte gleichberechtigt neben Aufenthalts- und Erschließungsfunktion auch die Durchgangsfunktion für Fußgänger aufgenommen werden (Einschränkungen siehe These 2).

(6) Das Aufstellen des Zeichens 325 allein ist ohne Einfluß auf das Verhalten der Kraftfahrer. Hierauf wird in den vorliegenden Untersuchungsberichten nachdrücklich hingewiesen. Die Erfahrungen in D 1108* Meersburg und D 2108* Oberstdorf bestätigen dies auch unter den besonderen Bedingungen in Erholungsbereichen.

(7) Die geringe Akzeptanz des Gesamtstraßenraums durch Fußgänger könnte u. a. folgende Ursachen haben:

- Unkenntnis über die Bedeutung der Zeichen 325/326.
  Lösungsmöglichkeit: Gezielte Aufklärungsarbeit für den Fußgänger (und die übrigen Verkehrsteilnehmer).
- Die bisherige Praxis der verkehrsrechtlichen Kennzeichnung Verkehrsberuhigter Bereiche: Das großformatige Schild weist den Kraftfahrer unübersehbar auf die ihn betreffenden Nutzungsbeschränkungen innerhalb des Straßenraumes hin. Eine entsprechende Aufklärung des gleichberechtigten Verkehrsteilnehmers „Fußgänger" über das ihm zugedachte zusätzliche Nutzungsangebot unterbleibt.

Eine fehlende oder nur geringe Nutzung des Gesamtstraßenraums durch Fußgänger stellt das gesamte Verkehrsberuhigungskonzept gemäß Zeichen 325/326 StVO in Frage. Lösungsmöglichkeit: Eine auf die Fußgängersituation (Alte, spielende Kinder!) zugeschnittene Beschilderung mit den Zeichen 325 und 326 – evtl. in Kleinformat – sowohl an Anfang und Ende als auch innerhalb des Bereichs. (Vgl. Zeichen 353 Einbahnstraße: Es kann ergänzend anzeigen, daß eine Straße eine Einbahnstraße (Zeichen 220) ist.)

Die kombinierte Anwendung der Lösungsvorschläge 1 und 2 und deren Auswirkungen auf die tatsächliche Nutzung des Straßenraums sollte in Feldversuchen untersucht werden.

3.4 Zeitlich begrenzte Fahrbeschränkungen in Teilbereichen
– vor allem Mittags- und Nachtfahrverbote –

3.4.1 Vorbemerkungen

In der aktuellen Diskussion der im Jahre 1980 in Kraft getretenen Änderungen zum Straßenverkehrsgesetz (StVG) und zur Straßenverkehrs-Ordnung (StVO) stehen die neuen Zeichen 325/326 Verkehrsberuhigte Bereiche im Mittelpunkt des Interesses. Dadurch wird die Neuregelung des § 45 StVO – vor allem die Absätze 1, 1a und 1b – unberechtigterweise in den Hintergrund gedrängt.

Zeichen 250 StVO
Verbot für Fahrzeuge aller Art

§ 41 StVO: zu Zeichen 250:

„Es gilt nicht für Handfahrzeuge, abweichend von § 28 Abs. 2 auch nicht für Tiere. Kleinkrafträder, Fahrräder mit Hilfsmotor und Fahrräder dürfen geschoben werden. Das Zusatzschild erlaubt Kindern, auch auf der Fahrbahn und den Seitenstreifen zu spielen. Auch Wintersport kann dort durch ein Zusatzschild (hinter Zeichen 101) erlaubt sein."

Verbote für einzelne Fahrzeugarten können durch das Zeichen 250 mit entsprechendem Sinnbild erlassen werden (Auszug):

Zeichen 251 Verbot für Kraftwagen
Zeichen 252 Verbot für Krafträder und Kraftwagen
Zeichen 253 Verbot für Kfz mit einem zul. Gesamtgewicht über 2,8 t und Zugmaschinen, ausgenommen Pkw und Kraftomnibusse
Zeichen 254 Verbot für Radfahrer
Zeichen 255 Verbot für Krafträder, Kleinkrafträder und Fahrräder mit Hilfsmotor
Zeichen 260 Verbot für Kleinkrafträder und Fahrräder mit Hilfsmotor

§ 45 StVO Verkehrszeichen und Verkehrseinrichtungen (Auszug):

„Abs. 1: Die Straßenverkehrsbehörden können die Benutzung bestimmter Straßen oder Straßenstrecken aus Gründen der Sicherheit oder Ordnung des Verkehrs beschränken oder verbieten und den Verkehr umleiten. Das gleiche Recht haben sie
...
3. zum Schutz der Wohnbevölkerung vor Lärm und Abgasen,
4. zum Schutz der Gewässer und Heilquellen,
...

Abs. 1a: Das gleiche Recht haben sie ferner
1. in Bade- und heilklimatischen Kurorten,
2. in Luftkurorten,
3. in Erholungsorten von besonderer Bedeutung,
4. in Landschaftsgebieten und Ortsteilen, die überwiegend der Erholung dienen,
5. in der Nähe von Krankenhäusern und Pflegeanstalten sowie
6. in unmittelbarer Nähe von Erholungsstätten außerhalb geschlossener Ortschaften,
wenn dadurch anders nicht vermeidbare Belästigungen durch den Fahrzeugverkehr verhütet werden können.

Abs. 1b: Die Straßenverkehrsbehörden treffen auch die notwendigen Anordnungen
...
3. zur Kennzeichnung von Fußgängerbereichen und verkehrsberuhigten Bereichen,
4. zur Erhaltung der Sicherheit oder Ordnung in diesen Bereichen sowie
5. zum Schutz der Bevölkerung vor Lärm und Abgasen oder zur Unterstützung einer geordneten städtebaulichen Entwicklung.

Die Straßenverkehrsbehörden ordnen die Parkmöglichkeiten für Anwohner, die Kennzeichnung von Fußgängerbereichen und verkehrsberuhigten Bereichen und Maßnahmen zum Schutze der Bevölkerung vor Lärm und Abgasen oder zur Unterstützung einer geordneten städtebaulichen Entwicklung im Einvernehmen mit der Gemeinde an."

In der Begründung der Neufassung wird u. a. aufgeführt:

„In *Absatz 1 Nr. 3* wird nunmehr klargestellt, daß Verkehrsbeschränkungen und -verbote aus Lärmschutzgründen nicht nur während der Nacht, sondern „rund um die Uhr" zulässig sind. Dasselbe gilt hinsichtlich des Schutzes vor Abgasbelästigungen."[22]

Diese erweiterten Möglichkeiten der Verkehrsbeeinflussung wurden bisher in der Praxis weder von den Straßenverkehrsbehörden noch von den Gemeinden ausreichend zur Kenntnis genommen[23]. Eine Ausnahme bilden die Kur- und Erholungsorte, denen dieses Recht bereits in der alten Fassung des § 45 eingeräumt wurde.

---

[22] Begründung zur Änderung der Straßenverkehrs-Ordnung. In: Verkehrsblatt, Heft 14/1980, S. 519.
[23] Vgl. COSSON, R.: Straßenverkehrsrechtliche Anordnungen zur Unterstützung einer geordneten städtebaulichen Entwicklung. In: Städte- und Gemeindebund, Jg. 37, Heft 2/1982, S. 68.

„Verfahren:
Rechtsgrundlage für die notwendigen Anordnungen zur Kennzeichnung verkehrsberuhigter Bereiche ist § 45 Abs. 1b StVO. Zuständig für die verkehrsrechtlichen Anordnungen sind in der Regel die Gemeinden als örtliche Straßenverkehrsbehörden (Art. 2 des Gesetzes zum Vollzug der Straßenverkehrs-Ordnung), sonst die unteren Straßenverkehrsbehörden.

Im Verfahren zum Erlaß einer verkehrsrechtlichen Anordnung hat die Straßenverkehrsbehörde die Polizei und die Straßenbaubehörde zu hören und das Einvernehmen der Gemeinde als Träger der örtlichen Planungshoheit einzuholen. Ist die Gemeinde zuständige Straßenverkehrsbehörde, dann erfolgen die Beteiligung der Gemeinde als Straßenbaubehörde und die Einholung des Einvernehmens der Gemeinde als Träger der örtlichen Planungshoheit intern"[24].

3.4.2 Allgemeines

Das besondere Bedürfnis zum Schutz der Nachtruhe und der Erholungsuchenden gegen Störung durch den Kfz-Verkehr in den Kur- und Erholungsorten erkannte das Straßenverkehrsgesetz vom 19. Dezember 1952 erstmals an. In der Folgezeit wurden in den Heilbädern – vor allem in den Wohnbereichen der Kurgäste – flächenhafte „verkehrsberuhigende" Fahrbeschränkungen eingeführt. Ihre Zielsetzung bestand in erster Linie in der Senkung des Schallpegels von Kraftfahrzeugen während der Mittags- und Nachtruhezeiten, da der kur- und erholungsbedürftige Mensch auf Lärm psychisch und physisch stärker als gesunde Menschen reagiert[25].

„Die Schutzmaßnahmen für Erholungssuchende gegen Störung durch den Kraftfahrzeugverkehr können in sehr unterschiedlichen Einschränkungen des Verkehrs bestehen. Die reichhaltige Skala erstreckt sich vom Fahrverbot für Krafträder, angeordnet nur für die tiefsten Nachtstunden und für wenige Straßen, bis zum ganztägigen Verbot für Kraftfahrzeuge aller Art, das für alle in Betracht kommenden Kurortstraßen gilt. Zwischen beiden Extremen liegt ein weiter Bereich von Beschränkungsmaßnahmen, die in ihrer Wirksamkeit deutlich voneinander abweichen."[26]

„Die Verbote können je nach Örtlichkeit ganztägig oder für bestimmte Stunden ausgesprochen werden. In letzterem Falle gilt der volle Schutz der Nachtruhezeit als Mindesterfordernis. Normalerweise hat sich die Verkehrsbeschränkung auch auf die Mittagsruhezeit zu erstrecken (...)."[27]

Die straßenverkehrsrechtliche Grundlage dieser Fahrbeschränkungen ist der § 45 StVO. Die Kenntlichmachung erfolgt durch das Vorschriftzeichen 250 „Verbot für Fahrzeuge aller Art" (siehe Bemerkungen vor Kapitel 3.3.1).

Bei Vorrangbereichen für Fußgänger und bei Verkehrsberuhigten Bereichen soll die bauliche Gestaltung bereits die vorgesehene Nutzung bzw. die Nutzungseinschränkung eindeutig erkennbar werden lassen. Das Aufstellen der Verkehrszeichen 241 „Fußgänger" (vgl. Kapitel 3.2.1) bzw. 325 und 326 „Verkehrsberuhigte Bereiche" (vgl. Kapitel 3.3.1) dient hier vorrangig der verkehrsrechtlichen Klarstellung des Straßenstatus. Unter rein technischen Gesichtspunkten ist demgegenüber die praktische Umsetzung einer verkehrs-

---

[24] Bayerisches Staatsministerium des Innern – Oberste Baubehörde – (Hrsg.): Verkehrsberuhigung. Hinweise und Beispiele für die verkehrsberuhigende Gestaltung von Erschließungsstraßen. In: Arbeitsblätter für die Bauleitplanung, Nr. 5, München 1983, S. 40.

[25] Deutscher Bäderverband e.V.; Deutscher Fremdenverkehrsverband e.V. (Hrsg.): Immissionsschutz-Richtlinien für Heilbäder, Kurorte und Erholungsorte und Muster-Verordnung zum Immissionsschutz in Heilbädern, Kurorten und Erholungsorten vom 16. Oktober 1974, Bonn–Frankfurt am Main, 1974, S. 18.

[26] Deutscher Bäderverband e.V.; Deutscher Fremdenverkehrsverband e.V. (Hrsg.): Immissionsschutz-Richtlinien für Heilbäder, Kurorte und Erholungsorte, a. a. O., 1974, S. 20.

[27] Deutscher Bäderverband e.V.; Deutscher Fremdenverkehrsverband e.V. (Hrsg.): Immissionschutz-Richtlinien für Heilbäder, Kurorte und Erholungsorte, a. a. O., 1974, S. 21.

rechtlichen Anordnung über Fahrbeschränkungen bzw. Fahrverbote sehr einfach: Der Vollzug beschränkt sich auf das Aufstellen der jeweils erforderlichen Verkehrsschilder (vgl. Zusammenstellung vor Kapitel 3.3.3.1). Es können jedoch auch Abgrenzungsprobleme auftreten, wie z. B. in D 3007* Bad Orb. Dort wurde eine Kombination der Beschilderung gewählt:

– Zeichen 250 und das
– Zusatzschild „Fußgängerzone Innenstadt" (siehe Kapitel 3.2.1.2).

3.4.3 Beispiel einer verkehrsrechtlichen Anordnung

Auszug[28]:

„Vollzug der StVO;
Verkehrsbeschränkungen im Kurort Bad Füssing

Die Gemeinde Bad Füssing als sachlich und örtlich zuständige Straßenverkehrsbehörde (§§ 44 Abs. 1 und 45 Abs. 1 StVO) erläßt folgende verkehrsrechtliche Anordnung:

An den im beigefügten Lageplan eingezeichneten Stellen ist das als Beilage aufgeführte Schild aufzustellen.

Diese Anordnung tritt mit der Aufstellung der Verkehrszeichen in Kraft, Zuwiderhandlungen werden nach § 24 StVO bestraft. Für die Beschaffung, Aufstellung und Unterhaltung der Verkehrszeichen und -einrichtungen an den genannten Straßen ist der Träger der Straßenbaulast gemäß § 5b StVG in Verbindung mit § 45 Abs. 5 StVG verantwortlich."

3.4.4 Referenzgemeinden

Aus der Kombination von unterschiedlichen

– zeitlichen,
– räumlichen und
– fahrzeugartabhängigen Fahrbeschränkungen bzw. -verboten sowie
– fahrzeug- und nutzerabhängigen Ausnahmeregelungen

wurden teilweise sehr komplizierte Maßnahmenkonzepte entwickelt. Auf eine Darstellung von örtlichen Gesamtregelungen wird an dieser Stelle verzichtet. Diese können den ausführlichen Darstellungen im Teil D 3 der Dokumentation entnommen werden. Die folgende Zusammenstellung von Referenzgemeinden ist nach der jeweils betroffenen Fahrzeugart gegliedert:

1. Fahrbeschränkungen und -verbote für Kfz aller Art
   (siehe ergänzend Teil E, Übersicht E 4)

D 1304* Badenweiler (siehe auch Kapitel 3.1.2)	D 2402* Bad Füssing
D 2203* Bad Kissingen	D 6008* Bad Münster am Stein-Ebernburg
D 3007* Bad Orb (siehe auch Kapitel 3.2.1.2)	
D 2302* Bad Reichenhall	D 2101* Bad Wörishofen
D 5209* Horn-Bad Meinberg	D 1108* Meersburg

---

[28] Auszug aus einer verkehrsrechtlichen Anordnung der Gemeinde Bad Füssing über Verkehrsbeschränkungen im Kurort Bad Füssing vom 31. März 1981.

D 8012* Nebel/Amrum D 4313* Norderney
 (siehe auch Kapitel 3.1.2)
D 1326* Todtmoos D 8021* Westerland
D 8022* Wittdün/Amrum

2. Fahrbeschränkungen für Lkw (falls nicht in Kategorie 1 eingeschlossen)
D 2402* Bad Füssing D 2203* Bad Kissingen
D 5202* Bad Lippspringe D 6008* Bad Münster am Stein-Ebernburg
D 3007* Bad Orb D 4402* Bad Pyrmont
D 2302* Bad Reichenhall D 2308* Berchtesgaden
D 4313* Norderney D 2108* Oberstdorf

3. Fahrbeschränkungen für Krafträder (falls nicht in Kategorie 1 eingeschlossen) (siehe ergänzend Teil E, Übersicht E 5)
D 2402* Bad Füssing D 2203* Bad Kissingen
D 5202* Bad Lippspringe D 6008* Bad Münster am Stein-Ebernburg
D 3007* Bad Orb D 4402* Bad Pyrmont
D 2302* Bad Reichenhall D 1103* Bad Waldsee
D 2308* Berchtesgaden D 8012* Nebel/Amrum
D 8015* Norddorf/Amrum D 2108* Oberstdorf
D 8019* Timmendorfer Strand D 1326* Todtmoos
D 8021* Westerland

In den folgenden Kapiteln werden weitere verkehrsordnende Maßnahmen vorgestellt, die eigenständig oder in Kombination untereinander sowie als flankierende Maßnahmen zu Fahrverboten gemäß § 45 StVO oder zu Vorrangbereichen für Fußgänger eingesetzt werden.

3.5 Auflagen für flächenhafte Fahrbeschränkungen

3.5.1 Nachweis einer Umfahrungsmöglichkeit

Ausgewählte Referenzgemeinden sind:
D 1304* Badenweiler D 5202* Bad Lippspringe
D 3008* Bad Orb D 2102* Bad Wörishofen

Planung und Durchführung innerörtlicher erholungsfreundlicher Verkehrsmaßnahmen mit Fahrbeschränkungen sind grundsätzlich Angelegenheit der kommunalen Selbstverwaltung. Sobald jedoch überörtliche Verkehrsinteressen berührt werden, ist eine frühzeitige Beteiligung der betroffenen Straßenbaulastträger und der Straßenverkehrsbehörde als Genehmigungsbehörde am Planungsprozeß erforderlich. Die Entscheidung zwischen den berechtigten Interessen des überörtlichen Verkehrs einerseits und den Zielsetzungen des erholungsfreundlichen Verkehrskonzepts der Gemeinde andererseits liegt letztlich im Ermessen der Aufsichtsbehörde.

In flächenhafte, erholungsfreundliche Maßnahmenkonzepte sind teilweise auch die Hauptverkehrsstraßen mit Durchgangsverkehr einbezogen (vgl. auch Kapitel 3.1.2 und 3.2.1.1). In diesen Fällen wurde die Genehmigung der Fahrbeschränkung durch die zuständige Straßenverkehrsbehörde mit der Auflage verbunden, dem Durchgangsverkehr entsprechende Umfahrungsmöglichkeiten zur Verfügung zu stellen. Hierfür ist häufig – vor allem bei geringen Verkehrsstärken – eine Beschilderung vorhandener Straßen als Umleitungsstrecke ausreichend.

D 1304* Badenweiler: Der Durchgangsverkehr wird auf Landesstraßen über den Ortsteil Niederweiler um den Kernort herumgeführt. Der Zielverkehr wird auf den gleichen Straßen ab Niederweiler zu den Ortseinfahrten (frei für Anwohner, Kurgäste, Lieferverkehr) bzw. zu den Auffangparkplätzen (z. B. für Tagesbesucher ohne Ausnahmegenehmigung) Badenweiler-Ost und Badenweiler-West geführt.

D 5202* Bad Lippspringe: Das Fahrverbot für Lkw im Durchgangsverkehr konnte nach Fertigstellung eines Teilstücks der B1 neu angeordnet werden.

D 3008* Bad Orb: Durch den teilweisen Ausbau vorhandener Straßen und deren Neueinstufung als Bundesstraße wurde eine weiträumige Umfahrungsmöglichkeit geschaffen. Nach Herabstufung der Hauptdurchfahrtsstraße zur Landesstraße wurde ein Nachtfahrverbot für Lkw über 7,5 t im gesamten Ortsbereich erlassen.

D 2101* Bad Wörishofen: Die Ortsdurchfahrt im Zuge der Staatsstraße 2013 wurde in den Nachtfahrverbotsbereich mit einbezogen. Der Durchgangsverkehr wird über vorhandene Kreisstraßen um den Ortskern geführt.

(Zum Thema Umfahrungsstraße und innerörtliche Verkehrsberuhigung vgl. auch Kapitel C 4.)

3.5.2 Bereitstellen von Auffangparkplätzen

Die Ausweisung von Stellplätzen für Kraftfahrzeuge ist Bestandteil eines jeden Maßnahmenkonzepts mit flächenhaften Fahrbeschränkungen. Die folgenden Beispiele gehen daher nur auf einige ausgewählte Lösungen ein.

3.5.2.1 Auffangparkplätze im Zusammenhang mit Vorrangbereichen für Fußgänger

Ausgewählte Referenzgemeinden sind:

D 2203* Bad Kissingen   D 5202* Bad Lippspringe
D 2308* Berchtesgaden

Im Zusammenhang mit der Einrichtung von Vorrangbereichen für Fußgänger in zentralen Ortsbereichen werden in der Regel neue bzw. zusätzliche Stellplätze für Kraftfahrzeuge gefordert:

– Ersatz für entfallene Stellplätze,
– Mehrbedarf wegen der erwarteten Attraktivitätssteigerung für „Park-and-Walk"-Benutzer.

In D 2203* Bad Kissingen wurden außerdem Parkvorrechte für die Anwohner am Rand der „Fußgängerzone Innenstadt" gefordert. Die noch fehlende verkehrsrechtliche Grundlage hierfür führte zu einer kreativen Lösung: Sie besteht aus:

1. Entwidmung der benötigten gemeindeeigenen Straßenflächen und
2. Markierung der Stellplätze für Anwohner durch Schilder mit dem entsprechenden Fahrzeug-Kennzeichen – wie allgemein auf privaten Stellflächen üblich.
(Zeitpunkt der Einführung: 1973. Seit 1980 werden die Parkvorrechte für Anwohner (und Schwerbehinderte) in § 6 StVG und § 12 Abs. 4b StVO geregelt.)

In D 2308* Berchtesgaden wurde im Zusammenhang mit der Einrichtung des Vorrangbereichs für Fußgänger im historischen Ortskern und dem gleichzeitigen Ausbau der Ortsdurchfahrt eine Tiefgarage erstellt. Obwohl Tiefgarage und Vorrangbereich nur durch die – allerdings stark befahrene – Ortsdurchfahrt getrennt sind, werden von den Pkw-Benutzern oberirdische Stellflächen auch in größerer Entfernung bevorzugt. Zur Aufbesserung des schlechten Images, das mit dem Begriff „Tiefgarage" verbunden ist, wird heute die Bezeichnung „Parkgarage" bevorzugt.

Vergleichbare Erfahrungen werden auch aus D 5202* Bad Lippspringe gemeldet. Das neue Parkhaus in der Nähe des südlichen Kurbereichs wird von Einheimischen wie Kurgästen kaum genutzt.

Diesen schlechten Erfahrungen – vor allem mit den aufwendigen Tiefgaragen – soll beim Neubau einer Tiefgarage in D 2302* Bad Reichenhall durch eine besondere bauliche Gestaltung des Einfahrtbereichs begegnet werden. Die Einfahrt erfolgt zunächst durch ein historisches Tor, die eigentliche Garageneinfahrt ist von der Straßenseite aus nicht erkennbar.

Bei der Erstellung zentraler Abstellanlagen für Kraftfahrzeuge im Zusammenhang mit der Einrichtung eines Vorrangbereichs für Fußgänger oder sonstiger erholungsfreundlicher Verkehrszonen sollten vor allem folgende Argumente in Rechnung gestellt werden:

– Die Abneigung gegen Parkhäuser und Tiefgaragen ist allgemein sehr hoch. Ebenerdige Stellflächen werden bevorzugt. Als flankierende Maßnahme ist die zusätzliche Einführung eines Zonenhaltverbots zu erwägen.
– Die Erhöhung des Stellflächenangebots („Park-and-walk") kann – ebenso wie bei Stellflächenverringerung – zusätzlichen Fahrverkehr (und Parksuchverkehr) im näheren Umfeld hervorrufen und damit neue Problemgebiete schaffen.
– Die Erstellung von kleinräumigen „Ruheinseln" innerhalb eines weiterhin hochbelasteten Umfelds ist für eine Attraktivitätssteigerung des Gesamtortes ohne größeren Einfluß.
– Vor allem in den Kleinstädten und Landgemeinden mit geringer Flächenausdehnung bieten sich statt zentralgelegener Parkbauten Auffangparkplätze am Ortsrand, insbesondere für Naherholungsgäste, an. Die Verringerung des Parkplatzangebots im Zentrum und die gleichzeitige fußgängerfreundliche Gestaltung der Verbindungswege zu den Außerortsparkplätzen (vgl. Kapitel 3.2.1.4 und 3.3.4.2) hat z. B. in D 2108* Oberstdorf die hohe Attraktivität des Ortskerns für Besucher in vollem Umfang erhalten.

3.5.2.2 Auffangparkplätze im Zusammenhang mit flächenhaften Fahrbeschränkungen nach § 45 StVO

Ausgewählte Referenzgemeinden sind:

D 2101* Bad Wörishofen   D 2104 Grönenbach

Fahrverbote nach § 45 StVO, die große Bereiche eines Ortes einbeziehen, erfordern die Bereitstellung ausreichender Stellplätze für die betreffenden Fahrzeugarten. Bei der Bemessung sind zwei Benutzergruppen zu berücksichtigen:

1. Personen, die ihr Fahrzeug bereits vor Beginn der Sperrzeit abstellen, um eine Blockierung innerhalb des Sperrbereichs zu vermeiden;
2. Personen, die während der Sperrzeit ankommen.

Die Überlagerung – vor allem zu Beginn der Sperrzeit – durch Fahrzeuge, die noch nicht abgefahren sind und Fahrzeuge, die bereits angekommen sind, kann einen erhöhten Stellplatzbedarf erfordern.

Die Einführung des Nachtfahrverbots für Pkw (entsprechende Fahrverbote für Lkw und Krad bestanden bereits) in der Innenstadt von D 2101* Bad Wörishofen war mit besonderen Auflagen für die Regelung des ruhenden Verkehrs verbunden.

In Punkt 4 der „Anordnung von Verkehrsbeschränkungen zur Erhaltung der Kurruhe in Bad Wörishofen" vom 18. Juli 1962 wurde festgelegt (Hervorhebungen d. d. Verfasser):

„Die Stadt Bad Wörishofen wird verpflichtet, in der Zeit vom 1. 4. bis 15. 10. jeden Jahres von 24.00 Uhr bis 06.00 Uhr je einen *bewachten Parkplatz* an der Kathreinerstraße und am Klosterhof zu unterhalten. Von der Bewachung der vorgenannten Parkplätze kann Abstand genommen werden, wenn die Stadt Bad Wörishofen auf ihre Kosten für die auf den beiden Parkplätzen abgestellten Kraftfahrzeuge der Verkehrsteilnehmer, die infolge der Verkehrsbeschränkung nicht mehr ihr Ziel erreichen können, eine entsprechende *Versicherung bei einem Versicherungsträger* abschließt."

(Die Stadt wählte die Versicherungs-Alternative.)

Bei der Erweiterung des Sperrbereichs auf insgesamt 70 Straßen im Jahre 1976 wurden zusätzliche Auffangparkplätze und ein „geräuscharmer Linienverkehr" mit öffentlichen Verkehrsmitteln zwischen 23.00 und 01.00 Uhr gefordert. (Eine ausführliche Darstellung der ÖV-Bedingung erfolgt im Teil D 3 der Dokumentation: Bad Wörishofen „Erfahrungen mit vollzogenen Maßnahmen".) Darüber hinaus hat die Stadt freiwillig die Beleuchtung von zwei Parkplätzen übernommen. Auch wurden in Zusammenarbeit mit der Deutschen Bundespost Telefonzellen für den Taxi-Ruf aufgestellt.

Die Auflage „Bereitstellung eines Parkplatzes mit Bewachung bzw. mit Abschluß einer Versicherung für die dort abgestellten Fahrzeuge auf Kosten der Gemeinde" wurde ebenfalls bei der Einführung eines Nachtfahrverbots für Krafträder und Kleinkrafträder in D 2104 Grönenbach erteilt (siehe ausführlich Teil F, Bild F 40). Bad Wörishofen und Grönenbach unterstehen derselben Straßenverkehrsbehörde.

3.6 Ausnahmeregelungen bei Fahrbeschränkungen

3.6.1 Allgemeines

Sowohl flächenhafte als auch auf einzelne Straßenabschnitte begrenzte Fahrbeschränkungen sind – vor allem bei ganztägiger Geltungszeit – nur in einer Kombination mit Ausnahmeregelungen durchführbar. Um individuelle Härtefälle zu vermeiden, kann eine sinnvolle Lösung häufig nur bei kleinräumiger Betrachtung erreicht werden, indem dem Berechtigten neben dem Fahrziel auch der Fahrweg vorgeschrieben wird.

Nach den Erfahrungen der Gemeinden induziert jede Sondergenehmigung für eine Einzelperson meist zahlreiche weitere Anträge. Den Genehmigungsbehörden wird an dieser Stelle geraten, auf die individuelle Ausnahmesituation eines jeden Einzelfalls ausdrücklich hinzuweisen.

Exkurs

In zahlreichen Gesprächen wurden dem Verfasser eher anekdotenhaft erscheinende Beispiele über juristische Schritte bzw. deren Androhung berichtet, mit denen sowohl grundsätzlich gegen die Einführung einer Beschränkung des Kfz-Verkehrs als auch gegen die Ablehnung einer individuellen Sonderregelung vorgegangen wurde. Diese werden in der Regel mit persönlichen Bedürfnissen und/oder mit Bedürfnissen von Kunden/Gästen begründet.

Eine Überprüfung dieser persönlichen Mitteilungen war im Rahmen dieser Untersuchung nicht möglich. Ein Erfahrungsaustausch mit den Referenzgemeinden bereits in der Planungsphase könnte deshalb zu sachgerechten Lösungen führen, die in der Einführungsphase unnötigen Ärger vermeidet.

3.6.2 Erfahrungen der Untersuchungsgemeinden

Die Festlegung einer Ausnahmeregelung ist nach den Aussagen der zuständigen Stellen ein „Balanceakt" zwischen der Minimierung persönlicher Härtefälle einerseits und der Aushöhlung der angestrebten Zielsetzung bei einer zu großzügigen Handhabung andererseits (vgl. Teil D 3 Dokumentation: D 5209* Horn-Bad Meinberg: „Entwicklungsstufen des Maßnahmenkonzepts" und D 8019* Timmendorfer Strand: „Erfahrungen mit vollzogenen Maßnahmen").

Eine häufig praktizierte Form des Genehmigungsvorgangs ist die grundsätzliche Festlegung der antragsberechtigten Personengruppen und der Fahrzeugart. Eine endgültige Genehmigung wird erst aufgrund eines persönlichen Antrags mit Begründung erteilt. Pauschale Regelungen bestehen vor allem als *„Lieferverkehr* frei". Diese Ausnahmen sind durch Zusatzschilder gemeinsam mit dem Zeichen der Fahrbeschränkung kenntlich zu machen. Die Regelung *„Anlieger frei"* wird dagegen als wenig brauchbar abgelehnt, da die Überprüfung des berechtigten Anliegens im Einzelfall aufwendige Kontrollen erfordert. Vergleichbare Erfahrungen stellte in der Schweiz das Institut für Verkehrstechnik an der Eidgenössischen Technischen Hochschule Hönggerberg im Rahmen der begleitenden Untersuchungen mit „Wohnschutz-Maßnahmen" fest: „Fahrverbote mit der Sonderregelung *„Zubringerdienst gestattet"* werden auch bei regelmäßiger Polizeikontrolle schlecht beachtet und sollen nur in Ausnahmefällen eingeführt werden."[29)] (Hervorhebung d. d. Verf.)

Der Durchgangsverkehr mit Kraftfahrzeugen gilt in diesem Sinne nicht als „Anliegen". In D 2203* Bad Kissingen wurde die polizeiliche Überwachung des verbotenen Durchgangsverkehrs im Funksprechverkehr erfolglos abgebrochen. „Diese Überwachung konnte wegen zu starker Belastung der Polizei nicht aufrechterhalten werden. Sie war außerdem nicht wirkungsvoll und unbefriedigend. Statt Anlieger- ,Anlüge-Verkehr'" (aus einem Erfahrungsbericht der Stadt Bad Kissingen). Etwa zwei Jahre später wurde eine Schrankensicherung eingeführt (vgl. Teil D 3: D 2203* Bad Kissingen: „Entwicklungsstufen des Maßnahmenkonzepts").

Beispiele für Antragsformulare und Ausnahmegenehmigungen von verschiedenen Gemeinden sind im Teil F zusammengestellt.

3.6.3 Ausnahmeregelungen für Taxi

Referenzgemeinden:

D 1304* Badenweiler   D 3007* Bad Orb
D 4402* Bad Pyrmont   D 2101* Bad Wörishofen
D 2405* Griesbach im Rottal D 5209* Horn-Bad Meinberg
D 4313* Norderney   D 2108* Oberstdorf
D 1326* Todtmoos

Die Erteilung von Ausnahmegenehmigungen für Taxi wird unterschiedlich gehandhabt. Häufig sind folgende Bedingungen:

– Nur für ortsansässige Unternehmen,
– Betriebspflicht während der jeweiligen Gesamt-Ausnahmezeit (vor allem im Zusammenhang mit Nachtfahrverboten für Pkw).

[29)] ROTACH, M.; INFANGER, K.; GROH, J.-M.; BACHMANN, P.: Versuche mit Wohnschutz-Maßnahmen. In: IVT-Bericht Nr. 82/3. Hrsg.: Institut für Verkehrsplanung und Transporttechnik der ETH Zürich, Zürich, 1982, S. 145.

Übersicht C 5   *Ausnahmegenehmigungen für Taxi*
zum Befahren von Vorrangbereichen für Fußgänger

Gemeinde	Anmerkungen
Bad Orb	Nur ortsansässige Taxiunternehmen, ganztägig
Griesbach im Rottal	Kostenloses „Kurtaxi", Bedienungszeit 08.00–17.30 Uhr
Oberstdorf	Ganztägig

Übersicht C 6   *Ausnahmegenehmigungen für Taxi*
zum Befahren von Kfz-Sperrbereichen nach § 45 StVO

Gemeinde	Anmerkungen
Badenweiler	Ganztägig, mit Ausnahme der Mittagsruhezeit 13.00–14.00 Uhr
Bad Pyrmont	„in Ausübung ihrer Beförderungspflicht"
Bad Wörishofen	23.00–03.00 Uhr. Die Sondergenehmigung wechselt im wöchentlichen Turnus zwischen den vier ortsansässigen Taxiunternehmen
Horn-Bad Meinberg	Nur ortsansässige Taxiunternehmen
Norderney	06.15–21.00 Uhr
Todtmoos	23.00–06.00 Uhr

Keine Sondergenehmigungen für Taxi werden erteilt in

– D 2203* Bad Kissingen (Vorrangbereich für Fußgänger) und
– D 8021* Westerland (Nachtfahrverbotszone).

3.6.4 Kennzeichnung von individuellen Ausnahmegenehmigungen

Auch bei einer sachlich sehr guten Ausnahmeregelung sind ständige oder sporadische Kontrollen der Fahrzeuge auf ihre Berechtigung notwendig (siehe auch Kapitel C 3.7 Sicherung erholungsfreundlicher Verkehrsmaßnahmen in der Betriebsphase). Zur Vereinfachung und Beschleunigung des Kontrollvorgangs ist die eindeutige und gut erkennbare Kennzeichnung der Fahrzeuge mit Ausnahmegenehmigung zweckmäßig. Die vorliegenden Ausnahmegenehmigungen sind ausnahmslos auf ein bestimmtes Fahrzeug ausgestellt worden (Angabe des polizeilichen Kennzeichens). Teilweise ist die Fahrzeugbenutzung zusätzlich an eine bestimmte Person gebunden, insbesondere bei Berufs-Pendlern.

Es ist auch darauf hinzuweisen, daß die deutliche Kennzeichnung der Fahrzeuge nicht nur die polizeiliche Überwachung erleichtert, sondern auch den berechtigten Fahrzeugführer vor der „Selbstjustiz" erboster anderer Straßenbenutzer schützt. Hinweise auf den Prestigewert einer persönlichen Fahrerlaubnis in attraktiven Kur- und Erholungsorten oder Untersuchungen dazu sind nicht bekannt.

(Im Teil F sind Formulare zur Antragstellung, Muster von Ausnahmegenehmigungen und Plaketten zur Fahrzeugkennzeichnung zusammengestellt. In der Praxis werden nach Form, Größe und Gestaltung sehr unterschiedliche Lösungen gewählt.)

3.7 Sicherung erholungsfreundlicher Verkehrsmaßnahmen in der Betriebsphase

Die erfolgreiche Durchführung verkehrsordnender bzw. verkehrsbeschränkender Maßnahmen ist in erster Linie davon abhängig, ob den beteiligten Verkehrsteilnehmern der Sinn der Anordnung verständlich gemacht werden kann. Gerade die Beobachtungen in Verkehrsberuhigten Bereichen gemäß Zeichen 325/326 StVO zeigen, daß das tatsächliche Verhalten von Fußgängern, Radfahrern und motorisierten Verkehrsteilnehmern nicht der vom Gesetz- und Verordnungsgeber vorgesehenen Gleichberechtigung aller Straßenbenutzer entspricht (vgl. Kapitel C 3.3.4).

Übertretungen des Fahrverbots in Vorrangbereichen für Fußgänger erreichen relativ selten eine problematische Größenordnung. Der Nutzungsvorrang des nicht-motorisierten Verkehrs dürfte hier durch die bauliche Gestaltung eindeutig erkennbar werden. Schwierigkeiten bestehen daher vor allem bei denjenigen Fahrverboten, die lediglich durch ein Verkehrsschild, z. B. Zeichen 250 StVO, erkennbar sind.

Da eine ständige Überwachung in vielen Fällen nicht praktikabel ist (in D 2101* Bad Wörishofen müßten beispielsweise 15 Einfahrtsstraßen in den Bereich mit Nachtfahrverbot kontrolliert werden) wird häufig eine starre Durchfahrtsicherung (Schranke, Pfosten) als Zusatzmaßnahme nötig.

3.7.1 Kontrollmöglichkeiten durch Polizei, Gemeinde-Bedienstete oder private Wachdienste

Ein besonders hoher Kontrollaufwand ist an den Wochenenden während der Hauptsaison erforderlich, wenn neben den Langzeitgästen auch die Naherholer einzelne attraktive Orte „überschwemmen". In D 8019* Timmendorfer Strand sind beispielsweise in den Sommermonaten bis zu 20 zusätzliche Beamte im Einsatz, die vorrangig mit der Ordnung des ruhenden und des Parksuchverkehrs beschäftigt sind.

Die Einhaltung des Fahrverbots in D 1304* Badenweiler wird von 4 Vollzugsbediensteten der Gemeindeverwaltung überwacht. Während der Mittagsruhezeit (13.00–14.00 Uhr) können zusätzlich an zwei Einfahrtsstraßen Halbschranken geschlossen werden.

In D 1326* Todtmoos ließen langjährige Erfahrungen mit einem Nachtfahrverbot für Krafträder die Notwendigkeit einer ständigen Überwachung erkennen. Die Erweiterung des Fahrverbots auf Kraftfahrzeuge aller Art wurde deshalb von einer ausreichenden Kontrolle abhängig gemacht. Diese Tätigkeit wurde von zwei Angestellten eines privaten Wachdienstes übernommen. Als Vollzugsbeamte unterstehen sie während ihrer Dienstzeit der Ortspolizeibehörde.

Derartige Kontrollen erfordern einen hohen Personalaufwand, sie sind daher sehr kostenintensiv. Wesentlich billiger – aber auch weniger flexibel – sind starre Durchfahrtssperren, die die Fahrbahn in ihrer gesamten Breite (Vollschranken, Pfostenreihen u. ä.) oder teilweise (Halbschranken) blockieren.

3.7.2 Durchfahrtssperren

3.7.2.1 Halbschranken

Ausgewählte Referenzgemeinden sind:

D 1304* Badenweiler	D 2203* Bad Kissingen
D 3006 Bad Nauheim	D 5209* Horn-Bad Meinberg

Halbschranken blockieren lediglich die Einfahrt in den Sperrbereich. Sie werden eingesetzt, um eine ständige Durchfahrtmöglichkeit für Notfälle (in beiden Richtungen) aufrechtzuerhalten oder um berechtigten Fahrzeugen die Aus- und Einfahrt zu ermöglichen. In D 3006 Bad Nauheim werden während des Nachtfahrverbots im Kurgebiet in vier Straßen Halbschranken geschlossen. Die Bedienung erfolgt jeweils durch Angestellte der Kurverwaltung oder angrenzender Kurkliniken. Halbschranken haben sich auch in D 1304* Badenweiler bewährt, allerdings sind sie hier mit dem Einsatz von Vollzugsbediensteten kombiniert (vgl. Kapitel 3.7.1).

Dagegen haben sie sich während längerer Einsätze in D 5209* Horn-Bad Meinberg und D 2203* Bad Kissingen nicht bewährt. Nachdem in Bad Meinberg die ständige Überwachung durch Bedienstete des Staatsbades aus Kostengründen eingestellt wurde, nahm die Zahl der Übertretungen stark zu. Die Halbschranken wurden darum ersatzlos abgebaut. In Bad Kissingen wurden sie dagegen durch Vollschranken ersetzt, die entweder ganztägig oder nur nachts geschlossen sind.

3.7.2.2 Vollschranken

Ausgewählte Referenzgemeinden sind:

D 2203* Bad Kissingen   D 1108* Meersburg
D 4313* Norderney   D 8021* Westerland

Vollschranken sperren die gesamte Fahrbahnbreite und bieten die absolute Gewähr für eine Durchsetzung von Ein- und Ausfahrverboten. Die Durchfahrtmöglichkeit in Notfällen kann durch Weitergabe der Schlüssel an Polizei, Feuerwehr usw. gesichert werden (so in D 2203* Bad Kissingen). In D 1108* Meersburg wurde zusätzlich einem Taxiunternehmer diese Möglichkeit gegeben.

Die Bewertung von Vollschranken ist unter psychologischen Gesichtspunkten nicht einhellig. Nach vorliegenden persönlichen Einzelaussagen sind tendenziell drei Meinungen erkennbar:

1. Die Befürworter empfinden diese Vollsperrung als eine gerechte Lösung, weil sie alle in gleicher Weise betrifft.
2. Andere Befürworter genießen auch die Exklusivität, die „ihrem" Wohngebiet so bestätigt wird (hierzu gehören vor allem Erholungsgäste).
3. Die Gegner stört das offensichtliche Mißtrauen der Verwaltungsbehörden. Sie fühlen sich eingesperrt.

Vollschranken werden zur Sicherung von Nachtfahrverboten u. a. in D 1108* Meersburg (Unterstadt), D 4313* Norderney (Zone 3) und D 8021* Westerland eingesetzt. In D 2203* Bad Kissingen sind sie teilweise ganztägig geschlossen (entlang der Umfahrungsstraße), teilweise versperren sie nur während der Nachtruhezeit die Einfahrt in die Kurzone. In den oben genannten Einsatzorten werden sie als notwendige „Übel" ohne Alternative angesehen.

3.7.2.3 Pfosten o. ä.

Ausgewählte Referenzgemeinden sind:

D 6008* Bad Münster am Stein-Ebernburg   D 3007* Bad Orb
D 4313* Norderney

Die Wirkung von Pfosten, Pollern, Blumenkübeln u. ä. ist bei einer Anordnung in Reihe oder auch als Einzelobjekt an Engstellen (vgl. Einfahrsperre in die Steigstraße in

D 1108* Meersburg, Kapitel 3.2.1.4) einer Vollschranke vergleichbar. Ihr Vorteil liegt darin, daß sie Fußgängern und Radfahrern den ungehinderten Durchgang gewähren.

In D 3007* Bad Orb sperren Pfosten ganztägig Einfahrten in die „Fußgängerzone Innenstadt", in D 6008* Bad Münster am Stein-Ebernburg verwehren sie lediglich stundenweise dem massenhaften Naherholungsverkehr am Wochenende die Einfahrt in den engeren Kurbereich. In D 4313* Norderney wurden Reihen von Blumenkübeln zur Abgrenzung der Verkehrszonen 1, 2 und 3 als Zwischenlösung aufgestellt. Mit dem Fortgang der baulichen Umgestaltung der Straßeneinmündungen in Vorrangbereiche für Fußgänger werden sie überflüssig.

3.8 Einbahnregelungen

Zeichen 220
Einbahnstraße

Zeichen 267
Verbot der Einfahrt

Auszug aus der VwV zu Zeichen 220 Einbahnstraße:

„IV. Die Einführung von Einbahnstraßen ist erwünscht, weil diese die Sicherheit und die Flüssigkeit des Verkehrs, vor allem auch der öffentlichen Verkehrsmittel fördern, übrigens auch Parkraum schaffen. Allerdings bedarf es in jedem Fall der Abwägung der durch die Einrichtung von Einbahnstraßen berührten Interessen. Es muß insbesondere vermieden werden, daß ortsfremden Kraftfahrern dadurch unangemessen erschwert wird, sich zurechtzufinden; Wegweiser können helfen. In jedem Fall ist darauf zu achten, daß für den Gegenverkehr eine gleichwertige (Einbahn-)Straßenführung in nicht zu großem Abstand zur Verfügung steht, und es ist endlich zu vermeiden, daß durch diese Maßnahme die Verkehrsbehinderungen nur auf andere Straßen verlagert werden."

Referenzgemeinden:

D 1304* Badenweiler
D 4402* Bad Pyrmont
D 1108* Meersburg
D 2108* Oberstdorf
D 8021* Westerland

D 3007* Bad Orb
D 5209* Horn-Bad Meinberg
D 8012* Nebel/Amrum
D 1326* Todtmoos

3.8.1 Verkehrslenkung

Die Einführung von Einbahnstraßen im Sinne des Abschnitts IV der Verwaltungsvorschrift zu Zeichen 220 „Einbahnstraße" erfolgte beispielsweise in D 2215* Rothenburg o. d. Tauber (an Engstellen) und in D 8019* Timmendorfer Strand (auf zwei Parallelstraßen im Ortskern). In D 8015* Norddorf/Amrum wird die Haupterschließungsstraße als Einbahnstraße in Schleifenform durch den Ort geführt. Die übrigen Erschließungsstraßen sind dagegen Zweirichtungsstraßen.

Darüberhinaus können Einbahnregelungen auch innerhalb eines erholungsfreundlichen Maßnahmenkonzepts eine wichtige Funktion übernehmen:

3.8.2 Ordnung des Durchgangsverkehrs

So kann die flächenhafte Einführung eines Einbahnsystems die Attraktivität eines Bereiches für den Durchgangsverkehr stark einschränken oder diesen völlig verhindern. Es ist jedoch zu berücksichtigen, daß ortsunkundige Fahrzeugführer auf der Suche nach einer Durchfahrtmöglichkeit zusätzlichen Fahrverkehr erzeugen werden. In D 2108* Oberstdorf hat sich im Anschluß an den Vorrangbereich für Fußgänger im Ortskern ein flächenhaftes Einbahnsystem bewährt, das wie ein Schleifensystem wirkt.

3.8.3 Beschränkung von Einfahrtmöglichkeiten in eine Kfz-Sperrzone

Neben der im Kapitel 3.8.2 beschriebenen Funktion zur Behinderung des Durchgangsverkehrs werden Einbahnstraßen sehr häufig in Verbindung mit Fahrbeschränkungen nach § 45 StVO eingeführt. Durch Anordnung der erlaubten Fahrtrichtung zonenauswärts wird die Anzahl der Einfahrtmöglichkeiten in die Zone eingeschränkt.

Referenzgemeinden für eine derartige systematische Anwendung der Zeichen 220 und 267 sind: D 1304* Badenweiler, D 3007* Bad Orb, D 4402* Bad Pyrmont, D 5209* Horn-Bad Meinberg, D 8012* Nebel/Amrum, D 2108* Oberstdorf und D 1326* Todtmoos.

An dieser Stelle ist eine in den Gemeinden mehrmals geäußerte Erfahrung zu erwähnen: Von den Kraftfahrern wird das Zeichen 267 „Verbot der Einfahrt" in der Regel besser beachtet als das Zeichen 250 „Verbot für Fahrzeuge aller Art". Als Grund wird die Angst vor möglichem Gegenverkehr vermutet.

3.9 Geschwindigkeitsbeschränkungen

Zeichen 274
Zulässige Höchstgeschwindigkeit

Ausgewählte Referenzgemeinden sind:

D 2203* Bad Kissingen D 3007* Bad Orb
D 8012* Nebel/Amrum   D 8015* Norddorf/Amrum
D 4313* Norderney
(siehe auch die Zusammenstellung von Referenzgemeinden im Teil E, Übersicht E 8)

Beschränkungen der zulässigen Höchstgeschwindigkeit auf unter 50 km/h im Ortsbereich wurden von zahlreichen Gemeinden für kurze Teilstrecken – vorwiegend in der Nähe von Schulen, Krankenhäusern und Sanatorien – gemeldet. Flächenhafte Geschwindigkeitsbeschränkungen wurden für den gesamten Ortsbereich in D 8012* Nebel/Amrum, D 8015* Norddorf/Amrum und D 4313* Norderney angeordnet: in allen Orten beträgt die zulässige Höchstgeschwindigkeit 30 km/h.

Eine bereits 1953 zur Verkehrslärmreduzierung eingeführte Beschränkung auf max. 30 km/h in der Altstadt und in der Kurzone von D 2203* Bad Kissingen hatte sich nicht bewährt. Auch in D 3007* Bad Orb wurde ein Versuch mit Beschränkungen auf max. 30 bzw. 40 km/h in einzelnen Straßen im Kurbereich abgebrochen. Nach einer Studie im Auftrag des Regierungspräsidenten Darmstadt und des Hessischen Innenministers wurde eine erhöhte Lärmbelastung anstatt Lärmminderung festgestellt. Darüber hinaus war die Anordnung wegen ständiger Übertretungen und der notwendigen Dauerüberwachung nicht praktikabel.

In Bad Grund ist eine Geschwindigkeitsbegrenzung auf max. 40 km/h in der Diskussion (Stand Dezember 1982). „Von einer Begrenzung unter 40 km/h versprechen sich die Fachleute keine Beruhigung, sondern eine Erhöhung des Verkehrslärms; namentlich durch das Einschalten der ‚Motorbremse' bei Schwerlastfahrzeugen." (aus einem Schreiben der Kurverwaltung Bad Grund/Harz)

Auf dem 20. Verkehrsgerichtstag 1982 wurde das Thema „Senkung der zulässigen Innerortsgeschwindigkeit" auf z. B. 30 km/h andiskutiert. Vor einer endgültigen Meinungsbildung zu diesem sehr „heißen Eisen"[30] „soll durch wissenschaftlich untermauerte Untersuchungen geprüft werden, ob die zulässige Höchstgeschwindigkeit innerhalb geschlossener Ortschaften auf weniger als 50 km/h ermäßigt und gleichzeitig für die Straßen, auf denen die Leichtigkeit und Flüssigkeit des Verkehrs Vorrang behalten müssen, davon abweichend höhere Geschwindigkeiten erlaubt werden sollen."[31]

3.10 Verkehrs-Orientierungssysteme

Ausgewählte Referenzgemeinden:

D 1303   Baden-Baden   D 3007* Bad Orb
D 5209* Horn-Bad Meinberg   D 4313* Norderney

Verkehrs-Orientierungssysteme erleichtern vor allem dem ortsunkundigen Besucher das Auffinden seines Reiseziels und verringern gleichzeitig damit den Suchverkehr. In D 3007* Bad Orb, D 5209* (Horn-)Bad Meinberg und D 4313* Norderney wurde der gesamte Ort bzw. Ortsteil in Verkehrszonen unterteilt. In Bad Orb und Bad Meinberg sind sie für den Fahrverkehr weiterhin gegeneinander durchlässig, in der Stadt Norderney ist der wechselseitige motorisierte Verkehr zwischen den Zonen nur über die südliche Ortsrandstraße möglich (vgl. Kapitel 3.1.3).

In D 3007* Bad Orb wurden um die zentral gelegene „Fußgängerzone Innenstadt" fünf weitere Zonen abgegrenzt, die in den Ortsplänen und auf den Hinweisschildern an den Zufahrtsstraßen mit unterschiedlichen Farben (braun/grün/grau/blau/rot/gelb) gekennzeichnet sind. Die Zoneneinteilung dient auch zur räumlichen Abgrenzung eines ganztägigen Fahrverbots für Motorräder (= grüne Zone). D 5209* Bad Meinberg wurde ebenfalls in sechs Zonen untergliedert. Hier erfolgte die Zoneneinteilung entsprechend der jeweils kürzesten Verbindung zur Umfahrungsstraße.

Nach den Erfahrungen dieser Gemeinden benutzen die Gäste diese Orientierungshilfen sehr häufig bei der ersten Anfahrt. Mit Zunahme der Ortskenntnis werden dann jedoch auch „Schleichwege" im Ortsbereich entdeckt und teilweise genutzt.

Das elektronisch gesteuerte Parkleitsystem in D 1303 Baden-Baden lenkt den Pkw-Verkehr zur jeweils am günstigsten gelegenen Tiefgarage mit freien Stellplätzen. Ähnlich aufwendige technische Anlagen wurden aus den kleineren Kur- und Erholungsorten nicht gemeldet.

---

[30] Vgl. LEITENBERGER, K.: 20 Jahre Deutscher Verkehrsgerichtstag, ..., a. a. O., S. 400.
[31] Vgl. LEITENBERGER, K.: 20 Jahre Deutscher Verkehrsgerichtstag, ..., a. a. O., S. 400f.

*3.11 Nutzervorteile für geräuscharme Fahrzeuge
„Modell Bad Reichenhall"*

Mit Lärmschutzmaßnahmen zugunsten ihrer ruhebedürftigen Gäste hat die Stadt D 2304* Bad Reichenhall bereits seit drei Jahrzehnten Erfahrungen gesammelt:

„Die Stadt Bad Reichenhall war erstmals im Jahre 1953 gezwungen, zum Zwecke der Eindämmung des Verkehrslärms und der Luftverpestung im Kurviertel ganzjährig einschneidende Verkehrsbeschränkungen einzuführen. Diese Beschränkungen beziehen sich auf Lastkraftwagen (über 1,5 t) und auf Motorräder (einschl. Fahrräder mit Hilfsmotor). Für die genannten Fahrzeugarten sind die Straßenzüge des sogenannten engeren Kurviertels ständig, die Straßen des sogenannten weiteren Kurgebietes zu bestimmten Tages- und Nachtzeiten gesperrt. Ausnahmen aus triftigen Gründen werden vom Straßenverkehrsamt der Stadt von Fall zu Fall genehmigt."[32]

Im Jahre 1953 wurden neben diesen Fahrbeschränkungen auch zwei Ortsvorschriften erlassen, die ebenfalls der Lärmminderung dienen:
- Ortsvorschrift zur Bekämpfung des Verkehrslärms in der Stadt Bad Reichenhall vom 30. April 1953/3. Juni 1953 und
- Ortsvorschrift zur Erhaltung von Ruhe, Sauberkeit und Ordnung in der Stadt Bad Reichenhall (Ordnungs-Statut) vom 20. November 1953.

1963 wurden erstmals auch Pkw in Fahrbeschränkungen mit einbezogen.

Seit Oktober 1981 wird nun im Rahmen des „Modells Bad Reichenhall" ein neuer Weg der Verkehrslärmminderung beschritten. „Während die bisherigen Maßnahmen mehr auf eine Aussperrung der Fahrzeuge abzielten, wird in Zukunft der Schwerpunkt bei der Förderung leiser Fahrzeuge liegen. Der Verkehrslärm soll in erster Linie an der Quelle, nämlich am Fahrzeug selbst, bekämpft werden."[33]

Zielsetzung dieses Modells ist das Aufzeigen eines marktwirtschaftlichen Weges, „der der Kraftfahrzeugindustrie den Verkauf lärmarmer Produkte sichert, den Fahrzeugbetreibern wieder mehr Bewegungsfreiheit schafft und Bürgern und Gästen insgesamt mehr Ruhe bringt."[34] Durch die Gewährung von Benutzervorteilen für lärmarme Kraftfahrzeuge soll ein erheblicher Kaufanreiz für leise Fahrzeuge geweckt werden. In erster Linie werden die bestehenden räumlichen und zeitlichen Beschränkungen für Lkw gelockert. Fahrzeuge, die besonders hohen Anforderungen der Lärmminderung genügen und nicht lauter oder unangenehmer als Pkw sind, werden diesen gleichgestellt. In diese Regelung sollen auch Mofas und Mopeds, evtl. später auch Motorräder, eingeschlossen werden. „Die Stadt kann den motorisierten Zweiradverkehr nur fördern, wenn die Fahrzeuge schärfsten Geräuschanforderungen genügen und nicht leicht manipulierbar sind."[35]

Das „Modell Bad Reichenhall" wird in Zusammenarbeit mit dem Umweltbundesamt, Berlin, und dem Bayerischen Landesamt für Umweltschutz, München, laufend überprüft.

---

[32] Auszug aus einem Erfahrungsbericht der Stadt Bad Reichenhall vom 19. August 1963.

[33] DENNERL, J.: Ein neuer Weg der Verkehrslärmminderung – Modell Bad Reichenhall. In: Heilbad und Kurort, Jg. 34, Heft 7/1982, S. 200.

[34] DENNERL, J.: Ein neuer Weg der Verkehrslärmminderung – Modell Bad Reichenhall, a. a. O., S. 201.

[35] DENNERL, J.: Ein neuer Weg der Verkehrslärmminderung – Modell Bad Reichenhall, a. a. O., S. 200.

3.12 Öffentliche und halböffentliche Verkehrsmittel

Ein Vergleich mit dem Omnibus-Kursbuch Sommer 1982 der Verkehrsgemeinschaft Bahn/Post ergab, daß alle deutschen Referenzgemeinden von Buslinien bedient werden. Der ortsinterne öffentliche Verkehr wird teilweise von regionalen Busdiensten ausgeführt. Der Anschluß an den fahrplanmäßigen Personen-Schienenverkehr wurde aus dem DB-Kursbuch Sommer 1982 ermittelt. Referenzgemeinden mit einem Bahnhof in einem oder mehreren Ortsteilen haben in der Kurzdokumentation (Teil D 2) die Zusatzangabe „Bahnanschluß vorhanden".

Die Verlagerung erholungsbedingter Verkehrsvorgänge – wie An-/Abreise, Verkehr am Zielort und Ausflugsverkehr vom Zielort aus – vom Pkw auf öffentliche Verkehrsmittel ist ebenfalls als erholungsfreundliche Verkehrsmaßnahme anzusehen. Dieser Teilaspekt wurde in der vorliegenden Untersuchung bewußt ausgeklammert. Die folgenden Beispiele beschreiben einzelne Busdienste auf Ortsebene, die vor allem auf Erholungsgäste ohne eigenen Pkw ausgerichtet sind (siehe auch die Arbeitshilfen im Teil F, Bilder F 105 bis F 112).

(Beispiele für überörtliche Bus-Dienste sind im Teil D 1 zusammengestellt.)

Ausgewählte Referenzgemeinden sind:

D 2402* Bad Füssing   D 6008* Bad Münster am Stein-Ebernburg
D 3007* Bad Orb   D 1103* Bad Waldsee
D 2101* Bad Wörishofen   D 2405* Griesbach im Rottal
D 2316 Ruhpolding

Eine Sonderstellung nimmt der kombinierte Bus/Taxi-Dienst im Zusammenhang mit dem Nachtfahrverbot in D 2101* Bad Wörishofen ein. Zwischen dem Ortszentrum und den Auffangparkplätzen am Rand der Kfz-Sperrzone besteht ein kostenloser Busdienst zwischen 19.30–20.30 Uhr und 23.00–01.00 Uhr im Linienverkehr mit 10-Minuten-Takt. Zusätzlich stehen zwischen 23.00 und 03.00 Uhr Taxen gegen Entgelt zur Verfügung.

In D 2402* Bad Füssing haben die Träger der Kurmittelhäuser private Busdienste für den Zubringerverkehr von und zu den Gästeunterkünften eingerichtet. Ein Zusammenschluß dieser privaten Dienste zu einem öffentlichen Ortsbus-Dienst ist in der Diskussion. In D 6008* Bad Münster am Stein-Ebernburg stehen den Kurgästen für den Verkehr zwischen der engeren Kurzone und den Unterkünften Großraumtaxis und Minibusse – auch bei Veranstaltungen am späten Abend – zur Verfügung. Der Fahrpeis beträgt – entfernungsunabhängig – DM 1,– (1981). Die entstehende Kostenunterdeckung wird vom Kurbetrieb Bad Münster am Stein-Ebernburg ausgeglichen. Der Stadtbus-Dienst in D 3007* Bad Orb wird ebenfalls durch Zuschüsse der Kurverwaltung mitfinanziert. An Samstagnachmittagen, Sonn- und Feiertagen ist der Linienverkehr allerdings eingestellt. In D 1103* Bad Waldsee besteht das „City-Bus"-System mit vier Linien. Die umliegenden Ortsteile sind mit eingeschlossen. Umsteigemöglichkeit besteht jeweils am Rathaus in der Altstadt Bad Waldsee. Die Bedienungszeit ist Montag–Freitag und Samstagvormittag. Bei besonderen Anlässen, wie z. B. Veranstaltungen im Ortskern, werden – auch abends – Sonderfahrten vor allem vom bzw. zum „Kurgebiet" angeboten.

Ein allgemeiner kostenloser Busdienst steht im Thermal-Kurviertel in D 2405* Griesbach im Rottal für Fahrten innerhalb des Kurviertels zur Verfügung („Kurtaxi"). Im Ruhpoldinger Ortslinienverkehr (D 2316 Ruhpolding) ist für Kurgäste die Busbenutzung bei Fahrten zwischen Haltestelle Bahnhof (im Ortskern) und der dem Beherbergungsbetrieb nächstgelegenen Haltestelle kostenlos. Ein Ausweis der Kurverwaltung berechtigt zu beliebig häufigen Fahrten während des Kur- und Erholungsaufenthalts. Für die Benutzung des Gesamtnetzes wird den Gästen das „Urlaubsticket" angeboten: Es kostet für den gesamten Ferienaufenthalt DM 10,– für Einzelpersonen und DM 20,– für Familien. Einheimische können Monatskarten für DM 15,– erwerben.

Eine theoretisch wie empirisch umfassende Diskussion der hierfür bedeutsamen Lösungsstrategien (neue Konzepte öffentlichen Linienverkehrs; bedarfsgesteuerte Kleinbussysteme und weitere Formen des sog. Paratransits) wurde vorgelegt von HEINZE/ HERBST/SCHÜHLE[36].

4. Umfahrungsstraßen und erholungsfreundliche Verkehrsmaßnahmen

Der Hauptgegenstand des erholungsfreundlichen Verkehrskonzepts ist die Ordnung des internen Verkehrs innerhalb des verkehrsberuhigten Gebiets im engeren Sinne und in dessen Umfeld, dem verkehrsberuhigten Gebiet im weiteren Sinne. Der motorisierte überörtliche und innerörtliche Durchgangsverkehr wird als Störfaktor betrachtet. (Nach den persönlichen Einschätzungen der Interviewpartner in kleinen Erholungsorten ist der innerörtliche Mini-Kurzstreckenverkehr mit Pkw bedeutend.)

Eines der Grundprinzipien heutiger Verkehrsberuhigungsplanung ist die Verdrängung des motorisierten Durchgangsverkehrs aus dem verkehrsberuhigten Gebiet i. e. Sinne. Der Ausbau oder Neubau von Entlastungsstraßen (Quartiers-, Ortskern-, Ortsumfahrungsstraßen) wird daher häufig als Voraussetzung für die Durchführung einer Verkehrsberuhigung angesehen. Zum Teil wird auch bereits die Umfahrungsstraße allein bzw. das Angebot zur Benutzung einer Umfahrungsmöglichkeit als eigenständiges Verkehrsberuhigungsinstrument betrachtet.

Der Zusammenhang zwischen Ortsdurchfahrt/Umfahrungsstraße und flächenhaften erholungsfreundlichen Verkehrsmaßnahmen soll hier aus der Sicht attraktiver Kur- und Erholungsorte im naturnahen Raum betrachtet werden. Beispielsweise sieht das Kurortegesetz Nordrhein-Westfalen[37] „als Voraussetzung für die Anerkennung als Kurort u. a. vor, daß keine Anlagen betrieben werden oder zu erwarten sind, die Heilmittel, Kureinrichtungen oder Kurortcharakter nachteilig beeinflussen können. Derartige Anlagen störenden Charakters aber können in Verkehrsbändern bestehen, die durch oder unmittelbar am Rande von Kurgebieten verlaufen. Nur die Umlegung des Verkehrs auf weiter entfernt liegende Führungen, auch auf Ortsumgehungen, ist als Abhilfe zur Erlangung oder zum Erhalt der Anerkennung als Kurort möglich. Dabei sind Fälle bekannt, in denen eine Anerkennung ausdrücklich mit der Auflage zum Bau einer Ortsumgehung versehen wurde."[38] Auch nach Auffassung der Bundesregierung kann „die Attraktivität von Fremdenverkehrsorten (...) durch die Schaffung von Umgehungsmöglichkeiten für den Individualverkehr wesentlich verbessert werden. Der Bau von Ortsumgehungen im Zuge von Bundesfernstraßen in Fremdenverkehrsregionen, insbesondere auch bei Kurorten,

---

[36] Vgl. HEINZE, G.W.; HERBST, D.; SCHÜHLE, U.: Verkehr im ländlichen Raum. ARL: Abh. Bd. 82, Hannover 1982.

[37] Vgl. § 3 Abs. 5, Gesetz über Kurorte im Lande Nordrhein-Westfalen (Kurortegesetz – KOG) vom 8. Januar 1975, Gesetz- und Verordnungsblatt für das Land Nordrhein-Westfalen, Nr. 3/1975, S. 12.

[38] Vgl. Verkehrsverband Westfalen-Mitte e.V. (Hrsg.): Verkehrsentlastung durch Ortsumgehungen. Möglichkeiten und Notwendigkeit zur Lösung innerörtlicher Verkehrsprobleme. Dortmund, 1982, S. 48.

dient diesem Ziel. Im Ortsumgehungsprogramm 1981 sind wieder eine Reihe dieser Maßnahmen enthalten."[39)] (Vgl. ausführliche Wiedergabe in Fußnote [40)].)

Das Ortsumgehungsprogramm 1981 ist Bestandteil des Fünfjahresplanes 1981–1985 für den Ausbau der Bundesfernstraßen. Es dient vor allem den verkehrspolitischen Zielen
- Abbau von Unfallschwerpunkten,
- Verminderung von Umweltbelästigungen und
- Verkehrsberuhigung in Ortschaften.

„Wegen ihrer erheblichen Bedeutung für die Verbesserung der Lebensqualität in Städten und Gemeinden hat der Bundesminister für Verkehr dem Bau von Ortsumfahrungen eine hohe Dringlichkeit bei den Investitionen für die Bundesfernstraßen zugewiesen"[41)]. (Vgl. hierzu Übersicht C 7.)

[39)] Deutscher Bundestag: Fremdenverkehr. Antwort der Bundesregierung auf die Große Anfrage der Abgeordneten Müntefering u. a. und der Fraktionen der SPD und FDP. Bundestags-Drucksache 9/2082 vom 5. 11. 1982. Antwort auf die Teilfrage 8.5: „Welchen Zusammenhang sieht die Bundesregierung zwischen der Urlaubsfreundlichkeit der deutschen Fremdenverkehrsregionen einschließlich der Kurorte und deren verkehrlicher Erschließung, wie werden diese Erkenntnisse bei der Verkehrspolitik des Bundes berücksichtigt, (...)?"

[40)] Frage und Antwort 8.4 in derselben Bundestags-Drucksache 9/2082 lauten:

Frage:
„Was bringt der noch anstehende Ausbau insbesondere überregionaler Straßen für Vorteile für die betroffenen Fremdenverkehrsregionen und was für Nachteile für die Erholungslandschaften, und wie kann dieser Zielkonflikt entschärft werden?"

Antwort:
„Bessere Bundesfernstraßenverbindungen tragen dazu bei, daß die Bürger schnell und bequem Erholungsgebiete aufsuchen können. Gleichzeitig besteht die Gefahr, daß die Verdichtung des Straßennetzes zu Eingriffen in Natur und Landschaft und Störung durch Lärm und Abgase führen. Der Bau von Umgehungsstraßen kann aber auch solche verkehrsbedingten Störungen in Kur- und Erholungsorten mindern oder abbauen. Im Bundesverkehrswegeplan 1980 ist versucht worden, dem Zielkonflikt durch eine sorgfältige Bewertung projektbedingter Vor- und Nachteile zu begegnen. Dabei ist die für die Fremdenverkehrsgebiete wichtige Beeinträchtigung von umweltempfindlichen und unzerschnittenen verkehrsarmen Räumen einbezogen worden. Dies hat mit dazu beigetragen, daß in sensiblen Gebieten die Planung für rd. 7000 Kilometer neuer Bundesautobahnen aufgegeben worden ist.
Verkehrsströme zwischen Verdichtungsgebieten und Fremdenverkehrsregionen können in den Urlaubsreisezeiten erhebliche Stärken erreichen. Das gilt auch für die Wochenenden, wenn die Fremdenverkehrsregion zugleich Erholungsgebiet großer Städte ist. Die Leistungsfähigkeit der bestehenden Ausfallstraßen und Straßenverbindungen ist hierbei in der Vergangenheit oft erheblich überschritten worden. Im Interesse der erholungssuchenden Bevölkerung und des betroffenen Fremdenverkehrsgebietes mußten für die durch wiederholte, lang anhaltende Stauungen blockierten Verbindungen Straßen mit ausreichendem Querschnitt, in manchen Fällen auch Autobahnen, gebaut werden. Nachteile für die Erholungsgebiete bestehen in der Regel nicht, wenn sich die Maßnahmen zur Verbesserung der Leistungsfähigkeit auf Strecken beschränken, die den Verkehr nur an ein schützenswertes Erholungsgebiet heranführen, es aber nicht durchschneiden. Wie bei anderen Straßenbauvorhaben sind auch in Fremdenverkehrsregionen die Schutzbedürfnisse der Erholungsgebiete sowie die Belange der dort lebenden Bevölkerung und der Urlaubsgäste abzuwägen. Ist die Inanspruchnahme von Erholungsgebieten durch Straßenbauten nicht zu umgehen, so wird durch geeignete Ausgleichsmaßnahmen sichergestellt, daß Beeinträchtigungen möglichst gering gehalten werden."

[41)] Bundesminister für Verkehr (BMV): Fünfjahresplan für den Ausbau der Bundesfernstraßen in den Jahren 1981 bis 1985 und Baustufe 1 a, aufgestellt vom BMV, BMV-StB 10 20.70.64/10033 Va82II, Bonn, 1982, S. 4.

Übersicht C 7 Ortsumgehungsprogramm 1981 – nach Bundesländern[42]

Land*)	Anzahl der Maß- nahmen	Veran- schlagte Gesamt- kosten	Ausgaben bis ein- schließlich 1980	Betrag für	
				1981 bis 1985	ab 1986
			Mio DM		
1	2	3	4	5	6
Baden-Württemberg	115	3 827,9	993,9	1 002,3	1 686,3
(dazu (ZIP)			(70,2)	(75,2)	
Bayern	144	2 993,8	837,9	703,0	1 310,1
(dazu ZIP)			(139,6)	(3,2)	
Bremen	2	48,3	6,6	20,4	11,2
(dazu ZIP)			(5,0)	(5,1)	
Hamburg	3	517,4	49,2	170,8	278,5
(dazu ZIP)			(11,9)	(7,0)	
Hessen	83	2 181,5	573,0	606,0	871,8
(dazu ZIP)			(96,0)	(34,7)	
Niedersachesn	84	2 330,0	675,6	632,8	860,9
(dazu ZIP)			(104,4)	(56,3)	
Nordrhein-Westfalen	118	3 193,5	667,5	762,0	1 636,9
(dazu ZIP)			(57,8)	(69,3)	
Rheinland-Pfalz	81	2 453,9	945,2	323,0	1 110,4
(dazu ZIP)			(38,9)	(36,4)	
Saarland	17	341,6	136,8	55,8	149,0
Schleswig-Hostein	29	1 032,7	146,3	317,1	534,1
(dazu ZIP)			(15,7)	(19,5)	
Summe	676	18 920,6	5 032,0	4 593,2	8 449,2
(dazu ZIP)			(539,5)	(306,7)	

*) Berlin nicht betroffen

Die Attraktivität eines Erholungsortes für den Touristen kann nicht losgelöst von der ihn umgebenden Landschaft betrachtet werden. Daher sind die Wechselwirkungen zwischen

– Entlastungen innerhalb des Ortsbereiches einerseits und
– Zusatzbelastungen der freien Landschaft durch den Bau neuer Verkehrswege sowie durch die Verdrängung des Durchgangsverkehrs andererseits

im Einzelfall gegeneinander abzuwägen.

Einer der Faktoren dieses Systemvergleichs Umfahrungsstraße/Ortsdurchfahrt ist die „Wirksamkeit" der neuen Straße, die „u. a. daran beurteilt (wird), wieweit Verkehrsentlastungen in ausgewählten Abschnitten erzielt werden können. . . . Als Indikatoren dienen die aus Umlegungen gewonnenen Verkehrsstärken in der Ortsdurchfahrt. . ."[43]. „Die Wirksamkeit der Umfahrung kann in vereinfachter Weise auch daran gemessen werden, inwieweit sie in der Lage ist, Verkehr anzuziehen. Es wird angenommen, daß der auf die

---

[42] Bundesminister für Verkehr (BMV): Fünfjahresplan für den Ausbau der Bundesfernstraßen, a. a. O., Übersicht 1, S. 5.

[43] SNIZEK, S.: Systemvergleich zwischen Umfahrungsstraßen und Ortsdurchfahrten als Entscheidungshilfe. In: Gemeinde–Stadt–Land, Band 9, 2. erweiterte und überarbeitete Auflage. Hrsg.: HARDER, G.; SPENGELIN, F., Hannover 1983, S. 74.

Umfahrung verlagerbare Verkehr aus dem bestehenden Netz abgezogen wird und daher dort zu einer Entlastung führt."[44]

Die Erfahrungen einiger Untersuchungsgemeinden zeigen, daß die prognostizierten bzw. erhofften Werte für den verlagerbaren Verkehr in der Praxis nicht erreicht werden. „Vielerorts (haben) trotz realisierter Umgehungsstraßen sich die Verkehrsverhältnisse und damit auch die Umweltbedingungen im Zuge der Ortsdurchfahrt nicht verbessert (...), weil die ursprünglich entlasteten Ortsdurchfahrten sehr schnell wieder ein Opfer der ehemals rasanten Verkehrszunahme geworden sind."[45] Eine andere Ursache für eine fortdauernde Überlastung der Ortsdurchfahrt kann aber auch darin liegen, daß die Verkehrsverlagerung von Anfang an nur gering war. Dies ist für Kur- und Erholungsorte besonders naheliegend. Verkehrszusammenbrüche – vor allem wegen des Naherholungsverkehrs am Wochenende – gehen hier häufig nicht auf die mangelnde Kapazität der derzeitigen Ortsdurchfahrt oder auf die fehlende Umfahrungsstraße zurück. Der Grund besteht vielmehr in der – noch – vorhandenen touristischen Attraktivität des Ortes und damit im Zielverkehr!

Ein Ort kann sowohl das Endziel einer „Kaffeefahrt" als auch ein Zwischenziel mit oder ohne Halt sein. Dieser „unechte" Durchgangsverkehr mit dem Ziel, einen Ort zu „erfahren", dürfte freiwillig kaum auf das Angebot einer neuen Ortsumfahrung in der gewünschten Weise reagieren. So wird aus D 1325 Titisee-Neustadt berichtet, daß vor dem Ortsteil Neustadt vor allem die Lkw von der Umfahrungsstraße in Richtung Ortsmitte abfahren, „um mal was anderes zu sehen".[46]

Die Erstellung einer Umfahrungsstraße zur Lenkung des „echten" Durchgangsverkehrs und der zugehörigen innerörtlichen Maßnahmen zur Verhinderung bzw. Verringerung des „unechten" Durchgangsverkehrs ist als ganzheitliche Planungsaufgabe zu sehen. Unter gesamtwirtschaftlichen Gesichtspunkten sollte dies auch bei Trennung der Straßenbaulast zwingend sein, beispielsweise beim Bau der Umfahrung im Zuge einer Bundesstraße und der erholungsfreundlichen Gestaltung von Gemeindestraßen. Dies würde eine realistischere Beurteilung der Gesamtkosten erlauben und Fehlinvestitionen vermeiden helfen, bei denen die Diskrepanz zwischen Entlastung des Ortes und Zusatzbelastung der Landschaft zu groß ist.

Die im Ortsumgehungsprogramm 1981 aufgeführten Erwartungen hinsichtlich der Entlastungswirkungen von Ortsumfahrungsstraßen sind hochgespannt. Im Falle von Gemeinden mit touristisch bedeutsamen Innerortszielen sollte deshalb kritisch geprüft werden, ob diese Hoffnungen auch realisierbar sind. Es könnte in vielen Fällen sinnvoll sein, mit dem Bau von Ortsumfahrungen die Durchführung von flankierenden Maßnahmen zu verbinden. Als Ergänzung zum Neu- bzw. Ausbau einer Ortsumfahrung bieten sich an:

– Fahrverbote für bestimmte Fahrzeugarten (Beispiel: Verbot für Lkw im Durchgangsverkehr in D 5202* Bad Lippspringe und D 6008* Bad Münster am Stein-Ebernburg).
– Unterbrechung der Ortsdurchfahrt durch bauliche Maßnahmen. Ein Beispiel für die konsequente Verdrängung des Durchgangsverkehrs ist die Maßnahmenkombination im Ortskern von D 2108* Oberstdorf. Die Unterbrechung der früheren Hauptdurchgangs-

---

[44] SNIZEK, S., Systemvergleich zwischen Umfahrungsstraßen und Ortsdurchfahrten als Entscheidungshilfe, a. a. O., S. 74.

[45] STOLZ, M.: Bewertung von Umgehungsstraßen nach verkehrlichen und umweltorientierten Kriterien. In: Gemeinde-Stadt-Land, Band 9, 2. erweiterte und überarbeitete Auflage. Hrsg.: HARDER, G.; SPENGELIN, F., Hannover 1983, S. 119.

[46] EHRY, C.: Weg vom Rummel-Image. Feriengemeinde Titisee-Neustadt setzt auf Familien und Tagungsgäste. In: Der Fremdenverkehr, Jg. 35, Heft 6/1983, S. 31.

straße (heute teilweise Vorrangbereich für Fußgänger) und ein flächenhaftes Einbahnsystem machen die vorhandenen Ortsumfahrungen für den motorisierten Verkehr und gleichzeitig den Ortskern für den Fußgängerverkehr attraktiv.

- Der Einbezug der Ortsdurchfahrt in ein verkehrsberuhigtes Gebiet (z. B. geschwindigkeitsreduzierende Maßnahmen in Verbindung mit einer Verringerung der Abstellflächen für den „unechten" Durchgangsverkehr).

Die bevorzugte Stellung der Ortsdurchfahrt für die Pkw-Reisenden aus fahrtechnischen und/oder touristischen Gründen trotz alternativer Umfahrungsmöglichkeit wird deutlich am Untersuchungsort D 2308* Berchtesgaden. Hier ist die Umfahrungsmöglichkeit im Zuge der B 425 nur schwach ausgelastet. Gleichzeitig belästigt der Stop-and-Go-Verkehr auf der Ortsdurchfahrt Erholungsgäste und Einheimische. Auch in D 2302* Bad Reichenhall ist die Ortsdurchfahrt „Nord-Süd-Achse" trotz der parallel verlaufenden Entlastungsstraße am Ortsrand stark belastet. Für den Fußgängerverkehr wurden daher mehrere Fußgängerunterführungen notwendig. Eine weitere weiträumige Umfahrungsstraße mit Tunnel ist in Planung.

In beiden Gemeinden wurde mit der Erstellung von Vorrangbereichen für Fußgänger gleichzeitig die vorhandene Ortsdurchfahrt begradigt und ausgebaut. Es bliebe zu untersuchen, ob ein Rückbau auf die frühere Kapazität oder eine weitergehende Beschränkung des motorisierten Fahrverkehrs den Durchgangsverkehr auf die ihm zugedachten Umfahrungsstraßen lenken könnten.

Auf einen besonderen Aspekt weist WILDEMANN am Beispiel der Stadt Andernach am Rhein in einer Bildunterschrift hin: „Jahrhunderte altes Erlebnis ‚Stadt am Strom'! Umgehungsstraße aufgeständert bergseitig herumgeführt: Anblick von oben lockt zum Stadtbesuch!"[47]

Die vorliegenden Erkenntnisse aus schriftlichen und mündlichen Befragungen erlauben keine endgültige Stellungnahme zum Zusammenhang zwischen dem Bau von Ortsumfahrungen und der innerörtlichen Verkehrsberuhigung. Die Aussagen in den Zuschriften reichen von

- guten Erfahrungen mit einer Ortsumfahrung über

- große Hoffnungen auf die Entlastungwirkungen der gewünschten Ortsumfahrung bis hin zu

- Klagen über die Verlärmung und Zerschneidung der freien Erholungslandschaft (z. B. Amt der Tiroler Landesregierung zur Autobahn Inntal/Brenner: Entlastung der Ortsdurchfahrten, aber um den Preis einer stärkeren Lärmbelastung bisher ruhiger Gebiete!) und

- Forderungen nach Lärmschutzwällen o. ä. zwischen Umfahrungsstraße und Ortsrand.

Eine Antwort auf die Frage, ob die Erstellung einer Ortsumfahrung bereits als eigenständige Maßnahme zur innerörtlichen Verkehrsberuhigung anzusehen ist, kann deshalb nur für den Einzelfall gegeben werden.

(Im Teil E, Übersichten E 2 bis E 5, werden geplante bzw. vorhandene Umfahrungsstraßen als Bestandteil von Maßnahmenkombinationen mit erfaßt.)

---

[47] WILDEMANN, D.: Darstellung der Probleme der Straßengestaltung aus verschiedener Sicht – einleitendes Referat und Thesen der Podiumsdiskussion aus der Sicht der Denkmalpflege. In: Straßengestaltung in Städten und Gemeinden. Vorträge von der Tagung der Arbeitsgruppen „Straßenentwurf" vom 21. bis 23. September 1981 in Mainz. Hrsg.: Forschungsgesellschaft für Straßen- und Verkehrswesen, Köln 1982, S.88.

5. Ansätze zu einer Maßnahmenbewertung

5.1 Vorbemerkungen

Die Gefahr der Selbstzerstörung des Tourismus [48] als Folge von Attraktivitätsminderungen bei gleichzeitig steigender Sensibilität der Bevölkerung für Umweltbelastungen ist für viele Kur- und Erholungsorte ein aktuelles Problem. Zu den Betroffenen zählen

- die Erholungssuchenden (Verlust des naturnahen Freizeitraums),
- die Einheimischen (Verschlechterung der Umweltbedingungen ihres Wohn- und Lebensraums allgemein sowie Verlust der Erwerbsgrundlage „Tourismus") aber auch
- die Allgemeinheit (Verlust der ökologischen Ausgleichsfunktion).

Ausgangspunkt unserer Untersuchung war die Frage, inwieweit verkehrsordnende Regelungen in Kur- und Erholungsorten sowie in Erholungsgebieten mit hohen Verkehrsbelastungen zur Sicherung oder sogar zur Steigerung der Attraktivität beitragen können. Die vorliegende Dokumentation zeigt, daß bereits in zahlreichen Gemeinden langjährige Erfahrungen mit verkehrslenkenden und verkehrsbeschränkenden Maßnahmen vorhanden sind. Die Übertragbarkeit dieser ortstypischen Maßnahmenkonzepte auf andere Gemeinden ist außerordentlich schwierig: Sie haben sich aus der kommunalen Praxis entwickelt, umfassende Verkehrskonzepte (z. B. Generalverkehrspläne) oder Siedlungs-Entwicklungspläne sind selten (siehe auch Übersicht C 13). Die praktizierte Siedlungs- und Verkehrsplanung bietet somit nur wenige Anhaltspunkte für eine Ableitung allgemeiner Bewertungskriterien. Diese sind vielmehr anhand theoretischer Überlegungen zu entwickeln und an der realisierten Praxis der Kommunen zu überprüfen. Im Rahmen dieser Untersuchung konnten hierfür Vorarbeiten geleistet werden, die künftige Arbeiten zur Erstellung eines Bewertungsschemas erleichtern.

5.2 Zielvorgabe zur Bewertung erholungsfreundlicher Verkehrskonzepte

Erholungsfreundliche Verkehrskonzepte sollen die Umweltbelastungen des massenhaften Individualverkehrs verringern und damit zur Sicherung oder Steigerung der Attraktivität von Kur- und Erholungsorten beitragen. Bei der Bewertung der Zielgröße „Attraktivitätssteigerung" sind u. a. zu berücksichtigen:

(1) die *Belastungswirkungen* des Verkehrs und der sonstigen Aktivitäten:
- meßbare (Indikatoren: Verkehrsstärke in Kfz/h, Phonstärke in dB(A), Luftverschmutzung in CO-Gehalt u. a.);
- nicht meßbare (wie Trennwirkung, visuelle Beeinträchtigungen von Orts- und Landschaftsbild durch Verkehrsbauten etc.);

(2) die individuell unterschiedliche *Belastbarkeit* des Menschen (und der Landschaft);

(3) die jeweiligen *Änderungen des Attraktivitätsniveaus* durch den Einsatz erholungsfreundlicher Verkehrsmaßnahmen: individuell unterschiedlich bewertet als
  - *Attraktivitätssteigerung* (z. B. Lärmreduzierung, weniger Hektik, verbesserte Kommunikationsmöglichkeiten im Straßenraum),
  - *Attraktivitätsminderung* (z. B. Mobilitätsbeschränkungen im motorisierten Individualverkehr, erzwungene Veränderungen des Verkehrsverhaltens, räumliche Verschiebungen von Belastungswirkungen).

---

[48] Vgl. u. a. KRIPPENDORF, J.: Die Landschaftsfresser. Tourismus und Erholungslandschaft – Verderben oder Segen? Bern–Stuttgart 1975.

Beim aktuellen Kenntnisstand ist eine Quantifizierung einer derart umfassenden Zielgröße nicht möglich. Einige Teilaspekte sind bisher nicht meßbar (wie verbesserte Kommunikationsmöglichkeiten), teilweise sind die Wirkungszusammenhänge noch nicht geklärt. Entsprechend geben auch die einschlägigen Gesetze zum Umweltschutz keine zulässigen Belastungsgrenzen an. Dem normativen Gefüge des Umweltschutzes sind also Ziele eigentümlich, die eine Richtung angeben, aber nicht das erstrebte Qualitätsniveau.

Vor diesem Hintergrund und in Ermangelung einheitlicher Grundlagen wird in der Praxis durch die Vorgabe einzelner, technisch meßbarer Soll-Werte, wie

– „Verkehrsberuhigung = max. X Kfz/h",
– „Verkehrsruhe   = max. X dB(A)",
– „Verkehrssicherheit = max. X km/h"

ein operationales Ziel bzw. Zielbündel aufgestellt. Damit wird ein Ausweg aus dem Entscheidungsdilemma gesucht. Die Reduzierung des Oberziels „Attraktivitätssteigerung einer Straße, eines Quartiers oder eines Ortes" auf traditionelle technische Bewertungsfaktoren dürfte die erholungstypischen Bedürfnisse jedoch kaum ausreichend erfassen können. Diese sind vorwiegend psychologischer Natur, die (subjektive) Wahrnehmung des einzelnen entscheidet über den Grad der Attraktivität. Die Bewertung erholungsfreundlicher Maßnahmenkonzepte müßte daher in einem mehrdimensionalen Modellansatz erfolgen, der

– verkehrsbezogene,
– siedlungsstrukturelle und
– erholungsbezogene (touristische)

Bedürfnisse gleichermaßen einbezieht.

Unter verkehrsplanerischen Aspekten ist dabei der Einfluß von Einzelmaßnahmen/ Maßnahmenkombinationen auf die Aktivitäten im Straßenraum vorrangig. Vor allem in den Kleinstädten und Landgemeinden wird die Verkehrsfunktion der Straßen und Wege durch Nutzungen, wie Arbeits- und Lagerfläche und Kommunikation, überlagert. Letztere ist besonders in den Kur- und Erholungsorten von großer Bedeutung.

Auch den nichtöffentlichen Flächen dieser Gemeinden lassen sich keine eindeutig abgegrenzten Nutzungen zuordnen. In den besonders belasteten Ortskernen werden Wohnen, Einkaufen, Unterhaltung und gewerbliche Nutzung – z. T. auch landwirtschaftliche Nutzung – nebeneinander wahrgenommen. Eine Maßnahmenbewertung kann daher nicht allein auf die verkehrsreduzierenden Wirkungen – wie z. B. Minderung oder Ausschaltung des quartiersfremden Durchgangsverkehrs in reinen Wohngebieten – ausgerichtet sein. Vielmehr sind alle möglichen Nutzungen im gesamten Straßenbereich zu berücksichtigen. Es wird daher vorgeschlagen, durch eine Kombination von

– verkehrsbeschränkenden Maßnahmen,
– entsprechenden Ausnahmeregelungen für den motorisierten Individualverkehr sowie
– der Förderung des nicht-motorisierten und des öffentlichen Verkehrs

eine „Doppelstrategie – Autoberuhigung und Straßenbelebung –" (BORMANN[49]) zu entwickeln. Eine einseitig restriktive Verkehrsplanung mit überwiegend Verbotscharakter würde auch für Fußgänger wenig benutzungsmotivierend wirken, sondern vielmehr negative Reaktionen bei motorisierten wie nicht-motorisierten Straßenbenutzern hervorrufen. Vor allem in den Ortskernen mit Mischfunktion wäre darüber hinaus deren zentrale Versorgungs- und Kommunikationsfunktion in Frage gestellt. Überspitzt formuliert: „Wir

---

[49] Vgl. BORMANN, W.: Verkehrsberuhigung – ein Weg in rosige Zeiten oder eine Fahrt ins Blaue? Versuche über die Zukunft mit dem Auto. In: Analysen und Prognosen über die Welt von morgen, Heft 75, Mai/Juni 1981, S. 17.

würden damit eine Geisterstadt erzeugen, die ohne Leben ist."[50] Damit wäre das Ziel Attraktivitätssicherung" bzw. „Attraktivitätssteigerung" verfehlt.

Ein Bewertungsschema für erholungsfreundliche Verkehrsmaßnahmen muß diese „Doppel-" oder „Zangenstrategie" berücksichtigen. Die alleinige Vorgabe meßbarer Zielwerte ist wegen des komplexen Zusammenhangs von unterschiedlichen Belastungen und Belastbarkeiten nicht ausreichend. Einen möglichen Ausweg bietet die qualitative Analyse von Maßnahmen bezüglich ihrer Wirkungen auf gewünschte Nutzungen innerhalb des Straßenraumes. Motorisierter und nicht-motorisierter Verkehr sind in diesem Sinne grundsätzlich gleichberechtigte Straßennutzungen. Die jeweilige Prioritätenreihung der Nutzungen ist im Rahmen der Ortsentwicklungsplanung zu bestimmen, in der Siedlungs- und Verkehrsplanung integriert sind.

Grundlegende Verbesserungen der Verkehrsverhältnisse in den Gemeinden und die Beseitigung störender Auswirkungen des motorisierten Individualverkehrs sind nur in längeren Zeiträumen erreichbar. Ein erholungsfreundliches Verkehrskonzept im Sinne dieser Untersuchung ist aber auf kurzfristig umsetzbare Instrumente ausgerichtet, die eine Neuordnung des Verkehrsbereichs einer Gemeinde im Hinblick auf eine langfristig angelegte Gesamtzielsetzung erleichtern und fördern.

Die in der Praxis eingesetzten verkehrsordnenden, verkehrslenkenden und verkehrsbeschränkenden Maßnahmen werden in der vorliegenden Untersuchung ausführlich dokumentiert und diskutiert. Nach dem heutigen Kenntnisstand kann davon ausgegangen werden, daß das notwendige verkehrsplanerische Instrumentarium vorhanden ist und in der Praxis bereits teilweise eingesetzt wird. Der optimale Einsatz dieses Instrumentariums im Hinblick auf die Beeinflussung der Straßennutzung ist in einem Bewertungsverfahren zu bestimmen, das neben den verkehrsbezogenen Einflußgrößen weitere Faktoren berücksichtigt. Diese sonstigen Faktoren können gegenüber den verkehrsbezogenen von geringerer, gleicher oder auch vorrangiger Bedeutung sein. Sie kennzeichnen das verkehrsunabhängige Entscheidungsumfeld.

5.3 Entscheidungsumfeld

Das verkehrsunabhängige Entscheidungsumfeld wird u. a. charakterisiert von:
- den betroffenen Personen, d. h.
  Einheimische,
  Gäste,
  Durchreisende;
- der Fremdenverkehrsstruktur, d. h.
  Sommer- oder Wintersaison,
  Ein-/Zweisaison,
  Aufenthaltsdauer der Gäste,
  Kur/Ferienerholung/Naherholung,
  Gästestruktur (Kinder, Alte, Kranke, Behinderte, junge Familien usw.);
- siedlungsstrukturellen Aspekten, d. h.
  Lage des betrachteten Gebiets
    im Ortskern,
    am Rand des Ortskerns,
    am Ortsrand;

---

[50] Vgl. KNOLL, E.: Schlußfolgerungen des Kolloquiums. In: Aktuelle Aufgaben des kommunalen Straßenbaues. Kolloquium am 31. März und 1. April 1982 in Seeheim. Hrsg.: Forschungsgesellschaft für Straßen- und Verkehrswesen, Köln, 1982, S. 76.

der vorhandenen Flächennutzung, d. h.
  Wohnen,
  Gewerbe,
  Erholen,
  Versorgung,
  Unterhaltung usw.;
- der räumlichen Zuordnung der Bereiche mit verschiedenen Nutzungen;
- der Flächenausdehnung des betrachteten Gebiets und des Gesamtortes, d. h.
  der Art der Bebauung (Maß der Nutzungsdichte), wie
  Anzahl der Stockwerke,
  geschlossene/offene Bebauung,
  historische Altstadt, Neubaugebiet usw.
  der vorhandenen Straßencharakteristik, wie
  Querschnitt,
  Linienführung,
  Bepflanzung, Vorgärten usw.
- Topographie;
- Kosten der Maßnahmen/Maßnahmenkombination;
- Finanzierungsmöglichkeiten;
- Aufnahme in einen Modellversuch;
- vorhandene wissenschaftliche Untersuchungen;
- betreffende Gesetze, Verordnungen, Richtlinien, Empfehlungen für
  Planung,
  Bau,
  Betrieb;
- zuständige kommunale Dienststellen
  Bauamt,
  Planungsamt,
  Ordnungsamt;
- zuständige Straßenverkehrsbehörden bei
  Kommune (Selbstverwaltung),
  Landkreis,
  Regierungspräsident,
  Oberste Baubehörde des Bundeslandes;
- Einstellung der politischen Entscheidungsträger;
- Einstellung der Gemeindeverwaltung allgemein, der entsprechenden Fachverwaltungen;
- Einstellung der Aufsichtsbehörden.

Einige Aspekte des obengenannten Entscheidungsumfelds werden in den Kapiteln 5.5 ff dargestellt. Die Auswertungsergebnisse beruhen auf der Befragung vom Sommer/Herbst 1981.

5.4 Planungsablauf

Die Übersicht C 8 zeigt einen möglichen Planungsablauf.

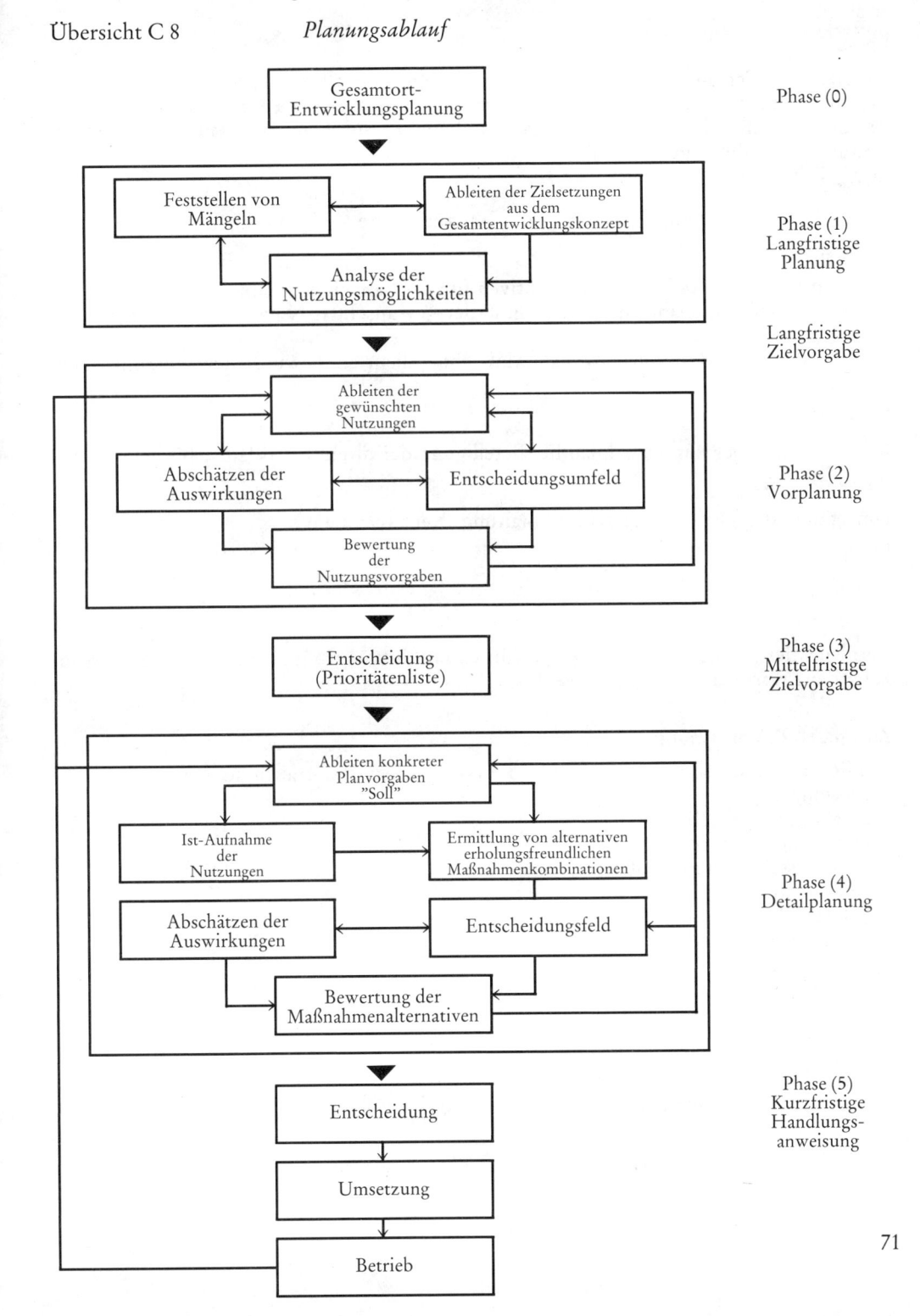

Übersicht C 8   *Planungsablauf*

```
┌─────────────────────────┐
│      Gesamtort-         │   Phase (0)
│  Entwicklungsplanung    │
└───────────┬─────────────┘
            ▼
┌──────────────────────────────────────────────────┐
│  ┌──────────────┐      ┌──────────────────────┐  │
│  │ Feststellen  │◄────►│ Ableiten der         │  │   Phase (1)
│  │ von Mängeln  │      │ Zielsetzungen aus    │  │   Langfristige
│  └──────┬───────┘      │ dem Gesamtent-       │  │   Planung
│         │              │ wicklungskonzept     │  │
│         │              └──────────┬───────────┘  │
│         │   ┌──────────────────┐  │              │
│         └──►│ Analyse der      │◄─┘              │
│             │ Nutzungsmögl.    │                 │
│             └──────────────────┘                 │
└──────────────────────┬───────────────────────────┘
                       ▼                              Langfristige
                                                      Zielvorgabe
┌──────────────────────────────────────────────────┐
│        ┌─────────────────────┐                   │
│        │ Ableiten der        │                   │
│        │ gewünschten         │                   │
│        │ Nutzungen           │                   │
│        └──────────┬──────────┘                   │
│   ┌──────────────┐   ┌──────────────────┐        │   Phase (2)
│   │ Abschätzen   │◄─►│ Entscheidungs-   │        │   Vorplanung
│   │ der          │   │ umfeld           │        │
│   │ Auswirkungen │   └──────────────────┘        │
│   └──────────────┘                               │
│        ┌─────────────────────┐                   │
│        │ Bewertung der       │                   │
│        │ Nutzungsvorgaben    │                   │
│        └─────────────────────┘                   │
└──────────────────────┬───────────────────────────┘
                       ▼
            ┌─────────────────────┐                   Phase (3)
            │ Entscheidung        │                   Mittelfristige
            │ (Prioritätenliste)  │                   Zielvorgabe
            └──────────┬──────────┘
                       ▼
┌──────────────────────────────────────────────────┐
│        ┌─────────────────────┐                   │
│        │ Ableiten konkreter  │                   │
│        │ Planvorgaben "Soll" │                   │
│        └─────────────────────┘                   │
│  ┌─────────────┐   ┌──────────────────────┐      │
│  │ Ist-Aufnahme│   │ Ermittlung von       │      │
│  │ der         │◄─►│ alternativen         │      │   Phase (4)
│  │ Nutzungen   │   │ erholungsfreundl.    │      │   Detailplanung
│  └─────────────┘   │ Maßnahmenkombin.     │      │
│                    └──────────────────────┘      │
│  ┌─────────────┐   ┌──────────────────────┐      │
│  │ Abschätzen  │◄─►│ Entscheidungsfeld    │      │
│  │ der Ausw.   │   └──────────────────────┘      │
│  └─────────────┘                                 │
│        ┌─────────────────────┐                   │
│        │ Bewertung der       │                   │
│        │ Maßnahmenalternat.  │                   │
│        └─────────────────────┘                   │
└──────────────────────┬───────────────────────────┘
                       ▼
            ┌─────────────────────┐                   Phase (5)
            │ Entscheidung        │                   Kurzfristige
            └──────────┬──────────┘                   Handlungs-
                       ▼                              anweisung
            ┌─────────────────────┐
            │ Umsetzung           │
            └──────────┬──────────┘
                       ▼
            ┌─────────────────────┐
            │ Betrieb             │
            └─────────────────────┘
```

Phase 1:

Im Rahmen der Gesamtortplanung ist die Nutzungsmöglichkeit des öffentlichen Straßenraums unter Berücksichtigung der Siedlungsstruktur und der Verkehrsverhältnisse zu erfassen.

Phase 2:

Ähnlich der Flächennutzungsplanung ist für einzelne oder alle Straßen eines Quartiers eine Prioritätenliste für die gewünschten Nutzungen zu erstellen. Die rein qualitativen Aussagen dieses Straßen-Flächennutzungsplans sind analog zum Planungsablauf in der Bauleitplanung unter Beteiligung der Bürger zu bewerten.

Phase 3:

Politische Entscheidung. Festsetzung der Nutzungsziele als Planungsvorgabe.

Phase 4:

Ableiten konkreter Maßnahmenalternativen für das betrachtete Planungsgebiet.
– Auswahl von Maßnahmen: dienen diese der gewünschten Nutzung mit vorgegebener Priorität?
– Aufstellen einer Rangfolge: Welche Maßnahme dient der gewünschten Nutzungsänderung optimal?

Phase 5:

Entscheidung über den Detailplan bei Beteiligung der direkt betroffenen Bürger.

Phase 6:

Umsetzung der Planung (Umbau, Gestaltung, Kennzeichnung).

Phase 7:

Betriebsphase.

Phase 8:

Vergleich der vorhandenen mit den gewünschten Nutzungen, ggf. Variation oder Ergänzung der Prioritätenliste, vgl. Phase 2.

Zu Phase (2) Vorplanung

Hierbei müssen die Erwartungen in die Nutzbarkeit des Straßenraums von
– Anwohnern,
– ansässigem Gewerbe,
– Gästen und den
– Verkehrsteilnehmern im Durchgangsverkehr
  jeweils als
    Kraftfahrer,
    Radfahrer,
    Fußgänger oder
    ÖV-Benutzer,
  und sonstigen Straßenbenutzern
    innerhalb,
    am Rand und
    außerhalb des betrachteten Gestaltungsbereichs
einbezogen werden.

Die Entwicklung einer quantitativen Zielvorgabe mit einer oder mehreren Meßgrößen entfällt. Die Bestimmung rein qualitativer Zielvorgaben macht auch deutlich, daß Planung,

Umsetzung und Betrieb einer erholungsfreundlichen Verkehrskonzeption ein dynamischer Prozeß ist. Es ist davon auszugehen, daß eine Verbesserung der Umweltqualität regelmäßig Nutzungszuwächse induziert. Dadurch wird eine Umstrukturierung der vorhandenen Nutzungen ausgelöst, die mittelfristig eine neue Ausgangssituation und damit Forderungen nach einer Anpassung bzw. Weiterentwicklung des Maßnahmenkonzepts ergeben. Es ist daher bereits in der Vorplanungsphase auf die notwendige Flexibilität und Erweiterungsmöglichkeit der zur Verfügung stehenden Handlungsalternativen zu achten. Hierdurch können kostspielige, unpopuläre Umbauten vermieden oder verringert werden, die häufig bei teuren – aber starren – Ausführungen sogenannter „Jahrhundertwerke" (vor allem Fußgängerbereiche) erforderlich sind.

Wichtig ist, daß durch die *Prioritätensetzung* keine Nutzungsart prinzipiell ausgeschlossen ist. Die Bezeichnung „Vorrangbereich für Fußgänger" drückt dies beispielhaft aus.

Die Betrachtung des Gesamtortes und der Einbezug aller Bürger in dieser Planungsphase soll

den notwendigen Interessenausgleich zwischen
- allen Bereichen des Ortes und den
- Einzel- bzw. Gruppeninteressen

erleichtern sowie

langfristig haltbare Grundsatzentscheidungen ermöglichen, die einen optimalen Einsatz der Investitionsmittel ermöglichen.

Die Berücksichtigung der *überörtlichen Verkehrsinteressen* soll die Möglichkeit offen halten, den Durchgangsverkehr in die Verkehrsführung innerhalb des Ortes auch auf Dauer einzubeziehen. Die völlige Ausschaltung des Durchgangsverkehrs als grundsätzliche Voraussetzung für die Entwicklung eines erholungsfreundlichen Verkehrskonzepts entfällt.

Die Betrachtung des *Ortes in der Gesamtheit* ermöglicht den kleinräumigen Einsatz intensitätsmäßig unterschiedlicher Maßnahmen unter Beachtung des Gesamtziels.

Der Begriff *„Straßennutzung"* soll verdeutlichen, daß nicht nur „Verkehrs"vorgänge in die Planung einfließen. Aktivitäten, wie z. B.
- Kinderspiel,
- Spazierengehen als Bewegungstherapie,
- Schaufensterbummel als Zeitvertreib,
- Jogging als Freiraumsport und nicht zuletzt
- Befriedigung von Kommunikationsbedürfnissen

werden teilweise als Sonderverkehr o. ä. bezeichnet. Diese problematische Umdeutung entfällt mit Verwendung des weitergehenden Nutzungsbegriffs.

Vor allem die Nutzungsmöglichkeit der Straße als Kommunikationsbereich ist für Kur- und Erholungsorte von großer Bedeutung. Die zunehmende Individualisierung einerseits und die zunehmende Einengung des Einzelnen im Alltagsleben andererseits dürften zukünftig die Erwartung an Kommunikationsmöglichkeiten außerhalb von funktionalen Kommunikationsbauten (Haus des Gastes usw.) steigern. Das Angebot an erholungsfreundlich gestalteten Straßen wird damit zu einem wesentlichen Faktor der Attraktivitätsbewertung eines Ortes.[51]

---

[51] SCHRECKENBERG, W.: Verkehrsberuhigung zur Attraktivitätssteigerung von Kur- und Erholungsorten. In: Verkehrsberuhigung in Gemeinden. Planung, Durchführung, Finanzierung, Rechtsfragen. Hrsg.: WALPRECHT, D., Köln–Berlin–Bonn–München 1983, S. 203–217.

Zu Phase (3) Mittelfristige Zielvorgabe

Die Grundsatzentscheidung muß auf einem weitgehenden Konsens zwischen Bürgern und politischer Führung, aber auch zwischen den politisch relevanten Gruppen aufbauen, um als mittelfristige Planungsgrundlage bestehen zu können. Sie kann durch die Berücksichtigung von detaillierten Normen und Erfahrungsberichten erleichtert, aber nicht ersetzt werden.

Zu Phase (4) Detailplanung

Nach der Bestimmung der Grundsätze zur Siedlungs- und Verkehrsplanung erfolgt in der Phase 4 deren verkehrsplanerische und verkehrstechnische Umsetzung.

5.5 Faktoren des Entscheidungsumfeldes

Im Rahmen der mündlichen und schriftlichen Befragungen wurden einige Faktoren des Entscheidungsumfeldes unter dem Aspekt „Übertragbarkeit von Erfahrungen der Referenzgemeinden" zur Diskussion gestellt. Befragungsergebnisse und weitere Anregungen aus der kommunalen Praxis sind in den folgenden Abschnitten dargestellt und erläutert. Auswertungsgrundlagen sind die schriftliche Befragung von Gemeinden im Sommer/Herbst 1981, Fragen 11 und 12 (siehe Übersicht C 9) und die Interviews mit Vertretern ausgewählter Gemeinden im Herbst 1981.

5.5.1 Kriterien für die Auswahl von Referenzgemeinden
(Vgl. Übersicht C 9, Frage 12a)

Übersicht C 9   Seite 4 des Befragungsbogens

---

11 Welche Personen/Personengruppen/Interessengruppen bei den Einheimischen und den Gästen erscheinen Ihnen als wichtige Diskussionspartner bei der Erstellung eines Verkehrsberuhigungskonzeptes?

bei den Einheimischen: bei den Gästen:

....

....

....

---

12 Angenommen, Sie möchten bei der Ausarbeitung eines Verkehrsberuhigungskonzeptes für Ihren Ort/Ortsteil die Erfahrungen anderer vergleichbarer Orte nutzen:

a) welche Kriterien erscheinen Ihnen für die Auswahl eines Vergleichsortes am wesentlichsten? (Mehrfachnennungen möglich):

Einwohnerzahl	0	Beherbergungskapazität	0
geographische Lage	0	Gästeankünfte	0
Klassifizierung (Heilbad etc.)	0	Übernachtungszahlen	0
Erreichbarkeit (Bahn-, Straßenanschluss)	0	Aufenthaltsdauer	0

sonstige: ....

b) welche Kriterien erscheinen Ihnen für die Auswahl der Lösungsmöglichkeiten am wesentlichsten? (Mehrfachnennungen möglich):

Reaktionen der Einheimischen	0
Reaktionen der Gäste	0
Überwachungsmöglichkeit	0
Kosten	0
Finanzierungsmöglichkeit	0
Erweiterungsmöglichkeiten	0
Flexibilität	0

sonstige: ....

Wir bedanken uns für Ihre Mitarbeit und bitten Sie, uns eine Kontaktperson für ergänzende Fragen mitzuteilen:

Name:

Anschrift:

Telefon:

Die Auswertung der schriftlichen Befragung wurde zunächst – räumlich betrachtet – auf die Zugehörigkeit der Gemeinden zu den Fremdenverkehrsverbänden abgestellt. Dadurch sollten regional unterschiedliche Kriterienschwerpunkte erkennbar werden. Die folgenden Übersichten C 10 und C 11 zeigen das Gesamtergebnis für die bundesdeutschen Untersuchungsgemeinden. Auf eine fremdenverkehrsgebiets- bzw. länderbezogene Gliederung wurde verzichtet, weil die jeweiligen Schwankungsbreiten gering sind. Typische Außenseiter wurden nicht festgestellt, dies gilt für alle Kriteriengruppen der Fragen 12a und 12b.

Übersicht C 10   *Auswertung der Frage 12a:*
Auswahl von Referenzgemeinden
hier: Kriteriengruppe „Gemeinde-Charakteristik"

Merkmal	Anzahl der Nennungen	Anteil an allen Nennungen zu Frage 12a
Einwohnerzahl	418	72 %
Geographische Lage	337	58 %
Klassifizierung	325	56 %
Erreichbarkeit	217	38 %

Übersicht C 11   *Auswertung der Frage 12a:*
Auswahl der Referenzgemeinden
hier: Kriteriengruppe „Fremdenverkehrs-Charakteristik"

Merkmal	Anzahl der Nennungen	Anteil an allen Nennungen zu Frage 12a
Übernachtungszahl	354	73 %
Beherbergungskapazität (Bettenzahl)	334	69 %
Durchschnittliche Aufenthaltsdauer (Tage)	199	41 %
Anzahl der Gästeankünfte	147	31 %

Die Art der Fragestellung und die vermutete spontane Beantwortung im vorgegebenen Raster lassen Rückschlüsse auf die tatsächliche Bedeutung der angegebenen Entscheidungsmerkmale in der Planungspraxis nur eingeschränkt zu. Sie können jedoch als Anhaltspunkte für die „Planermentalität" genommen werden. Die Aussagekraft quantitativer Auswahlkriterien, wie Einwohnerzahl, Übernachtungszahl, Beherbergungskapazität – die hier absolut am häufigsten genannt wurden – ist gering. Vorteilhafter scheint die Berücksichtigung von Strukturmerkmalen wie

– Übernachtungen/100 Einwohner (= Fremdenverkehrsintensität),
– Bettenzahl/100 Einwohner,
– Durchschnittliche Aufenthaltsdauer (Gästestruktur).

Darüber hinaus wäre eine ortsteilbezogene Aufschlüsselung notwendig. Fremdenverkehrsdaten werden in der Bundesrepublik Deutschland mit Ausnahme des Landes Hessen jedoch lediglich auf Gemeindebasis erfaßt. Trotz dieses Mangels wurden sie für die Strukturierung der Untersuchungsgemeinden herangezogen. Ihr Vorteil besteht in der allgemeinen Zugänglichkeit (Statistische Berichte der Statistischen Landesämter, Anschriften siehe Teil G). Für eine erste Grobauswahl von Referenzgemeinden ist ihre Benutzung als Hilfsmittel vertretbar.

Diese Grobauswahl sollen die im Teil E zusammengestellten Übersichten E 6 und E 7 erleichtern, die allgemein

- die Gemeindegröße (nach Einwohnerzahlen)
- die Gemeindegruppe (Mineral- und Moorbad usw.) und
- die geographische Lage (Ziffer 1 und 2 der Kenn-Nummer)

sowie
- die Übernachtungszahlen   = Übersicht E 6
- die Beherbergungskapazität = Übersicht E 7

berücksichtigen (vgl. auch die Vorbemerkungen im Teil E).

5.5.2 Kriterien für die Auswahl von Maßnahmen/Maßnahmenkombinationen (vgl. Übersicht C 9, Frage 12b)

Übersicht C 12   *Auswertung der Frage 12b: Kriterien für die Auswahl von Einzelmaßnahmen und Maßnahmenkombinationen*

Merkmal	Anzahl der Nennungen	Anteil an allen Nennungen zu Frage 12b
Reaktionen der Einheimischen	479	80 %
Reaktionen der Gäste	385	65 %
Kosten	365	61 %
Finanzierungsmöglichkeit	358	60 %
Überwachungsmöglichkeit	191	32 %
Flexibilität	136	23 %
Erweiterungsmöglichkeit	57	10 %

Versuch einer Interpretation der Übersicht C 12:

Die große Bedeutung von *Kosten und Finanzierungsmöglichkeiten* ist angesichts der kritischen Haushaltssituation in den Kommunen ohne Überraschung.

Die Wichtigkeit der *Überwachungsmöglichkeit* dürfte von den Erfahrungen der kommunalen Praxis geprägt sein, daß Verkehrs*verbote* ohne laufende polizeiliche Kontrolle nicht durchsetzbar sind. Bei der Auswahl der Einzelmaßnahmen sind demnach nicht nur die verkehrstechnischen Gesichtspunkte und die Leichtigkeit der Planungsumsetzung zu berücksichtigen – sondern auch ihre Durchführbarkeit in der Betriebsphase.

Die *Flexibilität* einer Maßnahme dürfte vor allem für Gemeinden mit einer ausgeprägten Einsaisonalität von Bedeutung sein. In diesen Fällen ist die Gültigkeitsdauer von Verkehrsbeschränkungen auf die Monate April bis einschließlich Oktober konzentriert. Kernzeit der saisonalen Regelungen ist von Juni bis September. Eine Sonderregelung wird in D 4307 Borkum praktiziert: Das Nachtfahrverbot für Kfz aller Art im Ortsbereich vom 26. März bis 30. September wird im Ortskern vom 26. März bis 18. April und vom 20. Mai bis 30. September auf ein ganztägiges Verbot erweitert.

Die sehr geringe Anzahl der Nennungen zur *Erweiterungsmöglichkeit* ist überraschend. Die heute bereits vollzogenen flächenhaften Maßnahmenkonzepte wurden fast ausschließlich aus zunächst kleinräumigen Lösungen entwickelt, die später erweitert worden sind. Allerdings dürften heute die Voraussetzungen (wie Ortsentwicklungsplan, Generalverkehrsplan) für eine flächenhafte Planung in den kleinen Gemeinden häufig noch nicht vorhanden sein. Auf die Frage 4 des Befragungsbogens „Wurde für Ihren Ort/Ortsteil ein Verkehrsplan o. ä. aufgestellt bzw. wurde Ihr Ort/Ortsteil in ein überörtliches Verkehrsprogramm o. ä. aufgenommen?" wurde wie folgt geantwortet:

Übersicht C 13   *Verkehrspläne in den Untersuchungsgemeinden*

Gemeindeart	Anzahl der Gemeinden insgesamt	Gemeinden mit Verkehrsplan (vorhanden oder in Vorbereitung)
Antwortgemeinden insgesamt	692	169
davon mit vollzogenen Maßnahmen (= Referenzgemeinden)	236	97
ohne Maßnahmen	456	72

Bemerkenswert ist vor allem ein Vergleich der Kriterien „Reaktionen der Einheimischen" und „Reaktionen der Gäste" (vgl. Übersichten C 14 und C 15. Zum Vergleich Einheimische/Gäste siehe auch das folgende Kapitel 5.5.3.)

5.5.3 Betroffene Personengruppen

5.5.3.1 Bürgerbeteiligung

Bei der Umsetzung erholungsfreundlicher Verkehrsmaßnahmen/-kombinationen wird es, unabhängig von der gewählten Maßnahmenart, jeweils Kreise von tatsächlich oder vermeintlich Begünstigten bzw. Benachteiligten geben. Persönliche Befragungen von Vertretern der Gemeindeverwaltungen und der Kurverwaltungen bzw. Verkehrsämter sowie mit Vertretern der Fremdenverkehrswirtschaft zeigten übereinstimmend, daß in der Tendenz

– die Einheimischen eine eher skeptische bis ablehnende und
– die Erholungsgäste eine eher positive Haltung

zu verkehrsbeschränkenden (erholungsfreundlichen) Maßnahmen einnehmen.

Eine geringe Akzeptanz des erholungsfreundlichen Verkehrskonzeptes durch die einheimische Bevölkerung kann die gesamte Planung infrage stellen. „Sowohl im Großversuch zur Verkehrsberuhigung in Nordrhein-Westfalen als auch bei speziellen verkehrstechnischen Untersuchungen zur Verkehrssicherheit hat sich gezeigt, daß die Unfallhäufigkeit, z. B. an Kreuzungen und Fußgängerüberwegen, nur dann entscheidend gesenkt werden kann, wenn die dort wohnende Bevölkerung die Maßnahmen bejaht"[52]. Die noch

---

[52] SCHÜTTE, K.: Verkehrsberuhigung im Städtebau, a. a. O., S. 67. Zum Großversuch Verkehrsberuhigung in Nordrhein-Westfalen vgl. u. a. PFUNDT, K.; MEEWES, V.; MAIER, R.; HEUSCH, H.; LUTTER, W.; MÄCKE, P.-A.; SCHNEIDER, W.; TEICHGRÄBER, W.; ZLONICKY, P.: Verkehrsberuhigung in Wohngebieten. Schlußbericht über den Großversuch des Landes Nordrhein-Westfalen. Hrsg.: Minister für Wirtschaft, Mittelstand und Verkehr des Landes Nordrhein-Westfalen, Bonn 1979.

weitergehende Zielsetzung, die Straßen und Plätze im Sinne der „Doppelstrategie" (vgl. Kapitel 5.2) zu beleben, bedarf einer sehr hohen Mitwirkungsbereitschaft aller Beteiligten. „Es ist daher zu fordern, daß die Planung verkehrsberuhigter Zonen nicht ohne Bürgerbeteiligung vonstatten geht"[53]. „Die Mitwirkung zielt zum einen auf eine Verbreiterung der Informationsbasis in der Planungsphase, zum anderen auf die Gewinnung der Betroffenen für eine aktive Unterstützung der Verkehrsberuhigung. Dazu gehört auch eine intensive Information der Bürger über die Möglichkeiten verkehrsberuhigender Maßnahmen. Für eine direkte Mitwirkung von Bürgern im Rahmen der Bestandsaufnahme und der Programmplanung ist möglichst breiter Raum zu geben"[54]. Im Rahmen erholungsfreundlicher Verkehrskonzepte in Kur- und Erholungsorten sind zusätzlich die Gäste in diese Planung mit einzubeziehen. Im ländlichen Raum und in Kleingemeinden spielen gewachsene Hierarchien und Beziehungen sowie traditionelle Werte noch eine wesentliche Rolle. Aus diesem Grunde ist eine Übertragung großstädtischer Partizipationskonzepte nur in erheblich modifizierter Weise möglich.

Es kann heute davon ausgegangen werden, daß in allen Gemeinden die Bürgerbeteiligung in den gesetzlich vorgeschriebenen Fällen praktiziert wird. Allerdings läßt die Durchführung einer institutionalisierten Form der Bürgerbeteiligung noch keine Schlüsse auf die tatsächliche Beteiligung der Bürger zu! Dies gilt für den ländlichen Raum mit seinen sozialen Interaktionsmechanismen, die viele Probleme auf unauffällige Weise lösen, in besonderem Maße.

Die bestehenden finanziellen und zeitlichen Restriktionen ließen eine großangelegte Befragung der beteiligten Bürger – Einheimische und Gäste – über ihre Einstellung zu verkehrsberuhigenden/erholungsfreundlichen Maßnahmenkonzepten nicht zu. Stattdessen wurde mit den Fragen 11 und 12b der schriftlichen Befragung vom Sommer/Herbst 1981 (siehe Übersicht C 9) versucht, ein Meinungsbild der Beantworter zu diesem Themenkreis zu erfragen.

Frage 11 des Befragungsbogens lautet:
„Welche Personen/Personengruppen/Interessengruppen bei den Einheimischen und den Gästen erscheinen Ihnen als wichtige Diskussionspartner bei der Erstellung eines Verkehrsberuhigungskonzeptes?"

Übersicht C 14   *Beantworter der Frage 11 des Befragungsbogens*
                 (für die Bundesrepublik Deutschland)

Zurückgesandte Fragebogen insgesamt	692
davon mit Antworten zur Teilfrage	
– „Diskussionspartner Einheimische"	495 = 72 %
– „Diskussionspartner Gäste"	329 = 48 %

Der Begriff „Diskussionspartner" wurde von den Beantwortern sehr weit ausgelegt und auf die verschiedenen Gruppen der genannten Institutionen und Personen differenziert angewandt. Dies ist an der Untergruppe „Kinder/Jugendliche/Eltern" zu erkennen, die bei „Gäste" 13 × (vgl. Übersicht C 15) und bei „Einheimische" 28 × (vgl. Übersicht C 17) genannt wurde. Hier wird weniger der „Diskussionspartner", sondern eher die besondere Schutzbedürftigkeit der Kinder Grund der Nennung gewesen sein.

---

[53] SCHÜTTE, K.: Verkehrsberuhigung im Städtebau, a. a. O., S. 67.
[54] Vgl. Niedersächsischer Sozialminister (Hrsg.): Erfahrungen, Feststellungen und Empfehlungen zur Verkehrsberuhigung in Wohngebieten. In: Berichte zum Städtebau und Wohnungswesen, Heft 1, Hannover 1980. S. 18.

Die folgende Interpretation der Antworten zu Frage 11 (und teilweise zu Frage 12b) wird durch detaillierte und teilweise sehr offene Aussagen von Vertretern der Gemeinden, der Kurverwaltungen und der Fremdenverkehrsverbände gestützt. Für wissenschaftlich abgesicherte Daten wären umfangreiche zusätzliche Untersuchungen erforderlich.

5.5.3.2 Relevante Gruppen der Gäste

253 (= 77 %) der 329 Beantworter der Teilfrage „Diskussionspartner Gäste" befürworten deren Beteiligung (vgl. Übersicht C 15). 35 lehnen eine Beteiligung ab bzw. „weiß nicht", 52 Beantworter halten die Vertretung der Gästeinteressen durch die Reiseveranstalter oder die örtlichen Fremdenverkehrsorganisationen für sinnvoll. Die Untergruppen 1.1 – 1.7 und 1.9 – 1.11 lassen sich als diejenigen Gästegruppen interpretieren, auf deren Interessen besondere Rücksicht genommen werden soll.

(Es war Mehrfachnennung möglich. Die Antworten wurden in 14 Gruppen erfaßt, die sich teilweise überschneiden. Die Angaben wurden unabhängig von der Reihenfolge ihrer Beantwortung als gleichrangig eingestuft.)

Übersicht C 15 *Auswertungsergebnisse zur Frage 11 des Befragungsbogens hier: Nennungen zum Diskussionspartner „Gäste"*

	Untergruppen der Gäste	Anzahl der Nennungen (Mehrfachnennungen)	Anteil an allen Beantwortern dieser Teilfrage (= 329)
(1)	postive Einstellung = 253 Beantworter (77 % aller Beantworter dieser Teilfrage)		
1.1	Langzeitgäste	80	24 %
1.2	Gäste insgesamt	62	19 %
1.3	Stammgäste	43	13 %
1.4	Alte, Gehbehinderte	40	12 %
1.5	Kurzzeitgäste	17	5 %
1.6	Gäste im Zentrum, Gäste in der Hauptstraße	15	
1.7	Kinder, Jugendliche, Eltern	13	
1.8	Fachleute, interessierte Gäste	9	15 %
1.9	Zweitwohnungsbesitzer	4	
1.10	Gäste ohne Pkw	4	
1.11	Gäste mit Pkw	3	
(2)	Ablehnung und "weiß nicht"	35	11 %
(3)	Vertretung der Gästeinteressen durch		
3.1	örtlichen Verkehrsverein, Kurverwaltung u.ä.	29	9 %
3.2	Reiseveranstalter	23	7 %

Übersicht C 16　　　　　*Auswertungsergebnisse
zur Frage 11 des Befragungsbogens
hier: Aufschlüsselung der positiv eingestellten Antworten nach Bundesländern*

Bundesland	Anzahl der Positivnennungen	Anteil an allen Beantwortern des Bundeslandes zu dieser Teilfrage
Schleswig-Holstein	17	90 %
Rheinland-Pfalz	21	88 %
Nordrhein-Westfalen	31	86 %
Baden-Württemberg	50	83 %
Bayern	84	73 %
Hessen	29	69 %
Saarland	2	(2 von 3)
Niedersachsen	19	63 %
Bundesrepublik Deutschland	253	77 %

Zu möglichen Beteiligungsformen von Gästen an einer Bürgerbeteiligung liegen nur vereinzelte Antworten vor. Die Möglichkeit einer direkten Teilnahme am Meinungsbildungsprozeß wurde einmal genannt: Die Gäste werden zu den regelmäßig stattfindenden Bürgerversammlungen eingeladen und erhalten Rederecht. Die übrigen Vorschläge zielen auf eine indirekte Beteiligung, z. B.:

– einmalige mündliche und/oder schriftliche Befragungsaktionen im Zusammenhang mit der Aufstellung eines Fremdenverkehrsentwicklungsplans,

– laufende Gästebefragungen durch Kurverwaltungen, Verkehrsvereine u. ä.. Den Gästen werden teilweise bei der Anmeldung Fragebogen mit der Bitte um Stellungnahmen zur Verkehrssituation und zur erholungsrelevanten Infrastruktur überreicht.

Als Gründe für eine ablehnende Haltung zur Einbeziehung der Gäste wurden u. a. genannt:

„Beiziehung der Gäste zeitlich nicht möglich. Außerdem sehen diese die Verkehrssituation nur aus dem Blickwinkel ihrer jeweiligen Unterkunft und des momentanen Aufenthalts."
(Bauverwaltung eines Jod- und Schwefelheilbads, ca. 4600 Einwohner)

„Die Ansprechpartner wechseln laufend; es sind daher keine konkreten Möglichkeiten zur Beteiligung gegeben."
(Gemeindeverwaltung eines Sole-Heilbads, ca. 11 000 Einwohner)

„Beteiligung der Gäste halte ich nicht für erforderlich bzw. praktikabel; höchstens Einschaltung der regionalen Fremdenverkehrsverbände bzw. des Deutschen Bäderverbandes."
(Stadtverwaltung eines Kneipp-Kurortes, ca. 12 500 Einwohner).

Antworten, die die Interessenvertretung der Gäste den Verkehrsvereinen, Kurverwaltungen u. ä. übertragen, wurden als „Beteiligung Einheimischer" eingestuft und der Teilfrage „Diskussionspartner Einheimische" zugeordnet.

5.5.3.3 Relevante Gruppen der Einheimischen

Zur Teilfrage 11 „Diskussionspartner Einheimische" des Befragungsbogens liegen 495 Antworten vor. Dies entspricht einem Anteil von 72 % an allen zurückgesandten Befragungsbogen. Im Rahmen der Erstellung eines erholungsfreundlichen Verkehrskonzepts wird der Bürgerbeteiligung eine bedeutende Funktion sowohl in der Planungs- als auch in der Betriebsphase zuerkannt (vgl. Kapitel 5.5.3.1). Die Antworten zum „Diskussionspartner Einheimische" wurden daher einer ausführlicheren Auswertung unterzogen.

Beantwortergruppen

Die Befragung im Sommer/Herbst 1981 wurde mit der Unterstützung des Deutschen Bäderverbandes (DBV), des Deutschen Fremdenverkehrsverbandes (DFV) und der regionalen Fremdenverkehrsverbände durchgeführt. Entsprechend bilden örtliche Fremdenverkehrsorganisationen (wie Verkehrsverein, Fremdenverkehrsverein, Kurverwaltung) einen großen Teil der Fragebogen-Adressaten. Durch Weitergabe an eine „zuständige Stelle" bei der Gemeindeverwaltung haben sich die Gruppen der Beantworter selbst formiert. Sie mußten daher nachträglich neu definiert werden:

(1) Beantwortergruppe „Verwaltung",
(2) Beantwortergruppe „Fremdenverkehr".

Abgrenzungsschwierigkeiten bildeten beispielsweise „Städtisches Verkehrsamt" oder ähnliche Dienststellenbezeichnungen. In diesen Fällen wurden „Verkehrsamtsleiter" der Gruppe „Fremdenverkehr", Beantworter von Dienststellen wie „Amt für Wirtschaft und Fremdenverkehr" der Gruppe „Verwaltung" zugerechnet. 59 Beantworter „Verwaltung" gaben die genaue Dienststellenbezeichnung an.

Übersicht C 17 *Verteilung der Beantwortergruppe „Verwaltung" nach Dienststellen (für 59 Gemeinden)*

Dienststelle	Anzahl der Nennungen
Bauamt/Tiefbauamt/Hochbauamt	39 x
Ordnungsamt	11 x
Planungsamt	4 x
Amt für Wirtschaftsförderung	2 x
Straßenverkehrsbehörde	2 x
Stadtkämmerei	1 x
Insgesamt	59 x

Gruppen von „Diskussionspartnern"

Eine Vorauswertung der bewußt nicht vorstrukturierten Antworten zeigte eindeutige Gruppenbildungen. Um die Abgrenzungsprobleme gering zu halten, wurde eine Einteilung in fünf Hauptgruppen mit Untergruppen gewählt:

Übersicht C 18   *Auswertungsergebnisse zur Frage 11 des Befragungsbogens*
Beantwortergruppe: Beantworter insgesamt
hier: Nennungen zum Diskussionspartner „Einheimische"

Hauptgruppen	Anzahl der Nennungen insgesamt	Untergruppen	Anzahl der Nennungen zu Untergruppen
(1) Gemeinde	370*)	(1.1) Gemeinderat	90*)
		(1.2) Bürgermeister Stadtdirektor	39*)
		(1.3) Gemeindeverwaltung	201*)
		(1.4) Polizei	36*)
		(1.5) Sonstige Fachverwaltungen	90*)
(2) Fremdenverkehr	279*)	(es wurden genannt: Kurverwaltung, Verkehrsamt, Verkehrsverein u.ä.)	
(3) Gewerbe allgemein (ohne Beherbergungs- und Gaststättengewerbe)	163	(3.1) Einzelhandel	91
		(3.2) Sonstiges Gewerbe	12
		(3.3) Verbände, IHK	10
(4) Beherbergungs- und Gaststättengewerbe	177	(4.1) Beherbergungsgewerbe	113
		(4.2) Beherbergungsgewerbe (Fachverbände)	15
		(4.3) Gaststättengewerbe	64
		(4.4) Gaststättengewerbe (Fachverbände)	18
		(4.5) Überörtliche Fachverbände	8
(5) Bürger allgemein	199	(5.1) Bürgerbeteiligung	22
		(5.2) Anlieger	109
		(5.3) Kinder/Jugendliche/Eltern	28
		(5.4) Alte/Gehbehinderte	16

*) Der Beantworter selbst wurde – falls er sich nicht bereits selbst genannt hatte – der jeweiligen Hauptgruppe (1) oder (2) bzw. einer Untergruppe (1.1) bis (1.5) als Diskussionsteilnehmer zugeordnet.

Außerdem wurden genannt:

- Automobilclubs   16 ×
- Reiseveranstalter   16 ×
- Nein! Keine Beteiligung 6 ×.

Diskussionspartner „Bürger allgemein" (= Hauptgruppe 5)

Eine nach Gemeindegrößengruppen aufgeschlüsselte Auswertung der Beantwortergruppe „Verwaltung" ist in Übersicht C 19 dargestellt (zum Vergleich ist das Beantwortungsergebnis von allen Beantwortern (= Beantworter insgesamt) hinzugefügt):

Übersicht C 19   *Beantwortergruppe „Verwaltung"*
(nach Gemeindegrößengruppen)
hier: Nennungen zu „(5) Bürger allgemein"*)

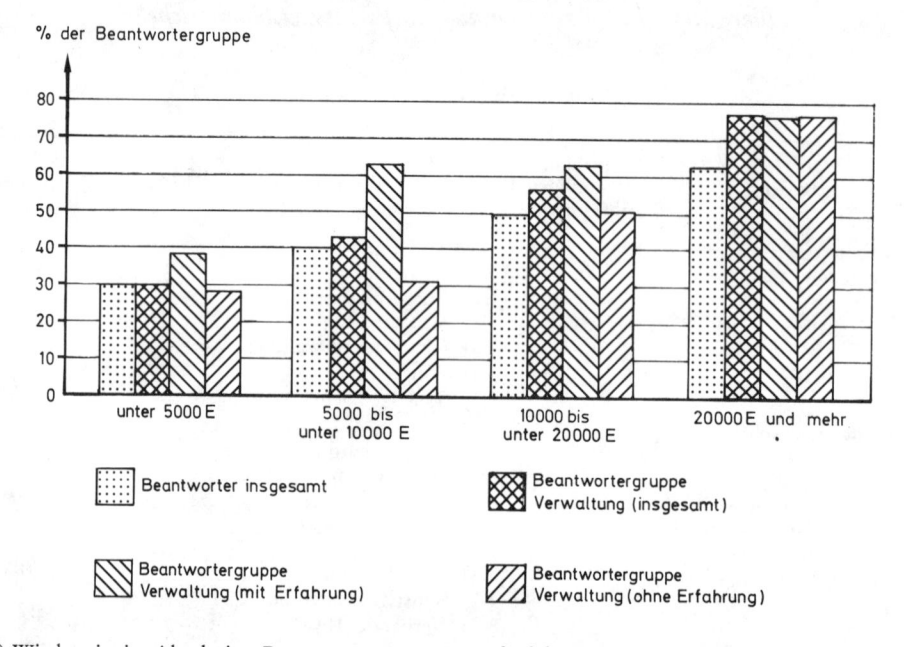

% der Beantwortergruppe

[Säulendiagramm mit Gemeindegrößengruppen: unter 5000 E, 5000 bis unter 10000 E, 10000 bis unter 20000 E, 20000 E und mehr]

Legende:
- Beantworter insgesamt
- Beantwortergruppe Verwaltung (insgesamt)
- Beantwortergruppe Verwaltung (mit Erfahrung)
- Beantwortergruppe Verwaltung (ohne Erfahrung)

*) Wie bereits im Abschnitt „Beantwortergruppen" aufgeführt, wurden die Beantworter des Fragebogens nach ihrer Zugehörigkeit zu Institutionen der Bereiche „Gemeindeverwaltung" oder „Fremdenverkehr" unterteilt. Die Rubrik „Beantworter insgesamt" umfaßt beide Bereiche. In den Säulendiagrammen werden die Beantwortergruppen jeweils entsprechend ihrer Erfahrung bezüglich erholungsfreundlicher Verkehrsmaßnahmen (mit bzw. ohne Erfahrung) untergliedert. Sämtliche Herkunftsgemeinden der Beantworter mit Erfahrungen sind im Teil D 2 dieses Buches als Referenzgemeinden ausgewiesen.

Erfragt wurde, welche Personen/Personengruppen/Interessengruppen bei Einheimischen wie Gästen von den Beantwortern als wichtige Diskussionspartner angesehen werden. Der jeweils ermittelte Prozentanteil (Säulenhöhe) spiegelt somit den Grad der Bereitschaft wider, diesen Diskussionspartner in den Entscheidungsprozeß einzubeziehen.

Auffällig ist die mit der Gemeindegröße wachsende Bereitschaft zur Einbeziehung der Bürger in den Planungsablauf, die bei der „Verwaltung" besonders ausgeprägt ist.

Diskussionspartner „Gewerbe" und „Beherbergungs- und Gaststättengewerbe"

Wegen der kleinen Grundgesamtheit der Gemeinden über 20 000 Einwohner sind die Ergebnisse für diese Gemeindegrößengruppe mit größerer Unsicherheit behaftet. Ihre Darstellung kann jedoch unter Beachtung dieser Einschränkung vertreten werden.

Die Nennungen zu den Diskussionspartner-Hauptgruppen „Gewerbe allgemein" und „Beherbergungs- und Gaststättengewerbe" werden für beide Beantwortergruppen dargestellt. Es ist nicht verwunderlich, daß die Beantwortergruppe „Fremdenverkehr" das Beherbergungsgewerbe (68 Nennungen) und das Gaststättengewerbe (33 Nennungen) als Gesprächspartner bevorzugt (vgl. Übersichten C 20 und C 21). Die Beantwortergruppe „Verwaltung" hingegen bevorzugt die Gruppe „Gewerbe allgemein" (vgl. Übersichten C 22 und C 23).

Übersicht C 20   *Beantwortergruppe „Verwaltung"*
(nach Gemeindegrößengruppen)
hier: Nennungen zu „(4) Beherbergungs- und Gaststättengewerbe"*)

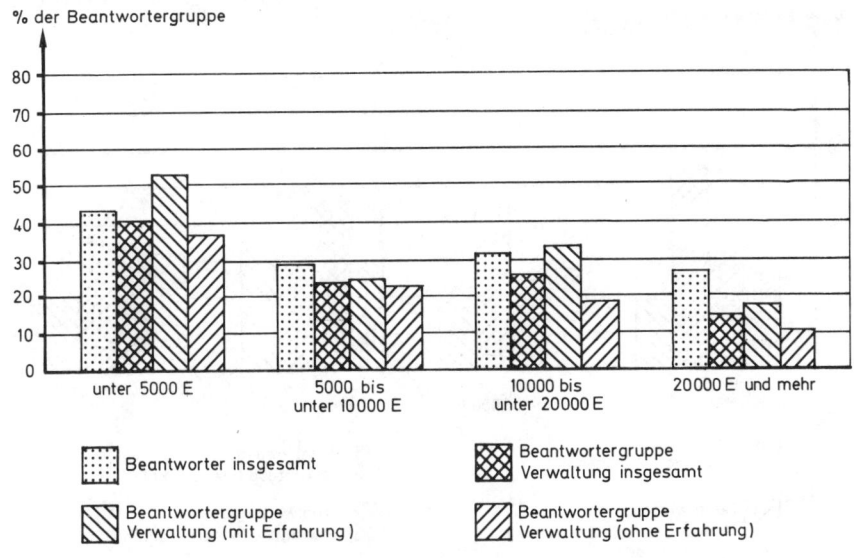

*) Siehe Anmerkung zu Übersicht C 19.

Übersicht C 21   *Beantwortergruppe „Fremdenverkehr"*
(nach Gemeindegrößengruppen)
hier: Nennungen zu „(4) Beherbergungs- und Gaststättengewerbe"*)

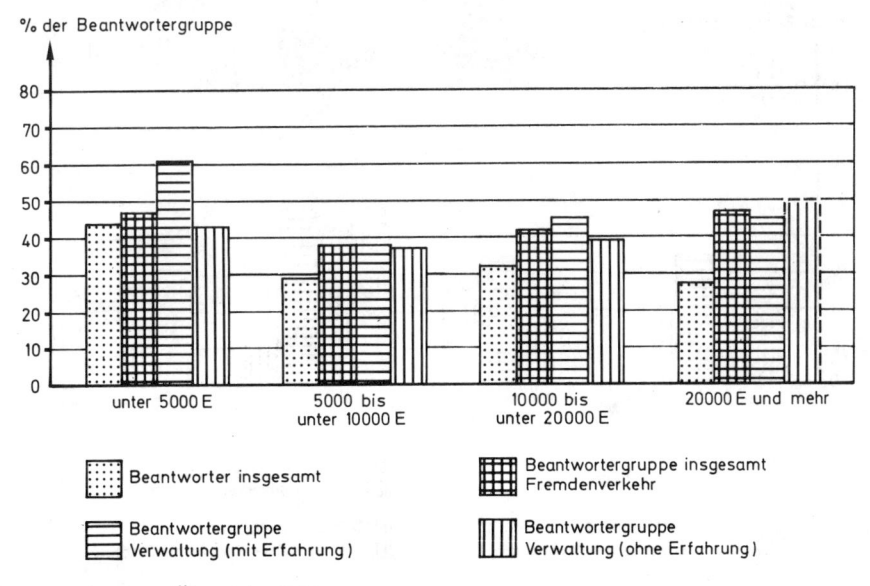

*) Siehe Anmerkung zu Übersicht C 19.

Übersicht C 22   Beantwortergruppe „Verwaltung"
                    (nach Gemeindegrößengruppen)*)
       hier: Nennungen zu „(3) Gewerbe ohne Beherbergungs- und Gaststättengewerbe"

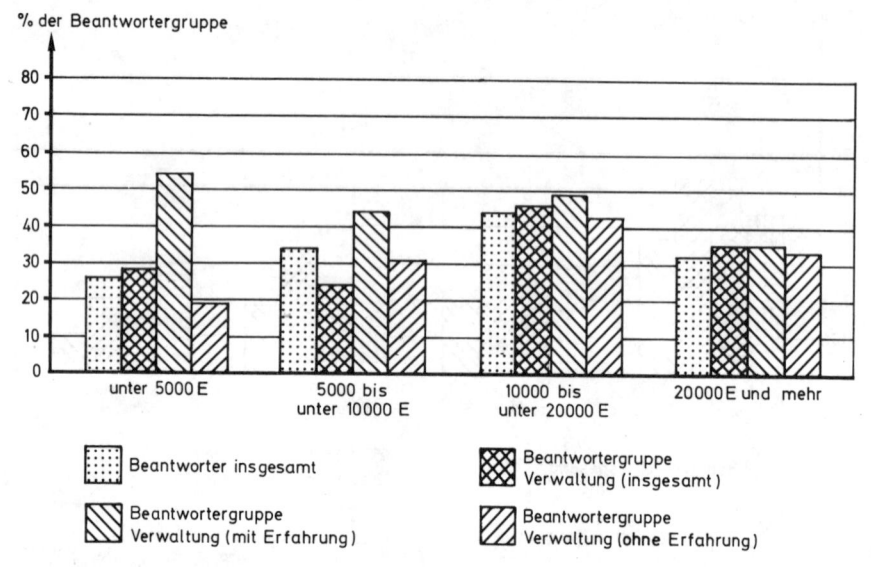

::: Beantworter insgesamt   ⊠ Beantwortergruppe Verwaltung (insgesamt)
⧅ Beantwortergruppe Verwaltung (mit Erfahrung)   ⧄ Beantwortergruppe Verwaltung (ohne Erfahrung)

*) Siehe Anmerkung zu Übersicht C 19.

Übersicht C 23   Beantwortergruppe „Fremdenverkehr"
                    (nach Gemeindegrößengruppen)*)
       hier: Nennungen zu „(3) Gewerbe ohne Beherbergungs- und Gaststättengewerbe"

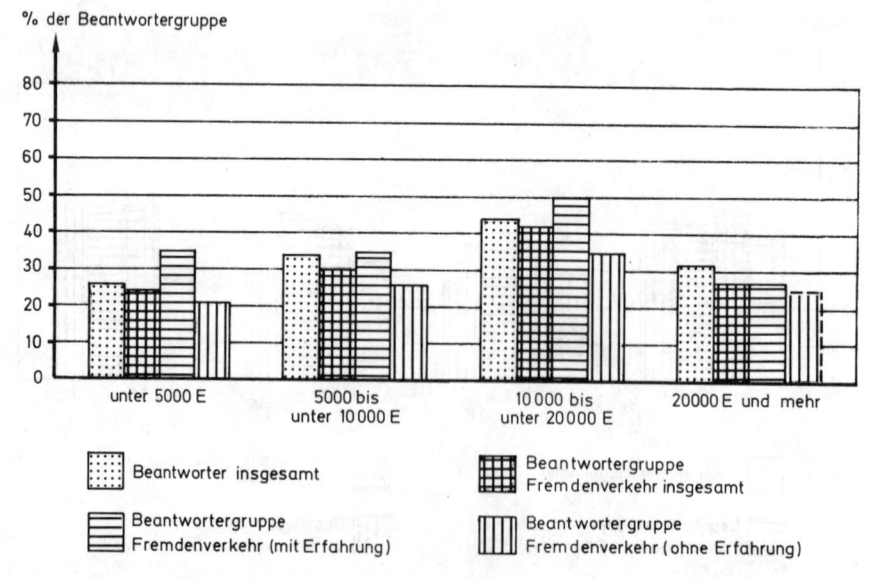

::: Beantworter insgesamt   ▦ Beantwortergruppe Fremdenverkehr insgesamt
≡ Beantwortergruppe Fremdenverkehr (mit Erfahrung)   ∥∥ Beantwortergruppe Fremdenverkehr (ohne Erfahrung)

*) Siehe Anmerkung zu Übersicht C 19.

Die ausführliche Darstellung wurde hier vor allem wegen des Vergleichs der Nennungen aus Gemeinden mit Erfahrungen und Gemeinden ohne Erfahrungen mit erholungsfreundlichen Verkehrsmaßnahmen gewählt: In allen Fällen (wenn die Kombination Fremdenverkehr / über 20 000 Einwohner = 2 Nennungen in Übersicht C 23 vernachlässigt wird) ist die Diskussionsbereitschaft in den Gemeinden mit Erfahrungen größer als in den Gemeinden ohne Erfahrungen (vgl. Übersichten C 20 bis C 23). Dies gilt für die Beantwortergruppe „Verwaltung" auch bezüglich der Hauptgruppe „(5) Bürger allgemein" (vgl. Übersicht C 19).

Die Ursachen dieses eindeutigen Ergebnisses können zweifacher Art sein:

(1) eine positive Erfahrung: die frühzeitige Einbeziehung der einheimischen Bevölkerung hat die Qualität der Planung entscheidend verbessert oder

(2) eine negative Erfahrung: die fehlende Einbeziehung in das Planungsgeschehen und/oder das fehlende Interesse der einheimischen Bevölkerung an den Planungsarbeiten ihrer Verwaltung brachte nachträglich erhebliche Verzögerungen und Schwierigkeiten.

Nach den Erkenntnissen aus den persönlichen Befragungen und Gesprächen dürfte die Ursache (2) die bestimmende gewesen sein. Die – subjektiven – Einschätzungen der Interviewpartner lassen vermuten, daß die bisherige Verkehrsberuhigungspraxis in den Kleinstädten und Landgemeinden eher vom Engagement und der Durchsetzungskraft einzelner Persönlichkeiten (Bürgermeister, Verwaltungsbeamte, Kurdirektoren) geprägt wird.

5.5.3.4 Zusammenfassung „Relevante Gruppen Einheimische"

Der bereits im Kapitel 5.5.2 „Kriterien für die Auswahl von Einzelmaßnahmen und Maßnahmenkombinationen" beschriebene Vorrang der Interessen der Einheimischen vor denen der Gäste soll hier ausführlich dargelegt werden (vgl. Übersichten C 24 und C 25).

Übersicht C 24 *Beantworter insgesamt (nach Gemeindegrößengruppen)*)*
Kriterien für die Auswahl von Einzelmaßnahmen und Maßnahmenkombinationen hier: Reaktionen der Einheimischen und der Gäste

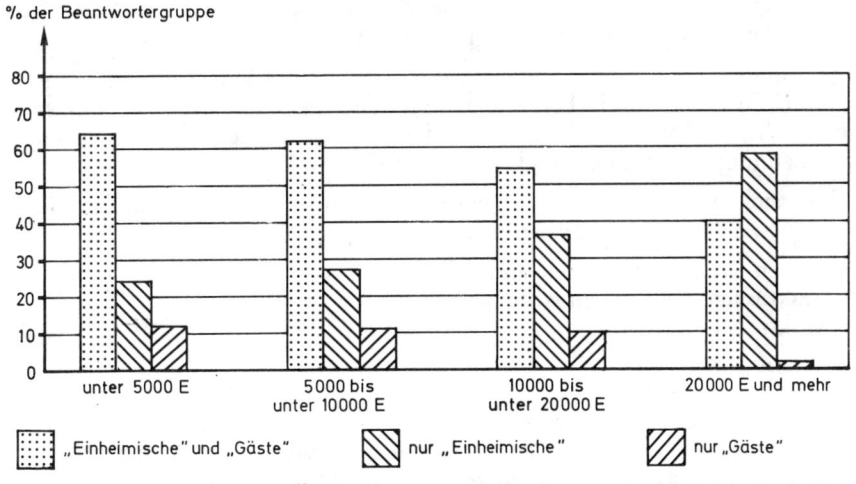

*) Die Beantwortergruppen der Übersichten C 24 und C 25 sind identisch mit denjenigen der Übersichten C 19 bis C 23. Hier zielt die Frage jedoch auf die Bedeutung, die den Reaktionen von Einheimischen und Gästen auf erholungsfreundliche Verkehrsmaßnahmen in den Gemeindeverwaltungen beigemessen wird. Mit anderen Worten: auf wen wird planerisch besondere Rücksicht genommen? Der jeweils ermittelte Prozentanteil (Säulenhöhe) spiegelt somit den Grad der Bedeutung wider, der den Reaktionen von Einheimischen, von Gästen oder von beiden in der Praxis zukommt.

Übersicht C 25 *Beantwortergruppe „Verwaltung"*
(nach Gemeindegrößengruppen)
Kriterien für die Auswahl von Einzelmaßnahmen und Maßnahmenkombinationen
hier: Reaktionen der Einheimischen und der Gäste

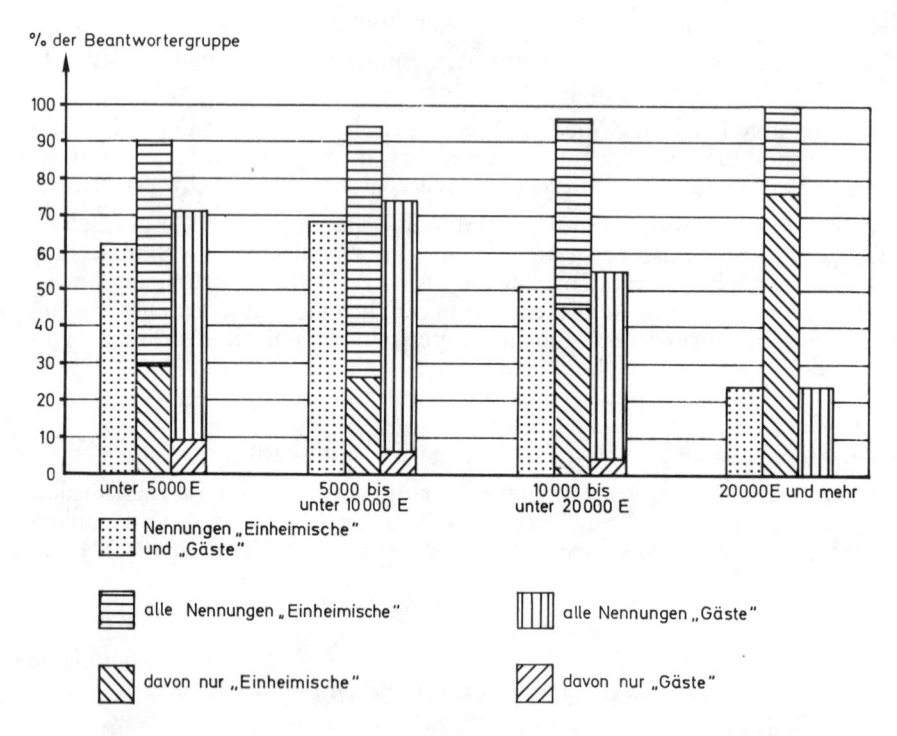

Die zugehörige Frage 12b des Befragungsbogens lautet:

„Angenommen, Sie möchten bei der Ausarbeitung eines Verkehrsberuhigungskonzeptes für Ihren Ort/Ortsteil die Erfahrungen anderer vergleichbarer Orte nutzen: Welche Kriterien erscheinen Ihnen für die Auswahl der Lösungsmöglichkeiten am wesentlichsten? (Mehrfachnennungen möglich)" (vgl. Übersicht C 9).

Die Übersichten C 24 und C 25 zeigen – wiederum nach Gemeindegrößengruppen getrennt – die Anzahl der Beantworter, die

(1) Reaktionen der Einheimischen und der Gäste,
(2) nur Reaktionen der Einheimischen,
(3) nur Reaktionen der Gäste

genannt haben.

Aus dem Vergleich der Antworten „nur Reaktionen der Einheimischen" und „nur Reaktionen der Gäste" lassen sich u. a. folgende Schlußfolgerungen ziehen:

(1) Den „Reaktionen der Einheimischen" wird sowohl von der Beantwortergruppe „Verwaltung" als auch von den Beantwortern insgesamt eine größere Bedeutung als den „Reaktionen der Gäste" zugesprochen.

(2) Die Bedeutung „Reaktionen der Einheimischen" nimmt mit wachsender Einwohnerzahl zu. Dies bestätigt den Trend in den Antworten zur Hauptgruppe „Diskussionspartner Bürger allgemein" der Frage 11 (vgl. Übersicht C 19).

(3) Die relative Bedeutung „Reaktionen der Einheimischen" nimmt gegenüber „Reaktionen der Gäste" mit wachsender Einwohnerzahl zu. Dies könnte seine Ursache in der abfallenden relativen Bedeutung des Tourismus für die örtliche Wirtschaft haben.

Die Nennungen der Beantwortergruppe „Verwaltung" zur internen Fragestellung „Wie häufig werden als Gesprächspartner lediglich Personen/Personengruppen/Institutionen der Hauptgruppe (I) genannt?" zeigt Übersicht C 26:

Übersicht C 26 Beantwortergruppe „Verwaltung"
Anzahl der auf den Bereich der Gemeindeselbstverwaltung
beschränkten Nennungen (= Spalte „ohne (2) – (5)")
(Basis = Nennungen zur Frage 11 des Befragungsbogens)

Beantworter-gruppe	verwertbare Antwort	ohne (2) Fremdenverkehr		Anzahl der Nennungen ohne (3), (4), (5)		ohne (2) – (5)	
Verwaltung in Gemeinden mit Erfahrungen	110	85	77 %	13	12 %	6	5 %
Verwaltung in Gemeinden ohne Erfahrungen	181	134	74 %	50	28 %	30	17 %
Verwaltung insgesamt	291	219	75 %	63	22 %	36	12 %

Zur Gruppeneinteilung vgl. auch Übersicht C 18:
(2) = Fremdenverkehr,
(3) = Gewerbe allgemein,
(4) = Beherbergungs- und Gaststättengewerbe,
(5) = Bürger allgemein

Die Aufgliederung nach Gemeindegrößengruppen zeigte keine signifikanten Abweichungen vom jeweiligen Mittelwert.

Die Werte der Spalten „ohne (3), (4), (5)" und „ohne (2) – (5)" sind von besonderem Interesse. 63 der 291 Beantworter dieser Teilfrage (= 22 %) nennen als Diskussionspartner lediglich Personen bzw. Institutionen aus dem Bereich der Gemeindeselbstverwaltung, einschließlich Fremdenverkehr. 36 Beantworter (= 12 %) erwähnen lediglich die Gemeindeselbstverwaltungsorgane. Der Vergleich zwischen Beantwortern aus Gemeinden mit Erfahrungen und Gemeinden ohne Erfahrungen mit verkehrsberuhigenden Maßnahmen zeigt wiederum bei den Beantwortern „mit Erfahrungen" eine geringere Ablehnung der Diskussion mit Bürgern oder deren Interessenvertretern. Es sei hier nochmals darauf hingewiesen, daß sich aus den Antworten kein Votum für oder gegen die gesetzlich vorgeschriebenen Beteiligungsformen zur Bürgerbeteiligung ableiten läßt. Sie können jedoch als Bewertungsmaßstab der „Planermentalität" verstanden werden.

Der Anteil von 22 % der Beantworter, die eine Beteiligung von Gewerbe allgemein, Beherbergungs- und Gaststättengewerbe und Bürger allgemein ablehnen bzw. derartigen Überlegungen mit großer Unsicherheit begegnen, ist sehr hoch. Dieses Ergebnis kann als Zeichen einer unzureichenden Diskussionsbereitschaft von seiten der Verwaltung interpretiert werden. Wird diese von dem häufig beobachteten Desinteresse der Bürger an den

Planungsvorhaben ihrer Gemeinde überlagert, so sind die Konflikte während der *Umsetzungsphase* vorprogrammiert. Aus den Untersuchungsgemeinden wurden zahlreiche Fälle bekannt, wo der „Dialog" Verwaltung/Bürger erst mit dem Beginn von Umgestaltungsarbeiten bzw. mit dem Aufstellen von Verkehrsschildern anfing. Die Erfahrungen beim Versuch zur Einrichtung eines Vorrangbereichs für Fußgänger in D 1326* Todtmoos sind im Teil D 3 anhand von Zeitungsberichten ausführlich als Beispiel protokolliert. Die mangelnde Diskussionsbereitschaft von einer oder beiden Seiten kann neben einem Widerstand vor oder in der Umsetzungsphase auch zur fehlenden Akzeptanz in der Betriebsphase führen: Übertretungen der Fahrbeschränkungen, Zerstörungen oder unerwünschte Nutzungen sind die Folge. Andererseits kann eine frühzeitige und intensive Bürgerbeteiligung an der Planung – die über die formalisierten Beteiligungsformen hinausgeht – sowohl den Planungsablauf positiv beeinflussen als auch die Akzeptanz allgemein erhöhen bzw. überhaupt erst begründen. In den Kostenhinweisen zur Verkehrsberuhigung des Bundesministers für Raumordnung, Bauwesen und Städtebau wird darauf hingewiesen, daß die hohe Identifikation mit den zu realisierenden Maßnahmen die Bereitschaft der Bürger zur freiwilligen Kostenbeteiligung nach sich zieht[55]. Demnach würde eine vertiefte Zusammenarbeit zwischen Gemeinde und Bürgern bei der Verkehrsberuhigungsdiskussion letztlich auch dem Gemeinwohl entsprechen. Die Bürgerbeteiligung sollte daher von den Behörden nicht nur vorschriftsmäßig „verwaltet", sondern auch gefördert werden. Ein Beispiel für die freiwillige Kostenübernahme durch Anlieger wurde aus D 2302* Bad Reichenhall gemeldet. Die Finanzierung eines Verkehrsberuhigten Bereiches gemäß Zeichen 325/326 StVO in der Kurzone erfolgte nach Leitungsarbeiten durch einen Wiederherstellungsbeitrag der Stadtwerke (ca. 1/3 der Kosten) und durch freiwillige Beiträge der anliegenden Kurbetriebe (ca. 2/3 der Kosten). Die Beitragshöhe der einzelnen Anlieger erfolgte nach „Gesamtumständen", es wurden dafür keine festen Kriterien vorgegeben. Derartige Formen der „kostenwirksamen" Bürgerbeteiligung sind den möglichen Zwangsbeiträgen nach den Kommunalabgabengesetzen der Länder (KAG) vorzuziehen. Dies sollte vor allem in den Kleinstädten und Landgemeinden möglich sein, wo die Identifikation des Bürgers mit „seiner" Straße noch weitgehend erhalten ist. Auf Finanzierungsmöglichkeiten wird kurz im Kapitel C 5.5.4 eingegangen.

5.5.3.5 Meinungsmacher

Wie bereits angedeutet, sind die Erfahrungswerte der Verwaltung häufig von negativen Ereignissen geprägt. Die vorliegenden Erfahrungen sind daher weniger Erfahrungen mit der Bürgerbeteiligung, sondern eher mit Bürgerprotesten. In der aktuellen Diskussion wird die Bedeutung der Bürgerbeteiligung an der kommunalen Gesamtplanung unterschiedlich bewertet. Die Meinungen reichen von „Investitionsbremse" bis hin zur Forderung nach Einbeziehung in die eigentliche Entscheidungsphase. Kaum strittig ist dagegen die Beteiligung der Anwohner an der Verkehrsberuhigungsplanung für ihre Straße und ihr Quartier. Die in dieser Arbeit dargestellten Maßnahmenkonzepte sind jedoch nicht auf reine Wohngebiete beschränkt. Entsprechend der vielfach vorhandenen Mischnutzungen traten die Interessenkonflikte zwischen Bürgern, die von diesen Maßnahmen Vorteile erhofften bzw. Nachteile befürchteten, offen zu Tage. Von besonderer Bedeutung sind diejenigen Gruppen, die ihre ablehnende Meinung mit dem Hinweis auf ihre wirtschaftli-

---

[55] BAIER, R.; MORITZ, A.; SCHOG, H.; SPRINGSFELD, A.C.; MEETZ, M.; MÜSSENER, E.; STILLGER, V.: Kostenhinweise zur Verkehrsberuhigung. In: Schriftenreihe Städtebauliche Forschung, Heft 03.098. Hrsg.: Bundesminister für Raumordnung, Bauwesen und Städtebau, Bonn-Bad Godesberg 1983, S. 58.

che Situation untermauern können. In den persönlichen Gesprächen wurde immer wieder auf den Widerstand aus folgenden Gruppen hingewiesen:
- Einzelhandel,
- Übernachtungsgewerbe und
- Gaststättenbetriebe.

Als Geschäftsleute fühlten sie sich von ihrer Pkw-Kundschaft abgenabelt und sahen bereits vorab ihren Umsatzrückgang und letztlich den Wegfall ihrer Geschäftsgrundlagen.

In den kleineren Orten kann den genannten Gruppen auch eine Funktion als „Meinungsmacher" zugesprochen werden. Ihre soziale Stellung und die Fähigkeit, ihre Vorstellungen auch geschickt formulieren zu können, machen sie zu einem bedeutenden Faktor des politischen Lebens ihrer Gemeinde. Dies wird durch die Beantwortung der Teilfrage 11 „Einheimische" bestätigt: Die am häufigsten genannten Untergruppen sind neben den Anliegern mit 109 Nennungen (bei insgesamt 495 Beantwortern)
- das Beherbergungsgewerbe, einschließlich örtlicher Fachverbände, mit 128,
- der Einzelhandel mit 91,
- das Gaststättengewerbe, einschließlich örtlicher Fachverbände, mit 82 Nennungen (vgl. Übersicht C 18).

Untersuchungen in den größeren Städten belegen einhellig den hohen wirtschaftlichen Wert der Geschäftslage in einer Fußgänger-Einkaufsstraße. Die Übertragbarkeit der großstädtischen Erfahrungen auf die Kleinstadtsituation wird verneint. Die positiven Erfahrungen in den kleinen Kur- und Erholungsorten sind offenbar unbekannt. Eine von uns im Jahre 1982 durchgeführte Befragung von Fachverbänden auf Landes- bzw. Bezirksebene ergab, daß diese nur sehr vereinzelt ihren Mitgliedern Informationsmaterialien zum Themenkreis Gewerbe/Verkehrsberuhigung anbieten können. Die große Bedeutung eines erholungsfreundlichen Umfeldes für die Gewerbebetriebe in den Kur- und Erholungsorten wird zwar erkannt, die Diskussion dieses Themas ist jedoch ein „heißes Eisen". Ziel der vorliegenden Untersuchung ist daher auch die Information interessierter Gewerbetreibender. Die ausführliche Darstellung von Maßnahmenkombinationen und Ausnahmeregelungen zeigt, daß die Zulassung betriebsnotwendiger Pkw-Zufahrten – wenn auch teilweise zeitlich eingeschränkt – durchführbar ist. Individuelle Lösungen als Ergebnis der Zusammenarbeit zwischen Betrieben und Verwaltung werden in zahlreichen Gemeinden praktiziert (vgl. auch Kapitel C 3.6 Ausnahmeregelungen bei Fahrbeschränkungen).

Zunehmende Forderungen nach flächenhaften verkehrsberuhigenden Maßnahmen auch in den Kleinstädten und den Landgemeinden werden ein Umdenken bei den Gewerbetreibenden erforderlich machen. Ein erweiterter Erfahrungsaustausch zwischen den interessierten Gruppen in Gemeinden mit Erfahrungen und Gemeinden ohne Erfahrungen würde die sachliche Diskussion fördern.

Abschließend sollen die Bedenken eines Hotel- und Gaststättenverbandes zitiert werden:

„Unsere Erfahrungen über Auswirkungen von verkehrsberuhigten Zonen sind noch nicht allzu groß und auch nicht zahlreich. Aber schon jetzt ist zu sagen, daß überwiegend die Befürchtung dahin geht, daß durch die Einrichtung von Fußgängerzonen die betroffenen Gebiete noch mehr vereinsamen und veröden, als dies ohnedies schon der Fall ist. Solche beruhigten Straßenzüge sind mit Einbruch der Dunkelheit meist unheimlich ruhig und bleiben dann wie ausgestorben, menschenleer.

Für die Hotel- und Gaststättenbetriebe sind nach bisheriger Auskunft, aus dem Gesichtspunkt der Verkehrsberuhigung, noch keine Umsatzeinbußen zu verzeichnen, es bestehen jedoch insoweit erhebliche Bedenken, insbesondere für die Abend- und Nachtstunden."

Fazit:
Die sich ergänzenden Erkenntnisse aus den persönlichen Befragungen in ausgewählten Untersuchungsorten einerseits und aus den Auswertungen der Fragen 11 und 12b des

Befragungsbogens andererseits sind Grundlage folgender Hypothesen:

Hypothese 1: Die Beantworter legen besonderen Wert auf die Beachtung der Bedürfnisse der Einheimischen, weil diese der Umsetzung von verkehrsberuhigenden Maßnahmenkonzepten großen Widerstand entgegensetzen. Dagegen werden die Reaktionen der Erholungsgäste eher positiv bewertet.

Hypothese 2: Bei den bereits vollzogenen Maßnahmenkonzepten in den Referenzgemeinden dieser Studie (vgl. Teil D 2) sind die Interessen der Einheimischen in hohem Maß berücksichtigt worden. Damit ist die Übertragbarkeit der Erfahrungen mit erholungsfreundlichen Verkehrsmaßnahmen der Referenzgemeinden auch auf Gemeinden vergleichbarer Größe mit geringem Fremdenverkehrsanteil möglich.

5.5.4 Kosten und Finanzierung erholungsfreundlicher Verkehrsmaßnahmen

Von großem Einfluß auf die Wahl der verkehrlichen Einzelmaßnahmen im Rahmen eines erholungsfreundlichen Maßnahmenkonzepts sind die Kosten der verschiedenen Maßnahmen und die Finanzierungsmöglichkeiten – und nicht zuletzt eine mögliche Finanzhilfe im Verkehrs- oder Städtebaubereich von Bund und Land. „Zu nennen sind hier:

– Maßnahmen zur Verbesserung der Verkehrsverhältnisse in den Städten und Gemeinden nach dem GVFG (Gemeindeverkehrsfinanzierungsgesetz, Zusatz d. d. Verfasser)
– Bau und Ausbau von Ortsdurchfahrten nach § 5a FStrG (Bundesfernstraßengesetz, Zusatz d. d. Verfasser)
– Radwegeprogramme in Bayern, Rheinland-Pfalz und Nordrhein-Westfalen
– Bund-Länder-Programme nach dem Städtebauförderungsgesetz
– Ergänzende Länderprogramme zur Städtebauförderung und Dorferneuerung
– Spezielle Programme zur Wohnumfeldverbesserung und Verkehrsberuhigung in den Flächenländern Baden-Württemberg, Hessen und Nordrhein-Westfalen (...)
– Modernisierungs- und Wohnungsbauprogramme."[56]

In den Kur- und Erholungsorten sind erholungsfreundliche Verkehrsmaßnahmen sowohl zur Sicherung der Erholungseignung als auch zur Steigerung der Attraktivität geeignete Mittel. Ihre Anerkennung als förderungswürdige „zu Kur- und Erholungszwecken bereitgestellte öffentliche Einrichtung" im Sinne der Kommunalabgabengesetze (KAG) erscheint sinnvoll und gerechtfertigt. Die Finanzierungsmöglichkeit der Herstellung und Unterhaltung aus fremdenverkehrsbezogenen Beiträgen von Gästen und Einheimischen sollte daher geprüft und bestätigt werden. Eine Beitragserhebung von den Gästen in Form von Kurtaxe, Kurbeitrag, Kurabgabe oder Fremdenverkehrsbeitrag B ist in allen KAG der Bundesländer – wenn auch unterschiedlich – geregelt. Darüberhinaus besteht in einigen Ländern die Möglichkeit zur Erhebung der sog. „Bettensteuer" von Einheimischen, denen „wirtschaftliche Vorteile durch den Fremdenverkehr im Gemeindegebiet erwachsen" (Fremdenverkehrsbeitrag, Fremdenverkehrsabgabe)[57]. Voraussetzung ist in

---

[56] KOLKS, W.: Verkehrsberuhigung als Instrument der Stadtentwicklung unter Berücksichtigung staatlicher Rahmenbedingungen. In: Verkehrsberuhigung in Gemeinden. Planung, Durchführung, Finanzierung, Rechtsfragen. Hrsg.: WALPRECHT, D., Köln–Berlin–Bonn–München 1983, S. 145.

[57] Vgl. ausführlich CHRISTMANN, K.-H.: Die Fremdenverkehrsabgabe in deutschen Heilbädern, Kurorten und Fremdenverkehrsgemeinden. In: Fachreihe Fremdenverkehrspraxis des Deutschen Bäderverbandes e.V. und des Deutschen Fremdenverkehrsverbandes e.V. (Hrsg.), Heft 7, Frankfurt am Main, 1977.

der Regel die staatliche Anerkennung der Gemeinde bzw. des Ortsteils als Kur- oder Erholungsort. Besondere Regelungen bestehen für die „Staatsbäder", die im allgemeinen den Finanzministerien der Bundesländer unterstehen.

Eine weitere Lücke bei den Finanzierungsmöglichkeiten besteht im Rahmen der Fremdenverkehrsförderung, die länderweise sehr unterschiedlich gehandhabt wird: In Baden-Württemberg sind „Investitionen zur Verbesserung der Umweltbedingungen im Kurort sowie zur Entflechtung des Kurverkehrs und der Naherholung"[58] förderungswürdig. Voraussetzung ist, daß die Einrichtung unmittelbar dem Fremdenverkehr dient, mindestens überwiegend fremdenverkehrlich genutzt wird und keine andere Förderungsmöglichkeit besteht. Verkehrsberuhigte Bereiche gemäß Zeichen 325/326 StVO und Fußgängerbereiche gelten nicht als typische Fremdenverkehrseinrichtungen und sind daher aus Fremdenverkehrsmitteln nicht förderbar. Dagegen können Einrichtungen, die für die Einführung oder Aufrechterhaltung eines Mittags-, Nacht- oder eines generellen Fahrverbotes nach § 45 Abs. 1a StVO im Kurgebiet oder Innerortsbereich eines Kurortes notwendig sind, gefördert werden (Beispiele: Auffangparkplätze in D 1304* Badenweiler und D 1326* Todtmoos).

Einer anderen Einschätzung unterliegen beispielsweise Fußgängerbereiche nach dem Strukturförderungsprogramm Fremdenverkehr des Bayerischen Staatsministeriums für Wirtschaft und Verkehr (Beispiel: Fußgängerzone in D 2308* Berchtesgaden; hier wurde neben dem Bau einer Tiefgarage am Rand dieses Bereichs auch die Umgestaltung des Fußgängerbereichs selbst durch Zuschüsse und verbilligte Darlehen gefördert).

Die enge Auslegung der förderungswürdigen Projekte ist unter den heute stark gewandelten Erwartungen an Erholungsumwelt und Erholungsinfrastruktur nicht mehr zeitgemäß. Dem bedeutenden Einfluß der Verkehrsberuhigung auf die Attraktivitätssteigerung sowohl einzelner „anerkannter" Erholungseinrichtungen als auch des gesamten Ortes sollte in den allgemeinen Grundsätzen der Richtlinien für Finanzierungshilfen der Länder Rechnung getragen werden.

Dies würde auch dem Motto der Fremdenverkehrsförderung „Qualität vor Quantität" entsprechen.

Für vertiefende Informationen über Kosten und Finanzierungsmöglichkeiten erholungsfreundlicher Verkehrsmaßnahmen wird auf die im Teil H erfaßte Spezialliteratur verwiesen [59].

---

[58] Richtlinien zur Förderung von Fremdenverkehrseinrichtungen der Gemeinden oder gemeindlicher Zusammenschlüsse, Bekanntmachung des Ministeriums für Wirtschaft, Mittelstand und Verkehr des Landes Baden-Württemberg vom 20. Oktober 1977, GABl. S. 1485 ff., i.d.F. vom 1. November 1979, Ziff. 2c.

[59] Als Literaturbeispiele seien genannt:
Zu Kosten: Bundesminister für Raumordnung, Bauwesen und Städtebau (Hrsg.): Kostenhinweise zur Verkehrsberuhigung. In: Schriftenreihe Städtebauliche Forschung, Heft 03.098, Bonn-Bad Godesberg, 1983.
Zu Finanzierungsmöglichkeiten durch Anliegerbeiträge: KULARTZ, H.P.: Erhebung von Beiträgen für Maßnahmen der Verkehrsberuhigung. In: Verkehrsberuhigung in Gemeinden. Planung, Durchführung, Finanzierung, Rechtsfragen. Hrsg.: WALPRECHT, D., Köln–Berlin–Bonn–München 1983, S. 181–201.

Teil D
Dokumentation erholungsfreundlicher Verkehrsmaßnahmen

Teil D 1
Dokumentation erholungsfreundlicher Verkehrsmaßnahmen im naturnahen Raum

Die Gesamtbelastung naturnaher Räume wird von Emissionsquellen innerhalb und außerhalb des betrachteten Gebiets bestimmt. Daher könnte auch durch verkehrstechnisch perfekte *kleinräumige* Maßnahmenkonzepte keine grundsätzliche Beeinflussung der Gesamtbelastung von Landschaftsräumen erzielt werden. Lokale Eingriffe in den Verkehrsablauf sind jedoch dann sinnvoll und durchsetzbar, wenn eine akute Gefährdung für das Leben und die Gesundheit von Menschen (wie z. B. Unfälle, hohe Abgasbelastung) zu erwarten ist.

Im folgenden soll daher an einigen Beispielen von vollzogenen Maßnahmen ein Überblick über das breite Spektrum der Möglichkeiten gegeben werden. Angesichts landschaftlich verschiedenartig gegliederter Interessen und differenzierter Entwicklungsstände wird in diesem Bericht keine ausführliche Behandlung angestrebt.

1. Wechselseitige Einbahnregelungen auf einer Straße im Naherholungsgebiet[1]

Das Befahren der schmalen und teilweise steilen Straße Riffenmatt-Schwarzenbühl (Kanton Bern/Schweiz) im Gegenverkehr ist im Winter je nach Witterung sehr erschwert. Aus Gründen der Verkehrssicherheit wird während der Zeitdauer des Winterfahrplans der schweizerischen Post PTT (Postomnibusdienst) vom 14. Dezember bis 22. März ein Einbahnverkehr auf dem ca. 4 km langen Straßenabschnitt eingeführt. Zwischen 08.30 h und 17.30 h gelten für die Bergfahrten ab Riffenmatt folgende Zeitabschnitte: 08.30–09.30 h/10.30–11.45 h/12.45–14.00 h/15.00–15.30 h. In Schwarzenbühl können Talfahrten jeweils von 10.00–10.15 h/12.10–12.30 h/14.30–14.45 h/16.00–17.10 h angetreten werden. Während der verkehrsarmen Zeit zwischen 17.30 h und 08.30 h ist diese Einbahnregelung aufgehoben (vgl. Übersicht D 1/1).

---

[1] Das Beispiel wurde einer Dokumentation des Schweizerischen Fremdenverkehrsverbandes (SFV), Dokumentations- und Beratungsstelle, Bern, entnommen. Diese Arbeit beschäftigt sich mit den Folgen des Naherholungsverkehrs in den Problemfeldern „rollender Verkehr", „ruhender Verkehr" und „öffentlicher Verkehr". Einer Liste mit 13 grundsätzlichen Einzelproblemen werden 18 Fallbeispiele gegenübergestellt, in denen eine oder mehrere dieser Einzelprobleme in der Praxis gelöst wurden. Vgl. Schweizerischer Fremdenverkehrsverband, Dokumentations- und Beratungsstelle: Der rollende und ruhende Verkehr in Naherholungsgebieten. Hrsg.: Bundesamt für Industrie, Gewerbe und Arbeit, Zentralstelle für regionale Wirtschaftsförderung, Bern, 1981. Hier: Anhang I, Fallbeispiel Nr. 6: Riffenmatt (BE), S. 164–168.

Übersicht D 1/1   *Anzeigetafel zu den Fahrbeschränkungen*[2]

Bei einer Überfüllung der Parkplätze im Skigebiet Schwarzenbühl wird die Straße in Riffenmatt für den privaten Motorfahrzeugverkehr vorübergehend gesperrt, um ernsthafte Überlastungen am Zielort zu verhindern. Wenn jedoch die Straßenverhältnisse ein reibungsloses Begegnen der Fahrzeuge erlauben und keine Überlastungen der Straße zu erwarten sind, wird die Einbahnregelung aufgehoben.

2. Pilotprojekt „Sanfter Tourismus im Virgental/Osttirol"

Die bereits erwähnte Sicherung der natürlichen Umwelt durch Beeinflussung der Freizeitaktivitäten – von denen die Aktivität „Fahren mit Kraftfahrzeugen" nur eine unter vielen anderen ist – wird sich kurzfristig weder durch Appelle noch durch massiven Druck erreichen lassen. Dagegen wäre das Mittel der Angebotsdifferenzierung durch Bereitstellen von nicht-mechanisierter (Tourismus-)Infrastruktur – eine auch unter marktwirtschaftlichen Bedingungen – erfolgreich erscheinende Lösungsmöglichkeit. Forderungen und Vorschläge in dieser Richtung sind durch Schlagworte wie „behutsame Tourismuspolitik"[3] oder „defensiver"[4], „stiller"[5], „sanfter"[6)7] und „einfacher"[8] Tourismus charakterisiert.

Der Tourismus im Virgental, Gemeinden Virgen und Prägraten, ist von einer starken Einsaisonalität geprägt. Im Sommerhalbjahr 1979 wurden beispielsweise ca. 75 % der gesamten Gästeübernachtungen in den Monaten Juli und August verzeichnet. Hauptziel

---

[2] Vgl. Schweizerischer Fremdenverkehrsverband, Dokumentations- und Beratungsstelle: Der rollende und ruhende Verkehr in Naherholungsgebieten, a. a. O., S. 167.

[3] Vgl. KRIPPENDORF, J., beispielsweise: Tourismus als Belastung von Umwelt und Gesellschaft – Auf dem Weg zu einer neuen Tourismuspolitik. Referat anläßlich des 24. Fachkurses für Fremdenverkehrspraxis in Pirmasens am 18. Januar 1982 (als Manuskript veröffentlicht).

[4] Vgl. ZOLLES, H.; DIGNOES, O.: Die zehn dringlichsten Gebote für eine defensive Fremdenverkehrspolitik. Referat anläßlich des COTAL-Kongresses 1981 in Torremolinos/Spanien. Vgl. auch ZOLLES, H.: Zehn Gebote für defensiven Tourismus. In: Der Fremdenverkehr, Jg. 33, Heft 9/1981, S. 8.

[5] Vgl. SCHIESSER, W.: Plädoyer für motorloses Reisen. In: Eine motorlose Freizeit-Schweiz. Ein Leitfaden für die Ausstattung und Gestaltung von Erholungsgebieten mit besonderer Berücksichtigung motorloser Aktivitäten. Hrsg.: Schweizerische Stiftung für Landschaftsschutz und Landschaftspflege, Bern, o. J., S. 4–9.

[6] Vgl. HASSLACHER, P.: Die Alpenvereins-Werbeaktion Virgental für eine „sanfte" Tourismusentwicklung. Hrsg.: Fachabteilung Raumplanung – Naturschutz des Österreichischen Alpenvereins, Innsbruck, 1982.

[7] Vgl. JUNGK, R.: Wieviele Touristen pro Hektar Strand? Plädoyer für „sanftes Reisen". In: GEO, Nr. 10/1980, S. 154–156.

[8] Vgl. MEINUNG, A.: „Einfacher Tourismus" – gemeindliche Erfahrungen in Rheinland-Pfalz. In: Informationen zur Raumentwicklung, Jg. 33, Heft 1/1983, S. 81–92.

der Tourismusentwicklung wurde daher die Ausdehnung der Saison auf die Vor- und Nachsaison sowie auf das Winterhalbjahr. Dabei standen zwei grundsätzlich unterschiedliche Maßnahmenkonzepte zur Auswahl:

(1) Eine skitechnische Erschließung des Venedigergebietes. Damit wäre u. a. der Bau und Ausbau von Seilbahnen, Skiliften sowie der dafür notwendigen Zufahrtsstraßen verbunden.

(2) Die gemeinsame Aktion „Sanfter Tourismus"[9] des Österreichischen und des Deutschen Alpenvereins versucht dagegen seit 1980, durch eine gezielte Werbung vor allem Gäste für die Vor- und Nachsaison zu interessieren (vgl. auch Übersicht D 1/2). Durch die Steigerung der durchschnittlichen Bettenauslastung und der Übernachtungszahlen soll der Nachweis erbracht werden, daß der ökonomische Erfolg langfristig auch ohne technische Erschließung der Erholungslandschaft erzielt werden kann. Die bisher vorliegenden Daten der Fremdenverkehrsstatistik scheinen dies zu bestätigen.

Übersicht D 1/2   *Werbeplakette des Österreichischen Alpenvereins*
(mehrfarbig, Größe des Originals ca. 65×110 mm)

Eine zunehmende Tendenz der touristischen Nachfrage zu Formen nicht-technischer Freizeitaktivitäten beeinflußte auch das Tiroler Fremdenverkehrskonzept 1982, in dem die Forderung nach „Förderung von Infrastrukturen für den nicht-technisierten Fremdenverkehr" erhoben wird.

Die konsequente Ausrichtung des touristischen Angebots auf die Fußgänger- (bzw. Wanderer-)erreichbarkeit dürfte auch bei wachsenden Gästezahlen den motorisierten Verkehr am Zielort und im Zielgebiet niedriger halten als in vergleichbaren Landschaftsgebieten, die vorrangig auf den Pkw ausgerichtet sind. Damit könnte eine geordnete Weiterentwicklung dieses Raumes ohne die Gefahr der Überlastung durch flächenmäßig

---

[9] Die Ausführungen zur Aktion „Sanfter Tourismus im Virgental" des Österreichischen und Deutschen Alpenvereins beruhen vorwiegend auf Informationen und Veröffentlichungen von Herrn Peter Haßlacher, Leiter der Fachabteilung Raumplanung – Naturschutz des Österreichischen Alpenvereins, Innsbruck.

intensive Freizeitaktivitäten und durch motorisierten Freizeitverkehr gewährleistet werden. Auf den Straßen im Haupttal sind deshalb keine Beschränkungen für den Pkw-Verkehr beabsichtigt. Dagegen soll der motorisierte Individualverkehr in die schmalen Wandertäler langsam abgeschafft und durch einen Taxiverkehr von Einheimischen ersetzt werden. Die Hauptstraße endet im Ortsteil Hinterbichl/Gemeinde Prägraten, ein Durchgangsverkehr zu Zielen außerhalb des Virgentals ist somit nicht vorhanden. Allerdings werden schon heute Klagen über überhöhte Fahrgeschwindigkeiten von Autos und über den Motorlärm insbesondere der Krafträder verzeichnet. Im Ortsbereich Virgen wurde daher für den Zeitraum von 22.00–06.00 Uhr ein Fahrverbot für Mofas erlassen.

An dieser Stelle sei auf die Problematik des motorisierten Verkehrs der einheimischen Bevölkerung hingewiesen, da der als besonders störend empfundene Verkehrslärm durch Kleinkrafträder fast ausschließlich durch ortsansässige Verkehrsteilnehmer verursacht wird.

Die Fortführung der „Aktion Virgental" ist unbestimmt, denn „es wird (...) noch eines tiefgreifenden Umdenkprozesses bedürfen, um den Großteil der einheimischen Bevölkerung für diese Entwicklungsidee zu begeistern"[10].

3. „Eine motorlose Freizeit-Schweiz"
– Konzept motorfahrzeugfreier Naherholungsgebiete –

3.1 Darstellung des Konzepts

Unter Mitwirkung zahlreicher Institutionen[11] wurde von der Schweizerischen Stiftung für Landschaftsschutz und Landschaftspflege ein Leitfaden für die Ausstattung und Gestaltung von Erholungsgebieten mit besonderer Berücksichtigung motorloser Aktivitäten erarbeitet[12]. Ausgangspunkt dieses Konzepts war die Erfahrung, daß der raumplanerische Schutz von Landschaften nicht zum Ziel führt, „wenn das Erholungserlebnis durch den Erholungsverkehr verunmöglicht wird".[13]

Es wird daher u. a. vorgeschlagen, den motorisierten Individualverkehr auf den Zubringerdienst zu den ausgewiesenen Naherholungsgebieten zu beschränken. Für lokale Bedürfnisse sind Ausnahmebestimmungen festzulegen. Der Personenverkehr innerhalb der Erholungsgebiete soll durch öffentliche Verkehrsmittel aufrechterhalten werden, die an Bahnhöfen und Auffangparkplätzen mit dem Zubringerverkehr verknüpft werden sollen.

---

[10] HASSLACHER, P.: Die Alpenvereins-Werbeaktion Virgental für eine „sanfte" Tourismusentwicklung, a. a. O., S. 16.

[11] Diese Institutionen sind: Berner Wanderwege, Bern; Touring Club der Schweiz, Genf; Schweizerischer Fremdenverkehrsverband, Bern; Schweizerische Verkehrszentrale, Zürich; Schweizerischer Bund für Naturschutz, Basel; Schweizer Heimatschutz, Zürich; Eidgenössisches Oberforstinspektorat, Abteilung Natur- und Heimatschutz, Bern; Delegierter für Raumplanung, Bern; Eidgenössisches Amt für Verkehr, Bern.

[12] Vgl. Schweizerische Stiftung für Landschaftsschutz und Landschaftspflege (Hrsg.): Eine motorlose Freizeit-Schweiz. Ein Leitfaden für die Ausstattung und Gestaltung von Erholungsgebieten mit besonderer Berücksichtigung motorloser Aktivitäten, Bern, o. J.

[13] Schweizerische Stiftung für Landschaftsschutz und Landschaftspflege (Hrsg.): Eine motorlose Freizeit-Schweiz, a. a. O., S. 3.

3.2 Erarbeitung eines Modellbeispiels[14]

Für die Erarbeitung eines konkreten Modellbeispiels wurde unter Verwendung von Landkarten (Maßstab 1:50 000) der Raum Oberaargau/Emmental/Thunersee/Brienzersee ausgewählt. Bei der Ausscheidung der motorfahrzeugfreien Zonen wurden folgende Kriterien berücksichtigt[15]:

„Für größere Täler und Hügelzüge muß mindestens eine bestehende, ausgebaute Straße dem allgemeinen Verkehr freigelassen werden. Restaurants und Gasthöfe sollten mit dem Auto oder einem anderen Verkehrsmittel erreichbar sein. Die Erholungsgebiete müssen für den Touristen des öffentlichen und des privaten Verkehrs günstig erschlossen werden, so daß die verschiedenartigen Bedürfnisse nach Landschaft berücksichtigt werden können. Stichstraßen sollen bei Parkplätzen enden oder gesperrt werden. Ausgebaute Verbindungsstraßen können nicht gesperrt werden. Ausschalten des motorisierten Naherholungs- und Ausflugsverkehrs auf Parallelstraßen. Verhindern von Konflikten zwischen Wanderwegen und Straßen des motorisierten Verkehrs. Ausgangspunkte für Rundwanderwege müssen schnell erreichbar bleiben. Siedlungsnahe Spazier- und Wanderwegnetze müssen von den Agglomerationen aus möglichst direkt und ungestört erreichbar sein."

Die Ergebnisse dieser Vorarbeiten wurden in schematischen Darstellungen der motorfahrzeugfreien Naherholungsgebiete zusammengestellt (siehe Übersichten D 1/3 und D 1/4.

Übersicht D 1/3   *Hauptwanderrouten*
                Oberaargau – Emmental – Oberland[16]

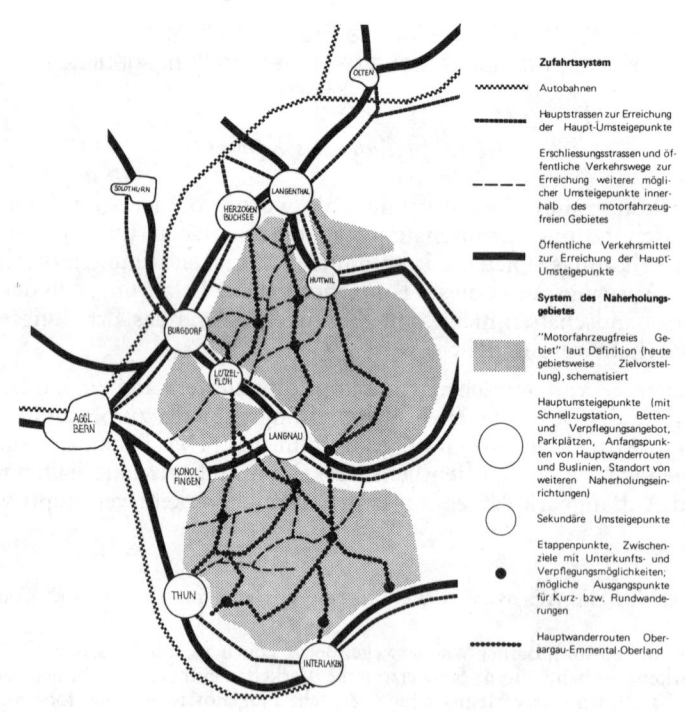

---

[14] Vgl. KNEUBÜHL, U.: Autofreie Zonen für die Erholung in der Freizeit. In: Eine motorlose Freizeit-Schweiz, a. a. O., S. 10–15.
[15] KNEUBÜHL, U.: Autofreie Zonen für die Erholung in der Freizeit, a. a. O., S. 12.
[16] Entnommen aus KNEUBÜHL, U.: Autofreie Zonen für die Erholung in der Freizeit, a. a. O., S. 13.

Übersicht D 1/4   *Agglomerations-Spazierwegnetze und kürzere Rundwanderwege im Naherholungsbereich[17]*

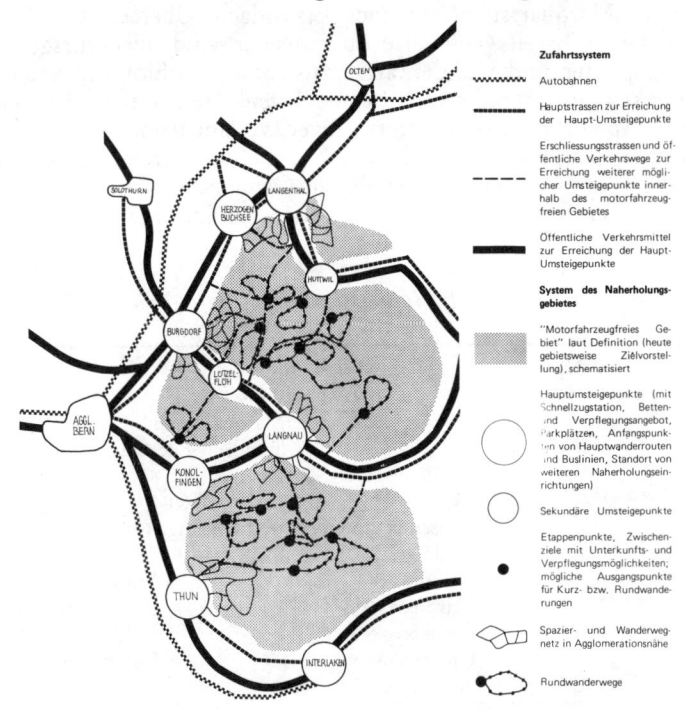

Zufahrtssystem

〜〜〜 Autobahnen

▬▬▬ Hauptstrassen zur Erreichung der Haupt-Umsteigepunkte

- - - Erschliessungsstrassen und öffentliche Verkehrswege zur Erreichung weiterer möglicher Umsteigepunkte innerhalb des motorfahrzeugfreien Gebietes

▬▬▬ Öffentliche Verkehrsmittel zur Erreichung der Haupt-Umsteigepunkte

System des Naherholungsgebietes

"Motorfahrzeugfreies Gebiet" laut Definition (heute gebietsweise Zielvorstellung), schematisiert

◯ Hauptumsteigepunkte (mit Schnellzugstation, Betten- und Verpflegungsangebot, Parkplätzen, Anfangspunkten von Hauptwanderrouten und Buslinien, Standort von weiteren Naherholungseinrichtungen)

○ Sekundäre Umsteigepunkte

● Etappenpunkte, Zwischenziele mit Unterkunfts- und Verpflegungsmöglichkeiten; mögliche Ausgangspunkte für Kurz- bzw. Rundwanderungen

Spazier- und Wanderwegnetz in Agglomerationsnähe

Rundwanderwege

Für die Realisierung dieses Konzepts werden Maßnahmenpakete im Sinne von mehreren aufeinander abgestimmten und gleichzeitigen Maßnahmen als notwendig angesehen[18]:

„1. Kanalisierung der Zu- und Durchfahrt (Sperrung der Wege für den motorisierten Touristen- und Durchgangsverkehr durch Abschrankungen, Verbote, Versetzen oder Entfernen der Wegweiser, polizeiliche Regelungen).

2. Kennzeichnung und Ausbau der primären und sekundären Umsteigepunkte vom motorisierten privaten oder öffentlichen Verkehrsmittel auf das Netz des motorfahrzeugfreien Erholungsgebietes.

3. Schaffung von gemischtwirtschaftlichen oder öffentlich-rechtlichen Trägergesellschaften zur Betreuung und Finanzierung der Naherholungsgebiete und -einrichtungen. (...)

4. Versorgung der Naherholungssuchenden durch Restauration und zusätzlichen Verkauf von bedürfnisgerechten Produkten (eventuell mobil oder zum Beispiel bei Käsereien).

5. Pflege und Betreuung der attraktiven Ziele im motorfahrzeugfreien Gebiet; Gerätevermietung.

6. Eventuell Erhebung von Naherholungsgebühren oder -zuschlägen (zum Beispiel auf Konsumation).

7. Angebot für verschiedene Bedürfnisse berücksichtigen (zum Beispiel für Familien, Kinder; Kurzwanderungen, Rundwanderungen, Tageswanderungen, Mehrtageswanderungen; Fahrrad, Pferd usw.).

8. Konfliktvermeidung unter den Erholungsformen und mit Grundnutzungen (Land- und Forstwirtschaft, Siedlungsgebiet, einzelne Naturreservate, die keinen intensiven Erholungsbetrieb vertragen).

9. Werbung und Information (Informationsstellen, Tafeln, Broschüren, Aktionen wie zum Beispiel Reka-Wanderpaß)."

---

[17] Entnommen aus Kneubühl, U.: Autofreie Zonen für die Erholung in der Freizeit, a. a. O., S. 14.
[18] Kneubühl, U.: Autofreie Zonen für die Erholung in der Freizeit, a. a. O., S. 12 und 14.

4. ÖPNV-Modell „Achental-Linie"

Die Gemeinden Marquartstein, Staudach-Egerndach, Übersee, Unterwössen und der Markt Grassau waren bereits zeitweise zu einer „Fremdenverkehrsgemeinschaft" mit gemeinsamen Prospekten und Wanderkarten zusammengeschlossen. Nach mehreren Jahren Eigenständigkeit in Fremdenverkehrsangelegenheiten trafen die oben genannten Gemeinden am 3. April 1981 eine befristete „Zweckvereinbarung über die Einrichtung und den Betrieb einer Nahverkehrslinie ‚Achental'"[19]. Ziel der Vereinbarung ist die Durchführung eines Busdienstes zwischen den beteiligten Gemeinden, der die bestehende ÖPNV-Bedienung durch einen fremdenverkehrsbezogenen Service ergänzt.

4.1 Gebietsbeschreibung

Einwohner (Stand 31.12.1980)	Insgesamt	15 269
	davon Grassau	5 209
	Marquartstein	2 607
	Staudach-Egerndach	960
	Übersee	3 802
	Unterwössen	2 691
Geografische Lage	Zwischen Chiemsee und Chiemgauer Bergen	
Höhenlage	ca. 550 (1.700) m ü.d.M.	
Gemeindegruppe	Grassau	= Luftkurort
	Marquartstein	= Luftkurort (Wintersportplatz)
	Übersee	= Luftkurort
	Unterwössen	= Luftkurort (Wintersportplatz)
Bettenkapazität (Stand 1.4.1980)	insgesamt 9 399 Betten	

Fremdenverkehrsnachfrage	Winter 1979/80	Sommer 1980	FV-Jahr 1979/80
Gästeankünfte	18.014	67.299	85.313
Anteil der Gästeankünfte	21.1 %	78.9 %	100 %
Gästeübernachtungen	129.244	654.466	783.710
Anteil der Gästeübernachtungen	16.5 %	83.5 %	100 %
Aufenthaltsdauer (im Mittel)	7.2 Tage	9.7 Tage	9.2 Tage
FV-Intensität (Ü/100 E)	846	4.286	5.132

Tourismus-Hauptsaison ist in allen Gemeinden das Sommerhalbjahr.

4.2 Zielsetzung

Ziel dieser Maßnahme ist eine attraktive Verbindung der Orte und ihrer jeweiligen tourismusbedeutsamen Einrichtungen, wie z. B. das Chiemsee-Strandbad in Feldwies, das Hallenbad in Unterwössen, die Talstation der Hochplattenbahn in Marquartstein-Niedernfels. Zusammen mit der gegenseitigen Anerkennung der Kurkarten und der damit verbundenen Preisermäßigungen soll die Attraktivitätssteigerung des gesamten Gebiets erreicht werden.

---

[19] Vgl. Zweckvereinbarung zwischen den Gemeinden Marquartstein, Staudach-Egerndach, Übersee, Unterwössen und dem Markt Grassau über die Einrichtung und den Betrieb einer Nahverkehrslinie „Achental" vom 3. April 1981, in: Amtsblatt für den Landkreis Traunstein, Nr. 40 vom 2. Oktober 1981.

4.3 Durchführung

Mit der Durchführung (u. a. Antrag auf Genehmigung bei der Regierung von Oberbayern, Abschluß der Verträge mit den Transportunternehmen, Überwachung, finanzielle Abwicklung) wurde der Markt Grassau beauftragt.

Saison 1981:

Nach Absprache mit den Konzessionsinhabern für einzelne Teilstrecken wurde dieser Busdienst am 6. Juni 1981 mit 26 Haltestellen in jeder Richtung eröffnet. Am 13. September 1981 wurde er wieder vereinbarungsgemäß eingestellt. Die längste Strecke einer möglichen Ausflugstour maß hin und zurück ca. 60 Kilometer (vgl. auch Übersicht D 1/5). Die Teilstrecke Niedernfels (Hochplattenbahn) – Marquartstein – Grassau – Staudach-Egerndach wurde 8 × täglich in beiden Richtungen befahren (Erste Abfahrt 7.45 Uhr, letzte Abfahrt 18.55 Uhr). An der Haltestelle Grassau, Post, bestand je 4 × täglich Anschluß von/nach Rottau bzw. Feldwies.

Saison 1983:

Die Achental-Linie 1983 wurde während der Geltungsdauer des Sommerfahrplans eingerichtet (29. Mai bis 24. September 1983). Die Laufzeit entsprach somit 119 Tagen. Es wurden insgesamt 36 Haltestellen in jeder Richtung angefahren.

Die Durchführung erfolgte durch zwei private Busunternehmen im Rahmen der bestehenden Konzession. Für die Linie Feldwies (Strandbad) – Niedernfels (Hochplattenbahn) (siehe Übersicht D 1/5) erhielten die beiden Unternehmen eine gemeinsame, neue Konzession.

Übersicht D 1/5

Liniennetz der „Achental-Linie"[20]

[20] Entnommen einem Gemeinschaftsprospekt der in Fußnote 19 genannten Gemeinden vom Jahre 1981.

4.4 Fahrpreise in der Saison 1981

Die beteiligten Gemeinden legten bezüglich des Entgelts in Pkt. 2c der erwähnten Zweckvereinbarung fest, „daß kurbeitragspflichtige Gäste kostenlos befördert werden. Dagegen werden Einheimische nur auf zu bezahlender Zeitkarte (Monats- und Saisonkarte) befördert".

Die Höhe des Entgelts für Einheimische ohne Kurkarte aus einer der beteiligten Gemeinden war in der Saison 1981:

	Kinder und Jugendliche von 4 bis 12 Jahren	Jugendliche über 12 Jahren und Erwachsene
Monats- bzw. 4-Wochen-Karte	DM 2,50	DM 5,—
Saisonkarte	DM 7,50	DM 15,—
Einzelfahrt	DM 1,—	DM 2,—

Die entstandene Kostenunterdeckung wurde auf die Gemeinden umgelegt. Der Umlegeschlüssel wurde als Mischprozentsatz aus den prozentualen Anteilen von Einwohnerzahl und Übernachtungszahl jeder Gemeinde ermittelt.

Der Sondertarif für einheimische Fahrgäste bestand nur 1981. Seit 1982 zahlen Einheimische die allgemein üblichen Fahrpreise.

Inhaber von gültigen Kurkarten, die für den Bereich der angeschlossenen Gemeinden ausgegeben wurden, werden weiterhin kostenlos befördert. Um jeglichen Mißbrauch auszuschließen, werden die Kurkarten mit dem Stempelaufdruck „Achental-Linie" versehen.

4.5 Erfahrungen

Dieser kostenlose Busdienst wurde von den Gästen bereits innerhalb weniger Tage sehr gut angenommen. Er wurde daher unter vergleichbaren Bedingungen wie 1981 im Sommer 1982 wiederholt. Von den Einheimischen wurde die „Achental-Linie" trotz der niedrigen Preise für die Zeitkarten nur in geringem Umfang angenommen.

Die gute Akzeptanz des kostenlosen Busdienstes und der Besitz einer gültigen Kurkarte als Teilnahmevoraussetzung zeigten eine erfreuliche Nebenwirkung. Die Bereitschaft zum Abführen der entsprechenden Kurbeiträge bei Gästen und ihren Vermietern stieg sprunghaft an. Ein Teil der Betriebskosten konnte daher durch diese erhöhten Kurbeitragseinnahmen gedeckt werden. Die Fremdenverkehrswerbung mißt diesem Bus-Angebot offensichtlich nur geringe Bedeutung zu. Im Gästezimmerverzeichnis 1982 des Verkehrsamtes Grassau wird lediglich in einer Aufstellung der Vergünstigungen mit einer Kurkarte kurz auf die kostenlose Benutzung der „Achental-Buslinie" hingewiesen.

Außerordentliche Schwierigkeiten entstanden durch den Eingriff in das traditionelle Konzessions-System:
(1) Es war schwierig, die notwendigen Konzessionen zu erhalten.
(2) Die Konzessionäre der einbezogenen Strecken stellten – nach Ansicht der beteiligten Gemeinden – „ungewöhnlich hohe" finanzielle Forderungen an die Gemeinden.

Die weitere Aufrechterhaltung dieses kostenlosen Busdienstes für Kur- und Erholungsgäste steht derzeit noch nicht fest. „Sofern sich die Nahverkehrslinie Achental auf der Grundlage der für 1983 gefundenen Lösung hinsichtlich Betrieb und Kosten für den

Fremdenverkehr als auf Dauer geeignet und insgesamt als wirtschaftlich vertretbar erweist, beabsichtigen die Gemeinden, diese Linie ab 1984 für einen längeren Zeitraum (mind. 3 Jahre) einzurichten und zu betreiben, wozu es einer entsprechenden Vereinbarung bedarf." (Aus der Zweckvereinbarung 1983, Ziffer 4.)

5. Regional-Bus-Paß „Berchtesgadener Land"

Weitaus großräumiger als die eben beschriebene „Achental-Buslinie" sind beispielsweise
(1) die „Tourenkarte" der Deutschen Bundesbahn mit 10-tägiger Gültigkeit oder
(2) die Regional-Bus-Pässe.

Von letzteren soll der 14-Tage-Bus-Paß „Berchtesgadener Land", herausgegeben von der Regionalverkehr Oberbayern GmbH (RVO), näher beschrieben werden (vgl. auch Übersicht D 1/6):

Der Besitz eines solchen Fahrausweises berechtigt zur beliebig häufigen Benutzung der eingeschlossenen Buslinien
– an sieben frei wählbaren Tagen
– innerhalb der 14-tägigen Geltungsdauer.

Übersicht D 1/6   *Vorder- und Rückseite des 14-Tage-Bus-Passes „Berchtesgadener Land"*

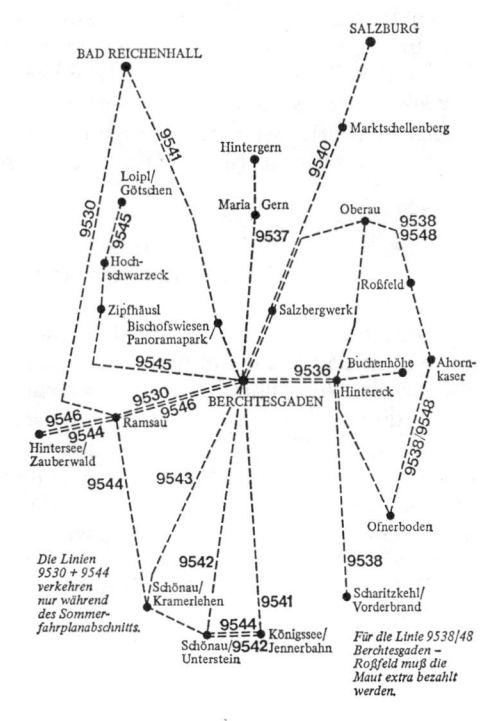

Der Preis des Bus-Passes war im Jahre 1982 DM 38,– für Erwachsene und DM 19,– für Kinder. In verkehrsschwachen Zeiten ist der Preis auf DM 35,– bzw. DM 18,– reduziert. Erster Ausgabetag war der 7. Dezember 1977.

Eine Sonderregelung besteht für die Fahrten zum besonders attraktiven Ausflugsziel Roßfeld. Während der Wintersaison sind die Fahrten hierhin auf insgesamt sieben begrenzt. Außerdem muß ganzjährig für die Benutzung der „Roßfeld-Höhenring-Straße" eine Mautgebühr entrichtet werden:

– DM 1,– je Person für Fahrgäste der RVO-Busse und
– DM 1,50 je Person für Pkw-Reisende.

Dieses Busangebot wurde im Bereich der Regionalverkehr Oberbayern GmbH nach und nach auch in anderen Tourismusregionen eingeführt:

– 1. Juni 1978: Werdenfelser Land
– 1. Juni 1978: Chiemgau
– 1. Juni 1979: Tegernseer Tal
– 1. Juni 1981: Chiemsee

Der Ausgabezeitraum ist in diesen Regionen auf die Sommerfahrplanperiode beschränkt. Nach Auskunft der RVO-Geschäftsleitung werden die Buspässe nicht nur von Urlaubsgästen, sondern auch von Naherholern erstanden.

Ähnliche Angebote gibt es auch in anderen Tourismusgebieten. Dabei sollen zwei Zielgruppen der Gäste besonders angesprochen werden:

– den Gästen ohne eigenen Pkw wird das touristische Angebot ihrer Urlaubsregion erschlossen,
– den Gästen mit Pkw am Urlaubsstandort soll ein Angebot zum Stehenlassen ihres Fahrzeuges gemacht werden. Dadurch wird die Zahl der Zielfahrten innerhalb des Ortes und der Region verringert. Darüber hinaus könnte ein Umdenkprozeß eingeleitet werden, der auch zum Verzicht auf das Auto bei An-/Abreise zwischen Wohn- und Zielort führt. Bei Gästebefragungen wird häufig die notwendige Pkw-Benutzung am Zielort als Grund für die Wahl des Reiseverkehrsmittels Auto angegeben.

6. Angebot für Naherholer: „Basler Regio Billett"[21]

Angebote des öffentlichen Personennahverkehrs für Naherholungszwecke werden häufig mit den Bedienungsstandards des innerstädtischen ÖPNV (öffentlicher Personennahverkehr) verglichen. Aus diesem Grund wurde beispielsweise das „Basler Regio Billett" eindeutig auf den Stadtbewohner und seine Bedürfnisse zugeschnitten. Es erschließt seit dem 1. April 1978 das Basler Umland einschließlich der grenznahen Gebiete Deutschlands und Frankreichs. In dieses Regio Billett sind die Bahn-, Bus- und Schiffahrtslinien eingeschlossen (vgl. Übersicht D 1/7). Das Verkaufsgebiet ist auf die Agglomeration Basel beschränkt. Damit soll die ungewollte allgemeine Reiseverbilligung für alle Fahrten innerhalb des Geltungsbereiches vermieden werden. Langfristig wird mit der Einführung des Regio Billetts auch eine allgemeine Aufwertung des ÖPNV in der gesamten Region angestrebt.

---

[21] Vgl. Schweizerischer Fremdenverkehrsverband, Dokumentations- und Beratungsstelle: Der rollende und ruhende Verkehr in Naherholungsgebieten, a. a. O. Hier: Anhang I, Fallbeispiel Nr. 15: Basler Regio Billett, S. 213–216.

Übersicht D 1/7   Muster des „Basler Regio Billett"

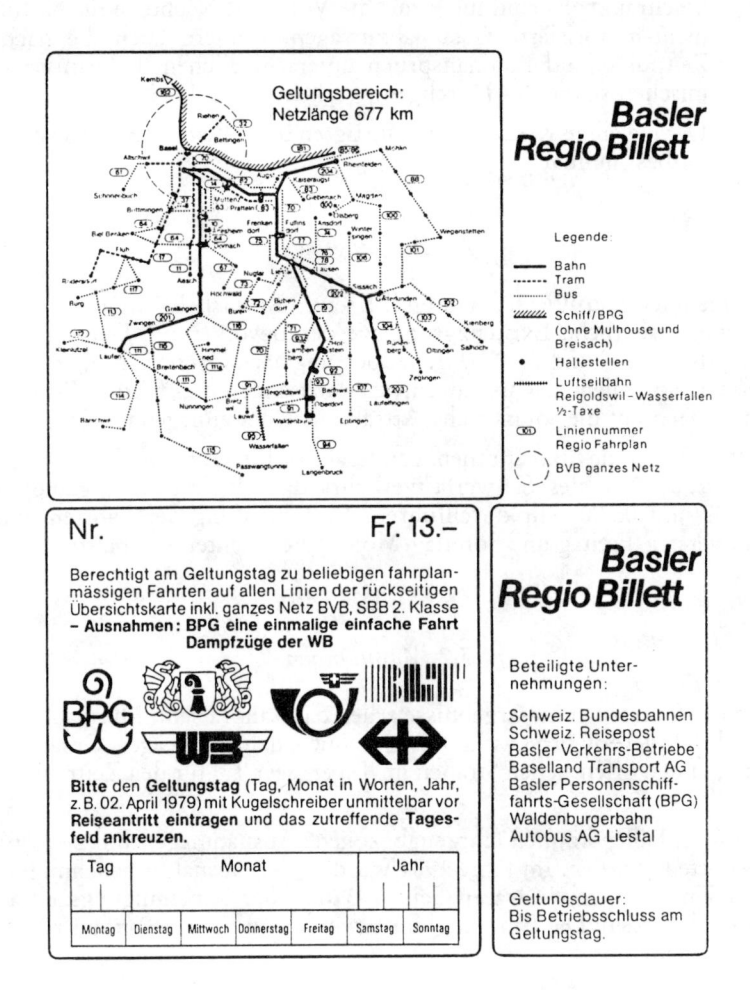

7. Fahrbeschränkungen für Lkw im Tegernseer Tal

Dem Nachtfahrverbot für Lkw im Tegernseer Tal kommt als Maßnahmenbeispiel auf zweifache Weise eine Doppelfunktion zu:

– Zielraum: Es zeigt den Einsatz einer *überörtlichen* Maßnahme mit einem vorwiegend *innerörtlichen* Zielbereich.

  Bedeutung: Erholungsfreundliche Verkehrskonzepte sind als *flächenhafte* Maßnahmen zu betrachten.

– Zielgruppe: Es betrifft zwei Gruppen, die sich aus *unterschiedlichen Motiven* im Zielbereich aufhalten.

Bedeutung: Erholungsfreundliche Verkehrskonzepte sind nicht nur auf die Reduzierung von Belastungswirkungen aus erholungsbedingtem Verkehr beschränkt. Es sind nicht nur die Vor- und Nachteile für motorisierte und nicht-motorisierte Gäste abzuwägen, sondern auch die nach Aktivität, Zeitpunkt und Raumanspruch unterschiedlichen Bedürfnisse von Einheimischen sowie des Durchgangsverkehrs einzubeziehen.

Der jeweilige Kreis von Begünstigten bzw. Benachteiligten ist nicht eindeutig bestimmbar.

7.1 Ausgangslage

In den Gemeinden Bad Wiessee, Gmund, Kreuth, Rottach-Egern und Tegernsee ist der Tourismus eine wesentliche Existenzgrundlage der Bevölkerung. Der Lkw-Verkehr auf den Bundesstraßen B 318 und B 307 (Grenzübergang nach Österreich) wurde wegen seiner Lärmemissionen vor allem nachts zu einem wachsenden Störfaktor. Es wurden daher negative Wirkungen auf die touristische Attraktivität der anliegenden Orte befürchtet.

Eine Untersuchung des Bayerischen Landesamtes für Umweltschutz[22] im Jahre 1979 ergab, daß ca. 30–40 % des Schwerlastverkehrs das Untersuchungsgebiet in der Zeit zwischen 22.00 und 06.00 Uhr durchfuhren. Eine Häufung der Fahrten wurde in den Nächten Donnerstag/Freitag und Sonntag/Montag beobachtet, mit bis zu 50 Lkw in einer Zählperiode.

7.2 Maßnahmen

Aufgrund der Untersuchungsergebnisse erließ das Landratsamt Miesbach im September 1979 ein Nachtfahrverbot für Lastkraftwagen mit einem zulässigen Gesamtgewicht von mehr als 7,5 t auf den öffentlichen Straßen im Tegernseer Tal für den Zeitraum 22.00–06.00 Uhr.

In begründeten Fällen können fahrzeugbezogene Ausnahmegenehmigungen an örtliche Unternehmer erteilt werden. Im Jahre 1981 wurden vier Ausnahmegenehmigungen erteilt, die jeweils auf ein Jahr befristet waren. Seit 1983 kann der Genehmigungszeitraum auf drei Jahre ausgedehnt werden. Die Fahrzeugführer werden zu einer besonders rücksichtsvollen Fahrweise verpflichtet.

7.3 Besonderheiten der Durchführung

Vor der Durchführung dieses großräumigen Fahrverbots – im Verlaufe der B 307 sind ca. 30 km zwischen der Landesgrenze und der Gemeinde Gmund am Tegernsee einbezogen – wurde eine Kenntlichmachung der Anordnung (Zeichen 253 StVO mit Zusatzschildern) an 57 Stellen erforderlich. Zusätzlich wurden an 11 Stellen Tafeln mit einer Vorankündigung aufgestellt.

---

[22] Bayerisches Landesamt für Umweltschutz: Minderung der Lärmbelastung durch Straßenverkehrsbeschränkungen im Tegernseer Tal und Isartal. Gutachten im Auftrag des Bayerischen Staatsministeriums für Landesentwicklung und Umweltfragen vom 27. Juli 1979, München.

7.4 Erfahrungen

Nach Auskunft des Landratsamtes Miesbach hat sich das Nachtfahrverbot sehr positiv ausgewirkt und bewährt. Die geringe Anzahl der erteilten Ausnahmegenehmigungen zeigt, daß sich inzwischen auch das örtliche Transportgewerbe gut auf diese Beschränkung eingestellt hat. Derzeit sind sowohl eine zeitliche (Vorziehen des Verbotsbeginns auf 20.00 Uhr) als auch eine räumliche Ausdehnung (Einbeziehen weiterer Ortsteile der Gemeinde Gmund am Tegernsee) der bestehenden Regelung in der Diskussion.

7.5 Zusätzliche innerörtliche Fahrbeschränkungen

Zusätzliche innerörtliche Fahrbeschränkungen sind in zwei der Tegernseer-Tal-Gemeinden vorhanden:

- Bad Wiessee (Kernort und teilweise OT Abwinkl)
  für Lkw zwischen 13.00 und 15.00 Uhr,
  für Krafträder zwischen 13.00 und 15.00 Uhr sowie 22.00 und 06.00 Uhr.

- Tegernsee
  für Krafträder in Teilbereichen zwischen 22.00 und 06.00 Uhr vom 1. Mai bis 31. Oktober eines jeden Jahres (seit 1964).

Teil D 2
Dokumentation erholungsfreundlicher Verkehrsmaßnahmen in Kleinstädten und Landgemeinden

Vorbemerkungen

An den schriftlichen Befragungen im Sommer/Herbst 1981 und Herbst 1982 beteiligten sich insgesamt 1 031 von ca. 1 500 angeschriebenen Gemeinden. Maßnahmen/Maßnahmenkombinationen von 242 bundesdeutschen, 33 österreichischen und 21 schweizerischen Gemeinden, die für eine Dokumentation besonders interessant erscheinen, werden im Teil D 2 in Kurzform vorgestellt. Diese Gemeinden werden **"Referenzgemeinden"** genannt.

Wesentliches Merkmal im systematischen Aufbau des Teils D 2 ist die sog. "Kenn- Nummer". Sie wurde für jede Referenzgemeinde nach regionalen Gesichtspunkten festgelegt (vgl. Übersichten D 2/1 bis D 2/3 und Übersicht D 2/4). Die Beispielgemeinde Bad Wörishofen hat die Kenn-Nummer D 21 01.

1. Staatliche Zugehörigkeit

    D = Bundesrepublik Deutschland

    A = Österreich

    CH = Schweiz

2. Fremdenverkehrsgebiet

    Bundesrepublik Deutschland:

    1. Ziffer   = Bundesland (in alphabetischer Reihenfolge, z.B. Baden-Württemberg = 1)
    2. Ziffer   = Fremdenverkehrsgebiet, entspricht etwa den jeweiligen Bereichen der regionalen Fremdenverkehrsverbände (in alphabetischer Reihenfolge je Bundesland, z.B. Fremdenverkehrsverband (FVV) Bodensee-Oberschwaben = 1 im Bundesland Baden-Württemberg. Daraus folgt für das Fremdenverkehrsgebiet (FVV) Bodensee-Oberschwaben die Kenn-Nummer 11; bei landesweitem Verbandsbereich steht als zweite Ziffer eine "0", z.B. Hessen = 30)
    3. und 4. Ziffer = Lfd. Nummern der Gemeinden eines Fremdenverkehrsgebiets

Übersicht D 2/1: Untersuchungsgebiete in der Bundesrepublik Deutschland

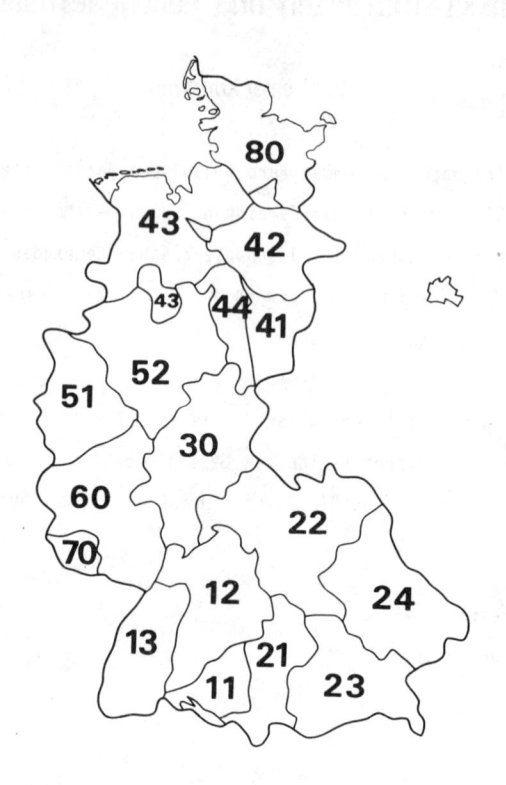

Kenn-Nr.	Bezeichnung	Kenn-Nr.	Bezeichnung
1	Baden-Württemberg	4	Niedersachsen
11	Bodensee-Oberschwaben	41	Harz
12	Neckarland Schwaben	42	Lüneburger Heide
13	Schwarzwald	43	Nordsee - Niedersachsen - Bremen Osnabrücker Land
2	Bayern		
21	Allgäu / Bayerisch-Schwaben	44	Weserbergland-Mittelweser
22	Franken	5	Nordrhein-Westfalen
23	München-Oberbayern	51	Rheinland
24	Ostbayern	52	Westfalen
30	Hessen	60	Rheinland-Pfalz
		70	Saarland
		80	Schleswig-Holstein

Österreich:

Buchstabe/n = Bundesland (entspricht jeweils einem Fremdenverkehrsgebiet)

1. und 2. Ziffer = Lfd. Nummern der Gemeinden eines Fremdenverkehrsgebiets

Übersicht D 2/2: Untersuchungsgebiete in Österreich

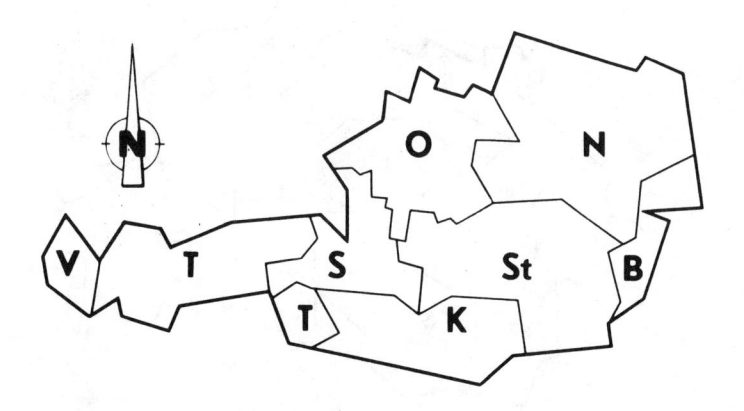

Kenn-Nr.	Bezeichnung	Kenn-Nr.	Bezeichnung
B	Burgenland	S	Salzburg
K	Kärnten	St	Steiermark
N	Niederösterreich	T	Tirol
O	Oberösterreich	V	Vorarlberg

111

Schweiz:

Buchstabe/n = Fremdenverkehrsgebiet (entspricht teilweise den Kantonen)
1. und 2. Ziffer = Lfd. Nummern der Gemeinden eines Fremdenverkehrsgebiets

Übersicht D 2/3: Untersuchungsgebiete in der Schweiz

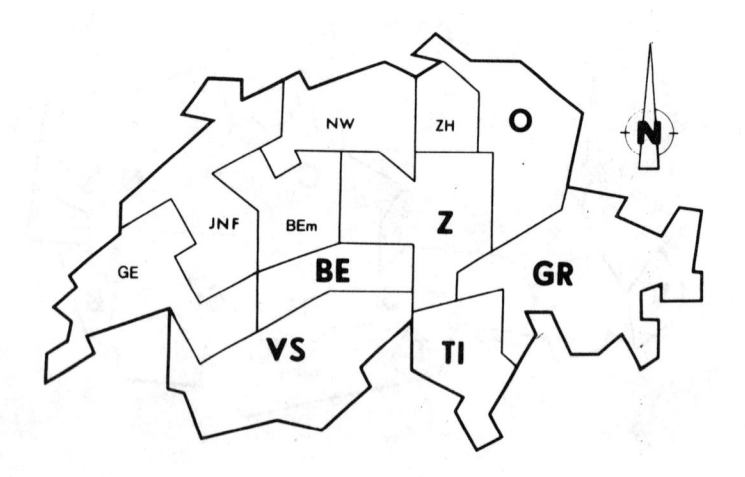

Kenn-Nr.	Bezeichnung	Kenn-Nr.	Bezeichnung
mit Referenzgemeinden		ohne Referenzgemeinden	
Z	Zentralschweiz	BEm	Berner Mittelland
BE	Berner Oberland	GE	Genferseegebiet
GR	Graubünden	JNF	Jura/Neuenburg/Freiburg
O	Ostschweiz	NW	Nordwestschweiz
TI	Tessin	ZH	Zürich
VS	Wallis		

Um dem Benutzer den schnellen Zugriff zu dieser Kurzdokumentation zu ermöglichen, wird die Kenn-Nummer in allen Teilabschnitten dieses Untersuchungsberichts dem Gemeindenamen vorangestellt (zur Unterscheidung: Postleitzahl = D-1000, Kenn-Nummer = D_10_00). Kenn-Nummern mit einem angefügten "*" verweisen zusätzlich auf eine ausführliche Maßnahmenbeschreibung dieser Gemeinde im Teil D 3.

Der Aufbau der Einzeldokumentationen wird am Beispiel der Referenzgemeinde Bad Wörishofen erläutert (vgl. Übersicht D 2/4). Formale Abweichungen ergeben sich teilweise in den Informationsblöcken III und IV durch den unterschiedlichen Aufbau der statistischen Berichte. Die voneinander abweichenden Erfassungsmethoden lassen den direkten Vergleich der Zahlenwerte für die Bundesrepublik Deutschland, Österreich und die Schweiz nicht zu. Für die Beschreibung der charakteristischen Merkmale im Rahmen einer Untersuchung über "Erholungsfreundliche Verkehrsmaßnahmen" können diese statistischen Angaben jedoch als hinreichend aussagefähig angesehen werden.

Der Bezugszeitraum 1979/80 wurde wegen der 1980 inkraft getretenen Änderung der Erfassungsmethode für Fremdenverkehrsdaten gewählt. Die aktuellen Statistiken sind mit den früheren nicht mehr vergleichbar. Ein aktueller Gesetzesvorschlag der Bundesregierung sieht jedoch vor, künftig in den anerkannten Kur- und Erholungsorten die Privatvermieter wieder in die Statistik mit einzubeziehen (Informationsstand November 1983).

Stichtag der Einwohnerzahlen:

- Bundesrepublik Deutschland (ohne Baden-Württemberg)   31.12.1980
- Baden-Württemberg   30.06.1980
- Österreich   01.01.1981
- Schweiz   02.12.1980

Bezugszeitraum für Fremdenverkehrsdaten:
- Bundesrepublik Deutschland

    Winterhalbjahr   01.10.1979 bis 31.03.1980
    Sommerhalbjahr   01.04.1980 bis 30.09.1980
    Fremdenverkehrs- (FV-)Jahr 1979/80   01.10.1979 bis 30.09.1980

- Österreich

    Winterhalbjahr   01.11.1979 bis 30.04.1980
    Sommerhalbjahr   01.05.1980 bis 31.10.1980
    Fremdenverkehrs- (FV-)Jahr 1980   01.11.1979 bis 31.10.1980

- Schweiz

    Winterhalbjahr   01.11.1979 bis 30.04.1980

    Sommerhalbjahr   01.05.1980 bis 31.10.1980

    Fremdenverkehrs- (FV-)Jahr 1980   01.11.1979 bis 31.10.1980

Stichtag für die Bettenkapazität:

- Bundesrepublik Deutschland   01.04.1980
- Österreich   29.02.1980

                                                                              bzw. 31.08.1980

- Schweiz   keine Angaben

Für detaillierte Erläuterungen wird auf die Vorbemerkungen in den betreffenden statistischen Berichten verwiesen. Bezugsquellen sind dem Teil G, Abschnitt "Anschriftenverzeichnis", zu entnehmen.

Übersicht D 2/4: Erläuterung der Kurzdokumentation anhand der Referenzgemeinde D 21 01* Bad Wörishofen

(II)	D-8939 BAD WÖRISHOFEN, Stadt			D 21 01 (I)
(III)	(1) Kneippheilbad (2) 630 m ü.d.M. (3) 12 922 Einwohner	(4) Bayern (5) 778 Lkr. Unterallgäu (6) Mögliches Mittelzentrum	(7) FVV Allgäu/Bayerisch-Schwaben (8) Deutscher Bäderverband (9) Bahnanschluß	

		Winter- halbjahr	Sommer- halbjahr	FV-Jahr 1979/80	Auskünfte:
(IV)	FV-Statistik				
	Ankünfte	18 429	48 953	67 382	Kurverwaltung
	Anteil Ankünfte (v.H.)	27.4	72.6	100	Bad Wörishofen
	Übernachtungen	374 330	983 265	1 357 595	Postfach 3 80
	Anteil Übernachtungen (v.H.)	27.6	72.4	100	D-8939 Bad Wörishofen
(10)	Aufenthaltsdauer (Tage)	20.3	20.1	20.2	Tel.: (0 82 47) 50 01
(11)	FV-Intensität	2 897		7 609	10 506	
	Bettenkapazität: 7 732	Betten/100 E: 60			

	(12) **Vollzogene Maßnahmenkombination**	(13) **Geltungsbereich**
(VI)	Verbot für **Pkw** von 23.00 - 06.00 h, vom 1. Mai bis 15. Oktober	(14) Kernort
	Verbot für **Lkw** und **Krad** von 13.00 - 15.00 h und von 20.00 - 06.00 h, ganzjährig	(15) wie oben
	Vorrangbereich für Fußgänger im Zentrum, 6 Straßen	wie oben
	Verkehrsberuhigter Bereich nach Z 325/326 StVO, 2 Straßen (seit 1981)	wie oben
	Näheres siehe (16) Teil B 3 sowie (17) Bilder F 87, F 92, F 93, F 113, F 114	

       I = Kenn-Nummer der Referenzgemeinde
      II = Gemeindebezeichnung mit Postleitzahl
     III = Gemeindecharakteristik
      IV = Fremdenverkehrscharakteristik
       V = Anschrift für ergänzende Auskünfte
      VI = Vollzogene oder geplante Maßnahme/Maßnahmenkombination

(1) = Gemeindegruppe
      D: lt. Deutscher Bäderkalender 1980 bzw. Statistische Berichte;
      A: teilweise Angaben für die Heilbäder und Kurorte angegeben.
(2) = Höhenlage der Gemeinde über dem Meer.
(3) = Gesamt-Einwohnerzahl der Referenzgemeinde.
(4) = D: Bundesland;
      A: Bundesland;
      CH: Kanton.
(5) = D: Landkreis mit Kreisschlüssel lt. Statistischen Berichten;
      A: Politischer Bezirk mit Schlüssel-Nummer lt. Statistischen Berichten;
      CH: Bezirk.
(6) = Zentralörtliche Bedeutung (nur für D angegeben).
(7) = Mitglied eines regionalen Fremdenverkehrsverbandes (nur für D angegeben).
(8) = D: Mitglied des Deutschen Bäderverbandes (DBV);
      A: Mitglied des Österreichischen Heilbäder- und Kurorteverbandes (ÖHKV).
(9) = Bahnanschluß ist vorhanden.
(10) = Durchschnittliche Aufenthaltsdauer aller gemeldeten Fremdenverkehrsgäste.
(11) = Fremdenverkehrsintensität = Gästeübernachtungen je 100 Einwohner.
(12) = Vollzogene (bzw. geplante) Maßnahmenkombination für den in der letzten Spalte genannten Geltungsbereich.
(13) = Da die genaue räumliche Ausdehnung flächenhafter Maßnahmen nur teilweise mitgeteilt wurde, können diese sowohl für den gesamten genannten Bereich als für Teilbereiche davon gelten.
(14) = Die Angabe "Kernort" bezieht sich auf den als Gemeindenamen in der Kopfzeile genannten Ortsteil.
(15) = Die Angabe "wie oben" verweist auf den unmittelbar zuvor genannten Geltungsbereich.
(16) = Verweis auf die ausführliche Maßnahmendarstellung für diese Referenzgemeinde im Teil D 3.
(17) = Verweis auf zusätzliche Planungs- und Arbeitshilfen aus dieser Referenzgemeinde im Teil F.

Bodensee-Oberschwaben = D 11

D-7952 BAD BUCHAU, Stadt D 11 01

Moorheilbad
592 m ü.d.M.
3 953 Einwohner

Baden-Württemberg
426 Lkr. Biberach
Kleinzentrum

FVV Bodensee-Oberschwaben
Deutscher Bäderverband

FV-Statistik		Winter-halbjahr	Sommer-halbjahr	FV-Jahr 1979/80	Auskünfte:
Ankünfte		5 329	7 824	13 153	Stadt. Verkehrsamt
Anteil Ankünfte	(v.H.)	40.5	59.5	100	Postfach 25
Übernachtungen		78 622	96 709	175 331	D-7952 Bad Buchau
Anteil Übernachtungen	(v.H.)	44.8	55.2	100	Tel.: (075 82) 23 51
Aufenthaltsdauer	(Tage)	14.8	12.4	13.3	
FV-Intensität		1 989	2 446	4 435	

Bettenkapazität: 689 Betten/100 E: 17.4

Vollzogene Maßnahmenkombination **Geltungsbereich**

Verbot für Krad von 20.00 - 06.00 h im Ortszentrum Kernort

D-7953 BAD SCHUSSENRIED, Stadt D 11 02

Moorheilbad
600 m ü.d.M.
7 953 Einwohner

Baden-Württemberg
426 Lkr. Biberach
Unterzentrum

FVV Bodensee-Oberschwaben
Deutscher Bäderverband
Bahnanschluß

FV-Statistik		Winter-halbjahr	Sommer-halbjahr	FV-Jahr 1979/80	Auskünfte:
Ankünfte		3 843	5 441	9 284	Gemeindeamt
Anteil Ankünfte	(v.H.)	41.4	58.6	100	Bad Schussenried
Übernachtungen		92 871	123 054	215 925	Rathaus
Anteil Übernachtungen	(v.H.)	43.0	57.0	100	D-7953 Bad Schussenried
Aufenthaltsdauer	(Tage)	24.2	22.6	23.3	Tel.: (075 83) 8 61
FV-Intensität		1 204	1 595	2 799	

Bettenkapazität: 768 Betten/100 E: 10

Vollzogene Maßnahmenkombination **Geltungsbereich**

Verbot für Krad im Kurbereich Kernort

D-7967 BAD WALDSEE, Stadt D 11 03

Moorheilbad, Kneippkurort
584 - 754 m ü.d.M.
14 363 Einwohner

Baden-Württemberg
436 Lkr. Ravensburg
Unterzentrum

FVV Bodensee-Oberschwaben
Deutscher Bäderverband
Bahnanschluß

FV-Statistik		Winter-halbjahr	Sommer-halbjahr	FV-Jahr 1979/80	Auskünfte:
Ankünfte		11 351	16 934	28 285	Stadt Bad Waldsee
Anteil Ankünfte	(v.H.)	40.1	59.9	100	- Stadtkämmerei -
Übernachtungen		173 227	236 025	409 252	Postfach 14 20
Anteil Übernachtungen	(v.H.)	42.3	57.7	100	D-7967 Bad Waldsee
Aufenthaltsdauer	(Tage)	15.3	13.9	14.5	Tel.: (075 24) 1 03 40
FV-Intensität		1 206	1 643	2 849	

Bettenkapazität: 1760 Betten/100 E: 12.3

Vollzogene Maßnahmenkombination **Geltungsbereich**

Verbot für Krad von 22.00 - 06.00 h, ganztägig, ganzjährig Altstadt

Verbot für Kfz aller Art im Durchgangsverkehr, ganztägig, ganzjährig Am Rand des "Kurgebiets"

Umgestaltung eines Parkplatzes zum **Vorrangbereich für Fußgänger** (1976) Altstadt

Einführung des **"City-Bus"-Systems** mit Taktverkehr, siehe auch Bilder
F 110 bis F 112

Näheres siehe Teil D 3

D-7954 BAD WURZACH, Stadt D 11 04

Moorbad
650 - 800 m ü.d.M.
11 758 Einwohner

Baden-Württemberg
436 Lkr. Ravensburg
Unterzentrum

FVV Bodensee-Oberschwaben
Deutscher Bäderverband

FV-Statistik		Winter-halbjahr	Sommer-halbjahr	FV-Jahr 1979/80	Auskünfte:
Ankünfte		4 944	11 635	16 579	Stadt. Kurverwaltung
Anteil Ankünfte	(v.H.)	29.8	70.2	100	D-7954 Bad Wurzach
Übernachtungen		91 579	149 106	240 685	Tel.: (075 64) 20 31
Anteil Übernachtungen	(v.H.)	38.0	62.0	100	
Aufenthaltsdauer	(Tage)	18.5	12.8	14.5	
FV-Intensität		779	1 268	2 047	

Bettenkapazität: 1124 Betten/100 E: 10

Vollzogene Maßnahmenkombination **Geltungsbereich**

Vorrangbereich für Fußgänger in der Kurzone, 2 Straßen, Länge ca. 1 000 m (seit 1979) Kernort

Verbot für **Lkw** über 3 t und **Krad** von 20.00 - 06.00 h, ganzjährig, im Stadtkern wie oben

Umfahrungsstraße, Fertigstellung 1974 wie oben

Geplante Maßnahmenkombination

Umfahrungsstraße, Fertigstellung ca. 1985/86 Kernort

Bodensee-Oberschwaben = D 11

D-7707 ENGEN, Stadt — D 11 05

Sonstige Berichtsgemeinde	Baden-Württemberg	FVV Bodensee-Oberschwaben
520 m ü.d.M.	335 Lkr. Konstanz	Bahnanschluß
8 714 Einwohner	Unterzentrum	

FV-Statistik

		Winter-halbjahr	Sommer-halbjahr	FV-Jahr 1979/80
Ankünfte		3 653	9 178	12 831
Anteil Ankünfte	(v.H.)	28,5	71,5	100
Übernachtungen		6 633	25 723	32 356
Anteil Übernachtungen	(v.H.)	20,5	79,5	100
Aufenthaltsdauer	(Tage)	1,8	2,8	2,5
FV-Intensität		76	295	371

Bettenkapazität: 394   Betten/100 E: 4,5

Vollzogene Maßnahmenkombination

Mischzone für Fußgänger und Fahrzeuge in der Altstadt

Verbot für Lkw über 7 t

Umfahrungsstraße

Auskünfte:
Bürgermeisteramt Engen
D-7707 Engen
Tel.: (077 33) 70 33

Geltungsbereich
Kernort
wie oben
OT Welschingen

D-7972 ISNY IM ALLGÄU, Stadt — D 11 06

Heilklimat. Kurort	Baden-Württemberg	FVV Bodensee-Oberschwaben
700 – 1 118 m ü.d.M.	436 Lkr. Ravensburg	Deutscher Bäderverband
12 545 Einwohner	Unterzentrum	Bahnanschluß

FV-Statistik

		Winter-halbjahr	Sommer-halbjahr	FV-Jahr 1979/80
Ankünfte		11 429	17 061	28 490
Anteil Ankünfte	(v.H.)	40,1	59,9	100
Übernachtungen		167 843	214 305	382 148
Anteil Übernachtungen	(v.H.)	43,9	56,1	100
Aufenthaltsdauer	(Tage)	14,7	12,6	13,4
FV-Intensität		1 338	1 708	3 046

Bettenkapazität: 1 884   Betten/100 E: 15

Vollzogene Maßnahmenkombination

Vorrangbereich für Fußgänger
1 Straße, Länge ca. 200 m, Fläche ca. 1 200 m²
(Ausnahmen für Anlieferverkehr, vormittags bis 09.00 h u. 14.00 – 15.00 h)

Geschwindigkeitsbeschränkung auf max. 40 km/h (seit 1981),
Ortsdurchfahrt im Zuge der L 265

Umfahrungsstraße, Fertigstellung ca. 1986/88

Geplante Maßnahmenkombination

Auskünfte:
Stadt Isny im Allgäu
- Hauptamt -
Postfach 11 40
D-7972 Isny im Allgäu
Tel.: (075 62) 6 01

Geltungsbereich
Kernort

OT Neutrauchburg

D-7994 LANGENARGEN — D 11 07

Erholungsort	Baden-Württemberg	FVV Bodensee-Oberschwaben
400 m ü.d.M.	435 Bodenseekreis	Bahnanschluß
5 586 Einwohner	Keine zentralörtl. Einstufung	

FV-Statistik

		Winter-halbjahr	Sommer-halbjahr	FV-Jahr 1979/80
Ankünfte		2 358	24 846	27 204
Anteil Ankünfte	(v.H.)	8,7	91,3	100
Übernachtungen		8 635	225 871	234 506
Anteil Übernachtungen	(v.H.)	3,7	96,3	100
Aufenthaltsdauer	(Tage)	3,7	9,1	8,6
FV-Intensität		155	4 044	4 199

Bettenkapazität: 2 198   Betten/100 E: 39

Vollzogene Maßnahmenkombination

Verbot für Krad von 20.00 – 06.00 h (seit 1978)

Geschwindigkeitsbeschränkung auf max. 30 km/h, ganzjährig, 1 Straße (seit 1980)

Umfahrungsstraße im Zuge der B 31 neu, Fertigstellung 1980

Auskünfte:
Kurverwaltung
Langenargen
D-7994 Langenargen
Tel.: (075 43) 20 21/ 20 22

Geltungsbereich
Kernort
wie oben
OT Oberdorf

D-7758 MEERSBURG, Stadt — D 11 08

Sonstige Berichtsgemeinde	Baden-Württemberg	FVV Bodensee-Oberschwaben
400 – 450 m ü.d.M.	435 Bodenseekreis	
5 204 Einwohner	Kleinzentrum	

FV-Statistik

		Winter-halbjahr	Sommer-halbjahr	FV-Jahr 1979/80
Ankünfte		6 224	34 109	40 333
Anteil Ankünfte	(v.H.)	15,4	84,6	100
Übernachtungen		28 169	188 472	216 641
Anteil Übernachtungen	(v.H.)	13,0	87,0	100
Aufenthaltsdauer	(Tage)	4,5	5,5	5,4
FV-Intensität		541	3 622	4 163

Bettenkapazität: 1 863   Betten/100 E: 36

Vollzogene Maßnahmenkombination

Verkehrsberuhigter Bereich nach Z 325/326 StVO von Juni bis September (Einmaliger Versuch im Jahre 1981)

Verbote für Pkw, Lkw und Krad, Schrankensicherung vom 15. Mai bis 30. September

Näheres siehe Teil D 3

Auskünfte:
Stadt Meersburg
- Ordnungsamt -
Rathaus
D-7758 Meersburg
Tel.: (075 32) 8 21

Geltungsbereich
Oberstadt

Unterstadt

117

D-7760 RADOLFZELL AM BODENSEE, Stadt   D 11 09

Kneipkurort (OT Mettnau)	Baden-Württemberg	FVV Bodensee-Oberschwaben
400 - 690 m ü.d.M.	335 Lkr. Konstanz	Deutscher Bäderverband
23 676 Einwohner	Mittelzentrum	Bahnanschluß

FV-Statistik		Winter-halbjahr	Sommer-halbjahr	FV-Jahr 1979/80	Auskünfte:
Ankünfte		8 354	19 840	28 194	Stadt Radolfzell
Anteil Ankünfte	(v.H.)	29,6	70,4	100	- Tiefbauamt -
Übernachtungen		69 989	139 167	209 156	Postfach 14 80
Anteil Übernachtungen	(v.H.)	33,5	66,5	100	D-7760 Radolfzell
Aufenthaltsdauer	(Tage)	8,4	7,0	7,4	Tel.: (0 77 32) 8 11
FV-Intensität		296	588	884	

Bettenkapazität: 1 393   Betten/100 E: 6

Vollzogene Maßnahmenkombination   Geltungsbereich

Vorrangbereich für Fußgänger, Fertigstellung 1980/81   Kernort
- 2 Straßen, Länge ca. 250 m, Fläche ca. 2 000 m²   OT Mettnau
- 1 Straße, Länge ca. 50 m, Fläche ca. 300 m²

Verbot für **Krad** von 22.00 - 06.00 h, ganzjährig   Kurzentrum Radolfzell

Geschwindigkeitsbeschränkung auf max. 30 km/h, 1 Straße, ganzjährig   wie oben

Altstadtumfahrung, Fertigstellung 1981   Radolfzell

Geplante Maßnahmenkombination

Umfahrungsstraße im Zuge der B 33 (im Bau), Fertigstellung ca. 1985   Kernort und
                                                                          OT Böhringen

Neckarland Schwaben = D 12

D-6990 BAD MERGENTHEIM, Stadt — D 12 01

Mineralheilbad	Baden-Württemberg	FVV Neckarland Schwaben
210 m ü.d.M.	128 Main-Tauber-Kreis	Deutscher Bäderverband
19 186 Einwohner	Mittelzentrum	Bahnanschluß

FV-Statistik		Winter-halbjahr	Sommer-halbjahr	FV-Jahr 1979/80
Ankünfte		24 061	42 875	66 936
Anteil Ankünfte	(v.H.)	35,9	64,1	100
Übernachtungen		381 391	620 715	1 002 106
Anteil Übernachtungen	(v.H.)	38,1	61,9	100
Aufenthaltsdauer	(Tage)	15,9	14,5	15,0
FV-Intensität		1 988	3 235	5 223

Bettenkapazität: 4 865   Betten/100 E: 25

Auskünfte:
Bürgermeisteramt Bad Mergentheim
Rathaus
D-6990 Bad Mergentheim
Tel.: (0 79 31) 5 72 19

Vollzogene Maßnahmenkombination — Geltungsbereich

Vorrangbereich für Fußgänger, Fertigstellung 1980,
3 Straßen, Länge ca. 300 m, Fläche ca. 5 000 m² — Bad-Mergentheim
(Lieferverkehr frei von 06.00 - 10.00 h u. von 18.00 - 19.00 h)

Verkehrsberuhigter Bereich nach **Z 325/326 StVO**, Fertigstellung 1982,
1 Straße, Länge ca. 100 m, Fläche 2 000 m² — wie oben

Verbot für **Lkw** über 2,8 t und **Krad** von 22.00 - 06.00 h, ganzjährig
(Ausnahmen für Lieferverkehr im Einzelfall) — wie oben

Umfahrungsstraße "Westumfahrung" — wie oben

Geplante Maßnahmenkombination

Umfahrungsstraße, Teilstück "Südumfahrung" — Bad Mergentheim

D-6927 BAD RAPPENAU, Stadt — D 12 02

Soleheilbad	Baden-Württemberg	FVV Neckarland Schwaben
227 - 260 m ü.d.M.	125 Lkr. Heilbronn	Deutscher Bäderverband
13 670 Einwohner	Unterzentrum	Bahnanschluß

FV-Statistik		Winter-halbjahr	Sommer-halbjahr	FV-Jahr 1979/80
Ankünfte		14 148	23 351	37 499
Anteil Ankünfte	(v.H.)	37,7	62,3	100
Übernachtungen		217 121	349 204	566 325
Anteil Übernachtungen	(v.H.)	38,3	61,7	100
Aufenthaltsdauer	(Tage)	15,3	15,0	15,1
FV-Intensität		1 588	2 555	4 143

Bettenkapazität: 2 050   Betten/100 E: 15

Auskünfte:
Kur- und Klinikverwaltung
Bad Rappenau
Salinenstraße 30
D-6927 Bad Rappenau
Tel.: (0 72 64) 10 78

Vollzogene Maßnahmenkombination — Geltungsbereich

Vorrangbereich für Fußgänger, Fertigstellung 1979,
1 Straße, Länge ca. 200 m, Fläche ca. 3 000 m² — Bad Rappenau

Verkehrsberuhigter Bereich nach **Z 325/326 StVO**, Fertigstellung 1981,
1 Straße, Länge ca. 150 m, Fläche ca. 1 500 m² — wie oben

Verbot für **Lkw** über 3 t und **Krad** von 21.00 - 05.30 h, ganzjährig, 1 Straße — wie oben

Geschwindigkeitsbeschränkung auf max. 40 km/h, ganzjährig, 1 Straße
(seit 1980) — wie oben

Umfahrungsstraße "Südumfahrung", Fertigstellung 1972 — wie oben
Umfahrungsstraße "Südumfahrung", Fertigstellung 1979 — OT Bonfeld

Geplante Maßnahmenkombination

Vorrangbereich für Fußgänger im Stadtkern, Fertigstellung ca. 1984 — Kernort
Verkehrsberuhigter Bereich nach **Z 325/326 StVO**, 3 Straßen,
im Bau, Fertigstellung 1982/83 — wie oben

Neckarland Schwaben = D 12

D-7107 BAD WIMPFEN, Stadt — D 12 03

Soleheilbad
190 - 230 m ü.d.M.
5 755 Einwohner

Baden-Württemberg
125 Lkr. Heilbronn
Kleinzentrum

FVV Neckarland Schwaben
Deutscher Bäderverband
Bahnanschluß

FV-Statistik		Winter-halbjahr	Sommer-halbjahr	FV-Jahr 1979/80
Ankünfte		4 443	9 365	13 808
Anteil Ankünfte	(v.H.)	32,2	67,8	100
Übernachtungen		55 895	78 708	134 603
Anteil Übernachtungen	(v.H.)	41,5	58,5	100
Aufenthaltsdauer	(Tage)	12,6	8,4	9,7
FV-Intensität		971	1 368	2 339

Bettenkapazität: 590   Betten/100 E: 10

Auskünfte:
Stadt Bad Wimpfen
- Stadtbauamt -
Rathaus
D-7107 Bad Wimpfen
Tel.: (0 70 63) 70 51

Geltungsbereich
Bad Wimpfen

Vollzogene Maßnahmenkombination
Verbot für Lkw und Krad   Bad Wimpfen

Geplante Maßnahmenkombination
Vorrangbereich für Fußgänger

D-7480 SIGMARINGEN, Stadt — D 12 05

Sonstige Berichtsgemeinde
570 - 794 m ü.d.M.
15 293 Einwohner

Baden-Württemberg
437 Lkr. Sigmaringen
Mittelzentrum

FVV Neckarland Schwaben
Bahnanschluß

FV-Statistik		Winter-halbjahr	Sommer-halbjahr	FV-Jahr 1979/80
Ankünfte		4 804	7 066	11 870
Anteil Ankünfte	(v.H.)	40,5	59,5	100
Übernachtungen		11 620	16 010	27 630
Anteil Übernachtungen	(v.H.)	42,1	57,9	100
Aufenthaltsdauer	(Tage)	2,4	2,3	2,3
FV-Intensität		76	105	181

Bettenkapazität: 317   Betten/100 E: 2

Auskünfte:
Städt. Verkehrsamt
Rathaus
D-7480 Sigmaringen
Tel.: (0 75 71) 40 21

Geltungsbereich
Kernort   wie oben

Vollzogene Maßnahmenkombination
Vorrangbereich für Fußgänger
Umfahrungsstraße

D-7452 HAIGERLOCH, Stadt — D 12 04

Heilquellen-Kurbetrieb (Bad Imnau)
400 m ü.d.M.
9 372 Einwohner

Baden-Württemberg
417 Zollernalbkreis
Unterzentrum

FVV Neckarland Schwaben
Deutscher Bäderverband

FV-Statistik		Winter-halbjahr	Sommer-halbjahr	FV-Jahr 1979/80
Ankünfte		693	984	1 677
Anteil Ankünfte	(v.H.)	41,3	58,7	100
Übernachtungen		7 011	12 591	19 602
Anteil Übernachtungen	(v.H.)	35,8	64,2	100
Aufenthaltsdauer	(Tage)	10,1	12,8	11,7
FV-Intensität		75	134	209

Bettenkapazität: 180   Betten/100 E: 2

Auskünfte:
Stadt Haigerloch
Postfach 26
D-7452 Haigerloch 1
Tel.: (0 74 74) 60 61

Geltungsbereich
Kernort
OT Bad Imnau
Kernort
OT Trillfingen
OT Weildorf

Verkehrsberuhigter Bereich nach Z 325/326 StVO
- 1 Straße, Länge ca. 250 m, Fertigstellung 1982
- 2 Straßen, Länge ca. 450 m, im Bau, Fertigstellung ca. 1983/84
Verbot für Krad von 22.00 - 06.00 h, im Sanatoriumsbereich

Umfahrungsstraßen - Fertigstellung 1984 (Teilumfahrung)
- Fertigstellung 1984/85

D-6992 WEIKERSHEIM, Stadt — D 12 06

Erholungsort
225 - 375 m ü.d.M.
6 659 Einwohner

Baden-Württemberg
128 Main-Tauber-Kreis
Unterzentrum

FVV Neckarland Schwaben
Bahnanschluß

FV-Statistik		Winter-halbjahr	Sommer-halbjahr	FV-Jahr 1979/80
Ankünfte		2 668	9 588	12 256
Anteil Ankünfte	(v.H.)	21,8	78,2	100
Übernachtungen		7 067	33 382	40 449
Anteil Übernachtungen	(v.H.)	17,5	82,5	100
Aufenthaltsdauer	(Tage)	2,6	3,5	3,3
FV-Intensität		106	501	607

Bettenkapazität: 413   Betten/100 E: 6

Auskünfte:
Kultur- u. Verkehrs-
verein Weikersheim
Rathaus
D-6992 Weikersheim
Tel.: (0 79 34) 72 72

Geltungsbereich
Kernort   wie oben

Vollzogene Maßnahmenkombination
Vorrangbereich für Fußgänger, 1 Straße
Mischzone für Fußgänger und Fahrzeuge   wie oben,
                                          OT Elpersheim und
                                          OT Schäftersheim
Umfahrungsstraße

D-7156 WÜSTENROT   D 12 07

Erholungsort	Baden-Württemberg	FVV Neckarland Schwaben	
350 - 560 m ü.d.M.	125 Lkr. Heilbronn		
5 450 Einwohner	Kleinzentrum		

FV-Statistik		Winter-halbjahr	Sommer-halbjahr	FV-Jahr 1979/80	Auskünfte:
Ankünfte		4 090	6 113	10 203	Bürgermeisteramt
Anteil Ankünfte	(v.H.)	40,1	59,9	100	Wüstenrot
Übernachtungen		10 194	36 899	47 093	D-7156 Wüstenrot
Anteil Übernachtungen	(v.H.)	21,6	78,4	100	Tel.: (0 79 45) 20 31
Aufenthaltsdauer	(Tage)	2,5	6,0	4,6	
FV-Intensität		187	677	864	

Bettenkapazität: 485   Betten/100 E: 9

Vollzogene Maßnahmenkombination   Geltungsbereich

Verbot für **Fahrzeuge aller Art**   Kernort
(Ausnahmen für Anlieger)

Neckarland Schwaben = D 12 --

121

Schwarzwald = D 13 --

D-7841 BAD BELLINGEN   D 13 01

Heilbad
250 - 310 m ü.d.M.
2 934 Einwohner

Baden-Württemberg
336 Lkr. Lörrach
Keine zentralörtl. Einstufung

FVV Schwarzwald
Deutscher Bäderverband
Bahnanschluß

FV-Statistik		Winter-halbjahr	Sommer-halbjahr	FV-Jahr 1979/80	Auskünfte:
Ankünfte		4 728	12 423	17 151	Bürgermeisteramt
Anteil Ankünfte	(v.H.)	27,6	72,4	100	Bad Bellingen
Übernachtungen		89 551	248 437	337 988	D-7841 Bad Bellingen
Anteil Übernachtungen	(v.H.)	26,5	73,5	100	Tel.: (076 35) 10 03
Aufenthaltsdauer	(Tage)	18,9	20,0	19,7	
FV-Intensität		3 052	8 468	11 520	

Bettenkapazität: 1 953   Betten/100 E: 67

Vollzogene Maßnahmenkombination   Geltungsbereich

Verbot für Lkw über 2,8 t von 13.00 - 15.00 h und von 20.00 - 07.00 h   Kernort
Verbot für Krad von 20.00 - 07.00 h   wie oben

Umfahrungsstraße   wie oben und
                        OT Bamlach

D-7737 BAD DÜRRHEIM, Stadt   D 13 02

Solbad, Heilklimat. Kurort
700 - 850 m ü.d.M.
10 206 Einwohner

Baden-Württemberg
326 Schwarzwald-Baar-Kreis
Kleinzentrum

FVV Schwarzwald
Deutscher Bäderverband

FV-Statistik		Winter-halbjahr	Sommer-halbjahr	FV-Jahr 1979/80	Auskünfte:
Ankünfte		14 181	22 046	36 227	Stadtverwaltung
Anteil Ankünfte	(v.H.)	39,1	60,9	100	- Bauamt -
Übernachtungen		209 969	398 383	608 352	Luisenstraße 4
Anteil Übernachtungen	(v.H.)	34,5	65,5	100	D-7737 Bad Dürrheim
Aufenthaltsdauer	(Tage)	14,8	18,1	16,8	Tel.: (077 26) 6 42 32
FV-Intensität		2 057	3 903	5 960	

Bettenkapazität: 3 022   Betten/100 E: 30

Vollzogene Maßnahmenkombination   Geltungsbereich

Verbot für Lkw über 2,8 t und Krad im gesamten Kurbereich (seit 1971),   Kernort
von 13.00 - 15.00 h und von 20.00 - 06.00 h, ganzjährig

Umfahrungsstraße, Fertigstellung: B 27/33 = 1958, L 182 = 1966, K 5700 = 1980   wie oben

D-7570 BADEN-BADEN, Stadtkreis   D 13 03

Mineralheilbad
150 - 1 000 m ü.d.M.
49 217 Einwohner

Baden-Württemberg
211 Stadtkreis Baden-Baden
Mittelzentrum

FVV Schwarzwald
Deutscher Bäderverband
Bahnanschluß

FV-Statistik		Winter-halbjahr	Sommer-halbjahr	FV-Jahr 1979/80	Auskünfte:
Ankünfte		74 331	128 764	203 095	Stadtentwicklungsbüro
Anteil Ankünfte	(v.H.)	36,6	63,4	100	Baden-Baden
Übernachtungen		330 237	558 978	889 215	Augustaplatz 8
Anteil Übernachtungen	(v.H.)	37,1	62,9	100	D-7570 Baden-Baden
Aufenthaltsdauer	(Tage)	4,4	4,3	4,4	Tel.: (072 21) 275322
FV-Intensität		671	1 136	1 807	

Bettenkapazität: 5 128   Betten/100 E: 10

Vollzogene Maßnahmenkombination   Geltungsbereich

Vorrangbereich für Fußgänger in der Altstadt, Fertigstellung 1979,   Kernort
9 Straßen, Fläche ca. 10 800 m²
(Lieferverkehr mit Fahrzeugen bis 7,5 t frei, werktags von 06.00 - 11.00 h,
weitere Ausnahmegenehmigungen für Anwohner mit Garage/Stellplatz in der
Fußgängerzone, für Geschäftsanlieger und für Zulieferer)

Vorrangbereich für Fußgänger, 1 Straße, Länge ca. 500 m   OT Steinbach

Verkehrsberuhigter Bereich nach Z 325/326 StVO, Fertigstellung 1981/82,   OT Oberbeuern
1 Straße, Länge ca. 400 m, Fläche ca. 3 200 m²
(Erweiterung geplant, Fertigstellung 1983)

Fahrbeschränkungen im Kurhausbereich (ganzjährig, seit 1959)   Kernort
(teilweise Anlieger frei)
- Verbot für **Fahrzeuge aller Art**, ganzjährig, ganzjährig, 2 Straßen
- Verbot für **Lkw über 2,8 t** von 22.00 - 06.00 h
- Verbot für **Krad**, ganzjährig

Geschwindigkeitsbeschränkung auf max. 40 km/h, ganzjährig (seit 1959),   Kernort
2 Straßen im Kurhausbereich

Umfahrungsstraße "Schloßbergtangente", Fertigstellung 1981   Kernort

Tiefgaragen mit 1 450 Stellplätzen für Pkw am Rand der Altstadt   wie oben

Elektronisches **Parkleitsystem** zwischen den Tiefgaragen   wie oben

Geplante Maßnahmenkombination

Erweiterung des **Vorrangbereichs für Fußgänger**   Kernort

Umfahrungsstraßen - Fertigstellung ca. 1987: Michaelstunnel
                       - Fertigstellung nach 1990: B 500 neu

Schwarzwald = D 13 --

D-7847 BADENWEILER   D 13 04

Thermal-Heilbad   Baden-Württemberg   FVV Schwarzwald
340 - 580 m ü.d.M.   315 Lkr. Breisgau-Hochschwarzwald   Deutscher Bäderverband
3 623 Einwohner   Keine zentralörtl. Einstufung

FV-Statistik		Winter-halbjahr	Sommer-halbjahr	FV-Jahr 1979/80	Auskünfte:
Ankünfte		13 586	38 318	51 904	Bürgermeisteramt
Anteil Ankünfte	(v.H.)	26.2	73.8	100	Badenweiler
Übernachtungen		233 580	669 350	902 930	Postfach 125
Anteil Übernachtungen	(v.H.)	25.9	74.1	100	D-7847 Badenweiler
Aufenthaltsdauer	(Tage)	17.2	17.5	17.4	Tel.: (076 32) 72-0
FV-Intensität		6 447	18 475	24 922	

Bettenkapazität: 4 813   Betten/100 E: 133

Vollzogene Maßnahmenkombination   Geltungsbereich

Verbot für Fahrzeuge aller Art von Mitte März bis 31. Oktober, ganztägig   Kernort

Halbschranken (geschlossen von 13.30 - 14.30 h)   wie oben
(seit 1974)

Auffangparkplätze an den Einfahrtstraßen   wie oben

Näheres siehe Teil D 3 und Bilder F 63 bis F 68, F 96 bis F 98

D-7506 BAD HERRENALB, Stadt   D 13 05

Heilbad, Heilklimat. Kurort   Baden-Württemberg   FVV Schwarzwald
400 - 700 m ü.d.M.   235 Lkr. Calw   Deutscher Bäderverband
5 236 Einwohner   Kleinzentrum   Bahnanschluß

FV-Statistik		Winter-halbjahr	Sommer-halbjahr	FV-Jahr 1979/80	Auskünfte:
Ankünfte		27 421	43 222	70 643	Kurverwaltung
Anteil Ankünfte	(v.H.)	38.8	61.2	100	Bad Herrenalb
Übernachtungen		205 714	483 691	689 405	D-7506 Bad Herrenalb
Anteil Übernachtungen	(v.H.)	29.8	70.2	100	Tel.: (070 83) 88 50
Aufenthaltsdauer	(Tage)	7.5	11.2	9.8	
FV-Intensität		3 929	9 238	13 167	

Bettenkapazität: 4 755   Betten/100 E: 91

Vollzogene Maßnahmenkombination   Geltungsbereich

Verbot für Krad von 22.00 - 06.00 h, ganzjährig   Kernort
(Ausnahmegenehmigungen werden nicht erteilt)

Geschwindigkeitsbeschränkung auf max. 40 km/h im gesamten Ort, ganzjährig   wie oben

Geplante Maßnahmenkombination

Vorrangbereich für Fußgänger, Fertigstellung ca. 1986/87,
1 Straße, Länge ca. 350 m, Fläche ca. 4 000 m²

D-7812 BAD KROZINGEN   D 13 06

Mineralheilbad   Baden-Württemberg   FVV Schwarzwald
233 m ü.d.M.   315 Lkr. Breisgau-Hochschwarzwald   Deutscher Bäderverband
11 385 Einwohner   Unterzentrum   Bahnanschluß

FV-Statistik		Winter-halbjahr	Sommer-halbjahr	FV-Jahr 1979/80	Auskünfte:
Ankünfte		7 652	18 569	26 221	Bürgermeisteramt
Anteil Ankünfte	(v.H.)	29.2	70.8	100	Bad Krozingen
Übernachtungen		84 104	266 202	350 306	- Bauamt -
Anteil Übernachtungen	(v.H.)	24.0	76.0	100	Rathaus
Aufenthaltsdauer	(Tage)	11.0	14.3	13.4	D-7812 Bad Krozingen
FV-Intensität		2 507	7 934	10 441	Tel.: (076 33) 3178

Bettenkapazität: 2 435   Betten/100 E: 73

Vollzogene Maßnahmenkombination   Geltungsbereich

Vorrangbereich für Fußgänger   Kernort

Mischzone für Fußgänger und Fahrzeuge   wie oben

Verbot für Krad von 22.00 - 06.00 h   wie oben

Geplante Maßnahmenkombination

Umfahrungsstraße   Kernort

D-7605 BAD PETERSTAL-GRIESBACH   D 13 07

Mineral- u. Moorbad, Kneippkurort   Baden-Württemberg   FVV Schwarzwald
400 - 1000 m ü.d.M.   317 Ortenaukreis   Deutscher Bäderverband
3 355 Einwohner   keine zentralörtl. Einstufung   Bahnanschluß

FV-Statistik		Winter-halbjahr	Sommer-halbjahr	FV-Jahr 1979/80	Auskünfte:
Ankünfte		7 652	18 569	26 221	Kurverwaltung
Anteil Ankünfte	(v.H.)	29.2	70.8	100	Bad Peterstal-Griesbach
Übernachtungen		84 104	266 202	350 306	Postfach 12 10
Anteil Übernachtungen	(v.H.)	24.0	76.0	100	D-7605 Bad Peterstal-Griesbach
Aufenthaltsdauer	(Tage)	11.0	14.3	13.4	Tel.: (078 06) 2 26/ 81 19
FV-Intensität		2 507	7 934	10 441	

Bettenkapazität: 2 435   Betten/100 E: 73

Vollzogene Maßnahmenkombination   Geltungsbereich

Mischzone für Fußgänger und Fahrzeuge   OT Bad Peterstal u.
    OT Bad Griesbach

Geplante Maßnahmenkombination

Umfahrungsstraße   OT Bad Peterstal u.
    OT Bad Griesbach

Schwarzwald = D 13 --

D-7880 BAD SÄCKINGEN, Stadt D 13 08

Heilbad Baden-Württemberg FVW Schwarzwald
300 - 700 m ü.d.M. 337 Lkr. Waldshut Deutscher Bäderverband
13 800 Einwohner Mittelzentrum Bahnanschluß

FV-Statistik		Winter-halbjahr	Sommer-halbjahr	FV-Jahr 1979/80
Ankünfte		13 174	19 092	32 266
Anteil Ankünfte	(v.H.)	40.8	59.2	100
Übernachtungen		113 301	154 225	267 526
Anteil Übernachtungen	(v.H.)	42.4	57.6	100
Aufenthaltsdauer	(Tage)	8.6	8.1	8.3
FV-Intensität		821	1 118	1 939

Bettenkapazität: 1 162 Betten/100 E: 8

Auskünfte:
Bürgermeisteramt
Bad Säckingen
- Abteilung 621 -
Postfach 1143
D-7880 Bad Säckingen
Tel.: (0 77 61) 5 11

Vollzogene Maßnahmenkombination

Maßnahmen im Altstadtbereich:
- **Vorrangbereich für Fußgänger** (Erweiterung 1982 im Bau)
  (Lieferverkehr frei von 07.00 - 10.00 h und 14.00 - 15.00 h)
- **Verkehrsberuhigter Bereich** nach Z 325/326 StVO, Fertigstellung 1982,
  1 Straße, Länge ca. 150 m, Fläche ca. 800 m²
- Zusätzliche gestalterische Maßnahmen (Aufpflasterungen, Umgestaltung
  von Straßeneinmündungen) ohne besondere verkehrsrechtliche Kennzeich-
  nung in angrenzenden Straßen
- Bau einer Tiefgarage

Umfahrungsstraße

Geltungsbereich

Kernort

Geplante Maßnahmenkombination

Erweiterung von **Vorrangbereich für Fußgänger** und verkehrsberuhigtem OT Wallbach
Bereich nach Z 325/326 StVO Kernort

D-7264 BAD TEINACH-ZAVELSTEIN, Stadt D 13 09

Mineralheilbad (OT Bad Teinach) Baden-Württemberg FVW Schwarzwald
400 - 600 m ü.d.M. 235 Lkr. Calw Deutscher Bäderverband
2 272 Einwohner Kleinzentrum Bahnanschluß

FV-Statistik		Winter-halbjahr	Sommer-halbjahr	FV-Jahr 1979/80
Ankünfte		3 891	6 713	10 604
Anteil Ankünfte	(v.H.)	36.7	63.3	100
Übernachtungen		26 736	81 569	108 305
Anteil Übernachtungen	(v.H.)	24.7	75.3	100
Aufenthaltsdauer	(Tage)	6.9	12.2	10.2
FV-Intensität		1 177	3 590	4 767

Bettenkapazität: 937 Betten/100 E: 41

Auskünfte:
Kurverwaltung
Bad Teinach-Zavelstein
Postfach 26
D-7264 Bad Teinach-Zavelstein
Tel.: (0 70 53) 84 44

Vollzogene Maßnahmenkombination

Vorrangbereich für Fußgänger, im Bau, Fertigstellung im August 1983, OT Bad Teinach
1 Straße, Länge ca. 200 m, Fläche ca. 2 400 m²
(Vorgesehene Ausnahmegenehmigungen für Handwerker und Lieferanten
des Kurmittelzentrums)

Verbot für **Kfz aller Art** im Durchgangsverkehr (Wohnstraße), wie oben
1 Straße, Länge ca. 700 m, Einbahnstraße, Anliegerverkehr frei

Verbot für **Lkw** über 6 t und **Krad** von 22.00 - 06.00 h, ganzjährig wie oben
(seit 1972)
(Ausnahme für 6 Lkw im Mineralwasserfernverkehr, ohne zeitl. Beschränkung)

Geschwindigkeitsbeschränkung auf max. 40 km/h in der Kurzone, ganzjährig wie oben
(seit 1972)

Umfahrungsstraße (Teilumfahrung), Fertigstellung 1981

D-7821 FELDBERG (SCHWARZWALD) D 13 10

Luftkurort Baden-Württemberg FVW Schwarzwald
950 - 1 500 m ü.d.M. 315 Lkr. Breisgau-Hochschwarzwald
1 953 Einwohner Keine zentralörtl. Einstufung

FV-Statistik		Winter-halbjahr	Sommer-halbjahr	FV-Jahr 1979/80
Ankünfte		34 008	46 281	80 289
Anteil Ankünfte	(v.H.)	42.4	57.6	100
Übernachtungen		168 368	253 508	421 876
Anteil Übernachtungen	(v.H.)	39.9	60.1	100
Aufenthaltsdauer	(Tage)	5.0	5.5	5.3
FV-Intensität		8 621	12 980	21 601

Bettenkapazität: 3 643 Betten/100 E: 178

Auskünfte:
Kurverwaltung Feldberg
D-7821 Feldberg 1
Tel.: (0 76 55) 10 92

Vollzogene Maßnahmenkombination

Verbot für **Krad** (Nachtfahrverbot)

Umfahrungsstraße

Geltungsbereich

Kernort
OT Altglashütten und
OT Falkau

124

Schwarzwald = D 13 --

D-7290 FREUDENSTADT, Stadt   D 13 11

Heilklimat. Kurort   Baden-Württemberg   FVV Schwarzwald
700 - 1000 m ü.d.M.   237 Lkr. Freudenstadt   Deutscher Bäderverband
19 328 Einwohner   Mittelzentrum   Bahnanschluß

FV-Statistik		Winter-halbjahr	Sommer-halbjahr	FV-Jahr 1979/80
Ankünfte		52 486	88 770	141 256
Anteil Ankünfte	(v.H.)	37,2	62,8	100
Übernachtungen		331 612	660 345	991 957
Anteil Übernachtungen	(v.H.)	33,4	66,6	100
Aufenthaltsdauer	(Tage)	6,3	7,4	7,0
FV-Intensität		1 716	3 417	5 133

Bettenkapazität: 7 662   Betten/100 E: 40

Auskünfte:
Stadtverwaltung
Freudenstadt
Ordnungs- u. Standesamt
- Abt. Verkehrswesen -
D-7290 Freudenstadt
Tel.: (0 74 41) 5 72 15

Vollzogene Maßnahmenkombination

Verkehrsberuhigter Bereich nach Z 325/326 StVO
Verbot für Kfz aller Art von 22.00 - 06.00 h und von 13.00 - 15.00 h
Mischzone für Fußgänger und Fahrzeuge (Spielstraße)
Umfahrungsstraße

Geplante Maßnahmenkombination

Vorrangbereich für Fußgänger
Umfahrungsstraße

Geltungsbereich
Kernort
Kurgebiet Herrenfeld u.
Kienberg

Kernort

D-7829 FRIEDENWEILER   D 13 12

Kneippkurort   Baden-Württemberg   FVV Schwarzwald
910 m ü.d.M.   315 Lkr. Breisgau-Hochschwarzwald   Deutscher Bäderverband
1 612 Einwohner   Keine zentralörtl. Einstufung

FV-Statistik		Winter-halbjahr	Sommer-halbjahr	FV-Jahr 1979/80
Ankünfte		3 369	8 915	12 284
Anteil Ankünfte	(v.H.)	27,4	72,6	100
Übernachtungen		24 689	108 288	132 977
Anteil Übernachtungen	(v.H.)	18,6	81,4	100
Aufenthaltsdauer	(Tage)	7,3	12,1	10,8
FV-Intensität		1 532	6 718	8 250

Bettenkapazität: 1 195   Betten/100 E: 74

Vollzogene Maßnahmenkombination

Verbot für Kfz aller Art von 23.00 - 06.00 h, ganzjährig (seit 1969)
(Ausnahmen für Anwohner in dringenden Fällen, keine zeitl. Beschränkung)
Umfahrungsstraße, Fertigstellung 1962

Auskünfte:
Bürgermeisteramt
Friedenweiler
Rathaus
D-7829 Friedenweiler
Tel.: (0 76 54) 10 34

Geltungsbereich
Kernort

OT Rötenbach

D-7560 GAGGENAU, Stadt   D 13 13

Heilbad (OT Rotenfels)   Baden-Württemberg   FVV Schwarzwald
143 m ü.d.M.   216 Lkr. Rastatt   Deutscher Bäderverband
28 578 Einwohner   Mittelzentrum   Bahnanschluß

FV-Statistik		Winter-halbjahr	Sommer-halbjahr	FV-Jahr 1979/80
Ankünfte		6 926	10 807	17 733
Anteil Ankünfte	(v.H.)	39,1	60,9	100
Übernachtungen		26 381	61 990	88 371
Anteil Übernachtungen	(v.H.)	29,9	70,1	100
Aufenthaltsdauer	(Tage)	3,8	5,7	5,0
FV-Intensität		92	217	309

Bettenkapazität: 1 158   Betten/100 E: 4

Vollzogene Maßnahmenkombination

Vorrangbereich für Fußgänger
Verbot für Kfz aller Art, Schrankensicherung
Umfahrungsstraße im Zuge der B 462

Geplante Maßnahmenkombination

Umfahrungsstraße "Nordtangente"

Auskünfte:
Stadt Gaggenau
- Amt für öffentliche
  Ordnung -
D-7560 Gaggenau 1
Tel.: (0 72 25) 6 22 67

Geltungsbereich
Kernort (Stadtmitte)
Kurgebiet Bad Rotenfels
Kernort,
OT Bad Rotenfels,
OT Ottenau, OT Hörden

Gaggenau

Schwarzwald = D 13 --

D-7822 HÄUSERN   D 13 14

Luftkurort   Baden-Württemberg   FVV Schwarzwald
900 - 1200 m ü.d.M.   337 Lkr. Waldshut
1176 Einwohner   Keine zentralörtl. Einstufung

FV-Statistik		Winter-halbjahr	Sommer-halbjahr	FV-Jahr 1979/80
Ankünfte		4 885	14 330	19 215
Anteil Ankünfte	(v.H.)	25.4	74.6	100
Übernachtungen		33 779	116 709	149 888
Anteil Übernachtungen	(v.H.)	22.5	77.5	100
Aufenthaltsdauer	(Tage)	6.9	8.1	7.8
FV-Intensität		2 872	9 873	12 745

Bettenkapazität: 914   Betten/100 E: 78

Auskünfte:
Bürgermeisteramt Häusern
Rathaus
D-7822 Häusern
Tel.: (0 76 72) 5 28

Geltungsbereich

Vollzogene Maßnahmenkombination

Verbot für Krad im gesamten Ortsbereich mit Ausnahme der Ortsdurchfahrt   Kernort
(im Zuge der B 500/L 149, 22.00 - 06.00 h, ganzjährig (seit 1981)
(Ausnahmeregelungen im Einzelfall auf Antrag, z.B. für Schichtarbeiter
und Zeitungsausträger, vgl. Bild F 42)

Einrichten von 4 **Auffangparkplätzen** am Rand der Sperrzone

Geplante Maßnahmenkombination

Umfahrungsstraße   wie oben

D-7824 HINTERZARTEN   D 13 15

Heilklimat. Kurort   Baden-Württemberg   FVV Schwarzwald
850 - 1200 m ü.d.M.   315 Lkr. Breisgau-Hochschwarzwald   Deutscher Bäderverband
2 200 Einwohner   Kleinzentrum   Bahnanschluß

FV-Statistik		Winter-halbjahr	Sommer-halbjahr	FV-Jahr 1979/80
Ankünfte		29 142	44 076	73 218
Anteil Ankünfte	(v.H.)	39.8	60.2	100
Übernachtungen		213 556	379 611	593 167
Anteil Übernachtungen	(v.H.)	36.0	64.0	100
Aufenthaltsdauer	(Tage)	7.3	8.6	8.1
FV-Intensität		9 707	17 255	26 962

Bettenkapazität: 3 223   Betten/100 E: 147

Auskünfte:
Bürgermeisteramt Hinterzarten
Rathaus
D-7824 Hinterzarten
Tel.: (0 76 52) 3 35

Vollzogene Maßnahmenkombination   **Geltungsbereich**

Verbot für **Kfz aller Art**, Anlieger frei   OT Bruderhalde

Verbot für **Krad** von 22.00 - 06.00 h   Kernort

Umfahrungsstraße im Zuge von B 31 und B 500   Kernort

D-7821 HÖCHENSCHWAND   D 13 16

Heilklimat. Kurort   Baden-Württemberg   FVV Schwarzwald
1 015 m ü.d.M.   337 Lkr. Waldshut   Deutscher Bäderverband
1914 Einwohner   Keine zentralörtl. Einstufung

FV-Statistik		Winter-halbjahr	Sommer-halbjahr	FV-Jahr 1979/80
Ankünfte		8 554	13 840	22 394
Anteil Ankünfte	(v.H.)	38.2	61.8	100
Übernachtungen		160 309	244 807	405 116
Anteil Übernachtungen	(v.H.)	39.6	60.4	100
Aufenthaltsdauer	(Tage)	18.7	17.7	18.1
FV-Intensität		8 376	12 790	21 166

Bettenkapazität: 2 033   Betten/100 E: 106

Auskünfte:
Bürgermeisteramt Höchenschwand
D-7821 Höchenschwand
Tel.: (0 76 72) 3 03

Vollzogene Maßnahmenkombination   **Geltungsbereich**

Verbot für **Kfz aller Art** von 23.00 - 06.00 h   Kernort

Verbot für **Lkw** über 2.8 t von 13.00 - 15.00 h und von 23.00 - 06.00 h   wie oben

Verbot für **Krad** von 13.00 - 15.00 h und von 20.00 - 06.00 h   wie oben

Gültig für alle genannten Maßnahmen:
- Einführung 1968,
- Geltungsmonate Mai bis einschl. Oktober,
- Ausnahmeregelung für Berufspendler und Ärzte, Einzelgenehmigungen auf
  Antrag möglich

Geschwindigkeitsbeschränkung auf max. 30 km/h, ganzjährig (seit 1974),   wie oben
1 Straße

Umfahrungsstraße (seit 1961)   wie oben,
OT Frohnschwand u.
OT Tiefenhäuser

Schwarzwald = D 13 --

D-7744 KÖNIGSFELD IM SCHWARZWALD   D 13 17

Heilklimat. Kurort, Kneippkurort Baden-Württemberg FVV Schwarzwald
760 - 800 m ü.d.M.   326 Schwarzwald-Baar-Kreis   Deutscher Bäderverband
5 393 Einwohner   Kleinzentrum

FV-Statistik		Winter-halbjahr	Sommer-halbjahr	FV-Jahr 1979/80	Auskünfte:
Ankünfte		6 479	11 151	17 630	Bürgermeisteramt
Anteil Ankünfte	(v.H.)	36,7	63,3	100	Königsfeld
Übernachtungen		85 202	157 303	242 630	Postfach 133
Anteil Übernachtungen	(v.H.)	35,2	64,8	100	D-7744 Königsfeld
Aufenthaltsdauer	(Tage)	13,2	14,1	13,8	im Schwarzwald
FV-Intensität		1 582	2 917	4 499	Tel.: (077 25) 7051

Bettenkapazität: 1511   Betten/100 E: 28

Vollzogene Maßnahmenkombination   **Geltungsbereich**

Verbot für Lkw und Krad von 20.00 - 08.00 h   Kernort

Geplante Maßnahmenkombination

Vorrangbereich für Fußgänger, Fertigstellung ca. 1988
Verkehrsberuhigter Bereich nach Z 325/326 StVO, Fertigstellung ca. 1988
Umfahrungsstraße, Fertigstellung ca. 1988

D-7602 OBERKIRCH, Stadt   D 13 18

Erholungsort   Baden-Württemberg   FVV Schwarzwald
200 - 871 m ü.d.M.   317 Ortenaukreis   Bahnanschluß
16 558 Einwohner   Unterzentrum

FV-Statistik		Winter-halbjahr	Sommer-halbjahr	FV-Jahr 1979/80	Auskünfte:
Ankünfte		13 665	23 805	37 470	Kultur- u. Verkehrsamt
Anteil Ankünfte	(v.H.)	36,5	63,5	100	Oberkirch
Übernachtungen		30 897	76 619	107 516	Querstraße
Anteil Übernachtungen	(v.H.)	28,7	71,3	100	D-7602 Oberkirch
Aufenthaltsdauer	(Tage)	2,3	3,2	2,9	Tel.: (078 02) 8242/
FV-Intensität		187	463	650	8249

Bettenkapazität: 828   Betten/100 E: 5

Vorrangbereich für Fußgänger   **Geltungsbereich**

                                                                      Kernort

Geplante Maßnahmenkombination

Umfahrungsstraße   Oberkirch

D-7620 OBERWOLFACH   D 13 19

Luftkurort   Baden-Württemberg   FVV Schwarzwald
280 - 900 m ü.d.M.   317 Ortenaukreis
2 637 Einwohner   Keine zentralörtl. Einstufung

FV-Statistik		Winter-halbjahr	Sommer-halbjahr	FV-Jahr 1979/80	Auskünfte:
Ankünfte		3 399	7 769	11 168	Bürgermeisteramt
Anteil Ankünfte	(v.H.)	30,4	69,6	100	Oberwolfach
Übernachtungen		14 474	55 124	69 598	D-7620 Oberwolfach
Anteil Übernachtungen	(v.H.)	20,8	79,2	100	Tel.: (078 34) 233/
Aufenthaltsdauer	(Tage)	4,3	7,1	6,2	9312
FV-Intensität		549	2 090	2 639	

Bettenkapazität: 684   Betten/100 E: 26

Vollzogene Maßnahmenkombination   **Geltungsbereich**

Verkehrsberuhigter Bereich nach Z 325/326 StVO in einem Neubaugebiet, Oberwolfach
1 Straße, Länge ca. 550 m, Fläche ca. 4 550 m², Fertigstellung 1982

D-7822 ST. BLASIEN, Stadt   D 13 20

Heilklimat. Kurort, Kneippkurort Baden-Württemberg   FVV Schwarzwald
760 m ü.d.M.   337 Lkr. Waldshut   Deutscher Bäderverband
4 179 Einwohner   Unterzentrum

FV-Statistik		Winter-halbjahr	Sommer-halbjahr	FV-Jahr 1979/80	Auskünfte:
Ankünfte		12 660	21 698	34 358	Bürgermeisteramt
Anteil Ankünfte	(v.H.)	36,8	63,2	100	St. Blasien
Übernachtungen		164 392	309 208	473 600	D-7822 St. Blasien
Anteil Übernachtungen	(v.H.)	34,7	65,3	100	Tel.: (076 72) 341
Aufenthaltsdauer	(Tage)	13,0	14,3	13,8	
FV-Intensität		3 934	7 399	11 333	

Bettenkapazität: 2 920   Betten/100 E: 70

Vollzogene Maßnahmenkombination   **Geltungsbereich**

Verbot für Lkw über 7,5 t, ganztägig, ganzjährig (seit 1972)   Kernort
Verbot für Krad von 22.00 - 06.00 h, ganzjährig (seit 1981)   wie oben
(Ausnahmegenehmigungen werden auf Antrag erteilt)
- Fertigstellung 1972/73   wie oben
- Fertigstellung 1981/82   Ot Menzenschwand

Geplante Maßnahmenkombination

Verkehrsberuhigter Bereich nach Z 325/326 StVO, Fertigstellung 1986, Kernort
2 Straßen, Länge ca. 900 m, Fläche ca. 5 600 m²

Schwarzwald = D 13

D-7742 ST. GEORGEN IM SCHWARZWALD, Stadt — D 13 21

Erholungsort Baden-Württemberg FVV Schwarzwald
800 – 1 000 m ü.d.M. 326 Schwarzwald-Baar-Kreis Bahnanschluß
15 323 Einwohner Unterzentrum

FV-Statistik		Winter-halbjahr	Sommer-halbjahr	FV-Jahr 1979/80
Ankünfte		9 482	14 476	23 958
Anteil Ankünfte	(v.H.)	39,6	60,4	100
Übernachtungen		45 583	103 937	149 520
Anteil Übernachtungen	(v.H.)	30,5	69,5	100
Aufenthaltsdauer	(Tage)	4,8	7,2	6,2
FV-Intensität		297	678	975

Bettenkapazität: 1 139   Betten/100 E: 7

Vollzogene Maßnahmenkombination
Vorrangbereich für Fußgänger
Umfahrungsstraße

Auskünfte:
Stdt. Kultur- und Verkehrsamt
D-7742 St. Georgen
Rathaus
Tel.: (0 77 24) 8 72 27

Geltungsbereich
Kernort
OT Peterzell u.
OT Stockburg

D-7826 SCHLUCHSEE — D 13 22

Heilklimat. Kurort Baden-Württemberg FVV Schwarzwald
930 – 1 300 m ü.d.M. 315 Lkr. Breisgau-Hochschwarzwald Deutscher Bäderverband
2 551 Einwohner Kleinzentrum Bahnanschluß

FV-Statistik		Winter-halbjahr	Sommer-halbjahr	FV-Jahr 1979/80
Ankünfte		22 843	42 267	65 110
Anteil Ankünfte	(v.H.)	35,1	64,9	100
Übernachtungen		162 965	369 508	532 473
Anteil Übernachtungen	(v.H.)	30,6	69,4	100
Aufenthaltsdauer	(Tage)	7,1	8,7	8,2
FV-Intensität		6 388	14 485	20 873

Bettenkapazität: 3 842   Betten/100 E: 151

Vollzogene Maßnahmenkombination
Vorrangbereich für Fußgänger
Verbot für Lkw über 7,5 t und Krad von 22.00 – 06.00 h
Umfahrungsstraße im Zuge der B 500

Geplante Maßnahmenkombination
Erweiterung des Vorrangbereichs für Fußgänger
Umfahrungsstraße

Auskünfte:
Kurverwaltung Schluchsee
D-7826 Schluchsee
Tel.: (0 76 56) 3 01

Geltungsbereich
Kernort
wie oben
wie oben

Kernort
wie oben

D-7542 SCHÖMBERG — D 13 23

Heilklimat. Kurort Baden-Württemberg FVV Schwarzwald
650 – 730 m ü.d.M. 235 Lkr. Calw Deutscher Bäderverband
7 335 Einwohner Kleinzentrum

FV-Statistik		Winter-halbjahr	Sommer-halbjahr	FV-Jahr 1979/80
Ankünfte		8 063	11 460	19 523
Anteil Ankünfte	(v.H.)	41,3	58,7	100
Übernachtungen		189 038	234 031	423 069
Anteil Übernachtungen	(v.H.)	44,7	55,3	100
Aufenthaltsdauer	(Tage)	23,4	20,4	21,7
FV-Intensität		2 577	3 191	5 768

Bettenkapazität: 1 977   Betten/100 E: 27

Vollzogene Maßnahmenkombination
Verbot für Krad von 22.00 – 05.00 h

Auskünfte:
Kurverwaltung Schömberg
Lindenstraße 7
D-7542 Schömberg
Tel.: (0 70 84) 70 61 / 71 11

Geltungsbereich
Kernort

D-7869 SCHÖNAU IM SCHWARZWALD, Stadt — D 13 24

Luftkurort Baden-Württemberg FVV Schwarzwald
560 – 1 414 m ü.d.M. 336 Lkr. Lörrach
2 225 Einwohner Unterzentrum

FV-Statistik		Winter-halbjahr	Sommer-halbjahr	FV-Jahr 1979/80
Ankünfte		1 686	4 557	6 243
Anteil Ankünfte	(v.H.)	27,0	73,0	100
Übernachtungen		12 615	47 127	59 742
Anteil Übernachtungen	(v.H.)	21,1	78,9	100
Aufenthaltsdauer	(Tage)	7,5	10,3	9,6
FV-Intensität		567	2 118	2 685

Bettenkapazität: 582   Betten/100 E: 26

Vollzogene Maßnahmenkombination
Verbot für Lkw über 2,8 t, ganztägig, ganzjährig (seit 1980)
Verbot für Krad von 20.00 – 07.00 h, ganzjährig (seit 1981)

Geplante Maßnahmenkombination
Umfahrungsstraße

Auskünfte:
Gemeindeverwaltungs-verband Schönau i. Schw.
– Bauamt –
D-7869 Schönau i. Schw.
Rathaus
Tel.: (0 76 73) 10 16

Geltungsbereich
Kernort
wie oben

Kernort

Schwarzwald = D 13 --

D-7820 TITISEE-NEUSTADT, Stadt   D 13 25

Kneippkurort, Luftkurort   Baden-Württemberg   FVV Schwarzwald
800 - 1200 m ü.d.M.   315 Lkr. Breisgau-Hochschwarzwald Deutscher Bäderverband
11 012 Einwohner   Mittelzentrum   Bahnanschluß

FV-Statistik		Winter-halbjahr	Sommer-halbjahr	FV-Jahr 1979/80	Auskünfte:
Ankünfte		24 689	68 634	93 323	Kurverwaltung
Anteil Ankünfte	(v.H.)	26,5	73,5	100	Titisee-Neustadt
Übernachtungen		113 156	360 016	473 172	Postfach
Anteil Übernachtungen	(v.H.)	23,9	76,1	100	D-7820 Titisee-Neustadt
Aufenthaltsdauer	(Tage)	4,6	5,2	5,1	Tel.: (0 76 51) 83 09
FV-Intensität		1 028	3 269	4 297	

Bettenkapazität: 4 222   Betten/100 E: 38

Vollzogene Maßnahmenkombination   Geltungsbereich

Verbot für **Lkw** über 2,8 t, ganztägig (seit 1982)   OT Titisee
(Lieferverkehr frei von 08.00 - 12.00 h)

Verbot für **Krad** von 22.00 - 06.00 h (seit 1975)   wie oben

Umfahrungsstraßen - Fertigstellung 1955   OT Neustadt
                      - Fertigstellung 1981

Geplante Maßnahmenkombination

Verbot für **Kfz** aller Art   OT Titisee

Vorrangbereich für Fußgänger   wie oben und
                                                                       OT Neustadt

D-7867 TODTMOOS   D 13 26

Heilklimat. Kurort   Baden-Württemberg   FVV Schwarzwald
800 - 1263 m ü.d.M.   337 Lkr. Waldshut   Deutscher Bäderverband
2 021 Einwohner   Kleinzentrum

FV-Statistik		Winter-halbjahr	Sommer-halbjahr	FV-Jahr 1979/80	Auskünfte:
Ankünfte		11 516	21 721	33 237	Bürgermeisteramt
Anteil Ankünfte	(v.H.)	34,6	65,4	100	Todtmoos
Übernachtungen		102 748	234 789	337 537	Postfach 30
Anteil übernachtungen	(v.H.)	30,4	69,6	100	D-7867 Todtmoos
Aufenthaltsdauer	(Tage)	8,9	10,8	10,2	Tel.: (0 76 74) 5 12
FV-Intensität		5 084	11 617	16 701	

Bettenkapazität: 2 911   Betten/100 E: 144

Vollzogene Maßnahmenkombinationen   Geltungsbereich

Verbot für **Krad** im gesamten bebauten Gebiet von 23.00 - 06.00 h, ganzjährig   OT Vordertodtmoos
(seit 1978)

Zusätzliche Maßnahmen:

Maßnahmenkombination 1981, vom 1. Juni bis 30. September   wie oben
- **Vorrangbereich für Fußgänger**, 1 Straße, Länge ca. 100 m
- **Einbahnregelungen** in angrenzenden Straßen

Maßnahmenkombination 1982   wie oben
- Verbot für **Kfz aller Art** im gesamten bebauten Gebiet,
  23.00 - 06.00 h, vom 1. Juni bis 30. September
- **Einbahnregelung** mit Geschwindigkeitsbeschränkung auf max. 30 km/h und
  Parkzeitbeschränkungen vom 1.Juni bis max. 31. Mai 1983

Näheres siehe Teil D 3 sowie Bilder F 3 bis F 6

129

Schwarzwald = D 13 --

D-7547 WILDBAD IM SCHWARZWALD, Stadt   D 13 27

Thermalheilbad   Baden-Württemberg   FVV Schwarzwald
430 - 950 m ü.d.M.   235 Lkr. Calw   Deutscher Bäderverband
11 179 Einwohner   Unterzentrum   Bahnanschluß

FV-Statistik		Winter-halbjahr	Sommer-halbjahr	FV-Jahr 1979/80	Auskünfte:
Ankünfte		14 297	34 977	49 274	Stadt Wildbad i. Schw.
Anteil Ankünfte	(v.H.)	29.0	71.0	100	Kernerstraße 11
Übernachtungen		272 224	642 448	914 672	D-7547 Wildbad i.Schw. 1
Anteil Übernachtungen	(v.H.)	29.8	70.2	100	Tel.: (07081) 10 215
Aufenthaltsdauer	(Tage)	19.0	18.4	18.6	
FV-Intensität		2 435	5 747	8 182	

Bettenkapazität: 6 175   Betten/100 E: 55

Vollzogene Maßnahmenkombination   **Geltungsbereich**

Verbot für Lkw über 2,8 t und Krad von 22.00 - 06.00 h   Kernort

Geplante Maßnahmenkombination

Vorrangbereich für Fußgänger   Kernort
Umfahrungsstraße (Tunnel)   wie oben

130

Allgäu/Bayerisch-Schwaben = D 21 --

D-8939 BAD WÖRISHOFEN, Stadt   D 21 01

Kneipheilbad	Bayern	FVV Allgäu/Bayerisch-Schwaben
630 m ü.d.M.	778 Lkr. Unterallgäu	Deutscher Bäderverband
12 922 Einwohner	Mögliches Mittelzentrum	Bahnanschluß

FV-Statistik		Winter-halbjahr	Sommer-halbjahr	FV-Jahr 1979/80	Auskünfte:
Ankünfte		18 429	48 953	67 382	Kurverwaltung
Anteil Ankünfte	(v.H.)	27,4	72,6	100	Bad Wörishofen
Übernachtungen		374 330	983 265	1 357 595	Postfach 3 80
Anteil Übernachtungen	(v.H.)	27,6	72,4	100	D-8939 Bad Wörishofen
Aufenthaltsdauer	(Tage)	20,3	20,1	20,2	Tel.: (0 82 47) 50 01
FV-Intensität		2 897	7 609	10 506	

Bettenkapazität: 7 732   Betten/100 E: 60

Geltungsbereich
Kernort
wie oben
wie oben

Vollzogene Maßnahmenkombination

Verbot für Pkw von 23.00 - 06.00 h, vom 1. Mai bis 15. Oktober
Verbot für Lkw und Krad von 13.00 - 15.00 h und von 20.00 - 06.00 h, ganzjährig

Vorrangbereich für Fußgänger im Zentrum, 6 Straßen

Verkehrsberuhigter Bereich nach Z 325/326 StVO, 2 Straßen (seit 1981)

Näheres siehe Teil D 3 sowie Bilder F 87, F 92, F 93, F 113, F 114

D-8975 FISCHEN IM ALLGÄU   D 21 02

Luftkurort	Bayern	FVV Allgäu/Bayerisch-Schwaben
760 - 1 100 m ü.d.M.	780 Lkr. Oberallgäu	Bahnanschluß
2 879 Einwohner	Kleinzentrum	

FV-Statistik		Winter-halbjahr	Sommer-halbjahr	FV-Jahr 1979/80	Auskünfte:
Ankünfte		16 536	35 971	52 507	Verwaltungsgemeinschaft
Anteil Ankünfte	(v.H.)	31,5	68,5	100	Hörnergruppe
Übernachtungen		187 683	486 404	674 042	Weiler 16
Anteil Übernachtungen	(v.H.)	27,8	72,2	100	D-8975 Fischen i.A.
Aufenthaltsdauer	(Tage)	11,3	13,5	12,8	Tel.: (0 83 26) 18 41
FV-Intensität		6 518	16 895	23 413	

Bettenkapazität: 4 485   Betten/100 E: 156

Geltungsbereich
Kernort
wie oben

Vollzogene Maßnahmenkombination

Verbot für Lkw über 1,5 t und Krad von 22.00 - 06.00 h

Geplante Maßnahmenkombination

Vorrangbereich für Fußgänger
Verkehrsberuhigter Bereich nach Z 325/326 StVO

D-8958 FÜSSEN, Stadt   D 21 03

Kneippkurort (OT Füssen, OT Hopfen am See)	Bayern	FVV Allgäu/Bayerisch-Schwaben
Mineral- und Moorbad (OT Bad Faulenbach)	777 Lkr. Ostallgäu	Deutscher Bäderverband
800 m ü.d.M.	Mittelzentrum	Bahnanschluß
12 890 Einwohner		

FV-Statistik		Winter-halbjahr	Sommer-halbjahr	FV-Jahr 1979/80	Auskünfte:
Ankünfte		18 357	51 799	70 156	Stadt Füssen
Anteil Ankünfte	(v.H.)	26,2	73,8	100	- Stadtbauamt -
Übernachtungen		182 905	496 520	679 425	Lechhalde 3
Anteil Übernachtungen	(v.H.)	26,9	73,1	100	D-8958 Füssen
Aufenthaltsdauer	(Tage)	10,0	9,6	9,7	Tel.: (0 83 62) 70 43
FV-Intensität		1 419	3 852	5 271	

Bettenkapazität: 5 864   Betten/100 E: 46

Geltungsbereich
Kernort
OT Bad Faulenbach
OT Bad Faulenbach
Kernort
wie oben
OT Weidach und
OT Ziegelwies
OT Hopfen

Vollzogene Maßnahmenkombination

Vorrangbereich für Fußgänger (seit 1980), Innenstadt,
5 Straßen, Länge ca. 600 m, Fläche 7 000 m²
(Lieferverkehr frei:
Mo - Fr von 06.00 - 10.00 h, von 12.30 - 13.30 h und von 18.00 - 20.00 h,
Sa von 06.00 - 09.00 h.
Frei für Anwohner mit Garage oder privatem Stellplatz und
für Apothekenzulieferdienst, ganztägig)
Siehe auch Bilder F 12 und F 30

Geschwindigkeitsbeschränkung auf max. 30 km/h (seit 1966)
7 Straßen, ganzjährig

Verbot für Kfz aller Art von 00.00 - 06.00 h, ganzjährig (seit 1966),
zusätzlich Verbot für Lkw über 7,5 t, 06.00 - 09.00 h u. 11.00 - 24.00 h,
(Lieferverkehr frei von 09.00 - 11.00 h)

Verbot für Krad von 22.00 - 06.00 h, Innenstadt
Verbot für Krad von 18.00 - 06.00 h, 2 Straßen
(seit 1967)

Verbot für Krad von 22.00 - 06.00 h, ganzjährig (seit 1967)

131

Allgäu/Bayerisch-Schwaben = D 21

D-8944 GRÖNENBACH, Markt — D 21 04

Kneippkurort
680 - 750 m ü.d.M.
4 136 Einwohner

Bayern
778 Lkr. Unterallgäu
Kleinzentrum (geplant)

FVV Allgäu/Bayerisch-Schwaben
Deutscher Bäderverband
Bahnanschluß

Auskünfte:
Kurverwaltung
Grönenbach
D-8944 Grönenbach
Tel.: (0 83 34) 2 28/2 86

FV-Statistik

		Winter-halbjahr	Sommer-halbjahr	FV-Jahr 1979/80
Ankünfte		1 690	4 196	5 886
Anteil Ankünfte	(v.H.)	28.7	71.3	100
Übernachtungen		29 405	62 447	91 852
Anteil Übernachtungen	(v.H.)	32.0	68.0	100
Aufenthaltsdauer	(Tage)	17.4	14.9	15.6
FV-Intensität		711	1 510	2 221

Bettenkapazität: 555   Betten/100 E: 13

Vollzogene Maßnahmenkombination

Geltungsbereich

Mischzone für Fußgänger und Fahrzeuge — Kernort

Verbot für **Krad** im gesamten Ortsgebiet, 26 Straßen und Wege, 23.00 - 06.00 h, vom 1. April bis 30. September eines jeden Jahres (seit 1980) — wie oben
(Auflage der Regierung von Schwaben: Bereitstellung eines Parkplatzes mit Bewachung bzw. mit Versicherung für die abgestellten Fahrzeuge auf Kosten des Markts Grönenbach, vgl. Bild F 40)

D-8973 HINDELANG, Markt — D 21 05

Heilklimat. Kurort,
Kneippkurort, Schwefel-Moorbad
850 m ü.d.M.
5 089 Einwohner

Bayern
780 Lkr. Oberallgäu
Kleinzentrum

FVV Allgäu/Bayerisch-Schwaben
Deutscher Bäderverband

Auskünfte:
Markt Hindelang
- Marktbauamt -
Postfach 5
D-8973 Hindelang
Tel.: (0 83 24) 22 55

FV-Statistik

		Winter-halbjahr	Sommer-halbjahr	FV-Jahr 1979/80
Ankünfte		28 758	44 579	73 337
Anteil Ankünfte	(v.H.)	39.2	60.8	100
Übernachtungen		312 685	597 945	910 630
Anteil Übernachtungen	(v.H.)	34.3	65.7	100
Aufenthaltsdauer	(Tage)	10.9	13.4	12.4
FV-Intensität		6 144	11 750	17 894

Bettenkapazität: 6 606   Betten/100 E: 130

Vollzogene Maßnahmenkombination

Geltungsbereich

Verbot für **Krad** von 22.00 - 06.00 h, 6 Monate während der Sommersaison — Kernort und OT Bad Oberdorf

Verbot für **Kfz aller Art** — Hochtalstraßen und Alpwege

Umfahrungsstraßen
- Hindelang - Bad Oberdorf, Fertigstellung 1971/72
- Oberjoch - Unterjoch, Fertigstellung 1976
- Oberjoch - Landesgrenze, Fertigstellung 1980/81

Geplante Maßnahmenkombination

Vorrangbereich für Fußgänger, Fertigstellung ca. 1986 — Kernort

Verkehrsberuhigter Bereich nach Z 325/326 StVO, Fertigstellung ca. 1984 — wie oben

Geschwindigkeitsbeschränkung auf max. 30 km/h (voraussichtlich ab 1985) — wie oben

Allgäu/Bayerisch-Schwaben = D 21

D-8970 IMMENSTADT IM ALLGÄU, Stadt — D 21 06

Luftkurort
710 - 1 037 m ü.d.M.
13 682 Einwohner

Bayern
780 Lkr. Oberallgäu
Mittelzentrum

FVV Allgäu/Bayerisch-Schwaben
Bahnanschluß

Auskünfte:
Stadt Immenstadt i.A.
- Stadtbauamt -
Marienplatz
D-8970 Immenstadt i.A.
Tel.: (0 83 23) 5 55

FV-Statistik

		Winter-halbjahr	Sommer-halbjahr	FV-Jahr 1979/80
Ankünfte		14 344	24 664	39 008
Anteil Ankünfte	(v.H.)	36.8	63.2	100
Übernachtungen		91 086	186 445	277 531
Anteil Übernachtungen	(v.H.)	32.8	67.2	100
Aufenthaltsdauer	(Tage)	6.4	7.6	7.1
FV-Intensität		666	1 363	2 029

Bettenkapazität: 3 214   Betten/100 E: 24

Vollzogene Maßnahmenkombination

Vorrangbereich für Fußgänger (seit 1981)   **Geltungsbereich**: Kernort

Geplante Maßnahmenkombination

Vorrangbereich für Fußgänger   wie oben
Verkehrsberuhigter Bereich nach Z 325/326 StVO   wie oben
Umfahrungsstraße

D-8974 OBERSTAUFEN, Markt — D 21 07

Heilklimat. Kurort
Kneippkurort, Schrothkurort
800 - 1 833 m ü.d.M.
6 395 Einwohner

Bayern
780 Lkr. Oberallgäu
Unterzentrum

FVV Allgäu/Bayerisch-Schwaben
Deutscher Bäderverband
Bahnanschluß

Auskünfte:
Kurverwaltung Oberstaufen
Schloßstraße 8
D-8974 Oberstaufen
Tel.: (0 83 86) 4 66

FV-Statistik

		Winter-halbjahr	Sommer-halbjahr	FV-Jahr 1979/80
Ankünfte		34 627	42 603	77 230
Anteil Ankünfte	(v.H.)	44.8	55.2	100
Übernachtungen		348 220	534 937	883 157
Anteil Übernachtungen	(v.H.)	39.4	60.6	100
Aufenthaltsdauer	(Tage)	10.1	12.6	11.4
FV-Intensität		5 445	8 365	13 810

Bettenkapazität: 6 631   Betten/100 E: 104

Vollzogene Maßnahmenkombination

Verbot für Krad von 22.00 - 06.00 h   **Geltungsbereich**: Kernort

D-8980 OBERSTDORF, Markt — D 21 08

Heilklimat. Kurort, Kneippkurort
843 - 2 000 m ü.d.M.
11 378 Einwohner

Bayern
780 Lkr. Oberallgäu
Mögliches Mittelzentrum

FVV Allgäu/Bayerisch-Schwaben
Deutscher Bäderverband
Bahnanschluß

Auskünfte:
Kurverwaltung Oberstdorf
Marktplatz 7
D-8980 Oberstdorf
Tel.: (0 83 22) 1 92 26

FV-Statistik

		Winter-halbjahr	Sommer-halbjahr	FV-Jahr 1979/80
Ankünfte		81 596	111 745	193 341
Anteil Ankünfte	(v.H.)	42.2	57.8	100
Übernachtungen		889 004	1 348 172	2 237 176
Anteil Übernachtungen	(v.H.)	39.7	60.3	100
Aufenthaltsdauer	(Tage)	10.9	12.1	11.6
FV-Intensität		7 813	11 849	19 662

Bettenkapazität: 16 165   Betten/100 E: 142

Vollzogene Maßnahmenkombination

Vorrangbereich für Fußgänger (seit 1980)   **Geltungsbereich**: Kernort
Verkehrsberuhigter Bereich nach Z 325/326 StVO (seit 1980)   wie oben
Verbot für Lkw und Krad von 22.00 - 06.00 h, ganzjährig   wie oben
Umfahrungsstraßen "Westumfahrung" und "Kleine Ostumfahrung"   Gebirgstäler
Verbot für Kfz aller Art

Näheres siehe Teil D 3 sowie Bilder F 1, F 2 und F 31, F 32

D-8959 SCHWANGAU — D 21 09

Luftkurort
800 - 1 720 m ü.d.M.
3 265 Einwohner

Bayern
777 Lkr. Ostallgäu
Keine zentralörtl. Einstufung

FVV Allgäu/Bayerisch-Schwaben

Auskünfte:
Gemeinde Schwangau
Rathaus
D-8959 Schwangau
Tel.: (0 83 62) 85 11

FV-Statistik

		Winter-halbjahr	Sommer-halbjahr	FV-Jahr 1979/80
Ankünfte		8 943	35 026	43 969
Anteil Ankünfte	(v.H.)	20.3	79.4	100
Übernachtungen		65 030	267 288	332 318
Anteil Übernachtungen	(v.H.)	19.6	80.4	100
Aufenthaltsdauer	(Tage)	7.3	7.6	7.6
FV-Intensität		1 992	8 187	10 179

Bettenkapazität: 3 150   Betten/100 E: 97

Vollzogene Maßnahmenkombination

Verbot für Krad im Ortszentrum, 1 Straße (seit 1974),   **Geltungsbereich**: Kernort
22.00 - 07.00 h, ganzjährig

D-8853 **W E M D I N G , Stadt** D 21 10

Erholungsort	Bayern	FVV Allgäu/Bayerisch-Schwaben
460 m ü.d.M.	779 Lkr. Donau-Ries	Bahnanschluß
4 983 Einwohner	Unterzentrum	

FV-Statistik		Winter-halbjahr	Sommer-halbjahr	FV-Jahr 1979/80	**Auskünfte:**
Ankünfte		1 277	2 785	4 062	Stadt Wemding
Anteil Ankünfte	(v.H.)	31.4	68.6	100	Marktplatz 3
Übernachtungen		10 919	34 437	45 356	D-8853 Wemding
Anteil Übernachtungen	(v.H.)	24.1	75.9	100	Tel.: (0 90 92) 80 01
Aufenthaltsdauer	(Tage)	8.6	12.4	11.2	
FV-Intensität		219	691	910	

Bettenkapazität: 333   Betten/100 E: 7

Vollzogene Maßnahmenkombination	**Geltungsbereich**
Vorrangbereich für Fußgänger (Marktplatz), Fläche ca. 6 000 m², Fertigstellung 1979	Kernort
Verbot für Krad von 22.00 - 06.00 h, ganzjährig (seit 1979) (Ausnahmegenehmigungen werden nicht erteilt)	wie oben

Geplante Maßnahmenkombination	
Umfahrungsstraße	Kernort

Franken = D 22 --

D-8733 BAD BOCKLET, Markt D 22 01

Mineral- und Moorbad Bayern FVV Franken
250 m ü.d.M. 672 Lkr. Bad Kissingen Deutscher Bäderverband
3 634 Einwohner Keine zentralörtl. Einstufung

FV-Statistik		Winter-halbjahr	Sommer-halbjahr	FV-Jahr 1979/80	Auskünfte:
Ankünfte		4 356	9 596	13 952	Markt Bad Bocklet
Anteil Ankünfte	(v.H.)	31,2	68,8	100	Frankenstraße 1
Übernachtungen		89 965	200 233	290 198	D-8733 Bad Bocklet
Anteil Übernachtungen	(v.H.)	31,0	69,0	100	Tel.: (0 97 08) 2 44
Aufenthaltsdauer	(Tage)	20,7	21,1	20,8	
FV-Intensität		2 476	5 510	7 986	

Bettenkapazität: 1 389 Betten/100 E: 38

Vollzogene Maßnahmenkombination | Geltungsbereich
Verbot für **Lkw** über 2,8 t und **Krad**, 13.00 - 15.00 h u. 21.00 - 06.00 h, | Kernort
1. April bis 15. Oktober (seit 1977)
Geschwindigkeitsbeschränkung auf max. 30 km/h für die Ortsdurchfahrt, | wie oben
1 Straße, ganzjährig (seit 1982)

Geplante Maßnahmenkombination
Vorrangbereich für **Fußgänger** | Kernort

D-8788 BAD BRÜCKENAU, Stadt D 22 02

Heilbad Bayern FVV Franken
300 m ü.d.M. 672 Lkr. Bad Kissingen Deutscher Bäderverband
6 453 Einwohner Mögliches Mittelzentrum Bahnanschluß

FV-Statistik		Winter-halbjahr	Sommer-halbjahr	FV-Jahr 1979/80	Auskünfte:
Ankünfte		10 002	40 191	50 193	Kurverwaltung
Anteil Ankünfte	(v.H.)	20,0	80,0	100	Bad Brückenau
Übernachtungen		113 287	243 113	356 400	Postfach 11 20
Anteil Übernachtungen	(v.H.)	31,8	68,2	100	D-8788 Bad Brückenau 1
Aufenthaltsdauer	(Tage)	11,3	6,0	7,1	Tel.: (0 97 41) 7 21
FV-Intensität		1 756	3 767	5 523	

Bettenkapazität: 2 217 Betten/100 E: 34

Vollzogene Maßnahmenkombination | Geltungsbereich
Verbot für **Lkw** über 2,8 t und **Krad** von 22.00 - 06.00 h, | Ot Staatsbad
vom 1. April bis 31. Oktober

Geplante Maßnahmenkombination
Vorrangbereich für **Fußgänger** | Ot Staatsbad
Verkehrsberuhigter Bereich nach Z 325/326 StVO | Kernort
Umfahrungsstraße | wie oben

D-8730 BAD KISSINGEN, Große Kreisstadt D 22 03

Mineral- und Moorbad Bayern FVV Franken
201 m ü.d.M. 672 Lkr. Bad Kissingen Deutscher Bäderverband
22 102 Einwohner Mittelzentrum Bahnanschluß

FV-Statistik		Winter-halbjahr	Sommer-halbjahr	FV-Jahr 1979/80	Auskünfte:
Ankünfte		63 575	108 527	172 102	Stadt Bad Kissingen
Anteil Ankünfte	(v.H.)	36,9	63,1	100	- Ref. II-3 -
Übernachtungen		621 716	1 168 209	1 789 925	Postfach 22 60
Anteil Übernachtungen	(v.H.)	34,7	65,3	100	D-8730 Bad Kissingen
Aufenthaltsdauer	(Tage)	9,8	10,8	10,4	Tel.: (09 71) 30 01
FV-Intensität		2 813	5 286	8 099	

Bettenkapazität: 8 336 Betten/100 E: 38

Vollzogene Maßnahmenkombination | Geltungsbereich
Vorrangbereich für **Fußgänger** in der Altstadt | Kernort
Verbot für **Lkw** über 2,8 t und **Krad** auf dem "Inneren Ring", 19.00 - 07.00 h | wie oben
(seit 1961)
Verbot für **Kfz aller Art**, ganztägig (seit 1961) | Kurbezirk
Schrankensicherung
Umfahrungsstraße | Kernort

Näheres siehe Teil D 3 sowie Bilder F 94, F 95, F 136, F 137

D-8742 BAD KÖNIGSHOFEN IM GRABFELD, Stadt D 22 04

Heilbad Bayern FVV Franken
277 m ü.d.M. 673 Lkr. Rhön-Grabfeld Deutscher Bäderverband
5 481 Einwohner Unterzentrum

FV-Statistik		Winter-halbjahr	Sommer-halbjahr	FV-Jahr 1979/80	Auskünfte:
Ankünfte		7 177	13 444	20 621	Kurbetriebsgesellschaft
Anteil Ankünfte	(v.H.)	34,8	65,2	100	mbH Bad Königshofen
Übernachtungen		26 902	75 762	102 664	Postfach 12 10
Anteil Übernachtungen	(v.H.)	26,2	73,8	100	D-8742 Bad Königshofen
Aufenthaltsdauer	(Tage)	3,7	5,6	5,0	Tel.: (0 97 61) 8 27/8 28
FV-Intensität		491	1 382	1 873	

Bettenkapazität: 777 Betten/100 E: 14

Vollzogene Maßnahmenkombination | Geltungsbereich
Vorrangbereich für **Fußgänger** (Marktplatz), Fläche ca. 2 500 m² (seit 1973) | Kernort
Verbot für **Krad** von 22.00 - 06.00 h, ganzjährig | Kurgebiet
Umfahrungsstraße, Fertigstellung 1979 | Kernort

135

Franken = D 22 --

D-8740 BAD NEUSTADT AN DER SAALE, Stadt — D 22 05

Mineral- und Moorbad
240 m ü.d.M.
14 465 Einwohner

Bayern
673 Lkr. Rhön-Grabfeld
Mittelzentrum

FVV Franken
Deutscher Bäderverband
Bahnanschluß

FV-Statistik

		Winter-halbjahr	Sommer-halbjahr	FV-Jahr 1979/80
Ankünfte		14 511	19 901	34 412
Anteil Ankünfte	(v.H.)	42,2	57,8	100
Übernachtungen		234 689	328 547	563 236
Anteil Übernachtungen	(v.H.)	41,7	58,3	100
Aufenthaltsdauer	(Tage)	16,2	16,5	16,4
FV-Intensität		1 623	2 271	3 894

Bettenkapazität: 2 369   Betten/100 E: 16

Vollzogene Maßnahmenkombination

Vorrangbereich für Fußgänger in der Altstadt
Verkehrsberuhigter Bereich nach Z 325/326 StVO (Neubaugebiet)
Verbot für Kfz aller Art im Kurviertel,
von 13.00 - 15.00 h und von 22.00 - 06.00 h
(Ausnahmen für Anwohner)

Umfahrungsstraße für die Altstadt

Auskünfte:
Stadtverwaltung
Bad Neustadt a.d. Saale
Postfach 16 40
D-8740 Bad Neustadt
Tel.: (0 97 71) 80 71

Geltungsbereich
Kernort
OT Brendlorenzen
OT Bad Neuhaus

Kernort

D-8532 BAD WINDSHEIM, Stadt — D 22 07

Sole- und Mineralheilbad
314 m ü.d.M.
11 501 Einwohner

Bayern
575 Lkr. Neustadt an der Aisch-Bad Windsheim
Mögliches Mittelzentrum

FVV Franken
Deutscher Bäderverband
Bahnanschluß

FV-Statistik

		Winter-halbjahr	Sommer-halbjahr	FV-Jahr 1979/80
Ankünfte		13 849	21 303	35 152
Anteil Ankünfte	(v.H.)	39,4	60,6	100
Übernachtungen		81 291	116 977	198 268
Anteil Übernachtungen	(v.H.)	41,0	59,0	100
Aufenthaltsdauer	(Tage)	5,9	5,5	5,6
FV-Intensität		707	1 017	1 724

Bettenkapazität: 878   Betten/100 E: 8

Vollzogene Maßnahmenkombination

Verbot für Kfz aller Art von 22.00 - 06.00 h in der Altstadt,
ganzjährig (seit 1976.),
zusätzlich Verbot für Lkw über 10 t von 06.00 - 22.00 h
(Ausnahmen für Anlieger auf Antrag)

Umfahrungsstraße im Zuge der B 470

Auskünfte:
Stadtverwaltung
Bad Windsheim
Marktplatz
D-8532 Bad Windsheim
Tel.: (0 98 41) 2C 01

Geltungsbereich
Kernort

Kernort und
OT Wiebelsheim

D-8675 BAD STEBEN, Markt — D 22 06

Heilbad
600 m ü.d.M.
3 875 Einwohner

Bayern
475 Lkr. Hof
Kleinzentrum

FVV Franken
Deutscher Bäderverband
Bahnanschluß

FV-Statistik

		Winter-halbjahr	Sommer-halbjahr	FV-Jahr 1979/80
Ankünfte		11 568	17 122	28 690
Anteil Ankünfte	(v.H.)	40,3	59,7	100
Übernachtungen		181 757	316 889	498 646
Anteil Übernachtungen	(v.H.)	36,5	63,5	100
Aufenthaltsdauer	(Tage)	15,7	18,5	17,4
FV-Intensität		4 691	8 178	12 869

Bettenkapazität: 2 533   Betten/100 E: 64

Vollzogene Maßnahmenkombination

Verbot für Krad im gesamten Ortsgebiet, 22.00 -04.00 h, ganzjährig
(seit 1980)
(Anwohner frei)

Auskünfte:
Markt Bad Steben
Hauptstraße 2
D-8675 Bad Steben
Tel.: (0 92 88) 10 27

Geltungsbereich
Kernort

Franken = D 22

D-8804 DINKELSBÜHL, Stadt — D 22 08

Sonstige Berichtsgemeinde		FVV Franken	Auskünfte:
444 m ü.d.M.		Bahnanschluß	Stadt Dinkelsbühl
10 814 Einwohner	571 Lkr. Ansbach		Segringerstraße 30
	Mittelzentrum		D-8804 Dinkelsbühl
			Tel.: (0 98 51) 8 41

FV-Statistik		Winter-halbjahr	Sommer-halbjahr	FV-Jahr 1979/80
Ankünfte		12 890	39 678	52 568
Anteil Ankünfte	(v.H.)	24,5	75,5	100
Übernachtungen		27 838	78 312	106 150
Anteil Übernachtungen	(v.H.)	26,2	73,8	100
Aufenthaltsdauer	(Tage)	2,2	2,0	2,0
FV-Intensität		257	724	981

Bettenkapazität: 1 015   Betten/100 E: 9

Vollzogene Maßnahmenkombination — Geltungsbereich

Verkehrsberuhigter Bereich nach Z 325/326 StVO in der Altstadt (seit 1981), 1 Straße, Länge ca. 130 m, Fläche ca. 950 m² — Kernort

Verkehrsberuhigter Bereich nach Z 325/326 StVO (seit 1981), 1 Straße, Länge ca. 50 m, Fläche ca. 350 m² — 01 Neustädtlein

Verbot für **Krad** von 20.00 – 06.00 h in der Altstadt, ganzjährig (seit 1970 bzw. 1982) — Kernort

Umfahrungsstraße (Teilumfahrung der Altstadt) — Kernort

Geplante Maßnahmenkombination

Vorrangbereich für Fußgänger in der Altstadt — wie oben

Verbot für **Krad** in gesamten Altstadtbereich (Nachtfahrverbot) — wie oben

Geschwindigkeitsbeschränkung in gesamten Altstadtbereich

D-8805 FEUCHTWANGEN, Stadt — D 22 09

Erholungsort		FVV Franken	Auskünfte:
450 m ü.d.M.	Bayern	Bahnanschluß	Verkehrsbüro
10 424 Einwohner	571 Lkr. Ansbach		Feuchtwangen
	Mittelzentrum		Am Marktplatz
			D-8805 Feuchtwangen
			Tel.: (0 98 52) 8 43

FV-Statistik		Winter-halbjahr	Sommer-halbjahr	FV-Jahr 1979/80
Ankünfte		5 875	11 032	17 607
Anteil Ankünfte	(v.H.)	33,4	66,6	100
Übernachtungen		11 179	24 094	35 273
Anteil Übernachtungen	(v.H.)	31,7	68,3	100
Aufenthaltsdauer	(Tage)	1,9	2,1	2,0
FV-Intensität		107	231	338

Bettenkapazität: 351   Betten/100 E: 3

Vollzogene Maßnahmenkombination — Geltungsbereich

Vorrangbereich für Fußgänger, 1 Straße — Kernort

Umfahrungsstraße "Nordumfahrung" — wie oben

D-8782 KARLSTADT, Stadt — D 22 10

Sonstige Berichtsgemeinde		FVV Franken	Auskünfte:
167 m ü.d.M.	Bayern	Bahnanschluß	Stadt Karlstadt
13 884 Einwohner	677 Lkr. Main-Spessart		Rathaus
	Mögliches Mittelzentrum		D-8782 Karlstadt
			Tel.: (0 93 53) 5 45

FV-Statistik		Winter-halbjahr	Sommer-halbjahr	FV-Jahr 1979/80
Ankünfte		2 956	4 507	7 463
Anteil Ankünfte	(v.H.)	39,6	60,4	100
Übernachtungen		7 581	14 111	21 692
Anteil Übernachtungen	(v.H.)	34,9	65,1	100
Aufenthaltsdauer	(Tage)	2,6	3,1	2,9
FV-Intensität		55	102	157

Bettenkapazität: 319   Betten/100 E: 2

Vollzogene Maßnahmenkombination — Geltungsbereich

Vorrangbereich für Fußgänger (Marktplatz u. 1 Straße), Fertigstellung 1974, Länge ca. 100 m, Fläche ca. 1500 m² — Kernort
(Ausnahmeregelungen:
- Lieferverkehr bis 7,5 t frei, werktags 07,00 – 10.00 h u. 18.00 – 19.00 h
- Hotelgäste zum Be- und Entladen frei, zeitlich unbeschränkt
- Anwohner frei bis zum privaten Einstellplatz,
Ausnahmegenehmigung auf Antrag)

Verbot für **Lkw** über 2,8 t in gesamten Altstadtbereich (seit 1979), ganztägig, ganzjährig (Anlieger und landwirtschaftliche Fahrzeuge frei)

Umfahrungsstraße (Altstadtumfahrung), Fertigstellung 1979

D-8079 KIPFENBERG, Markt — D 22 11

Erholungsort		FVV Franken	Auskünfte:
387 m ü.d.M.	Bayern		Fremdenverkehrsbüro
4 119 Einwohner	176 Lkr. Eichstätt		Kipfenberg
	Kleinzentrum		Marktplatz 2
			D-8079 Kipfenberg
			Tel.: (0 84 65) 8 82/3 67

FV-Statistik		Winter-halbjahr	Sommer-halbjahr	FV-Jahr 1979/80
Ankünfte		1 538	5 541	7 079
Anteil Ankünfte	(v.H.)	21,7	78,3	100
Übernachtungen		6 581	34 143	40 724
Anteil Übernachtungen	(v.H.)	16,2	83,8	100
Aufenthaltsdauer	(Tage)	4,3	6,2	5,8
FV-Intensität		160	829	989

Bettenkapazität: 537   Betten/100 E: 13

Vollzogene Maßnahmenkombination — Geltungsbereich

Vorrangbereich für Fußgänger — Kernort

Franken = D 22

D-8770 LOHR AM MAIN, Stadt   D 22 12

Erholungsort   Bayern   FVV Franken
162 - 550 m ü.d.M. 677 Lkr. Main-Spessart
16 819 Einwohner Mittelzentrum   Bahnanschluß

FV-Statistik		Winter-halbjahr	Sommer-halbjahr	FV-Jahr 1979/80
Ankünfte		8 170	10 978	19 148
Anteil Ankünfte	(v.H.)	42,7	57,3	100
Übernachtungen		35 920	58 486	94 406
Anteil Übernachtungen	(v.H.)	38,0	62,0	100
Aufenthaltsdauer	(Tage)	4,4	5,3	4,9
FV-Intensität		214	348	562

Bettenkapazität: 940   Betten/100 E: 6

Vollzogene Maßnahmenkombination

Vorrangbereich für Fußgänger in der Altstadt (seit 1978),
13 Straßen, Länge 733 m, Fläche ca. 5 500 m²
(Lieferverkehr frei von 06.00 - 10.00 h und von 18.15 - 19.30 h)

Umfahrungsstraße "Teilumfahrung Altstadt"

Auskünfte:
Stadt Lohr am Main
Rathaus
D-8770 Lohr am Main
Tel.: (0 93 52) 90 11   App. 113

Geltungsbereich
Kernort

D-8760 MILTENBERG, Stadt   D 22 13

Sonstige Berichtsgemeinde Bayern   FVV Franken
127 m ü.d.M.   676 Lkr. Miltenberg
9 352 Einwohner   Mittelzentrum   Bahnanschluß

FV-Statistik		Winter-halbjahr	Sommer-halbjahr	FV-Jahr 1979/80
Ankünfte		7 763	17 991	25 754
Anteil Ankünfte	(v.H.)	30,1	69,9	100
Übernachtungen		22 373	63 296	85 669
Anteil Übernachtungen	(v.H.)	26,1	73,9	100
Aufenthaltsdauer	(Tage)	2,9	3,5	3,3
FV-Intensität		240	678	918

Bettenkapazität: 685   Betten/100 E: 7

Vollzogene Maßnahmenkombination

Vorrangbereich für Fußgänger, 1 Straße, Länge ca. 500 m, Fläche ca. 3 000 m²
(Die bauliche Umgestaltung erfolgt abschnittsweise, seit 1982)
(Ausnahmeregelungen:
- Anlieger frei von 06.30 - 12.30 h;
- Anwohner mit Ausnahmegenehmigung ohne privaten Einstellplatz/Garage
  von 18.30 - 12.30 h;
- Kennzeichnung der berechtigten Fahrzeuge durch Plakette, Farbe rot;
- Anwohner mit Ausnahmegenehmigung mit privatem Einstellplatz/Garage
  ganztägig,
- Kennzeichnung der berechtigten Fahrzeuge durch Plakette, Farbe blau,
  siehe Bild F 37;
- Hotelgäste zum Be- und Entladen frei, ganztägig)

Auskünfte:
Stadt Miltenberg
- Stadtbauamt -
Engelplatz
D-8760 Miltenberg
Tel.: (0 93 71) 30 25

Geltungsbereich
Kernort

D-8674 NAILA, Stadt   D 22 14

Luftkurort   Bayern   FVV Franken
500 - 600 m ü.d.M. 475 Lkr. Hof
9 217 Einwohner   Mittelzentrum   Bahnanschluß

FV-Statistik		Winter-halbjahr	Sommer-halbjahr	FV-Jahr 1979/80
Ankünfte		3 846	4 832	8 678
Anteil Ankünfte	(v.H.)	44,3	55,7	100
Übernachtungen		13 442	26 667	40 109
Anteil Übernachtungen	(v.H.)	33,5	66,5	100
Aufenthaltsdauer	(Tage)	3,5	5,5	4,6
FV-Intensität		146	289	435

Bettenkapazität: 397   Betten/100 E: 4

Vollzogene Maßnahmenkombination

Vorrangbereich für Fußgänger (Marktplatz) (seit 1981),
Länge ca. 150 m, Fläche ca. 450 m²
(Ausnahmegenehmigungen für Anwohner auf Antrag,
Lieferverkehr frei von 19.00 - 11.00 h)

Verbot für Fahrzeuge aller Art von 19.00 - 06.00 h, 1 Straße
(Ausnahmegenehmigungen auf Antrag)

Umfahrungsstraße im Zuge der B 173 und St 2195

Auskünfte:
Stadt Naila
Marktplatz 12
D-8674 Naila
Tel.: (0 92 82) 70 45   App. 86

Geltungsbereich
Kernort

wie oben

wie oben

D-8803 ROTHENBURG o.d. TAUBER, Große Kreisstadt   D 22 15

Sonstige Berichtsgemeinde Bayern   FVV Franken
426 m ü.d.M.   571 Lkr. Ansbach
11 882 Einwohner   Mittelzentrum   Bahnanschluß

FV-Statistik		Winter-halbjahr	Sommer-halbjahr	FV-Jahr 1979/80
Ankünfte		42 008	143 187	185 195
Anteil Ankünfte	(v.H.)	22,7	77,3	100
Übernachtungen		68 880	210 109	278 989
Anteil Übernachtungen	(v.H.)	24,7	75,3	100
Aufenthaltsdauer	(Tage)	1,6	1,5	1,5
FV-Intensität		580	1 768	2 348

Bettenkapazität: 2 335   Betten/100 E: 20

Vollzogene Maßnahmenkombination

Vorrangbereich für Fußgänger in einem Teilgebiet der Altstadt (seit 1980),
Sa von 13.00 - 17.00 h und So von 10.00 - 17.00 h, ganzjährig
(Ausnahmen für Hotelübernachtungsgäste und für Anwohner auf Antrag)

Näheres siehe Teil D 3 sowie Bilder F 15 bis F 19, F 36, F 38, F 39

Auskünfte:
Stadtverwaltung
Rothenburg o.d. Tauber
- Ref. II/2 -
Postfach 13 63
D-8803 Rothenburg o.d.T.
Tel.: (0 98 61) 20 11

Geltungsbereich
Kernort

Franken = D 22 --

D-8830 TREUCHTLINGEN, Stadt   D 22 16

Erholungsort　　　　　Bayern　　　　　　　　　　　　　　　　FVV Franken
409 - 623 m ü.d.M.　　577 Lkr. Weissenburg-Gunzenhausen
11 996 Einwohner　　　Unterzentrum　　　　　　　　　　　　Bahnanschluß

		Winter-halbjahr	Sommer-halbjahr	FV-Jahr 1979/80	Auskünfte:
FV-Statistik					Stadt Treuchtlingen
Ankünfte		3 634	5 354	8 988	Postfach 140
Anteil Ankünfte	(v.H.)	40.4	59.6	100	D-8830 Treuchtlingen
Übernachtungen		14 298	33 209	47 507	Tel.: (0 91 42) 40 28
Anteil Übernachtungen	(v.H.)	30.1	69.9	100	
Aufenthaltsdauer	(Tage)	3.9	6.2	5.3	
FV-Intensität		119	277	396	

Bettenkapazität: 450　　　　　Betten/100 E: 4　　　　　　　　Geltungsbereich

Vollzogene Maßnahmenkombination　　　　　　　　　　　　Kernort
Vorrangbereich für Fußgänger, Fläche ca. 3 000 m² (seit 1982)　　OT Wettelsheim
Umfahrungsstraße

D-8592 WUNSIEDEL, Stadt   D 22 17

Sonstige Berichtsgemeinde　Bayern　　　　　　　　　　　　　　FVV Franken
500 m ü.d.M.　　　　　　479 Lkr. Wunsiedel im Fichtelgebirge
10 475 Einwohner　　　　 Mittelzentrum

		Winter-halbjahr	Sommer-halbjahr	FV-Jahr 1979/80	Auskünfte:
FV-Statistik					Gemeinde Wunsiedel
Ankünfte		5 754	11 384	17 138	Rathaus
Anteil Ankünfte	(v.H.)	33.6	66.4	100	D-8592 Wunsiedel
Übernachtungen		12 188	24 742	36 930	Tel.: (0 92 32) 35 11
Anteil Übernachtungen	(v.H.)	33.0	67.0	100	
Aufenthaltsdauer	(Tage)	2.1	2.2	2.2	
FV-Intensität		116	236	352	

Bettenkapazität: 539　　　　　Betten/100 E: 5　　　　　　　　Geltungsbereich

Vollzogene Maßnahmenkombination　　　　　　　　　　　　Kernort
Vorrangbereich für Fußgänger (3 Bereiche)　　　　　　　wie oben
Verbot für **Krad** von 22.00 - 06.00 h (Alter Markt)

München-Oberbayern = D 23

D-8173 BAD HEILBRUNN — D 23 01

Jodbad
682 m ü.d.M.
2 695 Einwohner

Bayern
173 Lkr. Bad Tölz-Wolfratshausen
Keine zentralörtl. Einstufung

FVV München-Oberbayern
Deutscher Bäderverband

FV-Statistik

	Winter-halbjahr	Sommer-halbjahr	FV-Jahr 1979/80
Ankünfte	1 610	5 479	7 089
Anteil Ankünfte (v.H.)	22,7	77,3	100
Übernachtungen	18 684	97 277	115 961
Anteil Übernachtungen (v.H.)	16,1	83,9	100
Aufenthaltsdauer (Tage)	11,6	17,8	16,4
FV-Intensität	708	3 686	4 394

Bettenkapazität: 1 075   Betten/100 E: 41

Auskünfte:
Gemeinde
Bad Heilbrunn
D-8173 Bad Heilbrunn
Tel.: (0 80 46) 12 23

Geltungsbereich
Kernort

Vollzogene Maßnahmenkombination

Fahrbeschränkungen im Kurbereich, 5 Straßen (seit 1981)
- Verbot für **Lkw** über 2,8 t von 13.00 - 15.00 h, ganzjährig
- Verbot für **Krad** von 13.00 - 15.00 h u. 20.00 - 05.00 h, ganzjährig
(Ausnahmegenehmigungen werden nicht erteilt)

Umfahrungsstraße für Ortskern und Kurzentrum im Zuge von B 11 bzw. B 472   wie oben

D-8230 BAD REICHENHALL, Große Kreisstadt — D 23 02

Mineral- und Moorheilbad
470 - 1 614 m ü.d.M.
17 949 Einwohner

Bayern
172 Lkr. Berchtesgadener Land
Mittelzentrum

FVV München-Oberbayern
Deutscher Bäderverband
Bahnanschluß

FV-Statistik

	Winter-halbjahr	Sommer-halbjahr	FV-Jahr 1979/80
Ankünfte	33 616	69 426	103 042
Anteil Ankünfte (v.H.)	32,6	67,4	100
Übernachtungen	451 788	990 046	1 441 834
Anteil Übernachtungen (v.H.)	31,3	68,7	100
Aufenthaltsdauer (Tage)	13,4	14,0	14,0
FV-Intensität	2 517	5 516	8 033

Bettenkapazität: 7 938   Betten/100 E: 44

Auskünfte:
Stadt Bad Reichenhall
- Ordnungsamt -
Postfach 40
D-8230 Bad Reichenhall
Tel.: (0 86 51) 50 11

Geltungsbereich
Kernort
wie oben und
OT Marzoll
Kernort
wie oben

Vollzogene Maßnahmenkombination

Vorrangbereich für Fußgänger
Verkehrsberuhigte Bereiche nach Z 325/326 StVO
Verbote für Pkw, Lkw und Krad

Umfahrungsstraße
Näheres siehe Teil D 3 sowie Bild F 86

D-8170 BAD TÖLZ, Stadt — D 23 03

Jodbad u. Heilklimat. Kurort
670 m ü.d.M.
12 940 Einwohner

Bayern
173 Lkr. Bad Tölz-Wolfratshausen
Mittelzentrum

FVV München-Oberbayern
Deutscher Bäderverband
Bahnanschluß

FV-Statistik

	Winter-halbjahr	Sommer-halbjahr	FV-Jahr 1979/80
Ankünfte	14 798	24 148	38 946
Anteil Ankünfte (v.H.)	38,0	62,0	100
Übernachtungen	330 608	544 296	874 904
Anteil Übernachtungen (v.H.)	37,8	62,2	100
Aufenthaltsdauer (Tage)	22,3	22,5	22,5
FV-Intensität	2 555	4 206	6 761

Bettenkapazität: 3 709   Betten/100 E: 29

Auskünfte:
Stadt. Kurverwaltung
Bad Tölz
Ludwigstraße 11
D-8170 Bad Tölz
Tel.: (0 80 41) 95 15

Geltungsbereich
Kernort
wie oben

Vollzogene Maßnahmenkombination

Verbot für **Lkw** und **Krad** im Badeteil
(Ausnahmen für Anlieger von 06.30 - 10.00 h und von 15.00 - 17.00 h)

Geplante Maßnahmenkombination

Vorrangbereiche für Fußgänger in Altstadt und Badeteil,
Fertigstellung ca. 1984

Umfahrungsstraße für Stadtmitte und Kurzone im Bau,
Fertigstellung ca. 1983/84

D-8182 BAD WIESSEE — D 23 04

Jod- und Schwefelheilbad
735 m ü.d.M.
4 612 Einwohner

Bayern
182 Lkr. Miesbach
Mittelzentrum

FVV München-Oberbayern
Deutscher Bäderverband

FV-Statistik

	Winter-halbjahr	Sommer-halbjahr	FV-Jahr 1979/80
Ankünfte	20 455	55 892	76 347
Anteil Ankünfte (v.H.)	26,8	73,2	100
Übernachtungen	224 627	770 337	994 964
Anteil Übernachtungen (v.H.)	22,6	77,4	100
Aufenthaltsdauer (Tage)	11,0	13,8	13,0
FV-Intensität	4 871	16 702	21 573

Bettenkapazität: 5 807   Betten/100 E: 126

Auskünfte:
Gemeinde Bad Wiessee
- Bauverwaltung -
Sankt-Johanserstraße 12
D-8182 Bad Wiessee
Tel.: (0 80 22) 8 10 82

Geltungsbereich
Kernort und
OT Abwinkl

Vollzogene Maßnahmenkombination

Verbot für **Lkw** und **Krad** von 13.00 - 15.00 h und 22.30 - 06.00 h
(Lieferverkehr frei im eng begrenzten Rahmen)

Siehe ausführlich Teil D 1, Kapitel 7, Fahrbeschränkungen für Lkw im
Tegernseer Tal

München-Oberbayern = D 23 --

D-8117 BAYERSOIEN — D 23 05

Moorkurbetrieb
812 m ü.d.M.
1 002 Einwohner

Bayern
180 Lkr. Garmisch-Partenkirchen
Keine zentralörtl. Einstufung

FVV München-Oberbayern
Deutscher Bäderverband

FV-Statistik		Winter-halbjahr	Sommer-halbjahr	FV-Jahr 1979/80
Ankünfte		1 908	7 724	9 632
Anteil Ankünfte	(v.H.)	19,8	80,2	100
Übernachtungen		16 057	75 255	91 312
Anteil Übernachtungen	(v.H.)	17,6	82,4	100
Aufenthaltsdauer	(Tage)	8,4	9,7	9,5
FV-Intensität		1 602	7 511	9 113

Bettenkapazität: 624   Betten/100 E: 62

Auskünfte:
Gemeindeverwaltung
Bayersoien
D-8117 Bayersoien
Tel.: (0 8845) 18 54

Vollzogene Maßnahmenkombination

Verbot für Krad von 21.00 – 06.00 h im gesamten Ortsgebiet
Umfahrungsstraße

Geltungsbereich
Kernort
Bayersoien

Geplante Maßnahmenkombination

Geschwindigkeitsbeschränkung auf max. 30 km/h im gesamten Ortsgebiet, Einführung 1983
Niveaugleicher Ausbau der ehemaligen Ortsdurchfahrt

Kernort

wie oben

D-8163 BAYRISCHZELL — D 23 06

Heilklimat. Kurort
802 m ü.d.M.
1 583 Einwohner

Bayern
182 Lkr. Miesbach
Kleinzentrum

FVV München-Oberbayern
Bahnanschluß

FV-Statistik		Winter-halbjahr	Sommer-halbjahr	FV-Jahr 1979/80
Ankünfte		10 576	21 366	31 942
Anteil Ankünfte	(v.H.)	33,1	66,9	100
Übernachtungen		112 090	239 593	351 683
Anteil Übernachtungen	(v.H.)	31,9	68,1	100
Aufenthaltsdauer	(Tage)	10,6	11,2	11,0
FV-Intensität		7 081	15 135	22 216

Bettenkapazität: 2 313   Betten/100 E: 146

Auskünfte:
Kuramt Bayrischzell
Postfach 2
D-8163 Bayrischzell
Tel.: (0 80 23) 6 48

Vollzogene Maßnahmenkombination

Verbot für Krad
Umfahrungsstraße

Geltungsbereich
Kernort
wie oben, OT Osterhofen und OT Geitau

Geplante Maßnahmenkombination

Vorrangbereich für Fußgänger in Ortszentrum

Kernort

D-8174 BENEDIKTBEUERN — D 23 07

Erholungsort
624 m ü.d.M.
2 677 Einwohner

Bayern
173 Lkr. Bad Tölz-Wolfratshausen
Kleinzentrum

FVV München-Oberbayern
Bahnanschluß

FV-Statistik		Winter-halbjahr	Sommer-halbjahr	FV-Jahr 1979/80
Ankünfte		1 604	5 860	7 464
Anteil Ankünfte	(v.H.)	21,5	78,5	100
Übernachtungen		6 847	49 391	56 238
Anteil Übernachtungen	(v.H.)	12,2	87,8	100
Aufenthaltsdauer	(Tage)	4,3	8,4	7,5
FV-Intensität		256	1 844	2 100

Bettenkapazität: 532   Betten/100 E: 20

Auskünfte:
Verwaltungsgemeinschaft
Benediktbeuern
Prälatenstraße 7
D-8174 Benediktbeuern
Tel.: (0 88 57) 82 43

Vollzogene Maßnahmenkombination

Verbot für Krad von 22.00 – 06.00 h, 1. Mai – 30. September (seit 1981), 2 Straßen

Geltungsbereich
Kernort

D-8240 BERCHTESGADEN, Markt — D 23 08

Heilklimat. Kurort
500 – 600 m ü.d.M.
8 169 Einwohner

Bayern
172 Lkr. Berchtesgadener Land
Mittelzentrum

FVV München-Oberbayern
Deutscher Bäderverband
Bahnanschluß

FV-Statistik		Winter-halbjahr	Sommer-halbjahr	FV-Jahr 1979/80
Ankünfte		24 229	72 194	96 423
Anteil Ankünfte	(v.H.)	25,1	74,9	100
Übernachtungen		160 979	528 554	689 533
Anteil Übernachtungen	(v.H.)	23,3	76,7	100
Aufenthaltsdauer	(Tage)	6,6	7,3	7,2
FV-Intensität		1 971	6 470	8 441

Bettenkapazität: 6 811   Betten/100 E: 83

Auskünfte:
Markt Berchtesgaden
Postfach 40
D-8240 Berchtesgaden
Tel.: (0 86 52) 6 10.12

Vollzogene Maßnahmenkombination

Vorrangbereich für Fußgänger
Verbote für Fahrzeuge aller Art, Lkw und/oder Krad
Mautstraßen
Näheres siehe Teil D3

Geltungsbereich
Kernort
wie oben

München-Oberbayern = D 23

D-8100 GARMISCH-PARTENKIRCHEN, Markt   D 23 09

Heilklimat. Kurort   Bayern   FVV München-Oberbayern
700 - 2 964 m ü.d.M.   180 Lkr. Garmisch-Partenkirchen Deutscher Bäderverband
27 828 Einwohner   Mittelzentrum   Bahnanschluß

FV-Statistik		Winter-halbjahr	Sommer-halbjahr	FV-Jahr 1979/80	Auskünfte:
Ankünfte		73 249	159 900	233 149	Markt
Anteil Ankünfte	(v.H.)	31.4	68.6	100	Garmisch-Partenkirchen
Übernachtungen		460 696	780 547	1 241 243	- Ordnungsamt -
Anteil Übernachtungen	(v.H.)	37.1	62.9	100	D-8100 Garmisch-Partenkirchen
Aufenthaltsdauer	(Tage)	6.3	4.9	5.3	
FV-Intensität		1656	2 805	4 461	Tel.: (0 88 21) 75 2-1

Bettenkapazität: 9 917   Betten/100 E: 36

Vollzogene Maßnahmenkombination   **Geltungsbereich**

Verkehrsberuhigter Bereich nach Z 325/326 StVO, Fertigstellung 1981,   OT Partenkirchen
Länge ca. 250 m, Fläche ca. 2 000 m²

Verbot für Lkw über 2,8 t und Krad von 23.00 - 06.00 h, ganzjährig   OT Garmisch und
(seit 1955)   OT Partenkirchen

Geplante Maßnahmenkombination

Vorrangbereich für Fußgänger   OT Garmisch
Umfahrungsstraße   wie oben und
                                                                          OT Partenkirchen

D-8184 GMUND AM TEGERNSEE   D 23 10

Erholungsort   Bayern   FVV München-Oberbayern
740 m ü.d.M.   182 Lkr. Miesbach   Bahnanschluß
5 334 Einwohner   Mittelzentrum

FV-Statistik		Winter-halbjahr	Sommer-halbjahr	FV-Jahr 1979/80	Auskünfte:
Ankünfte		3 871	10 338	14 209	Gemeinde
Anteil Ankünfte	(v.H.)	27.4	72.8	100	Gmund am Tegernsee
Übernachtungen		15 496	58 373	73 869	D-8184 Gmund am Tegernsee
Anteil Übernachtungen	(v.H.)	21.0	79.0	100	Tel.: (0 80 22) 70 55
Aufenthaltsdauer	(Tage)	4.0	5.6	5.2	
FV-Intensität		291	1094	1 385	

Bettenkapazität: 895   Betten/100 E: 17

Vollzogene Maßnahmenkombination   **Geltungsbereich**

Vorrangbereich für Fußgänger, Fertigstellung 1979,   Kernort
1 Straße, Länge ca. 100 m, Fläche ca. 750 m²

Verbot für Lkw über 7,5 t im gesamten Ort (Nachtfahrverbot)   wie oben

Siehe ausführlich Teil D1, Kapitel 7. Fahrbeschränkungen im
Tegernseer Tal

D-8217 GRASSAU, Markt   D 23 11

Luftkurort   Bayern   FVV München-Oberbayern
557 m ü.d.M.   189 Lkr. Traunstein
5 209 Einwohner   Unterzentrum

FV-Statistik		Winter-halbjahr	Sommer-halbjahr	FV-Jahr 1979/80	Auskünfte:
Ankünfte		4 880	26 333	31 213	Markt Grassau
Anteil Ankünfte	(v.H.)	15.6	84.4	100	Postfach 1149
Übernachtungen		22 865	187 999	210 864	D-8217 Grassau
Anteil Übernachtungen	(v.H.)	10.8	89.2	100	Tel.: (0 86 41) 20 64
Aufenthaltsdauer	(Tage)	4.7	7.1	6.8	
FV-Intensität		439	3 609	4 048	

Bettenkapazität: 2 128   Betten/100 E: 41

Vollzogene Maßnahmenkombination   **Geltungsbereich**

Linienbus "Achental-linie", für Kurkarteninhaber kostenlose Benutzung   Chiemgauer Achental
von Pfingstsamstag bis Mitte September

Siehe ausführlich Teil D1, Kapitel 4. ÖPNV-Modell "Achental-linie"

D-8229 LAUFEN, Stadt   D 23 12

Erholungsort   Bayern   FVV München-Oberbayern
430 m ü.d.M.   172 Lkr. Berchtesgadener Land Bahnanschluß
5 550 Einwohner   Unterzentrum

FV-Statistik		Winter-halbjahr	Sommer-halbjahr	FV-Jahr 1979/80	Auskünfte:
Ankünfte		764	5 388	6 152	Stadt Laufen
Anteil Ankünfte	(v.H.)	12.4	87.6	100	Postfach 5
Übernachtungen		2 400	39 793	42 193	D-8229 Laufen
Anteil Übernachtungen	(v.H.)	5.7	94.3	100	Tel.: (0 86 82) 70 44
Aufenthaltsdauer	(Tage)	3.1	7.4	6.9	
FV-Intensität		43	717	760	

Bettenkapazität: 760   Betten/100 E: 14

Vollzogene Maßnahmenkombination   **Geltungsbereich**

Vorrangbereich für Fußgänger (Marienplatz), Fläche ca. 1 400 m²,   Kernort
Fertigstellung 1978
(Be- und Entladen frei zwischen 13.00 und 18.00 h, weitere zeitl.
Beschränkung im Einzelfall)

München-Oberbayern = D 23

D-8193 MÜNSING D 23 13

Erholungsort	Bayern	FVV München-Oberbayern
666 m ü.d.M.	173 Lkr. Bad Tölz-Wolfratshausen	
3 188 Einwohner	Keine zentralörtl. Einstufung	

FV-Statistik		Winter-halbjahr	Sommer-halbjahr	FV-Jahr 1979/80
Ankünfte		1 876	5 139	7 015
Anteil Ankünfte	(v.H.)	26,7	79,3	100
Übernachtungen		21 103	44 046	65 149
Anteil Übernachtungen	(v.H.)	32,4	67,6	100
Aufenthaltsdauer	(Tage)	11,2	8,6	9,3
FV-Intensität		662	1 382	2 044

Bettenkapazität: 582   Betten/100 E: 18

Auskünfte:
Gemeinde Münsing
Rathaus
D-8193 Münsing
Tel.: (0 81 77) 2 17

Vollzogene Maßnahmenkombination

Verkehrsbeschränkungen im Erholungsgebiet "Starnberger See":

Verbot für **Kfz aller Art** auf der Seeuferstraße (Starnberger See), ganztägig, ganzjährig (seit über 50 Jahren)
(Ausnahmeregelungen für Anlieger (Anwohner, Mitglieder in Sportvereinen, Zulieferer, Handwerker) auf Antrag. Begrenzung auf bestimmte Straßenabschnitte. Maximale Gültigkeitsdauer 2 Jahre. Kennzeichnung der berechtigten Fahrzeuge durch Plakette.

"Die Seestraße darf nur mit einer zulässigen Höchstgeschwindigkeit bis 30 km/h befahren werden. Auf Fußgänger und Radfahrer ist besonders Rücksicht zu nehmen und es ist verboten verkehrsbehindernd zu parken." entnommen aus: "Anliegerausweis" der Gemeindeverwaltung Münsing)

Siehe auch Bild F 54

Geltungsbereich

OT Ambach,
OT Ammerland und
OT Seeheim

D-8210 PRIEN AM CHIEMSEE, Markt D 23 14

Kneipp- und Luftkurort	Bayern	FVV München-Oberbayern
518 - 610 m ü.d.M.	187 Lkr. Rosenheim	Deutscher Bäderverband
8 775 Einwohner	Unterzentrum	Bahnanschluß

FV-Statistik		Winter-halbjahr	Sommer-halbjahr	FV-Jahr 1979/80
Ankünfte		9 648	25 763	35 411
Anteil Ankünfte	(v.H.)	27,2	72,8	100
Übernachtungen		98 849	296 248	395 097
Anteil Übernachtungen	(v.H.)	25,0	75,0	100
Aufenthaltsdauer	(Tage)	10,2	11,5	11,2
FV-Intensität		1 126	3 376	4 502

Bettenkapazität: 4 099   Betten/100 E: 47

Auskünfte:
Kurverwaltung Prien
Postfach
D-8210 Prien am Chiemsee
Tel.: (0 80 51) 43 68

Vollzogene Maßnahmenkombination

Vorrangbereich für Fußgänger, Fertigstellung 1981,
1 Straße, Länge ca. 150 m, Fläche ca. 2 000 m²
(Ausnahmen für Anwohner und Pensionsgäste, ganztägig
Lieferverkehr frei: Mo - Fr 06.00 - 10.00 h u. 17.00 - 18.00 h,
Sa 06.00 - 09.00 h u. 12.00 - 13.00 h)

Verbot für **Krad**, ganzjährig, 6 Straßen (seit 1976)

Geltungsbereich
Kernort

Umfahrungsstraße (Westliche Umfahrung)   wie oben

Geplante Maßnahmenkombination
Kernort

D-8216 REIT IM WINKL D 23 15

Luftkurort	Bayern	FVV München-Oberbayern
700 m ü.d.M.	189 Lkr. Traunstein	
2 572 Einwohner	Kleinzentrum	

FV-Statistik		Winter-halbjahr	Sommer-halbjahr	FV-Jahr 1979/80
Ankünfte		35 436	36 466	71 902
Anteil Ankünfte	(v.H.)	49,3	50,7	100
Übernachtungen		297 993	354 660	652 653
Anteil Übernachtungen	(v.H.)	45,7	54,3	100
Aufenthaltsdauer	(Tage)	8,4	9,7	9,1
FV-Intensität		11 586	13 789	25 375

Bettenkapazität: 4 397   Betten/100 E: 171

Auskünfte:
Gemeinde Reit im Winkl
Postfach 60
D-8216 Reit im Winkl
Tel.: (0 86 40) 10 11

Vollzogene Maßnahmenkombination

Verbot für **Lkw und Krad** in Ortszentrum, von 22.00 - 05.00 h, 5 Monate während der Sommersaison (seit 1960)

Geltungsbereich
Kernort

Geplante Maßnahmenkombination

Entlastungsstraße für Ortszentrum, Fertigstellung ca. 1984   Kernort

München-Oberbayern = D 23 --

D-8222 RUHPOLDING D 23 16

Luftkurort | Bayern | FVV München-Oberbayern
650 - 1 100 m ü.d.M. | 189 Lkr. Traunstein | Bahnanschluß
6 268 Einwohner | Unterzentrum |

FV-Statistik		Winter-halbjahr	Sommer-halbjahr	FV-Jahr 1979/80
Ankünfte		27 762	55 159	82 921
Anteil Ankünfte	(v.H.)	33,5	66,5	100
Übernachtungen		264 713	624 942	889 655
Anteil Übernachtungen	(v.H.)	29,8	70,2	100
Aufenthaltsdauer	(Tage)	9,5	11,3	10,7
FV-Intensität		4 224	9 970	14 194

Bettenkapazität: 7 236   Betten/100 E: 115

Vollzogene Maßnahmenkombination

Vorrangbereich für Fußgänger, 1 Straße, Länge ca. 150 m, Fläche ca. 900 m² (1982 versuchsweise eingerichtet, ohne bauliche Umgestaltung)

Verbot für Omnibus, ganztägig, ganzjährig, 2 Straßen im Ortskern (seit 1981)
(Ausnahmegenehmigung im Einzelfall möglich)

Ruhpoldinger **Bus-Ortslinienverkehr**, kostenlose Benutzung für Kurgäste zwischen Ortsmitte und der für ihre Unterkunft passenden Haltestelle, siehe auch Bilder F 105 bis F 108

Auskünfte:
Gemeindeverwaltung
Ruhpolding
Postfach 11 80
D-8222 Ruhpolding
Tel.: (0 86 63) 13 51

Geltungsbereich
Kernort

wie oben

D-8221 SEEON-SEEBRUCK D 23 17

Luftkurort | Bayern | FVV München-Oberbayern
540 m ü.d.M. | 189 Lkr. Traunstein |
3 470 Einwohner | Kleinzentrum |

FV-Statistik		Winter-halbjahr	Sommer-halbjahr	FV-Jahr 1979/80
Ankünfte		3 239	12 306	15 545
Anteil Ankünfte	(v.H.)	20,1	79,9	100
Übernachtungen		24 213	103 033	127 246
Anteil Übernachtungen	(v.H.)	19,0	81,0	100
Aufenthaltsdauer	(Tage)	7,5	8,4	8,2
FV-Intensität		698	2 969	3 667

Bettenkapazität: 1 746   Betten/100 E: 50

Vollzogene Maßnahmenkombination

Verbot für **Krad** von 22.00 - 06.00 h, ganzjährig (seit 1981)

Geplante Maßnahmenkombination

Umfahrungsstraße

Auskünfte:
Gemeinde Seeon-Seebruck
Postfach 60
D-8221 Seebruck
Tel.: (0 86 67) 71 31

Geltungsbereich
OT Seebruck

OT Seeon und
OT Seebruck

D-8180 TEGERNSEE, Stadt D 23 18

Heilklimat. Kurort | Bayern | FVV München-Oberbayern
732 - 1 264 m ü.d.M. | 182 Lkr. Miesbach | Deutscher Bäderverband
4 849 Einwohner | Mittelzentrum | Bahnanschluß

FV-Statistik		Winter-halbjahr	Sommer-halbjahr	FV-Jahr 1979/80
Ankünfte		14 622	24 125	38 747
Anteil Ankünfte	(v.H.)	37,7	62,3	100
Übernachtungen		87 082	202 991	290 073
Anteil Übernachtungen	(v.H.)	30,0	70,0	100
Aufenthaltsdauer	(Tage)	6,0	8,4	7,5
FV-Intensität		1 796	4 186	5 982

Bettenkapazität: 1 959   Betten/100 E: 40

Vollzogene Maßnahmenkombination

Verbot für **Krad** von 22.00 - 06.00 h, 1. Mai - 31. Oktober (seit 1964)
(Ausnahmegenehmigungen werden nicht erteilt)

Verbot für **Lkw** über 7,5 t von 23.00 - 06.00 h

Siehe ausführlich Teil D 1, Kapitel 7, Fahrbeschränkungen für Lkw im Tegernseer Tal

Geplante Maßnahmenkombination

Verkehrsberuhigter Bereich nach Z 325/326 StVO

Auskünfte:
Stadt Tegernsee
- Baureferat -
Postfach 69
D-8180 Tegernsee
Tel.: (0 80 22) 39 81

Geltungsbereich
Kernort

Tegernseer Tal

Kernort

D-8120 WEILHEIM I. OB., Stadt D 23 19

Sonstige Berichtsgemeinde | Bayern | FVV München-Oberbayern
570 m ü.d.M. | 190 Lkr. Weilheim-Schongau | Bahnanschluß
17 100 Einwohner | Mittelzentrum |

FV-Statistik		Winter-halbjahr	Sommer-halbjahr	FV-Jahr 1979/80
Ankünfte		4 849	6 327	11 176
Anteil Ankünfte	(v.H.)	43,4	56,6	100
Übernachtungen		7 839	10 675	18 514
Anteil Übernachtungen	(v.H.)	42,3	57,7	100
Aufenthaltsdauer	(Tage)	1,6	1,7	1,7
FV-Intensität		46	62	108

Bettenkapazität: 167   Betten/100 E: 1

Vollzogene Maßnahmenkombination

Vorrangbereich für Fußgänger (Marienplatz)

Auskünfte:
Stadtverwaltung
Weilheim i. OB.
Rathaus
D-8120 Weilheim i. OB.
Tel.: (08 81) 68 20

Geltungsbereich
Kernort

Ostbayern = D 24

D-8403 BAD ABBACH, Markt — D 24 01

Schwefelbad
356 m ü.d.M.
6 318 Einwohner

Bayern
273 Lkr. Kelheim
Kleinzentrum

FVV Ostbayern
Deutscher Bäderverband
Bahnanschluß

FV-Statistik		Winter-halbjahr	Sommer-halbjahr	FV-Jahr 1979/80
Ankünfte		4 816	7 188	12 004
Anteil Ankünfte	(v.H.)	40,1	59,9	100
Übernachtungen		113 497	159 661	273 158
Anteil Übernachtungen	(v.H.)	41,5	48,5	100
Aufenthaltsdauer	(Tage)	23,6	22,2	22,8
FV-Intensität		1 796	2 796	4 323

Bettenkapazität: 1 029   Betten/100 E: 16

Auskünfte:
Markt Bad Abbach
Rathaus
D-8403 Bad Abbach
Tel.: (0 94 05) 10 07

Geltungsbereich
Kernort

Vollzogene Maßnahmenkombination

Verbot für **Krad** von 20.00 - 05.00 h

D-8345 BIRNBACH — D 24 03

Heilquellen-Kurbetrieb, Erholungsort
350 - 450 m ü.d.M.
4 819 Einwohner

Bayern
277 Lkr. Rottal-Inn
Kleinzentrum

FVV Ostbayern
Deutscher Bäderverband
Bahnanschluß

FV-Statistik		Winter-halbjahr	Sommer-halbjahr	FV-Jahr 1979/80
Ankünfte		4 281	8 726	13 007
Anteil Ankünfte	(v.H.)	32,9	67,1	100
Übernachtungen		31 451	106 323	137 774
Anteil Übernachtungen	(v.H.)	22,8	77,2	100
Aufenthaltsdauer	(Tage)	7,3	12,2	10,6
FV-Intensität		653	2 206	2 859

Bettenkapazität: 968   Betten/100 E: 20

Auskünfte:
Verwaltungsgemeinschaft
Birnbach
Postfach 110
D-8345 Birnbach
Tel.: (0 85 63) 13 12

Geltungsbereich
wie oben

Vollzogene Maßnahmenkombination

Vorrangbereich für Fußgänger (Neuer Marktplatz), Fertigstellung 1981, Länge ca. 120 m, Fläche ca. 3 000 m² (Keine Ausnahmeregelungen, Anlieferung erfolgt von der Rückseite)

Geschwindigkeitsbeschränkung auf max. 30 km/h, ganzjährig, in einem Wohngebiet seit 1966, im Kurgebiet seit 1977

D-8397 BAD FÜSSING — D 24 02

Thermalbad
324 m ü.d.M.
5 321 Einwohner

Bayern
275 Lkr. Passau
Kleinzentrum

FVV Ostbayern
Deutscher Bäderverband

FV-Statistik		Winter-halbjahr	Sommer-halbjahr	FV-Jahr 1979/80
Ankünfte		31 005	70 414	101 419
Anteil Ankünfte	(v.H.)	30,6	69,4	100
Übernachtungen		663 769	1 523 362	2 187 131
Anteil Übernachtungen	(v.H.)	30,3	69,7	100
Aufenthaltsdauer	(Tage)	21,4	21,6	21,6
FV-Intensität		1 247	2 863	4 110

Bettenkapazität: 9 357   Betten/100 E: 176

Auskünfte:
Gemeinde Bad Füssing
Postfach 105
D-8397 Bad Füssing
Tel.: (0 85 31) 2 13 31

Geltungsbereich
01 Bad Füssing

Vollzogene Maßnahmenkombination

Verkehrsberuhigter Bereich nach **Z 325/326 StVO**, Fertigstellung 1981, 2 Straßen, Länge ca. 600 m

Verbot für **Pkw** in der gesamten Kurzone, von 00.00 - 06.00 h, vom 1. April bis 31. Oktober (seit 1979)

Verbot für **Lkw** über 2,5 t und **Krad** in der gesamten Kurzone, von 13.00 - 15.00 h und von 20.00 - 06.00 h, ganzjährig (seit 1979)

Näheres siehe Teil D 3 sowie Bilder F 69 bis F 72, F 88, F 89, F 90

D-8373 BODENMAIS, Markt — D 24 04

Luftkurort
700 m ü.d.M.
3 451 Einwohner

Bayern
276 Lkr. Regen
Kleinzentrum

FVV Ostbayern
Bahnanschluß

FV-Statistik		Winter-halbjahr	Sommer-halbjahr	FV-Jahr 1979/80
Ankünfte		21 818	43 020	64 838
Anteil Ankünfte	(v.H.)	33,7	66,3	100
Übernachtungen		172 979	470 577	643 556
Anteil Übernachtungen	(v.H.)	26,9	73,1	100
Aufenthaltsdauer	(Tage)	7,9	10,9	9,9
FV-Intensität		5 012	13 636	18 648

Bettenkapazität: 5 332   Betten/100 E: 155

Auskünfte:
Markt Bodenmais
Bergknappenstraße 10
D-8373 Bodenmais
Tel.: (0 99 24) 2 14

Geltungsbereich
Kernort   wie oben

Vollzogene Maßnahmenkombination

Vorrangbereich für Fußgänger (Marktplatz u. 1 Straße), Länge ca. 500 m, im Bau, Fertigstellung im Frühjahr 1983

Verbot für **Krad** von 22.00 - 06.00 h, ganzjährig, Marktplatz u. 3 Straßen (seit 1981)

Umfahrungsstraße (Südumfahrung), Fertigstellung 1982 (Nordumfahrung geplant, Fertigstellung 1985/87)

Ostbayern = D 24

D-8399 GRIESBACH IM ROTTAL, Stadt — D 24 05

Heilquellen-Kurbetrieb, Luftkurort
525 m ü.d.M.
6 451 Einwohner

Bayern
275 Lkr. Passau
Unterzentrum

FVV Ostbayern
Deutscher Bäderverband

FV-Statistik		Winter-halbjahr	Sommer-halbjahr	FV-Jahr 1979/80
Ankünfte		7 701	10 633	18 334
Anteil Ankünfte	(v.H.)	42,0	58,0	100
Übernachtungen		68 668	122 123	190 791
Anteil Übernachtungen	(v.H.)	36,0	64,0	100
Aufenthaltsdauer	(Tage)	8,9	11,5	10,4
FV-Intensität		1 065	1 892	2 957

Bettenkapazität: 1 747 Betten/100 E: 27

Auskünfte:
Kurverwaltung Griesbach
Rathaus
D-8399 Griesbach i.R.
Tel.: (0 85 32) 10 41

Vollzogene Maßnahmenkombination

Errichtung eines Kurzentrums auf der "Grünen Wiese". Gästeunterkünfte und Kureinrichtungen wurden um einen fahrzeugfreien **"Fußgängerbereich"** errichtet.
Kostenloser Personen- und Gepäcktransport zwischen Auffangparkplatz und Gästeunterkünften durch ein elektrisch betriebenes Kurtaxi.

Näheres siehe Teil D 3

Geltungsbereich
Thermalkurviertel außerhalb des Kernortes

wie oben

D-8483 VOHENSTRAUSS, Stadt — D 24 06

Sonstige Berichtsgemeinde
581 m ü.d.M.
7 048 Einwohner

Bayern
374 Lkr. Neustadt an der Waldnaab
Mögliches Mittelzentrum

FVV Ostbayern

FV-Statistik		Winter-halbjahr	Sommer-halbjahr	FV-Jahr 1979/80
Ankünfte		2 486	6 124	8 610
Anteil Ankünfte	(v.H.)	28,9	71,1	100
Übernachtungen		7 612	35 625	43 237
Anteil Übernachtungen	(v.H.)	17,6	82,4	100
Aufenthaltsdauer	(Tage)	3,1	5,8	5,0
FV-Intensität		108	506	614

Bettenkapazität: 737 Betten/100 E: 11

Auskünfte:
Stadt Vohenstrauß
Postfach 11 20
D-8483 Vohenstrauß
Tel.: (0 96 51) 17 66

Vollzogene Maßnahmenkombination

Vorrangbereich für Fußgänger, Fertigstellung 1982,
1 Straße, Länge ca. 120 m, Fläche ca. 1.000 m²
(Ausnahmeregelung für Anlieger)

Umfahrungsstraßen – Fertigstellung 1978
 – Fertigstellung 1981

Geltungsbereich
Kernort

wie oben
OT Waldau

D-8494 WALDMÜNCHEN, Stadt — D 24 07

Luftkurort
512 m ü.d.M.
7 191 Einwohner

Bayern
372 Lkr. Cham
Unterzentrum

FVV Ostbayern
Bahnanschluß

FV-Statistik		Winter-halbjahr	Sommer-halbjahr	FV-Jahr 1979/80
Ankünfte		2 995	7 368	10 363
Anteil Ankünfte	(v.H.)	28,9	71,1	100
Übernachtungen		16 885	63 795	80 680
Anteil Übernachtungen	(v.H.)	20,9	79,1	100
Aufenthaltsdauer	(Tage)	5,6	8,7	7,8
FV-Intensität		235	887	1 122

Bettenkapazität: 1 180 Betten/100 E: 16

Vollzogene Maßnahmenkombination

Verbot für Krad
Umfahrungsstraße

Geplante Maßnahmenkombination

Vorrangbereich für Fußgänger

Auskünfte:
Städt. Verkehrsamt
Waldmünchen
D-8494 Waldmünchen
Tel.: (0 99 72) 2 62

Geltungsbereich
Kernort

wie oben

Kernort

Hessen = D 30

D-6277 BAD CAMBERG, Stadt — D 30 01

Kneippheilbad
218 - 526 m ü.d.M.
11 455 Einwohner

Hessen
533 Lkr. Limburg-Weilburg
Unterzentrum (MZ)

Hessischer FVV
Deutscher Bäderverband
Bahnanschluß

Auskünfte:
Stadt. Kurverwaltung
Bad Camberg
Postfach
D-6277 Bad Camberg
Tel.: (064 34) 60 01/60 04

Geltungsbereich
Kernort

FV-Statistik

		Winter-halbjahr	Sommer-halbjahr	FV-Jahr 1979/80
Ankünfte		10 326	13 886	24 212
Anteil Ankünfte	(v.H.)	42.6	57.4	100
Übernachtungen		89 851	101 119	190 970
Anteil Übernachtungen	(v.H.)	47.0	53.0	100
Aufenthaltsdauer	(Tage)	8.7	7.3	7.9
FV-Intensität		784	883	1 667

Bettenkapazität: 795   Betten/100 E: 7

Vollzogene Maßnahmenkombination

Verbot für Kfz aller Art im Durchgangsverkehr im Kurviertel (Anlieger frei)

Geplante Maßnahmenkombination

Umfahrungsstraße

D-6430 BAD HERSFELD, Stadt — D 30 02

Mineralheilbad
200 - 300 m ü.d.M.
28 248 Einwohner

Hessen
632 Lkr. Hersfeld-Rotenburg
Mittelzentrum (OZ)

Hessischer FVV
Deutscher Bäderverband
Bahnanschluß

Auskünfte:
Kreisstadt
Bad Hersfeld
- Planungs- und Bauordnungsamt -
Klausstraße 1
D-6430 Bad Hersfeld
Tel.: (066 21) 20 13 15

Geltungsbereich
Kernort

FV-Statistik

		Winter-halbjahr	Sommer-halbjahr	FV-Jahr 1979/80
Ankünfte		19 323	29 727	49 050
Anteil Ankünfte	(v.H.)	39.4	60.6	100
Übernachtungen		138 581	181 685	320 266
Anteil Übernachtungen	(v.H.)	43.3	56.7	100
Aufenthaltsdauer	(Tage)	7.2	6.1	6.5
FV-Intensität		491	643	1 134

Bettenkapazität: 1658   Betten/100 E: 6

Vollzogene Maßnahmenkombination

Vorrangbereich für Fußgänger in der Innenstadt, Fertigstellung 1971/72, Länge ca. 800 m, Fläche ca. 15 000 m² (Ausnahmen für Anwohner mit Garage im "Fußgängerzonenbereich" und für Lieferverkehr von 06.00 - 10.00 h und 19.00 - 21.00 h)

Verbot für **Fahrzeuge aller Art** im Kurviertel (Ausnahmen für Anlieger und Stadtbusse im Linienverkehr, ganztägig)

Verbot für **Krad** im Kurviertel von 22.00 - 06.00 h

Umfahrungsstraße für Kurviertel, Fertigstellung 1973

D-6380 BAD HOMBURG v.d. HÖHE, Stadt — D 30 03

Heilbad
200 m ü.d.M.
51 221 Einwohner

Hessen
434 Hochtaunuskreis
Mittelzentrum im Verdichtungsgebiet

Hessischer FVV
Deutscher Bäderverband
Bahnanschluß

Auskünfte:
Stadt
Bad Homburg v.d. Höhe
Marienbader Platz 1
D-6380 Bad Homburg v.d.H.
Tel.: (061 72) 10 02 84

Geltungsbereich
Kernort
wie oben

FV-Statistik

		Winter-halbjahr	Sommer-halbjahr	FV-Jahr 1979/80
Ankünfte		20 665	20 304	40 969
Anteil Ankünfte	(v.H.)	50.4	49.6	100
Übernachtungen		239 665	261 421	501 086
Anteil Übernachtungen	(v.H.)	47.8	52.2	100
Aufenthaltsdauer	(Tage)	11.6	12.9	12.2
FV-Intensität		468	510	978

Bettenkapazität: 2 084   Betten/100 E: 4

Vollzogene Maßnahmenkombination

Vorrangbereich für Fußgänger

Verbot für **Krad** im Kurbezirk von 13.00 - 15.00 h u. von 22.00 - 07.00 h

---

D-3522 BAD KARLSHAFEN, Stadt — D 30 04

Soleheilbad
111 - 275 m ü.d.M.
4 424 Einwohner

Hessen
633 Lkr. Kassel
Kleinzentrum (UZ)

Hessischer FVV
Deutscher Bäderverband
Bahnanschluß

Auskünfte:
Stadt Bad Karlshafen
Rathaus
D-3522 Bad Karlshafen 1
Tel.: (056 72) 10 91

Geltungsbereich
Kernort

FV-Statistik

		Winter-halbjahr	Sommer-halbjahr	FV-Jahr 1979/80
Ankünfte		8 128	19 959	28 087
Anteil Ankünfte	(v.H.)	28.9	71.1	100
Übernachtungen		34 892	126 027	160 919
Anteil Übernachtungen	(v.H.)	21.7	78.3	100
Aufenthaltsdauer	(Tage)	4.3	6.3	5.7
FV-Intensität		789	2 848	3 637

Bettenkapazität: 1722   Betten/100 E: 39

Vollzogene Maßnahmenkombination

Vorrangbereich für Fußgänger, Fertigstellung 1978, Länge ca. 400 m, Fläche ca. 8 000 m² (Lieferverkehr frei von 22.00 - 06.00 h)

D-6123 BAD KÖNIG, Stadt   D 30 05

Heilbad	Hessen	Hessischer FVV
180 - 440 m ü.d.M.	437 Odenwaldkreis	Deutscher Bäderverband
8 148 Einwohner	Unterzentrum	Bahnanschluß

FV-Statistik		Winter-halbjahr	Sommer-halbjahr	FV-Jahr 1979/80	Auskünfte:
Ankünfte		9 645	15 198	24 843	Stadt Bad König
Anteil Ankünfte	(v.H.)	38.8	61.2	100	- Stadtbauamt -
Übernachtungen		120 778	225 047	345 825	Schloßplatz 6
Anteil Übernachtungen	(v.H.)	34.9	65.1	100	D-6123 Bad König
Aufenthaltsdauer	(Tage)	12.5	14.8	13.9	Tel.: (0 60 63) 20 07/
FV-Intensität		1 482	2 762	4 244	20 08

Bettenkapazität: 1 727   Betten/100 E: 21

Vollzogene Maßnahmenkombination   **Geltungsbereich**

Verbot für **Krad**, ganztägig, ganzjährig (seit 1979)   Kernort

Umfahrungsstraße im Zuge der B45   wie oben und
                                                                        OT Zell

D-6350 BAD NAUHEIM, Stadt   D 30 06

Heilbad	Hessen	Hessischer FVV
144 m ü.d.M.	440 Wetteraukreis	Deutscher Bäderverband
26 979 Einwohner	Mittelzentrum (OZ)	Bahnanschluß

FV-Statistik		Winter-halbjahr	Sommer-halbjahr	FV-Jahr 1979/80	Auskünfte:
Ankünfte		39 537	45 746	85 283	Hessisches Staatsbad
Anteil Ankünfte	(v.H.)	46.4	53.6	100	Bad Nauheim
Übernachtungen		518 722	659 029	1 177 751	Ludwigstraße 20 -22
Anteil Übernachtungen	(v.H.)	44.0	56.0	100	D-6350 Bad Nauheim
Aufenthaltsdauer	(Tage)	13.1	14.4	13.8	Tel.: (0 60 32) 34 41
FV-Intensität		1 923	2 442	4 365	

Bettenkapazität: 5 197   Betten/100 E: 19

Vollzogene Maßnahmenkombination   **Geltungsbereich**

Vorrangbereich für Fußgänger, Fertigstellung 1978,   Kernort
2 Straßen, Länge ca. 650 m, Fläche ca. 4 350 m²
(Lieferverkehr frei von 06.00 - 10.30 h, von 12.00 - 15.00 h
und von 18.00 - 19.00 h
Anwohner mit Ausnahmegenehmigung frei, ganztägig)

Vorrangbereich für Fußgänger im Bereich der Badehäuser   wie oben
(Ausnahmegenehmigungen für Kurgäste gegen Vorlage der Kurkarte in der
Straßensperrung durch Halbschranken von 22.00 - 06.00 h, Bedienung durch
Personal der Kurverwaltung oder angrenzender Kurkliniken.
(Anlieger frei)

Verbot für **Fahrzeuge aller Art** von 22.00 - 06.00 h, 4 Straßen im Kurgebiet.   wie oben

Verbot für **Lkw** über 2,8 t und **Krad**, ganztägig, 1 Durchgangsstraße   wie oben
(seit 1967)

Einbahnregelung zur Unterbindung der Durchfahrt im Kurviertel   wie oben

Umfahrungsstraße für das Kurviertel   wie oben

Geschwindigkeitsbeschränkung auf max. 25 km/h (amerikanische Siedlung) wie oben

Geplante Maßnahmenkombination

Umfahrungsstraße, Baubeginn ca. 1984   Kernort

Hessen = D 30 --

D-6482 BAD ORB, Stadt   D 30 07

Heilbad
170 - 540 m ü.d.M.
8 248 Einwohner

Hessen
435 Main-Kinzig-Kreis
Mittelzentrum

Hessischer FVV
Deutscher Bäderverband
Bahnanschluß

FV-Statistik		Winter-halbjahr	Sommer-halbjahr	FV-Jahr 1979/80
Ankünfte		15 439	46 739	62 178
Anteil Ankünfte	(v.H.)	24,8	75,2	100
Übernachtungen		257 492	935 615	1 193 107
Anteil Übernachtungen	(v.H.)	21,6	78,4	100
Aufenthaltsdauer	(Tage)	16,7	20,0	19,2
FV-Intensität		3 122	11 343	14 465

Bettenkapazität: 6 473   Betten/100 E: 79

Auskünfte:
Stadt Bad Orb
- Ordnungsamt -
Rathaus
D-6482 Bad Orb
Tel.: (0 60 52) 20 95

Geltungsbereich
Bad Orb
wie oben
wie oben
wie oben

Vollzogene Maßnahmenkombination

Einteilung des Stadtgebiets in 6 Verkehrszonen

Vorrangbereich für Fußgänger ("Fußgängerzone Innenstadt") (seit 1974)
Siehe auch Bilder F 20, F 21, F 33, F 120, F 121

Verbot für **Lkw** über 7,5 t im gesamten Ortsbereich von 23.00 - 06.00 h

Verbot für **Krad** von 23.00 - 06.00 h bzw. ganztägig

Näheres siehe Teil D 3

D-6427 BAD SALZSCHLIRF   D 30 08

Mineralheilbad und Moorbad
250 m ü.d.M.
2 500 Einwohner

Hessen
631 Lkr. Fulda
Unterzentrum

Hessischer FVV
Deutscher Bäderverband
Bahnanschluß

FV-Statistik		Winter-halbjahr	Sommer-halbjahr	FV-Jahr 1979/80
Ankünfte		9 744	13 816	23 560
Anteil Ankünfte	(v.H.)	41,4	58,6	100
Übernachtungen		159 613	283 917	443 530
Anteil Übernachtungen	(v.H.)	36,0	64,0	100
Aufenthaltsdauer	(Tage)	16,4	20,5	18,8
FV-Intensität		6 385	11 357	17 742

Bettenkapazität: 2 128   Betten/100 E: 85

Auskünfte:
Gemeinde Bad Salzschlirf
Rathaus
D-6427 Bad Salzschlirf
Tel.: (0 66 48) 20 11

Geltungsbereich
Kernort

Vollzogene Maßnahmenkombination

Zeitlich begrenzte Fahrverbote im Kurbereich
- Verbot für **Krad** von 14.00 - 16.00 h, 1 Straße
- Verbot für **Krad** von 18.00 - 06.00 h, 1 Straße
- Verbot für **Krad** von 22.00 - 06.00 h, 1 Straße
- Verbot für **Krad** und **Lkw** über 3,5 t von 22.00 - 06.00 h, 1 Straße

D-6483 BAD SODEN-SALMÜNSTER, Stadt   D 30 09

Mineralheilbad
157 - 460 m ü.d.M.
11 293 Einwohner

Hessen
435 Main-Kinzig-Kreis
Mittelzentrum

Hessischer FVV
Deutscher Bäderverband
Bahnanschluß

FV-Statistik		Winter-halbjahr	Sommer-halbjahr	FV-Jahr 1979/80
Ankünfte		23 243	25 891	49 134
Anteil Ankünfte	(v.H.)	47,3	52,7	100
Übernachtungen		366 622	411 019	777 641
Anteil Übernachtungen	(v.H.)	47,1	52,9	100
Aufenthaltsdauer	(Tage)	15,8	15,9	15,8
FV-Intensität		3 247	3 639	6 886

Bettenkapazität: 3 225   Betten/100 E: 29

Auskünfte:
Stadt. Kurverwaltung
Bad Soden-Salmünster
Postfach
D-6483 Bad Soden-Salmünster
Tel.: (0 60 56) 20 51

Geltungsbereich
OT Bad Soden

wie oben

OT Bad Soden
wie oben
wie oben

Vollzogene Maßnahmenkombination

Verbot für **Kfz** aller Art im Kurgebiet,
von 12.00 - 15.00 h und von 22.00 - 06.00 h,
zusätzlich Verbot für **Krad**, ganztägig
(Ausnahmen für Anwohner, vgl. Bilder F 57, F 58)

Geschwindigkeitsbeschränkung auf max. 30 km/h im Kurgebiet

Geplante Maßnahmenkombination

Vorrangbereich für Fußgänger, Fertigstellung ca. 1985/88 im Zusammenhang mit dem Bau der Umfahrungsstraße

Umfahrungsstraße, Fertigstellung ca. 1985/88

Verbot für **Kfz** aller Art im gesamten Kurgebiet von 22.00 - 06.00 h
(Ausnahme: Durchgangsstraße = Landesstraße)

Hessen = D 30 --

D-3437 BAD SOODEN-ALLENDORF, Stadt   D 30 10

Heilbad
150 - 250 m ü.d.M.
9 825 Einwohner

Hessen
636 Werra-Meißner-Kreis
Unterzentrum

Hessischer FVV
Deutscher Bäderverband
Bahnanschluß

FV-Statistik		Winter-halbjahr	Sommer-halbjahr	FV-Jahr 1979/80	Auskünfte:
Ankünfte		21 721	37 693	59 414	Stadt
Anteil Ankünfte	(v.H.)	36.6	63.4	100	Bad Sooden-Allendorf
Übernachtungen		268 067	449 907	717 974	Am Markt 8
Anteil Übernachtungen	(v.H.)	37.3	62.7	100	D-3437 Bad Sooden-
Aufenthaltsdauer	(Tage)	12.3	11.9	12.1	Allendorf
FV-Intensität		2 728	4 580	7 308	Tel.: (0 56 52) 20 33

Bettenkapazität: 3 642   Betten/100 E: 37

Vollzogene Maßnahmenkombination   Geltungsbereich

Vorrangbereich für Fußgänger   OT Bad Sooden
Mischzone für Fußgänger und Fahrzeuge   wie oben
Verbot für Krad im Kurbereich, ganztägig   wie oben
Verbot für Krad in der Innenstadt von 21.00 - 06.00 h   OT Allendorf
Verbot für Lkw über 7,5 t von 22.00 - 06.00 h   OT Oberrieden
(Ausnahmen von den Fahrverboten für Anlieger)

Geplante Maßnahmenkombination

Vorrangbereich für Fußgänger (Marktplatz)   OT Allendorf

D-6368 BAD VILBEL, Stadt   D 30 11

Heilbad
108 - 190 m ü.d.M.
25 931 Einwohner

Hessen
440 Wetteraukreis
Mittelzentrum im Verdichtungsgebiet

Hessischer FVV
Deutscher Bäderverband
Bahnanschluß

FV-Statistik		Winter-halbjahr	Sommer-halbjahr	FV-Jahr 1979/80	Auskünfte:
Ankünfte		5 611	6 157	11 768	Stadt Bad Vilbel
Anteil Ankünfte	(v.H.)	47.7	52.3	100	Straßenverkehrsbehörde
Übernachtungen		14 063	15 320	29 383	Postfach 1150
Anteil Übernachtungen	(v.H.)	47.9	52.1	100	D-6368 Bad Vilbel
Aufenthaltsdauer	(Tage)	2.5	2.5	2.5	Tel.: (0 61 93) 60 22 61
FV-Intensität		54	59	113	

Bettenkapazität: 243   Betten/100 E: 1

Vollzogene Maßnahmenkombination   Geltungsbereich

Verbot für Kfz aller Art von 19.00 - 07.00 h, ganzjährig (seit 1970/1981)   Kernort
Verbot für Krad, ganztägig, ganzjährig (seit 1970)   wie oben
Geschwindigkeitsbeschränkung auf max. 40 km/h, 4 Straßen, ganztägig, ganzjährig (seit 1980/1981)   wie oben
Umfahrungsstraße, Fertigstellung 1981   OT Gronau

D-3590 BAD WILDUNGEN, Stadt   D 30 12

Heilbad (OT Bad Wildungen)
Mineralheilbad (OT Reinhardshausen)
330 m ü.d.M.
15 665 Einwohner

Hessen
635 Lkr. Waldeck-Frankenberg
Mittelzentrum

Hessischer FVV
Deutscher Bäderverband
Bahnanschluß

FV-Statistik		Winter-halbjahr	Sommer-halbjahr	FV-Jahr 1979/80	Auskünfte:
Ankünfte		35 145	51 623	86 768	Stadt Bad Wildungen
Anteil Ankünfte	(v.H.)	40.5	59.5	100	- Stadtbauamt -
Übernachtungen		771 154	1 041 210	1 812 364	Postfach 15 63
Anteil Übernachtungen	(v.H.)	42.5	57.5	100	D-3590 Bad Wildungen
Aufenthaltsdauer	(Tage)	21.9	20.2	20.1	Tel.: (0 56 21) 60 01
FV-Intensität		4 923	6 646	11 569	

Bettenkapazität: 8 011   Betten/100 E: 51

Vollzogene Maßnahmenkombination   Geltungsbereich

Verbot für Lkw über 2.8 t, ganztägig, ganzjährig,   Kernort
auf einem Teilstück der Ortsdurchfahrt im Zuge der B 253
Verbot für Krad in mehreren Altstadtstraßen, 20.00 - 07.00 h, ganzjährig   wie oben
Altstadtumfahrung (Teilstück) mit Einbahnverkehr   wie oben

Umfahrungsstraßen

- Nordumfahrung im Zuge der K 32
- Südumfahrung im Zuge der B 253 (Teilstück)

Hessen = D 30 --

D-3560 BIEDENKOPF, Stadt   D 30 13

Luftkurort
273 – 674 m ü.d.M.
14 536 Einwohner

Hessen
534 Lkr. Marburg-Biedenkopf
Mittelzentrum

Hessischer FVV
Bahnanschluß

FV-Statistik		Winter-halbjahr	Sommer-halbjahr	FV-Jahr 1979/80
Ankünfte		3 801	6 737	10 538
Anteil Ankünfte	(v.H.)	36.1	63.9	100
Übernachtungen		8 652	26 200	34 852
Anteil Übernachtungen	(v.H.)	24.8	75.2	100
Aufenthaltsdauer	(Tage)	2.3	3.9	3.3
FV-Intensität		60	180	240

Bettenkapazität: 556   Betten/100 E: 4

Auskünfte:
Stadt Biedenkopf
Rathaus
D-3560 Biedenkopf
Tel.: (0 64 61) 30 21

Vollzogene Maßnahmenkombination   **Geltungsbereich**

Verkehrsberuhigter Bereich nach Z 325/326 StVO, Fertigstellung 1981/82,   Kernort
2 Straßen, Länge ca. 350 m, Fläche ca. 2 100 m²

Geplante Maßnahmenkombination

Vorrangbereich für Fußgänger, Fertigstellung nach 1990   Kernort

Umfahrungsstraße, Fertigstellung nach 1990   wie oben und
    OT Wallau

D-6345 ESCHENBURG   D 30 14

Sonstige Berichtsgemeinde
300 – 500 m ü.d.M.
9 357 Einwohner

Hessen
532 Lahn-Dill-Kreis
Unterzentrum

Hessischer FVV

FV-Statistik		Winter-halbjahr**	Sommer-halbjahr	FV-Jahr 1979/80
Ankünfte		1 374	3 012	4 386
Anteil Ankünfte	(v.H.)	31.3	68.7	100
Übernachtungen		7 699	32 262	39 961
Anteil Übernachtungen	(v.H.)	19.3	80.7	100
Aufenthaltsdauer	(Tage)	5.6	10.7	9.1
FV-Intensität		82	345	427

Bettenkapazität: 341   Betten/100 E: 4

* In der Fremdenverkehrsstatistik erst ab 1. Januar 1980 erfaßt

Auskünfte:
Gemeinde Eschenburg
Rathaus
D-6345 Eschenburg
Tel.: (0 27 74) 60 69

Vollzogene Maßnahmenkombination   **Geltungsbereich**

Verbot für Krad von 19.00 – 07.00 h, ganzjährig (seit 1981)   OT Hirzenhain
(Ausnahmegenehmigungen werden nicht erteilt)

Umfahrungsstraße im Zuge der B 253, Fertigstellung 1977/78   OT Simmersbach
(Verlängerung geplant für 1983/85)   OT Eibelshausen

D-3580 FRITZLAR, Stadt   D 30 15

Sonstige Berichtsgemeinde
230 m ü.d.M.
15 158 Einwohner

Hessen
634 Schwalm-Eder-Kreis
Mittelzentrum

Hessischer FVV
Bahnanschluß

FV-Statistik		Winter-halbjahr	Sommer-halbjahr	FV-Jahr 1979/80
Ankünfte		4 043	7 070	11 113
Anteil Ankünfte	(v.H.)	36.4	63.6	100
Übernachtungen		7 564	27 498	35 062
Anteil Übernachtungen	(v.H.)	21.6	78.4	100
Aufenthaltsdauer	(Tage)	1.9	3.9	3.2
FV-Intensität		50	181	231

Bettenkapazität: 409   Betten/100 E: 3

Auskünfte:
Stadt Fritzlar
- Ordnungsamt -
Rathaus
D-3580 Fritzlar
Tel.: (0 56 22) 20 51

Vollzogene Maßnahmenkombination   **Geltungsbereich**

Vorrangbereich für Fußgänger, 1 Straße, Länge ca. 50 m, Fertigstellung 1980   Kernort
Verkehrsberuhigter Bereich nach Z 325/326 StVO, Fertigstellung 1981   wie oben
- 1 Straße, Länge 140 m
- 1 Straße, Länge 100 m
Verbot für Krad von 20.00 – 07.00 h, ganzjährig   wie oben
Stadtkernumfahrung, Länge ca. 380 m, Fertigstellung 1974   wie oben und
    OT Geismar

Geplante Maßnahmenkombination

Erweiterung des Verkehrsberuhigten Bereichs nach Z 325/326 StVO,   Kernort
Marktplatz, Abmessungen ca. 110 m x 23 m
Verkehrsberuhigte Bereiche nach Z 325/326 StVO in den Ortskernen   OT Geismar, OT Züschen
    und OT Lohne

Umfahrungsstraßen   wie oben

151

Hessen = D 30

D-6473 GEDERN, Stadt — D 30 16

Luftkurort
305 - 540 m ü.d.M.
6 892 Einwohner

Hessen
440 Wetteraukreis
Unterzentrum

Hessischer FVV

FV-Statistik		Winter-halbjahr	Sommer-halbjahr	FV-Jahr 1979/80
Ankünfte		1 178	2 250	3 428
Anteil Ankünfte	(v.H.)	34,4	65,6	100
Übernachtungen		9 113	27 214	36 327
Anteil Übernachtungen	(v.H.)	25,1	74,9	100
Aufenthaltsdauer	(Tage)	7,7	12,1	10,6
FV-Intensität		132	395	527

Bettenkapazität: 461   Betten/100 E: 7

Auskünfte:
Stadt Gedern
Postfach 1150
D-6473 Gedern 1
Tel.: (0 60 45) 3 31

Geltungsbereich
Kernort

Vollzogene Maßnahmenkombination

Verkehrsbeschränkungen im Erholungsgebiet "Gederner See":
- Verbot für **Krad**, ganztägig, April bis September (seit ca. 1975) (ab 1983 ganzjähriges Fahrverbot) (Ausnahmegenehmigungen werden nicht erteilt)
- **Geschwindigkeitsbeschränkung** auf max. 40 km/h, ganzjährig (seit ca. 1960)

Umfahrungsstraße (Teilumfahrung), Fertigstellung ca. 1960

D-6149 GRASELLENBACH — D 30 17

Kneippheilbad
400 - 550 m ü.d.M.
3 010 Einwohner

Hessen
431 Lkr. Bergstraße
Kleinzentrum

Hessischer FVV
Deutscher Bäderverband

FV-Statistik		Winter-halbjahr	Sommer-halbjahr	FV-Jahr 1979/80
Ankünfte		8 692	15 065	23 757
Anteil Ankünfte	(v.H.)	36,7	63,3	100
Übernachtungen		52 672	169 590	222 172
Anteil Übernachtungen	(v.H.)	23,8	76,2	100
Aufenthaltsdauer	(Tage)	6,1	11,3	9,4
FV-Intensität		1 750	5 631	7 381

Bettenkapazität: 1640   Betten/100 E: 55

Auskünfte:
Gemeinde Grasellenbach
Schulstraße 1
D-6149 Grasellenbach
Tel.: (0 62 53) 50 44

Geltungsbereich
Kernort

Vollzogene Maßnahmenkombination

Verbot für **Krad** von 19.00 - 07.00 h

D-6148 HEPPENHEIM (BERGSTRASSE), Stadt — D 30 18

Luftkurort
100 - 500 m ü.d.M.
23 785 Einwohner

Hessen
431 Lkr. Bergstraße
Mittelzentrum

Hessischer FVV
Bahnanschluß

FV-Statistik		Winter-halbjahr	Sommer-halbjahr	FV-Jahr 1979/80
Ankünfte		9 859	17 665	27 524
Anteil Ankünfte	(v.H.)	35,8	64,2	100
Übernachtungen		21 518	49 949	71 467
Anteil Übernachtungen	(v.H.)	30,1	69,9	100
Aufenthaltsdauer	(Tage)	2,2	2,8	2,6
FV-Intensität		91	210	301

Bettenkapazität: 600   Betten/100 E: 3

Auskünfte:
Stadt Heppenheim
- Öffentl. Betriebe -
Liebigstraße 24
D-6148 Heppenheim (Bergstraße)
Tel.: (0 62 52) 60 51

Geltungsbereich
Kernort
wie oben
OT Kirschhausen

Vollzogene Maßnahmenkombination

Vorrangbereich für Fußgänger im Stadtkern, Fertigstellung 1974, 1 Straße, Länge ca. 300 m, Fläche ca. 3 600 m²
Verbot für **Krad** von 20.00 - 06.00 h, ganzjährig (seit 1972)
Verbot für **Lkw** über 2,8 t, ganzjährig (seit 1960 bzw. 1980)

Geplante Maßnahmenkombination

Vorrangbereich für Fußgänger, 1 Straße
Verkehrsberuhigter Bereich nach Z 325/325 StVO (Fertigstellung ca. 1985)
Umfahrungsstraße (im Bau, Fertigstellung 1983) (in Planung)

D-6438 HERBORN, Stadt — D 30 19

Erholungsort
208 m ü.d.M.
21 502 Einwohner

Hessen
532 Lahn-Dill-Kreis
Mittelzentrum

Hessischer FVV
Bahnanschluß

FV-Statistik		Winter-halbjahr	Sommer-halbjahr	FV-Jahr 1979/80
Ankünfte		3 120	7 769	10 889
Anteil Ankünfte	(v.H.)	28,7	71,3	100
Übernachtungen		4 553	27 609	32 162
Anteil Übernachtungen	(v.H.)	14,2	85,8	100
Aufenthaltsdauer	(Tage)	1,5	3,6	3,0
FV-Intensität*		21	128	149

Bettenkapazität: 420   Betten/100 E: 2

* In der Fremdenverkehrsstatistik erst ab 1. Januar 1980 erfaßt

Auskünfte:
Stadt Herborn
- Stadtbauamt -
Postfach 1560
D-6348 Herborn
Tel.: (0 27 72) 50 21

Geltungsbereich
Kernort
wie oben und
OT Andorf

Vollzogene Maßnahmenkombination

Vorrangbereich für Fußgänger
Umfahrungsstraße

Hessen = D 30 --

D-6932 HIRSCHHORN (NECKAR), Stadt D 30 20

Luftkurort
178 m ü.d.M.
4 017 Einwohner

Hessen
431 Lkr. Bergstraße
Kleinzentrum

Hessischer FVV
Bahnanschluß

FV-Statistik		Winter-halbjahr	Sommer-halbjahr	FV-Jahr 1979/80
Ankünfte		3 263	10 461	13 724
Anteil Ankünfte	(v.H.)	23,8	76,2	100
Übernachtungen		7 119	29 118	36 237
Anteil Übernachtungen	(v.H.)	19,6	80,4	100
Aufenthaltsdauer	(Tage)	2,2	2,8	2,7
FV-Intensität		177	725	902

Bettenkapazität: 500   Betten/100 E: 12

Auskünfte:
Stadt Hirschhorn
- Bauamt -
Postfach 1151
D-6932 Hirschhorn (Neckar)
Tel.: (0 62 72) 20 81

Geltungsbereich
Kernort
wie oben

Vollzogene Maßnahmenkombination

Verbot für Krad
Umfahrungsstraße

D-3520 HOFGEISMAR, Stadt D 30 21

Erholungsort
150 m ü.d.M.
13 617 Einwohner

Hessen
633 Lkr. Kassel
Mittelzentrum

Hessischer FVV
Bahnanschluß

FV-Statistik		Winter-halbjahr	Sommer-halbjahr	FV-Jahr 1979/80
Ankünfte		6 862	9 839	16 701
Anteil Ankünfte	(v.H.)	41,1	58,9	100
Übernachtungen		15 177	28 199	43 376
Anteil Übernachtungen	(v.H.)	35,0	65,0	100
Aufenthaltsdauer	(Tage)	2,2	2,9	2,6
FV-Intensität		112	207	319

Bettenkapazität: 469   Betten/100 E: 3

Auskünfte:
Stadt Hofgeismar
Rathaus
D-3520 Hofgeismar
Tel.: (0 56 71) 7 11

Geltungsbereich
Kernort
wie oben

Vollzogene Maßnahmenkombination

Vorrangbereich für Fußgänger, Fertigstellung 1981,
2 Straßen u. 2 Plätze, Länge ca. 500 m, Fläche ca. 9 000 m²
(Lieferverkehr mit Kfz bis 7,5 t zul. Gesamtgewicht frei
von 06.00 - 10.00 h, Andienung des Wochenmarkts frei.)
1 Straße, Länge ca. 100 m, Fläche ca. 600 m²
Umfahrungsstraße, Fertigstellung 1980

D-3540 KORBACH, Stadt D 30 22

Sonstige Berichtsgemeinde
379 m ü.d.M.
22 486 Einwohner

Hessen
635 Lkr. Waldeck-Frankenberg
Mittelzentrum

Hessischer FVV
Bahnanschluß

FV-Statistik		Winter-halbjahr	Sommer-halbjahr	FV-Jahr 1979/80
Ankünfte		7 133	10 826	17 959
Anteil Ankünfte	(v.H.)	39,7	60,3	100
Übernachtungen		17 414	39 586	57 000
Anteil Übernachtungen	(v.H.)	30,6	69,4	100
Aufenthaltsdauer	(Tage)	2,4	3,7	3,2
FV-Intensität		77	177	254

Bettenkapazität: 809   Betten/100 E: 4

Auskünfte:
Stadt Korbach
- Ordnungsamt -
Postfach 16 60
D-3540 Korbach
Tel.: (0 56 31) 5 31

Geltungsbereich
Kernort
wie oben
wie oben

Vollzogene Maßnahmenkombination

Vorrangbereich für Fußgänger
- Fertigstellung 1976: 1 Straße, Länge ca. 190 m, Fläche ca. 2 100 m²
- Fertigstellung 1980: 2 Straßen, Länge ca. 255 m, Fläche ca. 5 000 m²
- Fertigstellung 1982: 1 Straße, Länge ca. 160 m, Fläche ca. 1 600 m²
- Anlieger mit Stellplatzzufahrt über den Vorrangbereich frei
- Lieferverkehr frei bis 10.00 h, weitere Ausnahmen in begründeten Fällen)

Verkehrsberuhigter Bereich nach Z 325/326 StVO, Fertigstellung 1981,
1 Straße im Anschluß an den Vorrangbereich, Länge ca. 65 m, Fläche ca. 550 m²

Verbot für Kfz aller Art von 22.00 - 06.00 h, 3 Straßen
(Ausnahmegenehmigungen für Anwohner auf Antrag, vgl. Bild F 55)
(seit 1973 bzw. 1977)

Umfahrungsstraße im Zuge der B 251 neu (Nordumfahrung), Fertigstellung 1980

Hessen = D 30 --

D-6442 KRONBERG IM TAUNUS, Stadt — D 30 23

Luftkurort
250 - 400 m ü.d.M.
17 683 Einwohner

Hessen
434 Hochtaunuskreis
Mittelzentrum im Verdichtungsgebiet

Hessischer FVV
Bahnanschluß

FV-Statistik		Winter-halbjahr	Sommer-halbjahr	FV-Jahr 1979/80
Ankünfte		11 949	13 273	25 222
Anteil Ankünfte	(v.H.)	47,4	52,6	100
Übernachtungen		26 831	34 818	61 649
Anteil Übernachtungen	(v.H.)	43,5	56,5	100
Aufenthaltsdauer	(Tage)	2,2	2,6	2,4
FV-Intensität		152	197	349

Bettenkapazität: 373   Betten/100 E: 2

Auskünfte:
Stadt Kronberg i. Taunus
- Tiefbauamt -
Katharinenstraße 7
D-6242 Kronberg i.T.
Tel.: (06173) 70 32 70

Geltungsbereich

Vollzogene Maßnahmenkombination

Verkehrsberuhigter Bereich nach Z 325/326 StVO in der Altstadt   Kernort

D-6145 LINDENFELS, Stadt — D 30 24

Heilklimat. Kurort
340 - 450 m ü.d.M.
4 772 Einwohner

Hessen
431 Lkr. Bergstraße
Kleinzentrum

Hessischer FVV
Deutscher Bäderverband

FV-Statistik		Winter-halbjahr	Sommer-halbjahr	FV-Jahr 1979/80
Ankünfte		6 956	14 774	21 730
Anteil Ankünfte	(v.H.)	32,0	68,0	100
Übernachtungen		54 052	155 662	209 714
Anteil Übernachtungen	(v.H.)	25,8	74,2	100
Aufenthaltsdauer	(Tage)	7,8	10,5	9,7
FV-Intensität		1 133	3 262	4 395

Bettenkapazität: 1454   Betten/100 E: 31

Auskünfte:
Kurverwaltung Lindenfels
D-6145 Lindenfels 1
Tel.: (06255) 24 25

Geltungsbereich

Vollzogene Maßnahmenkombination

Verbot für Krad, ganztägig, ganzjährig (seit 1979)
(Anlieger frei)

Geschwindigkeitsbeschränkung auf max. 20 km/h, ganztägig, ganzjährig, 3 Straßen (seit 1975)   wie oben

Geplante Maßnahmenkombination

Vorrangbereich für Fußgänger, Fertigstellung ca. 1986/88   Kernort
Verkehrsberuhigter Bereich nach Z 325/326 StVO   wie oben

D-3508 MELSUNGEN, Stadt — D 30 25

Luftkurort
180 - 460 m ü.d.M.
13 192 Einwohner

Hessen
634 Schwalm-Eder-Kreis
Mittelzentrum

Hessischer FVV
Bahnanschluß

FV-Statistik		Winter-halbjahr	Sommer-halbjahr	FV-Jahr 1979/80
Ankünfte		3 909	9 963	13 872
Anteil Ankünfte	(v.H.)	28,2	71,8	100
Übernachtungen		7 511	40 184	47 695
Anteil Übernachtungen	(v.H.)	15,7	84,3	100
Aufenthaltsdauer	(Tage)	1,9	4,0	3,4
FV-Intensität		57	305	362

Bettenkapazität: 603   Betten/100 E: 5

Auskünfte:
Stadt Melsungen
Rathaus
D-3508 Melsungen
Tel.: (05661) 7 81 22

Geltungsbereich

Vollzogene Maßnahmenkombination

Verkehrsberuhigter Bereich nach Z 325/326 StVO in der Altstadt, Fertigstellung 1980/83, 10 Straßen,
für Anwohner ist das Parken mit Parkausweis auf Antrag erlaubt
(Nach Fertigstellung der Umfahrungsstraße und des "Inneren Rings" ist die teilweise Umgestaltung zu einem **Vorrangbereich für Fußgänger** geplant)

Umfahrungsstraße   wie oben

Geplante Maßnahmenkombination

Umgestaltung weiterer Straßen in Vorrangbereiche für Fußgänger,
Fertigstellung ca. 1986   Kernort

Umfahrungsstraße (Erweiterung), Fertigstellung ca. 1990   wie oben

Hessen = D 30 --

D-6120 MICHELSTADT, Stadt D 30 26

Luftkurort Hessen Hessischer FVV
200 - 300 m ü.d.M. 437 Odenwaldkreis Bahnanschluß
14 000 Einwohner Mittelzentrum

FV-Statistik		Winter-halbjahr	Sommer-halbjahr	FV-Jahr 1979/80	Auskünfte:
Ankünfte		9 306	19 144	28 450	Stadt Michelstadt
Anteil Ankünfte	(v.H.)	32,7	67,3	100	Rathaus
Übernachtungen		27 716	97 245	124 961	D-6120 Michelstadt
Anteil Übernachtungen	(v.H.)	22,2	77,8	100	Tel.: (06061) 74 - 0
Aufenthaltsdauer	(Tage)	3,0	5,1	4,4	
FV-Intensität		198	695	893	

Bettenkapazität: 1 714   Betten/100 E: 12

Vollzogene Maßnahmenkombination Geltungsbereich

Vorrangbereich für Fußgänger, Fertigstellung 1975, Kernort
Marktplatz und 1 Straße, Länge 130 m, Fläche 1200 m²
(Lieferverkehr frei von 06.00 - 10.00 h)

Umfahrungsstraße im Zuge der B 45/47, Fertigstellung 1975 wie oben

Ortskernumfahrung in Bau, Fertigstellung 1983 wie oben

Geplante Maßnahmenkombination

Verkehrsberuhigter Bereich nach Z 325/326 StVO, Fertigstellung 1984, Kernort
7 Straßen, Länge 820 m, Fläche ca. 6 500 m²
(Ergänzung des Vorrangbereichs für Fußgänger)

Verkehrsberuhigter Bereich nach Z 325/326 StVO OT Rehbach

D-6478 NIDDA, Stadt D 30 27

Heilbad (OT Bad Salzhausen) Hessen Hessischer FVV
150 - 190 m ü.d.M. 440 Wetteraukreis Deutscher Bäderverband
16 281 Einwohner Mittelzentrum Bahnanschluß

FV-Statistik		Winter-halbjahr	Sommer-halbjahr	FV-Jahr 1979/80	Auskünfte:
Ankünfte		7 266	10 071	17 337	Hessisches Staatsbad
Anteil Ankünfte	(v.H.)	41,9	58,1	100	Bad Salzhausen
Übernachtungen		141 973	200 024	341 997	D-6478 Nidda 11
Anteil Übernachtungen	(v.H.)	41,5	58,5	100	Tel.: (06043) 561
Aufenthaltsdauer	(Tage)	19,5	19,9	19,7	
FV-Intensität		872	1 229	2 101	

Bettenkapazität: 1 484   Betten/100 E: 9

Vollzogene Maßnahmenkombination Geltungsbereich

Verbot für Kfz aller Art im Durchgangsverkehr, ganztägig, ganzjährig OT Bad Salzhausen
(Linienbusse und Anlieger frei, Vereinbarung mit den Anlieferfirmen,
die Mittagsruhe von 13.00 - 15.00 h einzuhalten.)

D-6442 ROTENBURG AN DER FULDA, Stadt D 30 28

Luftkurort Hessen Hessischer FVV
180 - 550 m ü.d.M. 632 Lkr. Hersfeld-Rotenburg Bahnanschluß
14 489 Einwohner Mittelzentrum

FV-Statistik		Winter-halbjahr	Sommer-halbjahr	FV-Jahr 1979/80	Auskünfte:
Ankünfte		14 440	16 608	31 048	Stadt Rotenburg
Anteil Ankünfte	(v.H.)	46,5	53,5	100	Marktplatz 15
Übernachtungen		88 428	112 857	201 285	D-6442 Rotenburg an der
Anteil Übernachtungen	(v.H.)	43,9	56,1	100	Fulda
Aufenthaltsdauer	(Tage)	6,1	6,8	6,5	Tel.: (06623) 30 41
FV-Intensität		610	779	1 389	

Bettenkapazität: 1 271   Betten/100 E: 9

Vollzogene Maßnahmenkombination Geltungsbereich

Verkehrsberuhigte Bereiche nach Z 325/326 StVO in der Altstadt, Kernort
Fertigstellung 1983
- 5 Straßen, Länge ca. 650 m
- Marktplatz und Teilstücke angrenzender Straßen

Geplante Maßnahmenkombination

Verkehrsberuhigter Bereich nach Z 325/326 StVO im Gebiet der Kernort
"Neustadt" (Ortskern)

D-6220 RÜDESHEIM AM RHEIN, Stadt D 30 29

Sonstige Berichtsgemeinde Hessen Hessischer FVV
90 m ü.d.M. 439 Rheingau-Taunus-Kreis Bahnanschluß
10 316 Einwohner Mittelzentrum

FV-Statistik		Winter-halbjahr	Sommer-halbjahr	FV-Jahr 1979/80	Auskünfte:
Ankünfte		40 921	223 472	264 393	Stadt Rüdesheim am Rhein
Anteil Ankünfte	(v.H.)	15,5	84,5	100	Postfach 12 69
Übernachtungen		73 531	395 877	469 408	D-6220 Rüdesheim a. Rh.
Anteil Übernachtungen	(v.H.)	15,7	84,3	100	Tel.: (06722) 10 11
Aufenthaltsdauer	(Tage)	1,8	1,8	1,8	
FV-Intensität		713	3 838	4 551	

Bettenkapazität: 5 691   Betten/100 E: 55

Vollzogene Maßnahmenkombination Geltungsbereich

Vorrangbereich für Fußgänger Kernort
- Drosselgasse
- Oberstraße, seit 1977 während der Hauptsaison, Länge ca. 250 m
  (Ausnahmen für Anlieferverkehr, teilweise für Anlieger frei)

Umfahrungsstraße OT Assmannshausen

Geplante Maßnahmenkombination

Erweiterung des **Vorrangbereichs für Fußgänger** (Marktplatz) Kernort

Umfahrungsstraße wie oben

155

Hessen = D 30

D-6229 SCHLANGENBAD — D 30 30

Heilbad
320 m ü.d.M.
5 727 Einwohner

Hessen
439 Rheingau-Taunus-Kreis
Kleinzentrum

Hessischer FVV
Deutscher Bäderverband

FV-Statistik		Winter-halbjahr	Sommer-halbjahr	FV-Jahr 1979/80
Ankünfte		7 445	10 879	18 324
Anteil Ankünfte	(v.H.)	40.6	59.4	100
Übernachtungen		66 427	110 801	177 228
Anteil Übernachtungen	(v.H.)	38.5	62.5	100
Aufenthaltsdauer	(Tage)	8.9	10.2	9.7
FV-Intensität		1 160	1 935	3 095

Bettenkapazität: 1 075   Betten/100 E: 19

Vollzogene Maßnahmenkombination

Verbot für Lkw und Krad von 22.00 - 07.00 h (Ausnahmen für Anlieger)

Umfahrungsstraße

Auskünfte:
Hessisches Staatsbad
Schlangenbad
Postfach 11 80
D-6229 Schlangenbad
Tel.: (06129) 4 11

Geltungsbereich
Kernort

Umfahrungsstraße
wie oben

D-3544 WALDECK, Stadt — D 30 32

Luftkurort
400 m ü.d.M.
7 026 Einwohner

Hessen
635 Lkr. Waldeck-Frankenberg
Kleinzentrum

Hessischer FVV
Bahnanschluß

FV-Statistik		Winter-halbjahr	Sommer-halbjahr	FV-Jahr 1979/80
Ankünfte		4 599	22 094	26 693
Anteil Ankünfte	(v.H.)	17.2	82.8	100
Übernachtungen		18 622	123 395	142 017
Anteil Übernachtungen	(v.H.)	13.1	86.9	100
Aufenthaltsdauer	(Tage)	4.0	5.6	5.3
FV-Intensität		265	1 756	2 021

Bettenkapazität: 2 221   Betten/100 E: 32

Vollzogene Maßnahmenkombination

Verkehrsberuhigte Bereiche nach Z 325/326 StVO, ganztägig, Fertigstellung 1981

Verbot für Krad in der Innenstadt, ganztägig, ganzjährig (seit 1965)

Umfahrungsstraße im Zuge der B 251, Fertigstellung 1981

Auskünfte:
Stadt Waldeck
Rathaus
D-3544 Waldeck
Tel.: (05634) 5 44

Geltungsbereich
OT Höringhausen und
OT Sachsenhausen
Kernort
OT Sachsenhausen

D-6443 SONTRA, Stadt — D 30 31

Luftkurort
230 - 450 m ü.d.M.
9 098 Einwohner

Hessen
636 Werra-Meißner-Kreis
Mittelzentrum

Hessischer FVV
Bahnanschluß

FV-Statistik		Winter-halbjahr	Sommer-halbjahr	FV-Jahr 1979/80
Ankünfte		3 320	7 205	10 525
Anteil Ankünfte	(v.H.)	31.5	68.5	100
Übernachtungen		11 959	47 941	59 900
Anteil Übernachtungen	(v.H.)	20.0	80.0	100
Aufenthaltsdauer	(Tage)	3.6	6.7	5.7
FV-Intensität		131	527	658

Bettenkapazität: 546   Betten/100 E: 6

Vollzogene Maßnahmenkombination

Vorrangbereich für Fußgänger (Marktplatz), Fertigstellung 1979, Länge ca. 40 m, Fläche ca. 1 000 m² (Ausnahmegenehmigungen für Anwohner und Anlieferer auf Antrag)

Umfahrungsstraße, Fertigstellung 1977

Auskünfte:
Stadt Sontra
Marktplatz 6
D-6443 Sontra 1
Tel.: (05653) 15 65

Geltungsbereich
OT Sontra-Mitte

wie oben

D-6290 WEILBURG, Stadt — D 30 33

Luftkurort
128 - 250 m ü.d.M.
12 256 Einwohner

Hessen
533 Lkr. Limburg-Weilburg
Unterzentrum (MZ)

Hessischer FVV
Bahnanschluß

FV-Statistik		Winter-halbjahr	Sommer-halbjahr	FV-Jahr 1979/80
Ankünfte		4 903	6 831	11 734
Anteil Ankünfte	(v.H.)	41.8	58.2	100
Übernachtungen		16 824	29 800	46 624
Anteil Übernachtungen	(v.H.)	36.1	63.9	100
Aufenthaltsdauer	(Tage)	3.4	4.4	4.0
FV-Intensität		137	243	380

Bettenkapazität: 449   Betten/100 E: 4

Vollzogene Maßnahmenkombination

Vorrangbereich für Fußgänger

Mischzone für Fußgänger und Fahrzeuge

Geplante Maßnahmenkombination

Umfahrungsstraße

Auskünfte:
Stadt Weilburg
Mauerstraße 8
D-6290 Weilburg
Tel.: (06471) 20 11 - 20 15

Geltungsbereich
Kernort
wie oben

Kernort

D-3542 WILLINGEN (UPLAND)   Hessen   D 30 34

Heilklimat. Kurort u. Kneippheilbad   Hessen   Hessischer FVV
mit OT Usseln = Heilklimat. Kurort   635 Lkr. Waldeck-Frankenberg   Deutscher Bäderverband
560 - 843 m ü.d.M.   Unterzentrum   Bahnanschluß
6 258 Einwohner

	Winter-halbjahr	Sommer-halbjahr	FV-Jahr 1979/80
FV-Statistik			
Ankünfte	77 391	95 946	173 337
Anteil Ankünfte (v.H.)	44,6	55,4	100
Übernachtungen	427 362	701 272	1 128 634
Anteil Übernachtungen (v.H.)	37,9	62,1	100
Aufenthaltsdauer (Tage)	5,5	7,3	6,5
FV-Intensität	6 829	11 206	18 035

Bettenkapazität: 8 212   Betten/100 E: 131

Auskünfte:
Kurverwaltung Willingen
In der Bärmeke 10
D-3542 Willingen
Tel.: (0 56 32) 60 23/64 39

Geltungsbereich
Kernort

Vollzogene Maßnahmenkombination

Verbot für **Krad** von 22.00 - 06.00 h, ganzjährig

D-3430 WITZENHAUSEN, Stadt   Hessen   D 30 35

Erholungsort   Hessen   Hessischer FVV
120 - 350 m ü.d.M.   636 Werra-Meißner-Kreis   Bahnanschluß
16 939 Einwohner   Mittelzentrum

	Winter-halbjahr	Sommer-halbjahr	FV-Jahr 1979/80
FV-Statistik			
Ankünfte	9 094	14 427	23 521
Anteil Ankünfte (v.H.)	38,7	61,3	100
Übernachtungen	39 929	102 004	141 933
Anteil Übernachtungen (v.H.)	28,1	71,9	100
Aufenthaltsdauer (Tage)	4,4	7,1	6,0
FV-Intensität	236	602	838

Bettenkapazität: 1 306   Betten/100 E: 8

Auskünfte:
Stadt Witzenhausen
Rathaus
D-3430 Witzenhausen 1
Tel.: (0 55 42) 20 01/57 45

Geltungsbereich
Kernort
wie oben
wie oben
wie oben

Vollzogene Maßnahmenkombination

Vorrangbereich für Fußgänger
Verbot für **Lkw** über 7,5 t (Nachtfahrverbot)
Einbahnregelungen, 18 Straßen
Umfahrungsstraße

Harz = D 41 --

D-3353 BAD GANDERSHEIM, Stadt D 41 01

Heilbad	Niedersachsen	Harzer Verkehrsverband
125 m ü.d.M.	155 Lkr. Northeim	Deutscher Bäderverband
11 381 Einwohner	Mittelzentrum	Bahnanschluß

	Winter-halbjahr	Sommer-halbjahr	FV-Jahr 1979/80
FV-Statistik			
Ankünfte	16 769	17 856	34 625
Anteil Ankünfte (v.H.)	48,4	51,6	100
Übernachtungen	152 516	184 378	336 894
Anteil Übernachtungen (v.H.)	45,3	54,7	100
Aufenthaltsdauer (Tage)	9,1	10,3	9,7
FV-Intensität	1332	1616	2 948

Bettenkapazität: 1 409   Betten/100 E: 12

Auskünfte:
Stadt Bad Gandersheim
- Bauamt -
Postfach 1 70
D-3353 Bad Gandersheim
Tel.: (0 55 82) 7 34 80

Vollzogene Maßnahmenkombination

Umfahrungsstraßen, Fertigstellung 1979
Fertigstellung 1980

Aufnahme in das "Modellvorhaben zur Einrichtung verkehrsberuhigter Zonen als Maßnahmen zur Wohnumfeldverbesserung" des Niedersächsischen Sozialministers. Förderung von Konzepterarbeitung und von Maßnahmen in der Innenstadt durch einen Zuschuß in Höhe von DM 50 000,--.

Geplante Maßnahmenkombination

Verkehrsberuhigter Bereich nach Z 325/326 StVO, Fertigstellung 1985,
2 Straßen, Länge ca. 500 m, Fläche ca. 6 000 m²

Geltungsbereich
OT Dannhausen
Kernort

Kernort

D-3388 BAD HARZBURG, Stadt D 41 02

Heilbad und Heilklimat. Kurort	Niedersachsen	Harzer Verkehrsverband
300 - 600 m ü.d.M.	153 Lkr. Goslar	Deutscher Bäderverband
24 924 Einwohner	Mittelzentrum	Bahnanschluß

	Winter-halbjahr	Sommer-halbjahr	FV-Jahr 1979/80
FV-Statistik			
Ankünfte	44 591	58 224	102 815
Anteil Ankünfte (v.H.)	43,4	56,6	100
Übernachtungen	220 350	331 208	551 558
Anteil Übernachtungen (v.H.)	40,0	60,0	100
Aufenthaltsdauer (Tage)	4,9	5,7	5,4
FV-Intensität	878	1322	2 200

Bettenkapazität: 4 243   Betten/100 E: 17

Auskünfte:
Stadt Bad Harzburg
- Bauamt -
Postfach 2 48
D-3388 Bad Harzburg 1
Tel.: (0 53 22) 7 42 81

Vollzogene Maßnahmenkombination

Vorrangbereich für Fußgänger, 2 Straßen (teilweise)
Fertigstellung 1976: Länge ca. 450 m, Fläche ca. 6 000 m²
Erweiterung 1982 : Länge ca. 160 m, Fläche ca. 2 200 m²
(- Lieferverkehr frei von 18.30 - 10.30 h,
- Anwohner und Hotelgäste mit Ausnahmegenehmigung ganztägig frei, nur auf Antrag)
Siehe auch Bilder F 24, F 25

Verbot für **Krad** von 20.00 - 06.00 h, ganzjährig (seit 1974)

Geltungsbereich
Kernort

wie oben

158

Harz = D 41 --

D-3422 BAD LAUTERBERG IM HARZ, Stadt
D 41 03

Kneippheilbad
300 - 450 m ü.d.M.
13 953 Einwohner

Niedersachsen
156 Lkr. Osterode am Harz
Grundzentrum

Harzer Verkehrsverband
Deutscher Bäderverband
Bahnanschluß

FV-Statistik		Winter-halbjahr	Sommer-halbjahr	FV-Jahr 1979/80
Ankünfte		32 356	39 834	72 190
Anteil Ankünfte	(v.H.)	44,8	55,2	100
Übernachtungen		233 332	350 398	583 730
Anteil Übernachtungen	(v.H.)	40,0	60,0	100
Aufenthaltsdauer	(Tage)	7,2	8,8	8,1
FV-Intensität		1 659	2 491	4 150

Bettenkapazität: 3 740   Betten/100 E: 27

Auskünfte:
Stadt Bad Lauterberg
- Ordnungsamt -
Postfach 3 40
D-3422 Bad Lauterberg
im Harz 1
Tel.: (0 55 24) 29 01

Geltungsbereich

Vollzogene Maßnahmenkombination

Verbot für Kfz aller Art von 23.00 - 06.00 h, ganzjährig (seit 1971)   Kernort
(Ausnahmegenehmigungen für Taxi auf Antrag,
Ausnahmegenehmigungen für Anlieger nur in begründeten Einzelfällen)

Verbot für Lkw über 7,5 t und Krad, ganztägig, ganzjährig (seit 1971)   wie oben

Geplante Maßnahmenkombination

Verkehrsberuhigte Bereiche nach Z 325/326 StVO   Kernort
- Kurbereich, 1 Straße, Länge ca. 800 m, Fläche ca. 12 000 m²
- Hauptgeschäftsstraße, Länge ca. 400 m, Fläche ca. 3 900 m²,
(im Zuge der Stadtsanierung)

D-3389 BRAUNLAGE, Stadt
D 41 04

Heilklimat. Kurort
560 - 760 m ü.d.M.
7 140 Einwohner

Niedersachsen
153 Lkr. Goslar
Grundzentrum

Harzer Verkehrsverband
Deutscher Bäderverband

FV-Statistik		Winter-halbjahr	Sommer-halbjahr	FV-Jahr 1979/80
Ankünfte		76 812	75 372	152 184
Anteil Ankünfte	(v.H.)	50,5	49,5	100
Übernachtungen		384 618	507 669	892 287
Anteil Übernachtungen	(v.H.)	43,1	56,9	100
Aufenthaltsdauer	(Tage)	5,0	6,7	5,9
FV-Intensität		5 338	7 074	12 412

Bettenkapazität: 7 127   Betten/100 E: 99

Auskünfte:
Stadt Braunlage
- Ordnungsamt -
D-3389 Braunlage 1
Tel.: (0 55 20) 10 24

Geltungsbereich

Vollzogene Maßnahmenkombination

Verbot für Lkw über 1,8 t und Krad in Ortszentrum mit Ausnahme der   Kernort
Durchgangsstraße im Zuge der B 4 / B 27,
13.00 - 15.00 h und 20.00 - 07.00 h, ganzjährig

Einbahnregelungen im Winter (Schneeräumung, Parkstreifen)   wie oben

Umfahrungsstraße im Zuge der B 4 neu, Fertigstellung eines Teilstücks   wie oben
1981 (Vollständige Umfahrungsmöglichkeit ab ca. 1985)

D-3380 GOSLAR, Stadt
D 41 05

Sonstige Berichtsgemeinde
OT Hahnenklee = Heilklimat. Kurort
240 - 726 m ü.d.M.
52 556 Einwohner

Niedersachsen
153 Lkr. Goslar
Mittelzentrum

Harzer Verkehrsverband
Deutscher Bäderverband
Bahnanschluß

FV-Statistik		Winter-halbjahr	Sommer-halbjahr	FV-Jahr 1979/80
Ankünfte		114 803	148 823	263 626
Anteil Ankünfte	(v.H.)	43,5	56,5	100
Übernachtungen		386 895	564 085	950 980
Anteil Übernachtungen	(v.H.)	40,7	59,3	100
Aufenthaltsdauer	(Tage)	3,4	3,8	3,6
FV-Intensität		733	1 073	1 809

Bettenkapazität: 8 090   Betten/100 E: 15

Auskünfte:
Stadt Goslar
Postfach 25 69
D-3380 Goslar 1
Tel.: (0 53 21) 70 41

Geltungsbereich

Vollzogene Maßnahmenkombination

Vorrangbereich für Fußgänger in der Altstadt, Fertigstellung 1980,   Kernort
10 Straßen, Länge ca. 1500 m, Fläche ca. 16 000 m²
(Ausnahmeregelungen:
- Lieferverkehr frei, werktags, 06.00 - 11.00 h u. 18.00 - 20.00 h
- Hotelgäste frei, ohne zeitl. Beschränkung, lt. Zusatzschild
- Anwohner = individuelle Regelungen)

Verkehrsberuhigter Bereich nach Z 325/326 StVO, in einem Neubaugebiet   OT Ohlhof
23 Straßen, Länge ca. 2 300 m, Fläche ca. 21 000 m²,
Fertigstellung des 2. Bauabschnitts 1982

Verbot für Krad von 13.00 - 15.00 h u. 20.00 - 06.00 h, ganzjährig (seit 1972)   OT Hahnenklee
(seit 1979)

Geschwindigkeitsbeschränkung auf max. 30 km/h, 8 Straßen   wie oben

Umfahrungsstraßen für mehrere Ortsteile

159

Harz = D 41

D-3420 HERZBERG AM HARZ, Stadt D 41 06

Sonstige Berichtsgemeinde Niedersachsen Harzer Verkehrsverband
245 - 500 m ü.d.M. 156 Lkr. Osterode am Harz Bahnanschluß
16 184 Einwohner Grundzentrum

FV-Statistik		Winter-halbjahr	Sommer-halbjahr	FV-Jahr 1979/80
Ankünfte		9 859	18 947	28 806
Anteil Ankünfte	(v.H.)	34,2	65,8	100
Übernachtungen		41 968	145 315	187 283
Anteil Übernachtungen	(v.H.)	22,4	77,6	100
Aufenthaltsdauer	(Tage)	4,3	7,7	6,5
FV-Intensität		259	898	1 157

Bettenkapazität: 1 819 Betten/100 E: 11

Vollzogene Maßnahmenkombination

Vorrangbereich für Fußgänger, Fertigstellung 1981,
1 Straße, Länge ca. 500 m
(Lieferverkehr frei von 06.00 - 10.00 h)

Verbot für **Krad** von 22.00 - 06.00 h, ganzjährig (seit 1960) im gesamten Ortsbereich,
(Ausnahmegenehmigungen werden nicht erteilt)

Geschwindigkeitsbeschränkung auf max. 30 km/h im gesamten Ortsbereich,
ganzjährig (seit 1960)

Umfahrungsstraße, Fertigstellung 1981

Auskünfte:
Stadt Herzberg am Harz
- Ordnungsamt -
Postfach 1340
D-3420 Herzberg am Harz
Tel.: (05521) 20 41

Geltungsbereich
Kernort
wie oben
OT Lonau
OT Scharzfeld

D-3360 OSTERODE AM HARZ, Stadt D 41 07

Sonstige Berichtsgemeinde Niedersachsen Harzer Verkehrsverband
200 -300 m ü.d.M. 156 Lkr. Osterode am Harz Bahnanschluß
28 349 Einwohner Mittelzentrum

FV-Statistik		Winter-halbjahr	Sommer-halbjahr	FV-Jahr 1979/80
Ankünfte		13 656	16 910	30 566
Anteil Ankünfte	(v.H.)	44,7	55,3	100
Übernachtungen		44 070	78 103	122 173
Anteil Übernachtungen	(v.H.)	36,1	63,9	100
Aufenthaltsdauer	(Tage)	3,2	4,6	4,0
FV-Intensität		155	276	431

Bettenkapazität: 1 573 Betten/100 E: 6

Vollzogene Maßnahmenkombination

Vorrangbereich für Fußgänger, Fertigstellung 1979,
10 Straßen, Länge ca. 950 m, Fläche ca. 12 500 m²
(Lieferverkehr frei von 05.00 - 10.30 h,
Anwohner mit Einstellplätzen auf Grundstücken mit Zugang über die "Fußgängerzone" erhalten Ausnahmegenehmigungen)

Verbot für **Krad** von 22.00 - 07.00 h, ganzjährig (seit 1978)
(Anwohner frei, 22.00 - 07.00 h)

Umfahrungsstraßen: - Fertigstellung 1974
  - Fertigstellung 1969

Auskünfte:
Stadt Osterode am Harz
Postfach 1720
D-3360 Osterode
  am Harz 1
Tel.: (05522) 31 81

Geltungsbereich
Kernort
wie oben
OT Lerbach

Lüneburger Heide = D 42

D-3032 FALLINGBOSTEL, Stadt — D 42 01

Kneippheilbad und Luftkurort
50 m ü.d.M.
10 426 Einwohner

Niedersachsen
358 Lkr. Soltau-Fallingbostel
Grundzentrum

FVV Lüneburger Heide
Deutscher Bäderverband
Bahnanschluß

FV-Statistik		Winter-halbjahr	Sommer-halbjahr	FV-Jahr 1979/80
Ankünfte		6 581	17 905	24 486
Anteil Ankünfte	(v.H.)	26,9	73,1	100
Übernachtungen		65 997	113 715	179 712
Anteil Übernachtungen	(v.H.)	36,7	63,3	100
Aufenthaltsdauer	(Tage)	10,0	6,4	7,3
FV-Intensität		637	1 090	1 727

Bettenkapazität: 1 130   Betten/100 E: 11

Auskünfte:
Kurverwaltung Fallingbostel
Am Rötelbach 4
D-3032 Fallingbostel 1
Tel.: (05162) 2101

Vollzogene Maßnahmenkombination
Verbot für **Kfz aller Art**, ganztägig (seit 1976) (Anlieger frei, ganztägig)
Verbot für **Lkw über 7,5 t** und **Krad**, ganztägig (seit 1981) (Anlieger frei, ganztägig)

Geltungsbereich
Kernort
wie oben

Geplante Maßnahmenkombination
Vorrangbereich für Fußgänger, Fertigstellung ca. 1985, Fläche ca. 2 500 m²

Kernort

D-3139 HITZACKER, Stadt — D 42 02

Luftkurort
4 673 Einwohner

Niedersachsen
354 Lkr. Lüchow-Dannenberg
(Nebenzentrum)

FVV Lüneburger Heide
Bahnanschluß

FV-Statistik		Winter-halbjahr	Sommer-halbjahr	FV-Jahr 1979/80
Ankünfte		4 577	10 227	14 804
Anteil Ankünfte	(v.H.)	30,9	69,1	100
Übernachtungen		16 461	43 430	59 891
Anteil Übernachtungen	(v.H.)	27,5	72,5	100
Aufenthaltsdauer	(Tage)	3,6	4,2	4,0
FV-Intensität		349	923	1 272

Bettenkapazität: 483   Betten/100 E: 10

Auskünfte:
Kurverwaltung Hitzacker
Weinbergsweg 2
D-3139 Hitzacker
Tel.: (05862) 80 22

Vollzogene Maßnahmenkombination
Verbote für **Krad**
- in der Altstadt, von 19.00 - 07.00 h, ganzjährig (seit 1981)
- im Kurgebiet, ganztägig, ganzjährig
(Ausnahmegenehmigungen werden nicht erteilt)
Geschwindigkeitsbeschränkung auf max. 30 km/h (seit 1982), 2 Straßen in der Altstadt, ganztägig, ganzjährig

Geltungsbereich
Kernort
wie oben

Geplante Maßnahmenkombination
Altstadtumfahrungsstraße, Fertigstellung ca. 1986

Kernort

D-2120 LÜNEBURG, Stadt — D 42 03

Sole- und Moorbad
11 m ü.d.M.
62 225 Einwohner

Niedersachsen
355 Lkr. Lüneburg
Mittelzentrum

FVV Lüneburger Heide
Deutscher Bäderverband
Bahnanschluß

FV-Statistik		Winter-halbjahr	Sommer-halbjahr	FV-Jahr 1979/80
Ankünfte		33 973	50 412	84 385
Anteil Ankünfte	(v.H.)	40,3	59,7	100
Übernachtungen		70 340	114 362	184 702
Anteil Übernachtungen	(v.H.)	38,1	61,9	100
Aufenthaltsdauer	(Tage)	2,1	2,3	2,2
FV-Intensität		113	184	297

Bettenkapazität: 986   Betten/100 E: 2

Auskünfte:
Stadt Lüneburg
- Werbe- u.Verkehrsamt -
Postfach 25 40
D-2120 Lüneburg
Tel.: (04131) 245 93

Vollzogene Maßnahmenkombination
Vorrangbereich für Fußgänger: in der Innenstadt, 5 Straßen
Mischzone für Fußgänger und Fahrzeuge in der Innenstadt, 4 Straßen

Geltungsbereich
Kernort
wie oben

Geplante Maßnahmenkombination
Umfahrungsstraße "Ostumgehung"

Kernort

161

Nordsee / Osnabrück = D 43

D-4444 BAD BENTHEIM, Stadt — D 43 01

Schwefel- u. Thermalsole-Heilbad
50 m ü.d.M.
14 499 Einwohner

Niedersachsen
456 Lkr. Grafschaft Bentheim
Grundzentrum

FVV Nordsee - Nieders.-Bremen
Deutscher Bäderverband
Bahnanschluß

Auskünfte:
Stadt Bad Bentheim
Postfach 158
D-4444 Bad Bentheim 1
Tel.: (05922) 73223

FV-Statistik

		Winter-halbjahr	Sommer-halbjahr	FV-Jahr 1979/80
Ankünfte		8 646	11 987	20 633
Anteil Ankünfte	(v.H.)	41,9	58,1	100
Übernachtungen		45 386	68 992	114 378
Anteil Übernachtungen	(v.H.)	39,7	60,3	100
Aufenthaltsdauer	(Tage)	5,2	5,8	5,5
FV-Intensität		319	480	799

Bettenkapazität: 588   Betten/100 E: 4

Vollzogene Maßnahmenkombination

Geltungsbereich

Vorrangbereich für Fußgänger in der Altstadt — Kernort
Verbot für Lkw über 2,8 t in der Altstadt, 4 Straßen (Anliegerverkehr frei) — wie oben
Umfahrungsstraße "Altstadtumfahrung" im Zuge der B 403 — wie oben

D-4515 BAD ESSEN — D 43 02

Heilbad
170 m ü.d.M.
11 781 Einwohner

Niedersachsen
459 Lkr. Osnabrück
Grundzentrum

Deutscher Bäderverband

Auskünfte:
Gemeinde Bad Essen
Postfach 13 29
D-4515 Bad Essen
Tel.: (05472) 8 88

FV-Statistik

		Winter-halbjahr	Sommer-halbjahr	FV-Jahr 1979/80
Ankünfte		10 941	14 989	25 930
Anteil Ankünfte	(v.H.)	42,2	57,8	100
Übernachtungen		60 600	94 013	154 613
Anteil Übernachtungen	(v.H.)	39,2	60,8	100
Aufenthaltsdauer	(Tage)	5,5	6,3	6,0
FV-Intensität		522	807	1 329

Bettenkapazität: 828   Betten/100 E: 7

Vollzogene Maßnahmenkombination

Geltungsbereich

Mischzone für Fußgänger und Fahrzeuge — Bad Essen
Verbot für Krad im Kurbereich von 21.00 - 07.00 h — wie oben und OT Eielstadt
Umfahrungsstraße — Bad Essen

Geplante Maßnahmenkombination

Verkehrsberuhigter Bereich nach Z 325/326 StVO — Bad Essen, OT Eielstädt, OT Wehrendorf und OT Wittlage
Umfahrungsstraße — OT Wittlage und OT Rabber

D-4505 BAD IBURG, Stadt — D 43 03

Kneippheilbad
126 - 331 m ü.d.M.
9 154 Einwohner

Niedersachsen
459 Lkr. Osnabrück
Grundzentrum

Deutscher Bäderverband

Auskünfte:
Stadt Bad Iburg
Postfach 12 60
D-4505 Bad Iburg
Tel.: (05403) 8 66

FV-Statistik

		Winter-halbjahr	Sommer-halbjahr	FV-Jahr 1979/80
Ankünfte		10 290	15 762	26 052
Anteil Ankünfte	(v.H.)	39,5	60,5	100
Übernachtungen		72 163	116 889	189 052
Anteil Übernachtungen	(v.H.)	38,2	61,8	100
Aufenthaltsdauer	(Tage)	7,0	7,4	7,3
FV-Intensität		799	1 300	2 099

Bettenkapazität: 1 213   Betten/100 E: 13

Vollzogene Maßnahmenkombination

Geltungsbereich

Verbot für Kfz aller Art von 22.00 - 06.00 h im Kurbereich, ganzjährig (seit 1981) — Kernort

Verbot für Krad von 20.00 - 06.00 h im Kurbereich, ganzjährig (seit 1960) — wie oben

Verbot für Krad von 22.00 - 06.00 h in der Innenstadt, 1 Straße, ganzjährig (seit 1960)

(Grundsätzlich werden keine Ausnahmegenehmigungen erteilt)

D-4518 BAD LAER — D 43 04

Sole-Heilbad
90 - 208 m ü.d.M.
11 272 Einwohner

Niedersachsen
459 Lkr. Osnabrück
Mittelzentrum

Deutscher Bäderverband

Auskünfte:
Gemeinde Bad Laer
Postfach 12 40
D-4518 Bad Laer
Tel.: (05424) 90 88

FV-Statistik

		Winter-halbjahr	Sommer-halbjahr	FV-Jahr 1979/80
Ankünfte		6 407	7 043	13 450
Anteil Ankünfte	(v.H.)	47,6	52,4	100
Übernachtungen		28 225	88 586	116 811
Anteil Übernachtungen	(v.H.)	24,2	75,8	100
Aufenthaltsdauer	(Tage)	4,4	12,6	8,7
FV-Intensität		253	789	1 042

Bettenkapazität: 839   Betten/100 E: 7

Vollzogene Maßnahmenkombination

Geltungsbereich

Verbot für Krad von 22.00 - 06.00 h — Kernort

Geplante Maßnahmenkombination

Vorrangbereich für Fußgänger — wie oben
Verkehrsberuhigter Bereich nach Z 325/326 StVO — wie oben
Umfahrungsstraße (Ortskern)

Nordsee / Osnabrück = D 43 --

D-4502 BAD ROTHENFELDE   D 43 05

Heilbad
112 m ü.d.M.
6 371 Einwohner

Niedersachsen
459 Lkr. Osnabrück
(Nebenzentrum)

FVV Nordsee – Niedersachsen-Bremen
Deutscher Bäderverband
Bahnanschluß

FV-Statistik		Winter-halbjahr	Sommer-halbjahr	FV-Jahr 1979/80
Ankünfte		17 979	28 368	46 347
Anteil Ankünfte	(v.H.)	38,8	61,2	100
Übernachtungen		214 294	340 994	555 288
Anteil Übernachtungen	(v.H.)	38,6	61,4	100
Aufenthaltsdauer	(Tage)	11,9	12,0	12,0
FV-Intensität		3 461	5 455	8 716

Bettenkapazität: 2 503   Betten/100 E: 39

Auskünfte:
Gemeinde Bad Rothenfelde
Postfach 11 40
D-4502 Bad Rothenfelde
Tel.: (0 54 24) 10 84

Geltungsbereich
Kernort

Vollzogene Maßnahmenkombination

Umwidmung von 2 Straßen in Kurparkwege
- 1 Straße, Länge ca. 150 m, Fläche ca. 1 500 m² (1973)   wie oben
- 1 Straße, Länge ca. 210 m, Fläche ca. 2 500 m² (1979)   wie oben

Verbot für **Kfz aller Art**, ganztägig, ganzjährig, 3 Straßen am Kurpark
(Anlieger frei, außer Krad, ganztägig)   wie oben

Verbot von 22.00 – 07.00 h, ganzjährig, 4 Straßen (seit 1972)

Verbot für **Krad** über 3 t im gesamten Ortsteil, ganztägig, ganzjährig
(seit 1937, Erweiterung 1980)
(Ausnahmen für Anlieger)

Umfahrungsstraße, Fertigstellung 1974

Verkehrsberuhigter Bereich nach **Z 325/326 StVO**,
1 Straße, Länge ca. 230 m, Fläche ca. 1 800 m²

D-2985 BALTRUM   D 43 06

Nordseeheilbad
Insel
822 Einwohner

Niedersachsen
452 Lkr. Aurich
Keine zentralörtl. Einstufung

FVV Nordsee – Niedersachsen-Bremen
Deutscher Bäderverband
Direkter Bahnanschluß in Norden bzw. Norddeich
via Fährschiff und Autobus

FV-Statistik		Winter-halbjahr	Sommer-halbjahr	FV-Jahr 1979/80
Ankünfte		2 606	23 310	25 916
Anteil Ankünfte	(v.H.)	10,1	89,9	100
Übernachtungen		19 000	302 521	321 521
Anteil Übernachtungen	(v.H.)	5,9	94,1	100
Aufenthaltsdauer	(Tage)	7,3	13,0	12,4
FV-Intensität		2 222	35 014	37 236

Bettenkapazität: 3 434   Betten/100 E: 418

Auskünfte:
Gemeinde- und
Kurverwaltung Baltrum
Postfach 120
D-2985 Baltrum
Tel.: (0 49 39) 161

Geltungsbereich
Gesamte Insel

Verbot für **Kfz aller Art**
(Personen- und Warentransporte mit Pferdefuhrwerken und Fahrrädern)

D-2972 BORKUM, Stadt   D 43 07

Nordseeheilbad
Insel
8 165 Einwohner

Niedersachsen
457 Lkr. Leer
Keine zentralörtl. Einstufung

FVV Nordsee – Niedersachsen-Bremen
Deutscher Bäderverband
Direkter Bahnanschluß in Emden-Außenhafen
via Fährschiff

FV-Statistik		Winter-halbjahr	Sommer-halbjahr	FV-Jahr 1979/80
Ankünfte		10 438	80 055	90 493
Anteil Ankünfte	(v.H.)	11,5	88,5	100
Übernachtungen		110 505	1 010 542	1 121 047
Anteil Übernachtungen	(v.H.)	9,9	90,1	100
Aufenthaltsdauer	(Tage)	10,6	12,6	12,4
FV-Intensität		1 382	12 099	13 481

Bettenkapazität: 10 768   Betten/100 E: 132

Auskünfte:
Stadt Borkum
– Ordnungsamt –
Neue Straße 1
D-2927 Borkum
Tel.: (0 49 22) 33 12 25

Geltungsbereich
Alter Ortskern und Strandviertel
(rote Zone)

Vollzogene Maßnahmenkombination

Verbot für **Kfz aller Art** von 21.00 – 07.00 h von Antrag zwischen Fährschiff-Anleger   (blaue Zone)
- ganztägig vom 26. März bis 18. April und vom 20. Mai bis 30. September
- von 21.00 – 07.00 h vom 26. März bis 20. Mai

Verbot für **Kfz aller Art** von 21.00 – 07.00 h vom 26. März bis 30. September

(Ausnahmegenehmigungen für Gäste auf Antrag zwischen Fährschiff-Anleger
und Unterkunft, Sondergenehmigungen für Schwerbeschädigte)

Siehe auch Bild F 79

D-2943 ESENS, Stadt   D 43 08

Nordseebad
Küstenbadeort
6 067 Einwohner

Niedersachsen
462 Lkr. Wittmund
Grundzentrum

FVV Nordsee – Niedersachsen-Bremen
Bahnanschluß

FV-Statistik		Winter-halbjahr	Sommer-halbjahr	FV-Jahr 1979/80
Ankünfte		11 739	45 734	57 473
Anteil Ankünfte	(v.H.)	20,4	79,6	100
Übernachtungen		58 643	348 011	406 654
Anteil Übernachtungen	(v.H.)	14,4	85,6	100
Aufenthaltsdauer	(Tage)	5,0	7,6	7,1
FV-Intensität		961	5 712	6 673

Bettenkapazität: 4 331   Betten/100 E: 71

Auskünfte:
Samtgemeinde Esens
Postfach 13 40
D-2943 Esens
Tel.: (0 49 71) 22 92

Geltungsbereich
Kernort

Vollzogene Maßnahmenkombination

Vorrangbereich für Fußgänger, Fertigstellung 1974,
1 Straße, Länge ca. 200 m, Fläche ca. 2 000 m²
(Lieferverkehr frei von 06.00 – 10.00 h und von 13.00 – 14.00 h)

Verkehrsberuhigter Bereich nach **Z 325/326 StVO** in einem Neubaugebiet,   wie oben
2 Straßen, Länge ca. 900 m, Fläche ca. 6 400 m², Fertigstellung 1980

Umfahrungsstraße, Fertigstellung 1968   OT Bensersiel
Fertigstellung 1981

Nordsee / Osnabrück = D 43

D-2962 GROSSEFEHN   D 43 09

Sonstige Berichtsgemeinde	Niedersachsen	FVV Nordsee - Niedersachsen-Bremen
10 988 Einwohner	452 Lkr. Aurich	
	Grundzentrum	

FV-Statistik	Winter-halbjahr	Sommer-halbjahr	FV-Jahr 1979/80	Auskünfte:
Ankünfte	2 671	4 059	6 730	Gemeinde Großefehn
Anteil Ankünfte (v.H.)	39,7	60,3	100	Kanalstraße Süd 54
Übernachtungen	3 173	5 190	8 363	D-2962 Großefehn
Anteil Übernachtungen (v.H.)	37,9	62,1	100	Tel.: (0 49 43) 20 11 64
Aufenthaltsdauer (Tage)	1,2	1,3	1,2	
FV-Intensität	29	47	76	

Bettenkapazität: 127   Betten/100 E: 1

Vollzogene Maßnahmenkombination   Geltungsbereich

Verkehrsberuhigter Bereich nach Z 325/326 StVO, Fertigstellung 1979/82/83,   OT Ostgroßefehn
3 Straßen, Länge ca. 2 600 m, Fläche ca. 20 000 m²

D-2942 JEVER, Stadt   D 43 10

Sonstige Berichtsgemeinde	Niedersachsen	FVV Nordsee - Niedersachsen-Bremen
12 374 Einwohner	455 Lkr. Friesland	Bahnanschluß
	Mittelzentrum	

FV-Statistik	Winter-halbjahr	Sommer-halbjahr	FV-Jahr 1979/80	Auskünfte:
Ankünfte	6 397	8 813	15 210	Stadt Jever
Anteil Ankünfte (v.H.)	42,1	59,9	100	- Bauverwaltung -
Übernachtungen	15 681	24 994	40 675	Postfach 229
Anteil Übernachtungen (v.H.)	38,6	61,4	100	D-2942 Jever
Aufenthaltsdauer (Tage)	2,5	2,8	2,7	Tel.: (0 44 61) 30 91
FV-Intensität	127	202	329	

Bettenkapazität: 348   Betten/100 E: 3

Vollzogene Maßnahmenkombination   Geltungsbereich

Verkehrsberuhigte Bereiche nach Z 325/326 StVO,   Kernort
- Fertigstellung 1981: 2 Straßen, Länge ca. 550 m, Fläche ca. 4 400 m²   OT Rahrdum
- Fertigstellung 1982: 1 Straße, Länge ca. 280 m, Fläche ca. 2 200 m²

Geplante Maßnahmenkombination

Vorrangbereich für Fußgänger, Fertigstellung ca. 1986   Kernort
Umfahrungsstraße, Fertigstellung ca. 1987   wie oben

D-2983 JUIST   D 43 11

Nordseeheilbad	Niedersachsen	FVV Nordsee - Niedersachsen-Bremen
Insel	452 Lkr. Aurich	Deutscher Bäderverband
2 234 Einwohner	Keine zentralörtl. Einstufung	Direkter Bahnanschluß in Norddeich-Mole via Fährschiff

FV-Statistik	Winter-halbjahr	Sommer-halbjahr	FV-Jahr 1979/80	Auskünfte:
Ankünfte	6 910	53 714	60 624	Gemeinde Juist
Anteil Ankünfte (v.H.)	11,4	88,6	100	Rathaus
Übernachtungen	48 137	618 456	666 593	D-2983 Juist
Anteil Übernachtungen (v.H.)	7,2	92,8	100	Tel.: (0 49 35) 4 91
Aufenthaltsdauer (Tage)	7,0	11,5	11,0	
FV-Intensität	2 154	24 928	27 082	

Bettenkapazität: 7 207   Betten/100 E: 323

Vollzogene Maßnahmenkombination   Geltungsbereich

Verbot für Kfz aller Art   Gesamte Insel
(Personen- und Warentransporte mit Pferdebus)

Nordsee / Osnabrück = D 43

D-2941 LANGEOOG D 4312

Nordseeheilbad Insel 2 724 Einwohner	Niedersachsen 462 Lkr. Wittmund Keine zentralörtl. Einstufung	FVV Nordsee – Niedersachsen-Bremen Deutscher Bäderverband Direkter Bahnanschluß in Esens via Inselbahn, Fährschiff und Autobus	**Auskünfte:**
			Inselgemeinde Langeoog Postfach 12 40 D-2941 Langeoog Tel.: (0 49 72) 5 55

FV-Statistik		Winter-halbjahr	Sommer-halbjahr	FV-Jahr 1979/80	**Geltungsbereich**
Ankünfte		9 555	64 729	74 284	Gesamte Insel
Anteil Ankünfte	(v.H.)	12.9	87.1	100	
Übernachtungen		70 167	658 649	728 816	
Anteil Übernachtungen	(v.H.)	9.6	90.4	100	
Aufenthaltsdauer	(Tage)	7.3	10.2	9.8	
FV-Intensität		2 665	22 862	25 527	

Bettenkapazität: 6 597   Betten/100 E: 242

Vollzogene Maßnahmenkombination

Verbot für **Kfz aller Art**, ganztägig, ganzjährig (seit 1975) (Unterstellmöglichkeiten für Kfz im festlandnahen Bensersiel)

Geschwindigkeitsbeschränkung für Kfz mit Ausnahmegenehmigung
- max. 10 km/h innerhalb des Orts
- max. 20 km/h außerhalb des Orts

Pferdefuhrwerke und **Reitpferde** müssen innerhalb der geschlossenen Ortschaft im Schritt fahren bzw. gehen, vom 1. Juni bis 30. September (seit 1978)

Ausnahmeregelungen (siehe auch Bilder F 43 bis F 45, F 49, F 50, F 62, F 130):

1. Grundsätzlich vom Kfz-Verkehrsverbot ausgenommen sind
   - Krankenfahrstühle, Krankenkraftwagen für Einsatzfahrten,
   - Feuerwehrfahrzeuge,
   - Elektromofas der Ärzte für Einsatzfahrten,
   - kommunale Fahrzeuge, u.a. Elektrokarren zur Müllabfuhr,
   - landwirtschaftl. Fahrzeuge.
2. Bei Nachweis eines unabweisbaren Bedürfnisses können gem. § 46 Abs. 1 Nr. 11 StVO Ausnahmegenehmigungen erteilt werden
   - Dauer-Ausnahmegenehmigungen, Gültigkeitsdauer max. 1 Jahr,
   - Einmalige Ausnahmegenehmigungen.
3. Fahrzeuge ohne amtliches Kennzeichen (z.B. Elektro-Lkw) erhalten nach Erteilung der Fahrerlaubnis ein Nummernschild der Gemeinde
   - Kfz privater Halter = weißes Kennzeichen
   - gemeindeeigene Kfz = gelbe Kennzeichen
4. Keine Ausnahmegenehmigungen für Baufahrzeuge während des Bauverbots-zeitraums vom 1. Juni bis 30. September

D-2982 NORDERNEY, Stadt D 43 13

Nordseeheilbad Insel 8 125 Einwohner	Niedersachsen 452 Lkr. Aurich Keine zentralörtl. Einstufung	FVV Nordsee – Niedersachsen-Bremen Deutscher Bäderverband Direkter Bahnanschluß in Norddeich-Mole via Fährschiff	**Auskünfte:**
			Stadt Norderney – Stadtbauamt – Postfach 4 69 D-2982 Norderney Tel.: (0 49 32) 4 05

FV-Statistik		Winter-halbjahr	Sommer-halbjahr	FV-Jahr 1979/80	**Geltungsbereich**
Ankünfte		18 337	90 911	109 248	Ortskern
Anteil Ankünfte	(v.H.)	16.8	83.2	100	Engerer Kurbereich und Neubaugebiet
Übernachtungen		152 459	1 074 894	1 227 353	Gesamte Insel
Anteil Übernachtungen	(v.H.)	12.4	87.6	100	
Aufenthaltsdauer	(Tage)	8.3	11.8	11.2	
FV-Intensität		1 874	13 136	15 010	

Bettenkapazität: 13 734   Betten/100 E: 169

Vollzogene Maßnahmenkombination

Gliederung des bebauten Gebiets in 3 **Kfz-Verkehrszonen**, die durch Sperren von einander getrennt sind (seit 1971)

Vorrangbereich für Fußgänger (seit 1968, Erweiterung 1974)

Verkehrsberuhigte Bereiche nach Z 325/326 **StVO** (seit 1981)

Weitere Verkehrsbeschränkungen unterschiedlicher Art

Näheres siehe Teil D 3 sowie Bilder F 53, F 61, F 78, F 104, F 119

D-2941 SPIEKEROOG D 43 14

Nordseeheilbad Insel 1 003 Einwohner	Niedersachsen 462 Lkr. Wittmund Keine zentralörtl. Einstufung	FVV Nordsee – Niedersachsen-Bremen Deutscher Bäderverband Direkter Bahnanschluß in Esens via Fährschiff und Autobus	**Auskünfte:**
			Kurverwaltung Spiekeroog Postfach 11 60 D-2941 Spiekeroog Tel.: (0 49 76) 2 35

FV-Statistik		Winter-halbjahr	Sommer-halbjahr	FV-Jahr 1979/80	**Geltungsbereich**
Ankünfte		7 595	28 897	36 492	Gesamte Insel
Anteil Ankünfte	(v.H.)	20.8	79.2	100	Ortsmitte
Übernachtungen		51 797	345 927	397 724	
Anteil Übernachtungen	(v.H.)	13.0	87.0	100	
Aufenthaltsdauer	(Tage)	6.8	12.0	10.9	
FV-Intensität		5 768	32 179	37 947	

Bettenkapazität: 3 428   Betten/100 E: 342

Vollzogene Maßnahmenkombination

Verbot für **Kfz aller Art**

Verbot für **Radfahrer** von 09.00 – 22.00 h, vom 1. Juni bis 30. September, 1 Straße

Siehe auch Bild F 77

Nordsee / Osnabrück = D 43 --

D-2949 WANGERLAND D 43 15

Nordseebad Küstenbadeort 10 547 Einwohner	Niedersachsen 455 Lkr. Friesland Grundzentrum		FVV Nordsee - Niedersachsen-Bremen Deutscher Bäderverband	

FV-Statistik		Winter-halbjahr	Sommer-halbjahr	FV-Jahr 1979/80	Auskünfte:
Ankünfte		5 558	25 641	31 199	Kurverwaltung Wangerland
Anteil Ankünfte	(v.H.)	17.8	82.2	100	Postfach
Übernachtungen		36 819	329 353	366 172	D-2949 Wangerland 2
Anteil Übernachtungen	(v.H.)	10.1	89.9	100	Tel.: (044 26) 15 11/ 15 12
Aufenthaltsdauer	(Tage)	6.6	12.8	11.7	
FV-Intensität		357	3 146	3 504	

Bettenkapazität: 4 773   Betten/100 E: 45

Vollzogene Maßnahmenkombination   Geltungsbereich

Vorrangbereich für Fußgänger   01 Schillig
Verbot für Krad   wie oben

Geplante Maßnahmenkombination

Vorrangbereich für Fußgänger   01 Hooksiel
Umfahrungsstraße   wie oben

D-2946 WANGEROOGE D 43 16

Insel 1 870 Einwohner	Niedersachsen 455 Lkr. Friesland Keine zentralörtl. Einstufung		FVV Nordsee - Niedersachsen-Bremen Deutscher Bäderverband Direkter Bahnanschluß in Sande via Inselbahn, Fährschiff und Tidebus/Tidezug	

FV-Statistik		Winter-halbjahr	Sommer-halbjahr	FV-Jahr 1979/80	Auskünfte:
Ankünfte		2 150	27 197	29 347	Gemeinde Wangerooge
Anteil Ankünfte	(v.H.)	7.3	92.7	100	Rathaus
Übernachtungen		13 561	327 602	341 163	D-2946 Wangerooge
Anteil Übernachtungen	(v.H.)	4.0	96.0	100	Tel.: (044 69) 14 11
Aufenthaltsdauer	(Tage)	6.3	12.0	11.6	
FV-Intensität		726	17 116	17 842	

Bettenkapazität: 3 590   Betten/100 E: 192

Vollzogene Maßnahmenkombination   Geltungsbereich

Verbot für Kfz aller Art   Gesamte Insel

Siehe auch Bilder F 103, F 131

D-2952 WEENER, Stadt D 43 17

Sonstige Berichtsgemeinde 14 115 Einwohner	Niedersachsen 457 Lkr. Leer Grundzentrum		FVV Nordsee - Niedersachsen-Bremen Bahnanschluß	

FV-Statistik		Winter-halbjahr	Sommer-halbjahr	FV-Jahr 1979/80	Auskünfte:
Ankünfte		4 452	3 822	8 274	Stadt Weener
Anteil Ankünfte	(v.H.)	53.8	46.2	100	Postfach 440
Übernachtungen		6 811	6 478	13 289	D-2952 Weener
Anteil Übernachtungen	(v.H.)	51.3	48.7	100	Tel.: (04951) 20 01
Aufenthaltsdauer	(Tage)	1.5	1.7	1.6	
FV-Intensität		48	46	94	

Bettenkapazität: 136   Betten/100 E: 1

Vollzogene Maßnahmenkombination   Geltungsbereich

Verkehrsberuhigter Bereich nach Z 325/326 StVO, Fertigstellung 1982,   Kernort
1 Straße, Länge ca. 430 m, Fläche 3 200 m²
Umfahrungsstraße, Fertigstellung in den 50-er Jahren   wie oben

Geplante Maßnahmenkombination

Vorrangbereich für Fußgänger   Kernort

D-2910 WESTERSTEDE, Stadt D 43 18

Sonstige Berichtsgemeinde 17 391 Einwohner	Niedersachsen 451 Lkr. Ammerland Mittelzentrum		FVV Nordsee - Niedersachsen-Bremen	

FV-Statistik		Winter-halbjahr	Sommer-halbjahr	FV-Jahr 1979/80	Auskünfte:
Ankünfte		8 510	10 431	18 941	Stadt Westerstede
Anteil Ankünfte	(v.H.)	44.9	55.1	100	Postfach 15 20
Übernachtungen		27 772	27 192	54 964	D-2910 Westerstede 1
Anteil Übernachtungen	(v.H.)	50.5	49.5	100	Tel.: (044 88) 551
Aufenthaltsdauer	(Tage)	3.3	2.6	2.9	
FV-Intensität		160	157	317	

Bettenkapazität: 451   Betten/100 E: 3

Vollzogene Maßnahmenkombination   Geltungsbereich

Verkehrsberuhigte Bereiche nach Z 325/326 StVO in Neubaugebieten   Kernort
- Fertigstellung 1982: 1 Straße, Länge ca. 100 m
- Fertigstellung 1983: Marktplatz, Fläche ca. 2 000 m²
- Fertigstellung 1984: 1 Straße, Länge ca. 240 m
  (Anwohner und Lieferverkehr frei von 18.00 - 10.00 h)
- Fertigstellung 1982: 1 Straße, Länge ca. 210 m
- Fertigstellung 1983: 1 Straße, Länge ca. 130 m

Mischzone für Fußgänger und Fahrzeuge, mehrere "Wohnstraßen",   wie oben
Länge ca. 440 m, Fertigstellung 1982
Ortskerumfahrungsstraße, Fertigstellung 1982   wie oben

Weserbergland-Mittelweser = D 44 --

D-3052 BAD NENNDORF   D 44 01

Heilbad	FVV Weserbergland-Mittelweser
70 - 100 m ü.d.M.	Deutscher Bäderverband
257 Lkr. Schaumburg	Bahnanschluß
Mittelzentrum	
8 505 Einwohner	

FV-Statistik		Winter-halbjahr	Sommer-halbjahr	FV-Jahr 1979/80	Auskünfte:
Ankünfte		13 703	18 843	32 546	Samtgemeinde Nenndorf
Anteil Ankünfte	(v.H.)	42,1	57,9	100	Rodenberger Allee 13
Übernachtungen		213 163	298 277	511 440	D-3052 Bad Nenndorf
Anteil Übernachtungen	(v.H.)	41,7	58,3	100	Tel.: (0 57 23) 20 61
Aufenthaltsdauer	(Tage)	15,6	15,8	15,7	
FV-Intensität		2 527	3 502	6 029	

Bettenkapazität: 2 051   Betten/100 E: 24

Vollzogene Maßnahmenkombination   Geltungsbereich

Verkehrsberuhigter Bereich nach Z 325/326 StVO   Kernort

Verbot für Lkw und Krad von 13.00 - 15.00 h und von 19.00 - 06.00 h   wie oben

Geschwindigkeitsbeschränkung auf max. 40 km/h im gesamten Ort   wie oben

Umfahrungsstraße im Zuge der B 65 / B 442   wie oben

Geplante Maßnahmenkombination

Vorrangbereich für Fußgänger   Kernort

D-3280 BAD PYRMONT, Stadt   D 44 02

Heilbad	Niedersachsen	FVV Weserbergland-Mittelweser
110 - 170 m ü.d.M.	252 Lkr. Hameln-Pyrmont	Deutscher Bäderverband
21 847 Einwohner	Mittelzentrum	Bahnanschluß

FV-Statistik		Winter-halbjahr	Sommer-halbjahr	FV-Jahr 1979/80	Auskünfte:
Ankünfte		20 795	37 457	58 252	Stadt Bad Pyrmont
Anteil Ankünfte	(v.H.)	35,7	64,3	100	Postfach 16 30
Übernachtungen		227 374	475 879	703 253	D-3280 Bad Pyrmont
Anteil Übernachtungen	(v.H.)	32,3	67,7	100	Tel.: (0 52 81) 16 51 80
Aufenthaltsdauer	(Tage)	10,9	12,7	12,1	
FV-Intensität		1 039	2 175	3 214	

Bettenkapazität: 4 214   Betten/100 E: 19

Vollzogene Maßnahmenkombination   Geltungsbereich

Vorrangbereich für Fußgänger, Fertigstellung 1978, 1 Straße, Länge ca. 300m   Kernort
(Verlängerung ist geplant)

Fahrbeschränkungen im Kurviertel mit 32 Straßen und Plätzen (seit 1966)   wie oben
(Anlieger frei von 06.00 - 10.00 h und von 18.30 - 21.00 h)
- Verbot für Kfz aller Art von 23.30 - 06.00 h, 1. April bis 30. September
- Verbot für Lkw über 2,8 t, 13.00 - 15.00 h, 1. April bis 31. Oktober
- Verbot für Krad, ganztägig, ganzjährig
- Verbot für Omnibus, ganztägig, 1. April bis 31. Oktober (ausgenommen
  Linienbus im Stadtverkehr)

Einbahnregelungen   wie oben

Näheres siehe Teil D 3 sowie Bilder F 52, F 85

Weserbergland-Mittelweser = D 44 --

D-3352 E I N B E C K , Stadt   D 44 03

Sonstige Berichtsgemeinde   Niedersachsen   FVV Weserbergland-Mittelweser
220 m ü.d.M.   155 Lkr. Northeim
28 867 Einwohner   Mittelzentrum   Bahnanschluß

FV-Statistik		Winter-halbjahr	Sommer-halbjahr	FV-Jahr 1979/80	Auskünfte:
Ankünfte		8 631	12 333	20 964	Stadt Einbeck
Anteil Ankünfte	(v.H.)	41,2	58,8	100	Postfach 126
Übernachtungen		19 964	35 102	55 066	D-3352 Einbeck
Anteil Übernachtungen	(v.H.)	36,3	63,7	100	Tel.: (05561) 3161
Aufenthaltsdauer	(Tage)	2,3	2,8	2,6	
FV-Intensität		69	122	191	

Bettenkapazität: 558   Betten/100 E: 2

Vorrangbereich für Fußgänger, Fertigstellung 1974,   **Geltungsbereich**
1 Straße, Länge ca. 330 m, Fläche ca. 4 300 m²   Kernort
(Lieferverkehr frei von 07.00 - 11.00 h und von 18.00 - 20.00 h)

Verbot für Fahrzeuge aller Art von 23.00 - 06.00 h, ganzjährig   wie oben

Aufnahme in das "Modellvorhaben zur Einrichtung verkehrsberuhigter
Zonen als Maßnahmen zur Wohnumfeldverbesserung" des Niedersächsischen
Sozialministers. Förderung eines Konzepts "Flächenhafte Verkehrsberu-
higung mit vielfältigen Maßnahmen (Schulwegsicherung)" durch einen
Zuschuß in Höhe von DM 30 000,--

D-3510 M Ü N D E N , Stadt   D 44 04

Erholungsort   Niedersachsen   FVV Weserbergland-Mittelweser
520 - 540 m ü.d.M.   152 Lkr. Göttingen
25 539 Einwohner   Mittelzentrum   Bahnanschluß

FV-Statistik		Winter-halbjahr	Sommer-halbjahr	FV-Jahr 1979/80	Auskünfte:
Ankünfte		12 626	25 309	37 935	Stadt Münden
Anteil Ankünfte	(v.H.)	33,3	66,7	100	Rathaus
Übernachtungen		30 207	65 821	96 028	D-3510 Münden
Anteil Übernachtungen	(v.H.)	31,5	68,5	100	Tel.: (05541) 75-1
Aufenthaltsdauer	(Tage)	2,4	2,6	2,5	
FV-Intensität		116	258	374	

Bettenkapazität: 1 136   Betten/100 E: 4

Vorrangbereich für Fußgänger   **Geltungsbereich**
                                                                              Kernort

Rheinland = D 51 --

D-5340 BAD HONNEF, Stadt D 51 01

Mineralheilbad	Nordrhein-Westfalen	LVV Rheinland
54 - 450 m ü.d.M.	382 Rhein-Sieg-Kreis	Deutscher Bäderverband
20 907 Einwohner	Mittelzentrum	Bahnanschluß

FV-Statistik		Winter-halbjahr	Sommer-halbjahr	FV-Jahr 1979/80	Auskünfte:
Ankünfte		9 474	12 986	22 460	Stadt Bad Honnef
Anteil Ankünfte	(v.H.)	42.2	57.8	100	Stadtkämmerei
Übernachtungen		106 658	143 705	250 363	Postfach 1740
Anteil Übernachtungen	(v.H.)	42.6	57.4	100	D-5340 Bad Honnef
Aufenthaltsdauer	(Tage)	11.3	11.1	11.1	Tel.: (0 22 24) 20 71
FV-Intensität		510	688	1 198	

Bettenkapazität: 1 340   Betten/100 E: 6

Vollzogene Maßnahmenkombination   **Geltungsbereich**

Vorrangbereich für Fußgänger, Fertigstellung 1980,   Kernort
2 Straßen, Länge ca. 400 m, Fläche ca. 3 000 m²
(Lieferverkehr frei von 06.00 - 11.00 h)

Verbot für Kfz aller Art im Inneren Kurgebiet, ganztägig, ganzjährig   wie oben
(Anlieger frei, ganztägig)

Umfahrungsstraße im Zuge der B 42 (Fertigstellung 1958/59)   wie oben
Umfahrungsstraße im Zuge der L 193 (Bad Honnef-Mitte) (Fertigstellung 1979)   wie oben

Verkehrsberuhigter Bereich nach **Z 325/326 StVO**, Fertigstellung 1982,   OT Rhöndorf
1 Straße, Länge ca. 175 m, Fläche ca. 1 500 m²

D-5358 BAD MÜNSTEREIFEL, Stadt D 51 02

Kneippheilbad	Nordrhein-Westfalen	LVV Rheinland
300 - 500 m ü.d.M.	366 Kreis Euskirchen	Deutscher Bäderverband
14 566 Einwohner	Grundzentrum (MZ)	Bahnanschluß

FV-Statistik		Winter-halbjahr	Sommer-halbjahr	FV-Jahr 1979/80	Auskünfte:
Ankünfte		10 704	15 146	25 850	Stadt Bad Münstereifel
Anteil Ankünfte	(v.H.)	41.4	58.6	100	- Ordnungsamt -
Übernachtungen		54 828	122 103	176 931	Postfach 12 40
Anteil Übernachtungen	(v.H.)	31.0	69.0	100	D-5358 Bad Münstereifel
Aufenthaltsdauer	(Tage)	5.1	8.1	6.8	Tel.: (0 22 53) 9 91
FV-Intensität		376	839	1 215	

Bettenkapazität: 1 385   Betten/100 E: 10

Vollzogene Maßnahmenkombination   **Geltungsbereich**

Historische Altstadt:
- **Vorrangbereich für Fußgänger**, Fertigstellung 1977,   Kernort
  1 Straße, Länge ca. 450 m
  (Lieferverkehr frei von 07.00 - 10.00 h, Garagenbenutzer frei,
  frei für Wochenmarktbeschicker fr von 07.00 - 13.00 h)

- Verkehrsberuhigter Bereich nach **Z 325/326 StVO**, Fertigstellung 1981,   wie oben
  9 Straßen

- Verbot für **Lkw** über 2,8 t und **Krad** von 23.00 - 06.00 h, ganzjährig   wie oben
  (seit 1982)

Umfahrungsstraßen "Westumfahrung" (B 51), Fertigstellung 1968
"Südumfahrung", Fertigstellung 1981

169

Rheinland = D 51

D-5202 HENNEF (SIEG), Stadt — D 51 03

Kneippkurort
70 - 215 m ü.d.M.
29 224 Einwohner

Nordrhein-Westfalen
382 Rhein-Sieg-Kreis
Mittelzentrum

LVV Rheinland
Deutscher Bäderverband
Bahnanschluß

FV-Statistik

		Winter-halbjahr	Sommer-halbjahr	FV-Jahr 1979/80
Ankünfte		13 058	15 833	28 891
Anteil Ankünfte	(v.H.)	45,2	54,8	100
Übernachtungen		68 018	93 471	161 489
Anteil Übernachtungen	(v.H.)	42,1	57,9	100
Aufenthaltsdauer	(Tage)	5,2	5,9	5,6
FV-Intensität		233	320	553

Bettenkapazität: 754   Betten/100 E: 3

Auskünfte:
Stadt Hennef (Sieg)
Amt für Stadtentwicklung
Postfach 12 20
D-5202 Hennef (Sieg) 1
Tel.: (0 22 42) 50 11

Vollzogene Maßnahmenkombination — Geltungsbereich

Vorrangbereich für Fußgänger, 1. Abschnitt, Fertigstellung 1978, 1 Straße u. 1 Platz, Fläche ca. 8 000 m² (Lieferverkehr frei, 07.00 - 10.00 h u. 18.00 - 19.30 h, Zufahrt für Anwohner und Hotelgäste ist außerhalb der "Fußgängerzone" möglich) — Kernort

Verkehrsberuhigter Bereich nach Z 325/326 StVO, Fertigstellung 1980, 1 Straße, Länge ca. 200 m, Fläche ca. 1 600 m² — wie oben

Geplante Maßnahmenkombination

Vorrangbereich für Fußgänger, 2. Abschnitt, Fertigstellung ca. 1985 — Kernort

Verbot für Lkw im Durchgangsverkehr nach Fertigstellung der Umfahrungsstraße — wie oben

Umfahrungsstraße (im Bau), Fertigstellung ca. 1985 — wie oben

D-4178 KEVELAER, Stadt — D 51 04

Sonstige Berichtsgemeinde
22 m ü.d.M.
21 614 Einwohner

Nordrhein-Westfalen
154 Kreis Kleve
Mittelzentrum

LVV Rheinland
Bahnanschluß

FV-Statistik

		Winter-halbjahr	Sommer-halbjahr	FV-Jahr 1979/80
Ankünfte		5 120	18 760	23 880
Anteil Ankünfte	(v.H.)	21,4	78,6	100
Übernachtungen		10 092	24 682	34 774
Anteil Übernachtungen	(v.H.)	29,0	71,0	100
Aufenthaltsdauer	(Tage)	2,0	1,3	1,5
FV-Intensität		47	114	161

Bettenkapazität: 577   Betten/100 E: 3

Auskünfte:
Stadt Kevelaer
Rathaus
D-4178 Kevelaer 1
Tel.: (0 28 32) 49 81

Vollzogene Maßnahmenkombination — Geltungsbereich

Vorrangbereich für Fußgänger, Fertigstellung 1976, 1 Straße, Länge 320 m, Fläche 2 880 m² (Lieferverkehr frei von 06.00 - 10.00 h, Garagenbenutzer frei von 18.00 - 10.00 h) — Kernort

Verkehrsberuhigter Bereich nach Z 325/326 StVO, Fertigstellung 1982, 1 Straße, Länge ca. 150 m, Fläche ca. 900 m² — wie oben

Umfahrungsstraße im Zuge der B 9, Fertigstellung 1930 — wie oben

Rheinland = D 51 --

D-5330 KÖNIGSWINTER, Stadt — D 51 05

Sonstige Berichtsgemeinde	Nordrhein-Westfalen	LVV Rheinland
60 - 460 m ü.d.M.	382 Rhein-Sieg-Kreis	Bahnanschluß
34 983 Einwohner	Mittelzentrum	

FV-Statistik		Winter-halbjahr	Sommer-halbjahr	FV-Jahr 1979/80
Ankünfte		22 659	44 631	67 290
Anteil Ankünfte	(v.H.)	33.7	66.3	100
Übernachtungen		58 937	116 923	175 860
Anteil Übernachtungen	(v.H.)	33.5	66.5	100
Aufenthaltsdauer	(Tage)	2.6	2.6	2.6
FV-Intensität		169	334	503

Bettenkapazität: 1 750   Betten/100 E: 5

Auskünfte:
Stadt Königswinter
- Amt 61 -
Postfach
D-5330 Königswinter 1
Tel.: (0 22 23) 2 10 81

Vollzogene Maßnahmenkombination   **Geltungsbereich**

Verkehrsberuhigter Bereich nach Z 325/326 StVO,   OT Stieldorf
1 Straße, Länge ca. 100 m, Fertigstellung 1983

Mischzonen für Fußgänger und Fahrzeuge
- Fertigstellung 1975-1982, 5 Straßen in der Altstadt   Kernort
- Fertigstellung 1965-1980, 2 Straßen, Länge ca. 200 m   OT Niederdollendorf

Einbahnregelungen in der Altstadt   Kernort

Umfahrungsstraßen - Fertigstellung 1966, Altstadtumfahrung   Kernort
                    - Fertigstellung 1983   Kernort
                    - Fertigstellung 1980   OT Oberpleis

Geplante Maßnahmenkombination

Vorrangbereich für Fußgänger in der Altstadt   Kernort

D-5108 MONSCHAU, Stadt — D 51 06

Sonstige Berichtsgemeinde	Nordrhein-Westfalen	LVV Rheinland
350 - 650 m ü.d.M.	354 Kreis Aachen	
10 993 Einwohner	Mittelzentrum	

FV-Statistik		Winter-halbjahr	Sommer-halbjahr	FV-Jahr 1979/80
Ankünfte		13 267	25 025	38 292
Anteil Ankünfte	(v.H.)	34.6	65.4	100
Übernachtungen		34 955	74 490	109 445
Anteil Übernachtungen	(v.H.)	31.9	68.1	100
Aufenthaltsdauer	(Tage)	2.6	3.0	2.9
FV-Intensität		318	678	996

Bettenkapazität: 1 094   Betten/100 E: 10

Auskünfte:
Stadt Monschau
- Ref. A 32.5 -
D-5108 Monschau
Tel.: (0 24 72) 20 01

Vollzogene Maßnahmenkombination   **Geltungsbereich**

Mischzone für Fußgänger und Fahrzeuge in der Altstadt   Kernort
Verbot für Kfz aller Art in der Altstadt   wie oben
Einbahnregelungen in der Altstadt   wie oben

Geplante Maßnahmenkombination

Vorrangbereich für Fußgänger in der Altstadt   Kernort
Altstadtumfahrung

D-5168 NIDEGGEN, Stadt — D 51 07

Luftkurort	Nordrhein-Westfalen	LVV Rheinland
220 - 480 m ü.d.M.	358 Kreis Düren	Bahnanschluß
7 634 Einwohner	Grundzentrum	

FV-Statistik		Winter-halbjahr	Sommer-halbjahr	FV-Jahr 1979/80
Ankünfte		9 018	13 443	22 461
Anteil Ankünfte	(v.H.)	40.1	59.9	100
Übernachtungen		33 225	73 187	106 412
Anteil Übernachtungen	(v.H.)	31.2	68.8	100
Aufenthaltsdauer	(Tage)	3.7	5.4	4.7
FV-Intensität		435	959	1 394

Bettenkapazität: 889   Betten/100 E: 12

Auskünfte:
Stadt Nideggen
Rathaus
D-5168 Nideggen
Tel.: (0 24 27) 4 35

Vollzogene Maßnahmenkombination   **Geltungsbereich**

Verbot für Krad im Ortskern von 19.00 - 07.00 h   Kernort
Umfahrungsstraße   wie oben

Rheinland = D 51

D-5223 NÜMBRECHT D 51 08

Luftkurort Nordrhein-Westfalen LVV Rheinland
250 - 350 m ü.d.M. 374 Oberbergischer Kreis
11 296 Einwohner Grundzentrum

		Winter-halbjahr	Sommer-halbjahr	FV-Jahr 1979/80
FV-Statistik				
Ankünfte		10 859	13 430	24 289
Anteil Ankünfte	(v.H.)	44,7	55,3	100
Übernachtungen		78 372	132 720	211 092
Anteil Übernachtungen	(v.H.)	37,1	62,9	100
Aufenthaltsdauer	(Tage)	7,2	9,9	8,7
FV-Intensität		694	1 175	1 869

Bettenkapazität: 1 354 Betten/100 E: 12

Vollzogene Maßnahmenkombination
Verkehrsberuhigter Bereich nach Z 325/326 StVO, Fertigstellung 1982,
4 Straßen, Länge ca. 1000 m, Fläche ca. 6 000 m²
Mischzone für Fußgänger und Fahrzeuge, 3 Straßen

Geplante Maßnahmenkombination
Umfahrungsstraßen, Fertigstellung ca. 1988

Auskünfte:
Gemeinde Nümbrecht
Postfach 1120
D-5223 Nümbrecht
Tel.: (0 22 93) 5 61

Geltungsbereich
Kernort
wie oben
Kernort und
OT Bierenbachtal

D-5107 SIMMERATH D 51 10

Luftkurort Nordrhein-Westfalen LVV Rheinland
280 - 550 m ü.d.M. 354 Kreis Aachen
13 252 Einwohner Grundzentrum (MZ)

		Winter-halbjahr	Sommer-halbjahr	FV-Jahr 1979/80
FV-Statistik				
Ankünfte		15 170	22 970	38 140
Anteil Ankünfte	(v.H.)	39,8	60,2	100
Übernachtungen		80 320	150 164	230 484
Anteil Übernachtungen	(v.H.)	34,8	65,2	100
Aufenthaltsdauer	(Tage)	5,3	6,5	6,0
FV-Intensität		606	1 133	1 739

Bettenkapazität: 1 910 Betten/100 E: 14

Vollzogene Maßnahmenkombination
Vorrangbereich für Fußgänger
Verbot für Krad

Umfahrungsstraße

Auskünfte:
Gemeinde Simmerath
Rathaus
D-5107 Simmerath
Tel.: (0 24 73) 88 39

Geltungsbereich
Kernort
OT Rurberg und
OT Woffelsbach
OT Rurberg und
OT Einruhr

D-5372 SCHLEIDEN, Stadt D 51 09

Kneippkurort (OT Gemünd) Nordrhein-Westfalen LVV Rheinland
350 - 520 m ü.d.M. 366 Kreis Euskirchen Deutscher Bäderverband
12 350 Einwohner Mittelzentrum

		Winter-halbjahr	Sommer-halbjahr	FV-Jahr 1979/80
FV-Statistik				
Ankünfte		5 286	11 207	16 493
Anteil Ankünfte	(v.H.)	32,0	68,0	100
Übernachtungen		28 531	81 017	109 548
Anteil Übernachtungen	(v.H.)	26,0	74,0	100
Aufenthaltsdauer	(Tage)	5,4	7,2	6,6
FV-Intensität		231	656	887

Bettenkapazität: 904 Betten/100 E: 7

Vollzogene Maßnahmenkombination
Vorrangbereich für Fußgänger, Fertigstellung 1971,
1 Straße, Länge ca. 600 m, Fläche ca. 4 200 m²
(Ausnahmeregelungen für Anwohner, Lieferverkehr und Hotelgäste)
Verkehrsberuhigter Bereich nach Z 325/326 StVO, Fertigstellung 1982

Geplante Maßnahmenkombination
Vorrangbereich für Fußgänger (Erweiterung), Fertigstellung 1985

Auskünfte:
Stadt Schleiden
Postfach 2180
D-5372 Schleiden
Tel.: (0 24 45) 6 41

Geltungsbereich
OT Gemünd

wie oben

OT Gemünd

D-5276 WIEHL, Stadt D 51 11

Erholungsort Nordrhein-Westfalen LVV Rheinland
190 - 360 m ü.d.M. 374 Oberbergischer Kreis
21 102 Einwohner Grundzentrum (MZ)

		Winter-halbjahr	Sommer-halbjahr	FV-Jahr 1979/80
FV-Statistik				
Ankünfte		8 098	10 467	18 565
Anteil Ankünfte	(v.H.)	43,6	56,4	100
Übernachtungen		66 707	100 166	166 873
Anteil Übernachtungen	(v.H.)	40,0	60,0	100
Aufenthaltsdauer	(Tage)	8,2	9,6	9,0
FV-Intensität		316	475	791

Bettenkapazität: 788 Betten/100 E: 4

Vollzogene Maßnahmenkombination
Mischzone für Fußgänger und Fahrzeuge, Fertigstellung 1981,
7 Straßen, Länge ca. 500 m, Fläche ca. 3 150 m²
Verkehrsberuhigter Bereich nach Z 325/326 StVO, Fertigstellung 1982,
1 Straße, Länge ca. 100 m, Fläche ca. 600 m²
Umfahrungsstraße im Zuge der L 336, Fertigstellung 1971

Auskünfte:
Stadt Wiehl
- Tiefbauamt -
Postfach 12 20
D-5276 Wiehl
Tel.: (0 22 62) 9 91

Geltungsbereich
Kernort

wie oben

wie oben

Westfalen = D 52 --

D-3490 BAD DRIBURG, Stadt D 52 01

Heilbad Nordrhein-Westfalen LVV Westfalen
220 - 440 m ü.d.M. 762 Kreis Höxter Deutscher Bäderverband
17 718 Einwohner Mittelzentrum Bahnanschluß

FV-Statistik		Winter-halbjahr	Sommer-halbjahr	FV-Jahr 1979/80	Auskünfte:
Ankünfte		18 577	27 902	46 479	Stadt Bad Driburg
Anteil Ankünfte	(v.H.)	40.0	60.0	100	- Tiefbauamt -
Übernachtungen		355 798	517 818	873 616	Rathausstraße 2
Anteil Übernachtungen	(v.H.)	40.7	59.3	100	D-3490 Bad Driburg
Aufenthaltsdauer	(Tage)	19.2	18.6	18.8	Tel.: (0 52 53) 20 02
FV-Intensität		2 008	2 923	4 931	

Bettenkapazität: 4 132   Betten/100 E: 23

Vollzogene Maßnahmenkombination   **Geltungsbereich**

Vorrangbereich für Fußgänger, Fertigstellung 1979,   Kernort
2 Straßen, Länge ca. 600 m

Verkehrsberuhigte Bereiche nach Z 325/326 StVO, Fertigstellung 1982,   wie oben
- 1 Straße im Kurbezirk
- 1 Einkaufsstraße (ehemalige Durchgangsstraße)

Verbot für Lkw von 13.00 - 15.00 h und von 20.00 - 07.00 h, ganzjährig,   wie oben
(seit 1975)

Verbot für Krad von 20.00 - 07.00 h, ganzjährig (seit 1975)   wie oben

Umfahrungsstraße im Zuge der B 64, Fertigstellung 1971   wie oben

D-4792 BAD LIPPSPRINGE, Stadt D 52 02

Heilbad und Heilklimat. Kurort Nordrhein-Westfalen LVV Westfalen
145 - 334 m ü.d.M. 774 Kreis Paderborn Deutscher Bäderverband
11 868 Einwohner Grundzentrum

FV-Statistik		Winter-halbjahr	Sommer-halbjahr	FV-Jahr 1979/80	Auskünfte:
Ankünfte		12 976	18 810	31 786	Stadt Bad Lippspringe
Anteil Ankünfte	(v.H.)	40.8	59.2	100	- Ordnungsamt -
Übernachtungen		303 371	441 213	744 584	Rathaus
Anteil Übernachtungen	(v.H.)	40.7	59.3	100	D-4792 Bad Lippspringe
Aufenthaltsdauer	(Tage)	23.4	23.5	23.4	Tel.: (0 52 52) 40 21
FV-Intensität		2 556	3 718	6 274	

Bettenkapazität: 3 129   Betten/100 E: 26

Vollzogene Maßnahmenkombination   **Geltungsbereich**

Vorrangbereiche für Fußgänger (Fertigstellung 1977, 1978, 1980 und 1981)   Kernort

Verbot für Lkw im Durchgangsverkehr (seit 1981)   wie oben

Verbot für Krad im Bereich der Kurkliniken (seit 1970)   wie oben

Umfahrungsstraße im Zuge der B 1, Fertigstellung 1981   wie oben

Näheres siehe Teil D 3

D-4970 BAD OEYNHAUSEN, Stadt D 52 03

Mineralheilbad Nordrhein-Westfalen LVV Westfalen
71 m ü.d.M. 770 Kreis Minden-Lübbecke Deutscher Bäderverband
44 339 Einwohner Mittelzentrum Bahnanschluß

FV-Statistik		Winter-halbjahr	Sommer-halbjahr	FV-Jahr 1979/80	Auskünfte:
Ankünfte		41 684	50 352	92 036	Stadt Bad Oeynhausen
Anteil Ankünfte	(v.H.)	45.3	54.7	100	Postfach 10 08 40
Übernachtungen		587 087	760 029	1 347 116	D-4970 Bad Oeynhausen 1
Anteil Übernachtungen	(v.H.)	43.6	56.4	100	Tel.: (0 57 31) 2 20 01-
Aufenthaltsdauer	(Tage)	14.1	15.1	14.6	2 20 06
FV-Intensität		1 324	1 714	3 038	

Bettenkapazität: 5 200   Betten/100 E: 12

Vollzogene Maßnahmenkombination   **Geltungsbereich**

"Lärmverminderte Zone" in der Innenstadt (seit 1964)   Kernort
(Siehe auch Bilder F 7, F 8, F 28, F 29):

Verbot für Kfz aller Art, ganztägig, ganzjährig
(Frei für Kraftwagen im Anliegerverkehr)
zusätzlich:

- **Vorrangbereich für Fußgänger**, Umgestaltung ab 1965, 3 Straßen
  (Be- und Entladen frei von 18.00 - 10.00 h)

- **Vorrangbereich für Fußgänger** auf einem Teilstück der ehemaligen Haupt-
  durchfahrtstraße (Verdrängung des Durchgangsverkehrs auf die nördliche
  bzw. südliche Umfahrungsstraße des Kurgebietes), 1980 eingerichtet,
  1983 Umgestaltung in einen Verkehrsberuhigten Bereich nach Z 325/326 StVO
  und Erweiterung um ein weiteres Teilstück.

- Verbote für Kfz auf der südlichen Umfahrung, ganzjährig
  (Verlegung geplant) "Südtangente")
  . Verbot für Kfz über 7,5 t, ganztägig (Linienbusse frei)
  . Verbot für Pkw von 22.30 - 06.00 h
  . Verbot für Krad von 22.00 - 06.00 h

Verkehrsberuhigte Bereiche nach Z 325/326 StVO
- 2 Straßen, Länge ca. 450 m, Fläche ca. 37 000 m², Fertigstellung 1980   wie oben
- 2 Straßen, Länge ca. 1 050 m, Fläche ca. 6 300 m², Fertigstellung 1981   OT Werste
- 1 Straße, Länge ca. 300 m, Fläche ca. 2 100 m², Fertigstellung 1982   OT Rehme
- 1 Straße, Länge ca. 80 m, Fläche ca. 560 m², Fertigstellung 1980   OT Dehme
- 1 Straße, Länge ca. 250 m, Fläche ca. 1 750 m², Fertigstellung 1982   OT Dehme

Verlagerung des ruhenden Verkehrs an den Rand des Ortszentrums nach Bau   OT Rehme
eines Parkhauses und einer Tiefgarage (ca. 760 Einstellplätze, kostenlose
Benutzung)

Umfahrungsstraße   Kernort

Geplante Maßnahmenkombination

Erweiterung des Vorrangbereichs nach Z 325/326 StVO für Fußgänger, 1 Straße   alle OT

Verkehrsberuhigte Bereiche nach Z 325/326 StVO in Neubaugebieten   wie oben

Umfahrungsstraße "Nordumgehung" im Zuge der BAB A 30

173

Westfalen = D 52 --

D-4902 BAD SALZUFLEN, Stadt   D 52 04

Mineralheilbad 75 - 250 m ü.d.M. 51 248 Einwohner		Nordrhein-Westfalen 766 Kreis Lippe Mittelzentrum		LVV Westfalen Deutscher Bäderverband Bahnanschluß	
FV-Statistik		Winter- halbjahr	Sommer- halbjahr	FV-Jahr 1979/80	**Auskünfte:**
Ankünfte		47 764	63 744	111 508	Stadt Bad Salzuflen
Anteil Ankünfte	(v.H.)	42,8	57,2	100	- Tiefbauamt -
Übernachtungen		563 621	978 095	1 541 716	Postfach 35 40
Anteil Übernachtungen	(v.H.)	36,6	63,4	100	D-4902 Bad Salzuflen 1
Aufenthaltsdauer	(Tage)	11,8	15,3	13,8	Tel.: (0 52 22) 5 61
FV-Intensität		1 100	1 908	3 008	
Bettenkapazität: 7 162			Betten/100 E: 14		

Vollzogene Maßnahmenkombination   **Geltungsbereich**

Vorrangbereich für **Fußgänger**, Fertigstellung 1976, 3 Straßen   Kernort
(Lieferverkehr und Anwohner frei von 18.30 - 10.30 h)

Verbot für **Kfz aller Art** im Kurgebiet,   wie oben
von 23.00 - 06.00 h, vom 1. April bis 30. September (seit 1982)

Verbot für **Lkw** im Kurgebiet von 13.00 - 16.00 h und von 22.00 - 09.00 h   wie oben

Verkehrsberuhigte Bereiche nach **Z 325/326 StVO**
- 1 Straße, Länge ca. 300 m, Fläche ca. 2 400 m², Fertigstellung 1980   OT Grastrup-Hölsen
- 1 Straße, Länge ca. 260 m, Fläche ca. 2 000 m², Fertigstellung 1981   OT Werl-Aspe
- 1 Straße, Länge ca. 180 m, Fläche ca. 1 500 m², Fertigstellung 1981   OT Holzhausen
- 1 Straße, Länge ca. 280 m, Fläche ca. 2 500 m², Fertigstellung 1982   OT Wüsten

Umfahrungsstraße, Fertigstellung 1981   Kernort

Siehe auch Bilder F 22, F 23

Geplante Maßnahmenkombination

Verkehrsberuhigte Bereiche nach **Z 325/326 StVO** in Neubaugebieten   alle OT

D-4772 BAD SASSENDORF   D 52 05

Moor- und Mineralheilbad 100 m ü.d.M. 9 673 Einwohner		Nordrhein-Westfalen 974 Kreis Soest Grundzentrum		LVV Westfalen Deutscher Bäderverband Bahnanschluß	
FV-Statistik		Winter- halbjahr	Sommer- halbjahr	FV-Jahr 1979/80	**Auskünfte:**
Ankünfte		8 915	13 293	22 208	Gemeinde Bad Sassendorf
Anteil Ankünfte	(v.H.)	40,1	59,9	100	Postfach 11 40
Übernachtungen		211 235	276 268	487 503	D-4772 Bad Sassendorf
Anteil Übernachtungen	(v.H.)	43,3	56,7	100	Tel.: (0 29 21) 56 43
Aufenthaltsdauer	(Tage)	23,7	20,8	22,0	
FV-Intensität		2 184	2 856	5 040	
Bettenkapazität: 1 940			Betten/100 E: 20		

Vollzogene Maßnahmenkombination   **Geltungsbereich**

Vorrangbereich für **Fußgänger** im engeren Kurbereich,   Kernort
2 Straßen, Länge ca. 850 m
(Lieferverkehr frei)

Verkehrsberuhigter Bereich nach **Z 325/326 StVO**, Fertigstellung 1981,   OT Neuengeseke
1 Straße u. 3 Einmündungen, Länge insgesamt ca. 340 m, Fläche ca. 2 700 m²

Verbot für **Fahrzeuge aller Art** in mehreren Straßen (seit 1969),   Kernort
ganztägig, ganzjährig

Geschwindigkeitsbeschränkung auf max. 30 km/h, 1 Sammelstraße   wie oben
(Die bauliche Umgestaltung zu einer verkehrsberuhigten Straße ist in der
Diskussion, Fahr- und Gehweg sollen getrennt bleiben (Stand Dez. 1982))

Ortskernumfahrungsstraßen   wie oben

Geplante Maßnahmenkombination

Verbot für **Krad** im inneren Ortskern (mit engerem Kurbereich),   Kernort
22.00 - 06.00 h, ganzjährig, Einführung 1983
(Anwohner frei)

Westfalen = D 52 --

D-5790 BRILON, Stadt — D 52 06

Luftkurort
450 – 800 m ü.d.M.
24 533 Einwohner

Nordrhein-Westfalen
958 Hochsauerlandkreis
Mittelzentrum

LVV Westfalen
Bahnanschluß

FV-Statistik

		Winter-halbjahr	Sommer-halbjahr	FV-Jahr 1979/80
Ankünfte		20 452	33 511	53 963
Anteil Ankünfte	(v.H.)	37,9	62,1	100
Übernachtungen		154 110	308 076	462 186
Anteil Übernachtungen	(v.H.)	33,3	66,7	100
Aufenthaltsdauer	(Tage)	7,5	9,2	8,6
FV-Intensität		628	1 256	1 884

Bettenkapazität: 2 639   Betten/100 E: 11

Auskünfte:
Stadt Brilon
- Bauamt -
Rathaus
Am Markt 1
D-5790 Brilon
Tel.: (02961) 2071

Geltungsbereich

Vollzogene Maßnahmenkombination

Vorrangbereich für Fußgänger
- Bereich um den Marktplatz, Fläche ca. 1200 m², Fertigstellung 1978
- Erweiterung um ca. 250 m² (Versuchsweise 1982)

Kernort

Verkehrsberuhigte Bereiche nach Z 325/326 StVO
- 1 Straße, Länge ca. 280 m, Fläche ca. 3 600 m², Fertigstellung 1981
- 1 Straße, Länge ca. 150 m, Fläche ca. 900 m², Fertigstellung 1982

wie oben

Mischzone für Fußgänger und Fahrzeuge, mehrere kleine Gassen

wie oben

Umfahrungsstraße, 1. Bauabschnitt, Fertigstellung 1978
2. Bauabschnitt, Fertigstellung 1982
3. Bauabschnitt (im Bau, Fertigstellung ca. 1986)

wie oben

Geplante Maßnahmenkombination

Erweiterung des **Vorrangbereichs für Fußgänger**, Fertigstellung ca. 1986, in Abhängigkeit von der Fertigstellung des 3. Bauabschnitts der Umfahrung

Kernort

D-4793 BÜREN, Stadt — D 52 07

Erholungsort
190 – 360 m ü.d.M.
17 530 Einwohner

Nordrhein-Westfalen
774 Kreis Paderborn
Mittelzentrum

LVV Westfalen

FV-Statistik

		Winter-halbjahr	Sommer-halbjahr	FV-Jahr 1979/80
Ankünfte		3 044	4 027	7 071
Anteil Ankünfte	(v.H.)	43,0	57,0	100
Übernachtungen		14 203	24 497	38 700
Anteil Übernachtungen	(v.H.)	36,7	63,3	100
Aufenthaltsdauer	(Tage)	4,7	6,1	5,5
FV-Intensität		81	140	221

Bettenkapazität: 469   Betten/100 E: 3

Auskünfte:
Stadt Büren
- Amt 60 -
Burgstraße 30
D-4793 Büren
Tel.: (02951) 2041

Geltungsbereich

Vollzogene Maßnahmenkombination

Vorrangbereich für Fußgänger im Ortskern, Fertigstellung 1974, 1 Straße, Länge ca. 80 m, Fläche ca. 2 400 m² (Anlieger frei, ganztägig)

Kernort

Verkehrsberuhigter Bereich nach Z 325/326 StVO im Ortskern, 2 Straßen, Länge ca. 1200 m, Fläche ca. 9 000 m², Fertigstellung 1983

Umfahrungsstraße, Fertigstellung 1986

OT Steinhausen

D-5828 ENNEPETAL, Stadt — D 52 08

Klimahöhle (Heilklimat. Kurort)
180 – 350 m ü.d.M.
35 729 Einwohner

Nordrhein-Westfalen
954 Ennepe-Ruhr-Kreis
Mittelzentrum

LVV Westfalen
Deutscher Bäderverband
Bahnanschluß

FV-Statistik

		Winter-halbjahr	Sommer-halbjahr	FV-Jahr 1979/80
Ankünfte		6 006	5 730	11 736
Anteil Ankünfte	(v.H.)	51,2	48,8	100
Übernachtungen		37 254	41 375	78 629
Anteil Übernachtungen	(v.H.)	47,4	52,6	100
Aufenthaltsdauer	(Tage)	6,2	7,2	6,7
FV-Intensität		104	116	220

Bettenkapazität: 459   Betten/100 E: 1

Auskünfte:
Stadt Ennepetal
- Planungsamt -
Postfach 3056
D-5828 Ennepetal 13
Tel.: (02333) 7951

Geltungsbereich

Vollzogene Maßnahmenkombination

Verkehrsberuhigte Bereiche nach Z 325/326 StVO
- Fertigstellung 1981: 1 Platz, Länge ca. 250 m, Fläche ca. 2 000 m²
- Fertigstellung 1982: 1 Straße, Länge ca. 150 m, Fläche ca. 1 800 m²

OT Voerde
OT Voerde

Geplante Maßnahmenkombination

Vorrangbereiche für Fußgänger
- Fertigstellung 1984: 1 Platz, Fläche ca. 1 000 m²
- Fertigstellung 1985: 1 Straße, Länge ca. 200 m, Fläche ca. 1 800 m²

OT Milspe
OT Milspe

Umfahrungsstraße, Fertigstellung 1984

Westfalen = D 52 --

D-4934 HORN-BAD MEINBERG, Stadt D 52 09

Heilbad (OT Bad Meinberg) Nordrhein-Westfalen LVV Westfalen
210 m ü.d.M. 766 Kreis Lippe Deutscher Bäderverband
16 850 Einwohner Mittelzentrum Bahnanschluß

FV-Statistik		Winter-halbjahr	Sommer-halbjahr	FV-Jahr 1979/80
Ankünfte		24 594	41 869	66 463
Anteil Ankünfte	(v.H.)	37,0	63,0	100
Übernachtungen		347 883	720 814	1 068 697
Anteil Übernachtungen	(v.H.)	32,6	67,4	100
Aufenthaltsdauer	(Tage)	14,1	17,2	16,1
FV-Intensität		2 065	4 277	6 342

Bettenkapazität: 5 466   Betten/100 E: 32

Vollzogene Maßnahmenkombination

Verbote für Pkw, Lkw und Krad
Einteilung des Kurwohnbereichs in 6 Verkehrszonen in Abhängigkeit von den jeweils an der B 1/B 239 beginnenden Einfahrtstraßen
Einbahnregelungen

Geplante Maßnahmenkombination

Umfahrungsstraße im Zuge der B 1/B 239

Näheres siehe Teil D 3 sowie Bilder F 34, F 46, F 47, F 115 bis F 118

Auskünfte:
Stadt Horn-Bad Meinberg
- Ordnungsamt -
Rathaus
D-4934 Horn-Bad Meinberg
Tel.: (0 52 34) 27 29

Geltungsbereich
OT Bad Meinberg
wie oben

wie oben
Kernort und
OT Bad Meinberg

D-5928 LAASPHE, Stadt D 52 10

Kneipphellbad Nordrhein-Westfalen LVV Westfalen
330 - 700 m ü.d.M. 970 Kreis Siegen Deutscher Bäderverband
14 666 Einwohner Mittelzentrum Bahnanschluß

FV-Statistik		Winter-halbjahr	Sommer-halbjahr	FV-Jahr 1979/80
Ankünfte		14 307	17 989	32 296
Anteil Ankünfte	(v.H.)	44,3	55,7	100
Übernachtungen		117 572	158 287	275 859
Anteil Übernachtungen	(v.H.)	42,6	57,4	100
Aufenthaltsdauer	(Tage)	8,2	8,8	8,5
FV-Intensität		802	1 079	1 881

Bettenkapazität: 1 754   Betten/100 E: 12

Vollzogene Maßnahmenkombination

Vorrangbereich für Fußgänger
- 1 Straße, Länge 95 m, Fläche 1 691 m². Fertigstellung 1980
- 1 Straße, Länge 150 m, Fläche 2 250 m², Fertigstellung 1982

Verbot für Krad von 22.00 - 06.00 h, ganzjährig (seit 1982)

Geplante Maßnahmenkombination

Vorrangbereich für Fußgänger. Fertigstellung ca. 1987
Verkehrsberuhigter Bereich nach Z 325/326 StVO. Fertigstellung ca. 1987
Umfahrungsstraße

Auskünfte:
Stadt Laasphe
Mühlenstraße 20
D-5928 Laasphe
Tel.: (0 27 52) 8 24

Geltungsbereich
Kernort

wie oben

D-4791 LICHTENAU, Stadt D 52 11

Erholungsort Nordrhein-Westfalen LVV Westfalen
300 - 380 m ü.d.M. 774 Kreis Paderborn
8 592 Einwohner Grundzentrum

FV-Statistik		Winter-halbjahr	Sommer-halbjahr	FV-Jahr 1979/80
Ankünfte		8 189	12 619	20 808
Anteil Ankünfte	(v.H.)	39,4	60,6	100
Übernachtungen		30 206	62 343	92 549
Anteil Übernachtungen	(v.H.)	32,6	67,4	100
Aufenthaltsdauer	(Tage)	3,7	4,9	4,4
FV-Intensität		352	725	1 077

Bettenkapazität: 823   Betten/100 E: 10

Vollzogene Maßnahmenkombination

Vorrangbereich für Fußgänger

Auskünfte:
Stadt Lichtenau
Rathaus
D-4791 Lichtenau
Tel.: (0 52 95) 3 93

Geltungsbereich
Kernort

Westfalen = D 52 --

D-4780 LIPPSTADT, Stadt — D 52 12

Thermalsolebad (OT Bad Waldliesborn)
76 m ü.d.M.
61 927 Einwohner

Nordrhein-Westfalen
974 Kreis Soest
Mittelzentrum

LVV Westfalen
Deutscher Bäderverband
Bahnanschluß

FV-Statistik		Winter-halbjahr	Sommer-halbjahr	FV-Jahr 1979/80
Ankünfte		18 834	21 746	40 580
Anteil Ankünfte	(v.H.)	46,4	53,6	100
Übernachtungen		160 219	251 123	411 342
Anteil Übernachtungen	(v.H.)	39,0	61,0	100
Aufenthaltsdauer	(Tage)	8,5	11,5	10,1
FV-Intensität		259	405	664

Bettenkapazität: 1 847 Betten/100 E: 3

Auskünfte:
Stadt Lippstadt
- Ordnungsamt -
Postfach 25 40
D-4780 Lippstadt
Tel.: (0 29 41) 7 91

Vollzogene Maßnahmenkombination

Vorrangbereiche für Fußgänger

Verbot für Kfz aller Art im Durchgangsverkehr

Umfahrungsstraße im Zuge der B 55

Geltungsbereich
Kernort und
OT Bad Waldliesborn
OT Bad Waldliesborn
Kernort

D-5882 MEINERZHAGEN, Stadt — D 52 14

Erholungsort
400 - 600 m ü.d.M.
19 042 Einwohner

Nordrhein-Westfalen
962 Märkischer Kreis
Mittelzentrum

LVV Westfalen
Bahnanschluß

FV-Statistik		Winter-halbjahr	Sommer-halbjahr	FV-Jahr 1979/80
Ankünfte		11 258	11 260	22 518
Anteil Ankünfte	(v.H.)	50,0	50,0	100
Übernachtungen		42 103	59 886	101 989
Anteil Übernachtungen	(v.H.)	41,3	58,7	100
Aufenthaltsdauer	(Tage)	3,7	5,3	4,5
FV-Intensität		221	315	556

Bettenkapazität: 700 Betten/100 E: 4

Auskünfte:
Stadt Meinerzhagen
Postfach 15 63
D-5882 Meinerzhagen
Tel.: (0 25 54) 60 51

Vollzogene Maßnahmenkombination

Vorrangbereich für Fußgänger

Umfahrungsstraße

Geltungsbereich
Kernort
wie oben und
OT Valbert

D-5789 MEDEBACH, Stadt — D 52 13

Erholungsort
400 - 800 m ü.d.M.
7 150 Einwohner

Nordrhein-Westfalen
958 Hochsauerlandkreis
Grundzentrum

LVV Westfalen

FV-Statistik		Winter-halbjahr	Sommer-halbjahr	FV-Jahr 1979/80
Ankünfte		5 599	9 312	14 911
Anteil Ankünfte	(v.H.)	37,5	62,5	100
Übernachtungen		41 997	107 160	149 157
Anteil Übernachtungen	(v.H.)	28,2	71,8	100
Aufenthaltsdauer	(Tage)	7,5	11,5	10,0
FV-Intensität		587	1 499	2 086

Bettenkapazität: 1 242 Betten/100 E: 17

Auskünfte:
Stadt Medebach
- Ordnungsamt -
Postfach 40 60
D-5789 Medebach
Tel.: (0 29 82) 2 12

Vollzogene Maßnahmenkombination

Geltungsbereich
Kernort

Verkehrsberuhigter Bereich nach Z 325/326 StVO. Fertigstellung 1982.
4 Straßen, Länge ca. 790 m. Fläche ca. 5 300 m²

D-5778 MESCHEDE, Stadt — D 52 15

Erholungsort
261 - 620 m ü.d.M.
31 350 Einwohner

Nordrhein-Westfalen
958 Hochsauerlandkreis
Mittelzentrum

LVV Westfalen
Bahnanschluß

FV-Statistik		Winter-halbjahr	Sommer-halbjahr	FV-Jahr 1979/80
Ankünfte		19 491	26 720	46 211
Anteil Ankünfte	(v.H.)	42,2	57,8	100
Übernachtungen		89 050	169 366	258 416
Anteil Übernachtungen	(v.H.)	34,5	65,5	100
Aufenthaltsdauer	(Tage)	4,6	6,3	5,6
FV-Intensität		284	540	824

Bettenkapazität: 1 808 Betten/100 E: 6

Auskünfte:
Stadt Meschede
- Verkehrsamt -
Postfach 13 09
D-5778 Meschede
Tel.: (02 91) 20 52 77

Vollzogene Maßnahmenkombination

Mischzone für Fußgänger und Fahrzeuge im Ortskern, 5 Straßen

Umfahrungsstraße. Fertigstellung 1982

Geplante Maßnahmenkombination

Vorrangbereich für Fußgänger. Fertigstellung ca. 1984

Umfahrungsstraße (im Bau)

Geltungsbereich
Kernort
OT Remblinghausen

Kernort
OT Eversberg

Westfalen = D 52

D-5902 NETPHEN — D 52 16

Sonstige Berichtsgemeinde Nordrhein-Westfalen LVV Westfalen
255 - 672 m ü.d.M. 970 Kreis Siegen
22 453 Einwohner Grundzentrum (MZ)

FV-Statistik		Winter-halbjahr	Sommer-halbjahr	FV-Jahr 1979/80
Ankünfte		6 171	7 467	13 638
Anteil Ankünfte	(v.H.)	45,2	54,8	100
Übernachtungen		19 592	29 328	48 900
Anteil Übernachtungen	(v.H.)	40,0	60,0	100
Aufenthaltsdauer	(Tage)	3,2	3,9	3,6
FV-Intensität		87	131	218

Bettenkapazität: 461 Betten/100 E: 2

Vollzogene Maßnahmenkombination
Vorrangbereich für Fußgänger im Geschäftszentrum

Geplante Maßnahmenkombination
Umfahrungsstraße

Auskünfte:
Gemeinde Netphen
Amtsstraße 6
D-5902 Netphen 1
Tel.: (02738) 3 61

Geltungsbereich
Kernort

Kernort

D-4986 RÖDINGHAUSEN — D 52 18

Erholungsort Nordrhein-Westfalen LVV Westfalen
110 - 274 m ü.d.M. 758 Kreis Herford Bahnanschluß
8 238 Einwohner Grundzentrum

FV-Statistik		Winter-halbjahr	Sommer-halbjahr	FV-Jahr 1979/80
Ankünfte		2 816	2 774	5 590
Anteil Ankünfte	(v.H.)	50,4	49,6	100
Übernachtungen		6 836	15 967	22 803
Anteil Übernachtungen	(v.H.)	30,0	70,0	100
Aufenthaltsdauer	(Tage)	2,4	5,8	4,1
FV-Intensität		83	194	277

Bettenkapazität: 304 Betten/100 E: 4

Vollzogene Maßnahmenkombination
Verkehrsberuhigter Bereich nach Z 325/326 StVO. Fertigstellung 1981/82.
1 Straße, Länge 285 m, Fläche 3 765 m²
Verkehrsberuhigter Bereich nach Z 325/326 StVO. Fertigstellung 1981/82.
7 Straßen, Länge 1 495 m, Fläche 11 110 m²
Umfahrungsstraße. Fertigstellung 1981

Auskünfte:
Gemeinde Rödinghausen
Rathaus
D-4986 Rödinghausen
Tel.: (05746) 80 13

Geltungsbereich
Kernort

OT Ostkilver

Kernort

D-4994 PREUSSISCH OLDENDORF, Stadt — D 52 17

Luftkurort Nordrhein-Westfalen LVV Westfalen
Heilquellen- und Kurhaus (OT Holzhausen) 770 Kreis Minden-Lübbecke Deutscher Bäderverband
64 - 200 m ü.d.M. Grundzentrum (MZ)
9 983 Einwohner

FV-Statistik		Winter-halbjahr	Sommer-halbjahr	FV-Jahr 1979/80
Ankünfte		3 142	6 861	10 003
Anteil Ankünfte	(v.H.)	31,4	68,6	100
Übernachtungen		43 878	111 575	155 453
Anteil Übernachtungen	(v.H.)	28,2	71,8	100
Aufenthaltsdauer	(Tage)	14,0	16,3	15,6
FV-Intensität		440	1 117	1 557

Bettenkapazität: 886 Betten/100 E: 10

Vollzogene Maßnahmenkombination
Verkehrsberuhigte Bereiche nach Z 325/326 StVO
Verbot für **Kfz aller Art**
(Anlieger und Lieferverkehr frei)

Auskünfte:
Stadt
Preußisch Oldendorf
Postfach 12 60
D-4994 Preußisch Oldendorf
Tel.: (05742) 20 11

Geltungsbereich
Kernort und
OT Börninghausen

Kernort und
OT Holzhausen

D-5948 SCHMALLENBERG, Stadt — D 52 19

Kneipkurort (OT Fredeburg) Nordrhein-Westfalen LVV Westfalen
450 - 818 m ü.d.M. 958 Hochsauerlandkreis Deutscher Bäderverband
25 017 Einwohner Mittelzentrum

FV-Statistik		Winter-halbjahr	Sommer-halbjahr	FV-Jahr 1979/80
Ankünfte		68 719	90 037	158 756
Anteil Ankünfte	(v.H.)	43,3	56,7	100
Übernachtungen		402 915	701 591	1 104 506
Anteil Übernachtungen	(v.H.)	36,5	63,5	100
Aufenthaltsdauer	(Tage)	5,9	7,8	7,0
FV-Intensität		1 611	2 804	4 415

Bettenkapazität: 7 555 Betten/100 E: 30

Vollzogene Maßnahmenkombination
Vorrangbereich für Fußgänger. Fertigstellung 1970.
1 Platz, Länge ca. 100 m, Fläche ca. 1 000 m²
(Anwohner frei von 07.00 - 19.00 h)
Verbot für **Krad**, ganztägig, ganzjährig
Umfahrungsstraße. Fertigstellung 1964

Auskünfte:
Stadt Schmallenberg
- Hauptamt -
Postfach 11 40
D-5948 Schmallenberg
Tel.: (02972) 50 55

Geltungsbereich
Kernort

OT Fredeburg
wie oben

Westfalen = D 52 --

D-4542 TECKLENBURG, Stadt — D 52 20

Luftkurort
230 m ü.d.M.
8 779 Einwohner

Nordrhein-Westfalen
566 Kreis Steinfurt
Grundzentrum

LVV Westfalen

FV-Statistik

		Winter-halbjahr	Sommer-halbjahr	FV-Jahr 1979/80
Ankünfte		14 678	20 616	35 294
Anteil Ankünfte	(v.H.)	41,6	58,4	100
Übernachtungen		32 518	56 675	89 193
Anteil Übernachtungen	(v.H.)	36,5	63,5	100
Aufenthaltsdauer	(Tage)	2,2	2,7	2,5
FV-Intensität		370	646	1016

Bettenkapazität: 823   Betten/100 E: 9

Auskünfte:
Stadt Tecklenburg
- Ordnungsamt -
Postfach 1140
D-4542 Tecklenburg
Tel.: (054 82) 4 91

Vollzogene Maßnahmenkombination

Verbot für **Fahrzeuge aller Art** in der Altstadt. von April bis Oktober. Sa von 12.00 - 24.00 h. So u. Feiertag ganztägig (Anwohner mit Ausnahmegenehmigung frei)

Verbot für **Krad** im gesamten Altstadtbereich. ganztägig. ganzjährig. (seit ca. 1965) (Anlieger frei)

Verbot für **Lkw** von 22.00 - 06.00 h. 1 Zufahrtstraße (seit 1963) (Ausnahmegenehmigungen werden nicht erteilt)

Geltungsbereich
Kernort

wie oben

Kernort
OT Brochterbek

Umfahrungsstraßen
- Fertigstellung 1963
- Fertigstellung 1972

Geplante Maßnahmenkombination

Verkehrsberuhigter Bereich nach **Z 325/326 StVO**. Fertigstellung ca. 1985   Kernort

D-4973 VLOTHO, Stadt — D 52 21

Luftkurort (Moorbad) (OT Seebruch)
Moor- und Schwefelbad (OT Senkelteich)
48 - 342 m ü.d.M.
19 959 Einwohner

Nordrhein-Westfalen
758 Lkr. Herford
Mittelzentrum

LVV Westfalen
Deutscher Bäderverband
Bahnanschluß (Kernort)

FV-Statistik

		Winter-halbjahr	Sommer-halbjahr	FV-Jahr 1979/80
Ankünfte		10 776	12 616	23 392
Anteil Ankünfte	(v.H.)	46,1	53,9	100
Übernachtungen		67 858	87 709	155 567
Anteil Übernachtungen	(v.H.)	43,6	56,4	100
Aufenthaltsdauer	(Tage)	6,3	7,0	6,7
FV-Intensität		340	439	779

Bettenkapazität: 889   Betten/100 E: 5

Auskünfte:
Stadt Vlotho
- Amt II 20 -
Postfach 1705
D-4973 Vlotho
Tel.: (057 33) 30 81

Vollzogene Maßnahmenkombination

Verkehrsberuhigter Bereich nach **Z 325/326 StVO**. Fertigstellung 1982
1 Straße, Länge ca. 1 000 m. Fläche ca. 8 000 m²

Geltungsbereich
Kernort

wie oben

Umfahrungsstraße. Fertigstellung 1981

D-4788 WARSTEIN, Stadt — D 52 22

Heilquellen- Kurbetrieb (OT Belecke)
300 - 540 m ü.d.M.
28 329 Einwohner

Nordrhein-Westfalen
974 Kreis Soest
Mittelzentrum

LVV Westfalen
Deutscher Bäderverband

FV-Statistik

		Winter-halbjahr	Sommer-halbjahr	FV-Jahr 1979/80
Ankünfte		10 286	17 781	28 067
Anteil Ankünfte	(v.H.)	36,6	63,4	100
Übernachtungen		33 624	82 901	116 525
Anteil Übernachtungen	(v.H.)	28,9	71,1	100
Aufenthaltsdauer	(Tage)	3,3	4,7	4,2
FV-Intensität		119	292	411

Bettenkapazität: 870   Betten/100 E: 3

Auskünfte:
Stadt Warstein
Dieplohstraße 1
D-4788 Warstein 1
Tel.: (029 02) 8 12 55

Vollzogene Maßnahmenkombination

Verkehrsberuhigte Bereiche nach **Z 325/326 StVO**
- Fertigstellung 1981: 1 Straße. Länge ca. 300 m. Fläche ca. 2 800 m²
- Fertigstellung 1981: 1 Straße. Länge ca. 220 m. Fläche ca. 2 000 m²
- Fertigstellung 1982: 1 Straße. Länge ca. 180 m. Fläche ca. 2 200 m²

Geplante Maßnahmenkombination

Vorrangbereiche für Fußgänger
- Fertigstellung ca. 1988: 1 Straße. Länge ca. 180 m. Fläche ca. 6 000 m²
- Fertigstellung ca. 1995: 1 Straße. Länge ca. 220 m. Fläche ca. 9 000 m²

Geltungsbereich
Kernort
OT Allagen
OT Suttrop

OT Belecke
Kernort

Kernort, OT Belecke u. OT Suttrop

Umfahrungsstraßen

D-4798 WÜNNENBERG, Stadt — D 52 23

Luftkurort
350 - 480 m ü.d.M.
9 598 Einwohner

Nordrhein-Westfalen
774 Kreis Paderborn
Grundzentrum

LVV Westfalen

FV-Statistik

		Winter-halbjahr	Sommer-halbjahr	FV-Jahr 1979/80
Ankünfte		9 694	14 496	24 190
Anteil Ankünfte	(v.H.)	40,1	59,9	100
Übernachtungen		58 436	162 989	221 425
Anteil Übernachtungen	(v.H.)	26,4	73,6	100
Aufenthaltsdauer	(Tage)	6,0	11,2	9,2
FV-Intensität		609	1 698	2 307

Bettenkapazität: 2 036   Betten/100 E: 21

Auskünfte:
Stadt Wünnenberg
Rathaus
D-4798 Wünnenberg
Tel.: (029 53) 7 14

Vollzogene Maßnahmenkombination

Verbot für **Krad** in Teilen des Kurbereichs

Geltungsbereich
Kernort

179

Rheinland-Pfalz = D 60 --

D-6508 ALZEY, Stadt   D 60 01

Sonstige Berichtsgemeinde   Rheinland-Pfalz   FVV Rheinland-Pfalz
172 m ü.d.M.   331 Lkr. Alzey-Worms
15 755 Einwohner   Mittelzentrum   Bahnanschluß

FV-Statistik		Winter-halbjahr	Sommer-halbjahr	FV-Jahr 1979/80	Auskünfte:
Ankünfte		8 579	14 245	22 824	Stadt Alzey - Hauptamt -
Anteil Ankünfte	(v.H.)	37.6	62.4	100	Postfach 1409
Übernachtungen		12 639	20 983	33 622	D-6508 Alzey 1
Anteil Übernachtungen	(v.H.)	37.6	62.4	100	Tel.: (06731) 37216
Aufenthaltsdauer	(Tage)	1.5	1.5	1.5	
FV-Intensität		80	133	213	

Bettenkapazität: 241   Betten/100 E: 2

Vollzogene Maßnahmenkombination   **Geltungsbereich**

Vorrangbereich für **Fußgänger**. 1 Straße. Länge ca. 250 m. Fläche ca. 3 100 m²   Kernort
(Erweiterung Herbst 1982 im Bau)
(Ausnahmegenehmigungen für Anwohner. DarÜberhinaus Einzelerlaubnis bei
berechtigtem Interesse. Ausnahmen für Lieferverkehr von 19.00 - 10.00 h
auf Antrag. Siehe auch Bilder F 26, F 27)

Verkehrsberuhigte Bereiche nach Z 325/326 StVO   wie oben
- 1 Straße, Länge ca. 370 m. Fläche ca. 3 750 m². Fertigstellung 1981
- 1 Straße, Länge ca. 800 m. Fläche ca. 8 500 m². Fertigstellung 1982

Mehrere **Spielstraßen** vorhanden   wie oben

Umfahrungsstraßen im Zuge der BAB A 61 und A 63   Alzey
Tiefgarage am Rand der "Fußgängerzone Antoniterstraße/Amtgasse"

D-6748 BAD BERGZABERN, Stadt   D 60 02

Kneippheilbad und Heilklimat. Kurort Rheinland-Pfalz   FVV Rheinland-Pfalz
200 - 300 m ü.d.M.   337 Lkr. Südl. Weinstraße Deutscher Bäderverband
5 874 Einwohner   Mittelzentrum

FV-Statistik		Winter-halbjahr	Sommer-halbjahr	FV-Jahr 1979/80	Auskünfte:
Ankünfte		9 768	17 983	27 751	Kurverwaltung
Anteil Ankünfte	(v.H.)	35.2	64.8	100	Bad Bergzabern
Übernachtungen		84 020	193 856	277 876	Kurtraßstraße 25
Anteil Übernachtungen	(v.H.)	30.2	69.8	100	D-6748 Bad Bergzabern
Aufenthaltsdauer	(Tage)	8.6	10.8	10.0	Tel.: (06343) 8811
FV-Intensität		1 430	3 300	4 731	

Bettenkapazität: 1 996   Betten/100 E: 34

Vollzogene Maßnahmenkombination   **Geltungsbereich**

Vorrangbereich für **Fußgänger**   Kernort
Verbot für **Lkw** über 3,5 t von 21.00 - 07.00 h   wie oben

Geplante Maßnahmenkombination

Umfahrungsstraße   Kernort

D-5582 BAD BERTRICH   D 60 03

Thermal-Mineralheilbad   Rheinland-Pfalz   FVV Rheinland-Pfalz
165 - 400 m ü.d.M.   135 Lkr. Cochem-Zell   Deutscher Bäderverband
1 164 Einwohner   Keine zentralörtl. Einstufung

FV-Statistik		Winter-halbjahr	Sommer-halbjahr	FV-Jahr 1979/80	Auskünfte:
Ankünfte		9 020	17 495	26 515	Kurverwaltung
Anteil Ankünfte	(v.H.)	34.0	66.0	100	Bad Bertrich
Übernachtungen		130 462	246 432	376 894	Postfach 1220
Anteil Übernachtungen	(v.H.)	34.6	65.4	100	D-5582 Bad Bertrich
Aufenthaltsdauer	(Tage)	14.4	14.1	14.2	Tel.: (02674) 313
FV-Intensität		11 208	21 171	32 379	

Bettenkapazität: 2 353   Betten/100 E: 202

Vollzogene Maßnahmenkombination   **Geltungsbereich**

Verbot für **Kfz aller Art** von 23.00 - 06.00 h, vom 1. März bis 31. Oktober   Kernort
(seit 1975)

Verbot für **Lkw** über 3,5 t im Durchgangsverkehr, ganzjährig (seit 1970)   wie oben
Verbot für **Krad** von 08.00 - 17.30 h und von 19.30 - 06.00 h, ganzjährig   wie oben
(seit 1970)
(Ausnahmegenehmigungen nur in begründeten Einzelfällen)

Geplante Maßnahmenkombination

Eine Umfahrungsstraße im Zuge der L 103 mit 2 Tunneln ist z.Zt. im Bau.
Nach der Fertigstellung (1984) wird eine flächenhafte Verkehrsberuhigung
durch Einrichten von **Vorrangbereichen für Fußgänger** und von verkehrsberuhigten Bereichen nach Z 325/326 StVO angestrebt.

Rheinland-Pfalz = D 60 --

D-6702 BAD DÜRKHEIM, Stadt D 60 04

Heilbad	Rheinland-Pfalz	FVV Rheinland-Pfalz
132 - 250 m ü.d.M.	332 Lkr. Bad Dürkheim	Deutscher Bäderverband
15 656 Einwohner	Mittelzentrum	Bahnanschluß

FV-Statistik		Winter-halbjahr	Sommer-halbjahr	FV-Jahr 1979/80
Ankünfte		25 990	34 630	60 620
Anteil Ankünfte	(v.H.)	42,9	57,1	100
Übernachtungen		82 498	133 500	215 998
Anteil Übernachtungen	(v.H.)	38,2	61,8	100
Aufenthaltsdauer	(Tage)	3,2	3,9	3,6
FV-Intensität		527	853	1 380

Bettenkapazität: 1468 Betten/100 E: 9

Auskünfte:
Stadt Bad Dürkheim
- Stadtbauamt -
Mannheimer Straße 24
D-6702 Bad Dürkheim
Tel.: (0 63 22) 79 31

Vollzogene Maßnahmenkombination	Geltungsbereich
Vorrangbereich für Fußgänger am Kurpark, Fertigstellung 1978, 1 Straße, Länge ca. 80 m, Fläche ca. 360 m² (Frei für Anlieger- und Lieferverkehr von 19.00 - 09.30 h)	Kernort
Verkehrsberuhigter Bereich nach Z 325/326 StVO in der Kurzone, 2 Straßen, Länge 390 m, Fläche 4 680 m², Fertigstellung 1982	wie oben
Verbot für **Fahrzeuge aller Art** im Krankenhausbereich von 20.00 - 06.00 h	wie oben
Verbot für **Lkw und Krad** im Kurhausbereich von 20.00 - 06.00 h	wie oben
Geschwindigkeitsbeschränkung auf max. 30 km/h im Wohngebiet Eichenplatz	01 Hausen

D-5427 BAD EMS, Stadt D 60 05

Thermal- und Mineralbad und	Rheinland-Pfalz	FVV Rheinland-Pfalz
Heilklimat. Kurort	141 Rhein-Lahn-Kreis	Deutscher Bäderverband
85 - 240 m ü.d.M.	Mittelzentrum	Bahnanschluß
10 358 Einwohner		

FV-Statistik		Winter-halbjahr	Sommer-halbjahr	FV-Jahr 1979/80
Ankünfte		13 738	25 341	39 079
Anteil Ankünfte	(v.H.)	35,2	64,8	100
Übernachtungen		134 426	207 481	341 907
Anteil Übernachtungen	(v.H.)	39,3	60,7	100
Aufenthaltsdauer	(Tage)	9,8	8,2	8,7
FV-Intensität		1 298	2 003	3 301

Bettenkapazität: 1818 Betten/100 E: 18

Auskünfte:
Kurverwaltung Bad Ems
Römerstraße 1
D-5421 Bad Ems
Tel.: (0 26 03) 7 32 03

Vollzogene Maßnahmenkombination	Geltungsbereich
Verbot für **Lkw und Krad** von 22.00 - 06.00 h (Ausnahmegenehmigungen werden nicht erteilt)	Kernort
Geschwindigkeitsbeschränkung auf max. 40 km/h im gesamten Ortsbereich	wie oben
Bau einer **Standseilbahn** zur direkten Verbindung des neuen Kurgebiets mit dem Stadtzentrum. Einführungsjahr 1979. Betreiber ist eine Tochtergesellschaft der Staatsbad Bad Ems GmbH. 15-Minuten-Takt. keine Fahrpreisermäßigung für Kurgäste.	wie oben

D-5462 BAD HÖNNINGEN, Stadt D 60 06

Thermalbad	Rheinland-Pfalz	FVV Rheinland-Pfalz
64 m ü.d.M.	138 Lkr. Neuwied	Deutscher Bäderverband
5 505 Einwohner	Unterzentrum	Bahnanschluß

FV-Statistik		Winter-halbjahr	Sommer-halbjahr	FV-Jahr 1979/80
Ankünfte		8 376	18 639	27 015
Anteil Ankünfte	(v.H.)	31,0	69,0	100
Übernachtungen		24 830	87 742	112 572
Anteil Übernachtungen	(v.H.)	22,1	77,9	100
Aufenthaltsdauer	(Tage)	3,0	4,7	4,2
FV-Intensität		451	1 594	2 045

Bettenkapazität: 979 Betten/100 E: 18

Auskünfte:
Verbandsgemeindeverwaltung Bad Hönningen
Postfach 30
D-5462 Bad Hönningen
Tel.: (0 26 35) 20 71

Vollzogene Maßnahmenkombination	Geltungsbereich
Geschwindigkeitsbeschränkung auf max. 30 km/h, 1 Straße, ganzjährig (seit 1976)	Kernort
Umfahrungsstraße, Fertigstellung 1972	wie oben

Geplante Maßnahmenkombination	
Vorrangbereich für Fußgänger, Fertigstellung ca. 1986	

Rheinland-Pfalz = D 60 --

D-5439 BAD MARIENBERG (WESTERWALD). Stadt D 60 07

Kneippheilbad
550 m ü.d.M.
4 904 Einwohner

Rheinland-Pfalz
143 Westerwaldkreis
Unterzentrum

FVV Rheinland-Pfalz
Deutscher Bäderverband

FV-Statistik

		Winter-halbjahr	Sommer-halbjahr	FV-Jahr 1979/80
Ankünfte		5 320	8 252	13 572
Anteil Ankünfte	(v.H.)	39.2	60.8	100
Übernachtungen		26 343	53 853	80 196
Anteil Übernachtungen	(v.H.)	32.8	67.2	100
Aufenthaltsdauer	(Tage)	5.0	6.5	5.9
FV-Intensität		537	1 098	1 635

Bettenkapazität: 633   Betten/100 E: 13

Auskünfte:
Stadt Bad Marienberg
Büchtingstraße 3
D-5439 Bad Marienberg (Westerwald)
Tel.: (02661) 30 66

Geltungsbereich
Kernort

Vollzogene Maßnahmenkombination

Verbot für Kfz aller Art von 20.00 - 06.00 h

D-6552 BAD MÜNSTER AM STEIN-EBERNBURG. Stadt D 60 08

Radon- und Thermalheilbad
117 m ü.d.M.
3 547 Einwohner

Rheinland-Pfalz
133 Lkr. Bad Kreuznach
Kleinzentrum

FVV Rheinland-Pfalz
Deutscher Bäderverband
Bahnanschluß

FV-Statistik

		Winter-halbjahr	Sommer-halbjahr	FV-Jahr 1979/80
Ankünfte		14 771	23 632	38 403
Anteil Ankünfte	(v.H.)	38.5	61.5	100
Übernachtungen		154 731	292 019	446 750
Anteil Übernachtungen	(v.H.)	34.6	65.4	100
Aufenthaltsdauer	(Tage)	10.5	12.4	11.6
FV-Intensität		4 362	8 233	12 595

Bettenkapazität: 2 420   Betten/100 E: 68

Auskünfte:
Stadt Bad Münster am Stein-Ebernburg
Postfach 60
D-6652 Bad Münster am Stein-Ebernburg
Tel.: (06708) 13 14

Geltungsbereich
Kernort

wie oben

Vollzogene Maßnahmenkombination

Verbot für Fahrzeuge aller Art im engeren Kurgebiet.
Sa 13.00 - 19.00 h, So und Feiertag 10.00 - 19.00, ganzjährig
Verbot für Lkw und Krad von 22.00 - 06.00 h, ganzjährig

Geplante Maßnahmenkombination

Kernort

Nach Verlegung der Ortsdurchfahrt im Zuge der B 48 (zur Zeit im Bau) wird eine flächenhafte Verkehrsberuhigung im Kurbereich angestrebt
Näheres siehe Teil D 3 sowie Bild F 35

D-5483 BAD NEUENAHR-AHRWEILER. Stadt D 60 09

Mineralheilbad (OT Bad Neuenahr)
92 m ü.d.M.
26 141 Einwohner

Rheinland-Pfalz
131 Lkr. Ahrweiler
Mittelzentrum

FVV Rheinland-Pfalz
Deutscher Bäderverband
Bahnanschluß

FV-Statistik

		Winter-halbjahr	Sommer-halbjahr	FV-Jahr 1979/80
Ankünfte		43 008	65 758	108 766
Anteil Ankünfte	(v.H.)	39.5	60.5	100
Übernachtungen		302 758	457 478	760 236
Anteil Übernachtungen	(v.H.)	39.8	60.2	100
Aufenthaltsdauer	(Tage)	7.0	7.0	7.0
FV-Intensität		1 158	1 750	2 908

Bettenkapazität: 4 175   Betten/100 E: 16

Auskünfte:
Kur- und Verkehrsverein
Bad Neuenahr-Ahrweiler
Postfach 5 05
D-5483 Bad Neuenahr-Ahrweiler
Tel.: (02641) 22 78

Geltungsbereich
OT Bad Neuenahr und
OT Ahrweiler

OT Bad Neuenahr
OT Bad Neuenahr und
OT Ahrweiler

Vollzogene Maßnahmenkombination

Vorrangbereiche für Fußgänger

Verbot für Lkw und Krad von 13.00 - 15.00 h und von 22.00 - 07.00 h
Umfahrungsstraße (1981 im Bau)

Rheinland-Pfalz = D 60 --

D-5568 DAUN, Stadt — D 60 10

Mineralheilbad, Kneippkurort und Heilklimat. Kurort
400 - 500 m ü.d.M.
6 811 Einwohner

Rheinland-Pfalz
233 Lkr. Daun
Mittelzentrum

FVV Rheinland-Pfalz
Deutscher Bäderverband
Bahnanschluß

FV-Statistik		Winter-halbjahr	Sommer-halbjahr	FV-Jahr 1979/80
Ankünfte		16 984	25 506	42 490
Anteil Ankünfte	(v.H.)	40.0	60.0	100
Übernachtungen		88 181	175 036	263 217
Anteil Übernachtungen	(v.H.)	33.5	66.5	100
Aufenthaltsdauer	(Tage)	5.2	6.9	6.2
FV-Intensität		1 295	2 570	3 865

Bettenkapazität: 2 154   Betten/100 E: 32

Auskünfte:
Verbandsgemeinde-
verwaltung Daun
Leopoldstraße 29
D-5568 Daun
Tel.: (0 65 92) 5 11

Geltungsbereich
OT Waldkönigen
wie oben
wie oben
wie oben

Vollzogene Maßnahmenkombination

Verkehrsberuhigter Bereich nach Z 325/326 StVO. Fertigstellung 1982.
1 Straße. Länge 280 m. Fläche 1400 m²

Verbot für Lkw über 2.8 t. ganztägig. ganzjährig (seit 1971)
(Anlieger frei)

Verbot für Krad von 19.00 - 06.00 h. ganztägig (seit 1971)
(Ausnahmegenehmigungen werden in begründeten Einzelfällen schriftlich erteilt)

Einbahnregelungen

Geschwindigkeitsbeschränkung auf max. 30 km/h. 4 Straßen.
neues Siedlungsgebiet am Stadtrand (seit 1972)

Umfahrungsstraße. Fertigstellung 1962

D-6252 DIEZ, Stadt — D 60 11

Felsenkurort
190 m ü.d.M.
9 282 Einwohner

Rheinland-Pfalz
141 Rhein-Lahn-Kreis
Mittelzentrum (OZ)

FVV Rheinland-Pfalz
Deutscher Bäderverband
Bahnanschluß

FV-Statistik		Winter-halbjahr	Sommer-halbjahr	FV-Jahr 1979/80
Ankünfte		2 041	4 679	6 720
Anteil Ankünfte	(v.H.)	30.4	69.6	100
Übernachtungen		10 532	18 415	28 947
Anteil Übernachtungen	(v.H.)	36.4	63.6	100
Aufenthaltsdauer	(Tage)	5.2	3.9	4.3
FV-Intensität		114	198	312

Bettenkapazität: 334   Betten/100 E: 4

Auskünfte:
Stadt Diez
Rathaus
D-6252 Diez
Tel.: (0 64 32) 6 01

Geltungsbereich
Kernort

Vollzogene Maßnahmenkombination

Vorrangbereich für Fußgänger in der Altstadt

D-6711 DIRMSTEIN — D 60 12

Sonstige Berichtsgemeinde

Rheinland-Pfalz
332 Lkr. Bad Dürkheim
Keine zentralörtl. Einstufung

FVV Rheinland-Pfalz

2 485 Einwohner

FV-Statistik		Winter-halbjahr	Sommer-halbjahr	FV-Jahr 1979/80
Ankünfte		2 510	3 804	6 314
Anteil Ankünfte	(v.H.)	39.8	60.2	100
Übernachtungen		3 259	4 758	8 017
Anteil Übernachtungen	(v.H.)	40.7	59.3	100
Aufenthaltsdauer	(Tage)	1.3	1.3	1.3
FV-Intensität		131	191	322

Bettenkapazität: 90   Betten/100 E: 4

Auskünfte:
Gemeindeverwaltung
Dirmstein
D-6711 Dirmstein
Tel.: (0 62 38) 6 67

Geltungsbereich
Kernort

Vollzogene Maßnahmenkombination

Vorrangbereich für Fußgänger. Fertigstellung 1977.
1 Straße. Länge 111 m. Fläche 900 m²

D-5238 HACHENBURG, Stadt — D 60 13

Luftkurort
360 - 440 m ü.d.M.
4 401 Einwohner

Rheinland-Pfalz
143 Westerwaldkreis
Mittelzentrum

FVV Rheinland-Pfalz
Bahnanschluß

FV-Statistik		Winter-halbjahr	Sommer-halbjahr	FV-Jahr 1979/80
Ankünfte		2 025	3 409	5 434
Anteil Ankünfte	(v.H.)	37.3	62.7	100
Übernachtungen		23 614	26 676	50 290
Anteil Übernachtungen	(v.H.)	47.0	53.0	100
Aufenthaltsdauer	(Tage)	11.7	7.8	9.3
FV-Intensität		537	606	1 143

Bettenkapazität: 329   Betten/100 E: 8

Auskünfte:
Stadt Hachenburg
- Städt. Verkehrsamt -
Mittelstraße 2
D-5238 Hachenburg
Tel.: (0 26 62) 63 83

Geltungsbereich
Kernort
wie oben
wie oben

Vollzogene Maßnahmenkombination

Vorrangbereich für Fußgänger. Fertigstellung 1982.
2 Straßen. Länge ca. 600 m
(Lieferverkehr frei von 06.00 - 10.00 h)

Verkehrsberuhigter Bereich nach Z 325/326 StVO. Fertigstellung 1982.
1 Straße. Länge ca. 400 m

Umfahrungsstraße

Rheinland-Pfalz = D 60 --

D-5420 LAHNSTEIN, Stadt   D 60 14

Sonstige Berichtsgemeinde   Rheinland-Pfalz   FVV Rheinland-Pfalz
230 - 260 m ü.d.M.   141 Rhein-Lahn-Kreis   Deutscher Bäderverband
19 083 Einwohner   Mittelzentrum   Bahnanschluß

FV-Statistik

		Winter-halbjahr	Sommer-halbjahr	FV-Jahr 1979/80
Ankünfte		25 602	45 916	71 518
Anteil Ankünfte	(v.H.)	35,8	64,2	100
Übernachtungen		39 841	78 365	118 206
Anteil Übernachtungen	(v.H.)	33,7	66,3	100
Aufenthaltsdauer	(Tage)	1,6	1,7	1,7
FV-Intensität		209	411	619

Bettenkapazität: 781   Betten/100 E: 4

Vollzogene Maßnahmenkombination

Vorrangbereich für Fußgänger. Fertigstellung 1973.
1 Straße. Länge ca. 160 m. Fläche ca. 1 500 m²

Umfahrungsstraße im Zuge der B 42. Fertigstellung 1979

Geplante Maßnahmenkombination

Erweiterung des Vorrangbereichs für Fußgänger. Fertigstellung ca. 1990
Verkehrsberuhigter Bereich nach Z 325/326 StVO. Fertigstellung ca. 1984

Auskünfte:
Stadt Lahnstein
- Bauamt -
Postfach 2163
D-5420 Lahnstein
Tel.: (0 26 21) 10 33

Geltungsbereich
OT Oberlahnstein
OT Oberlahnstein und OT Niederlahnstein
OT Oberlahnstein
wie oben

D-5460 LINZ AM RHEIN, Stadt   D 60 15

Sonstige Berichtsgemeinde   Rheinland-Pfalz   FVV Rheinland-Pfalz
50 m ü.d.M.   138 Lkr. Neuwied   Bahnanschluß
5 503 Einwohner   Mittelzentrum

FV-Statistik

		Winter-halbjahr	Sommer-halbjahr	FV-Jahr 1979/80
Ankünfte		4 602	11 547	16 149
Anteil Ankünfte	(v.H.)	28,5	71,5	100
Übernachtungen		7 690	19 458	27 148
Anteil Übernachtungen	(v.H.)	28,3	71,7	100
Aufenthaltsdauer	(Tage)	1,7	1,7	1,7
FV-Intensität		140	353	493

Bettenkapazität: 444   Betten/100 E: 8

Vollzogene Maßnahmenkombination

Vorrangbereich für Fußgänger
(Anlieger frei, zeitlich begrenzt)

Auskünfte:
Städt. Verkehrsamt Linz
Rathaus
D-5460 Linz am Rhein
Tel.: (0 26 44) 25 26

Geltungsbereich
Kernort

D-6735 MAIKAMMER   D 60 16

Erholungsort   Rheinland-Pfalz   FVV Rheinland-Pfalz
200 m ü.d.M.   337 Lkr. Südl. Weinstraße   Bahnanschluß
3 496 Einwohner   Kleinzentrum

FV-Statistik

		Winter-halbjahr	Sommer-halbjahr	FV-Jahr 1979/80
Ankünfte		4 373	7 543	11 916
Anteil Ankünfte	(v.H.)	36,7	63,3	100
Übernachtungen		12 181	15 530	27 711
Anteil Übernachtungen	(v.H.)	44,0	56,0	100
Aufenthaltsdauer	(Tage)	2,8	2,1	2,3
FV-Intensität		348	445	793

Bettenkapazität: 240   Betten/100 E: 7

Vollzogene Maßnahmenkombination

Vorrangbereich für Fußgänger. Fertigstellung 1980.
1 Straße. Länge ca. 200 m. Fläche ca. 1 500 m²
(Ausnahmeregelung für Anlieger)

Verkehrsberuhigter Bereich nach Z 325/326 StVO. Fertigstellung 1982.
1 Straße. Länge ca. 200 m. Fläche ca. 1 000 m²

Umfahrungsstraße. Fertigstellung ca. 1984

Auskünfte:
Verbandsgemeinde
Maikammer
Immengartenstraße 24
D-6735 Maikammer
Tel.: (0 63 21) 5 80 31

Geltungsbereich
Maikammer

Maikammer

wie oben

D-5528 NEUERBURG, Stadt   D 60 17

Luftkurort   Rheinland-Pfalz   FVV Rheinland-Pfalz
350 - 555 m ü.d.M.   232 Lkr. Bitburg-Prüm
1 590 Einwohner   Unterzentrum (MZ)

FV-Statistik

		Winter-halbjahr	Sommer-halbjahr	FV-Jahr 1979/80
Ankünfte		3 108	5 155	8 263
Anteil Ankünfte	(v.H.)	37,6	62,4	100
Übernachtungen		10 921	26 118	37 039
Anteil Übernachtungen	(v.H.)	29,5	70,5	100
Aufenthaltsdauer	(Tage)	3,5	5,1	4,5
FV-Intensität		687	1 643	2 330

Bettenkapazität: 396   Betten/100 E: 25

Vollzogene Maßnahmenkombination

Verkehrsberuhigter Bereich nach Z 325/326 StVO. Fertigstellung 1982.
4 Straßen, Länge ca. 210 m. Fläche ca. 730 m²
Marktplatz und 3 Straßen. Länge ca. 150 m. Fläche ca. 3 800 m²
(Lieferverkehr frei)

Umfahrungsstraße (im Bau). Fertigstellung 1983

Auskünfte:
Verbandsgemeinde-
verwaltung Neuerburg
Pestalozzistraße 7
D-5528 Neuerburg
Tel.: (0 65 64) 20 17

Geltungsbereich
Kernort

wie oben

Rheinland-Pfalz = D 60 --

D-5451 WALDBREITBACH D 60 20

Luftkurort Rheinland-Pfalz FVV Rheinland-Pfalz
100 - 311 m ü.d.M. 138 Lkr. Neuwied
1981 Einwohner Unterzentrum

FV-Statistik		Winter-halbjahr	Sommer-halbjahr	FV-Jahr 1979/80
Ankünfte		3 931	5 454	9 385
Anteil Ankünfte	(v.H.)	41.9	58.1	100
Übernachtungen		13 668	25 636	39 304
Anteil Übernachtungen	(v.H.)	34.8	65.2	100
Aufenthaltsdauer	(Tage)	3.5	4.7	4.2
FV-Intensität		690	1 294	1 984

Bettenkapazität: 428 Betten/100 E: 22

Vollzogene Maßnahmenkombination

Verkehrsberuhigter Bereich nach Z 325/326 StVO. Fertigstellung 1982.
1 Straße

Mischzone für Fußgänger und Fahrzeuge. Fertigstellung 1982

Auskünfte:
Verbandsgemeinde-
verwaltung Waldbreitbach
- Abt. 4.2 -
Postfach 1160
D-5451 Waldbreitbach
Tel.: (02638) 5001

Geltungsbereich
Waldbreitbach
Hausen

D-6553 SOBERNHEIM. Stadt D 60 18

Felke-Kurort Rheinland-Pfalz FVV Rheinland-Pfalz
150 - 420 m ü.d.M. 133 Lkr. Bad Kreuznach Deutscher Bäderverband
6 767 Einwohner Unterzentrum (MZ) Bahnanschluß

FV-Statistik		Winter-halbjahr	Sommer-halbjahr	FV-Jahr 1979/80
Ankünfte		2 756	4 181	6 937
Anteil Ankünfte	(v.H.)	39.7	60.3	100
Übernachtungen		26 913	48 132	75 045
Anteil Übernachtungen	(v.H.)	35.9	64.1	100
Aufenthaltsdauer	(Tage)	9.8	11.5	10.8
FV-Intensität		398	711	1 109

Bettenkapazität: 379 Betten/100 E: 6

Vollzogene Maßnahmenkombination

Vorrangbereich für Fußgänger in der Innenstadt. Fertigstellung 1982.
1 Straße. Länge ca. 350 m. Fläche ca. 1600 m²

Umfahrungsstraße im Zuge der B 41

Auskünfte:
Verbandsgemeinde-
verwaltung Sobernheim
Postfach 261
D-6553 Sobernheim
Tel.: (06751) 810

Geltungsbereich
Kernort

wie oben

D-5414 VALLENDAR. Stadt D 60 19

Kneippkurort Rheinland-Pfalz FVV Rheinland-Pfalz
68 m ü.d.M. 137 Lkr. Mayen-Koblenz
9 664 Einwohner Unterzentrum Bahnanschluß

FV-Statistik		Winter-halbjahr	Sommer-halbjahr	FV-Jahr 1979/80
Ankünfte		12 111	23 063	35 174
Anteil Ankünfte	(v.H.)	34.4	65.6	100
Übernachtungen		56 161	77 772	133 933
Anteil Übernachtungen	(v.H.)	41.9	58.1	100
Aufenthaltsdauer	(Tage)	4.6	3.4	3.8
FV-Intensität		581	805	1 386

Bettenkapazität: 908 Betten/100 E: 9

Vollzogene Maßnahmenkombination

Verkehrsberuhigter Bereich nach Z 325/326 StVO im Ortskern.
1 Straße. Länge ca. 600 m. Fläche ca. 3 500 m². Fertigstellung 1980

Verbot für **Krad** von 19.00 - 07.00 h im Ortskern, ganzjährig (seit 1975) (Ausnahmegenehmigungen werden nicht erteilt)

Stadtkernumfahrungsstraße im Zuge der L 308. Fertigstellung 1970

Auskünfte:
Stadt Vallendar
Rathaus
D-5414 Vallendar
Tel.: (0261) 66033

Geltungsbereich
Kernort

wie oben

wie oben

185

Saarland = D 70

D 70 01

D-6696 NONNWEILER

Heilklimat. Kurort Saarland FVV Saarland
460 m ü.d.M. Lkr. St. Wendel
8 474 Einwohner

FV-Statistik		Winter-halbjahr	Sommer-halbjahr	FV-Jahr 1979/80
Ankünfte		4 945	4 616	9 561
Anteil Ankünfte	(v.H.)	51.7	48.3	100
Übernachtungen		19 782	26 488	46 270
Anteil Übernachtungen	(v.H.)	42.8	57.2	100
Aufenthaltsdauer	(Tage)	4.0	5.7	4.8
FV-Intensität		233	313	546

Bettenkapazität: 539   Betten/100 E: 6

Vollzogene Maßnahmenkombination
Verbot für Kfz aller Art, ganztägig, ganzjährig (seit 1972)

Geplante Maßnahmenkombination
Verkehrsberuhigte Bereiche nach Z 325/326 StVO

Auskünfte:
Gemeinde Nonnweiler
Rathaus
D-6696 Nonnweiler
Tel.: (0 68 73) 8 33

Geltungsbereich
OT Primstal

D 70 02

D-6619 WEISKIRCHEN

Heilklimat. Kurort Saarland FVV Saarland
420 - 695 m ü.d.M. Lkr. Merzig-Wadern Deutscher Bäderverband
6 336 Einwohner

FV-Statistik		Winter-halbjahr	Sommer-halbjahr	FV-Jahr 1979/80
Ankünfte		4 657	5 483	10 140
Anteil Ankünfte	(v.H.)	45.9	54.1	100
Übernachtungen		93 831	89 823	183 654
Anteil Übernachtungen	(v.H.)	51.1	48.9	100
Aufenthaltsdauer	(Tage)	20.1	16.4	18.1
FV-Intensität		1481	1418	2899

Bettenkapazität: 741   Betten/100 E: 12

Vollzogene Maßnahmenkombination
Verbot für Fahrzeuge aller Art von 23.00 - 05.00 h, ganzjährig (seit 1982)

Auskünfte:
Gemeinde Weiskirchen
Postfach 51
D-6619 Weiskirchen
Tel.: (0 68 76) 73 11

Geltungsbereich
Kernort,
OT Otzenhausen und
OT Schwarzenbach

Kernort

Schleswig-Holstein = D 80 --

D-2341 BRODERSBY — D 80 01

Ostseebad (Ot Schönhagen) Schleswig-Holstein FVV Schleswig-Holstein
Küstenbadeort 58 Kreis Rendsburg-Eckernförde
683 Einwohner Keine zentralörtl. Einstufung

FV-Statistik

		Winter-halbjahr	Sommer-halbjahr	FV-Jahr 1979/80
Ankünfte		2 966	11 814	14 780
Anteil Ankünfte	(v.H.)	20.0	80.0	100
Übernachtungen		10 090	111 970	122 060
Anteil Übernachtungen	(v.H.)	8.3	91.7	100
Aufenthaltsdauer	(Tage)	3.4	9.5	8.3
FV-Intensität		1 477	16 394	17 871

Bettenkapazität: 1 768 Betten/100 E: 259

Vollzogene Maßnahmenkombination

Verbot für Krad von 22.00 - 06.00 h
Umfahrungsstraße

Auskünfte:
Kurverwaltung
Schönhagen
D-2343 Schönhagen
Tel.: (0 46 44) 4 46

Geltungsbereich
Ot Schönhagen
Kernort

D-2435 DAHME — D 80 03

Ostseeheilbad Schleswig-Holstein FVV Schleswig-Holstein
Küstenbadeort 55 Kreis Ostholstein
1 391 Einwohner Keine zentralörtl. Einstufung

FV-Statistik

		Winter-halbjahr	Sommer-halbjahr	FV-Jahr 1979/80
Ankünfte		3 779	36 383	39 562
Anteil Ankünfte	(v.H.)	8.0	92.0	100
Übernachtungen		38 735	515 018	553 753
Anteil Übernachtungen	(v.H.)	7.0	93.0	100
Aufenthaltsdauer	(Tage)	12.2	14.2	14.0
FV-Intensität		2 785	37 025	39 810

Bettenkapazität: 6 943 Betten/100 E: 499

Vollzogene Maßnahmenkombination

Verbot für Krad
(Ausnahmen für Anlieger und Berufstätige)

Auskünfte:
Gemeinde Dahme
Rathaus
D-2435 Dahme
Tel.: (0 43 64) 3 00

Geltungsbereich
Kernort

D-2242 BÜSUM — D 80 02

Nordseeheilbad Schleswig-Holstein FVV Schleswig-Holstein
Küstenbadeort 51 Kreis Dithmarschen Deutscher Bäderverband
5 979 Einwohner Ländl. Zentralort Bahnanschluß

FV-Statistik

		Winter-halbjahr	Sommer-halbjahr	FV-Jahr 1979/80
Ankünfte		15 495	65 228	80 723
Anteil Ankünfte	(v.H.)	19.2	80.8	100
Übernachtungen		142 871	907 861	1 050 732
Anteil Übernachtungen	(v.H.)	13.6	86.4	100
Aufenthaltsdauer	(Tage)	9.2	13.9	13.0
FV-Intensität		2 390	15 184	17 574

Bettenkapazität: 8 579 Betten/100 E: 144

Vollzogene Maßnahmenkombination

Vorrangbereich für Fußgänger. Fertigstellung 1981. 2 Straßen
Verbot für Krad im gesamten Ort, ausgenommen Hafengebiet
(Einzelausnahmen für den Berufsverkehr)
Einbahnregelungen
Umfahrungsstraße

Auskünfte:
Gemeinde Büsum
- Hauptamt -
D-2242 Büsum
Tel.: (0 48 34) 20 02

Geltungsbereich
Kernort
wie oben

wie oben
wie oben

D-2420 EUTIN, Stadt — D 80 04

Luftkurort Schleswig-Holstein FVV Schleswig-Holstein
 55 Kreis Ostholstein
16 745 Einwohner Mittelzentrum Bahnanschluß

FV-Statistik

		Winter-halbjahr	Sommer-halbjahr	FV-Jahr 1979/80
Ankünfte		4 259	15 829	20 118
Anteil Ankünfte	(v.H.)	21.2	78.8	100
Übernachtungen		13 671	97 765	111 436
Anteil Übernachtungen	(v.H.)	12.3	87.7	100
Aufenthaltsdauer	(Tage)	3.2	6.2	5.5
FV-Intensität		82	584	666

Bettenkapazität: 1 330 Betten/100 E: 8

Vollzogene Maßnahmenkombination

Vorrangbereich für Fußgänger in der Innenstadt. Fertigstellung 1979.
1 Straße u. Marktplatz. Länge ca. 400 m. Fläche ca. 10 000 m²
(Lieferverkehr frei von 07.00 - 09.00 h u. von 14.00 - 15.00 h)
(Erweiterung geplant für ca. 1985)

Auskünfte:
Stadt. Verkehrsamt Eutin
D-2420 Eutin
Tel.: (0 45 21) 3155

Geltungsbereich
Kernort

Schleswig-Holstein = D 80 --

D-2433 GRÖMITZ   D 80 05

Ostseeheilbad Schleswig-Holstein FVV Schleswig-Holstein
Küstenbadeort 55 Kreis Ostholstein Deutscher Bäderverband
6 787 Einwohner Ländl. Zentralort

FV-Statistik		Winter-halbjahr	Sommer-halbjahr	FV-Jahr 1979/80	Auskünfte:
Ankünfte		5 441	80 054	85 495	Gemeinde Grömitz
Anteil Ankünfte	(v.H.)	6.4	93.6	100	- Ordnungsamt -
Übernachtungen		32 472	939 067	971 539	D-2433 Grömitz
Anteil Übernachtungen	(v.H.)	3.3	96.7	100	Tel.: (0 45 62) 6 92 35
Aufenthaltsdauer	(Tage)	6.0	11.7	11.4	
FV-Intensität		478	13 837	14 315	

Bettenkapazität: 15 174   Betten/100 E: 224

Vollzogene Maßnahmenkombination

Geltungsbereich
Kernort

Vorrangbereich für Fußgänger. Fertigstellung 1982.
1 Straße. Länge ca. 200 m. Fläche ca. 3 000 m²   wie oben
Verbot für **Krad** von 20.00 - 06.00 h
Verbot für **Krad** von 22.00 - 06.00 h (seit 1975)   Ot Lenste

D-2447 HEILIGENHAFEN, Stadt   D 80 06

Ostseeheilbad Schleswig-Holstein FVV Schleswig-Holstein
Küstenbadeort 55 Kreis Ostholstein Bahnanschluß
9 767 Einwohner Unterzentrum

FV-Statistik		Winter-halbjahr	Sommer-halbjahr	FV-Jahr 1979/80	Auskünfte:
Ankünfte		13 352	53 812	67 164	Stadt Heiligenhafen
Anteil Ankünfte	(v.H.)	19.9	80.1	100	- Bauamt -
Übernachtungen		61 242	517 155	578 397	D-2447 Heiligenhafen
Anteil Übernachtungen	(v.H.)	10.6	89.4	100	Tel.: (0 43 62) 73 71
Aufenthaltsdauer	(Tage)	4.6	9.6	8.6	
FV-Intensität		627	5 295	5 922	

Bettenkapazität: 7 533   Betten/100 E: 77

Vollzogene Maßnahmenkombination

Geltungsbereich
Kernort

Verbot für **Krad** im Kurgebiet. 20.00 - 05.00 h. 1. Mai - 30. September
(Ausnahmegenehmigungen werden nicht erteilt)

D-2192 HELGOLAND   D 80 07

Nordseeheilbad Schleswig-Holstein FVV Schleswig-Holstein
Insel 56 Kreis Pinneberg Deutscher Bäderverband
2 166 Einwohner Keine zentralörtl. Einstufung

FV-Statistik		Winter-halbjahr	Sommer-halbjahr	FV-Jahr 1979/80	Auskünfte:
Ankünfte		5 943	31 959	37 893	Gemeinde Helgoland
Anteil Ankünfte	(v.H.)	15.7	84.3	100	D-2192 Helgoland
Übernachtungen		35 328	267 367	302 695	Tel.: (0 47 25) 7 01
Anteil Übernachtungen	(v.H.)	11.7	88.3	100	
Aufenthaltsdauer	(Tage)	6.0	8.4	8.0	
FV-Intensität		1 631	12 344	13 975	

Bettenkapazität: 2 470   Betten/100 E: 114

Vollzogene Maßnahmenkombination

Auf der Insel Helgoland sind der Verkehr mit Kraftfahrzeugen und das
Radfahren verboten (§ 50 StVO)

D-2285 KAMPEN (SYLT)   D 80 08

Nordseebad Schleswig-Holstein FVV Schleswig-Holstein
Insel 54 Kreis Nordfriesland
1 013 Einwohner Keine zentralörtl. Einstufung

FV-Statistik		Winter-halbjahr	Sommer-halbjahr	FV-Jahr 1979/80	Auskünfte:
Ankünfte		1 949	17 936	19 885	Kurverwaltung Kampen
Anteil Ankünfte	(v.H.)	9.8	90.2	100	D-2285 Kampen (Sylt)
Übernachtungen		15 388	252 100	267 488	Tel.: (0 46 51) 4 10 91
Anteil Übernachtungen	(v.H.)	5.8	94.2	100	
Aufenthaltsdauer	(Tage)	7.9	14.1	13.5	
FV-Intensität		1 519	24 887	26 406	

Bettenkapazität: 2 646   Betten/100 E: 261

Vollzogene Maßnahmenkombination

	Geltungsbereich
Vorrangbereich für Fußgänger	Kernort
Verbot für **Kfz** aller Art	wie oben
Einbahnregelungen	wie oben

Schleswig-Holstein = D 80 --

D-2436 KELLENHUSEN (OSTSEE)   D 80 09

Ostseeheilbad   Schleswig-Holstein   FVV Schleswig-Holstein
Küstenbadeort   55 Kreis Ostholstein   Deutscher Bäderverband
1 264 Einwohner   Keine zentralörtl. Einstufung

		Winter-halbjahr	Sommer-halbjahr	FV-Jahr 1979/80	Auskünfte:
FV-Statistik					Kurverwaltung Kellenhusen
Ankünfte		832	28 071	28 903	D-2436 Kellenhusen
Anteil Ankünfte	(v.H.)	2.9	97.1	100	Tel.: (043 64) 4 24
Übernachtungen		11 884	443 959	455 843	
Anteil Übernachtungen	(v.H.)	2.6	97.4	100	Geltungsbereich
Aufenthaltsdauer	(Tage)	14.3	15.8	15.8	Kernort
FV-Intensität		940	35 124	36 064	wie oben

Bettenkapazität: 6 469   Betten/100 E: 512

Vollzogene Maßnahmenkombination

Vorrangbereich für Fußgänger

Verbot für Krad von 20.00 - 06.00 h

D-2504 LABOE   D 80 10

Ostseebad   Schleswig-Holstein   FVV Schleswig-Holstein
Küstenbadeort   57 Kreis Plön   Deutscher Bäderverband
 | Keine zentralörtl. Einstufung   Bahnanschluß

		Winter-halbjahr	Sommer-halbjahr	FV-Jahr 1979/80	Auskünfte:
FV-Statistik					Gemeinde Laboe
Ankünfte		8 963	17 489	26 452	Postfach 49
Anteil Ankünfte	(v.H.)	33.9	66.1	100	D-2304 Laboe
Übernachtungen		23 009	116 278	139 287	Tel.: (043 43) 4 51
Anteil Übernachtungen	(v.H.)	16.5	83.5	100	
Aufenthaltsdauer	(Tage)	2.6	6.6	5.3	Geltungsbereich
FV-Intensität		535	2 705	3 240	Kernort

Bettenkapazität: 1 919   Betten/100 E: 45

Vollzogene Maßnahmenkombination

Verbot für Krad von 20.00 - 06.00 h. ganzjährig (seit 1970)
Geschwindigkeitsbeschränkung auf max. 30 km/h im Strand- u. Hafenbereich, ganzjährig (seit 1970)

Geplante Maßnahmenkombination

Umfahrungsstraße. Fertigstellung ca. 1985

D-2322 LÜTJENBURG - Stadt   D 80 11

Erholungsort   Schleswig-Holstein   FVV Schleswig-Holstein
 | 57 Kreis Plön
5 353 Einwohner   Unterzentrum

		Winter-halbjahr	Sommer-halbjahr	FV-Jahr 1979/80	Auskünfte:
FV-Statistik					Stadt Lütjenburg
Ankünfte		2 475	3 841	6 316	- Ordnungsamt -
Anteil Ankünfte	(v.H.)	39.2	60.8	100	Postfach 12 60
Übernachtungen		5 160	17 178	22 338	D-2322 Lütjenburg
Anteil Übernachtungen	(v.H.)	22.1	76.9	100	Tel.: (043 81) 70 11
Aufenthaltsdauer	(Tage)	2.1	4.5	3.5	
FV-Intensität		96	321	417	Geltungsbereich

Bettenkapazität: 374   Betten/100 E: 7   Kernort

Vollzogene Maßnahmenkombination

Vorrangbereich für Fußgänger. Fertigstellung 1967.   wie oben
Länge ca. 60 m. Fläche ca. 600 m²
(Lieferverkehr frei)
(Erweiterung geplant. Fertigstellung ca. 1986/87)

Umfahrungsstraße. Fertigstellung 1964

D-2279 NEBEL   D 80 12

Nordseebad   Schleswig-Holstein   FVV Schleswig-Holstein
Insel   54 Kreis Nordfriesland   Direkter Bahnanschluß in Dagebüll via
941 Einwohner   Keine zentralörtl. Einstufung   Fährschiff

		Winter-halbjahr	Sommer-halbjahr	FV-Jahr 1979/80	Auskünfte:
FV-Statistik					Gemeinde Nebel
Ankünfte		2 484	18 147	20 631	D-2279 Nebel
Anteil Ankünfte	(v.H.)	12.0	88.0	100	Tel.: (046 82) 5 44
Übernachtungen		17 638	283 566	301 204	
Anteil Übernachtungen	(v.H.)	5.9	94.1	100	Geltungsbereich
Aufenthaltsdauer	(Tage)	7.1	15.6	14.6	Kernort, OT Süddorf und
FV-Intensität		1 874	30 135	32 009	OT Westerheide

Bettenkapazität: 3 205   Betten/100 E: 341   Kernort

Vollzogene Maßnahmenkombination   wie oben

Verbot für Kfz aller Art im gesamten Ortsbereich (seit 1978).
22.00 - 05.30 h. 1. Juni bis 30. September
Verbot für Krad im Ortskern (seit 60er Jahren). ganzjährig.
Mo-Sa von 20.00 - 07.00 h. So u. Feiertag ganztägig
Zonenhaltverbot im Ortskern. max. Parkdauer 1 Stunde mit Parkscheibe
(seit 1972)

Näheres siehe Teil D 3 "Aarum" sowie Bilder F 73. F 74. F 99

Schleswig-Holstein = D 80

D-2430 NEUSTADT IN HOLSTEIN, Stadt   D 80 13

Ostseebad (OT Pelzerhaken und OT Rettin)
Küstenbadeort
15 572 Einwohner

Schleswig-Holstein
55 Kreis Ostholstein
Unterzentrum

FVW Schleswig-Holstein
Bahnanschluß

FV-Statistik

	Winter-halbjahr	Sommer-halbjahr	FV-Jahr 1979/80
Ankünfte	2 017	15 639	17 656
Anteil Ankünfte (v.H.)	11,4	88,6	100
Übernachtungen	3 038	158 712	161 750
Anteil Übernachtungen (v.H.)	1,9	98,1	100
Aufenthaltsdauer (Tage)	1,5	10,1	9,2
FV-Intensität	20	1 019	1 039

Bettenkapazität: 2 891   Betten/100 E: 19

Auskünfte:
Kurverwaltung Neustadt-Pelzerhaken-Rettin
Strandpromenade
D-2431 Pelzerhaken
Tel.: (0 45 61) 70 11

Geltungsbereich
Neustadt

Vollzogene Maßnahmenkombination

Verbot für Krad von 20.00 - 06.00 h im gesamten Ortsbereich

D-2260 NIEBÜLL, Stadt   D 80 14

Sonstige Berichtsgemeinde
6 729 Einwohner

Schleswig-Holstein
54 Kreis Nordfriesland
Unterzentrum (MZ)

FVW Schleswig-Holstein
Bahnanschluß

FV-Statistik

	Winter-halbjahr	Sommer-halbjahr	FV-Jahr 1979/80
Ankünfte	5 993	10 935	16 928
Anteil Ankünfte (v.H.)	35,4	64,6	100
Übernachtungen	8 021	20 726	28 747
Anteil Übernachtungen (v.H.)	27,9	72,1	100
Aufenthaltsdauer (Tage)	1,3	1,9	1,7
FV-Intensität	119	308	427

Bettenkapazität: 210   Betten/100 E: 3

Auskünfte:
Stadt Niebüll
- Bauamt -
Postfach 14 60
D-2260 Niebüll
Tel.: (0 46 61) 7 77

Geltungsbereich
OT Deezbüll
OT Uhlebüll

Vollzogene Maßnahmenkombination

Verkehrsberuhigte Bereiche nach Z 325/326 StVO in Neubaugebieten
- 5 Straßen, Länge ca. 1 000 m, Fertigstellung 1982
- 3 Straßen, Länge 450 m, Fertigstellung 1982
Siehe auch Bilder F 9, F 10

Geplante Maßnahmenkombination

Vorrangbereich für Fußgänger in der Innenstadt, Fertigstellung ca. 1985/86   Kernort
Ortskernumfahrungsstraße   wie oben

D-2279 NORDDORF   D 80 15

Nordseeheilbad
Insel
812 Einwohner

Schleswig-Holstein
54 Kreis Nordfriesland
Keine zentralörtl. Einstufung

FVW Schleswig-Holstein
Deutscher Bäderverband
Direkter Bahnanschluß in Dagebüll via Fährschiff

FV-Statistik

	Winter-halbjahr	Sommer-halbjahr	FV-Jahr 1979/80
Ankünfte	1 975	18 597	20 572
Anteil Ankünfte (v.H.)	9,6	90,4	100
Übernachtungen	17 204	314 571	331 775
Anteil Übernachtungen (v.H.)	5,2	94,8	100
Aufenthaltsdauer (Tage)	8,7	16,9	16,1
FV-Intensität	2 119	38 740	40 859

Bettenkapazität: 3 124   Betten/100 E: 385

Auskünfte:
Gemeinde Norddorf
D-2279 Norddorf
Tel.: (0 46 82) 8 11

Geltungsbereich
Norddorf
wie oben
wie oben
wie oben

Vollzogene Maßnahmenkombination

Vorrangbereich für Fußgänger. 7 Straßen und Gassen. Fertigstellung 1982
Verbot für Krad im gesamten bebauten Bereich (seit 60er Jahren). ganzjährig.
Mo-Sa 20.00 - 07.00 h. So u. Feiertag ganztägig
Einbahnregelung auf der Hauptschließungsstraße
Geschwindigkeitsbeschränkung auf max. 30 km/h im gesamten Ort
Zonenhaltverbot im gesamten Ort. max. Parkdauer 1 Stunde mit Parkscheibe
Näheres siehe Teil D 3 "Amrum" sowie Bilder F 73, F 74, F 100

Schleswig-Holstein = D 80 --

D-2320 PLÖN. Stadt   D 80 16

Luftkurort	Schleswig-Holstein	FVV Schleswig-Holstein
10 204 Einwohner	57 Kreis Plön	Bahnanschluß
	Unterzentrum (MZ)	

FV-Statistik		Winter-halbjahr	Sommer-halbjahr	FV-Jahr 1979/80
Ankünfte		10 378	31 960	42 338
Anteil Ankünfte	(v.H.)	24,5	75,5	100
Übernachtungen		46 506	201 822	248 328
Anteil Übernachtungen	(v.H.)	18,7	81,3	100
Aufenthaltsdauer	(Tage)	4,5	6,3	5,9
FV-Intensität		456	1 978	2 434

Bettenkapazität: 2 057   Betten/100 E: 20

Auskünfte:
Stadt Plön
Postfach 46
D-2320 Plön
Tel.: (0 45 22) 6 66

Geltungsbereich
Kernort

Vollzogene Maßnahmenkombination

Verbot für **Fahrzeuge aller Art**. 1 Straße. Länge ca. 300 m (seit 1982)
Siehe auch Bilder F 41, F 56
(- Anwohner frei. Parken nur mit Parkausweis auf Antrag
- Anlieger frei. mit Sondergenehmigung auf Antrag)
Geschwindigkeitsbeschränkung auf max. 30 km/h, ganztägig, ganzjährig.
Z 274 StVO mit Zusatzschild "gilt im gesamten Wohnbereich" = 7 Straßen
(seit 1972)
Stadtkernumfahrungsstraße im Zuge der B 76. Fertigstellung 1979

Geplante Maßnahmenkombination

Vorrangbereich für Fußgänger. 1 Platz u. 1 Straße. Fertigstellung 1986/88   Kernort
Verkehrsberuhigter Bereich nach Z 325/326 StVO. 1 Straße. Fertigstellung 1987   wie oben

---

D-2252 ST. PETER-ORDING   D 80 17

Nordseeheil- u. Schwefelbad	Schleswig-Holstein	FVV Schleswig-Holstein
Küstenbadeort	54 Kreis Nordfriesland	Deutscher Bäderverband
5 340 Einwohner	Ländl. Zentralort	Bahnanschluß

FV-Statistik		Winter-halbjahr	Sommer-halbjahr	FV-Jahr 1979/80
Ankünfte		16 354	91 304	107 658
Anteil Ankünfte	(v.H.)	15,2	84,8	100
Übernachtungen		157 275	1 328 930	1 486 205
Anteil Übernachtungen	(v.H.)	10,6	89,4	100
Aufenthaltsdauer	(Tage)	9,6	14,6	13,8
FV-Intensität		2 945	24 887	27 832

Bettenkapazität: 13 597   Betten/100 E: 255

Auskünfte:
Gemeinde
St. Peter-Ording
Badallee 1
D-2252 St. Peter-Ording 2
Tel.: (0 48 63) 8 80

Geltungsbereich
OT Bad

Vollzogene Maßnahmenkombination

Vorrangbereich für Fußgänger. Fertigstellung 1981.
1 Zugangstraße zum Strand. Länge ca. 100 m. Fläche ca. 1000 m²
(Anwohner mit Sondergenehmigung frei.
Lieferverkehr frei von 07.00 - 09.00 h u. 18.00 - 20.00 h)
Einbahnregelung auf der Verbindungsstraße zwischen den Ortsteilen
Bad und Dorf = Parallelstraße zur Umfahrungsstraße (seit 1970)   OT Bad u. OT Dorf
Umfahrungsstraße im Zuge der B 202. Fertigstellung 1963

D-2306 SCHÖNBERG (HOLSTEIN)   D 80 18

Ostseebad (OT Schönberger Strand)	Schleswig-Holstein	FVV Schleswig-Holstein
Küstenbadeort	57 Kreis Plön	
4 638 Einwohner	Ländl. Zentralort	

FV-Statistik		Winter-halbjahr	Sommer-halbjahr	FV-Jahr 1979/80
Ankünfte		14 165	35 215	49 380
Anteil Ankünfte	(v.H.)	28,7	71,3	100
Übernachtungen		102 250	341 196	443 446
Anteil Übernachtungen	(v.H.)	23,1	76,9	100
Aufenthaltsdauer	(Tage)	7,2	9,7	9,0
FV-Intensität		2 205	7 356	9 561

Bettenkapazität: 3 573   Betten/100 E: 77

Auskünfte:
Gemeinde Schönberg
Postfach 9
D-2306 Schönberg
Tel.: (0 43 44) 20 51

Geltungsbereich
Kernort

Vollzogene Maßnahmenkombination

Vorrangbereich für Fußgänger. Fertigstellung 1980. 1 Straße. Länge ca. 250 m   OT Schönberger Strand
(Anlieger und Lieferverkehr frei, ohne zeitliche Beschränkung)
Geschwindigkeitsbeschränkung auf max. 30 km/h
- 2 Straßen, ganzjährig (seit 1960)   OT Kalifornien
- 3 Straßen, ganzjährig (seit 1960)   OT Holm
- 3 Straßen, ganzjährig (seit 1975)   Kernort
Umfahrungsstraße. Fertigstellung 1980

Geplante Maßnahmenkombination

Erweiterung des **Vorrangbereichs für Fußgänger**. Fertigstellung 1983/84   Kernort

191

Schleswig-Holstein = D 80

D-2408 TIMMENDORFER STRAND — D 80 19

Ostseeheilbad (OT Timmendorfer Strand und OT Niendorf)
Küstenbadeort
11 183 Einwohner

Schleswig-Holstein
55 Kreis Ostholstein
Unterzentrum

FVV Schleswig-Holstein
Deutscher Bäderverband
Bahnanschluß

FV-Statistik

		Winter-halbjahr	Sommer-halbjahr	FV-Jahr 1979/80
Ankünfte		28 949	91 187	120 136
Anteil Ankünfte	(v.H.)	24,1	75,9	100
Übernachtungen		114 570	743 583	858 153
Anteil Übernachtungen	(v.H.)	13,4	86,6	100
Aufenthaltsdauer	(Tage)	4,0	8,2	7,1
FV-Intensität		1 025	6 649	7 674

Bettenkapazität: 11 533   Betten/100 E: 103

Auskünfte:
Gemeinde Timmendorfer Strand
Rathaus
D-2408 Timmendorfer Strand
Tel.: (045 03) 40 16

Geltungsbereich
Kernort   wie oben
                wie oben und OT Niendorf

Vollzogene Maßnahmenkombination

Vorrangbereich für Fußgänger. 1 Straße, Fertigstellung 1961

Verbot für Krad im Bereich zwischen Strand und Umfahrungsstraße. 22.00 - 06.00 h. 1. Mai bis 30. September (seit 1979)

Einbahnregelung auf der Hauptdurchgangsstraße (Parallelstraße)

Umfahrungsstraße ("Bäderrandstraße") im Zuge der B 76. Fertigstellung 1958

Näheres siehe Teil D 3

D-2440 WANGELS — D 80 20

Ostseebad (OT Weißenhäuser Strand)
Küstenbadeort
2 495 Einwohner

Schleswig-Holstein
55 Kreis Ostholstein
Keine zentralörtl. Einstufung

FVV Schleswig-Holstein
Deutscher Bäderverband

FV-Statistik

		Winter-halbjahr	Sommer-halbjahr	FV-Jahr 1979/80
Ankünfte		12 707	47 435	60 142
Anteil Ankünfte	(v.H.)	21,1	78,9	100
Übernachtungen		49 819	359 317	409 136
Anteil Übernachtungen	(v.H.)	12,2	87,8	100
Aufenthaltsdauer	(Tage)	3,9	7,6	6,8
FV-Intensität		1 997	14 401	16 398

Bettenkapazität: 3 953   Betten/100 E: 158

Auskünfte:
Kurverwaltung Wangels
Seestraße 1
D-2440 Weißenhäuser Strand
Tel.: (043 61) 49 07 63

Geltungsbereich
OT Weißenhäuser Strand   wie oben
                          OT Hansühn
                          OT Weißenhäuser Strand   wie oben

Vollzogene Maßnahmenkombination

Vorrangbereich für Fußgänger. Fertigstellung 1973.
Länge ca. 800 m. Fläche ca. 2 400 m²

Verbote für Lkw über 3,5 t. ganztägig. ganzjährig (Lieferverkehr frei)
- seit 1975
Verbot für **Krad**, ganztägig. von April bis November (seit 1975)
- seit 1969
Umfahrungsstraße. Fertigstellung 1972

D-2280 WESTERLAND, Stadt — D 80 21

Nordseeheilbad
Insel
9 745 Einwohner

Schleswig-Holstein
54 Kreis Nordfriesland
Mittelzentrum

FVV Schleswig-Holstein
Deutscher Bäderverband
Bahnanschluß

FV-Statistik

		Winter-halbjahr	Sommer-halbjahr	FV-Jahr 1979/80
Ankünfte		27 893	111 761	139 654
Anteil Ankünfte	(v.H.)	20,0	80,0	100
Übernachtungen		225 091	1 401 886	1 626 977
Anteil Übernachtungen	(v.H.)	13,8	86,2	100
Aufenthaltsdauer	(Tage)	8,1	12,5	11,7
FV-Intensität		2 330	14 386	16 696

Bettenkapazität: 17 081   Betten/100 E: 175

Auskünfte:
Stadt Westerland
- Bauamt -
D-2280 Westerland
Tel.: (046 51) 70 53

Geltungsbereich
Kernort   wie oben
             wie oben
             wie oben

Vollzogene Maßnahmenkombination

Vorrangbereich für Fußgänger

Verbot für Kfz aller Art

Verbot für Krad

Einbahnregelungen

Näheres siehe Teil D 3 sowie Bild F 91

D-2278 WITTDÜN — D 80 22

Nordseeheilbad
Insel
721 Einwohner

Schleswig-Holstein
54 Kreis Nordfriesland
Keine zentralörtl. Einstufung

FVV Schleswig-Holstein
Deutscher Bäderverband
Direkter Bahnanschluß in Dagebüll via Fährschiff

FV-Statistik

		Winter-halbjahr	Sommer-halbjahr	FV-Jahr 1979/80
Ankünfte		1 468	14 146	15 614
Anteil Ankünfte	(v.H.)	9,4	90,6	100
Übernachtungen		13 071	193 238	206 309
Anteil Übernachtungen	(v.H.)	6,3	93,7	100
Aufenthaltsdauer	(Tage)	8,9	13,7	13,2
FV-Intensität		1 813	26 801	28 614

Bettenkapazität: 2 131   Betten/100 E: 296

Auskünfte:
Gemeinde Wittdün
Rathaus
D-2278 Wittdün
Tel.: (046 82) 8 61

Geltungsbereich
Wittdün

Vollzogene Maßnahmenkombination

Verbot für Kfz aller Art im Bereich südlich der Durchgangsstraße L 215.
00.00 - 05.30 h. 1. Juni bis 30. September
(Ausnahmegenehmigungen nur in seltenen Einzelfällen)

Näheres siehe Teil D 3 "Amrum" sowie Bilder F 73, F 74

D-2270 **W Y K   A U F   F Ö H R** . Stadt   D 80 23

Nordseeheilbad	Schleswig-Holstein	FVV Schleswig-Holstein
Insel	54 Kreis Nordfriesland	Deutscher Bäderverband
5 478 Einwohner	Unterzentrum	Direkter Bahnanschluß in Dagebüll via Fährschiff

FV-Statistik		Winter-halbjahr	Sommer-halbjahr	FV Jahr 1979/80
Ankünfte		9 885	56 376	66 261
Anteil Ankünfte	(v.H.)	14.9	85.1	100
Übernachtungen		113 684	789 383	903 067
Anteil Übernachtungen	(v.H.)	12.6	87.4	100
Aufenthaltsdauer	(Tage)	11.5	14.0	13.6
FV-Intensität		2 075	14 410	16 485

Bettenkapazität: 8 049   Betten/100 E: 147

Auskünfte:

Kurverwaltung Wyk auf Föhr
Postfach 15 80
D-2270 Wyk auf Föhr
Tel.: (04681) 765

Vollzogene Maßnahmenkombination	Geltungsbereich
Vorrangbereich für Fußgänger in der Altstadt	Kernort
Verbot für Kfz aller Art von 22.00 - 06.30 h	wie oben
Verbot für Krad von 20.00 - 06.30 h (Ausnahmen von den Verboten für Berufstätige)	wie oben
Umfahrungsstraße	wie oben

Burgenland = A B -- / Kärnten = A K --

A-7431 BAD TATZMANNSDORF   A B 01

Heilbad, Kurort   Burgenland   ÖHKV
340 m ü.d.M.   109 Oberwart   Bahnanschluß
1 052 Einwohner

FV-Statistik		Winter-halbjahr	Sommer-halbjahr	FV-Jahr 1979/80
Ankünfte		5 632	9 828	15 460
Anteil Ankünfte	(v.H.)	36.4	63.6	100
Übernachtungen		106 400	183 551	289 951
Anteil Übernachtungen	(v.H.)	36.7	63.3	100
Aufenthaltsdauer	(Tage)	18.9	18.7	18.8
Bettenkapazität		1 493	1 502	--
Betten/100 Einwohner		142	143	--
FV-Intensität		10 174	17 449	27 563

Auskünfte:
Gemeindeamt
Bad Tatzmannsdorf
Tel.: (0 33 53) 2 78

Vollzogene Maßnahmenkombination

Mischzone für Fußgänger und Fahrzeuge
Verbot für **Lkw**, ganztägig (seit 1974)
(Lieferverkehr frei von 08.00 - 13.00 h)
Verbot für **Krad** von 21.00 - 06.00 h (seit 1974)
Geschwindigkeitsbeschränkung auf max. 30 km/h (seit 1974)
Umfahrungsstraße

Geltungsbereich
Jormannsdorf-Allee
Kurbereich
wie oben
wie oben
Bad Tatzmannsdorf

A-9360 FRIESACH   A K 01

636 m ü.d.M.   Kärnten
7 257 Einwohner   205 St. Veit an der Glan   Bahnanschluß

FV-Statistik		Winter-halbjahr	Sommer-halbjahr	FV-Jahr 1979/80
Ankünfte		1 208	4 318	5 526
Anteil Ankünfte	(v.H.)	21.9	78.1	100
Übernachtungen		2 717	17 089	19 806
Anteil Übernachtungen	(v.H.)	13.7	86.3	100
Aufenthaltsdauer	(Tage)	2.3	4.0	3.6
Bettenkapazität		542	492	--
Betten/100 Einwohner		8	7	--
FV-Intensität		37	236	273

Auskünfte:
Stadtgemeindeamt
Friesach
A-9360 Friesach

Vollzogene Maßnahmenkombination

Vorrangbereich für Fußgänger (Stadtgrabenring Nord)
Verbot für **Kfz aller Art** (Stadtgrabenring Süd)
(Anrainerverkehr frei)
Verbot für **Kfz aller Art** im "Schulviertel", Nachtfahrverbot
(Anrainerverkehr frei)
Umfahrungsstraße

Geltungsbereich
Friesach
wie oben
wie oben

A-7141 PODERSDORF AM SEE   A B 02

121 m ü.d.M.   Burgenland
1 814 Einwohner   107 Neusiedl am See

FV-Statistik		Winter-halbjahr	Sommer-halbjahr	FV-Jahr 1979/80
Ankünfte		213	57 022	57 235
Anteil Ankünfte	(v.H.)	0.4	99.6	100
Übernachtungen		631	333 616	334 247
Anteil Übernachtungen	(v.H.)	0.2	99.8	100
Aufenthaltsdauer	(Tage)	3.0	5.9	5.8
Bettenkapazität		k.A.	3 344	--
Betten/100 Einwohner		--	184	--
FV-Intensität		35	18 391	18 426

Auskünfte:
Gemeindeamt
Podersdorf am See
Hauptstraße 2
A-7141 Podersdorf am See
Tel.: (0 21 77) 2 27

Vollzogene Maßnahmenkombination

Verbot für **Kfz aller Art** von 22.00 - 06.00 h, 1 Straße
Verbot für **Krad** von 22.00 - 06.00 h im gesamten Ortsgebiet

Geltungsbereich
Podersdorf am See
wie oben

A-9853 GMÜND   A K 02

732 m ü.d.M.   Kärnten
2 552 Einwohner   206 Spittal an der Drau

FV-Statistik		Winter-halbjahr	Sommer-halbjahr	FV-Jahr 1979/80
Ankünfte		2 035	13 110	15 145
Anteil Ankünfte	(v.H.)	13.4	86.6	100
Übernachtungen		7 612	63 310	70 922
Anteil Übernachtungen	(v.H.)	10.7	89.3	100
Aufenthaltsdauer	(Tage)	3.7	4.8	4.7
Bettenkapazität		612	1 149	--
Betten/100 Einwohner		24	45	--
FV-Intensität		298	2 481	2 779

Auskünfte:
Stadtgemeinde Gmünd
A-9853 Gmünd
Tel.: (0 47 32) 22 15

Vollzogene Maßnahmenkombination

Vorrangbereich für Fußgänger, Hauptplatz (nur während der Sommersaison!)
Verbot für **Lkw** über 2,5 t
(Anrainer- und Lieferverkehr frei)
Verbot für **Krad**
Umfahrungsstraße

Geltungsbereich
Gmünd
wie oben
wie oben

Kärnten = A K -- / Niederösterreich = A N --

A-9620 HERMAGOR-PRESSEGGER SEE A K 03

612 - 1500 m ü.d.M. Kärnten Bahnanschluß
7 225 Einwohner 205 Hermagor

FV-Statistik		Winter-halbjahr	Sommer-halbjahr	FV-Jahr 1979/80
Ankünfte		14 276	52 803	67 079
Anteil Ankünfte	(v.H.)	21.3	78.7	100
Übernachtungen		112 335	593 330	705 665
Anteil Übernachtungen	(v.H.)	15.9	84.1	100
Aufenthaltsdauer	(Tage)	7.9	11.2	10.5
Bettenkapazität		2 774	8 122	--
Betten/100 Einwohner		38	112	--
FV-Intensität		1 555	8 212	9 767

Vollzogene Maßnahmenkombination

Einbahnregelung in der Innenstadt.
Verbot für Lkw in der Innenstadt.
von 20.00 - 08.00 h. vom 1. Mai bis 30. September
Verbot für Krad in der Innenstadt.
von 22.00 - 06.00 h. ganzjährig
Umfahrungsstraße (Westumfahrung)

Auskünfte:
Stadtgemeinde
Hermagor-Pressegger See
Rathaus
A-9620 Hermagor-Pressegger See
Tel.: (0 42 82) 20 43

Geltungsbereich
Hermagor
wie oben

wie oben

wie oben

A-9122 ST. KANZIAN AM KLOPEINER SEE A K 05

446 m ü.d.M. Kärnten
3 604 Einwohner 208 Völkermarkt

FV-Statistik		Winter-halbjahr	Sommer-halbjahr	FV-Jahr 1979/80
Ankünfte		495	80 231	80 726
Anteil Ankünfte	(v.H.)	0.6	99.4	100
Übernachtungen		3 832	975 627	979 459
Anteil Übernachtungen	(v.H.)	0.4	99.6	100
Aufenthaltsdauer	(Tage)	7.7	12.2	12.1
Bettenkapazität		152	11 728	--
Betten/100 Einwohner		4	325	--
FV-Intensität		106	27 071	27 177

Vollzogene Maßnahmenkombination

Vorrangbereich für Fußgänger. frühere Seeuferstraßen
Verbot für Krad. Nachtfahrverbot. während der Sommersaison

Auskünfte:
Gemeindeamt St. Kanzian
A-9122 St. Kanzian am Klopeiner See
Tel.: (0 42 39) 2 22 40

Geltungsbereich
St. Kanzian
wie oben

A-9872 MILLSTATT A K 04

Heilklimat. Kurort Kärnten ÖHKV
588 m ü.d.M. 206 Spittal an der Drau
3 059 Einwohner

FV-Statistik		Winter-halbjahr	Sommer-halbjahr	FV-Jahr 1979/80
Ankünfte		2 588	71 804	74 392
Anteil Ankünfte	(v.H.)	3.5	96.5	100
Übernachtungen		14 168	786 144	800 312
Anteil Übernachtungen	(v.H.)	1.8	98.2	100
Aufenthaltsdauer	(Tage)	5.5	11.0	10.8
Bettenkapazität		509	8 210	--
Betten/100 Einwohner		17	268	--
FV-Intensität		462	25 699	26 161

Vollzogene Maßnahmenkombination

Vorrangbereich für Fußgänger im Stiftsbereich
Verbot für Krad von 21.00 - 06.00 h im gesamten Ortsgebiet

Auskünfte:
Marktgemeinde Millstatt
Rathaus
A-9872 Millstatt
Tel.: (0 47 66) 20 21

Geltungsbereich
Millstatt
wie oben

A-2500 BADEN A N 01

Heilbad. Luftkurort Niederösterreich ÖHKV
233 m ü.d.M. 306 Baden Bahnanschluß
22 651 Einwohner

FV-Statistik		Winter-halbjahr	Sommer-halbjahr	FV-Jahr 1979/80
Ankünfte		22 789	43 974	66 763
Anteil Ankünfte	(v.H.)	34.1	65.9	100
Übernachtungen		231 422	446 664	678 086
Anteil Übernachtungen	(v.H.)	34.1	65.9	100
Aufenthaltsdauer	(Tage)	10.2	10.2	10.2
Bettenkapazität		2 907	3 650	--
Betten/100 Einwohner		13	16	--
FV-Intensität		1 023	1 973	2 996

Vollzogene Maßnahmenkombination

Vorrangbereich für Fußgänger im Stadtzentrum
Verbot für Lkw über 3,5 t und Krad in der Kurzone.
22.00 - 07.00 h. ganzjährig
Geschwindigkeitsbeschränkung auf max. 30 km/h in Stadtzentrum und Kurzone.
Einbahnregelungen im Stadtzentrum
Hupverbot im gesamten Stadtgebiet
Umfahrungsstraße

Auskünfte:
Kurdirektion Baden
Hauptplatz 2/1
A-2500 Baden
Tel.: (0 22 52) 4 11 27

Geltungsbereich
Baden
wie oben
wie oben

wie oben
wie oben

Niederösterreich = A N --

A-3601 DÜRNSTEIN A N 02

207 m ü.d.M.
1 056 Einwohner
Niederösterreich
313 Krems an der Donau
Bahnanschluß

FV-Statistik		Winter-halbjahr	Sommer-halbjahr	FV-Jahr 1979/80
Ankünfte		1 527	12 703	14 230
Anteil Ankünfte	(v.H.)	10.7	89.3	100
Übernachtungen		3 245	40 899	44 144
Anteil Übernachtungen	(v.H.)	7.4	92.6	100
Aufenthaltsdauer	(Tage)	2.1	3.2	3.1
Bettenkapazität		202	474	--
Betten/100 Einwohner		19	45	--
FV-Intensität		3 873	3 873	4 180

Vollzogene Maßnahmenkombination

Vorrangbereich für Fußgänger
Verbot für Lkw über 3,5 t von 10.00 - 17.00 h
Verbot für Krad. Nachtfahrverbot (Anrainer frei)
Umfahrungsstraße

Auskünfte:
Fremdenverkehrsverein Dürnstein
A-3601 Dürnstein 26
Tel.: (0 27 11) 2 52

Geltungsbereich
Dürnstein
wie oben
wie oben
wie oben

A-3500 KREMS AN DER DONAU A N 03

Kneippkuranstalt
221 m ü.d.M.
23 409 Einwohner
Niederösterreich
301 Krems an der Donau
Bahnanschluß

FV-Statistik		Winter-halbjahr	Sommer-halbjahr	FV-Jahr 1979/80
Ankünfte		5 699	20 234	25 933
Anteil Ankünfte	(v.H.)	22.0	78.0	100
Übernachtungen		12 744	39 811	52 555
Anteil Übernachtungen	(v.H.)	24.2	75.8	100
Aufenthaltsdauer	(Tage)	2.2	2.0	2.0
Bettenkapazität		787	946	--
Betten/100 Einwohner		3	4	--
FV-Intensität		54	170	224

Vollzogene Maßnahmenkombination

Vorrangbereich für Fußgänger im Stadtzentrum
Umfahrungsstraße

Auskünfte:
Stadt Krems
- Magistratsabt. IV -
Postfach 52
A-3500 Krems a. d. Donau
Tel.: (0 27 32) 25 11/2 71

Geltungsbereich
Krems
wie oben

A-3712 MAISSAU A N 04

341 m ü.d.M.
2 116 Einwohner
Niederösterreich
310 Hollerbrunn
Bahnanschluß

FV-Statistik		Winter-halbjahr	Sommer-halbjahr	FV-Jahr 1979/80
Ankünfte		273	431	704
Anteil Ankünfte	(v.H.)	38.8	61.2	100
Übernachtungen		558	1 497	2 055
Anteil Übernachtungen	(v.H.)	27.2	72.8	100
Aufenthaltsdauer	(Tage)	2.0	4.6	2.9
Bettenkapazität		56	52	--
Betten/100 Einwohner		3	3	--
FV-Intensität		26	71	97

Vollzogene Maßnahmenkombination

Vorrangbereich für Fußgänger

Auskünfte:
Verkehrsverein Maissau
Kremser Straße 20
A-3712 Maissau
Tel.: (0 29 58) 2 71

Geltungsbereich
Maissau

A-2340 MÖDLING A N 05

240 m ü.d.M.
18 712 Einwohner
Niederösterreich
317 Mödling
Bahnanschluß

FV-Statistik		Winter-halbjahr	Sommer-halbjahr	FV-Jahr 1979/80
Ankünfte		2 124	7 617	9 741
Anteil Ankünfte	(v.H.)	21.8	78.2	100
Übernachtungen		8 076	26 512	34 588
Anteil Übernachtungen	(v.H.)	23.3	76.7	100
Aufenthaltsdauer	(Tage)	3.8	3.5	3.6
Bettenkapazität		282	321	--
Betten/100 Einwohner		2	--	--
FV-Intensität		43	142	185

Vollzogene Maßnahmenkombination

Vorrangbereich für Fußgänger in der Altstadt. 4 Straßen

Auskünfte:
Stadtgemeinde Mödling
- Bauamt -
Rathaus
A-2340 Mödling
Tel.: (0 22 36) 26 01

Geltungsbereich
Mödling

Oberösterreich = A O -- / Salzburg = A S --

A-4780 SCHÄRDING — A O 01

Kneippkuranstalt
313 m ü.d.M.
5 874 Einwohner

Oberösterreich
414 Schärding

ÖHKV
Bahnanschluß

FV-Statistik		Winter-halbjahr	Sommer-halbjahr	FV-Jahr 1979/80
Ankünfte		3 988	10 492	14 480
Anteil Ankünfte	(v.H.)	27,5	72,5	100
Übernachtungen		18 075	34 287	52 362
Anteil Übernachtungen	(v.H.)	34,5	65,5	100
Aufenthaltsdauer	(Tage)	4,5	3,3	3,6
Bettenkapazität		572	572	--
Betten/100 Einwohner		10	10	--
FV-Intensität		308	583	891

Vollzogene Maßnahmenkombination

Vorrangbereich für **Fußgänger** (Stadtplatz)
Umfahrungsstraße

Auskünfte:
Fremdenverkehrsverband
Schärding
Rathaus
A-4780 Schärding
Tel.: (0 77 12) 26 03

Geltungsbereich
Schärding
wie oben

A-5632 DORFGASTEIN — A S 02

835 m ü.d.M.
1 342 Einwohner

Salzburg
504 St. Johann im Pongau

Bahnanschluß

FV-Statistik		Winter-halbjahr	Sommer-halbjahr	FV-Jahr 1979/80
Ankünfte		18 076	7 667	25 743
Anteil Ankünfte	(v.H.)	70,2	29,8	100
Übernachtungen		111 312	79 467	190 779
Anteil Übernachtungen	(v.H.)	58,3	41,7	100
Aufenthaltsdauer	(Tage)	6,2	10,4	7,4
Bettenkapazität		1 600	1 609	--
Betten/100 Einwohner		119	120	--
FV-Intensität		8 295	5 921	14 216

Vollzogene Maßnahmenkombination

Mischzone für **Fußgänger und Fahrzeuge**
Verbot für **Krad**
Umfahrungsstraße

Auskünfte:
Verkehrsverein
Dorfgastein
A-5632 Dorfgastein
Tel.: (0 64 33) 2 77

Geltungsbereich
Dorfgastein
wie oben
OT Unterberg, Luggau und Maierhofen

A-5630 BAD HOFGASTEIN — A S 01

Heilbad, Kurort
870 m ü.d.M.
5 525 Einwohner

Salzburg
504 St. Johann im Pongau

ÖHKV
Bahnanschluß

FV-Statistik		Winter-halbjahr	Sommer-halbjahr	FV-Jahr 1979/80
Ankünfte		68 586	53 012	121 598
Anteil Ankünfte	(v.H.)	56,4	43,6	100
Übernachtungen		622 358	773 994	1 396 352
Anteil Übernachtungen	(v.H.)	44,6	55,4	100
Aufenthaltsdauer	(Tage)	9,1	14,6	12,0
Bettenkapazität		8 113	8 130	--
Betten/100 Einwohner		147	147	--
FV-Intensität		11 264	14 009	25 273

Vollzogene Maßnahmenkombination

Vorrangbereich für **Fußgänger** (Gasteinertal)
Verbot für **Kfz** aller Art. Nachtfahrverbot

Auskünfte:
Kurverwaltung
Bad Hofgastein
A-5630 Bad Hofgastein
Tel.: (0 64 32) 4 82

Geltungsbereich
Bad Hofgastein
wie oben

A-5550 RADSTADT — A S 03

856 m ü.d.M.
3 585 Einwohner

Salzburg
504 St. Johann im Pongau

Bahnanschluß

FV-Statistik		Winter-halbjahr	Sommer-halbjahr	FV-Jahr 1979/80
Ankünfte		30 862	25 026	55 888
Anteil Ankünfte	(v.H.)	55,2	44,8	100
Übernachtungen		193 660	158 493	352 153
Anteil Übernachtungen	(v.H.)	55,0	45,0	100
Aufenthaltsdauer	(Tage)	6,3	6,3	6,3
Bettenkapazität		3 500	3 510	--
Betten/100 Einwohner		98	98	--
FV-Intensität		5 402	4 421	9 823

Vollzogene Maßnahmenkombination

Vorrangbereich für **Fußgänger** am Stadtplatz, Erweiterung geplant
Verbot für **Lkw** über 3,5 t (Lieferverkehr frei)
Verbot für **Krad** bis 50 cm³ von 22.00 - 06.00 h
(Ausnahmen für Berufsverkehr)
Einbahnregelungen im Zentrum
Kurzparkzone im gesamten Ortsbereich
Umfahrungsstraße

Auskünfte:
Verkehrsverein Radstadt
A-5550 Radstadt
Tel.: (0 64 52) 3 05

Geltungsbereich
Radstadt
wie oben
wie oben
wie oben

Salzburg = A S --

A-5621 ST. VEIT IM PONGAU A S 04

763 m ü.d.M. Salzburg Bahnanschluß
2 406 Einwohner 504 St. Johann im Pongau

FV-Statistik		Winter-halbjahr	Sommer-halbjahr	FV-Jahr 1979/80
Ankünfte		2 355	3 041	5 396
Anteil Ankünfte	(v.H.)	43,6	56,4	100
Übernachtungen		17 001	34 587	51 588
Anteil Übernachtungen	(v.H.)	33,0	67,0	100
Aufenthaltsdauer	(Tage)	4,2	11,4	9,6
Bettenkapazität		751	719	--
Betten/100 Einwohner		31	30	--
FV-Intensität		707	1 437	2 144

Vollzogene Maßnahmenkombination

Vorrangbereich für Fußgänger am Marktplatz von Sa 13.00 h bis Mo 05.00 h

Verbot für Krad

Auskünfte:
Verkehrsverein
St. Veit im Pongau
Markt 21
A-5621 St. Veit/Pongau
Tel.: (0 64 15) 4 88

Geltungsbereich
St. Veit
wie oben

A-5620 SCHWARZACH IM PONGAU A S 05

591 m ü.d.M. Salzburg Bahnanschluß
3 616 Einwohner 504 St. Johann im Pongau

FV-Statistik		Winter-halbjahr	Sommer-halbjahr	FV-Jahr 1979/80
Ankünfte		1 218	2 404	3 622
Anteil Ankünfte	(v.H.)	33,6	66,4	100
Übernachtungen		4 219	12 396	16 645
Anteil Übernachtungen	(v.H.)	25,4	74,6	100
Aufenthaltsdauer	(Tage)	3,5	5,2	4,6
Bettenkapazität		377	376	--
Betten/100 Einwohner		10	10	--
FV-Intensität		117	343	460

Vollzogene Maßnahmenkombination

Mischzone für Krad und Fahrzeuge, Siedlung "Neue Heimat"

Verbot für Krad im gesamten Ortsgebiet von 22.00 - 06.00 h
(Ausnahmen für Berufsverkehr)

Einbahnregelungen

Kurzparkzonen

Auskünfte:
Marktgemeinde
Schwarzach im Pongau
Rathaus
A-5620 Schwarzach/Pongau
Tel.: (0 64 15) 61 91 13

Geltungsbereich
Schwarzach
wie oben
wie oben
wie oben

A-5350 STROBL A S 06

"Alpenmoorbad" Salzburg ÖHKV
544 m ü.d.M. 503 Salzburg-Umgebung
2 464 Einwohner

FV-Statistik		Winter-halbjahr	Sommer-halbjahr	FV-Jahr 1979/80
Ankünfte		5 931	34 138	40 069
Anteil Ankünfte	(v.H.)	14,8	85,2	100
Übernachtungen		26 490	212 873	239 363
Anteil Übernachtungen	(v.H.)	11,1	88,9	100
Aufenthaltsdauer	(Tage)	4,5	6,2	6,0
Bettenkapazität		3 819	3 883	--
Betten/100 Einwohner		155	158	--
FV-Intensität		1 075	2 639	9 714

Vollzogene Maßnahmenkombination

Vorrangbereich für Fußgänger, 1 Straße

Verbot für Krad

Einbahnregelungen

Auskünfte:
Gemeindeamt Strobl
A-5350 Strobl
Tel.: (0 61 37) 2 55

Geltungsbereich
Strobl
wie oben
wie oben

A-5700 ZELL AM SEE A S 07

Luftkurort Salzburg ÖHKV
758 m ü.d.M. 506 Zell am See Bahnanschluß
7 456 Einwohner

FV-Statistik		Winter-halbjahr	Sommer-halbjahr	FV-Jahr 1979/80
Ankünfte		85 109	142 275	227 384
Anteil Ankünfte	(v.H.)	37,4	62,6	100
Übernachtungen		527 491	806 319	1 333 810
Anteil Übernachtungen	(v.H.)	39,5	60,5	100
Aufenthaltsdauer	(Tage)	6,2	5,7	5,9
Bettenkapazität		8 797	10 479	--
Betten/100 Einwohner		118	141	--
FV-Intensität		7 075	10 814	17 889

Vollzogene Maßnahmenkombination

Vorrangbereich für Fußgänger im Ortskern
(Ausnahmen für Lieferverkehr)

Verbot für Krad, Nachtfahrverbot, im gesamten Gemeindegebiet

Auskünfte:
Kurverwaltung
Zell am See
Postfach
A-5700 Zell am See
Tel.: (0 65 42) 26 00

Geltungsbereich
Zell am See
wie oben

Steiermark = A St --

A-8490 BAD RADKERSBURG — A St 01

Heilbad. Kurort
209 m ü.d.M.
2 000 Einwohner

Steiermark
615 Radkersburg

ÖHKV Bahnanschluß

FV-Statistik		Winter-halbjahr	Sommer-halbjahr	FV-Jahr 1979/80
Ankünfte		96	574	670
Anteil Ankünfte	(v.H.)	14.3	85.7	100
Übernachtungen		860	4 411	5 271
Anteil Übernachtungen	(v.H.)	16.3	83.7	100
Aufenthaltsdauer	(Tage)	9.0	7.7	7.9
Bettenkapazität		152	267	--
Betten/100 Einwohner		8	13	--
FV-Intensität		43	221	264

Vollzogene Maßnahmenkombination

Vorrangbereich für Fußgänger im Kurgebiet
Mischzone für Fußgänger und Fahrzeuge
Verbot für Krad in der Altstadt, Nachtfahrverbot
Einbahnregelungen in der Altstadt
Umfahrungsstraße "Altstadtumfahrung"

Auskünfte:
Stadt Bad Radkersburg
- Stadtamt -
A-8490 Bad Radkersburg
Tel.: (0 34 76) 25 09

Geltungsbereich
Bad Radkersburg
OT Mitterling
Bad Radkersburg
wie oben
wie oben

A-8301 LASSNITZHÖHE — A St 03

Heilklimat. Kurort
600 m ü.d.M.
1 610 Einwohner

Steiermark
606 Graz-Umgebung

ÖHKV Bahnanschluß

FV-Statistik		Winter-halbjahr	Sommer-halbjahr	FV-Jahr 1979/80
Ankünfte		1 489	2 877	4 366
Anteil Ankünfte	(v.H.)	34.1	65.9	100
Übernachtungen		31 580	47 653	79 233
Anteil Übernachtungen	(v.H.)	39.9	60.1	100
Aufenthaltsdauer	(Tage)	21.2	16.6	18.1
Bettenkapazität		544	571	--
Betten/100 Einwohner		34	36	--
FV-Intensität		1 962	2 959	4 921

Vollzogene Maßnahmenkombination

Vorrangbereich für Fußgänger

Auskünfte:
Fremdenverkehrsverein
Laßnitzhöhe
Hauptstraße 47
A-8301 Laßnitzhöhe
Tel.: (0 31 33) 2 37

Geltungsbereich
Laßnitzhöhe

A-8230 HARTBERG — A St 02

Kneippkuranstalt
360 m ü.d.M.
5 702 Einwohner

Steiermark
607 Hartberg

ÖHKV Bahnanschluß

FV-Statistik		Winter-halbjahr	Sommer-halbjahr	FV-Jahr 1979/80
Ankünfte		1 762	5 032	6 794
Anteil Ankünfte	(v.H.)	25.9	74.1	100
Übernachtungen		8 579	27 135	35 714
Anteil Übernachtungen	(v.H.)	24.0	76.0	100
Aufenthaltsdauer	(Tage)	4.9	5.4	5.3
Bettenkapazität		319	328	--
Betten/100 Einwohner		6	6	--
FV-Intensität		151	475	626

Vollzogene Maßnahmenkombination

Vorrangbereich für Fußgänger im Ortszentrum
(Probebetrieb im August 1981)
Siehe auch Bilder F 13, F 14
Verbot für Krad von 18.00 - 06.00 h in der Innenstadt
Umfahrungsstraße

Auskünfte:
Stadt Hartberg
- Stadtbauamt -
Hauptplatz 10
A-8230 Hartberg
Tel.: (0 33 32) 26 18 11

Geltungsbereich
Hartberg

wie oben
wie oben

A-8430 LEIBNITZ — A St 04

276 m ü.d.M.
6 646 Einwohner

Steiermark
610 Leibnitz

Bahnanschluß

FV-Statistik		Winter-halbjahr	Sommer-halbjahr	FV-Jahr 1979/80
Ankünfte		3 316	11 104	14 420
Anteil Ankünfte	(v.H.)	23.0	77.0	100
Übernachtungen		4 999	18 219	23 218
Anteil Übernachtungen	(v.H.)	21.5	78.5	1.6
Aufenthaltsdauer	(Tage)	1.5	1.6	--
Bettenkapazität		260	254	--
Betten/100 Einwohner		4	4	--
FV-Intensität		75	274	349

Vollzogene Maßnahmenkombination

Vorrangbereich für Fußgänger "Hauptplatz Ost"

Auskünfte:
Fremdenverkehrsverein
Leibnitz
Postfach 3
A-8430 Leibnitz

Geltungsbereich
Leibnitz

Tirol = A T --

A-6561 ISCHGL — A T 01

1 377 m ü.d.M.
1 018 Einwohner
Tirol
706 Landeck

FV-Statistik

		Winter-halbjahr	Sommer-halbjahr	FV-Jahr 1979/80
Ankünfte		59 361	15 732	75 093
Anteil Ankünfte	(v.H.)	79.0	21.0	100
Übernachtungen		476 991	132 539	609 530
Anteil Übernachtungen	(v.H.)	78.3	21.7	100
Aufenthaltsdauer	(Tage)	8.0	8.4	8.1
Bettenkapazität		5 041	4 570	--
Betten/100 Einwohner		495	449	--
FV-Intensität		46 856	13 019	59 875

Vollzogene Maßnahmenkombination

Vorrangbereich für Fußgänger
Verbot für Kfz aller Art. Nachtfahrverbot
Einbahnregelungen im Winter
Umfahrungsstraße

Auskünfte:
Fremdenverkehrsverband Ischgl
A-6561 Ischgl
Tel.: (05444) 52 66

Geltungsbereich
Ischgl
wie oben
wie oben
wie oben

A-6370 KITZBÜHEL — A T 02

Moorheilbad
780 m ü.d.M.
7 995 Einwohner
Tirol
704 Kitzbühel
ÖHKV Bahnanschluß

FV-Statistik

		Winter-halbjahr	Sommer-halbjahr	FV-Jahr 1979/80
Ankünfte		72 795	77 586	150 381
Anteil Ankünfte	(v.H.)	48.4	51.6	100
Übernachtungen		518 243	488 230	1 006 473
Anteil Übernachtungen	(v.H.)	51.5	48.5	100
Aufenthaltsdauer	(Tage)	7.1	6.3	6.7
Bettenkapazität		7 646	8 931	--
Betten/100 Einwohner		96	112	--
FV-Intensität		6 482	6 107	12 589

Vollzogene Maßnahmenkombination

Vorrangbereich für Fußgänger

Auskünfte:
Gemeinde Kitzbühel
A-6370 Kitzbühel

Geltungsbereich
Kitzbühel

A-9900 LIENZ — A T 03

673 m ü.d.M.
11 696 Einwohner
Tirol
707 Lienz
Bahnanschluß

FV-Statistik

		Winter-halbjahr	Sommer-halbjahr	FV-Jahr 1979/80
Ankünfte		20 459	54 127	74 586
Anteil Ankünfte	(v.H.)	27.4	72.6	100
Übernachtungen		103 804	165 629	269 433
Anteil Übernachtungen	(v.H.)	38.5	61.5	100
Aufenthaltsdauer	(Tage)	5.1	3.1	3.6
Bettenkapazität		2 057	2 756	--
Betten/100 Einwohner		18	24	--
FV-Intensität		888	1 416	2 304

Vollzogene Maßnahmenkombination

Vorrangbereich für Fußgänger im Ortszentrum
Verbot für Kleinkrafträder

Auskünfte:
Bezirksbauamt Lienz
A-9900 Lienz
Tel.: (04852) 28 46

Geltungsbereich
Lienz
wie oben

A-6580 ST. ANTON AM ARLBERG — A T 04

1 304 m ü.d.M.
2 086 Einwohner
Tirol
706 Landeck
Bahnanschluß

FV-Statistik

		Winter-halbjahr	Sommer-halbjahr	FV-Jahr 1979/80
Ankünfte		74 956	47 051	122 007
Anteil Ankünfte	(v.H.)	61.4	38.6	100
Übernachtungen		437 536	193 977	631 513
Anteil Übernachtungen	(v.H.)	69.3	30.7	100
Aufenthaltsdauer	(Tage)	5.8	4.1	5.2
Bettenkapazität		6 220	5 417	--
Betten/100 Einwohner		298	260	--
FV-Intensität		20 975	9 299	30 274

Vollzogene Maßnahmenkombination

Vorrangbereich für Fußgänger im Ortszentrum
(Lieferverkehr frei von 07.00 - 09.00 h)
Verbot für Lkw über 7,5 t im Ortszentrum
Verbot für Kleinkrafträder im gesamten Ortsgebiet. Nachtfahrverbot
Geschwindigkeitsbeschränkung auf max. 30 km/h
Umfahrungsstraße

Auskünfte:
Ortspolizei
St. Anton am Arlberg
A-6580 St. Anton a.A.
Tel.: (05446) 23 62 13

Geltungsbereich
Kernort
wie oben und OT Oberdorf
St. Anton
Kernort, OT Oberdorf, OT St. Jakob und OT Moos
OT Nasserein und OT St. Jakob

Tirol = A T -- / Vorarlberg = A V --

A-6100 SEEFELD IN TIROL   A T 05

Heilbad 1200 m ü.d.M.
2 266 Einwohner
Tirol 703 Innsbruck (Land)
ÖHKV Bahnanschluß

FV-Statistik		Winter-halbjahr	Sommer-halbjahr	FV-Jahr 1979/80
Ankünfte		63 429	80 684	144 113
Anteil Ankünfte	(v.H.)	44,0	56,0	100
Übernachtungen		638 527	622 541	1 261 068
Anteil Übernachtungen	(v.H.)	50,6	49,4	100
Aufenthaltsdauer	(Tage)	10,1	7,7	8,8
Bettenkapazität		9 279	8 202	--
Betten/100 Einwohner		410	362	--
FV-Intensität		28 179	27 473	55 652

Vollzogene Maßnahmenkombination

Vorrangbereich für Fußgänger im Ortszentrum
(Lieferverkehr frei von 06.00 - 10.00 h)
Verbot für Kleinkrafträder im gesamten Ortsgebiet
Umfahrungsstraße

Auskünfte:
Fremdenverkehrsverband Seefeld in Tirol
A-6100 Seefeld in Tirol
Tel.: (0 52 12) 23 13

Geltungsbereich
Seefeld
wie oben
wie oben

A-6534 SERFAUS   A T 06

1 427 m ü.d.M.
852 Einwohner
Tirol 706 Landeck

FV-Statistik		Winter-halbjahr	Sommer-halbjahr	FV-Jahr 1979/80
Ankünfte		28 550	13 819	42 369
Anteil Ankünfte	(v.H.)	67,4	32,6	100
Übernachtungen		306 891	135 434	442 325
Anteil Übernachtungen	(v.H.)	69,4	30,6	100
Aufenthaltsdauer	(Tage)	10,8	9,8	10,4
Bettenkapazität		3 252	3 036	--
Betten/100 Einwohner		382	356	--
FV-Intensität		36 020	15 896	51 916

Vollzogene Maßnahmenkombination

Sommerregelung: Nachtfahrverbot für Kfz aller Art
Winterregelung: Ganztägiges Fahrverbot für Kfz aller Art
Ausnahmeregelungen für Einheimische und Gäste
Siehe auch Bilder F 59, F 60, F 81 bis F 84

Auskünfte:
Fremdenverkehrsverband Serfaus
A-6534 Serfaus
Tel.: (0 54 76) 62 39

Geltungsbereich
Gesamter Ort
wie oben

A-6700 BLUDENZ   A V 01

588 - 1420 m ü.d.M.
12 050 Einwohner
Vorarlberg 801 Bludenz
Bahnanschluß

FV-Statistik		Winter-halbjahr	Sommer-halbjahr	FV-Jahr 1979/80
Ankünfte		10 173	14 607	24 780
Anteil Ankünfte	(v.H.)	41,1	58,9	100
Übernachtungen		29 414	56 604	86 018
Anteil Übernachtungen	(v.H.)	34,2	65,8	100
Aufenthaltsdauer	(Tage)	2,9	3,9	3,5
Bettenkapazität		1 006	1 032	--
Betten/100 Einwohner		8	9	--
FV-Intensität		244	470	714

Vollzogene Maßnahmenkombination

Vorrangbereich für Fußgänger, 4 Straßen (seit 1978)
Verbot für Lkw über 3 t, 3 Straßen
Verbot für Krad von 22.00 - 05.00 h in der Innenstadt
Geschwindigkeitsbeschränkung auf max. 30 km/h
Hupverbot in der "Ruhezone"

Auskünfte:
Verkehrsamt Bludenz
Werdenbergstraße 42
A-6700 Bludenz
Tel.: (0 55 52) 21 70

Geltungsbereich
Bludenz
wie oben
wie oben und OT Obdorf
OT Brunnenfeld
OT Obdorf, OT Halde und OT Rungelin

A-6780 SCHRUNS   A V 02

690 - 2 300 m ü.d.M.
3 607 Einwohner
Vorarlberg 801 Bludenz
Bahnanschluß

FV-Statistik		Winter-halbjahr	Sommer-halbjahr	FV-Jahr 1979/80
Ankünfte		26 911	29 426	56 337
Anteil Ankünfte	(v.H.)	47,8	52,2	100
Übernachtungen		197 737	282 648	400 385
Anteil Übernachtungen	(v.H.)	41,2	58,8	100
Aufenthaltsdauer	(Tage)	7,4	6,9	7,1
Bettenkapazität		4 211	3 790	--
Betten/100 Einwohner		105		--
FV-Intensität		5 482	7 836	13 318

Vollzogene Maßnahmenkombination

Vorrangbereich für Fußgänger im Ortszentrum, Fertigstellung 1979
Verbot für Krad von 22.00 - 06.00 h, ganzjährig, im Ortszentrum (seit 1979)
Verbot für Lkw über 3,5 t von 22.00 - 06.00 h, ganzjährig, 1 Straße (seit 1979)
Umfahrungsstraße für Ortszentrum

Auskünfte:
Marktgemeindeamt Schruns
A-6780 Schruns
Tel.: (0 55 56) 24 35

Geltungsbereich
Schruns
wie oben
wie oben

A-6767 WARTH   A V 03

1 495 - 2 300 m ü.d.M. Vorarlberg
161 Einwohner   802 Bregenz

FV-Statistik		Winter-halbjahr	Sommer-halbjahr	FV-Jahr 1979/80
Ankünfte		9 095	3 190	12 285
Anteil Ankünfte	(v.H.)	74.0	26.0	100
Übernachtungen		68 082	16 428	84 510
Anteil Übernachtungen	(v.H.)	80.6	19.4	100
Aufenthaltsdauer	(Tage)	7.5	5.2	6.9
Bettenkapazität		1 126	1 106	--
Betten/100 Einwohner		699	687	--
FV-Intensität		42 287	10 204	52 491

Auskünfte:
Gemeindeamt Warth
A-6767 Warth
Tel.: (0 55 85) 99 16

Vollzogene Maßnahmenkombination

Vorrangbereich für Fußgänger im Ortszentrum

Geltungsbereich
Warth

Zentralschweiz = CH Z -- / Berner Oberland = CH BE --

CH-6390 ENGELBERG   CH Z 01

1 002 m ü.d.M.   Kanton Obwalden   Bahnanschluß
2 963 Einwohner

FV-Statistik	Winter-halbjahr	Sommer-halbjahr	FV-Jahr 1980
Übernachtungen	265 406	238 907	504 313
Anteil Übernachtungen (v.H.)	52,6	47,4	100
FV-Intensität	8 957	8 063	17 020

Bettenkapazität: 7 250   Betten/100 E: 245

Vollzogene Maßnahmenkombination

Vorrangbereich für Fußgänger im Ortszentrum
Umfahrungsstraße

Auskünfte:
Kur- und Verkehrsverein
Engelberg
CH-6390 Engelberg
Tel.: (041) 94 11 61

Geltungsbereich
Engelberg
wie oben

CH-6354 VITZNAU   CH Z 03

1 440 m ü.d.M. (Rigi Kaltbad)   Kanton Luzern   Bahnanschluß in Arth-Goldau via
897 Einwohner   Bezirk Luzern   Zahnradbahn

FV-Statistik*	Winter-halbjahr	Sommer-halbjahr	FV-Jahr 1980
Übernachtungen	57 700	52 700	110 400
Anteil Übernachtungen (v.H.)	52,2	47,8	100

Bettenkapazität: 1 044

* nur Ortsteil Rigi

Vollzogene Maßnahmenkombination

Autofreier Ort

Auskünfte:
Verkehrsverband Rigi
CH-6354 Vitznau
Tel.: (041) 82 11 48

Geltungsbereich
OT Rigi

CH-6072 SACHSELN   CH Z 02

472 m ü.d.M.   Kanton Obwalden   Bahnanschluß
3 406 Einwohner

FV-Statistik	Winter-halbjahr	Sommer-halbjahr	FV-Jahr 1980
Übernachtungen	11 336	75 730	87 066
Anteil Übernachtungen (v.H.)	13,0	87,0	100
FV-Intensität	333	2 223	2 556

Bettenkapazität: 960   Betten/100 E: 28

Vollzogene Maßnahmenkombination

Verbot für **Kfz** aller Art von 22.00 - 04.00 h

Auskünfte:
Verkehrsbüro Sachseln
CH-6072 Sachseln
Tel.: (041) 66 26 55

Geltungsbereich
Sachseln

CH-6084 HASLIBERG   CH BE 01

1 047 - 1 230 m ü.d.M.   Kanton Bern   Bahnanschluß in Meiringen via Luftseilbahn
1 328 Einwohner   Bezirk Oberhasli

FV-Statistik	Winter-halbjahr	Sommer-halbjahr	FV-Jahr 1980
Übernachtungen	97 424	101 748	199 177
Anteil Übernachtungen (v.H.)	48,9	51,1	100
FV-Intensität	7 337	7 661	14 998

Bettenkapazität: 1 994   Betten/100 E: 150

Vollzogene Maßnahmenkombination

Geschwindigkeitsbeschränkung auf max. 40 km/h im gesamten Gemeindegebiet

Auskünfte:
Verkehrsverein
Hasliberg-Wasserwendi
CH-6084 Hasliberg-Wasserwendi
Tel.: (036) 71 32 22

Geltungsbereich
Hasliberg

Berner Oberland = CH BE -- / Graubünden = CH GR --

CH-3800 INTERLAKEN / MATTEN / UNTERSEEN CH BE 02

567 m ü.d.M.
12 356 Einwohner

Kanton Bern
Bezirk Interlaken

Bahnanschluß

FV-Statistik	Winter-halbjahr	Sommer-halbjahr	FV-Jahr 1980	Auskünfte:
Übernachtungen	89 231	504 650	593 881	Gemeinde Interlaken
Anteil Übernachtungen (v.H.)	15,0	85,0	100	Lärmbekämpfungskommission
FV-Intensität	722	4 084	4 806	CH-3800 Interlaken
Bettenkapazität: 4 939	Betten/100 E: 40			

Vollzogene Maßnahmenkombination

Vorrangbereich für Fußgänger im Ortszentrum
Verbot für Lkw und Krad auf der Hauptachse
Einbahnregelungen
Umfahrungsstraße (1981 im Bau)

Geltungsbereich
Interlaken
wie oben
wie oben
wie oben, Matten und Unterseen

Geplante Maßnahmenkombination

Vorrangbereich für Fußgänger (Erweiterung)
Vorrangbereich für Fußgänger im Ortszentrum

Interlaken
Unterseen

CH-3825 MÜRREN mit GIMMELWALD CH BE 03

1 639 m ü.d.M.

Kanton Bern

Bahnanschluß in Lauterbrunnen via
Schmalspurbahn und Drahtseilbahn

FV-Statistik	Winter-halbjahr	Sommer-halbjahr	FV-Jahr 1980	Auskünfte:
Übernachtungen	112 800	53 270	166 070	Kur- und Verkehrsverein
Anteil Übernachtungen (v.H.)	67,9	32,1	100	Mürren
Bettenkapazität: 1 851				CH-3825 Mürren
				Tel.: (0 36) 55 16 16

Vollzogene Maßnahmenkombination

Autofreier Ort
Siehe auch Bild F 125

Geltungsbereich
Gesamter Ort

CH-3823 WENGEN CH BE 04

1 275 m ü.d.M.

Kanton Bern

Bahnanschluß

FV-Statistik	Winter-halbjahr	Sommer-halbjahr	FV-Jahr 1980	Auskünfte:
Übernachtungen	239 609	159 726	399 335	Verkehrsbüro Wengen
Anteil Übernachtungen (v.H.)	60,0	40,0	100	CH-3823 Wengen
Bettenkapazität: 3 685				Tel.: (0 36) 55 14 14

Vollzogene Maßnahmenkombination

Autofreier Ort

Geltungsbereich
Gesamter Ort

CH-7270 DAVOS CH GR 01

1 563 m ü.d.M.
10 468 Einwohner

Kanton Graubünden
Bezirk Oberlandquart

Bahnanschluß

FV-Statistik	Winter-halbjahr	Sommer-halbjahr	FV-Jahr 1980	Auskünfte:
Übernachtungen	1 332 298	805 254	2 137 552	Kur- und Verkehrsverein
Anteil Übernachtungen (v.H.)	62,3	37,7	100	Davos
FV-Intensität	12 727	7 693	20 420	Promenade 67
Bettenkapazität: 18 611	Betten/100 E: 178			CH-7270 Davos Platz

Vollzogene Maßnahmenkombination

Vorrangbereich für Fußgänger

Geltungsbereich
Davos Platz und
Davos Dorf

Geplante Maßnahmenkombination

Umfahrungsstraße

Davos Platz und
Davos Dorf

Graubünden = CH GR --

CH-7131 LAAX und FALERA — CH GR 02

1023 m ü.d.M.
1216 Einwohner

Kanton Graubünden
Bezirk Glenner

FV-Statistik

	Winter-halbjahr	Sommer-halbjahr	FV-Jahr 1980
Übernachtungen	258 742	126 719	385 461
Anteil Übernachtungen (v.H.)	67,1	32,9	100
FV-Intensität	21 278	10 421	31 699

Bettenkapazität: 3 217   Betten/100 E: 265

Auskünfte:
Verkehrsverein Laax
Center Communal
CH-7031 Laax
Tel.: (0 86) 2 14 23

Geltungsbereich
Laax

Vollzogene Maßnahmenkombination

Geschwindigkeitsbeschränkung auf max. 50 km/h

CH-7549 LA PUNT-CHAMUES-CH — CH GR 03

1700 m ü.d.M.
390 Einwohner

Kanton Graubünden
Bezirk Maloja   Bahnanschluß

FV-Statistik

	Winter-halbjahr	Sommer-halbjahr	FV-Jahr 1980
Übernachtungen	54 531	43 615	98 246
Anteil Übernachtungen (v.H.)	55,6	44,4	100
FV-Intensität	13 982	11 184	25 166

Bettenkapazität: 1 555   Betten/100 E: 347

Auskünfte:
Verkehrsverein
La Punt-Chamues-ch
CH-7549 La Punt-Chamues-ch
Tel.: (0 82) 7 24 77

Geltungsbereich
La Punt-Chamues-ch

Vollzogene Maßnahmenkombination

Vorrangbereich für Fußgänger

CH-7514 SILS IM ENGADIN/SEGL — CH GR 04

1815 m ü.d.M.
434 Einwohner

Kanton Graubünden
Bezirk Maloja

FV-Statistik

	Winter-halbjahr	Sommer-halbjahr	FV-Jahr 1980
Übernachtungen	169 210	154 028	323 238
Anteil Übernachtungen (v.H.)	52,3	47,7	100
FV-Intensität	38 988	35 491	74 479

Bettenkapazität: 2 074   Betten/100 E: 478

Auskünfte:
Kur- und Verkehrsverein
Sils/Segl Engiadina
CH-7514 Sils im Engadin
Tel.: (0 82) 4 52 37

Geltungsbereich
Quartier Seglias
Fextal

Vollzogene Maßnahmenkombination

"Fußgängerbereich Seglias" (Privatstraßen)
Verbot für Kfz aller Art
(Frei für zufahrtsberechtigte Anwohner mit max. Höchstgeschwindigkeit von 40 km/h

Mitte Juni bis Mitte Oktober (Sommersaison): 17.00 - 09.00 h
Mitte Dezember bis Ende April (Wintersaison): 16.00 - 10.00 h
Übrige Zeit (Zwischensaison): ohne zeitliche Beschränkungen)

Geschwindigkeitsbeschränkung auf max. 20 bzw. 40 km/h   Sils im Engadin

Erlaß des "Reglement über das Befahren von Gemeindestraßen und -Wegen und von Gemeindeboden durch Motorfahrzeuge"   wie oben

Geplante Maßnahmenkombination

Autofreier Ort   Sils im Engadin

CH-7513 SILVAPLANA — CH GR 05

1816 m ü.d.M.
790 Einwohner

Kanton Graubünden
Bezirk Maloja

FV-Statistik

	Winter-halbjahr	Sommer-halbjahr	FV-Jahr 1980
Übernachtungen	111 238	87 765	199 003
Anteil Übernachtungen (v.H.)	55,9	44,1	100
FV-Intensität	14 081	11 109	25 190

Bettenkapazität: 2 511   Betten/100 E: 318

Auskünfte:
Gemeindeverwaltung
Silvaplana
CH-7513 Silvaplana
Tel.: (0 82) 4 81 34

Geltungsbereich
Gesamter Ort
Quartier Uerts

Vollzogene Maßnahmenkombination

Geschwindigkeitsbeschränkung auf max. 40 km/h

"Fussgängerzone Uerts" (Neubaugebiet)
Stellflächeb für Pkw am Rand des Wohnbereichs (teilweise als Tiefgarage)   wie oben

Graubünden = CH GR -- / Ostschweiz = CH O --
Tessin = CH TI -- / Wallis = CH VS --

CH-7132 V A L S   CH GR 06

1 248 m ü.d.M. Kanton Graubünden
880 Einwohner Bezirk Glenner

	Winter-halbjahr	Sommer-halbjahr	FV-Jahr 1980	**Auskünfte:**
Übernachtungen	59 733	61 449	121 182	Verkehrsbüro Bad Vals
Anteil Übernachtungen (v.H.)	49,3	50,7	100	CH-7132 Vals
FV-Intensität	6 788	6 983	13 771	Tel.: (086) 5 14 42

Bettenkapazität: 1 122   Betten/100 E: 128

Vollzogene Maßnahmenkombination

Verbot für Kfz aller Art im ganzen Dorf von 22.00 - 06.00 h
(Zu- und Wegfahrt gestattet, Ausnahmeregelung für Taxi)

Geltungsbereich
Vals

CH-6612 A S C O N A   CH TI 01

210 m ü.d.M. Kanton Tessin
4 722 Einwohner Bezirk Locarno

	Winter-halbjahr	Sommer-halbjahr	FV-Jahr 1980	**Auskünfte:**
Übernachtungen	110 937	519 148	630 085	Verkehrsbüro Ascona
Anteil Übernachtungen (v.H.)	17,6	82,4	100	CH-6612 Ascona
FV-Intensität	2 349	10 995	13 344	Tel.: (0 93) 35 55 44

Bettenkapazität: 6 087   Betten/100 E: 129

Vorrangbereich für Fußgänger

Einbahnregelung

Geplante Maßnahmenkombination

Umfahrungsstraße

Geltungsbereich
Ascona
wie oben

Ascona

CH-8784 B R A U N W A L D   CH O 01

1 254 m ü.d.M. Kanton Glarus Bahnanschluß in Linthal via Standseilbahn
484 Einwohner

	Winter-halbjahr	Sommer-halbjahr	FV-Jahr 1980	**Auskünfte:**
Übernachtungen	87 100	65 400	152 500	Gemeinde Braunwald
Anteil Übernachtungen (v.H.)	57,1	42,9	100	CH-8784 Braunwald
FV-Intensität*	17 996	13 512	31 508	Tel.: (0 58) 84 19 77

Bettenkapazität: 1 922   Betten/100 E: 397

* einschl. Gruppenunterkünfte und Jugendherbergen

Vollzogene Maßnahmenkombination

Autofreier Ort

Geltungsbereich
Gesamter Ort

CH-3981 B E T T E N   CH VS 01

842 - 1 950 m ü.d.M. Kanton Wallis Bahnanschluß
494 Einwohner Bezirk Raron

	Winter-halbjahr	Sommer-halbjahr	FV-Jahr 1980	**Auskünfte:**
Übernachtungen	240 512	100 333	340 845	Verkehrsbüro Bettmeralp
Anteil Übernachtungen (v.H.)	70,6	29,4	100	CH-3981 Bettmeralp
FV-Intensität*	48 687	20 310	68 997	Tel.: (0 28) 27 12 91

Bettenkapazität: 3 740   Betten/100 E: 757

* Angaben für den Fremdenverkehrsort Bettmeralp-Betten

Vollzogene Maßnahmenkombination

Autofreier Ort

Geltungsbereich
OT Bettmeralp

Wallis = CH VS --

CH-3925 GRÄCHEN — CH VS 02

1617 m ü.d.M.
1128 Einwohner
Kanton Wallis
Bezirk Visp

FV-Statistik

	Winter-halbjahr	Sommer-halbjahr	FV-Jahr 1980
Übernachtungen	189 141	199 695	388 836
Anteil Übernachtungen (v.H.)	48,6	51,4	100
FV-Intensität	16 767	17 704	34 471

Bettenkapazität: 4 150   Betten/100 E: 368

Vollzogene Maßnahmenkombination

Vorrangbereich für Fußgänger (Dorfplatz)
(Kein Durchgangsverkehr, Ende der Zufahrtsstraße)

Auskünfte:
Verkehrsverein Grächen
CH-3925 Grächen
Tel.: (028) 56 13 00

Geltungsbereich
OT Heiminen

CH-3906 SAAS FEE — CH VS 04

1798 m ü.d.M.
990 Einwohner
Kanton Wallis
Bezirk Visp

FV-Statistik

	Winter-halbjahr	Sommer-halbjahr	FV-Jahr 1980
Übernachtungen	461 283	300 001	761 284
Anteil Übernachtungen (v.H.)	60,6	39,4	100
FV-Intensität	46 594	30 303	76 897

Bettenkapazität: 9 185   Betten/100 E: 928

Vollzogene Maßnahmenkombination

Autofreier Ort (Straßenanschluß seit 1951)

4 **Auffangparkplätze** mit ca. 1 600 Stellplätzen
1 **Parkhaus** mit 950 Stellplätzen auf 9 Etagen,
siehe auch Bild F 102
Innerortstransporte durch Elektrowagen (1981: ca. 110)

Auskünfte:
Verkehrsverein Saas Fee
CH-3906 Saas Fee
Tel.: (028) 57 14 57

Geltungsbereich
Gesamter Ort

CH-3981 RIEDERALP — CH VS 03

1930 m ü.d.M.   Kanton Wallis   Bezirk Raron   Bahnanschluß in Mörel via Luftseilbahn

FV-Statistik*

	Winter-halbjahr	Sommer-halbjahr	FV-Jahr 1980
Übernachtungen	170 716	90 687	261 403
Anteil Übernachtungen (v.H.)	65,3	34,7	100

Bettenkapazität: 2 175

* Zahlenangaben für die Gemeindefraktion Riederalp

Vollzogene Maßnahmenkombination

Autofreier Ort
Erlaß des "Reglement betreffend die Lärmbekämpfung und das Bau- und Transportwesen auf dem Gebiet Ried-Mörel, Greich und Goppisberg"

Auskünfte:
Verkehrsverein Riederalp
CH-3981 Riederalp
Tel.: (028) 27 13 65

Geltungsbereich
Riederalp

CH-3920 ZERMATT — CH VS 05

1605 m ü.d.M.   Kanton Wallis   Bezirk Visp   Bahnanschluß
3 548 Einwohner

FV-Statistik

	Winter-halbjahr	Sommer-halbjahr	FV-Jahr 1980
Übernachtungen	787 752	542 531	1 330 283
Anteil Übernachtungen (v.H.)	59,2	40,8	100
FV-Intensität	22 203	15 291	37 494

Bettenkapazität: 16 185   Betten/100 E: 456

Vollzogene Maßnahmenkombination

Autofreier Ort
Siehe auch Bilder F 126, F 127

Auskünfte:
Kur- und Verkehrsverein Zermatt
CH-3920 Zermatt
Tel.: (028) 67 10 31

Geltungsbereich
Gesamter Ort

Teil D 3
Dokumentation erholungsfreundlicher Maßnahmenkonzepte ausgewählter Referenzgemeinden

Vorbemerkungen

Im Teil D 3 werden erholungsfreundliche Maßnahmenkonzepte aus 23 Gemeinden der Bundesrepublik Deutschland (vgl. Übersicht D 3) ausführlich beschrieben. Die eingefügten Übersichtspläne sollen die jeweilige räumliche Situation verdeutlichen.

Die Abschnitte "Amrum" bis "Westerland" sind nach einem einheitlichen Schema gegliedert, das entsprechend der örtlichen Gegebenheiten variiert wird:

- Bild 1: **Orientierungsplan** auf der Grundlage des Eisenbahnnetzes. Der jeweilige Name der Referenzgemeinde (bzw. Insel Amrum) ist eingerahmt dargestellt.

- **Allgemeines**

- **Charakteristik des Tourismus.** Die Angaben wurden freundlicherweise von den Kurverwaltungen oder Verkehrsämtern der Referenzgemeinden zur Verfügung festellt. Die Zahlenwerte der Gästeankünfte und Gästeübernachtungen weichen teilweise erheblich von den Daten der offiziellen statistischen Berichte ab, da die Erhebungsmethoden und die Zielsetzungen unterschiedlich sind.

- Im Abschnitt **"Erholungsfreundliche Verkehrsmaßnahmen"** werden zunächst
  - **Ausgangslage** im Verkehrsbereich,
  - **Zielsetzungen** und das
  - **Maßnahmenkonzept**

  stichwortartig erläutert. Das Gesamtkonzept wird als
  - **Restriktive Maßnahmen für Kraftfahrzeuge,**
  - **Unterstützende Maßnahmen** und
  - **Ausnahmeregelungen**

  dargestellt.

- Die **Erfahrungen mit vollzogenen Maßnahmen** beruhen in erster Linie auf Aussagen von Vertretern der Gemeinde- und/oder Kurverwaltungen, teilweise ergänzt durch Informationen einzelner Inhaber von Gewerbebetrieben. Die Durchführung repräsentativer Befragungen von einheimischen Bürgern und Kur- und Erholungsgästen war wegen der finanziellen und zeitlichen Restriktionen nicht möglich. Die am Beispiel der Referenzgemeinde Todtmoos anhand von Zeitungsberichten dokumentierte öffentliche Diskussion im Zusammenhang mit erholungsfreundlichen Verkehrsmaßnahmen zeigt, wie kompliziert die Erfassung und Bewertung "der" Bürgermeinung auch bei relativ kleinen, überschaubaren Untersuchungsgebieten sein kann.

Wie bereits an anderer Stelle hervorgehoben, sind diese Maßnahmenbeschreibungen nicht als modellhafte Planungsvorlagen zu interpretieren. Die vorgestellten Verkehrskonzepte wurden schrittweise entwickelt und den sich wandelnden Rahmenbedingungen angepaßt. Auch hier wird wieder die Notwendigkeit deutlich, kurzfristig variierbare Maßnahmen in eine langfristig angelegte Gesamtort-Entwicklungsplanung zu integrieren.

Übersicht D 3: Referenzgemeinden im Teil D 3:

1 =   Amrum mit den Gemeinden
            D 80 12 Nebel
            D 80 15 Norddorf
            D 80 22 Wittdün
2 = D 13 04 Badenweiler
3 = D 24 02 Bad Füssing
4 = D 22 03 Bad Kissingen
5 = D 52 02 Bad Lippspringe
6 = D 60 08 Bad Münster am Stein-Ebernburg
7 = D 30 07 Bad Orb
8 = D 44 02 Bad Pyrmont
9 = D 23 02 Bad Reichenhall
10 = D 11 03 Bad Waldsee
11 = D 21 01 Bad Wörishofen
12 = D 23 08 Berchtesgaden
13 = D 24 05 Griesbach im Rottal
14 = D 52 09 Horn-Bad Meinberg
15 = D 11 08 Meersburg
16 = D 43 13 Norderney
17 = D 21 08 Oberstdorf
18 = D 22 15 Rothenburg ob der Tauber
19 = D 80 19 Timmendorfer Strand
20 = D 13 26 Todtmoos
21 = D 80 21 Westerland

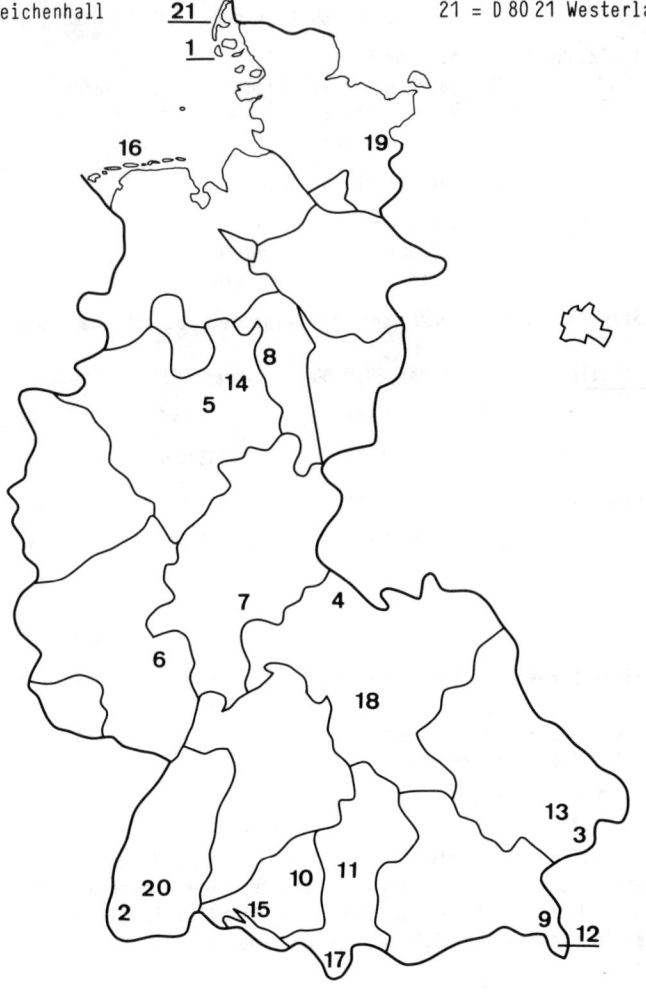

Bild 1:
Orientierungsplan

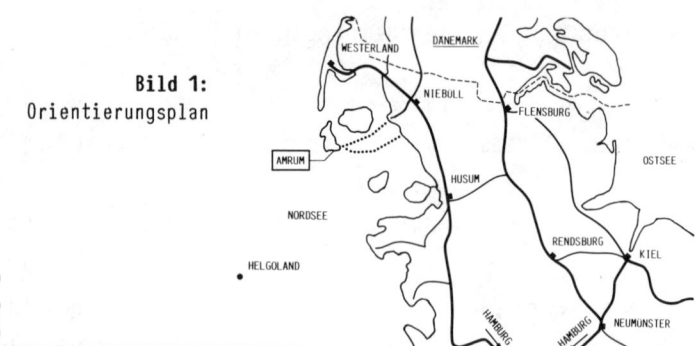

Amrum

mit den Gemeinden
- Nebel   (Kenn-Nr. D 80 12)
- Norddorf (Kenn-Nr. D 80 15)
- Wittdün (Kenn-Nr. D 80 22)

ÜBERSICHT

Bundesland	Schleswig-Holstein
Landkreis	Nordfriesland
Zentralörtliche Bedeutung	Keine Einstufung
Erwerbsstruktur	Ausschließlich Tourismus und tourismusabhängiges Gewerbe
Einwohner (Stand 31.12.1980)	Amt Amrum 2 474
	davon Nebel mit Süddorf und Steenodde 941
	Norddorf 812
	Wittdün 721
Geografische Lage	Nordfriesische Insel
Gemeindegruppe	Nebel Nordseebad
	Norddorf Nordseeheilbad
	Wittdün Nordseeheilbad
Bettenkapazität (Stand 1.4.1980)	8 460 (ohne Kinderheime, Jugendherbergen und Campingplätze)

Fremdenverkehrsstatistik	Winter 1979/80	Sommer 1980	FV-Jahr 1979/80
Gästeankünfte	2 484	18 147	20 631
Gästeübernachtungen	17 638	283 566	301 204
Aufenthaltsdauer (im Mittel)	7.1 Tage	15.6 Tage	14.6 Tage
FV-Intensität (Ü/100 E)	1 874	30 135	32 009

ALLGEMEINES

Mit der Gründung einer Badekommission am 29. Mai 1888 und des Seebads Wittdün (1890) begann die Umstrukturierung der Inselwirtschaft von Landwirtschaft, Fischfang und Seefahrt auf den Tourismus. Bereits um 1900 war der Fremdenverkehr neue wirtschaftliche Grundlage für Amrum. 1901/02 wurde für den Transport der Gäste eine Inselbahn vom Kniephafen bei Norddorf nach Wittdün gebaut. Im zweiten Weltkrieg wurde der Schienenverkehr eingestellt, da der Betrieb nach der Versandung dieses Hafens nicht mehr lohnte.

Die Insel Amrum ist durch kombinierte Auto- und Fahrgastschiffe im Linienverkehr ganzjährig mit den Festlandhäfen Dagebüll und Schlüttsiel verbunden (Transportkapazität: 45 Pkw pro Fähre). In Dagebüll besteht ein Bahnanschluß von/nach Niebüll, in Schlüttsiel ein Busanschluß von/nach Husum. Der Inselhafen ist Wittdün, von dort besteht ein Busanschluß über Süddorf und Nebel nach Norddorf.

Amrum

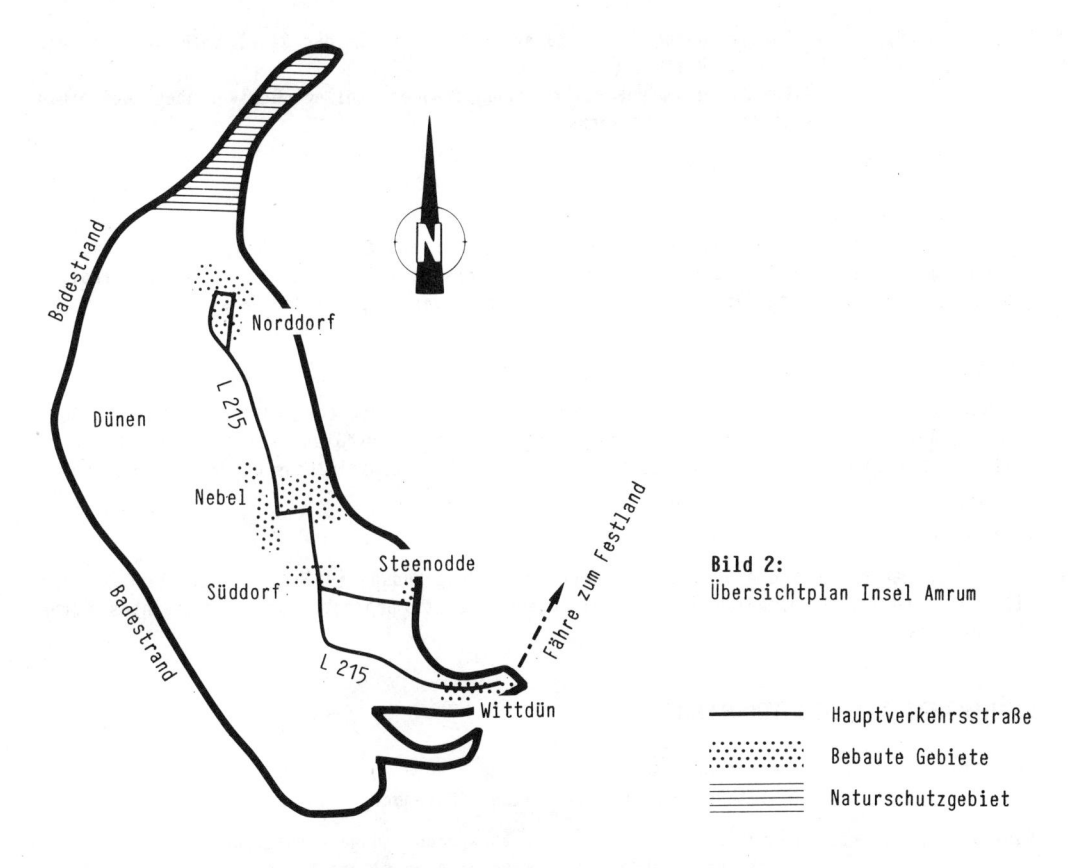

Bild 2:
Übersichtsplan Insel Amrum

―――― Hauptverkehrsstraße
∶∶∶∶∶∶ Bebaute Gebiete
≡≡≡≡≡ Naturschutzgebiet

Dem Landschaftsschutz wird auf Amrum besondere Bedeutung zugemessen. Der Nordteil der Insel ist Naturschutzgebiet. Das Betreten ist grundsätzlich nicht gestattet, mit Ausnahme eines markierten Weges im Strandbereich. Laut Landschaftsschutzverordnung von 1977 sind außerdem alle Gebiete außerhalb von Bebauungsplänen Landschaftsschutzgebiet.

> "Doch bei allem Fortschritt wird auf Amrum nicht das Ziel vergessen, den Inselcharakter zu erhalten und den Massentourismus mit seinen Folgen zu vermeiden. Die Hälfte der Inselfläche steht unter Naturschutz."
> (Aus einem Gemeinschaftsprospekt der Kurverwaltungen der Insel Amrum)

Laut Raumordnungsplan für das Land Schleswig-Holstein vom 11. Juli 1979 ist die Insel Amrum Fremdenverkehrsordnungsraum:

Ziffer 7.2 (2)   "Das Gebiet der Lübecker Bucht, der östlichen Kieler Förde bis einschl. Stakendorf, die Nordfriesischen Inseln Sylt, Föhr und **Amrum** und die Insel Helgoland sind Fremdenverkehrsordnungsräume. (...) Wegen der bereits erreichten Konzentration und der damit verbundenen hohen Belastung der Landschaft und der für Freizeit und Erholung nutzbaren Flächen und Einrichtungen soll sich hier der Fremdenverkehr nur zurückhaltend ausweiten. Maßnahmen zur Qualitätsverbesserung und zur Saisonverlängerung haben Vorrang vor einer Ausweitung der Bettenkapazität."
(Hervorhebung d.d.Verf.)

Amrum

Ziffer 7.1 (8) "Großvorhaben des Fremdenverkehrs sind in der Regel Vorhaben mit mehr als 200 Betten. (...)
In den Fremdenverkehrsordnungsräumen sollen Großvorhaben weiterhin nicht errichtet werden."

Nebel

Nebel hat sich erst nach dem 2. Weltkrieg verstärkt auf den Fremdenverkehr ausgerichtet. Im Dorfkern mit seinen schmalen Gassen ist das charakteristische Friesendorf bis heute erhalten geblieben. Nebel ist Sitz der Amtsverwaltung und somit der Hauptort der Insel.

Norddorf

Die Wandlung zur Fremdenverkehrsgemeinde begann 1890 mit dem Bau der Bodelschwingh'schen Seehospize. Der alte Dorfkern wurde 1925 durch einen Brand zum größten Teil zerstört. Norddorf besitzt daher in seinem Kern auch recht neue Gebäude. Das Kurmittelhaus wurde 1957 eröffnet.

Wittdün

Wittdün ist anders als die übrigen Inselorte eine Neugründung (1890). Das architektonische Bild wird von den Hotelbauten der "wilhelminischen Zeit" geprägt. Das Kurmittelhaus wurde 1956 eröffnet.

CHARAKTERISTIK DES TOURISMUS

Kurzeit : Norddorf = April bis September
Wittdün = Januar bis Oktober/November

Gästestruktur : Hauptsaison = vorwiegend jüngere Familien
Vor- und Nachsaison = vorwiegend ältere Leute

Sonstiges : Auf Amrum werden 2 Nachtlokale betrieben. Sie befinden sich am Ortsrand von Wittdün, eine direkte Störung von Anwohnern oder Gästen durch abfahrende Gäste gibt es daher nicht. Der Straßenanschluß erfolgt über die Landesstraße L 215, Verkehrsbeschränkungen bestehen in diesem Bereich nicht.

Amrum

ERHOLUNGSFREUNDLICHE VERKEHRSMASSNAHMEN AUF DER INSEL AMRUM

Ausgangslage

Der einzige Fähranlieger Amrums mußte 1976 aufgrund eines nautischen Gutachtens an der Südspitze der Insel neu gebaut werden. Unabhängig vom Reiseziel müssen nun alle ankommenden und abfahrenden Fahrzeuge die Gemeinde Wittdün durchqueren. Hauptverkehrsachse der Insel ist die Landesstraße I. Ordnung 215, die vom Fähranleger durch Süddorf führt, Nebel umgeht und in Norddorf endet; ein Abzweig führt nach Steenodde (vgl. Bild 2).

Charakteristisch für den Fahrzeugverkehr - vor allem in Wittdün - ist das stoßweise Auftreten in Abhängigkeit von Ankunft/Abfahrt der Fährschiffe. Ab 18.00 Uhr - nach der letzten Schiffsabfahrt - ist Amrum fast "autofrei".

Fahrplanbeispiel Sommer 1982:

    täglich mind. 6 Fahrten von/nach Dagebüll und 1 Fahrt von/nach Schlüttsiel

erste Abfahrt	06.15 Uhr
erste Ankunft	09.15 Uhr
letzte Abfahrt	17.30 Uhr
letzte Ankunft	20.15 Uhr (Mo - Do, Sa)
	21.30 Uhr (So und Feiertag)
	22.00 Uhr (Fr)

Zielsetzung

Minimierung des Individualverkehrs mit Kraftfahrzeugen (siehe auch Bilder F 73, F 74, F 99 und F 100):

- Gäste-Pkw sollen möglichst am Festland zurückbleiben
- Mitgebrachte Gäste-Pkw sollen während des Aufenthalts möglichst nicht mehr benutzt werden

Maßnahmenkonzept

(1) Fahrbeschränkungen für private Pkw und Krad
(2) Förderung des nicht-motorisierten Verkehrs

Maßnahmen

(A) Öffentlicher Personenverkehr
    Eine fahrplanmäßige Busverbindung besteht ganzjährig auf der Hauptverkehrsachse zwischen Wittdün und Norddorf. Bus- und Fährdienst werden von derselben Gesellschaft durchgeführt. Damit ist der Anschluß zu allen Fährschiffabfahrten und -ankünften gesichert.

    Fahrplanbeispiel Sommer 1982:

Norddorf	erste Abfahrt	05.40 Uhr
	letzte Abfahrt	19.30 Uhr
Wittdün	erste Abfahrt	08.30 Uhr
	letzte Abfahrt	19.10 Uhr
		(nach späteren Schiffsankünften zusätzliche Fahrten)

Amrum

Nach dem Neubau einer Wendeschleife am Großparkplatz bei der Strandhalle Nebel wurde 1981 erstmals die Haltestelle "Nebel, Strand" bedient. Dadurch konnte die Gehzeit von bis zu einer Stunde zwischen Strand und nächstliegender Bushaltestelle auf wenige Minuten gekürzt werden. Dieses Angebot (je 4 Fahrten nach Wittdün/Norddorf) wurde von den Gästen jedoch nicht angenommen.

(B) Fahrradverkehr

Der Fahrradverkehr von Einheimischen und Gästen hat während der letzten Jahre stark zugenommen. An den Strandbadestellen wurde deshalb das Aufstellen von Fahrradständern erforderlich. Die Gäste benutzen sowohl eigene, mitgebrachte Fahrräder als auch Leihräder ihrer Zimmervermieter und gewerblicher Fahrradvermieter. Die Erstellung einer Radwegekarte für die gesamte Insel und der Ausbau eines Radwegenetzes sind geplant.

(C) Reiten

Ein Reitwegeplan wurde 1979 erarbeitet. Durch Kombination von öffentlichen Straßen, Wirtschaftswegen, Reitwegen und Teilbereichen des Strandes konnte ein flächendeckendes Reitwegenetz ausgewiesen werden.

(D) Kraftfahrzeugverkehr

Die bestehenden Nachtfahrverbote in Teilbereichen orientieren sich an den Ankunfts-/Abfahrtszeiten der Fährschiffe, dadurch werden Ausnahmeregelungen für An-/Abreisende vermieden (Näheres s. im Abschnitt Erholungsfreundliche Verkehrsmaßnahmen in den Gemeinden).

Ein völliges Verbot des motorisierten Individualverkehrs (wie auf den ostfriesischen Inseln Baltrum, Juist, Langeoog, Spiekeroog und Wangerooge, siehe Teil C, Kapitel 3.1.1) wird als nicht durchsetzbar bezeichnet. Als Gegenargumente werden genannt:

Die Pkw-Benutzung ist notwendig

Einheimische	- für Fahrten zur Arbeitsstelle und für Versorgungsfahrten,
Zweitwohnungsinhaber	- für umfangreiche Transporte von Lebensmitteln und sonstigen Verbrauchsgütern vom Festland,
Gäste	- für An-/Abreise und für den Transport von Strandzubehör (Pkw = "zweiter Koffer"),
Gewerbe	- für Gaststättenbesuche am Abend zur An-/Abfahrt notwendig (regelmäßiger Busdienst nur bis ca. 19.00 Uhr!).
Fährdienst	Der Fährdienst wurde auf Roll-on-roll-off-Verkehr umgestellt, der Schiffspark wurde ab 1970 erneuert. Ohne Pkw-Transporte müßte die Fahrtenhäufigkeit verringert werden, wodurch der Service auch für Nicht-Pkw-Reisende verschlechtert würde. Außerdem sei die Parkplatzkapazität im Festlandhafen Dagebüll beschränkt.

In der Diskussion sind u.a. folgende Möglichkeiten:

(1) Grundsätzliches Fahrverbot innerhalb der geschlossenen Ortschaften, der Fahrverkehr zwischen Auffangparkplätzen an den Ortsrändern wird nicht eingeschränkt.
(2) Zwangsruhetage für Pkw. Kennzeichnung durch Plaketten o.ä.
(3) Grundsätzliches Fahrverbot auf der gesamten Insel, Ausnahmegenehmigungen z.B. für An-/Abreise (vgl. Beispiel Norderney). Kennzeichnung durch Plaketten o.ä.

(E) Baustellenverkehr

Laut "Verordnung zum Schutz des Kurbetriebs" für das Amt Amrum (= Insel Amrum) wird eine allgemeine Ruhezeit von 13.00 - 15.00 Uhr vorgeschrieben, die auch den Lieferverkehr zu den Baustellen beschränkt.

Amrum / Nebel

Erfahrungen mit vollzogenen Maßnahmen

Die Akzeptanz der verkehrsbeschränkenden Maßnahmen ist bei den Gästen wesentlich größer als bei den Einheimischen. Besonderes Problem ist - trotz zeitlich begrenzter Fahrverbote - weiterhin der Lärm der Kleinkrafträder von einheimischen Jugendlichen.

Bild 3:
Erholungsfreundliche Verkehrsmaßnahmen in Nebel

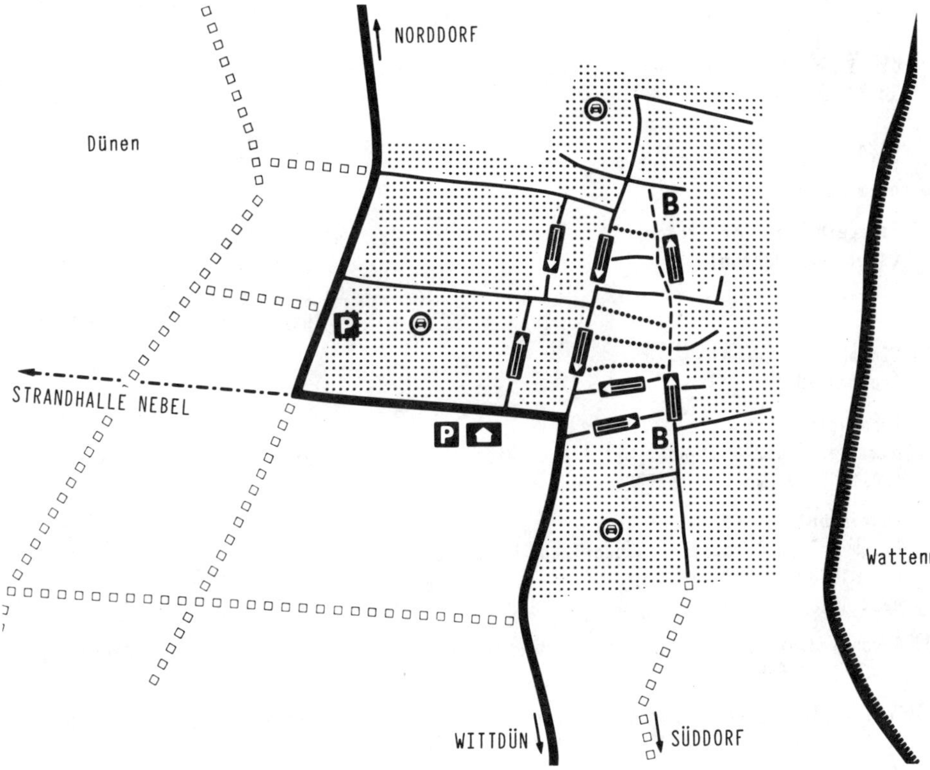

▬▬▬	Landesstraße L 215
◻◻◻◻◻	Ortsstraßen ohne Beschränkungen
—·—·—	Zufahrt zur Strandhalle Nebel, s. (C)
⊙	Ortskern, s. (A 1), (A 3), (A 4) und (A 5)
············	Ortskern, s. (A 6)
- - -B- - -	Uasterstigh, s. (B)
▬▬▬	Sonstige Straßen im Ortskern
🅿	Auffangparkplatz
⇨	Einbahnstraße
🏠	Amtsverwaltung

217

Amrum / Nebel

ERHOLUNGSFREUNDLICHE VERKEHRSMASSNAHMEN IN DEN GEMEINDEN

Entsprechend der jeweiligen Verkehrssituation in den Inselgemeinden

- Wittdün   = Zwangs-Durchgangsverkehr ohne Ausweichmöglichkeit,
- Nebel   = Umfahrungsstraße vorhanden,
- Norddorf = kein Durchgangsverkehr,

sind örtlich unterschiedliche Maßnahmenkombinationen entwickelt worden.

NEBEL

Restriktive Maßnahmen für Kraftfahrzeuge
(vgl. Bild 3)

	Maßnahme	Geltungszeiträume	
(A)	Im gesamten Ortskern		
(1)	Fahrverbot für Krafträder (seit 60er Jahren)	a) Mo - Sa 20.00 - 07.00 h b) So u. Feiertag Ganztägig	Ganzjährig Ganzjährig
(2)	Einbahnregelungen (seit 1970)		
(3)	Zonenhaltverbot max. Parkdauer 1 Stunde, mit Parkscheibe (seit 1972) (vgl. Bild F 99)	Ganztägig	Ganzjährig
(4)	Fahrverbot für Kfz aller Art (auch in den Ortsteilen Süddorf und Westerheide) nur 1978 seit 1979	22.00 - 06.00 h 23.00 - 05.30 h	1.6. - 30.9.
(5)	Geschwindigkeitsbeschränkung auf max. 30 km/h in Teilbereichen	Ganztägig	Ganzjährig
(6)	Teilentwidmung von 4 engen Gassen, frei für Fußgänger, Radfahrer und Kfz der Anwohner	Ganztägig	Ganzjährig
(B)	Uasterstigh (1 Straße im Ortskern)		
	- Verbot für Kfz aller Art (Lieferverkehr frei 10.00 - 12.30 h u. 17.00 - 18.30 h) (einmaliger Versuch 1977)	Ganztägig	1.6. - 30.9.
	- Die Umgestaltung in einen verkehrsberuhigten Bereich gemäß Zeichen 325/326 StVO ist in der Diskussion.		
(C)	Zufahrt zur Strandhalle Nebel		
(1)	Fahrverbot für Krafträder	Ganztägig	Ganzjährig
(2)	Geschwindigkeitsbeschränkung auf max. 30 km/h	Ganztägig	Ganzjährig

Amrum / Nebel

Unterstützende Maßnahmen

(1) zu (A3) Erstellung von Auffangparkplätzen
Als Ersatz für die Dauerparkflächen im Ortskern wurden drei Auffangparkplätze mit zusammen ca. 250 Stellplätzen an der Umfahrungsstraße neu errichtet.

(2) zu (A6) Verbot des Durchgangsverkehrs
Um jeden Durchgangsverkehr mit Pkw zu verhindern, wurden Blumenkübel als Sperren aufgestellt.

Erfahrungen mit restriktiven Maßnahmen

(1) zu (A2) Einbahnregelungen
Die Einbahnregelung hat lediglich verkehrslenkende Wirkungen: Der motorisierte Verkehr in den engen Straßen wird entzerrt. Die gewünschte Reduzierung der Fahrtenzahl wird nicht beobachtet.

(2) zu (A3) Zonenhaltverbot
Trotz der kurzen Gehwegentfernungen zwischen den - neu eingerichteten - Auffangparkplätzen und dem Ortskern werden zentral gelegene Abstellplätze bevorzugt. Die maximale Parkzeit von einer Stunde wird häufig überschritten. Vor allem zur Überwachung des ruhenden Verkehrs werden in der Sommersaison neben den zwei ständig anwesenden Polizeibeamten zwei weitere vom Festland zusätzlich eingesetzt.

(3) zu (A4) Nachtfahrverbot für Kfz aller Art
Gegen den Verbotsbeginn um 23.00 Uhr (1978) wurde vor allem von der Gastronomie protestiert, die eine Verlegung auf die Gaststättenschließzeit (= 01.00 Uhr) forderte.
Die Verkürzung der Sperrzeit um 1 1/2 Stunden im Jahre 1979 erfolgte als Anpassung an die Ankunfts-/Abfahrtszeiten des Fährschiffs in Wittdün. Diese Regelung wurde beibehalten.
Um den (Verkehrs-)Schilderwald zur Schonung des Ortsbildes zu begrenzen, werden mit Zustimmung der Straßenverkehrsbehörde beim Landkreis die Verkehrsschilder lediglich an den Ortseingängen aufgestellt ("Zonenfahrverbot").

(4) Zu (B) Maßnahmen im Uasterstigh
Bei einer Gästebefragung per Handzettel im Jahre 1975 beantworteten 81 % der Teilnehmer (allerdings nur geringe Rücklaufquote!) die Frage "Auto stehenlassen und zu Fuß gehen?" mit JA.

Gegen das Fahrverbot im Uasterstigh im Jahre 1977 klagte ein Gastwirt. Nach der Neuwahl der Gemeindevertretung wurde diese Maßnahme im Sommer 1978 nicht wiederholt. Die Klage wurde zurückgezogen, eine gerichtliche Entscheidung erfolgte nicht mehr.

Verkehrsplan Nebel

Ein 1979 aufgestellter Verkehrsplan* unterteilt den Ortskern Nebel in 3 Verkehrszonen, die untereinander nicht durchlässig sind (vgl. Beispiel Norderney). In Verbindung mit einer Geschwindigkeitsbeschränkung auf max. 30 km/h und einem Haltverbot auf allen öffentlichen Straßen soll eine Verringerung der Fahrtenzahl erreicht werden. Die Umsetzung dieser Planung ist ungewiß.
(*Quelle: Landsmann, Helmut: Verkehrsplan Nebel/Amrum, Nebel 1979)

Amrum / Norddorf

NORDDORF

Restriktive Maßnahmen für Kraftfahrzeuge
(vgl. Bild 4)

Maßnahme		Geltungszeiträume
(1) Vorrangbereich für Fußgänger (Fertigstellung Juli 1982)		
(2) Fahrverbot für Krafträder im gesamten bebauten Bereich (seit 60er Jahren)	a) Mo - Sa 20.00 - 07.00 h b) So u. Feiertag Ganztägig	Ganzjährig Ganzjährig
(3) Verbot für Kraftfahrzeuge aller Art Die Zufahrt zur Strandhalle ist für Kfz aller Art verboten (Entfernung ab Ortsmitte Norddorf ca. 1 000 m)	Ganztägig	Ganzjährig

Unterstützende Maßnahmen

(1) Geschwindigkeitsbeschränkung auf max. 30 km/h im gesamten Ort	Ganztägig	Ganzjährig
(2) Zonenhaltverbot, max. Parkdauer 1 Stunde, mit Parkscheibe (vgl. Bild F 100)	Ganztägig	Ganzjährig
(3) Anlegen eines Auffangparkplatzes am Ortsrand		
(4) Einbahnregelung auf der Haupterschließungsstraße		

Ausnahmeregelungen zu restriktiven Maßnahmen

Ausnahme		Ausnahmezeiträume
zu (1) Vorrangbereich für Fußgänger Frei zum Be- und Entladen (wegen Abhängigkeit von Ankunft bzw. Abfahrt des Fährschiffs ist die starre Festlegung von Ausnahmezeiträumen nicht sinnvoll)	Ganztägig	Ganzjährig
zu (3) Fahrverbot für Kfz aller Art zur Strandhalle - frei für Anwohner - frei für Schwerbeschädigte - frei für Lieferverkehr	Ganztägig Ganztägig 06.00 - 10.00 h u. 18.30 - 20.30 h	Ganzjährig Ganzjährig Ganzjährig

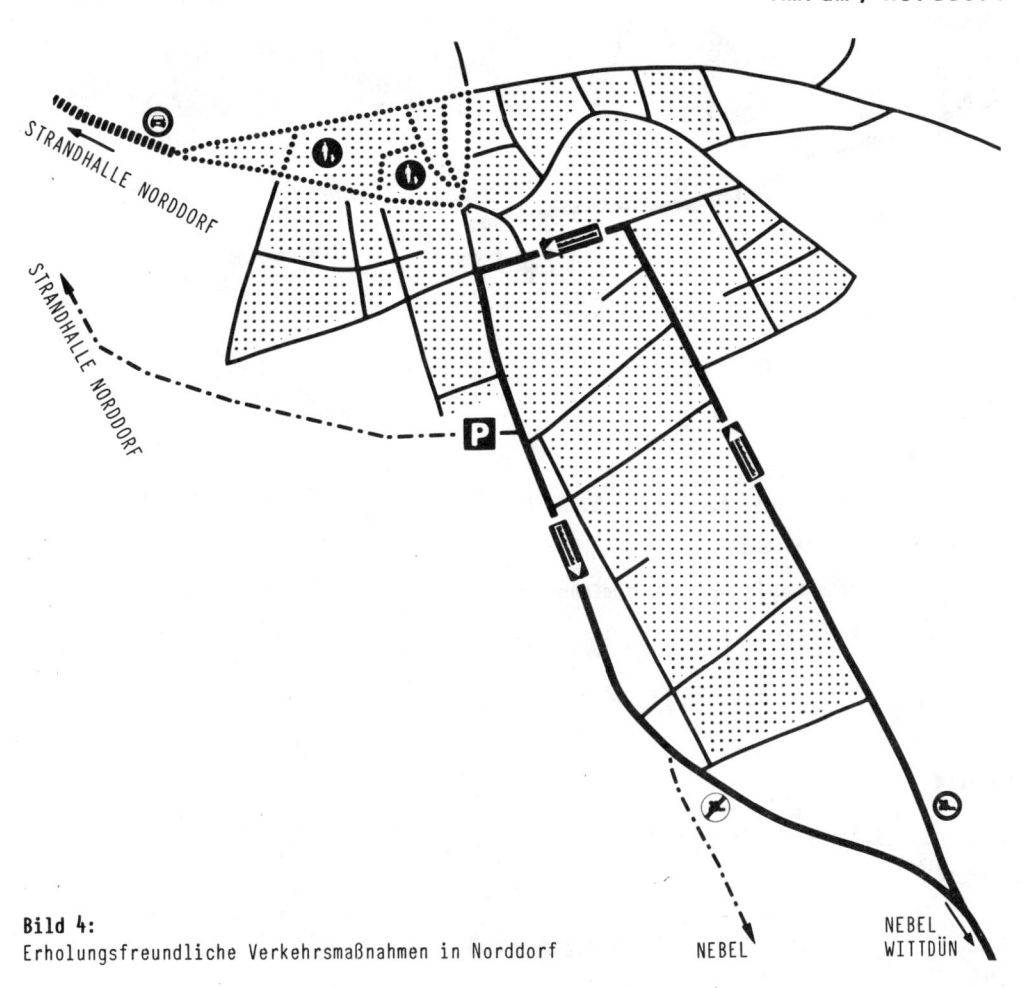

Bild 4:
Erholungsfreundliche Verkehrsmaßnahmen in Norddorf

▬▬▬	Landesstraße L 215
░░░	Bebauter Bereich mit Krad-Fahrverbot
◓ ◑	Beginn/Ende der Geschwindigkeitsbeschränkung
·········· ●	Vorrangbereich für Fußgänger
▬▬▶	Einbahnstraße
▮▮▮▮▮ ●	Fahrverbot für Kfz aller Art
—··—··—	Fuß- und Radweg
———	Sonstige Ortsstraße
🅿	Auffangparkplatz

221

Amrum / Wittdün

———— Landesstraße L 215
▒▒⓿▒▒ Nachtfahrverbot für Kfz aller Art
━━━━ Straße innerhalb der Sperrzone
ooooo Sonstige Ortsstraße ohne Beschränkungen
🅿 Groß-Parkplatz

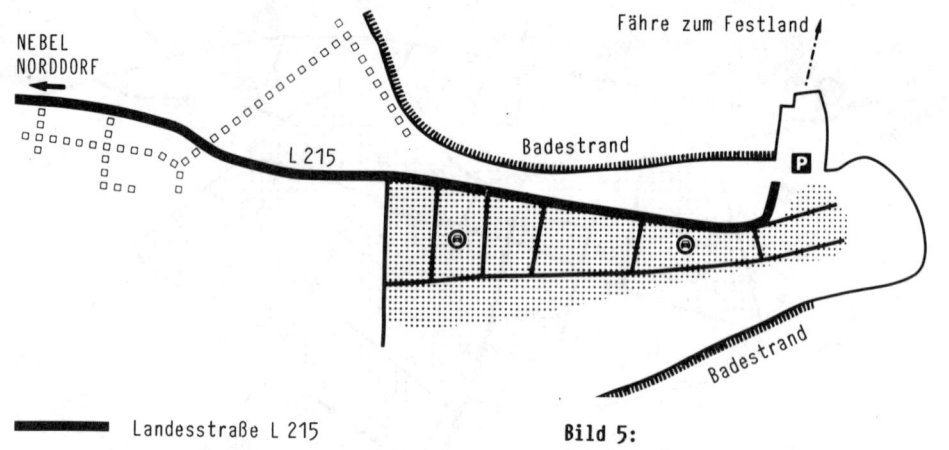

Bild 5:
Erholungsfreundliche Verkehrsmaßnahmen in Wittdün

WITTDÜN

Restriktive Maßnahme für Kraftfahrzeuge
(vgl. Bild 5)

	Geltungszeitraum	
Fahrverbot für Kfz aller Art im Bereich südlich der Durchgangsstraße (Landesstraße I O 215) (vgl. Hinweise in den Bildern F 73 und F 74)	00.00 - 05.30 h	1.6. - 30.9.

Ausnahmeregelungen

Ausnahmegenehmigungen sind nur in wenigen Ausnahmefällen an Berufstätige (Angestellte der Reederei) erteilt worden.

Quellennachweis

Raumordnungsplan für das Land Schleswig-Holstein (Landesraumordnungsplan -LROP-). Neufassung 1979. Bekanntmachung des Ministerpräsidenten - Landesplanungsbehörde - vom 11. Juli 1979 (Amtsblatt für Schleswig-Holstein 1979, S. 603 ff.), in: Landesplanung in Schleswig-Holstein, Heft 17, Hrsg.: Ministerpräsident des Landes Schleswig-Holstein, Kiel 1979, S. 7 - 44.
Leuchtfeuer Amrum, Ausgabe 5 - 1981, Hrsg.: Bädergemeinschaft Amrum und Interessengemeinschaft Amrumer Kaufleute, Amrum 1981.
Landsmann, Helmut: Verkehrsplan Nebel/Amrum, Nebel 1977.
Prospekte und Broschüren der Kurverwaltungen der Inselgemeinden Nebel, Norddorf und Wittdün.

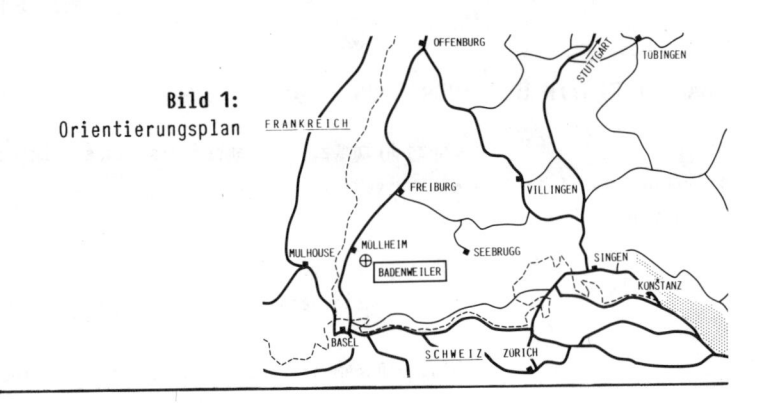

Badenweiler

Kenn-Nr. D 13 04

Bild 1: Orientierungsplan

ÜBERSICHT

Bundesland	Baden-Württemberg
Landkreis	Breisgau-Hochschwarzwald
Gemeindeverwaltungsverband	Müllheim-Badenweiler
Zentralörtliche Bedeutung	keine Einstufung
Erwerbsstruktur	Ausschließlich Kurbetrieb und kurabhängiges Gewerbe
Zugehörige Ortsteile	Lipburg, Sehringen, Schweighof
Einwohner (Stand 30.6.1980)	3 623
Geografische Lage	Südlicher Schwarzwald, Hanglage
Höhenlage	340 - 580 m ü.d.M.
Gemeindegruppe	Thermal-Heilbad
Ortstyp	Traditioneller Kurort
Bettenkapazität (Stand 1.4.1980)	4 813 (ohne Kinderheime, Jugendherbergen, Campingplätze)

Fremdenverkehrsstatistik	Winter 1979/80	Sommer 1980	FV-Jahr 1979/80
Gästeankünfte	13 586	38 318	51 904
Gästeübernachtungen	233 580	669 350	902 930
Aufenthaltsdauer (im Mittel)	17.2 Tage	17.5 Tage	17.4 Tage
FV-Intensität (Ü/100 E)	6 447	18 475	24 922

ALLGEMEINES

Die Thermalquellen Badenweilers waren bereits bei den Römern und auch im Mittelalter beliebt. Im Jahre 1757 verzeichnete die erste Fremdenliste 108 Kurgäste. Mit der Errichtung des Kurparks und des ersten Kurhauses begann in der Mitte des 19. Jahrhunderts die Entwicklung zum heutigen Heilbad.

Die Zahl der jährlichen Übernachtungen - vor allem von Privatkurgästen - stieg bis 1938 auf über 300 000 an. Diese Zahl wurde nach dem 2. Weltkrieg erstmals 1952 wieder erreicht, überschritt 1955 die 500 000-Grenze und liegt heute bei ca. 900 000.

Badenweiler

CHARAKTERISTIK DES TOURISMUS

Kurzeit	: Ganzjährig (z.T. November bis Januar eingeschränkter Badebetrieb)
Zeitliche Verteilung (Bezugsjahr 1980)	: Max. = September (Mai bis August mit geringen Abweichungen)

        Gästeankünfte   6 766 = 13,1 % aller Jahresankünfte

        Gästeübernachtungen   128 093 = 14,3 % aller Jahresübernachtungen

   Min. = Dezember (ca. 2 % aller Jahresübernachtungen)

Struktur der Übernachtungsgäste

(1) Kurkosten-Träger

	Anteil an allen Jahresübernachtungen
Privatkurgäste	82,1 %
Sozialkurgäste	17,9 %

(2) Herkunftsgebiet (nur Privatkurgäste)

	Anteil an den Jahresgästen
Nordrhein-Westfalen	34,7 %
Baden-Württemberg	14,4 %
Niedersachsen	12,5 %
Hessen	9,5 %
Sonstige	28,9 %

(3) Altersgruppe

	Anteil an allen Jahresgästen	
	männlich	weiblich
unter 40 Jahre	12,8 %	9,5 %
40-49 Jahre	15,7 %	12,8 %
50-59 Jahre	26,2 %	26,9 %
60-69 Jahre	23,1 %	27,6 %
70 und mehr Jahre	22,2 %	23,2 %

ERHOLUNGSFREUNDLICHE VERKEHRSMASSNAHMEN

Ausgangslage

Die kurvenreiche Ortsdurchfahrt, die zwischen Parkplatz-Ost (= P_3 in Bildern 2 und 3) und Parkplatz-West (= P_1) ca. 60 m Höhendifferenz überwindet, führt direkt am Kurpark und am engeren Kurbereich vorbei und durchquert das Ortszentrum. Die topografische Lage läßt eine Umfahrung des Ortes an der Peripherie nicht zu. Beeinträchtigungen der Kurruhe ergaben sich somit sowohl aus dem starken Ausflugsverkehr als auch aus dem Innerortsverkehr der Gäste selbst.

Badenweiler

KARLSRUHE

N

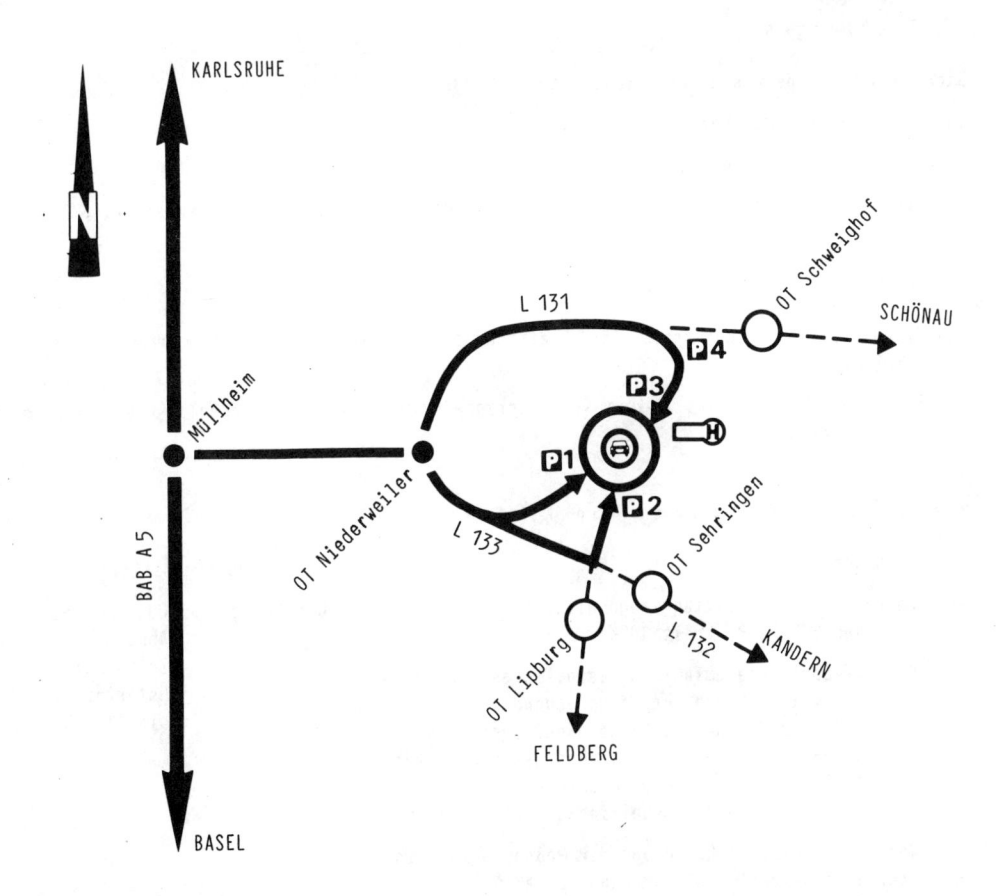

L 131

OT Schweighof

SCHÖNAU

P4

P3

Müllheim

P1

BAB A 5

OT Niederweiler

P2

OT Sehringen

L 133

OT Lipburg

L 132

KANDERN

FELDBERG

BASEL

———— Hauptzufahrtstraße

- - - - - Sonstige Zufahrtstraße

🅿 Kfz-Sperrzone Badenweiler

P1 Auffangparkplatz-West

P2 Auffangparkplatz-Süd

P3 Auffangparkplatz-Ost

P4 Auffangparkplatz am Sportplatz

⛟ Omnibusbahnhof Badenweiler

Bild 2:
Umgebungsplan

Badenweiler

Zielsetzungen

Sicherung der Ruhe als einem "wichtigen Erholungsfaktor"* durch

(1) Vermeiden des Durchgangsverkehrs und

(2) Minimieren des Innerortsverkehrs.

(* = Quelle: Wohnungsanzeiger Badenweiler 1981, Hrsg.: Kurverwaltung Badenweiler, S. 3.)

Maßnahmenkonzept

(1) Grundsätzliches Fahrverbot für Kraftfahrzeuge während der Sommerkurzeit im Kernortbereich.

(2) Sicherung der Einfahrt in die Kfz-Sperrzone durch Straßenschranken und ein System von Einbahnstraßen.

Restriktive Maßnahmen für Kraftfahrzeuge

Maßnahme	Geltungszeiträume	
(1) Fahrverbot für Kraftfahrzeuge aller Art (Zeichen 252 StVO) (seit 1974)	Ganztägig	Ca. 15. März (in Abhängigkeit vom Zeitpunkt der Osterfeiertage) bis 31. Oktober
Die Kfz-Sperrzone umfaßt im wesentlichen den Kernort Badenweiler (ungefähr entsprechend dem Kurbezirk I, der die Hotels, Pensionen, Sanatorien und Gästehäuser im Ortszentrum und die sich daran anschließenden Wohngebiete umfaßt) und schützt die meisten Beherbergungsbetriebe.		
Verkehrsrechtliche Grundlage der Maßnahme ist eine "Verkehrspolizeiliche Anordnung" gemäß § 45 Abs. 1 Satz 2 StVO in Verbindung mit § 44 StVO durch den Gemeindeverwaltungsverband Müllheim-Badenweiler, Abt. Straßenverkehr. Diese Anordnung wird mit gleichem Text - lediglich der Beginn des Verbotszeitraums variiert - jährlich neu erlassen.		
(2) Zusätzlich: in einigen Straßen Verbot für Fahrzeuge aller Art (Zeichen 250 StVO)	Ganztägig	Ganzjährig

Unterstützende Maßnahmen

(1) Vermeiden des Durchgangsverkehrs durch Verkehrslenkung an der Hauptzufahrtsstraße im Ortsteil Niederweiler (siehe Bild 2).

- Der Fernverkehr aus Richtung Müllheim (BAB Frankfurt-Basel) wird ab Ortsteil Niederweiler je nach Zielgebiet an Badenweiler vorbeigeleitet.

- Der Fernverkehr im Zuge der L 131 / L 132 / L 140 wird in beiden Richtungen über den Ortsteil Niederweiler umgeleitet.

- Der Zielverkehr wird ab Ortsteil Niederweiler zu den Haupt-Auffangparkplätzen an den Ortseinfahrten Badenweiler-Ost bzw. Badenweiler-West geleitet.

Badenweiler

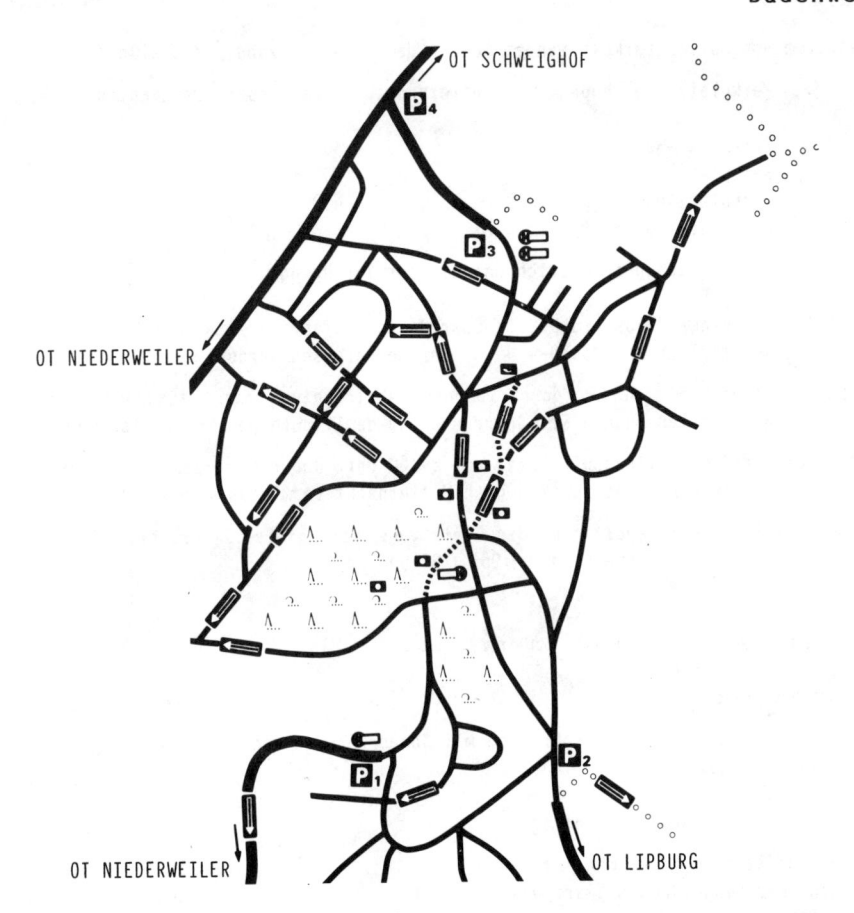

Bild 3: Erholungsfreundliche Verkehrsmaßnahmen

	Hauptzufahrtstraße
	Ortsstraße im Sperrbereich
....	Hauptgeschäftsstraße
o o o o o	Sonstige Straße
⇨	Einbahnstraße
P₁	Auffangparkplatz-West
P₂	Auffangparkplatz-Süd
P₃	Auffangparkplatz-Ost
P₄	Auffangparkplatz am Sportplatz
	Omnibusbahnhof Badenweiler
	Bus-Haltestelle West
	Bus-Haltestelle Ortsmitte
▪	Rathaus
▪	Kureinrichtungen
∧ ∧	Kurpark

227

Badenweiler

(2) Erstellen von Auffangparkplätzen am Beginn der Kfz-Sperrzone (vgl. Bild 3)

    Parkplatzbezeichnung   Entfernung bis zum Kurpark/Ortszentrum

    Parkplatz-West = P_1 300 m
    Parkplatz-Süd = P_2 300 m
    Parkplatz-Ost = P_3 450 m
    Parkplatz am Sportplatz = P_4

Am Parkplatz-Ost stehen zusätzlich Garagen zur Verfügung.

(3) Aufstellen je einer Halbschranke zum Sperren der Zufahrten an den Auffangparkplätzen Süd und West, die täglich von 13.30 - 14.30 Uhr geschlossen werden.

(4) Einbahnregelungen mit der vorgeschriebenen Fahrtrichtung zum Ortsausgang verringern die Einfahrtmöglichkeiten in die Kfz-Sperrzone und damit auch den Kontrollaufwand.

(5) Vorziehen der Gaststättenschließzeit auf 24.00 Uhr. Dadurch sollen vor allem Belästigungen beim Verlassen der Gaststätten nach Mitternacht vermieden werden.

(6) Hinweise zur Verkehrsregelung an die Gäste **v o r** der Anreise im Ortsprospekt und besonderen Hinweisblättern (siehe Bilder F 96, F 97 und F 98).

Ausnahmeregelungen vom Fahrverbot

Ausnahmeregelung	Geltungszeitraum
(A) Grundsätzliche Ausnahme für **Fahrzeuge mit Sonderrechten** nach § 35 StVO	Ganztägig
(B) Ausnahmen für **Anwohner** auf Antrag	
(1) Grundsätzliche Ausnahmen für Pkw Kennzeichnung durch schwarz/weiße Plakette (siehe Bilder F 65 und F 66)	06.30 - 13.30 h u. 14.30 - 24.00 h
(2) Sonderregelung nur für Pkw (1981: 4 Auspendler nach Basel) Kennzeichnung durch grüne Plakette (siehe Bilder F 67 und F 68)	vor 06.00 h a) täglich b) werktags
(3) Ausnahmen für Lkw und Krafträder In begründeten Fällen nach Anhörung beim Bürgermeisteramt Badenweiler durch den Gemeindeverwaltungsverband Müllheim-Badenweiler	06.30 - 13.00 h und 14.30 - 20.00 h (in der Regel weitere zeitliche Eingrenzung des Geltungszeitraums)
(C) Ausnahmen für **Einpendler** auf Antrag Je nach Beginn bzw. Ende der Arbeitszeit (jedoch nicht für den Zeitraum der Mittagsruhe) Kennzeichnung durch grüne Plakette (wie B (2))	a) täglich b) werktags

Badenweiler

(D) Ausnahmen für **Gäste**

    (1) Grundsätzliche Ausnahme für Pkw von Kurkarteninhabern   06.30 - 13.30 h u.
mit Unterkunft innerhalb der Kfz-Sperrzone   14.30 - 24.00 h
Übergabe der Ausnahmegenehmigung durch die Beherbergungsbetriebe im Auftrag des Gemeindeverwaltungsverbandes bei
der Anmeldebestätigung

    Kennzeichnung durch rote Plakette mit Angabe des
Zeitraums des Kuraufenthalts
(siehe Bilder F 63 und F 64)

    (2) Für Besucher der Kurgäste und Tagesgäste werden keine
Ausnahmegenehmigungen erteilt

(E) Grundsätzliche Ausnahmen für Kraftfahrzeuge im **Lieferverkehr**   08.00 - 11.00 h
(Keine Kennzeichnung durch Plaketten oder ähnliches)

(F) Ausnahmen für **Taxi**   14.30 - 13.30 h

(G) Ausnahmen für **Linienbusse**

    (1) Fahrten bis zum Busbahnhof (ohne Ortsdurchquerung)   Ganztägig

    (2) Fahrten durch die Ortsmitte bis zum Parkplatz-West   06.30 - 13.30 h u.
                                                                                                        14.30 - 24.00 h

(H) Ausnahmen für **Ausflugsbusse**

    (1) Fahrten mit Start <u>und</u> Ziel in Badenweiler
        - Haltestelle Busbahnhof   Ganztägig
        - Haltestelle Ortsmitte   nur für Abfahrtszeit
                                                                 um 13.00 Uhr

    (2) Sonstige Ausflugsfahrten
Keine Ausnahmegenehmigungen
Einstellplätze für Omnibusse sind an den Auffangpark-
plätzen vorhanden

Erfahrungen mit vollzogenen Maßnahmen

(1) Vorläufer der heute gültigen Regelung war ab 1961 ein Mittagsfahrverbot, zu Beginn von
13.00 - 15.00 Uhr.
Anfangs Proteste der Einwohner, insbesondere der Handwerker im Ortszentrum.

(2) Die heutige Regelung wird von Einheimischen und Gästen grundsätzlich akzeptiert.

(3) Kontrolle der Fahrbeschränkungen

    - **Nachtfahrverbot:** Übertretungen sind sehr selten, eine ständige Kontrolle ist daher
nicht notwendig. Die vorhandenen Halbschranken bleiben geöffnet.

    - **Mittagsfahrverbot:** Die Einhaltung kann nur durch ständige Kontrolle erreicht werden.
Kontrollstellen sind hinter den Zufahrten zu den Auffangparkplätzen eingerichtet.
Die Überwachung erfolgt durch 4 Vollzugsbedienstete der Gemeinde Badenweiler, die durch
die Fremdenverkehrsabgabe ("Bettensteuer" der Beherbergungsbetriebe) finanziert werden.

Badenweiler

Kontrollbereich	Kontrolle des Mittagsfahrverbots
Ein-/Ausfahrt am Auffangparkplatz Ost	1 Vollzugsbediensteter
Ein-/Ausfahrt am Auffangparkplatz West	a) 1 Vollzugsbediensteter für 2 Straßen b) zusätzlich im Zuge der Markgrafenstraße 1 Halbschranke
Ein-/Ausfahrt am Auffangparkplatz Süd	a) 1 Vollzugsbediensteter b) 1 Halbschranke (Diese Zufahrt hat den geringsten Verkehrsanteil: bei personellen Engpässen bleibt sie darum unbesetzt und als Alternative wird lediglich die Schranke geschlossen.)
Innerhalb der Kfz-Sperrzone	1 Vollzugsbediensteter

Vollschranken werden nicht aufgestellt, weil dadurch die Ein- und Ausfahrt in Notfällen behindert werden könnte.

- **Lieferverkehr:** Eine wirksame Kontrolle der Fahrberechtigungen ist nicht möglich, da die Angaben der Fahrzeugführer nicht im einzelnen überprüft werden können.

Diskussionspunkte zur Veränderung bzw. Ergänzung der derzeitigen Regelung

(1) Anträge des Taxigewerbes zur Erweiterung der Ausnahmegenehmigung für Taxi auf die Mittagsruhezeit wurden bisher abgelehnt.

(2) Das Vorziehen des Nachtruhebeginns von 24.00 Uhr auf 23.00 Uhr wurde nach Protesten der Gastronomie nicht ausgeführt.

(3) Der große Anteil älterer Gäste (vgl. Abschnitt "Charakteristik des Tourismus") erfordert aus Sicherheitsgründen eine Trennung von Fahr- und Gehweg. Ein ganztägiges Fahrverbot für einzelne Straßen bzw. Zonen (z.B. in einem Vorrangbereich für Fußgänger) wird bisher wegen der notwendigen Warenanlieferungen und der Sicherstellung der An- und Abreise der Gäste mit eigenem Pkw als nicht durchführbar abgelehnt.

(4) Wegen des großen Anteils älterer und gehbehinderter Kurgäste ist ein innerörtlicher Personentransport mit Fahrzeugen von den Beherbergungsbetrieben zu den Kureinrichtungen und zwischen diesen notwendig. Weitergehende Beschränkungen des Individualverkehrs setzen daher ein öffentliches Personentransportmittel voraus.

Die Einführung eines "Kurbusses" zwischen den Auffangparkplätzen Ost, West, Süd und dem Busbahnhof wird diskutiert. Hindernis ist u.a. die Finanzierung: Als einzige realistische Möglichkeit wird eine Finanzierung über die Kurtaxe nach deren Erhöhung gesehen. Eine Entscheidung darüber ist nicht abzusehen.

Der Versuch mit einem Ortsbus unter Einbeziehung aller Ortsteile wurde nach einer Probezeit nicht fortgesetzt.

Bild 1: Orientierungsplan

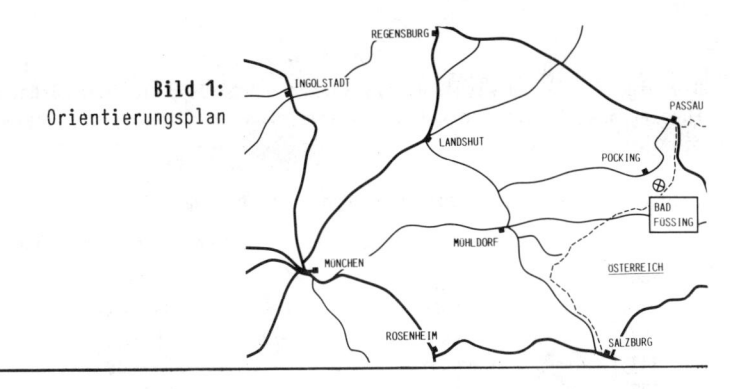

Bad Füssing
Kenn-Nr. D 24 02

ÜBERSICHT

Bundesland	Bayern
Landkreis	Passau
Zentralörtliche Bedeutung	Kleinzentrum
Zugehörige Ortsteile	Aigen, Egglfing, Irching, Safferstetten, Würding
Erwerbsstruktur	Vorrangig Kurbetrieb, Landwirtschaft, keine Industrie
Einwohner (Stand 31.12.1980)	5 321 davon im Ortsteil Bad Füssing ca. 1 850 (mit Hauptwohnsitz)
Geografische Lage	Flußebene des Inn
Höhenlage	324 m ü.d.M.
Gemeindegruppe	Thermalbad
Ortstyp	Errichtung des Kurbezirks auf der "grünen Wiese", Parklandschaft
Bettenkapazität (Stand 1.4.1980)	9 357 (ohne Kinderheime, Jugendherbergen, Campingplätze)

Fremdenverkehrsstatistik	Winter 1979/80	Sommer 1980	FV-Jahr 1979/80
Gästeankünfte	31 005	70 414	101 419
Gästeübernachtungen	663 769	1 523 362	2 187 131
Aufenthaltsdauer (im Mittel)	21.4 Tage	21.6 Tage	21.6 Tage
FV-Intensität (Ü/100 E)	12 475	28 629	41 104

ALLGEMEINES

Die heutige Gemeinde Bad Füssing wurde im Rahmen der Gebietsreform am 1. April 1971 durch den Zusammenschluß der Gemeinden Safferstetten mit dem Weiler Füssing, Egglfing am Inn und Würding gebildet und 1972 durch den Anschluß von Aigen am Inn erweitert (vgl. Bild 2).

Die weitläufig angelegte Kurzone entstand nach 1945 auf der "grünen Wiese" zwischen den heutigen Ortsteilen Safferstetten und Alt-Füssing. Bei der Ortsplanung entschied man sich für die offene Bauweise, d.h. Hotels und Pensionen wechseln sich mit Grünflächen ab, und für ein großzügig angelegtes Straßennetz, in dem die Fußwege durch Grünstreifen mit Buschwerk oder Baumreihen von der Fahrbahn getrennt werden. So entstand eine sehr weitläufige Siedlungsstruktur.

Bad Füssing

Die eigentliche Entwicklung zum Kurort wurde 1958 mit der Gründung des Zweckverbandes Bad Füssing eingeleitet und mit der staatlichen Anerkennung als Thermalbad im Jahre 1969 bestätigt.

Entwicklung des touristischen Angebots und der Nachfrage:

Jahr	Bettenkapazität	Übernachtungen pro Jahr
1957	480	48 000
1961	990	167 400
1971	3 400	688 000
1975	6 400	1 337 000
1979	9 156	2 072 877

Mit über 2 Millionen Jahresübernachtungen gehört Bad Füssing heute zu den meistbesuchten deutschen Heilbädern.

CHARAKTERISTIK DES TOURISMUS

Kurzeit	: Ganzjährig		
Zeitliche Verteilung (Bezugsjahr 1980) (Bezugsbasis = Gäste im Kurbezirk I = OT Bad Füssing)	: Max. = August		
	Gästeankünfte	11 237	= 12,4 % aller Jahresankünfte
	Gästeübernachtungen	239 723	= 11,9 % aller Jahresübernachtungen
	Min. = Dezember (ca. 2 % aller Jahresübernachtungen)		
	Hauptsaison = April bis Oktober mit ca. 3/4 aller Jahresübernachtungen (= Zeitraum der Kfz-Beschränkungen)		

Struktur der Übernachtungsgäste

(1) Motiv
fast ausschließlich "echte" Kurerholer, der Anteil der Ferien- und Naherholer ist unbedeutend

(2) Altersgruppe — Anteil an allen Jahresübernachtungen

Altersgruppe	Anteil
36 - 45 Jahre	8,2 %
46 - 55 Jahre	19,3 %
56 - 65 Jahre	31,7 %
66 - 75 Jahre	31,5 %
Sonstige Altersgruppen	9,3 %

(3) Herkunftsgebiet Postleitzahlraum — Anteil an allen Jahresübernachtungen

Postleitzahlraum	Anteil
"8" München	32,5 %
"6" Frankfurt	16,1 %
"7" Stuttgart	11,3 %
"5" Köln	10,5 %
"4" Düsseldorf	10,3 %
"1, 2, 3" und Sonstige	19,3 %

Bad Füssing

(4) Kurkosten-Träger	Anteil an allen Jahresübernachtungen
Privatkurgäste	ca. 80 %
Sozialkurgäste	ca. 20 %

ERHOLUNGSFREUNDLICHE VERKEHRSMASSNAHMEN

Ausgangslage

Die Gemeinde Bad Füssing wird von Hauptdurchgangsstraßen mit überregionaler Bedeutung nicht direkt berührt. Das Kurgebiet wird an drei Seiten von Staatsstraßen tangiert, die dem vorhandenen Durchgangsverkehr und dem Verkehr zwischen den Ortsteilen ohne Beschränkung zur Verfügung stehen (vgl. Bild 2). Der sprunghaft wachsende Kurbetrieb und der damit verbundene Fahrverkehr erzeugten Belästigungen, die 1979 erstmals zur Einrichtung von Verkehrsbeschränkungen für Kraftfahrzeuge führten.

Die parkähnliche Struktur der Kurzone mit einer weitläufigen Gruppierung der Gästeunterkünfte um die Kurmittelhäuser einerseits und der hohe Anteil der gehbehinderten und der alten Gäste andererseits setzen die Benutzung von Kraftfahrzeugen zwischen Wohn- und Kuranwendungseinrichtungen voraus. Ca. 30 - 40 % der Gäste benutzen daher ihren eigenen Pkw.

In einem angrenzenden Neubau-Wohngebiet mit nur vereinzelten Gästeunterkünften wurde zur Vermeidung von Durchgangsverkehr eine Sackgassenregelung gewählt.

Nächstgelegener Zughalt ist der DB-Bahnhof Pocking, ca. 5 km vom Kurgebiet entfernt.

Zielsetzung

Sicherstellung der erholungsnotwendigen Mittags- und Nachtruhe bei weitgehendem Aufrechterhalten des motorisierten Zubringerverkehrs zur Kurmittelanwendung bzw. zur Unterkunft sowie des An-/Abreiseverkehrs.

Maßnahmenkonzept

(1) Nachtfahrverbot für Kraftfahrzeuge aller Art im näheren Kurbereich und in angrenzenden Ortsbereichen.

(2) Erweiterung der Fahrbeschränkungen auf die Mittagsruhezeit für Lkw und Krafträder.

(3) Umgestaltung des Kurzonen-**Kern**gebiets zu einem Verkehrsberuhigten Bereich gemäß Zeichen 325/326 StVO.

(4) Einrichten privater Busdienste der Kurmittelanbieter und der Kurkliniken für den Zubringerverkehr.

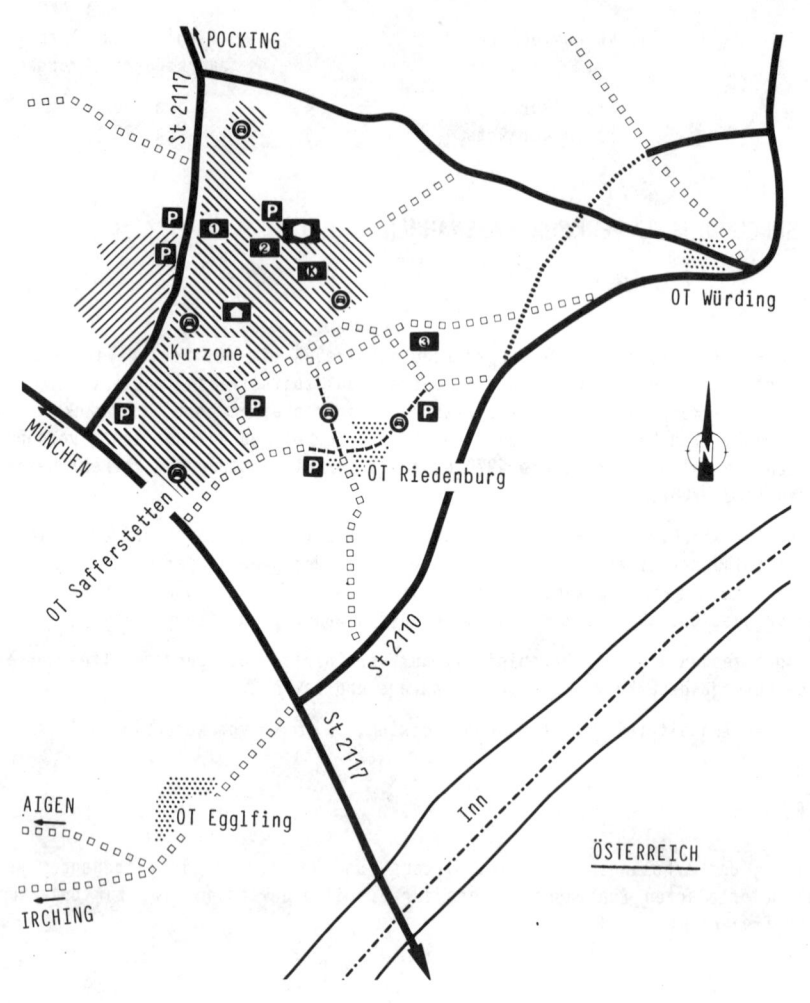

Bild 2: Lageplan

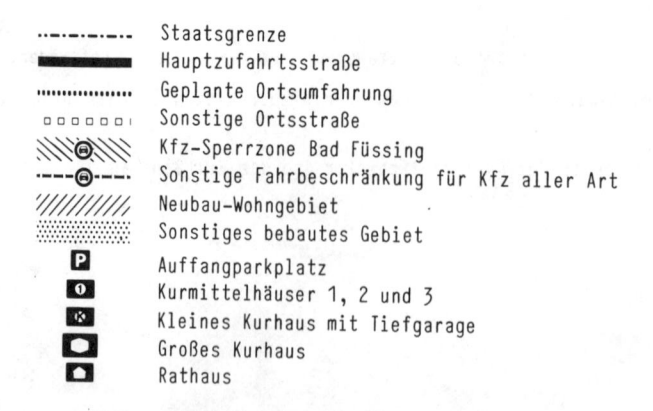

— · · — · · —	Staatsgrenze
▬▬▬▬	Hauptzufahrtsstraße
·················	Geplante Ortsumfahrung
◻◻◻◻◻◻	Sonstige Ortsstraße
▨▨	Kfz-Sperrzone Bad Füssing
--⊖--	Sonstige Fahrbeschränkung für Kfz aller Art
▥▥▥	Neubau-Wohngebiet
▦▦▦	Sonstiges bebautes Gebiet
🅿	Auffangparkplatz
❶	Kurmittelhäuser 1, 2 und 3
ⓚ	Kleines Kurhaus mit Tiefgarage
▮	Großes Kurhaus
▮	Rathaus

Bad Füssing

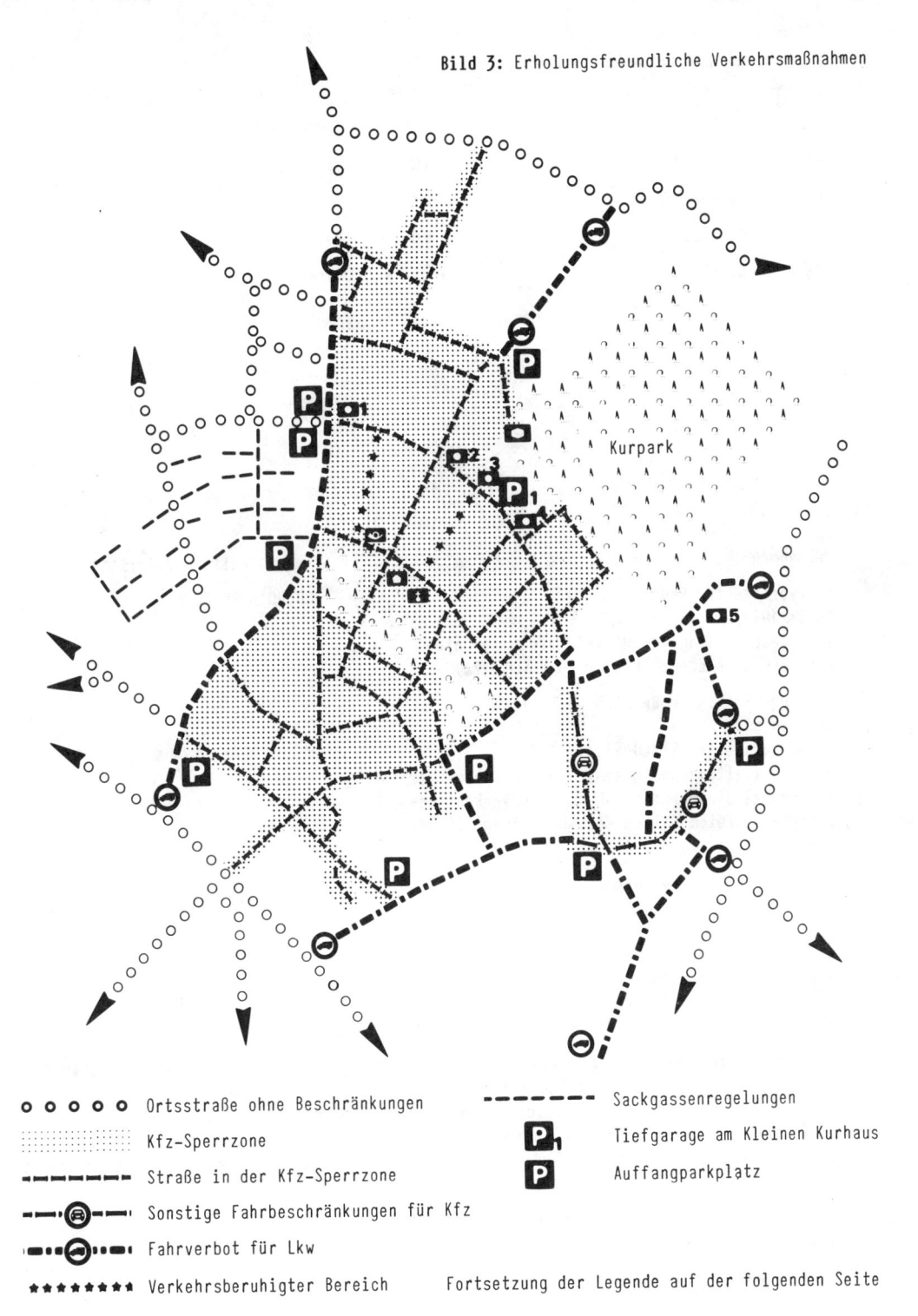

Bild 3: Erholungsfreundliche Verkehrsmaßnahmen

○ ○ ○ ○ ○	Ortsstraße ohne Beschränkungen	― ― ― ―	Sackgassenregelungen
▒▒▒▒▒	Kfz-Sperrzone	🅿₁	Tiefgarage am Kleinen Kurhaus
― ― ― ―	Straße in der Kfz-Sperrzone	🅿	Auffangparkplatz
―•―Ⓡ―•―	Sonstige Fahrbeschränkungen für Kfz		
▪■▪Ⓡ▪■▪	Fahrverbot für Lkw		
✱✱✱✱✱✱✱	Verkehrsberuhigter Bereich		Fortsetzung der Legende auf der folgenden Seite

Bad Füssing

Fortsetzung der Legende zu Bild 3:

▢1	Quelle I	▢	Großes Kurhaus
▢2	Quelle II	▢	Rathaus
▢3	Kleines Kurhaus	▢	Postamt
▢4	Kurmittelhaus	▢	Kath. Kirche
▢5	Quelle III	⋏⋏⋏⋏⋏	Parkanlagen

Restriktive Maßnahmen für Kraftfahrzeuge
(vgl. Bild 3)

Maßnahmen   Geltungszeiträume

(1) Fahrverbote für Pkw   00.00 - 06.00 h   1.4. - 31.10.
    (seit 1979)
    (zur Beschriftung der Hinweistafeln für die
    Fahrverbotszone vgl. Bilder F 69 bis F 72)

(2) Verkehrsberuhigter Bereich gemäß Zeichen
    325/326 StVO
    (in 2 parallelen Straßen seit 1981)
    Die Umgestaltung des gesamten Kernbereichs der
    Kurzone zu einem zusammenhängenden Verkehrsbe-
    ruhigten Bereich ist in der Vorplanung (Stand:
    Dezember 1983)

(3) Fahrverbote für Lkw über 2,5 t und Krad   13.00 - 15.00 h u. Ganzjährig
                                                                  20.00 - 06.00 h

Unterstützende Maßnahmen

(1) Bereitstellen von Auffangparkplätzen am Rand der Pkw-Sperrzone.

(2) Neben den öffentlichen Busdiensten stehen zusätzlich private Busse der Kurmittelhäuser I
    und III für den Transport von/zu den Gästeunterkünften zur Verfügung. Eine Klinik über-
    nimmt zusätzlich den Zubringerdienst zum Bahnhof Pocking mit eigenem Bus, der von ca.
    35 % ihrer Gäste in Anspruch genommen wird.
    Die Einrichtung eines Ortsbusdienstes unter Einbezug dieser bestehenden Privatdienste ist
    in der Diskussion.

(3) Hinweise auf die Fahrbeschränkungen für die Gäste im Ortsprospekt (vgl. Bilder F 76, F 88
    bis F 90).

(4) Erlaß einer "Gemeindeverordnung zur Lärmbekämpfung im Kurort" vom 16. Oktober 1975.

Bad Füssing

Erfahrungen mit vollzogenen Maßnahmen

(1) Nachtfahrverbot für Pkw

Die ursprünglich für den engeren Kurbereich um die Kurmittelhäuser I und II geplante Sperrzone wurde vor allem auf Wunsch der Beherbergungsbetriebe auf die Ortsteile Alt-Füssing und Safferstetten erweitert (1979).

Seit 1980 werden auch Bereiche des Ortsteils Riedenburg mit in diese Regelung einbezogen. Von Einwohnern ohne direkten Bezug zum Kurbetrieb wurden nur vereinzelt Beschwerden dagegen vorgetragen.

Die Fahrverbote werden von der Mehrheit der Einheimischen und der Gäste gut eingehalten.

Die einmaligen Kosten für Beschaffen und Aufstellen der gesamten Beschilderung betrugen ca. DM 40 000,--.

(2) Kontrolle der Kfz-Beschränkungen

5 - 6 Sonderkontrollen der Polizei je Saison.

(3) Verkehrsberuhigter Bereich

Zur weiteren Beruhigung des motorisierten Fahrverkehrs und zur Einschränkung der Parkmöglichkeiten innerhalb des engeren Kurbereichs sind zusätzliche Maßnahmen erforderlich geworden. Eine Lösung wird von der Umgestaltung mehrerer Straßen zu Verkehrsberuhigten Bereichen gemäß Zeichen 325/326 StVO erwartet (Möblierung durch Tische, Bänke, Blumenkübel sowie versetzte Fahrgasse und völlige Aufhebung der bisher vorhandenen Parkstreifen).

Die Markierung der Fahrgassenversätze erfolgte zunächst durch weiße Linien auf der Fahrbahn. Diese wurde jedoch von den Autofahrern als neue Parkstreifenbegrenzung mißdeutet.

Kosten der provisorischen Möblierung einer Straße von etwa 280 m Länge (keine Aufpflasterungen) ca. DM 12.000,--. Die Finanzierung erfolgte aus Mitteln der Kurabgabe.

(4) Parken

Die Auffangparkplätze am Rand der Kurzone und die Tiefgaragen innerhalb der Kurzone werden von den Gästen nur schlecht angenommen.

Ausnahme: Die Tiefgarage am Kleinen Kurhaus (= P_1 in Bild 4) ist sehr gut ausgelastet.
Parkregelung: Öffnungszeit 07.00 - 17.00 Uhr
Parkgebühr DM -,50/Stunde
Für Badegäste 3 Stunden mit Parkscheibe frei

(vgl. Hinweis auf die Tiefgaragenbenutzung bei Veranstaltungen am Abend, Bild F 101)

(5) Vorrangbereiche für Fußgänger

Ein Umbau bestehender Straßen in Vorrangbereiche für Fußgänger ist nicht vorgesehen.

Bild 1: Orientierungsplan

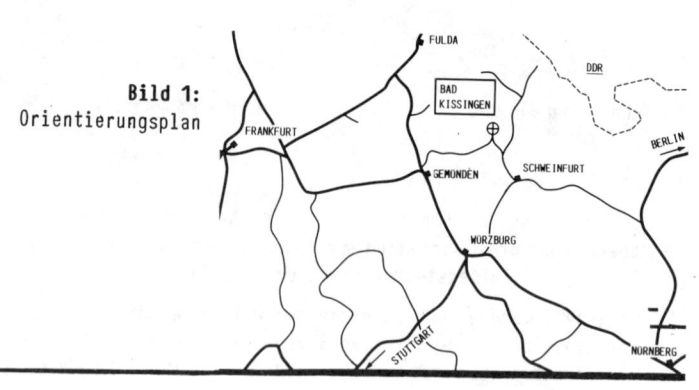

Bad Kissingen
Kenn-Nr. D 22 03

ÜBERSICHT

Bundesland	Bayern
Landkreis	Bad Kissingen
Zentralörtliche Bedeutung	Mittelzentrum
Zugehörige Ortsteile	mit Kurbetrieb : Garitz, Reiterswiesen mit geringem Kurbetrieb: Albertshausen, Kleinbrach, Poppenroth
Erwerbsstruktur	Vorrangig Tourismus und tourismusabhängiges Gewerbe, Tagungsort, keine Industrie
Einwohner (Stand 31.12.1980)	22 102, davon im Kernort ca. 13 000
Geografische Lage	Mittelgebirge, im Tal der Fränkischen Saale
Höhenlage	201 m ü.d.M.
Gemeindegruppe	Mineral- und Moorbad, Bayerisches Staatsbad
Ortstyp	Traditioneller Kurort, historische Altstadt, großräumige Verteilung der Beherbergungsbetriebe über den gesamten Kurbezirk
Bettenkapazität (Stand 1.4.1980)	8 336 (ohne Kinderheime, Jugendherbergen, Campingplätze)

Fremdenverkehrsstatistik	Winter 1979/80	Sommer 1980	FV-Jahr 1979/80
Gästeankünfte	63 575	108 527	172 102
Gästeübernachtungen	621 716	1 168 209	1 789 925
Aufenthaltsdauer (im Mittel)	9.8 Tage	10.8 Tage	10.4 Tage
FV-Intensität (Ü/100 E)	2 813	5 286	8 099

ALLGEMEINES

Die Salzquellen im Bereich der Siedlung Kissingen wurden im Jahre 823 erstmals urkundlich erwähnt. Ab 1565 erschienen bäderkundliche Abhandlungen, die die Heilkraft des Sauerbrunnens beschreiben. Mit der Verlegung des Flußbetts der Saale zur Sicherung der Quellen vor Überschwemmung (1737), dem Ausbau des Kurgartens und der Vollendung des ersten Kurhauses beginnt die Entwicklung zum Kurort. Kissingen wird zu einem Treffpunkt des europäischen Adels, im Jahre 1883 erfolgt die Ernennung zum Bad. Diese erste "Glanz-Kurzeit" endet 1914 mit dem Ausbruch des 1. Weltkrieges.

Bad Kissingen

Durch den Anschluß an das Eisenbahnnetz (1871) wird die Bedeutung des Badeortes unterstrichen. Im Jahre 1924 wird Bad Kissingen auch Endpunkt einer zweiten Eisenbahnstrecke.

Nach dem 2. Weltkrieg beginnt eine neue stürmische Entwicklung. Anfang der 50er Jahre haben sich die Kurgastzahlen bereits vervielfacht. Die gleichzeitig angestiegene Zahl der Störungen des Kurbetriebes durch den Fahrzeugverkehr erfordert Maßnahmen zur Entlastung der Innenstadt und des Kurbereichs. Nach Vollendung eines ersten Abschnitts der Umfahrungsstraße werden im Jahre 1964 erstmals Schranken an den Einfahrtstraßen aufgestellt "um das Kurgebiet vom Durchgangsverkehr zu befreien und um die notwendige Ruhe für den Kurgast zu erreichen. Diese Maßnahme erregt große Aufmerksamkeit in ganz Europa."
(aus: Bad Kissingen Information 1982, Hrsg.: Staatliche Kurverwaltung Bad Kissingen)

CHARAKTERISTIK DES TOURISMUS

Kurzeit	: Ganzjährig		
Zeitliche Verteilung (Bezugsjahr 1980) (Bezugsbasis = Gäste im Kernort, OT Garitz u. OT Reiterswiesen)	: Max. = August (Mai, Juni, Juli, September mit geringen Abweichungen)		
	Gästeankünfte	14 058	= 9,5 % aller Jahresankünfte
	Gästeübernachtungen	211 526	= 11,9 % aller Jahresübernachtungen
	durchschnittl. Aufenthaltsdauer ca. 15 Tage		
	Min. = Januar (ca. 4 % aller Jahresübernachtungen)		

Struktur der Kurgäste	(1) Motiv		Anteil an allen Jahresankünften
	"echte" Kurgäste		ca. 45 %
	Kurzzeitgäste (weniger als 4 Tage Aufenthalt)		ca. 55 %
	(2) Kurkosten-Träger		Anteil an allen Kurgästen
	Privatkurgäste		ca. 60 %
	Sozialkurgäste		ca. 40 %
Struktur der Beherbergungsbetriebe	Unterkunftsart		Anteil an der Gesamtbettenzahl
	Häuser der Sozialversicherungsträger		28,7 %
	Privat-Sanatorien, Hotels		36,8 %
	Sonstige gewerbliche Betriebe		27,3 %
	Privatquartiere		7,2 %
	Insgesamt		100,0 %

Die Beherbergungsbetriebe sind über den gesamten Kurbezirk verteilt. Der Bereich der Altstadt ("Fußgängerzone") ist für das Beherbergungsgewerbe ohne Bedeutung.

Bad Kissingen

ERHOLUNGSFREUNDLICHE VERKEHRSMASSNAHMEN

Ausgangslage

Die ehemalige Straßenführung war auf die Altstadt ausgerichtet. Der gesamte Durchgangsverkehr (u.a. zwei Bundesstraßen) war gezwungen, das Ortszentrum zu durchqueren (vgl. Bild 3).

Altstadt (Zone I), engerer Kurbereich (Zone II) und Kurbezirk (Zone III) wurden immer stärker durch Kraftfahrzeugemissionen belastet. Die 1953 zur Verkehrslärmreduzierung eingeführte Geschwindigkeitsbeschränkung auf max. 30 km/h für diese Zonen bewährte sich nicht. (Der Kurbezirk = Zone III schließt Zone II mit ein.)

In den 60er Jahren erfolgte die Entscheidung des Stadtrates, keine Industrieansiedlung zuzulassen und die weitere Ortsentwicklung vorrangig unter dem Gesichtspunkt "Nur-Kurstadt" zu planen.

Kurmittelhäuser und der überwiegende Teil der Beherbergungsbetriebe sind im Kurbezirk konzentriert, daher: "Bad Kissingen ist ein Heilbad der kurzen Wege." (aus: Bad Kissingen Information 1982, S. 60)

Zielsetzungen

(1) Vermeidung des Durchgangsverkehrs

(2) Minimierung des innerörtlichen Verkehrs

(3) Fußgängerorientierte Gestaltung des Ortszentrums (Zonen I und II)
("Bad Kissingen ist die Kurstadt der Fußgängerzonen",
aus Bad Kissingen Information 1982, S. 8, vgl. Bilder F 136 und F 137)

Maßnahmenkonzept

Die unterschiedlichen Hauptnutzungen in den Zonen I, II und III erfordern differenzierte Maßnahmenkombinationen für jeden dieser Bereiche.

(1) Bau einer Umfahrungsstraße zur Aufnahme und Verteilung des überörtlichen Durchgangsverkehrs.

(2) Fahrverbot für den Durchgangsverkehr und Sicherung dieser Maßnahme durch Schranken.

(3) Flächenhafte Verkehrsbeschränkungen für Kraftfahrzeuge (Zone III).

(4) Einrichten von Vorrangbereichen für Fußgänger in den besonders 'empfindlichen Zonen I und II.

Zusammenfassung:

Der Kurbezirk ist zur Lärm- und Abgasminderung grundsätzlich für Fahrzeuge aller Art gesperrt. Die intensiven Verkehrsbeziehungen zwischen den einzelnen Stadtteilen (Berufs-, Schüler-, Lieferverkehr, auch kurbedingter Fahrzeugverkehr zwischen dem engeren Kurbereich und den Beherbergungsbetrieben) erfordern jedoch die Zulassung von Fahrzeugen im Zielverkehr. Dieser Interessenkonflikt wird durch die Zulassung des "Anliegerverkehrs" gelöst:

Bad Kissingen

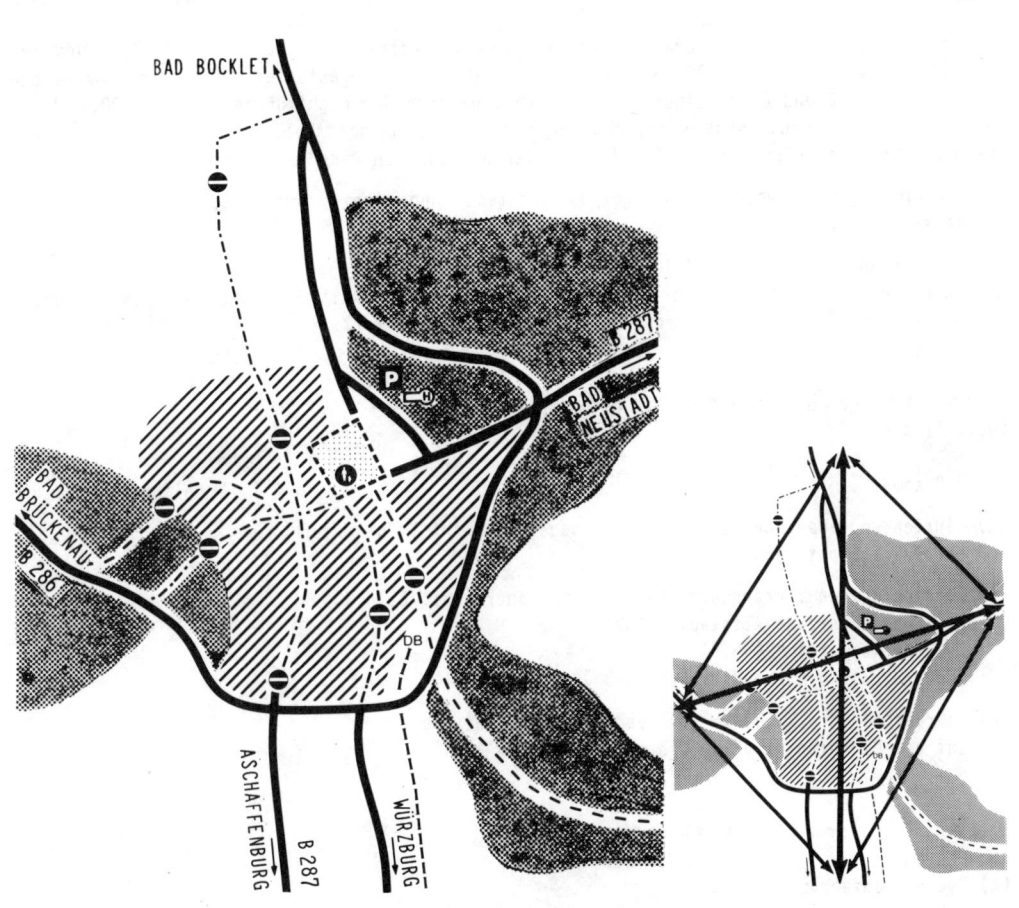

Bild 2:
Übersichtsplan / Kfz-Sperrzone

Bild 3:
Wichtige Verkehrsrelationen

- ――――― Eisenbahn
- ▬▬▬▬ Hauptverkehrsstraße
- —·—·— Ehemalige Ortsdurchfahrt
- ――――― Sonstige Ortsstraße
- ⊖ Schrankensicherung
- 🚶 "Fußgängerzone Altstadt"
- ------ "Innerer Ring"
- ▓▓▓ Bebautes Gebiet außerhalb Kfz-Sperrzone
- 🅿 Auffangparkplatz
- 🚌 Omnibus-Bahnhof
- DB Bahnhof

Bad Kissingen

Ein- und Ausfahrt sowie der Verkehr innerhalb des Kurbezirks sind für Pkw ganztägig und für Lkw und Krad von 07.00 - 13.00 Uhr und von 16.00 - 19.00 Uhr gestattet. Straßenschranken, die ganztägig (= A, D und E in Bildern 4 und 5) bzw. während der Nachtruhezeit von 22.00 - 07.00 Uhr (= B und C) geschlossen sind, schränken die Ein-/Ausfahrtmöglichkeiten jedoch auch für Pkw ein. Ganztägig sind nur die Ein-/Ausfahrten am "Inneren Ring" im Ortszentrum geöffnet.

In den Vorrangbereichen für Fußgänger im Altstadt- und engeren Kurbereich gelten besondere Ausnahmeregelungen.

Die Entwicklung zum heutigen Maßnahmenkonzept mit grundsätzlichem Fahrverbot, den jeweiligen Ausnahmeregelungen und der Sicherung des Durchfahrverbots mit Schranken ist im Abschnitt "Entwicklungsstufen des Maßnahmenkonzepts" unter (B) erläutert.

Restriktive Maßnahmen für Kraftfahrzeuge
(vgl. Bild 4)

Maßnahme	Geltungszeitraum
(A) Einrichten einer Sperrzone für Fahrzeuge aller Art im gesamten Kurbezirk (seit 1961)	
(B) Einrichten von Vorrangbereichen für Fußgänger (vgl. Bild 5) I "Fußgängerzone Altstadt" (1973) II "Am Kurgarten" (1975) III "Nördliche Kurhausstraße" (1980)	
(C) Fahrverbot für Lkw über 2,8 t und Krad, einschl. Mofa, auf dem "Inneren Ring" um die Altstadt (seit 1961)	19.00 - 07.00 h

Unterstützende Maßnahmen

(A) Bau der Umfahrungsstraße
 - Fertigstellung des "Ost-" und "Westringes": 1961
 - Fertigstellung des "Nordringes": 1970

(B) Aufstellen von Vollschranken zur Sicherung des Fahrverbots im Durchgangsverkehr (seit 1964)
 Notfahrzeuge haben Schlüssel zum Öffnen der Schranken.

 (1) Schranke A (A_1 und A_2)

 Die Ein-/Ausfahrt A ist ganztägig gesperrt. Um die Erreichbarkeit touristischer Einrichtungen durch Kraftfahrzeuge tagsüber vom Stadtzentrum aus zu gewährleisten, wird die Schranke A_2 von 07.00 - 22.00 Uhr geöffnet und statt dessen Schranke A_1 in der Nähe der Umfahrungsstraße geschlossen.

 (2) Schranken B und C

 Die Ein-/Ausfahrten B und C stehen dem Anliegerverkehr zwischen dem Kernort und dem Stadtteil Garitz zur Verfügung. Um jeglichen Durchgangsverkehr von Kfz während der Nachtruhezeit zu unterbinden, sind sie von 22.00 - 07.00 Uhr geschlossen.

 (3) Schranken D und E

 Die Ein-/Ausfahrten D und E sind ganztägig geschlossen. Der Fahrzeugverkehr wird auf die Umfahrungsstraße gelenkt.

Bad Kissingen

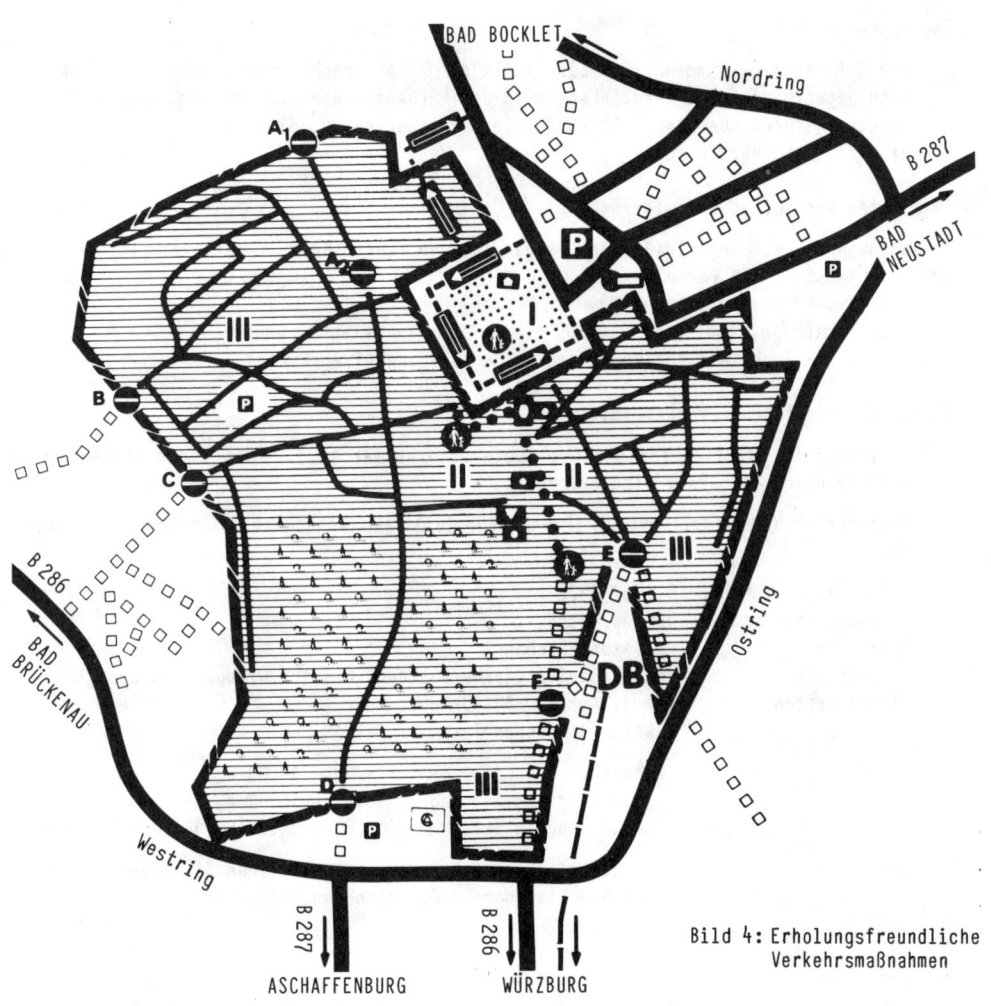

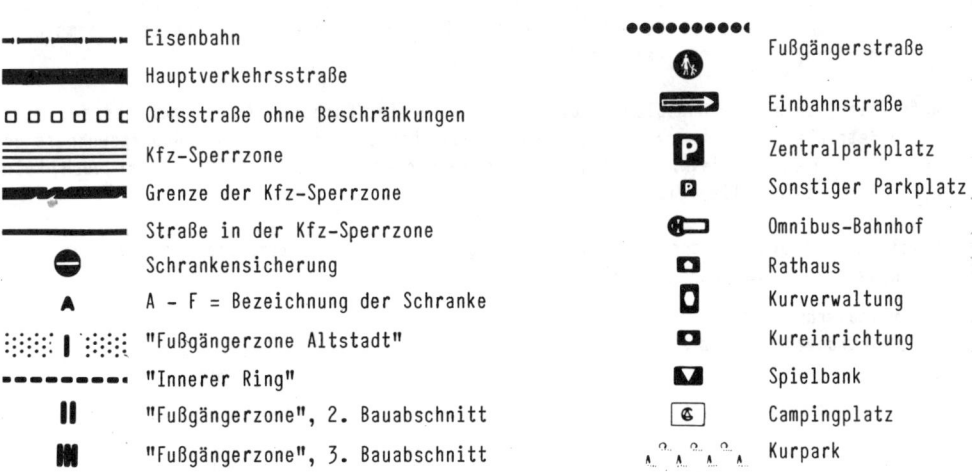

Bild 4: Erholungsfreundliche Verkehrsmaßnahmen

‑‑‑‑‑	Eisenbahn	••••••	Fußgängerstraße
▬▬▬	Hauptverkehrsstraße	➡	Einbahnstraße
▢▢▢▢▢	Ortsstraße ohne Beschränkungen	🅿	Zentralparkplatz
≡≡≡	Kfz-Sperrzone	p	Sonstiger Parkplatz
▬▬▬	Grenze der Kfz-Sperrzone		Omnibus-Bahnhof
───	Straße in der Kfz-Sperrzone	▪	Rathaus
⊖	Schrankensicherung		Kurverwaltung
A	A – F = Bezeichnung der Schranke	▪	Kureinrichtung
▦ I ▦	"Fußgängerzone Altstadt"	▼	Spielbank
‑ ‑ ‑ ‑	"Innerer Ring"	Ⓖ	Campingplatz
II	"Fußgängerzone", 2. Bauabschnitt		
III	"Fußgängerzone", 3. Bauabschnitt	♣♣♣	Kurpark

243

Bad Kissingen

(4) Schranke F

Die Schrankenregelung an der Ein-/Ausfahrt F entsprach früher derjenigen von D/E. Nach Umgestaltung des nördlichen Teils der Kurhausstraße zum Vorrangbereich für Fußgänger (= Vorrangbereich III) wurde diese zur Sackgasse, die Schranke F konnte daher ersatzlos abgebaut werden.

(C) Einrichten von Auffangparkplätzen

Im Zusammenhang mit der Einführung des ganztägigen Fahrverbots im Kurbezirk wurden in der Nähe der Altstadt die Parkplätze
- P_1 für Pkw ("Zentralparkplatz"),
- P_2 für Omnibusse, von 19.00 - 07.00 h auch für Pkw erlaubt, und
- ein weiterer Parkplatz für Omnibusse am Omnibusbahnhof errichtet.

(D) Förderung öffentlicher Verkehrsmittel

(1) Linienbus im Stadtverkehr durch private Unternehmer (z.Z. zwei Konzessionäre), Zuschüsse durch die Stadt sind erforderlich

(2) "Kurbähnle" ("Lokomotive" auf Pkw-Fahrgestell mit Anhängern, Gummireifen, Benzinmotor)

Datum der Einführung	4. Mai 1978
Transportkapazität	48 Fahrgäste
Betreiber	Privatunternehmen
Fahrstrecke	vom Kurgarten (Kurverwaltung) bis zum Wildpark Klaushof
Einsatzzeiten	vom 1. April - 31. Oktober
	jeweils 1-Stunden-Takt
	Montag 14.00 - 17.00 h
	Dienstag bis Samstag 10.00 - 12.00 h, 14.00 - 17.00 h
	Sonn- und Feiertag 09.00 - 12.00 h, 14.00 - 17.00 h
Erweiterung	für zusätzliche Abfahrten bzw. zusätzliche Strecken erteilt die Stadt Bad Kissingen z.Z. keine Genehmigung

(3) "Postkutsche"

Betreiber	Deutsche Bundespost
Fahrstrecke	Bad Kissingen - Bad Bocklet (Montag, Mittwoch, Freitag, Sonntag)
	Bad Kissingen - Schloß Aschach (Dienstag, Donnerstag, Samstag)
Einsatzzeit	Mai bis Mitte Oktober

(E) Aufstellen eines Bebauungsplanes für das "Sondergebiet Kurgebiet", der nur der Kur dienliche Betriebe zuläßt (auch Ärzte, Banken u.ä.). Um Konflikte zwischen Dauerbewohnern und Kurgästen wegen des jeweils eigenständigen Tagesrhythmus' zu vermeiden, ist auch keine neue Bebauung für allgemeines Wohnen zulässig.

(F) Erlaß der "Verordnung der Stadt Bad Kissingen über Immissionsschutz (ImSchVO der Stadt Bad Kissingen)" vom 20. April 1979:

Mittagsruhezeit von 13.00 - 15.00 h
Nachtruhezeit von 20.00 - 07.00 h

Bad Kissingen

Ausnahmeregelungen zu restriktiven Maßnahmen

Ausnahme	Ausnahmezeiten

zu (A) Sperrzone für Fahrzeuge im Kurgebiet

    (1) Frei für Pkw im Anliegerverkehr   Ganztägig
        (Beschränkung der Ein- und Ausfahrtmöglichkeiten
        durch die Schranken)

    (2) Frei für Lkw im Lieferverkehr   07.00 - 13.00 h u.
                                                                                  16.00 - 19.00 h

    (3) Frei für Krad (einschl. Moped und Mofa)   07.00 - 13.00 h u.
                                                                                          16.00 - 19.00 h

(Zu den Fahrbeschränkungen in der Kursperrzone siehe auch die Hinweise für Gäste im "Verkehrsplan - Wie fahre ich in Bad Kissingen", Ausschnitte als Bilder F 94 u. F 95.)

zu (B) Vorrangbereiche für Fußgänger

    Grundsätzliche Ausnahme für Sonderfahrzeuge   Ganztägig

    weitere Ausnahmeregelungen:

    Vorrangbereich I "Altstadt"

    (1) Dauer-Ausnahme für Bundespost zur Briefkastenleerung   Ganztägig

    (2) Dauer-Ausnahmen für Anlieferung außerhalb der allgemeinen
        Anlieferungszeiten
        (1981: 2 Genehmigungen für anliegende Gewerbebetriebe)

    (3) Allgemeine Ausnahmen für Lieferverkehr mit Fahrzeugen   22.30 - 10.00 h
        bis zu 7,5 t

    (4) Einzelgenehmigungen für Anwohner   Ganztägig

    (5) Taxis werden keine Sonderrechte eingeräumt

    Vorrangbereich II "Am Kurgarten"

    (1) Ausnahme für Lieferverkehr mit Fahrzeugen bis zu 7,5 t   11.00 - 13.00 h

    (2) Einzelgenehmigungen für Anwohner   Ganztägig

    Vorrangbereich III "Nördliche Kurhausstraße"

        Fußgängerpromenade ohne Fahrzeugverkehr   Keine Ausnahmen
                                                                                 erforderlich

(Zu den Vorrangbereichen siehe auch die Hinweise im Ortsprospekt, Bilder F 136 und F 137.)

Bad Kissingen

Entwicklungsstufen des Maßnahmenkonzepts

	Maßnahme	Geltungszeitraum
	(A) Im Altstadtbereich	
1953	Einführung der Geschwindigkeitsbeschränkung auf max. 30 km/h	Ganztägig
1956	Einführung eines Nachtfahrverbots für Lkw und Krad	22.00 - 07.00 h
1961	Neufestlegung des Nachtfahrverbots für Lkw und Krad	19.00 - 06.00 h
1962	Aufhebung der Geschwindigkeitsbeschränkung Gründe: 1. Häufige Geschwindigkeitsüberschreitungen, Polizeikontrollen als Abschreckungsmaßnahme nicht wirksam 2. Erhöhte Lärm- und Abgasbelastung durch Fahren in kleineren Gängen (vgl. Erfahrungen in Bad Orb)	
1973	Umgestaltung eines Teilbereichs zum Vorrangbereich für Fußgänger	
	(B) Im Kurbezirk	
1953	Einführung der Geschwindigkeitsbeschränkung auf max. 30 km/h (bis 1962, vgl. "Im Altstadtbereich")	Ganztägig
1956	Einführung eines Fahrverbots für Lkw und Krad	13.00 - 15.00 h u. 22.00 - 07.00 h
1961	Nach Freigabe eines Teilstücks der Umfahrungsstraße (Ost- und Westring): Einführung eines Fahrverbots für Kfz aller Art im Durchgangsverkehr	Ganztägig
	Ausnahmezeiten im Anliegerverkehr: - mit Pkw Ganztägig - mit Lkw und Krad 07.00 - 10.00 h u. 15.00 - 16.30 h	
1962	"Polizeiliche Überwachung des verbotenen Durchgangsverkehrs im Funksprechverkehr. Diese Überwachung konnte wegen zu starker Belastung der Polizei nicht aufrechterhalten werden. Sie war außerdem nicht wirkungsvoll und unbefriedigend. Statt Anlieger- Anlüge-Verkehr." (aus einem Erfahrungsbericht der Stadt Bad Kissingen)	
1963	Neufestlegung der Ausnahmezeiten im Anliegerverkehr mit Lkw und Krad 07.00 - **12.00** h u. **16.00** - **19.00** h	
	Verbot der Einfahrt von der Umfahrungsstraße in den Kurbezirk an den Einfahrtstraßen D, E und F	Ganztägig
	"Die Verkehrszeichen für die Einfahrtverbote wurden nicht genügend beachtet" (laut Erfahrungsbericht der Stadt), darum:	

Bad Kissingen

1964 Einführung von Schranken
Rechtliche Grundlage = § 45 Abs.1 StVO

    1. **Halbschranken** zur Bekräftigung des ganztägigen **Einfahrverbots** in D, E und F.   Schließzeit =   06.00 - 23.00 h
    2. **Vollschranken** in Verbindung mit einem **Ein- und Ausfahrverbot** in A_2, B, C, D, E und F.   Schließzeit =   23.00 - 06.00 h

"Trotz Halbschranken wurde tagsüber gegen die Einfahrtverbote immer mehr verstoßen. Polizeiliche Kontrollen waren nicht ausreichend" (laut Erfahrungsbericht der Stadt), darum:

1973 Einführung eines Ein- und Ausfahrverbotes mit **Vollschranken** auch in D, E und F
    - in D, E und F   Schließzeit =   Ganztägig
    - in A_2, B und C   Schließzeit =   22.00 - 07.00 h

1975 Einführung einer Sonderregelung für die Einfahrt A, um die Zufahrt zu touristischen Einrichtungen zu ermöglichen
    - Vollschranke in A_2 geschlossen   Schließzeit =   22.00 - 07.00 h
    - Vollschranke in A_1 geschlossen   Schließzeit =   07.00 - 22.00 h

1978 Verlängerung der Fahrerlaubniszeit am Mittag für Lkw und Krad, um den zunehmend motorisierte Zweiräder nutzenden Schülern nach dem Unterricht die Möglichkeit der Heimfahrt zu geben.
Neue Ausnahmezeiten im Anliegerverkehr mit Lkw und Krad:
    07.00 - **13.00** h u.
    16.00 - 19.00 h

E r f a h r u n g e n   m i t   v o l l z o g e n e n   M a ß n a h m e n

(A) Erfahrungen mit "Fußgängerzone Innenstadt"

    - Reaktionen der Anwohner

      . Durch stufenweise Erweiterung der "Fußgängerzone Innenstadt" konnte eine langsame Gewöhnung an die damit verbundenen Fahrbeschränkungen erfolgen. Die Vergabe von Ausnahmegenehmigungen durch das Ordnungsamt der Stadt wird großzügig gehandhabt, jedoch ist für jedes Befahren durch Private eine Einzelgenehmigung erforderlich.

      . Die Einführung des Vorrangbereichs wird allgemein akzeptiert.

    - Reaktionen des ansässigen Gewerbes

      . Beherbergungsbetriebe (z.Z. nicht betroffen):
Bestrebungen zur Eröffnung von Beherbergungsbetrieben innerhalb des Vorrangbereichs werden von der Stadt unterstützt, da dadurch eine zusätzliche Belebung in den Abendstunden durch Fußgängerverkehr erwartet wird. Die Lage innerhalb der "Fußgängerzone Innenstadt" wird von den Beherbergungsbetrieben offensichtlich als vorteilhaft angesehen.

. Gastronomische Betriebe:
Die Benachteiligung derjenigen Betriebe mit vorher betriebseigenem Parkplatz in Lokalnähe wurde durch Reservierung von Einstellplätzen auf städtischem Gelände am Rand des Vorrangbereichs ausgeglichen. Für nachträglich eröffnete Betriebe werden keine derartigen Einstellmöglichkeiten bereitgestellt.
Die Einführung des Vorrangbereichs wird allgemein positiv bewertet.

. Einzelhandel:
Die positive Geschäftsentwicklung nach Umgestaltung des Altstadtbereichs zum Vorrangbereich für Fußgänger hat die anfänglich Skepsis der Geschäftsleute in eine allgemein positive Bewertung gewandelt (es werden Mieterhöhungen für Geschäftsräume beobachtet). Die ansässigen Betriebe in den angrenzenden Straßen wünschen eine räumliche Erweiterung bei Einbezug "ihrer" Straße.

- Reaktionen der Gäste

Die "Fußgängerzone Innenstadt" ist von den Ruhebereichen im Kurbezirk (Kurpark und angrenzende Vorrangbereiche für Fußgänger) nur durch die - allerdings mit Fahrzeugverkehr hoch belastete - Ludwigstraße (= Teilstück der Altstadtumfahrung) getrennt. Sie wird daher von den Gästen für Einkauf, Bummel, Besuch von Cafés etc. gern und häufig besucht. Die positive Entwicklung der ansässigen Gewerbebetriebe ist vor allem auf die gute Akzeptanz bei den Kurgästen zurückzuführen.

Voraussetzung für die Erweiterung der bestehenden Vorrangbereiche zu einer zusammenhängenden Zone ist die Sperrung der Ludwigstraße (= Teilstück der Altstadtumfahrung) zwischen Zone I und II, siehe Bild 4.

(B) Erfahrungen mit den Fahrverboten im Kurbezirk

Die Erfahrungen mit den flächenhaften Fahrverboten werden als "sehr gut" bewertet. Allerdings wird die Ein-/Ausfahrtstraße C - deren Fortsetzung die Ludwigstraße ist, siehe oben - durch Fahrzeuge des Anliegerverkehrs und durch Schleichverkehr während der Schrankenöffnungszeit stark belastet. In der Hauptverkehrszeit entspricht die Verkehrsbelastung auf dem "Inneren Ring" derjenigen auf der Umfahrungsstraße.

Als Voraussetzung für die ganztägige Schließung der Schranke C und die anschließende Umgestaltung zum Vorrangbereich für Fußgänger wird der vierspurige Ausbau der Umfahrungsstraße (West- und Ostring) als erforderlich angesehen.

VERZEICHNIS DER VERWENDETEN UNTERLAGEN

BOLLER, W.: In preußischen Requisiten. Die deutschen Kur- und Heilbäder: Bad Kissingen, in: Die Zeit, Nr. 2 vom 8. Januar 1982.
STADT BAD KISSINGEN: Verkehrsregelung zum Schutz der Fußgänger im Kurgebiet und im Altstadtbereich. Ein Erfahrungsbericht der Stadt Bad Kissingen, unveröffentlicht, o.J. (1976?).
STAATL. KURVERWALTUNG BAD KISSINGEN (Hrsg.): Bad Kissingen Information 1982, Bad Kissingen.

Bild 1:
Orientierungsplan

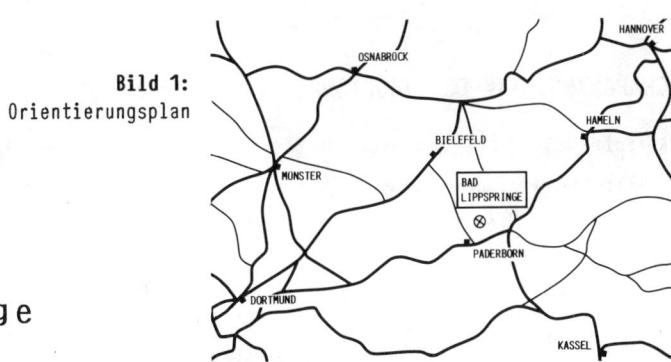

Bad Lippspringe
Kenn-Nr. D 52 02

ÜBERSICHT

Bundesland	Nordrhein-Westfalen
Landkreis	Paderborn
Zentralörtliche Bedeutung	Grundzentrum
Erwerbsstruktur	vorrangig Tourismus und tourismusabhängiges Gewerbe, Kongreßhaus, Gewerbegebiet am Ortsrand
Einwohner (Stand 31.12.1980)	11 868
Geografische Lage	Mittelgebirge, am Südrand des Naturparks Südlicher Teutoburger Wald/Eggegebirge
Höhenlage	148 - 334 m ü.d.M.
Gemeindegruppe	Heilbad, Heilklimatischer Kurort (beantragt)
Bettenkapazität (Stand 1.4.1980)	3 129 (ohne Kinderheime, Jugendherbergen, Campingplätze)

Fremdenverkehrsstatistik	Winter 1979/80	Sommer 1980	FV-Jahr 1979/80
Gästeankünfte	12 976	18 810	31 786
Gästeübernachtungen	303 371	441 213	744 584
Aufenthaltsdauer (im Mittel)	23.4 Tage	23.5 Tage	23.4 Tage
FV-Intensität (Ü/100 E)	2 556	3 718	6 274

ALLGEMEINES

Die Entwicklung Lippspringes zum Kurort begann im Jahre 1832 mit der Entdeckung der Arminiusquelle und erreichte ihren ersten Höhepunkt vor dem 1. Weltkrieg, als bereits über 10 000 Kurgäste jährlich die Heilquelle nutzten. Um die 1962 erbohrte Martinusquelle entstand ein zweites Kurzentrum.

Die Konzentration der Kurkliniken in den zwei Kurzentren an der Arminiusquelle und an der Martinusquelle - mit zusammen ca. 2/3 aller Gästeübernachtungen - ergibt eine deutliche Bi-Polarität in den kurbezogenen Aktivitäten. Die Kurkliniken wurden während der 70er Jahre erbaut, vorwiegend als Ersatz für die traditionellen kleinen Pensionshäuser, die den gestiegenen Komfortansprüchen nicht mehr gerecht wurden (vgl. auch Tabelle "Struktur der Beherbergungsbetriebe").

Bad Lippspringe

CHARAKTERISTIK DES TOURISMUS

Kurzeit	: Ganzjährig
Zeitliche Verteilung (Bezugsjahr 1980)	: Max. = August

        Gästeankünfte   3 147 = 9,8 % aller Jahresankünfte

        Gästeübernachtungen   82 451 = 11,0 % aller Jahresübernachtungen

        (Mai, Juni, Juli, September = jeweils ca. 10 % aller Jahresübernachtungen)

    Min. = Januar (ca. 5,5 % aller Jahresübernachtungen)

Struktur der Übernachtungsgäste

(1) Motiv

    vorwiegend "echte" Kurerholer,
    größerer Anteil von Ferienerholern

    im Sommer zusätzlich 4 000 - 5 000 Tagesgäste an den Wochenenden
    - Naherholer aus Paderborn
    - Besucher der Kurerholer

(2) Kurkosten-Träger

	Anteil an allen Übernachtungsgästen
Privatkurgäste	ca. 80 %
Sozialkurgäste	ca. 20 %

(3) Ca. 2/3 aller Übernachtungsgäste benutzen für die An-/Abfahrt ihren eigenen Pkw

Struktur der Beherbergungsbetriebe

Betriebsart	Anteil an allen Jahresübernachtungen
Sanatorien	67,1 %
Pensionen	16,6 %
Gasthöfe, Hotels	5,0 %
Privatzimmer	11,3 %

ERHOLUNGSFREUNDLICHE VERKEHRSMASSNAHMEN

Ausgangslage

Der Kurbetrieb ist in Abhängigkeit von der Lage der beiden wichtigsten Heilquellen in zwei Bereichen räumlich konzentriert (vgl. Bereiche (1) und (2) in den Bildern 2 und 3). Auch der überwiegende Teil der Kurgäste wohnt in den hier errichteten Kurkliniken. Im näheren Bereich der Verbindungsstraße zwischen diesen Kurzentren befinden sich zahlreiche kleine Kurpensionen, die den größten Teil der Privatkurgäste beherbergen.

Die Kreuzung dieser Verbindungsstraße mit der Hauptdurchgangsstraße (B 1) ist gleichzeitig Mittelpunkt des innerstädtischen Einkaufsbereichs.

Emissionen und Trennwirkungen der stark befahrenen Bundesstraße mit großem Anteil an Lkw-Verkehr störten den Kurbetrieb erheblich.

Bad Lippspringe

Zielsetzungen

(1) Vermeiden des Durchgangsverkehrs

(2) Verringerung des innerörtlichen Fahrzeugverkehrs (auch zwischen den beiden Kurzentren)

(3) Einrichten einer attraktiven fußläufigen Verbindung zwischen den Kurzentren

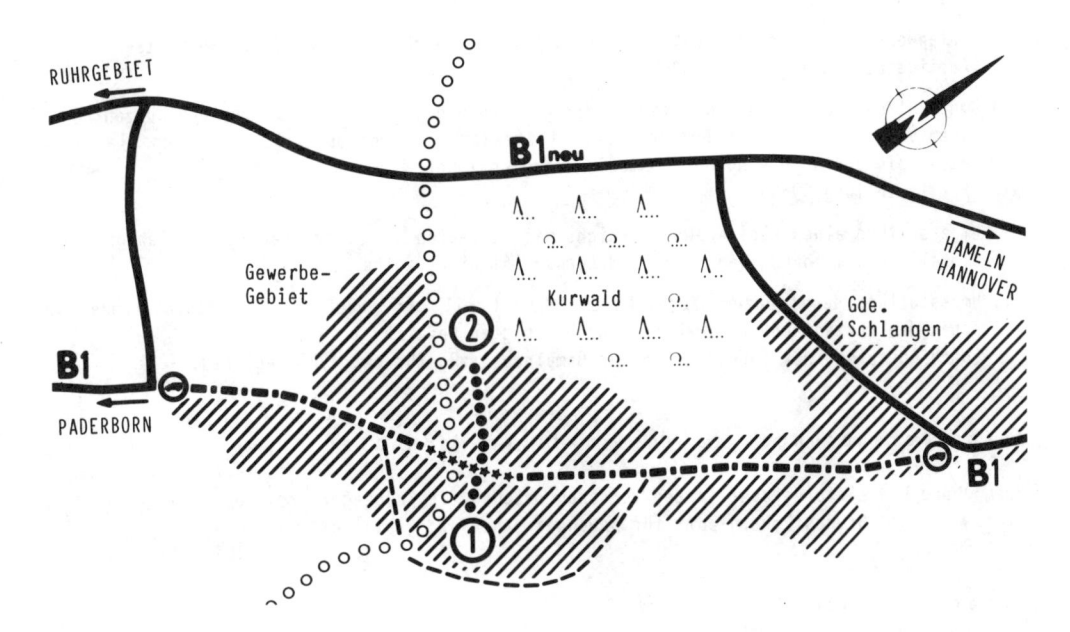

Bild 2: Übersichtsplan

—B1—	Ortsumfahrungsstraße
o o o o o	Sonstige Hauptverkehrsstraße
▧▧▧	Bebauter Bereich
▬▬⊖▬▬	Ortsdurchfahrtsstraße mit Lkw-Fahrverbot
– – – –	Geplante Ortskernumfahrungsstraße
①	Kurzentrum "Arminiusquelle"
②	Kurzentrum "Martinusquelle"
●●●●●●	Fußgängerstraße, s. Restriktive Maßnahme (4)
★★★★★★	Geplanter Verkehrsberuhigter Bereich, s. Restriktive Maßnahme (6)
⋂ ⋂ ⋏ ⋏	Kurwald

Bad Lippspringe

Maßnahmenkonzept

(1) Verlegung der Hauptverkehrsstraße B 1 an den nördlichen Ortsrand

(2) Verdrängen des Fahrzeugverkehrs aus den Kurzentren

Restriktive Maßnahmen für Kraftfahrzeuge
(vgl. Bild 3)

(1) Fahrverbot für Lkw im Durchgangsverkehr nach Fertigstellung der Ortsumfahrung B 1 neu
(seit 1981).

(2) Fahrverbot für Krafträder im Bereich der Kurkliniken von 22.00 - 06.00 h
(seit 1970).

(3) Stufenweise Einrichtung von Vorrangbereichen für Fußgänger am Rand der Kurzentren
(Fertigstellung 1977, 1978, 1980).

(4) Umgestaltung der ca. 1 000 m langen direkten Verbindungsstraße zwischen den Kurzentren zu einem Vorrangbereich für Fußgänger. Zwei Straßen mit Fahrzeugverkehr kreuzen diesen Bereich, die Überwege sind durch Ampelanlagen gesichert
(Fertigstellung 1981).

(5) Umgestaltung eines kleinen Wohnbereichs mit Einbauten zur Verringerung der Fahrgeschwindigkeit. Die Trennung von Fahr- und Gehweg ist nicht aufgehoben.

(6) Umgestaltung des Kreuzungsbereichs der B 1 alt mit der Fußgänger-Verbindungsstraße zwischen den Kurzentren zu einem Verkehrsberuhigten Bereich
(nach Abstufung der Bundesstraße zur Gemeindestraße für ca. 1985 geplant).

Ausnahmeregelungen zu restriktiven Maßnahmen

zu (3) und (4) Lieferverkehr in den Vorrangbereichen für Fußgänger frei von 19.00 - 10.00 h.
Grundstückszufahrt für Anwohner ganztägig gestattet.

Unterstützende Maßnahmen

(1) Bau einer Ortsumfahrungsstraße für den Fernverkehr im Zuge der B 1 neu.

(2) Ausbau einer innerörtlichen Umfahrung des Ortskerns zur Entlastung des Kreuzungsbereichs der heutigen Hauptverkehrsstraße mit der Verbindungs-(Fußgänger-)Straße zwischen den Kurzentren (geplant).

(3) Bau einer zweistöckigen Parkpalette mit 90 Einstellplätzen am Rand des Kurzentrums an der Arminiusquelle.

(4) Auf Wunsch von Stadt- und Kurverwaltung verlängerte die Deutsche Bundesbahn ihre Buslinie mit Zubringerfunktion zum Bahnhof Paderborn über die bisherige Endhaltestelle im Stadtzentrum hinaus, sodaß alle Kliniken ohne Umsteigen erreicht werden können.

Bad Lippspringe

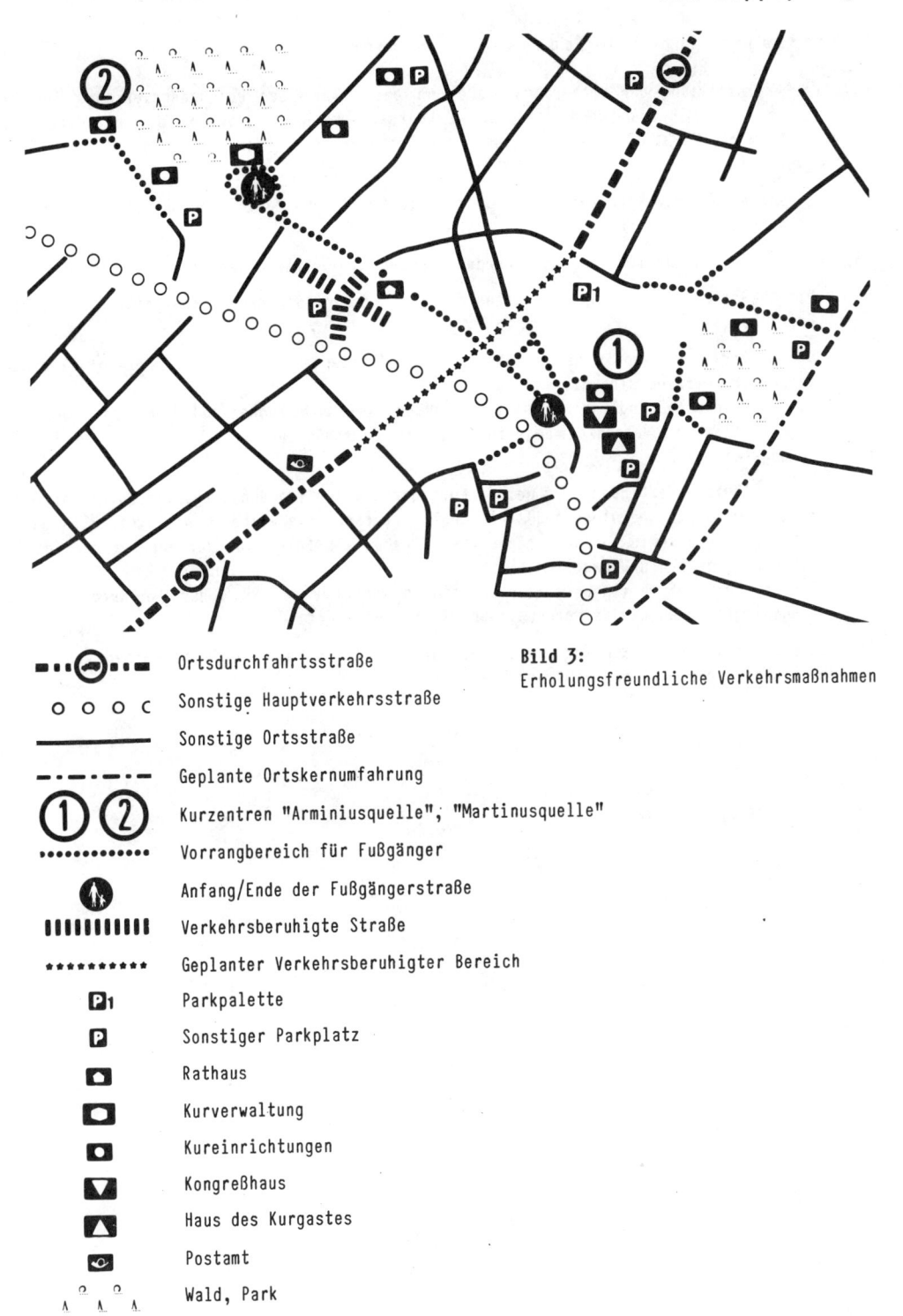

Bild 3:
Erholungsfreundliche Verkehrsmaßnahmen

▬▬●▬▬	Ortsdurchfahrtsstraße
o o o o	Sonstige Hauptverkehrsstraße
▬▬▬	Sonstige Ortsstraße
▬·▬·▬	Geplante Ortskernumfahrung
① ②	Kurzentren "Arminiusquelle", "Martinusquelle"
············	Vorrangbereich für Fußgänger
●	Anfang/Ende der Fußgängerstraße
‖‖‖‖‖‖‖‖	Verkehrsberuhigte Straße
∗ ∗ ∗ ∗ ∗	Geplanter Verkehrsberuhigter Bereich
P1	Parkpalette
P	Sonstiger Parkplatz
▬	Rathaus
▬	Kurverwaltung
●	Kureinrichtungen
▼	Kongreßhaus
▲	Haus des Kurgastes
◉	Postamt
ʌ ʌ ʌ	Wald, Park

Bad Lippspringe

Erfahrungen mit vollzogenen Maßnahmen

(1) Die Fertigstellung der Umfahrungsstraße und das Verbot des Durchgangsverkehrs für Lkw brachten eine Minderung des gesamten Verkehrsaufkommens im Bereich der Ortsdurchfahrt B 1 alt um ca. 25 %. 80 % des früheren Schwerlastverkehrs werden nun von der B 1 neu übernommen.

(2) Die Fahrverbote für Krad werden nur sehr schlecht eingehalten. Ständige Polizeikontrollen sind erforderlich.

(3) Die Vorrangbereiche für Fußgänger werden vorwiegend positiv bewertet.

- Die ansässigen Kurpensionen erwarten die langfristige Sicherung ihrer Attraktivität für Privatkurgäste.

- Die anfängliche Skepsis der ansässigen Geschäftsleute ist gewichen. Benachteiligungen einzelner Betriebe sind nicht bekannt.
Eine Getränkegroßhandlung mit starker Abhängigkeit vom Zugang mit Fahrzeugen wurde im gegenseitigen Einvernehmen umgesiedelt. Die Entschädigung erfolgte nach dem Enteignungsgesetz.

- Die fußläufige Verbindung der beiden Kurzentren wurde von den Kurgästen sofort angenommen. Es wird ein bedeutend größerer Fußgängerverkehr als vorher beobachtet. Die Zunahme des Fahrzeugverkehrs in den benachbarten Straßen als Folge der Verkehrsverlagerung ist erkennbar, jedoch unwesentlich.
Der Bau des 1981 fertiggestellten Teilstücks wurde zu ca. 75 % aus dem Kurorte-Förderungsprogramm des Landes Nordrhein-Westfalen gefördert.

(4) Die Einstellmöglichkeiten für Pkw in der Parkpalette (= P_1 in Bild 3) werden von Gästen und Einheimischen nur schlecht angenommen.

Bild 1: Orientierungsplan

Bad Münster am Stein -Ebernburg

Kenn-Nr. D 60 08

ÜBERSICHT

Bundesland	Rheinland-Pfalz
Landkreis	Bad Kreuznach
Zentralörtliche Bedeutung	Kleinzentrum
Erwerbsstruktur	Vorrangig Tourismus (Kurbetrieb), Weinanbau, keine Industrie
	Schwerpunktmäßige Verteilung der Beherbergungsbetriebe: - im OT Bad Münster am Stein: Sanatorien, Hotels, Pensionen - im OT Ebernburg : Privatzimmer
Verbandsgemeinde	Bad Münster am Stein-Ebernburg (mit Sitz der Verbandsgemeindeverwaltung) und 9 Ortsgemeinden
Einwohner (Stand 31.12.1980)	3 547
Geografische Lage	im Nahetal
Höhenlage	117 m ü.d.M.
Gemeindegruppe	Heilbad (Radon- und Thermalheilbad)
Bettenkapazität (Stand 1.4.1980)	2 420 (ohne Kinderheime, Jugendherbergen, Campingplätze)

Fremdenverkehrsstatistik	Winter 1979/80	Sommer 1980	FV-Jahr 1979/80
Gästeankünfte	14 771	23 632	38 403
Gästeübernachtungen	154 731	292 019	446 750
Aufenthaltsdauer (im Mittel)	10.5 Tage	12.4 Tage	11.6 Tage
FV-Intensität (Ü/100 E)	4 362	8 233	12 595

ALLGEMEINES

Die Siedlung Münster am Stein wurde 1028 erstmals urkundlich erwähnt. Der kleine Fischerort an der Nahe gewann im 15. und 16. Jahrhundert durch den Kupfer- und Silberbergbau vorübergehend eine größere Bedeutung. Am 7. Juni 1969 wurde im Rahmen der Verwaltungsreform aus den beiden selbständigen Gemeinden Bad Münster am Stein (= Zonen I bis V in Bild 2) und Ebernburg (= Zone VI in Bild 2) eine neue Gemeinde gebildet, der am 29. April 1978 die Stadtrechte verliehen wurden.

Bad Münster am Stein-Ebernburg

Existenzgrundlage der Stadt sind heute die Heilquellen, die 1478 erstmals urkundlich erwähnt wurden. Nach dem Erwerb des Badebetriebs vom preußischen Staat durch die Gemeinde begann mit der Fertigstellung des ersten Kurhauses 1875 der Ausbau zum Heilbad. Die staatliche Anerkennung erfolgte im Jahre 1905.

Nach schweren Zerstörungen im 2. Weltkrieg war der Badebetrieb unterbrochen. Die ganzjährige Kur konnte im Jahr 1952 wieder eingeführt werden. In Zusammenarbeit mit der deutschen Bundesbahn und privaten Busunternehmen wurde zunächst vor allem der Tagestourismus gefördert, der jedoch den wachsenden "echten" Kurbetrieb immer mehr störte. Der organisierte Naherholungsverkehr wurde daher allmählich abgebaut und spielt heute nur noch eine untergeordnete Rolle. Dagegen nahm der Naherholungsverkehr mit dem eigenen Pkw aus dem Rhein-Main-Gebiet - insbesondere an schönen Wochenenden - stark zu. Zum Schutz der Kurgäste wurden daher bereits Ende der 70er Jahre an Tagen mit Spitzenbelastungen erste Fahrverbote für Kraftfahrzeuge im engeren Kurbereich eingeführt.

Die Entwicklung des Tourismus kann an der steigenden Gästezahl pro Jahr verfolgt werden:

1852	800 Gäste*
um 1900	4 500 Gäste
1956	12 350 Gäste
1971	24 727 Gäste
1980	40 283 Gäste**

* = Angaben aus den Jahren 1852 bis 1971 entnommen aus: Erholungsgebiet "Rheingrafenstein". Fremdenverkehrsrahmenplanung im Auftrag der Verbandsgemeinde Bad Münster am Stein-Ebernburg, Bearb.: Volz, U., in: Landsiedlung Rheinland-Pfalz GmbH, Koblenz, Gemeinnütziges Organ des Landes für Struktur-, Land- und Gemeindeentwicklung, Koblenz 1973, S. 36.

** = Lt. Statistik der Kurbetriebe Bad Münster am Stein-Ebernburg.

CHARAKTERISTIK DES TOURISMUS

Kurzeit : Ganzjährig
Hauptsaison von Mitte April bis Mitte Oktober

Zeitliche Verteilung : Max. = September (Juni, Juli, August mit geringen Abweichungen)
(Bezugsjahr 1980)

    Gästeankünfte   4 890 = 12,1 % aller Jahresankünfte

    Gästeübernachtungen   55 650 = 12,3 % aller Jahresübernachtungen

Min. = Dezember (ca. 4 % aller Jahresübernachtungen)

Struktur der   Motiv und Kurkosten-Träger
Übernachtungsgäste
(Bezugsbasis = Gäste   (Angaben in % beziehen sich auf den Anteil an allen Jahresankünften
mit Kurbeitrags-   bzw. -übernachtungen)
zahlungen)
(Bezugsjahr 1980)

	Ankünfte	Übernachtungen	durchschnittliche Aufenthaltsdauer
"echte" Kurgäste in Sanatorien (= Sozialkurgäste)	6 693 16,6 %	194 716 43 %	20,1 Tage

Bad Münster am Stein-Ebernburg

"echte" Kurgäste außerhalb der Sanatorien (= Privatkurgäste) und Ferienerholer	35 590 83,4 %	258 045 57 %	7,7 Tage
Insgesamt	40 283	452 761	11,2 Tage

An schönen Wochenenden sehr starker Besuch von Naherholern aus dem Rhein-Main-Gebiet (vergleiche Abschnitt "Allgemeines").

Struktur der Übernachtungsgäste (ohne Gäste in den Sanatorien der Sozialversicherungsträger) (Bezugsjahr 1972)

(1) Herkunftsgebiet*

1. Nordrhein-Westfalen (insbes. Ruhrgebiet und Rheinland)
2. Norddeutschland (insbes. Hamburg)

Nur wenige Kurgäste kommen aus dem nahegelegenen Rhein-Main-Gebiet.

(2) Altersstruktur*

überwiegend Gäste über 50 Jahre

(3) Anreiseverkehrsmittel**

Verkehrsmittel	Anteil an Übernachtungsgästen
eigener Pkw	ca. 50 %
Eisenbahn	ca. 45 %
Omnibus	ca. 5 %

* = Lt. Befragung der Inhaber von Beherbergungsunternehmen (ohne Sanatorien der Sozialversicherungsträger) im Sommer 1972. Quelle: Erholungsgebiet "Rheingrafenstein", a.a.O., S. 62 f.

** = Lt. Gästebefragung im Jahre 1972 (?) im Auftrag des Ministeriums für Wirtschaft und Verkehr in Rheinland-Pfalz durch Team Regionale Entwicklungsplanung (TRENT), Forschungsgruppe an der Universität Dortmund, zitiert in: Erholungsgebiet "Rheingrafenstein", a.a.O., S. 63.

ERHOLUNGSFREUNDLICHE VERKEHRSMASSNAHMEN

Ausgangslage

Der Ortsteil Bad Münster am Stein wird von der stark befahrenen Bundesstraße B 48 (Rheintal - Bad Kreuznach - Kaiserslautern) durchquert. Insbesondere an schönen Wochenenden wurde der Kurbetrieb durch Kfz-Emissionen von Durchgangsverkehr (die "Nahe-Wein-Straße" durchquert den Ort im Zuge der B 48/L 235) und Zielverkehr beeinträchtigt.

Die Verkehrszählung am Pfingstsonntag 1972 ergab die Spitzenbelastung von 1 200 Kfz/h (zwischen 16.00 und 17.00 Uhr) auf der Berliner Straße am Rand der Kurzone. Die damit verbundene hohe Emissionsbelastung wird als Hauptverursacher von Nutzungsänderungen angesehen: Die Anzahl der Beherbergungsbetriebe (bis 1945 mit ca. 600 Betten) ist ständig zugunsten von Ladengeschäften zurückgegangen.

Das Gelände um Kurpark und Kurmittelhaus (= Zone I in Bild 2) ist Eigentum der "Kurbetriebe Bad Münster am Stein-Ebernburg" und war schon immer für den öffentlichen Fahrverkehr gesperrt.

Bad Münster am Stein-Ebernburg

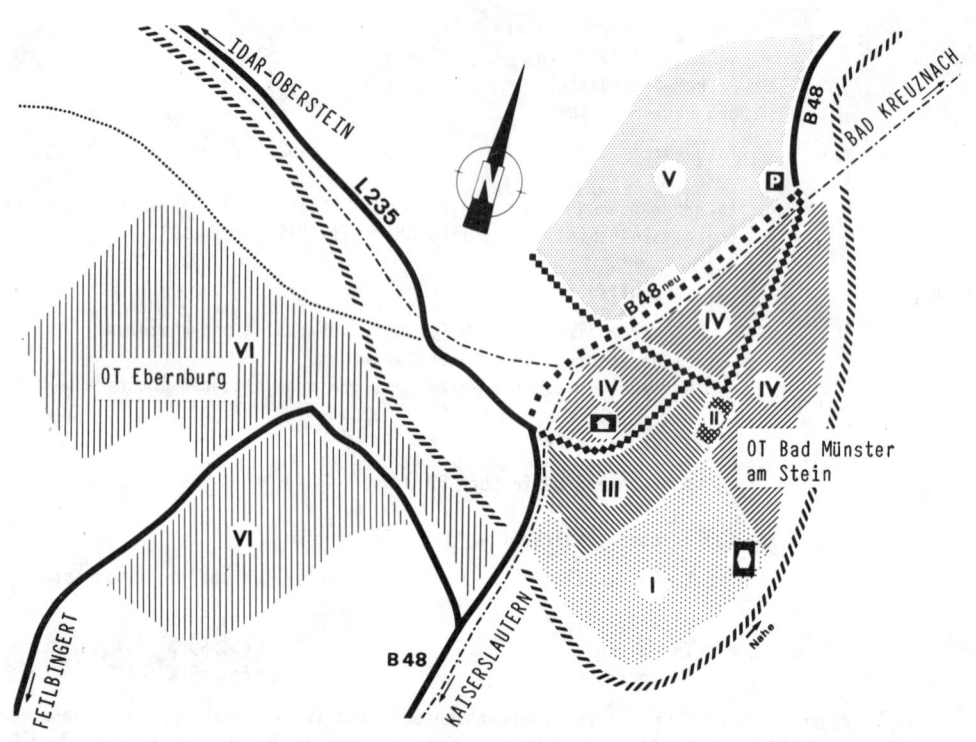

Bild 2: Übersichtsplan

//////////	Nahe
—·—·—·—	Eisenbahn
▬▬▬▬	Hauptverkehrsstraße
● ● ● ● ●	Ortsdurchfahrtsstraße (im Bau)
◆◆◆◆◆◆	Haupterschließungsstraße
I	Engeres Kurgebiet (Zone I)
II	Tiefgarage (Zone II)
III	Kurwohnzone (Zone III)
IV	Kurwohnzone (Zone IV)
V	Neubau-Wohngebiet (Zone V)
VI	OT Ebernburg (Zone VI)
P	Parkplatz
············	Radweg auf ehem. Bahntrasse
◨	Rathaus
◫	Kurverwaltung

Bad Münster am Stein-Ebernburg

Zielsetzungen

(1) Ausschluß des Durchgangsverkehrs aus dem Nahbereich der Kurzone.

(2) Sicherung der Nachtruhe für die Kurgäste.

(3) Minimierung des kurbedingten innerörtlichen Pkw-Verkehrs.

Maßnahmenkonzept

(1) Verschiebung der Durchgangsstraße im Zuge der B 48 vom Ortskern an die Eisenbahnstrecke (1983 im Bau).

(2) Flächenhafte Verkehrsbeschränkungen im Nahbereich um die Kurzone.

(3) Fußgängerfreundliche Gestaltung der Kurzone (siehe auch Abschnitt "Unterstützende Maßnahmen").

(4) Förderung der Benutzung öffentlicher Verkehrsmittel.

Ein Generalverkehrsplan oder vergleichbares wurde bisher nicht erstellt.

Restriktive Maßnahmen für Kraftfahrzeuge
(vgl. Bild 3)

Zone I   Privatgrundstück der Kurbetriebe

Gesperrt für Fahrzeuge aller Art. Früher wurden die vorhandenen Straßen teilweise wie öffentliche Straßen benutzt.

Zone II   Tiefgarage

Der Platz über der neuen Tiefgarage war vor deren Bau eine der von Fahrzeugen benutzten Straßen auf Privatgrundstück der Kurbetriebe (vgl. oben, zu Zone I). Nach Fertigstellung der Tiefgarage wurde der unterirdische Bereich dem öffentlichen Verkehr gewidmet, der Platz oberhalb wurde für Fahrzeuge gesperrt. Die Durchfahrt bis zum Privatparkplatz vor der Kurverwaltung ist jedoch für Anlieger weiterhin gestattet.

Zone III   An das engere Kurgebiet (Zone I) angrenzende Straßen:

Maßnahmen	Geltungszeiträume	
(1) Fahrverbot für Fahrzeuge aller Art (wegen des starken Naherholungsverkehrs am Wochenende)	a) Samstag 13.00 - 19.00 h	Ganzjährig
	b) Sonn- und Feiertag 10.00 - 19.00 h	Ganzjährig
(2) Parkverbot für Gäste-Pkw in der Kurhausstraße am Rand des engeren Kurgebiets	Ganztägig	Ganzjährig

Bad Münster am Stein-Ebernburg

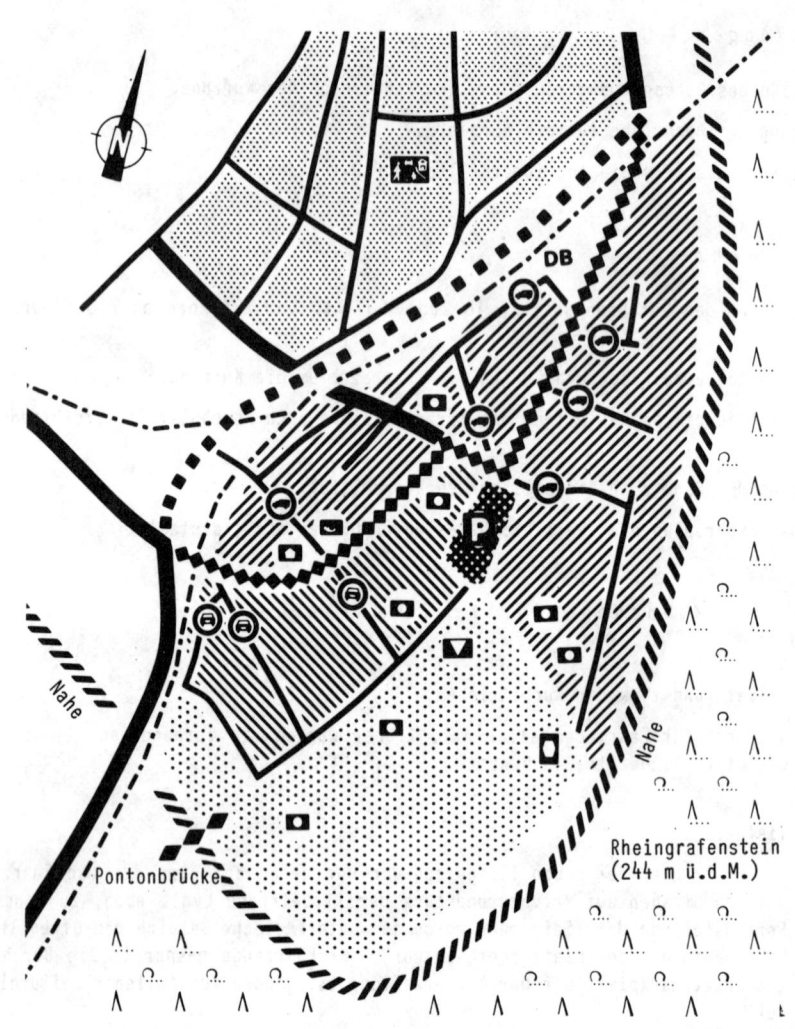

Bild 3: Erholungsfreundliche Verkehrsmaßnahmen

—··—··—	Eisenbahn
▬▬▬	Hauptverkehrsstraße
◆◆◆◆◆	Ortsdurchfahrt "Berliner Straße"
■ ■ ■	Ortsdurchfahrtsstraße (im Bau)
———	Sonstige Ortsstraße
░░░	Engerer Kurbezirk (Zone I)
✕✕✕	Tiefgarage (Zone II)
▨	Kurwohnzone (Zone III) — Wochenendfahrverbot für Kfz aller Art, Nachtfahrverbot für Lkw und Krad
▧	Kurwohnzone (Zone IV) — Nachtfahrverbot für Lkw und Krad
░	Neubaugebiet (Zone V)
🚸	Verkehrsberuhigter Bereich geplant
P	Parkplatz
▫	Rathaus
▭	Postamt
DB	Bahnhof
▯	Kurverwaltung
▽	Kurhaus
▭	Kureinrichtungen

Rheingrafenstein (244 m ü.d.M.)

Pontonbrücke

Nahe

Bad Münster am Stein-Ebernburg

Zone IV Gesamtes Gebiet zwischen Nahe und Eisenbahn, ausgenommen die Ortsdurchfahrt im Zuge der B 48 (Berliner Straße) und die Zufahrtstraße zu einem Neubaugebiet nördlich der Eisenbahn.

Maßnahmen	Geltungszeiträume	
Fahrverbot für Lkw und Krad (zur Beschilderung siehe Abschnitt "Unterstützende Maßnahmen")	22.00 - 06.00 h	Ganzjährig
Nach Verlegung der B 48 sind geplant		
- Erweiterung des Nachtfahrverbots auf Fahrzeuge aller Art (Berliner Straße ausgenommen)	22.00 - 06.00 h	Ganzjährig
- zusätzlich Nachtfahrverbot für Lkw und Krad auf der Berliner Straße	22.00 - 06.00 h	Ganzjährig

Zone V Ortserweiterung

Geplante Maßnahme:
Umgestaltung des Neubauviertels auf der dem Kurviertel abgewandten Seite der Eisenbahn/B 48 neu zu einem Verkehrsberuhigten Bereich gemäß Zeichen 325/326 StVO.

Unterstützende Maßnahmen

(1) Verlegung der Ortsdurchfahrt der B 48 parallel zur Eisenbahn (seit 1981 im Bau, Fertigstellung 1983). Die Forderung nach dieser Stadtkernumfahrung wurde bereits 1926 erstmals erhoben.

(2) Zu Zone II
Bau einer Tiefgarage am Rand des engeren Kurgebiets mit 148 Stellplätzen als Ersatz für die Oberflächenparkstreifen. Drei Parkdauer-Bereiche, die auf die unterschiedlichen Aufenthaltszeiten im Kurgebiet abgestimmt sind:
- bis 1/2 Stunde,
- 1 1/2 bis 2 1/2 Stunden,
- 2 1/2 bis 12 1/2 Stunden.

(3) Zu Zone III
Die ständig vorhandenen Verbotsschilder für das Nachtfahrverbot (22.00 - 06.00 h) werden an den Wochenenden bzw. Feiertagen jeweils um die Beschilderung für das Samstag/Sonntag/Feiertag-Fahrverbot ergänzt. Zusätzlich werden Sperrpfosten in Schieberschächte eingelassen, die die Durchfahrt für Pkw unmöglich machen.

(4) Zu Zone IV
Die Erweiterung des bestehenden Nachtfahrverbots für Lkw und Krad auf Kfz aller Art konnte bisher nicht durchgesetzt werden. Als "Kompromiß" wird folgende Beschilderung gewählt:
- Zeichen 250 StVO (Verbot für Fahrzeuge aller Art) mit
- Zusatzschild 721a StVO "22-6h" und
- Zusatzschild 723d StVO "Personenkraftwagen (Sinnbild) frei".

Diese ungewöhnliche Darstellung soll die Hemmschwelle für - vor allem ortsunkundige - Pkw-Fahrer erhöhen.

Die Einmündungen in die Berliner Straße (B 48) sind aufgepflastert und zum sonstigen Fahrstraßenbereich durch einen durchgehenden Tiefbord abgegrenzt. Diese "Schwelle" soll den Charakter des besonders schutzbedürftigen Bereichs um die engere Kurzone betonen und die Fahrgeschwindigkeit bei der Einfahrt herabsetzen.

(5) Einrichten von Auffangparkplätzen für den Naherholungsverkehr an drei Ortseingängen. Hinweisschilder "Parkplatz besetzt - Bitte hier parken" sollen die Benutzung dieser Abstellmöglichkeiten fördern und den Parksuchverkehr im Ortsinnern verringern helfen.

(6) Förderung öffentlicher Verkehrsmittel
Für den Verkehr zwischen der engeren Kurzone und den Unterkünften stehen den Kurgästen Großraumtaxis und Minibusse - auch bei Veranstaltungen am späten Abend - zur Verfügung. Der Fahrpreis beträgt - entfernungsunabhängig - DM 1,-- (im Jahre 1981). Die entstehende Kostenunterdeckung wird vom Kurbetrieb Bad Münster am Stein-Ebernburg ausgeglichen.

(7) Bei Straßenneu- bzw. -umbauten wird die fußgängerfreundliche Gestaltung gefördert.
Im ADAC-Wettbewerb "Fußgängerfreundliche Stadt" erhielt Bad Münster am Stein-Ebernburg in ihrer Größenklasse
- 1980 im Landeswettbewerb den 1. Platz und
- 1981 im Bundeswettbewerb den 2. Platz.

Auf der ehemaligen Trasse der Bahnstrecke rechts der Nahe wurde ein Wanderweg in Richtung Norheim-Niederhausen eingerichtet.

(8) Für den Fahrradverkehr wurde ein Radweg am Naheufer gebaut. Die Nahe kann auf einer für den Kfz-Verkehr gesperrten Pontonbrücke überquert werden.

(9) Erlaß einer "Polizeiverordnung zur Bekämpfung des gesundheitsgefährdenden Lärms" durch die Verbandsgemeinde am 15. August 1973.

Ausnahmeregelungen zu restriktiven Maßnahmen

Zu "Wochenendfahrverbot" in Zone III:

(1) Generelle Ausnahme für Notfahrzeuge etc.
"Arztbesuche frei" wird auf Zusatzschild angegeben.

(2) Ausnahmen für Anwohner
Auf Antrag erteilt die Stadtverwaltung Bad Münster am Stein-Ebernburg eine Ausnahmegenehmigung an Anwohner, die zu beliebig häufiger **Ein- und Ausfahrt** und zum **Parken** im öffentlichen Straßenraum berechtigt.
Die Kennzeichnung der Fahrzeuge mit Ausnahmegenehmigung erfolgt durch Plakette, siehe Bild F 35.

Erfahrungen mit restriktiven Maßnahmen

(1) Verlegung der Ortsdurchfahrt im Zuge der B 48
Die Beherbergungsbetriebe unterstützen den Neubauplan und die beabsichtigte Verdrängung des Durchgangsverkehrs einhellig. Dagegen befürchtete der Einzelhandel zunächst Umsatzrückgänge, seit Beginn der Baumaßnahme sind jedoch keine neuen Proteste bekannt geworden.

(2) Zu "Parkverbot" in Zone III
Das Parkverbot für Gäste-Pkw in der Zone III wird häufig übertreten. Die ständige Überwachung durch eine Politesse (im Auftrag der Bezirksregierung) ist erforderlich.

Bad Münster am Stein-Ebernburg

(3) Finanzierung von Verkehrsmaßnahmen

- Bau der Tiefgarage:
  Beteiligung von Bund und Land mit 70 % im Rahmen der Gemeinschaftsaufgabe "Verbesserung der regionalen Wirtschaftsstruktur".

- Umgestaltung zu Verkehrsberuhigten Bereichen gemäß Zeichen 325/326 StVO:
  Beteiligung der Grundstückseigentümer mit 50 % durch Festlegung in der Umbausatzung, die vom Stadtrat für jede infragekommende Straße verabschiedet wird.

VERZEICHNIS DER VERWENDETEN UNTERLAGEN

Informationsschrift zum 500jährigen Bestehen von Bad Münster am Stein-Ebernburg, Hrsg.: Kurverwaltung Bad Münster am Stein-Ebernburg, Bad Münster am Stein-Ebernburg 1978.

Erholungsgebiet "Rheingrafenstein". Fremdenverkehrsrahmenplanung erstellt im Auftrag der Verbandsgemeinde Bad Münster am Stein-Ebernburg, Bearb.: Volz, U., in: Landsiedlung Rheinland-Pfalz GmbH, Koblenz, Gemeinnütziges Organ des Landes für Struktur-, Land- und Gemeindeentwicklung, Koblenz 1973.

Nachtrag zu Restriktive Maßnahmen für Kraftfahrzeuge

Nach Fertigstellung der neuen Ortsdurchfahrt im Zuge der B 48 neu sollen ab 1985 alle Straßen im Bereich südlich davon verkehrsberuhigt umgestaltet werden (Zonen I bis IV). Eine Ausweisung als Verkehrsberuhigter Bereich mit den Zeichen 325 und 326 StVO ist bisher nicht vorgesehen.

Bild 1:
Orientierungsplan

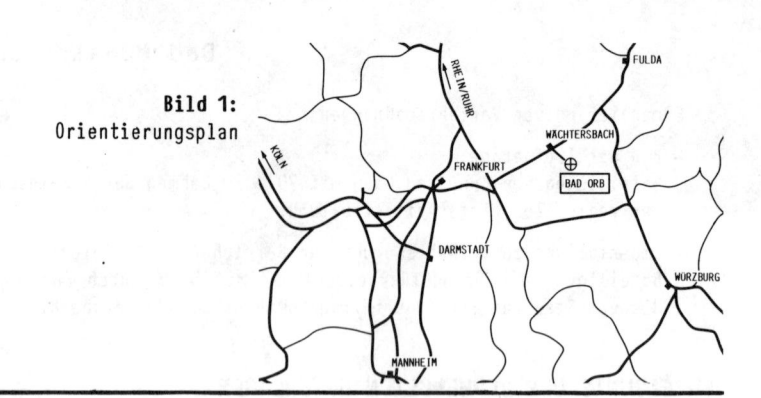

Bad Orb
Kenn-Nr. D 30 07

ÜBERSICHT

Bundesland	Hessen
Landkreis	Main-Kinzig-Kreis
Zentralörtliche Bedeutung	Mittelzentrum
Erwerbsstruktur	Vorrangig Tourismus und tourismusabhängiges Gewerbe, über 200 gewerbliche und ca. 300 Privatvermieter, keine Industrie
Einwohner (Stand 31.12.1980)	8 248
Geografische Lage	Mittelgebirge, im Naturpark Spessart
Höhenlage	170 - 540 m ü.d.M.
Gemeindegruppe	Heilbad
Ortstyp	"Gewachsener Ort", mittelalterlicher Ortskern, Gästeunterkünfte über den gesamten Ort verteilt
Bettenkapazität (Stand 1.4.1980)	6 473 (ohne Kinderheime, Jugendherbergen, Campingplätze)

Fremdenverkehrsstatistik	Winter 1979/80	Sommer 1980	FV-Jahr 1979/80
Gästeankünfte	15 439	46 739	62 178
Gästeübernachtungen	257 492	935 615	1 193 107
Aufenthaltsdauer (im Mittel)	16.7 Tage	20.0 Tage	19.2 Tage
FV-Intensität (Ü/100 E)	3 122	11 343	14 465

ALLGEMEINES

Mit der Gründung des Soleheilbades (1837) begann die allmähliche Entwicklung der mittelalterlichen Salzsiederstadt zu einem Heilbad. Mit dem Ausbau zum Herzheilbad entstand nach der Jahrhundertwende um den Kurpark der engere Kurbereich mit den Kurmittelhäusern - am Rande der Altstadt. Die Gästezahl stieg von 600 - 700 im Jahre 1900 auf rund 10 000 im Jahre 1913. Nach Rückschlägen als Folge der beiden Weltkriege besuchten Bad Orb im Jahre 1962 erstmals mehr als 50 000 Gäste.

Charakteristisch ist die Vielzahl der kleinen und mittleren Beherbergungsbetriebe sowie der Privatzimmervermieter, die über den gesamten Ort verteilt sind.

Bad Orb

CHARAKTERISTIK DES TOURISMUS

Kurzeit	: Ganzjährig
Zeitliche Verteilung (Bezugsjahr 1980)	: Max. = Juni (Mai, Juli, August, September mit geringen Abweichungen)

                        Gästeankünfte   8 444 = 13,4 % aller Jahresankünfte

                        Gästeübernachtungen   179 249 = 15,1 % aller Jahresübernachtungen

                Min. = Januar (ca. 1,5 % aller Jahresübernachtungen)

Gästestruktur   (1) Motiv

                Die Übernachtungsgäste sind vorwiegend "echte" Kurerholer (durchschnittliche Aufenthaltsdauer = 19 Tage)

                An schönen Wochenenden werden hohe Besucherzahlen von Naherholern aus dem Rhein-Main-Gebiet beobachtet.

            (2) Herkunftsgebiet (nach Bundesländern)

                1. Nordrhein-Westfalen
                2. Hessen
                3. Niedersachsen
                4. Berlin

            (3) Kurkosten-Träger

                3/5 = Privatkurgäste
                2/5 = Sozialkurgäste

                (In Bad Orb befinden sich keine Kur-Kliniken im Eigentum von Versicherungsträgern.)

ERHOLUNGSFREUNDLICHE VERKEHRSMASSNAHMEN

Ausgangslage

Die wichtigsten Zielgebiete des innerörtlichen Verkehrs sind die zentral gelegene Altstadt (= braune Zone in Bild 2, = Einkaufsbereich) und der daran anschließende engere Kurbereich (= grüne Zone in Bild 2, = Kurpark und Badehäuser). In den relativ engen Gassen der Altstadt kollidierten der erhebliche Fußgänger- und der Fahrzeugverkehr.

Die Gästeunterkünfte umschließen diesen Kernbereich von allen Seiten.

Altstadt und engerer Kurbereich wurden von einer Bundesstraße mit starkem Lkw-Verkehr tangiert.

Bad Orb

Zielsetzungen

(1) Verringerung des motorisierten Durchgangsverkehrs, vor allem des Lkw-Verkehrs.
(2) Schutz der Mittags- und Nachtruhezeiten.
(3) Entlastung der Altstadt vom motorisierten Verkehr.

Maßnahmenkonzept

(1) Umleitung des motorisierten Durchgangsverkehrs.
(2) Einrichten eines Verkehrslenkungs- und Orientierungssystems (vgl. Bsp. Horn-Bad Meinberg).
(3) Einführen flächenhafter Fahrbeschränkungen für Lkw und Krad.
(4) Einrichten eines Vorrangbereichs für Fußgänger in der Altstadt.

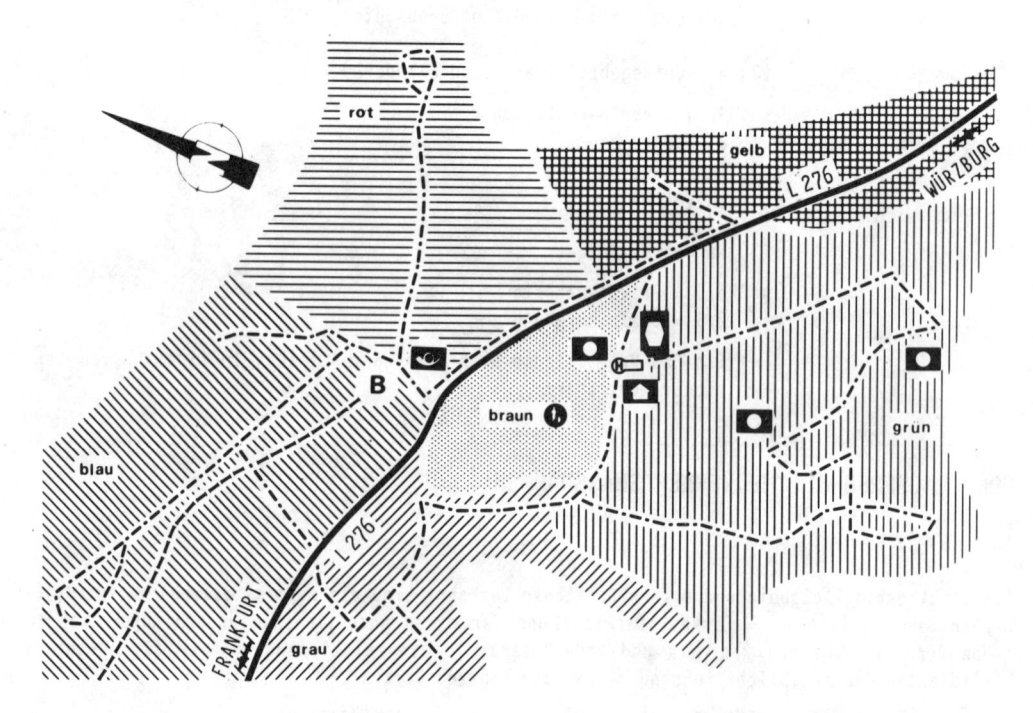

Bild 2: Übersicht der Verkehrszonen

```
------   Eisenbahn                                  B      Bahnhof
─────    Hauptdurchgangsstraße (früher Bundesstraße)        Postamt
-·-·-·   Stadtbus-Linien                                    Kurverwaltung
         "Fußgängerzone Innenstadt"                         Kureinrichtungen
         Rathaus                                            Zentrale Stadtbus-Haltestelle
```

Bad Orb

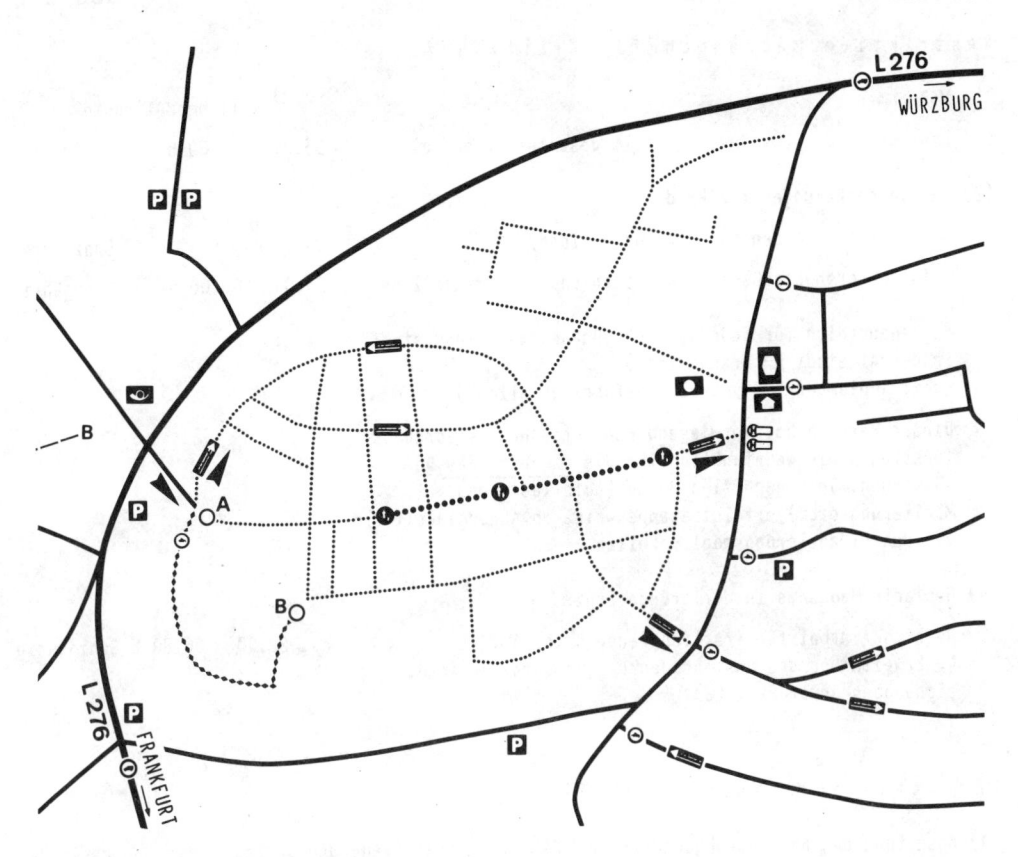

Bild 3: Fußgängerzone Innenstadt

‒ ‒ ‒ ‒	Eisenbahn	▶	Einfahrt bzw. Ausfahrt Innenstadt
▬▬▬	Hauptdurchgangsstraße	⇨	Einbahnstraße
⊖	Fahrverbot für Lkw im Durchgangsverkehr	P	Parkplatz
───	Sonstige Ortsstraße		Zentrale Stadtbus-Haltestelle
─⊖─	Fahrverbot für Krad		Rathaus
....	Straße in der "Fußgängerzone Innenstadt"		Postamt
····❶····	"Hauptstraße"	B	Bahnhof
····⊖····	Ganztägiges Fahrverbot für Krad		Kurverwaltung
O^A	Durchfahrtssperre "A"		Kureinrichtungen
O^B	Durchfahrtssperre "B"		

Bad Orb

Restriktive Maßnahmen für Kraftfahrzeuge

Maßnahmen	Geltungszeiträume	
(1) Fahrverbot für Lkw über 7,5 t im gesamten Ortsbereich	23.00 - 06.00 h	Ganzjährig
(2) Fahrbeschränkungen für Krad		
– im Bereich um den Kurpark (grüne Zone)	Ganztägig	Ganzjährig
– in mehreren Straßen in der roten und der grauen Zone	23.00 - 06.00 h	Ganzjährig

(3) Vorrangbereich für Fußgänger ("Fußgängerzone Innenstadt") in der Altstadt (= braune Zone) (seit September 1974) (vgl. ausführlich Bild 3)

Dieser Bereich hat vorwiegend Einkaufs- und Versorgungsfunktion sowie Wohnfunktion für die einheimische Bevölkerung. Der endgültige Umbau (Aufpflasterung, Möblierung etc.) erfolgt etappenweise in Abhängigkeit von den Finanzierungsmöglichkeiten.

(4) Geplante Maßnahme in der grünen Zone:

Nachtfahrverbot für Kraftfahrzeuge aller Art (= Erweiterung des bestehenden Fahrverbots für Krad, siehe oben unter Pkt. (2))   ca. 22.00 - 06.00 h Ganzjährig

Unterstützende Maßnahmen

(1) Abstufung der Hauptdurchgangsstraße B 246 zur Landesstraße und Verlegen der Bundesstraße. Weiträumige Umfahrungsmöglichkeit nach Aufstufung vorhandener Straßen.

(2) Einteilung des Stadtgebiets in sechs Verkehrszonen, die gegenseitig durchlässig sind (Siehe schematische Darstellung in Bild 2. Vgl. ähnliches Vorgehen in Horn-Bad Meinberg, anders in Norderney). Abgrenzungskriterien waren zum einen die Grenze des mittelalterlichen Stadtzentrums und zum anderen die günstigste Pkw-Zufahrt für anreisende Gäste zu ihren Unterkünften.

Eine farbige Darstellung der Verkehrszonen (braun/grün/grau/blau/rot/gelb) im Stadtplan sowie auf Hinweisschildern an den Einfahrtstraßen und innerhalb des Ortes erleichtern die Orientierung vor allem für ortsunkundige Gäste. Damit sollen sowohl der Suchverkehr verringert als auch eine gewisse Verkehrslenkung erreicht werden. Am jeweiligen Beginn einer Zone geben die dort aufgestellten Stadtpläne weitere detaillierte Informationen.
Vgl. hierzu auch den Hinweis im Ortsprospekt (Bild F 120) und den Ausschnitt aus dem Hotelverzeichnis, in dem die jeweilige Straßenangabe mit der entsprechenden Verkehrszone kombiniert wird (Bild F 121).

(3) Einbahnregelung in der grünen Zone.

(4) In direktem Zusammenhang mit der Einrichtung des Vorrangbereichs für Fußgänger wurden am Rand der Innenstadt 3 Parkplätze mit zusammen über 150 Stellplätzen für Pkw erstellt. Für Ausflugsbusse steht ein besonderer Parkplatz zur Verfügung.

Bad Orb

(5) Drei Stadtbuslinien erschließen alle Wohnbereiche und die Ausflugsziele am Stadtrand. Mit der Durchführung wurde ein privates Busunternehmen beauftragt, Zuschüsse der Kurverwaltung decken entstehende Defizite. An Samstagnachmittagen, Sonn- und Feiertagen ist der Linienverkehr eingestellt.

Ausnahmeregelungen in der "Fußgängerzone Innenstadt"
(vgl. Bild 3)

(A) Grundsätzliche Ausnahmen vom Fahrverbot für **Notfahrzeuge, Polizeifahrzeuge** und **kommunale Fahrzeuge**. An der Sperre "A" ist die Durchfahrt für Notfahrzeuge nach Entfernen eines Pfostens möglich.

(B) Ausnahmen für **Gäste** mit Unterkunft in der Sperrzone

Genehmigung für die jeweils einmalige Ein-/Ausfahrt bei An- und Abreise.
Die Ausnahmeregelung für Gästefahrzeuge wird im Unterkunftsverzeichnis bewußt nicht erwähnt. Hinweise geben die Prospekte der ansässigen Beherbergungsbetriebe.
Dauerabstellmöglichkeiten innerhalb der Sperrzone bestehen nur auf Privatparkplätzen der Beherbergungsbetriebe.

(C) Ausnahmen für **Anwohner** und in der Sperrzone ansässige **Geschäftsleute** auf Antrag
(vgl. die abgebildeten Muster von Genehmigungs-Vordrucken = Bilder F 20 und F 21 sowie von der Plakette = Bild F 33)

   (1) Allgemeine Bestimmungen

   - Gültigkeitsdauer der Ausnahmegenehmigung maximal ein Jahr,
   - nur für ein bestimmtes Fahrzeug gültig,
   - der räumliche Geltungsbereich wird im Einzelfall festgelegt, jeweils durch Angabe der Straße/n bzw. der Teilabschnitte von Straßen,
   - der mittlere Abschnitt der Hauptstraße darf weder befahren noch überquert werden.

   (2) Ausnahmen für Anwohner
   - Genehmigung der beliebig häufigen Ein- und Ausfahrt bis zum eigenen Einstellplatz. Kennzeichnung des Fahrzeugs durch **rote** Plakette an der Windschutzscheibe.

   - Zusatzgenehmigung zum Parken im öffentlichen Straßenraum möglich. Kennzeichnung des Fahrzeugs durch **grüne** Plakette.

   (3) Ausnahmen für ansässige Geschäftsleute

   Genehmigung der beliebig häufigen Ein- und Ausfahrt zum Be- und Entladen.
   Das Parken ist nur auf privatem Einstellplatz erlaubt.
   Kennzeichnung des Fahrzeugs durch **rote** Plakette.

(D) Ausnahmen für sonstigen **Lieferverkehr**

   Genehmigung der Ein- und Ausfahrt zum Zwecke von Be- und Entladen zwischen 07.00 und 10.00 Uhr (weitere zeitliche Einschränkungen im Einzelfall möglich).
   In der Anfangsphase begann die Anlieferungsmöglichkeit bereits um 06.00 Uhr.

Bad Orb

(E) Ausnahmen für **Taxis**

Die örtlichen Taxiunternehmen haben generell ganztägig geltende Ausnahmegenehmigungen für ihre Fahrzeuge.

Erfahrungen mit restriktiven Maßnahmen

zu (1) Das Nachtfahrverbot für Lkw wird gut eingehalten.

zu (2) Zur Einhaltung der übrigen Fahrverbote, vor allem in der Altstadt und in den Krad-Sperrzonen, sind tägliche Polizeikontrollen notwendig (Landespolizei und städtische Hilfspolizei).

zu (3) Vorrangbereich für Fußgänger

Beschilderung = Zeichen 250 StVO (Verbot für Fahrzeuge aller Art) mit Zusatzschild "Fußgängerzone"

Nach Auskunft der Stadtverwaltung wird die Einrichtung des großflächigen Vorrangbereichs für Fußgänger in der Altstadt heute allgemein positiv bewertet:

Die **Beherbergungsbetriebe** waren bereits vor der Einführung Befürworter

- Betriebe außerhalb der Altstadt erhofften sich eine weitere Steigerung der Attraktivität des gesamten Ortes,
- Betriebe innerhalb der Altstadt erhofften sich die Sicherung ihrer Existenzgrundlage durch den Schutz der Nacht- und vor allem der Mittagsruhe. Voraussetzung war die Möglichkeit zum Erteilen von Ausnahmegenehmigungen für An- und Abfahrt ihrer Gäste. Heute ist die Lage innerhalb der "Fußgängerzone Altstadt" ein Werbeargument.

Der **Einzelhandel** war vor der Einführung und während der Anfangsphase sehr skeptisch. Heute findet diese Maßnahme breite Zustimmung.

Die **Gäste** nutzen die immissionsarme, fußgängerfreundliche Altstadt als Einkaufs- und Bummelzone.

Erfahrungen mit unterstützenden Maßnahmen

Zu (1) Verlegung der Bundesstraße
Starke Abnahme des Durchgangsverkehrs nach Verlegung der Bundesstraße. Der noch vorhandene Fahrzeugverkehr auf der Durchgangsstraße ist vorwiegend Zielverkehr nach Bad Orb.

Zu (2) Einrichten von Verkehrszonen
Diese verkehrslenkende Maßnahme hat durch Verringerung des Suchverkehrs auch verkehrsberuhigende Effekte für die Gesamtstadt.

Bad Orb

Erfahrungen mit sonstigen Maßnahmen

(1) Ein Versuch mit Geschwindigkeitsbeschränkungen auf max. 30 bzw. 40km/h in der grünen Zone (in einzelnen, nicht zusammenhängenden Straßen) wurde 1980 wieder aufgehoben. Die Gründe waren:
- wegen ständiger Übertretungen und daher notwendiger Dauerüberwachung nicht praktikabel,
- erhöhte Lärmbelastung statt Lärmminderung*.

* = lt. Auskunft der Stadtverwaltung: nach einer Studie im Auftrag des Regierungspräsidenten Darmstadt und des Hessischen Innenministers

(2) Ein Fahrverbot für Kraftfahrzeuge in der Hauptstraße (= Hauptgeschäftsstraße der Altstadt) an Samstagvormittagen wurde nach Versuchen in den Jahren 1969 und 1970 (= vor Einrichtung der "Fußgängerzone Innenstadt") nicht wiederholt.

Bild 1: Orientierungsplan

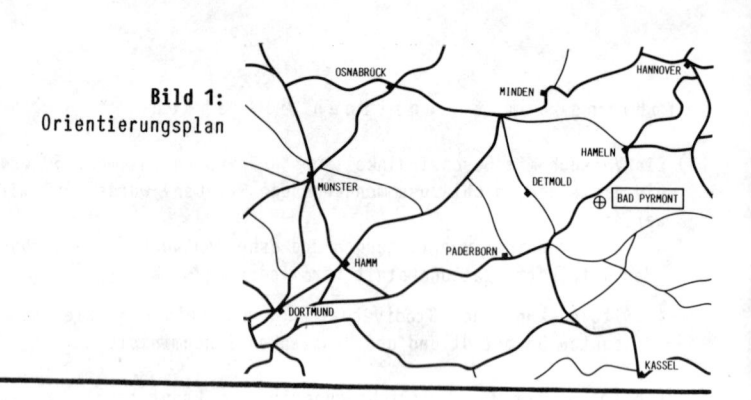

Bad Pyrmont
Kenn-Nr. D 44 02

ÜBERSICHT

Bundesland	Niedersachsen
Landkreis	Hameln-Pyrmont
Zentralörtliche Bedeutung	Mittelzentrum
Erwerbsstruktur	Vorwiegend Kurbetrieb und sonstige Dienstleistungen, Spielbank, Einkaufsstadt
Zugehörige Ortsteile	Löwensen, Thal, Hagen, Baarsen, Eichenborn, Großenberg, Kleinenberg, Neersen
Einwohner (Stand 31.12.1980)	21 847, davon in der Kernstadt ca. 17 000
Geografische Lage	Mittelgebirge, in Tallage im Weserbergland
Höhenlage	110 - 170 m ü.d.M.
Gemeindegruppe	Heilbad, Niedersächsisches Staatbad
Bettenkapazität (Stand 1.4.1980)	4 214 (ohne Kinderheime, Jugendherbergen, Campingplätze)

Fremdenverkehrsstatistik	Winter 1979/80	Sommer 1980	FV-Jahr 1979/80
Gästeankünfte	20 795	37 457	58 252
Gästeübernachtungen	227 374	475 879	703
Aufenthaltsdauer (im Mittel)	10.9 Tage	12.7 Tage	12.1 Tage
FV-Intensität (Ü/100 E)	1 039	2 175	3 214

ALLGEMEINES

Die Heilkraft der Pyrmonter Quellen war schon den Römern bekannt. Ein erster schriftlicher Nachweis der Heileigenschaften liegt aus dem 14. Jahrhundert vor. Der Kurbetrieb fand im Jahre 1681 - dem sogenannten Pyrmonter Fürstensommer - einen ersten gesellschaftlichen Höhepunkt. Seit 1947 ist Bad Pyrmont Niedersächsisches Staatsbad.

Bis zur Gründung der "Neustadt Pyrmont" im Jahre 1720 mußten die Kurgäste ihre Unterkünfte in den umliegenden Dörfern nehmen. Der neuen Gemeinde wurden bald die Stadtrechte verliehen. Seine heutige Größe erhielt Bad Pyrmont durch die Eingemeindung von acht Dörfern am 1. Januar 1973 im Zuge der Gebiets- und Verwaltungsreform.

Bad Pyrmont

CHARAKTERISTIK DES TOURISMUS

Kurzeit	: Ganzjährig	
Zeitliche Verteilung (Bezugsjahr 1978)	: Max. = Mai (Juni, Juli, August mit geringen Abweichungen) Gästeankünfte: 4 955 = 12,9 % aller Jahresankünfte	
	Min. = Dezember (ca. 2 % aller Jahresankünfte)	

Struktur der Übernachtungsgäste*

(1) Altersgruppe von ... bis ... unter — Anteil an den Übernachtungsgästen

unter 30 Jahre	2,5 %
30 - 40 Jahre	6,9 %
40 - 50 Jahre	14,6 %
50 - 65 Jahre	37,4 %
65 Jahre und älter	38,6 %

(2) Herkunftsgebiet (nach Bundesländern) — Anteil an allen Jahresankünften

Niedersachsen/Bremen	30 %
Nordrhein-Westfalen	25 %
Berlin (West)	14 %
Schleswig-Holstein	9 %
Sonstige und Ausland	22 %

(3) Verkehrsmittel — Anteil an allen Jahresankünften

Eisenbahn	49 %
Pkw	41 %
Omnibus	8 %
Sonstige	2 %

(4) Kurkosten-Träger** — Anteil an allen Kur- und Erholungsgästen

	1980	1970
Privatkurgäste	48,3 %	64,5 %
Sozialkurgäste	51,7 %	35,5 %

* = Lt. Auswertung der Stichprobenziehung aus den Formularen zur Kurkartenausgabe des Jahres 1978 durch die Kurverwaltung Bad Pyrmont.

** = nach: Bad Pyrmont. Daten, Fakten, Zahlen. Faltblatt der Stadt Bad Pyrmont (Hrsg.), Bad Pyrmont 1981.

Bad Pyrmont

ERHOLUNGSFREUNDLICHE VERKEHRSMASSNAHMEN

Ausgangslage

Kurpark- und Kurbezirk liegen im Zentrum der Stadt (vgl. Bild 2). Die Nachtruhe wurde hier durch Kfz - vor allem im Innerortsverkehr - stark beeinträchtigt.

Zielsetzungen

- Ordnung des Durchgangs- und des innerörtlichen Kfz-Verkehrs
- Schutz der Wohnbevölkerung und der Gäste vor Lärm und Abgasen

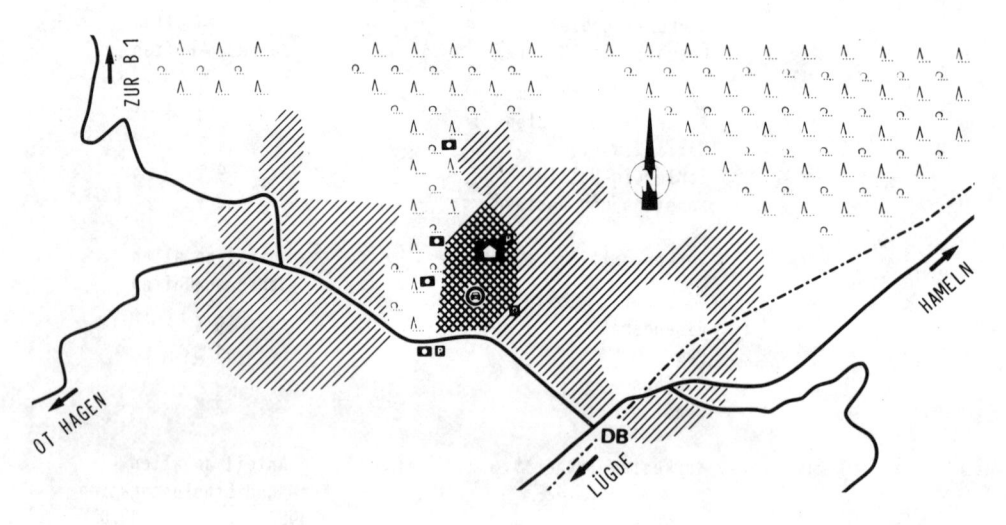

Bild 2: Übersichtsplan

```
---·---·---   Eisenbahn
——————        Hauptverkehrsstraße
    ▫         Auffangparkplatz
▰▰▰▰▰         Bebauter Bereich
▨▨▨▨▨         Kurbezirk mit Nachtfahrverbot für Kfz aller Art
    ◼         Rathaus
    ▪         Kureinrichtungen
    DB        Bahnhof
  ∧ ∩ ∧       Kurpark, Wald
```

Bad Pyrmont

Maßnahmenkonzept

(1) Fahrbeschränkungen für Kraftfahrzeuge mit unterschiedlichen Geltungszeiten für die Fahrzeuggruppen Pkw, Kraftomnibus, Lkw und Krad.

(2) Verhindern des innerörtlichen Durchgangsverkehrs im engeren Kurbereich.

(3) "Verkehrskonzept Innenstadt"*

> "C. Das Verkehrs-Konzept Innenstadt ist möglichst vor Hauptkurbeginn 1983 für eine Erprobungsphase von mind. 2 Jahren einzuführen. Die sich hieraus ergebenden Maßnahmen zur Verkehrsberuhigung sind zunächst durch mobile Einrichtungen und Markierungen zu schaffen. Die Fragen von einzelnen Ausbaumaßnahmen - (...) - sind auf Grund dieser Konzeption während des Erprobungsstadiums zu klären und in den zuständigen Ratsgremien zu beraten.
>
> Außerdem wird der Bevölkerung, den Gästen sowie den örtlichen Interessenverbänden und Organisationen die Möglichkeit zur kritischen Prüfung und Stellungnahme gegeben."

* = Auszug aus dem Beschluß des Stadtrats vom 17. März 1983

Restriktive Maßnahmen für Kraftfahrzeuge
(vgl. Bild 3)

Maßnahme	Geltungszeiträume	
(A) Einrichten eines Vorrangbereichs für Fußgänger in einem Teilabschnitt der Hauptgeschäfts- und Hauptverkehrsstraße (Fertigstellung März/April 1978, Erweiterungen sind vorgesehen)		
(B) Durchführung verkehrsberuhigender Maßnahmen in einzelnen Straßenabschnitten außerhalb des Kfz-Sperrbereichs (Straßeneinengungen durch Blumenkübel, versetztes Parken), für weitere Straßenabschnitte innerhalb des Kfz-Sperrbereichs geplant (s. oben den Auszug aus dem "Verkehrskonzept Innenstadt")		
(C) Verbot für Kfz aller Art im engeren Kurbezirk (32 Straßen und Plätze) (s. hierzu den Hinweis im Ortsprospekt = Bild F 85)	23.30 - 06.00 h	1.4. - 30.9.
(D) Fahrbeschränkungen im erweiterten Kurbezirk		
(1) Verbot für Lkw über 2,8 t	13.00 - 15.00 h	1.4. - 31.10.
(2) Verbot für Krad (einschl. Moped und Mofa)	Ganztägig	Ganzjährig
(3) Verbot für Omnibus (ausgenommen Linienbusse im Stadtverkehr)	Ganztägig	1.4. - 31.10.

Bad Pyrmont

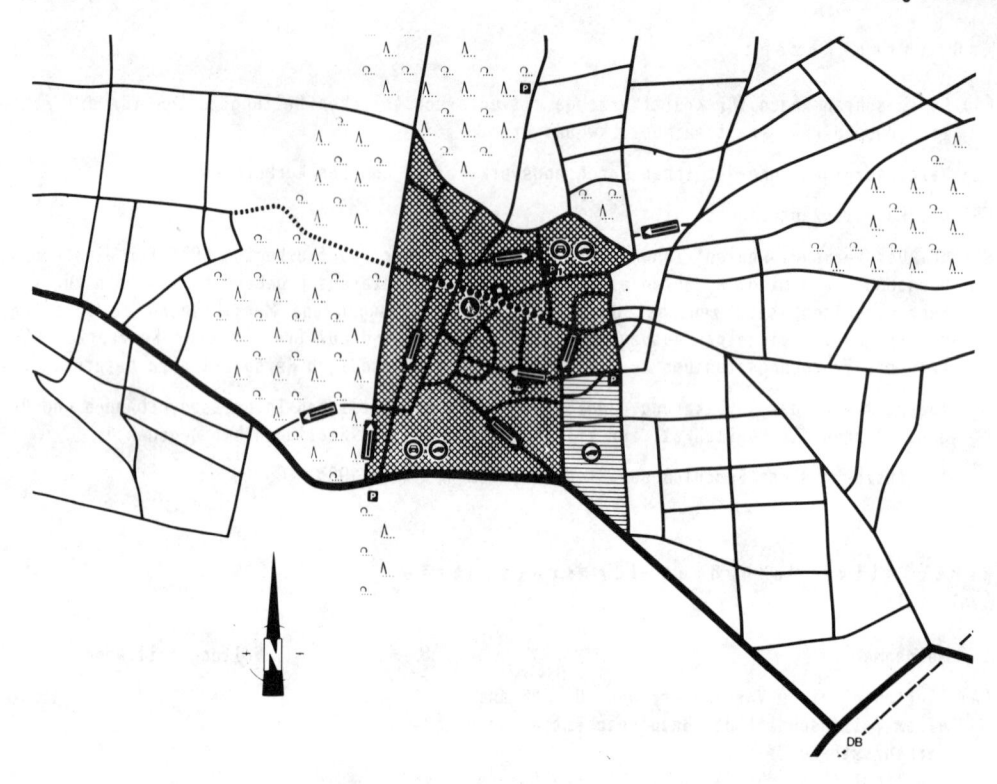

Bild 3: Erholungsfreundliche Verkehrsmaßnahmen

- — — — Eisenbahn
- ▬▬▬ Hauptverkehrsstraße
- ——— Sonstige Ortsstraße
- ⊂⊃ Einbahnstraße
- P Auffangparkplatz
- P Parkhaus
- Kurbezirk mit Fahrverbot für Kfz aller Art, s. Restriktive Maßnahme (C)
- Erweiterter Kurbezirk mit Fahrverbot für Lkw und Krad, s. Restriktive Maßnahme (D)
- Vorrangbereich für Fußgänger "Brunnenstraße"
- ▪ Rathaus
- ▪ Postamt
- ∧ ∧ ∧ Kurpark
- DB Bahnhof

Bad Pyrmont

Unterstützende Maßnahmen

(1) Einbahnregelungen verringern die Einfahrtmöglichkeiten für Kraftfahrzeuge in den Kurbezirk und damit auch den Durchgangsverkehr.

(2) Zur Entlastung der Innenstadt vom Individualverkehr wurde im Zusammenhang mit der Erstellung des Vorrangbereichs für Fußgänger ein Stadtbus-Verkehr eingerichtet.

    Linie A: Bedienungszeit ca. 05.30 bis 23.00 Uhr,
                     30-Minuten-Takt, ab 20.00 Uhr 1-Stunden-Takt

    Linie B: Bedienungszeit ca. 09.00 bis 18.00 Uhr,
                     1-Stunden-Takt, nicht an Sonn- und Feiertagen

Ausnahmeregelungen zu restriktiven Maßnahmen

Maßnahme	Ausnahmezeiträume	
zu (A) Vorrangbereich für Fußgänger Anlieger frei	06.00 - 10.00 h u. 18.30 - 21.00 h	Ganzjährig
zu (C) Fahrbeschränkungen im Kurbezirk		
Ausnahmegenehmigungen werden nur in besonders dringenden Fällen erteilt. Die Antragstellung erfolgt formlos mit ausführlicher Begründung (siehe Muster der Ausnahmegenehmigung = Bild F 52)		
Generelle Ausnahmen bestehen für - Taxi in Ausübung ihrer Beförderungspflicht - Ein- und Ausfahrt zum Parkhaus in der Rathausstraße	Ganztägig	1.4. - 30.9.

Erfahrungen mit vollzogenen Maßnahmen

zu (A) Vorrangbereich für Fußgänger

    Die Brunnenstraße ist ein zentraler Bereich für Verwaltung (Rathaus), Einkauf und Dienstleistungen in der Nähe des Kurparks und der Kurmittelhäuser. Bis zur Umgestaltung (1977/78) war sie gleichzeitig eine wichtige Ost-West-Achse für den Fahrzeugverkehr.

    Heute wird dieser Bereich von Einheimischen und Gästen als Einkaufs- und Bummelzone stark genutzt. Eine Erweiterung (z.Z. sind ca. 300 m fertiggestellt) ist geplant.

    An den Gesamtkosten der Umgestaltung in Höhe von ca. 2,4 Millionen DM beteiligte sich das Land Niedersachsen (Minister für Wirtschaft und Verkehr) mit einem Zuschuß in Höhe von DM 850 000,--.

Bad Pyrmont

zu (C) Fahrbeschränkungen im Kurbezirk

Der Kurbezirk mit 32 Straßen und Plätzen schließt im Osten an den Kurpark an.

Die Einführung des Nachtfahrverbots für Kfz aller Art im Jahre 1966 und die restriktive Vergabe von Ausnahmegenehmigungen wurden von starken Protesten der betroffenen einheimischen Bevölkerung begleitet. Heute wird diese Regelung allgemein akzeptiert.

Die Kurgäste befürworten die Fahrbeschränkungen mit großer Mehrheit. Eine Gästebefragung der Kurverwaltung ergab, daß diese Maßnahmen ein wesentliches Kriterium für die Wahl Bad Pyrmonts zum Kurort sind.

Bild 1:
Orientierungsplan

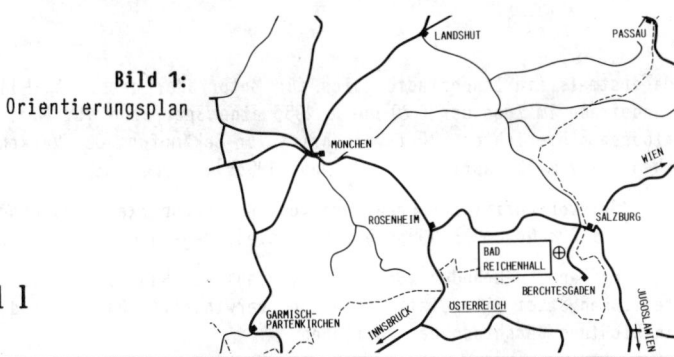

Bad Reichenhall

Kenn-Nr. D 23 02

ÜBERSICHT

Bundesland	Bayern
Landkreis	Berchtesgadener Land
Zentralörtliche Bedeutung	Mittelzentrum
Erwerbsstruktur	Tourismus (vorrangig Kurbetrieb), Einkaufsstadt mit überörtlicher Bedeutung, Spielcasino im Staatlichen Kurhaus
Einwohner (Stand 31.12.1980)	Bad Reichenhall insgesamt 17 949 davon im Kernort ca. 13 000 (Bayerisch Gmain insgesamt 2 575)
Höhenlage	470 m bis 1 614 m ü.d.M. (Bayerisch Gmain 570 m)
Gemeindegruppe	Mineral- und Moorheilbad (Bayerisches Staatsbad) (Bayerisch Gmain = Erholungsort ohne Prädikat)
Bettenkapazität (Stand 1.4.1980)	7 938 (ohne Kindererholungsheime, Jugendherbergen, Campingplätze) (Bayerisch Gmain = 1 724)

Die folgenden Angaben wurden nach den statistischen Angaben für die Gemeinden Bad Reichenhall und Bayerisch Gmain ermittelt:

Fremdenverkehrsstatistik	Winter 1979/80	Sommer 1980	FV-Jahr 1979/80
Gästeankünfte	41 310	84 425	125 735
Gästeübernachtungen	563 273	1 233 547	1 796 820
Aufenthaltsdauer (im Mittel)	13.6 Tage	14.6 Tage	14.3 Tage
FV-Intensität (Ü/100 E)	2 744	6 010	8 754

ALLGEMEINES

Das Berchtesgadener Land ist ein traditionelles Ziel für Kur und Erholung. Die frühere große wirtschaftliche Bedeutung der Salzgewinnung wurde vom Tourismus übernommen, er ist heute der Hauptwirtschaftszweig. Nach dem 2. Weltkrieg entschied sich die Stadt Bad Reichenhall, keine Industrieansiedlung zuzulassen, sondern bevorzugt den weiteren Ausbau zum Heilbad zu fördern.

Nach dieser grundsätzlichen Entscheidung begann 1950 die Diskussion um erste verkehrsbeschränkende Maßnahmen zum Schutz der Mittags- und Nachtruhe der Kurgäste. Im August 1951 wur-

Bad Reichenhall

de erstmals ein Innenstadtbereich für Motorräder gesperrt. Mit der Fertigstellung der Ortsrandstraße im Zuge der B 20 wurde 1953 eine Sperrzone für Motorräder, Lastkraftwagen und Omnibusse eingerichtet ("Ortsvorschrift zur Bekämpfung des Verkehrslärms in der Stadt Bad Reichenhall vom 30. April 1953 / 3. Juni 1953").

Die "Ortsvorschrift zur Erhaltung von Ruhe, Sauberkeit und Ordnung in der Stadt Bad Reichenhall vom 20. November 1953" ergänzte diese Regelung.

In mehreren Großbränden wurde die Altstadt von Bad Reichenhall zerstört. Reste der mittelalterlichen Stadt mit relativ engen und verwinkelten Gassen sind im Bereich Rathaus/Ortsausgang in Richtung Berchtesgaden zu finden.

Da das engere Kurzentrum von Bad Reichenhall direkt in die Wohnzone der selbständigen Gemeinde Bayerisch Gmain übergeht, wird die Verkehrssituation beider Gemeinden im Rahmen dieser Arbeit zusammenhängend betrachtet.

CHARAKTERISTIK DES TOURISMUS

Kurzeit : Ganzjährig

Zeitliche Verteilung : Max. = Juli
(Bezugsjahr 1981)
(Bezugsraum = Stadt
Bad Reichenhall)

    Gästeankünfte   11 627 = ca. 14 % aller Jahresankünfte

    Gästeübernachtungen 190 880 = ca. 12 % aller Jahresübernachtungen

Struktur der (1) Motiv
Übernachtungsgäste
(Bezugsjahr 1980)

    Naherholer : unbedeutend

    Urlauber : 35 - 40 % aller Übernachtungsgäste während der Monate Juni bis Mitte September

    Kurerholer : 60 - 65 % aller Übernachtungsgäste in der Sommersaison, in der übrigen Zeit nahezu 100 %

  (2) Alter

    Schwerpunkte mit jeweils ca. 30 % bilden die Altersgruppen 35 bis 50 Jahre und 50 bis 65 Jahre

  (3) Kurkosten-Träger   Anteil an allen
                Kur- und Erholungsgästen

    Privatkurgäste   ca. 80 %
    Sozialkurgäste   ca. 20 %

  (4) Anreiseverkehrsmittel   Anteil an allen
                Kurgästen

    Eisenbahn   47,7 %
    Privater Pkw   46,6 %
    Flugzeug   4,8 %
    Omnibus   1,0 %

    (Es wird eine wachsende Tendenz zur Benutzung der Eisenbahn beobachtet)

Bad Reichenhall

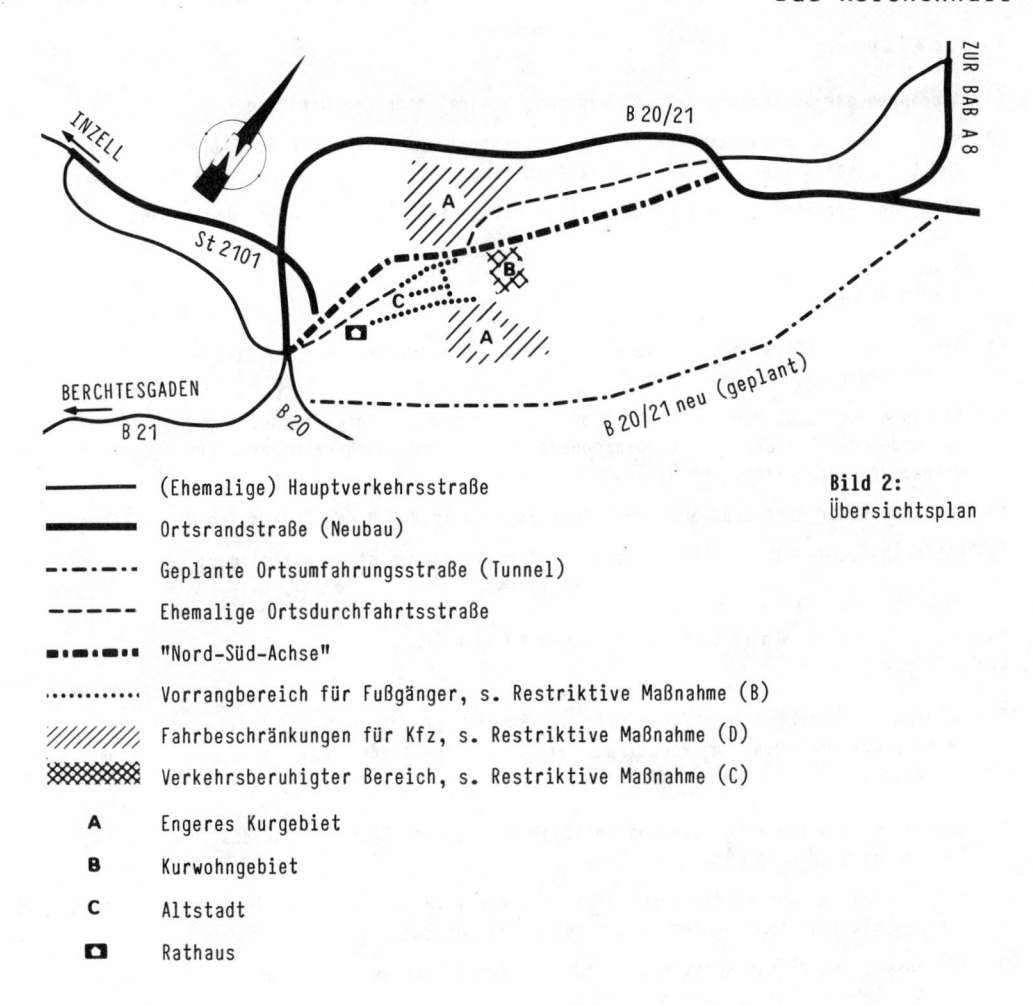

Bild 2: Übersichtsplan

▬▬▬	(Ehemalige) Hauptverkehrsstraße
▬▬▬	Ortsrandstraße (Neubau)
─·─·─	Geplante Ortsumfahrungsstraße (Tunnel)
─ ─ ─	Ehemalige Ortsdurchfahrtsstraße
■·■·■	"Nord-Süd-Achse"
··········	Vorrangbereich für Fußgänger, s. Restriktive Maßnahme (B)
/////////	Fahrbeschränkungen für Kfz, s. Restriktive Maßnahme (D)
✕✕✕✕✕	Verkehrsberuhigter Bereich, s. Restriktive Maßnahme (C)
A	Engeres Kurgebiet
B	Kurwohngebiet
C	Altstadt
▢	Rathaus

ERHOLUNGSFREUNDLICHE VERKEHRSMASSNAHMEN

Ausgangslage
(vgl. Bild 2 sowie Bild 2 zu Berchtesgaden)

Die räumlich beengte Lage von Bad Reichenhall in einem Talbecken erschwert eine weiträumige Umfahrung des Kurbereiches. Besondere Belastungen entstehen aus dem starken Durchgangsverkehr, der sich aus dem Freizeitverkehr in Richtung Berchtesgaden/Königssee (B 20) und dem Transitverkehr (vor allem der Lastkraftwagen) zwischen Salzburg und Innsbruck (B 21) zusammensetzt. Die innerstädtische Hauptverkehrsstraße (parallel zur Eisenbahn) teilt den engeren Kurbereich in einen östlichen und einen westlichen Bereich.

Die enge räumliche und kurbetriebsbedingte Verflechtung mit Bayerisch Gmain ergibt starke Verkehrsströme zwischen beiden Gemeinden. Die direkten Verbindungswege durchqueren das Kurzentrum mit Kurhaus und Kurgarten, dadurch wurde der Kurbetrieb in diesem Bereich stark beeinträchtigt.

Bad Reichenhall

Zielsetzung

(1) Abdrängen des Durchgangsverkehrs aus dem Kurbereich an den Ortsrand

(2) Minimierung des motorisierten Innerortsverkehrs zum Schutz der Ruhe und der Reinhaltung der Luft (Bad Reichenhall ist vor allem Heilbad für Erkrankungen der Atmungsorgane)

(3) Sicherung der Stellung als Einkaufsstadt bei geringer Belästigungen des Kurbetriebes

Maßnahmenkonzept

(1) Bau einer Ortsrandstraße zur Aufnahme des Durchgangsverkehrs (eine weitere Umfahrung mit Tunnellösung ist in der Planung, siehe Bild 2).

(2) Ausbau einer neuen Hauptverkehrsstraße am Rand des Ortskerns parallel zur Eisenbahn. Diese Nord-Süd-Achse soll den verbleibenden Kraftfahrzeugverkehr bündeln und dadurch die angrenzenden Kurbereiche entlasten.

(3) Verhindern der direkten Fahrt nach Bayerisch Gmain durch den Kurbereich Bad Reichenhall.

(4) Flächenhafte Verkehrsbeschränkungen für Kraftfahrzeuge mit Ausnahmeregelungen.

Restriktive Maßnahmen für Kraftfahrzeuge
(vgl. Bilder 3 und 4)

(A) Sperren der direkten Durchfahrt zwischen Bayerisch Gmain und Bad Reichenhall. Zwei Straßenbarrieren zwingen zur Benutzung der Umfahrungsstraße bzw. der innerörtlichen Nord-Süd-Achse.

(B) Vorrangbereich für Fußgänger (Gesamtlänge ca. 1,8 km, Gesamtfläche ca. 14 000 m²)
(= Bereich C in Bild 2)

(1) Sperren der ehemaligen Hauptverkehrsstraße in einem Teilstück im Geschäftsbereich und Umgestaltung zum Vorrangbereich für Fußgänger (seit 1974).

(2) Ausweitung dieses Bereichs südlich des Kurgartens zur fußläufigen Verbindung der Kurbereiche mit dem Einkaufsbereich.

(C) Verkehrsberuhigter Bereich gemäß Zeichen 325/326 StVO (seit 1981)
(= Bereich B in Bild 2).

Ergänzung des Vorrangbereichs für Fußgänger nördlich des Kurgartens durch eine Mischzone mit vier Straßen, auf denen der Kfz-Verkehr bereits durch Mittags- und/oder Nachtfahrverbote beschränkt ist.

Weitere Verkehrsberuhigte Bereiche gemäß Zeichen 325/326 StVO sind innerhalb des Kernortes und im Ortsteil Marzoll bereits fertiggestellt oder geplant.

Bad Reichenhall

(D) Ganzjährige Fahrbeschränkungen für Pkw, Lkw und Krad mit unterschiedlichen räumlichen und zeitlichen Geltungsbereichen (= Bereiche A und B in Bild 2):

Maßnahmen	Geltungszeitraum
(1) Fahrbeschränkungen für Pkw (siehe Bild 3)	
- Bereiche mit Nachtfahrverbot	00.00 - 06.00 h
- Bereiche mit Nacht- und Mittagsfahrverbot	00.00 - 06.00 h u. 13.30 - 15.00 h

(Siehe hierzu auch den Hinweis für Kurgäste "Verkehrsbeschränkungen zur Kurgebietsruhe" im Ortsprospekt, Ausschnitt in Bild F 86)

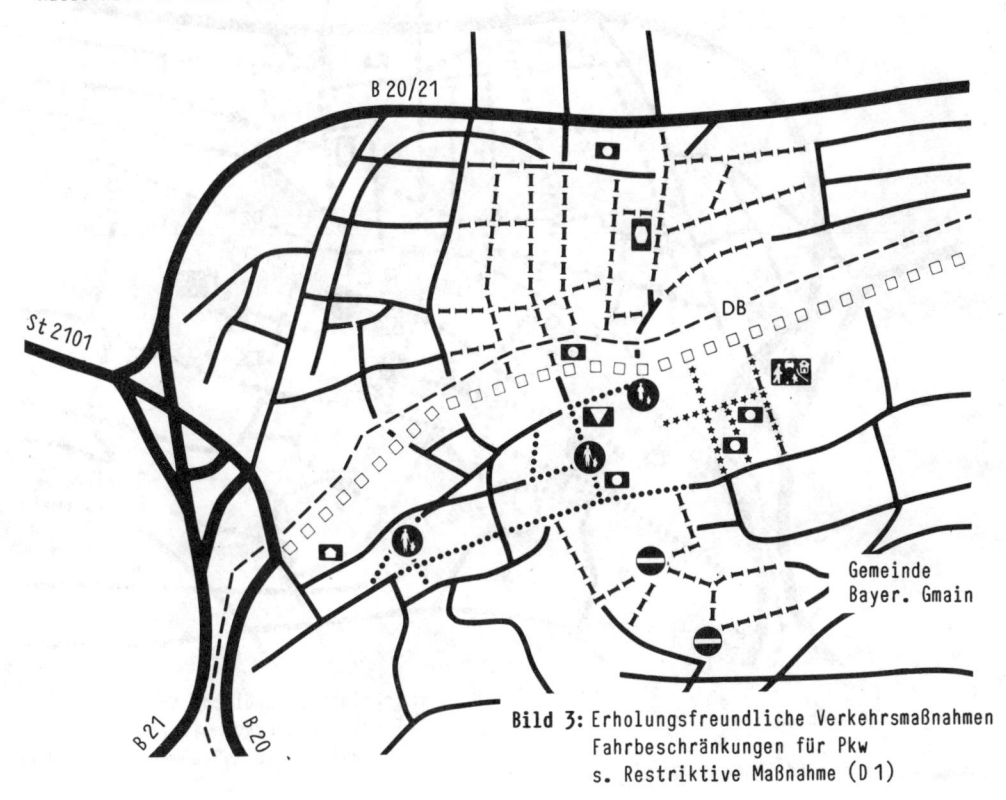

Bild 3: Erholungsfreundliche Verkehrsmaßnahmen
Fahrbeschränkungen für Pkw
s. Restriktive Maßnahme (D 1)

- - - - - Eisenbahn
▬▬▬▬ Ortsrandstraße
□ □ □ □ "Nord-Süd-Achse"
·—··—··— Fahrverbot für Pkw, 00.00 - 06.00 h
- - - - - Fahrverbot für Pkw, 00.00 - 06.00 h u. 13.30 - 15.00 h
∗∗—∗∗—∗∗ Fahrverbot für Pkw, 00.00 - 06.00 h im Verkehrsberuhigten Bereich
∗∗ 🏠 ∗∗ Verkehrsberuhigter Bereich (Z 325/326 StVO)

···◉··· Vorrangbereich für Fußgänger
DB Bahnhof
▪ Rathaus
▯ Kurverwaltung
▼ Kurhaus mit Spielbank
▪ Kuranstalt

Bad Reichenhall

(2) Fahrbeschränkungen für Lkw über 2,8 t (siehe Bild 4)
  - Bereiche mit Dauerfahrverbot   Ganztägig
  - Bereiche mit Nachtfahrverbot   19.00 - 06.00 h

(3) Fahrbeschränkungen für Krad
  (räumlich nahezu deckungsgleich mit Sperrzonen für Lkw)
  - Bereiche mit Dauerfahrverbot   Ganztägig
  - Bereiche mit Nachtfahrverbot   19.00 - 06.00 h

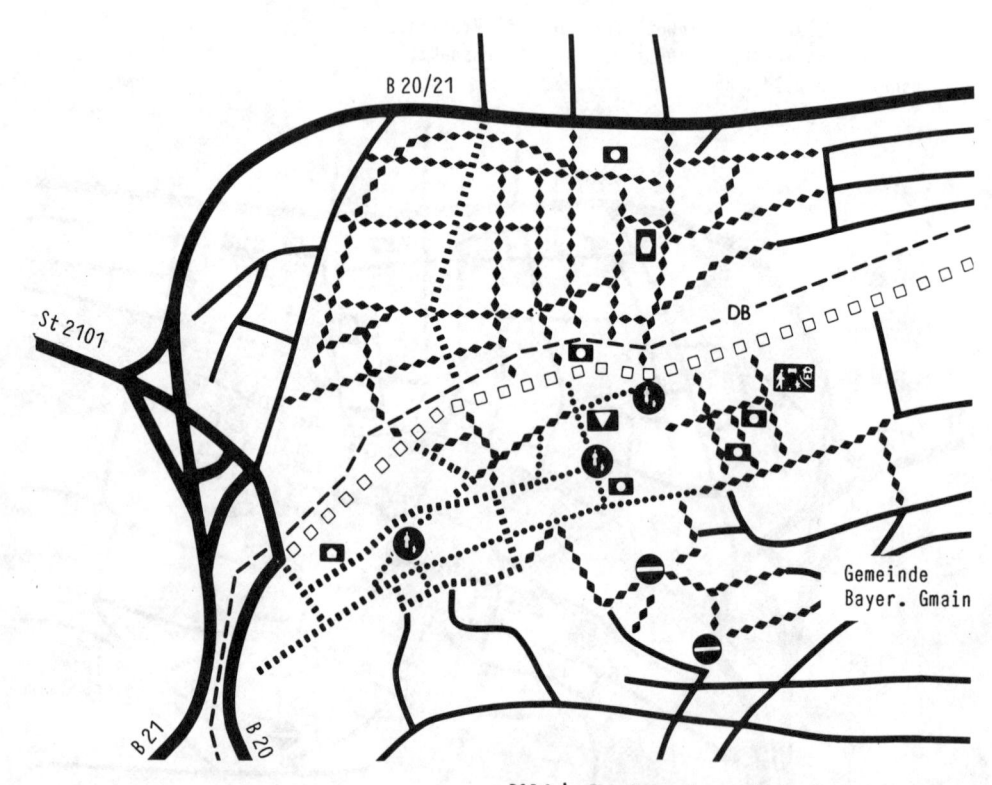

Bild 4: Erholungsfreundliche Verkehrsmaßnahmen
Fahrbeschränkungen für Lkw
s. Restriktive Maßnahmen (D 2), (D 3)

- - - - - Eisenbahn
▬▬▬▬ Ortsrandstraße
□ □ □ □ "Nord-Süd-Achse"
•••••••• Fahrverbot für Lkw, 19.00 - 06.00 h
◆◆◆◆ Fahrverbot für Lkw, ganztägig
◆🚸◆ Fahrverbot für Lkw, ganztägig, im Verkehrsberuhigten Bereich
····🚶··· Vorrangbereich für Fußgänger
▬▬▬ Ortsstraße ohne Verkehrsbeschränkung

⊖ Straßenbarriere, s. Maßnahme (A)
DB Bahnhof
▫ Rathaus
▯ Kurverwaltung
▽ Kurhaus mit Spielbank
▫ Kuranstalt

Bad Reichenhall

Unterstützende Maßnahmen

(1) Anlegen gebührenpflichtiger Parkplätze am Rand der Fußgängerzone (Parkscheinautomaten, Rückvergütung der Parkgebühr bei Einkauf ab DM 10,-- in den umliegenden Geschäften).

(2) Verringerung des Suchverkehrs von ortsunkundigen Gästen durch Hinweisbeschilderung zu den Kur- und Beherbergungsbetrieben an den Straßenkreuzungen.

(3) Den Kurgästen wird mit der Anmeldebestätigung ein Merkblatt mit Hinweisen auf die Fahrbeschränkungen zugestellt.

(4) Erlaß einer "Verordnung zur Aufrechterhaltung der Ruhe, Ordnung und Sicherheit in der Stadt Bad Reichenhall (Ordnungsstatut) vom 12. Dezember 1978".

Unterstützende Maßnahmen (Planung)

(1) Bau einer Umfahrungsstraße mit Tunnel zur Entlastung der Hauptverkehrsachse.

(2) Bau einer Tiefgarage am Rathausplatz am Rand der Fußgängerzone.

(3) Durch verstärkte Bepflanzung mit straßenbegleitendem Grün und durch Bau weiterer Fußgängerunterführungen soll die Trennwirkung der Hauptverkehrsachse verringert werden.

Ausnahmeregelungen zu restriktiven Maßnahmen

Ausnahme	Ausnahmezeitraum
(1) Grundsätzliche Ausnahme für **Polizei** und **Notfahrzeuge**	
(2) Ausnahmen im Vorrangbereich für Fußgänger	
Anwohner- und **Lieferverkehr** mit Ausnahmegenehmigung frei	06.00 - 10.00 h 12.30 - 13.30 h 18.30 - 19.30 h 22.00 - 24.00 h

(3) Ausnahmen von Fahrbeschränkungen für Pkw

    a) für **Anwohner**
       Ausnahmen in dringenden Fällen
       (z.B. Fahrten zum Arbeitsplatz)

    b) für **Lieferanten**
       (<u>nicht</u> von 13.00 - 15.00 Uhr)

(4) Ausnahmen von Fahrbeschränkungen für Lkw

    Kennzeichnung mit Karten an der Windschutzscheibe

    a) einmalige Erlaubnis
       Kennzeichnung mit roter Plakette

    b) widerrufliche Dauergenehmigung
       Kennzeichnung mit weißer Plakette

    c) Ausnahmeerteilung in dringenden Fällen durch die Polizei

Bad Reichenhall

Zusammenfassung:

Damit ergeben sich maximal Fahrmöglichkeiten mit
Ausnahmegenehmigung:
- im engeren Kurbereich   08.00 - 12.30 h
                                                                                               15.30 - 20.00 h

- im sonstigen Sperrgebiet   06.00 - 22.00 h

Erleichterungen von Fahrverboten für Lkw und Krad
("Modell Bad Reichenhall", siehe hierzu auch die Ausführungen in Teil C, Abschnitt 3.11)

In einem Modellvorhaben der Stadt Bad Reichenhall* wird seit Oktober 1981 ein völlig neuer Weg der Verkehrslärmbekämpfung eingeschlagen. Lärmarmen Lastkraftwagen und lärmarmen Krafträdern sollen die räumlich und zeitlich weniger einengenden Fahrbeschränkungen für Pkw zugeordnet werden, wenn sie nicht lauter oder störender sind als diese. Die Einführung dieser Benutzervorteile soll Kauf und Einsatz leiserer Fahrzeuge fördern. Dadurch wird eine Verminderung des Verkehrslärms - auch außerhalb der bestehenden Sperrzonen - innerhalb der Stadt und in deren Umland erwartet. Weitergehende Sonderregelungen für besonders leise Pkw sind z.Z. nicht beabsichtigt.

* = Dieser Modellversuch wird von der Stadt Bad Reichenhall in Zusammenarbeit mit dem Bayerischen Staatsministerium für Landesentwicklung und Umweltfragen, dem Bayerischen Landesamt für Umweltschutz und dem Umweltbundesamt durchgeführt.

Erfahrungen mit vollzogenen Maßnahmen

Maßnahmenbereich	Erfahrungen
Kfz-Sperrzonen	Die Einführung der Sperrzonen für Pkw, Lkw und Krad hat sich bewährt.
	Probleme in Einzelfällen können durch Ausnahmegenehmigungen gelöst werden.
	Die teilweise "Aufweichung" der Fahrbeschränkungen im Rahmen des "Modells Bad Reichenhall" ist noch in der Erprobungsphase, Ergebnisse liegen z.Z. noch nicht vor.
Vorrangbereich für Fußgänger	Die Teilabschnitte 1 (Geschäftsstraße) und 2 (Ergänzung des Kurgartens) werden von Einheimischen und Gästen sehr gut angenommen. Zur notwendigen Entlastung vom starken Fußgängerverkehr ist jedoch keine räumliche Erweiterung sondern die Umgestaltung angrenzender Straßenbereiche zu Verkehrsberuhigten Bereichen gemäß Zeichen 325/326 StVO vorgesehen.
Verkehrsberuhigter Bereich gemäß Z 325/326 StVO	Trotz des bestehenden Mittags- und Nachtfahrverbots kamen Beschwerden von Kurgästen wegen Lärmbelästigungen. Zur Vermeidung einer ganztägigen Sperre für alle Kfz wurde in Zusammenarbeit mit den anliegenden Kurbetrieben die Um- und Ausgestaltung zu einer Mischzone erarbeitet.

Bad Reichenhall

Die Finanzierung erfolgte durch einen Wiederherstellungsbeitrag der Stadtwerke, nach Leitungsarbeiten (ca. 1/3) und durch <u>freiwillige</u> Beiträge der Anlieger (ca. 2/3). Die Beitragsbemessung der Anlieger erfolgte nach "Gesamtumständen" (<u>keine</u> Vorgabe bestimmter Kriterien).

Aufgrund der guten Erfahrungen werden inzwischen weitere Straßen zu Verkehrsberuhigten Bereichen umgestaltet.

Öffentlicher Verkehr   Ergänzung der bestehenden Busdienste ("Städtische Verkehrsbetriebe Bad Reichenhall") parallel zur Nord-Süd-Achse durch eine Ringlinie mit einer kurzen Schleife um die engeren Kurbereiche (20-Minuten-Takt) und mit einer großen Schleife um den gesamten Ort (40-Minuten-Takt). Die Umsetzung scheiterte bisher an der ungeklärten Finanzierungsmöglichkeit.

Bild 1:
Orientierungsplan

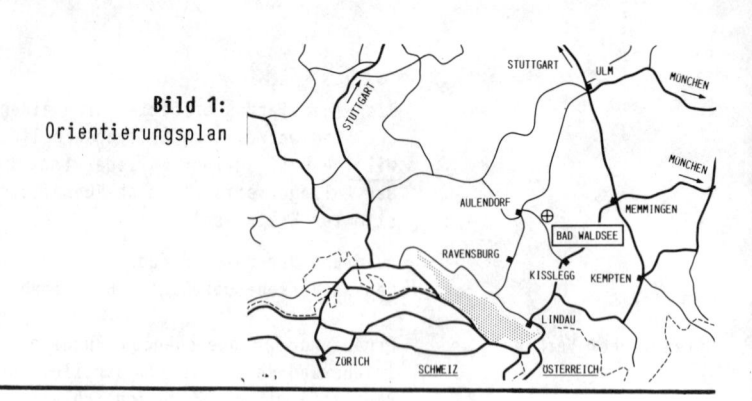

Bad Waldsee
Kenn-Nr. D 11 03

ÜBERSICHT

Bundesland	Baden-Württemberg
Landkreis	Ravensburg
Zentralörtliche Bedeutung	Unterzentrum
Erwerbsstruktur	Kurbetrieb, Einkaufsstadt für ein großes landwirtschaftliches Einzugsgebiet, Industrie im Gewerbe- und Industriegebiet außerhalb des Ortes
Eingemeindete Ortsteile	Gaisbeuren, Haisterkirch, Michelwinnaden, Reute, Steinach, Urbach
Einwohner (Stand 30.6.1980)	14 363 davon im Kernort ca. 9 000
Geografische Lage	Voralpengebiet, Moränenlandschaft, Innenstadt zwischen zwei Seen gelegen
Höhenlage	584 - 754 m. ü.d.M.
Gemeindegruppe	Staatlich anerkanntes Moorheilbad, staatlich anerkannter Kurort
Ortstyp	Mittelalterliche Kleinstadt, Kurkliniken am Rand der Innenstadt
Bettenkapazität (Stand 1.4.1980)	1 760 (ohne Kinderheime, Jugendherbergen, Campingplätze)

Fremdenverkehrsstatistik	Winter 1979/80	Sommer 1980	FV-Jahr 1979/80
Gästeankünfte	11 351	16 934	28 285
Gästeübernachtungen	173 227	236 025	409 252
Aufenthaltsdauer (im Mittel)	15.3 Tage	13.9 Tage	14.5 Tage
FV-Intensität (Ü/100 E)	1 206	1 643	2 849

ALLGEMEINES

Bad Waldsee hat als Heilbad eine relativ kurze Geschichte, obwohl die Heilerfolge des "Mayenbads" bereits 1561 erstmals erwähnt wurden. Der Ort erhielt im Jahre 1298 die Stadtrechte. Im Ortszentrum zwischen den beiden Seen ist der mittelalterliche Charakter der Stadt erhalten geblieben (= Bereich (1) in Bild 2).

Bad Waldsee

Die Bestrebungen zum Bau einer Kurklinik im Jahre 1928 kamen über den ersten Ansatz nicht hinaus. Nach dem 2. Weltkrieg begann die eigentliche Aufbauphase zum Kurort. Das städtische Moorbad wurde 1950 eröffnet, die staatliche Anerkennung als Moor-Heilbad erfolgte 1956. Der Aufbau des Kurviertels mit weiteren Kurkliniken und privaten Kurpensionen begann (= Bereich (2) in Bild 2). Im Jahre 1977 wurde eine Kurklinik außerhalb des engeren Kurgebiets eröffnet (= Bereich (3) in Bild 2).

In der Nähe des Kurgebiets wurde das "Naherholungsgebiet Tannenbühl" eingerichtet, das von den Kurgästen und am Wochenende von Naherholungsgästen - vor allem aus dem Bereich Ravensburg - besucht wird (= Bereich (5) in Bild 2).

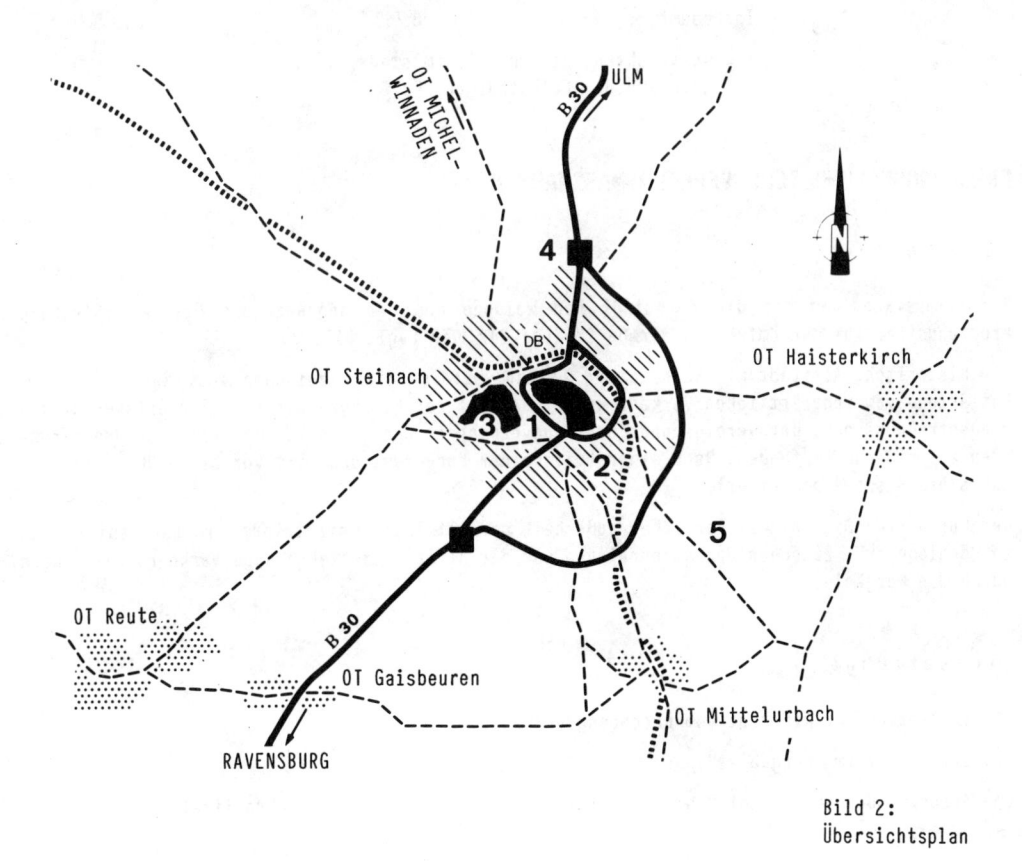

Bild 2: Übersichtsplan

············ Eisenbahn	
▬▬▬ Hauptverkehrsstraße	
■ Anschlußstelle Ortsumfahrung	1 Altstadt Bad Waldsee
------ Ortsverbindungsstraße	2 "Kurgebiet"
////// Kernort	3 Kurklinik
::::: Andere Ortsteile	4 Gewerbe- und Industriegebiet
DB Bahnhof	5 Naherholungsgebiet Tannenbühl

Bad Waldsee

CHARAKTERISTIK DES TOURISMUS

Kurzeit : Ganzjährig

Struktur der Übernachtungsgäste (Bezugsjahr 1980)	Gästegruppe	Anzahl der Jahresübernachtungen	Anteil an allen Jahresübernachtungen
	Privatgäste	85 486	20,9 %
	Vertragskurgäste	275 759	67,5 %
	Passanten/Feriengäste	47 492	11,6 %
	Insgesamt	408 737 *	100,0 %

* = Übernachtungszahl der Gesamtstadt, davon in der Kernstadt ca. 98 %

ERHOLUNGSFREUNDLICHE VERKEHRSMASSNAHMEN

Ausgangslage

Der Fernverkehr umfährt die Kernstadt Bad Waldsee und den angrenzenden Ortsteil Steinach kreuzungsfrei auf der Umfahrungsstraße im Zuge der B 30 (vgl. Bild 2).

Die historische Altstadt mit Rathaus und Einkaufsbereich liegt zwischen zwei Seen. Zu ihrer Entlastung vom innerörtlichen Verkehr wurde parallel zur Eisenbahnstrecke eine Ortskernumfahrungsstraße gebaut. Der verbleibende Fahrzeugverkehr in den engen Straßen wird von den Kurgästen als störend empfunden. Nach einer Umfrage der Kurverwaltung wird vor allem über den Verkehrs**lärm** Beschwerde geführt.

Der Kurbetrieb ist in zwei Bereichen außerhalb der Altstadt konzentriert: in "Kurgebiet" und in "Schloßpark". Zwischen den Kurbereichen und der Altstadt bestehen enge Verkehrsbeziehungen durch die Kurgäste.

Zielsetzungen

(1) Entlastung der Altstadt vom Durchgangsverkehr.

(2) Lärmschutz im "Kurgebiet".

(3) Anschluß des "Kurgebiets" an die Altstadt durch öffentliche Verkehrsmittel.

Maßnahmenkonzept

(1) Bau von Umfahrungsstraßen für die Altstadt.

(2) Einrichten von Kfz-Sperrzonen.

(3) Verbesserung der ÖV-Bedienung zwischen Ortskern und allen Ortsteilen.

Bad Waldsee

Restriktive Maßnahmen für Kraftfahrzeuge
(vgl. Bild 3)

Vollzogene Maßnahmen	Geltungszeiträume	
(1) Einrichten einer Sperrzone für Krad im Altstadtbereich	22.00 - 06.00 h	Ganzjährig
(2) Fahrverbot für Kfz aller Art im Durchgangsverkehr am Rand des "Kurgebiets"	Ganztägig	Ganzjährig
(3) Umgestaltung eines Parkplatzes in der Altstadt zum Vorrangbereich für Fußgänger (Fertigstellung 1976)		

Geplante Maßnahmen	Geltungszeiträume	
(4) Bau einer Altstadtumfahrungsstraße und Einrichten einer großflächigen Kfz-Sperrzone in der gesamten Altstadt		
(5) Einrichten eines Fahrverbots für Krad am Rand des "Kurgebiets"	22.00 - 06.00 h	Ganzjährig

Unterstützende Maßnahmen

(1) Vorhandene und geplante Ortskernumfahrungsstraßen.

(2) Anlegen von 5 neuen Auffangparkplätzen am Ortskernrand im Zusammenhang mit der Einrichtung des Vorrangbereichs für Fußgänger.

(3) Einrichtung des "City-Bus"-Systems mit vier Linien, die jeweils am Rathaus Umsteigemöglichkeiten bieten. Bedienungszeit nur werktags, außer Samstagnachmittag. Bei besonderen Anlässen Sonderfahrten, vor allem vom bzw. zum "Kurgebiet" (siehe auch den Übersichtsplan in Bild F 111 und ein Fahrplanbeispiel in Bild F 112).

Betriebszeit	Montag - Freitag, ca. 08.30 - 18.00 h Samstag, nur vormittags
Fahrzeug	"Minibus" (siehe Abbildung in Bild F 110)
Durchführung	Privatunternehmen, Subventionen durch die Stadt Bad Waldsee

Ausnahmeregelungen im Vorrangbereich für Fußgänger

- Lieferverkehr frei, werktags von 05.00 - 10.00 Uhr
- Besondere Regelung für die Zufahrt zum Privatparkplatz eines Beherbergungsbetriebes

Bad Waldsee

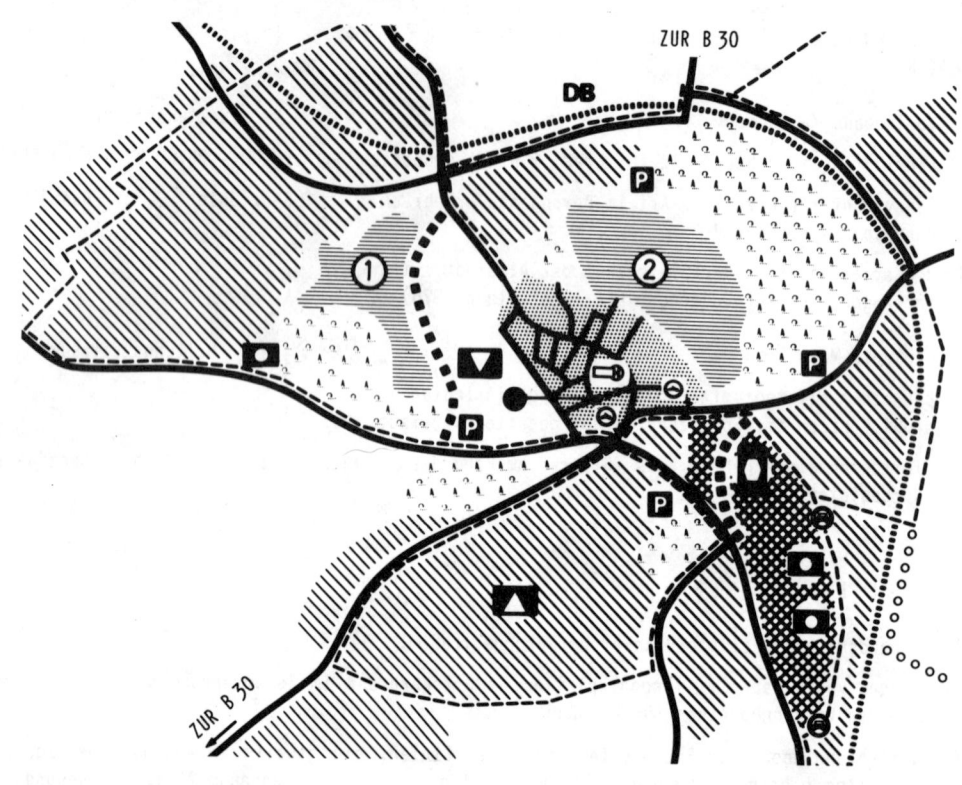

Bild 3:
Erholungsfreundliche Verkehrsmaßnahmen

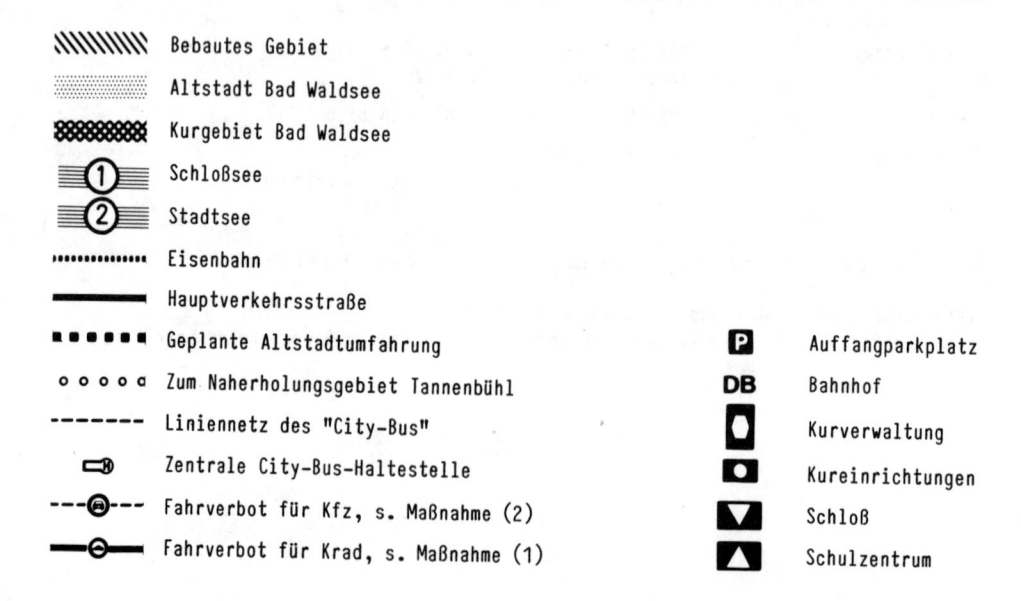

▧	Bebautes Gebiet
░	Altstadt Bad Waldsee
▨	Kurgebiet Bad Waldsee
≡①≡	Schloßsee
≡②≡	Stadtsee
············	Eisenbahn
——	Hauptverkehrsstraße
■ ■ ■ ■ ■	Geplante Altstadtumfahrung
o o o o o	Zum Naherholungsgebiet Tannenbühl
- - - - -	Liniennetz des "City-Bus"
⊂▣	Zentrale City-Bus-Haltestelle
---⊙---	Fahrverbot für Kfz, s. Maßnahme (2)
——⊙——	Fahrverbot für Krad, s. Maßnahme (1)
🅿	Auffangparkplatz
DB	Bahnhof
▢	Kurverwaltung
▬	Kureinrichtungen
▼	Schloß
▲	Schulzentrum

Bad Waldsee

Erfahrungen mit vollzogenen Maßnahmen

zu Sperrzone für Krad

Das Fahrverbot im Altstadtbereich bereitet "im großen und ganzen" keine Probleme.

zu Fahrverbot für Kraftfahrzeuge am Rand des "Kurgebiets"

Das Fahrverbot im Durchgangsverkehr wird allgemein mißachtet.
Diese Kurviertel-Randstraße hat weiterhin große Bedeutung für den "Schleichverkehr" zwischen dem Ortsteil Mittelurbach und dem Gewerbe- und Industriegebiet.

zu Vorrangbereich für Fußgänger in der Altstadt

Die Umgestaltung des Parkplatzes (ca. 50 Stellplätze) zur "Fußgängerzone Hochstatt" mußte gegen starken Widerstand der umliegenden Einzelhandels- und Beherbergungsbetriebe durchgesetzt werden.

Die Einrichtung von 5 neuen Auffangparkplätzen mit einem vergrößerten Parkflächenangebot am Rand des Stadtkerns wird nicht als Ausgleich akzeptiert. Stattdessen vermuten die Geschäftsleute in der Altstadt eine Wettbewerbsverzerrung und befürchten die Abwanderung ihrer Kunden aus dem Umland zu den parkplatznahen Betrieben.

In der Diskussion um eine Erweiterung des fußgängerfreundlichen Bereichs sind zwei Argumente gegeneinander abzuwägen:

- Kurgäste : Forderung nach Erweiterung des Ruhebereichs
- Einzelhandelskunden aus dem Umland : Forderung nach Minimierung der Entfernung zwischen Einkaufsstätte und Pkw-Stellplatz

zu "City-Bus"

Das "City-Bus"-System wird von den Kurgästen gut angenommen und vor allem für Fahrten zwischen dem Kurviertel und der Altstadt als unbedingt notwendig bezeichnet.

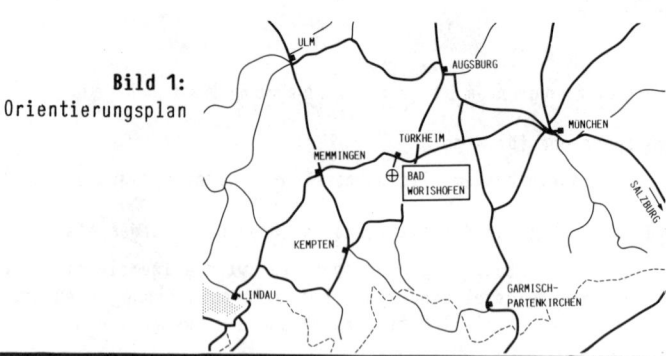

Bad Wörishofen
Kenn-Nr. D 21 01

Bild 1: Orientierungsplan

ÜBERSICHT

Bundesland	Bayern
Landkreis	Unterallgäu
Zentralörtliche Bedeutung	Mögliches Mittelzentrum
Erwerbsstruktur	Ausschließlich Kurbetrieb und kurabhängiges Gewerbe (= Existenzgrundlage für ca. 80 % der Einwohner und zusätzlich für über 1 500 Einpendler) Ein Gewerbegebiet ist an den Stadtrand ausgelagert worden, keine Industrie
Zugehörige Ortsteile	Dorschhausen, Frankenhofen, Kirchdorf, Schlingen, Stockheim
Einwohner (Stand 31.12.1980)	12 922
Geografische Lage	Voralpengebiet
Höhenlage	630 m ü.d.M.
Gemeindegruppe	Kneippheilbad
Ortstyp	Kleinstädtisches Ortsbild, geprägt durch großräumige Verteilung der mehr als 200 gewerblichen Beherbergungsstätten und 100 Privatvermieter über den gesamten Ortsbereich. Dezentralisierte Kurmittelanwendung in allen gewerblichen Beherbergungsstätten sowie weiteren 10 öffentlichen Badeanstalten (d.h. kein zentrales Kurmittelhaus wie in den meisten Heilbädern)
Bettenkapazität (Stand 1.4.1980)	7 732 (ohne Kinderheime, Jugendherbergen) sowie ca. 90 Stellplätze auf einem **Kur**-Campingplatz

Fremdenverkehrsstatistik	Winter 1979/80	Sommer 1980	FV-Jahr 1979/80
Gästeankünfte	18 429	48 953	67 382
Gästeübernachtungen	374 330	983 265	1 357 595
Aufenthaltsdauer (im Mittel)	20.3 Tage	20.1 Tage	20.1 Tage
FV-Intensität (Ü/100 E)	2 897	7 609	10 506

Bad Wörishofen

ALLGEMEINES

Die Entwicklung der Gemeinde Wörishofen zum Kurort begann am Ende des 19. Jahrhunderts, nachdem Sebastian Kneipp während seiner Tätigkeit als Ortspfarrer die nach ihm benannte Kneipp-Kur entwickelt hatte. Die Gästezahlen der Anfangsphase von ca. 10 000 Gästen pro Jahr stiegen (mit Rückschlägen durch den 1. Weltkrieg und die Inflation der zwanziger Jahre) bis zum 2. Weltkrieg auf 28 000 Gäste pro Jahr an. Der Wiederaufnahme des Kurbetriebs ab 1947 schloß sich eine bis 1960 dauernde steile Aufwärtsentwicklung von Gäste- und Übernachtungszahlen an.

Die derzeitige Phase wird von der qualitativen Verbesserung des kurbezogenen Angebots bestimmt, in die auch der Verkehrsbereich einbezogen ist.

CHARAKTERISTIK DES TOURISMUS

Kurzeit : Ganzjährig

Zeitliche Verteilung (Bezugsjahr 1980) : Max. = August (Juni, Juli, September mit geringen Abweichungen)

    Gästeankünfte   9 813 = 13,9 % aller Jahresankünfte

    Gästeübernachtungen   189 083 = 13,6 % aller Jahresübernachtungen

    durchschnittliche Aufenthaltsdauer = 19,3 Tage

Min. = Dezember (ca. 2 % aller Jahresübernachtungen)

Struktur der Übernachtungsgäste

(1) Motiv

vorwiegend "echte" Kurgäste mit über 3 Wochen Aufenthalt

geringer Anteil an Ferienerholern = ca. 10 % aller Übernachtungsgäste

An den Wochenenden Naherholer aus ca. 100 km Umkreis, diese sind für das touristische Geschehen jedoch ohne Bedeutung.

(2) Kurkosten-Träger

	Anteil an allen Übernachtungsgästen
Selbstzahler	ca. 20,0 %
Sozialversicherungsgäste	unter 10,0 %
Gäste mit Zuschüssen von Versicherungen	ca. 70,0 %

(3) Herkunftsgebiet

	Anteil an allen Übernachtungsgästen
Bayern	30,0 %
Nordrhein-Westfalen	28,6 %
Baden-Württemberg	15,5 %
Sonstige	25,9 %

Bad Wörishofen

(4) Altersgruppe von ... bis unter ...	Anteil an allen Übernachtungsgästen
unter 46 Jahre	16,1 %
46 - 55 Jahre	17,5 %
56 - 65 Jahre	25,3 %
66 - 70 Jahre	16,2 %
über 70 Jahre	24,9 %

(5) Verkehrsmittel	Anteil an allen Übernachtungsgästen
Pkw insgesamt	56 %
davon mit eigenem Pkw	50 %
davon als Mitfahrer	6 %
Eisenbahn insgesamt	42 %
davon mit Regelzügen	28 %
davon mit Kurswagen	14 %
Omnibus	1 %
Andere	1 %

Sonstiges: Die dezentrale Kurmittelabgabe in den Kneipp-Häusern, in denen Wohnen und Kuranwendung unter einem Dach vereint sind, ist eine Besonderheit im Kurgeschehen. Im Vergleich zu Heilbädern mit zentralen Kurmittelhäusern entfällt hier ein großer Teil des kurnotwendigen Verkehrs auf den innerhäusigen Bereich.

ERHOLUNGSFREUNDLICHE VERKEHRSMASSNAHMEN

Ausgangslage

Bad Wörishofen wird von Bundesfernstraßen weiträumig umfahren. Die Lärmwirkungen des Innerortsverkehrs waren eine zunehmende Ursache von Beschwerden der Gäste, insbesondere wegen Störungen der Nachtruhe. Innerhalb des Kernortes lassen sich keine Bereiche für Einkauf/Versorgung, allgemeines Wohnen, Wohnen der Gäste oder Kurzentrum abgrenzen, da die Kurbetriebe über den gesamten Ort verteilt liegen. Um einseitige Konkurrenzvorteile für Häuser innerhalb einer Ruhezone zu vermeiden, mußte eine großflächige Lösung erarbeitet werden.

Das Neubaugebiet "Gartenstadt" liegt östlich des Ortskerns (vgl. Bild 2).

Zielsetzung

Schaffen einer möglichst belastungsfreien Kurortatmosphäre, insbesondere Sicherung der Mittags- und Nachtruhe.

Fernziel ist die Einrichtung fußgängerorientierter Wege ohne Fahrzeugverkehr vom Stadtzentrum an die Peripherie.

Bad Wörishofen

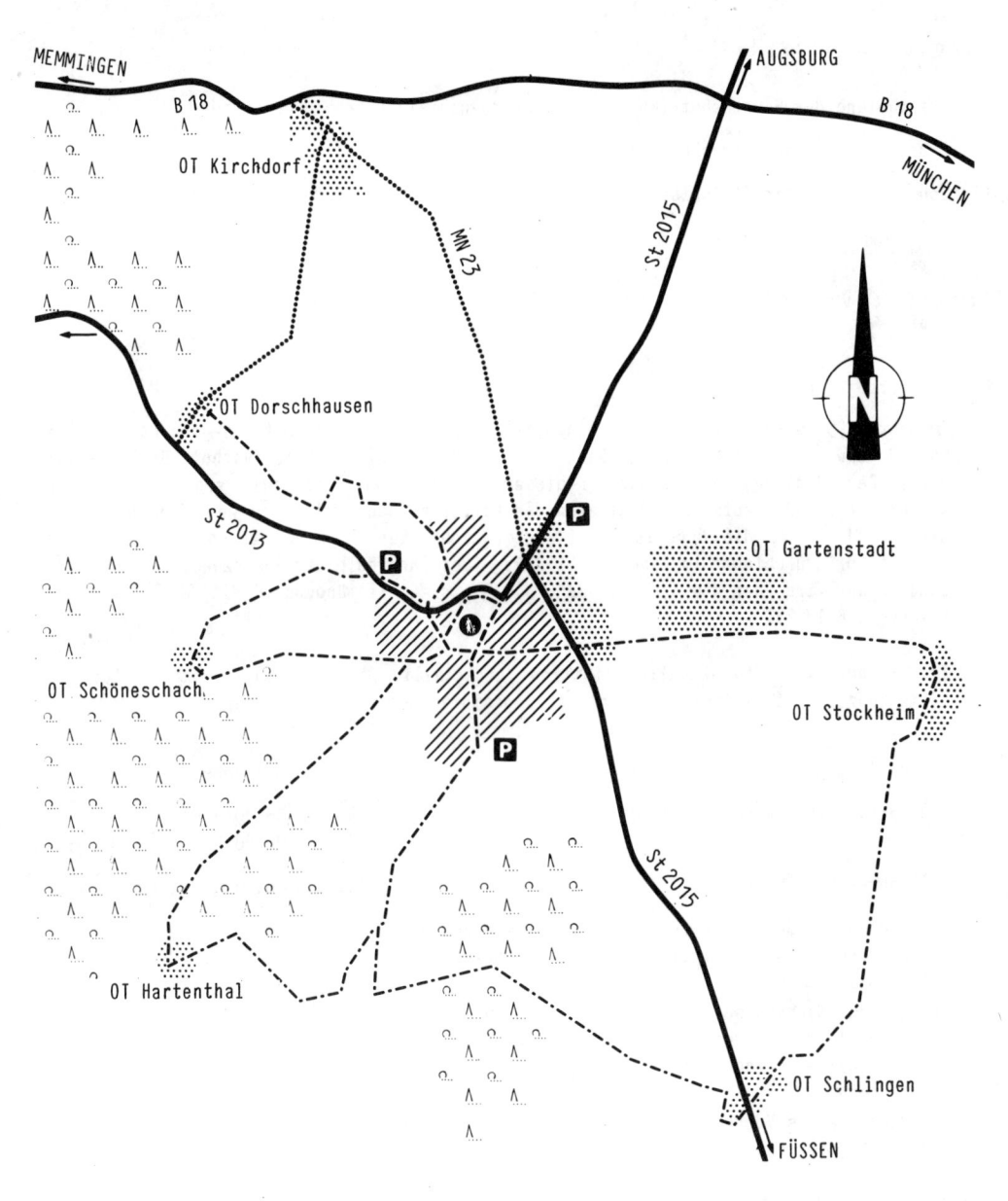

Bild 2: Übersichtsplan

—————— Hauptverkehrsstraße	▓▓▓ Ortsteile ohne Fahrbeschränkungen
·············· Umleitungsstrecke	🅿 Auffangparkplatz
—·—·—·— Linie des "Kur-Bähnle"	🚶 Vorrangbereich für Fußgänger
▨▨▨ Kfz-Sperrzone Bad Wörishofen	∧ ∧ ∧ Wald, Park

297

Bad Wörishofen

Maßnahmenkonzept

(1) Aussiedlung der Gewerbebetriebe in ein Gewerbegebiet außerhalb der Stadt

(2) Einrichten eines Vorrangbereichs für Fußgänger

(3) Schaffung eines großflächigen Ruhebereichs mit Fahrbeschränkungen für Kraftfahrzeuge

Restriktive Maßnahmen für Kraftfahrzeuge
(vgl. Bild 3)

(A) Fahrverbotszone

Im Jahre 1953 wurde für den Innenstadtbereich ein ganzjähriges Mittags- und Nachtfahrverbot für Lkw und Krafträder eingeführt, das ab 1962 um ein Nachtfahrverbot für Pkw ergänzt wurde. Der räumliche Geltungsbereich dieser Fahrbeschränkungen wurde schrittweise ausgeweitet. Er umfaßt heute ca. 70 Straßen des Kernortes Bad Wörishofen westlich der Staatsstraße (St) 2015, die mangels Umleitungsmöglichkeiten frei von Beschränkungen bleiben muß. Die Ortsdurchfahrt im Zuge der St 2013 liegt innerhalb der Sperrzone, der Kraftfahrzeugverkehr wird über die Kreisstraße (MN) 23 bis zur Einmündung in die St 2015 umgeleitet (vgl. Bild 2).

Im folgenden wird die aktuelle Situation dargestellt, die Entwicklung zum heutigen Maßnahmenkonzept ist im Abschnitt "Entwicklungsstufen des Maßnahmenkonzepts" erläutert.

Maßnahmen	Geltungszeiträume	
(1) Fahrverbot für Lkw und Krad	13.00 - 15.00 h u. 20.00 - 06.00 h	Ganzjährig
(2) Fahrverbot für Pkw	23.00 - 06.00 h	1.5. - 15.10.

Der Beginn der Sperrzone wird durch das Sammelzeichen 253/255 und 251 StVO mit Zusatzschildern angezeigt (siehe Bild F 87).
Während der Nebensaison werden die Zeichen 251 mit Zusatzschildern von der Tafel entfernt (gleiche Vorgehensweise in Bad Füssing).

(B) Einrichten eines Vorrangbereichs für Fußgänger im Ortszentrum (6 Straßen).

(C) Umgestalten von zwei Straßenabschnitten im Anschluß an den Vorrangbereich für Fußgänger zu Verkehrsberuhigten Bereichen gemäß Zeichen 325/326 StVO (Versuch seit 1981). Bei einer positiven Bewertung dieses Versuchsbereichs ist die schrittweise Ausdehnung auf weitere Gebiete geplant.

Bad Wörishofen

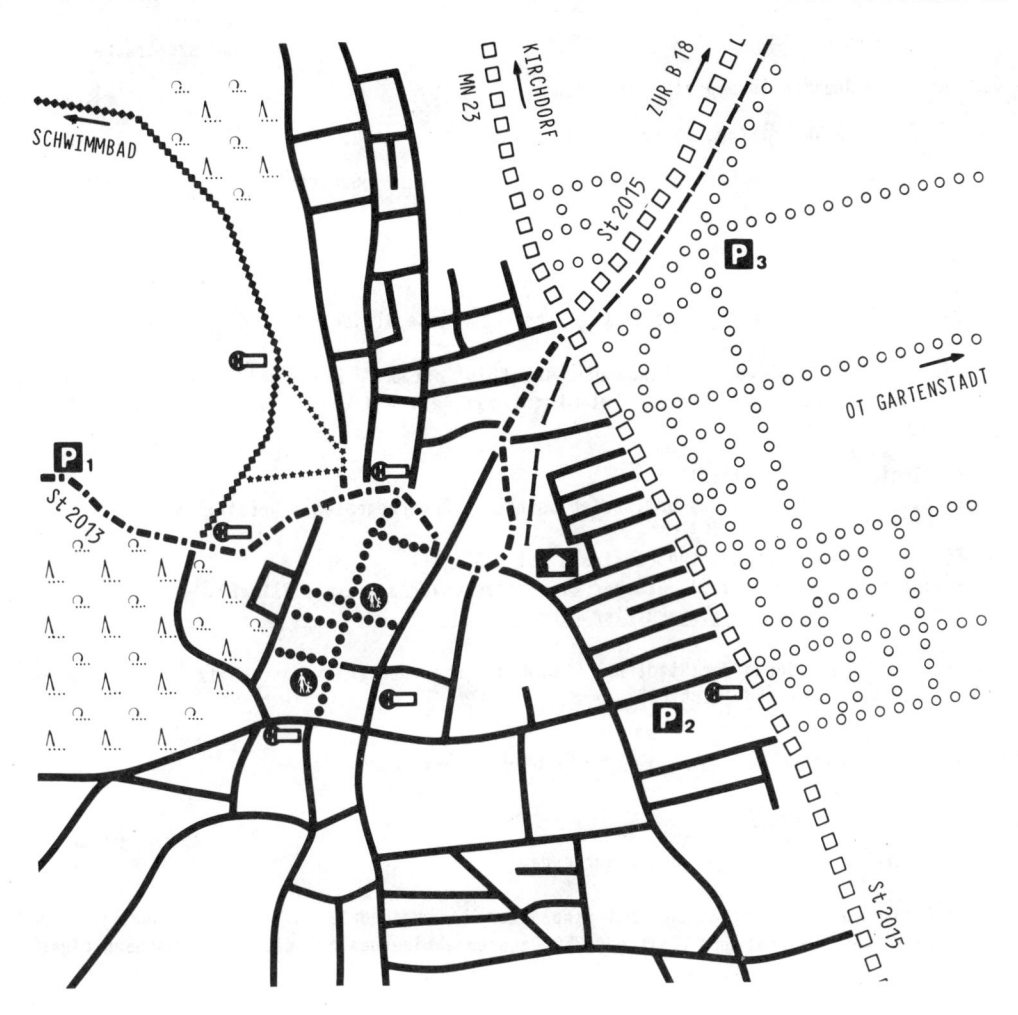

Bild 3: Erholungsfreundliche Verkehrsmaßnahmen

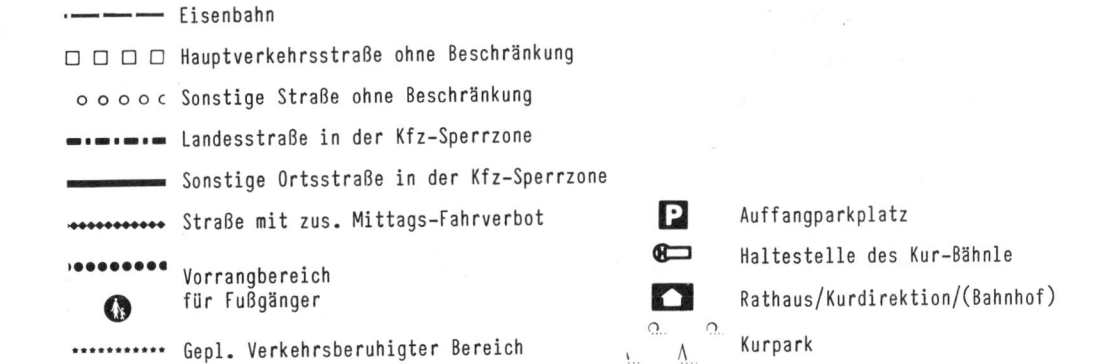

— · — · —	Eisenbahn
☐ ☐ ☐ ☐	Hauptverkehrsstraße ohne Beschränkung
o o o o o	Sonstige Straße ohne Beschränkung
■ · ■ · ■ · ■	Landesstraße in der Kfz-Sperrzone
▬▬▬▬	Sonstige Ortsstraße in der Kfz-Sperrzone
●●●●●●●●	Straße mit zus. Mittags-Fahrverbot
●●●●●●●●	Vorrangbereich für Fußgänger
············	Gepl. Verkehrsberuhigter Bereich
P	Auffangparkplatz
⛟	Haltestelle des Kur-Bähnle
⌂	Rathaus/Kurdirektion/(Bahnhof)
⋀ ⋀	Kurpark

Bad Wörishofen

Maßnahmen	Geltungszeiträume	
(D) Weitere Maßnahmen in einzelnen Straßen		
(1) Zusätzliches Mittagsfahrverbot für Pkw	13.30 - 15.00 h	1.5. - 15.10.
(2) Fahrverbot für Fahrzeuge aller Art	Ganztägig	Ganzjährig

Unterstützende Maßnahmen

(1) Hinweise zur Verkehrsregelung im Ortsprospekt (siehe Bilder F 87, F 92 und F 93)

(2) Einrichten von Kurswagenverbindungen mit Köln/Dortmund, Frankfurt/Dortmund und Hamburg (vergleiche hierzu den Hinweis "Wie kommt man nach Bad Wörishofen?" = Bilder F 113 und F 114)

(3) Einrichten einer Stadtbuslinie
Ortsteil Gartenstadt - Bad Wörishofen Bahnhof - Gewerbegebiet - Ortsteil Kirchdorf

(4) Einrichten eines "Kurbähnle" (Kleinbus mit Anhänger)
4 Linien vom 1. Mai bis 31. Oktober (zum Streckenverlauf siehe Bild 2),
vom 1. März bis 30. April gekürzter Fahrplan

(5) Erlaß der "Verordnung der Stadt Bad Wörishofen über den Immissionsschutz in Teilbereichen des Stadtgebietes (GdeImSchVO)" vom 8. Juni 1976

Ausnahmeregelungen zu restriktiven Maßnahmen

Zu Nachtfahrverbot für Pkw

(1) Generelle Ausnahme für Sonderfahrzeuge.

(2) Ausnahmen für Einheimische und Einpendler in begründeten Fällen mit räumlicher und zeitlicher Begrenzung (1981: ca. 250 Dauer**genehmigungen** bei ca. 500 Ausnahme**anträgen**).
Berechtigt sind:

- Berufstätige, die in der Zeit von 23.00 - 06.00 Uhr ihrer Arbeit nachgehen müssen, wenn die Entfernung zwischen Arbeitsstelle und Wohnung mehr als 1,5 km beträgt,
- landwirtschaftliche Fahrzeuge,
- Ärzte und Angestellte in Kurbetrieben,
- Anlieferer von Zeitungen und Arzneimitteln,
- Schwerbeschädigte, vor allem Gehbehinderte.

(3) Ausnahmen für Gäste
keine!

(4) Ausnahmen für Taxi
Im wöchentlich wechselnden Turnus zwischen den vier ortsansässigen Taxiunternehmen bis 03.00 Uhr.

(5) Einzel-Sondergenehmigung möglich nach Anruf bei der örtlichen Polizeidienststelle.

Bad Wörishofen

Zu Vorrangbereich für Fußgänger

Anwohner- und Lieferverkehr werktags frei von 06.00 - 09.00 Uhr, unter Berücksichtigung folgender Auflagen:
- Fahren nur in Schrittgeschwindigkeit,
- Parken verboten,
- nur Kraftfahrzeuge bis 7,5 t und Tanklastzüge (für Heizöl).

Zu Ganztägiges Fahrverbot für Pkw in einzelnen Straßen
Anwohner frei von 06.00 - 23.00 Uhr.

Entwicklungsstufen des Maßnahmenkonzepts

Maßnahme	Geltungszeiträume	
(A) Fahrbeschränkungen für Lkw und Krad		
1953 Nach zunehmenden Beschwerden der Gäste - unterstützt von den Kurbetrieben - wird ein zeitweises Fahrverbot für den Innenstadtbereich in 18 Straßen eingeführt	13.00 - 15.00 h u. 22.00 - 06.00 h	Ganzjährig
1956 Vorverlegung des Nachtfahrverbots	13.00 - 15.00 h u. 20.00 - 06.00 h	Ganzjährig
1966 Räumliche Ausweitung des Sperrbereichs auf 30 Straßen mit Ausnahme der Ortsdurchfahrt im Zuge der St 2013		
1976 Räumliche Ausweitung auf den gesamten Ortsbereich westlich der St 2015 mit 70 Straßen, einschließlich der St 2013		
(B) Fahrbeschränkungen für Pkw		
1962 Mit der "Anordnung von Verkehrsbeschränkungen zur Erhaltung der Kurruhe in Bad Wörishofen" wurden im Juli 1962 in einem zusammenhängenden Bereich der Innenstadt mit 18 Straßen erstmals flächenhafte Verkehrsbeschränkungen für Pkw eingeführt	00.00 - 06.00 h	1.4. - 15.10.
1966 Räumliche Ausweitung des Sperrbereichs auf 30 Straßen mit Ausnahme der Ortsdurchfahrt im Zuge der St 2013. Fast alle vorhandenen innerörtlichen Parkplätze konnten weiter ganztägig angefahren werden. Dem Schutz der Nachtruhe innerhalb der Sperrzone stand eine starke Zunahme des Fahrverkehrs in den restlichen Straßen als Folge von Verdrängungseffekten gegenüber. Die dort angesiedelten Kurbetriebe wurden erheblich mehr gestört. Daraufhin begann die Diskussion einer Erweiterung des Pkw-Nachtfahrverbots auf das gesamte Stadtgebiet.	23.00 - 06.00 h	1.4. - 15.10.

Bad Wörishofen

1967 Diese Forderungen wurden durch ein Verkehrsgutachten und

1971 durch den kommunalen Entwicklungsplan bestärkt

1976 Probeweise Ausweitung des Nachtfahrverbots auf den gesamten Ortsbereich westlich der St 2015 mit 70 Straßen einschließlich der St 2013   23.00 - 06.00 h   28.5. - 31.10.

Erfahrungen mit vollzogenen Maßnahmen

Zu Fahrbeschränkungen mit Pkw und Krad

Das auf Lkw und Krafträder begrenzte Fahrverbot wurde von der Bevölkerung sehr gut akzeptiert und konnte einschließlich der zeitlichen und räumlichen Erweiterungen ohne Widerstände eingeführt werden.

Zu Fahrbeschränkungen für Pkw

Auflagen des Landratsamts Unterallgäu (Auswahl)	Maßnahme	Erfahrungen
(1) Schaffen von **Umfahrungsmöglichkeiten** für den Durchgangsverkehr	Umleitung von der St 2013 über die Kreisstraße MN 23 nach Bad Wörishofen	
(2) Bereitstellen von **Auffangparkplätzen** in ausreichender Zahl und Größe	Einrichten von drei Auffangparkplätzen an den Ortseinfahrten der Staatsstraßen mit - ca. 70 (= P_1), 120 (= P_2) und 20 (= P_3) Einstellplätzen für Pkw, - Beleuchtung während der ganzen Nacht, - Versicherung der abgestellten Kraftfahrzeuge gegen Diebstahl und Beschädigung durch die Stadt, - Aufstellen von je einer öffentlichen Telefonzelle durch die Bundespost für den Taxi-Ruf	Mehrere kleine Parkplätze für ca. 10 - 12 Kfz, die am Rand der Sperrzone verteilt sind, erscheinen vorteilhafter. Die geringere Entfernung zum Wohnquartier würde einen Gehweg zumutbarer werden lassen. Die Parkplätze P_1 und P_2 wurden gut angenommen, P_3 wegen zu großer Entfernung vom Sperrbezirk nicht.
(3) Einrichten eines geräuscharmen **Linienverkehrs** von den Auffangparkplätzen zur Stadtmitte	Phase 1: Linienverkehr mit Taxi ohne Entgelt durch Fahrgast von 23.00 - 01.00 Uhr. Phase 2: Zielverkehr mit Taxi ohne Entgelt durch Fahrgast von 23.00 - 01.00 Uhr	Hohe Kosten und zu geringe Auslastung Bessere Auslastung, jedoch konnte Mißbrauch durch Fahrten mit Start und Ziel innerhalb der

Bad Wörishofen

Phase 3: Linienverkehr mit lärmarmem Kleinbus (16 Sitze) ohne Entgelt durch Fahrgast von 23.00 - 01.00 Uhr und Sondergenehmigung für Taxi: Benutzung gegen Entgelt von 23.00 - 02.00 Uhr	Sperrzone nicht ausgeschlossen werden Die Kombination von Kleinbus im Linienverkehr und Taxi im Zielverkehr bewährte sich.
Heute (1981): Linienverkehr mit lärmarmem Kleinbus ohne Entgelt durch Fahrgast von 19.30 - 20.30 Uhr und von 23.00 - 01.00 Uhr jeweils im 10-Minuten-Takt und Sondergenehmigung für Taxis: Benutzung gegen Entgelt von 23.00 - 03.00 Uhr	Der Busdienst zwischen 19.30 und 20.30 Uhr wird besonders von auswärtigen Besuchern der gastronomischen Betriebe genutzt. Die Sondergenehmigung für Taxis wechselt im wöchentlichen Turnus zwischen den vier ortsansässigen Taxiunternehmen.

Bewertung der Maßnahmen:

(1) durch das Landratsamt Unterallgäu und die Stadt Bad Wörishofen:

"Das am 1. Juni 1976 erweiterte Nachtfahrverbot für Pkw (...) war insofern ein voller Erfolg, da die vom Stadtrat und den Verantwortlichen der Stadt als notwendig angesehene nächtliche Ruhe im Heilbad tatsächlich erreicht wurde."
(aus einem Erfahrungsbericht des Landratsamtes Unterallgäu und der Stadt Bad Wörishofen, S. 1)

Die Aufstellung von Halbschranken an den 15 Einfahrtstraßen in die Sperrzone wurde wegen der hohen Kosten für die Bedienung abgelehnt.

Polizeiliche Kontrollen der Fahrverbote sind notwendig mit
- ständigen Stichproben und
- Schwerpunkteinsätzen in unregelmäßigen Abständen.

(2) durch die Gäste:

Die Gäste befürworten die Maßnahme bis auf wenige Ausnahmen sehr positiv. Die Vorteile der vom Verkehrslärm ungestörten Nachtruhe überwiegen die Nachteile durch die eventuell größere Entfernung zwischen Auffangparkplatz und Beherbergungsbetrieb. Für die mit der Bahn anreisenden Gäste (ca. 42 % aller Übernachtungsgäste, vergleiche Abschnitt "Charakterismus des Tourismus") entstehen vorwiegend positive Effekte. Bei einer schriftlichen Befragung im Jahre 1976, an der sich über 2 000 Gäste beteiligten, waren 88 % der abgegebenen Stimmen für und 12 % gegen das Nachtfahrverbot für Pkw.

(3) durch die einheimische Bevölkerung

"Die anfänglich unter der Einwohnerschaft ausgelöste Schockwirkung hat sich im Verlauf der Probezeit (1. Juni 1976 bis 15. Oktober 1976, d. Verf.) fast völlig gelegt."
(aus dem bereits oben zitierten Erfahrungsbericht, S. 11)

Bad Wörishofen

Allerdings ist auch heute noch keine einhellige Bewertung erkennbar. Befürworter sind vor allem die Kurbetriebe, die vom Einzelhandelsverband, der Polizei und der Ortsgruppe des ADAC unterstützt werden. Die erkennbaren Konkurrenzvorteile für Kur- und Übernachtungsbetriebe innerhalb der Sperrzone begründen Forderungen nach ihrer weiteren räumlichen Ausdehnung.

Auf einer Bürgerversammlung in der Vorbereitungsphase wurde zunächst keine Kritik geäußert. Jedoch schlossen sich zwei Wochen nach Beginn der Probezeit die Gegner in einer "Interessengemeinschaft kontra Nachtfahrverbot" zusammen, die unter anderem durch Rechtsmittel versuchte, die Fortführung dieser Regelung zu verhindern. Insbesondere die von den gastronomischen Betrieben vorgebrachten Bedenken wegen Umsatzeinbußen konnten nicht ausgeräumt - aber auch nicht bestätigt - werden.

Verschiedene Vorschläge zur Aufweichung der Regelung wurden von der Mehrheit der betroffenen Anwohner abgelehnt. Hierzu gehörten u.a.:
- Verlegung des Sperrzeitbeginns von 23.00 Uhr auf 24.00 Uhr (kurz vor ihrem Beginn wird ein erhöhter Fahrverkehr mit starken Lärmemissionen beobachtet),
- Verlegung der Gaststättensperrzeit auf 01.00 Uhr,
- Herausnahme einiger Stichstraßen, die in das Stadtzentrum führen, aus dem Sperrbereich.

zu Vorrangbereich für Fußgänger

Im Gegensatz zu den großflächigen Fahrbeschränkungen für Pkw findet der Vorrangbereich breite Zustimmung. Seit Abschluß der Umgestaltungsarbeiten wird dieser Bereich mit seinen Einzelhandelsgeschäften und gastronomischen Betrieben von Einheimischen und Gästen stark besucht.

Berchtesgaden

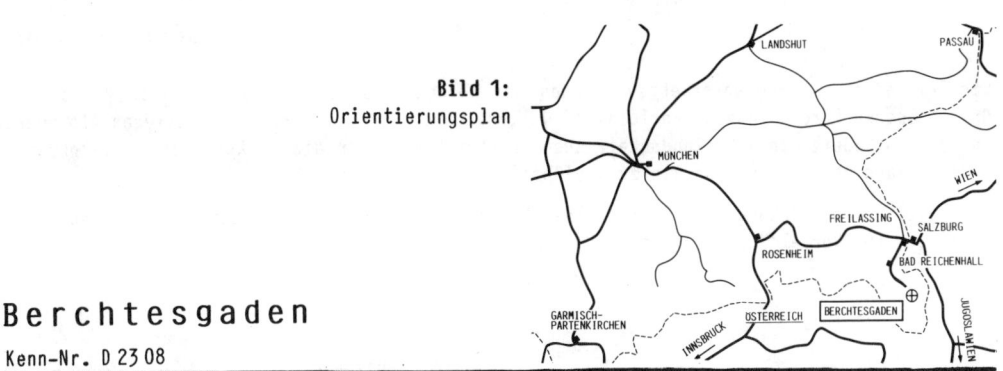

Kenn-Nr. D 23 08

Bild 1: Orientierungsplan

ÜBERSICHT

Bundesland	Bayern
Landkreis	Berchtesgadener Land
Zentralörtliche Bedeutung	Mittelzentrum
Zugehörige Ortsteile	Au, Maria Gern, Salzberg
Erwerbsstruktur	Vorrangig Tourismus und tourismusabhängiges Gewerbe
Einwohner (Stand 31.12.1980)	8 169 davon im Kernort ca. 4 500
Geografische Lage	Bayerische Alpen
Höhenlage	500 - 600 m ü.d.M.
Gemeindegruppe	Heilklimatischer Kurort
Bettenkapazität (Stand 1.4.1980)	6 811

Fremdenverkehrsstatistik	Winter 1979/80	Sommer 1980	FV-Jahr 1979/80
Gästeankünfte	24 229	72 194	96 423
Gästeübernachtungen	160 979	528 554	689 533
Aufenthaltsdauer (im Mittel)	6.6 Tage	7.3 Tage	7.2 Tage
FV-Intensität (Ü/100 E)	1 971	6 470	8 441

ALLGEMEINES

Das Berchtesgadener Land ist ein traditionelles Ziel für Kur und Erholung. Die frühere große Bedeutung der Salzgewinnung als Hauptwirtschaftszweig wurde vom Tourismus übernommen.

Berchtesgaden ist attraktiver Anfangs- bzw. Endpunkt der Deutschen Alpenstraße und der Deutschen Ferienstraße, deren Bekanntheitsgrad als touristische Straßen den motorisierten Freizeitverkehr in das Untersuchungsgebiet erheblich steigern dürften.

Unter dem Gesichtspunkt Tourismus haben sich im Fremdenverkehrsverband des Berchtesgadener Landes neben Markt Berchtesgaden die selbständigen Gemeinden Bischhofswiesen, Marktschellenberg, Ramsau und Schönau am Königssee zusammengeschlossen. Eine Betrachtung der Verkehrssituation Berchtesgadens kann wegen der engen touristischen und der damit zusammenhängenden verkehrlichen Verflechtungen nicht auf den Kernort beschränkt werden.

Berchtesgaden

Die Gemeinden des Fremdenverkehrsverbandes des Berchtesgadener Landes liegen im Vorfeld des Nationalparks Berchtesgaden. Vorfeld und Nationalpark bilden den 1978 geschaffenen Alpenpark, in dem zum Schutz der Alpenlandschaft auch Beschränkungen für die verkehrliche und touristische Nutzung bestehen (siehe hierzu ausführlich Teil B, Abschnitt 4.2).

Die Nutzungsbeschränkungen im "Nationalpark" werden durch die Konzentration touristischer Aktivitäten im "Vorfeld" ausgeglichen.

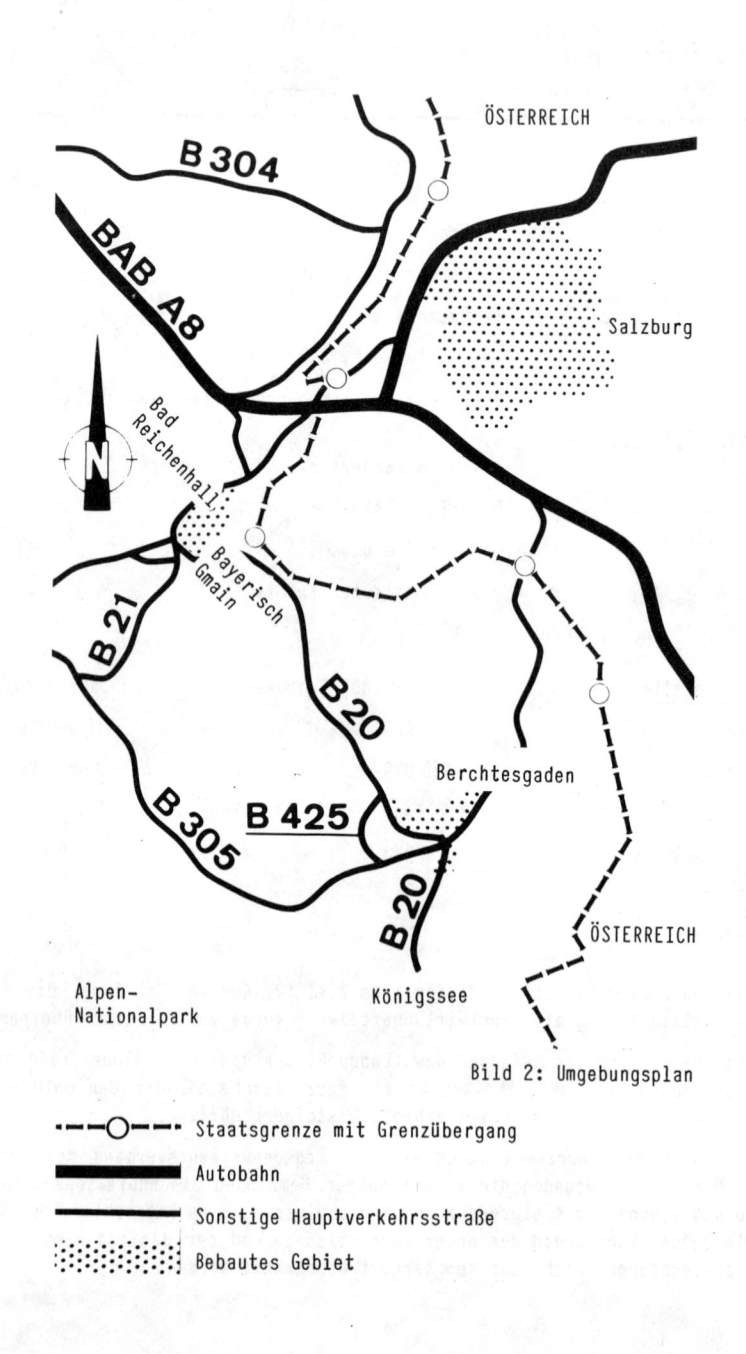

Bild 2: Umgebungsplan

- - -O- - - Staatsgrenze mit Grenzübergang
━━━━ Autobahn
──── Sonstige Hauptverkehrsstraße
⋮⋮⋮⋮ Bebautes Gebiet

Berchtesgaden

CHARAKTERISTIK DES TOURISMUS*

* = Die Zahlenangaben sind Halbjahresberichten des Fremdenverkehrsverbandes des Berchtesgadener Landes, Berchtesgaden, entnommen. Werte in () beziehen sich auf das Gebiet des Marktes Berchtesgaden, die übrigen Werte sind Angaben für den gesamten Verbandsbereich.

Kurzeit	: Ganzjährig
Zeitliche Verteilung (Bezugsjahr 1980)	: Max. = August

        Gästeankünfte   55 610 (17 063) = 18,6 % (16,4 %) aller Jahresankünfte

        Gästeübernachtungen 535 506 (148 429) = 20,1 % (19,5 %) aller Jahresübernachtungen

    Min. = November mit 1,1 % (0,7 %) aller Jahresübernachtungen

Gute Schneeverhältnisse bringen neben der Hauptsaison im Sommer einen bedeutenden Wintertourismus, der sich wegen des großen Anteils an Tagesgästen nicht in den Übernachtungszahlen zeigt.

Struktur der Übernachtungsgäste: Gleichmäßige Verteilung über alle Altersgruppen

Sonstiges: Die Statistik für das Sommerhalbjahr 1979 zeigt einen großen Anteil von Kurzurlaubern, die mit Omnibussen anreisen (10 000 Gäste mit 41 500 Übernachtungen).

Rund 75 % der Ausflugsziele und Einrichtungen sind wetterabhängig. Die Verkehrsbelastung ist daher - insbesondere durch den Tagestourismus - extremen Schwankungen unterworfen. Wichtigster Zielpunkt des Freizeitverkehrs ist der Ortsteil Königssee (Gemeinde Schönau am Königssee) mit Königssee und Jennerbahn (Seilbahn). Die B 20 endet hier.

Fahrzeugzählung auf dem Großparkplatz Königssee (1978/79):

Fahrzeugart	Winter 1978/79	Sommer 1979	FV-Jahr 1978/79
Pkw	51 815	271 090	322 905
Motorräder	143	1 480	1 623
Omnibusse	992	9 715	10 707

ERHOLUNGSFREUNDLICHE VERKEHRSMASSNAHMEN

Ausgangslage

Berchtesgaden ist auf drei Seiten von Bergen und der Grenze zu Österreich umschlossen. Der überregionale Verkehr auf Straße und Schiene ist daher in Richtung Norden auf das Alpenvorland ausgerichtet (siehe Bild 2). Für den Schienenverkehr aus Freilassing (hier Anschluß nach Salzburg bzw. München) ist Berchtesgaden Hbf Endbahnhof. Zwischen dem unteren Ortsbereich mit dem Hauptbahnhof und dem oberhalb gelegenen Ortskern besteht ein Höhenunterschied von ca. 30 m.

Berchtesgaden

Hauptursache für Verkehrsbelastungen im Kernort Berchtesgaden ist der Durchgangsverkehr der Naherholer und der Ferienerholer aus dem Umland in Richtung Königssee (See und Jennerbahn) bzw. zurück in Richtung Autobahn (Bad Reichenhall) (siehe Bilder 3 und 4). Neuralgische Stelle des Straßennetzes ist der Knotenpunkt in der Nähe des Hauptbahnhofs (siehe Bild 5). Hier entstehen Fahrzeugstaus, die sich bis den oberen Ortsbereich erstrecken. Die Steigungsstrecke und die relativ engen Straßen im historischen Ortszentrum erschweren die Durchfahrt für Kraftfahrzeuge zusätzlich.

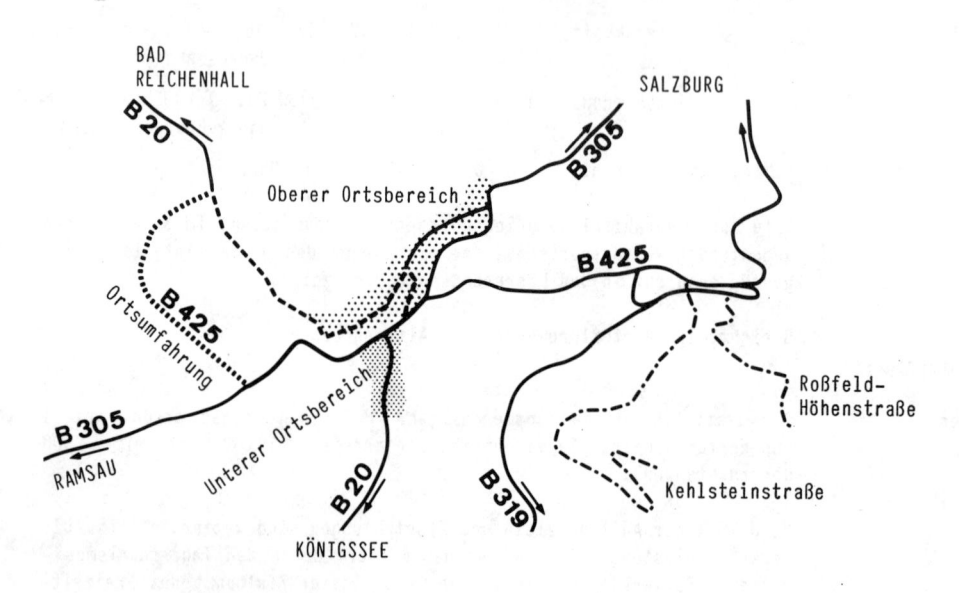

Bild 3: Übersichtsplan

Bild 4: Wichtige Verkehrsrelationen

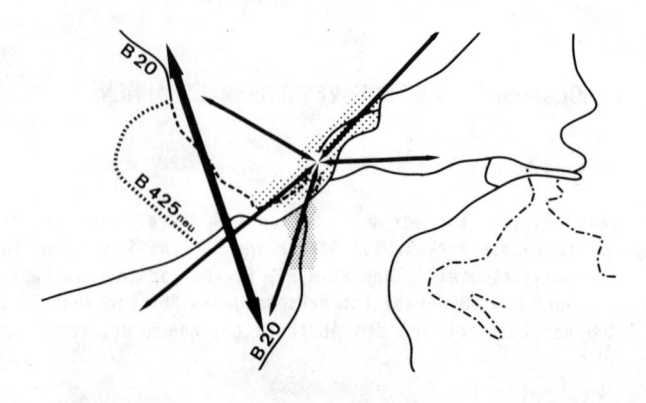

Berchtesgaden

Zielsetzungen

(1) Verminderung des Durchgangsverkehrs

(2) Entlastung des Ortszentrums vom Kfz-Verkehr

Maßnahmenkonzept

(1) Bau einer Umfahrungsstraße für den überörtlichen Durchgangsverkehr.

(2) Beschleunigen des verbleibenden Durchgangsverkehrs durch Ausbau der Hauptverkehrsstraße im Zuge der B 20.

(3) Erweiterung der Parkmöglichkeiten für Pkw am Ortsrand und am Rand des Ortszentrums.

(4) Einrichten eines Vorrangbereichs für Fußgänger im Geschäftszentrum.

Restriktive Maßnahmen für Kraftfahrzeuge
(vgl. Bild 5)

Maßnahmen innerorts	Geltungszeiträume	
(A) Einrichten eines Vorrangbereichs für Fußgänger im Bereich der früheren Ortsdurchfahrt (nach Verlegen der Ortsdurchfahrt im Zuge der B 20) (seit Juli 1977)		
(B) Nachtfahrverbot für Fahrzeuge aller Art in einer an die Vorrangzone für Fußgänger angrenzenden Straße (siehe auch Abschnitt "Erfahrungen mit vollzogenen Maßnahmen")	22.00 - 06.00 h	Ganzjährig
(C) Fahrbeschränkungen im oberen Ortsbereich		
(1) Fahrverbot für Lkw	22.30 - 06.00 h	Ganzjährig
(2) Fahrverbot für Lkw über 7,5 t im Durchgangsverkehr	Ganztägig	Ganzjährig
(3) Fahrverbot für Krafträder	22.30 - 06.00 h	Ganzjährig
(D) Fahrverbot für Lkw und Krafträder in einem Wohngebiet im unteren Ortsbereich	22.00 - 06.00 h	Ganzjährig

Maßnahmen außerorts

(E) Für die Benutzung der Roßfeld-Höhenring-Straße ist eine Mautgebühr zu entrichten. Benutzer der Linienbusse müssen eine ermäßigte Mautgebühr zusätzlich zum Fahrpreis zahlen

(F) Die Benutzung der Straße zum Kehlsteinhaus ist nur den Bussen der Regionalverkehr Oberbayern GmbH (RVO) gestattet. Betriebszeit dieser Sonderlinie ist von Mitte Mai bis Mitte Oktober

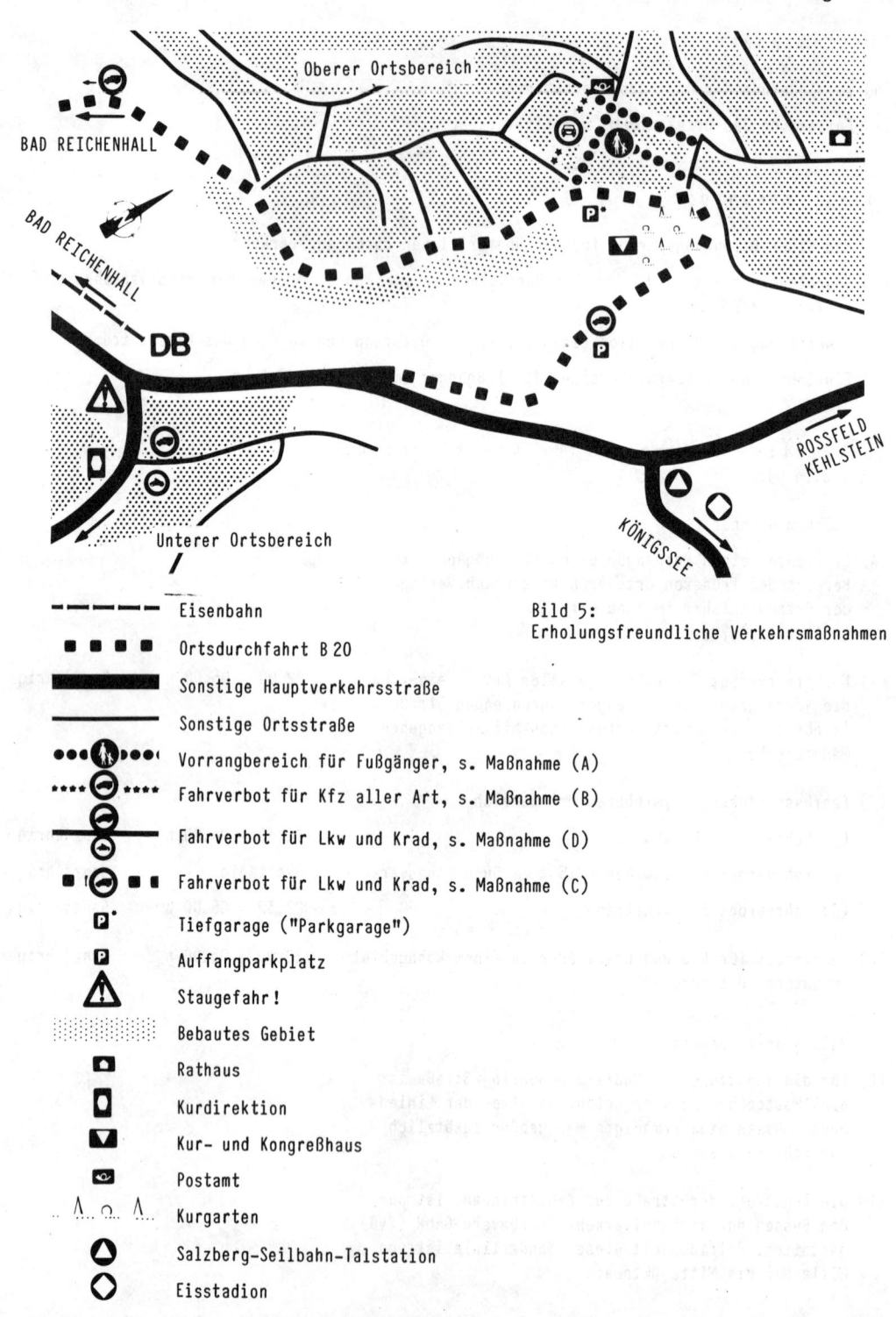

Berchtesgaden

Bild 5:
Erholungsfreundliche Verkehrsmaßnahmen

‒ ‒ ‒ ‒	Eisenbahn
▪▪▪▪	Ortsdurchfahrt B 20
▬▬▬	Sonstige Hauptverkehrsstraße
———	Sonstige Ortsstraße
•••⦿••••	Vorrangbereich für Fußgänger, s. Maßnahme (A)
••••⊖••••	Fahrverbot für Kfz aller Art, s. Maßnahme (B)
▬⊖▬	Fahrverbot für Lkw und Krad, s. Maßnahme (D)
▪▪⊖▪▪	Fahrverbot für Lkw und Krad, s. Maßnahme (C)
P·	Tiefgarage ("Parkgarage")
P	Auffangparkplatz
⚠	Staugefahr!
▒▒▒	Bebautes Gebiet
◻	Rathaus
◻	Kurdirektion
▼	Kur- und Kongreßhaus
◼	Postamt
∧ ○ ∧	Kurgarten
▲	Salzberg-Seilbahn-Talstation
⬡	Eisstadion

310

Berchtesgaden

Unterstützende Maßnahmen

(1) Verlängerung der B 425 von Berchtesgaden Hbf bis zur Gemeinde Bischofswiesen (vgl. Bilder 3 und 4). Dadurch wurde die Möglichkeit für eine weiträumige Umfahrung des Kernbereichs von Berchtesgaden geschaffen (siehe Bild 3).

(2) Ausbau und Verlegung der Ortsdurchfahrt in einem Teilstück. Der ehemalige Straßenabschnitt wurde nach Entlastung vom Durchgangsverkehr in den neuen Vorrangbereich für Fußgänger mit einbezogen.

(3) Erweiterung der Parkplätze am Rand des Ortszentrums.

(4) Bau einer Tiefgarage im Ortszentrum am Rand des Vorrangbereichs für Fußgänger im Zusammenhang mit dem Bau des Kur- und Kongreßhauses (= P* in Bild 5).

(5) Förderung des öffentlichen Verkehrs für Ausflugsfahrten durch ganzjährige Ausgabe eines Buspasses (seit Dezember 1977) (siehe hierzu ausführlich Teil D 1, Abschnitt 5).

(6) Angabe der günstigsten Busverbindung für Bahnreisende vom Hauptbahnhof zu jedem Beherbergungsbetrieb im Gastgeberverzeichnis (vgl. Bild F 109).

(7) Ergänzung des Regionalbus-Verkehrs durch eine Ortslinie der EBAG ab Berchtesgaden Hbf.

Ausnahmeregelungen zum Vorrangbereich für Fußgänger

Anwohner- und Lieferverkehr bis 12 t tatsächliches Gewicht frei von 18.30 - 09.30 h und von 12.30 - 13.30 h mit Schrittgeschwindigkeit

Erfahrungen mit restriktiven Maßnahmen

Zu (A) Der Vorrangbereich für Fußgänger wird von den Einkäufern (Touristen, Einheimische, Bewohner der umliegenden Ortsteile und Gemeinden) sowie von dem anliegenden Einzelhandel positiv bewertet.

Allerdings sind die Geschäfte in den angrenzenden Straßen wegen des motorisierten Verkehrs (insbesondere an der Hauptdurchgangsstraße im Zuge der B 20) benachteiligt. Der Wunsch nach Erweiterung des bestehenden Vorrangbereichs auf eine direkt angrenzende Straße bzw. nach ihrer Umgestaltung zu einem Verkehrsberuhigten Bereich wurde abgelehnt. Zum Schutz der Nachtruhe wurde hier ein Nachtfahrverbot erlassen (vgl. Bild 5).

Die Finanzierung des Straßenumbaus erfolgte zu 60 % durch Zuschüsse und verbilligte Darlehen aus dem Strukturförderungsprogramm "Fremdenverkehr" des Bayerischen Staatsministeriums für Wirtschaft und Verkehr.

Erfahrungen mit sonstigen Maßnahmen

Zu (1) u. (2) Umfahrungsstraße (B 425) / Ortsdurchfahrt (B 20)

Die Umfahrung wird weder von den Einheimischen noch den Touristen angenommen. Gründe hierfür könnten sein:

- Längere Fahrstrecke bei Benutzung der Umfahrung,
- "Mitnahme"-Motiv der Touristen, die auf dem Weg zum Ausflugsziel "Königssee" auch den Ort Berchtesgaden "erfahren" wollen,

Berchtesgaden

- Aufrechterhalten der Klassifizierung "Bundesstraße" für die Ortsdurchfahrt. Zielangabe auf den Straßenwegweisern ist weiterhin "Königssee".

- Verbesserung der Durchfahrtmöglichkeit im Ortskern Berchtesgaden durch den Ausbau der B 20 anstatt Durchführung von Maßnahmen zur Verhinderung des Durchgangsverkehrs.

Zu (4) Tiefgarage im Kur- und Kongreßzentrum

Der Bau der Tiefgarage im Kur- und Kongreßzentrum mit 450 Pkw-Stellplätzen war eine Voraussetzung für die Errichtung des Vorrangbereichs für Fußgänger. Zur Vermeidung negativer Assoziationen wird sie statt **Tief**garage "positiver" **Park**garage genannt. Sie wird insbesondere von den Einheimischen nur sehr schlecht angenommen.

Zu (7) Im Sommerfahrplan 1980 wurde der Versuch einer Verbesserung der ÖV-Bedienung in den späten Abendstunden unternommen. Wegen zu geringer Fahrgastzahlen wurde dieser Versuch nicht wiederholt. Die geringe Attraktivität dieses Angebotes wird auch auf die geringe Fahrtenfrequenz zurückgeführt.

Bild 1:
Orientierungsplan

Griesbach im Rottal

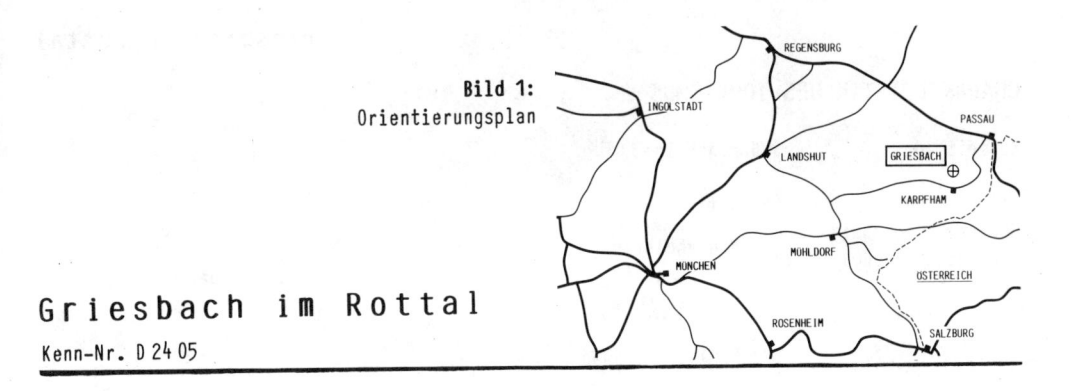

Kenn-Nr. D 24 05

ÜBERSICHT

Bundesland	Bayern
Landkreis	Passau
Zentralörtliche Bedeutung	Unterzentrum
Einwohner (Stand 31.12.1980)	6 451 davon im Kernort ca. 3 400
Geografische Lage	Mittelgebirge, Hochplateau über dem Rottal
Höhenlage	525 m ü.d.M.
Gemeindegruppe	Heilquellen-Kurbetrieb, Luftkurort
Ortstyp	Kernort = mittelalterliches Ortsbild Kurviertel = Neugründung auf der "grünen Wiese"
Bettenkapazität (Stand 1.4.1980)	1 747 (ohne Kinderheime, Jugendherbergen, Campingplätze)

Fremdenverkehrsstatistik	Winter 1979/80	Sommer 1980	FV-Jahr 1979/80
Gästeankünfte	7 701	10 633	18 334
Gästeübernachtungen	68 668	122 123	190 791
Aufenthaltsdauer (im Mittel)	8.9 Tage	11.5 Tage	10.4 Tage
FV-Intensität (Ü/100 E)	1 065	1 892	2 957

ALLGEMEINES

Der Kernort der heutigen Stadt Griesbach im Rottal wurde vor rund 900 Jahren erstmals urkundlich erwähnt. Der Bereich um den Marktplatz hat bis heute seinen historischen Charakter bewahren können. Bis zur Gebiets- und Verwaltungsreform war Griesbach Kreisstadt.

Der Fremdenverkehr war in der Stadt Griesbach i.R. bis zur staatlichen Anerkennung als "Luftkurort" und der erfolgreichen Bohrung nach Thermal- und Mineralwasservorkommen im Jahre 1973 von untergeordneter Bedeutung. Mit der Eröffnung des Kurmittelhauses im Kurviertel begann 1977 der Badebetrieb, 1979 erfolgte die Anerkennung als "Heilquellen-Kurbetrieb".

Gästeunterkünfte und Kureinrichtungen des "Thermal-Kurviertels Griesbach" wurden am Rand eines Höhenrückens ca. 2 km südlich des historischen Ortskerns auf der "grünen Wiese" erstellt. Im Ortskern ist das Beherbergungsgewerbe weiterhin von geringer Bedeutung.

Griesbach im Rottal

CHARAKTERISTIK DES TOURISMUS

Kurzeit : Ganzjährig

Struktur der   (1) Motiv
Übernachtungsgäste
(Bezugsjahr 1980)
(Bezugsbasis
= Kurtaxzahler)

Naherholer	: unbedeutend
Urlaubsgäste	: ca. 25 % aller Jahresgäste
"echte" Kurerholer	: ca. 75 % aller Jahresgäste

(2) Familienverband

Anzahl Personen je Reisegruppe	Anteil an allen Jahresübernachtungen
1	43,2 %
2	44,1 %
3 und mehr	12,7 %

Der Anteil von Familien mit Kindern ist demnach gering.

(3) Altersgruppe

von ... bis unter ...	Anteil an allen Jahresübernachtungen
36 - 45 Jahre	13,7 %
46 - 55 Jahre	25,6 %
56 - 65 Jahre	27,9 %
66 - 75 Jahre	17,8 %
Sonstige	15,0 %

(4) Herkunftsgebiet

Postleitzahlraum	Anteil an allen Jahresübernachtungen
"8" (München)	58,3 %
"6" (Frankfurt/M.)	9,2 %
"4" (Düsseldorf)	7,6 %
"1,2,3,5,7" u. Sonstige	24,9 % (je ca. 5 %)

(5) Anreiseverkehrsmittel

Fahrzeugart	Anteil an allen Jahresübernachtungen
Pkw	53,9 %
Eisenbahn	18,5 %
Omnibus	1,4 %
Keine Angaben	26,1 %

ERHOLUNGSFREUNDLICHE VERKEHRSMASSNAHMEN

Ausgangslage

Die Stadt Griesbach i.R. wird von Hauptdurchgangsstraßen nicht direkt berührt. Der vorhandene Verkehr stellt z.Z. keine außergewöhnliche Belastung dar. Nächstgelegener Zughalt ist der DB-Bahnhof Karpfham.

Griesbach im Rottal

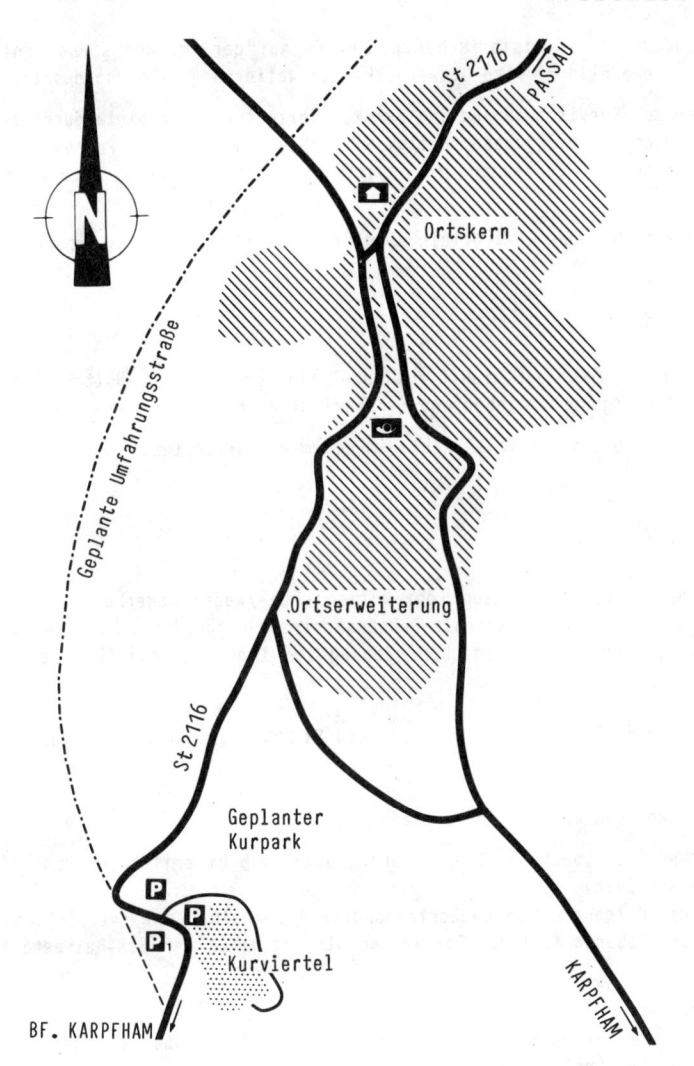

Bild 2: Übersichtsplan

▨▨▨	Kernort Griesbach
░░░	Thermal-Kurviertel
▬▬▬	Hauptverkehrsstraße
───	Erschließungsstraße Kurviertel
-------	Verlegung der Staatsstraße
-·-·-·-	Geplante Ortsumfahrungsstraße
🅿	Auffangparkplatz
🅿₁	Tiefgarage
▣	Rathaus, Verkehrsamt
▨	Post

315

Griesbach im Rottal

Das nach 1977 außerhalb des historischen Kernortes auf der "grünen Wiese" entstandene Thermal-Kurviertel (siehe Bild 2) wird Schwerpunkt der weiteren Ausführungen sein.

Die Erschließung des Kurviertels und Bau der Kureinrichtungen erfolgte durch den Zweckverband Thermalbad Griesbach (Beteiligungen: Bezirk Niederbayern, Landkreis Passau, Stadt Griesbach), die Gästeunterkünfte sind im Rahmen des Gesamtkonzepts von privaten Bauherren erstellt worden.

Die Erschließungsstraßen des Kurviertels sind Privatstraßen des Zweckverbandes.

Zielsetzungen

(A) Kurze (Fuß-)Wege zwischen Einfahrt zum Kurviertel (mit der Bus-Haltestelle und den Parkplätzen), Beherbergungsbetrieben und Kureinrichtungen.

(B) Minimierung des motorisierten Verkehrs im gesamten Kurviertel.

Maßnahmen
(vgl. Bild 3)

(A) Planungsgrundlage war ein Konzept der kurzen (Fuß-)Wege: Beherbergungsbetriebe und Kureinrichtungen sind um eine zentrale Fußgängerstraße angeordnet. Für die Mehrzahl der Gäste besteht ein direkter, überdachter Zugang von ihrer Unterkunft zu den Kureinrichtungen.

(B) Zufahrtstraße zum Thermal-Kurviertel ist die St 2116. Sie verläuft unterhalb des bebauten Gebiets.

(C) Regelung der An- und Abfahrt für Gäste

(1) Omnibusbenutzer (auch für Bahnreisende, die vom 5 km entfernten Bahnhof Karpfham mit dem Bus anreisen)
Kostenlose Personen- und Gepäcktransporte innerhalb des Kurviertels mit einem elektrisch betriebenen Kurtaxi. Der Warteplatz ist neben der Bus-Haltestelle abseits der St 2116.

(2) Taxibenutzer
Zu einem Teil der Unterkünfte ist die direkte Zufahrt über die äußere Erschließungsstraße möglich (vgl. Bild 3).

(3) Pkw-Benutzer
Für Fahrzeuge der **Tagesgäste** aus Griesbach-Kernort und der Umgebung ist der Parkplatz P2 reserviert. Von dort kann das Kurmittelhaus nach kurzem Fußweg erreicht werden. Das Parken ist erlaubt von 07.00 - 20.00 Uhr, max. 4 Stunden mit Parkscheibe.

Gäste mit Quartier im Kurviertel fahren die private Tiefgarage ihres Beherbergungsbetriebes direkt an oder benutzen das Kurtaxi nach Abstellen ihres Fahrzeuges auf reservierten Einstellplätzen auf dem Parkplatz P1. P1 ist Privatparkplatz der Beherbergungsbetriebe mit Bewachung.

(D) Nach Fertigstellung des ersten Teilabschnittes der Umfahrungsstraße für Griesbach-Kernort (Kurvenbegradigung, Abrücken vom Kurviertel, Verlauf im Einschnitt) sollen die Parkmöglichkeiten der Tagesgäste vom derzeitigen Parkplatz P2 in eine zusätzliche Tiefgarage verlegt werden (siehe Parkplatz P3 in Bild 3).

Griesbach im Rottal

Bild 3:
Lageplan Thermal-Kurviertel

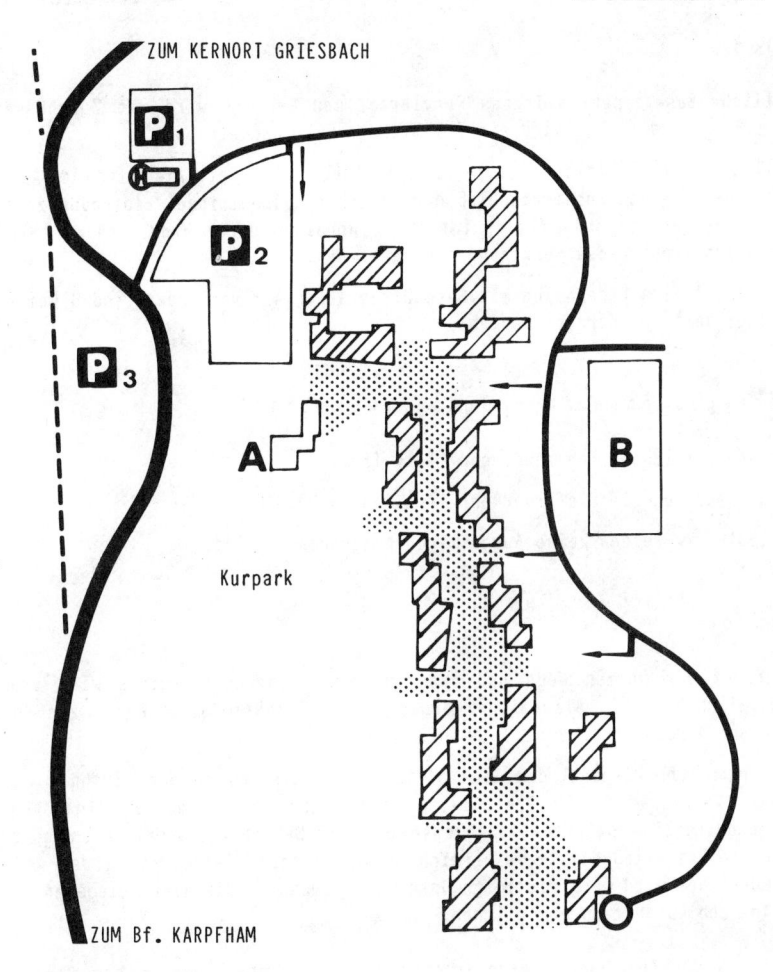

▬▬▬	Staatsstraße St 2116
─ ─ ─ ─	Verlegung der St 2116
─·─·─·─	Geplante Verlegung der St 2116
───	Erschließungsstraße Kurviertel
▒▒▒	Fußgängerbereich
P₁	Parkplatz für Dauergäste
P₂	Parkplatz für Tagesgäste
P₃	Tiefgarage
	Omnibus-Haltestelle
/////	Beherbergungsbetrieb
A	Kurmittelhaus
B	Sportanlagen

317

Griesbach im Rottal

Sonstiges

Der öffentliche Bus-Verkehr zwischen Kurviertel und Kernort wird mit Zuschüssen der Stadt Griesbach i.R. gefördert. Es wird ein 3/4-Stunden-Takt angestrebt.

Das Kurtaxi ist ein elektrisch betriebener Kleinbus, die Batterie wird im Anhänger mitgeführt. Betreiber ist ein Zusammenschluß der Beherbergungsbetriebe. Bedienungszeit von 08.00 - 17.30 Uhr, Pendelverkehr ohne festen Fahrplan, Anhalten durch Handzeichen, telefonische Bestellung möglich, kostenlose Benutzung für jedermann.

Im Kurviertel ist eine Ladenreihe mit Geschäften aller Art vorhanden, sodaß keine einkaufsbedingte Abhängigkeit vom Kernort besteht.

Ausnahmeregelungen im Fußgängerbereich

(1) Elektrisch betriebene Fahrzeuge ganztägig frei.

(2) Sonstige Fahrzeuge im Lieferverkehr frei von 09.00 - 11.00 Uhr.

(3) Für private Pkw werden keine Ausnahmegenehmigungen erteilt.

Erfahrungen

(1) Das Konzept der kurzen Wege und des zentralen Fußgängerbereichs wird von den Gästen grundsätzlich begrüßt. Allerdings werden häufig Zufahrtmöglichkeiten zur Unterkunft für die An- und Abreise gefordert.

Die ursprüngliche Planung, die Stellplätze für Gäste-Pkw an der Einfahrt zum Kurviertel (geplante Kapazität: 2 600 Stellplätze) zu konzentrieren, mußte aufgegeben werden. Es werden nachträglich private Tiefgaragen bei den Beherbergungsbetrieben gebaut, die von der äußeren Erschließungsstraße erreichbar sind. Eine Untertunnelung des westlichen Fußgängerbereiches wird langfristig gewünscht, um auch für die hier gelegenen Häuser die direkte An- und Abfahrt zu ermöglichen.

(2) Das Prinzip der Fußgängererreichbarkeit für alle Einrichtungen ohne Beeinträchtigungen durch Fahrzeugverkehr wird beibehalten.

(3) Durch Einrichten von Kurswagenverbindungen mit Hamburg, Dortmund und Stuttgart konnte die Attraktivität der Schienenverbindung gesteigert werden. 1980 waren 18,5 % aller Übernachtungen von Bahnreisenden. Die geplante Einstellung des Personenverkehrs auf der Schienenstrecke Passau-Mühldorf konnte wegen der erhöhten Fahrgastzahlen verhindert werden. Seit dem Sommerfahrplan 1983 ist der DB-Bahnhof Karpfham auch Haltepunkt der neu eingerichteten FD-Züge. Dies gilt auch für Bad Füssing und den zugehörigen DB-Bahnhof Pocking.

Bild 1: Orientierungsplan

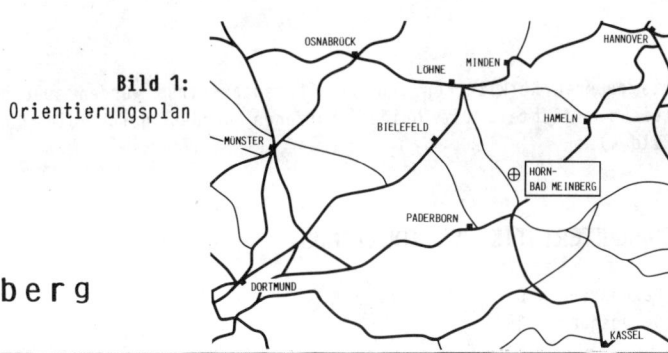

Horn-Bad Meinberg

Kenn-Nr. D 52 09

ÜBERSICHT

Bundesland	Nordrhein-Westfalen
Landkreis	Lippe
Zentralörtliche Bedeutung	Mittelzentrum
Erwerbsstruktur	OT Bad Meinberg = ausschließlich Kurbetrieb
Zugehörige Ortsteile	Horn (= Kernstadt), Bad Meinberg, Leopoldstal, Belle, Holzhausen-Externsteine, Kempenfeldrom, Billerbeck u.a. (insgesamt 16 Ortsteile)
Einwohner (Stand 31.12.1980)	16 850
	davon in Horn : ca. 6 800
	in Bad Meinberg : ca. 4 300
Geografische Lage	Mittelgebirge, am Teutoburger Wald
Höhenlage	210 m ü.d.M.
Gemeindegruppe	Heilbad (Nordrhein-Westfälisches Staatsbad)
Ortstyp	OT Bad Meinberg = Traditioneller Kurort
Bettenkapazität (Stand 1.4.1980)	5 466 (ohne Kinderheime, Jugendherbergen, Campingplätze)

Fremdenverkehrsstatistik	Winter 1979/80	Sommer 1980	FV-Jahr 1979/80
Gästeankünfte	24 594	41 869	66 463
Gästeübernachtungen	347 883	720 814	1 068 697
Aufenthaltsdauer (im Mittel)	14.1 Tage	17.2 Tage	16.1 Tage
FV-Intensität (Ü/100 E)	2 065	4 277	6 342

ALLGEMEINES

Der Ort Meinberg wurde im Jahr 978 gegründet. Obwohl die Heilkraft der Meinberger Quellen bereits in der Vorzeit bekannt war, begann die Entwicklung zum Kurort erst in der zweiten Hälfte des 18. Jahrhunderts. Im Jahr der offiziellen Ernennung zum "Kurort Meinberg" (1767) kamen 413 Kurgäste. Nach einer ersten Blütezeit in der Mitte des 19. Jahrhunderts nahm das Bad nach der Einführung von Moorbädern einen weiteren Aufschwung.

Mittelpunkt des Kurbereichs ist der Kurpark, um den sich Badehäuser und Gästeunterkünfte konzentrieren. Bad Meinberg nennt sich daher: "Bad der kurzen Wege".

Horn-Bad Meinberg

Die neueren Kurkliniken und das Therapiezentrum wurden außerhalb des traditionellen Kurbereichs errichtet. Die beiden Kurzonen werden durch die Bundesstraße B 1 getrennt (vgl. Bild 4).

CHARAKTERISTIK DES TOURISMUS

(Bezugsraum = OT Bad Meinberg)
(Bezugsjahr = 1980)

Kurzeit : Ganzjährig

Bettenkapazität : 4 196

Gästeankünfte : 44 112

Gästeübernachtungen : 906 972

durchschnittliche
Aufenthaltsdauer : 20,6 Tage

Zeitliche Verteilung : Max. = August (Juni, Juli, September mit geringen Abweichungen)

                 Gästeankünfte   5 016 = 11,4 % aller Jahresankünfte

                 Gästeübernachtungen 110 810 = 12,2 % aller Jahresübernachtungen

           Min. = Januar (ca. 3 % aller Jahresübernachtungen)

Struktur der
Übernachtungsgäste   (1) Motiv

- fast ausschließlich "echte" Kurerholer

- Ferienerholer sind vorwiegend in den übrigen Ortsteilen (dort keine Kurabgabe!)

- am Wochenende bedeutende Anzahl von Naherholern

               (2) Kurkosten-Träger   Anteil an allen Übernachtungsgästen

                  Privatkurgäste   ca. 40 %
                  Sozialkurgäste   ca. 60 %

ERHOLUNGSFREUNDLICHE VERKEHRSMASSNAHMEN

Ausgangslage

Für den Durchgangsverkehr bestand bereits eine Umfahrungsstraße im Zuge von B 1/B 239, die den traditionellen Kurbereich um den Kurpark zur Hälfte einkreist (vgl. Bilder 2 bis 4). Der Schleichverkehr durch den Ortskern blieb jedoch weiterhin eine starke Belastung für den Kurbetrieb. Nach Ortserweiterungen trennt diese Umfahrungsstraße heute den Kernbereich von den neuen Wohngebieten ("braune Zone", siehe Bild 3) und vom neuen Klinikbereich ab.

Horn-Bad Meinberg

Zielsetzungen

(1) Verringerung des motorisierten Durchgangsverkehrs (Schleichverkehr) durch den Kurbereich
(2) Schutz der Mittags- und Nachtruhe
(3) Beseitigen der Trennwirkungen der B 1/B 231 im Ortsteil Bad Meinberg

Maßnahmenkonzept

(1) Verbot des Durchgangsverkehrs im Kurbereich für Lkw und Krad, zeitweise auch für Pkw
(2) Einrichten einer Ruhezone mit allgemeinem Nachtfahrverbot
(3) Einrichten eines Verkehrslenkungs- und Orientierungssystems
(4) Weiträumige Umfahrung durch Verlegung der B 1/B 239 (geplant, siehe möglichen Trassenverlauf in Bild 2)
(5) Einrichten eines Vorrangbereichs für Fußgänger (Erweiterung geplant)

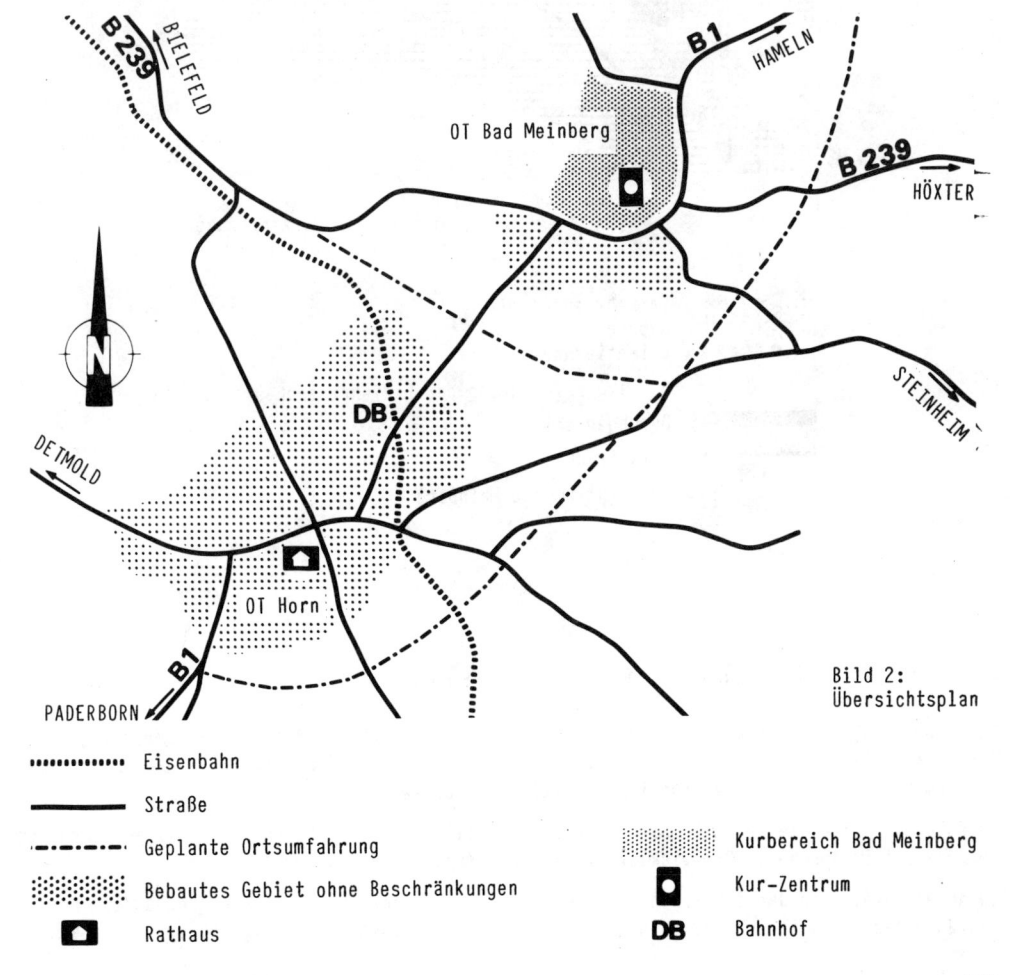

Bild 2:
Übersichtsplan

··········· Eisenbahn
―――― Straße
·—·—·— Geplante Ortsumfahrung
░░░░░ Bebautes Gebiet ohne Beschränkungen
⌂ Rathaus
▓▓▓▓▓ Kurbereich Bad Meinberg
⌂ Kur-Zentrum
DB Bahnhof

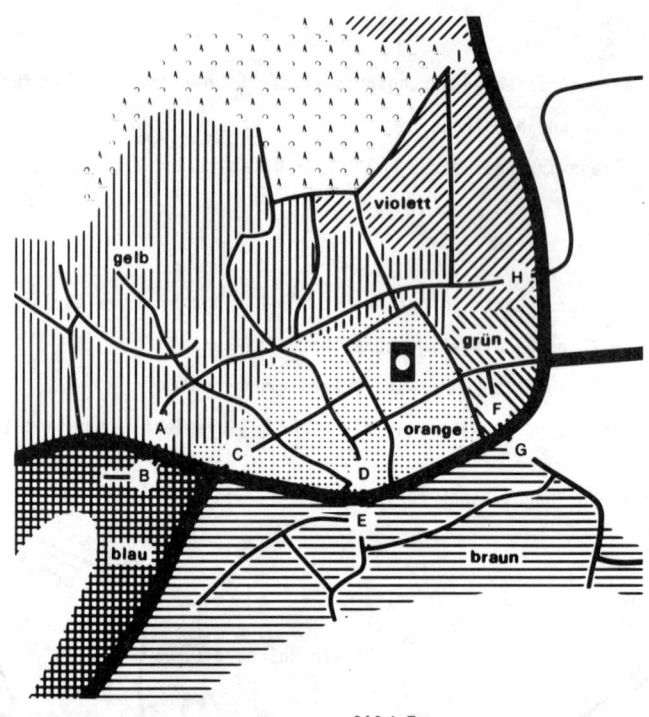

Horn-Bad Meinberg

Bild 3:
Einteilung in Verkehrszonen

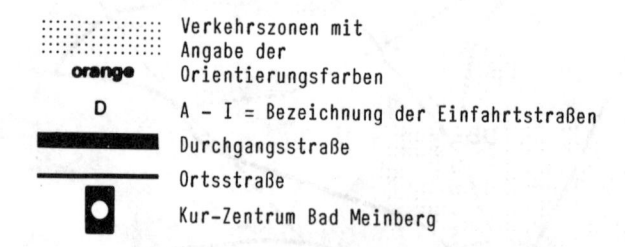

::::: Verkehrszonen mit Angabe der Orientierungsfarben
orange

D A - I = Bezeichnung der Einfahrtstraßen

▬▬▬ Durchgangsstraße

——— Ortsstraße

◼ Kur-Zentrum Bad Meinberg

Restriktive Maßnahmen für Kraftfahrzeuge

Im August 1965 wurden erstmals Fahrbeschränkungen im Bereich der Ruhezone Bad Meinberg eingeführt ("Anordnung zur Lärmbekämpfung in Bad Meinberg" durch den Landkreis Detmold). Diese Maßnahme wurde schrittweise räumlich und zeitlich ausgeweitet.

Im folgenden wird die aktuelle Situation dargestellt, die Entwicklung zum heutigen Maßnahmenkonzept ist im Abschnitt "Entwicklungsstufen des Maßnahmenkonzepts" erläutert.

In Abhängigkeit von der Schutzbedürftigkeit sind den Straßen verschiedene ganzjährige Fahrbeschränkungen mit unterschiedlichen Geltungszeiten zugeordnet worden (vgl. hierzu Bild 4).

Horn-Bad Meinberg

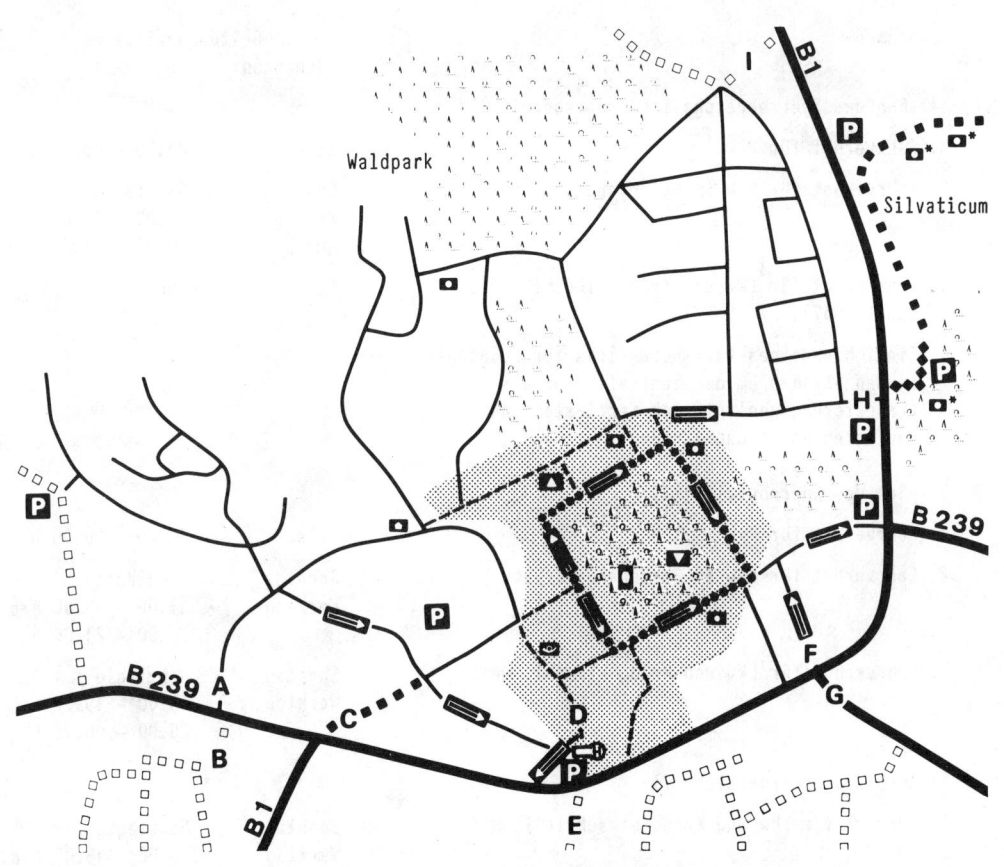

Bild 4:
Erholungsfreundliche Verkehrsmaßnahmen

▬▬▬	Hauptverkehrsstraße
◻◻◻◻◻	Ortsstraße ohne Beschränkungen
▓▓▓	Sperrbereich I
- - - -	s. Restriktive Maßnahmen (A)
————	s. Restriktive Maßnahmen (B)
■ ■ ■ ■	s. Restriktive Maßnahmen (C)
♦♦♦♦♦	s. Restriktive Maßnahmen (D)
⇨	Einbahnstraße
🅿	Parkplatz
🚌	Omnibus-Bahnhof
D	A – I = Bezeichnung der Einfahrtstraßen

◻	Rathaus
◉	Post
▯	Badeverwaltung
◼	Kureinrichtung im Kernbereich
◼*	Kureinrichtung im Außenbereich
▼	Kursaal
▲	Haus des Kurgastes

Horn-Bad Meinberg

Maßnahmen	Geltungszeiträume	
	Wochentag	Tageszeit

(A) Straßen des Sperrbereichs I (Kurparkbereich)

    1. Fahrverbot für Pkw — Alle — 23.00 - 06.00 h

    2. Fahrverbot für Pkw im Durchgangsverkehr — Sonntag: Ganztägig; Werktag: 13.00 - 15.00 h u. 20.00 - 23.00 h

    3. Fahrverbot für Lkw und Krad, einschl. Mofa (seit 1967) — Alle — Ganztägig

    4. Einrichten eines Vorrangbereichs für Fußgänger in den Straßen um den zentralen Kurpark (Erweiterung geplant nach Fertigstellung der geplanten Umfahrungsstraße)

(B) Straßen des Sperrbereichs II

    1. Fahrverbot für Pkw — Alle — 23.00 - 06.00 h

    2. Fahrverbot für Pkw im Durchgangsverkehr — Sonntag: Ganztägig; Werktag: 13.00 - 15.00 h u. 20.00 - 23.00 h

    3. Fahrverbot für Lkw und Krad, einschl. Mofa — Sonntag: Ganztägig; Werktag: 13.00 - 15.00 h u. 20.00 - 06.00 h

(C) Straßen des Sperrbereichs III

    Fahrverbot für Lkw und Krad, einschließl. Mofa — Sonntag: Ganztägig; Werktag: 13.00 - 15.00 h u. 20.00 - 06.00 h

(D) Zufahrt zum Therapiezentrum (2 Kurkliniken, Silvaticum-Park)

    Fahrverbot für Fahrzeuge aller Art — Alle — Ganztägig

(E) Busverkehr

    Der Busverkehr ist im von B 1/B 239 umschlossenen Ortsbereich nicht gestattet.

    Der Omnibusbahnhof mit Bus-Parkplatz befindet sich an der Einfahrt "D" (siehe Bild 4).

Unterstützende Maßnahmen

(1) Der Kurbereich ist in 6 Verkehrszonen in Abhängigkeit von den jeweils an der B 1/B 239 beginnenden Einfahrtstraßen eingeteilt. Diese Verkehrszonen sind im Ortsplan farbig dargestellt, die zugehörigen Einfahrtstraßen sind mit den Buchstaben A - I gekennzeichnet. Es wurden die Farben orange/gelb/violett/grün/braun/blau gewählt (siehe zur Einteilung in Verkehrszonen Bild 3).

Horn-Bad Meinberg

Die Hinweisschilder an den Zufahrtstraßen sind entsprechend farbig markiert (seit 1976).

Der Fahrzeugverkehr **zwischen** den Verkehrszonen ist **nicht** beschränkt (vgl. ebenso Bad Orb; anders Norderney).

(2) Durch Einbahnstraßen wird der Durchgangsverkehr im engeren Kurbereich behindert und eingeschränkt.

(3) Bereitstellen von Auffangparkplätzen an den Einfahrten C, D, H und I (ohne Bewachung und ohne Versicherung durch die Gemeinde auch während des Nachtfahrverbotszeitraums, vgl. hierzu die hohen Auflagen zum Nachtfahrverbot in Bad Wörishofen und in Grönenbach = Kenn-Nummer D 21 04 im Teil D 2).

(4) Weiträumige Umfahrung durch Verlegung der B 1/B 239
(Fertigstellung für 1986 geplant).

(5) Förderung der Benutzung öffentlicher Verkehrsmittel

Buszubringerdienst ("Kurexpress") mit direkter Verbindung nach Berlin, Hamburg/Hannover, Bremen/Delmenhorst, Bonn/Köln, Düsseldorf/Ruhrgebiet (siehe Hinweise im Ortsprospekt in Bild F 115).

Ausnahmeregelungen

(A) Grundsätzliche Ausnahmegenehmigungen für Notfahrzeuge, Polizeifahrzeuge, Postfahrzeuge, ansässige Ärzte

(B) Ausnahmen vom Nachtfahrverbot für Pkw

   (1) Ausnahmen für **Gäste**

   Grundsätzlich keine Ausnahmegenehmigungen für nach 23.00 Uhr eintreffende Gäste.

   (2) Ausnahmen für **Einheimische**

   In begründeten Sonderfällen werden fahrzeugbezogene Ausnahmegenehmigungen unter Erteilung von Auflagen (= Beschränkung auf Zeitabschnitt/e und/oder Fahrweg) durch die Straßenverkehrsbehörde beim Landkreis erteilt. Die Ausfertigung der Genehmigung erfolgt beim Gemeindeamt Bad Meinberg.
   (siehe Muster eines Antrags auf Ausnahmegenehmigung und einer Ausnahmegenehmigung in den Bildern F 46 bis F 48)

   - Ausnahmen für **Anwohner** innerhalb der Kurzone

   - Ausnahmen für **Einpendler** zu Arbeitsstätten innerhalb der Kurzone (vor allem Beschäftigte in den Kureinrichtungen)

   Kennzeichnung der Pkw mit Ausnahmegenehmigung durch rot/weiße Plaketten (siehe Muster einer Plakette in Bild F 34).

   (3) Für **Kraftdroschken** und **Kraftomnibusse** der in Bad Meinberg ansässigen Unternehmen werden besondere Ausnahmegenehmigungen erteilt. Die Fahrer sind zur größtmöglichen Rücksichtnahme verpflichtet.

(C) Ausnahmen vom Fahrverbot für Lkw und Krad

   Frei für **Anlieferung** werktags von 08.00 - 12.00 Uhr
   Ausnahmegenehmigungen zu anderen Zeiten in Sonderfällen (z.B. Anlieferung, Umzüge)

Horn-Bad Meinberg

Entwicklungsstufen des Maßnahmenkonzepts

Maßnahme	Erfahrungen
	Wegen der wachsenden Zahl der Beschwerden von Gästen wegen Störung der Nachtruhe durch Kraftfahrzeuge stellt die Gemeinde Bad Meinberg den Antrag auf Genehmigung eines Nachtfahrverbots in der Kurzone.
1965 Ab August 1965 Fahrverbot für Kraftwagen und Krad von 22.00 - 06.00 h, vom 15. April bis 15. Oktober	Die Forderungen der Kurgäste werden durch eine Interessengemeinschaft der ansässigen Beherbergungsbetriebe und vor allem durch die Versicherungsträger unterstrichen.
1967 Stufenweise Ausdehnung des Verbotszeitraums bis zum Jahr 1967 Neue Regelung ab 1967: Fahrverbot von 22.00 - 06.00 h, neu = ganzjährige Geltungsdauer ("stille Aufhebung" des Fahrverbots jeweils vom 15. Dezember bis 15. Januar durch Verzicht auf Fahrzeugkontrollen)	Die in der Anfangsphase sehr großzügige Erteilung von Ausnahmegenehmigungen für Anwohner unterläuft die Bestrebungen zur Verringerung des Fahrzeugverkehrs und damit auch des Verkehrslärms. Die Beschwerden der Gäste und der Versicherungsträger bleiben bestehen. Die Kontrolle der zahlreichen Pkw mit Ausnahmegenehmigungen ist sehr aufwendig und nicht ständig im gesamten Sperrbereich durchzuführen.
1972 Einführung von Halbschranken entlang der Umfahrungsstraße B 1/B 239 zum Sperren der Einfahrten in die Kurzone	Kontrollen durch Polizei und Beauftragte des Staatsbades. Trotz Ablehnung durch die Wohnbevölkerung, die sich "eingesperrt" fühlt, wird die Schrankenregelung vorläufig beibehalten (zur Schrankenregelung vgl. auch die Erfahrungen in Bad Kissingen).
1978 Nach Beendigung der Einfahrtüberwachung durch Beauftragte des Staatsbades werden die Halbschranken wieder entfernt.	

Erfahrungen mit vollzogenen Maßnahmen

(1) Nachtfahrverbot im Kurbereich

Das Fahrverbot wird gut beachtet, allerdings sind ständige Kontrollen zur Abschreckung notwendig.

Beurteilung des Nachtfahrverbots durch

- Gäste	gut
- Beherbergungsbetriebe	gut
- Anwohner im Altersruhesitz	Ablehnung
- sonstige Wohnbevölkerung	unterschiedlich

Die Anzahl der Ausnahmegenehmigungen konnte laufend verringert werden (1981: 40 Genehmigungen für private Pkw).

(2) Verkehrslenkungs- und Orientierungssystem

Mit dem Pkw anreisende Gäste erhalten mit ihrer Annahmebestätigung einen Ortsplan mit Kennzeichnung ihrer Unterkunft sowie der dazugehörigen Verkehrszone und der Einfahrtstraße (vgl. hierzu die Hinweise im Ortsprospekt in den Bildern F 116 bis F 118). Diese Empfehlung wird bei der ersten Anfahrt vom größten Teil der Gäste angenommen und während des gesamten Aufenthalts - wenn auch abgeschwächt - beibehalten.

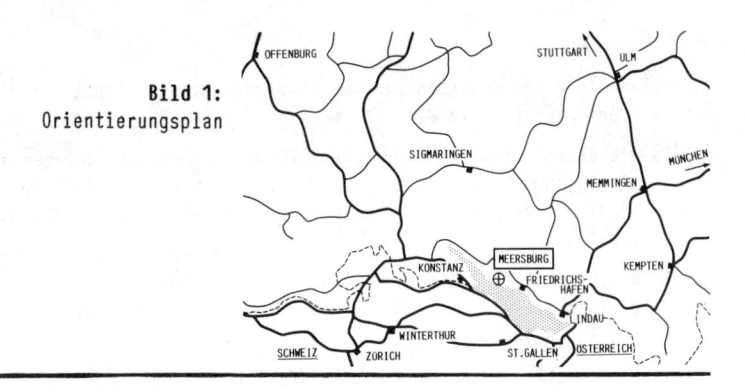

Bild 1:
Orientierungsplan

Meersburg
Kenn-Nr. D 11 08

ÜBERSICHT

Bundesland	Baden-Württemberg
Landkreis	Bodenseekreis
Verwaltungsgemeinschaft	Meersburg-Daisendorf-Hagnau-Stetten
Zentralörtliche Bedeutung	Kleinzentrum
Erwerbsstruktur	Kurzzeittourismus, tourismusabhängiges Gewerbe, Industriebetriebe im Gewerbegebiet
Zugehörige Ortsteile	Baitenhausen, Schiggendorf
Einwohner (Stand 30.6.1980)	5 204
Geografische Lage	Bodenseeufer (terassenförmiger Aufbau von der Unter- zur Oberstadt)
Höhenlage	400 - 450 m ü.d.M.
Gemeindegruppe	Sonstige Berichtsgemeinde
Ortstyp	Historische Altstadt mit engen Gassen und Tordurchfahrten
Bettenkapazität (Stand 1.4.1980)	1 863 (ohne Kinderheime, Jugendherbergen, Campingplätze)

Fremdenverkehrsstatistik	Winter 1979/80	Sommer 1980	FV-Jahr 1979/80
Gästeankünfte	6 224	34 109	40 333
Gästeübernachtungen	28 169	118 472	216 641
Aufenthaltsdauer (im Mittel)	4.5 Tage	5.5 Tage	5.4 Tage
FV-Intensität (Ü/100 E)	541	3 622	4 163

ALLGEMEINES

Meersburg wurde 988 erstmals urkundlich erwähnt und erhielt im Jahre 1299 das Stadtrecht. Die Verlegung der Bischofsresidenz von Konstanz nach Meersburg und der spätere Bau des Neuen Schlosses prägten die Stadtentwicklung entscheidend. Nach dem 1. Weltkrieg begann die touristische Entwicklung, deren Schwerpunkt vor allem in der Kurzzeiterholung liegt. Mit der Ausweisung eines Kurviertels und der Einrichtung eines Sanatoriums im Jahre 1966 wurden die Bemühungen zum Ausbau des längerfristigen Tourismus gestärkt.

Meersburg

Nach Bedeutung und Funktion für den Tourismus lassen sich innerhalb der Kernstadt vier Bereiche abgrenzen (vgl. Bild 2):

(I) Die Oberstadt - ca. 40 m oberhalb der Unterstadt gelegen - mit der historischen Altstadt, der Burg und dem Schloß ist das wirtschaftliche und kulturelle Zentrum der Stadt. Schwerpunkt der Beherbergungsbetriebe. Die gesamte Altstadt steht unter Denkmalschutz.

(II) Die Unterstadt - direkt am Bodenseeufer gelegen - zwischen den Anlegestellen der Passagierschiffe und der Autofähre nach Konstanz. Schwerpunkt der gastronomischen Betriebe und Andenkenläden.

(III) Die sonstigen Wohngebiete, die die Altstadt umgeben.

(IV) Das Kurgebiet (z.Z. ein Kurhotel mit 140 Betten), dessen weiterer Ausbau geplant ist.

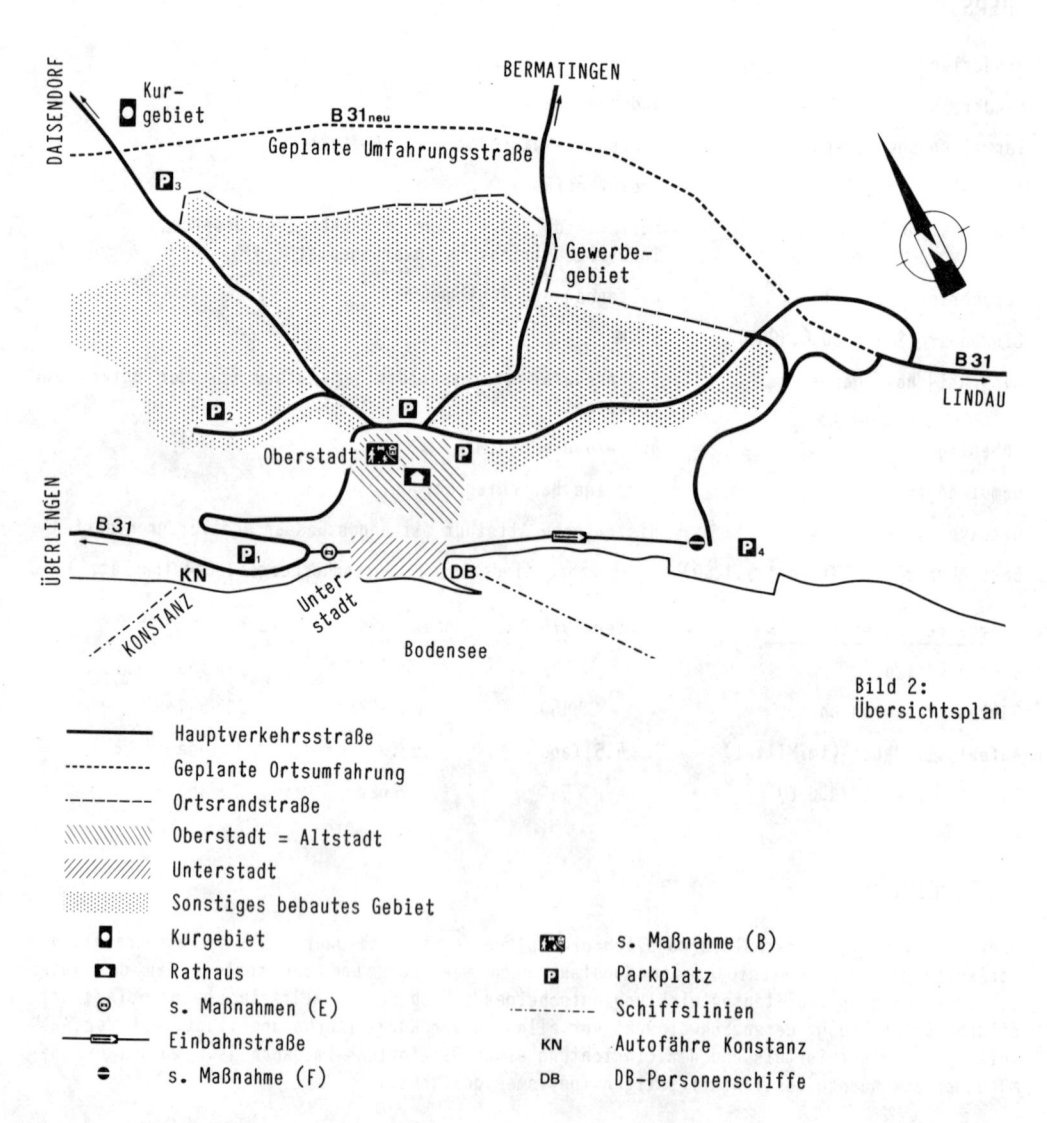

Bild 2: Übersichtsplan

———	Hauptverkehrsstraße
----------	Geplante Ortsumfahrung
--------	Ortsrandstraße
/////	Oberstadt = Altstadt
/////	Unterstadt
░░░	Sonstiges bebautes Gebiet
⬛	Kurgebiet
⬛	Rathaus
⊙	s. Maßnahmen (E)
⟶	Einbahnstraße
●	s. Maßnahme (F)
🏛	s. Maßnahme (B)
P	Parkplatz
--------	Schiffslinien
KN	Autofähre Konstanz
DB	DB-Personenschiffe

Meersburg

CHARAKTERISTIK DES TOURISMUS

Hauptsaison	: Ostern bis Ende Oktober (Weinort!)
Zeitliche Verteilung (Bezugsjahr 1981)	: Max. = August (Juli mit geringer Abweichung)

                      Ankünfte   6 967 = 17,2 % aller Jahresankünfte

                      Übernachtungen   43 851 = 19,7 % aller Jahresübernachtungen

          Min. = Dezember (unter 1 % aller Jahresübernachtungen)

Gästestruktur   Vorwiegend Kurzbesucher (Naherholungsgäste am Wochenende und Ausflügler aus anderen Freizeitgemeinden)

                    Geringer Anteil an Kurgästen (Sanatorium) und Feriengästen.

ERHOLUNGSFREUNDLICHE VERKEHRSMASSNAHMEN

Ausgangslage

Die touristisch bedeutsamen Ortsbereiche Oberstadt und Unterstadt werden von der stark befahrenen Bodenseeuferstraße B 31 tangiert. Aus topographischen Gründen verläßt sie im Raum Meersburg den Uferbereich und steigt in Serpentinen zur Oberstadt, wo sie die Altstadt umfährt und vom übrigen Stadtgebiet trennt. Diese Ortsdurchfahrt ist Teilstück der Verbindungsstraße Östlicher Bodensee - Konstanz über Autofähre Meersburg-Konstanz, die ganzjährig und ganztägig in Betrieb ist.

Die Unterstadt mit dem Seeuferbereich und die historische Altstadt sind durch motorisierte und nicht-motorisierte Freizeitverkehrsteilnehmer, die sich gegenseitig behindern und gefährden, stark belastet.

"Der Fahrverkehr wird besonders in zwei Bereichen (Steigstraße, Marktplatz) so stark vom Fußgängerverkehr überlagert, daß er vor allem in den Sommermonaten durch die Touristen teilweise völlig zum Erliegen kommt" (aus: Sanierung Oberstadt Meersburg, S. 38).

Vor allem die Lärmemissionen des Freizeitverkehrs mindern den Wohnwert der Altstadt sowohl für die Anwohner als auch für die Gäste selbst.

Zielsetzungen

(1) Entflechtung des motorisierten und nicht-motorisierten Verkehrs

(2) Schutz der Nachtruhe für Gäste und Einwohner vor Verkehrslärm

(3) Sicherung der Wohnqualität für die Einwohner

(4) Entlastung der historischen Altstadtbereiche vom ruhenden Verkehr

Meersburg

Maßnahmenkonzept

Wegen der unterschiedlichen örtlichen Gegebenheiten und touristischen Aktivitäten wurden für Unter- und Oberstadt jeweils spezifische Lösungsmöglichkeiten erarbeitet. Stand Sommer 1981:

Unterstadt

(1) Ganztägige Fahrbeschränkungen für Kfz im Durchgangsverkehr
(2) Sicherung durch Schranken während der Nachtruhezeit

    Mögliche Alternativen
    (1) Umgestaltung zum Vorrangbereich für Fußgänger
    (2) Umgestaltung zum Verkehrsberuhigten Bereich gemäß Zeichen 325/326 StVO

Ober-(Alt-)Stadt

(1) Fahrverbote für Lkw und Krad
(2) Umgestaltung zum Verkehrsberuhigten Bereich gemäß Zeichen 325/326 StVO
(3) Einbeziehen der Verkehrswege in das Projekt "Sanierung Oberstadt Meersburg"

Die verkehrsberuhigende Gestaltung und die Beschilderung mit den Zeichen 325/326 StVO bewährte sich in der 1981 gewählten Form nicht und wurde nicht mehr wiederholt.

Der Ausbau der Auffangparkplätze bei gleichzeitiger drastischer Erhöhung der Parkgebühren in den Altstadtbereichen der Ober- und Unterstadt soll diese Bereiche von parkenden Autos entlasten.

Restriktive Maßnahmen für Kraftfahrzeuge
(in den Bildern 2 und 3 ist die Situation vom Sommer 1981 dargestellt)

Maßnahme	Geltungszeiträume	
für den Bereich **"Oberstadt"**:		
(A) Im gesamten Bereich innerhalb der Stadtmauer		
(1) Fahrverbot für Krad	Ganztägig	Ganzjährig
(2) Fahrverbot für Lkw über 3,5 t	Ganztägig	Ganzjährig

(B) In Teilbereichen zusätzlich:

Einrichten eines Verkehrsberuhigten Bereichs gemäß Zeichen 325/326 StVO. An den Einfahrten flache Asphaltschwellen mit weißen Streifen quer zur Fahrtrichtung als optische Bremse
(Versuch Juni bis September 1981).

Seit Mai 1982 ist die Einfahrt durch das Obertor verboten, Pfosten versperren die Durchfahrt für Pkw. Der anschließende Straßenabschnitt wurde als Vorrangbereich für Fußgänger ausgeschildert. Die Einfahrt von der B 31 erfolgt über die Kirchstraße.

Meersburg

	Geltungszeiträume	
(C) Verbindungsstraße Ober-/Unterstadt "Steigstraße"		
(1) Einbahnstraße in Richtung Unterstadt	Ganztägig	Ganzjährig
(2) Fahrverbot für Fahrzeuge aller Art (Ausnahmeregelung für Lieferverkehr von 06.00 - 11.00 Uhr)	11.00 - 06.00 h	Ganzjährig

Die ortsfesten Verbotsschilder werden während des Verbotszeitraums durch ein bewegliches Schild = Zeichen 250 StVO mit Zusatzschild "Fußgängerzone" ergänzt. Es wird jeweils in der Straßenmitte so aufgestellt, daß keine Durchfahrtmöglichkeit für Pkw und Lkw besteht.

(D) Fahrverbot für Krad in einigen Straßen an der Außenseite der Stadtmauer	Ganztägig	Ganzjährig

für den Bereich **"Unterstadt"**:

(E) Einfahrt West (Einmündung in die B 31)		
(1) Fahrverbot für Krad	Ganztägig	Ganzjährig
(2) Fahrverbot für Lkw über 3,5 t	Ganztägig	Ganzjährig
(3) Fahrverbot für Pkw ("Anlieger frei")	Ganztägig	Ganzjährig
(4) Fahrverbot für Fahrzeuge aller Art	23.00 - 06.00 h	15.5. - 30.9.
(5) (Provisorische) Verengung und Verschwenkung der Fahrgasse durch versetzte Parkbuchten und Beschilderung mit den Zeichen 325/326 StVO (Versuch Juni bis September 1981)	Ganztägig	15.5. - 30.9.
(F) Einfahrt Ost		
Verbot der Einfahrt (Zeichen 267 StVO)	Ganztägig	Ganzjährig

Als langfristige Lösung ist die Umgestaltung von Ober-(Alt-)Stadt und Unterstadt zu Vorrangbereichen für Fußgänger in der Diskussion.

Notwendige Ausnahmen: Ganztägig frei für Lieferverkehr und Anwohner (Kennzeichnung durch Plaketten o.ä.).

Voraussetzungen:
- Bau einer Großgarage in der Nähe* der Altstadt für Pkw der Anwohner
- Bereitstellen von Pkw-Einstellplätzen für Kunden des Einzelhandels und für Gäste der Beherbergungsbetriebe mit Standort innerhalb des Vorrangbereichs
- Ausbau weiterer Auffangparkplätze am Ortsrand für Kurzzeitgäste

* = In einer Umfrage im Rahmen der vorbereitenden Untersuchungen zur "Sanierung Oberstadt Meersburg" wurde von den Anwohnern als zumutbare Entfernung zwischen Wohnung und Stellplatz für Pkw genannt:

bis 200 m	48 % der Antworten
bis 500 m	40 % der Antworten
500 - 1000 m	12 % der Antworten

Meersburg

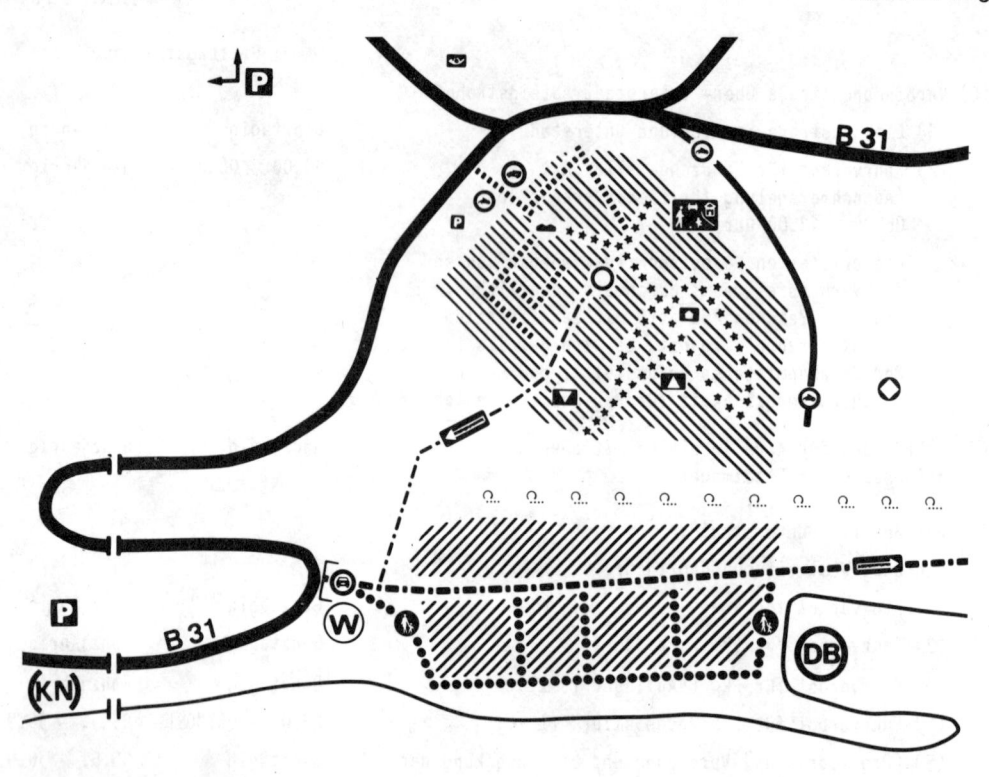

Bild 3:
Erholungsfreundliche Verkehrsmaßnahmen

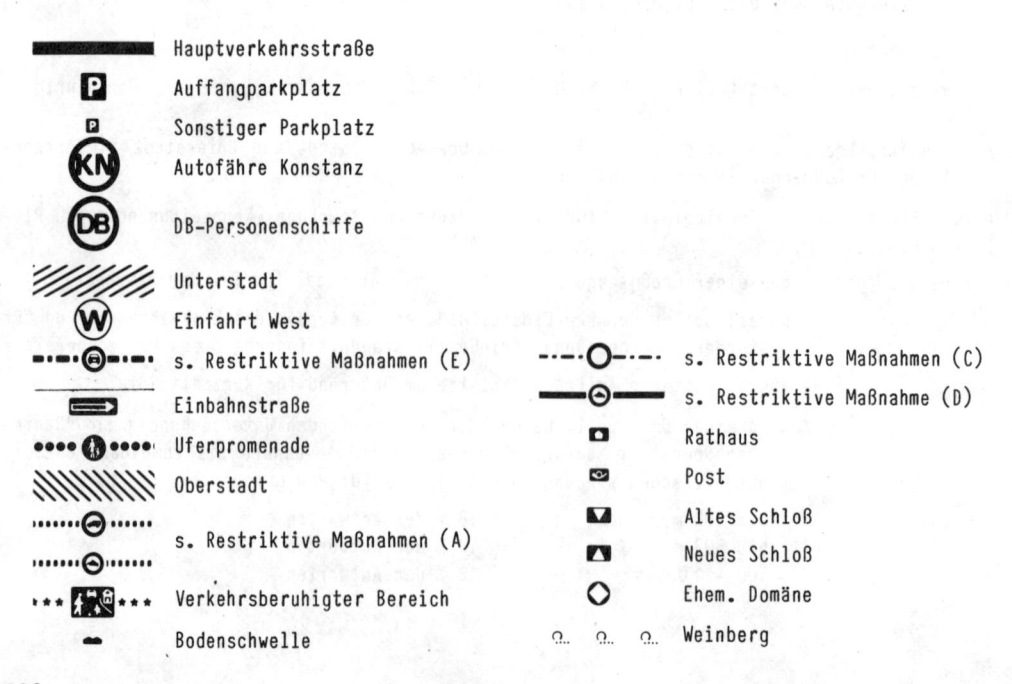

▬▬▬	Hauptverkehrsstraße
🅿	Auffangparkplatz
🅿	Sonstiger Parkplatz
(KN)	Autofähre Konstanz
(DB)	DB-Personenschiffe
▨	Unterstadt
Ⓦ	Einfahrt West
—·⊖·—	s. Restriktive Maßnahmen (E)
▭	Einbahnstraße
••••👤••••	Uferpromenade
▧	Oberstadt
······⊖······	s. Restriktive Maßnahmen (A)
··· 👥 ···	Verkehrsberuhigter Bereich
▬	Bodenschwelle
----○----	s. Restriktive Maßnahmen (C)
──⊖──	s. Restriktive Maßnahme (D)
▪	Rathaus
👁	Post
▼	Altes Schloß
▲	Neues Schloß
⬡	Ehem. Domäne
ᘯ ᘯ ᘯ	Weinberg

Meersburg

Unterstützende Maßnahmen

(1) Erarbeiten eines Gesamtkonzepts zur Altstadtsanierung.

(2) Verringerung des Durchgangsverkehrs durch die geplante Verlegung der B 31 landeinwärts (siehe Bild 2). Der Verkehr zwischen B 31 neu und Anlegestelle der Autofähre Konstanz - Meersburg wird jedoch weiterhin das Stadtgebiet durchfahren müssen.

(3) Zur Sicherung des Fahrverbots in der Unterstadt wird die Ein-/Ausfahrt West an der B 31 durch eine dreiteilige Schranke von 23.00 - 06.00 Uhr vom 15.5. - 30.9. gesperrt. Die Vollschranken wurden 1983 gegen eine Halbschranke ausgewechselt, die lediglich die Einfahrt von der B 31 sperrt (siehe auch Abschnitt "Erfahrungen mit restriktiven Maßnahmen", Punkt (3)).

(4) Bau einer Fußgängerunterführung im Zuge der B 31 am Fährhafen und von zwei Fußgängerunterführungen am Rand Oberstadt. Damit sollen Störungen des fließenden Verkehrs und die Gefährdung der Fußgänger verringert werden.

Ausnahmeregelungen zu restriktiven Maßnahmen

Ausnahmen	Ausnahmezeiträume
für den Bereich "Oberstadt"	
zu (A2) Fahrverbot für Lkw über 3,5 t	
– frei für Lieferverkehr	06.00 - 11.00 h
– frei für Anwohner	Ganztägig
zu (C) Fahrverbot für Fahrzeuge aller Art "Steigstraße"	
– frei für Lieferverkehr und Anwohner	06.00 - 11.00 h
– Sondergenehmigung für ein Taxiunternehmen mit Betriebsstandort innerhalb des Verbotsbereichs	Ganztägig
für den Bereich "Unterstadt"	
zu (E2) Fahrverbot für Lkw über 3,5 t	
frei für Lieferverkehr	06.00 - 11.00 h
zu (E3) Fahrverbot für Pkw	
frei für Anlieger	a) Ganztägig 1.10. - 14.5.
	b) 06.00 - 23.00 h 15.5. - 30.9.
zu (E4) Sonderregelung für ein Taxiunternehmen	
– Fahrerlaubnis für ein Teilstück von der Einmündung der "Steigstraße" bis zur B 31	
– Schlüssel zum Öffnen der Schranke an der B 31 (entfällt seit Einführung der Halbschranke)	

Meersburg

Erfahrungen mit restriktiven Maßnahmen

(1) zu (B) "Verkehrsberuhigter Bereich Oberstadt" im Jahre 1981

In der Oberstadt wurden neben den Eingangsschwellen keine weiteren Umbauten vorgenommen. Bauliche Einengungen der Fahrbahnen sind in den engen, verwinkelten Gassen nicht erfolgt, da die Zulieferungsmöglichkeit mit Lkw erhalten bleiben sollte. Trotz Beschilderung mit Zeichen 325/326 StVO wurde keine Verhaltensänderung der motorisierten und der nicht-motorisierten Verkehrsteilnehmer festgestellt.

(2) zu (E5) Verkehrsberuhigende Maßnahmen in der Unterstadt

In der Unterstadt wurden hölzerne Podeste in Bordsteinhöhe versetzt aufgebaut, die als Erweiterungsflächen für anliegende gastronomische Betriebe genutzt wurden. Es wurde eine deutliche Verlangsamung des Fahrzeugverkehrs festgestellt.

(3) zu (E4) Nachtfahrverbot in der Unterstadt

Trotz Polizeikontrollen wurde das Fahrverbot in der Unterstadt mißachtet. Die Lärmbelastung durch den Kfz-Verkehr blieb auch in den Nachtstunden sehr hoch. Die spätere Sicherung des Ein-/Ausfahrverbots durch Schranken an der B 31 während der Sommersaison in den Jahren 1977, 1980 und 1981 hatte sich gut bewährt. Das Innenministerium Baden-Württemberg lehnt jedoch jedes Aufstellen von derartigen Schranken ab. Da auch ein Anwohner auf völlige Beseitigung der Schrankensicherung klagt, wird nun vorläufig als Kompromiß die Halbschranken-Lösung angewendet.

(4) Parkuhren im Altstadtbereich

Die Gebühren an den Parkuhren im Altstadtbereich der Ober- und Unterstadt sowie in deren Randgebieten wurden im Mai 1982 von DM -,10 pro halbe Stunde auf DM -,50 pro halbe Stunde erhöht. Die drastische Erhöhung führte zu großen Protesten der einheimischen Bevölkerung sowie der Urlaubs- und Tagesgäste. Die Stellplätze wurden z.T. nicht mehr angenommen und die kalkulierten Mehreinnahmen aus Parkgebühren waren infragegestellt.

Aufgrund vieler Beschwerden - aber auch rückläufiger Besucherzahlen im Parkraumbereich des beheizten Freibades - wurden die Parkgebühren im August 1982 außerhalb der Altstadtbereiche wieder ermäßigt.

Nach den bisherigen Erfahrungen sind nun fast immer Einstellplätze frei, die Parkbedingungen für die Einzelhandelskunden wurden damit verbessert. Außerdem gibt es im Gegensatz zu früher keine Dauerparker mehr, die die Parkuhren "nachfüttern". Trotz der Störungen im Stadtbild durch die zahlreichen Parkuhren wird derzeit keine Alternative gesehen.

Weiterhin wurde festgestellt, daß Tagesgäste "ohne großes Murren" einen zunächst provisorisch eingerichteten gebührenfreien Parkplatz anfahren und den Weg in die Stadt oder zu den Bodensee-Schiffen zu Fuß machen. Es wurde daher vorgeschlagen, von diesem Parkplatz einen Zubringerdienst (mit Bus, Kur-Bähnle o.ä.) zu den attraktiven Zielen im Stadtgebiet einzurichten.

Bild 1: Orientierungsplan

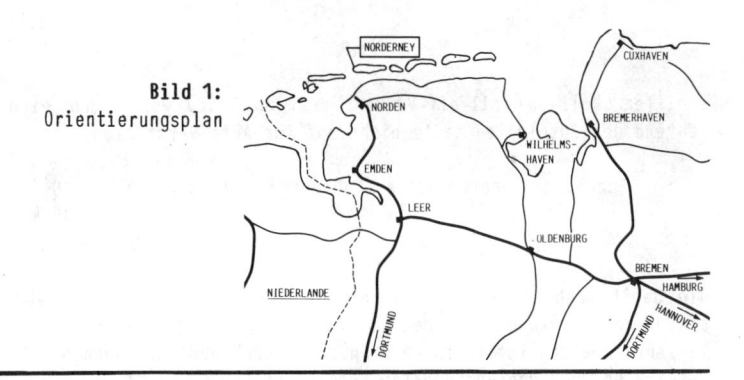

Norderney
Kenn-Nr. D 43 13

ÜBERSICHT

Bundesland	Niedersachsen
Landkreis	Aurich
Zentralörtliche Bedeutung	Keine Einstufung
Erwerbsstruktur	Vorrangig Tourismus und tourismusabhängiges Gewerbe, Spielbank im Kurhaus
Einwohner (Stand 31.12.1980)	8 125
Geografische Lage	Nordsee, Ostfriesische Inselkette
Gemeindegruppe	Nordseeheilbad (Niedersächsisches Staatsbad)
Ortstyp	Im westlichen Teil dichte Bebauung, in den östlichen Neubaugebieten Übergang zur offenen Bauweise
Bettenkapazität (Stand 1.4.1980)	13 734 (ohne Kinderheime, Jugendherbergen, Campingplätze)

Fremdenverkehrsstatistik	Winter 1979/80	Sommer 1980	FV-Jahr 1979/80
Gästeankünfte	18 337	90 911	109 248
Gästeübernachtungen	162 459	1 074 894	1 227 353
Aufenthaltsdauer (im Mittel)	8.3 Tage	11.8 Tage	11.2 Tage
FV-Intensität (Ü/100 E)	1 874	13 136	15 010

ALLGEMEINES

Nach der Gründung des "Seebades Norderney" im Jahre 1797 entwickelte sich die Gemeinde der Fischer und Seeleute in wenigen Jahrzehnten zu einem internationalen Modebad. Die Aufnahme regelmäßiger Dampfschiffdienste zu den zeitweiligen Eisenbahnendpunkten Emden und Leer (1856) und später nach Norddeich (1892) bildete die Voraussetzung des weiteren touristischen Wachstums. Im Jahre 1907 konnten die 3 862 Einwohner fast 36 000 Kurgäste auf der Insel begrüßen. Der motorisierte Individualverkehr erreichte Norderney bis zum Ende des 2. Weltkrieges nicht. Pkw-Reisende ließen ihr Fahrzeug auf dem Festland zurück, wo zu ihrer Unterbringung 1931 in Norddeich ein Großgaragenbetrieb eröffnet wurde. Personen- und Warentransporte auf der Insel wurden mit Pferdeomnibussen, Pferdedroschken und Pferdefuhrwerken durchgeführt.

Mit der britischen Besatzung begann 1948 die Motorisierung, die auch den Freizeitverkehr erfaßte. Trotz der zunächst noch umständlichen Transportmöglichkeiten auf dem Deck von Fracht-

Norderney

schiffen (Roll-on/roll-off-Verkehr erst ab 1962) wollte nun eine wachsende Zahl von Gästen während des Inselaufenthalts nicht auf ihr Auto verzichten.

Anzahl der übergesetzten Fahrzeuge 1951 =   800   1968 = 12 600
                                    1954 = 1 300   1974 = 23 979
                                    1961 = 3 960

Die damit verbundenen - ungewohnten - Störungen des Kurbetriebs führten im Jahre 1953 zu ersten Beschränkungen für den motorisierten Verkehr von Einheimischen und von Gästen. Diese Verkehrsregelung ist in ihren Grundzügen noch heute vorhanden, sie wurde ständig der weiteren Entwicklung und den veränderten Erfordernissen angepaßt.

CHARAKTERISTIK DES TOURISMUS

Kurzeit	: Ganzjährig
Zeitliche Verteilung (Bezugsjahr 1980)	: Max. = Juli (August mit geringen Abweichungen)

Gästeankünfte	26 035	= 20,1 % aller Jahresankünfte
davon in Kinderheimen und Jugendherberge	3 290	
Gästeübernachtungen	425 327	= 20,6 % aller Jahresübernachtungen
davon in Kinderheimen und Jugendherberge	61 957	

Min. = Januar (ca. 2 % aller Jahresübernachtungen)

Gästestruktur : Sommermonate = überwiegend Familien mit Kindern
Nebensaison = Anteil der älteren Gäste überwiegt

Struktur der Übernachtungsgäste (Bezugsjahr 1980)

Gästegruppe	Anteil an Übernachtungen Insgesamt	Ohne Kinderheime und Jugendherberge
Kurtaxpflichtige Gäste	62,3 %	81,5 %
Sozialversicherungsgäste in Heimen	11,4 %	14,8 %
Campinggäste	2,3 %	3,0 %
Tagungsteilnehmer	0,5 %	0,7 %
Kinder in Heimen	14,3 %	--
Gäste in Jugendherberge	9,2 %	--

Sonstiges: Zu Beginn des Tourismus nach dem 2. Weltkrieg waren die ortsnahen Strände zerstört. Der Badebetrieb verlagerte sich deshalb zum heutigen Ostbadestrand abseits des bebauten Gebiets. Das zunehmende Bedürfnis der Gäste nach einer Nackt-Badestelle erforderte das Anlegen eines weiteren Strandbereichs - in geziemender Entfernung von den anderen. Nach einer Untersuchung im Jahre 1977 besuchten ca. 25 % (Tendenz steigend) der Urlaubsgäste regelmäßig den FKK-Strand, der 9 km außerhalb des Ortszentrums und somit auch außerhalb der Fußgängererreichbarkeit liegt.

Bild 2: Übersichtsplan

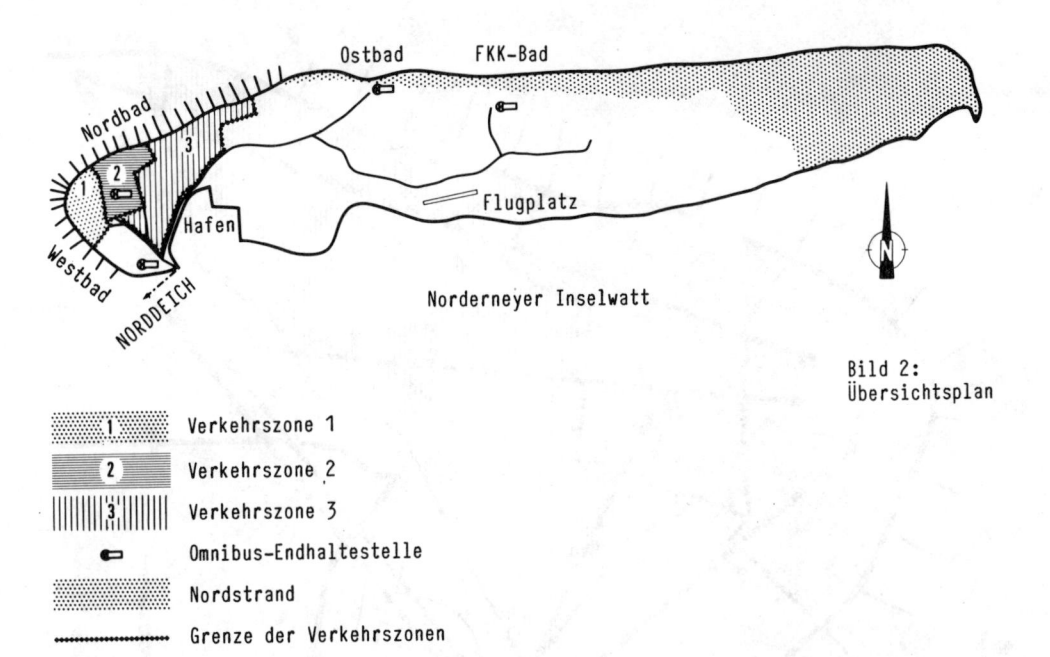

Legende:
- Verkehrszone 1
- Verkehrszone 2
- Verkehrszone 3
- Omnibus-Endhaltestelle
- Nordstrand
- Grenze der Verkehrszonen

ERHOLUNGSFREUNDLICHE VERKEHRSMASSNAHMEN

Ausgangslage

Verkehrsbedingte Störungen der Erholungsnutzung in der Stadt Norderney ergaben sich vor allem aus dem An- und Abreiseverkehr der Gäste sowie aus den Fahrten zwischen den Gästeunterkünften und den Badestränden östlich der Stadt. Die Konzentration touristischer Aktivitäten auf die Sommermonate verursachte hohe Spitzenbelastungen, die durch gleichförmige Verhaltensmuster der Gäste (vormittags Fahrten zum Strand, nachmittags zurück in die Unterkünfte) noch verstärkt wurden. In den Abendstunden sind zahlreiche der relativ schmalen Straßen mit Fußgängern gefüllt - vor allem in der Zone 1 -, die durch einen ungehinderten Fahrverkehr erheblich behindert und gefährdet wurden.

Zielsetzung

(1) Reduzierung des motorisierten Verkehrs und der Kfz-Emissionen im heilklimatisch besonders wirksamen Bereich an der Brandungszone im Norden der Insel

(2) Minimierung des Durchgangsverkehrs in den Wohngebieten von Gästen und Einheimischen

Maßnahmenkonzept

(1) Unterteilung des Stadtgebiets in drei Kfz-Verkehrszonen (Zone 1,2,3), die untereinander für Kfz nicht durchlässig sind (anders in Bad Orb und Horn-Bad Meinberg)

Norderney

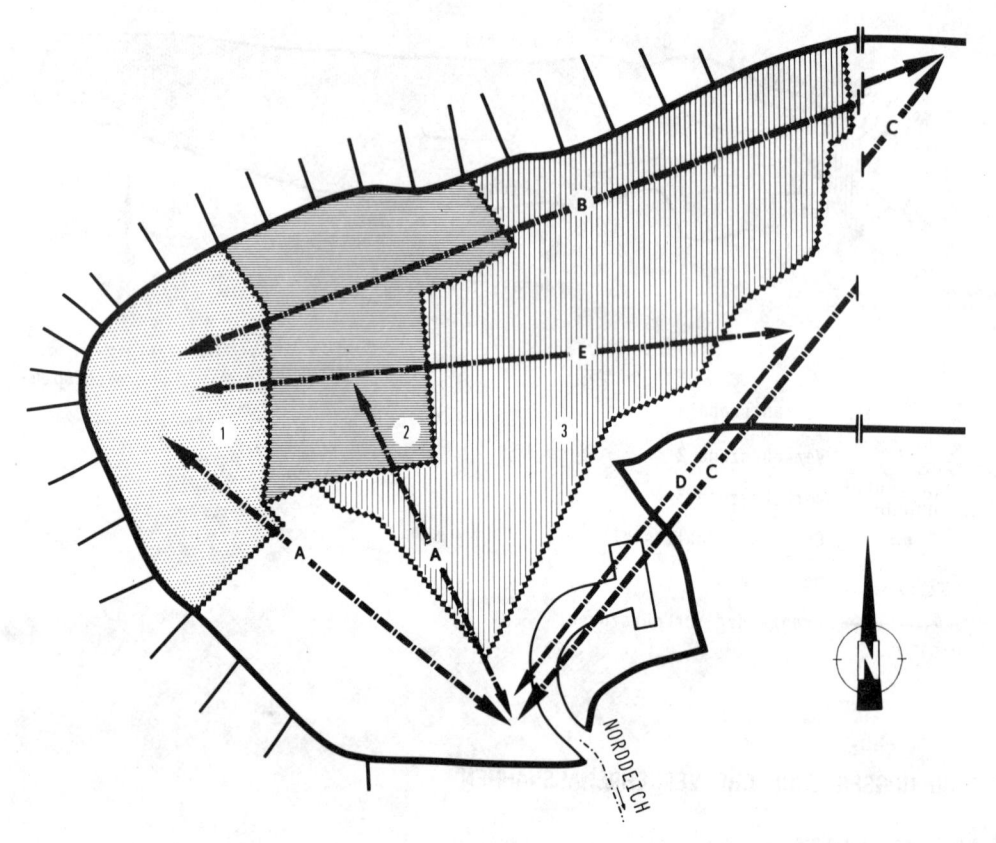

Bild 3:
Wichtige Verkehrsrelationen

| 1 | Verkehrszone 1
| 2 | Verkehrszone 2
| 3 | Verkehrszone 3
| A | Autofähranleger – Beherbergungsbetriebe
| B | Beherbergungsbetriebe – Ostbad/FKK-Bad
| C | Autofähranleger – Ostbad/FKK-Bad
| D | Autofähranleger – Gewerbegebiet
| E | Ortszentrum – Gewerbegebiet
| ●●●●●●●●●●●● | Grenze der Verkehrszonen

Norderney

(2) Bündelung des Binnenverkehrs auf Sammelstraßen und Zuführung auf die Hauptstraße an der Südperipherie. Diese Südumfahrung dient auch dem Verkehr zwischen Hafen und Stränden (besondere Bedeutung für Tagesausflügler vom Festland!)

(3) Flächenhafte Fahrbeschränkungen für Kraftfahrzeuge mit einem System von Ausnahmeregelungen für unterschiedliche Nutzergruppen

(4) Verlagerung der Gewerbebetriebe aus dem Ortszentrum in ein zusammenhängendes, weniger immissionsempfindliches Gebiet ohne Verkehrsbeschränkungen

(5) Förderung des nicht-motorisierten Verkehrs und Erweiterung der Omnibusliniendienste

Restriktive Maßnahmen für Kraftfahrzeuge

(A) Gliederung des bebauten Gebiets in drei Kfz-Verkehrszonen (seit 1971), die durch Sperren voneinander getrennt werden. Fahrten zwischen benachbarten Zonen sind nur über die südliche Umfahrungsstraße möglich.

Maßnahmen	Anwendungszeiträume	
(B) Maßnahmen in den Kfz-Verkehrszonen 1 und 2		
(1) Geschwindigkeitsbeschränkung auf max 30 km/h	Ganztägig	Ganzjährig
(2) Zonen-Haltverbot, Parken mit Parkscheibe bis max. 1/2 Stunde erlaubt (seit 1972)	Ganztägig	Ganzjährig
(3) Gewichtsbeschränkung auf 8,5 t zulässiges Gesamtgewicht	Ganztägig	Ganzjährig
(4) Fahrverbot für Kfz aller Art (seit 1953)	Ganztägig	1.5.-30.9.

(C) Maßnahmen in der Kfz-Verkehrszone 1

(5) Einrichten eines Vorrangbereichs für Fußgänger im Einkaufs- und Unterhaltungsbereich (seit 1968, Erweiterung 1974)

(6) Einrichten eines Verkehrsberuhigten Bereichs gemäß Zeichen 325/326 StVO im Anschluß an den Vorrangbereich für Fußgänger. Der starke Fahrzeugverkehr auf dieser Straße trennte vorher den Einkaufsbereich vom Kurhaus und weiteren Kureinrichtungen (seit 1981) (vgl. Zone B in Bild 4).

(D) Maßnahmen in der Kfz-Verkehrszone 3		
(7) Geschwindigkeitsbeschränkung auf max. 30 km/h	Ganztägig	Ganzjährig
(8) Gewichtsbeschränkung auf 8,5 t zulässiges Gesamtgewicht	Ganztägig	Ganzjährig
(9) Fahrverbot für Krad, Moped und Mofa	20.00-06.00 h	1.5.-30.9.
(10) Fahrverbot für Kfz aller Art (in 6 Straßen)	20.00-08.00 h	1.5.-30.9.

(E) Maßnahme außerhalb der Kfz Verkehrszonen 1, 2 und 3

(11) Einrichten eines Verkehrsberuhigten Bereichs gemäß Zeichen 325/326 StVO in einem Neubaugebiet zwischen Ortszentrum und Hafen (seit 1981).
Dieses Neubaugebiet soll - mit Ausnahme der Sammelstraßen - insgesamt als Verkehrsberuhigter Bereich gestaltet werden.

Norderney

Nordbadestrand

Westbadestrand

① ② ③

FKK-Badestrand

Gewerbegelände

Hafen

Neubau Wohngebiet

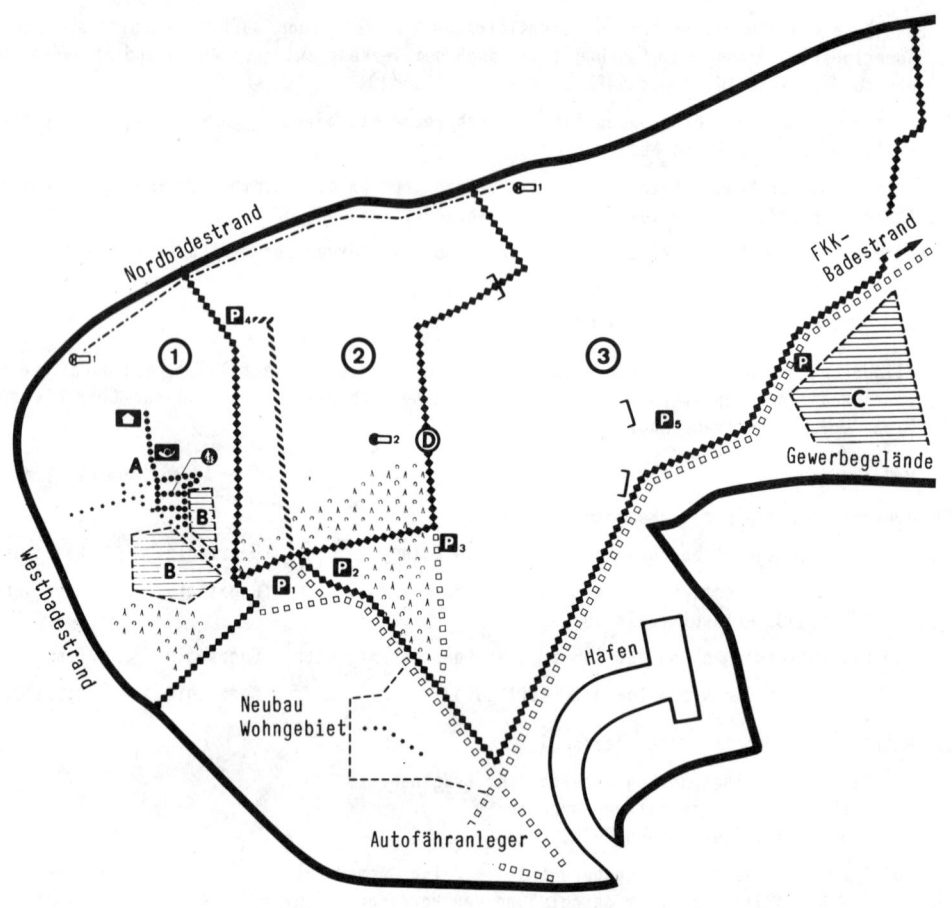

Autofähranleger

Bild 4:
Erholungsfreundliche Verkehrsmaßnahmen

① Verkehrszone 1 = Kerngebiet
② Verkehrszone 2
③ Verkehrszone 3 = Ortserweiterung
◆◆◆◆◆◆◆◆◆ Grenze der Verkehrszonen
---------- Grenze Neubau-Wohngebiet
ooooooooo Straße ohne Verkehrsbeschränkung
////////// Frei für Pkw: 8 - 13 u. 15 - 20 h
●●●●●●●● Vorrangbereich für Fußgänger
🚶
·········· Verkehrsberuhigter Bereich
A Ortszentrum

≡B≡ Engerer Kurbereich
≡C≡ Gewerbegebiet
Ⓓ Durchfahrt zw. Zonen 2 u. 3
📷 Rathaus
—··—··— Linie und Endhaltestelle des "Strandexpress"
🚌₁
🚌₂ Omnibus-Bahnhof
] Schrankensicherung
P Auffangparkplatz
ᴧᴧᴧᴧᴧ Wald, Park

340

Norderney

Unterstützende Maßnahmen

(1) Verlegen der Innerortsparkplätze an die Ein-/Ausfahrten an der Südperipherie der Kfz-Verkehrszonen (Aus- bzw. Neubau) (siehe P_1, P_2 und P_3 in Bild 4).

(2) Bau einer neuen Ost-West-Verbindungsstraße als südliche Umfahrung der Verkehrszonen 1, 2 und 3.

(3) Absicherung der Fahrverbote in Zone 3 durch Schranken
Schließzeiten von 20.00 - 08.00 h vom 1.5. - 30.9.

(4) Erweiterung der Grünzonen südlich der Zonen 1 und 2 für strandunabhängige Erholungaktivitäten in Fußgängererreichbarkeit.

(5) Förderung des nicht-motorisierten Verkehrs durch
 - Anlegen von Radwegen bis zu den östlichen Endpunkten der Fahrstraßen,
 - Ausbau und Beschilderung eines Wander- und Radwegenetzes außerhalb des bebauten Gebiets,
 - Verbreiterung der vorhandenen Wanderwege und Teilung in Fußgänger- und Fahrradbereich (z.Z. in Planung).

(6) Hinweise auf die Verkehrsbeschränkungen in einem Faltblatt für Gäste: "7 Fragen und Antworten, die den motorisierten Inselbesucher interessieren" (siehe Bild F 78).

(7) Verringerung des Suchverkehrs der ortsunkundigen Gäste durch
 - Angabe der jeweiligen Kfz-Verkehrszone (1,2,3) im Gastgeberverzeichnis als Leitzahl zu den Unterkünften (siehe Bild F 119),
 - Hinweisbeschilderung zu den jeweiligen Einfahrten in die Kfz-Verkehrszonen an den Zufahrtstraßen.

(8) Vereinbarung mit der Reederei, während der Mittagsruhezeit (13.00 - 15.00 h) keine An- und Abfahrten von Fährschiffen mit Fahrzeugtransporten durchzuführen.

(9) Errichtung von Pkw-Einstellplätzen auf dem Festland in unmittelbarer Nähe des Hafens Norddeich (davon 1 000 überdacht).

(10) Lt. Ortssatzung waren alle Kfz-Stellplätze im öffentlichen Straßenraum der Kfz-Verkehrszonen 1 und 2 durch Parkflächen außerhalb dieser Zonen zu ersetzen. Die Finanzierung erfolgte teilweise duch Ablösesummen derjenigen Hauseigentümer, die die nach der Niedersächsischen Bauordnung vorgeschriebene Anzahl Stellplätze auf eigenem Grundstück nicht nachweisen konnten (DM 3 000,--/Stellplatz).

(11) Erlaß einer Lärmschutzordnung: "Verordnung zur Bekämpfung des Lärms und anderer Gesundheitsgefahren auf der Insel Norderney" vom 10. Juni 1976.

Ausnahmeregelungen zu restriktiven Maßnahmen

zu (A): Kfz-Verkehrszonen

Vom Busbahnhof in der Zone 2 besteht eine Durchfahrmöglichkeit für Linienbusse in die Zone 3, die auch von den übrigen Fahrzeugen genutzt wird.

Ein Schließen dieser Lücke bei gleichzeitigem Einrichten einer Busschleuse konnte bisher nicht durchgesetzt werden.

zu (B) und (C): Restriktive Maßnahmen in den Zonen 1 und 2

Grundsätzliche Ausnahmen vom Fahrverbot für Notfahrzeuge, Polizeifahrzeuge, gekennzeichnete kommunale Fahrzeuge

Norderney

zu (B3): Gewichtsbeschränkung

Erhöhung des zulässigen Gesamtgewichts für Linienbusse von 8,5 t auf 12 t für Fahrten zwischen dem Busbahnhof und den ortsfernen Stränden

zu (B4): Kfz-Fahrverbot

Ausnahmeregelung	Ausnahmezeitraum

(1) Ausnahmen für **Elektro-Mofas**

Die Genehmigung wird auf das Fahrzeug ausgestellt (1981 ca. 80 Genehmigungen) — Ganztägig

(2) Ausnahmen für **Versorgungsverkehr**
- Genehmigung für sämtliche Straßen
- Kennzeichnung durch Plaketten

(siehe auch Muster der Ausnahmegenehmigung in Bild F 53)

a) an Werktagen bzw.
b) nur an bestimmten Tagen
jeweils von
08.00 - 13.00 h u.
15.00 - 20.00 h

(3) Ausnahmen für **Taxis, Linienbusse, Arzt im Dienst**
für sämtliche Straßen — 06.15 - 21.00 h

(4) Ausnahmen für privaten Verkehr der **Einwohner**
(z.B. An-/Abfahrten zur eigenen Garage oder Abstellplatz)

Kennzeichnung durch nummerierte Metallplaketten, gleiche Ausführung auf der Insel Langeoog (siehe Bild F 62)
a) für den gesamten Ort   = rote Plakette
b) für bestimmten Fahrweg = gelbe Plakette

Täglich von
08.00 - 13.00 h u.
15.00 - 20.00 h

(5) Ausnahmen für **Gäste**

An Bord der Autofähre werden amtliche Erlaubnisscheine des Landkreises Aurich für die einmalige An- und gleichzeitig für die Abreise ausgegeben

Kennzeichnung durch gelbe Plaketten auf Selbstklebefolie an der Windschutzscheibe (siehe Bild F 61)

Gültigkeitsdauer bei der Anreise zum Entladen vor dem Quartier — 1 Stunde nach Ankunft des Fährschiffes

Gültigkeit bei der Abreise zum Beladen vor dem Quartier nach Eintragen von Abfahrtsdatum und Abfahrtszeit — 1 Stunde am Abreisetag

(6) Ausnahmen für **gehbehinderte Gäste**
(Regelung wie für Einwohner)

(7) Ausnahmen für **Gäste** mit Nachweis eines innerörtlichen Abstellplatzes
(Regelung wie für Einwohner)

(8) Generelle Fahrerlaubnis für Kraftwagen zum Parkplatz P4 über eine direkte Zufahrtstraße — 08.00 - 13.00 h u. 15.00 - 20.00 h

Norderney

Erfahrungen mit vollzogenen Maßnahmen

Maßnahme, Aktivität	Gewerbe Einheimische	Gäste
Akzeptanz des Gesamtkonzepts	Gut	Sehr gut
Einhalten der - Mittagsruhe - Nachtruhe	Sehr gut Gut	Sehr gut Gut
Einteilung in Kfz-Verkehrszonen	Andauernde Proteste der Versorgungsunternehmen wegen der anfallenden Umwege aber: - Versorgungsverkehr führt hauptsächlich in die Zone 1, - Anteil der Fahrten zwischen den Zonen ist relativ gering	
Gesamtzahl der Fahrzeuge und Ausnahmegenehmigungen (Stand 1974)	Ca. 1 200 Fahrzeuge (einschl. Krafträder, Mopeds u.dgl.) Ca. 700 Ausnahmegenehmigungen (überwiegend für Versorgungsverkehr)	Ca. 24 000 Gäste-Pkw Ca. 24 000 Ausnahmegenehmigungen für An-/Abreise (davon ca. 7 000 während der Monate Juli und August) Ca. 1 000 Ausnahmegenehmigungen für Fahrten zum Einstellplatz innerhalb der Verkehrszonen 1 und 2
Kennzeichnung der Fahrzeuge mit Ausnahmegenehmigung	Anfangs: kleine Papierschilder (DIN A6-Format) heute: runde Plaketten mit Durchmesser 100 mm für Gäste (vgl. Bild F 61) 200 mm für Einheimische (vgl. Bild F 62)	
Kontrolle des ruhenden Verkehrs und der Fahrgenehmigungen	Durch örtliche Polizei und einen städtischen Beamten	

Norderney

Maßnahme, Aktivität	Gewerbe Einheimische	Gäste
Aufstellen von Schranken an allen Einfahrtstraßen während der Mittagsruhe	Bisher am Widerstand des Fremdenverkehrsgewerbes gescheitert	
Vorrangbereich für Fußgänger	Erkennbare Vorteile für Betriebe in der Zone, Betriebe in den benachbarten Straßen drängen auf räumliche Erweiterung	Sehr gute Akzeptanz, Anziehungspunkt besonders bei Nicht-Strandwetter und abends
Verkehrsberuhigter Bereich in Zone 1		Die Trennwirkung im engeren Kurbereich und die Gefährdung des bedeutenden Fußgängerquerverkehrs auf der Einfahrtstraße in Zone 1 sollen verringert werden
Kfz-Nutzung auf Norderney	Vor allem für den Versorgungsverkehr notwendig	Ca. 2/3 der Gäste-Pkw werden nur zur An- und Abreise benutzt. Die übrigen dienen während des Aufenthalts als Transportmittel zu den stadtfernen Stränden und als Aufbewahrungsbox für umfangreiches Strandgepäck
Öffentliche Verkehrsmittel		Gute Annahme der Busdienste (keine lfd. Zuschüsse erforderlich)
		Gute Annahme des "Strandexpress" der Kurverwaltung am Nordstrand (für Kurkarteninhaber frei)
Leih-Go-Carts		Wegen ständig wachsendem Verkehr mit Gefährdung der Fußgänger mußten in einigen Bereichen Fahrverbote ausgesprochen werden. (Eigenentwicklung eines Verkehrszeichens: Zeichen 250 StVO mit Sinnbild "Go-Cart")

"Natürlich bringt eine derart weitgehende individuelle Regelung eine erhebliche Verwaltungsarbeit mit sich. Sie ist auch nicht frei von Anfeindungen und Anfechtungen. (...) Im übrigen wird über die Erteilung schwieriger Ausnahmegenehmigungen vorher im Verwaltungsausschuß der Stadt entschieden." (Visser 1974, S. 3 f.)

VERZEICHNIS DER VERWENDETEN UNTERLAGEN

Niedersächsisches Staatsbad Norderney (Hrsg.): Chronik einer Insel, Norderney 1980.
Saathoff, J.: Verkehrskonzeption der Stadt Norderney - Bestandsaufnahme und Diskussionsgrundlage, Hrsg.: Der Stadtdirektor der Stadt Norderney, Norderney 1977.
Visser: Information der Ratsmitglieder aus Terschelling über die hiesigen Kraftverkehrsbeschränkungen am 1. und 2. Dezember 1974, vervielfältigtes Manuskript, Norderney 1974.
Prospekte und Statistiken der Stadtverwaltung und der Kurverwaltung Norderney.

Bild 1:
Orientierungsplan

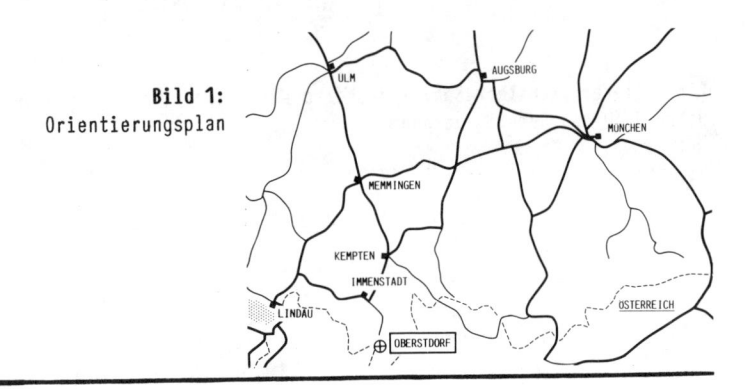

Oberstdorf
Kenn-Nr. D 21 08

ÜBERSICHT

Bundesland	Bayern
Landkreis	Oberallgäu
Zentralörtliche Bedeutung	Mögliches Mittelzentrum
Erwerbsstruktur	Vorrangig Tourismus und tourismusabhängiges Gewerbe (Kur-, Ferien-, Naherholung, Sporttourismus), Kur- und Kongreßzentrum, Landwirtschaft
Zugehörige Ortsteile	Tiefenbach, Schöllang mit Reichenbach und Rubi
Einwohner (Stand 31.12.1980)	11 378
Geografische Lage	Bayerisches Allgäu
Höhenlage	843 - 2 000 m ü.d.M.
Gemeindegruppe	Heilklimatischer Kurort, Kneippkurort
Ortstyp	Ländliche Gemeinde, Verteilung der Beherbergungsbetriebe über den gesamten Ortsbereich
Bettenkapazität (Stand 1.4.1980)	16 165 (ohne Kinderheime, Jugendherbergen, Campingplätze)

Fremdenverkehrsstatistik	Winter 1979/80	Sommer 1980	FV-Jahr 1979/80
Gästeankünfte	81 596	111 745	193 341
Gästeübernachtungen	889 004	1 348 172	2 237 176
Aufenthaltsdauer (im Mittel)	10.9 Tage	12.1 Tage	11.6 Tage
FV-Intensität (Ü/100 E)	7 813	11 849	19 662

ALLGEMEINES

Oberstdorf wurde im 6. Jahrhundert gegründet, 1495 erhielt der Ort das Markt- und Befestigungsrecht. In der zweiten Hälfte des 19. Jahrhunderts entstand - neben Landwirtschaft und Handel - durch die Entwicklung zur "Sommerfrische" eine weitere Erwerbsquelle für die Einwohner. Ein neues, "touristisches Zeitalter" begann 1888, als der erste Eisenbahnzug den Ort erreichte. "Die Eisenbahn gab dem Tourismus neue und wichtige Impulse, was man an der Entwicklung der Gästezahlen deutlich erkennen kann. So wurden beispielsweise schon 1892 rund 5 000 Gäste gezählt." (siehe WEDDIGE, K., 1980, S. 222). Durch das wachsende Interesse am Skisport begann um 1900 der Aufbau einer zweiten Touristensaison im Winter.

Oberstdorf

Ein weiterer wichtiger Schrittmacher des Tourismus war der Bau der Nebelhorn-Seilbahn, die im Jahre 1930 den Betrieb aufnahm.

Die Übernachtungszahlen seit 1950

Jahr	jährliche Übernachtungen
1950	445 380
1960	über eine Million
1970	1.6 Mio
1975	über zwei Millionen
1980	2.2 Mio

zeigen die sprunghafte Entwicklung des Tourismus nach dem 2. Weltkrieg auf. Nach der Erstellung touristisch relevanter Einrichtungen, wie Kurhaus (1962), Kurmittelhaus (1963), Kongreßzentrum (1973), und des Bundesleistungszentrums für Eiskunstlauf (1981) wird derzeit kein weiterer quantitativer Ausbau der Tourismus-Infrastruktur angestrebt.

Mit den touristischen Erfolgen ging eine immer bedrohlicher werdende Verkehrsentwicklung durch den motorisierten Individualverkehr einher, dessen Belastungen durch verkehrliche Maßnahmen auf der Grundlage von Generalverkehrsplan und Ortsentwicklungsplan gesteuert und abgebaut werden sollen.

Nach der Umgestaltung des Ortszentrums zum Vorrangbereich für Fußgänger und dessen Anschluß an die für den allgemeinen Kfz-Verkehr gesperrten Gebirgstäler wirbt Oberstdorf heute mit der "größten Fußgängerzone Deutschlands".

CHARAKTERISTIK DES TOURISMUS

Kurzeit   : Ganzjährig
(Bezugsjahr 1980)

1. Bezugsbereich
= Kurbezirk I   : (entspricht etwa dem Kernort Oberstdorf)

        Gästeankünfte   148 594
        Gästeübernachtungen 1 719 839

2. Bezugsbereich
= Markt Oberstdorf   : (einschließlich aller Ortsteile)

Zeitliche Verteilung   : - **Sommersaison**
    Max. = August (Juli und September mit geringen Abweichungen)

    Gästeübernachtungen: 313 504 = 13,9 % aller Jahresübernachtungen

    durchschnittliche Aufenthaltsdauer = 11.5 Tage

- **Wintersaison**
Max. = März

    Gästeübernachtungen: 259 972 = 11,5 % aller Jahresübernachtungen

    Min. = Dezember (ca. 1 % aller Jahresübernachtungen)

Oberstdorf

Struktur der Übernachtungsgäste

(1) Motiv

Die Gästezusammensetzung weist eine Mischstruktur auf, die sich aus Langzeit-Kurgästen, Ferienerholern, Familien mit Kindern und Kurzzeiterholern (Wintersport) zusammensetzt.

(2) Art der Beherbergungsbetriebe

Betriebsgruppe	Zahl der Betriebe	Anteil an allen Jahresübernachtungen	
Pensionen/Gästehäuser	312	37,7 %	
Privatvermieter	1 725	26,1 %	63,8 %
Hotels, Hotels garnis	51	13,8 %	
Erholungs-, Ferienheime	15	11,5 %	
Sanatorien, Kuranstalten	7	5,8 %	
Sonstige	43	5,1 %	
Insgesamt	2 153	100,0 %	

Der Anteil der Übernachtungen in Pensionen und Gästehäusern sowie bei Privatvermietern von über 50 % und die große Zahl der Privatvermieter und der kleinen Beherbergungsbetriebe können als Indikatoren für die flächenhafte Verteilung der Gäste über den gesamten Ortsbereich betrachtet werden.

(3) Herkunftsgebiet

Bundesland	Anteil an allen Übernachtungsgästen
Nordrhein-Westfalen	18,4 %
Rheinland-Pfalz	16,9 %
Baden-Württemberg	15,2 %
Hessen	14,9 %
Schleswig-Holstein	7,0 %
Niedersachsen	6,6 %
Bayern	6,1 %
Sonstige	14,9 %

(4) Altersstruktur

Altersgruppe von ... bis	Anteil an allen Jahresübernachtungen
1 - 10 Jahre	4,3 %
11 - 20 Jahre	7,9 %
21 - 30 Jahre	8,5 %
31 - 40 Jahre	12,1 %
41 - 50 Jahre	17,8 %
51 - 60 Jahre	21,1 %
61 - 70 Jahre	17,7 %
71 und mehr Jahre	10,6 %

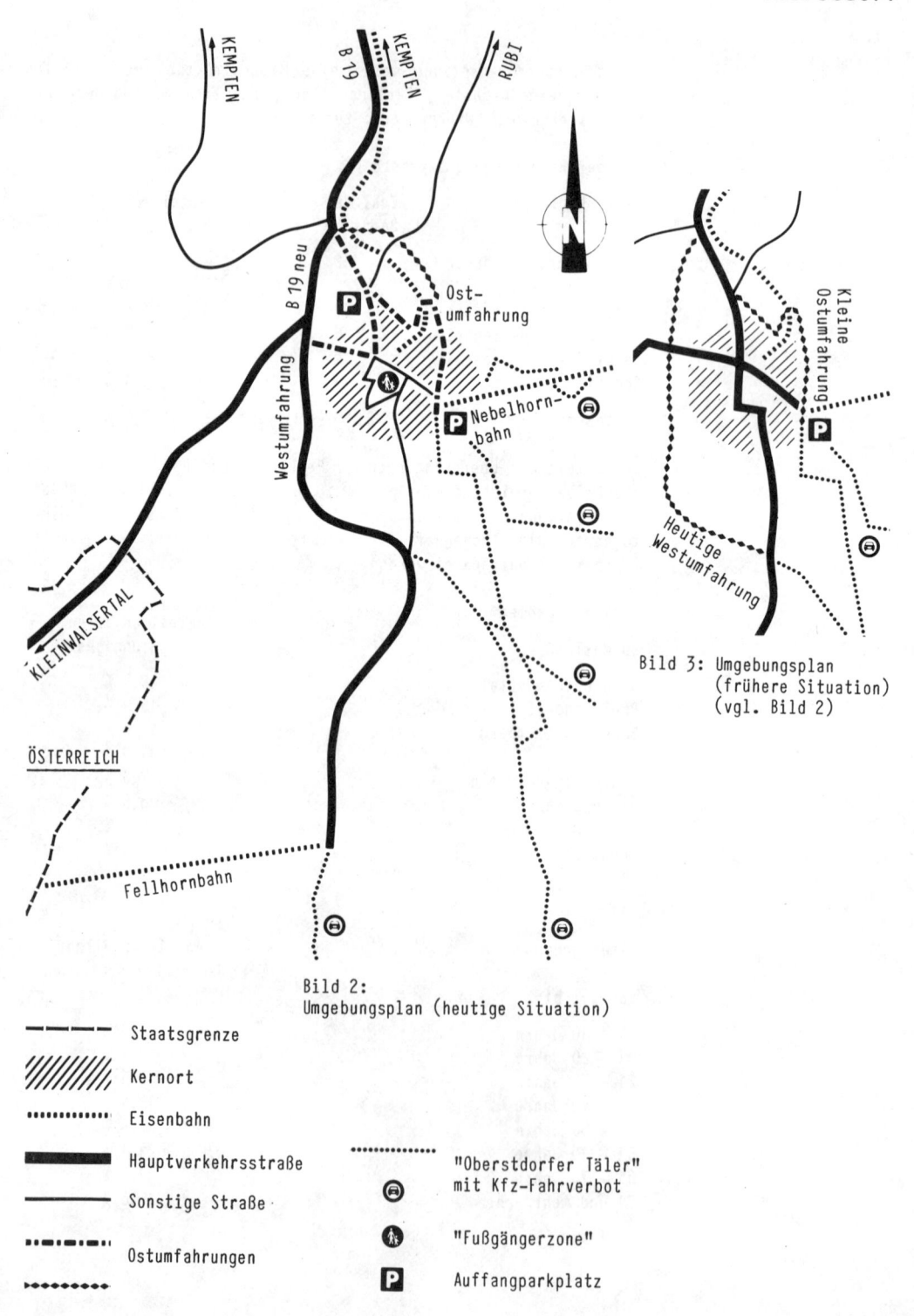

Oberstdorf

Bild 2:
Umgebungsplan (heutige Situation)

Bild 3: Umgebungsplan
(frühere Situation)
(vgl. Bild 2)

— — —	Staatsgrenze
/////	Kernort
··········	Eisenbahn
▬▬▬	Hauptverkehrsstraße
────	Sonstige Straße
▬·▬·▬	Ostumfahrungen
◆◆◆◆	
··········	"Oberstdorfer Täler" mit Kfz-Fahrverbot
🚫	"Fußgängerzone"
🅿	Auffangparkplatz

348

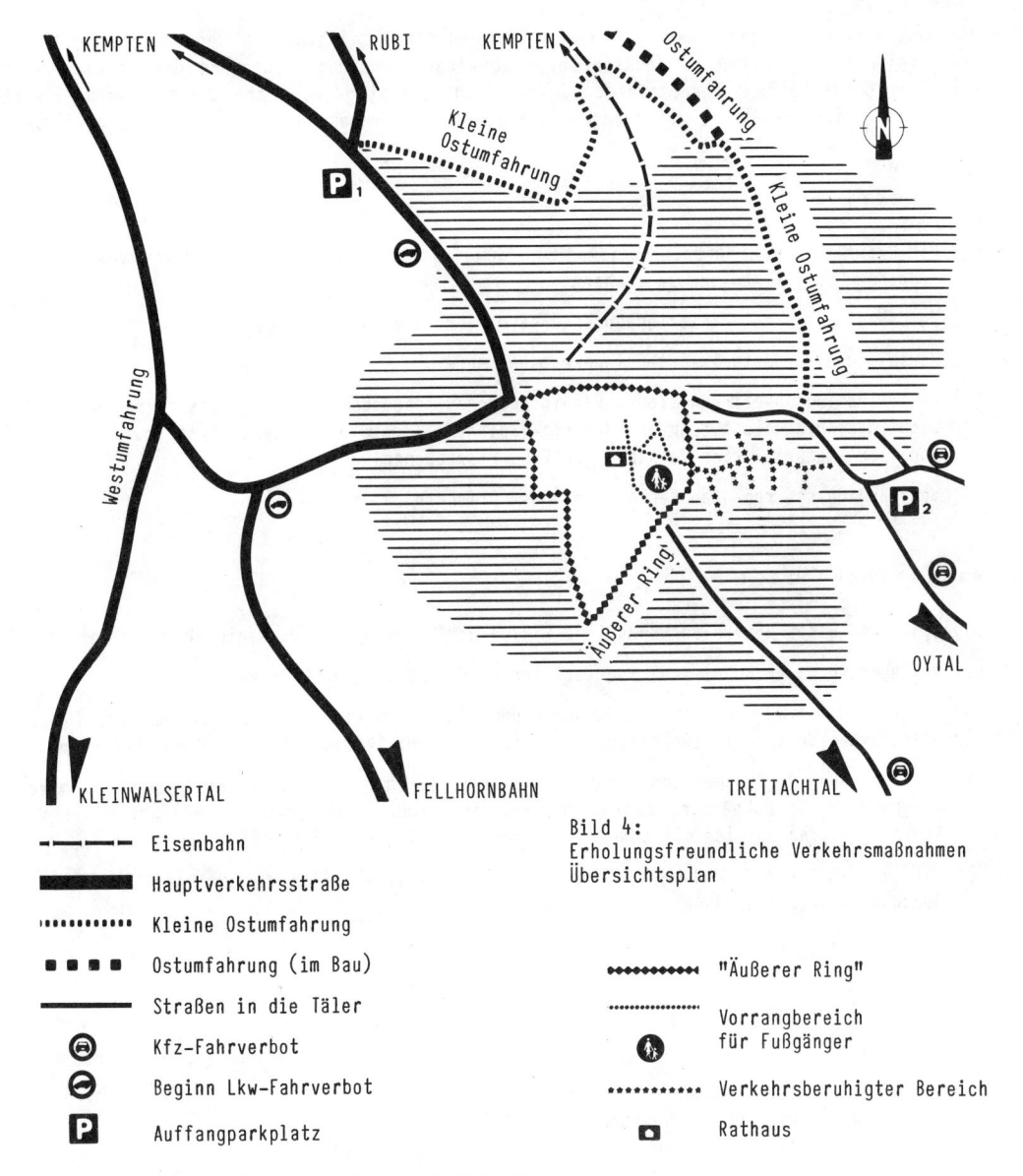

Oberstdorf

Bild 4:
Erholungsfreundliche Verkehrsmaßnahmen
Übersichtsplan

━ ━ ━	Eisenbahn
▬▬▬	Hauptverkehrsstraße
•••••••	Kleine Ostumfahrung
■ ■ ■ ■	Ostumfahrung (im Bau)
───	Straßen in die Täler
⊖	Kfz-Fahrverbot
⊖	Beginn Lkw-Fahrverbot
P	Auffangparkplatz
•••••••••	"Äußerer Ring"
....	Vorrangbereich für Fußgänger
✦	
....	Verkehrsberuhigter Bereich
▣	Rathaus

ERHOLUNGSFREUNDLICHE VERKEHRSMASSNAHMEN

Ausgangslage

Oberstdorf wird auf drei Seiten von Bergen eingeschlossen, der Anschluß an das allgemeine Verkehrsnetz kann nur nach Norden erfolgen. Die wichtigsten touristischen Anziehungspunkte liegen dagegen südlich des Ortes. Der Verkehr zu den "traditionellen" Zielen Nebelhorn-Bahn und Kleinwalsertal/Österreich mußte früher den Ortskern durchqueren. Der Schwerpunkt der neueren touristischen Einrichtungen wurde ebenfalls an den südlichen Ortsrand gelegt (siehe Bild 5, Bereiche C, D und E). Dadurch wurde zusätzlicher Durchgangsverkehr im Ortskern erzeugt.

Oberstdorf

Der massenhafte Fahrzeugverkehr der Naherholer und der Ausflügler aus den umliegenden Freizeitgemeinden mit Pkw und Omnibussen wurde zu einer wachsenden Bedrohung der Attraktivität Oberstdorfs für seine Langzeitgäste. Gleichzeitig besteht jedoch eine direkte Abhängigkeit zahlreicher touristischer Einrichtungen (vor allem der Bergbahnen) von diesen Tagesgästen.

Zielsetzung

(1) Die Priorität des Langzeittourismus vor dem Tagesausflugsverkehr ist durch verkehrliche Maßnahmen zu stärken und zu sichern

(2) Verdrängung des motorisierten Durchgangsverkehrs aus dem Ortszentrum

(3) Minimierung des motorisierten Innerortsverkehrs

(4) Erstellen fußgängerfreundlicher Verbindungen zwischen dem Ortszentrum einerseits und den wichtigen Kureinrichtungen und den Kfz-freien Gebirgstälern andererseits sowie Förderung des nicht-motorisierten Verkehrs (zu Fuß, Pferdewagen)

(5) Verdrängung des ruhenden Verkehrs aus dem Ortskern

Maßnahmenkonzept

(1) Erstellen eines Generalverkehrsplans (1979) und eines Gesamt-Ortsentwicklungsplans (1979)

(2) Auslagerung neuer Schul- und Sportstätten an den nördlichen Ortsrand

(3) Verlegen der B 19 aus dem Ortsbereich und Erstellen einer ortsfernen Zufahrt für den ortsfremden Verkehr in das Kleinwalsertal, sowie zur Skiflugschanze und zur Fellhornbahn

(4) Unterbrechung der ehemaligen Hauptverkehrsachse durch Umgestaltung des Ortskerns zum Vorrangbereich für Fußgänger; ein anschließendes Straßenstück ("Oststraße") wurde als Verkehrsberuhigter Bereich mit den Zeichen 325/326 StVO gekennzeichnet

(5) Ein großflächiges Einbahnstraßensystem soll die Attraktivität des Ortszentrums für den Durchgangsverkehr abbauen

Restriktive Maßnahmen für Kraftfahrzeuge

Maßnahme	Geltungszeiträume
(1) Einrichten eines Vorrangbereichs für Fußgänger (1. Teilabschnitt seit 4. November 1980) (siehe hierzu das Informationsblatt der Gemeindeverwaltung = Bilder F 1 und F 2)	
(2) Einrichten von Verkehrsberuhigten Bereichen gemäß Zeichen 325/326 StVO (1. Teilabschnitt seit September 1980)	
a) als direkte Fortsetzung des Vorrangbereichs für Fußgänger zur fußgängerfreundlichen Verbindung zwischen Ortszentrum und dem Bereich C (siehe Bild 5)	

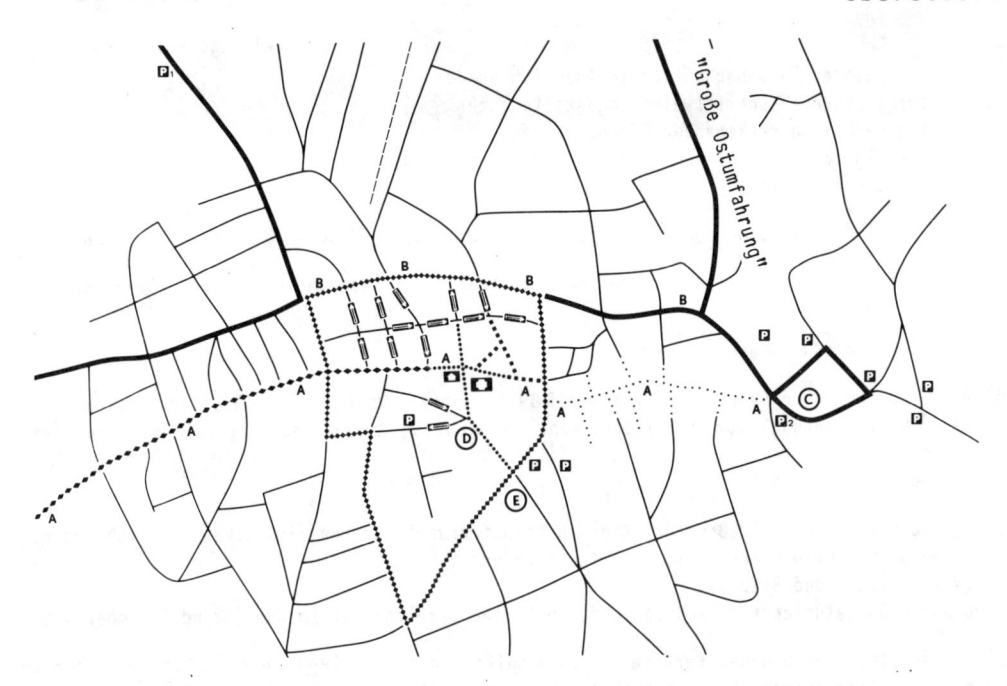

Oberstdorf

-------	Eisenbahn	Bild 5:
▬▬▬▬▬	Hauptzufahrtsstraße	Erholungsfreundliche Verkehrsmaßnahmen
———	Sonstige Straße	
•••••••••	"Weststraße"	
················	"Äußerer Ring"	
················	Vorrangbereich für Fußgänger, s. Restriktive Maßnahme (1)	
············	Verkehrsberuhigter Bereich (1983), s. Restriktive Maßnahme (2b)	
··········	Verkehrsberuhigter Bereich (1980) "Oststraße", s. Restriktive Maßnahme (2a)	
P₁	Parkplatz, s. Unterstützende Maßnahme (3)	
P₂	Parkplatz, s. Unterstützende Maßnahme (2)	
P	Sonstiger Parkplatz	
⇒	Einbahnstraße, s. Unterstützende Maßnahme (4)	
A – A	Frühere Ortsdurchfahrtsstraße	
B – B	"Nebelhornstraße", s. Unterstützende Maßnahme (5)	
◼	Rathaus / Kurverwaltung	
◻	Kath. Kirche	
Ⓒ	Bereich C = Nebelhornbahn, Eisstadion, Oybele-Festhalle	
Ⓓ	Bereich D = Engerer Kurbereich	
Ⓔ	Bereich E = Hallenbrandungsbad	

Oberstdorf

Geltungszeiträume

b) in weiteren Teilabschnitten im Anschluß an den Vorrangbereich schrittweise Umgestaltung zur flächenhaften Verkehrsberuhigung
(Fertigstellung 1982 und 1983, in den Bildern nicht dargestellt)

(3) Fahrverbot für Lkw und Krad im Kernort (siehe Bild 4)   22.00 - 06.00 h   Ganzjährig

(4) Fahrverbot für Kfz aller Art in den Gebirgstälern   Ganztägig   Ganzjährig

Unterstützende Maßnahmen

(1) Bau einer Umfahrungsstraße im Zuge der B 19 (Kempten - Oberstdorf - Riezlern/Kleinwalsertal) "Westumfahrung" für den Zielverkehr in Richtung Kleinwalsertal, Fellhornbahn, Skiflugschanze
(siehe Bild 2 und Bild 3).

(2) Ausbau vorhandener Straßen zur "Kleinen Ostumfahrung" für den Zielverkehr in Richtung Nebelhornbahn, Oybele-Festhalle, Sportzentrum und Gebirgstäler
(siehe Bild 2 und Bild 3).
Die "Große Ostumfahrung" außerhalb des bebauten Bereichs ist im Bau (Stand Dezember 1983)

(3) Ausbau eines vorhandenen Parkplatzes als Auffangparkplatz (P_2) in direktem Zusammenhang mit der Einrichtung des Vorrangbereichs für Fußgänger. Ein weiterer Auffangparkplatz liegt an der Haupteinfahrtstraße aus Richtung Sonthofen (= Parkplatz P_1 in Bild 4).

(4) Einrichten eines Einbahnstraßensystems zur Erschwerung des Durchgangsverkehrs im Ortszentrum und Lenkung auf den "Äußeren Ring" mit Zwei-Richtungs-Verkehr bzw. auf die Umfahrungsstraßen. Ein Einfahrverbot (Zeichen 267 StVO) in die Nebelhornstraße am östlichen Ende lenkt den aus Richtung Nebelhornbahn-Talstation und Sportzentrum abfließenden Fahrzeugverkehr in die "Kleine Ostumfahrung" und entlastet das Ortszentrum (seit 1980).

(5) Durch die Umgestaltung von Teilbereichen der früheren Hauptverkehrsachse Weststraße - Marktplatz - Oststraße zur "Fußgängerzone" bzw. zum "Verkehrsberuhigten Bereich" wurde der Fahrzeugverkehr auf die Nebelhornstraße (siehe "B - B" in Bild 5) verdrängt. Zur weiteren Behinderung und Verdrängung des Durchgangsverkehrs wurde die Vorfahrtberechtigung der Nebelhornstraße aufgehoben und eine Ampelanlage mit besonders langen Rot-Phasen aufgestellt. Dadurch wird die Benutzung der "Kleinen Ostumfahrung" attraktiver.

(6) Einrichtung von Pferdewagen-Diensten (bis zu 8 Personen je Wagen) in alle Kfz-freien Oberstdorfer Täler für Rundfahrten und Zielfahrten. Abfahrten im Abstand von ca. einer Stunde vom Rand des Vorrangbereichs für Fußgänger.

(7) Erlaß der "Verordnung des Marktes Oberstdorf über Immissionsschutz" vom 1. Juli 1977.

Sonstige Maßnahmen

Winterdienst
Schneebeseitigung innerorts nur durch Räumung, ohne Streusalz
(seit 1975/76).

Oberstdorf

Ausnahmeregelungen zu restriktiven Maßnahmen

Maßnahme	Geltungszeiträume	

Zu (1) Vorrangbereich für Fußgänger

    (A) Generelle Ausnahme für **Sonderfahrzeuge**

    (B) Generelle Ausnahme für **Fahrräder**
        Radfahren im Schrittempo gestattet

    (C) Ausnahmen für **Einheimische**

(1) **Anwohner** anliegender Straßen Nur für Fahrten zu bzw. von der Garage bzw. dem Stellplatz des Inhabers der Ausnahme- genehmigung (**nicht** fahrzeuggebunden)	Ganztägig	Ganzjährig
Der jeweilige Fahrweg ist vorgeschrieben. Kennzeichnung durch Auslegen der Genehmi- gung im Pkw (siehe Bild F 31)		
(2) **Hochzeiten** Fahrzeugbezogene Ausnahmegenehmigung bei kirchlichen Trauungen für einen Pkw pro Hochzeitspaar für die Zufahrt bis zur katholischen Kirche. Kennzeichnung durch einen Hinweiszettel (siehe Bild F 32)		

    (D) Ausnahmen für **Lieferverkehr**

Frei für Lieferanten, keine besondere Genehmigung erforderlich	a) Montag-Freitag 06.00 - 09.00 h u. 14.30 - 16.00 h	Ganzjährig
	b) Samstag 06.00 - 09.00 h	Ganzjährig

    (E) Ausnahmen für **Taxi**   Ganztägig   Ganzjährig

    (F) Ausnahmen für **Gäste**

        (1) Für Gäste eines Hotels ohne eigene Pkw-
            Einstellplätze = Zufahrt frei über eine
            bestimmte Straße zum Be- und Entladen,
            keine besondere Genehmigung erforderlich.

        (2) Für Gäste eines Beherbergungsbetriebes
            mit Ferienwohnungen mit eigenen Pkw-Ein-
            stellplätzen:
            Der Betriebsinhaber besitzt für jede
            Ferienwohnung je eine Blanko-Ausnahme-
            genehmigung, die dem Gast überreicht
            wird. Ein- und Ausfahrt ohne zeitliche
            und mengenmäßige Beschränkungen. Der
            Fahrweg ist vorgeschrieben.

Oberstdorf

Zu (4) Fahrverbot für Kfz aller Art in den Gebirgstälern

(A) generelle Ausnahme für **Sonderfahrzeuge**

(B) Ausnahmen für **Anwohner**   Ganztägig   Ganzjährig

(C) Ausnahmen in begründeten Sonderfällen, z.B. für **Lieferverkehr**

(D) Ausnahmen für **Gäste** zum Be- bzw. Entladen   Ganztägig   Ganzjährig
bei der An- und Abreise

Erfahrungen mit vollzogenen Maßnahmen

(1) Vorrangbereich für Fußgänger

Die anfängliche Absperrung mit Blumenkübeln hat sich nicht bewährt, da diese nachts versetzt wurden. Mit den heute verwendeten schweren Felsbrocken und Findlingen ist dies nicht mehr möglich. Die in der Anfangsphase ausgesprochenen Apelle zur Einhaltung des Fahrverbots (vor allem nachts) waren nicht wirkungsvoll. Nachdem heute ausnahmslos bei unberechtigtem Befahren des Vorrangbereichs Anzeige erstattet wird, ist die Anzahl der Übertretungen stark zurückgegangen.

Die bauliche Umgestaltung erfolgt etappenweise: Entfernen der Gehsteige, Straßenaufpflasterung, Möblierung, zusätzliche Bepflanzung. Dabei ist besonders auf die Sicherstellung der Schneeräumung zu achten.

- Reaktionen der Einheimischen

Diese Regelung wird heute von den Anwohnern sowie den ansässigen Einzelhandels- und gastronomischen Betrieben überwiegend positiv bewertet. Es besteht daher der Wunsch, den Vorrangbereich auf weitere angrenzende Straßen auszudehnen.

Die Klage eines Beherbergungsbetriebes auf Wiederaufhebung bzw. Änderung der derzeitigen Regelung ist noch nicht entschieden.

- Reaktionen der Gäste

Der Vorrangbereich wird während der Sommer- und Wintersaison von den Gästen sehr gut angenommen. Der Versuch vieler Tagesbesucher, ihr Fahrzeug möglichst nah an diesem Bereich zu parken, bringt jedoch Probleme mit dem ruhenden Verkehr.

(2) Verkehrsberuhigter Bereich "Oststraße"

Die bauliche Umgestaltung wurde zunächst auf die Eingangsbereiche beschränkt:
- Einengung durch große Findlinge und Felsbrocken wie im Vorrangbereich für Fußgänger,
- Asphalt-Schwelle von 5 cm Höhe mit weißen Zick-Zack-Markierungen als optische Bremse.

Die Trennung von Fahrweg und Gehweg ist noch nicht aufgehoben.

Die neue Regelung wurde von den Gästen sehr gut angenommen. Während der Hauptsaison wurde "festgestellt, daß sich der enorme, starke Fußgängerverkehr in der Oststraße gegenüber dem Fahrverkehr durchzusetzen vermochte. Letzterer habe eine wesentliche Verlangsamung erfahren."
(Aus einem Bericht in der Kurzeitung "Oberstdorfer Woche", Nr. 35 vom 16. Oktober 1981, o.S.)
(Siehe hierzu auch Teil C, Abschnitt 3.3.4 "Verkehrsberuhigte Bereiche mit hohem Fußgängeraufkommen")

Oberstdorf

(3) Fahrverbot in den Gebirgstälern

Das Fahrverbot wird gut eingehalten. Die Kfz-Freiheit der Täler wird als eine der Voraussetzungen für die touristische Attraktivität Oberstdorfs bewertet.

(4) Einbahnsystem und Maßnahme "Nebelhornstraße"

Die Behinderung des Durchgangsverkehrs durch den Vorrangbereich für Fußgänger und die Einbahnregelungen hat sich gut bewährt. Vor allem Ortskundige benutzen verstärkt die Umfahrungsstraßen. Für Besucher des Bereiches C (Nebelhornbahn, Oybele-Festhalle, Sportzentrum) ist die Ausfahrt in Richtung B 19 über die "Kleine Ostumfahrung" zwingend.

VERWENDETE LITERATUR

WEDDIGE, K.: Kur, Erholung und Sport. Oberstdorfs Erfolg steht auf drei gesunden Füßen, in: Heilbad und Kurort, Jg. 32, Heft 10/1980, S. 220 - 224.

BACHMANN, H.: Attraktives Oberstdorf: Ruhebereich um Marktplatz und Kurpark. Aus der Fußgängerzone direkt zum Ausgangspunkt von Wanderwegen und Skiloipen, in: Kurzeitung "Oberstdorfer Woche", Nr. 2 vom 13. Februar 1981, Hrsg.: Kurverwaltung Oberstdorf, München, o.S.

BACHMANN, H.: Oberstdorf an der Spitze der deutschen Erholungsorte, in: Kurzeitung "Oberstdorfer Woche", Nr. 25 vom 31. Juli 1981, Hrsg.: Kurverwaltung Oberstdorf, München, o.S.

O.V.: Verkehrsberuhigte Zone in Oberstdorf zeigt Wirkung, in: Kurzeitung "Oberstdorfer Woche", Nr. 35 vom 16. Oktober 1981, Hrsg.: Kurverwaltung Oberstdorf, München, o.S.

Bild 1: Orientierungsplan

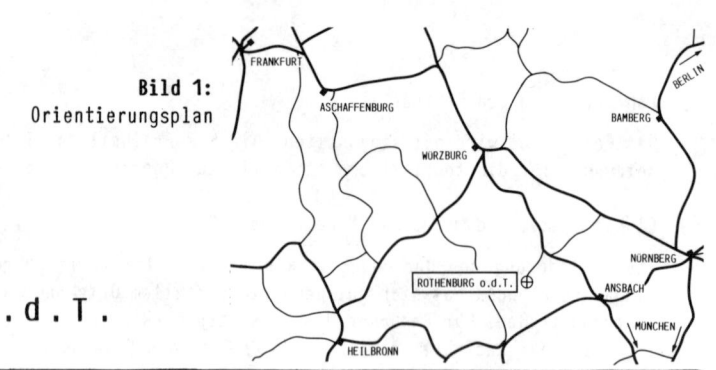

Rothenburg o.d.T.

Kenn-Nr. D 22 15

ÜBERSICHT

Bundesland	Bayern
Landkreis	Ansbach
Zentralörtliche Bedeutung	Mittelzentrum
Erwerbsstruktur	vorwiegend tourismusunabhängig, zentraler Einkaufsort; der Tourismus (ca. 35 % des Gesamteinkommens) ist auf den Bereich der Altstadt konzentriert
Einwohner (Stand 31.12.1980)	11 882 davon ca. 4 000 in der Altstadt
Geografische Lage	Mittelgebirge, auf einer Hochfläche oberhalb der Tauber gelegen
Höhenlage	426 m ü.d.M.
Gemeindegruppe	Sonstige Berichtsgemeinde
Ortstyp	Historische Altstadt mit geschlossenem Mauerring. Kein überörtlicher Durchgangsverkehr im Altstadtbereich. Die Neustadt schließt sich im Osten an.
Bettenkapazität (Stand 1.4.1980)	2 335 (ohne Kinderheime, Jugenherbergen, Campingplätze)

Fremdenverkehrsstatistik*	Winter 1979/80	Sommer 1980	FV-Jahr 1979/80
Gästeankünfte	42 008 (11 570)	143 187 (64 958)	185 195 (76 528)
Gästeübernachtungen	68 880 (16 697)	210 109 (80 630)	278 989 (97 327)
Aufenthaltsdauer (im Mittel)	1.6 Tage (1.4 Tage)	1.5 Tage (1.5 Tage)	1.5 Tage (1.3 Tage)
FV-Intensität (Ü/100 E)	580	1 768	2 348

* = Zahlenangaben in ( ) beziehen sich auf ausländische Übernachtungsgäste

ALLGEMEINES

Die Siedlung "Rodenburch" wird im Jahre 1144 erstmals in einer Chronik erwähnt und im Jahre 1274 zur Freien Reichsstadt erhoben. Um 1400 wurden im Bereich der heutigen Rothenburger Altstadt ca. 6 000 Einwohner gezählt (1980 ca. 4 000 Einwohner).

Rothenburg ob der Tauber

Der (auch touristische) Wert des mittelalterlichen Stadtbildes wurde frühzeitig erkannt: Bereits im Jahre 1902 wurde durch die Stadt eine "Baugestaltungsverordnung" als Satzung erlassen, die stadtbildverändernde "Modernisierungen" untersagt. Da während des 2. Weltkrieges zahlreiche andere mittelalterliche Städte zerstört wurden, hat die touristische Bedeutung in den letzten Jahrzehnten zusätzlich einen starken Aufschwung genommen. Insbesondere für ausländische Deutschlandbesucher ist Rothenburg o.d.T. heute attraktiver Zielort (vergleiche Abschnitt "Charakteristik des Tourismus").

Die weiteren Ausführungen beschränken sich auf den Bereich der historischen Altstadt.

CHARAKTERISTIK DES TOURISMUS

Zeitliche Verteilung : Max. = Juli (August und September mit geringen Abweichungen)
(Bezugsjahr 1980)
(Alle Daten beziehen sich auf die Gesamtstadt)

    Ankünfte   28 595 = 15,3 % aller Jahresankünfte

    Übernachtungen   40 885 = 14,6 % aller Jahresübernachtungen

Min. = Februar (ca. 1 % aller Jahresübernachtungen)

Gästestruktur   Die touristische Bedeutung von Rothenburg o.d.T. liegt im Bereich des Kurzzeit- und Ausflugstourismus (vergleiche Abschnitt "Übersicht": durchschnittliche Aufenthaltsdauer = 1,5 Tage). Zu den jährlich ca. 180 000 Übernachtungsgästen kommen zusätzlich ca. 1,5 Millionen Tagesgäste (vgl. Beispiel Meersburg), die häufig Omnibusreisende sind. 1980 waren über 40 % der Übernachtungsgäste (= ca. 96 000) ausländische Besucher, insbesondere aus USA (51,9 % aller Ausländer), Japan (9,9 %), Schweiz (5,2 %), Niederlande (4,6 %), Schweden (4,2 %) und Österreich (4,1 %).

ERHOLUNGSFREUNDLICHE VERKEHRSMASSNAHMEN

Ausgangslage

Die frühere Bedeutung Rothenburgs als zentraler Handelsplatz wird auch heute noch durch die sternförmig auf die Stadt zulaufenden Bundes- und Staatsstraßen deutlich. Die touristischen Straßen "Romantische Straße" (St 2268 / B 25) und "Burgenstraße" (St 1022 / St 2250) kreuzen sich hier. Die historische Altstadt wird jedoch von keiner der heutigen Durchgangsstraßen direkt berührt.

Für den überwiegenden Teil der Touristen ist der Besuch Rothenburgs lediglich ein attraktiver Zwischenaufenthalt, bei dem in möglichst kurzer Zeit viel "erfahren" werden soll. Trotz der kurzen Entfernungen zwischen dem zentralen Marktplatz mit dem Rathaus und den Parkplätzen direkt an der Außenseite der Stadtmauer (vgl. Bild 2) werden diese Einstellmöglichkeiten von den Pkw- und Ausflugsbusfahrern nicht angenommen (Gehdauer unter 10 Minuten durch die Altstadt). Vor allem ortskundige Busfahrer versuchen zunächst einen der wenigen innengelegenen Busstellplätze zu erhalten.

Parkplatzangebot
(Stand 1. Januar 1976):   innerhalb der Stadtmauern: ca. 350 Stellplätze

                        an der Außenseite der Stadtmauer: ca. 830 Stellplätze für Pkw und
                                                                ca. 100 Stellplätze für Omnibusse

Durch Überlagerung des Fahrzeugverkehrs der Touristen mit demjenigen der Anwohner und dem Lieferverkehr ergeben sich in den schmalen Gassen häufig Verkehrsstaus - und damit hohe

Rothenburg ob der Tauber

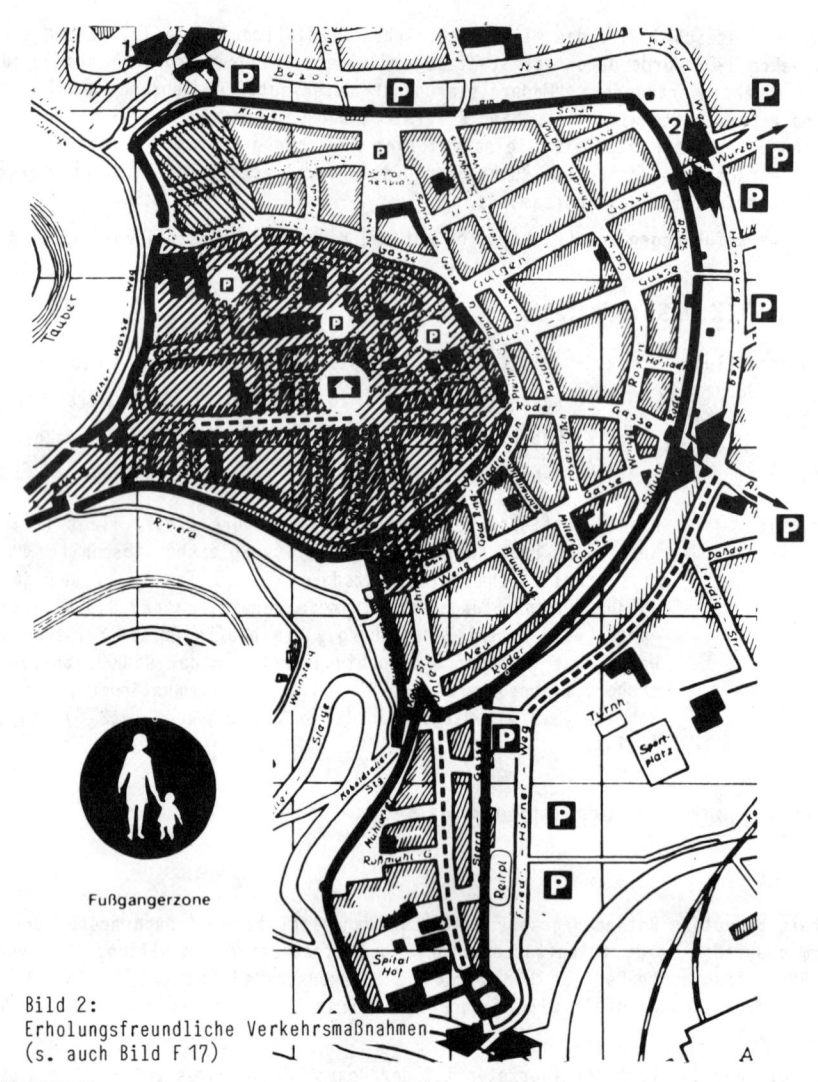

Bild 2:
Erholungsfreundliche Verkehrsmaßnahmen
(s. auch Bild F 17)

/////////	Vorrangbereich für Fußgänger innerhalb des "Inneren Altstadtrings"
\\\\\\\\\	Vorrangbereich für Fußgänger "Klingenviertel"
▶₁	"Klingentor"
▶₂	"Würzburger Tor"
▶	Sonstiges Stadttor
🅿	Parkplatz
- - - - -	Parkstreifen
⌂	Historisches Rathaus

358

Rothenburg ob der Tauber

Schadstoffemissionen. An besonders engen Stellen (z.B. Tordurchfahrten) ist aus räumlichen Gründen keine Trennung von Fußgänger- und Fahrzeugverkehr möglich. Insbesondere an den Wochenenden behindern sich der Park-Suchverkehr und der touristische Fußgängerverkehr und erhöhen die Unfallgefahr.

Zielsetzungen

(1) Verringerung der Lärm- und Abgasbelästigungen für Gäste

(2) Verringerung der Belästigungen durch Lärm, Abgase und Erschütterungen für Anwohner

(3) Verringerung der Unfallgefährdung durch Kraftfahrzeuge für Fußgänger

(4) Aufrechterhalten des Lieferverkehrs und des Kraftfahrzeugverkehrs für Anwohner

Die Punkte (2) und (4) sind für den Erhalt des Wohnwertes der Altstadt von großer Wichtigkeit!

Maßnahmenkonzept

(1) Erweiterung der Auffangparkplätze für Pkw und Busse <u>außerhalb</u> der Stadtmauer zur Verringerung der Kfz-Einfahrten

(2) Einführung von Fahrbeschränkungen für Kfz im Kernbereich der historischen Altstadt

Restriktive Maßnahmen für Kraftfahrzeuge

Maßnahme	Geltungszeiträume	
(A) Einrichten eines Vorrangbereichs für Fußgänger in einem Teilgebiet der Altstadt – innerhalb des "Inneren Altstadtrings" (seit 1980) – im "Klingenviertel" (Erweiterung 1982) (siehe Bild 2)	Sa = 13.00 – 17.00 h So = 10.00 – 17.00 h	Ganzjährig
(B) Verbot der Einfahrt für Kfz durch das "Klingentor" während der Geltungszeiten der "Fußgängerzone" (seit 1982)	Sa = 13.00 – 17.00 h So = 10.00 – 17.00 h	Ganzjährig

Unterstützende Maßnahmen

(A) Verkehrliche Maßnahmen

(1) Anlegen von Auffangparkplätzen außerhalb der historischen Altstadt entlang der Stadtmauer (von dort Gehdauer bis zum Rathaus am Marktplatz unter 10 Minuten).

(2) Einrichten von Einbahnstraßen auf 6 Straßenzügen mit besonderen Engstellen.

(3) Gleichzeitig mit der Erweiterung des Vorrangbereichs auf das "Klingenviertel" (1982) und der dazugehörenden Schließung des "Klingentors" wurde die innere, parallel zur Stadtmauer verlaufene Klingenstraße zur Einbahnstraße in Richtung "Würzburger Tor" erklärt. Dadurch soll der Kfz-Verkehr zusätzlich vom Schutzgebiet ferngehalten werden (alle Maßnahmen sind zeitlich begrenzt auf Samstag und Sonntag).

(B) Informationen für Gäste

(1) Ankündigungstafeln für die "Fußgängerzone" <u>vor</u> den Stadttoren (siehe Bild F 39, weitere Hinweise am Rand des Vorrangbereichs, <u>siehe Bild F 38</u>). Die Angabe der auf Sams-

Rothenburg ob der Tauber

tag und Sonntag beschränkten Geltungszeiten wurde bewußt weggelassen, um ortsunkundige Autofahrer zur Benutzung der Parkplätze vor der Stadtmauer an allen Tagen zu bewegen.

(2) Aufforderung in der Informationsbroschüre "Tourist Kurier": "Benutzen Sie die Parkplätze vor der Stadtmauer!" (Heft Juli 1981, S. 21).

(C) Information für Einheimische

Ca. 4 Wochen vor der erstmaligen Einrichtung der "Fußgängerzone Altstadt" wurden Informationsblätter an alle Haushalte in der Stadt Rothenburg o.d.T. verteilt, in denen die Maßnahmen erläutert und begründet wurden. Die räumliche Abgrenzung wurde in einem Lageplan dargestellt (vgl. Bilder F 16 und F 17, zusätzliche Erläuterungen in Bild F 15).

Ausnahmeregelungen
(vgl. Bild F 15: Punkte 1. und 3. des Merkblatts)

(1) Grundsätzliche Ausnahmen vom Fahrverbot für **Notfahrzeuge** u.ä.

(2) Ausnahmen für **Gäste**

Beliebig häufige Ein- und Ausfahrt erlaubt für Übernachtungsgäste der Beherbergungsbetriebe innerhalb des Vorrangbereiches.

(3) Ausnahmen für **Anwohner**

Auf Antrag erteilt die Stadt Rothenburg o.d.T. für Anwohner eine Ausnahmegenehmigung (siehe Muster von Antragsformular und Ausnahmegenehmigung in den Bildern F 18 und F 19). Die Kennzeichnung der Fahrberechtigung erfolgt durch Plaketten auf Selbstklebefolie an der Windschutzscheibe (siehe Bild F 36).

(4) Ausnahmen für **Taxi**

Für Taxi mit Betriebssitz in Rothenburg o.d.T. wird eine Dauer-Ausnahmegenehmigung erteilt.

(5) Ausnahmen für **Lieferverkehr**

Keine Ausnahmeregelung notwendig, da Verkehrsbeschränkungen außerhalb der Lieferzeiten.

Erfahrungen mit vollzogenen Maßnahmen

Die Einrichtung der zeitlich begrenzten "Fußgängerzone" wurde 1981 erstmals als Versuch durchgeführt. Da der vorhandene Straßenbelag ausschließlich aus Pflastersteinen besteht, ist eine bauliche Umgestaltung durch Beseitigen vorhandener Hochborde bzw. Aufpflasterung nicht beabsichtigt.

Nach Aussage der Stadtverwaltung Rothenburg o.d.T. wird die zeitweise Einrichtung eines Vorrangbereichs für Fußgänger von Anwohnern, Behörden und Polizei sowie von vielen Touristen positiv bewertet.

Ein früherer Versuch zur Verkehrsberuhigung im selben Stadtgebiet durch ein Fahrverbot für Fahrzeuge aller Art an Wochenenden (Zeichen 250 StVO mit Zusatzschild 803 "Anlieger frei") hatte sich dagegen nicht bewährt.

- Reaktionen der **Gäste**

Für Fußgänger ist die (Gäste-) fahrzeugfreie Zone vor allem wegen der verminderten Unfallgefährdung von großer Bedeutung. Das Fahrverbot wird von den nichtberechtigten Gästefahrzeugen gut beachtet.

Rothenburg ob der Tauber

- Reaktionen der **Anwohner**

Die Ausschaltung des Fahrzeugverkehrs der Gäste - der die Wohnumfeldqualität stark mindert - wird von den Anwohnern als Verbesserung begrüßt. Probleme wegen Nichteinhaltung des Fahrverbots durch einheimische Fahrzeugführer bestehen
- mit Anwohnern, die ihren genehmigten Fahrbereich nicht einhalten und
- mit außerhalb der "Fußgängerzone Altstadt" Wohnenden, die nicht zum Kreis der Antragsberechtigten gehören.

Anträge auf Ausnahmegenehmigung wurden von 463 Anwohnern und ansässigen Geschäftsinhabern gestellt, die sämtlich bewilligt wurden (Stand Oktober 1982).

Die entlastenden Wirkungen der zeitlich begrenzten Fahrbeschränkung innerhalb der Sperrzone einerseits und die erhöhte Fahrzeugbelastung der Bereiche außerhalb der "Fußgängerzone" andererseits, führten 1982 zu ihrer räumlichen Ausdehnung auf das angrenzende "Klingenviertel".

In der Diskussion um eine weitere räumliche und/oder zeitliche Ausdehnung der Fußgängerzonen-Regelung sowie einer restriktiveren Erteilung von Ausnahmegenehmigungen werden vor allem zwei Thesen vorgebracht:

(1) Eine Ausweitung der Verkehrsberuhigung im Altstadtbereich erhöht die Qualität des Wohnumfelds und bremst somit die Entleerungstendenz.

(2) Die Einschränkung der Fahrmöglichkeiten für außerhalb der Altstadt wohnende Freunde und Bekannte von Anwohnern, mindert die Attraktivität für die derzeitigen Bewohner. Es wird eine weitere Entleerung und - damit verbunden - der beschleunigte Verfall der Wohngebäude befürchtet.

- Reaktionen des Fremdenverkehrsgewerbes

Die Beherbergungs- und vor allem die gastronomischen Betriebe, die auf den Tagestourismus mit hohem Spitzenaufkommen an Gästen eingestellt sind, beurteilen eine weitere Ausdehnung der bestehenden Regelung sehr skeptisch.

- Sonstiges
  - Geschwindigkeitsbeschränkung
    Eine geplante Geschwindigkeitsbeschränkung auf max. 30 km/h hätte das Aufstellen zahlreicher Verkehrszeichen innerhalb der Altstadt erfordert. Dies wurde von der Denkmalschutzbehörde abgelehnt.
  - Touristische Transportmittel
    Im Sommer werden Pferdedroschken für Stadtrundfahrten eingesetzt. Bestrebungen, den Warteplatz aus der Altstadt heraus an die Auffangparkplätze an der Stadtmauer zu verlegen, waren bisher erfolglos.

Bild 1:
Orientierungsplan

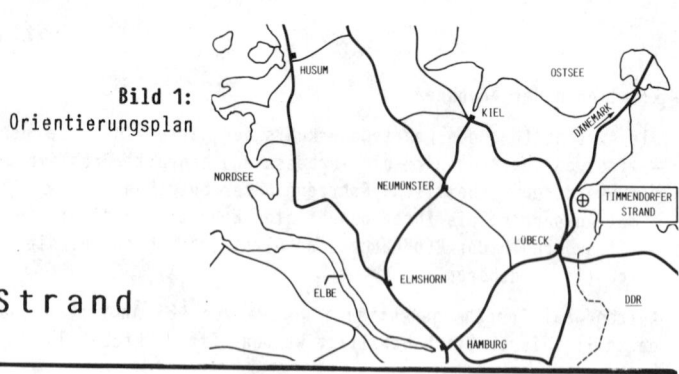

Timmendorfer Strand
Kenn-Nr. D 80 19

ÜBERSICHT

Bundesland	Schleswig-Holstein
Landkreis	Ostholstein
Zentralörtliche Bedeutung	Unterzentrum
Erwerbsstruktur	Ausschließlich Tourismus und tourismusabhängiges Gewerbe, Kongreßhaus
Zugehörige Ortsteile	Groß Timmendorf, Hemmelsdorf, Niendorf
Einwohner (Stand 31.12.1980)	11 183 davon ca. 6 850 im Kernort Timmendorfer Strand
Geografische Lage	Ostseeküste
Gemeindegruppe	OT Timmendorfer Strand = Staatl. anerk. Ostseeheilbad OT Niendorf = Staatl. anerk. Ostseeheilbad
Ortstyp	Seebadeort mit Ausrichtung auf den Strandbereich, Bebauung als relativ schmales Band parallel zur Küste, Verteilung der Beherbergungsbetriebe über den gesamten Ortsbereich
Bettenkapazität (Stand 1.4.1980)	11 533 (ohne Kinderheime, Jugendherbergen, Campingplätze)

Fremdenverkehrsstatistik	Winter 1979/80	Sommer 1980	FV-Jahr 1979/80
Gästeankünfte	28 949	91 187	120 136
Gästeübernachtungen	114 570	743 583	858 153
Aufenthaltsdauer (im Mittel)	4.0 Tage	8.2 Tage	7.1 Tage
FV-Intensität (Ü/100 E)	1 025	6 649	7 674

ALLGEMEINES*

Die Ortsteile Timmendorfer Strand und Niendorf waren früher Teile selbständiger kommunaler Körperschaften, deren Schwerpunkte die überwiegend landwirtschaftlich ausgerichteten Siedlungen landeinwärts bildeten. Auf Anordnung der britischen Militärregierung wurden sie nach dem 2. Weltkrieg mit den Dörfern Hemmelsdorf und Groß Timmendorf zu der Bädergemeinde Timmendorfer Strand zusammengefaßt. Der Zuzug von Flüchtlingen nach dem Krieg erhöhte die Einwohnerzahl von 3 000 auf 11 000.

Nach Erweiterung der bestehenden Kur- und Badehäuser erhielt Timmendorfer Strand 1951 das Prädikat "Ostseeheilbad". Durch die Erstellung neuer Kureinrichtungen konnte die früher ein-

Timmendorfer Strand

seitige Ausrichtung auf strandabhängige Aktivitäten verringert werden.

* = Quelle: Langreen, Karl-Heinz: Timmendorfer Strand - ein modernes Ostseeheilbad!, in: Heilbad und Kurort, Jg. 33, Nr. 10/81, S. 260 f.

CHARAKTERISTIK DES TOURISMUS (OSTSEEHEILBÄDER TIMMENDORFER STRAND UND NIENDORF)

Kurzeit
: Ganzjährig
Sommerkurzeit vom 1. Juni bis 31. August

Zeitliche Verteilung (Bezugsjahr 1980)
: Max. = Juli (August mit geringer Abweichung)

    Ankünfte   17 346 = 16,1 % aller Jahresankünfte

    Übernachtungen   197 292 = 23,7 % aller Jahresübernachtungen

Min. = Januar (ca. 1 % aller Jahresübernachtungen)

Struktur der Übernachtungsgäste

(A) Gästegruppen

(1) Kur-Urlauber

Ca. 25 % der Gäste verbringen einen Kur-Urlaub in Timmendorfer Strand, die zum überwiegenden Teil Privatpatienten sind. In der Vor- und Nachsaison liegt das durchschnittliche Alter der Gäste zwischen 50 und 70 Jahren.

(2) Ferienerholung

Während der Sommerferienzeit (Juni bis August) sind die Gäste vorwiegend Familien mit Kindern.

(3) Kurzzeiterholung

An den Sommerwochenenden ist Timmendorfer Strand Ziel von Gästen aus den benachbarten Ballungsgebieten, wie Lübeck, Hamburg, Bremen und Kiel. An sonnigen Wochenenden sind ca. 40 000 - 50 000 zusätzliche Gäste anzutreffen (mit und ohne Übernachtungen).

(4) Kongreßtourismus

Zahlreiche Gäste sind Teilnehmer an Tagungen im Kongreßhaus Timmendorfer Strand.

(B) Durchschnittliche Aufenthaltsdauer
- alle Übernachtungsgäste   ca. 8,0 Tage
- ohne Tagungsgäste   ca. 12,5 Tage

(C) Verkehrsmittel für die An- und Abreise
- eigener Pkw   ca. 60 % aller Übernachtungsgäste
- Bahn und Omnibus   ca. 40 % aller Übernachtungsgäste

(D) Herkunftsgebiet

1. Nordrhein-Westfalen
2. Hessen
3. Niedersachsen
4. Hamburg

(Der Anteil der ausländischen Gäste beträgt ca. 0,2 %)

Timmendorfer Strand

ERHOLUNGSFREUNDLICHE VERKEHRSMASSNAHMEN

Ausgangslage*

Nach dem Bau der Umfahrungsstraße "Bäderrandstraße" im Zuge der B 76 (vgl. Bilder 2 und 3) (ca. 1960) wurde die Verkehrsmenge auf der früheren Ortsdurchfahrt Strandallee zunächst um etwa 50 % verringert. Die Belästigungen durch den Kfz-Verkehr stiegen jedoch in den folgenden Jahren ständig an und sind heute größer denn je. Das Verkehrsproblem ist zu rund 90 % durch die Rein-raus-Fluktuation der Besucher und Kurgäste gekennzeichnet. Ca. 80 % aller einfahrenden Kfz (im Jahre 1966 bereits ca. 7 600 an Werktagen und ca. 10 000 am Samstag und Sonntag) suchen einen freien Parkplatz - möglichst in unmittelbarer Nähe des Badestrandes. Der Verkehrsanteil der Einwohner am Wochenendverkehr ist unbedeutend.

Für den Fernreiseverkehr Hamburg-Lübeck-Fehmarn-Dänemark steht die BAB A1/E4 als weiträumige Umfahrungsmöglichkeit zur Verfügung.

* = Quelle: Generalverkehrsuntersuchung Timmendorfer Strand, Bearb.: Th. Ninartz - Ingenieurbüro für Städtebau und Verkehrswesen, Nürnberg 1967.

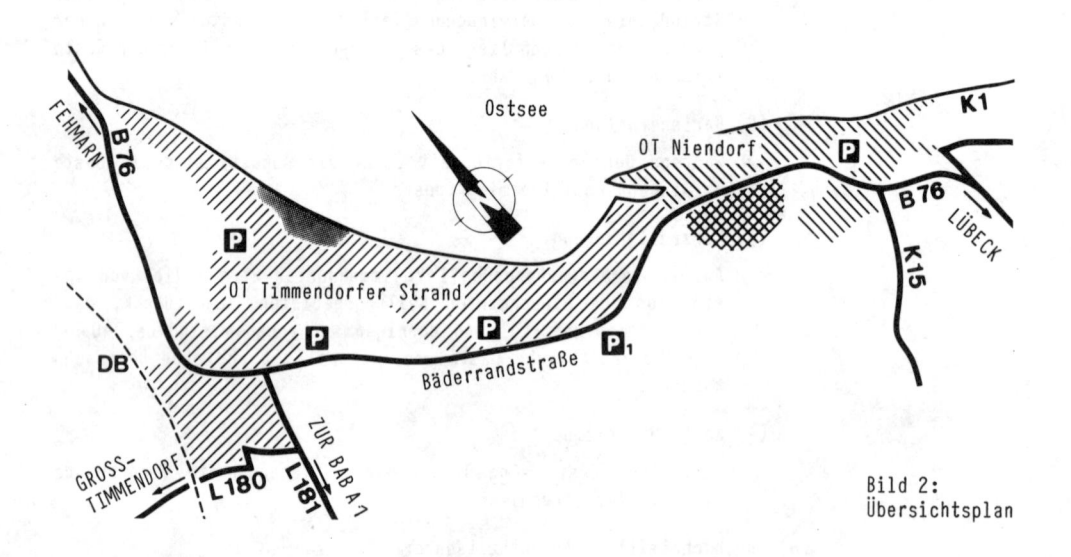

Bild 2: Übersichtsplan

- - - - - - - Eisenbahn
——— Hauptzufahrtsstraße
▨▨▨ Bebautes Gebiet OT Timmendorfer Strand
■ Kurzentrum
▧▧▧ Bebautes Gebiet OT Niendorf
▓▓▓ Bereich für Freizeitwohnungen
🅿₁ Geplanter Auffangparkplatz
🅿 Vorhandener Auffangparkplatz

Timmendorfer Strand

Zielsetzung

(1) Verdrängung des Naherholungsverkehrs aus den Gemeindestraßen

(2) Minimierung des Innerortsverkehrs mit Kraftfahrzeugen

(3) Schutz des engeren Kurbereichs sowie der Nachtruhe im gesamten Ort vor Straßenverkehrslärm

Maßnahmenkonzept

(1) Sperren des engeren Kurbereichs für alle Fahrzeuge

(2) Ein- und Ausfahrtbeschränkungen für das Gebiet zwischen Umfahrungsstraße und Küste

(3) Einrichtung von Auffangparkplätzen am Ortsrand
   - für Tagesgäste (vor allem Naherholer am Wochenende)
   - für Langzeitgäste ohne Stellmöglichkeiten an der Unterkunft (vgl. Norderney)

Restriktive Maßnahmen für Kraftfahrzeuge

Maßnahme	Geltungszeiträume	
(1) Einrichten eines Vorrangbereichs für Fußgänger		
Strandstraße (OT Niendorf) und Strandallee (OT Timmendorfer Strand) verlaufen parallel zur Ostseeküste. Im Ortskern Timmendorfer Strand wurde 1961 ein Teilstück dem Fahrzeugverkehr entwidmet und zur "Kurpromenade" umgestaltet, Länge ca. 300 m		
(2) Fahrbeschränkungen für Krad		
Seit 1979 besteht für den gesamten Bereich zwischen Umfahrungsstraße ("Bäderrandstraße") und Strand ein Nachtfahrverbot für Krad	22.00 - 06.00 h	1.5. - 30.9.
(3) Fahrbeschränkungen für Kfz aller Art (geplant)		
Nach Fertigstellung zusätzlicher Parkplätze am Rand des Kurgebiets soll das Nachtfahrverbot auf Kfz aller Art ausgedehnt werden		

Unterstützende Maßnahmen

(1) Bau einer Umfahrungsstraße ("Bäderrandstraße") im Zuge der B 76 für die Ortsteile Timmendorfer Strand und Niendorf. Fertigstellung 1958

(2) Anlegen von Auffangparkplätzen an der Umfahrungsstraße mit ca. 8 000 Einstellplätzen (P_1 = geplant) (siehe Bilder 2 und 3)

(3) Einführung von Einbahnregelungen auf zwei parallelen Straßen im Ortsteil Timmendorfer Strand zur Entzerrung des Innerortsverkehrs

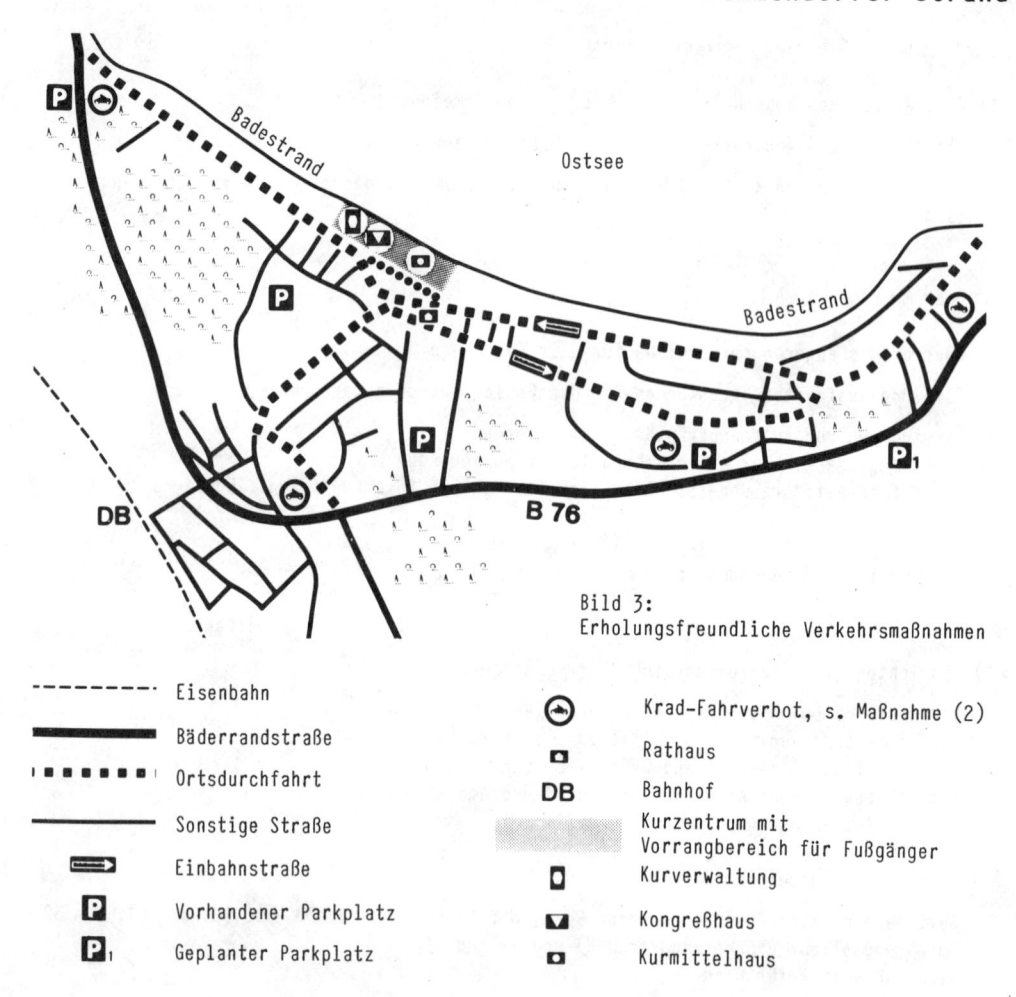

Timmendorfer Strand

Bild 3:
Erholungsfreundliche Verkehrsmaßnahmen

- - - - - - - -	Eisenbahn
▬▬▬▬▬	Bäderrandstraße
■ ■ ■ ■ ■	Ortsdurchfahrt
―――――	Sonstige Straße
⇨	Einbahnstraße
P	Vorhandener Parkplatz
P₁	Geplanter Parkplatz
⊖	Krad-Fahrverbot, s. Maßnahme (2)
▫	Rathaus
DB	Bahnhof
▓	Kurzentrum mit Vorrangbereich für Fußgänger
▫	Kurverwaltung
▽	Kongreßhaus
▫	Kurmittelhaus

Erfahrungen mit vollzogenen Maßnahmen

(1) Vorrangbereich für Fußgänger

Durch die Umgestaltung der "Kurpromenade" wurde die Ruhezone am Kurzentrum (mit Trinkkurhalle, Kurmittelhaus und Meerwasserschwimmbad) räumlich erweitert.

Die Verdrängung des motorisierten Verkehrs mußte zunächst gegen den starken Widerstand der Inhaber von anliegenden Beherbergungsbetrieben und Einzelhandelsgeschäften durchgesetzt werden. Heute wird diese Maßnahme allgemein positiv bewertet: Die Erweiterung im Ortsteil Timmendorfer Strand und ein Neubau im Ortsteil Niendorf sind bereits geplant.

An wirtschaftlichen Auswirkungen wurden beobachtet:
- Stärkere Mieterhöhungen als in den übrigen Gemeindebereichen,
- Änderung der Geschäftsstruktur, z.B. mehr Boutiquen,
- bei den Beherbergungsbetrieben traten bisher keine Veränderungen auf.

Timmendorfer Strand

(2) Nachtfahrverbot für Kfz aller Art

Ein Nachtfahrverbot für Kfz aller Art auf einem Teilstück der Strandallee im Ortsteil Timmendorfer Strand (von 22.00 - 06.00 Uhr, vom 1. Mai - 30. September) wurde nach einmaligem Versuch nicht wiederholt.

Hauptargumente dagegen waren:
- Wegen der großzügigen Verteilung von Ausnahmegenehmigungen für Ein- und Auspendler aus beruflichen Gründen wurde der Verkehrslärm nicht im erwarteten Umfang reduziert und der Kontrollaufwand war unverhältnismäßig hoch.
- Wegen der vermuteten Wettbewerbsverzerrung war die Reaktion der Beherbergungsbetriebe negativ.

(3) Umfahrungsstraße

Wegen des teilweise moorigen Untergrundes wurde die Umfahrungsstraße nahe an die Küste und damit an die vorhandene Bebauung gelegt. Im Bereich Niendorf wurde bereits die Bebauung für Freizeitwohnzwecke auf der seeabgelegenen Straßenseite gestattet (siehe Bild 2).

(4) Verkehrsüberwachung

Durch den sprunghaften Anstieg der Gästezahl und des Freizeitverkehrs in den Sommermonaten wachsen auch die polizeilichen Aufgaben stark an. Der allgemeine Wunsch nach einem Parkplatz in unmittelbarer Nähe des Badestrandes bewirkt innerhalb des Ortes
- starken Parksuchverkehr und
- letztendlich das verbotswidrige Abstellen von Pkw und Krad.

Vor allem zur Überwachung des ruhenden Verkehrs und zur Verkehrslenkung werden deshalb bis zu 20 Beamte zusätzlich eingesetzt.

(5) Öffentlicher Verkehr

Die Entlastung des Straßennetzes durch verstärkten Einsatz öffentlicher Verkehrsmittel ist kurzfristig nicht möglich:
- dem Stop-and-go-Verkehr innerhalb des Ortes und auf den Zufahrtstraßen könnten sich auch Busse nicht entziehen,
- die räumliche Konzentration auf den Strandbereich als Ziel bzw. Quelle des Hauptverkehrs und die zeitliche Konzentration durch gleichförmige Verhaltensmuster der Badegäste ergeben einen Stoßverkehr.

Für öffentliche Verkehrsmittel ist daher nur eine kurzfristige Auslastung und wegen der Wetterabhängigkeit zusätzlich eine hohe Flexibilität erforderlich. Wegen der hohen Bereitstellungskosten ist die Alternative "Busbedienung" nicht durchzusetzen.
Der DB-Bahnhof liegt am Ortsrand, ca. 1,5 km vom Zentrum des Ortsteils Timmendorfer Strand entfernt. Die stärkere Benutzung der Bahn wäre daher auch von einem attraktiven straßengebundenen Zubringerdienst abhängig.

VERZEICHNIS DER VERWENDETEN LITERATUR

Generalverkehrsuntersuchung Timmendorfer Strand, Bearb.: Th. Minartz - Ingenieurbüro für Städtebau und Verkehrswesen, Nürnberg 1967.

Langreen, Karl-Heinz (1981): Timmendorfer Strand - ein modernes Ostseeheilbad!, in: Heilbad und Kurort, Jg. 33, Nr. 10/81, S. 260 - 261.

Bild 1:
Orientierungsplan

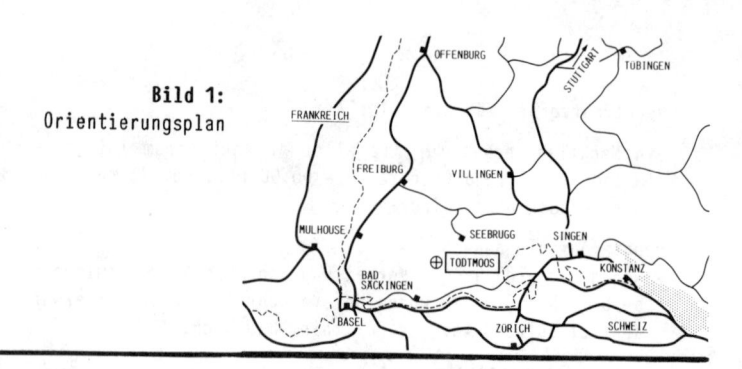

Todtmoos
Kenn-Nr. D 13 26

ÜBERSICHT

Bundesland	Baden-Württemberg
Landkreis	Waldshut
Zentralörtliche Bedeutung	Kleinzentrum
Erwerbsstruktur	Fast ausschließlich auf Kur- und Ferienerholung ausgerichtet
Kommunale Struktur	13 Ortsteile, Kernort mit Sitz des Bürgermeisteramtes ist Vorder-Todtmoos
Einwohner (Stand 30.6.1980)	2 021
Geografische Lage	Tallage im südlichen Hochschwarzwald
Höhenlage	800 - 1 200 m
Gemeindegruppe	Heilklimatischer Kurort
Bettenkapazität (Stand 1.4.1980)	2 911 (ohne Kinderheime, Jugendherbergen, Campingplätze)

Fremdenverkehrsstatistik	Winter 1979/80	Sommer 1980	FV-Jahr 1979/80
Gästeankünfte	11 516	21 721	33 237
Gästeübernachtungen	102 748	234 789	337 537
Aufenthaltsdauer (im Mittel)	8.8 Tage	10.8 Tage	10.2 Tage
FV-Intensität (Ü/100 E)	5 084	11 617	16 701

ALLGEMEINES

Die Geschichte der Gemeinde geht bis in das 13. Jahrhundert zurück, 1260 wurde Todtmoos ("im toten Moos") erstmals urkundlich erwähnt. Ab dem 14. Jahrhundert entwickelte sich der Ort als Wallfahrtsziel. Eine neue Bedeutung entstand im vorigen Jahrhundert durch den Kurbetrieb, 1835 wurden die ersten Kur- und Feriengäste in Todtmoos registriert. Zwischen 1900 und 1910 sowie nach dem 2. Weltkrieg erreichte Todtmoos Höhepunkte als Kurort wegen seiner klimatischen Eignung zur Heilung tuberkulöser Erkrankungen. Nach dem Rückgang dieser Erkrankungen hat sich der Ort inzwischen auf eine Funktion im allgemeinen Erholungstourismus umgestellt.

Das im Jahre 1938 zuerkannte Prädikat "Heilklimatischer Kurort" wurde nach Überprüfung der Voraussetzungen 1981 bestätigt. Als Auflage wurde eine weitere Verkehrsberuhigung im Kurzentrum erteilt. Erste Lösungsvorschläge hierzu sind im Kurortentwicklungsplan aufgestellt worden, der im März 1979 vom Gemeinderat verabschiedet wurde.

Todtmoos

Die politische Gemeinde Todtmoos besteht aus 13 Weilern. Prestenberg im Norden und Todtmoos Au im Süden sind über 8 km voneinander entfernt. Die hier erläuterten verkehrlichen Maßnahmen wurden in Vordertodtmoos durchgeführt, dem von Lage und Bedeutung zentralen Ortsteil (siehe Bild 2).

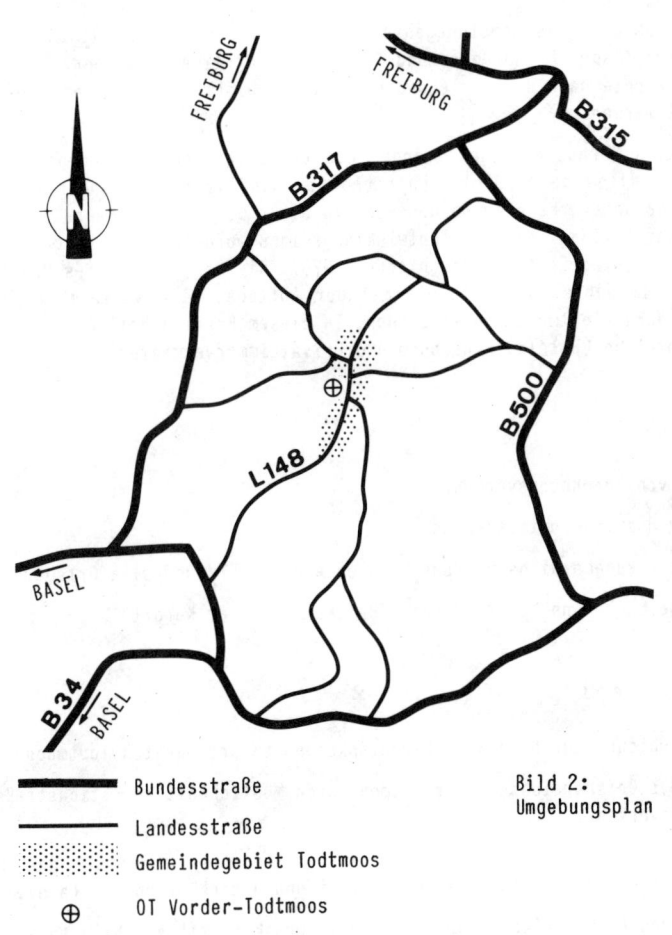

Bild 2:
Umgebungsplan

— Bundesstraße
— Landesstraße
▒ Gemeindegebiet Todtmoos
⊕ OT Vorder-Todtmoos

CHARAKTERISTIK DES TOURISMUS

Ganzjährige Kurzeit : Hauptsaison 15. Dezember bis 10. Januar und
1. Juni bis 30. September

Nebensaison 11. Januar bis 31. Mai
1. Oktober bis 14. Dezember

Zeitliche Verteilung : Max. = Juli (August mit geringer Abweichung)
(Bezugsjahr 1980)
    Ankünfte   4 675 = 13,6 % aller Jahresankünfte
    Übernachtungen   59 286 = 17,1 % aller Jahresübernachtungen
    Min. = November (1,4 % aller Jahresübernachtungen)

Todtmoos

ERHOLUNGSFREUNDLICHE VERKEHRSMASSNAHMEN

Ausgangslage

Der Fernverkehr umfährt das Gemeindegebiet weiträumig (vgl. Bild 2). Die Landesstraßen nach und durch Todtmoos haben keine Bedeutung für den überörtlichen Verkehr. Der zentrale Ortsteil Vordertodtmoos konnte nach der Verlegung der Ortsdurchfahrt im Zuge der L 148 vom Durchgangsverkehr befreit werden.

Trotz dieser guten Voraussetzungen zwingen die Belästigungen durch den motorisierten Innerortsverkehr (vor allem der Einheimischen und der Ausflügler aus anderen Erholungsgemeinden sowie der Naherholungsverkehr am Wochenende) zu einer weiteren Verkehrslenkung und -beschränkung. Bei der Aufstellung des Kurortentwicklungsplans wurde daher auch der Verkehrsbereich in die Gesamtplanung integriert (Verabschiedung 1979). Die Bestätigung des Prädikats "Heilklimatischer Kurort" im Jahre 1981 erfolgte mit der Auflage, eine weitere Verkehrsberuhigung im Kurzentrum (OT Vordertodtmoos) zu erreichen. In diesem Bereich befinden sich konzentriert die Beherbergungsbetriebe (Hotels, Pensionen und Privatzimmervermieter).

Zielsetzungen

(1) Vermeidung von Durchgangsverkehr

(2) Minimierung des Innerortsverkehrs

(3) Ergänzung des Ruhebereichs "Kurpark" durch einen fahrzeugfreien Ortsbereich

(4) Langfristige Sicherung des Prädikats "Heilklimatischer Kurort"

Maßnahmenkonzept*

(1) Verkehrsberuhigung durch Verkehrsbeschränkungen im Ortsbereich Todtmoos

(2) Innerhalb des Ortsbereichs Vordertodtmoos nach Möglichkeit nur Stichstraßen für Anlieger- und Besucherverkehr

(3) Einrichten von Auffangparkplätzen für Kurzzeitbesucher außerhalb der engeren Kurzone. Anlegen von privaten Stellplätzen direkt bei den Unterkünften für Langzeitgäste

(4) Einführung und Ausbau einer Fußgängerzone im Ortskern mit Anschluß an alle Fuß- und Wanderwege, vor allem an die Wege zu den Ortsteilen

(5) Verlegen der Bushaltestelle aus der zentralen "Hauptstraße" an die Umfahrungsstraße L 148 mit direktem Zugang von der Ortsmitte

(* = nach Kurortentwicklungsplan Todtmoos, Abschnitt Verkehr. Ziele, S. 36)

Restriktive Maßnahmen für Kraftfahrzeuge

In den Jahren 1981 und 1982 wurden - jeweils in der Sommersaison - zwei Varianten der Verkehrsneuordnung erprobt. Kernstück jeder flächenhafte Maßnahme ist die "Hauptstraße", siehe Bild 3.

Todtmoos

Maßnahmenkombination 1981
(siehe auch das Informationsblatt der Kur- und Gemeindeverwaltung in den Bildern F 3 und F 4)

Maßnahme		Geltungszeiträume
(A) Bereich "Hauptstraße"		
Einrichten eines Vorrangbereichs für Fußgänger (Länge ca. 100 m)		1.6. - 30.9.
(B) Sonstige Ortsstraßen		
Einbahnregelung für 2 Straßen		1.6. - 30.9.
(C) Verbot für Krad im gesamten bebauten Gebiet (seit 1978)	23.00 - 06.00 h	Ganzjährig

Ausnahmeregelungen 1981

Betr.: Maßnahme	Ausnahmezeiträume	
zu (A) Vorrangbereich für Fußgänger "Hauptstraße"		
(1) Lieferverkehr frei	07.00 - 09.00 h 14.00 - 15.00 h	1.6. - 30.9.
(2) Anwohner mit Ausnahmegenehmigung frei	Ganztägig	1.6. - 30.9.

Maßnahmenkombination 1982
(siehe auch das Informationsblatt der Kur- und Gemeindeverwaltung in den Bildern F 5 und F 6)

Maßnahme	Geltungszeiträume	
(A) Bereich "Hauptstraße"		
(1) Einführung einer Einbahnregelung	Ganztägig	1.6. - 31.5.83
(2) Geschwindigkeitsbeschränkung auf max. 30 km/h	Ganztägig	1.6. - 31.5.83
(3) Einseitige Parkmöglichkeit mit Parkscheibe, Beschränkung auf max. 1 Stunde	werktags von 08.00 - 18.00 h	1.6. - 31.5.83
(B) Sonstige Ortsstraßen		
Verbot für Kfz aller Art	23.00 - 06.00	1.6. - 31.10.?
(C) Verbot für Krad im gesamten bebauten Gebiet (seit 1978)	23.00 - 06.00 h	Ganzjährig

Ausnahmeregelungen 1982

zu (B) betr. Nachtfahrverbot für Kfz aller Art

    Ausnahmegenehmigungen für Ärzte, Pfarrer, Taxi, Berufspendler

Todtmoos

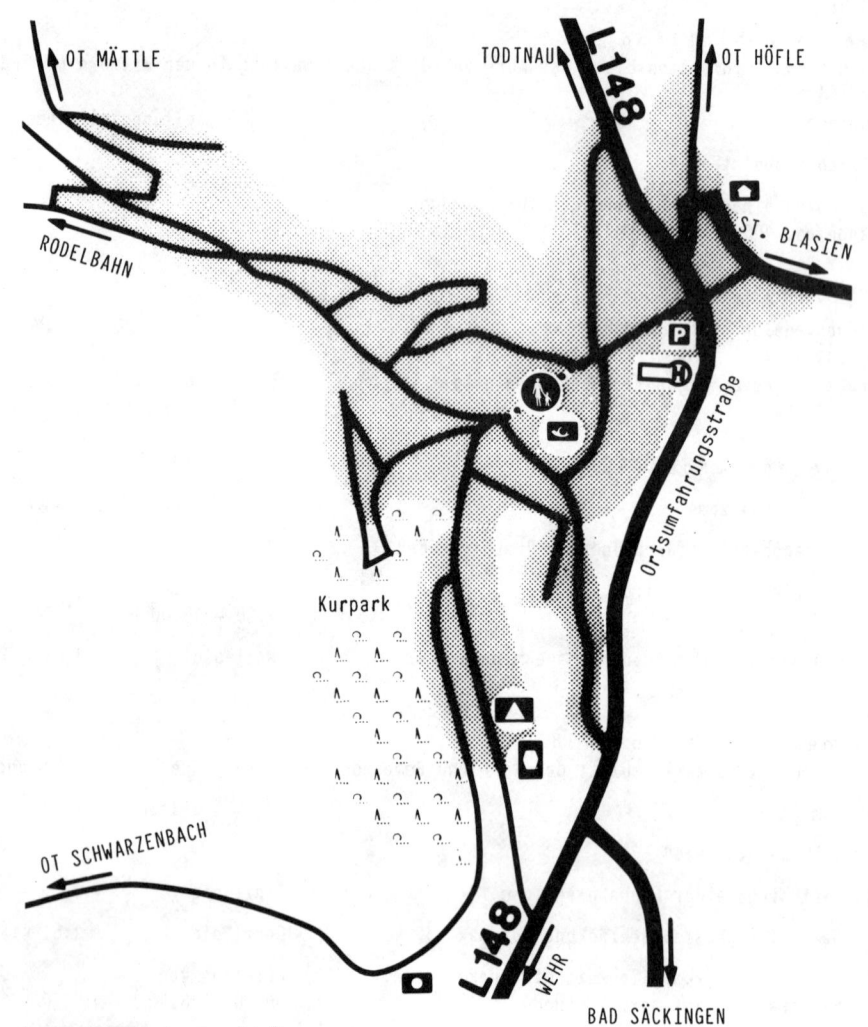

	Landesstraße
••••👤••••	"Hauptstraße"
	Sonstige Ortsstraße
🅿	Auffangparkplatz
🚏	Omnibus-Bahnhof
▫	Rathaus
▫	Post
▫	Kurverwaltung
▲	Kurhaus
▫	Kurklinik

Bild 3:
Übersichtsplan Vorder-Todtmoos

Todtmoos

Unterstützende Maßnahmen

(1) Umfahrungsstraße im Zuge der L 148 (seit 1956)

(2) Neubau eines Busbahnhofs und Verlegen der Bushaltestelle aus der Hauptstraße an die Umfahrungsstraße (Fertigstellung 1981) (siehe Bild 3)

(3) Neueinstellung von zwei Gemeindevollzugsbeamten zur Überwachung des Nachtfahrverbots (seit Juni 1982) (siehe hierzu auch Abschnitt "Erfahrungen im Sommer 1982")

(4) Erlaß einer "Polizeiverordnung gegen umweltschädliches Verhalten, zum Schutze der öffentlichen Grün- und Erholungsanlagen und über das Anbringen von Hausnummern" vom 16. Juni 1981 (Erstfassung im Jahre 1976)

Erfahrungen mit dem Vorrangbereich für Fußgänger 1981

Ein Fahrverbot auf einem Teilstück der "Hauptstraße" in Verbindung mit Einbahnregelungen für die abzweigenden Straßen erschwert den Durchgangsverkehr im gesamten Ortsbereich. Dadurch soll sowohl die Verlagerung der unbedingt erforderlichen innerörtlichen Kfz-Fahrten auf die vorhandene Umfahrungsstraße als auch eine Verlagerung vom motorisierten auf den Fußgänger- und Fahrradverkehr erreicht werden.

Die folgende Zusammenstellung von Pressemeldungen zeigt beispielhaft die Schwierigkeiten auf, die der notwendige Interessenausgleich im Rahmen eines flächenhaften Verkehrsberuhigungskonzepts mit sich bringen kann:

> Die Diskussion über die Umgestaltung der "Hauptstraße" zu einem Vorrangbereich für Fußgänger begann im Jahre 1977 mit der Aufstellung des Kurortentwicklungsplans.

1978   Erneute Diskussion über Einführung einer "Fußgängerzone" im Gemeinderat. Geschäftsleute in der "Hauptstraße" befürchten erhebliche Geschäftseinbußen (Badische Zeitung vom 31.8.1978)

02.03.1979   Bürgerforum; öffentliche Diskussion des Kurortentwicklungsplans, einschließlich der geplanten Fußgängerzone
Gründung einer "Interessengemeinschaft Murgtalstraße"

Herbst 1980   Die vorgesehene Einführung einer Einbahnregelung als Vorstufe der "Fußgängerzone" wird vom zuständigen Straßenverkehrsamt abgelehnt.

> Gemeinderatssitzung; Diskussion der Fußgängerzoneneinführung für Mai 1981
> (Badische Zeitung vom 25.9.80)

> "Zwei Interessengruppen stehen sich gegenüber: eine, die glaubt, sie würde geschäftlichen Schaden erleiden, eine andere, die das Verkehrschaos in den Sommermonaten sieht, und es mit der Fußgängerzone zu beseitigen glaubt."
> (Schwarzwälder Bote vom 29.10.1980)

> Fußgängerzone = "harte Nuß für den Gemeinderat"
>   (Schwarzwälder Bote vom 29.10.80)
>
>   = "zu 'heißem Eisen' geworden"
>   (Badische Zeitung vom 29.10.80)

Todtmoos

Stellungnahme der Verfasser des Kurortentwicklungsplans zur Verkehrsregelungsdiskussion, u.a. zur Parkierung: Nach Einführung des Vorrangbereichs für Fußgänger in einem Straßenabschnitt von ca. 120 m Länge würden ca. 10 Pkw-Stellplätze wegfallen. Der Ersatz in unmittelbarer Nähe sei vorgesehen, max. 150 - 200 Schritte seien zwischen Parkplätzen und den Geschäften zurückzulegen.
(Badische Zeitung vom 13.11.80)

15.12.1980 Bürgerversammlung
Die Mehrheit der anwesenden 150 - 200 Bürger ist gegen die "Fußgängerzone". Gegenargumente sind u.a.:
- Verlust von Parkraum in der Hauptgeschäftsstraße,
- Verdrängung des motorisierten Verkehrs in bisher ruhige Nebenstraßen,
- Umsatzeinbußen bei den Geschäften innerhalb des Vorrangbereichs, vor allem bei der Gastronomie,
- die schwierige Verkehrssituation durch Sperrzonen und Einbahnstraßen würde Gäste von der Einfahrt in den Ort abhalten,
- geringerer Pkw-Durchgangsverkehr könnte den Umsatz der Tankstelle an einer Zufahrtstraße mindern.
(Badische Zeitung vom 18.12.80; Südkurier vom 24.12.80)

Die Überwachung des ruhenden Verkehrs und des bereits bestehenden Nachtfahrverbots für Motorräder ist nicht durchzuführen, weil sich trotz mehrfacher Ausschreibung niemand für den Posten eines Vollzugsbeamten gefunden hat.
(Südkurier vom 24.12.80)

29., 30. u. Gästebefragung in der "Hauptstraße". Antworten zur Verkehrssituation: 17 % der
31.12.1980 Befragten antworteten mit "gut", 82 % mit "schlecht". 71 % begrüßen die Einrichtung einer "Fußgängerzone".
Diese Befragungsergebnisse können jedoch nicht als repräsentativ gesehen werden.
(Badische Zeitung vom 3.2.81)

03.2.1981 Öffentliche Gemeinderatssitzung
Einstimmiger Beschluß zur probeweisen Einrichtung eines Vorrangbereichs für Fußgänger in der "Hauptstraße" für den Zeitraum 1. Juni bis 30. September 1981. Eine bauliche Umgestaltung wird nicht vorgesehen, lediglich Bänke und Blumenkästen sollen zur Möblierung neu angeschafft werden.
(Badische Zeitung vom 6.2.81)

April 1981 Öffentliche Gemeinderatssitzung
U.a. weitere Beschlüsse bezüglich der Verkehrsgestaltung:
- Festlegung von Ausnahmezeiten für Warenlieferungen
- Erteilen von Ausnahmegenehmigungen vom Fahrverbot für Anwohner, für Beschäftigte in den Betrieben innerhalb des Vorrangbereichs und für Taxi
- Erlaubnis zum Aufstellen von Verkaufsständen für die anliegenden Geschäfte, das Aufstellen von Buden wird nicht gestattet.
(Badische Zeitung vom 4./5.4.81; Südkurier vom 8.4.81)

Mai 1981 Einrichtung zusätzlicher Einstellplätze für Pkw am Rand des vorgesehenen Vorrangbereichs für Fußgänger.

01.06.1981 Einrichtung der "Fußgängerzone Todtmoos", neue Verkehrsregelung im Ortskern und Verlegung der Bushaltestelle zum neuen Busbahnhof an der Umfahrungsstraße (siehe auch Bild 3).

Todtmoos

Unterrichtung der Bevölkerung durch ein Informationsblatt der Kur- und Gemeindeverwaltung (siehe Bilder F 3 und F 4).

Juni 1981
- "... in der ersten Woche gab es doch noch den einen oder anderen, der sein Vehikel durch die 120 m lange Zone steuerte."
(Badische Zeitung vom 11.6.81)

- Die Geschäftsleute in der Umgebung der "Fußgängerzone" befürchten erhebliche Umsatzeinbußen. Ein Hotelbesitzer kündigt eine Schadenersatzklage an.
(Südkurier vom 19.6.81)

Es erfolgt eine Stellungnahme des Landratsamtes mit Begründung und Erläuterung der Maßnahmen
(Südkurier vom 30.6.81)

Juli 1981
- Die Beschwerden von Einheimischen über Verkehrschaos und Umwegfahrten bestehen weiter.

- Ein Hotelier wirbt in einem neu herausgegebenen Prospekt "Das Hotel ... am Anfang der Fußgängerzone"!

- Ein Café erweitert seinen Betrieb auf den Bereich des ehemaligen Fahrwegs.

- Einzelhändler stellen Verkaufsstände vor ihre Geschäfte.

- "Bei den Kurgästen findet das Angebot zumindest ausnahmslos Anerkennung."
(Südkurier vom 24.7.1981)

29.8.1981 Befragung von Gästen und Einheimischen in der "Fußgängerzone" durch Gemeinderatsmitglieder
Tendenz: Gäste eher positive,
          Einheimische eher ablehnende Meinung zum Vorrangbereich für Fußgänger.

Die Bewohner einer Querstraße beklagen die erhöhte Verkehrs- und Lärmbelastung durch die neue Verkehrslenkung.
(Badische Zeitung vom 3.9.81)

30.09.1981 Aufhebung der Verkehrsmaßnahmen

06.11.1981 Bürgerversammlung mit dem einzigen Tagesordnungspunkt "Fußgängerzone - Erfahrungsaustausch nach dem im Sommer gestarteten Probelauf".
Von 2 500 Bürgerinnen und Bürgern erscheinen 127.

Meinungen:
- "Die Verwaltung ist von der Richtigkeit der Einführung einer Fußgängerzone in der Hauptstraße überzeugt, wenngleich sie zugesteht, daß manches verbesserungswürdig ist."

- Der Vorsitzende des Gaststättenverbandes erklärt den Versuch für gescheitert und eine "existenzgefährdende Maßnahme" für die gastronomischen Betriebe.

- "Die Fußgängerzone bringe eine Verstädterung mit sich."

- Die Gäste würden sich auf der Straße in der 'Zone treffen', der Kurpark erfülle nun seine eigentliche Funktion nicht mehr.

(Schwarzwälder Bote vom 10.11.81)

Todtmoos

Erfahrungen der Gemeinde- und Kurverwaltung:

- Die innerhalb des Vorrangbereichs liegenden Gewerbetreibenden hatten keine finanziellen Einbußen, jedoch ergaben sich bereits innerhalb des kurzen Versuchszeitraums "eindeutige Umschichtungen in der Käuferschicht"

- Umfangreiche - nicht repräsentative - Interviewbefragungen vor und während des Probelaufs zeigten, daß
  - ca. 97 % der Gäste dem Versuch positiv und
  - ca. 42 % der Einheimischen dem Versuch negativ gegenüberstanden.

- Die Bürgerversammlung am 6.11.81 brachte im wesentlichen keine neuen Erkenntnisse. Von Seiten der einheimischen Bevölkerung wurden vor allem folgende Argumente vorgetragen:

  - Zweiteilung des Ortes,

  - Lärmverlagerung auf Seitenstraßen,

  - Wirtschaftliche Vorteile für Betriebe innerhalb der Zone; aber Nachteile für außerhalb gelegene Betriebe,

  - Ausgestaltung als "orientalischer Bazar" und "Krämerladen" durch Aufstellen von Verkaufsständen,

  - Einbußen der Betriebe von 50 - 60 % durch entfallene Kaffeefahrten (Omnibusse!) und sogenannte Spontananfahrten durch die Geschäftsstraße,

  - Beruhigung in der "Hauptstraße" aber Lärmerhöhung in den Seitenstraßen,

  - Schaffen neuer Gefahrenpunkte an den Straßeneinmündungen.

Im Juni 1982 wurde vom Gemeinderat ein neuer Bebauungsplan beschlossen, in dem das Teilstück der "Hauptstraße" als "Fußgängerzone" ausgewiesen ist. Im Offenlegungsverfahren wurde kein einziger Widerspruch gegen diese Ausweisung eingelegt. Der endgültige Beschluß zum Umbau ist im Frühjahr 1983 zu erwarten.

Erfahrungen im Sommer 1982

Da die Finanzierung einer baulichen Umgestaltung im Jahre 1982 nicht gesichert war und ein großer Teil der Einheimischen einen Vorrangbereich für Fußgänger ablehnte, wurde am 1. Juni 1982 die Maßnahmenkombination "Einbahnstraße/Geschwindigkeitsbeschränkung/versetzte Fahrgasse durch wechselseitige Parkierung/Nachtfahrverbot für Kfz aller Art" versuchsweise eingeführt.

Erste Reaktionen der Einheimischen = ideale Lösung
Erste Reaktionen der Gäste = Ablehnung, da die Verkehrsbelästigungen tagsüber weiterbestehen.

Die häufigen Übertretungen des Nachtfahrverbots für Motorräder zeigten die Notwendigkeit einer ständigen Überwachung. Die Erweiterung des Fahrverbots auf Kraftfahrzeuge aller Art wurde deshalb von einer ausreichenden Kontrolle abhängig gemacht. Diese Tätigkeit wurde von zwei Angestellten eines privaten Wachdienstes übernommen. Als Vollzugsbeamte unterstehen sie während ihrer Dienstzeit der Ortspolizeibehörde.

Todtmoos

FINANZIERUNG VON VERKEHRSMASSNAHMEN*

In einer Zusammenstellung des Kur- und Verkehrsamtes "Was geschieht mit der Kurtaxengebühr?" werden auch verkehrsbezogene Maßnahmen genannt:

- Anlage von Parkplätzen,
- Schneeräum- und Streukosten,
- Bau eines Busbahnhofs zur Entlastung der Hauptstraße,
- Anlage neuer Parkplätze für Nachtfahrverbot.

* = Quelle: Gastgeber-Verzeichnis Todtmoos 1982

QUELLENVERZEICHNIS

Kur- und Verkehrsamt Todtmoos: Geschäftsbericht 1981, Todtmoos 1982.

Gemeinde Todtmoos (Hrsg.): Kurortentwicklungsplan Todtmoos, Bearb.: Schüler, Eike und Drews, Uwe, Todtmoos 1979.

Gemeinde Todtmoos: Unterlage für die Bürgerversammlung am 6. November 1981. Fußgängerzone-Diskussion, Todtmoos 1981 (nicht veröffentlicht).

Prospekte der Kurverwaltung Todtmoos.

Zeitungsberichte aus: Südkurier
　　　　　　　　　　Schwarzwälder Bote
　　　　　　　　　　Badische Zeitung.

Bild 1:
Orientierungsplan

Westerland
Kenn-Nr. D 80 21

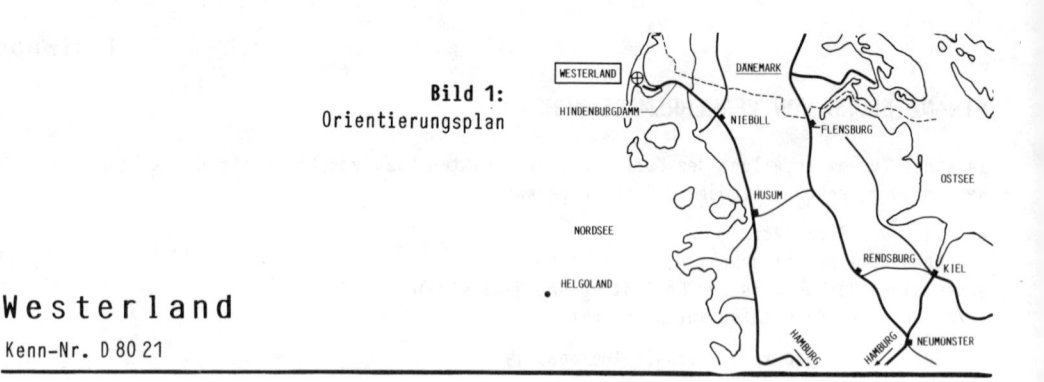

ÜBERSICHT

Bundesland	Schleswig-Holstein
Landkreis	Nordfriesland
Zentralörtliche Bedeutung	Mittelzentrum
Erwerbsstruktur	Vorrangig Kur- und Ferienerholung, Unterhaltung, Kongreßhaus
Einwohner (Stand 31.12.1980)	9 745
Geografische Lage	Nordseeinsel
Gemeindegruppe	Nordseeheilbad
Bettenkapazität (Stand 1.4.1980)	17 081

Fremdenverkehrsstatistik	Winter 1979/80	Sommer 1980	FV-Jahr 1979/80
Gästeankünfte	27 893	111 761	139 654
Gästeübernachtungen	225 091	1 401 886	1 626 977
Aufenthaltsdauer (im Mittel)	8.1 Tage	12.5 Tage	11.7 Tage
FV-Intensität (Ü/100 E)	2 310	14 386	16 696

ALLGEMEINES

Die Insel Sylt ist seit langem eines der Hauptreiseziele in Deutschland. Im Hauptort Westerland wurde im Jahre 1857 das erste Hotel für die immer zahlreicher werdenden Erholungsgäste errichtet. Wichtigste Verbindung zum Festland war das Fährschiff zwischen Hoyer (heute dänisch) und dem Inselhafen Munkmarsch. Hier war der Ausgangspunkt der Inselbahn nach Westerland (Einweihung 1888) die später bis zur Südspitze (Hörnum 1901) und zur Nordspitze (Kampen 1903, List 1908) verlängert wurde. Am Jahresende 1970 wurde der Schienenverkehr eingestellt und durch drei Buslinien ersetzt. Heute ist geplant, auf dieser ehemaligen Trasse einen Radweg anzulegen, der von der Süd- bis zur Nordspitze der Insel führen soll.

Durch den Bau des "Hindenburgdamms" und den Anschluß Westerlands an das Eisenbahnnetz des Festlandes wurde die Erreichbarkeit der Insel entscheidend verbessert. Da ein direkter Straßenanschluß bisher verhindert wurde, ist für Sylt-Besucher der Bahnhof Westerland heute sowohl Zielpunkt der Bahnreisenden als auch der meisten Pkw-Reisenden, die zwischen Niebüll und Westerland den Autotransportzug benutzen.

Westerland

Transportierte Pkw zwischen Westerland (Sylt) und Niebüll

Jahr	Anzahl Pkw * (beide Richtungen)
1948	12 000
1955	58 000
1965	150 000
1975	389 000
1979	484 000

* = Quelle: Leonhardt, Rudolf Walter: 100 000 Autos Stoßstange an Stoßstange: Die Insel lebt von ihren Feinden, in: Die Zeit, Nr. 22 vom 23. Mai 1980, Hamburg, S. 47.

Eine weitere ganzjährige Verbindung zum Festland besteht zwischen List (Sylt) und Havneby (Rømø in Dänemark). Während der Sommersaison 1979 transportierten die Fährschiffe auf dieser Linie ca. 67 000 Fahrzeuge, davon 56 000 Pkw.

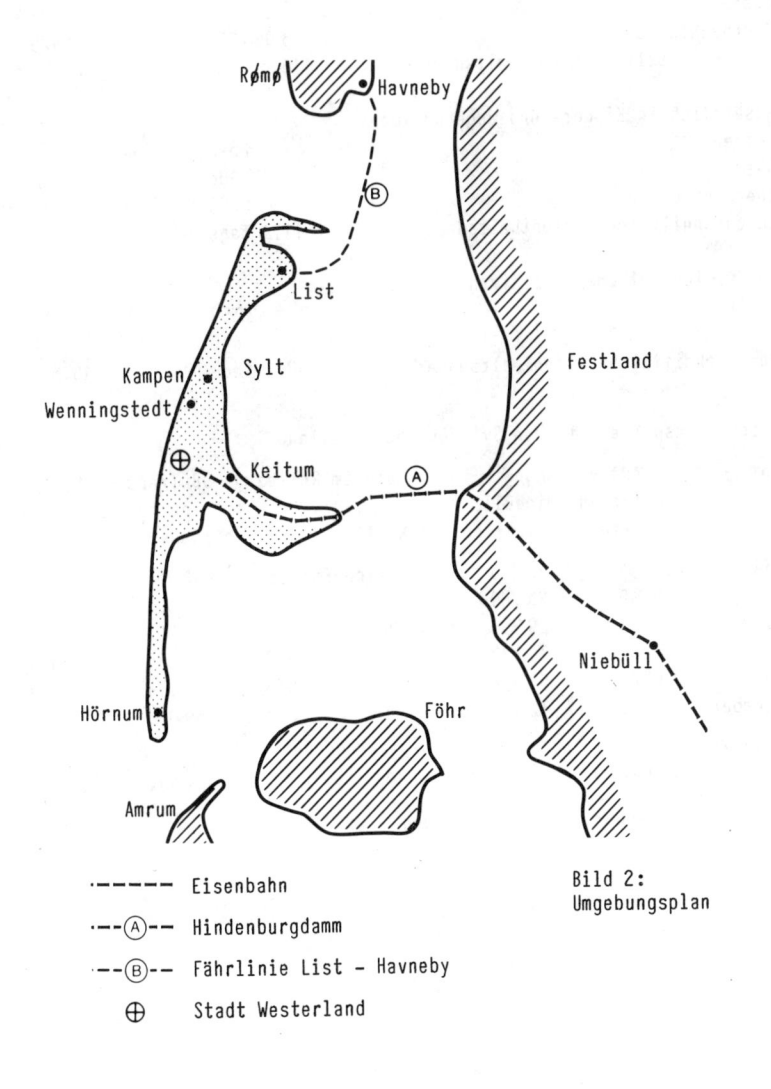

Bild 2: Umgebungsplan

- - - - - Eisenbahn
- -(A)- - Hindenburgdamm
- -(B)- - Fährlinie List - Havneby
⊕ Stadt Westerland

Westerland

CHARAKTERISTIK DES TOURISMUS

Durch ihre zentrale Lage ist die Stadt Westerland sowohl Schwerpunkt des An- und Abreiseverkehrs als auch des Tourismus allgemein. Der ausführlichen Darstellung der Situation in Westerland werden daher einige Daten der Fremdenverkehrsstatistik für die gesamte Insel vorangestellt:

2 Heilbäder	Westerland, Wenningstedt
4 Nordseebäder	List, Kampen, Rantum, Hörnum
1 Luftkurort	Sylt-Ost

(A) Tourismus auf der Insel Sylt
    (Bezugszeitraum 1. April - 30. September 1980)

(1) Fremdenverkehrsstatistik

	Sylt gesamt	davon Westerland	
- Gästebetten	39 180	17 072	43.6 %
Gäste	224 467	112 424	50.0 %
Übernachtungen	3 098 570	1 429 344	46.1 %
durchschnittliche Aufenthaltsdauer	13.8 Tage	12.7 Tage	
- zusätzlich in Kinder- und Jugendheimen:			
Betten	3 698	481	13.0 %
Gäste	39 106	2 017	5.2 %
Übernachtungen	438 209	68 646	15.7 %
durchschnittliche Aufenthaltsdauer	11.2 Tage	34 Tage	
- zusätzlich auf Campingplätzen:			
Gäste	32 359	11 234	34.7 %
Übernachtungen	391 810	128 879	32.9 %
durchschnittliche Aufenthaltsdauer	12.1 Tage	11.5 Tage	

(2) Fahrzeugtransporte zwischen Sylt und dem Festland

Monat	Autoverladung Westerland/Niebüll		Auto im Reisezug		DB-Transporte insgesamt	List/ Havneby	Fahrzeugtransporte insgesamt
	Ankünfte	Abfahrten	Ankünfte	Abfahrten			
April	20 531	22 218	keine Fahrten		42 749		
Mai	31 245	26 760	21	2	58 028		
Juni	33 773	29 750	260	122	63 905	Monatliche	
Juli	44 154	36 480	424	268	81 326	Ergebnisse	
August	44 523	51 852	425	534	97 334	liegen	
September	26 596	32 170	63	233	59 062	nicht vor	
Sommersaison 1980	222 822	199 230	1 193	1 159	424 404	72 570*	496 974

* = Pkw, Lkw, Hänger, Busse, Wohnwagen

Westerland

(B) Tourismus in der Stadt Westerland

Kurzeit	: Sommer-Kurzeit	vom 1. Juni bis 30. September	
	übrige Kurzeit	vom 1. Oktober bis 30. Mai	
zeitliche Verteilung (Bezugsjahr 1980)	: Max. = August (Juli mit geringer Abweichung)		
	Ankünfte	25 336 = 18,0 % aller Jahresankünfte	
	davon Kurzzeiterholer	3 644	
	Übernachtungen	390 864 = 23,5 % aller Jahres-	
	davon Kurzzeiterholer	10 932	übernachtungen

Detaillierte Angaben zur Fremdenverkehrsstatistik liegen für das Sommerhalbjahr (1.4. - 30.9.) vor. Innerhalb dieses Zeitraum wurden im Jahre 1980 80,0 % aller Jahresankünfte und 86,2 % aller Jahresübernachtungen registriert.

Struktur der Übernachtungsgäste (Bezugszeitraum Sommerhalbjahr 1980)

(1) Motiv

	Anzahl	Anteil an allen Gästen
Kur- und Ferienerholung	91 481	84,5 %
Kurzzeiterholung	16 799	15,5 %

(2) Herkunft

Bundesland	Anzahl	Anteil an allen Gästen
1. Nordrhein-Westfalen	32 625	29 %
2. Niedersachsen	17 133	15 %
3. Schleswig-Holstein	12 861	11 %
4. Hamburg	12 670	11 %
5. Berlin	10 377	9 %
6. Hessen	9 151	8 %
Sonstige und Ausland	17 607	17 %

ERHOLUNGSFREUNDLICHE VERKEHRSMASSNAHMEN

Ausgangslage

Die Verkehrsinfrastruktur Westerlands muß neben dem sehr starken Innerortsverkehr zusätzlich den größten Teil des An- und Abreiseverkehrs sowie den Ausflugsverkehr zwischen den nördlich und südlich gelegenen Orten aufnehmen. Die Überlagerung der Funktionen "Kurerholung" und "Unterhaltung mit einem ausgeprägten Nachtleben" begründet einerseits die Attraktivität der Stadt und ist andererseits Ursache von Konflikten zwischen Gästegruppen mit unterschiedlichen Ansprüchen.

Die Kapazität der stadtnahen Badestrände ist begrenzt. Große Entfernungen zu den Ausweichstränden im Norden und Süden und die Großzahl der Gäste erzwingen die Benutzung von Kraftfahrzeugen, vorzugsweise des eigenen Pkw.

Westerland

Zielsetzungen

(1) Verringerung des motorisierten Innerortsverkehrs

(2) Kfz-freie Verbindungen zwischen Strand und Wohnbereichen der Gäste

(3) Vermeiden der Ortsdurchfahrt im Verkehr von/zu der Autoverladung der Deutschen Bundesbahn und zwischen Nord- und Südteil der Insel

Maßnahmenkonzept

(1) Erstellen einer Ortsumfahrung mit Anschluß an die DB-Autoverladestelle

(2) Flächenhafte Verkehrsberuhigung durch Erstellen eines Kfz-freien Bereichs im Ortszentrum

(3) Fahrbeschränkungen für Kfz in den besonders empfindlichen Wohnbereichen der Gäste

(4) Erschweren des Kurzstreckenfahrens durch Einbahnregelungen

Restriktive Maßnahmen für Kraftfahrzeuge

Maßnahme	Geltungszeiträume	
(A) Einrichten eines Vorrangbereichs für Fußgänger zwischen Zentralstrand und Bahnhof		
(1) "Fußgängerzone Friedrichstraße" Nach zunächst zweijährigem Provisorium wurde die bauliche Umgestaltung (= Aufpflasterung der Friedrichstraße und der Mündungsbereiche von Querstraßen) in den Jahren 1975/76 vollzogen (Länge ca. 500 m)		
(2) "Fußgängerzone Wilhelmstraße" = Verlängerung in Richtung Bahnhof (Fertigstellung 1980, Länge ca. 100 m)		
Der Vorrangbereich für Fußgänger "Friedrichstraße/Wilhelmstraße" wird zweimal von Straßen mit Kfz-Verkehr gekreuzt (s. auch den Hinweis im Ortsprospekt in Bild F 133)		
Geplante Maßnahme		
(3) Umgestaltung einer Parallelstraße zum vorhandenen Bereich = "Fußgängerzone Strandstraße"		
(B) Fahrverbot für Kfz aller Art (seit 1970)	00.00 - 05.30 h	1.6. - 30.9.
- im engeren Kurbereich (mit Kurhaus, Kurmittelhaus, Wellenbad, Kleincasino)		
- in der Innenstadt (Hotelbereich) mit 13 Straßen (vgl. Bild 3; s. Hinweis in Bild F 91)		
(C) Fahrverbot für Krad im Bereich wie unter (B) und 6 weiteren Straßen	13.00 - 15.00 h u. 19.00 - 06.00 h	Ganzjährig

Westerland

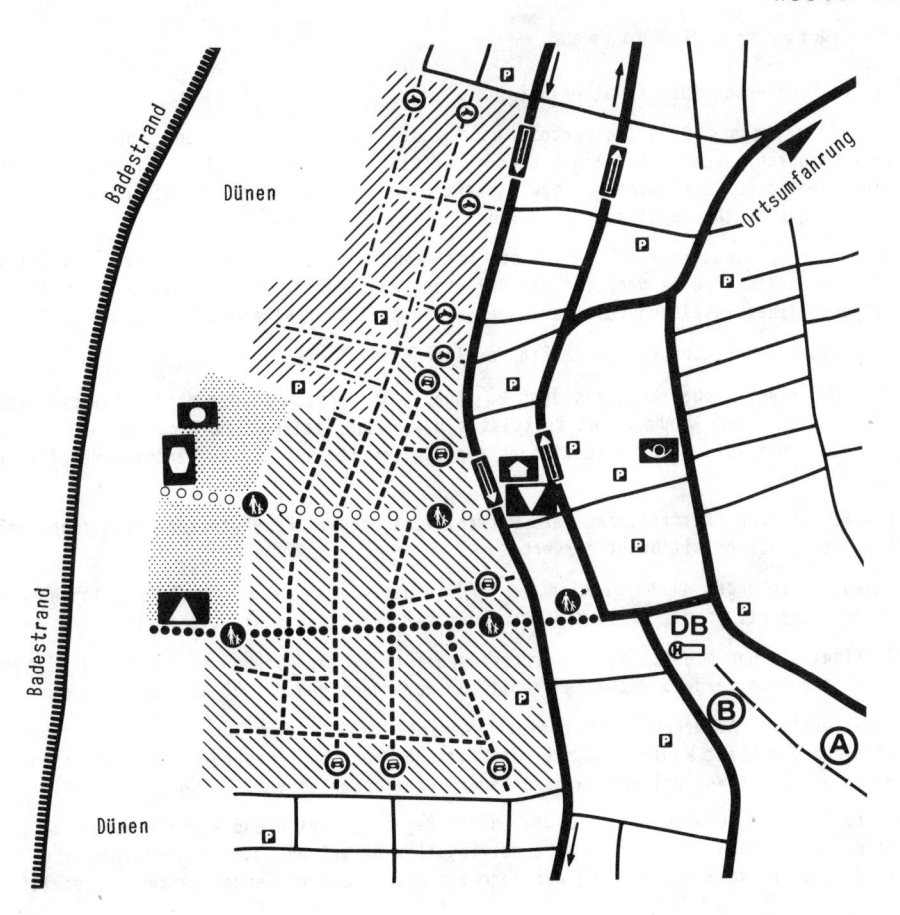

Bild 3:
Erholungsfreundliche Verkehrsmaßnahmen

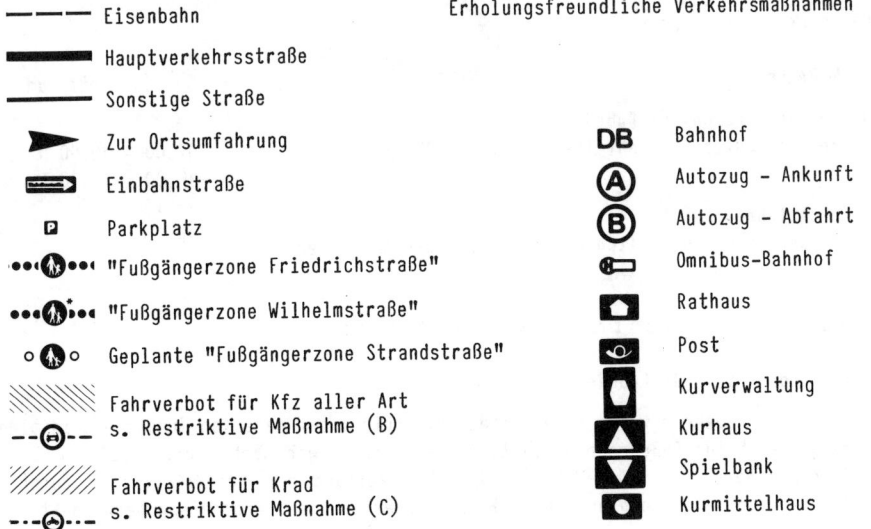

-----	Eisenbahn
▬▬▬	Hauptverkehrsstraße
———	Sonstige Straße
▶	Zur Ortsumfahrung
⇨	Einbahnstraße
P	Parkplatz
•••🚶•••	"Fußgängerzone Friedrichstraße"
•••🚶*•••	"Fußgängerzone Wilhelmstraße"
o🚶o	Geplante "Fußgängerzone Strandstraße"
▨	Fahrverbot für Kfz aller Art s. Restriktive Maßnahme (B)
▨	Fahrverbot für Krad s. Restriktive Maßnahme (C)

DB	Bahnhof
Ⓐ	Autozug – Ankunft
Ⓑ	Autozug – Abfahrt
⬛	Omnibus-Bahnhof
⬟	Rathaus
👁	Post
▮	Kurverwaltung
▲	Kurhaus
▼	Spielbank
⬤	Kurmittelhaus

383

Westerland

Unterstützende Maßnahmen

(1) zu (B) Fahrverbot für Kfz aller Art

Zur Sicherung des Nachtfahrverbots werden die Ein-/Ausfahrten des Sperrbereichs durch Vollschranken geschlossen. Die Bedienung erfolgt durch Angestellte des Stadtbauamts, die gleichzeitig für das Aufhängen bzw. Abnehmen des Fahnenschmucks am Strand und an den Zufahrtswegen zuständig sind.

(2) Neubau der Landesstraße L I O 24 Westerland-Zentrum (mit Anschluß an die DB-Autoverladestelle) in Richtung Kampen/List mit Umfahrung von Wenningstedt, teilweise auf der Trasse der ehemaligen Inselbahn (die Verlängerung in südlicher Richtung bis Hörnum ist geplant).

(3) Einführung von Einbahnregelungen in der Innenstadt.

(4) Verlegen eines Großparkplatzes aus dem engeren Kurbereich in das nördlich angrenzende Gebiet. Erweiterung vorhandener Parkplätze bzw. Neuerstellung am Rand des engeren Kurbereichs. Damit wurde eine Vorbedingung für die Erweiterung des Vorrangbereichs für Fußgänger erfüllt.

(5) Einrichten eines zusätzlichen Taxi-Warteplatzes an der "Fußgängerzone Friedrichstraße" am Rand des Bereichs mit Nachtfahrverbot.

(6) Parkbeschränkungen im Nahbereich der "Fußgängerzone Friedrichstraße". Zeichen 314 StVO (Parkplatz) mit Zusatzschild 868 "Anwohner mit Parkausweis Nr. ... frei".

(7) In Klanxbüll und Niebüll stehen Großgaragen für Pkw zur Vergügung, die nicht mit auf die Insel genommen werden. Weiterfahrt mit den Personenzügen der DB bis Westerland.

(8) Einer weiteren Ausdehnung des bebauten Gebiets in Richtung Süden für Freizeitwohnzwecke versucht die Stadt Westerland mit der "Satzung über die Erhebung einer Zweitwohnungssteuer in der Stadt Westerland" gegenzusteuern (Ratsbeschluß vom 27. November 1980).

(9) Fahrbahnen und Gehwege werden heute in der Regel aus Beton und Asphalt hergestellt. Durch eine Oberflächengestaltung nach "traditioneller Bauweise", z.B. Pflasterung mit Klinker, wird eine optische Reduzierung der Vorrangstellung des rollenden Verkehrs erwartet.

Ausnahmeregelungen

Maßnahme	Geltungszeitraum
zu (A) Vorrangbereich für Fußgänger Be- und Entladeverkehr frei	07.00 - 10.00 h u. 15.00 - 16.30 h
zu (B) Nachtfahrverbot für Kfz Es werden grundsätzlich keine Ausnahmegenehmigungen erteilt	

Erfahrungen mit restriktiven Maßnahmen

zu (A) Vorrangbereich für Fußgänger

In den 60er Jahren wurde zunächst die Umwandlung der gesamten Innenstadt in einen Vorrangbereich für Fußgänger geplant. Dieses Konzept war nicht durchzusetzen. Nach zweijährigen Versuchen wurde 1975/76 die Umgestaltung der Friedrichstraße durchgeführt. Die Bauarbeiten wurden auf den Zeitraum außerhalb der Hauptsaison beschränkt.

Westerland

Die Akzeptanz bei den Gästen ist sehr gut:

- Zugang zum Strand
  Im Sommer 1980 wurden am Strandübergang "Friedrichstraße" 54 473 Tageskarten (= 35 % aller ausgegebenen Tageskarten) an Gäste ausgegeben. Der Übergang "Strandstraße" folgt mit 42 356 Tageskarten auf dem 2. Platz. Hinzu kommen noch die Gäste und Einheimischen mit Zeitkarten. Die Umwandlung der Strandstraße in einen Vorrangbereich ist geplant. Die Anwohner wünschen die Beschränkung auf die Sommersaison.

- Bummel- und Einkaufsbereich
  Die Umwandlung hat die Attraktivität als Geschäftsstraße eindeutig gesteigert:

  Die Umstrukturierung zu Geschäften mit hochwertigen Konsumgütern, Boutiquen und Schnellrestaurants ist bereits vollzogen.

  Der gestiegene Wohnwert wird in der Umwandlung vorhandener Gebäude und dem Neubau von Appartement-Häusern als Zweitwohnungen erkennbar.

  Eine flächenhafte Verkehrsberuhigung über den Vorrangbereich hinaus konnte jedoch nicht erreicht werden. Der starke Parksuchverkehr in seiner Umgebung läßt vielmehr die Vermutung zu, daß der Vorrangbereich auch für Pkw-Fahrer ein attraktives Ziel ist.

zu (B) Nachtfahrverbot für Kfz aller Art

Die häufige Mißachtung des Fahrverbots erzwang die Schrankenlösung, die jegliche Ein-/Ausfahrt für Pkw verhindert. Trotz der zahlreichen Nachtlokale in der Sperrzone wird auch der Taxiverkehr nicht zugelassen.

Verkehrskontrollen und Erteilen von gebührenpflichtigen Verwarnungen blieben für die Durchsetzung des Fahrverbots bisher ohne Wirkung. Sie sind jedoch Ursache zahlreicher Beschwerden von Gästen und Einheimischen.

Einsatz öffentlicher Verkehrsmittel

Zwischen allen Inselgemeinden besteht eine ganzjährige Busverbindung. Eine weitere Verstärkung des Öffentlichen Verkehrs erscheint derzeit nicht möglich:

(1) Bei den Gästen besteht ein großes Bedürfnis an einer Anreise mit dem eigenene Pkw und zu seiner häufigen Benutzung während des Inselaufenthalts (dabei spielt das Auto als Prestigeobjekt eine bedeutende Rolle).

(2) Die Konzentration der Fahrwünsche auf wenige Stunden an den Hauptbesuchstagen im Sommer und deren Abhängigkeit vom Wetter lassen die Ausrichtung der ÖV-Kapazität an einen möglichen Spitzenbedarf (z.B. nach Einführung umfangreicher zusätzlicher Fahrbeschränkungen) aus finanziellen Gründen nicht zu.

QUELLENVERZEICHNIS

Leonhardt, Rudolf Walter: 100 000 Autos Stoßstange an Stoßstange: Die Insel lebt von ihren Feinden, in: DIE ZEIT, Nr. 22 vom 23. Mai 1980, Hamburg.

Teil E
Tabellarische Gliederung der Referenzgemeinden

Vorbemerkungen

Die im Teil E zusammengestellten Übersichten sollen dem Benutzer die Auswahl von Referenzgemeinden im Teil D 2 der Dokumentation nach jeweils unterschiedlichen Kriterien ermöglichen.

zu Übersicht E 1: Gliederung nach Verwaltungseinheiten

Die Übersicht E 1 ist nach regionalen Gesichtspunkten aufgebaut. Die jeweils in der letzten Spalte angegebenen Kenn-Nummern der Referenzgemeinden ermöglichen den direkten Zugriff zu den Kurzinformationen des Teils D 2 der Dokumentation.

Gliederungsschema der Übersicht E 1/1: Bundesrepublik Deutschland

- Bundesland
- Regierungsbezirk
- Landkreis (Die vorangestellte Schlüssel-Nummer erleichtert die Arbeit mit den Statistischen Berichten)
- Gemeindename mit Postleitzahl (ggf. Zusatz Stadt, Markt o.ä.)
- Kenn-Nummer des Teils D 2 der Dokumentation

Gliederungsschema der Übersicht E 1/2: Österreich

- Bundesland
- Politischer Bezirk mit Schlüssel-Nummer
- Gemeindename mit Postleitzahl
- Kenn-Nummer des Teils D 2 der Dokumentation

Gliederungschema der Übersicht E 1/3: Schweiz

- Kanton
- Bezirk
- Gemeindename mit Postleitzahl
- Kenn-Nummer des Teils D 2 der Dokumentation

zu den Übersichten E 2 bis E 5: Gliederung nach verkehrlichen Einzelmaßnahmen, Gemeindegruppe und Gemeindegröße

Die Übersichten E 2 bis E 5 sind Zusammenstellungen von Referenzgemeinden mit bestimmten vollzogenen oder geplanten Maßnahmen:

    E 2 = Vorrangbereiche für Fußgänger

    E 3 = Verkehrsberuhigte Zonen

    E 4 = Fahrbeschränkungen für Fahrzeuge/Kfz aller Art (z.B. Mittags- und Nachtfahrverbote)

    E 5 = Fahrbeschränkungen für motorisierte Zweiräder

Der formale Aufbau ist für die genannten Übersichten gleich.

Gliederungsschema:

    - Gemeindegruppe (Mineral- und Moorbad, Heilklimatischer Kurort usw.)

    - Gemeindegröße (Einteilung in 5 Gruppen je nach Einwohnerzahl)

1. Spalte = Gemeindegrößengruppe
2. Spalte = Kenn-Nummer des Teils D 2 der Dokumentation
3. Spalte = Gemeinde (Der Gemeindename in ( ) gibt an, daß diese Maßnahme noch in der Planungsphase ist.)
4. Spalte und folgende:

    Ein "X" zeigt an, daß neben der in der Überschrift genannten Maßnahme noch zusätzliche Maßnahmen eingeführt oder "(X)" geplant sind. Die Zahl in der Spalte "Geschwindigkeitsbeschränkung" gibt die jeweils zulässige Höchstgeschwindigkeit an.

    Die Bemerkung "siehe Teil D 3" verweist auf die ausführliche Maßnahmenbeschreibung im Teil D 3.

Zur Erläuterung der in der Kopfleiste verwendeten Symbole siehe Teil A "Benutzeranleitung": Zusammenstellung von Verkehrszeichen.

zu den Übersichten E 6 und E 7: Gliederung nach Daten der touristischen Nachfrage (Übernachtungszahl) bzw. des touristischen Angebots (Beherbergungskapazität) sowie Gemeindegruppe und Gemeindegröße

Die Übersichten E 6 und E 7 berücksichtigen in erster Linie die fremdenverkehrsstatistischen Daten "Übernachtungszahl" bzw. "Beherbergungskapazität". Diese Merkmale wurden bei der schriftlichen Befragung im Herbst 1981 von 354 bzw. 334 Beantwortern als Kriterium für die Auswahl eines Vergleichsortes (= Referenzgemeinde) genannt (vgl. Teil C, Kapitel 5.5.1 "Kriterien für die Auswahl von Referenzgemeinden" und Übersicht C 11). Da eine Testauswertung für den Bereich Schwarzwald keine direkten Zusammenhänge zwischen fremdenverkehrsstatistischen Daten und vollzogenen erholungsfreundlichen Verkehrsmaßnahmen erkennbar werden ließ, wird hier auf die Darstellung weiterer derartiger Übersichten verzichtet.

zu Übersicht E 8: Geschwindigkeitsbeschränkungen innerorts

Die Übersicht E 8 wurde nachträglich als Beitrag zur aktuellen Diskussion um die Einführung einer allgemeinen Geschwindigkeitsbeschränkung "Tempo 30 in Wohnbereichen" zusammengestellt. Über die räumliche Ausdehnung der gemeldeten Geschwindigkeitsbeschränkungen liegen teilweise zusätzliche Angaben vor, diese können dem Teil D 2 entnommen werden.

Baden-Württemberg / Bayern

Übersicht E 1: Gliederung nach Verwaltungseinheiten
Übersicht E 1/1: Bundesrepublik Deutschland

Baden-Württemberg

		Kenn-Nummer
	FVV Bodensee-Oberschwaben	11--
	FVV Neckarland Schwaben	12--
	FVV Schwarzwald	13--

Regierungsbezirk Stuttgart

125 Landkreis Heilbronn	6927 Bad Rappenau, Stadt	D 12 02
	7107 Bad Wimpfen, Stadt	D 12 03
	7156 Wüstenrot	D 12 07
128 Main-Tauber-Kreis	6990 Bad Mergentheim, Stadt	D 12 01
	6992 Weikersheim, Stadt	D 12 06

Regierungsbezirk Karlsruhe

211 Stadtkreis Baden-Baden	7570 Baden-Baden	D 13 03
216 Landkreis Rastatt	7560 Gaggenau, Stadt	D 13 13
255 Landkreis Calw	7506 Bad Herrenalb, Stadt	D 13 05
	7264 Bad Teinach-Zavelstein, Stadt	D 13 09
	7542 Schömberg	D 13 23
	7547 Wildbad im Schwarzwald, Stadt	D 13 27
237 Landkreis Freudenstadt	7290 Freudenstadt, Stadt	D 13 11

Regierungsbezirk Freiburg

315 Landkreis Breisgau-Hochschwarzwald	7847 Badenweiler	D 13 04
	7812 Bad Krozingen	D 13 06
	7821 Feldberg (Schwarzwald)	D 13 10
	7829 Friedenweiler	D 13 12
	7824 Hinterzarten	D 13 22
	7826 Schluchsee	D 13 25
	7820 Titisee-Neustadt, Stadt	D 13 25
317 Ortenaukreis	7605 Bad Peterstal-Griesbach	D 13 07
	7602 Oberkirch, Stadt	D 13 18
	7620 Oberwolfach	D 13 19
326 Schwarzwald-Baar-Kreis	7737 Bad Dürrheim, Stadt	D 13 02
	7744 Königsfeld im Schwarzwald	D 13 17
	7742 St. Georgen im Schwarzwald, Stadt	D 13 21
335 Landkreis Konstanz	7707 Engen, Stadt	D 11 05
	7760 Radolfzell am Bodensee, Stadt	D 11 09
336 Landkreis Lörrach	7841 Bad Bellingen	D 13 01
	7869 Schönau im Schwarzwald, Stadt	D 13 24
337 Landkreis Waldshut	7880 Bad Säckingen, Stadt	D 13 08
	7822 Häusern	D 13 14
	7821 Höchenschwand	D 13 16
	7822 St. Blasien, Stadt	D 13 20
	7867 Todtmoos	D 13 26

Regierungsbezirk Tübingen

417 Zollernalbkreis	7452 Haigerloch, Stadt	D 12 04
426 Landkreis Biberach	7952 Bad Buchau, Stadt	D 11 01
	7953 Bad Schussenried, Stadt	D 11 02
435 Bodenseekreis	7994 Langenargen	D 11 07
	7758 Meersburg, Stadt	D 11 08
436 Landkreis Ravensburg	7967 Bad Waldsee, Stadt	D 11 03
	7954 Bad Wurzach, Stadt	D 11 04
	7972 Isny im Allgäu, Stadt	D 11 06
437 Landkreis Sigmaringen	7480 Sigmaringen, Stadt	D 12 05

Bayern

		Kenn-Nummer
	FVV Allgäu/Bayerisch Schwaben	21--
	FVV Franken	22--
	FVV München-Oberbayern	23--
	FVV Ostbayern	24--

Regierungsbezirk Oberbayern

172 Landkreis Berchtesgadener Land	8230 Bad Reichenhall, Große Kreisstadt	D 23 02
	8240 Berchtesgaden, Markt	D 23 08
	8229 Laufen, Stadt	D 23 12
173 Landkreis Bad Tölz-Wolfratshausen	8175 Bad Heilbrunn	D 23 01
	8170 Bad Tölz, Stadt	D 23 05
	8174 Benediktbeuern	D 23 07
	8193 Münsing	D 23 15
176 Landkreis Eichstätt	8079 Kipfenberg, Markt	D 22 11
180 Landkreis Garmisch-Partenkirchen	8117 Bayersoien	D 23 05
	8100 Garmisch-Partenkirchen, Markt	D 23 09

Bayern / Hessen

			Kenn-Nummer
182 Landkreis Miesbach	8182 Bad Wiessee		D 23 04
	8163 Bayrischzell		D 23 06
	8184 Gmund am Tegernsee		D 23 10
	8180 Tegernsee, Stadt		D 23 18
187 Landkreis Rosenheim	8210 Prien am Chiemsee, Markt		D 23 14
189 Landkreis Traunstein	8217 Grassau, Markt		D 23 11
	8216 Reit im Winkl		D 23 15
	8222 Ruhpolding		D 23 16
	8221 Seeon-Seebruck		D 23 17
	8218 Unterwössen		D 23 11
190 Landkreis Weilheim-Schongau	8120 Weilheim i. OB., Stadt		D 23 19

Regierungsbezirk Niederbayern

273 Landkreis Kelheim	8403 Bad Abbach		D 24 01
275 Landkreis Passau	8397 Bad Füssing		D 24 02
	8399 Griesbach im Rottal, Stadt		D 24 05
276 Landkreis Regen	8373 Bodenmais, Markt		D 24 04
277 Landkreis Rottal-Inn	8345 Birnbach		D 24 03

Regierungsbezirk Oberpfalz

372 Landkreis Cham	8494 Waldmünchen, Stadt		D 24 07
374 Landkreis Neustadt an der Waldnaab	8483 Vohenstrauß, Stadt		D 24 06

Regierungsbezirk Oberfranken

475 Landkreis Hof	8675 Bad Steben, Markt		D 22 06
	8674 Naila, Stadt		D 22 14
479 Landkreis Wunsiedel im Fichtelgebirge	8592 Wunsiedel, Stadt		D 22 17

Regierungsbezirk Mittelfranken

571 Landkreis Ansbach	8804 Dinkelsbühl, Stadt		D 22 08
	8805 Feuchtwangen, Stadt		D 22 09
	8803 Rothenburg ob der Tauber, Große Kreisstadt		D 22 15
575 Landkreis Neustadt an der Aisch-Bad Windsheim	8532 Bad Windsheim, Stadt		D 22 07
577 Landkreis Weissenburg-Gunzenhausen	8830 Treuchtlingen, Stadt		D 22 16

Regierungsbezirk Unterfranken

672 Landkreis Bad Kissingen	8733 Bad Bocklet, Markt		D 22 01
	8788 Bad Brückenau, Stadt		D 22 02
	8730 Bad Kissingen, Große Kreisstadt		D 22 03
673 Landkreis Rhön-Grabfeld	8742 Bad Königshofen im Grabfeld, Stadt		D 22 04
	8740 Bad Neustadt an der Saale, Stadt		D 22 05
676 Landkreis Miltenberg	8760 Miltenberg, Stadt		D 22 13
677 Landkreis Main-Spessart	8782 Karlstadt, Stadt		D 22 10
	8770 Lohr am Main, Stadt		D 22 12

Regierungsbezirk Schwaben

777 Landkreis Ostallgäu	8958 Füssen, Stadt		D 21 03
	8959 Schwangau		D 21 09
778 Landkreis Unterallgäu	8939 Bad Wörishofen, Stadt		D 21 01
	8944 Grönenbach, Markt		D 21 04
779 Landkreis Donau-Ries	8853 Wemding, Stadt		D 21 10
780 Landkreis Oberallgäu	8975 Fischen im Allgäu		D 21 02
	8973 Hindelang, Markt		D 21 05
	8970 Immenstadt im Allgäu, Stadt		D 21 06
	8974 Oberstaufen, Markt		D 21 07
	8980 Oberstdorf, Markt		D 21 08

Hessen

Hessischer FVV 30.--

Regierungsbezirk Darmstadt

431 Landkreis Bergstraße	6149 Grasellenbach		D 30 17
	6148 Heppenheim (Bergstraße), Stadt		D 30 18
	6932 Hirschhorn (Neckar), Stadt		D 30 20
	6145 Lindenfels, Stadt		D 30 24
434 Hochtaunuskreis	6380 Bad Homburg v.d. Höhe, Stadt		D 30 03
	6242 Kronberg im Taunus, Stadt		D 30 23
455 Main-Kinzig-Kreis	6482 Bad Orb, Stadt		D 30 07
	6483 Bad Soden-Salmünster, Stadt		D 30 09
437 Odenwaldkreis	6123 Bad König, Stadt		D 30 05
	6120 Michelstadt, Stadt		D 30 26

Hessen / Niedersachsen

439 Rheingau-Taunus-Kreis	6220 Rüdesheim am Rhein, Stadt	D 30 29
	6229 Schlangenbad	D 30 30
440 Wetteraukreis	6350 Bad Nauheim, Stadt	D 30 06
	6368 Bad Vilbel, Stadt	D 30 11
	6473 Gedern, Stadt	D 30 16
	6478 Nidda, Stadt	D 30 27

Regierungsbezirk Gießen

532 Lahn-Dill-Kreis	6345 Eschenburg	D 30 14
	6348 Herborn, Stadt	D 30 19
533 Landkreis Limburg-Weilburg	6277 Bad Camberg, Stadt	D 30 01
	6290 Weilburg, Stadt	D 30 33
534 Landkreis Marburg-Biedenkopf	3560 Biedenkopf, Stadt	D 30 13

Regierungsbezirk Kassel

631 Landkreis Fulda	6427 Bad Salzschlirf	D 30 08
632 Landkreis Hersfeld-Rotenburg	6430 Bad Hersfeld, Stadt	D 30 02
	6442 Rotenburg an der Fulda, Stadt	D 30 28
633 Landkreis Kassel	3522 Bad Karlshafen, Stadt	D 30 04
	3520 Hofgeismar, Stadt	D 30 21
634 Schwalm-Eder-Kreis	3580 Fritzlar, Stadt	D 30 15
	3508 Melsungen, Stadt	D 30 25
635 Landkreis Waldeck-Frankenberg	3590 Bad Wildungen, Stadt	D 30 12
	3540 Korbach, Stadt	D 30 22
	3544 Waldeck, Stadt	D 30 32
	3542 Willingen (Upland)	D 30 34
636 Werra-Meissner-Kreis	3437 Bad Sooden-Allendorf, Stadt	D 30 10
	6443 Sontra, Stadt	D 30 31
	3430 Witzenhausen, Stadt	D 30 35

Niedersachsen

		Kenn-Nummer
	Harzer Verkehrsverband	41--
	FVV Lüneburger Heide	42--
	FVV Nordsee – Niedersachsen-Bremen	43--
	FVV Weserbergland	44--

Regierungsbezirk Braunschweig

152 Landkreis Göttingen	3510 Münden, Stadt	D 44 04
153 Landkreis Goslar	3388 Bad Harzburg, Stadt	D 41 02
	3389 Braunlage, Stadt	D 41 04
	3380 Goslar, Stadt	D 41 05
155 Landkreis Northeim	3353 Bad Gandersheim, Stadt	D 41 01
	3352 Einbeck, Stadt	D 44 03
156 Landkreis Osterode am Harz	3422 Bad Lauterberg im Harz, Stadt	D 41 03
	3420 Herzberg am Harz, Stadt	D 41 06
	3360 Osterode am Harz, Stadt	D 41 07

Regierungsbezirk Hannover

252 Landkreis Hameln-Pyrmont	3280 Bad Pyrmont, Stadt	D 44 02
257 Landkreis Schaumburg	3052 Bad Nenndorf	D 44 01

Regierungsbezirk Lüneburg

354 Landkreis Lüchow-Dannenberg	3139 Hitzacker, Stadt	D 42 02
355 Landkreis Lüneburg	2120 Lüneburg, Stadt	D 42 03
358 Landkreis Soltau-Fallingbostel	3032 Fallingbostel, Stadt	D 42 01

Regierungsbezirk Weser-Ems

451 Landkreis Ammerland	2910 Westerstede, Stadt	D 43 18
452 Landkreis Aurich	2985 Baltrum	D 43 06
	2962 Großefehn	D 43 09
	2983 Juist	D 43 11
	2982 Norderney, Stadt	D 43 13
455 Landkreis Friesland	2942 Jever, Stadt	D 43 10
	2949 Wangerland	D 43 15
	2946 Wangerooge	D 43 16
456 Landkreis Grafschaft Bentheim	4444 Bad Bentheim, Stadt	D 43 01

Niedersachsen / Nordrhein-Westfalen / Rheinland-Pfalz

457 Landkreis Leer
- 2972 Borkum, Stadt — D 43 07
- 2952 Weener, Stadt — D 43 17

459 Landkreis Osnabrück
- 4515 Bad Essen — D 43 02
- 4505 Bad Iburg, Stadt — D 43 03
- 4518 Bad Laer — D 43 04
- 4502 Bad Rothenfelde — D 43 05

462 Landkreis Wittmund
- 2943 Esens, Stadt — D 43 08
- 2941 Langeoog — D 43 12
- 2941 Spiekeroog — D 43 14

Nordrhein-Westfalen

Kenn-Nummer
- LVV Rheinland   51---
- LVV Westfalen   52---

Regierungsbezirk Düsseldorf

154 Kreis Kleve
- 4178 Kevelaer, Stadt — D 51 04

Regierungsbezirk Köln

354 Kreis Aachen
- 5108 Monschau, Stadt — D 51 06
- 5107 Simmerath — D 51 10

358 Kreis Düren
- 5168 Nideggen, Stadt — D 51 07

366 Kreis Euskirchen
- 5358 Bad Münstereifel, Stadt — D 51 02
- 5372 Schleiden, Stadt — D 51 09

374 Oberbergischer Kreis
- 5223 Nümbrecht — D 51 08
- 5276 Wiehl, Stadt — D 51 11

382 Rhein-Sieg-Kreis
- 5340 Bad Honnef, Stadt — D 51 01
- 5202 Hennef (Sieg), Stadt — D 51 03
- 5330 Königswinter, Stadt — D 51 05

Regierungsbezirk Münster

566 Kreis Steinfurt
- 4542 Tecklenburg, Stadt — D 52 20

Regierungsbezirk Detmold

758 Kreis Herford
- 4986 Rödinghausen — D 52 18
- 4973 Vlotho, Stadt — D 52 21

762 Kreis Höxter
- 3490 Bad Driburg, Stadt — D 52 01

766 Kreis Lippe
- 4902 Bad Salzuflen, Stadt — D 52 04
- 4903 Horn-Bad Meinberg, Stadt — D 52 09

770 Kreis Minden-Lübbecke
- 4970 Bad Oeynhausen, Stadt — D 52 03
- 4994 Preußisch Oldendorf, Stadt — D 52 17

774 Kreis Paderborn
- 4792 Bad Lippspringe, Stadt — D 52 02
- 4793 Büren, Stadt — D 52 07
- 4791 Lichtenau, Stadt — D 52 11
- 4798 Wünnenberg, Stadt — D 52 23

Regierungsbezirk Arnsberg

954 Ennepe-Ruhr-Kreis
- 5828 Ennepetal, Stadt — D 52 08

958 Hochsauerlandkreis
- 5790 Brilon, Stadt — D 52 06
- 5789 Medebach, Stadt — D 52 13
- 5948 Schmallenberg, Stadt — D 52 19

962 Märkischer Kreis
- 5882 Meinerzhagen, Stadt — D 52 14

970 Kreis Siegen
- 5928 Laasphe, Stadt — D 52 10
- 5902 Netphen — D 52 16

974 Kreis Soest
- 4772 Bad Sassendorf — D 52 05
- 4780 Lippstadt, Stadt — D 52 12
- 4788 Warstein, Stadt — D 52 22

Rheinland-Pfalz

Kenn-Nummer
- FVV Rheinland-Pfalz   60---

Regierungsbezirk Koblenz

131 Landkreis Ahrweiler
- 5483 Bad Neuenahr-Ahrweiler, Stadt — D 60 09

133 Landkreis Bad Kreuznach
- 6552 Bad Münster am Stein-Ebernburg, Stadt — D 60 08
- 6553 Sobernheim, Stadt — D 60 18

135 Landkreis Cochem-Zell
- 5582 Bad Bertrich — D 60 03

137 Landkreis Mayen-Koblenz
- 5414 Vallendar, Stadt — D 60 19

138 Landkreis Neuwied
- 5462 Bad Hönningen — D 60 06
- 5460 Linz am Rhein, Stadt — D 60 15
- 5451 Waldbreitbach — D 60 20

141 Rhein-Lahn-Kreis
- 5427 Bad Ems, Stadt — D 60 05
- 6252 Diez, Stadt — D 60 11
- 5420 Lahnstein, Stadt — D 60 14

Rheinland-Pfalz / Saarland / Schleswig-Holstein / Österreich

143 Westerwaldkreis	5439 Bad Marienberg (Westerwald), Stadt		
	5238 Hachenburg, Stadt		
Regierungsbezirk Trier			
232 Landkreis Bitburg-Prüm	5528 Neuerburg, Stadt		D 60 17
233 Landkreis Daun	5568 Daun, Stadt		D 60 10
Regierungsbezirk Rheinhessen-Pfalz			
331 Landkreis Alzey-Worms	6508 Alzey, Stadt		D 60 01
332 Landkreis Bad Dürkheim	6702 Bad Dürkheim, Stadt		D 60 04
	6711 Dirmstein		D 60 12
337 Landkreis Südliche Weinstraße	6748 Bad Bergzabern, Stadt		D 60 02
	6735 Maikammer		D 60 16

			Kenn-Nummer
Saarland		FVW Saarland	70 --
Landkreis Merzig-Wadern	6619 Weiskirchen		D 70 02
Landkreis St. Wendel	6696 Nonnweiler		D 70 01

			Kenn-Nummer
Schleswig-Holstein		FVW Schleswig-Holstein	80 --
51 Kreis Dithmarschen	2242 Büsum		D 80 02
54 Kreis Nordfriesland	2285 Kampen (Sylt)		D 80 08
	2279 Nebel		D 80 12
	2260 Niebüll, Stadt		D 80 14
	2279 Norddorf		D 80 15
	2252 Sankt Peter-Ording		D 80 17
	2280 Westerland, Stadt		D 80 21
	2278 Wittdün		D 80 22
	2270 Wyk auf Föhr, Stadt		D 80 23
55 Kreis Ostholstein	2435 Dahme		D 80 03
	2420 Eutin, Stadt		D 80 04
	2433 Grömitz		D 80 05
	2447 Heiligenhafen, Stadt		D 80 06
	2436 Kellenhusen (Ostsee)		D 80 09
	2430 Neustadt in Holstein, Stadt		D 80 19
	2408 Timmendorfer Strand		D 80 20
	2440 Wangels		
56 Kreis Pinneberg	2192 Helgoland		D 80 07
57 Kreis Plön	2304 Laboe		D 80 10
	2322 Lütjenburg, Stadt		D 80 11
	2320 Plön, Stadt		D 80 16
	2306 Schönberg (Holstein)		D 80 18
58 Kreis Rendsburg-Eckernförde	2341 Brodersby		D 80 01

Übersicht E 1/2: Österreich

		Kenn-Nummer
Burgenland		A B --
107 Neusiedl am See	A-7141 Podersdorf am See	A B 02
109 Oberwart	A-7431 Bad Tatzmannsdorf	A B 01

		Kenn-Nummer
Kärnten		A K --
203 Hermagor	A-9620 Hermagor-Pressegger See	A K 03
205 St. Veit a.d. Glan	A-9360 Friesach	A K 01
206 Spittal a.d. Drau	A-9853 Gmünd	A K 02
	A-9872 Millstatt	A K 04
208 Völkermarkt	A-9122 St. Kanzian am Klopeiner See	A K 05

Österreich

Niederösterreich

		Kenn-Nummer
		A N --
306 Baden	A-2500 Baden	A N 01
310 Hollabrunn	A-3712 Maissau	A N 04
301 Krems a.d. Donau	A-3550 Krems a.d. Donau	A N 03
313 Krems a.d. Donau	A-3601 Dürnstein	A N 02
317 Mödling	A-2340 Mödling	A N 05

Oberösterreich

		Kenn-Nummer
		A O --
414 Schärding	A-4780 Schärding	A O 01

Salzburg

		Kenn-Nummer
		A S --
503 Salzburg-Umgebung	A-5350 Strobl	A S 06
504 St. Johann im Pongau	A-5630 Bad Hofgastein	A S 01
	A-5632 Dorfgastein	A S 02
	A-5550 Radstadt	A S 03
	A-5621 St. Veit im Pongau	A S 04
	A-5620 Schwarzach im Pongau	A S 05
506 Zell am See	A-5700 Zell am See	A S 07

Steiermark

		Kenn-Nummer
		A St --
606 Graz-Umgebung	A-8301 Lassnitzhöhe	A St 03
607 Hartberg	A-8230 Hartberg	A St 02
610 Leibnitz	A-8430 Leibnitz	A St 04
615 Radkersburg	A-8490 Bad Radkersburg	A St 01

Tirol

		Kenn-Nummer
		A T --
703 Innsbruck (Land)	A-6100 Seefeld in Tirol	A T 05
704 Kitzbühel	A-6570 Kitzbühel	A T 02
706 Landeck	A-6561 Ischgl	A T 01
	A-6580 St. Anton am Arlberg	A T 04
	A-6534 Serfaus	A T 06
707 Lienz	A-9900 Lienz	A T 03

Vorarlberg

		Kenn-Nummer
		A V --
801 Bludenz	A-6700 Bludenz	A V 01
	A-6780 Schruns	A V 02
802 Bregenz	A-6767 Warth	A V 03

Schweiz

Übersicht E 1/3: Schweiz

Bern

	Kenn-Nummer
	CH BE --

Interlaken
CH-3800 Interlaken/Matten/Unterseen — CH BE 02

Oberhasli
CH-6084 Hasliberg — CH BE 01
CH-3825 Mürren mit Gimmelwald — CH BE 03
CH-3823 Wengen — CH BE 04

Glarus

	Kenn-Nummer
	CH O --

CH-8784 Braunwald — CH O 01

Graubünden

	Kenn-Nummer
	CH GR --

Glenner
CH-7151 Laax und Falera — CH GR 02
CH-7132 Vals — CH GR 06

Maloja
CH-7549 La Punt-Chamues-Ch — CH GR 03
CH-7514 Sils im Engadin/Segl — CH GR 04
CH-7513 Silvaplana — CH GR 05

Oberlandquart
CH-7270 Davos — CH GR 01

Luzern

	Kenn-Nummer
	CH Z --

Luzern
CH-6354 Vitznau — CH Z 03

Obwalden

	Kenn-Nummer
	CH Z --

CH-6390 Engelberg — CH Z 01
CH-6072 Sachseln — CH Z 02

Tessin

	Kenn-Nummer
	CH TI --

Locarno
CH-6612 Ascona — CH TI 01

Wallis

	Kenn-Nummer
	CH VS --

Raron
CH-3981 Betten — CH VS 01
CH-3981 Riederalp — CH VS 03

Visp
CH-3925 Grächen — CH VS 02
CH-3906 Saas Fee — CH VS 04
CH-3920 Zermatt — CH VS 05

397

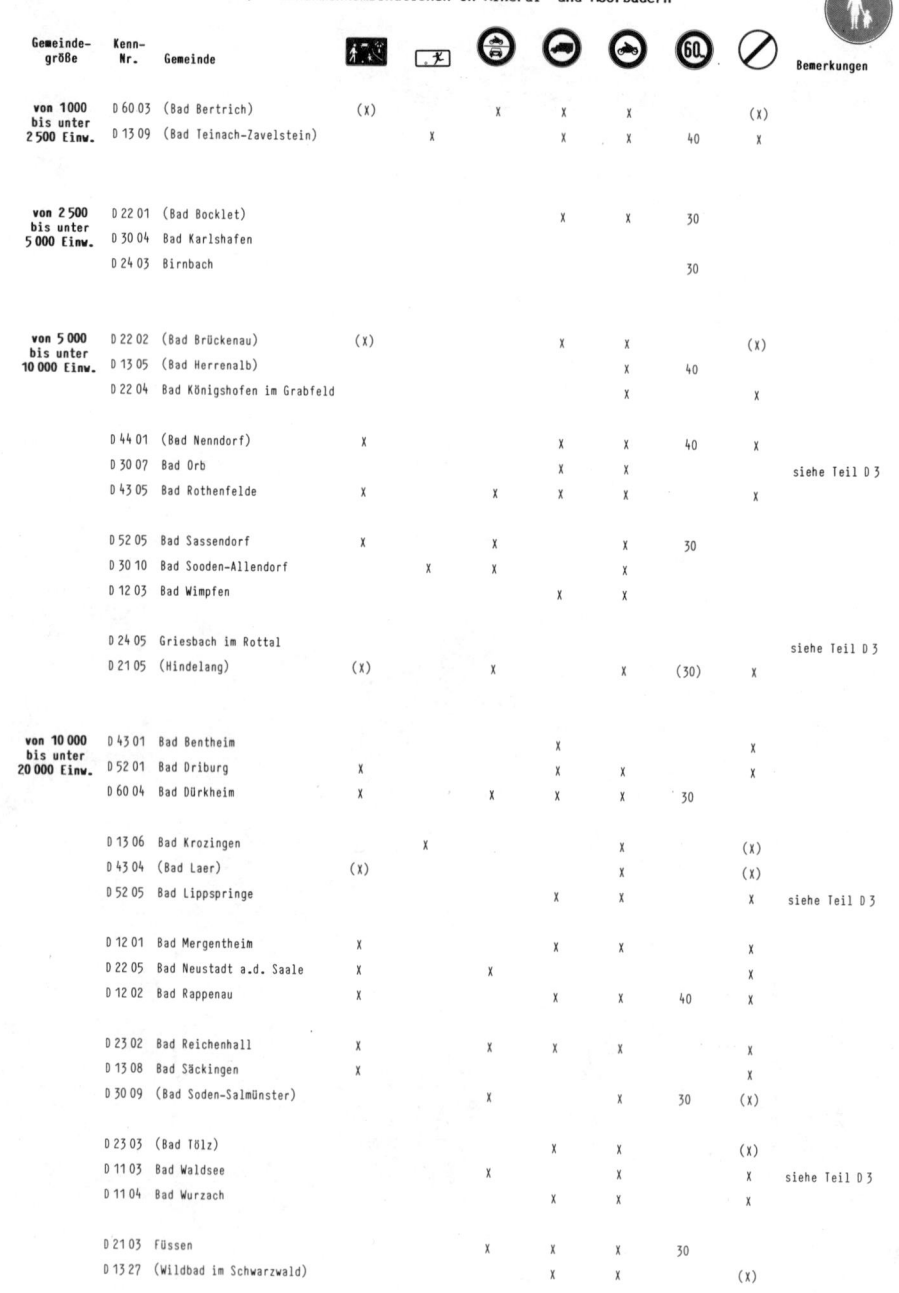

Übersicht E 2: Vorrangbereich für Fußgänger und ergänzende Maßnahmen
Übersicht 2/1 Maßnahmenkombinationen in Mineral- und Moorbädern

Gemeindegröße	Kenn-Nr.	Gemeinde	👥	🚶	🚗	🚙	🏍	60	⊘	Bemerkungen
von 1000 bis unter 2 500 Einw.	D 60 03	(Bad Bertrich)	(x)		x	x	x		(x)	
	D 13 09	(Bad Teinach-Zavelstein)		x		x	x	40	x	
von 2 500 bis unter 5 000 Einw.	D 22 01	(Bad Bocklet)				x	x	30		
	D 30 04	Bad Karlshafen								
	D 24 03	Birnbach						30		
von 5 000 bis unter 10 000 Einw.	D 22 02	(Bad Brückenau)	(x)			x	x		(x)	
	D 13 05	(Bad Herrenalb)					x	40		
	D 22 04	Bad Königshofen im Grabfeld					x		x	
	D 44 01	(Bad Nenndorf)	x			x	x	40	x	
	D 30 07	Bad Orb				x	x			siehe Teil D 3
	D 43 05	Bad Rothenfelde	x		x	x	x		x	
	D 52 05	Bad Sassendorf	x		x		x	30		
	D 30 10	Bad Sooden-Allendorf		x	x		x			
	D 12 03	Bad Wimpfen				x	x			
	D 24 05	Griesbach im Rottal								siehe Teil D 3
	D 21 05	(Hindelang)	(x)		x		x	(30)	x	
von 10 000 bis unter 20 000 Einw.	D 43 01	Bad Bentheim				x			x	
	D 52 01	Bad Driburg	x			x	x		x	
	D 60 04	Bad Dürkheim	x		x	x	x	30		
	D 13 06	Bad Krozingen		x			x		(x)	
	D 43 04	(Bad Laer)	(x)				x		(x)	
	D 52 05	Bad Lippspringe				x	x		x	siehe Teil D 3
	D 12 01	Bad Mergentheim	x			x	x		x	
	D 22 05	Bad Neustadt a.d. Saale	x		x				x	
	D 12 02	Bad Rappenau	x			x	x	40	x	
	D 23 02	Bad Reichenhall	x		x	x	x		x	
	D 13 08	Bad Säckingen	x						x	
	D 30 09	(Bad Soden-Salmünster)			x		x	30	(x)	
	D 23 03	(Bad Tölz)				x	x		(x)	
	D 11 03	Bad Waldsee			x		x		x	siehe Teil D 3
	D 11 04	Bad Wurzach				x	x		x	
	D 21 03	Füssen			x	x	x	30		
	D 13 27	(Wildbad im Schwarzwald)				x	x		(x)	

Übersicht E 2: Vorrangbereich für Fußgänger und ergänzende Maßnahmen

noch Übersicht 2/1 Maßnahmenkombinationen in Mineral- und Moorbädern

Gemeinde-größe	Kenn-Nr.	Gemeinde	🚶	⚡	🚌	🚗	🏍	60	⊘	Bemerkungen
über 20 000 Einw.	D 13 03	Baden-Baden	X		X				X	
	D 41 02	Bad Harzburg				X				
	D 30 02	Bad Hersfeld			X		X		X	
	D 30 03	Bad Homburg v.d. Höhe				X				
	D 51 01	Bad Honnef	X	X					X	
	D 22 03	Bad Kissingen			X	X	X		X	siehe Teil D 3
	D 30 06	Bad Nauheim			X	X	X	X	(X)	
	D 60 09	Bad Neuenahr-Ahrweiler			X	X		X		
	D 52 03	Bad Oeynhausen	X		X	X	X	30		
	D 44 02	Bad Pyrmont			X	X	X			siehe Teil D 3
	D 52 04	Bad Salzuflen	X		X	X			X	
	D 13 13	Gaggenau			X				X	
	D 52 12	Lippstadt			X				X	
	D 42 03	Lüneburg		X					(X)	

Übersicht 2/2 Maßnahmenkombinationen in heilklimatischen Kurorten

Gemeindegröße	Kenn-Nr.	Gemeinde	🚶	⚡	🚌	🚗	🏍	60	⊘	Bemerkungen
von 1 000 bis unter 2 500 Einw.	D 23 06	Bayrischzell				X			X	
	D 13 26	Todtmoos			X	X				siehe Teil D 3
von 2 500 bis unter 5 000 Einw.	D 13 22	Schluchsee				X	X		X	
von 5 000 bis unter 10 000 Einw.	D 60 02	Bad Bergzabern				X			(X)	
	D 13 05	(Bad Herrenalb)					X	40		
	D 23 08	Berchtesgaden			X	X	X		X	
	D 21 05	(Hindelang)	(X)		X		X	(30)	X	
	D 13 17	(Königsfeld i. Schwarzwald)	(X)			X	X		(X)	
von 10 000 bis unter 20 000 Einw.	D 52 02	Bad Lippspringe				X	X		X	
	D 23 03	(Bad Tölz)				X	X		(X)	
	D 13 11	(Freudenstadt)	X	X	X				X	
	D 11 06	Isny im Allgäu	X					40	(X)	
	D 21 08	Oberstdorf	X		X	X	X		X	

Übersicht E 2: Vorrangbereich für Fußgänger und ergänzende Maßnahmen

noch Übersicht 2/2 Maßnahmenkombinationen in heilklimatischen Kurorten

Gemeindegröße	Kenn-Nr.	Gemeinde	🚸	🚳	🚫🚌	🚫🚗	🚫🏍	60	⊘	Bemerkungen
Über 20 000 Einw.	D 41 02	Bad Harzburg				X				
	D 52 08	(Ennepetal)	X						(X)	
	D 41 05	Goslar	X			X		30	X	
	D 23 09	(Garmisch-Partenkirchen)	X			X	X		(X)	

Übersicht 2/3 Maßnahmenkombinationen in Kneippheilbädern und Kneippkurorten

Gemeindegröße	Kenn-Nr.	Gemeinde	🚸	🚳	🚫🚌	🚫🚗	🚫🏍	60	⊘	Bemerkungen
von 5 000 bis unter 10 000 Einw.	D 60 02	Bad Bergzabern				X			(X)	
	D 60 11	Diez								
	D 21 05	(Hindelang)	(X)		X		X	(30)	X	
	D 13 17	(Königsfeld i. Schwarzwald)	(X)			X	X		(X)	
	D 23 14	Prien am Chiemsee					X		(X)	
	D 60 18	Sobernheim							X	
von 10 000 bis unter 20 000 Einw.	D 51 02	Bad Münstereifel	X			X	X		X	
	D 11 03	Bad Waldsee			X		X		X	siehe Teil D 3
	D 21 01	Bad Wörishofen	X		X	X	X			siehe Teil D 3
	D 42 01	Fallingbostel				X	X			
	D 21 03	Füssen			X	X	X	30		
	D 52 10	Laasphe	(X)				X		(X)	
	D 21 08	Oberstdorf	X		X	X	X		X	siehe Teil D 3
	D 51 09	Schleiden	X							
	D 13 25	(Titisee-Neustadt)			(X)	X	X		X	
Über 20 000 Einw.	D 51 03	Hennef (Sieg)	X			(X)			(X)	
	D 11 09	Radolfzell am Bodensee					X	30	X	
	D 52 19	Schmallenberg					X		X	

Übersicht 2/4 Maßnahmenkombinationen in Seeheilbädern und Seebädern

Gemeindegröße	Kenn-Nr.	Gemeinde	🚸	🚳	🚫🚌	🚫🚗	🚫🏍	60	⊘	Bemerkungen
unter 1 000 Einw.	D 80 15	Norddorf				X		30		
von 1 000 bis unter 2 500 Einw.	D 80 08	Kampen (Sylt)	X							
	D 80 09	Kellenhusen (Ostsee)				X				
	D 80 20	Wangels				X	X		X	

Übersicht E 2: Vorrangbereich für Fußgänger und ergänzende Maßnahmen

noch Übersicht 2/4 Maßnahmenkombinationen in Seeheilbädern und Seebädern

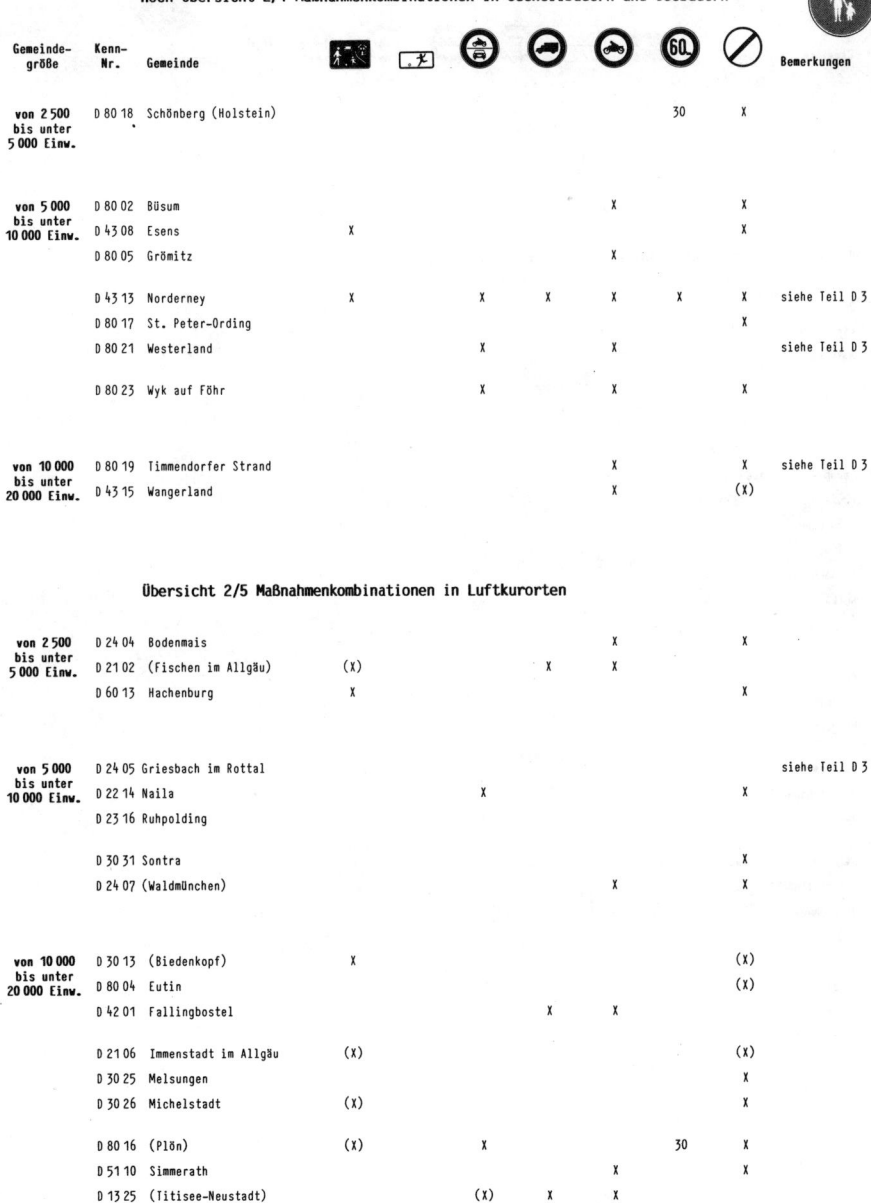

Gemeindegröße	Kenn-Nr.	Gemeinde	🚶	⚡	🚫🚛	🚫🚗	🚫🏍	60	⊘	Bemerkungen
von 2 500 bis unter 5 000 Einw.	D 80 18	Schönberg (Holstein)						30	X	
von 5 000 bis unter 10 000 Einw.	D 80 02	Büsum				X			X	
	D 43 08	Esens	X						X	
	D 80 05	Grömitz				X				
	D 43 13	Norderney	X		X	X	X	X	X	siehe Teil D 3
	D 80 17	St. Peter-Ording							X	
	D 80 21	Westerland			X		X			siehe Teil D 3
	D 80 23	Wyk auf Föhr			X		X		X	
von 10 000 bis unter 20 000 Einw.	D 80 19	Timmendorfer Strand				X			X	siehe Teil D 3
	D 43 15	Wangerland				X			(X)	

Übersicht 2/5 Maßnahmenkombinationen in Luftkurorten

Gemeindegröße	Kenn-Nr.	Gemeinde	🚶	⚡	🚫🚛	🚫🚗	🚫🏍	60	⊘	Bemerkungen
von 2 500 bis unter 5 000 Einw.	D 24 04	Bodenmais				X			X	
	D 21 02	(Fischen im Allgäu)	(X)			X	X			
	D 60 13	Hachenburg	X						X	
von 5 000 bis unter 10 000 Einw.	D 24 05	Griesbach im Rottal								siehe Teil D 3
	D 22 14	Naila				X			X	
	D 23 16	Ruhpolding								
	D 30 31	Sontra							X	
	D 24 07	(Waldmünchen)				X			X	
von 10 000 bis unter 20 000 Einw.	D 30 13	(Biedenkopf)	X						(X)	
	D 80 04	Eutin							(X)	
	D 42 01	Fallingbostel				X	X			
	D 21 06	Immenstadt im Allgäu	(X)						(X)	
	D 30 25	Melsungen							X	
	D 30 26	Michelstadt	(X)						X	
	D 80 16	(Plön)	(X)		X			30	X	
	D 51 10	Simmerath					X		X	
	D 13 25	(Titisee-Neustadt)			(X)	X	X			
	D 30 33	Weilburg		X					(X)	

Übersicht E 2: Vorrangbereich für Fußgänger und ergänzende Maßnahmen

noch Übersicht 2/5 Maßnahmenkombinationen in Luftkurorten

Gemeindegröße	Kenn-Nr.	Gemeinde	👥	🚶	🚫🚌	🚫🚗	🚫🏍	60	⊘	Bemerkungen
Über 20 000 Einw.	D 52 06	Brilon	X	X					X	
	D 30 18	Heppenheim	(X)			X	X		X	
	D 52 15	(Meschede)		X					X	

Übersicht 2/6 Maßnahmenkombinationen in Erholungsorten

Gemeindegröße	Kenn-Nr.	Gemeinde	👥	🚶	🚫🚌	🚫🚗	🚫🏍	60	⊘	Bemerkungen
von 2 500 bis unter 5 000 Einw.	D 24 03	Birnbach						30		
	D 22 11	Kipfenberg								
	D 60 16	Maikammer	X						X	
	D 21 10	Wemding					X		(X)	
von 5 000 bis unter 10 000 Einw.	D 23 10	Gmund am Tegernsee				X				
	D 23 12	Laufen								
	D 52 11	Lichtenau								
	D 80 11	Lütjenburg							X	
	D 12 06	Weikersheim		X					X	
von 10 000 bis unter 20 000 Einw.	D 52 07	Büren	X						X	
	D 22 09	Feuchtwangen								
	D 30 21	Hofgeismar		X					X	
	D 22 12	Lohr am Main							X	
	D 52 14	Meinerzhagen							X	
	D 13 18	Oberkirch							X	
	D 13 21	St. Georgen im Schwarzwald							X	
	D 22 16	Treuchtlingen							X	
	D 30 35	Witzenhausen					X		X	
Über 20 000 Einw.	D 30 19	Herborn							X	
	D 44 04	Münden								
	D 52 22	(Warstein)	X						(X)	

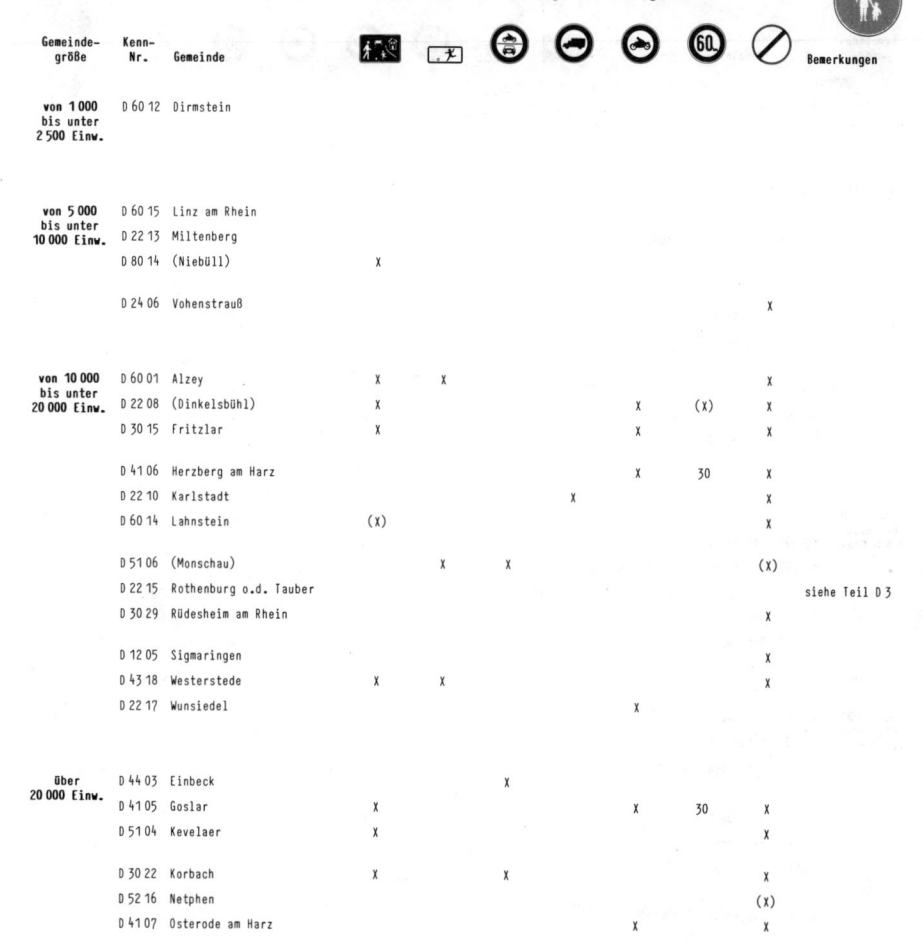

Übersicht E 2: Vorrangbereich für Fußgänger und ergänzende Maßnahmen
Übersicht 2/7 Maßnahmenkombinationen in sonstigen Berichtsgemeinden

Gemeindegröße	Kenn-Nr.	Gemeinde	🚶	✈	🚌	🚗	🏍	60	⊘	Bemerkungen
von 1 000 bis unter 2 500 Einw.	D 60 12	Dirmstein								
von 5 000 bis unter 10 000 Einw.	D 60 15	Linz am Rhein								
	D 22 13	Miltenberg								
	D 80 14	(Niebüll)	X							
	D 24 06	Vohenstrauß							X	
von 10 000 bis unter 20 000 Einw.	D 60 01	Alzey	X	X					X	
	D 22 08	(Dinkelsbühl)	X			X	(X)		X	
	D 30 15	Fritzlar	X			X			X	
	D 41 06	Herzberg am Harz				X		30	X	
	D 22 10	Karlstadt			X				X	
	D 60 14	Lahnstein	(X)						X	
	D 51 06	(Monschau)		X	X				(X)	
	D 22 15	Rothenburg o.d. Tauber								siehe Teil D 3
	D 30 29	Rüdesheim am Rhein							X	
	D 12 05	Sigmaringen							X	
	D 43 18	Westerstede	X	X					X	
	D 22 17	Wunsiedel				X				
über 20 000 Einw.	D 44 03	Einbeck			X					
	D 41 05	Goslar	X			X		30	X	
	D 51 04	Kevelaer	X						X	
	D 30 22	Korbach	X	X					X	
	D 52 16	Netphen							(X)	
	D 41 07	Osterode am Harz				X			X	

Übersicht E 2: Vorrangbereich für Fußgänger und ergänzende Maßnahmen
Übersicht 2/8 Maßnahmenkombinationen in österreichischen Untersuchungsgemeinden

Gemeinde- größe	Kenn- Nr.	Gemeinde	🚸	⚡	🚫🚗	🚫➡	🚫🏍	60	⊘
unter 1 000 Einw.	AV 03	Warth							
von 1000 bis unter 2 500 Einw.	AN 02	Dürnstein				X	X		X
	AN 04	Maissau							
	AS 04	St. Johann im Pongau				X			
	AS 06	Strobl				X			
	ASt 01	Bad Radkersburg	X			X			X
	ASt 03	Lassnitzhöhe							
	AT 01	Ischgl		X					X
	AT 04	St. Anton am Arlberg			X	X	X		X
	AT 05	Seefeld in Tirol				X			X
von 2 500 bis unter 5 000 Einw.	AK 02	Gmünd			X	X			X
	AK 04	Millstatt				X			
	AK 05	St. Kanzian am Klopeiner See				X			
	AS 03	Radstadt			X	X			X
	AV 02	Schruns			X	X			X
von 5 000 bis unter 10 000 Einw.	AK 01	Friesach		X					X
	AO 01	Schärding							X
	AS 01	Bad Hofgastein		X					
	AS 07	Zell am See				X			
	ASt 02	Hartberg				X			X
	ASt 04	Leibnitz							
	AT 02	Kitzbühel							
von 10 000 bis unter 20 000 Einw.	AN 05	Mödling							
	AT 03	Lienz				X			
	AV 01	Bludenz			X	X	X		
über 20 000 Einw.	AN 01	Baden							
	AN 03	Krems an der Donau							

Übersicht E 2: Vorrangbereich für Fußgänger und ergänzende Maßnahmen

Übersicht 2/9 Maßnahmenkombinationen in schweizerischen Untersuchungsgemeinden

Gemeinde-größe	Kenn-Nr.	Gemeinde	🚲	🚗	🏍	60	⊘
unter 1000 Einw.	CH GR 03	La Punt Chamues-Ch					
	CH GR 04	Sils im Engadin/Segl	X		X		
von 1000 bis unter 2500 Einw.	CH VS 02	Grächen					
von 2500 bis unter 5000 Einw.	CH TI 01	Ascona				(X)	
	CH Z 01	Engelberg				X	
von 10000 bis unter 20000 Einw.	CH BE 02	Interlaken/Matten/Unterseen		X	X	X	
	CH GR 01	Davos				(X)	

Übersicht E 3: Verkehrsberuhigte Zonen und ergänzende Maßnahmen

* = Wohnstraße, Spielstraße o.ä.
Übrige = Verkehrsberuhigter Bereich nach Zeichen 325 / 326 StVO

Übersicht 3/1 Maßnahmenkombinationen in Mineral- und Moorbädern

Gemeinde-größe	Kenn-Nr.	Gemeinde	🚶	🚗	🚙	🏍	60	⊘	Bemerkungen
von 1 000 bis unter 2 500 Einw.	D 60 03	(Bad Bertrich)	(X)	X	X	X		(X)	
	D 13 09	Bad Teinach-Zavelstein*	(X)		X	X	40	X	
von 2 500 bis unter 5 000 Einw.	D 13 07	Bad Peterstal-Griesbach*						(X)	
	D 60 08	(Bad Münster am Stein-Ebernburg)	X	X	X			(X)	siehe Teil D 3
von 5 000 bis unter 10 000 Einw.	D 22 02	(Bad Brückenau)	(X)		X	X		(X)	
	D 24 02	Bad Füssing		X	X	X		X	siehe Teil D 3
	D 44 01	Bad Nenndorf	(X)		X	X	40	X	
	D 43 05	Bad Rothenfelde	X	X	X	X		X	
	D 52 05	Bad Sassendorf	X	X		X	30		
	D 30 10	Bad Sooden-Allendorf*	X		X	X			
	D 60 10	Daun			X	X	30	X	
	D 21 05	(Hindelang)	(X)	X		X	(30)	X	
von 10 000 bis unter 20 000 Einw.	D 52 01	Bad Driburg	X		X	X		X	
	D 60 04	Bad Dürkheim	X	X	X	X	30		
	D 43 02	(Bad Essen)	(X)			X		X	
	D 41 01	(Bad Gandersheim)						X	
	D 13 06	Bad Krozingen*	X		X			(X)	
	D 43 04	(Bad Laer)	(X)		X			(X)	
	D 12 01	Bad Mergentheim	X		X	X		X	
	D 22 05	Bad Neustadt a.d. Saale	X	X				X	
	D 12 02	Bad Rappenau	X		X	X	40	X	
	D 23 02	Bad Reichenhall	X	X	X	X		X	siehe Teil D 3
	D 13 08	Bad Säckingen	X					X	
	D 60 14	(Lahnstein)	X					X	
über 20 000 Einw.	D 13 03	Baden-Baden	X	X				X	
	D 51 01	Bad Honnef	X	X				X	
	D 52 03	Bad Oeynhausen	X	X	X	X	30		
	D 52 04	Bad Salzuflen	X	X	X			X	
	D 42 03	Lüneburg*	X					(X)	

Übersicht E 3: Verkehrsberuhigte Zonen und ergänzende Maßnahmen

* = Wohnstraße, Spielstraße o.ä.
Übrige = Verkehrsberuhigter Bereich nach Zeichen 325 / 326 StVO

Übersicht 3/2 Maßnahmenkombinationen in heilklimatischen Kurorten

Gemeindegröße	Kenn-Nr.	Gemeinde	🚶	🚗	🚙	🏍	60	⊘	Bemerkungen
von 2 500 bis unter 5 000 Einw.	D 13 20	(St. Blasien)			X	X			
von 5 000 bis unter 10 000 Einw.	D 60 10	Daun			X	X	30	X	
	D 21 05	(Hindelang)	(X)	X		X	(30)	X	
	D 13 17	(Königsfeld im Schwarzwald)	(X)		X	X		(X)	
	D 70 01	(Nonnweiler)		X					
von 10 000 bis unter 20 000 Einw.	D 13 11	Freudenstadt	(X)	X				X	
	D 11 06	(Isny im Allgäu)	X				40	(X)	
	D 21 08	Oberstdorf	X	X	X	X		X	siehe Teil D 3
über 20 000 Einw.	D 52 08	Ennepetal	(X)					(X)	
	D 23 09	Garmisch-Partenkirchen	(X)	X	X			(X)	
	D 41 05	Goslar	X			X	30	X	

Übersicht 3/3 Maßnahmenkombinationen in Kneippheilbädern und Kneippkurorten

Gemeindegröße	Kenn-Nr.	Gemeinde	🚶	🚗	🚙	🏍	60	⊘	Bemerkungen
von 2 500 bis unter 5 000 Einw.	D 13 07	Bad Peterstal-Griesbach*						(X)	
	D 21 04	Grönenbach*			X				
	D 13 20	(St. Blasien)			X	X			
von 5 000 bis unter 10 000 Einw.	D 60 10	Daun			X	X	30	X	
	D 21 05	(Hindelang)	(X)	X		X	(30)	X	
	D 13 17	(Königsfeld im Schwarzwald)	(X)		X	X		(X)	
	D 60 19	Vallendar			X			X	
von 10 000 bis unter 20 000 Einw.	D 41 03	(Bad Lauterberg im Harz)		X	X	X			
	D 51 02	Bad Münstereifel	X		X	X		X	
	D 21 01	Bad Wörishofen	X	X	X	X			siehe Teil D 3
	D 52 10	(Laasphe)	X			X		X	
	D 21 08	Oberstdorf	X	X	X	X		X	siehe Teil D 3
	D 51 09	Schleiden	X						

Übersicht E 3: Verkehrsberuhigte Zonen und ergänzende Maßnahmen

* = Wohnstraße, Spielstraße o.ä.
Übrige = Verkehrsberuhigter Bereich nach Zeichen 325 / 326 StVO

noch Übersicht 3/3 Maßnahmenkombinationen in Kneippheilbädern und Kneippkurorten

Gemeinde-größe	Kenn-Nr.	Gemeinde	🚶	🚗	🚙	🏍	60	⊘	Bemerkungen
über 20 000 Einw.	D 51 03	Hennef (Sieg)	X		(X)			(X)	

Übersicht 3/4 Maßnahmenkombinationen in Seeheilbädern und Seebädern

Gemeinde-größe	Kenn-Nr.	Gemeinde	🚶	🚗	🚙	🏍	60	⊘	Bemerkungen
von 5 000 bis unter 10 000 Einw.	D 43 08	Esens	X					X	
	D 43 13	Norderney	X	X	X	X	X	X	siehe Teil D 3

Übersicht 3/5 Maßnahmenkombinationen in Luftkurorten

Gemeinde-größe	Kenn-Nr.	Gemeinde	🚶	🚗	🚙	🏍	60	⊘	Bemerkungen
von 1 000 bis unter 2 500 Einw.	D 60 16	Neuerburg	X					X	
	D 60 20	Waldbreitbach							
von 2 500 bis unter 5 000 Einw.	D 21 02	(Fischen im Allgäu)	(X)		X	X			
	D 60 13	Hachenburg	X					X	
	D 13 19	Oberwolfach							
von 5 000 bis unter 10 000 Einw.	D 52 17	Preußisch Oldendorf		X					
	D 52 20	(Tecklenburg)						X	
	D 30 32	Waldeck					X	X	
von 10 000 bis unter 20 000 Einw.	D 30 13	Biedenkopf	(X)					(X)	
	D 21 06	(Immenstadt im Allgäu)	(X)					(X)	
	D 30 23	Kronberg im Taunus							
	D 30 26	(Michelstadt)	X					X	
	D 51 08	Nümbrecht						(X)	
	D 80 16	(Plön)	(X)	X			30	X	
	D 30 28	Rotenburg a.d. Fulda							
	D 52 21	Vlotho						X	
	D 30 33	Weilburg*	X					(X)	
Über 20 000 Einw.	D 52 06	Brilon	X					X	
	D 30 18	(Heppenheim)	X	X	X			(X)	
	D 52 15	Meschede*	(X)					X	

Übersicht E 3: Verkehrsberuhigte Zonen und ergänzende Maßnahmen

* = Wohnstraße, Spielstraße o.ä.
Übrige = Verkehrsberuhigter Bereich nach Zeichen 325 / 326 StVO

Übersicht 3/6 Maßnahmenkombinationen in Erholungsorten

Gemeinde-größe	Kenn-Nr.	Gemeinde	🚶	🚫	🚗	🏍	60	⊘	Bemerkungen
von 2 500 bis unter 5 000 Einw.	D 60 16	Maikammer	X					X	
von 5 000 bis unter 10 000 Einw.	D 52 13	Medebach							
	D 52 18	Rödinghausen						X	
	D 12 06	Weikersheim*	X					X	
von 10 000 bis unter 20 000 Einw.	D 52 07	Büren	X					X	
	D 30 21	Hofgeismar	X					X	
über 20 000 Einw.	D 51 11	Wiehl						X	

Übersicht 3/7 Maßnahmenkombinationen in sonstigen Berichtsgemeinden

Gemeindegröße	Kenn-Nr.	Gemeinde	🚶	🚫	🚗	🏍	60	⊘	Bemerkungen
von 5 000 bis unter 10 000 Einw.	D 11 05	Engen*			X			X	
	D 11 08	Meersburg		X	X	X			siehe Teil D 3
	D 80 14	Niebüll	(X)						
von 10 000 bis unter 20 000 Einw.	D 60 01	Alzey	X					X	
	D 22 08	Dinkelsbühl	(X)		X	(X)		X	
	D 30 15	Fritzlar	X		X			X	
	D 43 09	Großefehn							
	D 43 10	Jever	(X)					(X)	
	D 60 14	(Lahnstein)	X					X	
	D 51 06	Monschau*	(X)	X				(X)	
	D 52 21	Vlotho						X	
	D 43 17	Weener						X	
	D 43 18	Westerstede	X					X	
über 20 000 Einw.	D 41 05	Goslar	X		X		30	X	
	D 51 04	Kevelaer	X					X	
	D 51 05	(Königswinter)						X	
	D 30 22	Korbach	X	X				X	

409

Übersicht E 3: Verkehrsberuhigte Zonen und ergänzende Maßnahmen

Übersicht 3/8 Maßnahmenkombinationen in österreichischen Untersuchungsgemeinden

Gemeindegröße	Kenn-Nr.	Gemeinde	🚶	🚌	🚗	🏍	60	⊘
von 1 000 bis unter 2 500 Einw.	A B 01	Bad Tatzmannsdorf			X	X	X	X
	A S 02	Dorfgastein				X		X
	A St 01	Bad Radkersburg	X			X		X
von 2 500 bis unter 5 000 Einw.	A S 05	Schwarzach im Pongau				X		

Übersicht E 4: Fahrbeschränkung für Fahrzeuge/Kfz aller Art und ergänzende Maßnahmen

Übersicht 4/1 Maßnahmenkombinationen in Mineral- und Moorbädern

Gemeindegröße	Kenn-Nr.	Gemeinde	👤	🚸	⚡	🚗	🏍	60	⊘	Bemerkungen
von 1 000 bis unter 2 500 Einw.	D 60 03	Bad Bertrich	(X)	(X)		X	X		(X)	
von 2 500 bis unter 5 000 Einw.	D 13 04	Badenweiler							X	siehe Teil D 3
	D 60 08	Bad Münster am Stein-Ebernburg		(X)		X	X		(X)	siehe Teil D 3
von 5 000 bis unter 10 000 Einw.	D 24 02	Bad Füssing		X		X	X			siehe Teil D 3
	D 43 05	Bad Rothenfelde	X	X		X	X		X	
	D 52 05	Bad Sassendorf	X	X			X	30		
	D 21 05	Hindelang	(X)	(X)			X	(30)	X	
von 10 000 bis unter 20 000 Einw.	D 60 04	Bad Dürkheim	X	X		X	X	30		
	D 22 05	Bad Neustadt an der Saale	X	X					X	
	D 23 02	Bad Reichenhall	X	X		X	X		X	siehe Teil D 3
	D 30 09	Bad Soden-Salmünster	(X)			X	X	30	(X)	
	D 11 03	Bad Waldsee	X			X			X	siehe Teil D 3
	D 22 07	Bad Windsheim				X			X	
	D 21 03	Füssen	X			X	X	30		
	D 52 09	Horn-Bad Meinberg				X	X		(X)	siehe Teil D 3
	D 30 27	Nidda								
über 20 000 Einw.	D 13 03	Baden-Baden	X	(X)					X	
	D 30 02	Bad Hersfeld	X				X		X	
	D 51 01	Bad Honnef	X	X					X	
	D 22 03	Bad Kissingen	X			X	X		X	siehe Teil D 3
	D 30 06	Bad Nauheim	X			X	X	X	(X)	
	D 52 03	Bad Oeynhausen	X	X		X	X	30		
	D 44 02	Bad Pyrmont	X			X	X			siehe Teil D 3
	D 52 04	Bad Salzuflen	X	X		X			X	
	D 30 11	Bad Vilbel					X	40	X	
	D 13 13	Gaggenau	X						X	
	D 52 12	Lippstadt	X						X	

Übersicht E 4: Fahrbeschränkung für Fahrzeuge/Kfz aller Art und ergänzende Maßnahmen

Übersicht 4/2 Maßnahmenkombinationen in heilklimatischen Kurorten

Gemeinde-größe	Kenn-Nr.	Gemeinde	🚶	🚴	🚗	🚙	🏍	60	⊘	Bemerkungen
von 1 000 bis unter 2 500 Einw.	D 13 15	Hinterzarten					X		X	
	D 13 16	Höchenschwand				X	X	30	X	
	D 13 26	Todtmoos	X				X			siehe Teil D 3
von 5 000 bis unter 10 000 Einw.	D 23 08	Berchtesgaden	X			X	X		X	siehe Teil D 3
	D 21 05	Hindelang	(X)	(X)			X	(30)	X	
	D 70 01	Nonnweiler			(X)					
	D 70 02	Weiskirchen								
von 10 000 bis unter 20 000 Einw.	D 13 11	Freudenstadt	(X)	X	X				X	
	D 21 08	Oberstdorf	X	X		X	X		X	siehe Teil D 3

Übersicht 4/3 Maßnahmenkombinationen in Kneippheilbädern und Kneippkurorten

Gemeinde-größe	Kenn-Nr.	Gemeinde	🚶	🚴	🚗	🚙	🏍	60	⊘	Bemerkungen
von 1 000 bis unter 2 500 Einw.	D 13 12	Friedenweiler							X	
von 2 500 bis unter 5 000 Einw.	D 60 07	Bad Marienberg (Westerwald)								
von 5 000 bis unter 10 000 Einw.	D 43 03	Bad Iburg					X			
	D 21 05	Hindelang	(X)	(X)			X	(30)	X	
von 10 000 bis unter 20 000 Einw.	D 30 01	Bad Camberg							(X)	
	D 41 03	Bad Lauterberg im Harz		(X)	X	X				
	D 11 03	Bad Waldsee	X				X		X	siehe Teil D 3
	D 21 01	Bad Wörishofen	X	X	X	X				siehe Teil D 3
	D 21 03	Füssen	X			X	X	30		
	D 21 08	Oberstdorf	X	X		X	X		X	siehe Teil D 3
	D 13 25	(Titisee-Neustadt)	(X)			X	X		X	

Übersicht E 4: Fahrbeschränkung für Fahrzeuge/Kfz aller Art und ergänzende Maßnahmen

Übersicht 4/4 Maßnahmenkombinationen in Seeheilbädern und Seebädern

Gemeinde-größe	Kenn-Nr.	Gemeinde	🚶	🚸	🅿	🚗	🏍	60	⊘	Bemerkungen
unter 1 000 Einw.	D 43 06	Baltrum								
	D 80 12	Nebel				X			X	siehe Teil D 3
	D 80 22	Wittdün								siehe Teil D 3
von 1 000 bis unter 2 500 Einw.	D 80 07	Helgoland								
	D 43 11	Juist								
	D 80 08	Kampen (Sylt)	X							
	D 43 14	Spiekeroog								
	D 43 16	Wangerooge								
von 2 500 bis unter 5 000 Einw.	D 43 12	Langeoog								
von 5 000 bis unter 10 000 Einw.	D 43 07	Borkum								
	D 43 13	Norderney	X	X		X	X	X	X	siehe Teil D 3
	D 80 21	Westerland	X				X			siehe Teil D 3
	D 80 23	Wyk auf Föhr	X				X	X		

Übersicht 4/5 Maßnahmenkombinationen in Luftkurorten

Gemeinde-größe	Kenn-Nr.	Gemeinde	🚶	🚸	🅿	🚗	🏍	60	⊘	Bemerkungen
von 5 000 bis unter 10 000 Einw.	D 22 14	Naila	X						X	
	D 52 17	Preußisch Oldendorf		X						
von 10 000 bis unter 20 000 Einw.	D 80 16	Plön	(X)	(X)				30	X	
	D 13 25	(Titisee-Neustadt)	(X)			X	X		X	

Übersicht 4/6 Maßnahmenkombinationen in Erholungsorten

Gemeinde-größe	Kenn-Nr.	Gemeinde	🚶	🚸	🅿	🚗	🏍	60	⊘	Bemerkungen
von 2 500 bis unter 5 000 Einw.	D 23 13	Münsing								
von 5 000 bis unter 10 000 Einw.	D 12 07	Wüstenrot								

Übersicht E 4: Fahrbeschränkung für Fahrzeuge/Kfz aller Art und ergänzende Maßnahmen

Übersicht 4/7 Maßnahmenkombinationen in sonstigen Berichtsgemeinden

Gemeindegröße	Kenn-Nr.	Gemeinde	🚶	🚸	🚲	🚗	🏍	60	⊘	Bemerkungen
von 5 000 bis unter 10 000 Einw.	D 11 08	Meersburg			X		X	X		siehe Teil D 3
von 10 000 bis unter 20 000 Einw.	D 51 06	Monschau	(X)		X				(X)	
über 20 000 Einw.	D 44 03	Einbeck	X							
	D 30 22	Korbach	X	X				X		

Übersicht 4/8 Maßnahmenkombinationen in österreichischen Untersuchungsgemeinden

Gemeindegröße	Kenn-Nr.	Gemeinde	🚶	🚸	🚲	🚗	🏍	60	⊘	Bemerkungen
unter 1 000 Einw.	A T 06	Serfaus								
von 1 000 bis unter 2 500 Einw.	A B 02	Podersdorf am See				X				
	A T 01	Ischgl	X				X			
von 5 000 bis unter 10 000 Einw.	A K 01	Friesach	X				X			
	A S 01	Bad Hofgastein	X							

Übersicht 4/9 Maßnahmenkombinationen in schweizerischen Untersuchungsgemeinden

Gemeindegröße	Kenn-Nr.	Gemeinde	🚶	🚸	🚲	🚗	🏍	60	⊘	Bemerkungen
unter 1 000 Einw.	CH BE 03	Mürren mit Gimmelwald								
	CH BE 04	Wengen								
	CH GR 04	Sils im Engadin/Segl	X			X				
	CH GR 06	Vals								
	CH O 01	Braunwald								
	CH VS 01	Betten								
	CH VS 03	Riederalp								
	CH VS 04	Saas Fee								
	CH Z 03	Vitznau								
von 2 500 bis unter 5 000 Einw.	CH VS 05	Zermatt								
	CH Z 02	Sachseln								

Übersicht E 5: Fahrbeschränkung für motorisierte Zweiräder und ergänzende Maßnahmen

Übersicht 5/1 Maßnahmenkombinationen in Mineral- und Moorbädern

Gemeinde-größe	Kenn-Nr.	Gemeinde	👤	🚶	✈	🚌	🚗	60	⊘	Bemerkungen
von 1 000 bis unter 2 500 Einw.	D 60 03	Bad Bertrich	(X)	(X)		X	X		(X)	
	D 23 05	Bayersoien						30	X	
	D 13 09	Bad Teinach-Zavelstein	(X)		X		X	40	X	
von 2 500 bis unter 5 000 Einw.	D 13 01	Bad Bellingen					X		X	
	D 22 01	Bad Bocklet	(X)				X	30		
	D 11 01	Bad Buchau								
	D 23 01	Bad Heilbrunn					X		X	
	D 60 08	Bad Münster am Stein-Ebernburg		(X)		X	X		(X)	siehe Teil D 3
	D 30 08	Bad Salzschlirf					X			
	D 22 06	Bad Steben								
	D 23 04	Bad Wiessee					X			
von 5 000 bis unter 10 000 Einw.	D 24 01	Bad Abbach								
	D 22 02	Bad Brückenau	(X)	(X)			X		(X)	
	D 24 02	Bad Füssing		X		X	X			siehe Teil D 3
	D 13 05	Bad Herrenalb	(X)					40		
	D 30 05	Bad König							X	
	D 22 04	Bad Königshofen im Grabfeld	X						X	
	D 44 01	Bad Nenndorf	(X)	X			X	40	X	
	D 30 07	Bad Orb	X				X			siehe Teil D 3
	D 43 05	Bad Rothenfelde	X	X		X	X		X	
	D 52 05	Bad Sassendorf	X	X		X		30		
	D 11 02	Bad Schussenried								
	D 30 10	Bad Sooden-Allendorf	X		X	X				
	D 12 03	Bad Wimpfen	(X)				X			
	D 60 10	Daun		X			X	30	X	
	D 21 05	Hindelang	(X)	(X)		X		(30)	X	
	D 30 30	Schlangenbad					X		X	
von 10 000 bis unter 20 000 Einw.	D 52 01	Bad Driburg	X	X			X		X	
	D 60 04	Bad Dürkheim	X	X		X	X	30		
	D 13 02	Bad Dürrheim					X		X	
	D 60 05	Bad Ems					X	40		
	D 43 02	Bad Essen		(X)	X				(X)	
	D 13 06	Bad Krozingen	X		X				(X)	

Übersicht E 5: Fahrbeschränkung für motorisierte Zweiräder und ergänzende Maßnahmen

noch Übersicht 5/1 Maßnahmenkombinationen in Mineral- und Moorbädern

Gemeinde- größe	Kenn- Nr.	Gemeinde	🚶	🚸	✈	🚐	🚗	60	⊘	Bemerkungen
von 10 000 bis unter 20 000 Einw.	D 43 04	Bad Laer	(X)	(X)					(X)	
	D 52 02	Bad Lippspringe	X			X			X	siehe Teil D 3
	D 12 01	Bad Mergentheim	X	X		X			X	
	D 12 02	Bad Rappenau	X	X		X		40	X	
	D 23 02	Bad Reichenhall	X	X	X	X			X	siehe Teil D 3
	D 30 09	Bad Soden-Salmünster	(X)			X		30	(X)	
	D 23 03	Bad Tölz	(X)			X			(X)	
	D 11 03	Bad Waldsee	X		X				X	siehe Teil D 3
	D 30 12	Bad Wildungen				X			X	
	D 11 04	Bad Wurzach	X			X			X	
	D 21 03	Füssen	X		X	X		30		
	D 52 09	Horn-Bad Meinberg			X	X			(X)	siehe Teil D 3
	D 13 27	Wildbad im Schwarzwald	(X)			X			(X)	
über 20 000 Einw.	D 41 02	Bad Harzburg	X							
	D 30 02	Bad Hersfeld	X		X				X	
	D 30 03	Bad Homburg v.d. Höhe	X							
	D 22 03	Bad Kissingen	X		X	X			X	siehe Teil D 3
	D 30 06	Bad Nauheim	X		X	X	X		(X)	
	D 60 09	Bad Neuenahr-Ahrweiler	X			X			X	
	D 52 03	Bad Oeynhausen	X	X	X	X		30		
	D 44 02	Bad Pyrmont	X		X	X				siehe Teil D 3
	D 30 11	Bad Vilbel			X			40	X	

Übersicht 5/2 Maßnahmenkombinationen in heilklimatischen Kurorten

Gemeinde- größe	Kenn- Nr.	Gemeinde	🚶	🚸	✈	🚐	🚗	60	⊘	Bemerkungen
von 1 000 bis unter 2 500 Einw.	D 23 06	Bayrischzell	(X)						X	
	D 13 15	Hinterzarten			X				X	
	D 13 16	Höchenschwand			X	X		30	X	
	D 13 26	Todtmoos	X		X					siehe Teil D 3
von 2 500 bis unter 5 000 Einw.	D 30 24	Lindenfels								
	D 13 20	St. Blasien		(X)		X				
	D 13 22	Schluchsee	X			X			X	
	D 23 18	Tegernsee				X				

Übersicht E 5: Fahrbeschränkung für motorisierte Zweiräder und ergänzende Maßnahmen

noch Übersicht 5/2 Maßnahmenkombinationen in heilklimatischen Kurorten

Gemeindegröße	Kenn-Nr.	Gemeinde	👤	👥	🏍	⛔	🚗	60	⊘	Bemerkungen
von 5 000 bis unter 10 000 Einw.	D 13 05	Bad Herrenalb	(X)					40		
	D 23 08	Berchtesgaden	X			X	X		X	siehe Teil D 3
	D 41 04	Braunlage					X		X	
	D 60 10	Daun			X		X	30	X	
	D 21 05	Hindelang	(X)	(X)	X			(30)	X	
	D 13 17	Königsfeld im Schwarzwald	(X)	(X)		X			(X)	
	D 21 07	Oberstaufen								
	D 13 23	Schömberg								
	D 30 34	Willingen (Upland)							(X)	
von 10 000 bis unter 20 000 Einw.	D 60 05	Bad Ems				X		40		
	D 13 02	Bad Dürrheim				X			X	
	D 52 02	Bad Lippspringe	X			X			X	siehe Teil D 3
	D 23 03	Bad Tölz	(X)			X			(X)	
	D 21 08	Oberstdorf	X	X	X	X			X	siehe Teil D 3
über 20 000 Einw.	D 41 02	Bad Harzburg	X							
	D 23 09	Garmisch-Partenkirchen	(X)	X		X			(X)	
	D 41 05	Goslar	X	X				30	X	

Übersicht 5/3 Maßnahmenkombinationen in Kneippheilbädern und Kneippkurorten

Gemeindegröße	Kenn-Nr.	Gemeinde	👤	👥	🏍	⛔	🚗	60	⊘	Bemerkungen
von 2 500 bis unter 5 000 Einw.	D 30 17	Grasellenbach								
	D 21 04	Grönenbach			X					
	D 13 20	St. Blasien		(X)		X				
von 5 000 bis unter 10 000 Einw.	D 43 03	Bad Iburg				X				
	D 60 10	Daun			X		X	30	X	
	D 21 05	Hindelang	(X)	(X)	X			(30)	X	
	D 13 17	Königsfeld im Schwarzwald	(X)	(X)		X			(X)	
	D 21 07	Oberstaufen								
	D 23 14	Prien am Chiemsee	X						(X)	
	D 60 19	Vallendar		X					X	
	D 30 34	Willingen (Upland)							X	

Übersicht E 5: Fahrbeschränkung für motorisierte Zweiräder und ergänzende Maßnahmen

noch Übersicht 5/3 Maßnahmenkombinationen in Kneippheilbädern und Kneippkurorten

Gemeindegröße	Kenn-Nr.	Gemeinde	🚶	🚶⚠	⚡	🚌	🚗	60	⊘	Bemerkungen
von 10 000 bis unter 20 000 Einw.	D 41 03	Bad Lauterberg im Harz		(x)		x	x			
	D 51 02	Bad Münstereifel	x	x		x			x	
	D 11 03	Bad Waldsee	x			x			x	siehe Teil D 3
	D 21 01	Bad Wörishofen	x	x		x	x			siehe Teil D 3
	D 42 01	Fallingbostel	x				x			
	D 21 03	Füssen	x			x	x	30		
	D 52 10	Laasphe	x	(x)					(x)	
	D 21 08	Oberstdorf	x	x		x	x		x	siehe Teil D 3
	D 13 25	Titisee-Neustadt	(x)			(x)	x		x	
über 20 000 Einw.	D 11 09	Radolfzell am Bodensee	x					30	x	
	D 52 19	Schmallenberg	x						x	

Übersicht 5/4 Maßnahmenkombinationen in Seeheilbädern und Seebädern

Gemeindegröße	Kenn-Nr.	Gemeinde	🚶	🚶⚠	⚡	🚌	🚗	60	⊘	Bemerkungen
unter 1 000 Einw.	D 80 01	Brodersby							x	
	D 80 12	Nebel				x			x	siehe Teil D 3
	D 80 15	Norddorf	x					30		siehe Teil D 3
von 1 000 bis unter 2 500 Einw.	D 80 03	Dahme								
	D 80 09	Kellenhusen (Ostsee)	x							
	D 80 20	Wangels	x			x			x	
von 2 500 bis unter 5 000 Einw.	D 80 10	Laboe						30	(x)	
von 5 000 bis unter 10 000 Einw.	D 80 02	Büsum	x				x			
	D 80 05	Grömitz	x							
	D 80 06	Heiligenhafen								
	D 43 13	Norderney	x	x		x	x		x	siehe Teil D 3
	D 80 21	Westerland	x			x				siehe Teil D 3
	D 80 23	Wyk auf Föhr	x			x			x	
von 10 000 bis unter 20 000 Einw.	D 80 13	Neustadt in Holstein								
	D 80 19	Timmendorfer Strand	x						x	siehe Teil D 3
	D 43 15	Wangerland	x						(x)	

Übersicht E 5: Fahrbeschränkung für motorisierte Zweiräder und ergänzende Maßnahmen

Übersicht 5/5 Maßnahmenkombinationen in Luftkurorten

Gemeindegröße	Kenn-Nr.	Gemeinde	👤	🚶‍♂️	🚲	🚌	🚗	60	⊘	Bemerkungen
von 1 000 bis unter 2 500 Einw.	D 13 10	Feldberg (Schwarzwald)							X	
	D 13 14	Häusern							X	
	D 13 24	Schönau im Schwarzwald					X		(X)	
von 2 500 bis unter 5 000 Einw.	D 24 04	Bodenmais	X						X	
	D 21 02	Fischen im Allgäu	(X)		(X)		X			
	D 30 20	Hirschhorn (Neckar)							X	
	D 42 02	Hitzacker						X	(X)	
	D 23 15	Reit im Winkl					X		(X)	
	D 21 09	Schwangau								
	D 23 17	Seeon-Seebruck							(X)	
von 5 000 bis unter 10 000 Einw.	D 30 16	Gedern						40	X	
	D 51 07	Nideggen							X	
	D 30 32	Waldeck			X				X	
	D 24 07	Waldmünchen	(X)						X	
	D 52 23	Wünnenberg								
von 10 000 bis unter 20 000 Einw.	D 42 01	Fallingbostel	X				X			
	D 51 10	Simmerath	X						X	
	D 13 25	Titisee-Neustadt	(X)			(X)	X		X	
über 20 000 Einw.	D 30 18	Heppenheim	X	(X)			X		(X)	

Übersicht 5/6 Maßnahmenkombinationen in Erholungsorten

Gemeindegröße	Kenn-Nr.	Gemeinde	👤	🚶‍♂️	🚲	🚌	🚗	60	⊘	Bemerkungen
von 2 500 bis unter 5 000 Einw.	D 23 07	Benediktbeuern								
	D 21 10	Wemding	X						(X)	
von 5 000 bis unter 10 000 Einw.	D 11 07	Langenargen						X	X	

Übersicht E 5: Fahrbeschränkung für motorisierte Zweiräder und ergänzende Maßnahmen

Übersicht 5/7 Maßnahmenkombinationen in sonstigen Berichtsgemeinden

Gemeinde- größe	Kenn- Nr.	Gemeinde	🚶	🚸	⚡	🚗	🚙	60	⊘	Bemerkungen
von 5 000 bis unter 10 000 Einw.	D 30 14	Eschenburg							X	
	D 11 08	Meersburg		X		X	X			siehe Teil D 3
von 10 000 bis unter 20 000 Einw.	D 22 08	Dinkelsbühl	(X)	X				(X)	X	
	D 30 15	Fritzlar	X	X					X	
	D 41 06	Herzberg am Harz	X					30	X	
	D 22 17	Wunsiedel	X							
über 20 000 Einw.	D 41 05	Goslar	X	X				30	X	
	D 41 07	Osterode am Harz	X						X	

Übersicht E 6: Gliederung der Untersuchungsgemeinden nach Übernachtungszahlen sowie Gemeindegruppe und Einwohnerzahl

Übersicht 6/1 Übernachtungszahlen in Mineral- und Moorbädern

Anzahl der Gästeübernachtungen (Bezugszeitraum Fremdenverkehrsjahr 1979/80)

Gemeinde-größe	unter 50 000	50 000 bis unter 75 000	75 000 bis unter 100 000	100 000 bis unter 125 000	125 000 bis unter 250 000	250 000 bis unter 500 000	500 000 bis unter 1 000 000	1 000 000 und mehr
von 1 000 bis unter 2 500 Einw.			23 05	13 09		60 03		
von 2 500 bis unter 5 000 Einw.				23 01	11 01 24 03 30 04	13 01 13 07 22 01 22 06 30 08 60 08	13 04 23 04	
von 5 000 bis unter 10 000 Einw.	12 04			22 04 60 06	11 02 12 03 24 05 30 30	22 02 24 01 30 05 52 05 60 10	13 05 21 05 30 10 43 05 44 01	24 02 30 07
von 10 000 bis unter 20 000 Einw.				43 01 43 04	11 04 22 07 43 02 60 04	11 03 13 08 30 27 41 01 60 05	12 02 13 02 13 06 13 27 21 03 22 05 23 03 30 09 52 01 52 02	12 01 23 02 30 12 52 09
20 000 Einw. und mehr	30 11		13 13		42 03	30 02 51 01 52 12	13 03 30 03 41 02 44 02 60 09	22 03 30 06 52 03 52 04

Übersicht E 6: Gliederung der Untersuchungsgemeinden nach Übernachtungszahlen sowie Gemeindegruppe und Einwohnerzahl

Übersicht 6/2 Übernachtungszahlen in heilklimatischen Kurorten

Gemeinde-größe	Anzahl der Gästeübernachtungen (Bezugszeitraum Fremdenverkehrsjahr 1979/80)							
	unter 50 000	50 000 bis unter 75 000	75 000 bis unter 100 000	100 000 bis unter 125 000	125 000 bis unter 250 000	250 000 bis unter 500 000	500 000 bis unter 1 000 000	1 000 000 und mehr
von 1 000 bis unter 2 500 Einw.						13 16 13 26 23 06	13 15	
von 2 500 bis unter 5 000 Einw.					30 24	13 20 23 18	13 22	
von 5 000 bis unter 10 000 Einw.	70 01				13 17 70 02	13 23 60 02 60 10	13 05 21 05 21 07 23 08 41 04	30 34
von 10 000 bis unter 20 000 Einw.					11 06 60 05	13 02 13 11 23 03 52 02		21 08
20 000 Einw. und mehr			52 08				41 02 41 05	23 09

Übersicht 6/3 Übernachtungszahlen in Kneippheilbädern und Kneippkurorten

Gemeinde-größe	unter 50 000	50 000 bis unter 75 000	75 000 bis unter 100 000	100 000 bis unter 125 000	125 000 bis unter 250 000	250 000 bis unter 500 000	500 000 bis unter 1 000 000	1 000 000 und mehr
von 1 000 bis unter 2 500 Einw.					13 12			
von 2 500 bis unter 5 000 Einw.		21 04 60 07		30 17	13 07 13 20			
von 5 000 bis unter 10 000 Einw.	60 11	60 18		13 17 43 03 60 19	23 14 60 02 60 10	21 05 21 07	30 34	

Übersicht E 6: Gliederung der Untersuchungsgemeinden nach Übernachtungszahlen sowie Gemeindegruppe und Einwohnerzahl

noch Übersicht 6/3 Übernachtungszahlen in Kneippheilbädern und Kneippkurorten

Gemeinde-größe	Anzahl der Gästeübernachtungen (Bezugszeitraum Fremdenverkehrsjahr 1979/80)							
	unter 50 000	50 000 bis unter 75 000	75 000 bis unter 100 000	100 000 bis unter 125 000	125 000 bis unter 250 000	250 000 bis unter 500 000	500 000 bis unter 1 000 000	1 000 000 und mehr
von 10 000 bis unter 20 000 Einw.				51 09	30 01 42 01 51 02	11 03 13 25 52 10	21 03 41 03	21 01 21 08
20 000 Einw. und mehr					11 09 51 03			52 19

Übersicht 6/4 Übernachtungszahlen in Seeheilbädern und Seebädern

Gemeindegröße	unter 50 000	50 000 bis unter 75 000	75 000 bis unter 100 000	100 000 bis unter 125 000	125 000 bis unter 250 000	250 000 bis unter 500 000	500 000 bis unter 1 000 000	1 000 000 und mehr
unter 1 000 Einw.				80 01	80 22	43 06 80 12 80 15		
von 1 000 bis unter 2 500 Einw.						43 14 43 16 80 07 80 08 80 09 80 20	43 11 80 03	
von 2 500 bis unter 5 000 Einw.					80 10	80 18	43 12	
von 5 000 bis unter 10 000 Einw.						43 08	80 05 80 06 80 23	43 07 43 13 80 02 80 17 80 21
von 10 000 bis unter 20 000 Einw.					80 13	43 15	80 19	

Übersicht E 6: Gliederung der Untersuchungsgemeinden nach Übernachtungszahlen sowie Gemeindegruppe und Einwohnerzahl

Übersicht 6/5 Übernachtungszahlen in Luftkurorten

Gemeinde-größe	Anzahl der Gästeübernachtungen (Bezugszeitraum Fremdenverkehrsjahr 1979/80)							
	unter 50 000	50 000 bis unter 75 000	75 000 bis unter 100 000	100 000 bis unter 125 000	125 000 bis unter 250 000	250 000 bis unter 500 000	500 000 bis unter 1 000 000	1 000 000 und mehr
von 1 000 bis unter 2 500 Einw.	60 17 60 20	13 24			13 14	13 10		
von 2 500 bis unter 5 000 Einw.	30 20	13 19 42 02 60 12			23 17	21 09	21 02 23 15 24 04	
von 5 000 bis unter 10 000 Einw.	22 14 30 16	30 31	24 07 52 20	51 07	24 05 30 32 52 13 52 17 52 23		23 14 23 16	
von 10 000 bis unter 20 000 Einw.	30 13 30 25 30 33	30 23		30 26 80 04	30 28 42 01 51 08 51 10 52 21 80 16	13 25 21 06		
20 000 Einw. und mehr		30 18				52 06 52 15		

Übersicht 6/6 Übernachtungszahlen in Erholungsorten

Gemeindegröße	unter 50 000	50 000 bis unter 75 000	75 000 bis unter 100 000	100 000 bis unter 125 000	125 000 bis unter 250 000	250 000 bis unter 500 000	500 000 bis unter 1 000 000	1 000 000 und mehr
von 2 500 bis unter 5 000 Einw.	21 10 22 11 60 16	23 07 23 13			24 03			
von 5 000 bis unter 10 000 Einw.	12 06 12 07 23 12 52 18 80 11	23 10	52 11		11 07			

Übersicht E 6: Gliederung der Untersuchungsgemeinden nach Übernachtungszahlen sowie Gemeindegruppe und Einwohnerzahl

noch Übersicht 6/6 Übernachtungszahlen in Erholungsorten

Gemeinde-größe	Anzahl der Gästeübernachtungen (Bezugszeitraum Fremdenverkehrsjahr 1979/80)							
	unter 50 000	50 000 bis unter 75 000	75 000 bis unter 100 000	100 000 bis unter 125 000	125 000 bis unter 250 000	250 000 bis unter 500 000	500 000 bis unter 1 000 000	1 000 000 und mehr
von 10 000 bis unter 20 000 Einw.	22 09 22 16 30 21 52 07		22 12	13 18 52 14	13 21 30 35			
20 000 Einw. und mehr	30 19		44 04	52 22	51 11			

Übersicht 6/7 Übernachtungszahlen in sonstigen Berichtsgemeinden

Gemeinde-größe	unter 50 000	50 000 bis unter 75 000	75 000 bis unter 100 000	100 000 bis unter 125 000	125 000 bis unter 250 000	250 000 bis unter 500 000	500 000 bis unter 1 000 000	1 000 000 und mehr
von 1 000 bis unter 2 500 Einw.	60 12							
von 5 000 bis unter 10 000 Einw.	11 05 24 06 30 14 60 15 80 14		22 13		11 08			
von 10 000 bis unter 20 000 Einw.	12 05 22 10 22 17 30 15 43 09 43 10 43 17 60 01	43 18		22 08 51 06 60 14	41 06	22 15 30 29		
20 000 Einw. und mehr	51 04 52 16	30 22 44 03		41 07	51 05		41 05	

Übersicht E 6: Gliederung der Untersuchungsgemeinden nach Übernachtungszahlen sowie Einwohnerzahl

Übersicht 6/8 in österreichischen Untersuchungsgemeinden

Gemeindegröße	Anzahl der Gästeübernachtungen (Bezugszeitraum Fremdenverkehrsjahr 1979/80)							
	unter 50 000	50 000 bis unter 75 000	75 000 bis unter 100 000	100 000 bis unter 125 000	125 000 bis unter 250 000	250 000 bis unter 500 000	500 000 bis unter 1 000 000	1 000 000 und mehr
unter 1 000 Einw.			A V 03			A T 06		
von 1 000 bis unter 2 500 Einw.	A N 02 A N 04 A St 01	A S 04	A St 03		A S 02 A S 06	A B 01 A B 02	A T 01 A T 04	A T 05
von 2 500 bis unter 5 000 Einw.	A S 05	A K 02				A S 03 A V 02	A K 04 A K 05	
von 5 000 bis unter 10 000 Einw.	A K 01 A St 02 A St 04	A O 01					A K 03	A S 01 A S 07 A T 02
von 10 000 bis unter 20 000 Einw.	A N 05		A V 01			A T 03		
20 000 Einw. und mehr		A N 03					A N 01	

Übersicht E 6: Gliederung der Untersuchungsgemeinden nach Übernachtungszahlen sowie Einwohnerzahl

Übersicht 6/9 Übernachtungszahlen in schweizerischen Untersuchungsgemeinden

Gemeinde-größe	Anzahl der Gästeübernachtungen (Bezugszeitraum Fremdenverkehrsjahr 1980)							
	unter 50 000	50 000 bis unter 75 000	75 000 bis unter 100 000	100 000 bis unter 125 000	125 000 bis unter 250 000	250 000 bis unter 500 000	500 000 bis unter 1 000 000	1 000 000 und mehr
unter 1 000 Einw.			CH GR 03	CH GR 06	CH BE 03 CH GR 05 CH O 01	CH BE 04 CH GR 04 CH VS 01 CH VS 03 CH Z 03	CH VS 04	
von 1 000 bis unter 2 500 Einw.					CH BE 01	CH GR 02 CH VS 02		
von 2 500 bis unter 5 000 Einw.		CH Z 02				CH TI 01 CH Z 01	CH VS 05	
von 10 000 bis unter 20 000 Einw.						CH BE 02	CH GR 01	

Übersicht E 7: Gliederung der Untersuchungsgemeinden nach Beherbergungskapazität
sowie Gemeindegruppe und Einwohnerzahl

Übersicht 7/1 Beherbergungskapazität in Mineral- und Moorbädern

Gemeinde-größe	Anzahl der Gästebetten von ... bis ... unter ... (Stand 1. April 1980)							
	unter 500	500 bis unter 1 000	1 000 bis unter 1 500	1 500 bis unter 2 000	2 000 bis unter 3 000	3 000 bis unter 4 000	4 000 bis unter 5 000	5 000 bis unter 10 000	10 000 und mehr
von 1 000 bis unter 2 500 Einw.		13 09 23 05			60 03				
von 2 500 bis unter 5 000 Einw.		11 01 24 03	22 01 23 01	13 01 30 04	13 07 22 06 30 08 60 08		13 04	23 04	
von 5 000 bis unter 10 000 Einw.	12 04	11 02 12 03 22 04 60 06	24 01 30 30	24 05 30 05 52 05	22 02 43 05 44 01 60 10	30 10	13 05	21 05 24 02 30 07	
von 10 000 bis unter 20 000 Einw.		22 07 43 01 43 02 43 04	11 04 13 08 30 27 41 01 60 04	11 03 60 05	12 02 22 05	13 02 13 06 23 03 30 09 52 02	12 01 52 01	13 27 21 03 23 02 30 12 52 09	
20 000 Einw. und mehr	30 11	42 03 51 01	13 13 52 12	30 02	30 03		41 02 44 02 60 09	13 03 22 03 30 06 52 03 52 04	

Übersicht 7/2 Beherbergungskapazität in heilklimatischen Kurorten

Gemeinde-größe	unter 500	500 bis unter 1 000	1 000 bis unter 1 500	1 500 bis unter 2 000	2 000 bis unter 3 000	3 000 bis unter 4 000	4 000 bis unter 5 000	5 000 bis unter 10 000	10 000 und mehr
von 1 000 bis unter 2 500 Einw.					13 16 13 26 23 06	13 15			
von 2 500 bis unter 5 000 Einw.			30 24	23 18	13 20	13 22			

Übersicht E 7: Gliederung der Untersuchungsgemeinden nach Beherbergungskapazität sowie Gemeindegruppe und Einwohnerzahl

noch Übersicht 7/2 Beherbergungskapazität in heilklimatischen Kurorten

Gemeinde-größe	Anzahl der Gästebetten von ... bis ... unter ... (Stand 1. April 1980)								
	unter 500	500 bis unter 1 000	1 000 bis unter 1 500	1 500 bis unter 2 000	2 000 bis unter 3 000	3 000 bis unter 4 000	4 000 bis unter 5 000	5 000 bis unter 10 000	10 000 und mehr
von 5 000 bis unter 10 000 Einw.		70 01 70 02		13 17 13 23 60 02	60 10		13 05	21 05 21 07 23 08 30 34 41 04	
von 10 000 bis unter 20 000 Einw.				11 06 60 05		13 02 23 03 52 02		13 11	21 08
20 000 Einw. und mehr	52 08						41 02	23 09 41 05	

Übersicht 7/3 Beherbergungskapazität in Kneippheilbädern und Kneippkurorten

Gemeinde-größe	unter 500	500 bis unter 1 000	1 000 bis unter 1 500	1 500 bis unter 2 000	2 000 bis unter 3 000	3 000 bis unter 4 000	4 000 bis unter 5 000	5 000 bis unter 10 000	10 000 und mehr
von 1 000 bis unter 2 500 Einw.				13 12					
von 2 500 bis unter 5 000 Einw.		21 04 60 07			30 17	13 07 13 20			
von 5 000 bis unter 10 000 Einw.	60 11 60 18	60 19	43 03	13 17 60 02	60 10		23 14	21 05 21 07 30 34	
von 10 000 bis unter 20 000 Einw.		30 01 51 09	42 01 51 02	11 03 52 10		41 03	13 25	21 01 21 03	21 08
20 000 Einw. und mehr		51 03	11 09					52 19	

Übersicht E 7: Gliederung der Untersuchungsgemeinden nach Beherbergungskapazität
sowie Gemeindegruppe und Einwohnerzahl

Übersicht 7/4 Beherbergungskapazität in Seeheilbädern und Seebädern

Gemeinde-größe	Anzahl der Gästebetten von ... bis ... unter ... (Stand 1. April 1980)								
	unter 500	500 bis unter 1 000	1 000 bis unter 1 500	1 500 bis unter 2 000	2 000 bis unter 3 000	3 000 bis unter 4 000	4 000 bis unter 5 000	5 000 bis unter 10 000	10 000 und mehr
unter 1 000 Einw.				80 01	80 22	43 06 80 12 80 15			
von 1 000 bis unter 2 500 Einw.				80 07 80 08		43 14 43 16 80 20		43 11 80 03 80 09	
von 2 500 bis unter 5 000 Einw.				80 10		18 18		43 12	
von 5 000 bis unter 10 000 Einw.							43 08	80 02 80 06 80 23 80 17 80 21	43 07 43 13 80 05
von 10 000 bis unter 20 000 Einw.					80 13		43 15		80 19

Übersicht 7/5 Beherbergungskapazität in Luftkurorten

Gemeindegröße	unter 500	500 bis unter 1 000	1 000 bis unter 1 500	1 500 bis unter 2 000	2 000 bis unter 3 000	3 000 bis unter 4 000	4 000 bis unter 5 000	5 000 bis unter 10 000	10 000 und mehr
von 1 000 bis unter 2 500 Einw.	60 17 60 20	13 14 13 24				13 10			
von 2 500 bis unter 5 000 Einw.	42 02 60 12	13 19 30 20		23 17		21 09	21 02 23 15	24 04	
von 5 000 bis unter 10 000 Einw.	22 14 30 16	30 31 51 07 52 17 52 20	24 07 52 13	24 05	23 11 30 32 52 23		23 14	23 16	

Übersicht E 7: Gliederung der Untersuchungsgemeinden nach Beherbergungskapazität sowie Gemeindegruppe und Einwohnerzahl

noch Übersicht 7/5 Beherbergungskapazität in Luftkurorten

Anzahl der Gästebetten von ... bis ... unter ... (Stand 1. April 1980)

Gemeinde-größe	unter 500	500 bis unter 1000	1000 bis unter 1500	1500 bis unter 2000	2000 bis unter 3000	3000 bis unter 4000	4000 bis unter 5000	5000 bis unter 10000	10000 und mehr
von 10 000 bis unter 20 000 Einw.	30 23 30 33	30 13 30 25 52 21	30 28 42 01 51 08 80 04	30 26 51 10	80 16	21 06	13 25		
20 000 Einw. und mehr		30 18			52 15	52 06			

Übersicht 7/6 Beherbergungskapazität in Erholungsorten

Gemeinde-größe	unter 500	500 bis unter 1000	1000 bis unter 1500	1500 bis unter 2000	2000 bis unter 3000	3000 bis unter 4000	4000 bis unter 5000	5000 bis unter 10000	10000 und mehr
von 2 500 bis unter 5 000 Einw.	21 10 60 16	22 11 23 07 23 13 24 03							
von 5 000 bis unter 10 000 Einw.	12 06 12 07 52 18 80 11	23 10 23 12 52 11			11 07				
von 10 000 bis unter 20 000 Einw.	22 09 22 16 30 21 52 07	13 18 22 12 52 14	13 21 30 35						
20 000 Einw. und mehr	30 19	51 11 52 22	44 04						

Übersicht E 7: Gliederung der Untersuchungsgemeinden nach Beherbergungskapazität
sowie Gemeindegruppe und Einwohnerzahl

Übersicht 7/7 Beherbergungskapazität in sonstigen Berichtsgemeinden

Gemeinde-größe	Anzahl der Gästebetten von ... bis ... unter ... (Stand 1. April 1980)								
	unter 500	500 bis unter 1 000	1 000 bis unter 1 500	1 500 bis unter 2 000	2 000 bis unter 3 000	3 000 bis unter 4 000	4 000 bis unter 5 000	5 000 bis unter 10 000	10 000 und mehr
von 1 000 bis unter 2 500 Einw.	60 12								
von 5 000 bis unter 10 000 Einw.	11 05 30 14 60 15 80 14	22 13 24 06		11 08					
von 10 000 bis unter 20 000 Einw.	12 05 22 10 30 15 43 09 43 10 43 17 43 18 60 01	22 17 60 14	22 08 51 06	41 06	22 15			30 29	
20 000 Einw. und mehr	52 16	30 22 44 03 51 04		41 07 51 05				41 05	

Übersicht E 7: Gliederung der Untersuchungsgemeinden nach Beherbergungskapazität sowie Einwohnerzahl

Übersicht 7/8 Beherbergungskapazität in österreichischen Untersuchungsgemeinden

* : Hauptsaison = Winter : Stand 29.9.1980
Übrige : Hauptsaison = Sommer : Stand 31.8.1980

Gemeindegröße	Anzahl der Gästebetten von ... bis ... unter ...								
	unter 500	500 bis unter 1 000	1 000 bis unter 1 500	1 500 bis unter 2 000	2 000 bis unter 3 000	3 000 bis unter 4 000	4 000 bis unter 5 000	5 000 bis unter 10 000	10 000 und mehr
unter 1 000 Einw.			A V 03*			A T 06*			
von 1 000 bis unter 2 500 Einw.	A N 02 A N 04 A St 01	A S 04 A St 03			A B 01 A S 02*	A B 02 A S 06		A T 01* A T 04* A T 05*	
von 2 500 bis unter 5 000 Einw.	A S 05		A K 02			A S 03* A V 02		A K 04	A K 05
von 5 000 bis unter 10 000 Einw.	A K 01 A St 04 A St 02	A O 01						A K 03 A S 01 A T 02*	A S 07
von 10 000 bis unter 20 000 Einw.	A N 05			A V 01	A T 03				
20 000 Einw. und mehr		A N 03				A N 01			

Übersicht E 7: Gliederung der Untersuchungsgemeinden nach Beherbergungskapazität sowie Einwohnerzahl

Übersicht 7/9 Beherbergungskapazität in schweizerischen Untersuchungsgemeinden

Gemeinde-größe	Anzahl der Gästebetten von ... bis ... unter ... (Stand Oktober 1980)								
	unter 500	500 bis unter 1000	1000 bis unter 1500	1500 bis unter 2000	2000 bis unter 3000	3000 bis unter 4000	4000 bis unter 5000	5000 bis unter 10000	10000 und mehr
unter 1000 Einw.			CH GR 03, CH GR 06	CH BE 03, CH O 01	CH GR 04, CH GR 05, CH VS 03, CH Z 03	CH BE 04, CH VS 01		CH VS 04	
von 1000 bis unter 2500 Einw.					CH BE 01		CH GR 02	CH VS 02	
von 2500 bis unter 5000 Einw.	CH Z 02							CH TI 01, CH Z 01	CH VS 05
von 10000 bis unter 20000 Einw.								CH BE 02	CH GR 01

Übersicht E 8: Geschwindigkeitsbeschränkungen innerorts

Gemeindegröße	Kenn-Nr.	Gemeinde	max. ... km/h	Kenn-Nr.	Gemeinde	max. ... km/h
unter 1 000 Einw.	D 80 15	Norddorf	30	CH GR 04	Sils im Engadin	20/40
von 1 000 bis unter 2 500 Einw.	D 13 09	Bad Teinach-Zavelstein	40	D 23 05	Bayersoien	(30)
	D 13 16	Höchenschwand	30	D 13 26	Todtmoos	30
	A B 01	Bad Tatzmannsdorf	30	A T 04	St. Anton am Arlberg	30
	CH BE 01	Hasliberg	40	CH GR 02	Laax	50
von 2 500 bis unter 5 000 Einw.	D 22 01	Bad Bocklet	30	D 24 03	Birnbach	30
	D 42 02	Hitzacker	30	D 80 10	Laboe	30
	D 30 24	Lindenfels	20	D 23 13	Münsing	30
von 5 000 bis unter 10 000 Einw.	D 13 05	Bad Herrenalb	40	D 60 06	Bad Hönningen	30
	D 44 01	Bad Nenndorf	40	D 52 05	Bad Sassendorf	30
	D 60 10	Daun	30	D 21 05	Hindelang	30
	D 11 07	Langenargen	30			
von 10 000 bis unter 20 000 Einw.	D 60 05	Bad Ems	40	D 60 04	Bad Dürkheim	30
	D 12 02	Bad Rappenau	40	D 30 09	Bad Soden-Salmünster	30
	D 22 08	Dinkelsbühl	?	D 41 06	Herzberg am Harz	30
	D 11 06	Isny im Allgäu	40	D 80 16	Plön	30
	A V 01	Bludenz	30			
20 000 Einw. und mehr	D 13 03	Baden-Baden	40	D 30 11	Bad Vilbel	40
	D 41 05	Goslar	30	D 11 09	Radolfzell am Bodensee	30
	A N 01	Baden	30			

Teil F
Arbeitshilfen
- Praktische Beispiele aus den Referenzgemeinden -

Vorbemerkungen

Die im Teil F, Kapitel 1, zusammengestellten Arbeitshilfen wurden amtlichen Formularen, Informationsschriften für einheimische Bürger und/oder Kur- und Erholungsgäste sowie Werbematerialien entnommen, die die Gemeinde- oder Kurverwaltungen der Untersuchungsgemeinden freundlicherweise zur Verfügung stellten. Mit dieser Auswahl ist keine Wertung verbunden. Die aufgeführten Beispiele sollen vielmehr dem Benutzer Anregungen für situationsbezogene, kreative Lösungen im Rahmen seiner praktischen Planungstätigkeiten vermitteln.

Für die Ausarbeitung dieser nicht-technischen Begleitmaßnahmen des örtlichen Gesamtkonzepts "Erholungsfreundliche Verkehrsmaßnahmen" ist eine sorgfältige Vorbereitung zu empfehlen. Vor allem die Informationsträger (wie Informationsblätter, Broschüren, aber auch amtliche Fahrzeugplaketten u.ä.) können durch eine aufklärende Textwahl und eine ansprechende graphische Gestaltung die Akzeptanz dieser Information bei den Betroffenen erheblich verbessern. Dadurch wird auch ein unterstützender Beitrag für die Umsetzungs- und Betriebsphasen geleistet, dessen Bedeutung für die Akzeptanz des Gesamtkonzepts häufig unterschätzt wird.

Die Bilder F 1 bis F 137 sind thematisch geordnet. Haupt-Sachworte sind:

- Bürgerinformation/Gästeinformation,
- Vorrangbereich für Fußgänger,
- Fahrverbot für Kraftfahrzeuge,
- Ruhender Verkehr,
- Öffentlicher Verkehr - innerorts,
- Öffentlicher Verkehr - Anreise,
- Verkehrs-Informationssystem,
- Werbung.

Eine detailliertere Untergliederung ist im Teil I "Sachwortverzeichnis" festgelegt.

Im Kapitel 2 "Quellenverzeichnis zu Teil F" sind die Herausgeber der abgebildeten Arbeitshilfen zusammengestellt. Die in der Regel vorangestellte Kenn-Nummer verweist in den meisten Fällen auf die in der Kurzdokumentation des Teils D 2 aufgeführten Auskunftsstellen der Referenzgemeinden.

BÜRGERINFORMATION
Vorrangbereich für Fußgänger

Bild F 1, F 2: Informationsblatt der Gemeindeverwaltung 1981
Vorder- u. Rückseite
(schwarz auf gelb/schwarz auf blau; DIN A 4)

BÜRGERINFORMATION
GÄSTEINFORMATION
Vorrangbereich für Fußgänger

Bild F3, F4: Informationsblatt der Kur- und Gemeindeverwaltung 1981 Vorder- und Rückseite (schwarz auf grün; DIN A 4)

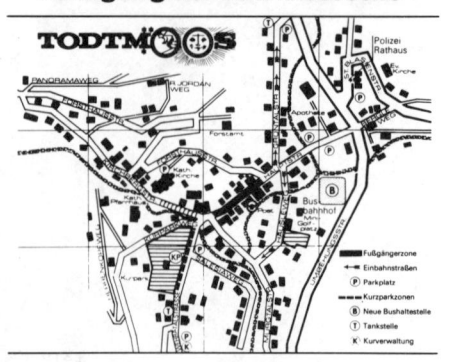

BÜRGERINFORMATION
GÄSTEINFORMATION
Fahrverbot für Kraftfahrzeuge

Bild F5, F6: Informationsblatt der Kur- und Gemeindeverwaltung 1982
Vorder- und Rückseite
(schwarz auf grün; DIN A4 quer)

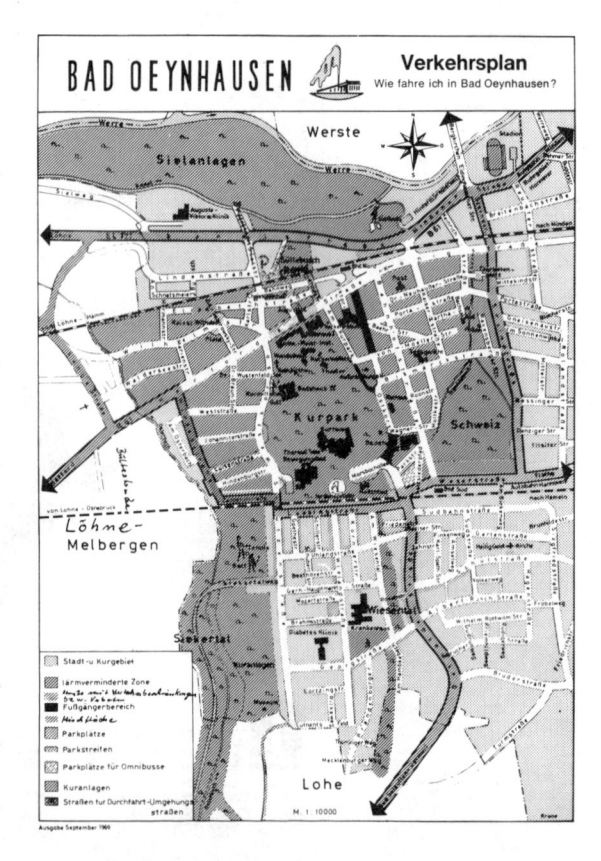

BÜRGERINFORMATION
Fahrverbot für Kraftfahrzeuge

Bild F7, F8: Informationsblatt der Stadtverwaltung 1969 Vorder- und Rückseite (mehrfarbig, DIN A 4)

STADT

BAD OEYNHAUSEN

An alle Kraftfahrzeugführer!

Die Stadt Bad Oeynhausen möchte im Interesse der Heilung suchenden Kurgäste und ihrer Bürger folgende dringende Bitte an Sie richten:

1. Befahren Sie die im Verkehrsplan dargestellte lärmverminderte Zone so wenig wie möglich. Stellen Sie bitte Ihr Fahrzeug auf den vorhandenen zahlreichen Parkplätzen und Parkstreifen außerhalb der lärmverminderten Zone ab (s. tief-blau eingezeichnete Flächen des Verkehrsplanes) und tragen Sie dadurch zur Beruhigung des Kurviertels bei.

2. In der lärmverminderten Zone ist jeglicher **Durchgangs-** und **Kraftradverkehr** verboten.

   Das nebenstehende Verbotszeichen ist unbedingt zu beachten.

   Die Polizei wird laufend kontrollieren.

3. Die Ruhe des Kurgastes und des Bürgers ist unser Ziel. Deshalb werden alle Kraftwagenführer gebeten, nur aus dringendem Anlaß die Straßen innerhalb der lärmverminderten Zone zu befahren.

Für Ihr Verständnis und Entgegenkommen sagen wir Ihnen unseren aufrichtigen Dank.

Die Schaffung von weiteren Parkmöglichkeiten außerhalb der lärmverminderten Zone machte eine Überarbeitung des im Jahre 1963 erstmalig herausgegebenen Verkehrsplanes erforderlich.

BÜRGERINFORMATION
Verkehrsberuhigung
Fragebogen

Bild F 9: Fragebogen der Stadtverwaltung an die Haushalte eines Neubaugebiets
bezüglich verkehrsberuhigender Maßnahmen 1981
Vgl. auch das Rundschreiben 1982, Bild F 10
(DIN A 4)

STADT NIEBÜLL
– Der Magistrat –

Patenstadt der Stadt Plathe/Pommern

*Fragebogen zur Straßengestaltung
im Baugebiet 15*

Was möchten Sie gerne vor Ihrem Haus in der Straße haben?

- einen Parkplatz ☐
- Gegenstände, die das Parken von Autos vor Ihrem Haus verhindern (z.B. Geländer, Poller usw.) ☐
- einen Fahrradständer ☐
- ein Blumenbeet, das Sie selbst pflegen wollen ☐
- einen Baum ☐
- eine Spielmöglichkeit für Kinder ☐
  Was?
- eine Sitzbank ☐
- Gibt es einen Wunsch, den wir noch nicht genannt haben? ☐
  Was?
- Wollen Sie etwas auf gar keinen Fall innerhalb Ihrer Straße haben? ☐
  Was?

☐ Sonstiges _____ ☐

*Den Fragebogen zurück ans Bauamt bitte bis zum 5.10.81
Weitere Fragen beantworten die Herren*

BÜRGERINFORMATION
Verkehrsberuhigung

Bild F 10: Rundschreiben der Stadtverwaltung an die Haushalte eines Neubaugebiets bezüglich verkehrsberuhigender Maßnahmen 1982
2 Seiten
(DIN A 4)

STADT NIEBÜLL
Der Magistrat

Stadt Niebüll · Postfach 1460 · 2260 Niebüll

Patenstadt der Stadt Plathe/Pommern

Fernruf (04661) 777 + 778
Rathaus
Konten der Stadtkasse Niebüll:
Sparkasse NF Niebüll, Nr. 70-000 062
Volksbank Niebüll eG, Nr. 41 726
Postscheck Hamburg, Nr. 449 21-200
Commerzbank Niebüll, Nr. 87/10600

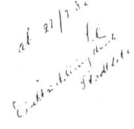

Ihre Zeichen:
Ihre Nachricht:
Unsere Zeichen: Schu./Ze.
Az.:
2260 Niebüll, den 22. Juli 1982

Sehr geehrte Anwohner des Baugebietes Nr. 15 (Schützenring, Zum Ackerkoog, Eichenweg, Kastanienweg und Buchenweg)!

In absehbarer Zeit, ca. Mitte bis Ende August 1982, wird der Endausbau in straßenbaulicher Hinsicht abgeschlossen sein. Wir möchten Sie deshalb nochmals ansprechen und Ihnen die Gelegenheit geben, kleine Änderungswünsche oder Verbesserungen vorzutragen, solange die bauausführende Firma an der Baustelle tätig ist. Dieses sollte möglichst in den Wochen zwischen dem 26.07. bis 06.08.1982 in den Vormittagsstunden geschehen, so daß unser Bauleiter, Herr Schubert, eventuell erforderliche Ortstermine mit Ihnen absprechen kann.

Bei dieser Gelegenheit möchten wir Sie auf die Bedeutung einer verkehrsberuhigten Zone hinweisen.

Die verkehrsberuhigte Zone für das Baugebiet Nr. 15 beginnt vom Osterweg kommend hinter dem Bahnübergang der Strecke Niebüll-Dagebüll und wird durch entsprechende Verkehrszeichen der Straßenverkehrsordnung (325 und 326) gekennzeichnet. Innerhalb dieses Bereiches gilt:

1. Fußgänger dürfen die Straße in ihrer ganzen Breite benutzen. Kinderspiele sind überall erlaubt.
2. Der Fahrzeugverkehr muß Schrittgeschwindigkeit einhalten.
3. Die Fahrzeugführer dürfen die Fußgänger weder gefährden noch behindern. Wenn nötig, müssen sie warten.
4. Die Fußgänger dürfen den Fahrverkehr nicht unnötig behindern.
5. Das Parken ist außerhalb der dafür gekennzeichneten Flächen unzulässig, ausgenommen zum Ein- und Aussteigen, zum Be- und Entladen.

- 2 -

Wir bitten Sie, in Ihrem eigenen Interesse die Straßenverkehrsordnung zu beachten.

Die an der Fahrbahn seitlich angelegten Pflasterstreifen von einer Breite von ca. 1,30 m sind nicht als Parkstreifen, sondern nur als Ausweiche bei Gegenverkehr vorgesehen. Die in einigen Bereichen zusätzlich verbreiterten Randstreifen um ca. 2,00 m sind als Stellplätze zu betrachten. Ansonsten sind für Parkflächen die bekannten größeren Parkplätze, die an verschiedenen Stichwegen liegen, zu benutzen.

Weiter müssen wir darauf hinweisen, daß Schäden, die an den öffentlichen Grünanlagen und Straßen verursacht werden, zu Lasten des Verursachers oder bei Kindern des Aufsichtspflichtigen gehen.

Wir bedanken uns nochmals recht herzlich für Ihr Verständnis und Ihre Rücksichtnahme während der Bauzeit und wünschen Ihnen viel Freude in Ihrem verkehrsberuhigten Baugebiet.

Mit freundlichen Grüßen
I.A.

BÜRGERINFORMATION
Umfahrungsstraße

Bild F 11: Rundschreiben der Stadtverwaltung an alle Haushalte bezüglich Umfahrungsstraße 1979
4 Seiten
(DIN A 4)

Stadtverwaltung Bad Buchau am Federsee
Fernsprecher (07582) 23 51/23 52

An alle
Haushaltungen

in Bad Buchau mit
Stadtteil Kappel

7952 BAD BUCHAU, den 5.12.1979
Landkreis Biberach

Betr.: Umgehungsstraße im Zuge der Landstraße 275

**Auf eine Klarstellung,
liebe Bürgerinnen und Bürger!**

In den letzten Wochen führt ein Thema die "Hitliste" der kommunalpolitischen Diskussion in Bad Buchau an: Die Umgehungsstraße Bad Buchau.

Die große Bedeutung dieser Aufgabenlösung rechtfertigt ein intensives Überdenken, ein abgeklärtes Gespräch, ein vernünftiges Abwägen sachlicher Gesichtspunkte. Gefühlsbetonte Reaktionen, ein unumstößliches Festhalten an festgefahrenen Meinungen und einseitige, teilweise falsche Informationen dienen dem Vorhaben ganz gewiß nicht. Die "Grünen Blätter" und Zeitungsberichte im Wochenblatt und in der Stuttgarter Zeitung preisen die Trasse zwischen Bad Buchau und Kappel als göttliche Eingebung, als der Weisheit letzter Schluß. Ist das so? Die weitere Diskussion wird das aufzeigen!

Gemeinderat, Verwaltung und beteiligte staatliche Behörden sind gerne bereit, im Januar 1980 - wenn auch die sogenannte grüne Trasse eingehend untersucht ist - eine Bürgerversammlung einzuberufen. Bis dahin können wir aber einige offensichtliche Falschmeldungen mit dem Ziel der Stimmungsmache und einseitiger Beeinflussung nicht unbeantwortet in der Diskussion stehen lassen.

1. Undemokratischer Themaabbruch in der Gemeinderatssitzung am 12. 11. 1979

In Gemeinderatssitzungen können sich Bürger grundsätzlich nicht zu Wort melden. Sie sind Zuhörer. Dies legt die Gemeindeordnung eindeutig fest. Eine Bürgerfragestunde stand nicht auf der Tagesordnung, da die Sitzung der Unterrichtung und noch nicht der Meinungsbildung gewidmet war.
Eine nicht überstürzte und damit vernünftig abgewogene Diskussion ist erst nach vollständiger Unterrichtung des Gemeinderats und der Einwohner möglich. Es stimmt, daß die zahlreich erschienenen Landwirte durch eigenwillige Offenlegung behördeninterner Unterlagen von Naturschutzwart Mahr weitgehender unterrichtet waren als das politische Hauptorgan der Stadt. War dies gewollt und gesteuert?

2. Einseitige Information in der Gemeinderatssitzung

Es wurden die bis 12.11.1979 erarbeiteten Trassen vorgestellt. Die sogenannte grüne Trasse wurde im Rahmen innerbehördlicher Anhörungsverfahren erst Mitte Oktober vom Naturschutz geboren. Die Zeit für eine eingehende Untersuchung dieser Variante war nicht ausreichend. Dagegen hat sich die Landwirtschaft einseitig durch Gesichtspunkte des Naturschutzes prägen lassen. Die Umgehung von Bad Buchau läßt sich aber nicht allein nach Belangen des Naturschutzes auslegen. Diese Ansicht spiegelt nur eine von vielen Gesichtspunkten wider. Sind städtebauliche Entwicklung, Lärm, Schallrichtung, Staub, Schulzentrum, Verkehrssicherheit, Kurbelange und vieles andere nicht auch prüfenswerte Argumente? Ist eine ähnliche Situation wie an der Straßenkreuzung am "Deutschen Kaiser" in Riedlingen erstrebenswert?

3. Verbraucht die westliche Umgehung von Kappel nur gute Ackerböden?

Die Forderung der Landwirtschaft auf möglichst sparsamen Verbrauch von Boden und vor allem gutem Ackerboden wird von der Stadt und den Straßenbaubehörden sehr ernst genommen. So wurden die Straßenvarianten 3 und 4 wegen zu hohen Landverbrauchs sofort zu den Akten gelegt. In enger Zusammenarbeit mit der zuständigen Fachbehörde der Landwirtschaft - nicht des Naturschutzes - wie auch mit den Bauern selbst wurden zwei abgeänderte Trassen, nämlich die Linienführung 2a und 2b erarbeitet. Bei diesen Lösungen werden ca. 2 ha Vorrangflur I, ca. 5 ha Vorrangflur II und ca. 9 ha Grenzflur und Waldflächen beansprucht und nicht 15 ha gute Ackerböden!! Ist die Landwirtschaft auf solche Falschmeldungen angewiesen? Wie sehen, die hier aufgezeigten Bemühungen der Straßenbauverwaltung lassen Gesprächs- und Konzessionsbereitschaft - auch mit der eingehenden Untersuchung der "grünen Trasse" - erkennen. Die Landwirtschaftssprecher sagen kompromißlos: "Mit der süd-westlichen Umgehung von Kappel niemals einverstanden." Wir hoffen dennoch auf demokratische Aufgeschlossenheit bei den übrigen Bauern beim Abwägen aller sachlichen Argumente. Eine Gemeinschaft funktioniert nur im gegenseitigen Aufeinanderzugehen, nicht bei "niemals".

4. Landschaftseinbindung und Denkmalschutz

Ob die Landschaft durch die westliche Umgehung im Plankental oder die "grüne Trasse" mit der S-förmigen Einzäunung und Trennung von Bad Buchau und Kappel stärker beeinträchtigt wird, sei vorerst einmal offen gelassen. Zweifelsohne liegt aber die denkmalgeschützte Wuhrkapelle wesentlich näher an der "grünen Trasse" als die Plankentalkapelle an der "Behördentrasse". Gewisse Böschungen lassen sich bei den beiden Trassen nicht ganz umgehen. Man sollte sie möglichst niedrig halten.

5. "Bad" Buchau

Vollends selbstmörderisch klingt die Feststellung im Wochenblatt vom 15.11.1979: "Es ist auch kaum anzunehmen, daß Bad Buchau seinen Status als Bad verlieren wird angesichts der vorhandenen Einrichtungen, wenn die Umgehungsstraße nicht gebaut wird."

So belanglos kann nur ein schlecht informierter Redakteur schreiben. Eine solch schwerwiegende Aussage kann über fünfzehnjährige mühselige Bemühungen von Stadt und örtlicher CDU zum alsbaldigen Bau der Umgehung Bad Buchau zerstören. Bei der kürzlichen Tagung des Fremdenverkehrsverbandes Bodensee-Oberschwaben kam deutlich zum Ausdruck, daß andere Kur- und Erholungsorte auf eine solche Umfahrung ihrer Stadt sehnsüchtigst warten.

Die Umgehung von Bad Buchau ist ein Tragpfeiler des Lebens in und an unserer Stadt sowie für die zukünftige allgemeine Weiterentwicklung. Wir sollten daher mit dieser Frage nicht zu leichtfertig umgehen.

Und bedenken Sie:
Auswärtige brauchen Ratschläge nicht örtlich politisch zu verantworten. Aber so, wie wir uns auftischen, so werden wir essen. Wir sollten uns nicht durch viele Köche unser Menü verderben lassen.

Das planende Ingenieurbüro Langenbach aus Sigmaringen gibt der Bevölkerung am

Freitag, den 14. 12. 1979, von 14.00–19.00 Uhr

im Sitzungssaal des Rathauses Gelegenheit zu eingehender Bürgerinformation im Einzelgespräch. Nehmen Sie diese Gelegenheit recht zahlreich wahr.

Mit freundlichen Grüßen

- auch im Auftrag des Gemeinderats -

Müller
Bürgermeister

VORRANGBEREICH FÜR FUSSGÄNGER
Satzung

Bild F 12: Ortssatzung für einen Vorrangbereich für Fußgänger 1980
4 Seiten
(DIN A 4)

Satzung
über die Sondernutzungen am Fußgängerbereich
Reichenstraße-Schrannengasse-Brunnengasse-
Hutergasse-Jesuitergasse

(Altstadt-Fußgängerbereich-Satzung)

Auf Grund der Art. 22 a und 56 Abs. 2 des Bayer. Straßen- und Wegegesetzes (BayStrWG) in der Fassung der Bekanntmachung vom 2. Juli 1974 (GVBl. S. 333) und der Artikel 23 und 24 der Gemeindeordnung für den Freistaat Bayern (GO) in der Fassung der Bekanntmachung vom 31. Mai 1978 (GVBl. S. 353) erläßt die Stadt Füssen mit Genehmigung des Landratsamtes Ostallgäu vom 10. Juli 1980 Nr. 201 - 028 folgende Satzung:

§ 1
Geltungsbereich

Diese Satzung regelt die Benutzung des Fußgängerbereiches Reichenstraße-Schrannengasse-Brunnengasse-Hutergasse-Jesuitergasse, die über den Gemeingebrauch hinausgeht und durch die der Gemeingebrauch beeinträchtigt werden kann (Sondernutzung).

§ 2
Begriffsbestimmung

(1) Der Fußgängerbereich umfaßt die in dem beigefügten Lageplan gekennzeichneten Flächen. Der Lageplan bildet einen Bestandteil dieser Satzung.

(2) Der Gemeingebrauch im Fußgängerbereich ist durch die Widmung auf den Fußgängerverkehr beschränkt.

- 2 -

§ 3
Erlaubnis

(1) Sondernutzungen bedürfen der Erlaubnis.

(2) Die Erlaubnis wird durch öffentlich-rechtlichen Bescheid nach denselben Grundsätzen erteilt, die für die Erteilung einer Erlaubnis im Sinne des Art. 18 des BayStrWG gelten.

§ 4
Ausnahmen

(1) Eine Erlaubnis ist nicht erforderlich, wenn die Benutzung durch die Straßenverkehrsbehörde nach § 29 der Straßenverkehrsordnung (StVO) vom 16. November 1970 (BGBl. I S. 1565, ber. 1971, S. 38) erlaubt wird oder soweit Sonderrechte nach § 35 StVO bestehen.

(2) Für das Fahren und Anhalten von Kraftfahrzeugen, das lediglich dem erforderlichen An- und Ablieferverkehr der Anlieger dient, gilt die Erlaubnis als erteilt

Montag - Freitag   von 6.00 - 10.00 Uhr
                   von 12.30 - 13.30 Uhr
                   von 18.00 - 20.00 Uhr
Samstag   von 6.00 - 9.00 Uhr.

§ 5
Lieferverkehr

(1) Bei der Durchführung von Lieferverkehr im Sinne des § 4 Abs. 2 ist folgendes zu beachten:
a) Der Aufenthalt der Fahrzeuge im Fußgängerbereich ist auf die unbedingt notwendige Dauer zu beschränken.
b) Der Fußgängerverkehr hat in jedem Fall Vorrang.

- 3 -

c) Es darf nur Schrittgeschwindigkeit gefahren werden.
d) Lastwagen dürfen rückwärts nur gefahren werden, wenn eine Hilfsperson beigezogen ist.
e) Die Fahrtrichtungsgebote an den Einfahrtstellen müssen eingehalten werden; das Wenden der Fahrzeuge ist untersagt.
f) Von den Hausfronten ist ein Sicherheitsabstand von 1,5 m und von den übrigen Gegenständen von mindestens 0,5 m einzuhalten.
g) Die Erlaubnis gilt nur für Fahrzeuge mit einem zulässigen Gesamtgewicht bis zu 7,5 t.

(2) Ist es im Interesse der Sicherheit und Leichtigkeit des Verkehrs oder zum Schutze der Fußgänger erforderlich, so kann der nach § 4 Abs. 2 zulässige Lieferverkehr für den Einzelfall untersagt werden, wenn das Grundstück eine anderweitige ausreichende Verbindung zu dem öffentlichen Wegenetz besitzt.

(3) Bei einer Untersagung im Sinne des Absatzes 2 oder bei Sperrung, Änderung, Umstufung oder Einziehung entsteht den durch § 4 Abs. 2 Begünstigten kein über Art. 17 des Bayer. Straßen- und Wegegesetzes hinausgehender Anspruch.

(4) Jeder Fahrzeughalter hat der Stadt Füssen die Schäden und Kosten zu ersetzen, die ihr durch das Befahren und Anhalten mit seinem Fahrzeug im Fußgängerbereich entstehen.

(5) Für die Sondernutzung zur Durchführung des Lieferverkehrs werden Gebühren nicht erhoben.

- 4 -

§ 6
Nicht erlaubnisfähige Sondernutzungen

Die Sondernutzungserlaubnis wird insbesondere nicht erteilt
a) für das Nächtigen im Fußgängerbereich,
b) für das Betteln in jeglicher Form,
c) für Veranstaltungen aller Art, die eine nachhaltige Veränderung der architektonischen Gestaltung oder eine Beschädigung des Straßenbelages oder der Einrichtungen zur Folge haben können.

§ 7
Ordnungswidrigkeiten

Nach Art. 24 Abs. 2 Satz 2 GO kann mit Geldbuße belegt werden, wer
a) Sondernutzungen ohne die hierzu nach § 3 Abs. 1 erforderliche Erlaubnis ausübt, oder den in der Erlaubnis festgelegten Bedingungen und Auflagen zuwiderhandelt,
b) bei der Durchführung des Lieferverkehrs den Vorschriften des § 5 Abs. 1 zuwiderhandelt,
c) nicht erlaubnisfähige Sondernutzungen im Sinne des § 6 ausübt.

§ 8
Inkrafttreten

Diese Satzung tritt am Tage nach ihrer Bekanntmachung in Kraft.

Füssen, den 21. Juli 1980

Wanner
1. Bürgermeister

VORRANGBEREICH FÜR FUSSGÄNGER
Bürgerinformation

EINKAUFSSTADT HARTBERG   STADTGEMEINDE HARTBERG

INFORMATIONSBLATT
Probeweise Fußgängerzone in Hartberg
in der Zeit vom 15. bis 30. August 1981

Liebe Hartbergerinnen und Hartberger!

Unter dem Motto „Probieren geht über Studieren" haben wir uns entschlossen, für die zweite Hälfte des Monats August eine probeweise FUSSGÄNGERZONE einzurichten.

Dies hat den Zweck, wirklich konkrete und sachbezogene Aufschlüsse über die Wirkungen einer Fußgängerzone zu bekommen.

Wir bitten daher um Verständnis, aber insbesondere auch um Ihre Mithilfe. So sind wir dankbar für jede Kritik, aber auch für jede Anregung, die Sie uns geben. Machen Sie von dieser Möglichkeit Gebrauch und besuchen Sie die Fußgängerzone!

Die Zustelldienste sind in der Zeit von jeweils **18 Uhr bis 9 Uhr** des nächsten Tages möglich. Während der übrigen Zeit wollen Sie bitte die n a h e g e l e g e n e n Parkplätze benützen.

Verehrte Kunden!

Ihnen wollen wir in der FUSSGÄNGERZONE ungestörte Einkaufsmöglichkeiten, aber auch einen gemütlichen Aufenthalt in unseren Gastbetrieben bieten. Wir wären Ihnen sehr dankbar, wenn Sie die in den Geschäften aufliegenden Fragebögen ausfüllen, damit wir über die Kaufgewohnheiten und die Meinung unserer Kunden Aufschluß erhalten. Auch für Sie sind die im Umkreis liegenden Parkplätze vorgesehen.

Werte Zusteller!

Bitte beachten Sie die Zeiten, in denen der Zustelldienst erlaubt ist und haben Sie Verständnis für diese Maßnahme. Sollten für Sie durch diese Verkehrsbeschränkung unzumutbare Schwierigkeiten entstehen, wenden Sie sich bitte umgehend an die Stadtgemeinde.

Wir hoffen, daß mit Ihrer aller Mithilfe diese FUSSGÄNGERZONE wirklich erprobt werden kann und danken Ihnen hierfür schon jetzt.

Der Bürgermeister
(LAbg. Josef Lind)

BITTE WENDEN!

Bild F 13, F 14:
Rundschreiben der Stadtverwaltung an alle Haushalte anläßlich der probeweisen Einführung eines Vorrangbereichs für Fußgänger 1981
Vorder- und Rückseite
(DIN A 4)

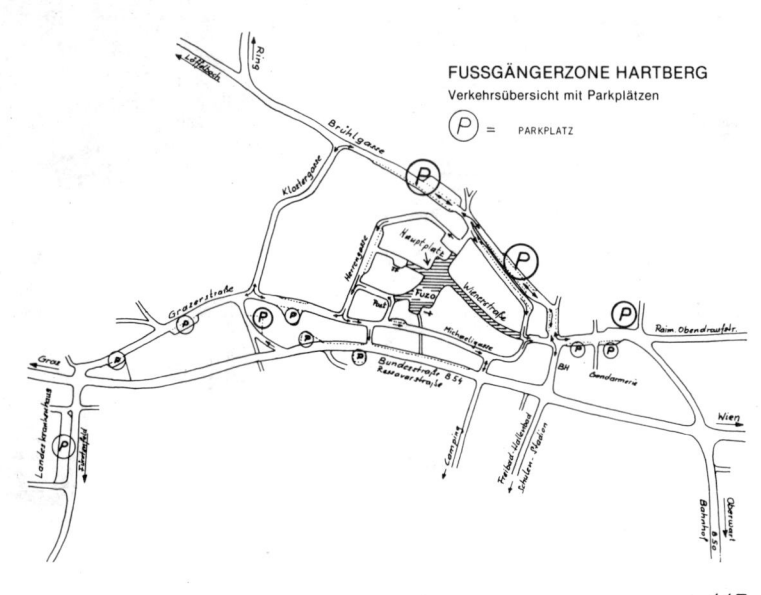

FUSSGÄNGERZONE HARTBERG
Verkehrsübersicht mit Parkplätzen

Ⓟ = PARKPLATZ

VORRANGBEREICH FÜR FUSSGÄNGER
Bürgerinformation

Merkblatt zur Einrichtung der Fußgängerzone

1. Wer benötigt eine Ausnahmegenehmigung?
- Jeder Fahrzeughalter, der in dem betroffenen Bereich seinen Wohnsitz hat und polizeilich gemeldet ist.
- Personen, die im öffentlichen Interesse (z. B. Sozialbetreuung, Krankenpflege u. a.) tätig sind und im Rahmen dieser Tätigkeit auf ein Fahrzeug angewiesen sind.
- Betriebsinhaber, deren Betrieb innerhalb der Zone liegt.

In Zweifelsfällen wird gebeten, bei der Stadtverwaltung vorzusprechen.

2. Verhalten im Fußgängerbereich
- **Wichtigste Regel:** Der Fußgänger genießt **grundsätzlich** Vorrang vor dem Fahrverkehr (also Schrittempo).
- die bestehenden Verkehrsbeschränkungen in der Fußgängerzone gelten weiter.
- Fahrzeuge **ohne** Ausnahmegenehmigung müssen mit Beginn der Sperrzeit die Fußgängerzone verlassen haben.

3. Ausgenommen von der neuen Verkehrsregelung sind:
- der Arzt im Dienst
- Fahrzeuge des Rettungsdienstes (Rotes Kreuz)
- Feuerwehr im Einsatz
- Stadtwerke im Einsatz
- Taxen mit Betriebssitz in Rothenburg
- Fälle des übergesetzlichen Notstandes
- Hotelübernachtungsgäste

Schneider-Druck 8803 Rothenburg Telefon (09861) 3066

Liebe Rothenburger!

Der Stadtrat hat sich entschieden, für den inneren Kern unserer Stadt eine zeitweilige Fußgängerzone einzurichten. Die Grenzen dieses Fußgängerbereichs erkennen Sie umseitig. Ich meine, wir alle sind aufgerufen, diese einstimmige Entscheidung des Stadtrates mitzutragen und durch unser Verhalten zu dem Ergebnis zu bringen, das für uns alle wünschenswert ist. Gerade in den vergangenen Tagen und Wochen hat sich die Verkehrssituation in Rothenburg derartig verschlechtert, daß wir auf Dauer nicht so weitermachen können. Mit der neuen Fußgängerzone, die wir an den Samstagen von 13.00 bis 17.00 Uhr und an den Sonntagen von 10.00 bis 17.00 Uhr einrichten, wollen wir vor allem auch Erfahrungen sammeln, ob all das zutrifft, was für oder gegen Fußgängerzonen eingewandt werden könnte. Ich meine, daß wir als Fremdenverkehrsstadt auch unseren Gästen ein solches von Vielen erwartetes Angebot – wenigstens an den Wochenenden – machen sollten. Inmitten unseres historischen Stadtkerns mit seinen malerischen Fassaden und seiner eindrucksvollen Architektur kann ein solcher Fußgängerbereich unserer Stadt neue Impulse geben und zu einer Stätte der Begegnung für Gäste und Bürger werden.

Sicher kann es in der Anfangsphase zu Unzulänglichkeiten und Mißverständnissen kommen. Bitte begegnen Sie der neuen Regelung mit der notwendigen Ruhe und Gelassenheit, getreu unserer fränkischen Redensart »es wird si scho eifäddle«.

Wir werden alles versuchen, die Einführung der Fußgängerzone möglichst reibungslos in enger Zusammenarbeit mit der Polizei durchzuführen. Sollten Sie Einzelfragen haben, wenden Sie sich bitte getrost an die Stadtverwaltung oder auch an mich selbst.

Ihr

Oberbürgermeister

Bild F 15 (links):
Informationsblatt der Stadtverwaltung anläßlich der Einführung eines Vorrangbereichs für Fußgänger 1980. Hier: Vorderseite abgebildet, Rückseite zeigt Muster der Plakette zur Kennzeichnung fahrberechtigter Fahrzeuge (vgl. hierzu Bild F 36) (schwarz auf gelb, DIN A 5)

Bild F 16, F 17 (unten):
Informationsblatt der Stadtverwaltung anläßlich der Einführung eines Vorrangbereichs für Fußgänger 1980 Vorder- und Rückseite (DIN A 4)

Fußgängerzone Rothenburg ob der Tauber

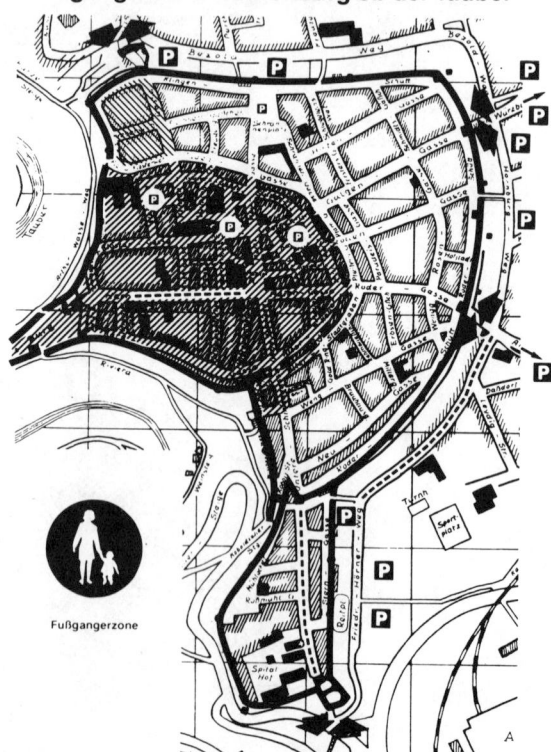

Fußgängerzone

VORRANGBEREICH FÜR FUSSGÄNGER
Ausnahmegenehmigung

Rothenburg o.d.T., den ....

An die
Stadt Rothenburg o.d.T.
- Straßenverkehrsamt -
Grüner Markt 1

8803 Rothenburg o.d.T.

Vollzug der Straßenverkehrs-Ordnung (StVO);
hier: Antrag auf Erteilung einer Ausnahmegenehmigung nach
§ 46 Abs. 1 Nr. 11 StVO

Name: _____ Vorname: _____
                     wohnhaft
geb. am: _____ Straße: _____

Fahrzeug: _____

Fabrikat: _____ Kennzeichen: _____

Ich beantrage hiermit die Erteilung einer Ausnahmegenehmigung vom Fahr- und Parkverbot innerhalb der Fußgängerzone.

Gründe: ....
         ....

Ich werde die in der mir erteilten Ausnahmegenehmigung aufgeführten Auflagen und Bedingungen einhalten und bei einem Wohnungswechsel außerhalb der Fußgängerzone sowie bei Fahrzeugwechsel die Ausnahmegenehmigung und Fahrzeugplakette unverzüglich zurückgeben.

....
Unterschrift

Bild F 18 (links):
Muster eines Antrags auf Erteilung einer Ausnahmegenehmigung
(DIN A 4)

STADT ROTHENBURG OB DER TAUBER

Ref. II/2-SVA-   Rothenburg ob der Tauber,
Geschäftszeichen, bitte bei Antwort angeben

Stadt Rothenburg ob der Tauber
8803 Rothenburg ob der Tauber Postfach 1382

Vollzug der Straßenverkehrs-Ordnung (StVO);
hier: Ausnahmegenehmigung zum Befahren der Fußgängerzone in Rothenburg o.d.T.

Zum Antrag vom

Auf Ihren Antrag erhalten Sie eine jederzeit widerrufliche

Ausnahmegenehmigung

aufgrund § 46 Abs. 1 Nr. 11 StVO von den nach § 45 Abs. 1 der Straßenverkehrs-Ordnung vom 16.11.1970 (BGBl. I S. 1565) angeordneten Verkehrsbeschränkungen nach Zeichen 241 der Anlage zur StVO zum Befahren der Fußgängerzone in der Altstadt.

Die Ausnahmegenehmigung gilt als Fahrberechtigung zu Ihrer Garage bzw. Ihrem Stellplatz innerhalb der Fußgängerzone mit dem

Kfz.-Fabrikat: _____ amtl. Kennzeichen: _____

Sie hat Gültigkeit bis auf Widerruf, jedoch nicht an Tagen, an denen die gesamte Altstadt zur Fußgängerzone (Pfingsten, Reichsstadttage u.a.) erklärt und durch Verkehrszeichen ausgewiesen ist.

Erlaubter Fahrbereich:

Auflagen:

1. Diese Ausnahmegenehmigung ist beim Fahrzeug mitzuführen und nach Aufforderung Polizeibeamten vorzuzeigen. Den im Einzelfall ergehenden Weisungen muß Folge geleistet werden.

- 2 -

2. Im Bereich der Fußgängerzone sind besondere Vorsicht und Rücksichtnahme geboten. Es darf nur mit Schrittgeschwindigkeit gefahren werden. Der Fußgängerverkehr hat Vorrang vor dem Fahrverkehr. Eine weitergehende Befreiung von den Vorschriften der StVO oder der StVZO ist mit dieser Ausnahmegenehmigung nicht verbunden.

3. Die innerhalb der Fußgängerzone bestehenden Verkehrsbeschränkungen (absolute Halteverbote, eingeschränkte Halteverbote, Kurzparkzone usw.) behalten ihre Gültigkeit und sind zu beachten.

4. Der Inhaber dieser Ausnahmegenehmigung stellt den Träger der Straßenbaulast bzw. die für die Verkehrssicherungspflicht zuständige Verwaltung von Entschädigungsansprüchen Dritter frei für Schäden, welche im Rahmen dieser Genehmigung entstehen.

5. Wohnungs- und Fahrzeugwechsel sind umgehend beim Straßenverkehrsamt der Stadt Rothenburg o.d.T., Grüner Markt 1, unter Vorlage der Ausnahmegenehmigung und Plakette, anzuzeigen.

Vorsorglich wird darauf hingewiesen, daß kein Rechtsanspruch auf Durchführung der beantragten Fahrten besteht, falls unvorhersehbare Umstände deren Durchführung aus Gründen der Sicherheit und Ordnung des Verkehrs nicht gestatten.

Zusätzliche Auflagen und Bedingungen:

Gebührenfrei gemäß Beschluß des Stadtrates vom 24.07.1980.

Im Auftrag:

(Siegel)

Verteiler:

☐ PI Rothenburg o.d.T.

☐ Z.A. Di. II/2-SVA-

Bild F 19 (unten):
Muster einer Ausnahmegenehmigung
2 Seiten
(DIN A 4)

VORRANGBEREICH FÜR FUSSGÄNGER
Ausnahmegenehmigung

Ausnahme-Genehmigung

Herrn/Frau/Firma
Bad Orb
wird gemäß § 46 der Straßenverkehrsordnung (StVO) vom 16. November 1970 unter Freistellung von den Vorschriften des § 41 StVO (Zeichen 250) die Ausnahmegenehmigung erteilt,

am _____ von _____ bis _____ Uhr
vom _____ bis _____ von _____ bis _____ Uhr

in folgenden Straßen sein Fahrzeug zu be- oder entladen:

_____
_____
_____
_____

Diese Ausnahmegenehmigung hat nur Gültigkeit für das Fahrzeug mit dem amtlichen Kennzeichen:

Bedingungen:
1. In der Fußgängerzone darf nur im Schrittempo gefahren werden unter besonderer Rücksichtnahme auf die Fußgänger.
2. Unnötiger Motorenlärm ist zu vermeiden.

Bad Orb, den _____
Der Bürgermeister der Stadt Bad Orb
— Straßenverkehrsbehörde —
Im Auftrag

Hinweise:
1. Die Genehmigung ist mitzuführen, sie ist auf Verlangen den mit der Überwachung des Verkehrs beauftragten Personen zur Einsichtnahme vorzuzeigen.
2. Die Stadt Bad Orb wird von dem Erlaubnisinhaber von allen Schadenersatzansprüchen, die aus Anlaß dieser Genehmigung gegen sie erhoben werden könnten, freigestellt.

göb-druck, bad orb

Bild F 20 (links):
Muster einer Ausnahmegenehmigung für den Lieferverkehr
(DIN A 4)

Bild F 21 (unten):
Muster einer Ausnahmegenehmigung für Anwohner und anliegende Betriebe
(DIN A 4)

Ausnahme-Genehmigung

Herrn/Frau/Firma
Bad Orb
wird gemäß § 46 der Straßenverkehrsordnung (StVO) vom 16. November 1970 unter Freistellung von den Vorschriften des § 41 StVO (Zeichen 250) die Ausnahmegenehmigung erteilt, mit dem Kfz.,

amtliches Kennzeichen:

folgende Straßen in der Fußgängerzone zu befahren:

_____
_____
_____
_____

Die Ausfahrt aus der Fußgängerzone hat über die Kanalstraße und den östlichen Teil der Hauptstraße von der Spessart-Apotheke zur Ludwig-Schmank-Straße zu erfolgen.

Bedingungen:
1. In der Fußgängerzone darf nur im Schrittempo gefahren werden unter besonderer Rücksichtnahme auf die Fußgänger.
2. Unnötiger Motorenlärm ist zu vermeiden.
3. Die Hauptstraße darf weder befahren noch überquert werden mit Ausnahme der Ausfahrt über den östlichen Teil der Hauptstraße von der Spessart-Apotheke bis zur Einmündung in die Ludwig-Schmank-Straße.
4. Die im Zusammenhang mit der Ausnahmegenehmigung ausgehändigte Plakette ist rechts auf der Windschutzscheibe gut sichtbar anzubringen.

Die unten genannten Hinweise sind zu beachten.
Diese Genehmigung wird unter dem Vorbehalt des jederzeitigen Widerrufs erteilt. Sie wird spätestens am _____ ungültig.

Bad Orb, den _____
Der Bürgermeister der Stadt Bad Orb
— Straßenverkehrsbehörde —
Im Auftrag

Hinweise:
1. Die Genehmigung ist mitzuführen, sie ist auf Verlangen den mit der Überwachung des Verkehrs beauftragten Personen zur Einsichtnahme vorzuzeigen.
2. Die Stadt Bad Orb wird von dem Erlaubnisinhaber von allen Schadenersatzansprüchen, die aus Anlaß dieser Genehmigung gegen sie erhoben werden könnten, freigestellt.
3. Diese Genehmigung gilt nur für das oben bezeichnete Fahrzeug (siehe Kennzeichen); sie ist auf andere Fahrzeuge nicht übertragbar.

göb-druck, bad orb

**VORRANGBEREICH FÜR FUSSGÄNGER
FAHRVERBOT FÜR KRAFTFAHRZEUGE**
Ausnahmegenehmigung

Bild F 22, F 23 (untere Abbildung):
Muster einer Ausnahmegenehmigung,
gleichzeitig zur Kennzeichnung fahrberechtigter Fahrzeuge
Vorder- und Rückseite
(schwarz auf grün; DIN A 6)

STADT BAD SALZUFLEN
Der Stadtdirektor

Postanschrift: Stadt Bad Salzuflen · Postfach 2040 · 4902 Bad Salzuflen 1

AUSNAHMEGENEHMIGUNG
gem. § 46 Abs. 1 der Straßenverkehrsordnung (StVO)
für

☐ zum Befahren der Fußgängerzone

☐ zum Befahren einer gesperrten Straße

☐ zum Halten im Haltverbot

☐ zum Aufstellen einer Absetzmulde

☐

Fahrzeug:

Straße:

Gültigkeitsdauer:

Vorgeschriebener Fahrtweg:
Einfahrt:

Ausfahrt:

Ziel:

b.w.

Gültigkeitsdauer:
Auflagen und Bedingungen:
1. Die Ausnahmegenehmigung wird unter dem Vorbehalt jederzeitigen Widerrufs erteilt.
2. Sie ist gut sichtbar im Fahrzeug anzubringen.
3. Von der Ausnahmegenehmigung darf nur unter Beachtung der Grundregeln des Straßenverkehrs (§ 1 StVO) Gebrauch gemacht werden. Sie ist nur im unbedingt notwendigen Umfang zulässig.
4. Weisungen von Polzeibeamten sind zu befolgen.
5. Für Schäden, die sich unmittelbar oder mittelbar aus der Nutzung der Ausnahmegenehmigung für Dritte ergeben, haftet der Genehmigungsinhaber.
6. Bei Nichteinhalten der vorstehenden Auflagen und Bedingungen oder sonstigem verkehrswidrigen Verhalten verliert diese Ausnahmegenehmigung ihre Gültigkeit.

☐ Die Fußgängerzone darf nur im Schrittempo auf dem festgelegten Fahrtweg befahren werden. Auf das Sicherheitsbedürfnis der Fußgänger ist ganz besonders Rücksicht zu nehmen.
PARKEN IST UNZULÄSSIG.

Im Auftrage   Bad Salzuflen, den

VORRANGBEREICH FÜR FUSSGÄNGER
Ausnahmegenehmigung

Bild F 24 (obere Abbildung), **Bild F 25** (untere Abbildung):
Muster von Ausnahmegenehmigungen
2 Seiten
(DIN A 4)

VORRANGBEREICH FÜR FUSSGÄNGER
Ausnahmegenehmigung

Bild F 26 (obere Abbildung):
Muster einer Ausnahmegenehmigung für Anwohner
2 Seiten
(DIN A 4)

Bild F 27 (untere Abbildung):
Muster einer Ausnahmegenehmigung für Lieferverkehr
2 Seiten
(DIN A 4)

453

VORRANGBEREICH FÜR FUSSGÄNGER
Ausnahmegenehmigung

Bild F 28, F 29: Muster einer Ausnahmegenehmigung
Vorder- und Rückseite
(schwarz auf rot, DIN A 5 quer)

Stadt Bad Oeynhausen
Der Stadtdirektor
AZ: III 32.1 72 - 10

4970 Bad Oeynhausen 1,
Postfach 10 08 40

Fernsprecher:
(05731) 22001 - 22006 App. 364

Rathaus I, Ostkorso 8
Zimmer 49

Sehr geehrte Damen und Herren!

Die umseitige Ausnahmegenehmigung, die ich unter dem Vorbehalt des jederzeitigen Widerrufs erteile, bitte ich, an gut sichtbarer Stelle der Windschutzscheibe von innen anzubringen. Ich weise ausdrücklich darauf hin, daß ich die Rücknahme der Verwarnungen verweigere, die aufgrund des Nichtausliegens dieser Genehmigung ausgesprochen werden.
Die Verwaltungsgebühr für diese Genehmigung in Höhe von   DM bitte ich, unter Angabe des Kassenzeichens   innerhalb von zwei Wochen nach Erhalt der Genehmigung auf das Konto Nr. 67 der Stadtkasse bei der Stadtsparkasse Bad Oeynhausen zu überweisen.

Mit freundlichen Grüßen
Im Auftrage:

Ausnahmegenehmigung
an gut sichtbarer Stelle der Windschutzscheibe anbringen

Inhaber:

für das Fahrzeug mit dem amtl. Kennzeichen:

Genehmigungsbereich:

G ü l t i g k e i t :		
bis einschl.:	verlängert bis einschl.:	**Stadt Bad Oeynhausen** — als örtliche Ordnungsbehörde —
LS + Namensz.	LS + Namensz.	

VORRANGBEREICH FÜR FUSSGÄNGER
Ausnahmegenehmigung

Bild F 30: Muster einer Ausnahmegenehmigung
Vorder - und Rückseite
(DIN A 4)

STADT FÜSSEN
KNEIPPKURORT · WINTERSPORTPLATZ · 800 m

Stadt Füssen · Rathaus · 8958 Füssen / Allgäu   Fernruf: 08362 / 7043

Bankkonten:
Sparkasse Füssen (BLZ 733 513 10) Kto. 18
Volksbank Füssen (BLZ 733 913 00) Kto. 612 391
Bayer. Hypotheken- und Wechselbank
Füssen (BLZ 733 213 46) Kto. 6 980 133 972
Raiffeisenbank Füssen (BLZ 733 696 78) Kto. 13 773
Postscheckamt München Kto. 22839 - 806

Unser Zeichen: Datum:
V/3

Vollzug der Straßenverkehrsordnung (StVO)
hier: Ausnahmegenehmigung zum Befahren des
Fußgängerbereichs der Stadt Füssen

I. Die Stadt Füssen als zuständige Straßenverkehrsbehörde
erteilt gem. § 46 Abs. 1 Nr. 11 StVO

Herrn/Frau/Firma _____

wohnhaft in _____ die

von _____ bis _____ befristete, jedoch jederzeit
widerrufbare

A U S N A H M E G E N E H M I G U N G

im Fußgängerbereich der Stadt Füssen außerhalb der Öffnungszeiten

die _____

in der Zeit von _____ Uhr bis _____ Uhr mit dem

Fahrzeugart   Ges.Gew.(nur bei LKW)   amtl.Kennzeichen

unter folgenden Bedingungen und Auflagen zu befahren:

1. Der Fußgängerverkehr hat im Fußgängerbereich Vorrang.
2. Es darf nur Schrittgeschwindigkeit gefahren werden.
3. Die Dauer des Aufenthalts mit Kraftfahrzeugen im Fußgängerbereich ist auf das unbedingt notwendige Maß zu beschränken.

4. Die Ausnahmegenehmigung ist mitzuführen und nach Aufforderung der Polizei vorzulegen. Den im Einzelfall ergehenden Weisungen der Polizei ist Folge zu leisten.

5. Der Inhaber dieser Ausnahmegenehmigung stellt den Träger der Straßenbaulast bzw. die für die Verkehrssicherungspflicht zuständige Verwaltung von Entschädigungsansprüchen Dritter frei für Schäden, die im Rahmen dieser Genehmigung entstehen. Ferner haftet er für jeden von ihm angerichteten Schaden am Straßenkörper und Straßenzubehör, der über den Rahmen des durch die übliche Straßenbenutzung entstehenden Schadens hinausgeht.

6. Eine weitere Befreiung von den Vorschriften der StVO und der StVZO ist mit dieser Genehmigung nicht verbunden.

II. Besondere Hinweise:

1. Es wird ausdrücklich darauf hingewiesen, daß die Ausnahmegenehmigung widerrufen wird, wenn die festgesetzten Beschränkungen und Auflagen nicht eingehalten werden oder sie mißbraucht wird.

2. Ein Rechtsanspruch auf Durchführung der Fahrten besteht nicht, wenn dies aus technischen Gründen (Bauarbeiten) oder wegen sonstiger Veranstaltungen nicht möglich ist.

III. Kostenentscheidung:

1. Der Antragsteller hat die Kosten für diese Ausnahmegenehmigung zu tragen (§§ 1, 3 und 4 der Gebührenordnung für Maßnahmen im Straßenverkehr GebOSt i.d.F. vom 07.02.1973 BGBl. I S. 53).

2. Für diese Ausnahmegenehmigung wird eine Gebühr von   DM
erhoben (Geb.Nr. 285 des Gebührentarifes zur GebOSt).

Stadt Füssen

VORRANGBEREICH FÜR FUSSGÄNGER
Ausnahmegenehmigung
Kennzeichnung berechtigter Fahrzeuge

Bild F 31: Muster einer Ausnahmegenehmigung für Anwohner (DIN A 4)

MARKT OBERSTDORF
- Örtl. Straßenverkehrsbehörde -   8980 Oberstdorf, ...

A U S N A H M E G E N E H M I G U N G

Herrn/Frau/Frl. ....
              (Name)   (Vorname)   (Wohnung)

wird für Fahrten mit einem PKW die Ausnahmegenehmigung von dem für die Ruhezone in Oberstdorf erlassenen Verkehrsverbot für Kraftfahrzeuge aller Art unter folgenden Auflagen erteilt:

1. Die Ausnahmegenehmigung gilt nur für Fahrten zu bzw. von der Garage/dem Stellplatz des Inhabers.
2. Es ist stets die kürzeste Wegstrecke zu wählen. In Ihrem Falle:
3. Parken in der Ruhezone ist verboten.
4. Schrittgeschwindigkeit ist einzuhalten.
5. Von Gebäuden ist ein Mindestabstand von 1,50 m zu halten.
6. Die Ausnahmegenehmigung ist jederzeit widerruflich.
7. Die Ausnahmegenehmigung ist zu widerrufen, wenn der Wohn- oder Geschäftssitz außerhalb der Ruhezone verlegt wird oder, wenn die Berechtigung zur Belegung der Garage oder des Stellplatzes entfällt.
8. Die Ausnahmegenehmigung ist weiter einzuziehen, wenn der Inhaber trotz Abmahnung gegen die Auflagen verstößt.
9. Die Sondernutzungserlaubnis nach Art. 18 BayStrWG gilt hiermit als erteilt.
10. Diese Ausnahmegenehmigung ist bei allen Fahrten mitzuführen und bei Verlassen des Fahrzeuges gut sichtbar aufzulegen.

                                                     I.A.

Bild F 32: Muster einer Ausnahmegenehmigung für Hochzeiten (schwarz auf rosa; DIN A 6 quer)

A U S N A H M E G E N E H M I G U N G

Zum Befahren der Ruhezone am Marktplatz mit dem

PKW .... am .... anläßlich

der Hochzeit ..../................

Mit den besten Wünschen für die Zukunft.

Oberstdorf, ...   MARKT OBERSTDORF
                                 I.A.

                                     ....

VORRANGBEREICH FÜR FUSSGÄNGER
FAHRVERBOT FÜR KRAFTFAHRZEUGE
Kennzeichnung berechtigter Fahrzeuge

Bild F 33 (rechts):
Muster einer Plakette zur Kennzeichnung fahrberechtigter Fahrzeuge
(grau auf rot = Parken nur auf eigenem Einstellplatz erlaubt; grau auf grün = Parken im öffentlichen Straßenraum gestattet;
Durchmesser 85 mm)

Horn-Bad Meinberg

Ausnahmegenehmigung
1981

Bild F 34 (links):
Muster einer Plakette zur Kennzeichnung fahrberechtigter Fahrzeuge
(rot auf weiß; DIN A 7)

Bild F 35 (unten):
Muster einer Plakette zur Kennzeichnung fahrberechtigter Fahrzeuge
(rot auf weiß; 140 x 105 mm)

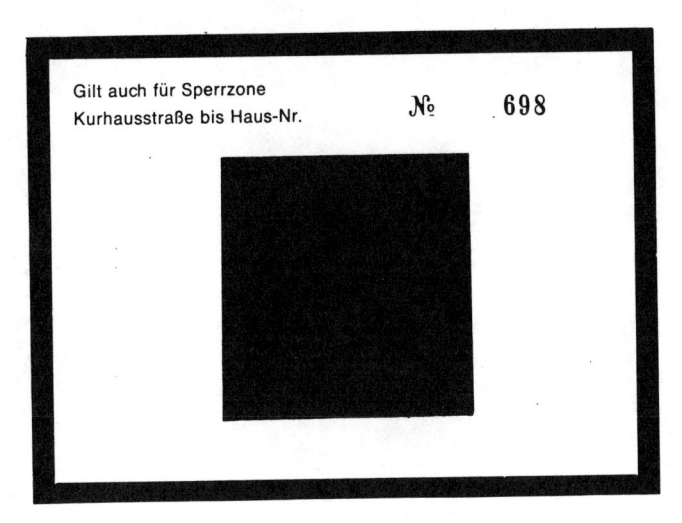

Gilt auch für Sperrzone
Kurhausstraße bis Haus-Nr.   № 698

VORRANGBEREICH FÜR FUSSGÄNGER
Kennzeichnung berechtigter Fahrzeuge

Bild F 36 (links):
Muster einer Plakette zur Kennzeichnung fahrberechtigter Fahrzeuge
(rot (Außenfeld)/schwarz (Innenfeld) auf grün;
75 x 110 mm)

Bild F 37 (unten):
Muster einer Plakette zur Kennzeichnung fahrberechtigter Fahrzeuge
(schwarz auf blau = für Besitzer eines/r eigenen Abstellplatzes/Garage;
Durchmesser 65 mm)

VORRANGBEREICH FÜR FUSSGÄNGER
Beschilderung

Bild F 38 (links): Kennzeichnung eines Vorrangbereichs für Fußgänger mit zeitlicher Begrenzung

Bild F 39 (unten): Ankündigung eines Vorrangbereichs für Fußgänger außerhalb des Stadtkerns

FAHRVERBOT FÜR KRAFTFAHRZEUGE
Verkehrsrechtliche Anordnung

Bild F 40: Muster einer Verkehrsrechtlichen Anordnung für ein
Fahrverbot für Krafträder und Kleinkrafträder
3 Seiten
(DIN A 4)

LANDRATSAMT UNTERALLGÄU SITZ MINDELHEIM
— DIENSTSTELLE MEMMINGEN —

Landratsamt Unterallgäu · Postfach 260 · 8948 Mindelheim

Markt Grönenbach
8944 Grönenbach

Gesch.-Nr. (bitte in der Antwort angeben)	Bearbeiter(in)	Zimmer-Nr.	Memmingen
342-140-5/1	VA Zängerle	5	31. März 1980

Vollzug der Straßenverkehrsordnung (StVO);
hier: Verkehrsbeschränkung für Krafträder und Kleinkrafträder
<u>zum Schutz der Nachtruhe im Markt Grönenbach</u>

Zum Antrag vom 30.3.1979

Beilage: 1 Beschilderungsplan

Das Landratsamt Unterallgäu erläßt als zuständige Straßenverkehrsbehörde mit Zustimmung der Regierung von Schwaben vom 7.1.1980, Nr. 310 - 306 D 7a/257, gemäß §§ 44 (1) und 45 (1, 3 u. 5) StVO folgende

<u>A n o r d n u n g :</u>

I. Die Anordnung des Landratsamtes Memmingen vom 1.2.1965, Az. I/8 - 140, wird aufgehoben.

II. Zum Schutz der Nachtruhe im Kurort Markt Grönenbach wird in den Bereichen

<u>Sperrzone I</u>
a) Steinbacher Weg
b) Obere Waldstraße
c) Josef Hemmerle Straße
d) Ludwig Eberle Straße
Zufahrt zum Sanatorium Bad Klevers

<u>Sperrzone II</u>
a) Schloßweg
b) Bräuhausweg
c) Blumenstraße
d) Am Schloßberg
e) Dr. Schmidtchen Weg
f) Sonnenstraße
g) Entenmoos
h) Frühlingstraße
i) Ittelsburger Straße
k) Kemptener Straße
l) In der Vogelweide
l) Stiftsberg
m) Marktplatz
n) Pappenheimer Straße
o) Rothensteiner Straße
p) Dr. Krautheim Weg
qu) Vogelsang
r) Bergstraße
s) Seb.-Kneipp-Allee
t) J.S. Hahn Straße
u) Herbisrieder Straße

in der Zeit vom 1.4. - 30.9. von 23.00 - 6.00 Uhr eines jeden Jahres, jedoch auf Widerruf, das Führen von Krafträdern und Kleinkrafträdern verboten.

III. Das Verbot in Ziffer II ist durch Verkehrszeichen 255 -Verbot für Krafträder, auch mit Beiwagen, Kleinkrafträder und Fahrräder mit Hilfsmotor- mit Zusatzzeichen 704 -23.00 bis 6.00 Uhr- zu kennzeichnen. Die Verkehrszeichen sind entsprechend dem beigefügten Beschilderungsplan, welcher Bestandteil dieser Anordnung ist, aufzustellen.

IV. Die Verkehrszeichen 255 mit dem Zusatzzeichen 704 sind jeweils nach dem 30.9. eines jeden Jahres zu entfernen oder abzudecken.

V. Die Kosten für die Beschaffung, Aufstellung, Beseitigung bzw. Abdeckung und Unterhalt der Verkehrszeichen fallen

a) im Verlauf der Kreisstraßen
dem Landkreis Unterallgäu

b) im Verlauf der Gemeindestraßen
dem Markt Grönenbach

als zuständigen Straßenbaulastträger zur Last (§ 5b StVG).

VI. Über den Vollzug der Ziffern III u. IV ist dem Landratsamt zu berichten.

<u>G r ü n d e :</u>

Der Markt Grönenbach hat mit Schreiben vom 30.3.1979 beantragt, zum Schutz der Nachtruhe in Wohngebieten, die am 1.2.1965 durch das damalige Landratsamt Memmingen erlassene Anordnung durch Einbeziehung weiterer Wohnstraßen auszudehnen.

Gemäß § 45 (1) StVO kann die Straßenverkehrsbehörde die Benutzung bestimmter Straßen oder Straßenstrecken zum Schutz der Nachtruhe in Kurorten beschränken und den Verkehr umleiten, wenn nicht durch andere Maßnahmen der gewünschte Effekt für das betroffene Gebiet erreicht wird.

Für den anerkannten Kneipp-Kurort Grönenbach ist zum Schutz der Nachtruhe für Kurgäste das Nachtfahrverbot für Krafträder und Kleinkrafträder dringend erforderlich. Die Maßnahmen sind verhältnismäßig und zweckmäßig.

Durch die Ausdehnung des Nachtfahrverbotes für Krafträder und Kleinkrafträder werden insgesamt 1 Sanatorium, 2 Privatpensionen, 1 Ferienwohnung und 5 Privatzimmer mit insgesamt 106 Betten in das Nachtfahrverbot zusätzlich mit einbezogen. Das Nachtfahrverbot erstreckt sich somit auf 4 Sanatorien, 3 Privatpensionen, 5 Ferienwohnungen und 22 Privatzimmer-Vermieter mit insgesamt 561 Betten.

Die Polizei-Inspektion Memmingen wurde gehört und hat der Maßnahme zugestimmt. Gleichzeitig hat die Polizei-Inspektion vorgeschlagen, die Anordnung vom 1.2.1965 der jetzigen Rechtslage anzupassen.

Die Regierung von Schwaben hat der Einführung des beantragten Fahrverbotes für Krafträder und Kleinkrafträder zugestimmt. Die Zustimmung wurde unter der Voraussetzung erteilt, daß vom Markt Grönenbach für die Zeit der Sperrung jeweils mindestens ein geeigneter und bewachter Parkplatz bereitzustellen und zu unterhalten ist. Von der Bewachung desselben kann nur dann Abstand genommen werden, wenn der Markt auf eigene Kosten für die auf dem Parkplatz abgestellten Krafträder der Verkehrsteilnehmer, die infolge der Verkehrsbeschränkung ihr Ziel nicht mehr erreichen können, eine entsprechende Versicherung abschließt, die das Risiko für die abgestellten Fahrzeuge voll abdeckt. Ferner geht die Regierung davon aus, daß eine entsprechende Umleitungsstrecke zur Verfügung steht, für die aber der umgelenkte Verkehr keine unzumutbare Lärmerhöhung bringt.

I.A.

H**mann
Oberregierungsrätin

460

FAHRVERBOT FÜR KRAFTFAHRZEUGE
Verkehrsrechtliche Anordnung

Bild F 41: Muster einer Verkehrsrechtlichen Anordnung für ein
Fahrverbot für Kraftfahrzeuge aller Art
2 Seiten
(DIN A 4)

Kreis Plön
Der Landrat
Ordnungsamt
Verkehrsaufsicht

Dienstgebäude: 2320 Plön, Hamburger Straße 17/18
Besuchszeiten: Montag-Freitag 7-13 Uhr
Konten der Kreiskasse
Kreissparkasse Plön (BLZ 210 515 80) Nr. 8588
Stadtsparkasse Preetz (BLZ 210 516 78) Nr. 16 772
Plöner Volksbank (BLZ 210 915 01) Nr. 1 213 980
PSchA Hamburg (BLZ 200 100 20) Nr. 517 70-202
Fernschreiber 026 1324
Fernsprecher 0 45 22/81 **345**
oder Durchwahl 0 45 22/8

Kreisverwaltung Plön · Postfach 7 · 2320 Plön

Stadt Plön
-Ordnungsamt-

2320 P l ö n

Nachrichtlich:

Pol.Insp. Plön-1b

Pol.Stat. Plön

Ihr Zeichen	Ihr Schreiben vom	Unser Zeichen (Bitte bei Schriftwechsel angeben)	Plön, den
		3020-122-6b/02	9.12.1981

Betr.: Beschilderung "Schloßberg" in Plön

Gemäß § 45 StVO wird für den Schloßberg folgendes angeordnet:

1.) An der Einfahrt Schloßberg ist ein Zeichen 250 mit Zusatz 741 (10 m) anzubringen.
2.) 10 m dahinter ist ein weiteres Zeichen 250 ohne Zusatz aufzustellen.
3.) Für die vorgesehenen Stellplätze im vorderen Bereich ist ein Zeichen aufzustellen,das auf die Benutzung für den Lieferverkehr des Schloßberges hinweist.Diese Stellplätze erhalten Parkuhren.
4.) Der Rathaus-Parkplatz ist mit Z. 314 u.Zusatzzeichen 867 zu beschildern. Für die 16 Stellplätze dieses Parkplatzes werden die Genehmigungen 1-16 (grün) ausgegeben.Die Verteilung an die Anwohner wird von der Stadt Plön durchgeführt.
5.) Für die Inhaber eines Parkausweises,für den Lieferverkehr der Straßenanlieger ,für Trauungen beim Standesamt der Stadt Plön sowie für Schwerbeschädigte (mit Ausweis) erteile ich die erforderliche Ausnahmegenehmigung vom Z. 250.
Die Stadt Plön erhält hierfür 12 Ausnahmegenehmigungen (Nr. 1-12) die bei Bedarf an Antragsteller auszugeben sind.

- 2 -

Diese Ausnahmegenehmigungen sind nach durchgeführter Fahrt wieder bei der Stadt abzugeben. Die Stadt Plön hat hierüber eine Liste zu führen.
Die Unterrichtung der Anwohner wird von der Stadt Plön durchgeführt.
Ich bitte, die Aufstellung der neuen Verkehrszeichen sowie die Ausgabe der Ausnahmegenehmigungen zu bestätigen. Gleichzeitig ist die Polizeistation Plön zu unterrichten.

Im Auftrage:

FAHRVERBOT FÜR KRAFTFAHRZEUGE
Antrag auf Ausnahmegenehmigung

Bild F 42: Muster eines Antrags auf Erteilung einer Ausnahmegenehmigung (DIN A 4)

Bürgermeisteramt
7822 Häusern/Schw.   M u s t e r !

Antrag auf Einzel- / Dauerausnahmegenehmigung
von der nach § 45 Abs. 1 und 1a StVO angeordneten Verkehrsbeschränkung

Ich beantrage hiermit eine Einzel- / Dauerausnahmegenehmigung

am ....
            (Tag, Monat, Jahr)

für die Zeit vom .... bis ....
                           (Tag, Monat, Jahr)

in der Zeit von .... bis ....
                        (genaue Uhrzeit)

für das nachstehend aufgeführte Kraftrad / Kleinkraftrad /
Fahrrad mit Hilfsmotor

Marke ....

amtliches Kennzeichen ....

Versicherungs-Zeichen ....

Begründung: ....

....

....

....
(Ort, Datum)   (Unterschrift)

Beschluß vom: ....

1. Antrag genehmigt / abgelehnt am: ....

2. D/ der Genehmigung an Landratsamt Waldshut zur Kostenerhebung

   ab am: ....-

3. Antrag auf Dauer-Ausnahmegenehmigung
   ab an Landratsamt Waldshut zur Entscheidung am: ....

4. z.d.A.

FAHRVERBOT FÜR KRAFTFAHRZEUGE
Antrag auf Ausnahmegenehmigung

A n t r a g
auf Erteilung einer Dauer-Ausnahmegenehmigung vom Allgemeinen Kraftfahrzeugverkehrsverbot auf der Insel Langeoog vom 15. 4. 1979

Name/Firma _____
Anschrift _____ Tel.: _____
Die Ausnahmegenehmigung wird beantragt für folgendes Kraftfahrzeug:
Fahrzeugart _____ Fabrikat _____
amtl. Kennzeichen _____ Fahrgestell-Nr. _____
Zul. Gesamtgewicht _____ Achslast _____
Antriebsart (Elektro-/Verbrennungsmotor) _____
Standgeräusch _____ Fahrgeräusch _____
Die Dauergenehmigung wird benötigt für den Gewerbebetrieb:
Art des Gewerbes _____ Einsatzzweck des Kfz. (Einsatzzweck/Art der Arbeiten)

Ich besitze bereits Ausnahmegenehmigungen für folgende Kraftfahrzeuge:

Begründung des Antrags (Nachweis eines unabweisbaren Bedürfnisses):

Warum können diese Transporte nicht von den ortsansässigen gewerblichen Fuhrunternehmen besorgt werden?

_____ , _____
(Ort)   (Datum)

_____
(Unterschrift, Firmenstempel)

A n t r a g
auf Erteilung einer einmaligen Ausnahmegenehmigung vom Allgemeinen Kraftfahrzeugverkehrsverbot auf der Insel Langeoog vom 15. 4. 1979

Name/Firma _____
Anschrift _____ Tel.: _____
Die Ausnahmegenehmigung wird beantragt für folgendes Kraftfahrzeug:
Fahrzeugart _____ Fabrikat _____
amtl. Kennzeichen _____ Fahrgestell-Nr. _____
Zul. Gesamtgewicht _____ Achslast _____
Die Einzelgenehmigung wird benötigt am
Ankunft _____ Zeitdauer _____ Rückfahrt _____
von _____ nach _____
Fahrtstrecke _____ Gründe/Zweck _____
Begründung des Antrags (unter Angabe des Einsatzbereichs):

Warum kann der normale Frachtweg (Frachtschiff, Inselbahn, Fuhrunternehmen) nicht beschritten werden?

Warum reicht für den Transport ein Anhänger (der geschleppt wird) nicht aus?

_____ , _____
(Ort)   (Datum)

_____
(Unterschrift, Firmenstempel)

INSELGEMEINDE LANGEOOG   2941 Langeoog, den _____
Umstehender Antrag wird - nicht - befürwortet.
(Bei Verneinung gegenteilige Gründe nachstehend aufführen)

Der Gemeindedirektor
_____

Polizeiaußenstelle Langeoog   2941 Langeoog, den _____
Tgb.-Nr.
Umstehender Antrag wird - nicht - befürwortet.
(Bei Verneinung gegenteilige Gründe nachstehend aufführen)

_____
(Unterschrift)

Landkreis Wittmund
Verkehrsabteilung   2944 Wittmund, den _____
Az.: 15/151-22/11
Vermerk
1. Ausnahmegenehmigung erteilt ja / nein am _____
2. Gebühr: DM, Geb.-Ktr.-Nr.: 15/ _____
3. Liste-Nr.: _____
4. z.d.A/Wvl

_____
(Unterschrift)

Muster von Anträgen auf Erteilung einer Ausnahmegenehmigung
Vorder- und Rückseiten
(DIN A 4)

Bild F43 (oben links):
Antrag auf Dauer-Ausnahmegenehmigung (Vorderseite)

Bild F44 (oben rechts):
Antrag auf einmalige Ausnahme--genehmigung (Vorderseite)

Bild F45 (unten):
Rückseite der Anträge, zu Bild F44 und F45

FAHRVERBOT FÜR KRAFTFAHRZEUGE
Antrag auf Ausnahmegenehmigung
Ausnahmegenehmigung

Bild F46, F47: Muster eines Antrags auf Erteilung einer Ausnahmegenehmigung
Vorder- und Rückseite
(DIN A 4)

_____   (PLZ, Ort, Datum)
_____
(Vor- u. Zuname, Anschrift)

An den
Stadtdirektor
- Ordnungsabteilung -
Postfach 1150

4934 Horn-Bad Meinberg 1

Betr.: Antrag auf Erteilung einer Ausnahmegenehmigung vom Nachtfahrverbot im Stadtteil Bad Meinberg gemäß § 46 Abs. 1 der Straßenverkehrsordnung (StVO) ++)

Hiermit beantrage ich die Erteilung einer Ausnahmegenehmigung vom Nachtfahrverbot im Stadtteil Bad Meinberg für das Kalenderjahr _____ .

Art des Fahrzeuges: PKW / LKW / KOMBI +)
Amtl. Kennzeichen: _____

Der Antrag wird wie folgt begründet:
_____
_____
_____
_____
_____
_____

Dem Antrag sind folgende Anlagen beigefügt:
1. Bescheinigung des Arbeitgebers über Art der Beschäftigung einschl. Beginn und Ende der Arbeitszeit
2. _____
3. _____

                                    _____
                                    (Unterschrift)

+) Nichtzutreffendes streichen
++) Antrag bitte 2-fach einreichen

STADT HORN-BAD MEINBERG
DER STADTDIREKTOR
- Ordnungsabteilung -   Horn-Bad Meinberg, den
Az.: 32.1/173-022

Urschriftlich mit   Anlage(n)

dem
Oberkreisdirektor
-Straßenverkehrsamt-

4930 D e t m o l d 1
      Postfach 89

mit folgender Stellungnahme übersandt:

Im Auftrage:

KREIS LIPPE
Der Oberkreisdirektor

OBERKREISDIREKTOR · POSTFACH 89 · 4930 DETMOLD 1	Dienststelle:	Straßenverkehrsamt
	Auskunft erteilt:	
	Dienstgebäude:	
	Zimmer Nr.:	
	Telefon: (05231)	Durchwahl:
	Nebenst.:	Vermittlung:
	Telex: 93 58 09	

Ihr Zeichen	Ihr Schreiben vom	Mein Zeichen	Tag
	05.08.81	36 13 03 08	26.08.81

A U S N A H M E G E N E H M I G U N G
aufgrund § 46 Abs. 1 Straßenverkehrsordnung (StVO)
ZUM BEFAHREN DER RUHEZONE BAD MEINBERG

Gültig bis Ende 1991	Uhrzeit 23.00 - 03.00 Uhr	Fahrzeug-Kennzeichen
Vorgeschriebener Fahrtweg	(Rückfahrt in umgekehrter Reihenfolge)	
Brunnenstraße		

Auflagen und Bedingungen

1. Diese Ausnahmegenehmigung wird unter dem Vorbehalt des jederzeitigen Widerrufs erteilt. Sie ist nicht übertragbar.
2. Der festgelegte Fahrtweg ist unbedingt einzuhalten. Die Wahl eines anderen Weges ist unzulässig.
3. Die Inanspruchnahme der Ausnahmegenehmigung ist nur in dem erforderlichen Umfang zulässig. Sie darf nicht zu Störungen führen. Dem Erholungs- und Ruhebedürfnis der Kurgäste ist Rechnung zu tragen.
4. Die zur äußeren Kennzeichnung des Kraftfahrzeuges beigefügte Plakette ist vom Wageninneren her in der Mitte des oberen Teiles der Frontscheibe so anzubringen, daß sie von außen gut gesehen werden kann.
5. Die Ausnahmegenehmigung ist mitzuführen und auf Verlangen den mit der Überwachung des Verkehrs beauftragten Personen vorzuzeigen.
6. Bei Nichteinhalten der Auflagen und Bedingungen oder bei sonstigem verkehrswidrigem Verhalten verliert diese Ausnahmegenehmigung ihre Gültigkeit.

Im Auftrage

Konten: Kreissparkasse Detmold Kto. Nr. 18 (BLZ 476 501 30) u. Lemgo Kto. Nr. 1073 (BLZ 482 501 10) Postscheckkto. Hannover 45883-300 (BLZ 250 100 30)

Bild F48 (rechts):
Muster einer Ausnahmegenehmigung
(DIN A 4)

Bild F49, F50: Muster einer Ausnahmegenehmigung
Vorder- und Rückseite
(DIN A 4)

Landkreis Wittmund
Der Oberkreisdirektor

Amt: Straßenverkehr

Az.: 36 / 361 - 41

2944 Wittmund, den
Am Markt 9

Fernruf: Vermittlung (0 44 62) 86-1
Durchwahl (0 44 62) 86-240

Ausnahmegenehmigung

Gemäß § 46 (1) Nr. 11 Straßenverkehrsordnung (StVO) vom 16.11.1970 (BGBl. I S. 1565, ber. BGBl. 1971 I S. 2069) in der z.Z. geltenden Fassung erteile ich

Name	
Ort	Straße

auf Antrag vom ____________ eine Ausnahmegenehmigung vom Allgemeinen Kraftfahrzeug-Verkehrsverbot (AKVV) auf Langeoog vom 15.04.1975 für folgendes Fahrzeug:

Art	
Hersteller	
Fahrgestell-Nr.	
evtl. amtliches Kennzeichen	

Muster

Auflagen, Befristungen, Bedingungen

1. Der Fußgängerverkehr hat absoluten Vorrang vor dem Kraftfahrzeugverkehr. Die Fahrweise hat darauf Rücksicht zu nehmen.
2. Zum Schutz der Erholungsuchenden ist jede vermeidbare Geräuschentwicklung beim Anfahren, Fahren, Halten, Be- und Entladen untersagt. Das Hupen ist auf Notfälle zu beschränken.
3. Höchstgeschwindigkeit
   a) innerhalb des Ortes 10 km/h
   b) außerhalb des Ortes 20 km/h.
   Die Grenze der geschlossenen Ortschaft entspricht dabei der im Flächennutzungsplan der Gemeinde Langeoog ausgewiesenen geschlossenen Bebauung.
4. Personenbeförderung mit Kraftfahrzeugen ist nicht gestattet.
5. Das Fahrzeug muß - sofern es kein amtliches Kennzeichen trägt - mit einem Nummernschild der Gemeinde versehen sein.
6. Der Erlaubnisschein ist bei allen Fahrten mitzuführen und den Kontrollorganen auf Verlangen zur Prüfung auszuhändigen.
7. Das Fahrzeug darf nur vom Erlaubnisinhaber eingesetzt werden. Diese Ausnahmegenehmigung ist nicht übertragbar.
8. Diese Ausnahmegenehmigung wird unter dem Vorbehalt des jederzeitigen Widerrufs erteilt.
9. Diese Ausnahmegenehmigung hat eine Gültigkeit vom ____________
   bis ____________ einschl.

Gemäß Gebührenordnung für Maßnahmen im Straßenverkehr vom 26.06.1970 (BGBl. I S. 865) in der z.Z. geltenden Fassung, Gebühren-Nr. 285, wird für umstehende Ausnahmegenehmigung eine Verwaltungsgebühr von 10,00 DM erhoben. Um Überweisung dieses Betrages mittels anliegenden Zahlscheines wird gebeten.

Rechtsmittelbelehrung

Gegen umstehende Ausnahmegenehmigung kann innerhalb eines Monats nach Zustellung Widerspruch erhoben werden. Der Widerspruch ist schriftlich oder zur Niederschrift beim Landkreis Wittmund , Am Markt 9, 2944 Wittmund 1, einzulegen.

Raum für weitere amtliche Eintragungen:

Muster

Bild F51: Muster von Richtlinien für die Erteilung von Ausnahmegenehmigungen
2 Seiten
(DIN A 4)

R i c h t l i n i e n

für die Erteilung von Ausnahmegenehmigungen
vom allgemeinen Kraftfahrzeugverkehrsverbot

Zur Aufrechterhaltung der Versorgung können einzelne Ausnahmegenehmigungen vom Kraftfahrzeugverkehrsverbot erteilt werden. Grundsatz bei der Erteilung der Ausnahmegenehmigung ist, Fahrzeugbewegungen zu vermeiden und den unvermeidbaren Verkehr auf wenige Fahrzeuge zu konzentrieren.

Ausnahmegenehmigungen werden unter dem Vorbehalt des jederzeitigen Widerrufs mit folgenden Auflagen erteilt:

1. Der Fußgängerverkehr hat absoluten Vorrang vor dem Kraftfahrzeugverkehr. Die Fahrweise hat darauf Rücksicht zu nehmen.
2. Zum Schutz der Erholungssuchenden ist jede vermeidbare Geräuschentwicklung beim Anfahren, Fahren, Halten, Be- und Entladen untersagt. Das Hupen ist auf Notfälle zu beschränken.
3. Höchstgeschwindigkeit
   a) innerhalb des Ortes für alle Kraftfahrzeuge 10 km/h
   b) außerhalb des Ortes für alle Kraftfahrzeuge 20 km/h.
   Die Grenze der geschlossenen Ortschaft entspricht dabei der im Flächennutzungsplan der Gemeinde Langeoog ausgewiesenen geschl. Bebauung.
4. Personenbeförderung mit Kraftfahrzeugen ist nicht gestattet.
5. Die Fahrzeuge müssen, sofern sie kein amtliches Kennzeichen tragen, mit einem Nummernschild der Gemeinde versehen werden.
6. Der Erlaubnisschein ist bei allen Fahrten mitzuführen und den Kontrollorganen auf Verlangen vorzuzeigen.
7. Die Fahrzeuge dürfen nur vom Erlaubnisinhaber eingesetzt werden. Die Ausnahmegenehmigung ist nicht übertragbar.

Weitere Auflagen je nach Einzelfall und Fahrzeugart. Dauerausnahmegenehmigungen werden auf höchstens ein Jahr befristet. Die Ausnahmegenehmigung kann widerrufen werden, wenn einzelne Auflagen nicht erfüllt werden oder wenn die Voraussetzungen für die Erteilung nicht mehr vorliegen.

Ausnahmegenehmigungen sind rechtzeitig schriftlich mit ausführlicher Begründung zu beantragen. Sie können für folgende Kraftfahrzeuge erteilt werden:

1. Elektrokarren und -zugmaschinen

Elektrofahrzeuge dürfen nur zur Güterbeförderung eingesetzt werden. Die Ladefläche von Elektrokarren darf eine Größe von

- 2 -

- 2 -

120 cm Breite und 230 cm Länge nicht wesentlich überschreiten. Für Speditionen können größere Fahrzeuge zugelassen werden. Dem Antrag ist ein Foto oder eine Zeichnung mit Beschreibung des Fahrzeuges beizufügen. Die Elektrokarren und -zugmaschinen dürfen nach ihrer Bauart nicht zur Personenbeförderung geeignet sein.

Bei der Antragstellung müssen ein unabweisbares Bedürfnis und die Betriebsnotwendigkeit nachgewiesen werden. Die Notwendigkeit richtet sich nach dem Güterumfang und der Güterart sowie nach der Häufigkeit der Transporte. Ein unabweisbares Bedürfnis kann - außer für Speditionen - nur anerkannt werden, wenn

a) sperrige Güter zu befördern sind oder
b) die einzelne Ladung ein Gewicht von mindestens 50 kg hat und
c) - bei Dauerausnahmen - Transporte dieser Art mindestens zweimal wöchentlich anfallen.

Bei Bauunternehmen kann die Notwendigkeit zum Einsatz im Ortsbereich während der Zeit des Bauverbots (01.06. - 30.09) grundsätzlich nicht anerkannt werden. Dauerausnahmegenehmigungen werden für diese Zeit nicht erteilt.

2. Spezialfahrzeuge

Für den Einsatz von Spezialfahrzeugen (Arbeitsmaschinen, Tankwagen, Meßwagen usw.) können bei anerkannter Notwendigkeit im Einzelfall Ausnahmegenehmigungen erteilt werden. Der Einsatzbereich sowie besondere Auflagen richten sich nach Größe, Gewicht, Bereifung usw. des Fahrzeuges.

3. Fahrräder mit Hilfsmotor

Ausnahmegenehmigungen werden nur erteilt, sofern ein öffentliches Interesse begründet ist, und zwar für die Strecke Willrath-Dreesen-Straße ab Pirolaweg bis zur Meierei Falke.

Für den jeweiligen Inhaber der Meierei Falke ist für die vorgenannte Strecke die Erteilung einer Ausnahmegenehmigung für ein Fahrrad mit Hilfsmotor, das zum Zwecke der Versorgung benutzt werden darf, zulässig.

Besondere Auflagen richten sich nach dem Einzelfall.

Wittmund, den 15.4.1975.

Landkreis Wittmund
Der Oberkreisdirektor
- Verkehrsabteilung -
In Vertretung:

FAHRVERBOT FÜR KRAFTFAHRZEUGE
Ausnahmegenehmigung

STADT BAD PYRMONT
Der Stadtdirektor
32-121-04

3280 Bad Pyrmont,
Brunnenstr. 4 (Rathaus)

Ausnahmegenehmigung gemäß § 46 (1) StVO

☐ zum Befahren des Nachtfahrverbot-Sperrbezirks
☐ zum Befahren des Omnibus-Sperrbezirks
☐ zum Befahren des Motorrad- und Moped-Sperrbezirks
☐ zum Befahren des Lkw-(Über 2,8 t)-Sperrbezirks
☐ zum Befahren der gesperrten Feld- und Forstwege ....
☐ zum Parken in der eingeschränkten Haltverbotszone - Z. 286 StVO - der
☐ zum Halten/Parken in der Haltverbotszone - Z. 283 StVO - der .....
☐ Sonstiges:

Kennzeichen:
Fahrzeughalter:
Gültigkeitsdauer:
Fahrtweg:

Die Genehmigung wird unter dem Vorbehalt des Widerrufs erteilt. Sie ist vom Fahrzeugführer mitzuführen und auf Verlangen den Überwachungsorganen vorzuzeigen.

Auflagen/Bemerkungen:

Bild F52 (links):
Muster einer Ausnahmegenehmigung
(DIN A 4)

Landkreis Aurich
Außenstelle Norden
II/362-151-22/G 42

2980 Norden 1, den _____ 1981

Ausnahmegenehmigung Nr. _____ (rot/gelb)
gültig bis zum 30. 9. 1981

Herrn/Frau/Firma

2982 Norderney

wird aufgrund der §§ 45 und 46 der Straßenverkehrsordnung die jederzeit widerrufliche Genehmigung erteilt,
- nur zum Zwecke der Versorgung - in Ausübung des Berufes -
mit dem nachstehend aufgeführten Kraftfahrzeug
(Pkw - Lkw - Zugmaschine -   )

Kennzeichen: NOR -
AUR -
die

des für Kraftfahrzeuge gesperrten Stadtgebietes in Norderney zu befahren, und zwar täglich / werktags in der Zeit von 8.00 bis 13.00 Uhr und 15.00 bis 20.00 Uhr.

Auflagen:

1. Andere als die obengenannten Straßen dürfen im Sperrgebiet nicht befahren werden.
1a.
2. Im Bereich des Zonenhaltverbots ist das Parken nur mit Parkscheibe und nur bis zur Dauer einer halben Stunde erlaubt, soweit es durch absolutes Haltverbot in einzelnen Straßen nicht völlig untersagt ist.
3. Es darf nur bis zu einer Geschwindigkeit von höchstens 30 km/h gefahren werden.
4. Das farbige Kennzeichen mit obiger Nummer ist sichtbar vorne am Fahrzeug anzubringen. Es verbleibt im Eigentum der Stadt Norderney und ist innerhalb eines Monats nach Ablauf dieser Genehmigung an die Stadt zurückzugeben.
5. Diese Ausnahmegenehmigung, die bei Mißbrauch und Nichtbeachtung der Auflagen widerrufen wird, ist beim Befahren des Sperrgebietes mitzuführen und auf Verlangen berechtigten Amtspersonen vorzulegen. Sie hat keine Gültigkeit für das Befahren aller nach Zeichen 250 (Verbot für Fahrzeuge aller Art) der StVO gesperrten Straßen.

Bild F53 (unten):
Muster einer Ausnahmegenehmigung
2 Seiten
(DIN A 4)

Nach dem Verwaltungskostengesetz in Verbindung mit der Gebührenordnung für Maßnahmen im Straßenverkehr wird für diese Entscheidung eine Verwaltungsgebühr von

_____ DM

festgesetzt.

Dieser Betrag ist innerhalb einer Woche nach Erhalt dieser Genehmigung an die Stadtkasse Norderney auf deren Konto-Nr. 2000016 bei der Kreis- und Stadtsparkasse Norden, Hauptzweigstelle Norderney, Bankleitzahl: 283 500 00, unter Angabe der Haushaltsstelle VW. 02.100, lfd. Nr. _____ zu überweisen.

Gemäß § 80 Abs. 2 Ziff. 4 der Verwaltungsgerichtsordnung (VwGO) vom 21. 1. 1960 wird hiermit die sofortige Vollziehung der umstehenden Auflagen zu Nr. 1 bis 5 angeordnet. Das öffentliche Interesse erfordert die Anordnung der sofortigen Vollziehung, weil die Nichtbeachtung der Auflagen zu einer Verkehrsbehinderung und -gefährdung sowie zu erheblichen Belästigungen führen würde.

Gegen diesen Bescheid können Sie innerhalb eines Monats nach Bekanntgabe Widerspruch erheben. Der Widerspruch ist beim Landkreis Aurich, Burgstraße 25, 2960 Aurich 1, schriftlich oder zur Niederschrift einzulegen.

Außerdem kann gegen die Anordnung der sofortigen Vollziehung nach § 80 Abs. 5 VwGO beim Verwaltungsgericht Oldenburg - Kammer Aurich - in Aurich, Schloßplatz 2, Antrag auf Wiederherstellung der aufschiebenden Wirkung des Widerspruchs schriftlich oder zu Protokoll der Geschäftsstelle gestellt werden.

Empfangsbestätigung:
Die Urschrift vorstehender Genehmigung habe ich heute erhalten.
Norderney, den _____

Der Oberkreisdirektor
Im Auftrage
- Wacken -
Kreisamtsrat

abgesandt am _____

Anliegerausweis:

AUSWEIS

30

lfd. Nr.

(Raum für Gültigkeitsdauer)

Der Inhaber dieses Ausweises
ist Anlieger an der für den Kfz.-Verkehr gesperrten Seestraße am Ostufer des Starnberger Sees.
Nach Anordnung der Verkehrsbehörde ist er berechtigt, die Seestraße im Abschnitt

mit dem Kraftfahrzeug, amtliches Kennzeichen
im Anliegerverkehr zu befahren.

Dieser Ausweis ist nur in Verbindung mit dem Führerschein gültig.

Die Seestraße darf nur mit einer zulässigen Höchstgeschwindigkeit bis 30 km/h befahren werden. Auf Fußgänger und Radfahrer ist besonders Rücksicht zu nehmen und es ist verboten verkehrsbehindernd zu parken.

Dieser Ausweis ist beim Befahren der Seestraße mitzuführen und auf Verlangen der Polizei zur Prüfung auszuhändigen. Bei Verlassen (oder Abstellen) des Fahrzeugs ist er sichtbar an der Windschutzscheibe anzubringen.

Gebühr: DM den

(Siegel) **Gemeindeverwaltung**

Bild F54 (links):
Ausweiskarte zu einer Ausnahmegenehmigung (schwarz auf rot; DIN A 6)

Bild F55 (unten): Muster einer Ausnahmegenehmigung
Vorder- und Rückseite
(DIN A 4)

KREISSTADT KORBACH
DER BÜRGERMEISTER

Postanschrift: Kreisstadt Korbach · Postfach 1680 · 3540 Korbach

Stechbahn 1 - Rathaus

Abteilung: Verkehrsbehörde

Auskunft erteilt: Herr		
Vorwahl: 05631	Durchwahl: 53- 263	Vermittlung: 53-1

Datum und Zeichen Ihres Schreibens — Mein Aktenzeichen: II 32 73 14 de/mh — Datum

Betrifft:
Ausnahmegenehmigung gemäß § 46 StVO;
Verbot für Kraftfahrzeuge aller Art - 22.00 bis 6.00 Uhr -
Im Sack, Am Tylenturm, Schulstraße

Sehr geehrte

gemäß § 46 Abs. 1 Nr. 11 StVO erteile ich Ihnen hiermit die Ausnahmegenehmigung, mit Ihrem Pkw/Lkw

amtliches Kennzeichen:

Die Erlaubnis ist jederzeit widerruflich und wird bis zum
befristet.

<u>Auflagen:</u>

1. Zur Ausübung der Rechte aus der Genehmigung ist dieser Bescheid im Original stets mitzuführen und den zuständigen Personen auf Verlangen vorzuzeigen.
2. Von der Genehmigung darf nur Gebrauch gemacht werden, wenn die Sicherheit und Leichtigkeit des Verkehrs nicht beeinträchtigt werden.

- 2 -

Konten der Stadtkasse bei den Geldinstituten in Korbach
Kreissparkasse Waldeck (523 500 65) 00 012 700
Waldecker Bank (523 600 50) 0 019 003
Volksbank (523 900 00) 500 111 00
Commerzbank (523 400 21) 330 002 700
Deutsche Bank (523 700 12) 83 56 800
Landeszentralbank (523 000 00) 52 301 701
Postscheckamt Ffm (500 100 60) 273 89-606

- 2 -

Auflagen:

1. Von der Ausnahmegenehmigung darf nur in dem genehmigten Umfang Gebrauch gemacht werden.
2. Die Fußgängerzone ist im Schrittempo zu befahren.
3. Die Fußgänger haben in diesem Bereich den Vorrang. Hupen oder andere Handlungen, durch die die Passanten belästigt oder bedrängt werden, sind zu unterlassen.
4. Zur Ausübung der Rechte aus der Genehmigung ist dieser Bescheid im Original mitzuführen und den zuständigen Personen auf Verlangen vorzuzeigen.
5. Die Genehmigung wird widerrufen, wenn die Sicherheit des Verkehrs gefährdet wird, der Grund für die Genehmigung entfällt oder wenn sie mißbraucht worden ist.

Für die Erteilung der Ausnahmegenehmigung wird gemäß der Gebührenordnung für Maßnahmen im Straßenverkehr (Nr. 285) eine Verwaltungsgebühr in Höhe von DM erhoben.

Im Auftrag

2. Polizeikommissariat
Hagenstraße
3540 Korbach
zur Kenntnis.

3. Hilfspolizeibeamten
im Hause
zur Kenntnis.

4. ____________

FAHRVERBOT FÜR KRAFTFAHRZEUGE
Ausnahmegenehmigung

Ausnahmegenehmigung nach § 46 Abs.1 StVO

Zeichen 250

Wechselfahrzeug

bis Widerruf

Plön -Straße "Schloßberg "

Nr.:

Plön,den 26.11.1981

Kreis Plön
Der Landrat
Ordnungsamt
— Verkehrsaufsicht —

Bild F56 (oben): Muster einer Ausnahmegenehmigung (DIN A 5 quer)

Bild F57, F58 (unten): Muster einer Ausnahmegenehmigung, Vorder- und Rückseite (DIN A 4)

Der Bürgermeister
der Stadt Bad Soden-Salmünster
- Ortspolizeibehörde -

Bad Soden - Salmünster

Az.: 121-00 Ha/Hu

Herrn/Frau

Betr.: Ausnahmegenehmigung zum Befahren öffentlicher Straßen bei bestehenden Verkehrsbeschränkungen oder Verboten

Auf Ihren Antrag vom ....198 erhalten Sie eine jederzeit widerrufliche

Ausnahmegenehmigung auf Grund § 46 Abs. 1 Nr. 11 StVO

von den nach § 45 Abs 1 - Abs 2 der Straßenverkehrsordnung (StVO) vom 16.11.1970 (BGBl. I S. 1565) auf den Gemeindestraßen "Frowin-von-Hutten-Straße" / "Parkstraße" angeordneten Verkehrsbeschränkungen nach Zeichen Nr. 255/260 StVO.
Die Ausnahmegenehmigung berechtigt zur Durchführung von Fahrten zum Arbeitsplatz oder zur Wohnung

....
....

in der Zeit von
mit nachstehend aufgeführtem Kraftfahrzeug:
Moped / Mofa / Kraftrad   (Kennzeichen)

Die Verwaltungsgebühr für die Erteilung dieser Ausnahmegenehmigung
beträgt...5,00 DM
Sie wird bei Aushändigung dieser Ausnahmegenehmigung fällig.
Die Polizeistation Bad Orb erhält Durchschrift dieser Ausnahmegenehmigung.
Die Auflagen auf der Rückseite dieser Ausnahmegenehmigung sind zu beachten!

A u f l a g e n

1. Diese Ausnahmegenehmigung ist beim Fahrzeug mitzuführen und nach Aufforderung Polizeibeamten oder Beauftragten der Straßenbaubehörd vorzuzeigen. Sie ist beim Passieren von Baustellen unaufgefordert den verantwortlichen Aufsichtspersonen vorzuweisen. Den im Einzelfall ergehenden Weisungen muß Folge geleistet werden.

2. Im Bereich des gesperrten Straßenabschnittes sind besondere Vorsicht und Rücksichtnahme geboten. Eine weitergehende Befreiung von den Vorschriften der Straßenverkehrsordnung oder der Straßenverkehrszulassungsordnung ist mit dieser Ausnahmegenehmigung nicht verbunden.

3. Der Inhaber dieser Ausnahmegenehmigung stellt den Träger der Straßenbaulast bzw. die für die Verkehrssicherungspflicht zuständige Verwaltung von Entschädigungsansprüchen Dritter frei für Schäden, welche im Rahmen dieser Genehmigung entstehen. Ferner haftet er für jeden von ihm angerichteten Schaden am Straßenkörper und Straßenzubehör, der über den Rahmen des durch die übliche Straßenbenutzung entstehenden Schadens hinausgeht.

4. Vorsorglich wird darauf hingewiesen, daß kein Rechtsanspruch auf Durchführung aus Gründen der Sicherheit und Leichtigkeit des Verkehrs nicht gestatten.

FAHRVERBOT FÜR KRAFTFAHRZEUGE
Kennzeichnung berechtigter Fahrzeuge

Bild F59 (links):
  Ausweisscheibe zur Kennzeichnung
  fahrberechtigter Fahrzeuge
  im Lieferverkehr
  (schwarz auf weiß mit grünem Rand;
  Durchmesser 200 mm)

Bild F60 (unten):
  Ausweisscheibe zur Kennzeichnung
  fahrberechtigter Fahrzeuge
  für Ausflugsfahrten von Gästen
  (Gestaltung wie Bild F59)

FAHRVERBOT FÜR KRAFTFAHRZEUGE
Kennzeichnung berechtigter Fahrzeuge

Bild F 61 (oben): Plakette zur Kennzeichnung fahrberechtigter Fahrzeuge
von Gästen
(auf Selbstklebefolie; schwarz auf gelb; Durchmesser 100 mm)

Bild F 62 (unten): Plakette zu Kennzeichnung fahrberechtigter Fahrzeuge
von Einheimischen
(Metall; Befestigung mit 4 Saugnäpfen;
schwarz auf weiß = private Gewerbetreibende,
schwarz auf gelb = gemeindeeigene Fahrzeuge;
Durchmesser 200 mm)

FAHRVERBOT FÜR KRAFTFAHRZEUGE
Kennzeichnung berechtigter Fahrzeuge

Plaketten zur Kennzeichnung fahrberechtigter Fahrzeuge

Bild F63, F64 (oben): für Gäste
　　　　　　　　　　 Vorder- und Rückseite
　　　　　　　　　　 (rot/gelb; 105 x 130 mm)

Bild F65, F66 (Mitte): Dauergenehmigung für Anwohner
　　　　　　　　　　　 Vorder- und Rückseite
　　　　　　　　　　　 (schwarz/weiß; 100 x 73 mm)

Bild F67, F68 (unten): für Ein- und Auspendler aus beruflichen Gründen
　　　　　　　　　　　 Vorder- und Rückseite
　　　　　　　　　　　 (grün auf weiß; 100 x 73 mm)

Absolutes Fahrverbot!
auch für Einwohner und Kurkarteninhaber mit
Pkw von 24.00—6.30 Uhr und 13.30—14.30 Uhr

**Kurort
Bitte langsam fahren**

Absolutes Fahrverbot!
00.00—6.30 Uhr und 13.30—14.30 Uhr

**Kurort
bitte langsam fahren**

**Kurort
Bitte langsam fahren**

FAHRVERBOT FÜR KRAFTFAHRZEUGE
Beschilderung

Kennzeichnung einer Fahrverbotszone

obere Reihe = Regelung während der Sommersaison (1. April bis 31. Oktober)
Bild F69: Tafel am Beginn der Fahrverbotszone
Bild F70: Vorankündigung

untere Reihe = Regelung während der übrigen Monate
Bild F71: Tafel am Beginn der Fahrverbotszone
Bild F72: Vorankündigung

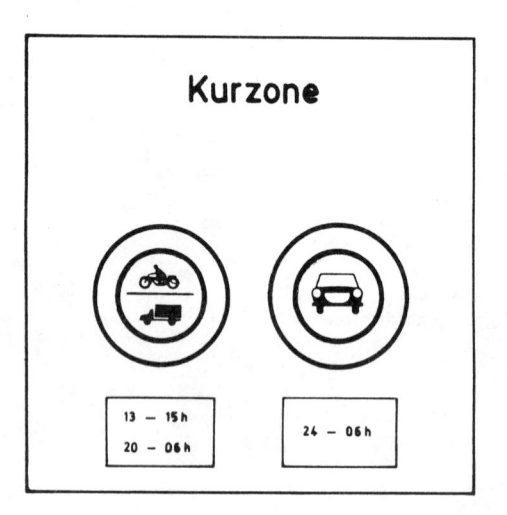

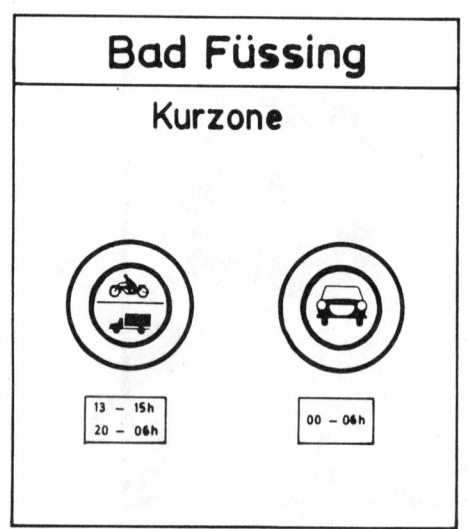

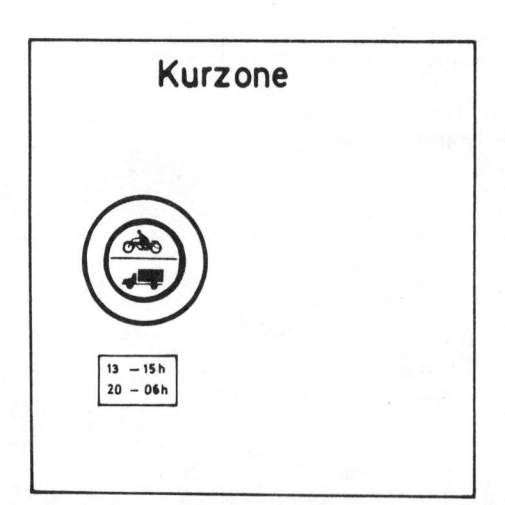

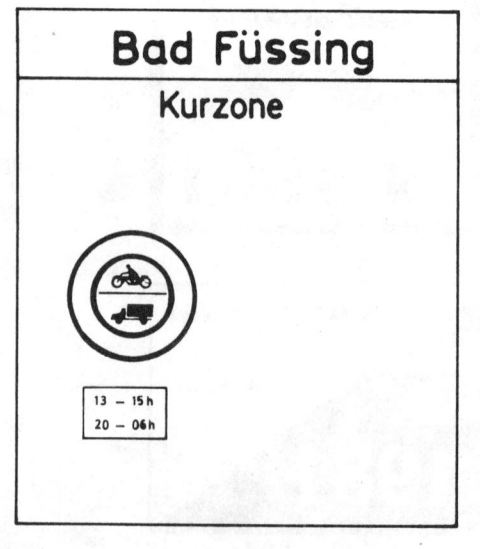

FAHRVERBOT FÜR KRAFTFAHRZEUGE
Gästeinformation

Hinweise für Gäste im Ortsprospekt

Bild F 73 (oben)
Bild F 74 (unten)

Eine Bitte an die Kraftfahrzeugbesitzer!

Sicher wollen auch Sie die Ruhe Ihrer Urlaubsinsel erhalten. Sie tragen dazu bei, wenn Ihr Kraftfahrzeug im Sommer auf dem Festland bleibt. Es stehen in Dagebüll-Hafen Großgaragen, ☎ (04667) 3 20 und 2 55, zur Verfügung. Im Hafen Schlüttsiel sind Parkmöglichkeiten vorhanden. Auf der Insel gibt es keine Unterstellmöglichkeiten für Kraftfahrzeuge.

Wenn Sie meinen, Ihr Fahrzeug mit auf die Insel bringen zu müssen, dann bitten wir Sie höflich, es für die Dauer Ihres Aufenthaltes bei Ihrem Gastgeber abzustellen und es nur für die An- und Abreise zu gebrauchen.

Benutzen Sie statt dessen die regelmäßig verkehrenden Busse, leihen Sie ein Fahrrad oder gehen Sie ganz einfach zu Fuß. Die Entfernungen auf unserer Insel sind gering, und Sie haben doch viel Zeit.

Sollte bei Ihrem Gastgeber keine Parkmöglichkeit bestehen, können Sie Ihr Fahrzeug auch auf den (unbewachten) Parkplätzen auf der Insel abstellen, aber bitte nicht in den Ortsstraßen.

Beachten Sie bitte auch in Ihren Ferien die Verkehrsschilder auf unserer Insel. Die Geschwindigkeitsbegrenzungen, Park- und Nachtfahr-Verbote sollen dazu beitragen, allen Gästen Ruhe und Erholung zu bringen.

Schutz der Insel und der Natur
Auf Amrum erwartet Sie eine weitgehend intakte Naturlandschaft mit einer reichen Tier- und Pflanzenwelt.
Helfen Sie mit, daß diese erhalten bleibt.
- Nehmen Sie Rücksicht auf brütende Vögel am Wattufer, in den Dünen, auf dem Kniepsand und besonders im Bereich der Vordünen am Quermarkenfeuer. Meiden Sie diese Gebiete von Mitte April bis Ende Juli und halten Sie Hunde **stets** an der Leine.
- Pflücken Sie keine Riesen-Blumensträuße. Jede Pflanze ist dort am schönsten, wo sie wächst – zur Freude auch späterer Besucher.
- Halten Sie die Landschaft sauber. Verwahren Sie Müll bis zum nächsten Abfallkorb.

Dünenschutz ist Inselschutz!
Das einzigartige charakteristische Dünengebiet ist unseren Gästen teilweise zugänglich. Wir richten jedoch an Sie die herzliche Bitte, **Dünenabhänge und -kuppen zu schonen.** Hier kann jeder Fußtritt den Boden lockern und Anlaß zu dem gefürchteten Sandflug werden, der – besonders bei stärkerem Wind – Kulturland, Straßen und Anlagen verwüstet. Jahr für Jahr müssen zur Festlegung und Bindung des Sandes erhebliche Geldmittel aufgebracht werden, die bei verständnisvoller Schonung der Dünen für andere Kureinrichtungen frei würden.
Deshalb ist nicht erlaubt, Dünenabhänge und -kuppen zu betreten.

Alles Graben und Rutschen in den Dünen
sowie das Lagern, Burgen- und Budenbauen, ist verboten.
Es ist ebenfalls verboten, die Vegetation zu zerstören. Schonen Sie bitte besonders die neu angepflanzten Sandhalme, die an vielen Stellen in den Dünen in deutlichen Reihen stehen. Aufgestellte Reisigzäune und Reisig, das ausgelegt ist, um den Sand aufzufangen, dürfen nicht zerstört oder entfernt werden.
Benutzen Sie bitte überall nur die festen Pfade, wo eigentliche Fußwege nicht angelegt sind.
Zäune, die aufgestellt wurden um besondere Gebiete zu schützen, müssen respektiert werden.

Das Reiten ist nur auf den dafür gekennzeichneten Wegen gestattet.

Hunde
dürfen nur mitgebracht werden, wenn sie ständig an der Leine geführt werden.
Deshalb bringen Sie Ihren Hund nicht mit nach Amrum. Eine Kurinsel verlangt besondere Sauberkeit und Rücksicht auf alle Gäste. Auch die Vogelwelt braucht Schutz. Erhebliche Beschränkungen in der Bewegungsfreiheit Ihres Tieres sind deshalb nicht zu vermeiden.

Liebe Radfahrer!
Wir freuen uns, daß Sie nicht mit dem Auto fahren. Aber nehmen Sie bitte Rücksicht auf Fußgänger. Die asphaltierten Wege dürfen Sie gemeinsam benutzen. Auf den Promenaden und Bohlenwegen ist das Radfahren nicht erlaubt. Beachten Sie bitte auch als Radfahrer die Verkehrszeichen.

Verbot für Fahrzeuge aller Art

Bitte beachten Sie das Nachtfahrverbot in den Inselorten.

Streng untersagt ist das Zelten, das Abstellen von Wohnwagen und Camping-Fahrzeugen aller Art außerhalb des dafür vorgesehenen Camping-Platzes.

Wegen der großen Brandgefahr ist das Rauchen sowie jedes offene Feuer, auch das Grillen, in Dünen, Heide und Wald verboten! Auch am Strand ist das Feuermachen nicht erlaubt. Sollte ein Feuer entstehen, ist jeder, der darauf aufmerksam wird, zur Bekämpfung und zur Hilfeleistung verpflichtet. Falls nötig, ist die Feuerwehr zu verständigen. ☎ 112

Ende

Zonenhalteverbot
Dieses gilt für das gesamte Ortsgebiet, d. h. beginnend mit dem Verkehrsschild an den Ortseingängen und endend mit dem Verkehrsschild an den Ortsausgängen. Ein Parken ist also nur mit einer Parkscheibe bis zu 1 Stunde gestattet. Dieses bezieht sich jedoch nicht auf allgemein gesperrte Straßen.

1 Stunde

Anfang

Baden Sie bitte nur zu den von der DLRG angezeigten Badezeiten und nur an den ausgeschilderten Strandabschnitten. Achten Sie auch bitte auf die Warnzeichen der DLRG (rote Warnbälle) und leisten Sie den Anordnungen der Rettungsschwimmer Folge.

DLRG-Flagge ist gesetzt,
der Strand ist durch Rettungsschwimmer bewacht.

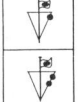

Ein schwarzer Ball
Badezeit
Ein roter Warnball
Badeverbot für Kinder und Nichtschwimmer.

Zwei rote Warnbälle
Badeverbot für alle.

FAHRVERBOT FÜR KRAFTFAHRZEUGE
Gästeinformation

> **Auf Hallig Hooge sind Gästeautos unerwünscht**

Hinweise für Gäste im Ortsprospekt
Bild F 75 (oben)
Bild F 76 (unten)

Folgende goldene Regeln für den Kurpatienten werden empfohlen:

▶ ● Kur ist Entspannung für Körper, Geist und Seele. Vorbedingung für den Kurerfolg ist Ruhe.

● Zeitlassen am Ankunftstag für einen Informationsgang durch den Kurort lohnt sich ebenso wie eine Voranmeldung beim Arzt für den Tag nach der Ankunft.

● Beachten Sie die Füssinger Indikationen und Gegenindikationen, dazu wird dringend kurärztliche Betreuung angeraten.

● Die vom Arzt und von den Kurmittelhäusern erhaltenen Termine sind einzuhalten.

● Praktische Kleidung, die leicht an- und auszuziehen ist, empfiehlt sich bei den Untersuchungen und Kuranwendungen.

● Tun Sie etwas für Geist und Seele; besuchen Sie die abwechslungsreichen Veranstaltungen der Kurverwaltung.

▶ ● Kurzeit heißt auch Urlaub vom Auto. Sofern Sie nicht behindert sind, machen Sie Ihre Gänge zu Fuß und wandern oder radeln Sie in die Umgebung; Bewegungstherapie in richtigem Maße gehört zur Kur.

FAHRVERBOT FÜR KRAFTFAHRZEUGE
Gästeinformation

Bild F 77: Hinweise für Gäste
(Ausschnitte aus einem Ortsprospekt)

Spiekeroog von A bis Z

Kraftfahrzeuge und Fahrräder mit Hilfsmotor sind auf der Insel nicht zugelassen. Ausnahmen: Arzt und Feuerwehr sowie Küstenschutz.

Autofahrer: Autos und Wohnanhänger können auf die Insel **nicht** mitgebracht werden! **Garagen** sind in Neuharlingersiel vorhanden (siehe Anzeigenteil). Vorherige Anmeldung ist in der Hauptsaison empfehlenswert. Bitte beachten Sie die **beschränkten Parkzeiten auf den Parkplätzen am Hafen** Neuharlingersiel und auf dem Deichvorland (nur Tagesparkplätze). Die Parkplätze sind **flutgefährdet.**

Bitte beachten Sie die vorgeschriebenen Ruhezeiten: 13 bis 15 und 21 bis 8 Uhr!

Wohnwagen und Campinganhänger können nicht auf die Insel gebracht werden

Bitte helfen Sie uns, die Ruhe und Stille der Grünen Insel zu bewahren!

Bitte stören Sie nicht die Nachtruhe von 21 bis 8 Uhr

Spiekeroog hat keinen Kraftfahrzeugverkehr

Ich hab' Fernweh nach spiekeroog Ferieninsel ohne Autos

FAHRVERBOT FÜR KRAFTFAHRZEUGE
Gästeinformation

Bild F 78: Ausschnitte aus einem Hinweisblatt für Gäste mit Ortsplan

7 Fragen und Antworten
die den motorisierten
Inselbesucher interessieren **1981**

Was kann ich mit meinem Fahrzeug auf Norderney anfangen?
Eine der wesentlichsten Voraussetzungen für Gesundung und Erholung in unserer Zeit ist die Ruhe. Um dem Kurgast diese Ruhe auf unserer Insel weitgehend zu erhalten, sind Staatsbad und Stadt verpflichtet, den Verkehr mit Kraftfahrzeugen im Stadtgebiet einzuschränken. Diese Einschränkung gilt, mit Ausnahme des Zonen-Haltverbots, vom 1. Mai bis zum 30. September jeden Jahres.

Wo darf ich also nicht fahren?
Das Gebiet westlich der Mühlenstraße (rot unterlegtes Feld) ist für Kraftfahrzeuge aller Art gesperrt. Lediglich die fett rot eingezeichnete Straße ist für Kraftwagen von 8 bis 13 Uhr und von 15 bis 20 Uhr frei.
Der äußere Bezirk (rot schraffiertes Feld) hat Verkehrsverbot für Krafträder, Mopeds und Mofas von 20 bis 6 Uhr. Außerdem dürfen Südstraße, Südhoffstraße, Bürgermeister-Willi-Lührs-Straße, Am Wasserturm sowie Teile der Jann-Berghaus-Straße und Richthofenstraße von 20 bis 8 Uhr mit Kraftfahrzeugen nicht befahren werden (siehe rote Markierung).

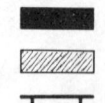

Und wo habe ich freie Fahrt?
Der übrige Teil der Insel, mit Ausnahme des Hafens, unterliegt keinen besonderen Verkehrsbeschränkungen. Die Polizei bittet Sie jedoch, auch hier auf die Verkehrszeichen, insbesondere auf die Geschwindigkeitsbegrenzung, zu achten.

Wie komme ich nun zu meinem Quartier?
Auch wenn Sie im Sperrgebiet wohnen werden, können Sie mit dem eigenen Fahrzeug Ihr Quartier aufsuchen. Sie erhalten für diesen Zweck an Bord der Autofähre einen amtlichen **Erlaubnisschein** des Landkreises Aurich. Allerdings dürfen Sie mit dem Wagen nicht länger als für die Zeit des Entladens nötig vor dem Quartier halten. Danach bringen Sie bitte Ihr Fahrzeug auf einen der Parkplätze.

In diesem Zusammenhang bitten wir zu beachten, daß die Stadt in obige **Zonen 1 bis 3** unterteilt ist, die gegeneinander nicht durchlässig sind. Direkte Einfahrt in die richtige Zone von Süden her ist deshalb geboten. Fahren Sie in diesen Zonen bitte nicht schneller als 30 km/h.

Wo kann ich mein Fahrzeug unterbringen?
Dauerparken Sie Ihren Wagen bitte nicht auf der Straße oder auf Seitenstreifen. In den **Zonen 1 und 2** besteht **ganzjährig** ein **Zonen-Haltverbot**, in dem nur mit **Parkscheibe** (erhältlich an den Tankstellen, im Rathaus und bei der Polizei) und **nur bis zu einer halben Stunde** geparkt werden darf. Benutzen Sie bitte die in obigem Plan vermerkten Parkplätze P, die eigens für Sie angelegt wurden. Der Platz an der Knyphausenstraße ist bewacht. Parkplatzreservierungen werden nicht vorgenommen.

Ich bin auf mein Fahrzeug angewiesen, was nun?
Nun, keine Regel ohne Ausnahme! Wer tatsächlich nicht gehen kann, erhält vom Ordnungsamt der Stadt Norderney, Rathaus, Zimmer 101, eine Ausnahmegenehmigung. Sie wird aber wirklich nur in ganz besonderen Fällen erteilt und gilt lediglich für das Befahren bestimmter Straßen zu bestimmten Tageszeiten (8 bis 13 und 15 bis 20 Uhr). Der weitaus größere Teil aller Fahrzeugbesitzer anerkennt dankbar die Maßnahmen, die zum Wohle der Kranken und Erholungsuchenden getroffen wurden. Sie, sehr verehrter Gast, zählen auch zu dieser Mehrheit der Einsichtsvollen.

Wie aber geht die Abreise vor sich?
Zunächst reservieren Sie sich rechtzeitig mit der an Bord erhaltenen **Platzkarte** im Reedereikontor am Kurplatz einen Platz auf der Autofähre für die Fahrt von Norderney nach Norddeich.
Der bei Ankunft an Bord der Autofähre ausgehändigte **Erlaubnisschein** zum Aufsuchen des Quartiers gilt auch für die Abfahrt. Wenn Sie Datum und Uhrzeit der Abreise in diesen Ausweis eingesetzt haben, dürfen Sie damit vor Ihrer Unterkunft halten und anschließend zum Hafen fahren!

Staatsbad und Stadt Norderney danken Ihnen!

FAHRVERBOT FÜR KRAFTFAHRZEUGE
Gästeinformation

Nordseeheilbad Borkum
Orts- und Lageplan

Strandpromenade, ganzjährig gesperrt für Kfz, Fahrräder und Go-Carts

gesperrt für Kfz aller Art vom 26. 3. bis 20. 5. 19892 von 21. bis 7 Uhr
und ganztägig vom   26. 3. bis 18. 4. 1982
und vom   20. 5. bis 30. 9. 1982

gesperrt für Kfz aller Art vom 26. 3. bis 30. 9. 1982 von 21 bis 7 Uhr

Spazier- und Wanderwege, gesperrt für Kfz und Go-Carts

Verkehrseinschränkungen (Kfz-Verkehr)

bestehen vom 26.3. bis 20.5. in der roten und vom 26.3. bis 30.9.1982 in der blauen Zone von 21.00 bis 7.00 Uhr sowie ganztägig vom 26.3. bis 18.4. und vom 20.5. bis 30.9.1982 in der roten Zone. Ausnahmegenehmigungen werden nur für die Fahrten vom Anleger „Borkum-Reede" zur Unterkunft und zurück ausgegeben. Sie erhalten die Genehmigung beim Informationsstand am Anleger „Borkum-Reede". Gehbehinderte mit roten Schwerbeschädigtenausweisen oder anderen Schwerbeschädigtenausweisen mit orangenem Aufdruck können Ausnahmeerlaubnisse im Rathaus der Stadt Borkum erhalten. Das gleiche gilt für Personen, die an amtsärztliches Gutachten nach einem im Rathaus der Stadt Borkum anzufordernden Formular vorlegen. Ruf (04922) 303-224.
Benutzen Sie wegen der umfassenden Verkehrsbeschränkungen auf der Insel möglichst die Autogaragen und Abstellplätze der AG „EMS" in Emden-Außenhafen, direkt an der Schiffsanlegestelle. Parkplätze stehen auf der Insel Borkum nur begrenzt zur Verfügung.

Hinweise für Gäste

Bild F79 (oben): Ausschnitte aus einem Ortsplan

Bild F80 (unten): Ausschnitte aus einem Ortsprospekt

Den Alltag vergessen
Beschauliche Ruhe im kleinen Ort. Ferienidyll. Typische Nordsee-Gastronomie. Keine Autos.

Vor allem: Keine Autos, keine Motorräder. Aber viele Möglichkeiten für Sie, für Ihre Familie, aktiv zu werden.

FAHRVERBOT FÜR KRAFTFAHRZEUGE
Gästeinformation

SERFAUS Tirol

DREISONNENORT - SERFAUS / TIROL
Informationsblatt
SOMMER

FÜR RUHE UND ERHOLUNG UNSERER GÄSTE!

Die einmalige geografische Lage von SERFAUS auf einem sonnenverwöhnten Hochplateau in 1.427 m Seehöhe (600 m über der Talsohle) am Ende einer gut ausgebauten Strasse bietet eine Chance, wie sie wirklich nur ganz wenige Orte vorfinden.
Es gibt hier nicht nur
               KEINEN DURCHGANGSVERKEHR
sondern sogar ein   NÄCHTLICHES FAHRVERBOT

für den gesamten Ortsbereich. Damit ist die Nachtruhe für unsere Gäste, die ja eine wesentliche Voraussetzung für die Erholung darstellt, auch wirklich gewährleistet. Wenn Sie nachts das Fenster öffnen, dann haben Sie nicht eine Abgaswolke und den Lärm im Zimmer, sondern die wasserklare Bergluft mit dem Geruch der Felder und des würzigen Heus.

FREMDENVERKEHRSVERBAND
SERFAUS / Tirol A 6534
Tel. 05476 - 6239 oder 6332
TELEX FVSER 058 154

Informationsblätter für Gäste

Bild F 81 (links):
Hinweis auf die Sommerregelung
(DIN A 4)

Bild F 82 (unten):
Hinweis auf die Winterregelung
(DIN A 4)

SERFAUS Tirol

UNSER FAHRVERBOT - GANZ
IM SINNE IHRER ERHOLUNG

Das FAHRVERBOT, mit dem SERFAUS insbesondere bei den Gästen an Ansehen und Beliebtheit gewonnen hat, ist für die Dauer der Wintersaison wieder in kraft

Die wichtigsten Kriterien dieser Regelung:

* Anreisende Gäste, die in SERFAUS bereits vorher Zimmer reserviert haben, fahren bis zu ihrer Unterkunft und lassen das Fahrzeug dann stehen.

* Ausflüge sind mittels grüner Erlaubnisscheibe (erhältlich beim Vermieter) möglich.

* Zur Seilbahn gelangen die Gäste entweder
   - zu Fuss (kostenlose Einstellmöglichkeit für Schi und Schuhe in der Seilbahntalstation),
   - per Schibus (kurzzeitiger Verkehr) zum Nulltarif,
   - über die Lifte per Schi.

* Gäste, die noch kein Zimmer reserviert haben, werden zwar am Ortseingang angehalten (und begrüsst), können sich aber dann beim AUTOMATISCHEN ZIMMERNACHWEIS über Telefon (kostenlos) informieren und nach erfolgter Zimmerreservierung in den Ort einfahren.

FREMDENVERKEHRSVERBAND
A 6534 SERFAUS
Tel. 05476 - 6332 oder 6239
TELEX 058 154

FAHRVERBOT FÜR KRAFTFAHRZEUGE
Bürgerinformation
Gästeinformation

SERFAUS Tirol 1427 m

Information Verkehrsregelung

Fahrverbot

Für Einheimische, Lieferanten, Kundendienste und Vertreter.

Für eine bessere Erholung unserer Gäste.

Informationsblätter für die Fahrverbotsregelung im Winter

Bild F83 (links):
Ausschnitt aus einem Faltblatt für Einheimische mit Angabe der Be- und Entladestellen im Ortsplan und Erläuterung der Fahrverbotsregelung

Bild F84 (unten):
Hinweise für Gäste viersprachig
(schwarz auf weiß, roter Rand; Durchmesser 200 mm)

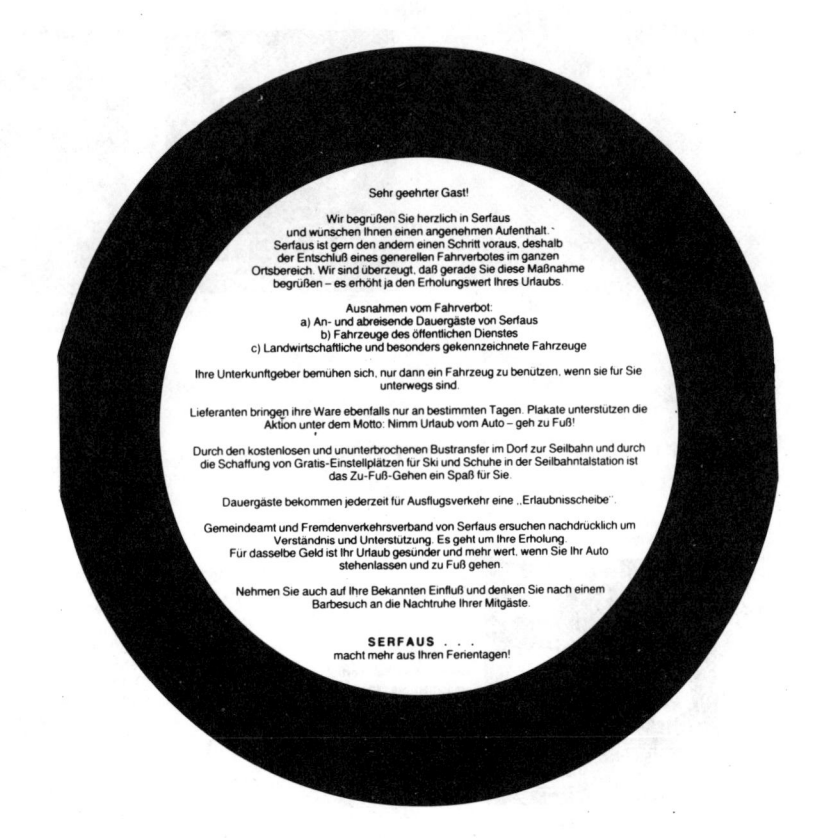

Sehr geehrter Gast!

Wir begrüßen Sie herzlich in Serfaus und wünschen Ihnen einen angenehmen Aufenthalt. Serfaus ist gern den andern einen Schritt voraus, deshalb der Entschluß eines generellen Fahrverbotes im ganzen Ortsbereich. Wir sind überzeugt, daß gerade Sie diese Maßnahme begrüßen – es erhöht ja den Erholungswert Ihres Urlaubs.

Ausnahmen vom Fahrverbot:
a) An- und abreisende Dauergäste von Serfaus
b) Fahrzeuge des öffentlichen Dienstes
c) Landwirtschaftliche und besonders gekennzeichnete Fahrzeuge

Ihre Unterkunftgeber bemühen sich, nur dann ein Fahrzeug zu benützen, wenn sie für Sie unterwegs sind.

Lieferanten bringen ihre Ware ebenfalls nur an bestimmten Tagen. Plakate unterstützen die Aktion unter dem Motto: Nimm Urlaub vom Auto – geh zu Fuß!

Durch den kostenlosen und ununterbrochenen Bustransfer im Dorf zur Seilbahn und durch die Schaffung von Gratis-Einstellplätzen für Ski und Schuhe in der Seilbahntalstation ist das Zu-Fuß-Gehen ein Spaß für Sie.

Dauergäste bekommen jederzeit für Ausflugsverkehr eine „Erlaubnisscheibe".

Gemeindeamt und Fremdenverkehrsverband von Serfaus ersuchen nachdrücklich um Verständnis und Unterstützung. Es geht um Ihre Erholung.
Für dasselbe Geld ist Ihr Urlaub gesünder und mehr wert, wenn Sie Ihr Auto stehenlassen und zu Fuß gehen.

Nehmen Sie auch auf Ihre Bekannten Einfluß und denken Sie nach einem Barbesuch an die Nachtruhe Ihrer Mitgäste.

SERFAUS . . .
macht mehr aus Ihren Ferientagen!

FAHRVERBOT FÜR KRAFTFAHRZEUGE
Gästeinformation

Hinweise für Gäste in Ortsprospekten:

Bild F 85

Kurzeit: ganzjährig.
Wenn Sie mit Ihrem Auto anreisen, beachten Sie bitte, daß im Kurbezirk von April bis einschließlich September von 23.30 bis 6.00 Uhr ein **Nachtfahrverbot** besteht.
Die Anfahrtwege mit Kraftfahrzeugen entnehmen Sie dem Plan der hinteren Umschlagseite.
Wir machen auch auf die Großparkplätze in der Südstraße und das Parkhaus in der Innenstadt aufmerksam.

Bild F 86

Verkehrsbeschränkungen zur Kurbezirksruhe
Im Zentrum der Stadt sind **Fußgänger-Zonen** (Gesamtlänge ca. 1,8 km) eingerichtet.
Mittägliches und nächtliches **Ruhegebiet** im gesamten Kurbezirk. Im engeren Kurbezirk besteht **Mittagssperre** (13.30–15.00 Uhr) und **Nachtsperre** (0.00–6.00 Uhr) für alle Kraftfahrzeuge sowie generelle Sperre für Motorrad- und Schwerverkehr. Umgehungsstraße für den Durchgangsverkehr.

Bild F 87

Bild F 88 (unten links), Bild F 89 (unten rechts)

Allgemeines Fahrverbot:
Beachten Sie bitte, daß ab 1. April 1981 im Kurbereich wieder das Nachtfahrverbot gültig ist.
Allgemeines Fahrverbot herrscht jeweils von 24 Uhr bis 6 Uhr. Beachten Sie bitte die entsprechende Beschilderung!

Ruhe im Kurort Ruhe im Kurort kommt Ihnen und Ihren Mit-Kurgästen zugute. Helfen Sie deshalb mit, daß die üblichen Ruhezeiten eingehalten werden.
Sind Sie Autofahrer, denken Sie bitte immer daran, daß Sie – zwischen 13 und 15 Uhr und abends Ihr Fahrzeug möglichst nicht benutzen; – wenn Sie auf Bekannte warten, Ihren Motor nicht im Stand laufen lassen; – übermäßige Startgeräusche vermeiden; – die Türen leise schließen; – die gebotene Geschwindigkeit einhalten und – an den Fußgängerüberwegen (Zebrastreifen) frühzeitig anhalten.

FAHRVERBOT FÜR KRAFTFAHRZEUGE
Gästeinformation

Hinweise für Gäste in Ortsprospekten:

Bild F 90

Nachtfahrverbot
Im Kurbezirk I
von 24 Uhr bis 6 Uhr (für Kraftfahrzeuge aller Art)
von 20 Uhr bis 6 Uhr (für LkWs, Motorräder)
von 13 Uhr bis 15 Uhr (für Zulieferverkehr durch LkWs, Motorräder)

Bild F 91

NACHTFAHRVERBOT – In der Zeit vom 1. 6. bis 30. 9. – von 0 bis 5.30 Uhr – besteht im Kurbereich und in der Innenstadt Fahrverbot.

Kurruhe, Kur und (ohne) Auto
Stadt und Kurdirektion nehmen alle gesetzlichen Möglichkeiten wahr, um unseren Kurgästen die für Gesundheit und Kurerfolg notwendige Ruhe zu sichern.
Die gesetzlich zulässigen Maßnahmen zur Lärmbekämpfung stützen sich auf die Gemeindeverordnung der Stadt Bad Wörishofen über den Immissionsschutz in Teilbereichen des Stadtgebietes und die Sperrzeitverordnung (wonach im Sommerhalbjahr die Sperrzeit in den Gaststätten um 24.00 Uhr und bei Vergnügungen im Freien um 22.00 Uhr beginnt).
Aufgrund § 45 Abs. 1 der Straßenverkehrsordnung sind folgende Verkehrsbeschränkungen zum Schutze der Kurruhe angeordnet:

Fahrverbot für Personenkraftwagen
jährlich vom 1. Mai bis 15. Oktober
a) in 70 Straßen des Kurgebietes (westlich der Straßenachse Türkheimer-, Hoch- und Kaufbeurer Straße) von 23.00 bis 6.00 Uhr und
b) in der Eichwaldstraße und Adolf-Scholz-Allee zusätzlich von 13.30 bis 15.00 Uhr.
Dieses zeitliche Fahrverbot gilt auch für Anlieger (Einheimische wie Kurgäste). Während der Sperrzeit können die Pkw auf den versicherten Parkplätzen in der Kaufbeurer Straße (Hallenbad) oder in der Mindelheimer Straße abgestellt werden. Die Taxis verkehren bis 3.00 Uhr morgens.

Fahrverbot für Lkw und Motorräder
ganzjährig auf allen Straßen westlich der Achse Türkheimer-, Hoch- und Kaufbeurer Straße von 13.00 bis 15.00 Uhr und von 20.00 bis 6.00 Uhr, sowohl für den Durchgangs- als auch für den Anliegerverkehr.

Bild F 92 (links)

Bild F 93 (unten)

Nachtruhe für ein ganzes Bad verordnet

Ganz Bad Wörishofen lebt für seine Kurgäste. Das absolute Nachtfahrverbot in der Saison, das sich die Stadt auferlegte, schränkt natürlich auch die Einwohner ein. Aber so mancher Wörishofer, der zuerst mürrisch das Nachtfahrverbot aufnahm, weiß in der Zwischenzeit seine angenehme Seite zu schätzen: Wie gesund und nützlich es ist, einmal wieder vor Mitternacht in die Federn zu kommen.

FAHRVERBOT FÜR KRAFTFAHRZEUGE
Gästeinformation

Verkehrshinweise für Gäste mit Ortsplan
Bild F 94 (rechts): Vorderseite (Gesamtübersicht)
Bild F 95 (unten): Ausschnitt

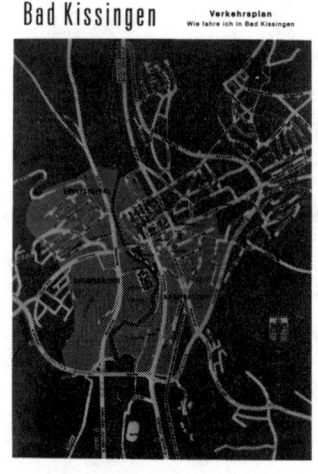

Verkehrsplan
Wie fahre ich in Bad Kissingen

▬▬▬▬▬ Umgehungs- und Zufahrtsstraßen

░░░░░ **Kursperrzone** gesperrt für Kfz. aller Art -
Ausnahme - Anlieger frei von:

⊖ Stadteinfahrt von 0-24 Uhr verboten;
während der Nachtzeit (23-6 Uhr) Ein- und Ausfahrt durch Schranken gesperrt.

⊖ Ein- und Ausfahrt während der Nachtzeit (23-6 Uhr) durch Schranken gesperrt.

Sehr geehrte Gäste!

Wir heißen Sie in Bad Kissingen herzlich willkommen. Dieser Verkehrsplan soll Ihnen die Orientierung erleichtern. Bitte beachten Sie insbesondere:

1. Die **Einfahrt** in die Stadtmitte und in die Kursperrzone ist allgemein nur über die rot gekennzeichneten Umgehungs- bzw. Zufahrtsstraßen möglich.
2. Die **Durchfahrt** durch die Kursperrzonen ist nicht gestattet.
3. **Wechseiseltiges Parkverbot** besteht in verschiedenen Straßen der Stadt zur Reinigung der Fahrbahn.

Haben Sie bitte Verständnis für die Verkehrsregelungen. Sie dienen der Sicherheit aller, der Ruhe und Erholung unserer Gäste.

Es wünscht Ihnen einen angenehmen Aufenthalt

Dr. Weiß
Oberbürgermeister

FAHRVERBOT FÜR KRAFTFAHRZEUGE
Gästeinformation

Hinweise für Gäste

Bild F 96 (links):
Informationsblatt zur Anmeldebestätigung
(blau auf weiß; DIN A 5)

Bild F 97 (unten):
Beiblatt zur Plakette für Gästefahrzeuge
(rot/gelb; 105 x 130 mm; vgl. Bilder F 63 u. F 64)

KURVERWALTUNG BADENWEILER

Zur Beachtung bei der Anreise im eigenen Wagen!

Sehr verehrter Gast,

Ihre Unterkunft liegt im Kfz.-Sperrbezirk von Badenweiler

Falls Sie mit Ihrem Auto zu uns kommen, bitten wir Sie höflichst, die

Sperrzeit von 13.30 Uhr bis 14.30 Uhr

zu beachten. Während dieser strengen Ruhezeit ist es ebenso wie von 0.00 Uhr bis 6.30 Uhr, grundsätzlich nicht gestattet, mit dem Kraftfahrzeug in den Sperrbezirk einzufahren. Bitte richten Sie Ihre Anreise so ein, daß Sie nicht gerade während der obigen Sperrzeiten in Badenweiler ankommen.

Im Interesse des Ruhebedürfnisses aller Gäste danken wir für Ihr Verständnis.

Wir wünschen eine gute Anfahrt und verbleiben

mit freundlichen Empfehlungen
Kurverwaltung Badenweiler
Dr. Bauert
(Bürgermeister und Kurdirektor)

Der Gemeindeverwaltungsverband Müllheim-Badenweiler hat für die meisten Straßen in Badenweiler Verkehrsverbot für Kfz. aller Art erlassen, um Störungen durch den Kfz.-Verkehr vom Erholungsuchenden fernzuhalten.
Der Sperrbezirk ist durch Verbotsschilder kenntlich gemacht. Vom Verbot ausgenommen sind u.a. die Pkw der Kurgäste, aber nur für Fahrten in der Zeit von

6.30—13.30 Uhr und 14.30—24.00 Uhr.

In den übrigen Nacht- und Mittagsstunden sind die Ruhezeiten auch seitens der Gäste einzuhalten.
Es wird empfohlen, die anhängende Plakette in der Mitte des oberen Randes der Windschutzscheibe anzubringen, damit das lästige Anhalten des Fahrzeugs zur Kontrolle weitgehend vermieden, bzw. die Kontrolle beschleunigt wird.
Wenn Sie unsere Bitte erfüllen, unterstützen Sie unsere Bemühungen, Badenweiler eine kurgemäße Ruhe zu erhalten.

Wir danken für Ihre Mithilfe.

KURVERWALTUNG BADENWEILER

Bild F 98 (rechts):
Hinweis im Ortsprospekt

Der Ruhe, als wichtigem Erholungsfaktor, wird in Badenweiler besondere Bedeutung beigemessen: die Polizeistunde reicht über Mitternacht nicht hinaus, und dem Verkehr sind so weit wie mögliche Grenzen gesetzt. Im Kraftfahrzeugsperrgebiet, in dem ein Großteil der Gästebetten liegt, dürfen während der Sommerkurzeit (März—Oktober) nur die Fahrzeuge der Kurgäste und Einwohner fahren: die streng geschützten Mittags- und Nachtruhezeiten von 13.30 bis 14.30 Uhr und von 24.00 bis 6.30 Uhr sollten von den Gästen bereits bei ihrer Anreise beachtet werden. Große Parkplätze am Rande des Kurzentrums stehen für Tagesbesucher, die nicht in den Ort einfahren dürfen, zur Verfügung. In den Wintermonaten November bis Februar sind die Verkehrsbeschränkungen aufgehoben.

RUHENDER VERKEHR
Zonen-Haltverbot
Gästeinformation

Lieber Autobesitzer!

Damit die Orte Nebel, Süddorf und Steenodde von dem störenden Autolärm verschont bleiben, bittet Sie die Kurverwaltung freundlichst, falls Sie Ihr Kraftfahrzeug mit auf die Insel nehmen, es für die Dauer Ihres Aufenthaltes bei Ihrem Gastgeber abzustellen und es nur für die An- und Abreise zu benutzen.

Ausreichende Abstellmöglichkeiten auf dem Festland bieten Garagen in Dagebüll und Schlüttsiel.

Ende

Anfang

ZONENHALTEVERBOT IN NEBEL!

Dieses gilt für das gesamte Ortsgebiet, d. h. beginnend mit dem Verkehrsschild an den Ortseingängen und endend mit dem Verkehrsschild an den Ortsausgängen. Ein Parken ist also nur mit einer Parkscheibe bis zu 1 Stunde gestattet. Diese bezieht sich jedoch nicht auf allgemein gesperrte Straßen. Die gleiche Regelung ist in Norddorf und teilweise auch in Wittdün getroffen worden.

Bitte beachten Sie das Nachtfahrverbot von 23.00 — 6.00 Uhr!

Bild F 99 (oben)

Bild F 100 (rechts)

Bild F 101 (unten)

Lieber Autobesitzer!

Damit das Heilbad Norddorf von dem störenden Autolärm verschont bleibt, bittet Sie die Kurverwaltung freundlichst, falls Sie Ihr Kraftfahrzeug mit auf die Insel nehmen, es für die Dauer Ihres Aufenthaltes bei Ihrem Gastgeber abzustellen und es nur für die An- und Abreise zu benutzen.

Ausreichende Unterstellmöglichkeiten auf dem Festland bieten Garagen in Dagebüll.

Zonenhaltverbot!

Dieses gilt für das gesamte Ortsgebiet, d. h. beginnend mit dem Verkehrsschild an den Ortseingängen und endend mit dem Verkehrsschild an den Ortsausgängen. Ein Parken ist also nur mit einer Parkscheibe bis zu 1 Stunde gestattet. Diese bezieht sich jedoch nicht auf allgemein gesperrte Straßen.

Parkplatz!

Wir verweisen hier auf unseren öffentlichen Parkplatz (unbewacht), wo Sie Ihren Wagen abstellen können für den Fall, daß bei Ihrem Gastgeber keine Möglichkeit mehr besteht.

Die Ausflugsziele auf unserer Insel sind in bequemen Fußwanderungen zu erreichen. Zwischen den Inseldörfern besteht ein regelmäßiger Busverkehr (60-Minuten-Dienst ab Ende Mai bis Ende September).

Wie wäre es, wenn Sie sich wieder des Fahrrades bedienen würden? Unsere Wege bieten sich hierfür an Radfahren fördert Ihre Gesundheit.

Es dankt Ihnen für Ihr Verständnis im voraus

Die Kurverwaltung des Nordseeheilbades
2278 Norddorf, Insel Amrum

Fernruf: Amrum (0 46 82) 8 11* - Postfach 31 20

Tiefgarage   Benutzen Sie beim Besuch der Veranstaltungen im Kursaal die neue **Tiefgarage** (zwischen Kursaal und Kommunalem Kurmittelhaus), die Öffnungszeiten am Abend richten sich nach der Dauer der Veranstaltungen!
Kostenlose Benutzung mit Parkscheibe!

RUHENDER VERKEHR
Auffangparkplätze

Das Parkangebot

Auf vier verschiedenen offenen Parkplätzen vor dem Dorf finden ungefähr 1600 Autos Platz: Seit 1981 finden Sie im Parkhaus zusätzlich 950 Plätze, davon sind 880 überdacht. Den privaten Bus-Unternehmungen steht ein eigener Parkplatz zur Verfügung. Die Abstellplätze im offenen Parkraum sowie im Parkhaus sind gebührenpflichtig: Der Gast von Saas-Fee erhält aber mit der Kurkarte eine Ermässigung von 30%.

Hinweise auf Parkierungsmöglichkeiten für Gäste

Bild F 102 (links):
Informationsschrift der Gemeindeverwaltung

Bild F 103 (unten links):
Hinweis im Ortsprospekt

Bild F 104 (unten rechts):
Informationsblatt zum Ortsprospekt
(schwarz auf gelb; DIN A 5)

Garagen und Parkplatz:
Das Niedersächsische Staatsbad Wangerooge besitzt in unmittelbarer Nähe des Hafens am Harlesiel ausgedehnte Garagen und Parkplatzanlagen, die ganzjährig geöffnet sind. An der Schiffsanlegestelle besteht Parkverbot.
Garagenpächter: H. Heyken, Telefon 0 44 64 / 3 07.
Weitere Garagen: Wachtendorf, Telefon 0 44 64 / 2 12.
Für die Hauptferienzeit ist eine Garagen-Vorbestellung zu empfehlen.
Kraftfahrzeuge werden nicht zur Insel befördert. Hier können Sie Urlaub von Ihrem Wagen machen.

Ein Hinweis für Kraftfahrer

Wenn Sie zum Besuch der Nordseeinseln Juist, Norderney oder Baltrum oder auch des Nordseebades Norden-Norddeich mit Ihrem Wagen an die See fahren, haben Sie die Möglichkeit, ihn in den 1.000 Wagen unter Dach fassenden

FRISIA-Großgaragen
mit Tankstelle und Waschanlage

für die Dauer Ihres Aufenthaltes abzustellen. Die Garagen liegen in unmittelbarer Nähe des Hafens und enthalten Boxen-, Hallen- und Parkplätze.

Platzreservierungen können leider nicht vorgenommen werden. Bei der großen Zahl unserer Abstellplätze versichern wir Ihnen jedoch, daß Sie für Ihren Wagen bei uns immer einen Platz finden werden, und zwar in aller Regel auch einen überdachten. Wir raten Ihnen dringend, bei Ihrer Ankunft in Norddeich Ihren Wagen nicht am Hafen abzugeben. Fahren Sie ihn in Ihrem eigenen Interesse bitte selbst zur Garage, damit Sie sich überzeugen können, daß er dort den gewünschten Platz erhält.

Die Abstellgebühren betragen für jeden angefangenen Tag

Boxe	DM 4,50
Halle und Überdachungsgarage	DM 3,50
Eingezäunter Parkplatz	DM 2,50

In den Abstellgebühren sind 13 % Umsatzsteuer enthalten.

Aktiengesellschaft
REEDEREI NORDEN-FRISIA
2980 Norden 2 - Postfach 1160 - ☎ (04931) 8011

ÖFFENTLICHER VERKEHR - innerorts
Gästeinformation
Fahrausweis

Bild F 105:
Fahrausweis für Gäste zur kostenlosen Benutzung des Ortsbusses
(schwarz auf gelb; DIN A 7)

Bild F 106:
Fahrausweis für Einheimische
(schwarz auf grün; 60 x 90 mm)

Bild F 107 (unten):
Faltblatt für Gäste (205 x 210 mm)
(nicht abgebildet: auf der Rückseite Tourenvorschläge für Bus/Wandern)

„Grüß Gott" in Ruhpolding

Wir heißen Sie, liebe Gäste, recht herzlich willkommen und wünschen Ihnen erholsame und schöne Urlaubstage bei uns. Ruhpoldings Urlaubsangebot ist vielfältig und abwechslungsreich. Ihr Gastgeber wird Ihnen unser Informationsheft und Ihre Kurkarte aushändigen und Sie gerne beraten.

Aus der Fülle unseres Angebotes möchten wir Ihnen besonders die Wandermöglichkeiten vorstellen, denn 250 km Spazier- und Wanderwege, Bergsteige und Alpenlehrpfade erschließen Ihnen das weite Tal und die umliegenden Berge. Nun haben wir uns für alle Wanderfreunde eine Neuerung einfallen lassen und unseren Ortslinienfahrplan so eingerichtet, daß Sie die Ausgangspunkte zu Rundwanderungen und Bergtouren bequem erreichen können.

Wir wünschen Ihnen viel Vergnügen
IHRE KURVERWALTUNG
Alf Gall, Kurdirektor

Das ist unser Angebot

Das Ruhpoldinger „Urlaubsticket" kostet für den gesamten Ferienaufenthalt nur
10,— DM für Sie allein, und
20,— DM für die ganze Familie.

Mit dieser Karte können Sie Ihre gesamte Urlaubszeit über alle Linien des Ruhpoldinger Ortsverkehrs, sowie auf den Linien der RVO (Regionalverkehr Oberbayern GmbH) die Haltestellen Aschenau, Laubau und Seehaus benutzen. Sie erhalten diese Karte in der Kurverwaltung, oder bei den Busfahrern des Ortslinienverkehrs. Diese Dauerkarte gilt nur in Verbindung mit der gültigen Kurkarte!

Bei der Abreise können Sie diese Karte in der Kurverwaltung abgeben und nehmen damit an einer Verlosung für einen Freiaufenthalt teil.

Lassen Sie auch Ihr Auto Urlaub machen, fahren Sie mit dem Ruhpoldinger Ortslinienverkehr und der RVO und nehmen Sie diesen einmaligen Service in Anspruch!

Bitte Innenseite beachten!

ÖFFENTLICHER VERKEHR - innerorts
Gästeinformation

Bild F 108: Hinweise auf den Ortsbus und die kostenlose Benutzungsmöglichkeit im Ortsprospekt

... und wie weit

zeigt Ihnen obige Verkleinerung des nebenstehenden Ortsplanes mit den eingedruckten Farbkreisen und Ziffern. Die angegebenen Gehzeiten sind annähernde Richtwerte:

1 Zentrum — bis 15 Gehminuten ab Ortsmitte
2 Wohnbereich A — 15–25 Gehminuten ab Ortsmitte
3 Wohnbereich B — 25–40 Gehminuten ab Ortsmitte
4 Außenbereich — mehr als 40 Gehminuten ab Ortsmitte oder nur ein paar Minuten mit dem Auto bzw. mit dem

Ruhpoldinger Bus-Ortslinienverkehr
Zur Verbindung der verschiedenen Ortsteile.

Gäste, die in diesen Ortsteilen wohnen, können diese Busse **kostenlos** für alle Fahrten zwischen Ortsmitte und der für ihre Unterkunft passenden Haltestelle benutzen. Fahrpläne und Fahrausweise sind in der Kurverwaltung erhältlich, die Haltestellen sind im nebenstehenden Ortsplan ersichtlich. Für Wanderer, Bergsteiger und Spaziergänger gibt es von Mai bis Oktober preisgünstige Netzkarten (Einzel- und Familienkarten) zu den Ausgangspunkten von Bergtouren und Wanderungen. Auch hier bitte Fahrplan beachten!

Unsere Empfehlung: Lassen Sie auch Ihr Auto Urlaub machen, fahren Sie mit dem Ortsverkehr!

ÖFFENTLICHER VERKEHR - innerorts
Gästeinformation

Bild F 109: Ausschnitt aus einem Ortsprospekt mit Hinweisen über die Busverbindungen zwischen Hauptbahnhof und den einzelnen Beherbergungsbetrieben

ÖFFENTLICHER VERKEHR - innerorts
Gästeinformation
Bürgerinformation

Bild F 110 (links):
Informationsblatt zur Einführung
eines Orts-Bussystems
(mehrfarbig; DIN A 4)
(Rückseite: Fahrplan, nicht
abgebildet)

Bild F 111 (unten links):
Informationsblatt zum Orts-Bussystem
Vorderseite: Übersichtsplan
(schwarz auf blau/schwarz auf grün;
DIN A 4)

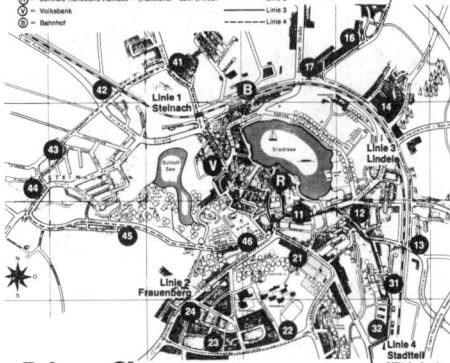

Bild F 112 (unten rechts):
Informationsblatt zum Orts-Bussystem
Rückseite: Fahrplan
(Ausführung wie Bild F 111)

ÖFFENTLICHER VERKEHR - Anreise
Gästeinformation

Viele Wege führen nach Bad Wörishofen

Einen der sichersten und angenehmsten hat aber die Deutsche Bundesbahn eingerichtet. Neben den ständigen schnellen Verbindungen von München und Augsburg mit dem Anschluß an das Intercity-Netz fahren auch Kurswagen aus Hamburg und Dortmund in Richtung Bad Wörishofen.
Prüfen Sie einmal dieses Angebot. Ihre Kurerholung kann schon bei der Anreise beginnen, und die Bahn hält eine Reihe von preiswerten Zusatzleistungen für Sie bereit.

Hinweise für die Anreise im Ortsprospekt
Bild F 113 (links)
Bild F 114 (unten)

Wie kommt man nach Bad Wörishofen?

1. Bahn
Über Ulm, Augsburg, München, Lindau, Memmingen. Zahlreiche Direktverbindungen mit Anschluß an das Inter-City-Netz nach Augsburg.
Bad Wörishofen ist durch direkte Kurswagen mit den wichtigsten Zentren verbunden:
1. Kurswagen von und nach *Dortmund* über Bochum, Essen, Mülheim (Ruhr), Duisburg, Düsseldorf, Neuss, Köln, Bonn-Beuel, Neuwied, Koblenz, Mainz, Worms, Ludwigshafen, Mannheim, Heidelberg, Stuttgart, Ulm.

2. Kurswagen von und nach *Dortmund* über Witten, Hagen, Letmathe, Altena, Hüttental, Dillenburg, Wetzlar, Gießen, Bad Nauheim, Frankfurt (Main), Darmstadt, Weinheim, Heidelberg, Stuttgart, Ulm.

3. Kurswagen von und nach *Hamburg* über Hannover, Hildesheim, Göttingen, Bebra, Fulda, Würzburg, Nürnberg, Donauwörth, Augsburg.

2. Pkw
a) Von Westdeutschland über BAB Stuttgart–Ulm–Memmingen (Ausfahrt Memmingen-Nord), weiter über B 18 Richtung München bis Mindelheim bzw. Kirchdorf.

b) Von Norddeutschland über BAB Nürnberg–München (Ausfahrt Langenbruck), B 300 bis Augsburg, B 19 bis Landsberg, B 12/18 bis Türkheim.
c) Von Osten über BAB Salzburg–München, B 12 bis Buchloe und B 18 bis Türkheim.
d) Von Süden über Lindau (B 18, B 12) oder Füssen (B 16).

3. Flugzeug
Flughafen München-Riem (90 km), Flugplatz Wörishofen-Nord für Motorflugzeuge bis 5,7 t und Hubschrauber.

Bild F 115 (unten):
Hinweise für die Anreise im Ortsprospekt

Der Buszubringerdienst (Kurexpreß) verkehrt wie folgt:

Abfahrtsort/Zeit	Berlin 7.30	Bonn 7.30 Köln 8.15	Düsseld., Hbf. 6.00 Duisburg, Hbf. 6.20 Oberhs., Hbf. 6.30 Essen, Hbf. 7.00 Bochum 7.30 Dortmund 8.00	Bremen, ZOB 7.10 Delmenhorst 6.30	Hamburg, ZOB 6.30 Wilhelmsburg 6.45 Harburg 7.00
Fahrtage	Mo., Mi., Fr.	Mittwoch	Mittwoch	Mittwoch	Mittwoch
Ankunft Bad Meinberg	14.05	13.00	11.00	11.00	11.00
Abfahrt Bad Meinberg	Di., Do., Sa. 12.30	17.00	17.00	16.30	16.00
Fahrpreis: einfach hin und zurück	54,50 103,–	 58,–	 58,–	 58,–	 58,–
Veranstalter/ Busunternehmen	Deutsche Land- und See-Reisen Kurfürstendamm 182/3 1000 Berlin 15 Tel. (030) 88 10 51	UNIVERS-Reisen Am Rinkenpfuhl 55 5000 Köln Tel. (0221) 23 57 71	Stand bei Redaktionsschluß noch nicht fest. Anfragen: Tel. (05231) 31696	Wolters-Reisen Bremer Straße 48 2805 Stuhr-Brinkum Tel. (0421) 89997	Globetrotter-Reisen Harburger Straße 20 2107 Rosengarten 5 Tel. (040) 7962255

Vorherige Buchung erforderlich. Änderungen vorbehalten (Stand 1/82)

VERKEHRS-INFORMATIONSSYSTEM
Gästeinformation

Ein Tip zum Schluß:

Wenn Sie mit der Bundesbahn anreisen, können Sie durch das Haus, in dem Sie wohnen, ein Taxi bestellen lassen, das Sie vom Bahnhof Horn-Bad Meinberg abholt. Öffnungszeiten: Mo.—Fr. 6.45—17.45 Uhr, Sa. 6.45—13.00 Uhr. An Sonn- und Feiertagen geschlossen. **Samstags letzte Gepäckaufgabe bis 10.30 Uhr, Gepäckausgabe bis 13.00 Uhr.** Telefon 05234-2811. **Nutzen Sie bitte den von Haus zu Haus Gepäckservice der Bundesbahn.** Sollten Sie mit dem Pkw anreisen, beachten Sie bitte den Hinweis für Autofahrer auf der Rückseite des Wegweisers. Hier könnten Sie die jeweils günstigste Autoeinfahrt zu Ihrer Unterkunft ersehen. Wir heißen Sie schon jetzt herzlich willkommen in Bad Meinberg und wünschen Ihnen einen angenehmen und erfolgreichen Kuraufenthalt.

Verband Gaststätten- und Hotelgewerbe Lippe e.V.
Ortsverein Bad Meinberg

Name und Bezeichnung
des Betriebes
Straße, Hausnummer,
Planquadrat und
Autoeinfahrt

HOTELS   Die Hauser in dem nachste

Hotel-Restaurant	F 3
Heide-Café	
Auf der Heide 21	Bild Nr. 6
Autoeinfahrt E	

Hotel Wilberger Hof	E 1
Detmolder Str. 59	
Autoeinfahrt Wilberg	

HOTEL-PENSIONEN

Hotel-Pension	E 5
Tanne	Bild Nr. 89
Unter den Linden 11	
Autoeinfahrt E · G	

GASTHÖFE

Gasthof-Café Beinkerhof	D 1
Moorstr. 27	
Autoeinfahrt A	

Hinweise zum Verkehrs-Informationssystem
im Ortsprospekt

Bild F 116 (oben)

Bild F 117 (links):
   Angabe der günstigsten Autoeinfahrt
   zu den einzelnen Beherbergungsbetrieben

Bild F 118 (unten):
   Angabe der günstigsten Autoeinfahrt
   zu den einzelnen Straßen (mit Ortsplan)

WEGWEISER
durch
Bad Meinberg

mit Ortsplan und Hinweis für Autofahrer

Nummern im Planquadrat von A bis F
und Autoeinfahrten von A bis I

Einfahrt (A)
Am Müllerberg D3 + C2
Bachstraße D2 + 3
Bergstraße D2, C2 + 1
Bergwinkel D2 + C1
Brunnenstr. (westl.) E2, D2 + 3
Johanna-Fuchs-Weg D3 + C3
Moorstraße D2 + 1, C1
Parkstraße (östl.) C4 + D4
Schanzenstraße C4 + 3
Steinbachweg D2
Upmeiers Grund C4

Einfahrt (B)
Flammenkamps Berg E1 + F1
Hemmelweg E2
Kreuzenstein F1 + 2
Nacke-Erich-Straße E1 + 2

Einfahrt (C)
Allee D3, E3 + 2
Am Ehrenmal D3
Gartenstraße E3
Krumme Straße D3
Parkstraße (westl. und nördl.) D3 + D4
Röwenhof D3

Einfahrt (D)
Ankerstraße E3 + D4
Hermannsweg D4 + E4
Kleppergarten D4
Marktstraße D3, E3 + 4
Parkstraße (südl.) D4
Krumme Straße D3

Einfahrt (E)
Akazienweg E4 + F4
Altheider Weg E3
Auf der Heide E3, F3 + 4
Efeuweg E4
Fliederweg E4
Ginsterweg E4
Goldregenweg E4
Karlsbader Straße E3 + F2
Landecker Straße E3 + F3
Prassenhof F4
Rosenweg E4 + F4
Salzbrunner Weg E3 + F3
Schwarzbader Weg F2 + 3
Stilles Tal F3

Einfahrt (F)
Pyrmonter Straße D4 + 5
Seestraße D4 + 5

Einfahrt (G)
Lärchenweg E5
Unter den Linden E3, 4 + 5
Vahlhausener Str. E5, F6 + 7

Einfahrt (H)
Blomberger Straße C4 + B4
Brunnenstraße (östl.) C4 + 5
Dr.-Dettmer-Weg C4
Dr.-Piderit-Weg C4
Königsberger Allee C5, B5 + 4
Rostocker Straße C5 + 4
Stettiner Straße C4 + 5
Thorner Straße B4, C4 + 5

Einfahrt (I)
Allensteiner Straße B4
Am Eichholz C3 + 4
Am Försterberg A2, 3 + 4
Blomberger Straße C4 + B4
Dr.-Trampel-Weg B4
Dr.-Wessel-Weg B4
Königsberger Allee C5, B5 + 4
Oberförster-Feige-Weg B4

Am Waldstadion D1
Bahnhofstraße E2, F1 + 2
Buschkamp F6 + 7
Detmolder Straße E1 + 2
Hamelner Str. E2, 3 + 4, D5, C5 + B5
Heinrich-Drake-Platz D3
Im Rehwinkel F2
Lichtenbruch A4
Promenadenweg E6
Röhn F7 + 8
Schlehdornweg F1
Siebenstern A5
Teichweg F1
Trebnitzer Weg F2
Ulmenstraße E4 + 5
Wällenweg C5 + 6
Wiegmannsgrund B2
Zoppoter Straße F2

Verband Gaststätten- und
Hotelgewerbe Lippe e.V.
Ortsverein Bad Meinberg

VERKEHRS-INFORMATIONSSYSTEM
Gästeinformation

Name des Hauses Besitzer, Inhaber oder Leiter Straße ✻ = Mitgl. des Gaststätten- u. Beherbergungs-Verbandes Norderney ● ● ● = Kfz.-Verkehrszone	Telefon	Lage der Wohnung		Gesamtbettenzahl	Inklusivpr.	
		Planquadrat			mit einem Bett	mit zwei Betten
	1	2	3		4	5
Haus Meeresrauschen E. u. I. Wessels Am Januskopf 4	●✻	696	B3	14	70,00-100,00	70,00-100,00
Leuchtturm-Restaurant Rolf Warfsmann Am Leuchtturm 2	●	2467	—	15	—	85,00
Elite Appartements Heidi Meinders Bäckerstr. 5, Postf. 330	●✻	2701	D2	25	—	100,00
Haus Iderhoff Günter Ebbighausen Benekestraße 1	●✻	2170	C3	8	—	90,00
Haus Iderhoff Inge Grieffenhagen Benekestraße 2	●✻	3489	C3	7	—	100,00
Ferienhaus Kleemann Helmut Kleemann Benekestr. 10a u. Südstr. 2	●	1345	C3	24	—	50,00

Hinweise zu Verkehrs-Informationssystemen in Ortsprospekten

Bild F 119 (links):
Angabe der Verkehrszone (1,2 oder 3) für die einzelnen Beherbergungsbetriebe

Bild F 120 (Mitte):
Hinweis im Ortsplan

Bild F 121 (unten):
Angabe der farbig dargestellten Verkehrszonen für die einzelnen Ortsstraßen

Verehrter Gast, so finden Sie am leichtesten Ihr Ziel!
Bad Orb ist in seiner Gesamtausdehnung Kurgebiet. Um Ihnen den Weg zu Ihrer Unterkunft zu erleichtern, haben wir unser Stadtgebiet in Farbflächen eingeteilt (siehe Plan). Kommen Sie als Autofahrer nach Bad Orb, so haben Sie an jeder Zufahrt einen Stadtplan, an dem Sie sich nochmals orientieren können.
Verehrter Gast, wir hoffen, daß Sie sich mit Hilfe dieses farbigen Stadtplanes in unserer Badestadt leichter zurechtfinden.

Am Klingental: Planquadrat II (rot)
Haus Weisbecker	1	392a
Haus Toni	12	300 u. 452
Haus am Klingental	19	351
Haus Evelyn	42	231
Landhaus Markberg	46	262
Haus Georgenhag	48	299
Haus Weinert am Klingental	49—51	196
Haus am Bildstock	53	236
Ferienwohnung Langewellpoth	59	254
Landhaus Kleeberg	69	274

Am Orbgrund: Planquadrat III u. IV (grün)
Hotel Madstein	1	8
Haus Sonnenblick	3	76
Haus Holtmanns	5	377
Haus Vogelgarten	7	467
Haus am Park	11	109

Am Orbtal: Planquadrat IV (grün)
| Der Annenhof | 1 | 1 |
| Kurklinik Küppelsmühle | 1 | 2 |

Am Schafstrieb: Planquadrat I u. V (blau)
Haus Metzler	6b	441
Haus Leschat	13	297
Haus Sandra	21	289 u. 375
Haus Nadine	21a	468
E. Goedicke	22	469
Haus Karin	30	372
Haus Christiane	47	352

An der Heppenmauer: Planquadrat II (rot)
| Haus Christiana | 18 | 154 |

Haus Kehrer	14	277
Haus Andrea	21	123
Ferienwohnung Ball	22	237
Haus Apollonia	22a	224
Haus Tanneck	23	251
Haus Abendfriede	25	418

Kur-Ferien-Appartements
Hilde Hessberger	36	214
Lärchenhöhe	39	201
Haus Buchenrain	40	264
Haus Angelstein	43	471
Haus Probst	51	453
Haus Wintgen	60	511a
Haus Reinhard	62	507
Haus Brux	81	461

Birkenallee: Planquadrat VII u. VIII (grün)
Haus Birkenruh	2	59
Haus Gudrun	3	112
Haus Edwine	7	57
Haus Hainberg	9	434
Fremdenheim Haus Möglich	10	106
Haus Munsterland	12	384
Haus Gertrude	14	63

Burgring: Planquadrat VI (grau. grün)
| Pension Schiffershof | 10 | 72 |
| Ferienwohnung Schiffershof | 10a | 282 |

Burgstraße: Planquadrat V u. VI (blau)
Haus Betty	8	340
Haus Uhlenhorst	10	336
Haus Sonnenuhr	16	130
Haus Christine	17	347
Haus Frieda Ihl	26	444
Haus Ingrid Ihl	40	459
Haus Imkeller	40a	498
Haus Eck	46	512
Haus Goßmann	46a	454

WERBUNG
Autofreier Ort

HEIDILAND 1/1980
SWITZERLAND
Publikation für die alpinen autofreien Kurorte der Schweiz
Publication for the alpine car-free resorts of Switzerland

Zermatt, Saas Fee, Wengen, Mürren,
Riederalp, Bettmeralp, Braunwald, Rigi
Sonderdruck für die Touristik-Messe,
Berlin
Redaktion: Ch. Eichele, M. Freuler
Marconsult
Hardeggstrasse 27, 8049 Zürich
Telefon 01/56 46 56, Telex 54508
Grafik: M. Stoppa
Druck: Druckerei AG Hongg
Pfingstweidstrasse 6, 8049 Zürich
Herausgeber: KAWE-Reisebüro
Stampfenbachstrasse 57, 8006 Zürich
Telefon 01/28 96 00, Telex KAWE 52046
Ab 18.3.1980 Telefon 362 96 00
Inseratentarif: SFr. 2.20/mm

Bild F 122 (oben) : Titel einer Werbezeitung
Bild F 123 (unten): Titel einer Informationsbroschüre

SchweizerVerkehrsbüro
und amtliche Agentur der Schweizerischen Bundesbahnen
6 Frankfurt a. M. : Kaiserstrasse 23 : Telefon: 23 60 61 : Telegramm : Swisturist : Telex : 41 20 21

Autofreie Ferienorte und abseits gelegene Hotels
für geruhsame Ferien besonders geeignet

Die touristischen Regionen der Schweiz

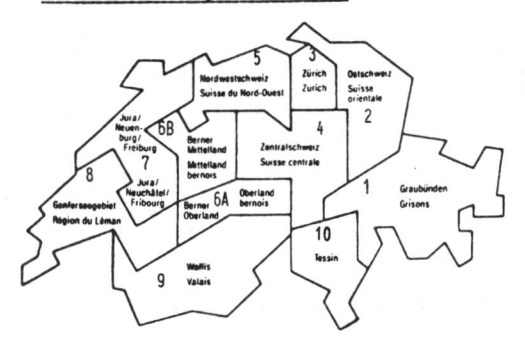

Angaben zur nachstehenden Liste

Buchungsstellen sind die örtlichen Verkehrsvereine
oder die genannten Hotels.
i bedeutet, dass es sich um die Tel.Nr. des Verkehrs-
vereins handelt.
Telefonische Vorwahl für die Schweiz: 0041
Postalisches Landeskennzeichen: CH - (vor der PLZ)
B = Anzahl Betten (falls bekannt)
M = Matratzenlager

PLZ	Ort	Unterkunft/Anfahrt	Höhe	Tel.
1 - Graubünden				
7270	Davos	Hotel Schatzalp - 170 B, zu erreichen mit Bergbahn ab Davos	1863	83-35831
		Berghotel Jakobshorn - 10 B, zu erreichen mit Luftseilbahn ab Davos	2590	83-37004

WERBUNG
Autofreier Ort

Saas-Fee — der autofreie Kurort

Mürren - Alpines Kur- und Sportzentrum

MÜRREN, 1650 m über Meer, liegt auf einer windgeschützten Sonnenterrasse über dem Lauterbrunnental in reinster und gesundheitsfördernder Alpenluft. In einer Stunde von Interlaken per Bahn zu erreichen. Strasse bis Lauterbrunnen und Stechelberg (Garagen, Parkplätze). Kein Autoverkehr!
Hotels aller Preiskategorien, Chalets und Ferienwohnungen, Jugendherberge in Gimmelwald, Camping im Lauterbrunnental.
Mürren besitzt ein weites und gut markiertes Spazier- und Wanderwegnetz, ist Ausgangspunkt für kleine und grosse Exkursionen. - Schilthorn mit Drehrestaurant, Allmendhubel. Jungfraujoch, Interlaken, Thuner- und Brienzersee.
Tennis - Bergsport - Fischen - Ballonsportwochen.
Verkehrsbüro, 3825 Mürren, Tel. 036 55 16 16 Telex 32730

Ausschnitte aus Ortsprospekten:

Bild F 124 (oben)

Bild F 125 (Mitte)

Bild F 126 (unten links)

Bild F 127 (unten rechts)

ZERMATT
Zermatt – der Kurort ohne Autos

ZERMATT 1620 m, die Metropolis Alpina war vor 135 Jahren ein bescheidenes Walliser Bergdorf mit sonnenverbrannten Häusern und Holzspeichern auf pilzförmigen Ständern, verträumten Lauben und Gässchen, ein Wallfahrtsort für die kühnen Bergsteiger in der goldenen Zeit des Alpinismus. Heute noch hat das Matterhorndorf in seinem Kern diesen Charakter, diese Ruhe und den Lebensstil seiner Bewohner bewahrt, wenn es auch zu einem bedeutenden und modernen hochalpinen Luft- und Höhenkurort internationalen Gepräges emporgewachsen ist. Wie angenehm überrascht fühlt sich der Gast in diesem schmucken Bergdorf ohne Autos, das zum Verweilen und zu geruhsamen Ferien einlädt.

Zermatt – Ferien nach Mass

Zermatt ist von Westen, Norden und Süden gleich rasch erreichbar: Genferseelinie, Lötschberg und Simplon vermitteln direkte Anschlüsse an die schmalspurige und modern ausgebaute Brig-Visp-Zermatt-Bahn, die in anderthalbstündiger, romantischer Fahrt durch das wildzerklüftete Vispertal Zermatt erreicht.
Die Autostrasse ist bis Täsch befahrbar und Parkmöglichkeiten befinden sich in Brig, Visp, Stalden, St. Niklaus, Randa und Täsch. Der Kurort Zermatt wird autofrei bleiben.

WERBUNG
Autofreie Erholungsbereiche
Vorrangbereiche für Fußgänger

austria information

Inseln der Ruhe

Hotels und Gasthöfe, die nur mit einer Seilbahn oder Sessellift zu erreichen sind

Das Ei auf dem Frühstückstisch stammt gewiß aus dem hauseigenen Hühnerstall. Aber alles andere, vom Mineralwasser bis zum Steak, reist auf dem Luftweg an. Der Gast ebenfalls, wenn er in einem jener österreichischen Berghotels logiert, zu denen keine Straße, sondern nur eine Seilbahn oder ein Sessellift führt. Hier läßt sich der Stoßseufzer verkehrsgestreßter Großstädter „Zwei Wochen lang kein Auto sehen und hören!" perfekt realisieren. Man schläft, ißt und lebt in reinster Höhenluft und absoluter Stille. Zur Fortbewegung ist man auf eigene Muskelkraft angewiesen. Ist die letzte Seilbahngondel mit Ausflüglern ins Tal hinuntergeglitten, hat man die Bergwelt komplett für sich allein. Anders als in einem beliebigen Ferienhotel, wo der Zufall die Gäste und ihre gegensätzlichen Interessen bunt durcheinanderwürfelt, sind hier droben die Urlaubswünsche gleich programmiert. Nur wer total „abschalten" möchte, die autofreie Umwelt sucht und eine gewisse Abstinenz von üblichen Urlaubs-Vergnügungen akzeptiert, wird sich für ein solches Berghotel entschließen. Mit einem Erholungseffekt, der, schlicht gesagt, unschlagbar ist.

A-3295 Lackenhof
Ötscher Schutzhaus, Sessellift, 1892 m; 1. Bergfahrt 8 Uhr (nach Bedarf ab 7.30 Uhr), letzte Talfahrt 16.30 Uhr, Tel. (7480) 249.

A-2734 Puchberg am Schneeberg
Berghaus Hochschneeberg, Zahnradbahn, 1795 m; 1. Bergfahrt 9 Uhr, letzte Talfahrt: Montag bis Samstag 14.35 Uhr, Sonntag 15.30 Uhr.

OBERÖSTERREICH

A-4802 Ebensee/Traunsee
Berggasthof Feuerkogel, Gasthof Feuerkogelhaus, Gasthof Haus Dachsteinblick, Pension Haus Edelweiß, Gasthof Alpenvereinshaus, Gasthof Naturfreundehaus, Jugendheim Christophorushütte, Seilbahn, 1625 m; 1. Bergfahrt 8.45 Uhr, letzte Talfahrt 16.45 Uhr.

A-4810 Gmunden/Traunsee
Grünberg-Gästehaus, Seilbahn, 1004 m; 1. Bergfahrt: Mai bis Sep-

Informationsschriften für Gäste

Bild F 128 (oben)

Bild F 129 (unten)

austria information

Der Mensch hat Vorrang

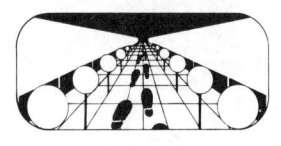

Orte mit autofreien Fußgeherzonen in Österreich

Zum vergnüglichen Bummel zu Fuß laden Österreichs Städte und Ferienzentren dort ein, wo ihre Qualitäten am sichtbarsten sind. Der historische Ortskern mit malerischer Altstadt läßt sich durchwandern, bewundern und fotografieren, ohne daß Straßenverkehr die Idylle beeinträchtigt. Nicht zufällig sind auch die attraktivsten Geschäfte in autofreien Zonen angesiedelt; unbehelligt von Abgasen und Lärm freut man sich doppelt an allem, was Boutiquen, Souvenirladen und bodenständiges Kunsthandwerk anbieten. Vor oder nach dem Shopping tut eine Atempause in einem der Straßencafes gut, die als gesellschaftliche „Magnete" in den Fußgeherzonen wirken. Nirgends kann man so behaglich wie hier den flanierenden Passanten zusehen, sich in die Zeitung vertiefen, wieder einmal das Aroma des österreichischen Kaffees feststellen und sich unter freiem Himmel mit Freunden treffen. Stadtatmosphäre, vom Verkehr „entstört" — eine neue Freizeit- und Ferienfacette. Wert, sie bei erster Gelegenheit zu erproben.

OBERÖSTERREICH

Bad Hall (Kurviertel), Ebensee (Marktgasse), Gmunden am Traunsee (Altstadt), Linz/Donau (Landstraße, von Magazingasse bis Traubenmarkt), Wels (Schmidtgasse Backergasse), Steyr (Enge Gasse - Pfarrgasse)

SALZBURGER LAND

Bad Hofgastein (Ortsmitte), Maria Alm am Steinernen Meer (Ortsmitte), Salzburg-Stadt, Zell am See.

STEIERMARK

Bad Gleichenberg, Gossenberg, Gossendorf, Graz, Hartberg, Irdning, Johnsbach, Judendorf-Straßengel, Lafnitzhöhe, Leibnitz, Leoben, Mühlen, Murzsteg, St. Johann in der Haide, St. Martin im Sulmtal, Soboth, Sochau, Tragöß, Turnau.

WERBUNG
Autofreier Ort

Langeoog
Insel ohne Autoverkehr

Für das Nordseeheilbad Langeoog besteht ein allgemeines Kraftfahrzeugverkehrsverbot. Nur für die Feuerwehr, den Krankentransport und den Inselarzt sind Ausnahmen zugelassen. Im Festlandshafen Bensersiel sind ausreichende Möglichkeiten für die Unterstellung Ihres Wagens vorhanden.

Langeoog
Insel ohne Lärm und Luftverschmutzung

Großstadtlärm, Benzindämpfe und Luftverschmutzung, diese Nachteile des technischen Zeitalters, denen der Mensch kaum noch zu entrinnen vermag, sind hier unbekannt. Zu jeder Jahreszeit können Sie reine Seeluft atmen.

Ausschnitte aus Ortsprospekten
Bild F 130 (oben)
Bild F 131 (unten)

Die Insel ohne Kraftfahrzeuglärm mit dem weiten Bade- und Burgenstrand liegt als östlichste der sieben Ostfriesischen Inseln 8 km von der Küste entfernt. Die Insel ist 9 km lang und kaum 1,5 km breit. Der Kurort ist neuzeitlich in offener Bauweise angelegt und durch zahlreiche weitflächige Park- und Gartenanlagen aufgelockert.
Ein sorgfältig abgestimmtes Unterhaltungsprogramm bietet Vorträge, Dichterabende, Ausstellungen, Tanz, Kino, Theaterabende, Modenschauen, Kabarett usw. Die guten Sportmöglichkeiten, wie Tennis, Reiten, Schwimmen im Meer und im 50 m langen Meerwasserschwimmbecken, Strandgymnastik, Kleingolf und anderes lassen für jung und alt je nach Neigung der sportlichen Betätigung freien Lauf.

WERBUNG
Vorrangbereich für Fußgänger

In der Innenstadt mit ihrer Fußgängerzone pulsierendes Leben. Ins Kurviertel und über die Brücke nach Grafenwerth ist es nur ein Katzensprung. Hier findet der Gast Ruhe, die er zur Erholung braucht.

Urlaub mit Kontrasten

Wer Urlaub in Westerland macht, lebt mit Kontrasten.

Und erst die machen den Inselurlaub rund und bunt.

Da ist die lange Kurpromenade mit der endlosen See davor, da ist die Ruhe der Inselwelt und die Munterkeit der Fußgängerzone.

Da macht man Shopping oder Siesta, bummelt oder badet.

Endlich!
Ortskern wird Fußgängerzone

Die neue Parkgarage für 600 Autos hat sich als wahrer Segen erwiesen. Konnte im vergangenen Winter schon die Blechlawine auf die unterirdischen Abstellplätze »umgeleitet« und das Ortszentrum als »verkehrsarme Zone« ausgewiesen werden, gilt jetzt: Das Zentrum um die Dorfkirche gehört ganz den Fußgängern!
Im Interesse aller Gäste wird diese Fußgängerzone eingeführt. Und die Ischgler glauben, daß das auch honoriert wird. Sie bitten aber um Verständnis, wenn im Interesse der Allgemeinheit, die örtliche Gendarmerie angewiesen ist, streng auf die Einhaltung der neuen Regelung zu achten.

Ausschnitte aus Ortsprospekten

Bild F 132 (oben links)

Bild F 133 (oben rechts)

Bild F 134 (Mitte links)

Bild F 135 (Mitte rechts)

Bild F 136 (unten links)

Bild F 137 (unten rechts)

Die Gegenwart – das sind Fußgängerzonen mit einer Vielzahl gut ausgestatteter Fachgeschäfte, das ist ein preisgünstiger, in seiner Größe und seinem Sortiment nicht so leicht wiederzufindender Supermarkt, tagtäglich werden nicht nur die Alzeyer selbst, sondern auch die Bewohner aus der Umgebung angelockt. Alzey als Einkaufsstadt bietet nicht nur alles für den täglichen Bedarf, sondern auch ausgefallene Wünsche können hier erfüllt werden.

Bad Kissingen ist die Kurstadt der Fußgängerzonen. Erstaunlich, wie solche „Bummelpfade" die Innenstadt und die Kuranlagen aufwerten. Fast könnte man von einer zusätzlichen Therapie sprechen: Hier wird dem Menschen das Bewußtsein zurückgegeben, eine selbständige (laufende) Persönlichkeit zu sein.

Fußgängerzone Innenstadt, im Straßenviereck Von-Hessing-Straße, Mühlberg, Rathausplatz, Bachstraße, Theresienstraße, Ludwigstraße.
Völlig frei von Autoverkehr in der Zeit von 10 bis 22.30 Uhr. Belieferung von 22.30 bis 10 Uhr möglich.

Fußgängerzone Kuranlagen, Am Kurgarten zwischen dem Haus der Kurverwaltung und dem Eingang zur Lindesmühlpromenade (völlig frei von Autoverkehr) und Straße am Kurgarten 4 und 6 (Belieferung nur zwischen 11 und 13 Uhr).

| Bild | Referenzgemeinde / Quellenangabe |

F 1   D 21 08* Oberstdorf
F 2   Markt Oberstdorf (Hrsg.): Informationsblatt, 1981.

F 3   D 13 26* Todtmoos
F 4   Kur- und Gemeindeverwaltung Todtmoos (Hrsg.): Informationsblatt, 1981.

F 5   D 13 26* Todtmoos
F 6   Kur- und Gemeindeverwaltung Todtmoos (Hrsg.): Informationsblatt, 1982.

F 7   D 52 03 Bad Oeynhausen
F 8   Stadtverwaltung Bad Oeynhausen (Hrsg.): Informationsblatt, 1969.

F 9   D 80 14 Niebüll
      Stadtverwaltung Niebüll, Bauamt: Fragebogen zur Straßengestaltung im Baugebiet Nr. 15, 1981.

F 10 D 80 14 Niebüll
      Stadtverwaltung Niebüll: Rundschreiben an die Anwohner des Baugebietes Nr. 15 vom 22. Juli 1982.

F 11 D 11 01 Bad Buchau
      Stadtverwaltung Bad Buchau am Federsee: Rundschreiben an alle Haushalte vom 5. Dezember 1979.

F 12 D 21 03 Füssen
      Stadt Füssen: Satzung über die Sondernutzungen am Fußgängerbereich Reichenstraße - Schrannengasse - Brunnengasse - Hutergasse - Jesuitergasse (Altstadt-Fußgängerbereich-Satzung) vom 21. Juli 1980.

F 13 A St 02 Hartberg
F 14 Stadtgemeinde Hartberg: Informationsblatt der Stadtverwaltung an alle Haushalte, 1981.

F 15 D 22 15* Rothenburg ob der Tauber
      Stadtverwaltung Rothenburg o.d.T. (Hrsg.): Merkblatt zur Einrichtung der Fußgängerzone, 1980.

F 16 D 22 15* Rothenburg ob der Tauber
F 17 Stadtverwaltung Rothenburg o.d.T.: Informationsblatt an alle Haushalte, 1980.

F 18 D 22 15* Rothenburg ob der Tauber
F 19 Stadtverwaltung Rothenburg o.d.T., Straßenverkehrsbehörde: Vordruck für Ausnahmegenehmigungen.

F 20 D 30 07* Bad Orb
F 21 Stadtverwaltung Bad Orb, Straßenverkehrsbehörde: Vordrucke für Ausnahmegenehmigungen.

F 22 D 52 04 Bad Salzuflen
F 23 Stadtverwaltung Bad Salzuflen: Vordruck für Ausnahmegenehmigungen.

F 24 D 41 02 Bad Harzburg
      Stadtverwaltung Bad Harzburg, Liegenschaftsabteilung: Vordruck für Ausnahmegenehmigung.

F 25 D 30 22 Korbach
      Stadtverwaltung Korbach, Verkehrsbehörde: Vordruck für Ausnahmegenehmigung.

F 26 D 60 01 Alzey
F 27 Stadtverwaltung Alzey, Ordnungsamt: Vordrucke für Ausnahmegenehmigungen.

F 28 D 52 03 Bad Oeynhausen
F 29 Stadtverwaltung Bad Oeynhausen: Vordruck für Ausnahmegenehmigungen.

Bild	Referenzgemeinde / Quellenangabe

F 30   D 21 03 Füssen
Stadtverwaltung Füssen: Vordruck für Ausnahmegenehmigungen.

F 31   D 21 08* Oberstdorf
F 32   Markt Oberstdorf, Örtliche Straßenverkehrsbehörde: Vordrucke für Ausnahmegenehmigungen.

F 33   D 30 07* Bad Orb
Stadtverwaltung Bad Orb, Straßenverkehrsbehörde: Plakette zur Kennzeichung fahrberechtigter Fahrzeuge.

F 34   D 52 09* Horn-Bad Meinberg
Stadtverwaltung Horn-Bad Meinberg: Plakette zur Kennzeichnung fahrberechtigter Fahrzeuge.

F 35   D 60 08* Bad Münster am Stein-Ebernburg
Stadtverwaltung Bad Münster am Stein-Ebernburg: Plakette zur Kennzeichnung fahrberechtigter Fahrzeuge.

F 36   D 22 15* Rothenburg ob der Tauber
Stadtverwaltung Rothenburg o.d.T.: Plakette zur Kennzeichnung fahrberechtigter Fahrzeuge.

F 37   D 22 13 Miltenberg
Stadtverwaltung Miltenberg: Plakette zur Kennzeichnung fahrberechtigter Fahrzeuge.

F 38   D 22 15* Rothenburg ob der Tauber
F 39   nach eigenen Fotos

F 40   D 21 04 Grönenbach
Landratsamt Unterallgäu: Anordnung über Verkehrsbeschränkungen für Krafträder und Kleinkrafträder zum Schutz der Nachtruhe im Markt Grönenbach vom 31. März 1980.

F 41   D 80 16 Plön
Kreis Plön, Ordnungsamt - Verkehrsaufsicht: Anordnung betr. Beschilderung "Schloßberg" in Plön vom 9. Dezember 1981.

F 42   D 13 14 Häusern
Bürgermeisteramt Häusern: Vordruck für Ausnahmegenehmigungen.

F 43   D 43 12 Langeoog
F 44   Inselgemeinde Langeoog: Vordrucke für Ausnahmegenehmigungen.
F 45

F 46   D 52 09* Horn-Bad Meinberg
F 47   Stadtverwaltung Horn-Bad Meinberg, Ordnungsabteilung: Vordruck für Antrag auf Ausnahmegenehmigung.

F 48   D 52 09* Horn-Bad Meinberg
Kreis Lippe, Straßenverkehrsamt: Vordruck für Ausnahmegenehmigungen.

F 49   D 43 12 Langeoog
F 50   Landkreis Wittmund, Amt für Straßenverkehr: Vordruck für Ausnahmegenehmigungen.

F 51   D 43 12 Langeoog
Landkreis Wittmund, Verkehrsabteilung: Richtlinien für die Erteilung von Ausnahmegenehmigungen vom allgemeinen Kraftfahrzeugverkehrsverbot vom 15. April 1975.

F 52   D 44 02* Bad Pyrmont
Stadtverwaltung Bad Pyrmont: Vordruck für Ausnahmegenehmigungen.

Bild	Referenzgemeinde / Quellenangabe
F 53	D 43 13* Norderney Landkreis Aurich, Außenstelle Norden: Vordruck für Ausnahmegenehmigungen.
F 54	D 23 13 Münsing Ausweis der Fahrberechtigung auf der Seestraße am Ostufer des Starnberger Sees, herausgegeben von den anliegenden Gemeinden.
F 55	D 30 22 Korbach Stadtverwaltung Korbach, Verkehrsbehörde: Vordruck für Ausnahmegenehmigungen.
F 56	D 80 16 Plön Kreis Plön, Ordnungsamt - Verkehrsaufsicht: Vordruck für Ausnahmegenehmigungen.
F 57 F 58	D 30 09 Bad Soden-Salmünster Stadt Bad Soden-Salmünster, Ortspolizeibehörde: Vordruck für Ausnahmegenehmigungen.
F 59 F 60	A T 06 Serfaus Gemeindeamt Serfaus: Ausweisscheiben zur Kennzeichung fahrberechtigter Fahrzeuge.
F 61	D 43 13* Norderney Stadtverwaltung Norderney: Plakette zur Kennzeichnung fahrberechtigter Fahrzeuge.
F 62	D 43 12 Langeoog (D 43 13* Norderney) Inselgemeinde Langeoog: Plakette zur Kennzeichnung fahrberechtigter Fahrzeuge (vergleichbare Ausführung in Norderney).
F 63 bis F 68	D 13 04* Badenweiler Bürgermeisteramt Badenweiler: Plaketten zur Kennzeichnung fahrberechtigter Fahrzeuge.
F 69 bis F 72	D 24 02* Bad Füssing Gemeinde Bad Füssing: Verkehrsrechtliche Anordnung der Verkehrsbeschränkungen im Kurort Bad Füssing vom 31. März 1981.
F 73	Amrum (D 80 12* Nebel, D 80 15* Norddorf, D 80 22* Wittdün) Bädergemeinschaft Amrum (Hrsg.): Wohnungsanzeiger 1983. Nordsee-Insel Amrum, S. 5.
F 74	Amrum (D 80 12* Nebel, D 80 15* Norddorf, D 80 22* Wittdün) Bädergemeinschaft Amrum (Hrsg.): Wohnungsanzeiger 1983. Nordsee-Insel Amrum, S. 6.
F 75	Hooge Gemeinde Hooge (Hrsg.): Gastgeberverzeichnis Saison 1983. Hallig Hooge, Faltblatt, o.S.
F 76	D 24 02* Bad Füssing Kurverwaltung Bad Füssing (Hrsg.): Bad Füssinger Kurwegweiser, Ausgabe Oktober 1981, S. 11.
F 77	D 43 14 Spiekeroog Kurverwaltung Spiekeroog (Hrsg.): Gastgeberverzeichnis 1982 Nordseeheilbad Spiekeroog, S. 11, 12, 13, 32, 43, 57, letzte Umschlagseite.
F 78	D 43 13* Norderney Niedersächsisches Staatsbad Norderney (Hrsg.): Ausschnitte aus einem Faltblatt, 1981.
F 79	D 43 07 Borkum Kurverwaltung Nordseebad Borkum GmbH (Hrsg.): Ausschnitte aus dem Orts- und Lageplan 1982.
F 80	D 43 12 Langeoog Kurverwaltung Langeoog (Hrsg.): Ausschnitte aus einem Ortsprospekt 1982.

Bild	Referenzgemeinde / Quellenangabe

F 81   A T 06 Serfaus
F 82   Fremdenverkehrsverband Serfaus (Hrsg.): Informationsblatt zu den Fahrverboten, 1983.
F 84

F 83   A T 06 Serfaus
Gemeinde Serfaus (Hrsg.): Informationsblatt zu den Fahrverboten mit Ortsplan und Text des betreffenden Gemeinderatsbeschlusses, 1983.

F 85   D 44 02* Bad Pyrmont
Kur- und Verkehrsverein Bad Pyrmont e.V. (Hrsg.): Zimmernachweis - Informationen - Bad Pyrmont 1982, S. 3.

F 86   D 23 02* Bad Reichenhall
Kur- und Verkehrsverein Bad Reichenhall e.V. (Hrsg.): Kurwegweiser Bad Reichenhall 1982, S. 5.

F 87   D 21 01* Bad Wörishofen
Kurverwaltung Bad Wörishofen (Hrsg.): Ausschnitte aus dem Ortsprospekt Bad Wörishofen 1982, S. 14.

F 88   D 24 02* Bad Füssing
Kurverwaltung Bad Füssing (Hrsg.): Ausschnitte aus dem Bad Füssinger Kurwegweiser, Ausgabe Oktober 1981, S. 43.

F 89   D 24 02* Bad Füssing
Kurverwaltung Bad Füssing (Hrsg.): Ausschnitte aus dem Bad Füssinger Kurwegweiser, Ausgabe Oktober 1981, S. 8.

F 90   D 24 02* Bad Füssing
Kurverwaltung Bad Füssing (Hrsg.): Ausschnitt aus dem Ortsprospekt Bad Füssing 1981, S. 15.

F 91   D 80 21* Westerland
Kurverwaltung Städtischer Kurbetrieb Westerland (Hrsg.): Ausschnitt aus einem Faltblatt mit Ortsplan 1982, S. 3.

F 92   D 21 01* Bad Wörishofen
Kurverwaltung Bad Wörishofen (Hrsg.): Ausschnitt aus dem Ortsprospekt Bad Wörishofen 1982, S. 99.

F 93   D 21 01 Bad Wörishofen
Kurverwaltung Bad Wörishofen (Hrsg.): Ausschnitt aus dem Ortsprospekt Bad Wörishofen 1982, S. 72.

F 94   D 22 03* Bad Kissingen
F 95   Stadt Bad Kissingen (Hrsg.): Verkehrsplan Bad Kissingen, o.J.

F 96   D 13 04* Badenweiler
Kurverwaltung Badenweiler (Hrsg.): Informationsblatt 1981.

F 97   D 13 04* Badenweiler
Bürgermeisteramt Badenweiler: Hinweisblatt zur Plakette zur Kennzeichnung fahrberechtigter Fahrzeuge (Beiblatt zur Plakette, siehe Bilder F 63 und F 64).

F 98   D 13 04* Badenweiler
Kurverwaltung Badenweiler (Hrsg.): Auszug aus der Kurschrift Badenweiler mit Wohnungsanzeiger 1981, S. 3.

Bild	Referenzgemeinde / Quellenangabe
F 99	D 80 12* Nebel Kurverwaltung des Nordseebades Nebel (Hrsg.): Ausschnitt aus dem Wohnungsanzeiger Nebel/Amrum 1981, S. 3.
F 100	D 80 15* Norddorf Kurverwaltung des Nordseeheilbades Norddorf (Hrsg.): Faltblatt mit Lageplan 1982.
F 101	D 24 02* Bad Füssing Kurverwaltung Bad Füssing (Hrsg.): Ausschnitt aus dem Bad Füssinger Kurwegweiser, Ausgabe Oktober 1981, S. 15.
F 102	CH VS 04 Saas Fee Gemeinde Saas Fee (Hrsg.): Festschrift zur Einweihung des Parkhauses Saas Fee vom 25. Juli 1981.
F 103	D 43 16 Wangerooge Verkehrsverein Nordseebad Wangerooge e.V. (Hrsg.): Nordseeheilbad Wangerooge. Gastgeberverzeichnis und Informationen 1982, S. 10.
F 104	D 43 06 Baltrum, D 43 11 Juist, D 43 13* Norderney Reederei Norden-Frisia AG (Hrsg.): Hinweisblatt für Kraftfahrer über Pkw-Abstellanlagen, Norden.
F 105	D 23 16 Ruhpolding Kurverwaltung Ruhpolding (Hrsg.): Fahrausweis zur Kurkarte für den Bus-Ortslinienverkehr, 1983.
F 106	D 23 16 Ruhpolding Gemeinde Ruhpolding (Hrsg.): Fahrausweis für Einheimische für den Bus-Ortslinienverkehr, 1982.
F 107	D 23 16 Ruhpolding Kurverwaltung Ruhpolding (Hrsg.): Informationsblatt zum Ruhpoldinger "Urlaubsticket", 1983.
F 108	D 23 16 Ruhpolding Kurverwaltung Ruhpolding (Hrsg.): Ortsprospekt 1983, S. 29.
F 109	D 23 08* Berchtesgaden Kurdirektion des Berchtesgadener Landes (Hrsg.): Gastgeberverzeichnis Berchtesgadener Land 1981, o.S.
F 110	D 11 03* Bad Waldsee Informationsblatt zum "City-Bus", 1979.
F 111 F 112	D 11 03* Bad Waldsee Informationsblatt zum "City-Bus", 1982.
F 113	D 21 01* Bad Wörishofen Kurverwaltung Bad Wörishofen (Hrsg.): Ausschnitt aus dem Ortsprospekt Bad Wörishofen 1982, S. 72.
F 114	D 21 01 Bad Wörishofen Kurverwaltung Bad Wörishofen (Hrsg.): Ausschnitt aus dem Ortsprospekt Bad Wörishofen 1982, S. 41.
F 115	D 52 09* Horn-Bad Meinberg Staatsbad Meinberg (Hrsg.): Ortsprospekt Bad Meinberg 1982, Horn-Bad Meinberg, S. 26.

Bild	Referenzgemeinde / Quellenangabe
F 116	D 52 09* Horn-Bad Meinberg Staatsbad Meinberg (Hrsg.): Zimmernachweis Bad Meinberg - Kurzeit 1983, Horn-Bad Meinberg, S. 3.
F 117	D 52 09* Horn-Bad Meinberg Staatsbad Meinberg (Hrsg.): Zimmernachweis Bad Meinberg - Kurzeit 1981, Horn-Bad Meinberg, S. 5.
F 118	D 52 09* Horn-Bad Meinberg Verband Gaststätten- und Hotelgewerbe Lippe e.V. - Ortsverein Bad Meinberg (Hrsg.): Wegweiser durch Bad Meinberg mit Ortsplan und Hinweis für Autofahrer, Ausgabe 1983, Horn-Bad Meinberg.
F 119	D 43 13* Norderney Inselverein Norderney des Hotel- und Gaststättengewerbes e.V. (Hrsg.): Gastgeberverzeichnis Norderney 1982, S. 19.
F 120	D 30 07* Bad Orb Verkehrsverein Bad Orb e.V. (Hrsg.): Wohnungsverzeichnis des Heilbades Bad Orb für 1982, S. 17.
F 121	D 30 07* Bad Orb Verkehrsverein Bad Orb e.V. (Hrsg.): Wohnungsverzeichnis des Heilbades Bad Orb für 1982, S. 18 f.
F 122	Schweiz KAWE-Reisebüro (Hrsg.): Heidiland - Switzerland. Publikation für die alpinen autofreien Kurorte der Schweiz. Sonderdruck für die Internationale Tourismus-Börse Berlin 1980, Nr. 1/1980, Zürich.
F 123	Schweiz Schweizer Verkehrsbüro (Hrsg.): Autofreie Ferienorte und abseits gelegene Hotels. Informationsbroschüre, Frankfurt am Main - Zürich.
F 124	CH VS 04 Saas Fee Gemeinde Saas Fee (Hrsg.): Festschrift zur Einweihung des Parkhauses Saas Fee vom 25. Juli 1981.
F 125	CH BE 12 Mürren Verkehrsbüro Mürren (Hrsg.): Faltblatt des Verkehrsbüros, 1978.
F 126 F 127	CH VS 24 Zermatt Verkehrsbüro Zermatt (Hrsg.): Faltblatt des Verkehrsbüros, 1979.
F 128	Österreich Österreichische Fremdenverkehrswerbung (Hrsg.): Inseln der Ruhe. Hotels und Gasthöfe, die nur mit einer Seilbahn oder Sessellift zu erreichen sind. Informationsblatt, Wien.
F 129	Österreich Österreichische Fremdenverkehrswerbung (Hrsg.): Der Mensch hat Vorrang. Orte mit autofreien Fußgeherzonen in Österreich. Informationsblatt, Wien.
F 130	D 43 12 Langeoog Kurverwaltung Langeoog (Hrsg.): Insellexikon - Zimmernachweis - Ortsplan. Langeoog '82, S. 2.
F 131	D 43 16 Wangerooge Verkehrsverein Nordseebad Wangerooge e.V. (Hrsg.): Nordseeheilbad Wangerooge. Gastgeberverzeichnis und Informationen 1982, S. 9.

Bild	Referenzgemeinde / Quellenangabe
F 132	D 51 01 Bad Honnef
	Stadt Bad Honnef, Kurverwaltung (Hrsg.): Ortsprospekt Bad Honnef an Rhein und Siebengebirge, S. 4.
F 133	D 80 21* Westerland
	Städtischer Kurbetrieb Westerland/Sylt (Hrsg.): Ortsprospekt Westerland 1982, S. 6.
F 134	A T 01 Ischgl
	Fremdenverkehrsverband Ischgl (Hrsg.): Faltblatt mit Umgebungskarte, A-Ischgl.
F 135	D 60 01 Alzey
	Stadtverwaltung Alzey (Hrsg.): Ortsprospekt Alzey, 1981.
F 136	D 22 03* Bad Kissingen
	Staatliche Kurverwaltung Bad Kissingen (Hrsg.): Bad Kissingen. Information 1982, S. 8.
F 137	D 22 03* Bad Kissingen
	Staatliche Kurverwaltung Bad Kissingen (Hrsg.): Bad Kissingen. Information 1982, S. 92.

Teil G
Sonstige Planungs- und Arbeitshilfen

Vorbemerkungen

Im Teil G sind Planungs- und Arbeitshilfen zusammengestellt, die vor allem die Beschaffung weiterer Arbeitsunterlagen erleichtern und beschleunigen können (vgl. auch die Vorbemerkungen zum Teil H).

1. Ausgewählte Regelwerke mit besonderer Bedeutung für die Planung und den Entwurf von Erschließungsstraßen
1.1 Schriften der Forschungsgesellschaft für Straßen- und Verkehrswesen
1.2 DIN-Normen
1.3 VDI-Richtlinien
1.4 Schriften des Bundesministers für Verkehr
2. Anschriftenverzeichnis
3. Zeitschriftenverzeichnis

Das Anschriftenverzeichnis ist um die zugehörigen Telefonnummern ergänzt. Die Vorwahlnummern gelten für Anrufe aus der Bundesrepublik Deutschland.

Technische Regelwerke

Forschungsgesellschaft für Straßen- und Verkehrswesen
(siehe auch weitere Publikationen im Teil H = Gesamt-Verzeichnis der verwendeten Literatur unter: "FORSCHUNGSGESELLSCHAFT FÜR STRASSEN- UND VERKEHRSWESEN")

- Begriffsbestimmungen. Teil: Straßenplanung und Straßenverkehrstechnik (1978)
- Richtlinien für die Entwurfsgestaltung im Straßenbau (RE) (1966)
- Rahmenrichtlinien für die Generalverkehrsplanung (RaRiGVP) (1979)
- Richtlinien für die Anlage von Straßen (RAS)*

    * = Die hier genannten "Richtlinien für die Anlage von Straßen (RAS)" werden zur Zeit überarbeitet. Sie vereinigen die "Richtlinien für die Anlage von Landstraßen (RAL)" und die "Richtlinien für die Anlage von Stadtstraßen (RASt)".

    - Teil: Querschnitte RAS-Q (1982)
    - Teil: Erschließung (RAS-E) (Entwurf 1981)
    - Teil: Anlagen des öffentlichen Personennahverkehrs (RAS-Ö), Abschnitt 1: Straßenbahn (1977)
    - Teil: Anlagen des öffentlichen Personennahverkehrs (RAS-Ö), Abschnitt 2: Omnibus und Obus (1979)
    - Teil: Linienführung (RAS-L) (1983)
    - Teil: Knotenpunkte, Abschnitt 1: Planungleiche Knotenpunkte (RAS-K-1)
    - Teil: Straßennetzgestaltung (RAS-N)

- Richtlinien für Anlagen des Fußgängerverkehrs (1972)
- Richtlinien für Anlagen des ruhenden Verkehrs (RAR) (1975)
- Richtlinien für die Anlage von Tankstellen an öffentlichen Straßen (RAT) (1977)
- Richtlinien für die Straßenbepflanzung in bebauten Gebieten (1975)
- Empfehlungen für Planung, Entwurf und Betrieb von Radverkehrsanlagen (1982)
- Richtlinien für den Lärmschutz an Straßen - RLS-81 (1981)
- Hinweise für die Parkregelung zugunsten von Anwohnern (1980)
- Richtlinien für die Markierung von Straßen - RMS (1980)

    Teil 1: Abmessungen und geometrische Anordnung von Markierungszeichen - RMS 1

    Teil 2: Anwendung von Fahrbahnmarkierungen - RMS 2

- Hinweise zum zeitweisen Abschalten von Lichtsignalanlagen (1979)
- Richtlinien für die Beleuchtung in Anlagen für Fußgängerverkehr (1977)
- Richtlinien für Lichtsignalanlagen (RiLSA) - Lichtzeichenanlagen für den Straßenverkehr - (1981)
- Hinweise für die Anbringung von Verkehrszeichen und Verkehrseinrichtungen (HAV), 6. Auflage (1980)
- Richtlinien für bautechnische Maßnahmen an Straßen in Wassergewinnungsgebieten (RiStWag) (1982)
- Merkblatt für die Entwässerung von Straßen (1971)

Technische Regelwerke

DIN-Normen

1986	Entwässerungsanlagen für Gebäude und Grundstücke
1988	Trinkwasser-Leitungsanlagen in Grundstücken
1998	Unterbringung von Leitungen und Anlagen in öffentlichen Flächen; Richtlinien für die Planung
2000	Leitsätze für die zentrale Trinkwasserversorgung
2425	Planwerke für die Versorgungswirtschaft, die Wasserwirtschaft und für Fernleitungen
4050	Bestandspläne öffentlicher Abwässerkanäle
5044	Ortsfeste Verkehrsbeleuchtung; Beleuchtung von Straßen für den Kraftfahrzeugverkehr, Teil 1 und 2
14090	Flächen für die Feuerwehr auf Grundstücken
18005	Schallschutz im Städtebau (in Bearbeitung)
18024	Bauliche Maßnahmen für Behinderte und alte Menschen
18034	Spielplätze für Wohnanlagen
18300	VOB Erdarbeiten
18320	Landschaftsbauarbeiten
19525	Abwasserwesen; Richtlinien für die Entwurfsbearbeitung
67523	Richtlinien zur Beleuchtung von Fußgänger-Überwegen nach Bild 30 c der StVO ...
67528	Beleuchtung von Parkplätzen

VDI-Richtlinien

2573	Schutz gegen Verkehrslärm – Hinweise für Planer und Architekten
2659	Richtwerte für die Beurteilung von Verkehrslärm
2714	Schallausbreitung im Freien
2718	Schallschutz im Städtebau. Hinweise für die Planung. Entwurf 1975
2720	Schallschutz durch Abschirmung (in Vorbereitung (1976)).

Bundesminister für Verkehr

- Richtlinien für den Schallschutz an Straßen (RLS)
- Vorläufige technische Richtlinien für die Anlage und Beleuchtung von Fußgängerüberwegen
- Richtlinien für lichte Weite und lichte Höhe an Straßenüberführungen über Eisenbahnanlagen

Anschriftenverzeichnis

Bundesrepublik Deutschland:

Akademie für Raumforschung und
Landesplanung (ARL)
Hohenzollernstraße 11
D-3000 Hannover 1

(05 11) 34 17 77

Allgemeiner Deutscher Automobilclub (ADAC)
Baumgartnerstraße 53
D-8000 München 70

(089) 76 76-1

Baden-Württemberg:

Innenministerium Baden-Württemberg
Dorotheenstraße 6
D-7000 Stuttgart 1

(07 11) 20 72-1

Minister für Wirtschaft, Mittelstand und
Verkehr des Landes Baden-Württemberg
- Abt. Verkehr -
Hospitalstraße 21 A
D-7000 Stuttgart 1

(07 11) 20 20-1

Bayern:

Bayerisches Staatsministerium des Innern
- Oberste Baubehörde -
Karl-Scharnagl-Ring 60
D-8000 München 22

(089) 38 90-1

Bayerisches Staatsministerium für
Landesentwicklung und Umweltfragen
Rosenkavalierplatz 2
D-8000 München 81

(089) 92 14-1

Bayerisches Staatsministerium für
Wirtschaft und Verkehr
Prinzregentenstraße 28
D-8000 München 22

(089) 21 62-0

Bundesanstalt für Straßenwesen (BASt)
Brühler Straße 1
D-5000 Köln 51

(02 21) 37 02-1

Bundesanstalt für Straßenwesen (BASt)
Brüderstraße 53
D-5060 Bergisch Gladbach 1

(0 22 04) 43-0

Bundesforschungsanstalt für
Landeskunde und Raumordnung (BfLR)
Am Michaelshof 8
D-5300 Bonn 2

(02 28) 8 26-1

Bundesforschungsanstalt für Naturschutz
und Landschaftsökologie (BFNL)
Konstantinstraße 110
D-5300 Bonn 2

(02 28) 33 00 41

Bundesminister für Ernährung,
Landwirtschaft und Forsten
Rochusstraße 1
D-5300 Bonn 1

(02 28) 5 29-1

Bundesminister für Raumordnung,
Bauwesen und Städtebau
- Informationsreferat -
Deichmannsaue
D-5300 Bonn 2

(02 28) 3 37-1

Bundesminister für Verkehr
Kennedyallee 72
D-5300 Bonn 2

(02 28) 3 00-1

Deutsche Gesellschaft für Freizeit (DGF)
Niederkasseler Straße 16
D-4000 Düsseldorf 11

(02 11) 57 54 54

Anschriftenverzeichnis

Deutsche Verkehrswacht e.V.
Platanenweg 39
D-5300 Bonn 3

(02 28) 46 00 01

Deutscher Bäderverband e.V. (DBV)
Schumannstraße 111
D-5300 Bonn 1

(02 28) 21 10 88

Deutscher Fremdenverkehrsverband e.V. (DFV)
Niebuhrstraße 16 b
D-5300 Bonn 1

(02 28) 21 40 71

Deutscher Hotel- und Gaststätten-
verband e.V. (DEHOGA)
Kronprinzenstraße 46
D-5300 Bonn 2

(02 28) 36 20 16

Deutscher Industrie- und
Handelstag (DIHT)
Adenauerallee 148
D-5300 Bonn 1

(02 28) 1 04-1

Deutscher Städtetag (DST)
Lindenallee 13-17
D-5000 Köln 51

(02 21) 37 71-1

Deutscher Städte- und
Gemeindebund (DStGB)
Kaiserswerther Straße 199/201
D-4000 Düsseldorf 30

(02 11) 45 87-1

Deutsches Nationalkomitee für
Denkmalschutz
Hohe Straße 67
D-5300 Bonn 1

(02 28) 66 84 302

Forschungsgesellschaft für Straßen-
und Verkehrswesen (FGS)
Alfred-Schütte-Allee 10
D-5000 Köln 21

(02 21) 88 30 33

Hauptgemeinschaft des Deutschen
Einzelhandels e.V. (HDE)
Sachsenring 89
D-5000 Köln 1

(02 21) 3 39 80

Hessen:

   Hessischer Minister für Wirtschaft
   und Technik
   Kaiser-Friedrich-Ring 75
   D-6200 Wiesbaden 1

   (0 61 21) 815-1

HUK-Verband
Beratungsstelle für Schadenverhütung
Ebertplatz 2
D-5000 Köln 1

(02 21) 1 24 02-1

Niedersachsen:

   Der Niedersächsische Sozialminister
   - Oberste Baubehörde -
   Postfach 141
   D-3000 Hannover

   (05 11) 190-1

   Niedersächsischer Minister für
   Wirtschaft und Verkehr
   Friedrichswall 1
   D-3000 Hannover 1

   (05 11) 190-1

Nordrhein-Westfalen:

   Der Minister für Landes-
   und Stadtentwicklung
   des Landes Nordrhein-Westfalen
   Breite Straße 31
   D-4000 Düsseldorf 1

   (02 11) 38 80-1

   Ministerium für Wirtschaft, Mittelstand
   und Verkehr des Landes Nordrhein-Westfalen
   Haroldstraße 4
   D-4000 Düsseldorf 1

   (02 11) 837-02

Anschriftenverzeichnis

Rheinland-Pfalz:

Ministerium für Wirtschaft und Verkehr
des Landes Rheinland-Pfalz
Bauhofstraße 4
D-6500 Mainz 1

(0 61 31) 16-1

Saarland:

Minister für Wirtschaft, Verkehr und
Landwirtschaft des Saarlandes
Hardenbergstraße 8
D-6600 Saarbrücken 1

(06 81) 501-1

Minister für Umwelt, Raumordnung und
Bauwesen des Saarlandes
Hardenbergstraße 8
D-6600 Saarbrücken 1

(06 81) 501-1

Schleswig-Holstein:

Der Innenminister des Landes
Schleswig-Holstein
Düsternbrookerweg 92
D-2300 Kiel

(04 31) 596-1

Minister für Wirtschaft und Verkehr des
Landes Schleswig-Holstein
Düsternbrooker Weg 94/100
D-2300 Kiel 1

(04 31) 596-1

Studienkreis für Tourismus e.V. (StfT)
Dampfschiffstraße 2
D-8130 Starnberg

(0 81 51) 30 89

Umweltbundesamt
Bismarckplatz 1
D-1000 Berlin 33

(030) 89 03-1

Österreich:

Bundesministerium für Bauten und Technik
Stubenring 1
A-1011 Wien 1

(00 43-222) 75 00 52 44

Bundesministerium für Verkehr
Elisabethstraße 9
A-1011 Wien
(00 43-222) 57 56 41

Forschungsgesellschaft für das
Straßenwesen im ÖIAV
Eschenbachgasse 9
A-1010 Wien
(00 43-222) 57 73 04

Österreichische Fremdenverkehrswerbung
Margaretenstraße 1
A-1040 Wien

(00 43-222) 52 46 86

Österreich Information
Tauentzienstraße 16
D-1000 Berlin 30

(030) 24 80 35

Schweiz:

Arbeitsgemeinschaft Rechtsgrundlagen
Fuss-und Wanderwege (ARF)
Klosbachstrasse 48
CH-8032 Zürich

(00 41-1) 47 62 40

Eidgenössisches Justiz- und
Polizeidepartement
Bundesamt für Polizeiwesen (BAP)
Taubenstrasse 16
CH-3003 Bern

(00 41-31) 61 42 24

Eidgenössisches Verkehrs- und
Energiewirtschaftsdepartement
Bundesamt für Verkehr
Bundeshaus Nord
CH-3003 Bern

(00 41-31) 61 57 11

Anschriftenverzeichnis

Forschungsinstitut für Fremdenverkehr
der Universität Bern
Monbijoustrasse 29
CH-3011 B e r n

(00 41-31) 25 75 16

Institut für Verkehrsplanung und Transporttechnik an der ETH Hönggerberg (IVT)
CH-8093 Z ü r i c h

(00 41-1) 377 31 05

Schweizerische Gesellschaft für
Umweltschutz (SGU)
Merkurstrasse 45
CH-8032 Z ü r i c h

(00 41-1) 251 28 26

Schweizerische Stiftung für Landschaftsschutz und Landschaftspflege
Rabbentalstrasse 45
CH-3013 B e r n

(00 41-31) 42 65 11

Schweizer Verkehrsbüro
Kaiserstraße 23
D-6000 F r a n k f u r t 1

(06 11) 23 60 61

Schweizerische Verkehrszentrale (SVZ)
Bellariastrasse 38
CH-8027 Z ü r i c h

(00 41-1) 202 37 37

Schweizerischer Fremdenverkehrsverband
Finkenhubelweg 11
CH-3001 B e r n

(00 41-31) 24 16 41

Dokumentation/Literatur:

Deutsches Institut für Urbanistik (difu)
Straße des 17. Juni 112
D-1000 B e r l i n 12

(030) 39 10 31

Dokumentations- und Beratungsstelle des
Schweizerischen Fremdenverkehrsverbandes
Finkenhubelweg 11
CH-3001 B e r n

(00 41-31) 24 16 41

Informationszentrum Raum und Bau
der Fraunhofer Gesellschaft (IRB)
Nobelstraße 12
D-7000 S t u t t g a r t 80

(07 11) 68 68 00

Kommunalwissenschaftliches Dokumentationszentrum (KDZ)
Ebendorfer Straße 2
A-1082 W i e n

(00 43-222) 435 04 92

Senatsbibliothek Berlin
Straße des 17. Juni 112
D-1000 B e r l i n 12

(030) 318 36 01

Stiftung Wohnen und Öffentlichkeit
- Dokumentationsstellen für Bürgergruppen -
Strehlgasse 11
CH-8600 D ü b e n d o r f

(00 41-1) 820 09 17

Zentrale Informationsstelle für Verkehr
in der Deutschen Verkehrswissenschaftlichen
Gesellschaft e.V. (ZIV)
Apostelnstraße 9
D-5000 K ö l n 1

(02 21) 24 11 93

Anschriftenverzeichnis

Statistische Ämter:

Statistisches Bundesamt
Gustav-Stresemann-Ring 11
D-6200 Wiesbaden 1

(0 61 21) 705-1

Statistisches Landesamt
Baden-Württemberg
Böblinger Straße 68
D-7000 Stuttgart 1

(07 11) 66 58 66

Bayerisches Statistisches Landesamt
Neuhauser Straße 51
D-8000 München 2

(089) 21 19-1

Statistisches Landesamt Hessen
Rheinstraße 35/37
D-6200 Wiesbaden 1

(0 61 21) 368-1

Niedersächsisches Landesverwaltungsamt
- Statistik -
Auestraße 14
D-3000 Hannover 1

(05 11) 808 33 21

Landesamt für Datenverarbeitung und
Statistik Nordrhein-Westfalen
Mauerstraße 51
D-4000 Düsseldorf 1

(02 11) 449 74 95

Statistisches Landesamt Rheinland-Pfalz
Mainzer Straße 15/16
D-5427 Bad Ems

(0 26 03) 712 45

Statistisches Amt des Saarlandes
Hardenbergstraße 3
D-6600 Saarbrücken 1

(06 81) 505-1

Statistisches Landesamt Schleswig-Holstein
Mühlenweg 166
D-2300 Kiel 1

(04 31) 511 42 80

Österreichisches Statistisches Zentralamt
Neue Hofburg
A-1014 Wien 1

(00 43-222) 52 46 86

Bundesamt für Statistik
Hallwylstrasse 15
CH-3003 Bern

(00 41-31) 61 88 36

Zeitschriften-Verzeichnis

Allgemeine Forstzeitschrift. Wochenzeitschrift für Waldwirtschaft, Forsttechnik und Landschaftspflege. München: Bayerischer Landwirtschaftlicher Verlag.

Analysen und Prognosen über die Welt von Morgen. Hrsg.: Gesellschaft für Zukunftsfragen e.V. - GZ, in Zusammenarbeit mit Österreichische Gesellschaft für langfristige Entwicklungsforschung (Zukunftsforschung), Wien, und Schweizerische Vereinigung für Zukunftsforschung, Zürich. Berlin: Institut für Zukunftsforschung (IFZ).

Arch +. Zeitschrift für Architekten, Stadtplaner, Sozialarbeiter und kommunalpolitische Gruppen. Hrsg.: Arch +, Verein zur Erforschung des Verhältnisses von gebauter Umwelt und gesellschaftlicher Entwicklung. Aachen: Klenkes Druck und Verlag.

Archiv für Kommunalwissenschaften. Hrsg.: Hans Herzfeld et al. und Deutsches Institut für Urbanistik. Stuttgart - Berlin - Köln - Mainz: Verlag W. Kohlhammer; Köln: Deutscher Gemeindeverlag.

Baugewerbe. Magazin für Bauunternehmer. Organ des Zentralverbandes des Deutschen Baugewerbes, seiner Fachgruppen und der baugewerblichen Landesverbände. Köln: Verlagsgesellschaft Rudolf Müller.

Bauverwaltung (Die). Vereinigt mit Bauamt und Gemeindebau. Zentralblatt für öffentliches Bauen. Organ des Deutschen Verdingungsausschusses für Bauleistungen (DVA). Hrsg.: Der Bundesminister für Raumordnung, Bauwesen und Städtebau. Hannover: Curt R. Vincentz Verlag.

Bauwirtschaft (BW). Das Wochenmagazin für Führungskräfte im Bauwesen. Organ des Hauptverbandes der Deutschen Bauindustrie und des Bundesverbandes Steine und Erden. Wiesbaden - Berlin: Bauverlag.

Berichte zur Raumforschung und Raumplanung. Hrsg.: Österreichische Gesellschaft für Raumforschung und Raumplanung (ÖGRR). Wien - New York: Springer Verlag.

Berliner Bauwirtschaft (BBW). Bauwirtschaft, Baurecht, Bautechnik. Wiesbaden: Bauverlag.

Bundesbahn (Die). Zeitschrift für aktuelle Verkehrsfragen. Hrsg.: Deutsche Bundesbahn, Darmstadt: Hestra-Verlag.

Bundesbaublatt. Zeitschrift für Wohnungswesen, Städtebau, Raumordnung, Baurecht, Bautechnik, Bauforschung. Hrsg.: Der Bundesminister für Raumordnung, Bauwesen und Städtebau in Zusammenarbeit mit den für das Bau-, Wohnungs- und Siedlungswesen zuständigen obersten Landesbehörden. Wiesbaden: Bauverlag.

BUS-Bulletin. Umweltschutz in der Schweiz. Bulletin des Bundesamtes für Umweltschutz (BUS) (Hrsg.). Bern.

Busverkehr. Die Fachzeitschrift für den Omnibusunternehmer. Bonn: Kirschbaum Verlag.

Demokratische Gemeinde. Monatsschrift für Kommunalpolitik in Stadt und Land. Fachorgan der Sozialdemokratischen Gemeinschaft für Kommunalpolitik in der Bundesrepublik Deutschland e.V.. Bonn: Vorwärts Verlag.

Deutsche Bauzeitschrift (DBZ). Gütersloh: Bertelsmann Fachzeitschriften-Verlag.

Diskussionspapiere der Gesellschaft für wirtschafts- und verkehrswissenschaftliche Forschung e.V. (Hrsg.). Königswinter.

Dokumente und Informationen zur Schweizerischen Orts-, Regional- und Landesplanung (DISP), Hrsg.: Institut für Orts-, Regional- und Landesplanung der Eidgenössischen Technischen Hochschule Hönggerberg, Zürich.

Forstwissenschaftliches Zentralblatt. Hamburg: Verlag Paul Parey.

Zeitschriften-Verzeichnis

Fremdenverkehr (Der) + Das Reisebüro (vereinigt mit der "Deutschen Zeitschrift für Fremdenverkehr"). Organ der Deutschen Zentrale für Tourismus e.V., des Deutschen Fremdenverkehrsverbandes e.V., der regionalen deutschen Fremdenverkehrsverbände, des Deutschen Reisebüro-Verbandes e.V. und des Verbandes Deutscher Kur- und Tourismusfachleute (VDKF), Mitteilungsblatt des National-Komitees der deutschen Skal-Clubs und der Association Internationale des Skal-Clubs (ALSC). Darmstadt: Jaeger-Verlag.

Garten + Landschaft. Landscape, Architecture + Planning. Zeitschrift der Deutschen Gesellschaft für Gartenkunst und Landschaftspflege. München: Verlag Georg D.W. Callwey.

Gemeinde - Stadt - Land. Hrsg.: G. Harder und F. Spengelin. Hemmingen: Eigenverlag.

Gemeinderat (Der). Unabhängige Zeitschrift für Mandatsträger und Kommunalpolitik. Schwäbisch Hall: Eppinger-Verlag.

Heilbad und Kurort. Zeitschrift für das gesamte Bäderwesen. Hrsg.: Deutscher Bäderverband e.V. Gütersloh: Verlag Flöttmann.

Informationen zur Raumentwicklung. Hrsg.: Bundesforschungsanstalt für Landeskunde und Raumordnung (BfLR). Bonn: Selbstverlag.

Innere Kolonisation, Land und Gemeinde (IKO). Zeitschrift für Fragen der Agrar- und Bodenordnung, Infrastruktur, Siedlung und Städtebau, Umweltgestaltung. Hrsg.: Gesellschaft zur Förderung der inneren Kolonisation (GFK) e.V., Bundesverband der gemeinnützigen Kolonisation (BLG), Deutsche Bauernsiedlung - Deutsche Gesellschaft für Landentwicklung. Bonn: Gesellschaft zur Förderung der inneren Kolonisation (GFK) e.V.

Internationales Verkehrswesen. Fachzeitschrift für Information und Kommunikation im Verkehr. Organ der Deutschen Verkehrswissenschaftlichen Gesellschaft e.V. - DVWG -. Darmstadt: Tetzlaff Verlag.

Landkreis (Der). Zeitschrift für kommunale Selbstverwaltung. Hrsg.: Deutscher Landkreistag. Köln: Verlag W. Kohlhammer.

Landschaft + Stadt. Beiträge zur Landespflege und Landesentwicklung. Stuttgart: Verlag Eugen Ulmer.

Natur und Landschaft. Zeitschrift für Umweltschutz und Landespflege. Hrsg.: Bundesforschungsanstalt für Naturschutz und Landschaftsökologie (BFANL). Köln: Verlag W. Kohlhammer.

Plan. Zeitschrift für Planen, Energie, Kommunalwesen und Umwelttechnik. Offizielles Organ der Schweizerischen Vereinigung für Landesplanung (VLP). Bern: Vogt-Schild AG, Druck und Verlag.

Rathaus (Das). Zeitschrift für Kommunalpolitik. Hrsg.: F.D.P.-Landesverband Nordrhein-Westfalen. Essen: Das Rathaus Verlagsgesellschaft.

Raumforschung und Raumordnung. Hrsg.: Bundesforschungsanstalt für Landeskunde und Raumordnung (BfLR) und Akademie für Raumforschung und Landesplanung (ARL). Köln, - Berlin - Bonn - München: Carl Heymanns Verlag.

Reisebüro Bulletin. Frankfurt: Reisebüro Bulletin Verlags-Gesellschaft m.b.H.

Stadt - Region - Land. Schriftenreihe des Instituts für Stadtbauwesen, Rheinisch-Westfälische Technische Hochschule Aachen. Aachen: Selbstverlag.

Städtetag (Der). Zeitschrift für Praxis und Wissenschaft der kommunalen Verwaltung sowie ihrer wirtschaftlichen Einrichtungen und Betriebe. Organ des Verbandes Kommunaler Städtereinigungsbetriebe. Hrsg.: Präsidium des Deutschen Städtetages. Stuttgart: Verlag W. Kohlhammer.

Zeitschriften-Verzeichnis

Städte- und Gemeinderat. Hrsg.: Nordrhein-Westfälischer Städte- und Gemeindebund. Düsseldorf: Muth-Verlag.

Straßen-Verkehrstechnik. Zeitschrift für Straßenverkehr, Straßenverkehrstechnik und Straßenverkehrssicherheit. Organ der Forschungsgesellschaft für Straßen- und Verkehrswesen und der Bundesvereinigung der Straßenbau- und Verkehrsingenieure. Bonn-Bad Godesberg: Kirschbaum Verlag.

Straße und Verkehr. Hrsg.: Vereinigung Schweizerischer Straßenfachleute (VSS). Zürich.

Straße und Autobahn. Zeitschrift für Straßen- und Brückenbau, Straßenplanung und Straßenverwaltung. Organ der Forschungsgesellschaft für Straßen- und Verkehrswesen und der Bundesvereinigung der Straßenbau- und Verkehrsingenieure (BSVI). Bonn-Bad Godesberg: Kirschbaum Verlag.

Straßen- und Tiefbau. Internationale Fachzeitschrift, vereinigt mit STRASSE - BRÜCKE - TUNNEL - BITUMEN - TEERE - ASPHALTE - PECHE. Isernhagen (Hannover): Giesel Verlag für Publizität.

Tiefbau, Ingenieurbau, Straßenbau. Eine Bertelsmann Fachzeitschrift für Verfahrenstechnik und Bauausführung. Gütersloh: Verlag Bertelsmann Fachzeitschriften.

Touristik aktuell. Die Deutsche Fremdenverkehrszeitung. Travel Trade Report. Darmstadt: Jaeger Verlag.

VDI Nachrichten. Wochenzeitung für Technik, Wirtschaft, Wissenschaft. Organ des Deutschen Verbandes technisch-wissenschaftlicher Vereine. Düsseldorf: VDI-Verlag, Verlag des Vereins Deutscher Ingenieure.

Verkehrs-Annalen. Mitteilungen der Österreichischen Verkehrswissenschaftlichen Gesellschaft (Hrsg.). Wien: Druckerei der österreichischen Bundesbahnen.

Verkehrsblatt (VkBl). Amtsblatt des Bundesministers für Verkehr der Bundesrepublik Deutschland. Dortmund: Verkehrsblatt-Verlag.

Verkehrsnachrichten. Bürger und Verkehr. Hrsg.: Referat für Presse- und Öffentlichkeitsarbeit des Bundesministers für Verkehr. Bonn: Osang Verlag.

Verkehrsreport. Berufspolitische und verkehrspolitische Information für den Verkehrsbereich. Hrsg.: Hauptvorstand der Gewerkschaft ÖTV für die Hauptabteilungen Nahverkehr und Transport und Verkehr. Frankfurt: Union-Druckerei und Verlagsanstalt.

Verkehr und Technik (V + T). Berlin - Bielefeld - München: Verlag Erich Schmidt.

Wirtschaft und Statistik. Hrsg.: Statistisches Bundesamt Wiesbaden. Mainz: Verlag W. Kohlhammer.

Zeitschrift für Lärmbekämpfung. Hrsg.: Deutscher Arbeitsring für Lärmbekämpfung e.V.. Berlin - Heidelberg: Springer-Verlag.

Zeitschrift für Verkehrssicherheit (ZVS). Hrsg.: Verlag TÜV Rheinland GmbH in Verbindung mit der Bundesanstalt für Straßenwesen, Köln, dem Deutschen Verkehrssicherheitsrat, Bonn-Bad Godesberg, der Deutschen Verkehrswissenschaftlichen Gesellschaft, Köln, der Österreichischen Verkehrswissenschaftlichen Gesellschaft, Wien, der Forschungsgesellschaft für Straßen- und Verkehrswesen, Köln, dem Kuratorium für Verkehrssicherheit, Wien, der Schweizerischen Beratungsstelle für Unfallverhütung, Bern, und der Deutschen Gesellschaft für Verkehrsmedizin, Mainz. Köln: Verlag TÜV Rheinland GmbH.

Zeitschrift für Verkehrswissenschaft. Hrsg.: R. Willeke. Düsseldorf: Verkehrs-Verlag J. Fischer.

Zeitschrift für Wirtschaftsgeographie. Frankfurt: Buchenverlag.

Teil H
Gesamt-Verzeichnis der verwendeten Literaturquellen und weitere einschlägige Literaturquellen

Vorbemerkungen

Im Teil H sind ca. 400 Quellen aus Zeitungen, Zeitschriften und selbständigen Schriften zum Themenkreis Erholung/Verkehr/Verkehrsberuhigung sowie wesentliche Gesetze, Verordnungen und Hinweise der zuständigen Behörden der Bundesrepublik Deutschland, Österreichs und der Schweiz zusammengestellt. Mit einbzogen ist auch die umfangreiche Literatur zur Verkehrsberuhigung in den Wohnbereichen der größeren Städte. 60 % der genannten Literaturquellen wurden in den Jahren 1981 bis 1983 veröffentlicht.

Zum Aufbau:

Die Quellen sind alphabetisch nach Verfasser(n) bzw. Herausgeber(n) geordnet. Bei Sammelwerken werden sowohl Herausgeber als auch die Verfasser der einzelnen Beiträge aufgeführt. Länderbezogene Quellen sind unter dem jeweiligen Landesnamen zusammengefaßt (Baden-Württemberg, Bayern usw.).

Zusatzliteratur:

Eine Auswahl technischer Regelwerke der Forschungsgesellschaft für Straßen- und Verkehrswesen, DIN-Normen, VDI-Richtlinien und Richtlinien des Bundesministers für Verkehr wird gesondert im Teil G, Kapitel "Technische Regelwerke" aufgeführt.

Arbeitshilfen:

Die Beschaffung von Arbeitsunterlagen, wie Zeitschriften und Publikationen öffentlicher und privater Institutionen, dürfte gerade in den kleineren Orten oft nicht einfach sein. Zur Vereinfachung und Beschleunigung der Literatur- und Informationsbeschaffung sind deshalb ergänzend im Teil G "Sonstige Planungs- und Arbeitshilfen" zusammengestellt:

- Ein ausführliches Verzeichnis aller im Teil H angeführten Zeitschriften sowie ausgewählter Schriftenreihen.
- Ein Anschriften-Verzeichnis ausgewählter Institutionen, die als Herausgeber einschlägiger Informationen oder als Dokumentationsstellen von Bedeutung sind.

A

ADRIAN, H.: Verkehrsberuhigende Maßnahmen im Rahmen der Stadtentwicklung und des Stadtumbaus, in: Beiträge zur Verkehrsberuhigung im Widerstreit von Mobilität und Stadtqualität, in: Schriftenreihe des Instituts für Verkehrsplanung und Verkehrswesen der TU München, Heft 16, Bad Honnef: Bock und Herchen-Verlag, 1980, S. 241 - 255.

AKADEMIE FÜR RAUMFORSCHUNG UND LANDESPLANUNG (ARL) (Hrsg.): Empirische Untersuchungen zur äußeren Abgrenzung und inneren Strukturierung von Freizeiträumen, in: Veröffentlichungen der ARL, Forschungs- und Sitzungsberichte, Band 132, Hannover: Hermann Schroedel Verlag, 1980.

ALLGEMEINER DEUTSCHER AUTOMOBIL-CLUB E.V. (ADAC) (Hrsg.):

- Straßenverkehr 2000. Eine Studie des ADAC über die zukünftige Entwicklung des Straßenverkehrs und seiner sozio-ökonomischen Rahmenbedingungen, München, 1979.
- Freizeit 2000. Eine Studie des ADAC über die Tendenzen der Freizeitentwicklung und die Notwendigkeit einer verbraucherorientierten Freizeitpolitik, München, 1980.
- Verkehrsberuhigung in Wohngebieten. Ein Informationsbeitrag des ADAC für Bürger, Politiker und Planer, München, 1980.
- Verkehrsberuhigung. Rechtsprobleme bei Einrichtung verkehrsberuhigter Bereiche, München, 1981.
- Parkgebühreneinziehung - Welches System? (Übersetzung aus dem Englischen: Payment for parking - which system?, in: traffic engineering and control, Heft Juli 1981), in: Schriftenreihe Verkehrstechnik, München, 1981.
- Die verkehrsberuhigte Wohnstrasse - Ein neues Element der Ortsplanung, München, 1981.

ALLMEIER, R.: Öffentlichkeitsarbeit und Bürgerbeteiligung. Vom verwalteten Bürger zum mündigen Bürger, in: Das Rathaus, Jg. 35, Heft 1/1982, S. 19 - 20.

ALPENINSTITUT (Hrsg.): Fremdenverkehrsentwicklung heute. Ziele, Konsequenzen, Realisierungschancen, in: Schriftenreihe des Alpeninstituts, Heft 6, München: Kommissionsverlag Geographische Buchhandlung, 1976.

AMBÜHL, H.: Verkehrsbeschränkungen im Ferienort - dargestellt am Beispiel von Arosa. Referat auf der Arbeitstagung "Verkehrsprobleme in Ferienorten" der Dokumentations- und Beratungsstelle des Schweizerischen Fremdenverkehrsverbandes (SFV) am 14. 9. 1977 in CH - Lenzerheide/Valbella (als Manuskript veröffentlicht).

ANDREAE, C.A.: Zukünftige Wohn- und Freizeitgestaltung aus ökonomischer Sicht. Referat auf dem Kongreß "Wohnen und Freizeit 2000" am 19. 9. 1979 in Frankfurt am Main, veranstaltet vom Verband der Automobilindustrie e.V. (VDA) (als Manuskript veröffentlicht).

ANGERER, F.; LANG, H.; WINNING, H.H. VON: Empfehlungen für die Anlage von Erschließungsstraßen - EAE, Forschungsprojekt im Auftrag des Bundesministers für Raumordnung, Bauwesen und Städtebau - Entwurf - , München, 1982.

ANGERER, H.: Naturschutz und Verkehrsplanung im Naturparkbereich, in: Allgemeine Forstzeitschrift, Jg. 32, Heft 23/24/1977, S. 579 - 580.

ANRIG, P.: Unternehmen Tourismus - Wachstum mit Widersprüchen? Gedanken zu aktuellen tourismuspolitischen Problemen, in: Dokumente und Informationen zur Schweizerischen Orts-, Regional- und Landesplanung (DISP), Heft 65, Hrsg.: Institut für Orts-, Regional- und Landesplanung der ETH Hönggerberg, Zürich, 1982, S. 15 - 21.

APEL, D.; ERNST, K.: Stadtverkehrsplanung, Teil 1: Mobilität, in: Schriftenreihe des Deutschen Instituts für Urbanistik (Difu) (Hrsg.), Berlin, 1980.

A

APEL, D.; BRANDT, E.; ERNST, K.; JOHÄNNING, J.: Stadtverkehrsplanung, Teil 2: Stadtstraßen. Umweltforderungen und Straßengestaltung, Hrsg.: Umweltbundesamt und Deutsches Institut für Urbanistik (Difu), Berlin, 1982.

ARBEITSGEMEINSCHAFT FÜR UMWELTFRAGEN E.V. (AGU) (Hrsg.): Grenzen des Landschaftsverbrauchs. Abschlußbericht über das 6. Umweltforum am 23. 11. 1978 in Stuttgart, in: Schriftenreihe der AGU, Heft 16, Bonn, 1980.

B

BACHFISCHER, R.B.: Zum Problem der Bestimmung ökologischer Belastung, in: Raumforschung und Raumordnung, Jg. 37, Heft 1/1979, Wien, S. 49 - 53.

BACHMANN, P. u.a.: Projektierungsempfehlungen für Wohnstraßen, Hrsg.: Institut für Verkehrsplanung und Transporttechnik der ETH Zürich, Zürich, 1980.

BADEN-WÜRTTEMBERG:

- Verwaltungsvorschrift des Innenministeriums zur Straßenverkehrs-Ordnung (VwV IM - StVO -) vom 11. Juni 1981, Az. III 6-4101-4/1, Gemeinsames Amtsblatt Baden-Württemberg (GABl), Nr. 25 vom 21. August 1981, S. 793 ff.

- Richtlinien des Innenministeriums für die Förderung wohnumfeldverbessernder Maßnahmen - Teilprogramm der Stadterneuerung in Baden-Württemberg - (Wohnumfeldprogramm) vom 28. Oktober 1980, Az. V 8315/83, Gemeinsames Amtsblatt Baden-Württemberg, 1980, S. 1213 ff.

- Bekanntmachung des Ministeriums für Wirtschaft, Mittelstand und Verkehr Baden-Württemberg über Richtlinien zur Förderung von Fremdenverkehrseinrichtungen der Gemeinden oder gemeindlicher Zusammenschlüsse vom 20. Oktober 1977, Nr. III 6912/356, Gemeinsames Amtsblatt Baden-Württemberg, 1977, Nr. 35, S. 1485 - 1487.

- Kommunalabgabengesetz (KAG) für Baden-Württemberg, in der Fassung vom 15. Februar 1982, GesBl. 1982, S. 57 ff.

- Gesetz über die Anerkennung von Kurorten und Erholungsorten vom 14. März 1972, GesBl. 1972, Nr. 6, S. 70 - 74.

- Minister für Wirtschaft, Mittelstand und Verkehr des Landes Baden-Württemberg, Straßenbauverwaltung (Hrsg.): Verkehrsstärken in Ortsdurchfahrten. Straßenverkehrszählung 1980, Stuttgart, 1981.

BAIER, R.; POTH, R.: Mit der Sicherheit auch das Freiraumangebot steigern. Auswirkungen von Verkehrsberuhigungsmaßnahmen auf Aktivitäten im Straßenraum, in: Analysen und Prognosen über die Welt von morgen, Jg. 13, Heft 75, Mai/Juni/1981, S. 30 - 33.

BAIER, R.; MORITZ, A.; SCHRÖDER, D.; SPRINGSFELD, A.C.; GUTTE, H.; RUBACH, K.; SCHOG, H.: Flächenhafte Verkehrsberuhigung - Planungsvorbereitende Studie Borgentreich. Schlußbericht zum Forschungsprojekt 80 19/4 der Bundesanstalt für Straßenwesen, Köln, Aachen, 1982.

BAIER, R.; SCHRÖDER, D.: Verkehrsberuhigung im städtebaulichen Zusammenhang - Konzeptionelle und gestalterische Aspekte, in: Verkehrsberuhigung in Gemeinden. Planung, Durchführung, Finanzierung, Rechtsfragen, Hrsg.: WALPRECHT, D., Köln - Berlin - Bonn - München: Carl Heymanns Verlag KG, 1983.

BAIER, R.: Kostengünstige Verkehrsberuhigungsmaßnahmen - Hinweise und Beispiele, in: Verkehrsberuhigung in Gemeinden. Planung, Durchführung, Finanzierung, Rechtsfragen, Hrsg.: WALPRECHT, D., Köln - Berlin - Bonn - München: Carl Heymanns Verlag KG, 1983.

BAIER, R.; POTZ, R.: Wirkungsanalyse von Maßnahmen zur Wohnumfeldverbesserung im öffentlichen Raum. Teil: Verkehrsgeschehen und Straßenraumaktivitäten, in: Stadt - Region - Land, Schriftenreihe des Instituts für Stadtbauwesen der RWTH Aachen (Hrsg.), Berichte, Band 30, Aachen, 1983.

BAIER, R.; HEINZ, H.; HENSEL, H.: Hauptstraßen und Verkehrsberuhigung. Forschungsprojekt im Auftrag des Ministers für Landes- und Stadtentwicklung des Landes Nordrhein-Westfalen (1983 in Bearbeitung).

B

BAIER, R.; SPRINGSFELD, C.; SWITAISKI, B.: Belange des öffentlichen Personennahverkehrs bei der Planung und Anlage verkehrsberuhigter Zonen. Forschungsprojekt im Auftrag der Bundesanstalt für Straßenwesen (1983 in Bearbeitung).

BALDAUF, G.: Ortsplanung im ländlichen Raum. Aufgaben, Inhalte, Instrumente, Stuttgart: Deutsche Verlagsanstalt, 1980.

BALTIN, W.; EINSELE; M.; RICHRATH, K.; VOEGELE, W.: Gestaltwirksamkeit integrierter Flächennutzungs- und Landschaftsplanung am Beispiel kleinerer Gemeinden, in: Stadtbauwelt, Heft 73, 1982, S. 33 - 40.

BARTH, W.-E.: Lenkungsmöglichkeiten für den Fremdenverkehr, in: Allgemeine Forstzeitschrift, Jg. 33, Heft 41/1978, S. 1208 - 1211.

BAUM, G.R.: Auto und Umwelt. Referat anläßlich des Hearings "Auto und Umwelt" der Parlamentarischen Versammlung des Europarates im Rahmen der ENVITEC '80 am 12. 2. 1980 in Düsseldorf, in: Bulletin, Nr. 18/1980, Hrsg.: Presse- und Informationsamt der Bundesregierung, S. 144 - 146.

BAYERN:

- Vollzug der Straßenverkehrs-Ordnung. Bekanntmachung des Bayerischen Staatsministeriums des Innern vom 19. September 1981, Nr. I C/II D-2504-611/7, Ministerialamtsblatt der Bayerischen Inneren Verwaltung vom 23. November 1981, Jg. 33, Nr. 24/1981, S. 655 - 704.

- Planen und Bauen im ländlichen Raum, in: Arbeitsblätter für die Bauleitplanung, Nr. 4, Hrsg.: Bayerisches Staatsministerium des Innern - Oberste Baubehörde, München: Kommunalschriften-Verlag Jehle München GmbH, 1982.

- Verkehrsberuhigung. Hinweise und Beispiele für die verkehrsberuhigende Gestaltung von Erschließungsstraßen, in: Arbeitsblätter für die Bauleitplanung, Nr. 5, Hrsg.: Bayerisches Staatsministerium des Innern - Oberste Baubehörde, München: Kommunalschriften-Verlag Jehle München GmbH, 1983.

- Richtlinien zur Förderung von Sanierungs- und Entwicklungsmaßnahmen nach dem Städtebauförderungsgesetz und von städtebaulichen Maßnahmen im Bayerischen Städtebauförderungsprogramm (Städtebauförderungsrichtlinien - StBauFR -, Bekanntmachung vom 29. November 1981, MABl. 1981, S. 763 ff., ber. MABl. 1982, S. 75.

- Richtlinien für die Zuwendung des Freistaates Bayern zu Straßen- und Brückenbaumaßnahmen kommunaler Baulastträger, Bekanntmachung des Bayerischen Staatministeriums des Innern, RZStra 80, vom 19. Juli 1982, MABl. 1982, S. 429 ff.

- Kommunalabgabengesetz (KAG) vom 26. März 1974, in der Fassung der Bekanntmachung vom 4. Februar 1977, Bayerisches Gesetz- und Verordnungsblatt, Nr. 5/1977, S. 83 - 88.

- Verordnung über die Anerkennung als Kur- oder Erholungsort und über die Errichtung des Bayerischen Fachausschusses für Kurorte, Erholungsorte und Heilbrunnen (AnerkV) vom 20. August 1974, Bayerisches Gesetz- und Verordnungsblatt, Nr. 20/1974, S. 484 - 486.

- Verordnung über den Alpen- und den Nationalpark Berchtesgaden. Erlaß der Bayerischen Staatsregierung vom 18. Juli 1978, GVBl. Nr. 18/1979, S. 499 - 504.

- Bayerisches Landesamt für Umweltschutz: Minderung der Lärmbelastung durch Straßenverkehrsbeschränkungen im Tegernseer Tal und Isartal. Gutachten im Auftrag des Bayerischen Staatsministeriums für Landesentwicklung und Umweltfragen vom 27. Juli 1979, München.

- Landesverband des bayerischen Einzelhandels e.V.: Merkblatt über Fußgängerzonen, München, 1975.

B

BECKER, C.: Erfassung und Bewertung der sozialen und ökonomischen Belastungen in Erholungsgebieten des Mittelgebirges. Referat auf dem Seminar "Erfassung und Bewertung der Belastung von Räumen durch Freizeitaktivitäten" am 27. 6. 1979 in Kassel, veranstaltet von der Akademie für Raumforschung und Landesplanung (ARL) (als Manuskript veröffentlicht).

BECKER, C.: Verfahren zur Bewertung von Räumen für Freizeit- und Erholungszwecke in: Empirische Untersuchungen zur äußeren Abgrenzung und inneren Strukturierung von Freizeiträumen, in: Veröffentlichungen der Akademie für Raumforschung und Landesplanung (ARL) (Hrsg.), Forschungs- und Sitzungsberichte, Band 132, Hermann Schroedel Verlag, 1980, S. 211 - 214.

BECKER, H.; SCHMUCK, A. (Hrsg.): Ein gesamtwirtschaftlicher Berechnungsansatz zur Optimierung straßenbautechnischer Entscheidungen, in: Informationen Verkehrsplanung und Straßenwesen, Heft 9, Hrsg.: Hochschule der Bundeswehr München, Lehrstuhl für Verkehrsplanung und Straßenwesen, München-Neubiberg, 1982.

BECKMANN, K.J.: Integration des nichtmotorisierten Verkehrs in die städtische Gesamtplanung - Thesen zum planerischen Vorgehen und Anforderungen an Maßnahmenkonzepte, in: Der nichtmotorisierte Verkehr, in: Schriftenreihe der Deutschen Verkehrswissenschaftlichen Gesellschaft e.V. (DVWG) (Hrsg.), Reihe B, Band 69, Köln: Selbstverlag, 1983, S. 95 - 133.

BEHRENDT, J.: Verkehrsregelung und Wegweisung von Ortsumgehungen und Ortsdurchfahrten, in: Gemeinde - Stadt - Land, Band 9, 2. erweiterte und überarbeitete Auflage, Hrsg.: HARDER, G.; SPENGELIN, F., Hannover, 1983, S. 229 - 236.

BENCSIK, A.; SPOERER, E.: Der programmierte Autotourist - Psychologische Untersuchungen im Urlaubsreiseverkehr -, in: Schriftenreihe Faktor Mensch im Verkehr, Band 27, Hrsg.: Forschungsgemeinschaft "Der Mensch im Verkehr" e.V., Köln, Darmstadt: Tetzlaff-Verlag, 1978.

BERATUNGSGEMEINSCHAFT FÜR WOHNLICHE STRASSEN (Hrsg.): Heute Strasse - morgen Wohnstrasse, Zürich: Pro Juventute Verlag, 1981.

BERNECKER, P.: Neue Aspekte in der Kurortpolitik, in: Heilbad und Kurort, Jg. 34, Heft 5/1982, S. 148 - 153.

BERNHAUER, E.: Gefahr der Selbstzerstörung. Belastungshöchstwerte für den deutschen Fremdenverkehr?, in: Der Fremdenverkehr, Jg. 28, Heft 4/1976, S. 82 - 83.

BERNHAUER, E.: 93 Touristikstraßen in Deutschland. Was von einer Ferienstraße verlangt und geboten wird, in: Der Fremdenverkehr, Teil I: Jg. 33, Heft 10/1981, S. 8 - 12; Teil II: Jg. 33, Heft 11/1981, S. 14 - 16; Teil III: Jg. 34, Heft 1/1982, S. 15 - 16.

BERNT, D.; RUHL, G.: Grundsatzfragen der Belastungsproblematik im Alpenraum, in: Berichte zur Raumforschung und Raumplanung, Jg. 22, Heft 6/1978, Wien - New York: Springer-Verlag, S. 12 - 26.

BERR, W.: Verkehrsberuhigung. Rechtsprobleme bei Einrichtung verkehrsberuhigter Bereiche, Hrsg.: Allgemeiner Deutscher Automobil-Club (ADAC), Abteilung Verkehrstechnik, München, 1981.

BERTRAM, F.: Der Bürger im Entscheidungsprozeß der Stadt- und Verkehrsplanung, in: Planungsprozeß und Bürgerbeteiligung in der Stadt- und Verkehrsplanung. Theorie und Praxis, in: Gemeinde - Stadt - Land, Band 3, 2. Auflage, Hrsg.: HARDER, G.; SPENGELIN, F., Hannover, 1978, S. 105 - 106.

BETZ, G.: Organisatorische Verknüpfung von Stadtentwicklungsplanung und Verkehrsplanung, in: Der Städtetag, Jg. 34, Heft 4/1981, S. 231 - 240.

BIBELRIETHER, H.: Zielkonflikt Freizeitlandschaft - Naturschutzgebiet: Erholung im Nationalpark - wichtigste Voraussetzung ist die Lenkung der Besucherströme, in: Allgemeine Forstzeitschrift, Jg. 33, Heft 12/1978, S. 309 - 312.

B

BIERMANN, F.: Verkehrslärmschutzgesetz - viel Lärm um nichts?, in: Analysen und Prognosen über die Welt von morgen, Heft 76, Juli/August/1981, S. 18.

BILLINGER, H.: Straßenbau im Konflikt mit Stadt und Landschaft, in: Bauwelt, Jg. 68, Heft 12/1977, S. 377 - 379.

BILLION, F.: Freizeit und Umwelt - Politische und planerische Schlußfolgerungen. Referat auf der Veranstaltung "Freizeit und Umwelt" am 14. 11. 1979 in Frankfurt am Main, veranstaltet von der Deutschen Gesellschaft für Freizeit (als Manuskript veröffentlicht).

BIRR, M.: Vorschläge zur Bewertung von Umwelteinwirkungen im Rahmen der Bundesverkehrswegeplanung, in: Natur und Landschaft, Jg. 55, Heft 7/8/1980, S. 299 - 304.

BISSE, W.-H.: Straße und Umwelt. Bericht über den Deutschen Straßenkongreß 1980, in: Straßen- und Tiefbau, Jg. 35, Heft 2/1981, S. 14 - 17.

BLEILE, G.: Langfristige Tendenzen im westdeutschen Fremdenverkehr, in: Der Fremdenverkehr, Jg. 33, Teil I: Der Teilmarkt Städtetourismus 1960 - 1979, Heft 6/1981, S. 14 - 18; Teil II: Kur- und Bädertourismus 1960 - 1979, Heft 8/1981, S. 8 - 11; Teil III: Erholungstourismus 1960 - 1979, Heft 9/1981, S. 12 - 20.

BODIO, P.: Den Vogesen droht die Zerstörung. Große Umweltschäden in dem Gebirge durch Spaziergänger und Autos, in: Der Tagesspiegel, Nr. 11 220 vom 24. 8. 1982, Berlin, S. 14.

BOER, E. DE: Trennwirkung, Bewertung eines unbekannten Phänomens, im Rahmen der regionalen Verkehrsplanung, in: Gemeinde - Stadt - Land, Band 9, 2. erweiterte und überarbeitete Auflage, Hrsg.: HARDER, G.; SPENGELIN, F., Hannover, 1983, S. 145 - 153.

BONUS, H.: Umwelt und Lebensqualität, in: Die Zukunftschancen unserer Gesellschaft. Kolloquium des Verbandes der Automobilindustrie e.V. (VDA) in Zusammenarbeit mit dem Institut der deutschen Wirtschaft, Köln, 7. - 9. Juli 1982 in Rottach-Egern. Referate und Resumee, in: Schriftenreihe des VDA (Hrsg.), Band 39, Frankfurt am Main, 1983, S. 53 - 61.

BOOCKHOFF, H.: Flächenhafte Verkehrsberuhigung mit einfachen Maßnahmen, in: Stadterneuerung und Verkehrserneuerung in der Stadt- und Verkehrsplanung, in: Gemeinde - Stadt - Land, Band 8, Hannover: Selbstverlag, 1982, S. 17 - 21.

BORMANN, W.: Verkehrsberuhigung - ein Weg in rosige Zeiten oder eine Fahrt ins Blaue? Versuche über die Zukunft mit dem Auto, in: Analysen und Prognosen über die Welt von morgen, Heft 75, Mai/Juni/1981, S. 14 - 17.

BORMANN, W.: Soziale Belange bei der Verkehrsberuhigung. Empirische Erhebung für das experimentelle Forschungsvorhaben "flächenhafte Verkehrsberuhigung Moabit", Berlin, 1982.

BOUSKA, W.: Verkehrsberuhigende Maßnahmen - Rechts- und Finanzierungsprobleme, in: Beiträge zur Verkehrsberuhigung im Widerstreit von Mobilität und Stadtqualität, in: Schriftenreihe des Instituts für Verkehrsplanung und Verkehrswesen der TU München (Hrsg.), Heft 16, Bad Honnef: Bock und Herchen Verlag, 1980, S. 163 - 176.

BRÄNDLI, H.: Unkonventionelle Verkehrsmittel - Lösung der Zukunft? Referat auf der Arbeitstagung "Verkehrsprobleme in Ferienorten" am 14. September 1977 in CH-Lenzerheide / Valbella, veranstaltet von der Dokumentations- und Beratungsstelle des Schweizerischen Fremdenverkehrsverbandes (SFV) (als Manuskript veröffentlicht).

BRANDT, E.; MEZGER, G.: Verkehrsberuhigung - ein Rechtsproblem?, in: Archiv für Kommunalwissenschaften, Jg. 19, Erster Halbjahresband, Stuttgart: Verlag W. Kohlhammer, 1980, S. 47 - 62.

BRAUN, U. L.: Das Dorf - "erneuern", "entwickeln", "gestalten" - durch die Verfahren verfahren oder erfahren?, in: Der Landkreis, Jg. 51, Heft 3/1981, S. 155 - 159.

B

BRÖSSE, U.; SCHORR, H.: Die ökonomische Bewertung von Vorranggebieten der Erholung. Eine theoretische und empirische Analyse, in: Forschungsberichte des Landes Nordrhein-Westfalen Nr. 3015, Fachgruppe Wirtschafts- und Sozialwissenschaften, Hrsg.: Minister für Wissenschaft und Forschung des Landes Nordrhein-Westfalen, Opladen: Westdeutscher Verlag, 1981.

BROGGI, M.F.: Sport und Umwelt - Gedanken aus der Sicht des Naturschutzes, in: Berichte zur Raumforschung und Raumplanung, Jg. 25, Heft 4/1981, Wien - New York: Springer Verlag (in Kommission), S. 27 - 32.

BRÜGGER, T.; HILDEBRAND, L.; MICHEL, U.; SCHWARZE, M.; VOELLMY, L.: Heute Straße, morgen Wohnstraße. Handbuch für wohnliche Straßen, Hrsg.: Beratungsgemeinschaft für wohnliche Straßen, Zürich: Pro Juventute Verlag, 1981.

BUCHMANN, K.E.: Kur-Atmosphäre - Grundlagen für gesundheitliche Erfolge, in: Heilbad und Kurort, Jg. 34, Heft 10/1982, S. 356 - 359.

BÜCKMANN, W; OEL, H.-U.: Die Bürgerbeteiligung bei kommunalen Planungen, in: Beiträge des Instituts für Zukunftsforschung (IFZ) (Hrsg.), Band 20, München: Minerva Publikation, 1981.

BUNDESANSTALT FÜR STRASSENWESEN, UMWELTBUNDESAMT (Hrsg.): Verkehrsberuhigung Unterhaching, Bonn, 1981.

BUNDESMINISTER FÜR ERNÄHRUNG, LANDWIRTSCHAFT UND FORSTEN (Hrsg.): Naturschutz und Landschaftspflege in der Bundesrepublik Deutschland, Bonn, 1978.

BUNDESMINISTER FÜR RAUMORDNUNG, BAUWESEN UND STÄDTEBAU (Hrsg.):

- Kommunale Stadterneuerungspolitik und Investitionsverhalten privater Eigentümer in Stadterneuerungsgebieten, in: Schriftenreihe Stadtentwicklung, Heft 02.025, Bonn-Bad Godesberg, 1982.

- Praxis der Gemeinden bei der Beteiligung der Bürger an der Bauleitplanung, in: Schriftenreihe Stadtentwicklung, Heft 02.026, Bonn-Bad Godesberg, 1982.

- Freizeitverhalten außer Haus - Analysen und Prognosen zum Freizeitverhalten in der Urlaubszeit und in der Wochenendfreizeit, in: Schriftenreihe Städtebauliche Forschung, Heft 03.053, Bonn-Bad Godesberg, 1977.

- Siedlungsstrukturelle Folgen der Einrichtung verkehrsberuhigter Zonen in Kernbereichen, in: Schriftenreihe Städtebauliche Forschung, Heft 03.065, Bonn-Bad Godesberg, 1978.

- Verkehrsberuhigung - Ein Beitrag zur Stadterneuerung, in: Schriftenreihe Städtebauliche Forschung, Heft 03.071, Bonn-Bad Godesberg, 1979.

- Parkvorrechte für Bewohner. Dokumentation bisheriger Erfahrungen. Forschungsprojekt BMBau RS II 4 - 70 41 02 - 79.13 (1979), in: Schriftenreihe Städtebauliche Forschung, Heft 03.076, Bonn-Bad Godesberg, 1979.

- Maßnahmen zur Verbesserung des Wohnumfeldes. Dokumentation beispielhafter, realisierter Maßnahmen in den Gemeinden zur Verbesserung der Wohnverhältnisse in verdichteten Gebieten, in: Schriftenreihe Städtebauliche Forschung, Heft 03.079, Bonn-Bad Godesberg, 1979.

- Planungsfibel zur Verkehrsberuhigung. Zusammenfassung wichtiger Ergebnisse des Forschungsvorhabens "Die städtebauliche Bedeutung von Verkehrsberuhigungsmaßnahmen in Wohnquartieren" (MFPRS-Projekt 78.II), in: Schriftenreihe Städtebauliche Forschung, Heft 03.090, Bonn-Bad Godesberg, 1982.

- Kostenhinweise zur Verkehrsberuhigung, in: Schriftenreihe Städtebauliche Forschung, Heft 03.098, Bonn-Bad Godesberg, 1983.

- Bewertung von Fremdenverkehrsorten, insbesondere von Kurorten, im Rahmen der Netzkonzentration der Deutschen Bundesbahn, in: Schriftenreihe Raumordnung, Heft 06.020, Bonn-Bad Godesberg, 1978.

- Belastete Fremdenverkehrsgebiete, in: Schriftenreihe Raumordnung, Heft 06.031, Bonn-Bad Godesberg, 1978.

- Wohnstraßen der Zukunft. Verkehrsberuhigung zur Verbesserung des Wohnumfeldes, Bonn-Bad Godesberg, 1980.

BUNDESMINISTER FÜR VERKEHR (Hrsg.):

- Straßenverkehrsgesetz (StVG) vom 19. Dezember 1952 (BGBl. I, S. 837 ff.), zuletzt geändert am 28. Dezember 1982 (BGBl. I, S. 2090 ff.).

- Straßenverkehrs-Ordnung (StVO) vom 16. November 1970 (BGBl. I, S. 1565 ff.), zuletzt geändert am 21. Juli 1983 (BGBl. I, S. 949 ff.) (Änderungen bezüglich der Verkehrsberuhigten Bereiche - Zeichen 325 und 326 - voraussichtlich im Jahre 1984).

- Allgemeine Verwaltungsvorschrift zur Straßenverkehrs-Ordnung (VwV-StVO) vom 24. November 1970 (Beilagen zum Bundes-Anzeiger Nr. 228 vom 8. Dezember 1970 und Bundes-Anzeiger Nr. 14 vom 22. Januar 1971, zuletzt geändert am 21. Juli 1980 (Bundes-Anzeiger Nr. 137 vom 29. Juli 1980).

- Zur Begründung der Änderungen von StVO und VwV-StVO im Jahre 1980 bezüglich der Verkehrsberuhigten Bereiche siehe: Verkehrsblatt (VkBl.), Heft 14/1980, S. 511 - 520 (zur StVO) sowie S. 520 - 523 (zur VwV-StVO).

- Abstimmung von Vorhaben des Straßenbaues mit städtebaulichen Maßnahmen, Allgemeines Rundschreiben Straßenbau Nr. 19/1972 vom 19. September 1972, StB 2/38.49.20, in: Verkehrsblatt, Heft 19/1972, S. 711 ff.

- Koordiniertes Investitionsprogramm für die Bundesverkehrswege bis zum Jahre 1985 (Fortschreibung des Bundesverkehrswegeplanes), Bonn-Bad Godesberg, 1977.

- Zielvorgaben des Bundesministers für Verkehr für den Bundesfernstraßenbau vom 27. April 1979, StB 10/15/38.43, in: Verkehrsblatt, Heft 10/1979, S. 275 ff.

- Technische Regelwerke für das Straßenwesen, hier: Anwendung, Allgemeines Rundschreiben Straßenbau Nr. 8/1979 vom 3. Juli 1979, StB 14/38.06.30/14 035 Va 79, in: Verkehrsblatt, Heft 22/1979, S. 781 ff.

- Grundsätze für das Aufstellen Technischer Regelwerke für das Straßenwesen - Arten und Inhalt, Allgemeines Rundschreiben Straßenbau Nr. 26/1980 vom 12. Dezember 1980 - StB 12/14/38.43.00/12 071 Va 80, in: Verkehrsblatt, Heft 1/1981, S. 8 ff.

- Aktionsprogramm Lärmschutz für Straße und Schiene der Bundesregierung vom 13. 6. 1979, in: GSCHEIDLE, K.: Schutz vor Verkehrslärm, Bonn, 1979, S. 5 - 11.

- Vorläufige Richtlinien für straßenverkehrsrechtliche Maßnahmen zum Schutz der Bevölkerung vor Lärm (Lärmschutz-Richtlinien-StV) vom 6. November 1981, StV 12/36.42.45-02, in: Verkehrsblatt, Heft 2/1981, S. 428 - 434.

- REFERAT A 25: Dokumentation der neueren Langfristprognosen bis 2000 für Personen- und Güterverkehr, Bonn-Bad Godesberg, 1981.

- Bürgerbeteiligung bei der Planung von Bundesverkehrswegen. Symposium des Bundesministers für Verkehr am 29. und 30. Juni 1982 in Bonn. Vorträge, Fallbeispiele, Diskussionsergebnisse, Bonn-Bad Godesberg, 1982.

- Voraussichtliche Verkehrsentwicklung 1982, in: Verkehrsnachrichten, Heft 3/1982, S. 8.

- Fünfjahresplan für den Ausbau der Bundesfernstraßen in den Jahren 1981 bis 1985 und Baustufe 1 a, aufgestellt vom BMV, BMV - StB 10 20.70.64 / 10033 Va 82 II, Bonn, 1982.

- Feriennetzmodell 1983. Informationen zum Urlaubsreiseverkehr, Bonn, 1983.

- Mitteilungen über Forschungen zur Verbesserung der Verkehrsverhältnisse der Gemeinden. Elektro-Straßenfahrzeuge. Einsatzbereiche sowie Anwendungs- und Marktpotential von batteriebetriebenen Elektro-Pkw im Straßenverkehr. Materialien zur Fortschreibung des Berichts über die Förderung des Einsatzes von Elektrofahrzeugen, durchgeführt im Auftrag des BMV von der SNV Studiengesellschaft Nahverkehr m.b.H., Hamburg/Berlin, in: Forschung Stadtverkehr, Sonderheft, Heft 32, Bonn-Bad Godesberg, 1983.

BUNGENSTAB, H.: Bürgerbeteiligung an städtischen Lebensformen. Anspruch und Wirklichkeit, in: Das Rathaus, Jg. 35, Heft 1/1982, S. 13 - 16.

BURCHARD, R.: Freizeiträume - die Notwendigkeit einer Übersicht über alle vorrangig für Urlaub und Naherholung geeigneten Gebiete aus der Sicht des Bundes, in: Empirische Untersuchungen zur äußeren Abgrenzung und inneren Strukturierung von Freizeiträumen, in: Veröffentlichungen der Akademie für Raumforschung und Landesplanung (ARL) (Hrsg.), Forschungs- und Sitzungsberichte, Band 132, Hannover: Hermann Schroedel Verlag, 1980, S. 1 - 2.

BURKHARDT, F.: Lärmschutz an Straßen, in: Straße und Autobahn, Jg. 31, Heft 3/1980, S. 103 - 109.

CARLEIN, W.: Umweltschutz in Heilbädern und Kurorten, in: Heilbad und Kurort, Jg. 34, Heft 7/1982, S. 197 - 198.

CERWENKA, P.: Prinzipien zur Steuerung des Entscheidungsfindungsprozesses, in: Planungsprozeß und Bürgerbeteiligung in der Stadt- und Verkehrsplanung. Theorie und Praxis, in: Gemeinde - Stadt - Land, Band 3, 2. Auflage, Hrsg.: HARDER, G.; SPENGELIN, F., Hannover: Selbstverlag, 1978, S. 7 - 14.

CHRISTMANN, K.-H.: Die Fremdenverkehrsabgabe in deutschen Heilbädern, Kurorten und Fremdenverkehrsgemeinden, in: Fachreihe Fremdenverkehrspraxis des Deutschen Bäderverbandes e.V. und des Deutschen Fremdenverkehrsverbandes e.V. (Hrsg.), Heft 7, Frankfurt am Main, 1977.

COSSON, R.: Straßenverkehrsrechtliche Anordnungen zur Unterstützung einer geordneten städtebaulichen Entwicklung, in: Städte- und Gemeindebund, Jg. 37, Heft 2/1982, S. 68 - 70.

COSSON, R.: Rechtsfragen bei Maßnahmen zur Verkehrsberuhigung - Verkehrsregelung, Verkehrssicherung, Straßennutzung -, in: Verkehrsberuhigung in Gemeinden. Planung, Durchführung, Finanzierung, Rechtsfragen, Hrsg.: WALPRECHT, D., Köln - Berlin - Bonn - München: Carl Heymanns Verlag KG, 1983.

D

DASEKING, W.: Maßnahmen zur Verkehrsberuhigung als Teil der Gesamtkonzeption zur Stadterneuerung, in: Stadtflucht und Stadterneuerung. Konzeption und Maßnahmen in der Stadt- und Verkehrsplanung, in: Gemeinde - Stadt - Land, Band 5, Hrsg.: HARDER, G.; SPENGELIN, F., Hannover: Selbstverlag, 1980, S. 21 - 44.

DENNERL; J.: Ein neuer Weg der Verkehrslärmminderung - Modell Bad Reichenhall, in: Heilbad und Kurort, Jg. 34, Heft 7/1982, S. 199 - 201.

DEUTSCHE GESELLSCHAFT FÜR FREIZEIT E.V.; BAT FREIZEIT-FORSCHUNGSINSTITUT (Hrsg.): Freizeit-Daten. Zahlen zur Freizeit-Situation und -Entwicklung in der Bundesrepublik Deutschland, Hamburg - Düsseldorf, 1982.

DEUTSCHE STRASSENLIGA E.V.; DEUTSCHE GESELLSCHAFT FÜR FREIZEIT (Hrsg.): Freizeit und Straße - Aktive Freizeitgestaltung und Verkehr, in: Broschürenreihe der Deutschen Straßenliga e.V., Ausgabe 2, Bonn, 1980.

DEUTSCHE VERKEHRSWISSENSCHAFTLICHE GESELLSCHAFT (DVWG) (Hrsg.): Verkehr und Umwelt, in: Schriftenreihe der DVWG, Reihe B, Band 35, Köln, 1977.

DEUTSCHER BÄDERVERBAND, WIRTSCHAFTSVERBAND DEUTSCHER HEILBÄDER UND KURORTE E.V. (Hrsg.): Umweltschutz-Bilanz der Heilbäder und Kurorte 1972, Bonn, 1972 (Nur für den Dienstgebrauch der Mitglieder).

DEUTSCHER BÄDERVERBAND, WIRTSCHAFTSVERBAND DEUTSCHER HEILBÄDER UND KURORTE E.V. (Hrsg.): Bericht über den Umweltschutz in Heilbädern und Kurorten 1978. 1. Heft: Berichtsheft. 2. Heft: Tabellen zum Bericht, Bonn, 1978 (Das 2. Heft ist nur für den internen Dienstgebrauch der Mitglieder bestimmt).

DEUTSCHER BÄDERVERBAND E.V.; DEUTSCHER FREMDENVERKEHRSVERBAND E.V. (Hrsg.): Immissionsschutz-Richtlinien für Heilbäder, Kurorte und Erholungsorte und Muster-Verordnung zum Immissionsschutz in Heilbädern, Kurorten und Erholungsorten vom 16. Oktober 1974, Bonn - Frankfurt am Main, 1974.

DEUTSCHER BÄDERVERBAND E.V.: Deutscher Bäderverband wendet sich gegen Streckenstillegungspläne der Deutschen Bundesbahn, in: Heilbad und Kurort, Jg. 28, Heft 4/1976, S. 120.

DEUTSCHER BÄDERVERBAND E.V. (Hrsg.): Leitlinien für die Planung und Gestaltung in Heilbädern und Kurorten, 2. überarbeitete Auflage, Bonn, 1979.

DEUTSCHER BÄDERVERBAND E.V. (DBV); DEUTSCHER FREMDENVERKEHRSVERBAND E.V. (DFV) (Hrsg.): Begriffsbestimmungen für Kurorte, Erholungsorte und Heilbrunnen vom 30. Juni 1979, in: Fachreihe Fremdenverkehrspraxis des DFV, Heft 1, Bonn - Frankfurt am Main, 1979.

DEUTSCHER BUNDESTAG - BUNDESTAGSDRUCKSACHEN:

- Tourismus in der Bundesrepublik Deutschland - Grundlagen und Ziele. Unterrichtung durch die Bundesregierung, Bundestagsdrucksache 7/3840 vom 1. 7. 1975.

- Bericht und Antrag des Ausschusses für Wirtschaft zu dem von der Bundesregierung zur Unterrichtung vorgelegten Bericht über den Tourismus in der Bundesrepublik Deutschland - Grundlagen und Ziele - Drucksache 7/3840, Bundestagsdrucksache 7/5403 vom 16. 6. 1976.

- Entwurf eines Gesetzes zum Schutz gegen Verkehrslärm an Straßen und Schienenwegen - Verkehrslärmschutzgesetz - (VLärmSchG). Gesetzentwurf der Bundesregierung, Bundestagsdrucksache 8/1671 vom 23. 3. 1978.

- Umweltgutachten 1978. Unterrichtung durch die Bundesregierung, Bundestagsdrucksache 8/1938 vom 19. 9. 1978.

- Bericht der Bundesregierung über die Durchführung des tourismuspolitischen Programms von 1975. Unterrichtung durch die Bundesregierung, Bundestagsdrucksache 8/2805 vom 7. 5. 1979.

- Bürgerbeteiligung bei Stadtentwicklung, Stadtsanierung und Bauplanung. Antwort der Bundesregierung auf die Kleine Anfrage der Abgeordneten Krockert u.a. und der Fraktionen der SPD und FDP - Drucksache 8/3112, Bundestagsdrucksache 8/3137 vom 29. 8. 1979.

- Umweltpolitik. Antwort der Bundesregierung auf die Große Anfrage der Abgeordneten Konrad u.a. und der Fraktionen der SPD und FDP - Drucksache 8/3279, Bundestagsdrucksache 8/3713 vom 27. 2. 1980.

- Entwurf eines Gesetzes zum Schutz vor Verkehrslärm von Straßen und Schienenwegen - Verkehrslärmschutzgesetz - (VLärmSchG). Beschlußempfehlung und Bericht des Ausschusses für Verkehr und für das Post- und Fernmeldewesen, Bundestagsdrucksache 8/3730 vom 28. 2. 1980.

- Bericht der Bundesregierung über die Durchführung des tourismuspolitischen Programms von 1975. Beschlußempfehlung und Bericht des Ausschusses für Wirtschaft zu der Unterrichtung durch die Bundesregierung - Drucksache 8/2805, Bundestagsdrucksache 8/4190 vom 13. 6. 1980.

- Ausbaustandard von Straßen. Antwort der Bundesregierung auf die Kleine Anfrage der Abgeordneten Conradi u.a. und der Fraktionen der SPD und FDP - Drucksache 9/1687, Bundestagsdrucksache 9/1733 vom 11. 6.1982.

- Förderung des Einsatzes von Elektrofahrzeugen. Unterrichtung durch die Bundesregierung. Fortschreibung des Berichtes der Bundesregierung vom 10. 2. 1981 (Drucksache 9/165), Bundestagsdrucksache 9/1816 vom 30. 6. 1982.

- Umweltbewußtes Verhalten auf und an Verkehrswegen. Antwort der Bundesregierung auf die Kleine Anfrage der Abgeordneten Spranger u.a. und der Fraktion der CDU/CSU - Drucksache 9/1888, Bundestagsdrucksache 9/1923 vom 17. 8. 1982.

- Straßenbaubericht 1981. Unterrichtung durch die Bundesregierung, Bundestagsdrucksache 9/1960 vom 8. 9. 1982.

- Fremdenverkehr. Antwort der Bundesregierung auf die Große Anfrage der Abgeordneten Müntefering u.a. und der Fraktionen der SPD und FDP - Drucksache 9/2082 vom 5. 11. 1982.

- Fremdenverkehrspolitik. Antwort der Bundesregierung auf die Kleine Anfrage der Abgeordneten Engelsberger u.a. und der Fraktion der CDU/CSU - Drucksache 9/1815, Bundestagsdrucksache 9/2085 vom 8. 11. 1982.

- Fremdenverkehr. Entschließungsantrag der Fraktionen der CDU/CSU, SPD und FDP zur Großen Anfrage der Abgeordneten Müntefering u.a. und der Fraktionen der SPD und FDP - Drucksachen 9/1781 (neu), 9/2082, Bundestagsdrucksache 9/2255 vom 8. 12. 1982.

- Verkehrssicherheit. Antwort der Bundesregierung auf die Kleine Anfrage der Abgeordneten Daubertshäuser u.a. und der Fraktion der SPD - Drucksache 9/2343, Bundestagsdrucksache 9/2387 vom 14. 1. 1983.

DEUTSCHER FREMDENVERKEHRSVERBAND E.V. (DFV):

- Streckenstillegungen der Deutschen Bundesbahn dürfen den Fremdenverkehr nicht gefährden, in: Heilbad und Kurort, Jg. 29, Heft 6/7/1977, S. 184.

- Mehr DB-Züge in die Erholungsgebiete, Frankfurt am Main, 1980.

- Weniger Autobahnen können Urlaubsverkehr beeinträchtigen, in: Reisebüro Bulletin, Nr. 8/9 vom 20. 2. 1981, S. 67.

- Die deutschen Ferienstraßen, in: Fachreihe Fremdenverkehrspraxis des DFV (Hrsg.), Heft 13, Frankfurt am Main, 1981.

- DFV fordert "Grundnetz" von der Bahn. In einer Entschließung nennt der DFV 50 erhaltenswerte Strecken, in: Der Fremdenverkehr, Jg. 35, Heft 4/1983, S. 29 - 32.

DEUTSCHER INDUSTRIE- UND HANDELSTAG (DIHT) (Hrsg.):

- Mit Lärm leben. Verkehrspolitik als Umweltschutz, in: Schriftenreihe des DIHT, Heft 175, Bonn, 1979.

- Einkaufs-Magnet Fußgängerzone, in: Schriftenreihe des DIHT, Heft 176, Bonn, 1979.

- DIHT; DEUTSCHER LANDKREISTAG; DEUTSCHER STÄDTE- UND GEMEINDEBUND: Für den Urlaub von morgen. Ein Leitfaden für die Entwicklung von Fremdenverkehrsgebieten und -gemeinden; überarbeitete und aktualisierte Fassung, in: Gemeinschaftsreihe des DIHT, Bonn, 1981.

DEUTSCHER STÄDTETAG (DST) (Hrsg.):

- Verkehrspolitik - Konzepte, Richtlinien, Empfehlungen -, in: DST-Beiträge zur Wirtschafts- und Verkehrspolitik, Reihe F, Heft 1, Köln, 1975.

- Lärmschutz in den Städten. Planungs- und Handlungskonzepte für Maßnahmen zur Verkehrsberuhigung und zum Lärmschutz - Beispiele, Hinweise, Empfehlungen, Forderungen -, in: DST-Beiträge zur Wirtschafts- und Verkehrspolitik, Reihe F, Heft 2, Köln, 1978.

- Sonderparkberechtigung für Anwohner in der Bundesrepublik Deutschland - eine erste Bilanz, in: DST-Beiträge zur Wirtschafts- und Verkehrspolitik, Reihe F, Heft 4, Köln, 1982.

- DST, KONFERENZ LEITENDER KOMMUNALER VERKEHRSPLANER: Verkehrsberuhigung und städtebauliche Verbesserung. Gedanken und Empfehlungen der Konferenz leitender kommunaler Verkehrsplaner im Deutschen Städtetag, in: Der Städtetag, Jg. 34, Heft 9/1981, S. 582 - 585.

- Kostengünstige Verkehrsberuhigungsmaßnahmen unter Einsatz des Verkehrsschildes 325. Empfehlung des Hauptausschusses des DST, aufgestellt vom DST-Bauausschuß. Mitteilungen des DST, Jg. 36, 1981, Folge 13, S. 537 - 538, sowie in: Der Städtetag, Jg. 35, Heft 1/1982, S. 35 - 38.

- Statistisches Jahrbuch deutscher Gemeinden, Köln, 1981.

DIENEL, P.C.: Bürgerinformation oder Bürgerbeteiligung. Erste Reaktionen auf das Instrument Bürgergutachten, in: Werkstatt-Papiere der Gesamthochschule Wuppertal, Forschungsstelle Bürgerbeteiligung und Planungsverfahren (Hrsg.), Nr. 7, Wuppertal, 1981.

DIETRICH, K.; LINDENMANN, H.P.: Versuch "Tempo 50 innerorts". Ziele, Versuchskonzept und -methodik, Untersuchungsbereiche und -umfang, in: Straße und Verkehr, Jg. 66, Heft 8/1980, Zürich, S. 366 - 344.

DOLLINGER, W.: Spielraum für Verkehrsinvestitionen erweitern. Auszüge aus der verkehrspolitischen Grundsatzrede des Bundesverkehrsministers Dr. Werner Dollinger vor dem Bundestags-Verkehrsausschuß am 24. November 1982, in: Verkehrsnachrichten, Heft 1/1983, S. 1 - 5.

DRAEGER, W.: Parkregelungen zugunsten von Anwohnern. Empfehlungen zu Vorerhebungen und Maßnahmen, in: Die Bauverwaltung, Jg. 29, Heft 9/1980, S. 352 - 357.

D,E

DRIEHAUS, H.-J.: Die Einrichtung von Fußgängergeschäftsstraßen und die Beitragserhebung für deren Umbau, in: Der Städtetag, Jg. 30, Heft 3/1977, S. 128 - 135.

DRIEHAUS, H.-J.: Das Straßenbaubeitragsrecht der Länder in der obergerichtlichen Rechtsprechung, 3. überarbeitete Auflage, Köln: Verlag Deutsches Volksheimstättenwerk, 1982.

DUCKWITZ, G.: Naturparke als Freizeitlandschaften - eine kritische Betrachtung, in: Landschaft und Stadt, Jg. 6, Heft 3/1974, S. 97 - 101.

DYCKHOFF, C.; GUGGENTHALER, H.; TIMMERMANN, O.: Stadtreparatur wird nicht "von oben" verordnet, in: Monatshefte für neuzeitlichen Wohnungs- und Städtebau der Neuen Heimat (Hrsg.), Heft 1/2/1979, S. 68 - 75.

EHRY, C.: Weg vom Rummel-Image. Feriengemeinde Titisee-Neustadt setzt auf Familien und Tagungsgäste, in: Der Fremdenverkehr, Jg. 35, Heft 6/1983, S. 30 - 31.

EICHENAUER, M.; WINNING, H.-H. VON; STREICHERT, E.: Wohnstraßen der Zukunft. Verkehrsberuhigung zur Verbesserung des Wohnumfeldes, Hrsg.: Bundesminister für Raumordnung, Bauwesen und Städtebau, Bonn-Bad Godesberg, 1980.

EINEM, E. VON; WOLLMANN, H.; HOPPE, R.; LUTHER, P.; BIRLEM, T.; SCHARMER, E.; ROSENBERG, M.: Kommunale Stadterneuerungspolitik und Investitionsverhalten privater Eigentümer in Stadterneuerungsgebieten, in: Schriftenreihe Stadtentwicklung des Bundesministers für Raumordnung, Bauwesen und Städtebau (Hrsg.), Heft 02.025, Bonn-Bad Godesberg, 1982.

EMDE, W.; HEUSCH, H.; NIEDERAU, A.; NIEMANN, D.: Die Bewertung der Maßnahmen für den neuen Bedarfsplan für die Bundesfernstraßen, in: Straße und Autobahn, Jg. 31, Heft 10/1980, S. 450 - 463.

EPPLE, G.: Verkehrsentlastung der Stadtzentren durch preis- oder mengenpolitische Maßnahmen?, in: Der Städtetag, Jg. 33, Heft 6/1980, S. 356 - 358.

F

FEYE, G.: Wirkungsabmessungen im Zusammenhang mit Ortsumgehungs- und Ortsdurchfahrtsplanung, in: Gemeinde - Stadt - Land, Band 9, 2. erweiterte und überarbeitete Auflage, Hrsg.: HARDER, G.; SPENGELIN, F., Hannover: Selbstverlag, 1983, S. 1 - 7.

FIEDLER, J.: Verkehrsberuhigung mit oder gegen den öffentlichen Personennahverkehr, in: Verkehr und Technik, Jg. 33, Heft 6/1980, S. 241 - 244.

FISCHER, M.: Die Zukunft des ländlichen Raumes in der Freizeitgesellschaft, in: Innere Kolonisation, Land und Gemeinde, Jg. 30, Heft 3/1981, S. 83 - 85.

FLADE, A.: Umweltpsychologie und Verkehrsplanung, Hrsg.: INSTITUT WOHNEN UND UMWELT GmbH, Darmstadt: Selbstverlag, 1981.

FORSCHUNGSGESELLSCHAFT FÜR STRASSEN- UND VERKEHRSWESEN (FGSV) (Hrsg.):

- Straßengestaltung in Städten und Gemeinden. Vorträge von der Tagung der Arbeitsgruppe "Straßenentwurf" vom 21. bis 23. September 1981 in Mainz, Köln, 1982.

- Aktuelle Aufgaben des kommunalen Straßenbaues. Kolloquium am 31. März und 1. April 1982 in Seeheim, Köln, 1982.

- Straße und Gesellschaft. Deutscher Straßenkongreß München 1982, Bonn: Kirschbaum Verlag, 1983.

- ARBEITSKREIS PLANUNG VERKEHRSBERUHIGTER ZONEN: Planungshinweise zur Verkehrsberuhigung. Entwurf Juli 1981, in: Straße und Autobahn, Jg. 32, Heft 12/1981, S. 484 - 489.

- Empfehlungen zur Verkehrsberuhigung in Wohngebieten - Ausgabe 1981.

- Geschwindigkeit von Straßenbahnen und Omnibussen des Linienverkehrs in Fußgängerzonen, FGSV-Arbeitspapier Nr. 1, aufgestellt vom Arbeitsausschuß "Öffentlicher Verkehr" der Arbeitsgruppe "Verkehrsplanung", Stand Mai 1983.

(Weitere Veröffentlichungen der Forschungsgesellschaft siehe besondere Zusammenstellung)

FRAAZ, K.: Instrumente zur Vermeidung von Belastungen in Fremdenverkehrsgebieten, in: Informationen zur Raumentwicklung, Jg. 33, Heft 1/1983, S. 47 - 59.

FRAAZ, K.: Waldsterben: Gefahr für den Tourismus. Sind die bekannten Waldschädigungen erst die Spitze des Eisberges?, in: Der Fremdenverkehr, Jg. 35, Heft 6/1983, S. 10 - 13.

FRANZ, L.; BLUMENTRATH, L.; ISNENGHI, P.: Verkehrsberuhigung in Städten und Gemeinden, in: Kontakt & Studium, Band 80, Grafenau: expert verlag, 1982.

FRITZ, G.: Naturpark und Verkehrsnetz - Auswirkungen des Verkehrsnetzes auf das Erholungspotential von Naturparken, in: Natur und Landschaft, Jg. 51, Heft 5/1976, S. 137 - 139.

FRITZ, G.: Zur Inanspruchnahme von Naturschutzgebieten durch Freizeit und Erholung, in: Natur und Landschaft, Jg. 52, Heft 7/1977, S. 191 - 197.

FRITZ, G.; LASSEN, D.: Untersuchungen zur Belastung der Landschaft durch Freizeit und Erholung in ausgewählten Räumen, in: Schriftenreihe für Landschaftspflege und Naturschutz der Bundesforschungsanstalt für Naturschutz und Landschaftsökologie (Hrsg.), Heft 15, Bonn-Bad Godesberg, 1977.

FRITZ, G.; MRASS, W.: Verursacher - Freizeit und Erholung. Inanspruchnahme der Landschaft durch Freizeit, in: Natur- und Umweltschutz in der Bundesrepublik Deutschland, Hrsg.: OLSCHOWY, G., Hamburg - Berlin: Verlag Paul Parey, 1978, S. 588 - 595.

FRITZ, G.: Ermittlung und Berücksichtigung umweltempfindlicher Räume im Hinblick auf die Bundesfernstraßenplanung, in: Natur und Landschaft, Jg. 54, Heft 10/1979, S. 331 - 332.

G

GABRIEL, B.: Die Auswirkung verkehrsregelnder und verkehrsbeeinflussender Maßnahmen auf die Lärmemissionen des Straßenverkehrs, in: Schriftenreihe Straßenforschung des Bundesministeriums für Bauten und Technik (Hrsg.), Heft 143, Wien, 1980.

GARBRECHT, D.: Gehen. Ein Plädoyer für das Leben in der Stadt, Weinheim - Basel: Beltz Verlag, 1981.

GEBAUER, G.: Erfahrungen bei Planung und Bau von verkehrsberuhigten Wohnbereichen in dem Neubaugebiet Goslar-Ohldorf, in: Umweltqualität und Verkehrsberuhigung in der Stadt- und Verkehrsplanung, in: Gemeinde - Stadt - Land, Band 4, Hrsg.: HARDER, G.; SPENGELIN, F., Hannover: Selbstverlag, 1979, S. 111 - 124.

GEHRKE, W.: Verkehrsanlagen in Altbaugebieten - Ergebnisse eines Forschungsvorhabens, in: Straßengestaltung in Städten und Gemeinden. Vorträge von der Tagung der Arbeitsgruppe "Straßenentwurf" vom 21. bis 23. September 1981 in Mainz, Hrsg.: Forschungsgesellschaft für Straßen- und Verkehrswesen, Köln, 1982, S. 43 - 54.

GESETZ ÜBER NATURSCHUTZ UND LANDSCHAFTSPFLEGE (Bundesnaturschutzgesetz - BNatSchG) vom 20. Dezember 1976, BGBl. I, S. 3574 ff.

GEWOS E.V. (Hrsg.): Förderungsschwerpunkt Verbesserung des Wohnumfeldes. Vorschläge, Hinweise und Anregungen einer unabhängigen GEWOS E.V.-Fachkommission, in: GEWOS-Schriftenreihe, Band 32, Neue Folge, Hamburg: Hammonia-Verlag, 1980.

GIERSE, K.: Lärmschutzeinrichtungen und Lärmschutzmaßnahmen, in: Aktuelle Aufgaben des kommunalen Straßenbaues. Kolloquium am 31. März und 1. April 1982 in Seeheim, Hrsg.: Forschungsgesellschaft für Straßen- und Verkehrswesen, Köln, 1982, S. 58 - 63.

GLEUE, A. W.: Umweltverträglichkeitsprüfung bei der Verkehrsplanung (Teil I), in: Internationales Verkehrswesen, Jg. 24, Heft 1/1977, S. 31 - 35.

GLEUE, A. W.; MÜLLER, P.: Ein Beitrag zur Frage der Berücksichtigung von Umweltgesichtspunkten bei der Verkehrsplanung (Teil II). Berücksichtigung der (Nutzungs-) Ansprüche von Flächen-Nutzungen, in: Straße und Autobahn, Jg. 32, Heft 4/1981, S. 140 - 148.

GLEUE, M.: Auf neuen Straßen in den Urlaub. Starkes Anwachsen des motorisierten Reiseverkehrs erfordert dichtes Verkehrsnetz, in: Der Fremdenverkehr, Jg. 23, Heft 9/1971, S. 40 - 44.

GLOTZ, M.: Verkehrsberuhigung und soziale Folgen. Investitionsanreiz - Aufwertung - Verdrängung?, in: Arch plus, Jg. 12, Heft 47/1979, S. 44 - 47.

GLÜCK, K.; KRASSER, G.: Wichtung von Umweltkriterien, in: Schriftenreihe Forschung Straßenbau und Straßenverkehrstechnik, Heft 299, Hrsg.: Bundesminister für Verkehr, Abteilung Straßenbau, Bonn-Bad Godesberg, 1980.

GREBE, R.; TOMASEK, W.: Gemeinde und Landschaft: Landschaftsplanung, Freiraumplanung und Naturschutz in der Gemeinde, 2. neu bearbeitete Auflage, in: Schriftenreihe Fortschrittliche Kommunalverwaltung, Band 9, Köln: Deutscher Gemeindeverlag, Köln - Stuttgart - Berlin - Hannover - Kiel - Mainz - München: Verlag W. Kohlhammer, 1980.

GREULICH, L.; KRIEGER, E.-F.: Fußgängerzone oder Verkehrsberuhigte Zone, in: Bauwelt, Jg. 72, Heft 18/1981, S. 733 - 737.

GRUBE, O.: Die verkehrsberuhigte Wohnstrasse - Ein neues Element der Ortsplanung, Hrsg.: Allgemeiner Deutscher Automobil-Club e.V. (ADAC), Abteilung Verkehrstechnik, München, 1981.

GSCHEIDLE, K.: Lärmschutz im Verkehr, in: Schutz vor Verkehrslärm, Hrsg.: Bundesminister für Verkehr, Bonn, 1979, S. 15 - 19.

GUGGENBÜHL, H.: Den Wohnraum vor Autos schützen, in: Plan, Heft 3/1981, Solothurn, S. 12 ff.

H

HAAS, R.; HERBERG, K.-W.; HOHENADEL, D.: Tempo 30 – Versuch einer Geschwindigkeitsreduzierung auf ausgewählten Straßenabschnitten im Innerortsbereich, in: Straßenverkehrstechnik, Jg. 25, Heft 5/1981, S. 158 – 160.

HAHN, P.: Kommunale Lebensqualität durch Straßenplanung. Empfehlungen für die Anlage von Erschließungsstraßen, in: Das Rathaus, Jg. 35, Teil I: Heft 11/1982, S. 609 – 612; Teil II: Heft 12/1982, S. 644 – 646.

HARDER, G.; SPENGELIN, F. (Hrsg.): Schriftenreihe GEMEINDE – STADT – LAND, Hannover: Selbstverlag

- Planungsprozess und Bürgerbeteiligung in der Stadt- und Verkehrsplanung. Theorie und Praxis, Band 3, 2. überarbeitete Fassung, 1978.
- Umweltqualität und Verkehrsberuhigung in der Stadt- und Verkehrsplanung, Band 4, 1979.
- Stadtflucht und Stadterneuerung – Konzeption und Maßnahmen in der Stadt- und Verkehrsplanung, Band 5, 1980.
- Energie- und Umweltschutz – Wirkungen und Maßnahmen in der Stadt- und Verkehrsplanung, Band 6, 1980.
- Verkehrsberuhigung und Radverkehr in der Stadt- und Verkehrsplanung, Band 7, Teil A: Verkehrsberuhigung, Teil B: Radverkehr, 1981.
- Stadterneuerung und Verkehrserneuerung in der Stadt- und Verkehrsplanung, Band 8, 1982.
- Ortsumgehungen und -durchfahrten in der Stadt-, Verkehrs- und Umweltplanung, 2. erweiterte und überarbeitete Auflage, 1983.

HARDER, G.: Bürgerbeteiligung in der Stadt- und Verkehrsplanung – Ein Element zur Verbesserung der Planungsqualität, in: Planungsprozeß und Bürgerbeteiligung in der Stadt- und Verkehrsplanung. Theorie und Praxis, in: Gemeinde – Stadt – Land, Band 3, 2. Auflage, Hrsg.: HARDER, G.; SPENGELIN, F., Hannover: Selbstverlag, 1978, S. 121 – 126.

HARDER, G.: Verkehrliche und wirtschaftliche Grundlagen für die Auswahl von Gebieten zur Verkehrsberuhigung unter besonderer Beachtung einer Prioritätenreihung, in: Stadterneuerung und Verkehrserneuerung in der Stadt- und Verkehrsplanung, in: Gemeinde – Stadt – Land, Band 8, Hannover: Selbstverlag, 1982, S. 93 – 99.

HARTKOPF, G.: Technische Anforderungen an die Linienführung, in: Straßengestaltung in Städten und Gemeinden. Vorträge von der Tagung der Arbeitsgruppe "Straßenentwurf" vom 21. bis 23. September 1981 in Mainz, Hrsg.: Forschungsgesellschaft für Straßen- und Verkehrswesen, Köln, 1982, S. 25 – 29.

HARTOG, R.: Verkehrsbeeinträchtigung und Ruhezonen, in: Heilbad und Kurort, Jg. 30, Heft 9/10/1978, S. 294 – 295.

HASSLACHER, P.: Die Alpenvereins-Werbeaktion Virgental für eine "sanfte" Tourismusentwicklung, Hrsg.: Fachabteilung Raumplanung – Naturschutz des Österreichischen Alpenvereins, Innsbruck, 1982.

HASSLACHER, P.: Der "sanfte Tourismus" – eine Möglichkeit der Regionalentwicklung, in: Allgemeine Forstzeitung, Jg. 93, Heft 4/1982, Wien, S. 93 – 94.

HAUER, W.; SWITIL, W.; LUKAS, R.: Verkehrsaufkommen von Freizeit- und Erholungszentren, in: Schriftenreihe Straßenforschung des Bundesministeriums für Bauten und Technik (Hrsg.), Heft 188, Wien, 1982.

H

HAUPTGEMEINSCHAFT DES DEUTSCHEN EINZELHANDELS (HDE) (Hrsg.):

- Einzelhandel und Fußgängerzonen. Ein Aufriß der Problematik, Köln, 1979.
- Checkliste Parkvorrechte für Anwohner, Köln, 1982.

HAUTZINGER, H.: Fernstraßenbau und Fremdenverkehr. Überlegungen zur fremdenverkehrswirtschaftlichen Bedeutung der in der Bundesverkehrswegeplanung 1980 zurückgestellten Projekte, Hrsg.: Institut für angewandte Verkehrs- und Tourismusforschung e.V. an der Fachhochschule Heilbronn, Heilbronn, 1981.

HEFTER; HOFFMANN; STUCH: Probleme des Einzelhandels kleinerer und mittlerer innerstädtischer Geschäftszentren und Möglichkeiten der aktiven Anpassung, Hrsg.: BBE Unternehmensberatung Köln, 1980.

HEIDEMANN, D.: Verkehrsaufkommen auf Bundesautobahnen an Feier- und Ferienspitzentagen 1978, in: Straßenverkehrszählungen, Heft 10, Hrsg.: Bundesanstalt für Straßenwesen, Bereich Straßenverkehrstechnik, Köln, 1979, S. 5 - 44.

HEIGL, F.: Ansätze einer Quantifizierung max. touristischer Tragfähigkeit, in: Deutsche Bauzeitschrift, Jg. 29, Heft 2/1981, S. 203 - 205.

HEINZE, G.W.; HERBST, D.; SCHÜHLE, U.: Verkehr im ländlichen Raum, in: Veröffentlichungen der Akademie für Raumforschung und Landesplanung (ARL) (Hrsg.), Abhandlungen, Band 82, Hannover: Curt R. Vincentz Verlag, 1982.

HEINZE, G.W.; HERBST, D.; SCHÜHLE, U.: Verkehrsnachfrage und Verkehrsangebot im ländlichen Raum, in: Der Landkreis, Jg. 52, Heft 8/9/1982, S. 367 - 370.

HERBERG, K.-W.: Geschwindigkeit - eine verkehrspsychologische Betrachtung, in: Zeitschrift für Verkehrssicherheit, Jg. 29, Heft 4/1983, S. 154 - 161.

HERRMANN, E.: Umweltökonomische Grundlagen zur Planung von Fremdenverkehrs- und Erholungsgebieten, in: Beiträge des Instituts für Zukunftsforschung, Band 13, München: Minerva Publikation, 1980.

HESSEN

- Verkehrsberuhigung in Hessen. Broschüre des Hessischen Ministers für Wirtschaft und Technik (Hrsg.), Veröffentlichung voraussichtlich im Frühjahr 1984.
- Verkehrsberuhigung in Wohngebieten. Hier: Verwendung der Zeichen 325 und 326 StVO, Rundschreiben des Hessischen Ministers für Wirtschaft und Technik vom 16. September 1980, Az. III b 1 - 66 k 12.11.
- Richtlinien des Landes Hessen für die Förderung von baulichen Maßnahmen an Straßen zur Verkehrsberuhigung in Wohngebieten - Ri zu § 38 FAG-Verkber -, Staatsanzeiger für das Land Hessen, Nr. 3/1982, S. 106 - 108.
- Gesetz über kommunale Abgaben vom 17. März 1970, Gesetz- und Verordnungsblatt für das Land Hessen (GVBl.), Teil I, Nr. 14/1970, S. 225 ff., in der Fassung vom 14. Oktober 1980, GVBl. 1980, S. 383 ff.

HIEBER, U.: Wohnumfeldverbesserung - wo und wie? Das Wohnumfeldprogramm Baden-Württembergs, in: Archiv für Kommunalwissenschaften, Jg. 20, Erster Halbjahresband, Stuttgart: Verlag W. Kohlhammer - Deutscher Gemeindeverlag, 1981, S. 24 - 46.

HIEBER, U.: Stadterneuerung mit breiter Wirkung, in: Stadtbauwelt, Heft 78, 1983, S. 137 - 141.

H, I, J

HIERSCHE, E.-U.: Konflikte zwischen der Verkehrsnachfrage und den Umweltbelangen, in: Straße und Umwelt, Hrsg.: Forschungsgesellschaft für das Straßenwesen, Köln, 1980, S. 48 - 63.

HIERSCHE, E.-U.: Möglichkeiten zur Auflösung von Konfliktsituationen zwischen Verkehrsnachfrage und Umweltbelangen. Lösungen in der natürlichen Umwelt, in: Straße und Umwelt, Hrsg.: Forschungsgesellschaft für das Straßenwesen, Köln, 1980, S. 67 - 83.

HÖPPING MOSTERIN, U.: Die Ermittlung des Flächenbedarfs für verschiedene Typen von Erholungs-, Freizeit- und Naturschutzgebieten, in: Beiträge zum Siedlungs- und Wohnungswesen und zur Raumplanung, Band 6, Hrsg.: ERNST, W., Münster (Westfalen): Selbstverlag des Instituts für Siedlungs- und Wohnungswesen der Universität Münster, 1973.

HUNDT, W.: Entwicklung eines Ortes zur Fremdenverkehrsgemeinde - Chancen und Probleme, in: Informationen zur Raumentwicklung, Jg. 33, Heft 1/1983, S. 71 - 80.

ILGMANN, G.: Die Illusion vom freiwilligen Verzicht auf den Pkw, in: Zeitschrift für Verkehrswissenschaft, Jg. 53, Heft 2/1982, S. 124 - 140.

INSTITUT FÜR STÄDTEBAU BERLIN DER DEUTSCHEN AKADEMIE FÜR STÄDTEBAU UND LANDESPLANUNG (Hrsg.): Räumliche Planung mit/für/gegen/ohne Bürger? Referate des 131. Kurses des Instituts für Städtebau Berlin, Berlin, 1980.

INSTITUT FÜR VERKEHR UND TOURISMUS (IVT) Innsbruck (Hrsg.): Konflikte zwischen Verkehr und Fremdenverkehr, in: Schriftenreihe B des IVT, Nr. 11, Innsbruck, 1981.

JAGL, E.: Mindeststandards bei Linienführungen und Querschnittsgestaltungen von Ortsumgehungen unter Berücksichtigung verkehrlicher und umweltbezogener Kriterien, in: Gemeinde - Stadt - Land, Band 9, 2. erweiterte und überarbeitete Auflage, Hrsg.: HARDER, G.; SPENGELIN, F., Hannover: Selbstverlag, 1983, S. 155 - 157.

JUNGK, R.: Wieviele Touristen pro Hektar Strand? Plädoyer für "sanftes Reisen", in: GEO, Nr. 10/1980, S. 154 - 156.

K

KARLEN, J.: Aktuelle verkehrsplanerische Probleme im Ferienort. Referat auf der Arbeitstagung "Verkehrsprobleme in Ferienorten" am 14. September 1977 in CH - Lenzerheide / Valbella, veranstaltet von der Dokumentations- und Beratungsstelle des Schweizerischen Fremdenverkehrsverbandes (SFV) (als Manuskript veröffentlicht).

KARSCH, H. H.: Verkehrsberuhigung in Neubaugebieten, in: Stadterneuerung und Verkehrserneuerung in der Stadt- und Verkehrsplanung, in: Gemeinde - Stadt - Land, Band 8, Hannover: Selbstverlag, 1982, S. 1 - 7.

KATTINGER, G. R.: Kriterien, die zur Verbauung von Umfahrungsstraßen führen. Untersuchung im Hinblick auf die Erstellung von rechtlichen und technischen Richtlinien zur Anschlußfreihaltung, in: Schriftenreihe Straßenforschung des Bundesministeriums für Bauten und Technik (Hrsg.), Heft 168, Wien, 1981.

KELLER, H.: Flächenhafte Verkehrsberuhigung, in: Nahverkehrsforschung '82. Statusseminar IX gemeinsam veranstaltet von Bundesministerium für Forschung und Technologie und Bundesministerium für Verkehr, Hrsg.: Bundesminister für Forschung und Technologie, Bonn-Bad Godesberg, 1982, S. 576 - 589.

KELLNER, U.; NAGEL, G.: Auswirkungen von Wohnbereichsstraßen auf die Freiflächenversorgung, in: Beiträge zur räumlichen Planung. Schriftenreihe des Fachbereichs Landespflege der Universität Hannover (Hrsg.), Heft 2, Hannover: Selbstverlag, 1982.

KEMPER, G.: Die Belästigung des Menschen durch den Verkehr und die Problematik der Bewertung. Vortrag anläßlich des Seminars der Forschungsgruppe Berlin am 27./28. September 1979 in Berlin, in: Verkehr, Umwelt, Zukunft, Hrsg.: Daimler-Benz AG, Stuttgart-Untertürkheim, 1979, S. 12 - 14.

KIRSCH, H.; POLUMSKY, D.: Flächenhafte Verkehrsberuhigung, in: Der Städtetag, Jg. 36, Heft 8/1983, S. 552 - 560.

KLEWE, H.; WEPPLER, H.: Bürgerbeteiligung und Verkehrsberuhigung. Auswirkungen einer unterschiedlich intensiven Bürgerbeteiligung auf Planung, Durchführung und Nutzung von Verkehrsberuhigung, Dortmund: Dortmunder Vertrieb für Bau- und Planungsliteratur, 1982.

KNEUBÜHL, U.: Autofreie Zonen für die Erholung in der Freizeit, in: Eine motorlose Freizeit-Schweiz. Ein Leitfaden für die Ausstattung und Gestaltung von Erholungsgebieten mit besonderer Berücksichtigung motorloser Aktivitäten, Hrsg.: Schweizerische Stiftung für Landschaftsschutz und Landschaftspflege, Bern, o. J., S. 10 - 15.

KNOLL, E.: Schlußfolgerungen des Kolloquiums, in: Aktuelle Aufgaben des kommunalen Straßenbaues. Kolloquium am 31. März und 1. April 1982 in Seeheim, Hrsg.: Forschungsgesellschaft für Straßen- und Verkehrswesen, Köln, 1982, S. 75 - 76.

KNOFLACHER, H.: Bedeutung der Sicherheit bei der Planung von Ortsdurchfahrten und Umgehungen, in: Gemeinde - Stadt - Land, Band 9, 2. erweiterte und überarbeitete Auflage, Hrsg.: HARDER, G.; SPENGELIN, F., Hannover: Selbstverlag, 1983, S. 159 - 170.

KODAL, K.: Straßenrecht. Systematische Darstellung des Rechts der öffentlichen Straßen, Wege und Platze in der Bundesrepublik Deutschland mit den Straßen- und Wegegesetzen des Bundes und der Länder, 3., völlig überarbeitete und neugestaltete Auflage, München: Verlag W. Kohlhammer, 1976.

KÖHLER, S. H.: Umweltschützer und Verkehrsplaner auf politischem Kollisionskurs? Straßenbauer sollen an vielen Fehlentwicklungen schuld sein, in: Der Gemeinderat, Jg. 22, Heft 1/1979, S. 20 - 21.

K

KOLKS, W.: Erfahrung bei Planung, Bau und Betrieb von Wohnstraßen in Klein- und Mittelstädten, in: Umweltqualität und Verkehrsberuhigung in der Stadt- und Verkehrsplanung, in: Gemeinde - Stadt - Land, Band 4, Hrsg.: HARDER, G.; SPENGELIN, F., Hannover: Selbstverlag, 1979, S. 93 - 104.

KOLKS, W.: Verkehrsberuhigung unter Berücksichtigung des öffentlichen Linienbusverkehrs, in: Verkehr und Technik, Jg. 33, Heft 11/1980, S. 485 - 489.

KOLKS, W.: Förderungskonzepte zur Bündelung von Maßnahmen zur Sanierung, Modernisierung und Wohnumfeldverbesserung, in: Stadterneuerung und Verkehrserneuerung in der Stadt- und Verkehrsplanung, in: Gemeinde - Stadt - Land, Band 8, Hannover: Selbstverlag, 1982, S. 33 - 42.

KOLKS, W.: Verkehrsberuhigung als Instrument der Stadtentwicklung unter Berücksichtigung staatlicher Rahmenbedingungen, in: Verkehrsberuhigung in Gemeinden. Planung, Durchführung, Finanzierung, Rechtsfragen, Hrsg.: WALPRECHT, D., Köln - Berlin - Bonn - München: Carl Heymanns Verlag KG, 1983, S. 131 - 148.

KOMMUNALWISSENSCHAFTLICHES DOKUMENTATIONSZENTRUM (KDZ) (Hrsg.): Hier wohnen wir, Wien, 1981.

KONIECZNY, G.; ROLLI, E.: Bürgerbeteiligung in der Dorfentwicklung, in: Der Landkreis, Jg. 51, Heft 3/1981, S. 160 - 164.

KORTMANN, K.-J.: Finanzierungsmöglichkeiten von Maßnahmen zur Verkehrsberuhigung, in: Verkehrsberuhigung und Radverkehr in der Stadt- und Verkehrsplanung, in: Gemeinde - Stadt - Land, Band 7, Teil A, Hrsg.: HARDER, G; SPENGELIN, F., Hannover: Selbstverlag, 1981, S. 41 - 47.

KRIPPENDORF, J.: Die Landschaftsfresser. Tourismus und Erholungslandschaft - Verderben oder Segen?, Bern - Stuttgart: Hallwag Verlag, 1975.

KRIPPENDORF, J.: Tourismus und Privatverkehr. Referat anläßlich der Delegiertenversammlung des TCS in Weinfelden am 10. Juni 1977, in: SFV Bulletin, Nr. 3/1977, Hrsg.: Schweizerischer Fremdenverkehrsverband (SFV), Bern, 1977.

KRIPPENDORF, J.: Tourismus als Belastung von Umwelt und Gesellschaft - Auf dem Weg zu einer neuen Tourismuspolitik. Referat anläßlich des 24. Fachkurses für Fremdenverkehrspraxis in Pirmasens am 18. Januar 1982 (als Manuskript veröffentlicht).

KRIPPENDORF, J.: Die anrollende Stadt - Probleme des Freizeitverkehrs auf dem Lande, in: Dokumente und Informationen zur Schweizerischen Orts-, Regional- und Landesplanung (DISP), Heft 65, Hrsg.: Institut für Orts-, Regional- und Landesplanung der ETH Hönggerberg, Zürich, 1982, S. 25 - 30.

KUBETSCHKA, E.: Reiseverkehrsströme während der Ferienzeit: Volumen, Verkehrsmittelbenutzung, Reisezeitpunkt, Reiseziele, in: Verkehrsstaus während der Urlaubszeit. Möglichkeiten der Beeinflussung. Bericht über eine Fachtagung des Studienkreises für Tourismus e.V. im Rahmen der 13. Internationalen Tourismus-Börse am 7. März 1979 in Berlin, Starnberg, S. 9 - 42.

KULARTZ, H. P.: Erhebung von Beiträgen für Maßnahmen der Verkehrsberuhigung, in: Verkehrsberuhigung in Gemeinden. Planung, Durchführung, Finanzierung, Rechtsfragen, Hrsg.: WALPRECHT, D., Köln - Berlin - Bonn - München: Carl Heymanns Verlag KG, 1983, S. 181 - 201.

L

LAAGE, G.: Wohnen beginnt auf der Straße - Wohnwertverbesserungen durch Maßnahmen im Wohnungsumfeld, Stuttgart, 1977.

LANG, H.: Die Integration der Verkehrsberuhigung in die Verkehrsplanung - bisher und heute -, in: Beiträge zur Verkehrsberuhigung im Widerstreit von Mobilität und Stadtqualität, in: Schriftenreihe des Instituts für Verkehrsplanung und Verkehrswesen der TU München (Hrsg.), Heft 16, Bad Honnef: Bock und Herchen Verlag, 1980, S. 93 - 116.

LANG, H.: Verkehrsplanung bei der Dorferneuerung, in: Fachtagung 1980 München "Flurbereinigung und Umweltgestaltung", in: Berichte aus der Flurbereinigung, Heft 37/1981, Hrsg.: Bayerisches Staatsministerium für Ernährung, Landwirtschaft und Forsten, Abteilung Ländliche Neuordnung durch Flurbereinigung, München: Selbstverlag, 1981, S. 127 - 132.

LANGE, W. VON: Suche nach der angemessenen Lösung und Bürgerbeteiligung, in: Planungsprozeß und Bürgerbeteiligung in der Stadt- und Verkehrsplanung. Theorie und Praxis, in: Gemeinde - Stadt - Land, Band 3, 2. Auflage, Hrsg.: HARDER, G.; SPENGELIN, F., Hannover: Selbstverlag, 1978, S. 115 - 116.

LASSEN, D.: Unzerschnittene verkehrsarme Räume in der Bundesrepublik Deutschland, in: Natur und Landschaft, Jg. 54, Heft 10/1979, S. 333 - 334.

LAUBINGER, H.-D.; NICOLAI, M.: Fremdenverkehrsplanung in der Gebiets- und Ortsentwicklungsplanung, Berlin: Berlin Verlag, 1977.

LAUSMANN, W.: Verfahren für die Bürgerbeteiligung. Welche Möglichkeiten bieten die Gemeindeverfassungen? in: Der Gemeinderat, Jg. 22, Heft 2/1979, S. 11 - 12.

LEGAT, W.: Mobilität im Freizeit- und Urlaubsverkehr, in: Busverkehr, Jg. 1, Heft 7/1981, S. 14 - 17.

LEGAT, W.: Halbierung des Unfallgeschehens: ein erreichbares Ziel für die 80er Jahre, in: Zeitschrift für Verkehrssicherheit, Jg. 29, Heft 2/1983, S. 50 - 52.

LEIBBRAND, K.: Keine Verkehrszählungen mehr!, in: Straßen- und Tiefbau, Jg. 35, Heft 7/1981, S. 6 - 9.

LEITENBERGER, K.: 20 Jahre Deutscher Verkehrsgerichtstag - Bekommen wir innerorts Tempo 30 oder 40. km/h?, in: Internationales Verkehrswesen, Jg. 34, Heft 6/1982, S. 398 - 401.

LENZ-ROMEISS, F.: Freizeitpolitik in der Bundesrepublik, in: Schriftenreihe der Kommission für wirtschaftlichen und sozialen Wandel (Hrsg.), Band 67, Göttingen: Verlag Otto Schwartz & Co., 1975.

LEONHARDT, R. W.: Die Insel lebt von ihren Feinden, in: Die Zeit, Nr. 22 vom 23. 5. 1981, Hamburg, S. 47.

LINDE, R.: Problematik der Bürgerbeteiligung am Planungsprozeß aus der Sicht des ADAC, in: Planungsprozeß und Bürgerbeteiligung in der Stadt- und Verkehrsplanung. Theorie und Praxis, in: Gemeinde - Stadt - Land, Band 3, 2. Auflage, Hrsg.: HARDER, G.; SPENGELIN, F., Hannover: Selbstverlag, 1978, S. 15 - 18.

LÜCKEFETT, H.-J.; WITTEBORG, H.-P.: Das Wohnumfeldprogramm in Baden-Württemberg, in: Stadtbauwelt, Heft 78, 1983, S. 153 - 157.

LUTTER, H.; SINZ, M.: Alternativen zum großräumigen Autobahnbau in ländlichen Regionen, in: Informationen zur Raumentwicklung, Jg. 31, Heft 3/4/1981, S. 165 - 192.

M

MACH, N.: Zur Entwicklung des Fremdenverkehrs. Auswirkungen der Verwaltungsreform auf die Ergebnisse der Fremdenverkehrsstatistik, in: Baden-Württemberg in Wort und Zahl. Statistische Monatshefte, Jg. 24, Nr. 4/1976, Hrsg.: Statistisches Landesamt Baden Württemberg, Stuttgart, S. 119 - 122.

MACKENSEN, R.: Zur künftigen Entwicklung und Nutzung der Freizeit und den daraus folgenden Mobilitätsbedürfnissen, in: Die Zukunftschancen unserer Gesellschaft. Kolloquium des Verbandes der Automobilindustrie e.V. (VDA) in Zusammenarbeit mit dem Institut der deutschen Wirtschaft, Köln, 7. - 9. Juli 1982 in Rottach-Egern. Referate und Resumee, in: Schriftenreihe des VDA (Hrsg.), Band 39, Frankfurt am Main, 1983, S. 159 - 172.

MÄRTIN, H.; OEL, H.-U.; HELTEN, M.; SACK, U.: Verkehrsberuhigung im Wohnquartier. Meinungen zu Maßnahmen stadtteilbezogener Verkehrsplanung, Hrsg.: Universitätsbibliothek der TU Berlin, Abteilung Publikationen, Berlin, 1979.

MAIER, R.: Verkehrsberuhigung: Erfahrungen mit Schwellen, 2. neubearbeitete Auflage, in: Mitteilungen der Beratungsstelle für Schadenverhütung, Nr. 21, Hrsg.: Verband der Haftpflichtversicherer, Autoversicherer und Rechtsschutzversicherer e.V., Beratungsstelle für Schadenverhütung, Köln, 1982.

MARKWARDT, A.: Rechtsfragen im Zusammenhang mit Bau, Betrieb und Unterhaltung von Fußgänger- und verkehrsberuhigten Bereichen, in: Aktuelle Aufgaben des kommunalen Straßenbaues. Kolloquium am 31. März und 1. April 1982 in Seeheim, Hrsg.: Forschungsgesellschaft für Straßen- und Verkehrswesen, Köln, 1982, S. 48 - 53.

MASCHKE, J.; WETZMÜLLER, G.: Analyse der Situation und Entwicklungsaussichten des Mittelständischen Gewerbes, insbesondere der Hotel- und Gaststättenbetriebe in den Mineral- und Moorbädern sowie Kneippkurorten und -heilbädern NRW's, Hrsg.: Minister für Wirtschaft, Mittelstand und Verkehr des Landes Nordrhein-Westfalen, Düsseldorf, 1979.

MAYERHOFER, R.: Umfahrungsstraßen und ihre Bedeutung für die Stadtentwicklung, in: Schriftenreihe der Österreichischen Gesellschaft für Raumforschung und Raumplanung, Band 15, Wien: Springer-Verlag, 1971.

MAYERHOFER, R.: Untersuchung über die Notwendigkeit und den Bauumfang von Umfahrungsstraßen, in: Schriftenreihe Straßenforschung des Bundesministeriums für Bauten und Technik (Hrsg.), Heft 4, Wien, 1973.

MEEWES, V.: Das Konzept Unterhaching - Der Beweis für die Richtigkeit von Mischflächen? - Eine kritische Analyse des Forschungsprogramms "Sicherheit und Verhalten in verkehrsberuhigten Zonen am Beispiel Unterhaching", in: Zeitschrift für Verkehrssicherheit, Jg. 28, Heft 4/1982, S. 169 - 177.

MEINUNG, A.: "Einfacher Tourismus" - gemeindliche Erfahrungen in Rheinland-Pfalz, in: Informationen zur Raumentwicklung, Jg. 33, Heft 1/1983, S. 81 - 92.

MELLMANN, H.: Der Einfluß des Erholungsverkehrs auf den Ausbau von Straßen, Dissertation, Technische Hochschule Carola-Wilhelmina zu Braunschweig, Fakultät für Bauwesen, Braunschweig, 1966.

MEYER, G.; MEYER, W.: Autotourismus. Einstellungen und Gewohnheiten deutscher Auto-Urlaubsreisender, Hrsg.: Studienkreis für Tourismus e.V (StfT), Starnberg, 1975.

MIELKE, B.: Raumrelevante Aspekte von Erholungsfahrten, in: Schriftenreihe Landes- und Stadtentwicklungsforschung des Landes Nordrhein-Westfalen - ILS - (Hrsg.). Landesentwicklung, Band 1.031, Dortmund, 1981.

M

MITTELSTÄDT, F.-G.: Die wirtschaftsgeographische Gemeindetypologie nach der Bevölkerungsdichte unter Berücksichtigung der kommunalen Gebietsneuordnung, in: Zeitschrift für Wirtschaftsgeographie, Jg. 25, Heft 6/1981, S. 163 - 172.

MÖRNER, J. VON; MÜLLER, P.; TOPP, H.H.: Verkehrsplanungspraxis in Altbau- und Sanierungsgebieten kleinerer Städte, in: Schriftenreihe Straßenbau und Straßenverkehrstechnik, Heft 287, Hrsg.: Bundesminister für Verkehr, Abteilung Straßenbau, Bonn-Bad Godesberg, 1980.

MONHEIM, H.: Verkehrsberuhigung - von verkehrstechnischen Einzelmaßnahmen zum städtebaulichen Gesamtkonzept -, in: Verkehrsberuhigung, in: Schriftenreihe Städtebauliche Forschung, Heft 03.071, Hrsg.: Bundesminister für Raumordnung, Bauwesen und Städtebau, Bonn-Bad Godesberg, 1979, S. 19 - 47.

MONHEIM, H.: Verkehrsberuhigung in kleinen Gemeinden. Die Situation der Verkehrsplanung in kleinen Gemeinden, in: Der Gemeinderat, Jg. 23, Heft 2/1980, S. 13 - 17.

MONHEIM, H.: Umorientierung der Planungs- und Investitionspraxis für innerörtliche Hauptverkehrsstraßen, in: Gemeinde - Stadt - Land, Band 9, 2. erweiterte und überarbeitete Auflage, Hrsg.: HARDER, G.; SPENGELIN, F., Hannover: Selbstverlag, 1983, S. 171 - 195.

MONHEIM, H.: Planung für den nichtmotorisierten Verkehr - Defizite, Ansprüche, Möglichkeiten -, in: Der nichtmotorisierte Verkehr, in: Schriftenreihe der Deutschen Verkehrswissenschaftlichen Gesellschaft e.V. (DVWG) (Hrsg.), Reihe B, Band 69, Köln: Selbstverlag, 1983, S. 45 - 93.

MORITZ, H.: Nationalpark = Fremdenverkehrsbonus, in: Umweltschutz, Heft 11/1980, Wien, S. 13.

MRESCHAR, R.J.: Die Mehrheit der Deutschen ist umweltbewußt. Meinungsumfrage registriert Unterschiede bei der Beurteilung von Umweltschutz-Lösungen, in: VDI Nachrichten, Nr. 44 vom 29. 10. 1982, Düsseldorf, S. 27.

MÜLLMANN, A.: Verkehrsplanung in Naturparken und sonstige Nutzungskonflikte, in: Entwicklung der Naturparke in Nordrhein-Westfalen. Ergebnisse von Colloquien des Deutschen Rates für Landespflege in den Jahren 1979 und 1980, in: Schriftenreihe des Deutschen Rates für Landespflege (Hrsg.), Heft 38, Bonn: Selbstverlag, 1981, S. 701 - 704.

MUTHESIUS, T.: Grundsätze für ein übergeordnetes Konzept zur Verkehrsberuhigung und zum Lärmschutz in den Städten. Empfehlungen, Hinweise und Forderungen des Deutschen Städtetages, in: Der Städtetag, Jg. 31, Heft 8/1978, S. 449 - 453.

MUTHESIUS, T.: Finanzierungsmodelle für die Einrichtung von Fußgängerstraßen, in: Der Städtetag, Jg. 32, Heft 6/1979, S. 324 - 330.

MUTHESIUS, T.: Rechts- und Finanzierungsfragen der Verkehrsberuhigung unter Berücksichtigung der Novelle zum Straßenverkehrsgesetz, in: Der Städtetag, Jg. 33, Heft 5/1980, S. 290 - 295.

MUTHESIUS, T.: Fußgängerbereiche und öffentlicher Personennahverkehr, in: Verkehr und Technik, Jg. 36, Heft 1/1983, S. 3 - 7.

NASS, E.; HARDER, G.: Zur Verkehrsberuhigung in Einkaufszentren kleinerer und mittlerer Städte, in: Stadterneuerung und Verkehrserneuerung in der Stadt- und Verkehrsplanung, in: Gemeinde - Stadt - Land, Band 8, Hannover: Selbstverlag, 1982, S. 133 - 135.

NAYLOR, H.: Weiterentwicklung der Verkehrsberuhigung aus der Sicht des Bundes, in: Verkehrsberuhigung in Gemeinden. Planung, Durchführung, Finanzierung, Rechtsfragen, Hrsg.: WALPRECHT, D., Köln - Berlin - Bonn - München: Carl Heymanns Verlag KG, 1983, S. 7 - 16.

NEUMANN, R.: Ökologie und Verkehr. Praktische Bedeutung und theoretische Einordnung verkehrsinduzierter Umweltschäden, in: Verkehrswissenschaftliche Forschungen, Schriftenreihe des Instituts für Industrie- und Verkehrspolitik der Universität Bonn, Band 40, Berlin: Duncker und Humblot, 1980.

NEUSÜSS, W.: Zur Rechtslage und zur Finanzierung von verkehrsberuhigenden Maßnahmen in Wohngebieten, in: Bundesbaublatt, Jg. 29, Heft 9/1980, S. 541 - 547.

NIEDERSACHSEN:

- Niedersächsischer Sozialminister (Hrsg.): Erfahrungen, Feststellungen und Empfehlungen zur Verkehrsberuhigung in Wohngebieten, in: Berichte zum Städtebau und Wohnungswesen, Heft 1, Hannover, 1980.

- Niedersächsisches Kommunalabgabengesetz (NKAG) vom 8. Februar 1973, Nds. GVBl. 1973, S. 41 ff., in der Fassung vom 14. Oktober 1980, Nds. GVBl. 1980, S. 383 ff.

- Verordnung über die staatliche Anerkennung von Kurorten (Kurorteverordnung) in Niedersachsen vom 16. Dezember 1974, Nds. GVBl., Nr. 48/1974.

- Verordnung über die staatliche Anerkennung von Gemeinden als Luftkurort, Erholungsort und Küstenbadeort in Niedersachsen vom 22. Januar 1975, Nds. GVBl., Nr. 4/1975.

NIEHÜSENER, W.: Städtebauliche Aspekte bei der Einrichtung von Fußgängerzonen, in: Der Städtetag, Jg. 33, Heft 5/1980, S. 324 - 327.

NORDRHEIN-WESTFALEN:

- Planung und Durchführung von Maßnahmen der Verkehrsberuhigung auf öffentlichen Straßen. Gemeinsamer Runderlaß des Ministers für Wirtschaft, Mittelstand und Verkehr - IV/A 3 - 79-11-6/83 - und des Ministers für Landes- und Stadtentwicklung - III C 2 - 87.15 - vom 18. Februar 1983, MBl. NW, Nr. 23 vom 31. März 1983, S. 376 - 378.

- Wohnumfeldverbesserung in der Städtebauförderung. Orientierungshilfe für die Förderung von Maßnahmen der Wohnumfeldverbesserung im Rahmen der Städtebauförderung, in: Kurzinformation des Ministers für Landes- und Stadtentwicklung des Landes Nordrhein-Westfalen (Hrsg.), Nr. 9/1982.

- Richtlinien über die Gewährung von Zuwendungen zur Förderung städtebaulicher Maßnahmen. Runderlaß des Ministers für Landes- und Stadtentwicklung vom 16. März 1983 - III B 1- 50.10-815/83, MBl. NW 1983, S. 716 ff.

- Kommunalabgabengesetz für das Land Nordrhein-Westfalen (KAG NW) vom 21. Oktober 1969, GVBl. NW, S. 712 ff., in der Fassung vom 27. Juni 1978, GVBl. NW, S. 268 ff.

- Gesetz über Kurorte im Lande Nordrhein-Westfalen (Kurortegesetz - KOG) vom 8. Januar 1975, Gesetz- und Verordnungsblatt für das Land Nordrhein-Westfalen, Nr. 3/1975, S. 12 - 15.

- Verordnung über die Anerkennung von Gemeinden oder Teilen von Gemeinden als Kurort (Kurorteverordnung - KOVO -) vom 20. April 1978, Gesetz- und Verordnungsblatt für das Land Nordrhein-Westfalen, Nr. 27/1978, S. 202 - 204.

O

OEL, H.-U.: Sozialräumliche Beziehungen und Bürgerbeteiligung in der Stadtteilentwicklungsplanung. Eine vergleichende Untersuchung partizipatorischer Planungsansätze, in: Beiträge des Instituts für Zukunftsforschung, Band 18, München: Minerva Publikation, 1982.

ÖSTERREICH: Straßenverkehrsordnung 1960, in der Fassung vom 3. März 1983 (10. StVO-Novelle), Bundesgesetzblatt für die Bundesrepublik Österreich, Jg. 1983, Nr. 174, Wien, S. 893 - 908.

OLSCHOWY, G.: Naturparke - Zielkonflikte und Lösungsmöglichkeiten. Dargestellt von einem "professionellen" Landespfleger, in: Garten und Landschaft, Jg. 91, Heft 12/1981, S. 955 - 963.

OPASCHOWSKI, H.W.: Freizeit-Daten. Zahlen zur Freizeit-Situation und -Entwicklung in der Bundesrepublik Deutschland, Hrsg.: BAT FREIZEIT-FORSCHUNGSINSTITUT; DEUTSCHE GESELLSCHAFT FÜR FREIZEIT E.V., Hamburg - Düsseldorf, 1982.

O. V.:

- Schwere Geburt nach sechs Jahren. Alpen-Nationalpark bei Berchtesgaden ein "tragbarer Kompromiß", in: Der Fremdenverkehr, Jg. 30, Heft 10/1978, S. 26.

- Land für Einheimische billiger. Bayerns Fremdenverkehrsorte befürchten "Überfremdung", in: Der Tagesspiegel, Nr. 10 467 vom 27. 2. 1980, Berlin, S. 18.

- Der Nationalpark förderte den Tourismus, in: Der Tagesspiegel, Nr. 10 675 vom 2. 11. 1980, Berlin, S. 43.

- Neue Wanderwelle beunruhigt Umweltschützer und Naturfreunde. Deutscher Alpenverein warnt vor einer Fehlentwicklung, in: Der Tagesspiegel, Nr. 10 835 vom 15. 5. 1981, Berlin, S. 22.

- Dorferneuerung und Stadtsanierung - Man sollte sie im gleichen Atemzuge nennen, in: Der Landkreis, Jg. 51, Heft 3/1981, S. 149.

- Autobahnen in Richtung Süden zeitweise völlig blockiert. Autofahrer nahmen Angebot an Umgehungsstraßen kaum in Anspruch, in: Der Tagesspiegel, Nr. 10 875 vom 5. 7. 1981, Berlin, S. 30.

- Naturschützer gegen Skilanglauf, in: Der Tagesspiegel, Nr. 10 741 vom 23. 1. 1981, Berlin, S. 20.

- Guter Rat im Stau. ADAC will Autofahrer von motorisierten Helfern trösten lassen, in: Süddeutsche Zeitung, Nr. 193 vom 25. 8. 1981, München, S. 18.

- Verkehrsberuhigung braucht nicht viel zu kosten, in: Demokratische Gemeinde, Jg. 34, Heft 3/1982, S. 189 - 190.

- Elektro-Pkw fährt in die Flottenerprobung, in: VDI Nachrichten, Nr. 16 vom 16. 4. 1982, Düsseldorf, S. 6.

- Deutschland wirbt um Autotouristen, in: Touristik aktuell, Jg. 13, Heft 8/1982, S. 53.

- Konzentration von Schwefeldioxyd in "Reinluftgebieten" nimmt zu, in: Der Tagesspiegel, Nr. 11 108 vom 8. 4. 1982, Berlin, S. 22.

- Verkehrsberuhigung, in: Das Baugewerbe, Jg. 62, Heft 12/1982, S. 9 - 16.

- ADAC: Urlauber fahren kürzere Strecken, in: Der Tagesspiegel, Nr. 11 195 vom 25. 7. 1982, Berlin, S. 37.

- Motorisierte Stauberater, in: Der Tagesspiegel, Nr. 11 132 vom 9. 5. 1982, Berlin, S. 52.

- Lärmschutzwälle schützen und verändern die Landschaft, in: VDI Nachrichten, Nr. 1 vom 1. 1. 1982, Düsseldorf, S. 9.

- Rallye über Ferienstraßen, in: Touristik aktuell, Jg. 13, Heft 8/1982, S. 87.

- Werbung mit Landschaftsschutz, in: Der Tagesspiegel, Nr. 11 171 vom 27. 6. 1982, Berlin, S. 33.

- Tempo-50-Vorschrift in Ortschaften kaum beachtet, in: Der Tagesspiegel, Nr. 11 370 vom 18. 2. 1983, Berlin, S. 22.

- Kraftfahrer fahren innerorts zu schnell, in: Verkehrsnachrichten, Heft 3/1983, S. 8.

- Nächtlicher Lärm im Urlaub, in: Der Tagesspiegel, Nr. 11 465 vom 14. 6. 1983, Berlin, S. 28.

PEINE, F.-J.: Rechtsfragen der Einrichtung von Fußgängerstraßen - Ein Beitrag zur rechtlichen Bewältigung eines städtebaulichen Phänomens, in: Neue Schriften des Deutschen Städtetages (Hrsg.), Heft 35, Köln: Verlag W. Kohlhammer, 1979.

PFUNDT, C.: Kosten- und Ertragsverhältnisse von Busbetrieben in Ferienorten. Referat auf der Arbeitstagung "Verkehrsprobleme in Ferienorten" am 14. September 1977 in CH-Lenzerheide/Valbella, veranstaltet von der Dokumentations- und Beratungsstelle des Schweizerischen Fremdenverkehrsverbandes (SFV) (als Manuskript veröffentlicht).

PFUNDT, K.; MEEWES, V.; MAIER, R.; HEUSCH, H.; LUTTER, W.; MÄCKE, P.-A.; SCHNEIDER, W.; TEICHGRÄBER, W.; ZLONICKY, P.: Verkehrsberuhigung in Wohngebieten. Schlußbericht über den Großversuch des Landes Nordrhein-Westfalen, Hrsg.: Minister für Wirtschaft, Mittelstand und Verkehr des Landes Nordrhein-Westfalen, Bonn: Kirschbaum Verlag, 1979.

PFUNDT, K.; MEEWES, V.; MAIER, R.: Verkehrsberuhigung in Wohnbereichen. Teil 1: Grundlagen; Teil 2: Rahmenplanung; Teil 3: Planung, Entwurf, Durchführung, in: Empfehlungen der Beratungsstelle für Schadensverhütung des Verbandes für Haftpflicht-, Unfall-, Auto- und Rechtsschutzversicherer e.V. (HUK-Verband) (Hrsg.) Nr. 1, 2. Auflage, Köln, 1981.

PFUNDT, K.; MEEWES, V.; Maier, R.: Theorie und Praxis der Verkehrsberuhigung, in: Verkehrsberuhigung in Gemeinden. Planung, Durchführung, Finanzierung, Rechtsfragen, Hrsg.: WALPRECHT, D., Köln - Berlin - Bonn - München: Carl Heymanns Verlag KG, 1983, S. 17 - 52.

POHL, A.: Belastungswirkungen von Hochleistungsstraßen auf Erholungsgebiete, in: Raumplanung und Verkehr, in: Dortmunder Beiträge zur Raumplanung, Band 4, Hrsg.: RUPPERT, E., Institut für Raumplanung (IRPUD), Abteilung Raumplanung, Universität Dortmund, Dortmund, 1978, S. 265 - 276.

POHL, A.: Fernstraßenplanung und Naherholung. Quantifizierung der Auswirkungen. Bewertung und Minimierung, in: Dortmunder Beiträge zur Raumplanung, Band 14, Hrsg.: RUPPERT, E., Institut für Raumplanung (IRPUD), Abteilung Raumplanung, Universität Dortmund, Dortmund, 1981.

QUENTIN, K.-E.: Erhaltung und Pflege der natürlichen Heilfaktoren und ihrer Umwelt, in: Heilbad und Kurort, Jg. 33, Heft 11/1981, S. 386 - 390.

RANFT, F.: Tempo 30 - für die Katz? Verkehrsexperten wissen längst: Schilder helfen nicht - nur Baumaßnahmen, in: Die Zeit, Nr. 37 vom 10. 9. 1982, Hamburg, S. 45.

RAT VON SACHVERSTÄNDIGEN FÜR UMWELTFRAGEN: Umweltgutachten 1978, Stuttgart - Mainz: Verlag W. Kohlhammer, 1978.

REEB, A.: Inhalt und Aufbau der neuen Statistik der Beherbergung im Reiseverkehr, in: Wirtschaft und Statistik, Jg. 60, Heft 12/1980, S. 834 - 842.

REICHELT, G.: Landschaftsverlust durch Straßenbau, in: Natur und Landschaft, Jg. 54, Heft 10/1979, S. 335 - 338.

RENN, U.: Verkehrsberuhigung als Lernprozeß: Voraussetzungen, Möglichkeiten und Grenzen aktiver Bürgerbeteiligung, untersucht am Beispiel der Einrichtung von verkehrsberuhigten Wohngebieten, Dissertation, Universität und Gesamthochschule Essen, Essen, 1981.

RETZKO, H.-G.; TOPP, H.H.: Parkvorrechte für Bewohner. Dokumentation bisheriger Erfahrungen. Forschungsprojekt BMBau RS II 4 - 70 41 02 - 79.13 (1979), in: Schriftenreihe Städtebauliche Forschung, Heft 03.076, Hrsg.: Bundesminister für Raumordnung, Bauwesen und Städtebau, Bonn-Bad Godesberg, 1979.

RETZKO, H.-G.; BRÜHL, F.; KÜCHLER, R.: Planungs- und Entwurfsgrundsätze für umweltgerechte Stadtautobahnen, in: Internationales Verkehrswesen, Jg. 33, Heft 6/1981, S. 411 - 418.

RHEINLAND-PFALZ:

- Landesgesetz über die Erhebung kommunaler Abgaben (KAG), in der Fassung vom 2. September 1977, GVBl. 1977, S. 306 ff.

- Gesetz über die Anerkennung von Kurorten, Erholungsorten und Fremdenverkehrsgemeinden in Rheinland-Pfalz (Kurortegesetz) vom 21. Dezember 1978, GVBl., Nr. 38/1978, S. 745 ff.

- Verwaltungsvorschrift zum Kurortegesetz des Ministeriums für Wirtschaft und Verkehr und des Ministeriums für Soziales, Gesundheit und Umwelt vom 11. Januar 1980 - 843-371 -, MinBl. 1980, S. 136 ff.

ROMEISS-STRACKE, F.: Freizeit zu Hause - Freizeit unterwegs. Verhaltensweisen und Entwicklungstrends der "Mobilen" Freizeitgesellschaft. Referat auf dem Kongreß "Wohnen und Freizeit 2000" am 19. September 1979 in Frankfurt am Main, veranstaltet vom Verband der Automobilindustrie e.V. (VDA) (als Manuskript veröffentlicht).

ROMEISS-STRACKE, F.: Tourismuspolitik im Spiegel zukünftiger Freizeittrends, in: Informationen zur Raumentwicklung, Jg. 33, Heft 1/1983, S. 1 - 10.

ROSEN, N.: Neuorientierung des kommunalen Straßenbaues, in: Straßen- und Tiefbau, Jg. 37, Heft 6/1983, S. 16 - 20.

ROSENSTIEL, L. VON: Wertwandel und künftige Lebensformen: möglicher Einfluß und Einflußmöglichkeiten auf den Verkehr, in: Gemeinde - Stadt - Land, Band 9, 2. erweiterte und überarbeitete Auflage, Hrsg.: HARDER, G.; SPENGELIN, F., Hannover: Selbstverlag, 1983, S. 81 - 100.

ROTACH, M.: Zurück zur Wohnlichkeit in Quartieren: Offene Fragen. Beitrag der Schweiz zum Kongreß 1979 der Fédération internationale des ingénieurs municipaux in den USA, in: Strasse und Verkehr, Jg. 65, Heft 6/1979, Solothurn, S. 249 - 253.

ROTACH, M.; BACHMANN, P.; GROH, J.-M.; INFANGER, K.: Forschungen zum Wohnschutz, in IVT-Bericht, Nr. 81/3, Hrsg.: Institut für Verkehrsplanung und Transporttechnik der ETH, Zürich, Zürich, 1981.

ROTACH, M.; INFANGER, K.; GROH, J.-M.; BACHMANN, P.: Versuche mit Wohnschutz-Massnahmen, in: IVT-Bericht, Nr. 82/3, Hrsg.: Institut für Verkehrsplanung und Transporttechnik der ETH Zürich, Zürich, 1982.

ROTACH, M. C.: Realisierte und geplante Projekte zur Verkehrsberuhigung in der Schweiz, in: Stadterneuerung und Verkehrserneuerung in der Stadt- und Verkehrsplanung, in: Gemeinde - Stadt - Land, Band 8, Hannover: Selbstverlag, 1982, S. 23 - 31.

RUDOLPHI, A.; RHEINLÄNDER, N.; MÖLLER, U.: Meine Straße - deine Straße. Materialien zur Verkehrsberuhigung, Berlin: Ökotopia, 1982.

RÜTHRICH, W.: Abhängigkeit des Verhaltens der Wohnbevölkerung von Verkehrsimmissionen, in: Schriftenreihe des Instituts für Wasserversorgung, Abwasserbeseitigung und Raumplanung (WAR) der TU Darmstadt (Hrsg.), Nr. 17, Darmstadt, 1982.

RUHL, G.: Tourismus als Ursache sozioökonomischer Belastung im Alpenraum. Kurzreferat auf dem Seminar "Erfassung und Bewertung der Belastung von Räumen durch Freizeitaktivitäten" am 27. Juni 1979 in Kassel, veranstaltet von der Akademie für Raumforschung und Landesplanung (ARL) (als Manuskript veröffentlicht).

RUPPERT, K.: Kulturlandschaft erhalten heißt Kulturlandschaft gestalten, in: Kulturlandschaft in Gefahr, Hrsg.: MAYER-TASCH, P. C., Köln - Berlin - Bonn - München: Carl Heymanns Verlag KG, 1976.

RUPPERT, K.: Freizeitverhalten und Umweltgestaltung, in: Geographie und Umweltgestaltung, in: Augsburger Sozialgeographische Hefte, Nr. 6, Neusäß - Augsburg: Paul Kieser Verlag, 1979, S. 90 - 100.

RUPPERT, K.: Freizeitverhalten und Raumgestaltung, in: Freizeit und Umwelt, in: Schriftenreihe Edition Freizeit der Deutschen Gesellschaft für Freizeit e.V. (Hrsg.), Heft 37, 1980, S. 6 - 30.

S

SAARLAND:

- Kommunalabgabengesetz (KAG) vom 26. April 1978, Gesetz Nr. 1074, ABl. 1978, S. 409 ff.

- Beurteilung des durch Freizeitaktivitäten verursachten Lärms. Erlaß des Ministers für Umwelt, Raumordnung und Bauwesen des Saarlandes vom 2. Dezember 1982, Az. E/1-20.513, Gemeinsames Ministerialblatt Saarland, Nr. 16/1983.

SACK, M.: Lebensraum Straße, in: Schriftenreihe des Deutschen Nationalkomitees für Denkmalschutz (Hrsg.), Band 14, Bonn, 1982.

SCHAECHTERLE, K. H.: Urlaubsreiseverkehr auf den Bundesfernstraßen - Untersuchungen im Zusammenhang mit einer Prognosemethodik für den Gesamtverkehr, in: Ausbauplan für die Bundesfernstraßen. 1971 - 1985. Untersuchungsberichte, Band C, Teil VI, Hrsg.: Bundesminister für Verkehr, Bonn-Bad Godesberg, 1971.

SCHAER, U.: Verkehrsprobleme in Ferienorten. Referat anläßlich der Fachtagung "Tourismus - Stiefkind der Verkehrswirtschaft? Vorschläge für eine tourismusgerechte Verkehrspolitik" am 9. März 1978 in Berlin (als Manuskript veröffentlicht).

SCHARIOTH, J.: Bürgerbeteiligung und Bürgerbeteiligungsmodelle, in: Bürgerbeteiligung bei der Planung von Bundesverkehrswegen, Hrsg.: Bundesminister für Verkehr, Bonn-Bad Godesberg, 1982, S. 9 - 36.

SCHAUER, M.: Zivilrechtliche Aspekte der Belästigung durch Verkehrslärm, in: Verkehrsannalen, Jg. 28, Heft 3/1982, Wien, S. 5 - 30.

SCHAUER, R.: Nur von Ferne singen die Motoren. Die Brenner-Autobahn sorgt für Ruhe im Tal, in Die Zeit, Nr. 9 vom 25. 2. 1983, Hamburg, S. 51.

SCHEIRING, H.: Wald und Fremdenverkehr, in: Allgemeine Forstzeitung, Jg. 93, Heft 4/1982, Wien, S. 86 - 87.

SCHEMEL, H.-J.: Tourismus als Ursache ökologischer Belastungen im Alpenraum. Referat auf dem Seminar "Erfassung und Bewertung der Belastung von Räumen durch Freizeitaktivitäten" am 27. Juni 1979 in Kassel, veranstaltet von der Akademie für Raumforschung und Landesplanung (ARL) (als Manuskript veröffentlicht).

SCHEMEL, H.-J.; RUHL, G.: Umweltverträgliche Planung im Alpenraum. Arbeitshilfen zur Beachtung ökologischer Gesichtspunkte bei raumrelevanten Planungen im Alpenbereich, Hrsg.: Deutscher Alpenverein, München, 1981.

SCHEUER, F.: Schäden im Wald, an Forst- und an Jagdeinrichtungen durch den Erholungsverkehr, in: Natur und Landschaft, Jg. 54, Heft 7/8/1979, S. 264 - 265.

SCHIESSER, W.: Plädoyer für motorloses Reisen, in: Eine motorlose Freizeit-Schweiz. Ein Leitfaden für die Ausstattung und Gestaltung von Erholungsgebieten mit besonderer Berücksichtigung motorloser Aktivitäten, Hrsg.: Schweizerische Stiftung für Landschaftsschutz und Landschaftspflege, Bern, o.J., S. 4 - 9.

SCHIMANKE, D.: Folgen und Folgenprobleme der kommunalen Gebietsreform. Literaturbericht, in: Archiv für Kommunalwissenschaften, Jg. 21, Zweiter Halbjahresband, Stuttgart: Verlag W. Kohlhammer - Deutscher Gemeindeverlag, 1982, S. 307 - 320.

SCHLESWIG-HOLSTEIN:

- Hinweise für Maßnahmen zur Verkehrsberuhigung. Gemeinsamer Runderlaß des Innenministers und des Ministers für Wirtschaft und Verkehr vom 29. Dezember 1980 - IV 810-511.624.0/- VII 500 - T 3102/2-16 -, Amtsblatt für Schleswig-Holstein, Nr. 5/1981, S. 91 - 93.

- Kommunalabgabengesetz des Landes Schleswig-Holstein (KAG), in der Fassung vom 17. März 1978, GVBL. 1978, S. 72 ff.

SCHLICHT, U.: Der "Lärm" von Kuhglocken und rauschendem Bach. Touristen und Einheimische kommen aus unterschiedlichen Welten, in: Der Tagesspiegel, Nr. 11360 vom 6. 2. 1983, Berlin, o. S.

SCHLIPPENBACH, M. GRAF VON: Urlaub in Deutschland - Entwicklungen, Erkenntnisse, Trends - Wie wird es 1983?, in: Katalog der Internationalen Tourismusbörse Berlin (ITB) 1983, Hrsg.: Ausstellungs-Messe-Kongreß GmbH (AMK), Berlin, 1983, S. 37 - 42.

SCHMID, A.: Typologie der bayerischen Fremdenverkehrsgemeinden und Ansätze zur Bestimmung von Entwicklungs- und Belastungsgrenzen, Hrsg.: Deutsches Wirtschaftswissenschaftliches Institut für Fremdenverkehr an der Universität München, München, 1974.

SCHMUCK, A.: Aspekte zur Einordnung der Stadtverkehrsplanung in übergeordnete Zielvorstellungen - am Beispiel der Verbesserung der Wohnqualität städtischer Quartiere durch verkehrliche Maßnahmen, in: Stadt - Region - Land, Heft 52/53, Schriftenreihe des Instituts für Stadtbauwesen der RWTH Aachen (Hrsg.), Aachen, 1980, S. 117 - 131.

SCHNÜLL, R.: Nutzungsorientierte Empfehlungen zum Entwurf und zur Gestaltung dörflicher Straßenräume, in: Stadterneuerung und Verkehrserneuerung in der Stadt- und Verkehrsplanung, in: Gemeinde - Stadt - Land, Band 8, Hannover: Selbstverlag, 1982, S. 9 - 16.

SCHNÜLL, R.: Gestalterische Anforderungen an den dörflichen Straßenraum, in: Straßengestaltung in Städten und Gemeinden. Vorträge von der Tagung der Arbeitsgruppe "Straßenentwurf" vom 21. bis 23. September 1981 in Mainz, Hrsg.: Forschungsgesellschaft für Straßen- und Verkehrswesen, Köln, 1982, S. 30 - 35.

SCHNÜLL, R.; HALLER, W.: Städtebauliche Integration von innerörtlichen Hauptverkehrsstraßen. Forschungsprojekt im Auftrag des Bundesministers für Raumordnung, Bauwesen und Städtebau, Bonn (1983 in Bearbeitung).

SCHOBER, R.: Expedition in die Psyche des Urlaubers, in: Der Fremdenverkehr, Jg. 34, Heft 3/1982, S. 38 - 40.

SCHOBER, R.: Urlaub in Kurorten, in: Heilbad und Kurort, Jg. 34, Heft 5/1982, S. 139 - 146.

SCHÖNEMANN, M.: Verkehrsberuhigung muß in die Fläche gehen. Antworten auf kritische Fragen zu einem neuen Stadtverkehrskonzept, in: Bundesbaublatt, Jg. 31, Heft 5/1982, S. 309 - 313.

SCHRECKENBERG, W.; SCHÜHLE, U.: Freizeitverkehr - Grenzen des Wachstums. Struktur und Entwicklung des Freizeitverkehrs und mögliche Maßnahmen seiner Beeinflussung, in: Beiträge zur Verkehrswissenschaft, in: Schriftenreihe des Instituts für Verkehrsplanung und Verkehrswegebau der Technischen Universität Berlin (Hrsg.), Band 7, Berlin, 1981, S. 175 - 247.

SCHRECKENBERG, W.: Verkehrsberuhigung zur Attraktivitätssteigerung von Kur- und Erholungsorten, in: Verkehrsberuhigung in Gemeinden. Planung, Durchführung, Finanzierung, Rechtsfragen, Hrsg.: WALPRECHT, D., Köln - Berlin - Bonn - München: Carl Heymanns Verlag KG, 1983, S. 203 - 217.

S

SCHÜTTE, K.: Probleme der Verkehrsberuhigung im Verwaltungsvollzug, in: Verkehrsberuhigung und Radverkehr in der Stadt- und Verkehrsplanung, in: Gemeinde - Stadt - Land, Band 7, Teil A, Hrsg.: HARDER, G.; SPENGELIN, F., Hannover: Selbstverlag, 1981, S. 67 - 71.

SCHÜTTE, K.: Forschungsprogramm zur Verkehrsberuhigung bei Bund und Land - Rechtliche, finanzierungstechnische und durchsetzungsbezogene Probleme, in: Stadterneuerung und Verkehrserneuerung in der Stadt- und Verkehrsplanung, in: Gemeinde - Stadt - Land, Band 8, Hannover: Selbstverlag, 1982, S. 61 - 67.

SCHÜTTE, K.: Verkehrsberuhigung im Städtebau. Praktische Hinweise für Planung und Kommunalpolitik, in: Neue Kommunale Schriften, Heft 49, Köln - Stuttgart - Berlin - Hannover - Kiel - Mainz - München: Deutscher Gemeindeverlag und Verlag W. Kohlhammer, 1982.

SCHULZE, E.: Verkehrsberuhigung: Durch Sicherheit mehr Urbanität?, in: Analysen und Prognosen über die Welt von morgen, Jg. 13, Heft 75, Mai/Juni 1981, S. 20 - 23.

SCHUSTER, F.: Verkehrsberuhigung in Wohnbereichen. Deutsch-Amerikanisches Symposium St. Augustin, 17. - 20. 6. 1980. Referate, Kurzbeiträge, Kernsätze der Diskussion, Hrsg.: Institut für Kommunalwissenschaften der Konrad-Adenauer-Stiftung, St. Augustin, 1980.

SCHUTTE, H.-M.: Bürgerbeteiligung und Verkehrsplanung im kommunalen Bereich - Möglichkeiten und Grenzen der Koordinierung von Bundes-, Landes- und kommunalen Interessen mit den Wünschen und Forderungen der Betroffenen, in: Planungsprozeß und Bürgerbeteiligung in der Stadt- und Verkehrsplanung. Theorie und Praxis, in: Gemeinde - Stadt - Land, Band 3, 2. Auflage, Hrsg.: HARDER, G.; SPENGELIN, F., Hannover, 1978, S. 23 - 28.

SCHUTZGEMEINSCHAFT DEUTSCHER WALD E.V.; BUND ZUR FÖRDERUNG DER LANDESPFLEGE, LANDESVERBAND RHEINLAND-PFALZ (Hrsg.): Ökologie und raumbedeutsame Planung, in: Veröffentlichungen der Schutzgemeinschaft Deutscher Wald, Landesverband Rheinland-Pfalz, Nr. 4, Obermoschel, 1982.

SCHWANTES, W.; SCHWINGE, W.: Das 14-Städte-Programm Baden-Württemberg, in: Stadtbauwelt, Heft 78, 1983, S. 142 - 146.

SCHWEIZERISCHE BERATUNGSSTELLE FÜR UNFALLVERHÜTUNG (BfU): Konflikte zwischen Fußgängern und Fahrzeuglenkern. Kurzfassung in: Zeitschrift für Verkehrssicherheit, Jg. 29, Heft 2/1983, S. 86 - 88.

SCHWEIZERISCHE GESELLSCHAFT FÜR UMWELTSCHUTZ (SGU) (Hrsg.): Verkehrskonzept mit besonderer Berücksichtigung des Umweltschutzes, rev. Nachdruck, Zürich, 1978.

SCHWEIZERISCHE STIFTUNG FÜR LANDSCHAFTSSCHUTZ UND LANDSCHAFTSPFLEGE (Hrsg.): Eine motorlose Freizeit-Schweiz. Ein Leitfaden für die Ausstattung und Gestaltung von Erholungsgebieten mit besonderer Berücksichtigung motorloser Aktivitäten, Bern, o.J.

SCHWEIZERISCHER FREMDENVERKEHRSVERBAND, DOKUMENTATIONS- UND BERATUNGSSTELLE: Der rollende und ruhende Verkehr in Naherholungsgebieten, Hrsg.: Bundesamt für Industrie, Gewerbe und Arbeit, Zentralstelle für regionale Wirtschaftsförderung, Bern, 1981.

SEELE, G.; BRELIE, K. VON DER: Verkehrsberuhigung in kleinen Städten und Gemeinden, in: Die Bauverwaltung, Jg. 29, Heft 10/1982, S. 402 - 407.

SENING, C.: Bedrohte Erholungslandschaft - Überlegungen zu ihrem rechtlichen Schutz, München: Verlag C.H. Beck, 1977.

SEVERING, W.: Probleme und Konzeptionen der Bürgerbeteiligung an der städtischen Verkehrsplanung in der Bundesrepublik Deutschland, in: Diskussionspapiere der Gesellschaft für wirtschafts- und verkehrswissenschaftliche Forschung e.V., Heft 58, Bonn, 1981.

SIMON, R.: Kommunalabgabengesetz und Erschließungsbeitragsrecht - Auswirkungen auf straßenbautechnische Aufgaben, in: Aktuelle Aufgaben des kommunalen Straßenbaues. Kolloquium am 31. März und 1. April 1982 in Seeheim, Hrsg.: Forschungsgesellschaft für Straßen- und Verkehrswesen, Köln, 1982, S. 69 - 72.

SIMONS, D.: Darstellung der Probleme der Straßengestaltung aus verschiedener Sicht - einleitendes Referat und Thesen der Podiumsdiskussion aus der Sicht der Dorfgestaltung, in: Straßengestaltung in Städten und Gemeinden. Vorträge von der Tagung der Arbeitsgruppe "Straßenentwurf" vom 21. bis 23. September 1981 in Mainz, Hrsg.: Forschungsgesellschaft für Straßen- und Verkehrswesen, Köln, 1982, S. 94 - 98.

SNIZEK, S.: Systemvergleich zwischen Umfahrungsstraßen und Ortsdurchfahrten, in: Schriftenreihe Straßenforschung des Bundesministeriums für Bauten und Technik (Hrsg.), Heft 35, Wien, 1975.

SNIZEK, S.: Systemvergleich zwischen Umfahrungsstraßen und Ortsdurchfahrten als Entscheidungshilfe, in: Gemeinde - Stadt - Land, Band 9, 2. erweiterte und überarbeitete Auflage, Hrsg.: HARDER, G.; SPENGELIN, F., Hannover: Selbstverlag, 1983, S. 69 - 80.

SNV STUDIENGESELLSCHAFT FÜR NAHVERKEHR m.b.H.: Mitteilungen über Forschungen zur Verbesserung der Verkehrsverhältnisse der Gemeinden. Elektro-Straßenfahrzeuge. Einsatzbereiche sowie Anwendungs- und Marktpotential von batteriebetriebenen Elektro-Pkw im Straßenverkehr. Materialien zur Fortschreibung des Berichts über die Förderung des Einsatzes von Elektrofahrzeugen, in: Forschung Stadtverkehr, Sonderheft, Heft 32, Hrsg. BUNDESMINISTER FÜR VERKEHR, VERKEHRSPOLITISCHE GRUNDSATZABTEILUNG, Bonn-Bad Godesberg, 1983.

SOMMER, M.: Straßenbau unter der Beachtung des Umweltschutzes aus der Sicht der Bauwirtschaft, in: Straßen- und Tiefbau, Jg. 37, Heft 1/1983, S. 27 - 29.

SPENGELIN, F.: Zielkonflikte und Leitlinien von Ortsumgehungen und Ortsdurchfahrten aus der Sicht der Stadtplanung und Raumordnung, in: Gemeinde - Stadt - Land, Band 9, 2. erweiterte und überarbeitete Auflage, Hrsg.: HARDER, G.; SPENGELIN, F., Hannover, 1983, S. 219 - 228.

STEIGER, M.: Wirkung und Nutzen der Ortsplanung in Ferienorten. Ein Erfahrungsbericht mit Empfehlungen für die Praxis, in: Schriftenfolge der Schweizerischen Vereinigung für Landesplanung (VLP), Nr. 27, Bern, 1980.

STEIGER, M.: Die Naturschutzplanung und der Schutz der wirtschaftlich schwächeren Nutzung, in: Nutzungsplanung, in: Dokumente und Informationen zur Schweizerischen Orts-, Regional- und Landesplanung (DISP), Sondernummer, Heft 69/70, Hrsg.: Institut für Orts-, Regional- und Landesplanung der ETH Hönggerberg, Zürich, 1983, S. 62 - 69.

STEINER, U.: Rechtliche Aspekte einer städtebaulich orientierten Verkehrsplanung in den Gemeinden - Untersuchung straßenverkehrsrechtlicher, straßenrechtlicher und entschädigungsrechtlicher Fragen zur Förderung verkehrsberuhigter Zonen .durch verkehrsordnende Maßnahmen, in: Schriftenreihe Straßenbau und Straßenverkehrstechnik, Heft 297, Hrsg.: Bundesminister für Verkehr, Abteilung Straßenbau, Bonn-Bad Godesberg, 1980.

STEVEN, H.: Einfluß der Fahrweise auf die Geräuschemission eines Kraftfahrzeuges, in: Zeitschrift für Lärmbekämpfung, Jg. 30, Heft 3/1983, S. 67 - 72.

STOLZ, M.: Verkehr und Umwelt, in: Straße und Autobahn, Jg. 33, Heft 12/1982, S. 483 - 486.

STOLZ, M.: Bewertung von Umgehungsstraßen nach verkehrlichen und umweltorientierten Kriterien, in: Gemeinde - Stadt - Land, Band 9, 2. erweiterte und überarbeitete Auflage, Hrsg.: HARDER, G.; SPENGELIN, F., Hannover, 1983, S. 119 - 143.

S

STRACK, H.: Grundlagen des Entwurfs 1981 RAS-E, in: Straßengestaltung in Städten und Gemeinden. Vorträge von der Tagung der Arbeitsgruppe "Straßenentwurf" vom 21. bis 23. September 1981 in Mainz, Hrsg.: Forschungsgesellschaft für Straßen- und Verkehrswesen, Köln, 1982, S. 38 - 42.

STUDIENKREIS FÜR TOURISMUS E.V. (STFT) (Hrsg.):

- Tourismus - Entwicklung und Gefährdung? Wirtschaftliche und soziale Wirkungen des Tourismus. Bericht über eine Fachtagung der Ausstellungs-Messe-Kongreß GmbH (AMK) und des StfT e.V. am 8. März 1978 in Berlin (Kongreß der 12. Internationalen Tourismus-Börse Berlin), Starnberg, 1978.

- Verkehrsstaus während der Urlaubszeit. Möglichkeiten der Beeinflussung. Bericht über eine Fachtagung des StfT e.V. im Rahmen der 13. Internationalen Tourismus-Börse am 7. März 1979 in Berlin, Starnberg, 1979.

- Einige Ergebnisse der Untersuchung "Gäste im Kurort" des StfT e.V., durchgeführt von infas, DBV-Pressekonferenz anläßlich der Internationalen Tourismus-Börse (ITB) 1983 am 7. März 1983 in Berlin.

- Erste Ergebnisse der Reiseanalyse 1982 des Studienkreises für Tourismus vom 8. März 1983, Starnberg, 1983 (als Manuskript veröffentlicht).

SUPE, H.D.: Verkehrsberuhigung, in: Tiefbau, Ingenieurbau, Straßenbau, Jg. 23, Heft 3/1981, S. 172 - 183.

T

TEICHGRÄBER, W.: Die strukturelle Entwicklung der städtischen Anliegerstraße: Möglichkeiten der Wohnumfeldverbesserung, in: Stadt - Region - Land, Heft 52/53, Schriftenreihe des Instituts für Stadtbauwesen der RWTH Aachen (Hrsg.), Aachen, 1980, S. 155 - 166.

TEICHGRÄBER, W.: Verkehrsberuhigung statt Stadtplanung?, in: Straße und Autobahn, Jg. 32, Heft 12/1981, S. 490 - 491.

TEICHGRÄBER, W.: Verkehrsberuhigung, in: Straße und Autobahn, Jg. 33, Heft 12/1982, S. 496 - 497.

TEICHGRÄBER, W.: Verkehrsberuhigung, in: Straße und Gesellschaft. Deutscher Straßenkongreß München 1982, Hrsg.: Forschungsgesellschaft für Straßen- und Verkehrswesen, Bonn: Kirschbaum Verlag, 1983, S. 113 - 114.

THUL, H.: Entwicklung, Stand und Planungsabsichten von Ortsumgehungen und Ortsdurchfahrten aus der Sicht der Stadtplanung und Raumordnung, in: Gemeinde - Stadt - Land, Band 9, 2. erweiterte und überarbeitete Auflage, Hrsg.: HARDER, G.; SPENGELIN, F., Hannover: Selbstverlag 1983, S. 209 - 218.

TOPP, H. H.: Sonderparkberechtigung für Anwohner in der Bundesrepublik Deutschland - eine erste Bilanz, in: DST-Beiträge zur Wirtschafts- und Verkehrspolitik, Reihe F, Heft 4, Hrsg.: Deutscher Städtetag (DST), Köln, 1982.

TRÖSTER, H.-J.: Der Kraftfahrzeugverkehr über den Hindenburgdamm. Die "rollende Landstraße" zur Insel Sylt, in: Die Bundesbahn, Jg. 57, Heft 6/1981, S. 483 - 487.

TROMMER, S.: Verkehrsberuhigung in ländlich strukturierten Gebieten, in: Verkehrsberuhigung und Radverkehr in der Stadt- und Verkehrsplanung, in: Gemeinde - Stadt - Land, Band 7, Teil A, Hrsg.: HARDER, G.; SPENGELIN, F., Hannover: Selbstverlag, 1981, S. 5 - 20.

TROTHA, T. VON: Freizeit im Wandel - Chancen für die Kommunen?, in: Informationen zur Raumentwicklung, Jg. 33, Heft 1/1983, S. 11 - 19.

TSCHIDERER, F.: Ferienortplanung. Eine Anwendung unternehmensorientierter Planungsmethodik auf den Ferienort, in: St. Galler Beiträge zum Fremdenverkehr und zur Verkehrswirtschaft, Reihe Fremdenverkehr, Band 12, Bern - Stuttgart, 1980.

TÜRKE, K.: Wohnumfeldverbesserung ist nur mit dem Bürger für den Bürger möglich, in: Demokratische Gemeinde, Jg. 34, Heft 3/1982, S. 183 - 184.

U,V

ULLRICH, S.: Der Straßenverkehrslärm bei Fahrzeuggeschwindigkeiten von 30 km/h bis 60 km/h auf Asphalt- und Pflasterdecken, in: Zeitschrift für Lärmbekämpfung, Jg. 28, Heft 5/ 1981, S. 137 - 140.

ULLRICH, S.: Zur Entwicklung der Lärmemission von Straßen in den Jahren 1970 bis 1980, in: Zeitschrift für Lärmbekämpfung, Jg. 29, Heft 6/1982, S. 174 - 178.

ULRICH, W.: Die Heilbäder-Gesetzgebung in der Bundesrepublik Deutschland, in: Heilbad und Kurort, Jg. 33, Heft 3/1981, S. 77 - 79.

ULRICH, W.: Die deutschen Heilbäder und Heilbrunnen im Rahmen des Umweltschutzes, in: Heilbad und Kurort, Jg. 34, Heft 11/1982, S. 440 - 442.

VERBAND DER HAFTPFLICHTVERSICHERER, UNFALLVERSICHERER, AUTOVERSICHERER UND RECHTSSCHUTZVERSICHERER E.V. (HUK-VERBAND) (Hrsg.): Verkehrsberuhigung in Wohnbereichen, in: Mitteilungen der Beratungsstelle für Schadenverhütung, Nr. 17, Köln, 1980.

VERBAND DER HAFTPFLICHTVERSICHERER, UNFALLVERSICHERER, AUTOVERSICHERER UND RECHTSSCHUTZVERSICHERER E.V. (HUK-VERBAND) (Hrsg.): Erfahrungen mit "Verkehrsberuhigten Bereichen" (Zeichen 325/326 StVO), in: Informationen der Beratungsstelle für Schadenverhütung, Köln, 1981.

VERBAND DER HAFTPFLICHTVERSICHERER, UNFALLVERSICHERER UND RECHTSSCHUTZVERSICHERER E.V. (HUK-VERBAND), siehe auch unter PFUNDT, MEEWES und MAIER.

VERDAN, G.: Konzept der Lärmbekämpfung, in: Umweltschutz in der Schweiz. Mitteilungen des Eidgenössischen Amtes für Umweltschutz (Hrsg.), BUS-Bulletin Nr. 2/1983, Bern, S. 16 - 18.

VERKEHRSVERBAND WESTFALEN-MITTE E.V. (Hrsg.): Verkehrsentlastung durch Ortsumgehungen. Möglichkeiten und Notwendigkeiten zur Lösung innerörtlicher Verkehrsprobleme, Dortmund, 1982.

VIDOLOVITS, L.: Verkehrsberuhigung und Wohnumfeldverbesserung, in: Deutsche Bauzeitschrift, Jg. 29, Heft 10/1981, Forschung und Technik, S. 1.1 - 1.8.

VOGEL, A.O.: Marktwirtschaftliche Wege zur Lärmbekämpfung, in: Zeitschrift für Lärmbekämpfung, Jg. 29, Heft 6/1982, S. 188 - 190.

VONESCH, K.: Einfluß von Fußgängerzonen auf den Detailhandel, in: Plan, Jg. 37, Heft 4/1980, Solothurn, S. 8.

WAGNER, F.A.: Die "Bereisten" proben den Aufstand. Touristen und Einheimische - eine Chance für Begegnungen?, in: Frankfurter Allgemeine Zeitung, Nr. 291 vom 16. 12. 1982, Frankfurt am Main, S. R 3.

WALPER, K.H.: Freizeit und weiträumiger Verkehr. Referat anläßlich des Kongresses "Bauen, Freizeit und Straße" am 15. November 1979 in Frankfurt am Main, veranstaltet von der Deutschen Straßenliga e.V. (als Manuskript veröffentlicht).

WALPER, K.H.: Innerörtlicher Verkehr sowie Wochenend- und Kurzurlaubsverkehr bei vermehrter Freizeit. Entwicklung, Auswirkungen und Folgerungen, in: Straßenverkehr und Umwelt. Seminar vom 1. - 3. Dezember 1980 in Gummersbach, Hrsg.: Forschungsgesellschaft für Straßen- und Verkehrswesen, Köln, 1981, S. 116 - 118.

WALPRECHT, D.: (Hrsg.): Verkehrsberuhigung in Gemeinden. Planung, Durchführung, Finanzierung, Rechtsfragen, Köln - Berlin - Bonn - München: Carl Heymanns Verlag KG, 1983.

WALTER, E.: Qualitätsansprüche, Oberflächengestaltung, Ausstattung und Grüngestaltung von Fußgänger- und verkehrsberuhigten Bereichen, in: Aktuelle Aufgaben des kommunalen Straßenbaues. Kolloquium am 31. März und 1. April 1982 in Seeheim, Hrsg.: Forschungsgesellschaft für Straßen- und Verkehrswesen, Köln, 1982, S. 54 - 57.

WALTERSPIEL, G.: Der Fremdenverkehr als Gefahr und Chance für die Erhaltung der Kulturlandschaft, in: Kulturlandschaft in Gefahr, Hrsg.: Mayer-Tasch, P. C., Köln - Berlin - Bonn - München: Carl Heymanns Verlag, 1976, S. 87 - 95.

WEEBER, H.; BERGMANN, L.; WEEBER, R.; SCHÖNFUSS, H.; BILLINGER, H.: Verkehrsanlagen aus der Sicht des Fußgängers, in: Schriftenreihe Forschung Straßenbau und Straßenverkehrstechnik, Heft 279, Teil I, Hrsg.: Bundesminister für Verkehr, Abteilung Straßenbau, Bonn-Bad Godesberg, 1980, S. 1 - 54.

WEHNER, B.: Straßenplanung für den Wochenend- und Ferienreiseverkehr, in: Internationales Verkehrswesen, Jg. 25, Heft 3/1975, S. 81 - 87.

WEHRLI-SCHINDLER, B.: Partizipation an der Stadtplanung. Eine Analyse neuer Partizipationsformen in Schweizer Städten, in: Quartiererneuerung. Beiträge zur Entwicklungsplanung auf Quartierebene, in: Berichte zur Orts-, Regional- und Landesplanung des Instituts für Orts-, Regional- und Landesplanung der ETH Zürich (Hrsg.), Nr. 45, Zürich, 1983, Teil 5.

WEHRLIN, M.: Interlaken soll schöner werden. Der Verkehrsrichtplan als Voraussetzung für die Verkehrsberuhigung in Quartieren und gestalterische Massnahmen im öffentlichen Raum, in: Plan, Jg. 36, Heft 10/1979, Solothurn, S. 9 - 11.

WEICK, W.: Verkehrsberuhigende Maßnahmen als Teil der Verkehrsplanung, in: Beiträge zur Verkehrsberuhigung im Widerstreit von Mobilität und Stadtqualität, in: Schriftenreihe des Instituts für Verkehrsplanung und Verkehrswesen der TU München (Hrsg.), Heft 16, Bad Honnef: Bock und Herchen Verlag, 1980, S. 257 - 270.

WEIGER, H.: Naturparke - Vorranggebiete für Fremdenverkehr und Naherholung? Problemdarstellung und Forderungen eines ehrenamtlichen Naturschützers, in: Garten und Landschaft, Jg. 91, Heft 12/1981, S. 945 - 951.

WEISS, H.: Die friedliche Zerstörung der Landschaft und Ansätze zu ihrer Rettung in der Schweiz, Zürich: Orell Füssli Verlag, 1981.

WELLENREUTHER, H.: Die Wirkungen öffentlicher Güter, untersucht am Beispiel von Fußgängerbereichen, in: Schriftenreihe zum Marketing, Band 14, Berlin: Duncker und Humblot, 1982.

WELTRING, J.: Verkehrsberuhigung: Realistisch betrachtet, in: Berliner Bauwirtschaft, Jg. 30, Heft 17, September 1979, S. 405 - 406.

W

WICHT, O.: Auswirkungen vom Tempo 30 auf den Durchgangsverkehr im städtischen Bereich, in: Gemeinde - Stadt - Land, Band 9, 2. erweiterte und überarbeitete Auflage, Hrsg.: HARDER, G.; SPENGELIN, F., Hannover: Selbstverlag, 1983, S. 17 - 24.

WIELAND, D.: Bauen und Bewahren auf dem Lande, 4. Auflage, Hrsg.: Deutsches Nationalkomitee für Denkmalschutz, Bonn, 1980.

WILDEMANN, D.: Darstellung der Probleme der Straßengestaltung aus verschiedener Sicht - einleitendes Referat und Thesen der Podiumsdiskussion aus der Sicht der Denkmalpflege, in: Straßengestaltung in Städten und Gemeinden. Vorträge von der Tagung der Arbeitsgruppe "Straßenentwurf" vom 21. bis 23. September 1981 in Mainz, Hrsg.: Forschungsgesellschaft für Straßen- und Verkehrswesen, Köln, 1982, S. 86 - 93.

WILDERMUTH, H.; BURCKHARDT, D.; KLÖTZLI, F.; KREBS, A.; ROHNER, J.; HANTKE, R.: Natur als Aufgabe. Leitfaden für die Naturschutzpraxis in der Gemeinde, Hrsg.: Schweizerischer Bund für Naturschutz, 2. Auflage, Basel: Selbstverlag, 1980.

WINNEMÖLLER, B.: Verkehrsberuhigung im ländlichen Raum, in: Kommunalpolitische Blätter, Heft 1/1980, S. 38 ff.

WINNEMÖLLER, B.: Verkehrsberuhigung, Recklinghausen: Kommunal-Verlag GmbH, 1980.

WINNING, H.-H. VON: Verkehrsberuhigung, Stuttgart: Deutsche Verlagsanstalt, 1982.

WIRBITZKY, G.: Geräuscharme Nutzkraftfahrzeuge sind entwickelt, in: Internationales Verkehrswesen, Jg. 34, Heft 1/1982, S. 46 - 48.

WISSENSCHAFTLICHER BEIRAT BEIM BUNDESMINISTER FÜR VERKEHR: Stellungnahme zu dem Umweltgutachten 1978 des Rates von Sachverständigen für Umweltfragen vom 19. 9. 1978, in: Internationales Verkehrswesen, Jg. 32, Heft 1/1980, S. 9 - 14.

WISSENSCHAFTLICHER BEIRAT BEIM BUNDESMINISTER FÜR VERKEHR - GRUPPE VERKEHRSWIRTSCHAFT: Bürgerbeteiligung bei Infrastrukturmaßnahmen. Stellungnahme vom 15. Oktober 1981, in: Internationales Verkehrswesen, Jg. 34, Heft 1/1982, S. 9 - 13.

WOELKER, C.; GLEISSNER, E.; HUBER, H.-J.: Bundesverkehrswegeplan '80 - Neue politische Akzente im Bereich der Verkehrsinfrastruktur -, in: Internationales Verkehrswesen, Jg. 32, Heft 2/1980, S. 77 - 85.

WOHLFROM: Nah- und Kurzerholung und öffentliche Verkehrsmittel, in: Nah- und Ferienerholung, Hrsg.: Landesfremdenverkehrsverband Baden-Württemberg, Kommission Naherholung, Stuttgart, 1977, S. 37 - 39.

WOLFF, P.: Verkehrslärm, in: Die Bauwirtschaft, Jg. 34, Heft 31/1980, S. 1376 - 1377.

WRONKA, H.P: Mit dem Bürger reden ... - Die Bürgerbeteiligung als Mittel zur Sicherung der Akzeptanz von Maßnahmen zur Verkehrsberuhigung - , in: Verkehrsberuhigung in Gemeinden. Planung, Durchführung, Finanzierung, Rechtsfragen, Hrsg.: WALPRECHT, D., Köln - Berlin - Bonn - München: Carl Heymanns Verlag KG, 1983, S. 115 - 129.

WÜRZEL, A.: Fremdenverkehrspolitik für die Zukunft. Referat anläßlich des Alpenvereinssymposiums des ÖAV/DAV/AVS vom 5. - 7. März 1981 in Hall in Tirol, in: Lebensraum Alpen, Hrsg.: Österreichischer Alpenverein, Innsbruck, 1981, S. 145 - 153.

Z

ZELLMER, A.: Partizipation, in: Räumliche Planung mit/für/gegen/ohne Bürger? Referate des 131. Kurses des Instituts für Städtebau Berlin (Hrsg.), Berlin, 1980, S. 1 - 11.

ZIERL, H.: Nationalpark Berchtesgaden, in: Forstwirtschaftliches Centralblatt, Jg. 98, Heft 1/1979, S. 9 - 18.

ZIPPEL, P.: Frühzeitige Bürgerbeteiligungen bei Planungen. 49. Staatswissenschaftliche Fortbildungstagung der Hochschule für Verwaltungswissenschaften Speyer, in: Straße und Autobahn, Jg. 32, Heft 10/1981, S. 401 - 404.

ZOLLES, H.: Zehn Gebote für defensiven Tourismus, in: Der Fremdenverkehr, Jg. 33, Heft 9/1981, S. 8.

Teil I
Sachwortverzeichnis

Vorbemerkungen

Im Sachwortverzeichnis sind wesentliche Einzelmaßnahmen, die bei Planung, Umsetzung und Betrieb eines erholungsfreundlichen Verkehrskonzepts anfallen, alphabetisch aufgelistet. Es werden Haupt-Sachworte, wie z.B. "Ausnahmegenehmigungen für Fahrbeschränkungen", und Neben-Sachworte, wie z.B. "Vorrangbereich für Fußgänger"/"Bereich mit Fahrverbot für Kfz"/"Richtlinien für die Erteilung von Ausnahmegenehmigungen" usw., unterschieden.

Die jeweiligen Verweise ermöglichen den direkten Zugriff zu den zugehörigen Textstellen in den Teilen C, D 2, D 3, E und F.

Sachwortverzeichnis

Auffangparkplatz, Tiefgarage, Parkhaus
- s. Teil C: Kapitel 3.5.2
- s. Hinweise in der Dokumentation, Teil D 2:
  D 13 03 Baden-Baden, D 13 08 Bad Säckingen, D 13 14 Häusern, D 21 04 Grönenbach, D 30 12 Bad Wildungen, D 52 03 Bad Oeynhausen, D 60 01 Alzey, CH GR 05 Silvaplana, CH VS 04 Saas Fee.
- s. Hinweise in der Dokumentation, Teil D 3:
  Amrum/Nebel, Amrum/Norddorf, Badenweiler, Bad Füssing, Bad Kissingen, Bad Lippspringe, Bad Münster am Stein-Ebernburg, Bad Orb, Bad Pyrmont, Bad Reichenhall, Bad Waldsee, Berchtesgaden, Griesbach im Rottal, Horn-Bad Meinberg, Meersburg, Norderney, Oberstdorf, Rothenburg ob der Tauber, Timmendorfer Strand, Westerland.
- s. Hinweise in den Arbeitshilfen, Teil F (Bildnummer):
  F 102 - F 104.

Ausnahmegenehmigungen von Fahrbeschränkungen
s. Teil C: Kapitel 3.6

Vorrangbereich für Fußgänger
s. Hinweise in den Arbeitshilfen, Teil F (Bildnummer):
F 18 - F 30.

Bereich mit Fahrverbot für Kfz
s. Hinweise in den Arbeitshilfen, Teil F (Bildnummer):
F 22, F 23, F 42 - F 50, F 52 - F 58.

Richtlinien für die Erteilung von Ausnahmegenehmigungen
s. Hinweise in den Arbeitshilfen, Teil F (Bildnummer):
F 51.

Nutzervorteile für geräuscharme Fahrzeuge
s. Teil C: Kapitel 3.11

Beschilderung in Sonderfällen

Vorrangbereich für Fußgänger
s. Hinweise in den Arbeitshilfen, Teil F (Bildnummer):
F 38, F 39.

Bereich mit Fahrverbot für Kfz
s. Hinweise in den Arbeitshilfen, Teil F (Bildnummer):
F 69 - F 72.

Bürgerinformation

Vorrangbereich für Fußgänger
s. Hinweise in den Arbeitshilfen, Teil F (Bildnummer):
F 1 - F 4, F 13 - F 17.

Verkehrsberuhigung
s. Hinweise in den Arbeitshilfen, Teil F (Bildnummer):
F 9, F 10.

Sachwortverzeichnis

Fahrverbot für Kfz
s. Hinweise in den Arbeitshilfen, Teil F (Bildnummer):
F 5 - F 8, F 83.

Umfahrungsstraße
s. Hinweise in den Arbeitshilfen, Teil F (Bildnummer):
F 11.

Einbahnregelungen

- s. Teil C: Kapitel 3.8

- s. Hinweise in der Dokumentation, Teil D 2:
D 30 35 Witzenhausen, D 41 04 Braunlage, D 51 05 Königswinter, D 80 17 St. Peter-Ording.

- s. Hinweise in der Dokumentation, Teil D 3:
Amrum/Nebel, Amrum/Norddorf, Badenweiler, Bad Pyrmont, Horn-Bad Meinberg, Meersburg, Oberstdorf, Timmendorfer Strand, Todtmoos, Westerland.

Fahrausweise des öffentlichen Verkehrs - innerorts

s. Hinweise in den Arbeitshilfen, Teil F (Bildnummer):
F 105, F 106.

Fahrbeschränkungen für Kfz

Autofreier Ort
s. Teil C: Kapitel 3.1.1 und Kapitel 3.4

Fahrverbot für Kfz aller Art
- s. Teil C: Kapitel 3.1.2

- s. Teil E:
Übersicht 4: Zusammenstellung von Referenzgemeinden.

- s. Hinweise in der Dokumentation, Teil D 3:
Amrum/Nebel, Amrum/Wittdün, Badenweiler, Bad Füssing, Bad Kissingen, Bad Münster am Stein-Ebernburg, Bad Pyrmont, Bad Reichenhall, Bad Wörishofen, Berchtesgaden, Horn-Bad Meinberg, Meersburg, Norderney, Todtmoos, Westerland.

Fahrverbot für Krad
- s. Teil E:
Übersicht 5: Zusammenstellung von Referenzgemeinden.

- s. Hinweise in der Dokumentation, Teil D 3:
Amrum/Nebel, Amrum/Norddorf, Bad Füssing, Bad Lippspringe, Bad Münster am Stein-Ebernburg, Bad Orb, Bad Pyrmont, Bad Reichenhall, Bad Waldsee, Bad Wörishofen, Berchtesgaden, Horn-Bad Meinberg, Meersburg, Norderney, Oberstdorf, Timmendorfer Strand, Todtmoos, Westerland.

Fahrverbot für Lkw
s. Hinweise in der Dokumentation, Teil D 3:
Bad Lippspringe, Bad Münster am Stein-Ebernburg, Bad Orb, Bad Pyrmont, Bad Reichenhall, Bad Wörishofen, Berchtesgaden, Horn-Bad Meinberg, Meersburg, Oberstdorf.

Sachwortverzeichnis

Ausnahmegenehmigung
s. Hinweise in den Arbeitshilfen, Teil F (Bildnummer):
F 22, F 23, F 42 - F 50, F 52 - F 58.

Beschilderung in Sonderfällen
s. Hinweise in den Arbeitshilfen, Teil F (Bildnummer):
F 69 - 72.

Bürgerinformation
s. Hinweise in den Arbeitshilfen, Teil F (Bildnummer):
F 5 - F 8, F 83.

Gästeinformation
s. Hinweise in den Arbeitshilfen, Teil F (Bildnummer):
F 5, F 6, F 73 - F 82, F 84 - F 98, F 122 - F 128, F 130, F 131.

Kennzeichnung fahrberechtigter Kfz (Plaketten u.ä.)
s. Hinweise in den Arbeitshilfen, Teil F (Bildnummer):
F 34, F 35, F 54, F 56, F 59 - F 68.

Verkehrsrechtliche Anordnung
- s. Teil C: Kapitel 3.4.3
- s. Hinweise in den Arbeitshilfen, Teil F (Bildnummer):
F 40, F 41.

Fragebogen zur Verkehrsberuhigung
s. Hinweise in den Arbeitshilfen, Teil F (Bildnummer):
F 9.

Fußgängerbereich
Fußgängerzone
s. Vorrangbereich für Fußgänger.

Gästeinformation

Vorrangbereich für Fußgänger
s. Hinweise in den Arbeitshilfen, Teil F (Bildnummer):
F 3, F 4.

Fahrverbot für Kfz
s. Hinweise in den Arbeitshilfen, Teil F (Bildnummer):
F 5, F 6, F 73 - F 82, F 84 - F 98.

An- und Abreise mit eigenem Pkw
s. Hinweise in den Arbeitshilfen, Teil F (Bildnummer):
F 117 - F 121.

An- und Abreise mit öffentlichen Verkehrsmitteln
s. Hinweise in den Arbeitshilfen, Teil F (Bildnummer):
F 113 - F 116.

Öffentlicher Verkehr - innerorts
s. Hinweise in den Arbeitshilfen, Teil F (Bildnummer):
F 107 - F 109, F 111, F 112.

Ruhender Verkehr
s. Hinweise in den Arbeitshilfen, Teil F (Bildnummer):
F 99 - F 104.

Werbung mit erholungsfreundlichen Verkehrsmaßnahmen
s. Hinweise in den Arbeitshilfen, Teil F (Bildnummer):
F 77, F 79, F 80, F 87, F 122 - F 137.

Geschwindigkeitsbeschränkung - innerorts

- s. Teil C: Kapitel 3.9

- s. Teil E:
  Übersicht 8: Zusammenstellung von Referenzgemeinden.

- s. Hinweise in der Dokumentation, Teil D 3:
  Amrum/Nebel, Amrum/Norddorf, Bad Kissingen, Bad Orb, Norderney, Todtmoos.

Kennzeichnung fahrberechtigter Kfz (Plaketten u.ä.)

- s. Teil C: Kapitel 3.6.4

- s. Hinweise in der Dokumentation, Teil D 3:
  Badenweiler, Bad Münster am Stein-Ebernburg, Bad Orb, Bad Reichenhall, Horn-Bad Meinberg, Norderney, Oberstdorf, Rothenburg ob der Tauber.

Vorrangbereich für Fußgänger
s. Hinweise in den Arbeitshilfen, Teil F (Bildnummer):
F 29, F 32, F 33, F 36, F 37.

Bereich mit Fahrverbot für Kfz
s. Hinweise in den Arbeitshilfen, Teil F (Bildnummer):
F 34, F 35, F 54, F 56, F 59 - F 68.

Öffentliche Verkehrsmittel für An- und Abreise - Gästeinformation

s. Hinweise in den Arbeitshilfen, Teil F (Bildnummer):
F 113 - F 116.

Öffentliche Verkehrsmittel - innerorts (Kurbähnle u.ä.)

- s. Teil C: Kapitel 3.12

- s. Hinweise in der Dokumentation, Teil D 3:
  Bad Kissingen, Bad Waldsee, Bad Wörishofen, Griesbach im Rottal, Horn-Bad Meinberg, Norderney, Oberstdorf.

Fahrausweise
s. Hinweise in den Arbeitshilfen, Teil F (Bildnummer):
F 105, F 106.

Gästeinformation
s. Hinweise in den Arbeitshilfen, Teil F (Bildnummer):
F 107 - F 109, F 111, F 112.

Sachwortverzeichnis

Sonderregelungen für Gäste
s. Hinweise in den Arbeitshilfen, Teil F (Bildnummer):
F 105, F 107, F 108.

Parken
s. Auffangparkplatz, Ruhender Verkehr.

Plaketten zum Nachweis der Fahrberechtigung
s. Kennzeichnung fahrberechtigter Kfz.

Richtlinien für die Erteilung von Ausnahmegenehmigungen
s. Hinweise in den Arbeitshilfen, Teil F (Bildnummer):
F 51.

Ruhender Verkehr – Gästeinformation
s. Hinweise in den Arbeitshilfen, Teil F (Bildnummer):
F 99 – F 104.

Satzung für Vorrangbereich für Fußgänger
s. Hinweise in den Arbeitshilfen, Teil F (Bildnummer):
F 12.

Schrankensicherung
- s. Teil C: Kapitel 3.7.2
- s. Hinweise in der Dokumentation, Teil D 2:
D 13 13 Gaggenau (OT Bad Rotenfels), D 30 06 Bad Nauheim.
- s. Hinweise in der Dokumentation, Teil D 3:
Badenweiler, Bad Kissingen, Bad Reichenhall, Horn-Bad Meinberg, Meersburg, Norderney, Westerland.

Umfahrungsstraße
s. Teil C: Kapitel 3.5.1

Bürgerinformation
s. Hinweise in den Arbeitshilfen, Teil F (Bildnummer):
F 11.

Verkehrsberuhigung (im engeren Sinn)
- s. Teil C: Kapitel 3.3
- s. Teil E:
Übersicht 3: Zusammenstellung von Referenzgemeinden (Gebiete mit und ohne Z 325/326).

Bürgerinformation
s. Hinweise in den Arbeitshilfen, Teil F (Bildnummer):
F 10.

Sachwortverzeichnis

Fragebogen an Bürger

s. Hinweise in den Arbeitshilfen, Teil F (Bildnummer):
F 9.

Verkehrsberuhigter Bereich gemäß Zeichen 325/326 StVO

- s. Teil C: Kapitel 3.3.2.1 bis Kapitel 3.3.5

- s. Hinweise in der Dokumentation, Teil D 3:
  Bad Füssing, Bad Reichenhall, Bad Wörishofen, Meersburg, Norderney, Oberstdorf.

Verkehrs-Informationssystem / Verkehrszone

- s. Teil C: Kapitel 3.1.3 und Kapitel 3.10

- s. Hinweise in der Dokumentation, Teil D 3:
  Bad Orb, Horn-Bad Meinberg, Norderney.

- s. Hinweise in den Arbeitshilfen, Teil F (Bildnummer):
  F 117 - F 121.

Verkehrsüberwachung

- s. Teil C: Kapitel 3.7

- s. Hinweise in der Dokumentation, Teil D 3:
  Amrum/Nebel, Badenweiler, Bad Füssing, Bad Kissingen, Bad Lippspringe, Bad Münster am Stein-Ebernburg, Bad Orb, Bad Wörishofen, Horn-Bad Meinberg, Oberstdorf, Timmendorfer Strand, Todtmoos.

Vorrangbereich für Fußgänger

- s. Teil C: Kapitel 3.2.1 ff. und Kapitel 3.2.2

- s. Teil E:
  Übersicht 2: Zusammenstellung von Referenzgemeinden.

- s. Hinweise in der Dokumentation, Teil D 3:
  Amrum/Norddorf, Bad Kissingen, Bad Lippspringe, Bad Orb, Bad Pyrmont, Bad Reichenhall, Bad Waldsee, Bad Wörishofen, Berchtesgaden, Griesbach im Rottal, Horn-Bad Meinberg, Norderney, Oberstdorf, Rothenburg ob der Tauber, Timmendorfer Strand, Todtmoos, Westerland.

Ausnahmegenehmigung für Kfz

s. Hinweise in den Arbeitshilfen, Teil F (Bildnummer):
F 18 - F 32.

Beschilderung in einem Sonderfall

s. Hinweise in den Arbeitshilfen, Teil F (Bildnummer):
F 38, F 39.

Bürgerinformation

s. Hinweise in den Arbeitshilfen, Teil F (Bildnummer):
F 1 - F 4, F 13 - F 17.

Gästeinformation

s. Hinweise in den Arbeitshilfen, Teil F (Bildnummer):
F 3, F 4, F 129, F 132 - F 137.

Sachwortverzeichnis

Kennzeichnung fahrberechtigter Kfz
s. Hinweise in den Arbeitshilfen, Teil F (Bildnummer):
F 29, F 32, F 33, F 36, F 37.

Satzung
s. Hinweise in den Arbeitshilfen, Teil F (Bildnummer):
F 12.

Werbung mit erholungsfreundlichen Verkehrsmaßnahmen

s. Hinweise in den Arbeitshilfen, Teil F (Bildnummer):
F 77, F 79, F 80, F 87, F 122 - F 137.

Zonenhaltverbot

s. Hinweise in der Dokumentation, Teil D 3:
Amrum/Nebel, Amrum/Norddorf, Norderney.

Abhandlungen
der Akademie für Raumforschung und Landesplanung

Band 82: *G. Wolfgang Heinze, Detlef Herbst, Ulrich Schühle*

Verkehr im ländlichen Raum

Aus dem Inhalt

Teil A Abgrenzung und Gliederung des „ländlichen Raumes"
Teil B Verkehrspolitik für ländliche Räume
 1. Der Hintergrund
 2. Die bisherige Entwicklung
 3. Die gegenwärtige Versorgungslage
 4. Entwicklungs- und Versorgungskonzeptionen
 5. Neue Instrumente
 6. Perspektiven
Teil C Analyse der Erreichbarkeitsverhältnisse
 1. Fernerreichbarkeit
 2. Regionalerreichbarkeit im Individualverkehr
 3. Naherreichbarkeit im Individualverkehr
Teil D Empirische Analyse der Verkehrsbedingungen in ausgewählten Untersuchungsgebieten
 1. Zielsetzung und Methode
 2. Struktur der Untersuchungsräume
 3. Die Struktur des öffentlichen Personennahverkehrs in den Untersuchungsräumen
 4. Die Bewertung der ÖV-Qualität in den Untersuchungsräumen
 5. Erhebung
 6. Kenntnis und Beurteilung des ÖV-Angebotes durch die Bevölkerung der untersuchten Gemeinden
 7. Erreichbarkeit von Haltestellen des öffentlichen Verkehrs
 8. Führerschein- und Fahrzeugbesitz und seine Abhängigkeit von der ÖV-Versorgung der untersuchten Gemeinden
 9. Berufsverkehr
 10. Versorgungsverkehr
 11. Freizeitverkehr
Teil E Öffentliche Fördermittel im Verkehrsbereich ländlicher Räume
 1. Zur Abgrenzung
 2. Planung und Förderung der Straßenverkehrswege
 3. Die Förderung des öffentlichen Personenverkehrs
 4. Förderung des Güterverkehrs
 5. Förderung der wirtschaftsnahen Infrastruktur und Finanzierungshilfen für verkehrswirtschaftliche Unternehmen
 6. Nachrichtenverkehr (Bundespost)
Teil F Kooperation im öffentlichen Verkehr ländlicher Räume
 1. Die Diskussion um die Neufassung des § 8 PBefG
 2. Die Zusammenführung der Busdienste von Bundesbahn und Bundespost
 3. Die Vorschläge zur Neugestaltung der organisatorischen Rahmenbedingungen für den ÖPNV
Teil G Unkonventionelle Formen des Verkehrsangebotes
 1. Paratransit – ein Überblick
 2. Bedarfsgesteuerte Bussysteme
 3. Die Integration des Taxis in den öffentlichen Verkehr ländlicher Räume
 4. Fahrgemeinschaften

Der Band umfaßt 562 Seiten; Format DIN B 5; 1982; Preis: 86,– DM · Best.-Nr. 600

Auslieferung

CURT R. VINCENTZ VERLAG · HANNOVER